Ernst Piper

ROSA LUXEMBURG

Ein Leben

Pantheon

Sollte diese Publikation Links auf Webseiten Dritter enthalten, so übernehmen wir für deren Inhalte keine Haftung, da wir uns diese nicht zu eigen machen, sondern lediglich auf deren Stand zum Zeitpunkt der Erstveröffentlichung verweisen.

MIX
Papier aus verantwortungsvollen Quellen
FSC® C083411

Penguin Random House Verlagsgruppe FSC® N001967

Erste Auflage
Pantheon-Ausgabe Januar 2021

Neumarkter Straße 28, 81673 München
Umschlaggestaltung: Büro Jorge Schmidt, München,
unter Verwendung einer Vorlage von Bauer+Möhring
Umschlagillustration: © Bauer+Möhring
Satz: Leingärtner, Nabburg
Druck und Bindung: CPI books GmbH, Leck
Printed in Germany
ISBN 978-3-570-55440-1

www.pantheon-verlag.de

Dieses Buch ist auch als E-Book erhältlich.

Inhaltsverzeichnis

Einleitung

Rosa Luxemburg war eine charismatische Persönlichkeit. Schon ihr erster öffentlicher Auftritt, im August 1893 in Zürich, erregte großes Aufsehen. Damals war die 22-jährige Studentin noch völlig unbekannt. Aber wer miterlebte, wie diese kleine Person, die auf einen Stuhl steigen musste, um sich Gehör zu verschaffen, darum kämpfte, am Kongress der Sozialistischen Internationale als Delegierte teilnehmen zu können, dem blieb ihre Erscheinung im Gedächtnis. Luxemburg zog schon früh Emotionen der unterschiedlichsten Art auf sich, gleichgültig ließ sie kaum jemanden. Zahlreiche Männer verfielen ihrer Ausstrahlung – das war ein Thema, das sie zeitlebens begleitete. Als leidenschaftliche Kämpferin für die von ihr als richtig erkannten Positionen begeisterte sie bei zahllosen Gelegenheiten ein großes Publikum. 1898 absolvierte sie, kaum in Deutschland angekommen, für die SPD eine Wahlkampftournee durch die Provinz Posen, die ihren legendären Ruf als brillante Rhetorikerin begründete.

Aber ihre Kompromisslosigkeit rief mit den Jahren auch eine wachsende Zahl von Gegnern innerhalb der sozialistischen Bewegung auf den Plan. Sie hatte große Kontroversen mit so unterschiedlichen Politikern wie Eduard Bernstein, Lenin oder Karl Kautsky. Einer ihrer passioniertesten Gegenspieler war Victor Adler, der sie im Lauf der Jahre mit einer Vielzahl von Kosenamen belegte. So beschwerte er sich 1910 bei seinem Freund August Bebel über die »zwei hysterischen Weiber Rosa u. Klara«[1].

Das war nicht weit entfernt von einem Polizeibericht aus dem gleichen Jahr. Clara Zetkin hatte in Berlin auf einer Versammlung zur preußischen Wahlrechtsreform gesprochen und den Massenstreik als politisches Kampfmittel propagiert. Eingefunden hatten sich etwa 700 Personen, in der Mehrheit Frauen. Am Rand des Berichts des Kriminal-Schutzmannes, der die Veranstaltung beobachtet hatte, findet sich der Kommentar: »Die Frauen Zetkin, Luxemburg u. a. sind (wieder einmal) radikaler als die Männer. Da werden Weiber zu Hyänen.«[2]

Die rhetorisch so begabte Luxemburg war ein ganz besonderes Hassobjekt. Schon im Kontext der ersten Massenstreikdebatte sprach die liberale Presse von der »blutigen Rosa«,[3] ein sprachliches Bild, das sich rasch etablierte. Dass sich auch der 1904 gegründete Reichsverband gegen die Sozialdemokratie dieser Metapher bediente, war nicht überraschend.[4] Erstaunlicher war es schon, ihr auch in der linksliberalen *Weltbühne* zu begegnen: »In Berlin tobt der Bürgerkrieg, und die blutige Rosa ist, als das Pulverfass in Berlin explodierte, ins Reich gefahren, um auch hier die Brandfackel in die aufgeregten Massen zu schleudern. Röslein, Röslein, Röslein rot; Deutschland steht in Flammen!«[5] Mit diesen Worten schloss ein Porträt aus Erich Dombrowskis Serie »Politiker und Publizisten«; es erschien am 16. Januar 1919, einen Tag nach Luxemburgs Ermordung. (Und um auch das zu erwähnen: »Ins Reich gefahren« war sie nicht.)

Es gab aber außerhalb des sozialistischen Lagers auch Stimmen, die ein differenzierteres Wahrnehmungsvermögen erkennen lassen. So berichtet Theodor Heuss in seinen Lebenserinnerungen: »Ich merkte sehr bald, dass etwa Rosa Luxemburg eine ungewöhnlich intelligente Frau war, mit einem scharfen Verstand, der dem dialektischen Spiel die sicherste Form zu geben wusste. […] Karl Liebknecht, der sich damals, mit dem väterlichen Namen gestärkt, auf dem Wege wusste, den Kampf um die Nachfolge Bebels einzuleiten, hat mich nicht zu beeindrucken verstanden. Seine aggressive Beredsamkeit verbarg kaum, dass er eigentlich wenig zu sagen hatte.«[6] Mit diesem Urteil, das über Karl Liebknecht so ganz anders ausfiel als über Rosa Luxemburg, stand Heuss nicht allein. Kurt Eisner, der die beiden naturgemäß viel besser kannte, sah die Dinge ganz ähnlich.

In der Ministerratssitzung vom 9. Januar 1919 erklärte er, Liebknecht, den er bei anderer Gelegenheit sogar als »geistig minderwertig«[7] bezeichnet hatte, sei »unmöglich. Die einzig Vernünftige ist vielleicht Luxemburg.«[8] Diese Aussage korrespondiert in gewisser Weise mit einem häufig zitierten Tagebucheintrag von Harry Graf Kessler, in dem er ein Gespräch mit Georg Bernhard über die Folgen des Januaraufstandes wiedergibt: »Dass diese discreditierte, blutbespritzte Regierung sich noch lange halten könnte, ist nach Bernhards Ansicht ausgeschlossen. Nur sei bei den Kommunisten Niemand, der als Staatsmann in Frage komme. Rosa Luxemburg sei der einzige Staatsmann der Partei gewesen, die vielleicht Deutschland hätte regieren können.«[9]

Ob Luxemburg sich tatsächlich zum Staatsmann (oder zur Staatsfrau) geeignet hätte, kann hier dahingestellt bleiben. Dass sie in der frühen Führungsriege der KPD, von der späteren ganz zu schweigen, eine Persönlichkeit von herausragendem Format war, ist nicht zu bestreiten. Und Nettl hat völlig recht, wenn er feststellt, dass sie »politischer [war] als die meisten Menschen in Deutschland«.[10] Sie war ein durch und durch politischer Mensch, kein reiner Theoretiker wie Marx oder auch Kautsky, aber auch kein Parteibürokrat, wie es mit fortschreitenden organisatorischen Erfolgen viele gab in der sozialdemokratischen Bewegung. Dabei muss offenbleiben, wie ihre politischen Positionen sich weiterentwickelt hätten, wenn sie länger gelebt hätte. Die Unabgeschlossenheit ihres Werkes bietet Raum für die unterschiedlichsten Interpretationen. Während etwa Ulla Plener die Auffassung vertritt, bei allen Kontroversen zwischen Luxemburg und Lenin seien doch die Gemeinsamkeiten das Entscheidende gewesen, und sich gegen eine »dogmatische Entgegenstellung« Luxemburgs gegen Lenin wehrt,[11] betont François Furet Luxemburgs »Ablehnung der leninistischen Auffassung der Revolution, gemäß der man die Macht mit allen Mitteln ergreifen und festhalten kann, sofern dies die geschichtlichen Umstände einer Avantgarde, so klein sie auch sein mag, ermöglichen«[12]. Hermann Weber, der als junger Mann selbst einige Jahre Mitglied der KPD war und sein Forscherleben der Geschichte des deutschen Kommunismus gewidmet hat, vertritt die These, dass Luxemburg eine eigene Spielart des Kommunismus begründet habe, den »demokratischen Kommunismus«[13]. Diesen Begriff würden andere wiederum für einen Widerspruch in sich selbst halten. Bernd Faulenbach, bis 2018 Vorsitzender der Historischen Kommission der SPD, hält denn auch eine Zuordnung Rosa Luxemburgs für schwierig: »Sie war keine Anhängerin der Leninschen Parteidiktatur, doch auch keine Anhängerin der Demokratie, wie wir sie heute verstehen.« Für Sozialdemokraten sei der Sozialismus nur als »vollendete Demokratie« denkbar, sie dürfe ihm nicht nachgeordnet sein.[14]

Willy Brandt, dem wir einen sehr schönen Essay über Rosa Luxemburg verdanken, vermutet, dass sie, anders als ihr Freund Paul Levi, sich nicht für eine »Rückkehr zur sozialdemokratischen Mutterkirche«[15] entschieden hätte. Das mag sein. Aber in der stalinisierten KPD wäre kein Platz für Luxemburg gewesen. Die Brandleristen, wie die nach Heinrich Brandler benannten Anhänger des »Luxemburgismus« hießen, wurden alle aus der Partei vertrieben. Die Sozialdemokratie blieb dauerhaft gespalten, allerdings nicht in drei Parteien, da die zunächst überaus erfolgreiche USPD bald in der Bedeutungslosigkeit verschwand, aber in zwei Parteien. Manche von Luxemburgs Weggefährten kehrten zur SPD zurück, neben Levi z. B. Karl Kautsky, andere, wie Paul Frölich, schlossen sich der linkssozialistischen Sozialistischen Arbeiterpartei Deutschlands (SAP) an (auch der zitierte Willy Brandt wechselte 1931 von der SPD zur SAP).

Rosa Luxemburg wollte zeitlebens politisch wirken, schon ganz früh, als Gymnasiastin, schloss sie sich einer politischen Gruppierung mit dem Namen »Proletariat« an. Im Laufe der Jahre kamen noch sechs weitere Parteien hinzu. Es ist schwer vorstellbar, dass sie sich, hätte sie länger gelebt, mit der Rolle einer Einzelgängerin, die nur publizistisch tätig gewesen wäre, begnügt hätte.

Als sie am 15. Januar 1919 ermordet wurde, gehörte sie noch der KPD an, die die Tote stets für sich reklamiert, zugleich aber ihre Ideen und Überzeugungen vehement verurteilt hat. Die Sozialdemokraten, die mit der ehemaligen Genossin nichts mehr zu tun haben wollten, haben es den Kommunisten leicht gemacht, diesen Anspruch durchzusetzen. Rosa Luxemburg, und mit ihr Karl Liebknecht, wurde mit stillschweigender Duldung, wenn auch wohl nicht mit Billigung des Sozialdemokraten Gustav Noske von Angehörigen des Garde-Kavallerie-Schützen-Regiments ermordet. Nichts hat die Beziehungen zwischen den beiden Arbeiterparteien in der Weimarer Republik mehr belastet als dieser ruchlose Mord. Hannah Arendt glaubt sogar, dass er die Spaltung der europäischen Linken in Sozialdemokraten und Kommunisten unwiderruflich gemacht habe.[16] Erfolgt wäre sie wohl auch ohne diese Tat. Aber der Graben zwischen den beiden deutschen Parteien wäre dann weniger tief und unüberbrückbar gewesen.

*

Wer es heute unternimmt, eine Luxemburg-Biografie zu verfassen, hat gegenüber früheren Biografen den großen Vorteil, dass seit wenigen Jahren das Werk von Rosa Luxemburg nahezu vollständig ediert ist. Lediglich der achte Band der Werkausgabe fehlt noch, der die polnischen Schriften enthalten wird, die in Einzelausgaben aber inzwischen ebenfalls vorliegen. Bis dieser Punkt erreicht war, musste ein ungewöhnlich langer und steiniger Weg zurückgelegt werden. Zunächst hatte die Freundin Luise Kautsky einen ersten Band mit Briefen herausgebracht,[17] dem ein zweiter folgen sollte, den Kautsky mit Rosas Bruder Józef Luxemburg als Vertreter der Erben bereits verabredet hatte. Doch der Bruder schloss mit der KPD einen Generalvertrag,[18] sodass dieser zweite Briefband nicht erscheinen konnte.[19] 1921 setzte das Exekutivkomitee der Kommunistischen Internationale (EKKI) ein Komitee zur Herausgabe des Nachlasses ein,[20] dem Clara Zetkin, Adolf Warski, Julian Marchlewski und Edwin Hoernle angehörten.[21] Die Redaktion der Bände lag in den Händen von Paul Frölich. Von der geplanten Ausgabe erschienen allerdings lediglich drei Bände:

Bd. VI: *Die Akkumulation des Kapitals*, 1923
Bd. III: *Gegen den Reformismus*, 1925
Bd. IV: *Gewerkschaftskampf und Massenstreik*, 1928[22]

1928 wurde Frölich als Brandlerist aus der KPD ausgeschlossen, was den Fortgang der Arbeiten zum Erliegen brachte. Daneben gab es die von der KPD nicht autorisierten Editionsarbeiten Paul Levis, der 1922 das Manuskript *Die Russische Revolution*[23] herausbrachte und 1925 die *Einführung in die Nationalökonomie*[24].

Nach 1933 war an eine Fortsetzung der Editionsarbeit nicht zu denken. Als das NS-Regime überwunden und der Zweite Weltkrieg vorbei war, lebten von den ursprünglich an der Edition Beteiligten nur noch Hoernle und Frölich, die jedoch schon zu Beginn der 50er Jahre starben. Deutschland war geteilt in die antikommunistische Bundesrepublik und die stalinistische DDR, was für eine erneute Luxemburg-Rezeption keine günstigen Voraussetzungen bot. Im Westen erschien in den Jahren der Studentenbewegung eine dreibändige Auswahlausgabe, in der DDR war schließlich der 100. Geburtstag Luxemburgs Anlass dafür, einen ernsthaften Anlauf für eine Werkausgabe zu unternehmen,[25] die diesen Namen verdiente. Es dauerte fünfzehn Jahre, bis jeweils fünf Bände Werke und Briefe veröffentlicht waren. Ein weiterer Briefband, der auch zuvor Unerwünschtes enthielt, erschien 1993, sodass die Briefausgabe, die eine Quelle von nicht zu überschätzender Bedeutung ist, schon wesentlich länger vollständig vorliegt als die Werkausgabe. Sie enthält insgesamt 2 696 Briefe an 150 verschiedene Adressaten. Im Zentrum stehen die Zeugnisse persönlicher Verbindungen. Allein die Briefe an Leo Jogiches (938), Kostja Zetkin (613), Paul Levi (55) und Hans Diefenbach (22) machen gut sechzig Prozent des Gesamtbestandes aus. Leider sind keine Briefe an Władysław Feinstein erhalten. Auch Briefe an andere wichtige Freunde wie Alexander Parvus und Paul Frölich liegen nicht vor.[26] Ein knappes Fünftel der erhaltenen Briefe ging an Luxemburgs Freundinnen Clara Zetkin (200), Luise Kautsky (64), Mathilde Wurm (10), Marta Rosenbaum (35), Mathilde Jacob (153) und Sophie Liebknecht (35). Nur vergleichsweise wenige Briefe sind dagegen ganz von politischen Fragen bestimmt. So gibt es z. B. ganze drei Briefe an August Bebel, einen einzigen an Lenin, jeweils drei an Karl Liebknecht und Wilhelm Pieck und vier an Karl Radek.[27]

Sehr lückenhaft ist leider die Gegenüberlieferung. So müssen die zahllosen Briefe von Leo Jogiches, die es offensichtlich gegeben hat, als verloren gelten, zumal er die Empfängerin immer wieder mit der ihm eigenen Strenge anwies, aus Gründen der Konspiration alles nach der Lektüre zu vernichten. Immerhin kann man ihren Inhalt zum Teil aus Luxemburgs Antworten erschließen. Aber es gibt vermutlich noch Gegenüberlieferungen, die der Erschließung durch die Forschung harren. Annelies Laschitza hat auf dieses Forschungsdesiderat zu Recht hingewiesen.[28] Sehr hilfreich sind, nicht nur in diesem Zusammenhang, die neuerdings vorliegenden, von Jörn Schütrumpf vorzüglich betreuten Editionen der Briefe und Schriften von Paul Levi und Clara Zetkin. Sie helfen, Licht ins weitgehende Dunkel der Gegenüberlieferungen zu bringen.

*

Ein Wissenschaftler ist kein wie eine Maschine akademische Prosa produzierendes Neutrum, sondern ein Mensch mit subjektiven Neigungen und persönlichen Überzeugungen. In den Geisteswissenschaften ist das naturgemäß noch stärker spürbar als in den Naturwissenschaften. Die drei wichtigsten Luxemburg-Biografien zeigen das sehr deutlich. Peter Nettl war ein junger Linker, vom revolutionären Geist seiner Zeit durchdrungen, der sich Rosa Luxemburg, ihrem Wollen und Wirken, mit großer Sympathie und einer bemerkenswerten geistigen Durchdringung genähert hat. Dabei zeigte er sich offen für Diskussionen und nahm in sein Buch sogar einen längeren Brief von Karl Kautsky junior auf, der sich darüber beschwerte, dass Nettls Buch seinem Vater nicht in allem gerecht werde. Nettls weit ausgreifende Darstellung, die ins Deutsche, Französische, Italienische, Spanische, Türkische und Ungarische übersetzt wurde, hatte eine enorme Resonanz und gab den wohl wichtigsten Anstoß für die Wiederentdeckung Luxemburgs in der Umbruchphase der 1968er-Jahre, der die intensive Auseinandersetzung mit ihrem Denken in der Zeit des Eurokommunismus folgte. Er war ein »linksbürgerlicher« Autor und stellte für die Orthodoxie der DDR-Historiografie eine große Herausforderung dar. Nettls Biografie ist die bis heute bedeutendste. Es ist bewundernswert, wie weit seine Darstellung noch immer trägt, wenn man bedenkt, dass ihm nur ein Bruchteil der heute bekannten Quellen zur Verfügung stand. Peter Nettl war ein ungewöhnlich begabter junger Wissenschaftler, leider ist er 1968 mit 42 Jahren tödlich verunglückt.

Elżbieta Ettinger hat von allen Biografen die empathischste Lebensbeschreibung vorgelegt. Die biografischen Parallelen sind unübersehbar. Ettinger war 1925 in Warschau zur Welt gekommen. Sie überlebte wie durch ein Wunder die nationalsozialistische Verfolgung. Es gelang ihr, aus dem Warschauer Getto zu fliehen. Sie schloss sich dem polnischen Widerstand an und arbeitete nach dem Krieg für das polnische Außenhandelsministerium. Als nach dem Sechstagekrieg 1967 die Staaten des Ostblocks von einer Welle des Antisemitismus erfasst wurden, emigrierte sie in die USA, wo sie als Hochschullehrerin tätig war und u. a. Biografien über Hannah Arendt und Rosa Luxemburg verfasste. Ettinger zeichnet, mit deutlich erkennbarer Sympathie, das Bild einer bedeutenden polnisch-jüdischen Intellektuellen, das sich durch große Lebendigkeit auszeichnet, faktografisch allerdings nicht immer zuverlässig ist. Ettinger hat, ausweislich ihrer Bibliografie, in vielen Archiven gearbeitet und mit vielen Personen sprechen können, die inzwischen verstorben sind, darunter auch Verwandten von Rosa Luxemburg. Leider ist oftmals nicht nachvollziehbar, wie sie ihre Erkenntnisse gewonnen hat.

Annelies Laschitza hat ihr langes Forscherleben im wissenschaftlichen Umfeld des ZK der SED verbracht und sich sehr große Verdienste um die Rosa-Luxemburg-Forschung erworben. Dabei hat auch das jeweils politisch erwünschte Luxemburg-Bild Eingang in ihre Darstellungen gefunden, was sie inzwischen in einigen Veröffentlichungen auch selbstkritisch reflektiert hat.[29] Allerdings ist auch ihre nach dem Ende der DDR verfasste Biografie von einem ideologisch geformten Geschichtsbild geprägt. Und es finden sich dort Sätze wie diese: »Einen festen Halt gab ihr die Partnerschaft mit Leo Jogiches, der sie unbändig liebte und nicht selten als der weiter und schärfer Blickende wie ein theoretisches und praktisches Gewissen für sie war. Mitunter wurde dies ihr lästig, führte zu kleinen Reibereien, letztendlich aber forderte sie die Lebens- und Arbeitsgemeinschaft mit ihm zu ungewöhnlichen Leistungen heraus.«[30] Wir erfahren weiter, dass Jogiches ein Revolutionär im edelsten Sinne des Wortes war, der als große Mannespersönlichkeit in treuer, beglückender Kameradschaft eine große Weibespersönlichkeit neben sich zu ertragen vermochte, sodass auch aus Luxemburg eine kühne Revolutionärin werden konnte.[31] Diese Klassenkampfprosa transportiert nicht nur Tatsachenbehauptungen, die keiner Überprüfung standhalten. Sie offenbart auch ein Frauenbild von abenteuerlicher Antiquiertheit.

Alle drei Biografien sind von starken, jeweils ganz unterschiedlichen Sympathien für Rosa Luxemburg geprägt. Sie beleuchten deshalb auch in ganz unterschiedlicher Weise ihre Persönlichkeit und ihren Lebensweg. Wer sich intensiv mit ihr beschäftigen will, kann sie auch heute noch alle drei mit Gewinn zur Hand nehmen, idealerweise in Kombination. Daneben gibt es auch Wissenschaftler, die keine Biografien verfasst, aber dennoch bedeutsame Forschungserträge vorgelegt haben, die Wesentliches beitragen zu dem, was wir heute über Rosa Luxemburg wissen. Ich nenne stellvertretend Klaus Gietinger, Holger Politt, Ottokar Luban und Feliks Tych.

Auch ich bin als Wissenschaftler kein Neutrum. Ich vertrete – als Wissenschaftler wie als Mensch – Überzeugungen, die in den Bewertungen, die in ein Buch wie dieses unweigerlich einfließen, auch sichtbar werden. Schon als Student habe ich mich mit der Geschichte der Arbeiterbewegung beschäftigt, und als ich 1988 den Fragebogen des *FAZ*-Magazins auszufüllen hatte, habe ich auf die Frage »Ihre Heldinnen in der Geschichte?« geantwortet: »Rosa Luxemburg und ihre Schwestern im Geiste«,[32] was mir damals einige antikommunistisch eifernde Leserbriefe eingebracht hat. Ich finde – wie so viele Menschen – Rosa Luxemburg bis heute faszinierend, bin aber deshalb noch lange kein Anhänger der Idee der Diktatur des Proletariats. Im vorliegenden Buch habe ich mich wie in all meinen Büchern bemüht, das Geschehene differenziert darzustellen und dabei meine eigenen Überzeugungen so vorzutragen, dass auch erkennbar wird, was Anhaltspunkte für eine abweichende Bewertung der Ereignisse sein könnten. Ob mir das immer gelungen ist, möge der geneigte Leser[33] entscheiden.

*

Viele Menschen haben zum Gelingen dieses Buches beigetragen. Ganz besonderen Dank schulde ich Ottokar Luban, dem langjährigen Generalsekretär der Rosa-Luxemburg-Gesellschaft, der mich in ganz ungewöhnlich liebenswürdiger Weise an seinem unerschöpflichen Wissen teilhaben ließ. Das hat mir den Einstieg in dieses Buchprojekt erheblich erleichtert. Jörg Becken habe ich für die Vorbereitung und Organisation meiner Archivreise nach Polen zu danken. Julia Pohlmann hat mir sehr geholfen bei der Übersetzung der polnischen Quellen und Literatur, da ich der Muttersprache von Rosa Luxemburg leider nicht mächtig bin. Sehr zu Dank verpflichtet bin ich auch den Mitarbeitern der Archive, in denen ich gearbeitet habe, ganz besonders denen des Archivs für soziale Demokratie (Bonn), deren Hilfsbereitschaft ich sehr strapaziert habe. Für wichtige Hinweise, Unterstützung und Informationen danke ich außerdem: Prof. Dr. Alexander Gallus, Dr. Manfred Jehle, Sven Felix Kellerhoff, Dr. Anja Kruke, Prof. Dr. Helmut Milz, Dr. Max Roehl, Prof. Dr. Benjamin Ziemann.

Ein Werk wie dieses Buch kann nicht ohne viele Helfer auskommen. Mein Verleger Holger Kuntze hat das Projekt von Anfang an mit dem Enthusiasmus begleitet, ohne den kein Autor auskommt. Ihm, meinem Lektor Edgar Bracht und den anderen Mitarbeitern des Blessing Verlags danke ich sehr für ihre Unterstützung. Auch mein Agent Peter Fritz hat den Fortgang der Arbeit stets mit wachem Interesse begleitet. Die Zusammenarbeit mit dem Bildredakteur Dr. Manfred Jehle, mit dem ich schon viele schöne Buchprojekte realisieren durfte, war auch diesmal wieder eine große Freude. Ulrike Plessow von BuchContact hat gemeinsam mit ihren Mitarbeiterinnen einmal mehr großartige Öffentlichkeitsarbeit geleistet. Dafür bin ich sehr dankbar. Nachdem ich vor einigen Jahren eine Augenoperation hinter mich gebracht habe, brauche ich nach einem halben Jahrhundert mit Brille inzwischen keine mehr. Cordula Giese danke ich deshalb sehr für wunderbare neue Autorenfotos.

Heike Roehl hat meine intensive Liaison mit Rosa Luxemburg in bewundernswerter Weise geduldet. Sie hat mir darüber hinaus, wenn ich angesichts der unerschöpflichen Fülle des Materials zu verzagen drohte, immer wieder die Gewissheit zu vermitteln vermocht, dass das Unternehmen irgendwann zu einem guten Ende kommen würde. Dafür gebührt ihr ganz besonderer Dank.

I

Zamość

Rosa Luxemburg wurde in der Kleinstadt Zamość, etwa 250 Kilometer südöstlich von Warschau, geboren, die einst Jan Zamoyski gegründet hatte. Er gehörte einer der bedeutendsten polnischen Familien an, die in den letzten 500 Jahren eine Fülle bemerkenswerter Persönlichkeiten hervorgebracht hat, deren jüngste der Historiker Adam Zamoyski ist, dem wir ein großartiges Buch über das für die polnische Geschichte so bedeutsame Jahr 1812 verdanken.[34] Jan Zamoyski prägte über Jahrzehnte hinweg das politische Leben in Polen wie kaum ein anderer. Er stammte aus einer calvinistischen Familie, ging zum Studium nach Paris und später nach Padua, wo er 1563 – gerade einmal 21 Jahre alt – Rektor der Universität wurde. Wenige Jahre später kehrte er in die Heimat zurück, wurde 1566 königlicher Sekretär, 1576 Kanzler, 1578 Großkanzler und 1581 Großhetman der polnischen Krone. In dieser Eigenschaft befehligte er das Heer des Königreichs Polen und Litauen. Daneben unterhielt Zamoyski auch eine Privatarmee mit mehreren Tausend Soldaten. Er war im Seijm, dem Parlament, das unter anderem den König wählte, Anführer der Partei der Szlachta. Das war der niedere Adel, dem etwa ein Zehntel der polnischen Bevölkerung angehörte. Die Szlachta war bis zur Niederschlagung des Januaraufstands 1863 die maßgebliche Trägerin der politischen Willensbildung in Polen.

Zamoyski war sehr reich. Er besaß zwei Dutzend Städte und Hunderte von Dörfern. 1580 gründete er nahe seinem Geburtsort Skokówa die Stadt

Zamość, in deren Namen er sich verewigte. 1588 konstituierte sich auf Zamoyskis Initiative dort eine jüdische Gemeinde, und 1595 wurde feierlich eine Akademie eröffnet, die jungen Angehörigen der Szlachta die humanistische Bildung nahebringen sollte. Zamość wurde von dem venezianischen Baumeister Bernardo Morando ganz im Stil der Renaissance erbaut. Die Altstadt gruppiert sich um den großen, fast quadratischen Marktplatz, an dem auch das Rathaus steht, ein gewaltiger Bau mit einer großen geschwungenen Freitreppe und einem achteckigen Glockenturm. Den Platz säumen Häuser, deren Fassaden von großer Schönheit sind. Das ganze Ensemble ist bis heute erhalten und wurde 1992 von der UNESCO zum Weltkulturerbe erklärt.

Zamość gehörte nach der ersten polnischen Teilung 1772 zum Kronland Galizien und Lodomerien und damit zum Habsburger Reich. 1809 wurde die Stadt russisch und gehörte ab 1815 zum Königreich Polen. Das war ein konstitutionelles Königreich, das bei der vierten und endgültigen Aufteilung der polnischen Gebiete auf dem Wiener Kongress geschaffen wurde. Daher stammt seine umgangssprachliche Bezeichnung Kongresspolen. Dieses Königreich Polen war durch Personalunion mit dem Russischen Reich verbunden, und nach dem Januaraufstand 1863 wurden alle seine Zentralbehörden aufgelöst, sodass Kongresspolen nur noch eine Provinz des Zarenreiches war.

Die Stadt Zamość entwickelte sich gut und hatte Ende des 19. Jahrhunderts etwa 7 000 Einwohner, von denen die Mehrheit der jüdischen Gemeinde angehörte. Die Gemeinde war von Gegnern des Chassidismus dominiert. Der osteuropäische Chassidismus war eine religiöse Erneuerungsbewegung, die auf das Studium der Tora großen Wert legte, die aber auch auf kabbalistische Traditionen rekurrierte und dem religiösen Gemeinschaftserlebnis hohe Bedeutung beimaß, sodass sie oftmals eine mystische Ausprägung gewann. Zamość dagegen war ein wichtiges Zentrum der Haskala, der jüdischen Aufklärungsbewegung, als deren bedeutendster Vertreter der deutsche Philosoph Moses Mendelssohn gilt. 1939 lebten mehr als 28 000 Menschen in Zamość, unter ihnen 12 500 Juden. Es gab zwei Synagogen und neun Bethäuser, außerdem neun Bibliotheken, vier Buchhandlungen und drei Druckereien. Es erschienen zahlreiche Zeitschriften, unter anderem die *Zamoscher Shtime*, die von der zionistisch-sozialistischen Partei Poale Zion publiziert wurde.[35]

Nach dem deutschen Überfall auf Polen wurde Zamość am 12. Oktober 1939 Teil des Distrikts Lublin innerhalb des »Generalgouvernements für die besetzten polnischen Gebiete«. Schon bald gingen die Deutschen daran, die im »Generalplan Ost« niedergelegten Germanisierungsabsichten mit ungehemmter Brutalität in die Tat umzusetzen. Am 12. November 1942 erklärte Heinrich Himmler, den Adolf Hitler zum »Reichskommissar für die Festigung deutschen Volkstums« ernannt hatte, den Kreis Zamość zum deutschen Siedlungsgebiet. Im Zuge der »Aktion Zamość« sollten etwa 130 000 Polen aus der Stadt und den umliegenden Dörfern vertrieben werden und Platz machen für 9 000 deutsche »Neusiedler«. So sollte der von den Nationalsozialisten propagierte »Lebensraum im Osten« für das deutsche Volk geschaffen werden. Die Mehrheit der Polen konnte fliehen, viele von ihnen gingen in den Untergrund und schlossen sich den Partisanen an, aber 51 000 wurden deportiert.

Für die jüdische Bevölkerung von Zamość war nicht die Vertreibung, sondern die Vernichtung vorgesehen. Vom 27. September bis 5. Oktober 1939 war die Stadt in der Hand der Russen gewesen, viele Juden verließen mit den russischen Truppen die Stadt, für die verbleibenden 4–5 000 wurde im Frühjahr 1941 ein Getto in der Stadt errichtet.[36] Im Mai 1942 begannen die Deportationen in das Vernichtungslager Bełżec, etwa 50 Kilometer südöstlich von Zamość. Sie waren nach wenigen Monaten abgeschlossen, und am 18. Oktober 1942 wurde Zamość offiziell für »judenrein« erklärt. Wenn die Deutschen den Krieg gewonnen hätten, würde die Stadt heute »Himmlerstadt« heißen. Gott sei Dank gewannen sie ihn nicht.

*

Am 5. März 1871 kam Rozalia Luxenburg, die sich später Rosa Luxemburg nannte, in Zamość zur Welt. 1871 war ein historisches Schicksalsjahr. Am 18. Januar wurde der preußische König Wilhelm I. im Spiegelsaal von Versailles zum deutschen Kaiser gekrönt. Damit war das Deutsche Reich konstituiert, das ab 1898 für Rosa Luxemburg zur Stätte ihres Wirkens werden sollte. Vom 18. März bis zum 28. Mai 1871 herrschte in der Hauptstadt des von den Deutschen besiegten Frankreich die Pariser Kommune, nach der Überzeugung von Karl Marx die erste Verwirklichung der Diktatur des Proletariats. Ihre außerordentlich brutale Niederschlagung durch französische Regierungstruppen kostete Zehntausende Menschen das Leben und machte die Pariser Kommune zum zentralen Erinnerungsort der europäischen Arbeiterbewegung. Oberbefehlshaber der Streitkräfte der Kommune war der Pole Jaroslaw Dabrowski, ein revolutionärer Demokrat, der wegen Umsturzbestrebungen zu 15 Jahren Verbannung verurteilt worden war. Nach vier Jahren gelang ihm die Flucht aus Sibirien, und er ging nach Frankreich. Am 23. Mai 1871 fiel er beim Barrikadenkampf am Montmartre.

Rosa Luxemburg, die stets gegen die Wiedererrichtung des polnischen Nationalstaats gekämpft hatte, ist bis heute wenig gelitten im Land ihrer Geburt. Den meisten Polen gilt sie als Verräterin. Dennoch gab es Mitte der 1960er-Jahre eine Korrespondenz zwischen der Polnischen Vereinigten Arbeiterpartei, wie die Kommunistische Partei in Polen hieß, und dem Stadtrat von Zamość. Es ging um die Einrichtung eines kleinen Museums in Luxemburgs Geburtshaus und um die Anbringung einer Gedenktafel.[37] Das Museum wurde nie verwirklicht, die Gedenktafel gab es von 1979 bis 2018. Allerdings war sie in der Ulica Staciza angebracht, unter dem Laubengang an der Südseite des Marktplatzes. Tatsächlich kam Rosa Luxemburg zwei Straßen weiter südlich zur Welt, in der Ulica Tadeusza Kościuszki. Damals, unter russischer Fremdherrschaft, war die Straße allerdings nicht nach dem polnischen Nationalhelden Tadeusz Kościuszko benannt, sondern hieß einfach Ulica Ogrodowa, zu Deutsch Gartenstraße.[38]

Das Haus in der Gartenstraße hatte zunächst Rosa Luxemburgs Großvater Abraham gehört. Abraham Luxenburg hatte seine Jugendjahre allem Anschein nach in Warschau verbracht, bevor er 1828 im Alter von 22 Jahren Chana (Anna) Szlam heiratete und sich in Zamość niederließ.[39] Aus dieser Ehe gingen acht Kinder hervor. Nach Chanas Tod 1848 heiratete Abraham Amalia Lewinsztajn (Löwenstein), die Tochter des Rabbis von Meseritz, die ihm zwei weitere Kinder gebar. Nach ihrem Tod heiratete er Amalias jüngere Schwester Golda, die jedoch nach kurzer Zeit ebenfalls verstarb. Ein viertes Mal heiratete Abraham nicht. Stattdessen verließ er Zamość und zog nach Berlin, wo er 1872 starb.

Abraham Luxenburg war ein erfolgreicher Geschäftsmann, der mit Holz handelte und internationale Verbindungen pflegte. Er war einer der reichsten Bürger von Zamość, hatte Verbindungen zu Angehörigen der Szlachta und spielte auch eine wichtige Rolle in der jüdischen Gemeinde. Er war ein entschiedener Vertreter der Haskala, deren Anhänger, die Maskilim, für die Trennung von Religion und Staat eintraten und für die Öffnung der jüdischen Gemeinschaft gegenüber der nichtjüdischen Mehrheitsgesellschaft. Die Juden in Zamość verstanden sich in ihrer großen Mehrheit als polnische Patrioten, die ihre christlichen Landsleute bei ihrem Kampf gegen die russische Fremdherrschaft nach Kräften unterstützten. Als Abraham Luxenburg Zamość 1862 verließ, verkaufte er das Haus in der Gartenstraße an seinen erstgeborenen Sohn Edward, der seit 1853 mit Lina Löwenstein verheiratet war, der jüngeren Schwester der zweiten und dritten Frau seines Vaters. Die drei Schwestern hatten auch einen Bruder, Bernhard, er war Rabbi der jüdischen Reformgemeinde im galizischen Lemberg. Sein Sohn, Rosas Cousin, war der Rechtsanwalt Nathan Löwenstein, der 1895 in den Landtag des habsburgischen Kronlandes Galizien und Lodomerien gewählt wurde und in Lemberg den jüdischen Bürgerklub mit begründete. Unter den Vorfahren von Lina Löwenstein gibt es viele Rabbiner. Der bedeutendste von ihnen war Jakob Jehoschua Falk, der, 1680 in Krakau geboren, Oberrabbiner in Lemberg und Frankfurt am Main war und 1756 in Offenbach starb. Aber genau wie Karl Marx sprach Rosa Luxemburg nie von den vielen jüdischen Gelehrten, die ihren Stammbaum schmückten.

Edward Luxenburg (1830–1900) und Lina Löwenstein (1835–1897) hatten fünf Kinder: Chana (Anna) (1854–1925), Nathan (Mikolaj) (1855–1940), Maksymilian (1860–1943), Józef (1866–1934) und Rozalia (1871–1919). Edward trat in die Fußstapfen seines Vaters, führte den Holzhandel weiter

Die Eltern Lina und Edward Luxenburg, nach 1850

und war ein sehr erfolgreicher Geschäftsmann. Das Unternehmen hatte seinen Sitz in Warschau und Zamość und trieb Handel im In- und Ausland. Wenn Luxenburg mit Polen verhandelte, benutzte er die polnische Form seines Vornamens, im Geschäftsverkehr mit deutschen Handelspartnern die deutsche Form Eduard. Sein jüdischer Vorname war Elisha, was er später in Eliasz veränderte. Seinen Nachnamen schrieb er meist Luxenburg. Er benutzte aber auch die Form Luksenburg, was damit zusammenhing, dass es im polnischen Alphabet den Buchstaben »x« nicht gibt. Luxemburg (oder Luxenburg) ist aber die ursprüngliche Form des Familiennamens, denn die Familie hatte deutsche Wurzeln und war erst Ende des 18. Jahrhunderts aus Frankfurt am Main nach Polen eingewandert.[40]

Edward genoss eine gründliche Ausbildung. Er besuchte Schulen in Berlin und im preußischen Bromberg, das heute zu Polen gehört und Bydgoszcz heißt. Später studierte er am Rabbinerseminar in Warschau. Er schlug keine theologische Laufbahn ein, aber er schrieb Hebräisch und gehörte dem Vorstand der jüdischen Gemeinde in Zamość an. Er handelte nicht nur mit Holz, wie sein Vater, sondern auch mit militärischem Material. Auf Wunsch von Andrzej Artur Zamoyski, einem der Führer des Januaraufstands von 1863, schmuggelte Edward Luxenburg Waffen von Schweden nach Litauen.[41] Wie sein Vater gehörte auch Edward zu den angesehensten und reichsten Bürgern der Stadt. Das zeigt auch ein Dokument aus dem Jahr 1871. Es handelt sich um eine vollständige Auflistung der Einrichtungsgegenstände und des Hausrats der Familie Luxemburg.[42] Sie sind Zeugnis eines ausgesprochen großbürgerlichen Lebensstils. Der Hausrat ist nicht nur sehr umfangreich, es gibt sieben Tische, 24 Stühle, sieben Schränke und Kommoden und zwölf Betten und Sofas. Viele Gegenstände sind auch aufwendig und hochwertig verarbeitet. Es gibt gold- und messinggerahmte Spiegel, acht gerahmte Ölgemälde, Damastdecken, Bücherschränke und Skattische aus Eschenholz und vieles andere, was auf ein reges gesellschaftliches Leben schließen lässt. Entsprechend umfangreich ist die Ausstattung mit Geschirr und Wäsche. Natürlich ist auch ein Tallit verzeichnet, der Gebetsschal für gläubige Juden.

Auf die herausgehobene gesellschaftliche Stellung von Edward Luxenburg weisen vor allem zwei Positionen in der Liste hin. Er besaß einen doppelreihigen Delia. Das war ein prächtiger, reich verzierter Mantel, wie ihn die Angehörigen der Szlachta trugen. Als Wert sind zehn Rubel angegeben, etwa so viel, wie alle anderen Mäntel zusammen wert waren. Außerdem sind, und das ist noch viel ungewöhnlicher, zwei Thorarollen aufgeführt. Mit 26 Rubeln sind sie die mit weitem Abstand am höchsten bewerteten Gegenstände. Thorarollen waren etwas sehr Wertvolles und kamen in Privathaushalten kaum vor. Wir wissen nicht, ob es sich tatsächlich um Luxenburgs Privateigentum handelte oder ob er sie nur für die jüdische Gemeinde verwahrte, deren Vorstand er angehörte, wenngleich die Tatsache, dass sie in der Liste auftauchen, für Ersteres spricht. Der Gesamtwert der aufgelisteten Gegenstände ist mit 497,55 Rubeln angegeben.

Die Synagoge in Zamość wurde zu Beginn des 17. Jahrhunderts, kurz nach der Gründung der Stadt, errichtet. Der Renaissancebau gehört zu den eindrucksvollsten Zeugnissen jüdischer Religiosität in Polen. Das von den Nationalsozialisten verwüstete und beschädigte Gebäude wurde nach dem Zweiten Weltkrieg als Lagerhalle benutzt und erst vor wenigen Jahren umfassend renoviert. Wie so viele Synagogengebäude dient es heute als Museum, nachdem die jüdische Gemeinde Polens im Holocaust nahezu vollständig ausgelöscht worden ist.

Im Zarenreich gab es vor dem Ersten Weltkrieg etwas mehr als fünf Millionen Juden, das war damals etwa die Hälfte der jüdischen Weltbevölkerung. Zugleich war der russische Staat der einzige in Europa, in dem keine Judenemanzipation stattgefunden hatte. Die Angehörigen der jüdischen Minderheit waren gezwungen, sich im sogenannten Ansiedlungsrayon niederzulassen, der auf einen Erlass von Katharina II. aus dem Jahr 1786 zurückging und in etwa die Gebiete von Litauen, Weißrussland, Kongresspolen, der Ukraine, Wolhynien, Podolien und Bessarabien umfasste. Dort lebten die Juden in größeren Gruppen, meist in den Städten, wo sie sich in geschlossenen Wohnbezirken, den Schtetlech, zusammenfanden, die von beachtlicher Größe sein konnten und mancherorts sogar den größeren Teil der betreffenden Stadt ausmachten. Im Distrikt Lublin betrug der jüdische Anteil an der städtischen Bevölkerung 44,6 Prozent, was fast genau der Situation in Zamość entsprach.[43]

Es war diese Welt, in die Edward Luxenburgs Tochter Rozalia am 5. März 1871 hineingeboren wurde. Früher ist ihr Geburtsdatum häufig mit dem 5. März 1870 angegeben worden.[44] Dieser Irrtum beruht vermutlich darauf, dass das jüdische Neujahrsfest Rosch ha-Schana mehr als drei Monate vom Jahresbeginn nach unserem gregorianischen Kalender entfernt liegt, was früher immer wieder zu Umrechnungsfehlern geführt hat. Es gibt sogar noch ein drittes Geburtsdatum. Als Rosa Luxemburg in Zürich studierte, gab sie bei der ersten Immatrikulation 1889 das Geburtsjahr 1870, bei der zweiten Immatrikulation drei Jahre später 1871 an.[45] In ihrem Lebenslauf nennt sie den 5. März 1871[46], aber als sie dann eine Scheinehe mit Gustav Lübeck einging, um die deutsche Staatsbürgerschaft zu erlangen, ließ sie in die Heiratsurkunde den 25. Dezember 1870 eintragen, ein Datum, das sich auch noch in zwei anderen Dokumenten findet.[47] Als die niederländischen Sozialisten Henriette und Rik Roland-Holst im Dezember 1906 zum Geburtstag gratulierten, antwortete Luxemburg jedoch: »Ich danke Dir und Rik herzlich für die Geburtstagskarte, über die ich gelacht habe: mein ›offizielles‹ Geburtsdatum ist nämlich falsch (ganz so alt bin ich nicht), ich habe doch, als anständiger Mensch, keinen echten Geburtsschein, sondern einen ›angeeigneten‹ und ›korrigierten‹.«[48] Wir dürfen also davon ausgehen, dass der 5. März 1871, der heute auch allgemein genannt wird, das richtige Geburtsdatum ist.

Die Familie Luxenburg lehnte die jüdische Orthodoxie ab, sie bekannte sich aber zu ihrer jüdischen Identität und zugleich auch ausdrücklich zur polnischen Kultur. Zu Hause wurde Polnisch gesprochen, aber auch Deutsch und Russisch, genau wie in den meisten jüdischen Familien. Rozalias Mutter sprach vorzugsweise Jiddisch, eine Sprache, die die erwachsene Rosa Luxemburg, ebenso wie die Zionisten, als »Jargon« ablehnte. Dennoch benutzte sie das Jiddische später, um sich während der SPD-Parteitage Notizen zu machen, vermutlich, weil das außer ihr kaum jemand lesen konnte.

Polnisch war die Sprache, in der Luxemburg sich am meisten zu Hause fühlte. Als sie 1887 das II. Warschauer Frauengymnasium mit einem glänzenden Abschlusszeugnis verließ, erhielt sie in den Fächern Russisch, Deutsch und Französisch die Note »sehr gut«, in Polnisch aber »ausgezeichnet«. Und 13 Jahre später, als sie schon in Berlin lebte, schrieb sie an ihren Geliebten Leo Jogiches, sie fürchte sich vor seiner russischen Sprache, die sie gänzlich verlernt habe: »Mein Leo sollte eigentlich polnisch mit mir sprechen.«[49] Dass sie Russisch verlernt hatte, stimmte natürlich nicht. Eher war es so, dass Jogiches erst auf ihre Initiative hin Polnisch gelernt hatte, es aber nicht so gut beherrschte wie Russisch, Luxemburg wiederum das Russische nicht ganz so vertraut war und sie für die intime Kommunikation Deutsch oder Polnisch bevorzugte.

Das zitierte Abschlusszeugnis vermerkte auch, die Schülerin Rosalie Luxenburg sei mosaischer Konfession.[50] Später verließ sie die jüdische Gemeinde. Aber sie blieb immer geprägt von ihrer Herkunft und dem maskilischen Milieu, in dem sie aufgewachsen war. Rosa Luxemburg war eine typische Vertreterin des assimilierten Judentums, die sich gelegentlich auch zu spöttischen Bemerkungen über orthodoxe Ostjuden hinreißen ließ, was sie aber nicht hinderte, sich gegenüber ihrem Geliebten Leo Jogiches als seine Mame zu bezeichnen. Sie bewunderte die polnische Kultur, namentlich den großen Dichter Adam Mickiewicz, von dessen Versepos *Pan Tadeusz*, der polnischen Nationaldichtung, sie ganze Passagen zitieren konnte.[51] Gleichzeitig lehnte sie jeglichen Nationalismus entschieden ab. Luxemburg machte von ihrem Judentum kein Aufhebens, setzte sich aber gegen Antisemitismus entschieden zur Wehr, wenn es nottat. 1910 begann in Polen eine Hetzkampagne gegen die SDKPiL, die auch nicht davor zurückschreckte, Luxemburg persönlich anzugreifen und sich zu der bemerkenswert geschmacklosen These verstieg, ihre körperliche Behinderung sei ein Beispiel jüdischer Degeneration.[52] Gegen diese Kampagne ging sie mit einer ganzen Artikelserie vor, die auf Polnisch und Deutsch erschien.[53]

Rosa Luxemburg fühlte sich am wohlsten unter ihresgleichen, unter Sozialisten, die aus jüdischen Familien stammten, die aber die Welt der jüdischen Gemeinden hinter sich gelassen hatten. Dies traf auf Leo Jogiches, den wir bei aller Kompliziertheit ihrer Beziehung als die Liebe ihres Lebens bezeichnen dürfen, genauso zu wie auf Paul Levi, mit dem sie wenige Jahre vor ihrem Tod eine Liebesbeziehung hatte und der dann zu ihrem intellektuellen Testamentsvollstrecker wurde. Auch für weniger wichtige Männer in ihrem Leben wie Władysław Feinstein gilt dies und für Parteifreunde wie Alexander Parvus oder Karl Kautsky. Auch der zunächst von Luxemburg sehr geschätzte Karl Radek war ein »Kind der Haskala«[54]. Und es gilt, mit Ausnahme von Clara Zetkin, für alle ihre engen Freundinnen, für Luise Kautsky, die später in Auschwitz ermordet wurde, für ihre wichtigste Mitarbeiterin Mathilde Jacob und für Marta Rosenbaum, die beide in Theresienstadt ums Leben kamen. Viele Mitglieder der Familie Luxemburg wurden nach 1939 in Konzentrationslagern ermordet oder von den Nationalsozialisten als Angehörige des polnischen Widerstands hingerichtet. Die Familie geriet nach dem deutsch-sowjetischen Nichtangriffspakt von 1939 auch in die Mühlen der stalinistischen Vernichtungsmaschinerie. Luxemburgs Neffe Jerzy Luxemburg wurde

1940 von den Sowjets in Katyn erschossen, andere Mitglieder der Familie wurden als Angehörige der Bourgeoisie nach Sibirien deportiert.[55] Luxemburgs Großnichte Irene Borde, die in der Sowjetunion aufgewachsen war, emigrierte 1973 nach Israel: »In Russland hatten wir mit dem Namen Luxemburg nur Nachteile.« Ihre Großtante sei dort als Gegnerin Lenins eine unerwünschte Person gewesen.[56]

Zu Rosa Luxemburgs Freundinnen gehörte auch Mathilde Wurm (geb. Adler), die 1920 für die SPD in den Deutschen Reichstag gewählt wurde, 1933 nach Großbritannien emigrierte und dort zwei Jahre später unter ungeklärten Umständen ums Leben kam. (Der Stolperstein, der in Berlin-Tiergarten für sie verlegt worden ist, spricht von einer »Flucht in den Tod«.) Am 16. Februar 1917 schrieb Luxemburg aus der Festungshaft in Wronke an die Freundin, die damals der jüdischen Gemeinde noch angehörte, einen Brief. Wurm hatte ihr den Spinoza-Roman von Berthold Auerbach zur Lektüre geschickt. Luxemburg antwortete ihr, sie wolle nicht solchen »Kitsch« lesen, und fuhr fort: »Was willst Du mit den speziellen Judenschmerzen? Mir sind die armen Opfer der Gummiplantagen in Putumayo, die Neger in Afrika, mit deren Körper die Europäer Fangball spielen, ebenso nahe.« Es folgt dann ein Zitat aus einem Buch über die Vernichtung der Herero durch die deutschen Kolonialtruppen unter Führung des Generals Lothar von Trotha im Jahr 1904, ein militärisches Unternehmen, das heute allgemein als Völkermord gilt. Luxemburg fährt dann fort, dass die ungehörten Schreie der Verdurstenden in ihr so stark nachhallen, »dass ich keinen Sonderwinkel im Herzen für das Ghetto habe: Ich fühle mich in der ganzen Welt zu Hause, wo es Wolken und Vögel und Menschentränen gibt.«[57]

Rosa Luxemburg war eine entschiedene Internationalistin. Die Judenfrage war für sie ein Resultat der Klassengesellschaft; mit ihrer Überwindung würde der Antisemitismus verschwinden, aber auch der jüdische Nationalismus, der Zionismus.[58] Sie war sich ihrer jüdischen Herkunft bewusst, liebte die polnische Kultur, kämpfte für die deutsche Sozialdemokratie und war eine leidenschaftlich liebende Frau, aber sie wollte auf keine dieser Rollen reduziert werden und lehnte den jüdischen »Sonderwinkel« genauso ab wie den polnischen Nationalismus oder den Feminismus. Ab 1900 führte die SPD parallel zu ihren Reichsparteitagen immer wieder eigene Frauenkonferenzen durch, von denen Luxemburg in all den Jahren nur eine, im Jahr 1911, besucht hat, ohne dort das Wort zu ergreifen. In der sozialdemokratischen Frauenzeitschrift *Die Gleichheit*, die seit 1892 erschien, war sie, die so viel schrieb, erstmals 1905 mit einem Beitrag vertreten, dessen Thema nicht etwa ein feministisches, sondern die Russische Revolution war.[59] Und zum zweiten internationalen Frauentag 1912 hielt Luxemburg eine Rede zum Kampf um das Frauenwahlrecht. Ihr ging es dabei um die »Massen des weiblichen Proletariats«[60]. Luxemburg war davon überzeugt, dass die bürgerliche Gesellschaft den Frauen das Wahlrecht nicht zugestehen wollte, weil sie in ihrer großen Mehrheit dem Proletariat angehörten und so dessen politische Macht weiter stärken würden: »Das allgemeine, gleiche, direkte Wahlrecht der Frauen würde [...] den proletarischen Klassenkampf ungeheuer vorwärtstreiben und verschärfen.« Es ging ihr auch hier nicht um Frauenrechte, denn »durch den Kampf um das Frauenwahlrecht wollen wir die Stunde beschleunigen, wo die heutige Gesellschaft unter den Hammerschlägen des revolutionären Proletariats in Trümmer stürzt.«[61]

Rosa Luxemburgs Ziel war die Befreiung der Menschheit durch den Sozialismus, nicht Rechte für einzelne Gruppen. Dafür kämpfte sie, rücksichtslos gegen andere wie gegen sich selbst, und das war, so scheint es, schon in früher Jugend in ihr angelegt.

II

Warschau

Kongresspolen, Depolonisierung, Novemberaufstand, Januaraufstand

Als Rosa Luxemburg zweieinhalb Jahre alt war, zog die Familie nach Warschau. In der Literatur wird eine Vielzahl von Gründen für den Umzug genannt. Dass die Präsenz der Maskilim, der Anhänger der Haskala, in Zamość stark rückläufig war, sei ein Beweggrund gewesen. Andere Autoren verweisen auf eine Choleraepidemie in der Provinz Lublin im Jahr 1873. Das mag eine Rolle gespielt haben, aber überzeugender klingen die Begründungen, die mit dem neuen Wohnort zu tun haben. Warschau habe für Edward Luxenburg bessere geschäftliche Möglichkeiten geboten, die kosmopolitischere Atmosphäre der Stadt habe ihn gereizt, und auch die besseren Ausbildungsmöglichkeiten für die Kinder sollen eine Rolle gespielt haben. Davon konnten aber nur noch die beiden jüngsten profitieren. Die älteren Kinder waren zum Zeitpunkt des Umzugs bereits 19, 18 und 17 Jahre alt. Józef dagegen war erst sieben. Er besuchte später das Gymnasium und studierte anschließend an der Königlichen Warschauer Universität, die der russische Zar und polnische König Alexander I. 1816 gegründet hatte. Die Universität war nach dem Novemberaufstand 1830/31 und nach dem Januaraufstand 1863/64 jeweils für mehrere Jahre geschlossen worden. 1870 wurde sie wiedereröffnet, wobei jetzt nur noch auf Russisch unterrichtet werden durfte. Die Russen wollten keinesfalls einen dritten polnischen Aufstand erleben. Eine rigorose Depolonisierungspolitik setzte ein, deren Ziel die dauerhafte Etablierung der russischen Herrschaft war. Die administrativen Strukturen des Königreichs wurden aufgehoben und durch eine neue russische Verwaltung ersetzt. Russisch war ab sofort die einzige Amtssprache. Alle Schilder im öffentlichen Raum mussten in kyrillischer Schrift gehalten sein. Straßen und Orte wurden umbenannt, manchmal auch größere Städte. So wurde z. B. aus Brešć jetzt Brest-Litowsk. (Heute heißt die Stadt Brest und liegt in Weißrussland.) Der Unterricht an allen weiterführenden Bildungseinrichtungen musste auf Russisch erfolgen, Polnisch durfte nur noch als Fremdsprache unterrichtet werden.[62]

Wenn der neue russische Generalgouverneur zu Empfängen in die Warschauer Residenz lud, durften die Angehörigen der Szlachta nur noch Russisch sprechen. Bisher hatten sie sich, wie die Adeligen in vielen europäischen Ländern, gerne auf Französisch unterhalten, aber das war jetzt ebenso verboten wie die Benutzung der polnischen Sprache. Um die Position der Szlachta dauerhaft zu schwächen, verfolgte die zaristische Regierung eine Politik der Emanzipation der Agrarbevölkerung. Zar Alexander II. erklärte durch eine Anordnung das von den Bauern bewirtschaftete Land zu deren Privateigentum, sodass die Bauern nicht länger von den Feudalherren abhängig waren. Tatsächlich trat die Szlachta beim Januaraufstand 1863/64 zum letzten Mal in der polnischen Geschichte als das handelnde Subjekt auf. Bei allen späteren politischen Auseinandersetzungen war die soziale Basis eine andere. In den 1880er-Jahren bildeten sich auch in Polen sozialrevolutionäre und sozialistische Gruppierungen, die Namen wie »Arbeiterverteidigungsrat«, »Das polnische Volk« oder »Proletariat« hatten,[63] von denen noch zu sprechen sein wird.

Warschau war die Hauptstadt des 1815 geschaffenen Königreichs Polen. Dadurch entwickelte sich die Stadt zu einem dynamischen Zentrum der Industrialisierung. Dadurch, dass das Königreich Polen zum Zarenreich gehörte, war die polnisch-russische Zollgrenze weggefallen. Das hatte einen enormen Wirtschaftsaufschwung zur Folge. (Ein Thema, das später in Rosa Luxemburgs Dissertation eine wichtige Rolle spielte.) Warschau war nach Moskau und St. Petersburg die drittgrößte Stadt des Zarenreiches. Es war zugleich auch ein Mittelpunkt des kulturellen Lebens. In den hundert Jahren polnischer Nichtstaatlichkeit war Warschau das wirkmächtige Zentrum der polnischen Kulturnation. Die Stadt war der Ausgangspunkt des Novemberaufstands 1830 und des Januaraufstands 1863, die beide lang anhaltende Kämpfe nach sich zogen, aber in den preußischen und habsburgischen Teilen Polens nur ein verhaltenes Echo fanden. Nach der Niederlage des Novemberaufstands gingen etwa 30 000 Polen ins Exil, unter ihnen der Komponist Frédéric Chopin und der von Rosa Luxemburg so verehrte Nationaldichter Adam Mickiewicz.

Die Aufstände, insbesondere der Januaraufstand, führten zur Suspendierung der polnischen Autonomie. Unter der russischen Repression hatte auch der jüdische Teil der Bevölkerung zu leiden. Andererseits verbesserten sich aber die Beziehungen zu den nichtjüdischen Polen in dieser Zeit erheblich, was das Los der Juden in vielem erträglicher machte. Die Warschauer Juden hatten sich mit großem Einsatz am Januaraufstand beteiligt und so ihren polnischen Patriotismus unter Beweis gestellt. Viele Zöglinge des Warschauer Rabbinerseminars, das ein Zentrum der Haskala war, hatten sich an den Kämpfen beteiligt und dabei ihr Leben gelassen. Die Judenemanzipation hatte auch schon vor dem Aufstand erhebliche Fortschritte gemacht. 1861 war den Juden das aktive und passive Wahlrecht für den Gemeinderat gewährt worden, und im Jahr darauf wurden auch die bis dahin noch geltenden Beschränkungen für das Wohnrecht, Handels- und Gewerberecht aufgehoben.[64]

Jüdischer Wohnbezirk, Pogrom von 1881

Als die Familie Luxemburg 1873 in Warschau eintraf, hatten Juden das Recht, sich auch außerhalb des jüdischen Wohnbezirks anzusiedeln, während sie bis 1862 dafür noch eine Genehmigung gebraucht hatten, die

60 000 Złoty kostete, was eine außerordentlich hohe Summe war. Außerdem musste der Antragsteller perfekte Kenntnisse des Polnischen oder des Deutschen nachweisen und sich verpflichten, künftig auf die Kleidung der orthodoxen Juden in der Öffentlichkeit zu verzichten.[65] All das galt jetzt nicht mehr. Die Luxemburgs ließen sich in der Ulica Złota (Goldstraße) Nr. 16 nieder, etwas südlich des jüdischen Wohnbezirks. Luxemburgs Biografin Elżbieta Ettinger hat die Situation im neuen Warschauer Quartier anschaulich beschrieben:

> Es beherbergte auch polnische Intellektuelle und lag nicht weit, aber weit genug ab von dem Bezirk, den die armen und orthodoxen Juden bewohnten. Dieser Judenbezirk – mit seiner exotischen Atmosphäre, den gestikulierenden Männern mit Schläfenlocken und Kippa in flatternden Kaftanen wie große schwarze Vögel, den Frauen mit Perücke, den Bettlern und Straßenhändlern – glich mehr einer mittelalterlichen Szenerie als einer westlichen Kapitale. Er war eine ständige Peinlichkeit, ein Stein des Anstoßes für assimilierte Juden, die sich der Rückständigkeit ihres Volkes schämten und sich wünschten, nicht damit identifiziert zu werden. Sie reformierten ihren Glauben, sie sprachen vor den Kindern nicht mehr Jiddisch; sie milderten ihr semitisches Äußeres ab, indem sie sich westlich kleideten. Und dennoch – nur wenige Straßen weiter war diese andere Welt, das Haupthindernis für sie, akzeptiert zu werden: lärmende Leute in bizarren Kostümen; Arbeiter, die sich weigerten samstags zu arbeiten; Zaddikim, chassidische Sektenprediger, die Wunder vollbrachten; Rabbiner, die Gesetze erließen. Durch Zarenerlass angewiesen, ihre Bärte und Gewänder abzulegen, fanden sie Mittel und Wege, beides zu behalten; aus einem Stadtteil vertrieben, tauchten sie in einem anderen wieder auf; zum Erlernen des Polnischen gezwungen, erhoben sie das Jiddische zur Literatursprache.[66]

Ettingers Beschreibung des jüdischen Wohnbezirks ist typisch für die Sicht vieler assimilierter Juden auf die in der traditionellen Orthodoxie verharrenden Ostjuden, deren Andersartigkeit als Gefahr für den eigenen

Assimilierungsgewinn wahrgenommen wurde. Von Rosa Luxemburg sind vergleichbar harsche Worte nicht überliefert, Menschenverachtung war ohnehin nicht ihre Sache, aber wir dürfen davon ausgehen, dass ihre eigene Sicht auf die jüdische Orthodoxie der ihrer Biografin nicht ganz unähnlich war, wobei man bezweifeln darf, dass ihr eine ähnlich dezidierte Verachtung für das Jiddische zu eigen war, wie sie Ettinger hier erkennen lässt und wie sie bis heute von vielen Zionisten gepflegt wird.

Etwa elf Millionen Menschen sprachen damals Jiddisch, von denen mehr als 80 Prozent in Europa lebten.[67] Für die große Mehrheit der Juden im russischen Ansiedlungsrayon war Jiddisch die Alltagssprache, was sich aber in den amtlichen Statistiken nicht niederschlug, weil es als Sprache von den staatlichen Autoritäten nicht anerkannt war. Dort mussten sie das Deutsche als ihre Sprache angeben. Tatsächlich ist das Jiddische relativ eng mit dem Deutschen verwandt. Es wurde deshalb von manchen, auch jüdischen Autoren, als »Jüdischdeutsch« bezeichnet. Es gab damals eine bedeutende jiddische Literatur, Verlage und Theater, kulturelle und wissenschaftliche Einrichtungen. Wilna, der Geburtsort von Leo Jogiches, wegen seiner zahllosen Synagogen oft als das »litauische Jerusalem« bezeichnet, war seit dem 17. Jahrhundert eines der Zentren jüdischer Gelehrsamkeit. Seine jüdischen Bibliotheken gehörten zu den größten der Welt. Wilna war auch ein Zentrum der Haskala.

Der jiddische Schriftsteller Isaac Bashevis Singer, der später in die USA auswanderte, erhielt 1978 für sein Werk den Nobelpreis für Literatur. Der Sohn eines Rabbiners war zu Beginn des 20. Jahrhunderts als kleines Kind mit seiner Familie nach Warschau gekommen. Sie wohnten in der Ulica Krochmalna, einer Parallelstraße zur Ulica Złota, fünf Straßen weiter nördlich, mitten im jüdischen Armenviertel.[68] Er hat das Leben dort in dem Erzählungsband »Eine Kindheit in Warschau« anschaulich beschrieben:

> Das Miethaus, in dem ich aufwuchs, würde heute in Amerika zu den Slums gehören, aber damals empfanden wir das als nicht weiter schlimm. Abends wurde unsere Wohnung von einer Petroleumlampe

erleuchtet. Badezimmer oder fließendes heißes Wasser kannten wir nicht. Das Klosetthäuschen war draußen im Hof. [...] Die Leute, die in der Krochmalna wohnten, waren meistens arme Ladenbesitzer oder Arbeiter, aber es lebten dort auch viele Gelehrte ebenso wie Tagediebe, Verbrecher, Leute aus der Unterwelt.[69]

Die berühmten Fotografien von Roman Vishniac geben einen starken Eindruck von dieser untergegangenen Welt der Schtetlech und der großen Armut, die in den jüdischen Wohnbezirken in Osteuropa oftmals herrschte. Zu den Ikonen der Fotogeschichte gehört das Bild von der kleinen Sara, die den ganzen Winter im Bett verbringen musste, weil ihre Eltern zu arm waren, um das Kellergeschoss, in dem die Familie hauste, zu heizen.[70] Im Hintergrund sieht man die Blumen, die der Vater ihr an die Wand gemalt hat. Es waren die einzigen Blumen, die Sara in ihrer Kindheit zu sehen bekam. Wir dürfen davon ausgehen, dass Rosa Luxemburg, die einen überaus wachen Sinn für Kreaturen in Not und Bedrängnis hatte, diese Verhältnisse durchaus vor Augen standen, auch wenn ihr Vater in der Lage war, ein Quartier in einer besseren Gegend anzumieten.

Kindheit, Krankheit, Schule

Rosa Luxemburg hat sich nur selten über Persönliches geäußert. Deshalb wird der Brief an Luise Kautsky, in dem sie sich über ihre Warschauer Kinderjahre äußert, häufig zitiert. Luxemburg hat ihn im September 1904 aus der Haft in Zwickau geschrieben. Sie schildert zunächst die Abendstimmung im Gefängnis und schreibt dann: »Das Leben spielt mit mir ein ewiges Haschen. Mir scheint es immer, dass es nicht in mir, nicht dort ist, wo ich bin, sondern irgendwo weit.« Auf diesen Gedanken, dass das Leben »irgendwo weit« ist, kommt Luxemburg am Ende dieses langen Briefes noch einmal zu sprechen. Dazwischen schweifen ihre Gedanken zurück zu ihren Warschauer Kinderjahren:

> Damals zu Hause schlich ich mich in der frühesten Morgenstunde ans Fenster – es war ja streng verboten, vor dem Vater aufzustehen –, öffnete es leise und spähte hinaus in den großen Hof. [...] Alles schlief noch, eine Katze strich auf weichen Sohlen über den Hof, ein paar Spatzen balgten sich mit frechem Gezwitscher, und der lange Antoni mit seinem kurzen Schafpelz, den er Sommer wie Winter trug, stand an der Pumpe, beide Hände und Kinn auf den Stiel seines Besens gestützt, tiefes Nachdenken im verschlafenen, ungewaschenen Gesicht.[71]

Antoni war ein Mensch von »höheren Neigungen«. Er las jeden Abend die Zeitung, obwohl er kein Wort verstand und nur »die Buchstaben an und für sich [liebte]«.[72] Des Morgens aber kehrte er den Hof:

> Sein Hofkehren, das war ein Dichten. Und das war auch der schönste Augenblick, bevor noch das öde, lärmende, klopfende, hämmernde Leben der großen Mietskaserne erwachte. Es lag eine weihevolle Stille der Morgenstunde über der Trivialität des Pflasters; oben in den Fensterscheiben glitzerte das Frühgold der jungen Sonne, und ganz oben schwammen rosig angehauchte duftige Wölklein, bevor sie im grauen Großstadthimmel zerflossen. Damals glaubte ich fest, dass das ›Leben‹, das ›richtige‹ Leben, irgendwo weit ist, dorthin über die Dächer hinweg. Seitdem reise ich ihm nach.[73]

Das war nun 30 Jahre her. In der Abgeschiedenheit der Gefängniszelle standen die Bilder ihrer Kindheit Rosa Luxemburg wieder vor Augen. Die erzwungene Untätigkeit schuf den Raum für eine Kontemplation, die sie sich sonst nur selten gestattete, und so gibt es nicht viele Briefe, die von ihrem persönlichen Ringen um ein gelingendes Leben zeugen.

Warschau nahm im 19. Jahrhundert einen rapiden Aufschwung. Hatte die Stadt zu Beginn des Jahrhunderts nur etwas mehr als 100 000 Einwohner gehabt, waren es 1873 schon mehr als 300 000 und 1910 781 000 Einwohner. Der jüdische Bevölkerungsanteil nahm dabei stark zu, nachdem die Ermordung von Zar Alexander II. am 13. März 1881 in Russland eine

Welle von antijüdischen Pogromen ausgelöst hatte. Der reformorientierte Alexander II. fiel einem Attentat der linksterroristischen Untergrundorganisation Narodnaja Wolja (»Volkswille«) zum Opfer. Ihm folgte sein Sohn Alexander III., der ein brutaler Autokrat war und durch die sogenannten Maigesetze 1882 die Liberalisierung, die die Situation der jüdischen Minderheit erleichtert hatte, weitgehend wieder aufhob. Viele Juden flohen in die westlichen Regionen des Zarenreiches. Etwa zwei Millionen Juden emigrierten nach Westeuropa oder in die USA. 1882 betrug der Anteil der jüdischen Gemeinde an der Warschauer Stadtbevölkerung 33,4 Prozent, am Vorabend des Ersten Weltkriegs waren es sogar 39,2 Prozent. Mit 306 000 Mitgliedern war die jüdische Gemeinde in Warschau damals die größte in Europa.[74]

Auch in Warschau kam es 1881 an den Weihnachtstagen zu einem Pogrom. Ein irrtümlicher Feueralarm hatte in der Heilig-Kreuz-Kirche eine Massenpanik ausgelöst, bei der 29 Menschen zu Tode kamen. Anschließend verbreitete sich das Gerücht, dass jüdische Taschendiebe den falschen Alarm verursacht hatten, um die panisch fliehenden Menschen berauben zu können. Dreitägige Unruhen waren die Folge, die erst durch eine russische Militärintervention und Tausende von Verhaftungen beendet werden konnten, nachdem die Polizei die Marodeure zunächst hatte gewähren lassen. Zwei Menschen kamen durch das Pogrom um, 24 wurden verwundet. Mehr als 1 000 Juden wurden durch die Verwüstungen in den materiellen Ruin getrieben. Dieses Pogrom veranlasste auch Warschauer Juden zur Emigration, aber die Zuwanderung aus dem Osten führte bei Weitem zur Überkompensation dieses Bevölkerungsverlustes, sodass die Gemeinde weiter anwuchs.

Bei dem Pogrom wurde auch die Ulica Złota, in der die Luxemburgs wohnten, nicht verschont. Die Familie wurde allem Anschein nach nicht geschädigt, aber Genaueres wissen wir darüber nicht. Lediglich Elżbieta Ettinger gibt in ihrer Biografie eine lebhafte Schilderung des Geschehens. Ettinger hatte selbst Schlimmes durchgemacht. 1925 in Warschau geboren, schloss sie sich 1939 dem bewaffneten Widerstand gegen die deutsche Besatzungsherrschaft an, überlebte den Krieg wie durch ein Wunder, musste aber 1967 emigrieren, als infolge des Sechstagekriegs eine Welle des Antisemitismus die Staaten des Ostblocks erfasste. Das mag ihre Schilderung beeinflusst haben, von der sie selbst schreibt, dass sie nur auf ihrer Vorstellung beruht. Sie schildert, wie der Mob in das Haus eindringt, in dem die Luxemburgs wohnen. Von schweren Stiefeln und splitterndem Glas ist die Rede. Die Eltern können die zehnjährige Rosa nicht verteidigen, die auch nicht weglaufen kann: »Sie zog ihr kurzes Bein hinter sich her, sie würde bestimmt der Horde in die Hände fallen. Nie zuvor war ihr Hinken als Gefahr erschienen, als Lebensbedrohung; nie zuvor war die Gefahr so real gewesen.«[75] Weder in den Quellen noch in Luxemburgs Schriften gibt es irgendeinen Hinweis darauf, dass es sich so zugetragen hat.[76]

Lediglich ein einziges Mal erwähnt Rosa Luxemburg das Pogrom von 1881. In der schon einmal zitierten Artikelserie gegen den Antisemitismus von 1910/11 gibt es einen Beitrag »Antisemitismus Arm in Arm mit dem Banditentum«, in dem sie von einem »abscheulichen Judenpogrom« spricht.[77] Sie geht aber auf das Ereignis, das sie auch fälschlich auf 1882 datiert, gar nicht weiter ein. Es dient ihr lediglich als Beispiel zur Illustration ihrer These, dass der Antisemitismus eine Erscheinung der kapitalistischen Länder sei, der »reaktionären Verrohung«: »Deshalb spielt die Aufwiegelung zum Rassen- und nationalen Hass, um den polnischen Arbeiter vom jüdischen Arbeiter oder russischen Arbeiter zu entzweien, allein den Ausbeutern in die Hände.«[78] Antisemitismus sei in Wirklichkeit Antisozialismus, aber in der Zeit der Revolution von 1905 »war das Arbeitervolk durch den Sozialismus bereits soweit aufgeklärt, dass die teuflischen Machenschaften der Zarenregierung im Keim erstickt werden konnten.« Deshalb konnten die polnischen Arbeiter das Land vor der »Pest des Antisemitismus« bewahren.[79]

Wesentlich glaubwürdiger als Ettingers dramatische Schilderung ist in diesem Fall der Bericht Luise Kautskys, dass die zaristischen Repressionen schon in jungen Jahren Luxemburgs Zorn erregten, »vor allem aber waren es die entsetzlichen Judenpogrome, die auf Rosa erschütternd und aufreizend wirkten, sie zum Hass und zur Verachtung aufstachelten und unauslöschliche Eindrücke in ihrem jugendlich-empfänglichen Gemüte hinterließen«.[80] Dass Rosa Luxemburgs schon früh entwickeltes Gerechtigkeitsempfinden durch die Verfolgung Unschuldiger angestachelt wurde, kann man sich sehr gut vorstellen. Ihr publizistisches Wirken ist davon nachhaltig geprägt.

Auch die Verbindung des Pogroms mit dem Hüftleiden dient wohl vor allem dem Wunsch Ettingers, Dramatik zu erzeugen. Ein zehnjähriges Mädchen mit zwei gesunden Beinen wäre einer Horde von Marodeuren ebenso wenig entkommen, wenn es sie denn gegeben hätte. Bei Rosa Luxemburg manifestierte sich im Alter von fünf Jahren ein Hüftleiden, das fälschlich als Knochentuberkulose, eine sehr seltene bakterielle Infektionskrankheit, diagnostiziert wurde. Ein Jahr lang lag sie im Gips, und als sie wieder aufstehen konnte, war das eine Bein etwas verkürzt, was typisch für eine Hüftgelenksdysplasie ist, an der sie vermutlich litt. Eine solche Hüftdysplasie ist bei Neugeborenen nicht selten und kommt vor allem bei Mädchen immer wieder vor. Auch Anna Luxemburg, Rosas ältere Schwester, hinkte. Wenn sie nicht behandelt wird, verursacht die Hüftdysplasie bleibende Schäden, weswegen heutzutage alle Neugeborenen einer Routineuntersuchung unterzogen werden, zumal das Problem im Allgemeinen therapeutisch relativ leicht zu beheben ist, wenn die angeborene Fehlstellung frühzeitig erkannt wird.[81] Luxemburgs Leichnam, der nach seiner Auffindung in der Berliner Gerichtsmedizin sorgfältig untersucht worden ist, wies eine Beinverkürzung auf, außerdem eine irreguläre Ausbildung des linken Hüftgelenks (»Ausschweifung«) sowie eine »mäßige alte Wirbelsäulenverkrümmung«, eine Skoliose,[82] wie sie typischerweise infolge einer Hüftgelenksdysplasie auftritt. Rosa Luxemburg hinkte zeitlebens, verwandte aber große Mühe darauf, diese Behinderung durch ihre Kleidung und durch ihre Art, sich zu bewegen, zu kaschieren. Davon, dass sie ein kurzes Bein hinter sich herzog, kann nicht die Rede sein.

Als Rosa Luxemburg mit fünf Jahren erkrankte, waren ihre Geschwister bereits 22, 21, 16 und zehn Jahre alt. Sie war mit Abstand die Jüngste und schon von daher für die Rolle des Nesthäkchens prädestiniert. Das wenige, das wir über die Jahre der Kindheit wissen, verdanken wir vor allem den Geschwistern, nicht Rosa Luxemburg selbst, die sich darüber nur sehr selten äußerte. Die nahezu einjährige Bettlägerigkeit hat sicherlich dazu beigetragen, dass Eltern und Geschwister die Fünfjährige noch liebevoller umsorgten als ohnehin schon. Zur Immobilität gezwungen, nutzte Luxemburg die Zeit, um Lesen und Schreiben zu lernen. Sie sandte Gedichte und Briefe an die Familienmitglieder in den anderen Zimmern und bestand darauf, dass sie auch eine ebensolche schriftliche Antwort bekam. Schon bald begann sie, die erworbenen Kenntnisse weiterzugeben und die polnischen Hausmädchen zu unterrichten, die damals in der Regel Analphabetinnen waren.[83] Ihre Schwester Anna sagte einmal: »Róza ist klüger als wir alle zusammen.«[84] Mit sechs Jahren war sie bereits eine fleißige Mitarbeiterin bei einer Kinderzeitung, und wenig später begann sie, russische Gedichte ins Polnische zu übersetzen, und schrieb auch selbst Gedichte auf Polnisch.[85]

Großen Einfluss auf Rosa Luxemburgs geistige Entwicklung hatte die Mutter, auch wenn sie sich deren überschäumender Begeisterung für Friedrich Schiller nicht anschloss und stattdessen den großen polnischen Dichtern, allen voran Adam Mickiewicz, die Treue hielt. In der jüdischen Familie kam der Mutter eine zentrale Position zu. In zahlreichen Liedern ist die »jiddische Mame« besungen worden. Lina Luxenburg wird als warmherzige und lebenskluge Frau geschildert. Noch kurz vor ihrem Ende, als sie bereits schwer krank darniederlag, galten ihre Gedanken vor allem dem Wohlergehen ihrer jüngsten Tochter, wie Anna Luxemburgs Briefe bezeugen, die sie Rosa nach Zürich sandte. Am 30. September 1897, dem Todestag der Mutter, schrieb sie: »Überhaupt überlegte sich Mama ständig, wie man Dir eine Freude bereiten und die Einsamkeit vergüten könne, sie hätte Dir gerne die Herzenswärme geschickt, die sie für Dich hatte. Sie brüstete sich mit Dir, Deine Briefe gab sie, als sie schon im Bett lag, Wohlwollenden zu lesen und verfolgte ihren Gesichtsausdruck […].«[86] Anna, die schon über 40 Jahre alt war, aber noch immer zu Hause lebte, war eine eifrige Briefschreiberin. Ihr vor allem verdankte es Rosa, dass sie darüber informiert war, wie es der Familie erging.

Rosa Luxemburg, Warschau 1877

Lina Luxenburg übertraf das Gros ihrer Geschlechtsgenossinnen bei Weitem an Bildung und geistigem Horizont. Das mag dazu beigetragen haben, dass Rosa jahrelang zu Hause unterrichtet wurde und erst 1880 mit dem Schulbesuch begann. Sie absolvierte alle sieben Klassen des Warschauer II. Frauengymnasiums und besuchte die Schule bis zum 14. Juni 1887. Der Besuch dieser Schule, auf die vorzugsweise Kinder von russischen Beamten und Offizieren, aber auch aus der polnischen Mittelschicht gingen, ist ein weiteres Zeichen für die gehobene gesellschaftliche Stellung der Familie Luxemburg. In 14 Fächern erhielt Rosa im Abschlusszeugnis die bestmögliche Note 5 (»ausgezeichnet«), in fünf Fächern bekam sie eine 4 (»sehr gut«).[87] Sie war all die Jahre die beste Schülerin gewesen. Dennoch wurde ihr die ihr zustehende Goldmedaille verweigert, und das, obwohl ihr Betragen laut Zeugnis ausgezeichnet war.

Oppositionsgeist, Proletariat

Der Grund für die Verweigerung der verdienten Anerkennung war, dass Rosa Luxemburg sich mit ihrer oppositionellen Haltung bei der Schulleitung unbeliebt gemacht hatte. So kursierte an verschiedenen Schulen in der Stadt eines ihrer Gedichte, das mit den Zeilen begann:

Für diejenigen fordere ich Strafe,
die heute satt sind, die in Wollust leben,
die nicht wissen, die nicht fühlen,
unter welchen Qualen Millionen ihr Brot verdienen.[88]

Die letzte Strophe lautet:

Ich möchte alle Leiden,
alle verborgenen, bitteren Tränen
den Satten auf ihr Gewissen laden,
ihnen alles mit schrecklicher Rache heimzahlen.[89]

Die Verfasserin dieser Zeilen ist noch sehr jung, aber der Ton erinnert schon an die Texte der engagierten sozialistischen Publizistin späterer Jahre. Bei der letzten Strophe denkt man unwillkürlich an den im ersten Kapitel zitierten Brief, in dem es heißt: »Ich fühle mich in der ganzen Welt zu Hause, wo es Wolken und Vögel und Menschentränen gibt.«[90]

Von Luxemburgs Oppositionsgeist zeugte auch ein noch früheres Gedicht, das sie am 8. August 1884 schrieb, als Kaiser Wilhelm I. seinen Besuch in Warschau angekündigt hatte. Luise Kautsky, die das Gedicht in ihrem Gedenkbuch überliefert hat, nennt es das »erste Dokument des erwachenden politischen Sinnes bei Rosa«:

Zu Kaiser Wilhelms Ankunft
Endlich werden wir Dich sehen, Mächtiger des Westens,
Das heißt, solltest Du in des Sachsen Garten kommen,
Denn ich besuche Eure Höfe nicht.
Es liegt mir nämlich an Euren Ehrenbezeigungen gar nichts.
Doch wissen möchte ich, was Ihr dort schwatzt.
Mit dem »Unsrigen« sollst Du ja »per Du« sein.
In Bezug auf Politik bin ich noch ein dummes Schaf,
Drum will ich überhaupt mit Dir nicht viel reden.

Nur eines möchte ich Dir, lieber Wilhelm, sagen:
Sage Deinem listigen Lumpen Bismarck,
Tue es für Europa, Kaiser des Westens,
Befiehl ihm, dass er die Friedenshose nicht zuschanden macht.[91]

Der Sächsische Garten ist ein Park im Zentrum von Warschau, den der sächsische Herzog August der Starke hatte anlegen lassen, nachdem er 1697, nach seiner Konversion zum Katholizismus, zum König von Polen und Litauen gewählt worden war.

Das Gedicht, das wir nur in dieser etwas holprigen deutschen Übersetzung kennen, ist ein sehr interessantes Dokument. Eine 13-jährige polnische Gymnasiastin hat das Bedürfnis, ein ausländisches Staatsoberhaupt, den deutschen Kaiser, persönlich anzusprechen, und demonstriert dabei ein beachtliches Selbstbewusstsein. Wenn er in den Stadtpark kommt, ist sie geneigt, ihn in Augenschein zu nehmen, in die örtliche Residenz würde sie sich allerdings nicht bemühen. Gleichzeitig ist sie interessiert zu erfahren, was dort verhandelt wird, und erweist sich auch als informiert darüber, wie der deutsche Reichskanzler heißt, und hält eine Ermahnung für ihn bereit. Zu dem früh entwickelten geistigen Horizont des Mädchens leisteten sicherlich auch die ausländischen Zeitungen einen wichtigen Beitrag, »die der freisinnige Vater trotz strengster Zensurschranken sich insgeheim immer zu verschaffen wusste«, wie Luise Kautsky berichtet.[92]

Die beiden zitierten Gedichte zeigen, dass Rosa Luxemburg schon in sehr jungen Jahren mit wachen Sinnen das politische Geschehen verfolgt hat und gewillt war, sich einzumischen und entschieden Partei zu ergreifen. Der Weg in die Politik war schon früh vorgezeichnet. Die täglich spürbaren Auswirkungen der Russifizierung und der damit einhergehenden Diskriminierung der einheimischen Bevölkerung erregten ihren Zorn. Mit besonderer Empörung nahm sie die von der zaristischen Obrigkeit tolerierten, wenn nicht geförderten Pogrome gegen die jüdische Minderheit wahr. Die soziale Funktion dieser Pogrome war ihr dabei sehr bewusst. Das zeigt nicht nur ihre Serie von Artikeln gegen den Antisemitismus.

Als Rosa Luxemburg in der Abgeschiedenheit des Breslauer Gefängnisses Wladimir Korolenkos *Die Geschichte meines Zeitgenossen* übersetzte, gab sie in der Einleitung nicht nur einen profunden Überblick über die russische Literatur, sondern kam auch auf die Diskriminierung von Minderheiten zu sprechen:

> Es ist eine der Einrichtungen der modernen Zivilisation, dass die Volksmassen, wenn sie der Schuh aus diesem oder jenem Grunde drückt, von Zeit zu Zeit Angehörige eines anderen Volkes oder anderer Rasse, Religion, Hautfarbe zum Sündenbock machen, an dem sie ihre schlechte Laune auslassen, um darauf erfrischt zum gesitteten Tagewerk zurückzukehren.[93]

Luxemburg zitiert dann verschiedene konkrete Vorfälle, unter anderem ein Pogrom, das sich in Zürich aus Anlass eines Kindesmordes gegen die italienische Minderheit gerichtet hatte, und stellt zum Schluss fest: »Das beliebteste Objekt für die Blitzableiterpolitik war freilich im Osten seit jeher die jüdische Bevölkerung.«[94]

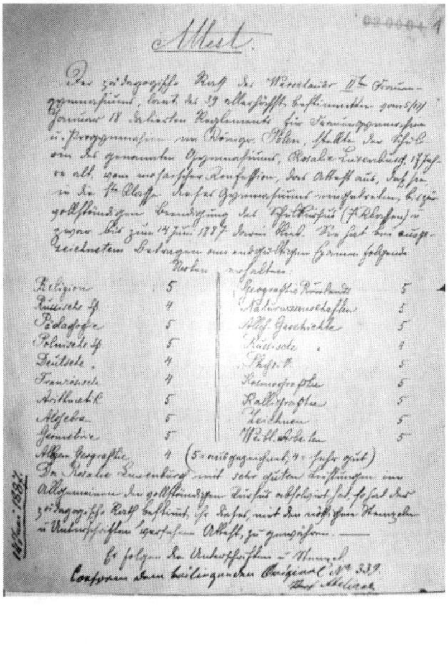

Attest.

Schulzeugnis Rosa Luxemburgs (deutsche Übersetzung), 14. Juni 1887

Als Rosa Luxemburg im Juni 1887 die Schule abschloss, war sie zwar erst 16 Jahre alt, aber bereits seit einiger Zeit politisch aktiv, was durch den Umstand begünstigt wurde, dass Warschau schon seit den späten 1870er-Jahren ein Zentrum sozialistischer Aktivitäten war. Stand in der preußischen »Provinz Posen« und im habsburgischen Galizien die Arbeiterbewegung ganz unter dem Einfluss der deutschen bzw. österreichischen Sozialdemokratie, so entstand in Kongresspolen die – in Luxemburgs Worten – »in ihrer Entwicklung selbständigste und eigenartigste Arbeiterbewegung«.[95] Eine der SPD auch nur irgendwie vergleichbare politische Kraft, die als Vorbild hätte dienen können, gab es im Russischen Reich nicht, sodass die polnischen Sozialisten sich einen eigenen Weg suchen mussten, wobei sie sowohl Einflüsse der westeuropäischen Arbeiterbewegung als auch der Narodnaja Wolja aufnahmen.

Die erste sozialistische Partei in Kongresspolen führte den programmatischen Titel »Proletariat«. Um sie von der späteren Neugründung abzugrenzen, wird sie häufig als »Proletariat I« bezeichnet, manchmal auch als »Großes Proletariat«. Das Proletariat I wurde auf Initiative von Ludwik Waryński 1882 in Warschau gegründet. Beteiligt waren daran Angehörige verschiedener kleinerer Sozialistenzirkel. Zu den Mitbegründern des Proletariat I gehörten z. B. Stanisław Krusiński und Ludwik Krzywicki, die gemeinsam mit weiteren Mitstreitern »Das Kapital« von Karl Marx ins Polnische übersetzten, um so eine theoretische Grundlage für ihre politische Arbeit zu gewinnen. Beide studierten, wie Rosa Luxemburgs jüngster Bruder Józef, in Warschau Medizin, Krzywicki wurde allerdings 1883 wegen seiner politischen Aktivitäten von der Universität relegiert. Im Januar 1883 schloss sich das Proletariat I auf einer Konferenz in Wilna mit verschiedenen anderen kleinen Parteien zusammen, und es wurde ein gemeinsamer Vorstand gewählt. Im März 1884 bildete die so gestärkte Partei auch eine Allianz mit der Narodnaja Wolja, einem konspirativen Bund, der für die Überwindung des Zarismus und eine moderne demokratische Verfassung kämpfte, zur Erreichung dieser Ziele aber auch auf terroristische Mittel setzte. Damit standen die Narodniki nicht in der Tradition der marxistischen Arbeiterbewegung, sondern in der Tradition der Anarchisten, die mit ihrem Konzept der Propaganda der Tat die Hauptverantwortung für die zahlreichen Attentate auf Staatsoberhäupter und Politiker in den letzten beiden Jahrzehnten des 19. Jahrhunderts trugen.

Ludwik Waryński, der 1856 im ukrainischen Martynowa zur Welt gekommen war, hatte zunächst in St. Petersburg studiert und sich dort einer sozialistischen Jugendgruppe angeschlossen. Wegen seiner politischen Aktivitäten musste er die Universität verlassen und ging 1876 nach Warschau, wo er die erste in Kongresspolen erscheinende sozialistische Zeitschrift gründete. Doch schon bald wurde die zaristische Polizei auf ihn aufmerksam und verwies ihn des Landes. Als im Oktober 1879 die von Waryński gegründete Zeitschrift »Gleichheit« erstmals erschien, war er selbst bereits in Krakau, wo ihn die österreichisch-ungarische Polizei in Haft nahm und er ein Jahr im Gefängnis verbringen musste. Danach ließ er sich in Genf nieder und entwarf ein politisches Grundsatzprogramm, das unter dem Namen »Brüsseler Programm« bekannt geworden ist. Um von der in Genf organisierten Druckerei abzulenken, war in der Broschüre als Publikationsort Brüssel angegeben. Das Programm bot eine Analyse der Verhältnisse in der kapitalistischen Gesellschaft, enthielt aber keine konkreten Forderungen und endete mit der Losung »Proletarier aller Länder, vereinigt euch!«. Dieses Programm lag auf der Linie dessen, was Rosa Luxemburg später vertreten sollte, und stieß in Polen auf ein sehr geteiltes Echo. Vor allem das Fehlen der Forderung nach nationaler Unabhängigkeit wurde kritisiert.[96] Luxemburgs Position war dem genau entgegengesetzt. Sie betonte in ihrem Aufsatz »Der Sozialismus in Polen«, Waryńskis größtes Verdienst liege in seiner klaren Stellungnahme zum Nationalismus.[97]

Ende 1881 kehrte Waryński nach Warschau zurück. Er war inzwischen politisch erfahren, organisierte Arbeiterzirkel in den Fabriken und Werkstätten, verfasste Flugblätter und Manifeste. 1882 erschien der Aufruf des neu gegründeten »Arbeiterkomitees der sozialrevolutionären Partei Proletariat«, der ein umfangreiches politisches Programm enthielt: Verstaatlichung der Produktionsmittel, Bildung von Genossenschaften, Rede-, Versammlungs- und Pressefreiheit, Trennung von Kirche und Staat, kostenloser Schulunterricht für jedermann. Diese Ziele sollten durch Streiks, Demonstrationen, die Verweigerung von Steuerzahlungen, aber auch durch Terror erreicht werden.[98] Hier machte sich der Einfluss der Narodniki bemerkbar.

Interessant in Hinblick auf die jüngere polnische Geschichte ist, dass sich 1883 auch eine eher reformistisch orientierte Arbeiterpartei unter dem Namen »Solidarność« (Solidarität) bildete, doch ihr Anführer Kazimierz Puchewicz wurde noch im selben Jahr verhaftet, und die Gruppe zerfiel wieder.[99] Auch Waryński wurde am 28. September 1883 zusammen mit anderen Mitgliedern des Proletariat I verhaftet. Im Juli 1884 kam es zu einer großen Verhaftungswelle, der auch die anderen Mitglieder des Zentralkomitees der Partei zum Opfer fielen. Am 1. März 1885 kamen bei einer Arbeitslosendemonstration die letzten noch in Freiheit befindlichen Parteimitglieder in Haft, und das Proletariat I hörte auf zu existieren. In einem umfangreichen Geheimprozess verurteilte ein Kriegsgericht 29 Personen, darunter vier zum Tode und zwei zu 20 Jahren Zwangsarbeit.[100] Zwei Angeklagte wurden zur Deportation nach Sibirien verurteilt, die übrigen zu Haftstrafen. Waryński, der sich bis heute in Polen großer Popularität erfreut, wurde zu 16 Jahren Haft in der Festung Schlüsselburg verurteilt, die 35 Kilometer östlich von St. Petersburg liegt. Dort starb er nach sechs Jahren an Tuberkulose. Weitere 200 Mitglieder des Proletariat I erhielten in einem sogenannten administrativen Verfahren geringere Haftstrafen.[101]

Reste des Proletariat I unter Führung von Marcin Kasprzak und eine Studentengruppe, die Ludwik Kulczycki leitete, fanden sich im März 1888 in Warschau zur Gründung des Proletariat II zusammen, das wie die erste Partei keine lange Lebensdauer haben sollte, bald durch Massenverhaftungen geschwächt war und 1893 in der PPS aufging. Kulczycki war der Verfasser des Parteiprogramms. Er war Soziologe und Publizist und entfaltete später eine reiche Publikationstätigkeit. Der von ihm geleiteten Studentengruppe gehörte auch Rosa Luxemburg an.[102] Wir dürfen annehmen, dass sie die sozialistischen Aktivitäten in Warschau in jenen Jahren mit wachem Interesse verfolgt hatte. Inzwischen hatte sie das Gymnasium abgeschlossen und konnte noch mehr Energie auf ihre politischen Interessen richten. Die »illegalen Selbstbildungszirkel der Jugend«[103] waren damals ein verbreitetes Phänomen. Es gab sie fast an jeder weiterführenden Schule oder Universität. Häufig waren sie Orte, an denen sich die polnische Kulturnation in ihrem Widerstand gegen die zaristische Besatzungsherrschaft und deren Russifizierungspolitik artikulierte. In den studentischen Gruppen waren wie in den ersten sozialistischen Parteien immer auch Juden unter den Aktiven zu finden. Als Polen und als Juden erlebten sie die Repression zweifach und waren deshalb auch besonders sensibilisiert für das schwere Los der Arbeiterschaft.[104]

Marcin Kasprzak war 1860 in Czołowo in der preußischen Provinz Posen zur Welt gekommen, 1885 nach Berlin gegangen, wo er Mitglied der SPD wurde, aber bald nach Warschau übersiedelte und sich dort dem Proletariat I anschloss. Noch im selben Jahr wurde er verhaftet, floh 1887 aus dem Gefängnis und ging in die Schweiz, war aber im Jahr darauf schon wieder in Warschau. 1891 musste Kasprzak erneut fliehen, ging nach London, schloss sich 1896 der PPS in der Provinz Posen an, kehrte aber 1904 wieder nach Warschau zurück, wo er nun Mitglied der SDKPiL wurde. Bei einer Polizeirazzia, die einer Untergrundpresse der Partei galt, wurde er in eine Schießerei verwickelt. Mehrere Polizisten kamen dabei ums Leben, Kasprzak wurde zum Tod verurteilt und am 8. September 1905 in der Warschauer Zitadelle hingerichtet.

Dieses Ende entsprach nicht dem, was Kasprzak politisch gewollt hatte. Unter dem Einfluss der deutschen Sozialdemokratie war er ein Gegner des individuellen Terrors der Narodniki geworden und hatte ähnlich wie Waryński versucht, die Arbeiterschaft zu organisieren, sich um Publikationen gekümmert und Streikaktionen organisiert. Im Umfeld dieser Aktivitäten engagierte sich auch Rosa Luxemburg. Sie war vor allem in Schüler- und Studentenkreisen als Agitatorin aktiv, hatte aber auch Verbindungen zum Proletariat II[105]. Andererseits wohnte sie, über ein Jahr nach ihrem Schulabschluss, noch immer in der Wohnung ihrer Eltern, wo sie sich dem Studium der sozialistischen Klassiker widmete. Diese Lebenssituation war gewiss angenehm, entsprach aber nicht gerade den

Regeln eines konspirativen Verhaltens. Die zaristische Polizei war durchaus gewillt, gegen die sozialistische Agitatorin vorzugehen, es drohte Luxemburgs Verhaftung. Deshalb musste sie eine Weile von der Bildfläche verschwinden und zog sich auf Anraten Kasprzaks aufs Land zurück. Marcin Kasprzak soll es auch gewesen sein, der sich darum kümmerte, dass Rosa Luxemburg im Dezember 1888 das Land verlassen und nach Zürich fahren konnte, wo sie studieren wollte.[106]

III

Zürich

Rosa Luxemburg hatte sich bereits im März 1888 einen Reisepass ausstellen lassen,[107] denn das Zarenreich verlangte für jeden Grenzübertritt, egal ob Ein- oder Ausreise, die Vorlage eines Reisepasses, während ansonsten in Europa damals freier Reiseverkehr herrschte.[108] Damit war die Frage, wie die allein reisende 17-Jährige außer Landes gelangen sollte, aber noch nicht geklärt. Ihr drohte die Verhaftung, und davor hätte auch der Reisepass sie nicht geschützt. Leider gibt es keine schriftlichen Zeugnisse darüber, wie dieses Problem gelöst wurde. Es bestand damals ein reger illegaler Grenzverkehr zwischen den verschiedenen Teilen des ehemaligen polnischen Staates, »der Schmuggel von Personen, Literatur und Geld war gut organisiert«.[109] Aber wann und wo Luxemburg die Grenze überschritten hat, wissen wir so wenig wie, wann genau sie in Zürich angekommen ist. Paul Frölich berichtet von der russisch-deutschen Grenze, also der zwischen Kongresspolen und der Provinz Posen. Seine Schilderung hat Eingang in viele Biografien gefunden. Da Frölich im Gegensatz zu späteren Biografen Luxemburg gut gekannt hat, können wir annehmen, dass er sich bei seiner Darstellung auf ihre Berichte gestützt hat. Deshalb sei sie auch hier zitiert:

> Schmuggler sollten Rosa Luxemburg über die russisch-deutsche Grenze führen. Im Grenzort ergaben sich Schwierigkeiten, den Plan durchzuführen. Da griff Kasprzak zu einer Kriegslist. Er suchte den katho-

lischen Pfarrer des Ortes auf und stellte ihm vor, ein jüdisches Mädchen habe den heißen Wunsch, Christin zu werden, könne dies aber nur im Ausland vollbringen, da ihre Angehörigen sich heftig widersetzten. Rosa Luxemburg ging auf den frommen Betrug mit solchem Geschick ein, daß der Pfarrer die notwendige Hilfe leistete. Auf einem Bauernwagen, im Stroh versteckt, fuhr Rosa Luxemburg über die Grenze, hinaus in die Freiheit.[110]

So muss es nicht, aber so kann es gewesen sein. Plausibel ist die Schilderung durchaus, denn in einem solchen Versteck die Grenze zu überqueren, war damals nichts Ungewöhnliches. Darüber, wie sich die weitere Reise auf den mehr als tausend noch zu bewältigenden Kilometern abgespielt hat, erfahren wir auch bei Paul Frölich nichts, während Luise Kautsky, die mit ihr befreundet war, zu berichten weiß, dass Luxemburg sich entschloss zu fliehen – »und in ihrer Schülertracht, noch mit der Schürze der Gymnasiastinnen, kam sie nach der Schweiz«.[111]

Das erste gesicherte Datum für Rosa Luxemburgs Aufenthalt in Zürich ist der 18. Februar 1889. An diesem Tag hat sie sich bei der damals noch selbstständigen Gemeinde Oberstrass angemeldet. Die Anmeldung verlangten die kantonalen Behörden, ansonsten hatten Ausländer in der Schweiz nichts zu befürchten, solange sie nicht die öffentliche Ruhe und Ordnung störten. Zwischen 1870 und 1917 wurden nur sieben Personen auf Verlangen der russischen politischen Polizei ausgeliefert, die sich in Russland schwerer Verbrechen (z. B. des Mordes) schuldig gemacht hatten.[112] Für ihren Aufenthalt mietete Luxemburg ein Zimmer in der Nelkenstraße 5. Im Oktober wechselte sie in die Nelkenstraße 12, wo sie Untermieterin bei der Familie Lübeck wurde.[113] Carl Lübeck war ein deutscher Sozialdemokrat, der zuletzt für die von Wilhelm Liebknecht herausgegebene Zeitung *Der Volksstaat* gearbeitet hatte.

Wilhelm Liebknecht und August Bebel, die beide dem Reichstag des Norddeutschen Bundes angehörten, hatten dort am 26. November 1870 gegen die Bewilligung weiterer Kriegskredite gestimmt, weil sie die Fortsetzung des am 19. Juli begonnenen Krieges gegen Frankreich und die angestrebte Annexion von Elsass-Lothringen ablehnten. Bebel bekräftigte diese Position noch einmal in seiner Rede in dem inzwischen konstituierten Deutschen Reichstag am 25. Mai 1871, kurz nachdem der Krieg siegreich beendet war, und sagte, die Annexion sei ein Verbrechen gegen das Völkerrecht und ein Schandfleck in der deutschen Geschichte. Bebel bezog sich ganz ausdrücklich auch auf die Pariser Kommune und rief unter dem Hohngelächter der Abgeordneten der anderen Parteien: »Meine Herren, und wenn auch im Augenblick Paris unterdrückt ist, dann erinnere ich Sie daran, dass der Kampf in Paris nur ein kleines Vorpostengefecht ist, dass die Hauptsache in Europa uns noch bevorsteht und dass, ehe wenige Jahrzehnte vergehen, der Schlachtruf des Pariser Proletariats: ›Krieg den Palästen, Friede den Hütten, Tod der Not und dem Müßiggange!‹ der Schlachtruf des gesamten europäischen Proletariats werden wird.«[114]

Reichskanzler Otto von Bismarck war aufs Äußerste empört und ruhte nicht eher, als bis Bebel und Liebknecht 1872 vor Gericht gestellt wurden. Auch Adolf Hepner, der zweite Redakteur des *Volksstaat*, wurde im sogenannten Leipziger Hochverratsprozess angeklagt. Während Hepner, der »so unschuldig wie ein neugeborenes Kind«[115] war, freigesprochen wurde, verurteilte das Leipziger Schwurgericht Liebknecht und Bebel zu zwei Jahren Festungshaft.[116] Da Carl Lübeck schon damals bei sehr schlechter Gesundheit war, wollten die Sozialdemokraten in seinem Fall das Risiko eines Prozesses mit anschließender Haftstrafe nicht eingehen und wiesen ihn an, das Land zu verlassen. Auch in der Schweiz war er als Schriftsteller und Journalist tätig, soweit seine Kräfte es zuließen, denn Lübeck war wegen eines Hüftleidens auf den Rollstuhl angewiesen. An eine Rückkehr nach Deutschland war nicht zu denken, aber in der Schweiz, die eine große Tradition als Exil für politisch Verfolgte hatte, fanden schon bald viele von Lübecks Parteifreunden Zuflucht. Auch aus Polen kamen viele politische Flüchtlinge, so suchten nach der Niederschlagung des Januaraufstands 1863 mehr als 2500 Revolutionäre hier Zuflucht.[117] Damals wurde unter Mitwirkung des Ersten Staatsschreibers des Zürcher Kantons Gottfried Keller das »Schweizerische Zentralkomitee für Polen« gegründet, und in Rapperswil, am südlichen Ende des Zürichsees, entstand das heute noch bestehende Polenmuseum, das zu einem Kristallisationspunkt vieler Hoffnungen auf die Wiedererrichtung des polnischen Nationalstaates wurde. Dort gab es auch eine Bibliothek, die von dem Schriftsteller Stefan Żeromski, einem der bedeutendsten Vertreter des polnischen Positivismus, geleitet wurde. Żeromski berichtet davon, dass Rosa Luxemburg seine Dienste immer wieder in Anspruch genommen hat.[118] Ein eher kurzes Leben war der Liga Polska beschieden, die am 5. Dezember 1887 in Zürich gegründet wurde und, ähnlich wie später die Polnische Sozialistische Partei (PPS), ein nationalistisches Programm vertrat, aber nur bis 1894 Bestand hatte.[119]

Als im Mai und Juni 1878 kurz hintereinander zwei – erfolglose – Attentate auf Kaiser Wilhelm II. verübt wurden, nahm Bismarck dies zum Anlass, erneut gegen die verhasste Sozialdemokratie vorzugehen, obwohl die Sozialistische Arbeiterpartei Deutschlands (SAPD), wie die Partei damals noch hieß, mit den Attentaten nicht das Geringste zu tun hatte. Der Deutsche Reichstag erließ am 19. Oktober 1878 das »Gesetz gegen die gemeingefährlichen Bestrebungen der Sozialdemokratie«, das sogenannte Sozialistengesetz, das – dreimal verlängert – bis 1890 Bestand hatte. Das Gesetz verbot die SAPD als solche nicht, sie durfte auch weiterhin an Wahlen teilnehmen. Aber die Parteiorganisationen wurden ebenso aufgelöst wie die sozialdemokratischen Gewerkschaften. 217 Vereine wurden verboten, 127 periodische und 278 nichtperiodische Druckschriften.[120] Es gab auch einige Zeitungen, die weiter erscheinen konnten, oftmals unter verändertem Namen und unter deutlicher Zurückhaltung in politischen Fragen. Die Leitung der mehr oder weniger in die Illegalität gedrängten Partei oblag der Reichstagsfraktion, Parteitage konnten nur noch im Ausland abgehalten werden. So fand im August 1880 ein Kongress der deutschen Sozialdemokraten im Schloss Wyden im Kanton Zürich statt.

In Zürich erschien auch ab September 1879 *Der Sozialdemokrat*, zuerst mit dem Untertitel *Internationales Organ der Sozialdemokratie deutscher Zunge*, dann als das *Zentral-Organ der deutschen Sozialdemokratie*.[121] Das wöchentlich erscheinende Blatt war die einzige in der Illegalität erscheinende Zeitschrift, die von der Partei offiziell anerkannt war, gewissermaßen ein illegales Zentralorgan.[122] Bis 1888 erschien es in der Schweiz, dann wurde der Druck der Regierung Bismarck zu groß, die vier Redakteure wurden ausgewiesen und übersiedelten nach London. Julius Motteler, der »Rote Feldpostmeister«, der auf Bitten der Partei seinen Wohnsitz von München nach Zürich verlegt hatte, sorgte dafür, dass die Zeitung Verbreitung im Deutschen Reich fand und schließlich allen Bemühungen der preußischen Polizei zum Trotz überall zu finden war, wie die *Vossische Zeitung* resigniert feststellte.[123]

Arbeitervereine, Emigrantenszene, Universität

In der Zeit der Restauration nach dem Ende der napoleonischen Ära hatte die republikanische Schweiz vielen deutschen Revolutionären als Refugium gedient. Die ersten Arbeitervereine hatten deutsche politische Flüchtlinge hier schon in den 1830er-Jahren gegründet. Durch das Sozialistengesetz erhielten diese Bildungsvereine zusätzlich Auftrieb, und 1880 gründeten deutsche Sozialdemokraten in Zürich den »Landesausschuss der organisierten deutschen Sozialisten in der Schweiz«.[124] In Zürich selbst gab es schon seit 1840 den Arbeiterbildungsverein »Eintracht«, den deutsche Arbeiter als Gesangsverein gegründet und dann bald zum Leseverein erweitert hatten. Es gab eine gut sortierte Bibliothek, einen Lesesaal und einen Hörsaal für Vorträge.[125] Für die bildungshungrige Rosa Luxemburg, die nun nicht mehr auf die elterliche Bibliothek zurückgreifen konnte, wurde die »Eintracht«, die im ehemaligen Zunfthaus der Schuhmacher am Neumarkt 5 über ein eigenes Vereinshaus verfügte, schon bald eine zweite Bildungsstätte neben der Universität. Außerdem konnte sie hier Gleichgesinnte treffen und sich über politische Fragen und die Situation in Deutschland austauschen. Zu diesen Gleichgesinnten gehörte auch Carl Lübeck, in dessen Wohnung die Untermieterin Rosa Luxemburg sich rasch heimisch fühlte. Sie ging Lübeck bei seinen publizistischen Arbeiten zur Hand und erfuhr im Gegenzug durch ihn vieles Wissenswerte über das politische Leben in Deutschland. Besonders aber fühlte sie sich zu Lübecks Frau Olympia hingezogen, die wie sie selbst eine revolutionär gestimmte Polin war und bald eine enge Freundin wurde.

Luxemburg hatte Zürich nicht zufällig zu ihrem neuen Lebensmittelpunkt erkoren. Sie wollte studieren, und hier war das möglich. Während in Deutschland und Österreich Frauen erst um die Jahrhundertwende zum Studium zugelassen wurden, schrieben sich an der Philosophischen Fakultät der Universität Zürich schon 1840 die ersten Frauen ein. Acht Jahre zuvor hatte der Rat des Kantons die Gründung der Universität mit überwältigender Mehrheit gebilligt. Es war die Geburtsstunde der ersten Universität in Europa, die nicht von der Kirche oder einem Landesherrn, sondern von einer demokratischen Gebietskörperschaft ins Leben gerufen wurde und nicht von einem obrigkeitlichen Geist geprägt war. Zugleich nahm die Schweiz, das »freieste Land Europas«[126], eine Pionierrolle in der Geschichte des Frauenstudiums ein. Dem Beispiel Zürichs folgten schon bald die Universitäten in Bern, Lausanne und Genf und ließen ebenfalls Frauen zum Studium zu.

Die damals in Zürich dominierende liberale Partei sah in der neuen Universitas Turicensis[127], in die auch die schon seit Langem bestehenden Hochschulen für Theologie, Jurisprudenz und Medizin integriert wurden, »ein Mittel, die geistige Wiedergeburt ihrer Stadt einzuleiten«[128]. Gründungsrektor war der bedeutende Naturforscher und -philosoph Lorenz Oken, der aus dem badischen Offenburg stammte. Er hatte 1817 am Wartburgfest teilgenommen und war ein radikaler Demokrat, der sich bemühte, für verfolgte Gelehrte aus Deutschland in Zürich Arbeitsmöglichkeiten zu schaffen. So setzte er sich dafür ein, dass der Medizinstudent und Dramatiker Georg Büchner, der auf der Flucht vor der Polizei Deutschland hatte verlassen müssen, sich in Zürich habilitieren konnte und zum Privatdozenten ernannt wurde. Allerdings verstarb Büchner wenig später im Alter von nur 23 Jahren. Auch nach der gescheiterten Revolution von 1848 wurde eine ganze Reihe politisch verfolgter Gelehrter, die aus Deutschland kamen, in Zürich zu Professoren ernannt.

Die Schweiz war bei Russen sehr beliebt, und nach der Reform der Schweizerischen Bundesverfassung von 1866, die das Staatsbürgerschaftsrecht liberalisierte und den jüdischen Bürgern die rechtliche Gleichstellung brachte, kamen auch viele Emigranten aus Osteuropa hierher. Der in der Nähe des weißrussischen Pinsk geborene Chaim Weizmann, der wie seine Geschwister in der Schweiz studierte und 1948 Israels erster Staatspräsident wurde, sagte rückblickend, dass sich in den Schweizer Universitätsstädten Zürich, Bern, Basel und Genf die revolutionären Kräfte aus ganz Europa trafen.[129] Auch die von Theodor Herzl ins Leben gerufene Zionistische Weltorganisation wurde 1897 in Basel gegründet, nachdem der deutsche Allgemeine Rabbiner-Verband eine Gründung in München abgelehnt hatte.

Unter den vielen Studierwilligen, die aus dem Zarenreich in die Schweiz kamen, war ein hoher Anteil von Frauen, von denen wiederum überproportional viele jüdischer Abstammung waren. Das hing damit zusammen, dass der Numerus clausus für Juden an den staatlichen russischen Mädchengymnasien nicht galt, sodass im Ansiedlungsrayon vielerorts der Anteil der Jüdinnen an diesen Gymnasien bei etwa 50 Prozent lag, in manchen Fällen sogar noch erheblich höher.[130] Alle diese Schülerinnen waren aber, so wie auch Rosa Luxemburg, nach erfolgreichem Abschluss des Gymnasiums vom Studium ausgeschlossen, denn Frauen durften nach dem zaristischen Universitätsreglement von 1863 Universitäten nicht einmal betreten, geschweige denn dort studieren.[131] Viele dieser jungen Frauen waren vom kulturellen Erbe des russischen Nihilismus geprägt, der einen stark antiautoritären Zug hatte, in der Bildung ein Mittel zur Emanzipation sah und für die Frauen Gleichberechtigung und die Möglichkeit der Erwerbstätigkeit forderte. Sie gingen kurz entschlossen zum Studium ins Ausland, häufig in die Schweiz, und entwickelten sich dort nicht selten zu radikalen Gegnerinnen des Zarismus.

An der Universität Zürich immatrikulierten sich zwischen 1888 und 1892 insgesamt 1723 Studenten. Von ihnen stammten 126 aus dem Zarenreich, 75 Männer und 51 Frauen. Der Frauenanteil war damit eklatant höher als bei den Einheimischen. Während der russische Anteil an der

Gebäude der Eidgenössischen Technischen Hochschule (linker Flügel) und Universität (rechter Flügel) Zürich, errichtet 1858–1864 nach Plänen von Gottfried Semper, Foto um 1880

Gesamtzahl der Studenten nur sieben Prozent ausmachte, betrug er deshalb bei den Frauen fast 50 Prozent. Die größte Gruppe dieser russischen Studenten kam aus Warschau.[132] Das hängt sicherlich damit zusammen, dass die dortige Universität zwar 1870 wieder eröffnet wurde, aber nur noch auf Russisch unterrichtet werden durfte und der ganze Betrieb unter strenger Aufsicht der zaristischen Behörden stand. Und zu den »russischen« Studenten in der Zürcher Statistik zählten alle, die aus dem Zarenreich kamen, obwohl sie ethnisch oftmals gar keine Russen waren. In den Jahren vor dem Ersten Weltkrieg wuchs der Ausländeranteil an der Gesamtzahl der in der Schweiz Studierenden weiter an, wobei besonders die Zahl der Russen zunahm. Ihren Höhepunkt erreichte sie nach der gescheiterten Revolution von 1905, als von 6 444 Studenten, die an Schweizer Universitäten eingeschrieben waren, nicht weniger als 2 322 aus dem Zarenreich kamen, also ein gutes Drittel. Unter ihnen waren 1 507 Frauen und 815 Männer.[133] Das zweitgrößte, allerdings wesentlich kleinere Frauenkontingent kam damals aus Deutschland, denn das deutsche Bildungsbürgertum hatte es nicht vermocht, den eigenen Töchtern den

Weg in die akademische Welt zu ebnen. Der erste zögerliche Schritt in diese Richtung war 1896 die Zulassung von Frauen als Gasthörerinnen in Preußen.

Als Rosa Luxemburg nach Zürich kam, immatrikulierte sie sich an der mathematisch-naturwissenschaftlichen Abteilung der Philosophischen Fakultät (phil. II). Sie belegte im Wintersemester 1889/90 Vorlesungen in Allgemeiner Zoologie und einen zoologisch-mikroskopischen Übungskurs. Schon damals hatte sie ein großes Interesse an der Welt der Tiere und Pflanzen, wandte sich in ihrem Studium jedoch schon bald der Nationalökonomie zu und wechselte 1892 an die juristische Fakultät.[134] Zu ihrer Zeit studierte eine ganze Reihe von Frauen in Zürich, die später Prominenz erlangten, so die Schriftstellerinnen Ricarda Huch und Lou Andreas-Salomé, die russische Revolutionärin Alexandra Kollontai und die Feministin und Pazifistin Anita Augspurg, die später in der bürgerlich-radikalen Frauenbewegung in Deutschland eine führende Rolle spielte. Die aus Litauen stammende Lydia Rabinowitsch promovierte 1894 in Biologie. Später heiratete sie ihren Kollegen Walter Kempner und wurde Berlins erste Professorin. Der älteste Sohn Robert arbeitete 1946 im Nürnberger Hauptkriegsverbrecherprozess für die amerikanische Anklagebehörde.

In jener Zeit gab es lebhafte Debatten an der Universität über ihre Verfasstheit. Der Studentenkonvent war zusammengesetzt aus den Delegierten der Korporationen und je einem Vertreter der nichtkorporierten Studenten jeder Fakultät. Wählen konnten alle Immatrikulierten, aber das passive Wahlrecht für den Konvent hatten nur die männlichen Studenten. Dagegen kämpfte der Schweizer Sozialist Fritz Brupbacher, damals Student der Medizin, der 1896 mit großer Mehrheit in den Konvent gewählt wurde, da die ganze russische Kolonie und die Frauen für ihn gestimmt hatten, außerdem die Fortschrittlichen unter den Männern. Dennoch waren die Befürworter des Frauenwahlrechts im neu gewählten Konvent in der Minderheit. Sie verließen daraufhin die Versammlung und konstituierten ein eigenes Gremium. Brupbacher, der später eine russische Sozialistin heiratete, die er während des Studiums kennengelernt hatte, berichtet über das Geschehen nach der Abstimmungsniederlage: »Wir zogen nach dem traditionellen Lokal aller Aufrührer, Russen, Feministinnen und Sozialisten, nach dem Plattengarten, und nach Reden von Anita Augspurg, Rosa Luxemburg und anderen mehr konstituierten wir uns als ›Allgemeine Studentenschaft‹ und ich wurde an die Spitze der Organisation gestellt.«[135]

Die Plattenstraße war eine zentrale Achse des unteren Teils von Fluntern am Fuß des Zürichbergs. Fluntern war das Quartier Latin von Zürich, hier war, in einem Seitenflügel der Eidgenössischen Technischen Hochschule (ETH), bis 1914 auch die Universität untergebracht, hier wohnten unzählige Studenten, aber auch zahlreiche Professoren. Der lebhafte Zuzug von Fremden gefiel nicht allen gleichermaßen. Die Studentinnen aus dem Zarenreich wurden häufig »Kosakenpferdchen« genannt, was bei den Einheimischen wohl eher abschätzig gemeint war, während es bei den männlichen Kommilitonen die Freude über deren russisches Temperament signalisierte. Auch Rosa Luxemburg wohnte wiederholt in der Plattenstraße, am Haus mit der Nummer 47 erinnert noch eine Plakette daran.[136] Etliche Gasthöfe lagen an der Straße, von denen der »Plattengarten«, das politische Wirtshaus par excellence,[137] der berühmteste war. Als 1893 die Sozialistische Internationale in Zürich tagte, trafen sich hier die Anarchisten, die die radikalste Fraktion innerhalb der Internationale bildeten. (1956 wurde der Plattengarten abgerissen.)

1893 wurde Fluntern, ehemals ein kleines Bauerndorf, nach Zürich eingemeindet, gemeinsam mit einer Reihe weiterer Landgemeinden wie z. B. das sich nördlich anschließende Oberstrass. In Oberstrass, dem eigentlichen Universitätsviertel, wohnte Luxemburg am Anfang und auch Ende ihrer Schweizer Jahre, zuletzt in der Universitätsstraße 77. In Oberstrass war auch die Polnische Lesehalle, die von russischen und polnischen Studenten eifrig frequentiert wurde. Zürich war in der zweiten Hälfte des 19. Jahrhunderts durch die Gründung zahlreicher Banken und Versicherungen ein wichtiger Finanzplatz geworden, dennoch hatte die Stadt, als Rosa Luxemburg dort ankam, nicht mehr als 30 000 Einwohner. Durch die Eingemeindungen wuchs die Zahl 1893 auf über 100 000, von denen fast 30 Prozent Ausländer waren. 1934 folgte noch eine zweite Eingemeindungswelle, dennoch hat Zürich als größte Stadt der Schweiz auch heute nur etwa 400 000 Einwohner und zeichnet sich durch eine Mischung aus Urbanität und Übersichtlichkeit aus. Luxemburg hat sich hier, »in diesem heiteren, gottbegnadeten Zürich«[138], sehr wohlgefühlt. Aber nicht nur die Stadt, auch das ganze Land hatte es ihr angetan.

Eine Gruppe polnischer Studenten, in der Mitte sitzend Julian Marchlewski, Zürich 1893

In den düsteren Gefängnisjahren des Ersten Weltkriegs ließ sie ihre Gedanken in die Ferne schweifen und erinnerte sich an das Beglückende der Schweizer Landschaftsbilder:

> Jedes Jahr um diese Zeit pflegte ich schon meine Reisevorbereitungen zu machen, denn am 7. oder 10. April war ich schon stets am Genfer See. Jetzt habe ich ihn drei Jahre nicht gesehen. O dieser blaue, traumhaft schöne Genfer See. Wissen Sie noch, welche Überraschung man erlebt, wenn man nach der öden Strecke Bern – Lausanne und nach einem furchtbar langen Tunnel plötzlich über der großen blauen Tafel des Sees schwebt? Jedesmal flattert mir das Herz auf wie ein Falter. Und dann die herrliche Strecke von Lausanne nach Clarens, mit den winzigen Statiönchen alle 20 Minuten, tief unten am Wasser ein Häuflein kleiner Häuser um ein weißes Kirchlein gruppiert, der ruhig-singende Ausruf des Kondukteurs, dann fängt die Stationsglocke ihr Gebimmel an [...], der Zug setzt sich langsam in Bewegung, aber die Glocke bimmelt immer noch so hell und heiter. Und der blaue Wasserspiegel ändert immerzu seine Fläche zum Bahngeleise, bald steht er aufwärts schräg, bald abfallend, und darauf kriechen unten wie ins Wasser gefallene Maikäfer die kleinen Dampfer, eine lange Schleppe weißen Schaums nach sich ziehend. Und das jenseitige Ufer – die weiße, schroffe Bergwand unten meist in blauem Dunst verhüllt, so dass nur die oberen Schneepartien so unwirklich im Himmel schweben. Und über allem der blendende, mächtige Dent du Midi. Herrgott, wann werde ich wieder den April dort verleben! Wie Balsam gießt sich dort die Luft und Ruhe und Heiterkeit jedesmal in meine Seele.[139]

Diese Schilderung der Liebreize der Schweizer Landschaft geht noch eine ganze Weile so weiter und gipfelt in dem Ausruf: »Herrgott, wie schön ist die Welt und das Leben!«[140]

Diese überaus liebevolle Evokation ihrer Seelen- und Sehnsuchtslandschaft, bei der gleich zweimal der Herrgott angerufen wird, zeigt deutlich, wie sehr die Schweizer Jahre Rosa Luxemburg geprägt haben, wie sehr sie Ruhe, Geborgenheit und Beheimatung in Deutschland vermisste, gesteigert noch durch die Unwirtlichkeit des Gefängnisses. Dass die Beschreibung so liebevoll ausfällt, hängt aber auch mit der Person des Adressaten zusammen. Hans Diefenbach war der Seelenfreund der letzten Jahre.

Für die Intensität des Landschaftserlebnisses in den Jahren des Studiums spricht, dass Luxemburg auch in ganz anderen Zusammenhängen immer wieder darauf zurückkam. Als sie im Mai 1898 soeben – allein – in Berlin angekommen war, schrieb sie an ihren Lebensgefährten Leo Jogiches einen sehr ausführlichen Brief über ihr Unbehagen in der fremden Stadt. Sie haderte in ihrem »tiefsten Seelenwinkel«, hätte viel lieber mit ihm in der Schweiz in vertrauter Zweisamkeit gelebt, wusste aber zugleich genau, dass Jogiches, Berufsrevolutionär mit Leib und Seele, jedem Familienidyll abhold war und ihr Verbleiben in Zürich ein Leben in »ständiger Disharmonie« bedeutet hätte: »Das, wonach ich mich einen Augenblick sehnte, war allein meine Phantasie, und ich fühlte mich so recht wie jener Kater – erinnerst Du Dich? – in Weggis, den der Hund zwischen Berg und See gestellt hatte. Stell Dir den Hund vor – als das Leben, das mich treibt, den Berg – als Dein ›steinernes Herz‹, treu und beständig wie ein Fels, aber ebenso hart und unzugänglich wie dieser, schließlich den See als Woge des Lebens, in das ich mich jetzt in Berlin stürze.«[141] Es war dies nicht der einzige Brief, in dem Luxemburg Jogiches mit einem abweisenden Schweizer Berg verglich. Die Schweizer Landschaft konnte nicht nur traumhaft schön sein, hell und heiter wie Hans, sie konnte auch hart und unzugänglich sein wie Leo, der auf der Flucht vor der zaristischen Polizei im Juni 1890 nach Zürich gekommen war.

Leo Jogiches stammte aus einer reichen jüdischen Kaufmannsfamilie in Wilna (heute Vilnius), das damals zum russischen Kaiserreich gehörte und heute die Hauptstadt Litauens ist. 1885, kaum 18 Jahre alt, begann er mit seiner politischen Arbeit und gilt deshalb manchen als der eigentliche Begründer der Arbeiterbewegung in Wilna.[142] Die dortige Gruppe war nicht groß, aber es gehörten ihre einige wichtige Führungspersönlichkeiten an wie Charles Rappaport, der auf der Flucht vor der Polizei erst nach Berlin und später nach Frankreich ging und dort die Kommunistische Partei mitbegründete, oder Józef Piłsudski, der spätere polnische Staatspräsident und Diktator. Auch mit Alexander Iljitsch Uljanow, dem älteren Bruder Lenins, stand Jogiches in Verbindung, der wie Piłsudski der terroristischen Fraktion der Narodnaja Wolja angehörte, die nach der Ermordung von Zar Alexander II. ein Attentat auf seinen Nachfolger Alexander III. plante. Die Pläne wurden verraten und Uljanow 1887 hingerichtet. 1889 war Jogiches wegen seiner politischen Aktivitäten zu vier Monaten Gefängnis verurteilt worden. Danach stand er unter Polizeiaufsicht und sollte zum Militärdienst eingezogen worden. Doch es gelang ihm die Flucht.[143] Er soll, unter einer Fuhre Lehm verborgen, ähnlich wie Luxemburg, wenn auch etwas unbequemer, über die Grenze gelangt sein.[144] Im Wintersemester 1890/91 begann er in Zürich zu studieren. Auch er belegte zunächst Vorlesungen in Biologie und wechselte dann zur Nationalökonomie. In das Immatrikulationsbuch der Universität Zürich schrieb er sich als Löw Jogiches ein,[145] aber im Alltag nannte er sich Leo. Da ihm der konspirative Verhaltenskodex sehr wichtig war, benutzte er eine Vielzahl von Pseudonymen[146], deren bekanntestes Jan Tyska war. Er wechselte auch regelmäßig die Adresse, beherrschte Geheimschriften, konnte Pässe fälschen und wusste, wie man Streikaktionen organisiert. Er verlangte seinen Mitstreitern ungeheuer viel ab, nicht zuletzt die Bewältigung eines gewaltigen Literaturkanons, wurde aber dennoch von vielen bewundert. Unerbittlich bis zur Herrschsucht, war er auch hart gegen sich selbst. So schlief er auf dem Fußboden, um sich so für etwaige Gefängnisaufenthalte abzuhärten.

Das alles trug dazu bei, dass ihm schon in jungen Jahren ein gewaltiger Ruf vorauseilte, und kaum, dass Jogiches in Zürich angekommen war, zog der vier Jahre Ältere die gerade 19-jährige Luxemburg in seinen Bann, doch er fühlte sich von der temperamentvollen jungen Frau und ihrem sprühenden Intellekt nicht minder angezogen. Schon bald entstand eine intensive Freundschaft, und die beiden sahen sich regelmäßig. Im Sommer 1891 ließ Jogiches dann seine Freundin Anna in Zürich zurück, als er mit Luxemburg nach Genf fuhr, und die beiden wurden ein Paar,[147] aber die Regeln der Konspiration erforderten es nach seiner Überzeugung, die Liebesbeziehung geheim zu halten, und zehn Jahre lang gab sich Luxemburg selbst gegenüber ihre Familie und engen Freunden als alleinstehend aus. Da Jogiches trotz ihrer inständigen Bitten ihr 1898 nicht nach Berlin folgte, traf das dann in gewisser Weise auch zu. Und als er zwei Jahre später schließlich nachkam, bestand er erst einmal auf getrennten Wohnungen. Aber auch wenn die Beziehung immer wieder von politischen und intellektuellen Debatten geprägt und überschattet war und irgendwann zerbrach, war Jogiches der wichtigste Mann, die »beherrschende Gestalt«[148] in Luxemburgs Leben und blieb es – mutatis mutandis – bis zu ihrem Ende. Seine Dominanz und der damit verbundene Anspruch waren für sie oftmals eine schwere Prüfung, aber sie war es auch für ihn.

Maria Seidemann zeichnet ein sehr kritisches Bild von Jogiches in ihrer Doppelbiografie des Liebespaares, aber auch sie gesteht ihm zu: »Leo liebte Rosa auch – wenngleich das, was er für Liebe hielt, etwas anderes war als das, was Rosa darunter verstand. Völlige Hingabe an eine andere Person war Leo fremd. Die Beziehung zu Rosa mag für ihn ein Zweckbündnis gewesen sein, aber was er an Gefühl zu geben hatte, das bekam sie von ihm – wenn auch nicht gleich und nicht kampflos.«[149] Das gilt aber auch umgekehrt, Rosa akzeptierte Leos Unzugänglichkeit keineswegs kampflos, sondern warb beharrlich um seine Zuneigung. Seit sie ein Liebespaar geworden waren, nannte sie ihn in ihren Briefen »mein Mann« und sich selbst »Deine Frau«.[150] Hier artikulierte sich ihr Bedürfnis nach der Geborgenheit einer bürgerlichen Existenz. Als Anrede wählte sie, neben vielen anderen Kosenamen, gerne »Dziodzio« oder »Dziudzia«. So nannte man im Polnischen kleine Jungen bzw. kleine Mädchen. Aber wenn er ihr gegenüber zu schroff war, konnten die Briefe sehr kurz ausfallen, und die Anrede beschränkte sich auf ein lakonisches »Mein Lieber«, wohl wissend, dass er nach ihrer Liebe lechzte, auch wenn er sich das nicht eingestanden, geschweige denn ihr gegenüber zugegeben hätte. In den späten Jahren, als die ursprüngliche Liebesbeziehung beendet war, kehrte Luxemburg sogar, wenn es um politische Fragen ging, mitunter zu der förmlichen Anrede des »Sie« zurück, die damals auch unter guten Freunden nicht unüblich war.

Die mittlerweile sechsbändige Ausgabe von Luxemburgs Briefen umfasst 2700 Briefe und Karten und damit wohl nahezu alles, was erhalten geblieben ist. (Die Überlieferung ist angesichts der schwierigen Zeitumstände erfreulich reichhaltig, aber keineswegs lückenlos. So ist z. B. die umfangreiche Korrespondenz mit Alexander Parvus vollständig verloren, sodass wir über die Beziehung der beiden, die zuweilen recht intensiv war, nur relativ wenig wissen.)[151] Fast 1000 der publizierten Briefe, also mehr als ein Drittel, sind an Jogiches gerichtet.[152] Rosa Luxemburg war eine leidenschaftliche Briefschreiberin. In ihrer schönen, gut lesbaren Handschrift schrieb sie unzählige, ausführliche Briefe, an Jogiches nicht selten zweimal am selben Tag. Die Briefe sind die wichtigste Quelle für Informationen über ihr Seelenleben. Rückhaltlos gibt sie hier Auskunft über ihre Gedanken und Gefühle, über das, was sie bewegte, berichtet detailliert über ihren Alltag, diskutiert intensiv politische Fragen und schildert die Welt, in der es »Wolken, Vögel und Menschentränen gibt«.[153] Walter Jens attestierte der Schreiberin eine Akribie in der Wahrnehmung von Gefühlsregungen, wie sie sonst nur in der frühexpressionistischen Prosa von Rainer Maria Rilke und Robert Musil zu finden ist.[154] Zweifellos gehören Rosa Luxemburgs Briefe zu den Hauptwerken der Briefliteratur jener Zeit. Die Briefe an Jogiches sind natürlich auch darüber hinaus von großer Bedeutung, so sind sie z. B. unsere wichtigste Quelle für die Geschichte der SDKPiL.

Luxemburg war über ihre erste Liebe so beglückt, dass sie aus Genf an den russischen Sozialdemokraten Boris Kritschewski und seine Frau Nadina nach Paris schrieb und sie übermütig »meine kleinen Freunde« nannte, wobei sie sogleich hinzufügte: »ich sehe Euer boshaftes Lachen im Hinblick auf meinen Wuchs, ich sehe es.«[155] Sie schrieb, es gehe ihr sehr gut, und fügte hinzu: »Ich bin wirklich schon ganz erwachsen, meine Lieben, und bin stolz darauf.«[156] In demselben Brief war auch von Georgi Plechanow die Rede. Luxemburg bewunderte ihn, »einfach nur sehen, wie er spricht, wie er sich bewegt, sein Gesicht zu betrachten – es gefällt mir außerordentlich.«[157] Gemeinsam mit Jogiches hatte sie ihn aufgesucht. Seidemann bemerkt dazu lapidar: »Für Rosa war das eine Pilgerfahrt, für Leo eine Geschäftsreise.« Wenn Jogiches eine Geschäftsreise machte, ging es natürlich nicht um banalen Kaufmannskram, sondern um die Sache der Revolution. Er verfügte damals über 15 000 Rubel, was ein gewaltiges Vermögen darstellte. Die Familie in Wilna war sehr wohlhabend, und finanzielle Sorgen blieben ihm zeitlebens unbekannt. Diese Mittel kamen auch der Freundin Rosa zugute, deren Familie ihr nur eine sehr bescheidene Unterstützung gewähren konnte, und erleichterten ihr vieles. Vor allem aber wollte er das Geld für seine politischen Ziele einsetzen. Deshalb suchte er Plechanow auf, dessen finanzielle Schwierigkeiten erheblich waren, sodass er selbst zur Sicherung seines Lebensunterhalts zuweilen unerquickliche Hilfsarbeiten übernehmen musste und für seine Publikationsvorhaben auf Spenden angewiesen war.

Georgi Plechanow, 1856 in der Nähe der zentralrussischen Stadt Lipezk geboren, war 1880 ins Schweizer Exil gegangen. Er galt als »der Vater des russischen Marxismus«.[158] In der Narodnaja Wolja war er der Wortführer der Marxisten gewesen und hatte den mit terroristischen Mitteln agierenden Narodniki vorgeworfen, die Arbeit im Volk und die sozialistische Programmatik zugunsten eines konspirativen Kampfes gegen den existierenden Staat aufgegeben zu haben. 1883 gründete Plechanow in Genf gemeinsam mit Wera Sassulitsch, die fünf Jahre zuvor noch auf den Stadtkommandanten von St. Petersburg geschossen hatte, Pawel Axelrod und Leo Deutsch die Gruppe »Befreiung der Arbeit«, deren Vorsitz er auch übernahm. Alle vier waren sie ehemalige Narodniki. Die neue Gruppe war die erste von Russen geleitete marxistische Organisation. Sie vertrat die Position, dass es entscheidend darauf ankomme, die Arbeiterklasse zu organisieren, und war die unmittelbare Vorläuferin der fünf Jahre später gegründeten Sozialdemokratischen Arbeiterpartei Russlands (SDAPR). Die Gruppe wollte marxistische Schriften ins Russische übersetzen und sie klandestin in Russland verbreiten, außerdem Verbindungen zu den sozialistischen Bewegungen in den anderen Staaten Europas aufbauen. Plechanow gründete mit Axelrod eine »Bibliothek des modernen Sozialismus«, in der 1883 seine Schrift *Sozialismus und politischer Kampf*[159] erschien. Darin legte er dar, dass die Bauern wegen der rückständigen Verhältnisse auf dem Lande sich weit weniger als das Industrieproletariat als revolutionäres Subjekt eignen würden. Diese Überzeugung lag genau auf der Linie von Marx und Engels, und auch Luxemburg sollte diese Position 1917 in ihrer Auseinandersetzung mit Lenin vertreten.

Plechanow unterhielt enge Beziehungen zu Friedrich Engels in London, der nach dem Tod von Karl Marx das unumstrittene Oberhaupt der sozialistischen Arbeiterbewegung in Europa war. Engels und Plechanow gehörten zu den Gründern der Sozialistischen Internationale, die 1889 in Paris ihren ersten Kongress abhielt. Dort vertrat Plechanow die im Jahr zuvor gegründete SDAPR und propagierte seine bekannte Überzeugung, dass es vor allem auf die Gewinnung der Arbeiter für den Sozialismus ankomme, auch wenn Russland ein noch wenig industrialisiertes Agrarland war: »die revolutionäre Bewegung wird in Russland triumphieren als Arbeiterbewegung, oder sie wird nie triumphieren.«[160]

Die Schweiz verhielt sich in jener Zeit sehr liberal gegenüber Ausländern, solange sie kein unliebsames Aufsehen erregten. Als aber in den Bergen oberhalb von Genf einige unverbesserliche Narodniki mit Sprengstoff experimentierten und dabei eine heftige Explosion auslösten, mussten mehrere der russischen Emigranten das Land verlassen, darunter auch Plechanow und Sassulitsch, die zwar mit der Sache gar nichts zu tun hatten, aber nun mal prominente Revolutionäre waren. Die angesichts des stattgehabten Krawalls unerwünschten Ausländer nahmen Quartier in dem französischen Grenzort Mornex, der nur wenige Kilometer von Genf entfernt war. Plechanows Frau und die Kinder durften in Genf bleiben, sodass Rosalija Dawydowna ihr Medizinstudium fortsetzen konnte.

Der Besuch von Jogiches und Luxemburg in Mornex war ein Fehlschlag. Die beiden Männer fanden nicht zueinander. Plechanow war nur elf Jahre älter als Jogiches, aber er war hochgebildet, ein bekannter und respektierter Denker und Theoretiker, der bereits eine Reihe von Schriften publiziert hatte und erwartete, dass die beiden jungen Studenten ihm ehrerbietig wie einem Lehrer gegenüberträten. Jogiches dagegen hatte sich als Mann der Tat Ansehen erworben und verfügte über große Geldmittel, die er für die gute Sache einsetzen wollte, allerdings nach seinen Vorstellungen. Er wollte nicht nur seine Mittel einbringen, sondern auch über ihre Verwendung gleichberechtigt mitentscheiden. Dieses Ansinnen des »Emporkömmlings« und »Ehrgeizlings«[161] wies Plechanow empört zurück. In einem Brief an Engels beschwerte er sich bitter über Jogiches und dessen übergroße Selbstsicherheit.[162] Der startete daraufhin in Paris gemeinsam mit Boris Kritschewski, Alexander Parvus und Dawid Rjasanow ein Konkurrenzunternehmen, die »Sozialdemokratische Bibliothek«, in der wichtige Schriften von Marx, aber auch von Karl Kautsky auf Russisch erschienen.[163] 1892 kam als erster Band eine Sammlung von Reden heraus, die bei den Feiern zum 1. Mai 1892 in Wilna und Warschau gehalten worden waren. Die Einleitung schrieb R. Kruszynska. Hinter diesem Pseudonym verbarg sich Rosa Luxemburg, es war ihre erste politische Veröffentlichung.[164] Auch der zweite Band der Bibliothek, *Das unabhängige Polen und die Arbeiterfrage*, der drei Jahre später erschien, stammte von ihr, diesmal benutzte sie das Pseudonym Maciej Rózga.[165] Es war dies ihre erste theoretische Arbeit. Die Themen waren schon dieselben, die uns später immer wieder begegnen werden: Der Fabrikarbeiter hatte neben dem Unternehmer, der ihn ausbeutete, unabhängig von seiner Nationalität im Zarismus einen weiteren mächtigen Feind; der Kampf gegen den Sozialpatriotismus der PPS; die Bedeutung der russischen Arbeiterbewegung für den Kampf um die Demokratie, die wiederum eine notwendige Zwischenstufe auf dem Weg zum Sozialismus war.

Der verlegerische Konkurrenzkampf hatte zur Folge, dass das Unverständnis zwischen den beiden in eine erbitterte Feindschaft umschlug. Plechanow ließ nichts unversucht, Jogiches den Boden unter den Füßen wegzuziehen, der allerdings in Kongresspolen das viel bessere Verteilernetz und auch genügend Geld zur Verfügung hatte. Als die Sozialdemokratische Bibliothek 1896 eingestellt werden musste, lag das nicht an Plechanows Intrigen, sondern daran, dass die SDKP durch eine Verhaftungswelle empfindlich geschwächt und fast völlig zerschlagen war. Dass Luxemburg sich in diesem Streit auf Jogiches' Seite schlug, ist nicht überraschend:

»Ich war in Mornex, aber ich gehe nicht wieder hin, […] weil Plechanow mir zu entwickelt, d. h. besser gesagt zu gebildet ist. Was kann ihm ein Gespräch mit mir geben? Er weiß alles besser als ich, und solche originellen, spontane ›Ideen‹ […] kann ich nicht hervorbringen, und ehrlich gesagt, ich lege auch keinen großen Wert darauf.«[166] Allerdings war der so Geschmähte ein einflussreicher Mann, und das Zerwürfnis führte dazu, dass Luxemburg und Jogiches auch in Zürich viele Gegner hatten, zumal bald die Gegnerschaft zur PPS und ihren Parteigängern hinzukam, sodass Luxemburg, so formuliert es Peter Nettl, die »Buhfrau des polnischen Sozialismus« war.[167]

Ein Mann, der alles besser wusste, war zweifellos nicht der richtige Umgang für die blitzgescheite, scharfzüngige und selbstbewusste Studentin. Sie kehrte mit ihrem geliebten Leo nach Zürich zurück, und es begann eine Zeit der intensiven Zusammenarbeit. Die beiden waren Teil der russischen Diaspora, die Ricarda Huch, damals Präsidentin des Studentinnenvereins, anschaulich beschrieben hat: »Die meisten waren so, wie man sie aus russischen Romanen kennt: sie konnten Nächte hindurch zusammensitzen und in endlosen Gesprächen über Welt- und Lebensrätsel sich ergehen, wobei die Probleme immer verworrener wurden.«[168] Huch selbst führte ein unbeschwertes Leben, war nicht an solchen uferlosen Gesprächen interessiert, die geboren waren aus dem Unvermögen, praktisch etwas erreichen zu können, nahm aber die Bedrängnisse der osteuropäischen Kommilitonen aus der Distanz durchaus wahr: »Wir wussten, dass die meisten russischen Studenten sehr arm waren und ohne viel Wesens daraus zu machen, sich jede Bequemlichkeit versagten, um studieren zu können, ferner dass diejenigen, die mehr Mittel besaßen oder reich waren, den Bedürftigen mitteilten, als verstehe sich das von selbst. Ich bewunderte das, ohne mich zu einem näheren Verkehr gedrängt zu fühlen.«[169]

Auch Luxemburg verfügte nur über recht bescheidene finanzielle Mittel, die von Jogiches erheblich aufgebessert wurden, wobei sie stets – auch später, in den Berliner Jahren – peinlich genau über ihre Ausgaben abrechnete und dabei sehr auf sparsames Wirtschaften achtete. Die beiden bewegten sich in dem von Huch beschriebenen Milieu, aber ihnen stand nicht der Sinn nach endlosen Gesprächen, an deren Ende die Dinge verworrener waren als zuvor. Sie wollten etwas bewirken und hatten klare Vorstellungen von ihrer politischen Arbeit und ihren Zielen. Zugleich war ihre Liebesbeziehung außerordentlich intensiv. Trotz getrennter Wohnungen, die freilich nicht weit voneinander entfernt lagen, verbrachten sie viel Zeit miteinander, sodass es kaum Anlass gab, miteinander zu korrespondieren. Aus den ersten beiden Jahren ist kein einziger Brief erhalten, und auch aus dem Jahr 1893 gibt es nicht mehr als fünf Schreiben, in denen immer wieder auch das nächste Zusammensein Thema ist.[170] Wenn Leo einmal nicht da war, träumte Rosa nachts von ihm, schrieb ihm, welchen Zug er nehmen sollte, wann sie ihn am Bahnhof erwarten würde, und drängte ihn zur Eile: »Beeile Dich, teures Gold, so schnell wie möglich zu Deiner Mame.«[171]

Luxemburg und Jogiches hatten beide ein Studium der Biologie begonnen und wechselten dann zur Nationalökonomie und Jurisprudenz. Die Biografen sind sich nicht einig, wer von den beiden den anderen dazu bestimmt hat, das Fach zu wechseln. Es ist aber auch gut denkbar, dass sie gemeinsam zu der Erkenntnis kamen, dass der nun eingeschlagene Weg die besseren Voraussetzungen für die künftige politische Arbeit bot. Beide waren fleißige Studenten, die viele Lehrveranstaltungen besuchten, nicht wenige davon auch gemeinsam.[172] Der wichtigste Hochschullehrer war in jener Zeit Julius Wolf, der aus dem tschechischen Brünn stammte, sich 1885 in Zürich habilitiert und die Nationalökonomie zu einem selbstständigen Fachgebiet an der Universität gemacht hatte. 1892 erschien sein Buch *Sozialismus und kapitalistische Gesellschaftsordnung*,[173] in dem er der marxistischen Evolutionstheorie die »schärfste Zurückweisung«[174] zuteilwerden ließ. Wolf gehörte zu den sogenannten Kathedersozialisten und hat sich in einer Publikation sogar auf diesen oftmals polemisch gebrauchten Begriff positiv bezogen.[175] Die Kathedersozialisten plädierten für eine staatliche Sozialpolitik, um der revolutionären Sozialdemokratie das Wasser abzugraben. In ihrer Schrift »Sozialreform oder Revolution« (1899) vermerkte Rosa Luxemburg über die deutschen Vertreter dieser Richtung sarkastisch, dass »die Leuchten des ›Kathedersozialismus‹ als Reichstagsabgeordnete für die Verlängerung des Sozialistengesetzes [stimmten]«.[176] Wolf war damit nicht gemeint; der ging zwar 1899 nach Berlin, war aber kein Deutscher und schon gar kein Reichstagsabgeordneter.

Wolf war aber liberal genug, Luxemburg den »begabtesten Schüler meiner Zürcher Jahre« zu nennen und ihre Dissertation als »treffliche Arbeit« zu bezeichnen, wobei er einschränkend bemerkte, sie sei »freilich fertig als Marxistin aus Polen und Russland zu mir gekommen«.[177] Seine begabteste Schülerin machte es ihm wahrhaftig nicht immer leicht. Mehrere ihrer Kommilitonen schildern in ihren Erinnerungen, wie sie sich einen Spaß daraus machten, die Diskussion auf ein Thema zu lenken, bei dem Luxemburg Wolf dann mit der ihr eigenen rhetorischen Überlegenheit beweisen konnte, dass er irrte. Marchlewski, der ebenfalls bei Wolf promovierte,[178] schrieb in einem Nachruf auf Luxemburg: »Ich brachte den würdigen Professor auf das für ihn heikle Thema, worauf wir ihm mit allen Waffen des Marxismus bewiesen, dass er von diesen Dingen ganz und gar nichts verstehe. Man muss der Universität Zürich die Gerechtigkeit widerfahren lassen, dass die Fakultät uns beiden, ungeachtet unserer Auftritte, keinerlei Schwierigkeiten bei der Erlangung des Doktorgrades machte.«[179]

Neben dem Studium nahm in den Schweizer Jahren auch die Politik immer wieder erheblichen Raum in Luxemburgs Leben ein. So ging sie im Frühjahr 1892 für längere Zeit nach Berlin, und eine Reihe von Reisen führte sie – mal mit, mal ohne Jogiches – in den Jahren danach nach Paris, wo es seit Mitte des 19. Jahrhunderts eine Polnische Bibliothek gab. Diese Bibliothek, die noch heute existiert, war ein wichtiger Kristallisationspunkt für die polnische Emigrantenszene und bot Luxemburg wertvolles Material für die Arbeit an ihrer Dissertation. In der französischen Hauptstadt wurde auf einer Konferenz am 17./21. November 1892 auch die Sozialistische Partei Polens (PPS) gegründet, der sich die verschiedenen Emigrantengruppen anschlossen und die von Anfang national geprägt war. Vorausgegangen waren Vereinigungsbestrebungen in Polen selbst, die durch verschiedene Streikaktionen, vor allem einen Generalstreik in Łódź, Auftrieb bekommen hatten.[180] Die dominierende Gestalt war

Bolesław Limanowski, der, 1835 im livländischen Podgórze geboren, eine ganze Generation älter war als die übrigen Aktivisten. Er hatte schon 1863 den Januaraufstand mit vorbereitet und danach vier Jahre in der Verbannung verbracht, war dann in die Schweiz emigriert, hatte sich erst in Genf niedergelassen und war später nach Zürich gegangen. Im Schweizer Exil war er publizistisch tätig, gründete 1880 den Sozialistischen Verein Polnisches Volk (Stowarzyszenie Socjalistyczne Lud Polski), der sich für die polnische Unabhängigkeit einsetzte, und übernahm 1892 bei der Gründung der PPS den Vorsitz. Als die Partei sich 1906 spaltete, unterstützte Limanowski den von Józef Piłsudski angeführten nationalistischen Flügel, wandte sich allerdings von dem Marschall ab, als der 1926 ein diktatorisches Regime in Polen errichtete. Piłsudski, der 1892 die fünfjährige Verbannung nach dem gescheiterten Attentat auf Alexander III. gerade hinter sich gebracht hatte, war ebenfalls an der Gründung der PPS beteiligt, lebte weiterhin im Zarenreich und wurde dort rasch der führende Vertreter der Partei.

Kongress der Sozialistischen Internationale in Zürich, Gründung der SDKP

Nicht nur im westeuropäischen Exil, auch in Kongresspolen gab es nach der Zerschlagung des Proletariat II immer wieder Versuche polnischer Sozialisten, sich neu zu organisieren. Marcin Kasprzak und einige andere Parteimitglieder waren in Freiheit geblieben. Kasprzak arbeitete unter anderem mit Julian Marchlewski zusammen, der 1889 den Bund Polnischer Arbeiter (ZRP) mitbegründet hatte, 1893 fliehen musste und zum Studium nach Zürich ging.[181] Schon in Warschau hatte er Bronislawa Gutman kennengelernt, eine Mitschülerin Luxemburgs, die auch im Proletariat II aktiv gewesen war. Um der drohenden Verhaftung zu entgehen, ging sie wie Marchlewski nach Zürich, wo sie Biochemie studierte. 1896 übersiedelten die beiden nach Deutschland, wo sie heirateten und Marchlewski vor allem publizistisch tätig war, unter anderem bei der *Leipziger*

Volkszeitung, und 1916 zu den Gründern des Spartakusbundes gehörte. Aus diesen Kreisen ging eine kleine Gruppe Jüngerer hervor, die sich der Linie der PPS nicht unterordneten, sondern, ebenfalls in Paris, 1893 die Zeitschrift *Sprawa robotnicza* (Sache der Arbeiter) gründeten, die in der Tradition des ZRP stand. Verantwortlicher Redakteur war zunächst Adolf Warski, der eigentlich Warszawski hieß und im Jahr zuvor aus Warschau nach Paris gekommen war. Wie Marchlewski hatte er zu den Gründern des ZRP gehört. Seine Frau Jadwiga war eine ehemalige Schulfreundin Luxemburgs,[182] die, wenn sie in Paris war, meist bei den beiden wohnte. 1894 übernahm Luxemburg die Redaktion der Zeitschrift, wobei sie wiederum das Pseudonym R. Kruszynska benutzte, um ihren Aufenthaltsstatus in Zürich nicht zu gefährden. Auch Marchlewski trat in die Redaktion ein, sein Deckname war Karski. Gleichzeitig wurde der Untertitel des Blattes von *Organ der Sozialdemokraten des Königreichs Polen* in *Organ der Sozialdemokratie des Königreichs Polen* verändert, was einen deutlicheren Alleinvertretungsanspruch in Hinblick auf die Gruppen in Kongresspolen signalisierte.[183] Kritschewski beteiligte sich mit Beiträgen an der Zeitschrift. Jogiches organisierte und finanzierte das ganze Unternehmen, trat aber als Autor nicht in Erscheinung. Insgesamt erschienen 25 Nummern der Zeitschrift.[184]

Das Gründungsdatum der Zeitschrift war nicht zufällig gewählt, denn im Monat darauf fand in Zürich der Kongress der Sozialistischen Internationale statt, und die Existenz einer sozialistischen Zeitschrift konnte den Anspruch auf ein Mandat begründen. Die Sozialistische Internationale wurde auch Zweite Internationale genannt, denn sie stand in der Nachfolge der Internationalen Arbeiterassoziation (IAA), die 1864 unter dem Präsidium von Karl Marx in London gegründet worden war. Die IAA war schon bald von heftigen Auseinandersetzungen zwischen dem marxistischen und dem anarchistischen Flügel erschüttert, 1872 kam es zum Bruch, und Marx erklärte das Unternehmen für gescheitert. Die Anarchisten veranstalteten noch einige weitere, »antiautoritäre« Kongresse, aber 1881 war es auch damit vorbei. Auf der letzten Tagung in London wurde die »Propaganda der Tat« zur Richtschnur künftigen Handelns erhoben, und der Anarchismus machte hinfort vor allem durch Attentate von sich reden. Mehr als 40 waren es in den Jahren vor dem Ersten Weltkrieg, die ihr Ziel bei Weitem nicht immer erreichten, aber zahlreiche Hinrichtungen von Attentätern zur Folge hatten. Die Marxisten dagegen setzten auf die »politische Aktion«, worunter sie die politische und die gewerkschaftliche Organisation der Arbeiterschaft verstanden, aber auch Aktionen wie Streiks und Demonstrationen, verbunden mit dem Ziel, irgendwann die Macht im Staat zu übernehmen.

1889 wurde in Paris die Sozialistische Internationale gegründet. Karl Marx war sechs Jahre zuvor verstorben, aber seine Tochter Eleanor und ihr Lebensgefährte Edward Aveling nahmen an dem Gründungskongress ebenso teil wie seine Schwiegersöhne Paul Lafargue und Charles Longuet. Engels war zu sehr beschäftigt und reiste nicht nach Paris, war aber in die Vorbereitungen stark involviert gewesen. Unter den 400 Delegierten aus zwanzig Ländern stellte die SPD mit 81 Vertretern mit Abstand die stärkste Delegation, angeführt wurde sie von August Bebel und Wilhelm Liebknecht. Der folgenreichste Beschluss des ersten Kongresses war die Proklamation des 1. Mai zum Kampftag der Arbeiterbewegung, der jedes Jahr durch große Kundgebungen und, wo dies möglich war, durch Fernbleiben von der Arbeit gefeiert werden sollte. Alle zwei Jahre sollte die Internationale tagen.

Am 6. August 1893 kamen die Delegierten zum dritten Kongress in der Zürcher Tonhalle zusammen. Die Auseinandersetzungen mit den Anarchisten spielten letztmals eine Rolle. Zu Beginn des Kongresses kam es zu einer temperamentvollen Auseinandersetzung zwischen dem SPD-Vorsitzenden August Bebel und dem Anarchisten Gustav Landauer, die mit einer Niederlage der Anarchisten und der einstimmigen Ablehnung ihrer Mandate endete.[185] Aber auch andere Mandate standen im Streit. Von den elf Mandaten der polnischen Delegation wurde eines beanstandet, »weil es von einer Zeitung ausgestellt ist, deren Redaktion ganz unbekannt sei«,[186] heißt es im Protokoll. Der Ablehnungsantrag kam von dem polnischen Delegierten Ignacy Daszyński, der zusammen mit einem weiteren Delegierten die Polnische Sozialdemokratische Partei Galiziens vertrat, die national orientiert war und später in der PPS aufging. Die PPS selbst war in Zürich mit sechs Delegierten vertreten, der Allgemeine jüdische Arbeiterbund von Litauen, Polen und Russland mit einem. Daszyński beantragte, das beanstandete Mandat zurückzuweisen, denn: »Die Zeitung sei nur in *einer* Nummer erschienen, über die Richtung sei also kein Urteil möglich; das Mandat sei ohne Unterschrift; niemand wisse, wer der Redakteur der Zeitung sei, die hier eine Delegierte entsende.«[187]

Daraufhin meldete sich die angesprochene Delegierte zu Wort: »Frl. Luxemburg erklärt diese Tatsache mit den eigentümlichen Verhältnissen in Russisch-Polen. Die Zeitung werde von einem sozialdemokratischen literarischen Vereine herausgegeben, müsse als Ausdruck des polnischen sozialistischen Proletariats betrachtet werden.«[188] Das Tagungspräsidium war geneigt, das Fräulein Luxemburg zuzulassen, in der Versammlung selbst war die Stimmung unübersichtlich. Da beantragte die von der PPS dominierte polnische Delegation die Abstimmung nach Nationen, d. h., die Stimme des einen Delegierten aus Serbien wog genauso schwer wie die Stimme der 98 deutschen Delegierten. Sieben Nationen stimmten für die Zulassung, neun dagegen, und drei enthielten sich. Luxemburg durfte an dem Kongress nicht teilnehmen und musste den Saal verlassen. Aber Marchlewski trug den Bericht vor, den sie vorbereitet hatte. Sein Mandat konnte nicht angefochten werden, da es von mehreren polnischen Arbeiterorganisationen bestätigt war.[189]

Luxemburgs Zulassungsantrag war gescheitert, aber ihr Auftritt hatte seine Wirkung nicht verfehlt.[190] Davon zeugen nicht nur Aufzeichnungen verschiedener Teilnehmer, sondern auch die Resonanz in der Schweizer Presse. Immer wieder wurde dabei die zarte Statur der Frau hervorgehoben, die nur 1,46 Meter groß war. Émile Vandervelde erinnerte sich später, sie sei auf einen Stuhl gestiegen, um besser gehört zu werden.[191] Die sozialistische *Arbeiterstimme* nannte sie ein »schmächtiges Fräulein«, die bürgerliche *Neue Zürcher Zeitung* eine »graziöse Dame«, fügte indes ein antisemitisches Klischee hinzu, wenn sie feststellte, dass die junge Dame »so kleine Hände hat, dass sie beinahe kleiner sind als die flotte Bogennase im Gesicht«.[192] Luxemburgs Auftritt – der erste in der Öffentlichkeit überhaupt – beeindruckte die Versammlung, hatte aber vor allem deshalb eine langfristige Wirkung, weil im Saal die bedeutendsten sozialistischen Parteiführer aus ganz Europa versammelt waren, und viele von ihnen, wie z. B. der Belgier Émile Vandervelde, der einige Jahre später den Vorsitz der Sozialistischen Internationale übernahm, oder Karl Kautsky, der eine führende Position in der SPD innehatte, registrierten das rhetorische Talent der jungen Frau aufmerksam. Luxemburg gewann auch die Zuneigung des damals gerade 20-jährigen Christian Rakowski, der die Sozialdemokratische Partei Bulgariens vertrat und der »eine der anziehendsten Gestalten der Zweiten Internationale«[193] war. Er hatte mit 15 Jahren wegen sozialistischer Umtriebe das Gymnasium verlassen müssen, war zum Studium in die Schweiz gegangen, hatte auch in Berlin gearbeitet, wo man ihn aber wegen seiner politischen Aktivitäten ausgewiesen hatte. Luxemburg und Rakowski trafen sich von nun an regelmäßig auf den Kongressen der Sozialistischen Internationale. Sonst wissen wir nichts über ihre Freundschaft, Briefe sind nicht erhalten. Rakowski war später in der Sowjetunion als Diplomat tätig, 1941 wurde er auf Befehl Stalins erschossen.

Nicht nur sich selbst hatte Luxemburg durch ihren Auftritt in Zürich bekannt gemacht, sondern auch die von ihr herausgegebene neue Zeitschrift. Viele Delegierte, nicht zuletzt die aus der Provinz Posen, interessierten sich für die erste Nummer der *Sprawa robotnicza*, sodass die letzten Exemplare bald verkauft waren.[194] Der Bericht »über den Stand und Verlauf der sozialdemokratischen Bewegung in Russland-Polen 1889–1893«, den Luxemburg ausgearbeitet hatte und den Marchlewski dann vortrug, war ein Dokument, das der nationalpolnischen Position der PPS eine dezidiert andere Darstellung der Verhältnisse entgegensetzte.[195] Es war eine bewusst unausgewogene, pointierte Darstellung, die zeigte, dass es der Verfasserin nicht an Kühnheit und Selbstbewusstsein mangelte, vor allem, wenn man bedenkt, dass die Zeitschrift *Sprawa robotnicza* gerade erst vor wenigen Wochen gegründet worden war und in einer Auflage von nicht mehr als 1 000 Exemplaren in Kongresspolen verbreitet war. Gleichwohl erhob der Bericht den Anspruch, über »die Tätigkeit unserer Sozialdemokratie in den letzten vier Jahren« zu berichten: »Gestützt auf die

Prinzipien der internationalen Sozialdemokratie verfolgt sie unentwegt ihr Ziel«.[196] Die Arbeiterbewegung in Polen sei zur wichtigsten Erscheinung des sozialen Lebens geworden. Ihr gegenüber stehe das polnische Kleinbürgertum, das noch immer von der Unabhängigkeit Polens, d.h. der Wiederherstellung des Nationalstaats, schwärme. Diesen Kräften unterstellte die Verfasserin, dass sie versuchten, ihr Ziel einer Wiederherstellung der polnischen Unabhängigkeit mit dem sozialdemokratischen Programm »zu einer Synthese des Sozialpatriotismus zu verschmelzen«.[197]

Den Begriff des Sozialpatriotismus, der die Verbindung von Sozialismus und Nationalismus kennzeichnen sollte, gebrauchte Luxemburg hier zum ersten Mal, er sollte in den kommenden Jahren zu einem zentralen Kampfbegriff gegen die PPS und ihre Bestrebungen werden. Als radikale Internationalistin war sie zum konsequenten Widerstand gegen den Sozialpatriotismus entschlossen. So behauptete sie kühn: »Die patriotische Richtung, das Ideal eines selbständigen polnischen Reiches, hat keine Aussichten, die sozialdemokratische Arbeiterschaft für sich zu gewinnen.«[198] Vielmehr sollte die Arbeiterschaft in Galizien gemeinsam mit der Sozialdemokratischen Arbeiterpartei in Österreich für das allgemeine Wahlrecht kämpfen, in der Provinz Posen sollte sie mit der SPD zusammengehen und in Kongresspolen gemeinsam mit dem russischen Proletariat für die Niederwerfung des zaristischen Absolutismus kämpfen. D.h., in jedem der drei Teilungsgebiete des früheren polnischen Staates sollte der soziale Kampf im Vordergrund stehen, angepasst an die jeweiligen Verhältnisse, und nicht der Kampf für die nationale Unabhängigkeit. Dieser Gedanke habe sich in der Arbeiterschaft bereits durchgesetzt. Deshalb, so schließt Luxemburg ihren Bericht, »hat unsere Arbeiterklasse das erhabene Bewusstsein, dass sie für die gemeinsame Sache des internationalen Proletariats wirkt«.[199] Hier nahm jemand den Willen für das Werk, denn in Wirklichkeit hatte sie noch kaum Gelegenheit gehabt, auf die polnische Arbeiterschaft einzuwirken, aber man kann Luxemburg nicht absprechen, dass sie in den kommenden Jahren mit allem Nachdruck für ihre Idee eines sozialistischen Internationalismus gekämpft hat. Das war und blieb bis zuletzt ein zentrales Thema ihres politischen Wollens und

Wirkens. Es war bereits Thema ihrer ersten Arbeiten für Zeitungen und Zeitschriften der deutschen Sozialdemokratie, spielte eine zentrale Rolle in ihrer Dissertation und nach Übersiedlung nach Deutschland auch in ihrer politischen Arbeit in der SPD.

Die Konferenz in Paris im November 1892 hatte Beschlüsse gefasst, die nicht die Zustimmung der Gruppe um »Sprawa robotnicza« fanden. Sie organisierte eine Gegenkonferenz, die im Februar 1893 in Warschau stattfand. Die Zurückweisung Luxemburgs auf dem Kongress der Sozialistischen Internationale im März gab dann den Anstoß zur Gründung einer eigenen Partei, der Sozialdemokratischen Partei des Königreichs Polen (SDKP). Der Name der Partei nahm Bezug auf das 1815 auf dem Wiener Kongress gegründete Königreich. Sie wollte vor allem die Industriearbeiterschaft im nunmehr russischen Teil Polens organisieren, war im litauischen Teil zunächst allerdings nicht aktiv. Mit der Gründung dieser zweiten Partei war die Chance einer Vereinigung von Nationalisten und Internationalisten, einer einheitlichen polnischen sozialistischen Partei vertan. Es folgten Jahrzehnte erbitterter Kämpfe zwischen Sozialdemokraten und Sozialpatrioten, die erst mit der Wiederherstellung des polnischen Nationalstaats nach dem Ende des Ersten Weltkriegs ihr Ende fanden. Und während die PPS vor allem gute Beziehungen zu den französischen Sozialisten unterhielt, orientierte sich die SDKP mehr in die deutsche Richtung und fand politische Unterstützung vor allem bei der SPD.

Die Partei ging aus denselben Kreisen hervor wie die Zeitschrift. Die wichtigsten Mitglieder waren zu Beginn Jogiches, Luxemburg, Warski und Marchlewski, wobei Luxemburg als Theoretikerin eine besondere Rolle spielte. Peter Nettl bringt die Sache auf den Punkt, wenn er schreibt: »Universitätsstraße 77 in Zürich war das geistige Zentrum der SDKP.«[200] Das war Luxemburgs Wohnadresse. Victor Adler, der ihr in herzlicher Abneigung verbunden war, nannte die Mitglieder der Partei die »Rosaisten«,[201] womit er zugleich ihre Bedeutungslosigkeit unterstreichen wollte. Die vier Genannten hatten sich in der Schweiz als Führungsquartett zusammengefunden und versuchten, aus dem Ausland zu wirken, denn eine legale politische Arbeit in Polen war nicht möglich. Deshalb auch hatte

Luxemburg in ihrem Bericht empfohlen, die Arbeiter sollten sich in den polnischen Landesteilen in den sozialistischen Parteien der jeweiligen Teilungsmächte organisieren, was in Deutschland und Österreich, anders als in Russland, durchaus möglich war.

Auch mit dieser Strategie war ein Alleinvertretungsanspruch verbunden, aus dem eine dauerhafte Rivalität resultierte. So musste sich die SPD immer wieder mit der Konkurrenz zwischen PPS und SDKP in der Provinz Posen, dem preußischen Teil des ehemaligen polnischen Staates, auseinandersetzen. Luxemburg spielte bei diesen Auseinandersetzungen eine sehr prominente Rolle. Nach ihrer Übersiedlung nach Deutschland trat sie 1898 zusätzlich zur SDKP auch der SPD bei. Auf den Parteitagen der SPD trat sie allerdings nicht mit einem Berliner Mandat auf, sondern vertrat zumeist Wahlkreise der Provinz Posen. 1917 schloss sie sich der USPD an, im Jahr darauf der KPD, sodass Rosa Luxemburg insgesamt vier verschiedenen Parteien angehörte, was aber nichts mit einem Gesinnungswandel zu tun hat, denn sie verfocht in all den Jahren immer dieselben Ziele. Wenn man noch das Proletariat II hinzurechnet und die PPS, der sie zeitweilig angehörte, ist die Zahl der Parteien, deren Mitglied sie war, sogar noch höher. Und auch die SDAPR könnte man noch hinzurechnen, der die SDKPiL 1906 kollektiv beitrat, sodass es dann insgesamt sogar sieben verschiedene Parteien des sozialistischen Spektrums waren. In der Sozialistischen Internationale und im Internationalen Sozialistischen Büro, dem Leitungsgremium zwischen den Kongressen, dem sie später auch angehörte, vertrat sie mal die SDKPiL, mal die SPD, und manchmal hatte sie auch zwei oder sogar drei Mandate. So war sie mal Teil der polnischen, mal der deutschen Delegation, was aus ihrer Sicht keinen wesentlichen Unterschied machte.

Als die SDKP am 10./11. März 1894 in Warschau erstmals einen Kongress abhielt, der zugleich als ihr Gründungsparteitag gilt, war das eine illegale Veranstaltung, die in aller Heimlichkeit stattfinden musste, was angesichts der überschaubaren Dimensionen des Unternehmens aber nicht ganz so schwierig war: »Anwesend waren zehn Delegierte aus Warschau, Łódź, Dąbrowa und Zyrardów. Der Parteitag beschloss, die Partei in der Hauptstadt und im Lande zu organisieren, legte die Prinzipien des Programms fest, beschloss die Art und Weise der Maiagitation, nahm Resolutionen an zum Verhältnis zu den Russen, zum Ausland, zum Patriotismus und befasste sich mit allen wichtigen Fragen der Agitation.«[202] Das Protokoll dieses ersten Parteitags wurde vollständig in der *Sprawa robotnicza* abgedruckt.[203] Unter den zehn Delegierten waren keine Teilnehmer aus dem Ausland, für sie wäre die Reise viel zu gefährlich gewesen.

Die Partei hatte eine marxistische Ausrichtung. Ihre Programmatik orientierte sich am Erfurter Programm, das sich die SPD 1891 nach dem Ende der Verfolgung unter dem Sozialistengesetz gegeben hatte. Dieses Programm, das unter tatkräftiger Mitwirkung von Friedrich Engels entstanden war, hatte einen theoretischen Teil, der der marxistischen Theorie Genüge tat und von der Überwindung der kapitalistischen Ausbeutung und Klassengesellschaft sprach, und einen zweiten Teil, in dem es um praktische Politik ging. Die beiden Teile standen relativ unverbunden nebeneinander und hatten bezeichnenderweise mit dem Vertreter des sogenannten marxistischen Zentrums Karl Kautsky und dem Revisionisten Eduard Bernstein auch zwei ganz unterschiedliche Autoren, die verschiedene Parteiflügel repräsentierten. Der Erfurter Parteitag war von großer Bedeutung. Die wieder legalisierte Partei nahm den Namen SPD an, den sie bis heute trägt. Sie war bei den Reichstagswahlen von 1890 die nach Stimmen stärkste Partei im Deutschen Reich geworden, was offensichtlich machte, dass die Versuche, der Partei durch Verfolgungsmaßnahmen das Rückgrat zu brechen, gescheitert waren. Gleichzeitig war sie in gewisser Weise auch Opfer des eigenen Erfolges. Sie hatte Hunderttausende von Mitgliedern, eine wachsende Zahl von hauptamtlichen Funktionären, stellte Tausende von Vertretern in den Kommunalverwaltungen, war aber gleichzeitig durch ihre grundsätzliche Opposition zum deutschen Kaiserreich von der Mitgestaltung der Politik weitgehend ausgeschlossen und wollte dennoch nur mit legalen Mitteln zur Macht kommen. Die SPD war, wie Karl Kautsky es einmal formuliert hat, eine revolutionäre, aber keine Revolutionen machende Partei. Sie verfiel in einen revolutionären Attentismus. Das Erfurter Programm, das bis 1921 Bestand haben sollte, spiegelte dieses Dilemma, indem es radikale Theorie und reformistische Praxis nebeneinanderstellte, ohne wirklich zu erklären, wie die radikalen Ziele ohne revolutionäre Umgestaltung der Verhältnisse zu erreichen waren.

Die SDKP war vor völlig andere Probleme gestellt. Sie berief sich vor allem auf den ersten Teil des Programms, um deutlich zu machen, dass sie in der marxistischen Tradition des Internationalismus stand, wie Luxemburg es auch in ihrem Bericht für den Zürcher Kongress formuliert hatte. Das Programm der SDKP ging noch über den Bericht hinaus und lehnte die Unabhängigkeit Polens expressis verbis ab.[204] Stattdessen wurde eine Liberalisierung des Russischen Reiches und kulturelle Autonomie für die verschiedenen nichtrussischen Ethnien gefordert. Die SDKP bekannte sich ausdrücklich zur internationalen Arbeiterbewegung und hätte die PPS am liebsten aus der Sozialistischen Internationale verdrängt, was aber unrealistisch war.

Auf dem ersten illegalen Parteitag der SDKP wurde eine Hauptverwaltung berufen, die aus Bronisław Wesołowski und Kazimierz Ratynski bestand, die auch an der Parteigründung und der Ausarbeitung des Programms beteiligt gewesen waren. Beide hatten bis 1893 in Zürich studiert, nicht an der Universität, sondern an der ETH, und waren dann nach Russland zurückgekehrt. Rosa Luxemburg, die führende Theoretikerin der SDKP, war zunächst in dem Führungsgremium der Partei nicht vertreten. Das änderte sich erst nach der schweren Krise, die die Partei in Folge intensiver Verfolgung und zahlreicher Verhaftungen durch die zaristische Polizei durchgemacht hatte. Die Partei hatte zunächst etwa 400 Mitglieder, und ihr Einfluss übertraf sogar den der PPS, aber Anfang 1896 war sie durch Verfolgungsmaßnahmen so geschwächt, dass sie kaum noch in Erscheinung trat.[205] Eine Reorganisation gelang erst Jahre später, als Luxemburg schon in Deutschland lebte. Im März/April 1894 ging sie für einen Monat nach Paris, um sich des zarten Pflänzchens *Sprawa robotnicza* anzunehmen, das unter Warskis Händen zu verkümmern drohte. Gleichzeitig wohnte sie in dieser Zeit bei Warski und seiner Frau in der Rue Feutrier 21 in Montmartre; seit 2010 gibt es dort eine Gedenktafel. An

Jogiches, von dem sie zum ersten Mal längere Zeit getrennt war, schrieb sie nicht weniger als 22 Briefe, davon allein sechs an den ersten drei Tagen. Sie widmete sich mit großer Gewissenhaftigkeit den vielen Aufgaben, die in der Redaktion auf sie warteten, aber der erste lange Brief ist doch vor allem an den Geliebten und nicht an den Revolutionär gerichtet. »Mein teuerstes, geliebtes Kind!« begann das Schreiben. Den zweiten Absatz leitete sie mit einer ganzen Kaskade von Koseworten ein: »Gold, teures, meine Ciucia! Mein Dziodzio! Mein Würmchen! Was machst Du jetzt? [...] Mein Einziger, Bobo! Wann werde ich Dich sehen? Das fehlt mir so sehr, dass ich einfach in der Seele dürste!«[206] In den folgenden Briefen legte sie sehr genau Rechenschaft über all ihre Tätigkeiten und auch über die Verwendung der Geldmittel ab, die Jogiches ihr zur Verfügung stellte. Sie wollte auch einen Vortrag über die polnische Frage auf Russisch und Polnisch vor den Emigranten halten, um der in Paris präsenten PPS etwas entgegenzusetzen, aber die potenzielle Zuhörerschaft erwies sich als zu klein, sodass das Vorhaben nicht verwirklicht wurde.[207]

Auf die Dauer überforderte die Reduktion auf die Arbeit die empfindsame Rosa, und sie ist »sehr böse« auf Leo, so böse, dass sie ihm gar nicht mehr schreiben will, tut es dann aber doch, um ihm »ein paar häßliche Dinge« vorzuwerfen: »Deine Briefe enthalten ganz und gar nichts außer der ›Sprawa robotnicza‹, Kritik an dem, was ich gemacht habe, und Hinweise, was ich machen soll. [...] Uns verbindet nur die Sache und die Tradition früherer Gefühle. Das ist sehr schmerzhaft. [...] Ich spürte, dass ich ebenso wenig Lust habe, hier zu bleiben, wie nach Zürich zurückzukehren.«[208] Hier offenbart sich vehement der Grundkonflikt dieser Beziehung. Jogiches geht es vor allem anderen um die Revolution, niemals würde er in diesem Zusammenhang von »nur« sprechen, und diese »Sache« ist schon nach wenigen Jahren wieder so in den Vordergrund getreten, dass Luxemburg von der Tradition früherer Gefühle spricht, die geblieben ist, und das ist ihr zu wenig. In der zweiten Hälfte des sehr ausführlichen Schreibens kommt dann auch sie auf das Geschäftliche zu sprechen, was sie schon erledigt hat, was noch erledigt werden muss, berichtet, dass sie 100 Franc für Papier für eine zu druckende Broschüre ausgegeben hat, aber auch für ihr eigenen Bedarf 1,20 Franc für Kakao und 1,65 Franc für Milch, 2,25 Franc für einen Hut und 2 Franc für Handschuhe. Jogiches, der in seiner Weise Luxemburg auch liebte, nahm sich die Vorwürfe offenbar zu Herzen. Schon eine Woche später schrieb sie ihm: »Mein liebstes, mein teuerstes Geschöpf, in diesem Augenblick erhielt ich deinen süßen Brief.«[209] Und noch einmal zehn Tage später war von hässlichen Dingen keine Rede mehr: »Mein Engel, Teuerster, wie lieb, herzlich, süß Du jetzt bist. Woher kommt das bei Dir? Du mein Gold, glaube mir völlig, vertraue mir, denn Du weißt, wie ich ganz zu Dir gehöre, wie ich in Dir und durch Dich lebe und für Dich alles tue.«[210]

Kurz darauf kehrte Rosa Luxemburg nach Zürich zurück, um sich wieder ihren Studien zu widmen. Im Frühjahr 1895 fuhr sie erneut nach Paris, aber allen Bemühungen zum Trotz musste *Sprawa robotnicza* im Jahr darauf ihr Erscheinen einstellen. Doch der unermüdlichen jungen Publizistin bot sich schon bald eine neue Chance. Am 5. März 1896 feierte sie ihren 25. Geburtstag. Sie schrieb an diesem Tag einen Brief, wohl nach Beratung mit Jogiches, der mit der äußerst förmlichen Anrede »Sehr geehrte Redaktion« begann und mit »Hochachtungsvoll Rosa Luxemburg« nicht minder förmlich endete.[211] Es war der Begleitbrief zu einem umfangreichen Aufsatz über neue Strömungen in der polnischen sozialistischen Bewegung in Deutschland und Österreich.[212] Es ging Luxemburg um den Kampf gegen die »Vertreter der nationalistisch-sozialistischen Richtung [...], die die Wiederherstellung eines polnischen Staates als eine Forderung des Proletariats sanktionieren« wollten.[213] 1893 hatten sich in Berlin verschiedene polnische sozialistische Gruppen als PPS für die Provinz Posen konstituiert. Diese preußische PPS war ein autonomer Bestandteil der SPD, und dagegen zog Luxemburg zu Felde. Der Empfänger ihres Briefes war Karl Kautsky, der gemeinsam mit Emanuel Wurm *Die Neue Zeit* herausgab. (Emanuel Wurm war mit Luxemburgs späterer Freundin Mathilde Wurm verheiratet.) Die Zeitschrift war 1883 gegründet worden und erschien in Stuttgart im Hause des Verlegers Johann Heinrich Wilhelm Dietz, dem Gründer des noch heute existierenden Parteiverlags der SPD. Da angesichts des Sozialistengesetzes Vorsicht geboten war, trug die

Zeitschrift den harmlos klingenden Untertitel *Revue des geistigen und öffentlichen Lebens*, wurde aber sehr schnell zum wichtigsten Theorieorgan der SPD, was sie bis 1917 blieb, als die beiden Herausgeber die Partei verließen und sich der USPD anschlossen.

Nach Kautskys Vorstellung sollte *Die Neue Zeit* an die Tradition der von Marx und Engels herausgegebenen *Neuen Rheinischen Zeitung* anknüpfen und vor allem einen Raum für die Diskussion von Fragen des wissenschaftlichen Sozialismus bieten. Kautsky hatte sich nach Jahren in Zürich und Stuttgart mehrfach in London aufgehalten, von 1885 bis 1888 einmal sogar mehr als drei Jahre lang, und sich in dieser Zeit eng mit Friedrich Engels befreundet. Erst nach dem Fall des Sozialistengesetzes war Kautsky nach Deutschland zurückgekehrt. Er war der einflussreichste Programmatiker der SPD. Nach dem Tod von Engels 1895 war er »die dominierende Gestalt des Marxismus der Zweiten Internationale«.[214] 1893 hatte er in Zürich den Auftritt der damals 22-jährigen Studentin Rosa Luxemburg miterlebt und wusste also, wer ihm jetzt einen Brief schrieb. Bei aller Förmlichkeit des Schreibens fehlte es der Briefschreiberin nicht an Selbstbewusstsein. Sie geißelte in scharfen Worten die nationalistischen Tendenzen in der polnischen sozialistischen Bewegung, erklärte, warum es gut wäre, wenn ihr Artikel möglichst rasch erschiene, und fügte dann noch ein PS hinzu, Deutsch sei für sie eine fremde Sprache: »Ich erlaube mir daher, Sie höflichst zu bitten, eventuell meinen Aufsatz in dieser Hinsicht korrigieren zu wollen.«[215]

Alle ihre Bitten fanden Gehör, der Aufsatz erschien bald, allerdings verlangte Kautsky Kürzungen. Doch auch in der gekürzten Version hatte der Text noch immer 32 Seiten und war so umfangreich, dass er auf zwei Ausgaben der *Neuen Zeit* verteilt werden musste.

Die Reaktion der Gegenseite ließ nicht lange auf sich warten. In *Naprzód* (Vorwärts), dem in Krakau erscheinenden Sprachrohr der Sozialdemokratischen Partei Galiziens, erschien ein massiver Angriff:

> Fräulein Rosa Luxemburg, ein hysterisches und zänkisches Frauenzimmer, hat in der ›Neuen Zeit‹ einen Artikel veröffentlicht, in dem

> es die polnischen Sozialisten eines schrecklichen Verbrechens anschuldigen will, sie will nämlich beweisen, dass wir glühende Patrioten sind, und zwar nicht ›im Sinne der privaten (!) Vaterlandsliebe‹ [...], sondern dass wir den Ehrgeiz haben, Polen wieder herzustellen! Dem Fräulein Rosa Luxemburg, das von allen Leuten in Polen, die Herz und Kopf auf dem rechten Fleck haben, verlassen wurde, gefällt offenbar unser Patriotismus nicht, [...] Wir bedauern nur, dass eine ernste deutsche Zeitschrift auf den Leim des Fräulein Rosa ging, welches in der Schweiz die Leute anschwindelt, als repräsentiere sie irgendjemand oder etwas in Polen [...][216]

Dieses Zitat ist interessant. Es zeigt, wie tief der Graben zwischen den sich befehdenden Fraktionen der polnischen Sozialdemokratie schon war, bevor Luxemburg nach Deutschland kam und politisch aktiv wurde, und sie tat nichts, um diesen Streit zu entschärfen.

Was sie für richtig erkannt hatte, vertrat sie mit Nachdruck und scheute auch, wenn es nottat, nicht vor persönlichen Angriffen auf ihre Gegner zurück.

Man muss hinzufügen: Der Artikel zeigt das tief sitzende Unverständnis für Luxemburgs Ablehnung der Wiedererrichtung des polnischen Nationalstaats, für den so viele Polen im 19. Jahrhundert leidenschaftlich gekämpft hatten, nicht zuletzt Luxemburgs Vorfahren.

Dieses Unverständnis ist mit der Zeit keineswegs schwächer geworden. So wie der Autor von *Naprzód* denken die meisten Polen über Rosa Luxemburg noch heute. Im X. Pavillon der Zitadelle Warschau gibt es ein Museum, in dem der politischen Gefangenen aus der Zeit vor der Wiedererlangung der Unabhängigkeit gedacht wird. Der Prominenteste von ihnen ist Józef Piłsudski, entsprechend aufwendig wird seine Haftzeit gewürdigt. Luxemburg, die etwas später als Piłsudski, im Jahr 1906, ebenfalls hier einsaß, wird unter den prominenten Häftlingen nicht einmal namentlich genannt.

Das Fräulein Rosa war nun keineswegs gewillt, die Anwürfe aus Galizien schweigend hinzunehmen. Sie war selbstbewusst genug, den zitierten

Artikel Kautsky zu schicken, als Anlage zu einem Brief, mit dem sie ihm einen neuen Aufsatz übersandte, der, »wenn irgend möglich, baldigst«[217] erscheinen sollte. Im Juli 1896 stand der nächste Kongress der Sozialistischen Internationale ins Haus, und Luxemburg wollte unbedingt im Vorfeld in die Debatte eingreifen. Der neue Aufsatz war allerdings keine Antwort auf den Angriff des *Naprzód.* Luxemburg reagierte vielmehr auf einen Beitrag eines Vertreters der Sozialdemokratischen Partei Galiziens, der in der *Neuen Zeit* erschienen war[218] und ihre Positionen entschieden ablehnte, die Forderung, den polnischen Staat wiederherzustellen, vehement verteidigte und dabei auf Unterstützung durch die SPD verwies, wobei der Autor anders als *Naprzód* ohne herabsetzende persönliche Attacken auskam. Luxemburg ging in ihrer Antwort »Der Sozialpatriotismus in Polen«[219] weniger auf die einzelnen Argumente ein, sondern nahm vielmehr die Gelegenheit wahr, erneut ihre Position darzulegen: »Die sozialpatriotischen Tendenzen führen zum kleinbürgerlichen Nationalismus«. Außerdem sei »die Wiederherstellung Polens als eines Klassenstaates erst nach ›dem großen Kladderadatsch‹ […] ein Unsinn und die nationale Befreiung Polens nach demselben ist selbstverständlich.«[220] Mit dem großen Kladderadatsch, ein Begriff, den auch August Bebel gern gebrauchte, war der Zusammenbruch der bürgerlichen Gesellschaft gemeint. Der Begriff war die umgangssprachliche Version der marxistischen Zusammenbruchstheorie.

Luxemburg war natürlich nicht gegen die Befreiung der Polen. Sie fühlte sich als Polin, liebte die polnische Kultur, und Polnisch war ihre Muttersprache. Aber sie war gegen eine Wiedererrichtung des polnischen Staates als eines Nationalstaates in der alten Form. Und sie war der Überzeugung, dass nach einer grundsätzlichen politischen Umwälzung, nach der Überwindung von Kapitalismus und Imperialismus, sich die nationale Befreiung der Polen von selbst ergeben würde. Anders gesagt: Eine sozialistische Partei sollte ihrer Meinung nach als ihr Ziel immer die Befreiung der Arbeiterklasse sehen, nicht die Wiedererrichtung eines zu Beginn des 19. Jahrhunderts untergegangenen Nationalstaats. Sie konnte sich dabei auf das Kommunistische Manifest berufen, in dem es hieß:

> Den Kommunisten ist ferner vorgeworfen worden, sie wollten das Vaterland, die Nationalität abschaffen. Die Arbeiter haben kein Vaterland. Man kann ihnen nicht nehmen, was sie nicht haben. Indem das Proletariat zunächst sich die politische Herrschaft erobern, sich zur nationalen Klasse erheben, sich selbst als Nation konstituieren muss, ist es selbst noch national, wenn auch keineswegs im Sinne der Bourgeoisie. Die nationalen Absonderungen und Gegensätze der Völker verschwinden mehr und mehr schon mit der Entwicklung der Bourgeoisie, mit der Handelsfreiheit, dem Weltmarkt, der Gleichförmigkeit der industriellen Produktion und der ihr entsprechenden Lebensverhältnisse. Die Herrschaft des Proletariats wird sie noch mehr verschwinden machen. Vereinigte Aktion wenigstens der zivilisierten Länder ist eine der ersten Bedingungen seiner Befreiung.[221]

Der berühmte Schlusssatz des Manifests lautet: »Proletarier aller Länder, vereinigt euch!«[222] Unter dieser Parole war 1889 in Paris die Sozialistische Internationale gegründet worden.

Kautsky griff nun seinerseits mit einem längeren Beitrag unter dem Titel »Finis Poloniæ?« in die Debatte ein, der in zwei Teilen in der *Neuen Zeit* erschien.[223] Er bemühte sich um eine ausgleichende Stellungnahme, stimmte im ersten Teil Luxemburgs historischen Ausführungen mehr oder weniger zu, widersprach aber im zweiten Teil ihren aktuellen Schlussfolgerungen. Kautsky war der Meinung, »dass der Materialismus des Frl. Luxemburg an großer Einseitigkeit leidet«.[224] Kautsky stimmte ihrer Analyse der ökonomischen Entwicklung Polens, die im nächsten Kapitel genauer zu betrachten sein wird, durchaus zu, gelangte aber dennoch zu der Schlussfolgerung: »Von welcher Seite wir also auch die Frage der Selbständigkeit Polens betrachten mögen, wir finden nirgends einen Grund für die polnischen Sozialisten, einzustimmen in den Ruf: finis poloniæ! und auf die Unabhängigkeit ihres Vaterlandes in ihrer praktischen Tätigkeit Verzicht zu leisten.«[225]

Am Ende kam Kautsky nicht umhin, zu dem unmittelbar bevorstehenden Kongress der Sozialistischen Internationale in London Stellung zu nehmen, und hier geriet er etwas ins Lavieren. Er zitierte zunächst »Frl. Luxemburg«, die die Meinung vertrat, dass es nicht Aufgabe des Kongresses sein könne, sich zu nationalen Streitfragen zu äußern, verwies demgegenüber darauf, dass die polnischen Sozialisten in Kongresspolen gar keine Möglichkeiten zu legaler politischer Betätigung hätten, und betonte: »Dagegen bietet ein internationaler Kongress eine vortreffliche und ganz einzige Gelegenheit, der Welt kund zu tun, dass das polnische Proletariat festhält an der Forderung der Unabhängigkeit Polens, und dass es diese Forderung verficht im Einverständnis mit dem Proletariat der ganzen Welt, inbegriffen das russische Proletariat.«[226] Dies bedeute wiederum keineswegs, dass er sich für die vorliegende Resolution der PPS begeistern könne. Kautsky analysierte die Begründung der Resolution, die ihn nicht überzeugte, schloss jedoch seine Überlegungen mit der Feststellung: »Aber das Entscheidende bei einer Resolution ist nicht ihre Motivierung sondern der Grundsatz, den sie ausspricht. Und dem Grundsatz der polnischen Resolution stimmen wir rückhaltlos zu.«[227] Die Resolution der PPS hatte der Philosoph und Soziologe Kazimierz Kelles-Krauz ausgearbeitet,[228] der der wichtigste marxistische Theoretiker innerhalb der PPS war, allerdings bereits 1905 verstarb und erst durch die Arbeiten von Timothy Snyder wieder einem breiteren Publikum bekannt geworden ist. Der Kongress sollte erklären, »dass die Unabhängigkeit Polens eine sowohl für die gesamte internationale Arbeiterbewegung wie auch für das polnische Proletariat gleich notwendige Forderung bildet«.[229]

Diese war nicht die einzige, die in London verabschiedet werden sollte. Es gab auch eine Gegenresolution von Rosa Luxemburg, die Fürsprecher fand, zu denen ihr Schweizer Freund Robert Seidel und Jean Jaurès gehörten. Kautsky und Wilhelm Liebknecht dagegen lehnten sie ab. Victor Adler, der Begründer der Sozialdemokratischen Arbeiterpartei in Österreich, nannte Luxemburg in einem Brief an Kautsky gar eine »doktrinäre Gans«. Er war empört über ihre »höchst unzeitgemäßen Betrachtungen« in der *Neuen Zeit*, denn er fürchtete »die Wirkung auf unsern Dasz.[yński]«, der selbst sehr vernünftig sei, aber es eben auch mit Narren zu tun habe. Daszyński, der aus Galizien stammte, hatte in Zürich studiert, war aber dann in seine Heimat zurückgekehrt und war 1892 Mitbegründer der Polnischen Sozialdemokratischen Partei Galiziens und Schlesiens im habsburgischen Kronland Galizien und Lodomerien, die sich später der PPS anschloss. Nach 1918 machte Daszyński im wiedererstandenen Polen Karriere, überwarf sich allerdings nach dessen Staatsstreich mit dem von ihm bewunderten Piłsudski. Daszyński war für Adler ein wichtiger Mann, weil er die polnischen Bataillone der österreichischen Sozialdemokratie organisieren sollte. Luxemburgs Überlegungen waren da ein Störfaktor. Um weiteren Ärger abzuwenden, bat Adler deshalb Kautsky, ihm doch künftige Texte der doktrinären Gans vor Drucklegung vorzulegen, und er fügte hinzu: »Alle diese Emigranten soll der Teufel holen!«[230] Derlei Liebenswürdigkeiten bekam Luxemburg später auch von anderer Seite noch öfter zu hören.

Annelies Laschitza, einst Gralshüterin der Luxemburg-Forschung in der DDR, bescheinigt ihr in ihrer Biografie »nationalen Nihilismus«, Realitätsferne und »theoretischen Starrsinn«.[231] Den Vorwurf des nationalen Nihilismus hatte auch schon der ungarische Kommunist Georg Lukács erhoben, der die KPD in den 1920er-Jahren von Luxemburgs ideologischen Fehlern beeinflusst sah.[232] Diesem nationalen Nihilismus stand, so Laschitza, ein polnischer Nationalismus gegenüber, »der im Patriotismus des Volkes Wurzeln besaß, sich auf historische Traditionen berief, nationale Eigenheiten ansprach und den Großmachtchauvinismus der Teilungsmächte anprangerte«.[233] Angesichts des jüngst wieder aufgeflammten Nationalismus in Polen und andernorts kann man in der Tat daran zweifeln, dass die »nationalen Absonderungen und Gegensätze der Völker« mehr und mehr verschwinden, wie es einst im *Kommunistischen Manifest* hieß. Die vielen separatistischen Bewegungen in Europa vermitteln im Gegenteil den Eindruck, dass die schwindende Wirkmächtigkeit der Nationalstaaten die Absonderungen und Gegensätze der verschiedenen Ethnien und Regionalismen wieder schärfer hervortreten lassen. In den Vorwurf der Realitätsferne wäre insofern auch Marx und Engels einzubeziehen, die sich in ihren Prognosen bezüglich historischer Entwicklungen häufig genug geirrt haben. Dietmar Dath, ein Marxist auch er, allerdings jeglicher Orthodoxie unverdächtig, kommt denn auch zu einer gänzlich anderen Einschätzung als Laschitza. Er sieht gerade Luxemburgs »Nichtpatriotismus« als prophetisch an, weil ihr schon damals klar gewesen sei, »dass nationale Befreiungsbewegungen, die den sozialen Fortschritt Huckepack nehmen sollen, diesem Fortschritt je nach Startbedingungen eher schlecht als recht den Weg bereiten«.[234] Tatsächlich ist Piłsudski, der starke Mann der PPS, auch nicht als Befreier der Arbeiterklasse, sondern als Diktator in die Geschichte eingegangen.

Wenn man die Position, die Luxemburg vertrat, beurteilen will, muss man mehreres bedenken. Die Szlachta war die treibende Kraft beim Novemberaufstand 1830/31 und dem Januaraufstand 1863 gewesen. Der Versuch des entmachteten Kleinadels, den durch die polnischen Teilungen untergegangenen Nationalstaat wiederherzustellen, war gewiss nicht von der Vision einer klassenlosen Gesellschaft und der Einführung des Sozialismus getragen. Die Szlachta hatte seit den revolutionären Unruhen von 1846 immer wieder eine Agrarreform angekündigt, ohne dass den Worten Taten gefolgt wären. Nach der Niederwerfung des Januaraufstands förderten die Russen die Bauernbefreiung, um so die Position der Szlachta unwiderruflich zu schwächen und weitere Aufstandsversuche unmöglich zu machen. Das trug gleichzeitig dazu bei, die Aufstandsbewegung in den Augen der Bauern als »adeligen Schwindel«,[235] wie Luxemburg es in ihrem Aufsatz formuliert hat, erscheinen zu lassen. Sie führt auch für die anderen sozialen Schichten Argumente dafür an, dass sie an einer Wiederherstellung des Nationalstaates kein Interesse haben konnten, die von unterschiedlicher Überzeugungskraft sind. Für das Proletariat ist ihr zentrales Argument die nicht mehr zu revidierende Verflechtung mit Russland: »In Polen aber bringt dieselbe kapitalistische Entwicklung, die das Proletariat erzeugt, Polen selbst in immer festere Verknüpfung mit Russland. Beide Resultate sind nur zwei Seiten ein und desselben Prozesses. Würde das Proletariat die Unabhängigkeit Polens zu seinem Programm machen, so würde es sich dem ökonomischen Entwicklungsprozess entgegenstemmen.«[236] Polen und Russland würden, so Luxemburg, »zu einem kapitalistischen Mechanismus werden, […] das polnische und das russische Proletariat zu einer Arbeiterklasse«.[237] Die bedrohte polnische Nationalität solle durch ein Autonomiestatut geschützt werden.

Die Situation in den einzelnen Teilungsgebieten war sehr unterschiedlich. Im Deutschen Reich waren die Polen mit einem Anteil von 5,5 Prozent an der Bevölkerung, das waren etwas mehr als drei Millionen Menschen, die bei Weitem größte ethnische Minderheit. Sie lebten nahezu alle in der Provinz Posen, die zum Königreich Preußen gehörte. Dort erreichte ihr Bevölkerungsanteil deshalb sogar 7,5 Prozent. Auch wenn Hans-Ulrich Wehler von einer »unversöhnlichen Politik des Ausschlusses«[238] spricht, waren die Polen ein integrierter Teil der Bevölkerung, der auch im Deutschen Reichstag mit Abgeordneten vertreten war. Gleichzeitig gab es starke Bestrebungen, die polnischen Siedlungsgebiete kulturell zu überformen, auch in rechtlicher Hinsicht wurde die polnische Minderheit benachteiligt, etwa beim Immobilienbesitz. Insgesamt aber war die Prussifizierungspolitik mit der brutalen Russifizierung, die in Kongresspolen insbesondere nach 1863 einsetzte, nicht zu vergleichen. Bismarcks Kulturkampf richtete sich gegen die Polen, die ausnahmslos katholisch waren, aber eben auch gegen alle anderen Katholiken. Es ist deshalb auch kein Zufall, dass der Januaraufstand im Wesentlichen auf Kongresspolen beschränkt blieb und im preußischen und im österreichischen Teil Polens nur ein relativ geringes Echo fand. Dem Habsburgerreich kann man auch kaum Großmachtchauvinismus attestieren. Es war ein Vielvölkerreich, in dem es keine dominante Ethnie gab. Die Deutschsprechenden stellten die größte Gruppe, aber auch sie machten kaum ein Viertel der Gesamtbevölkerung aus, und da waren die Juden schon mitgezählt, denn sie optierten bei Volkszählungen meistens für das Deutsche, weil Jiddisch als eigene Sprache nicht anerkannt war. Es gab zwar so etwas wie eine deutsche Leitkultur, die sich darin äußerte, dass in den Funktionseliten die Deutschsprechenden deutlich überrepräsentiert waren, aber einen Homogenisierungsanspruch gab es nicht. Im Gegenteil hatte die Regierung erfolgreich versucht, durch den österreichisch-ungarischen Ausgleich von 1867 die Situation zu befrieden, weswegen auch die Austromarxisten, ähnlich wie Luxemburg, vor allem den Kampf um das Wahlrecht forcierten und eine Autonomie für die verschiedenen Ethnien forderten, aber keine nationalistischen Konzepte verfolgten. Doch waren die Zentrifugalkräfte bis 1914 gering. Das Vielvölkerreich hatte ein solides politisches Fundament und verfügte über breite Akzeptanz in der Bevölkerung.

Rosa Luxemburg gehörte als Jüdin einer Ethnie an, die mit dem Nationalismus in den zurückliegenden Jahrhunderten sehr schlechte Erfahrungen gemacht hatte und für die sich – mindestens in Europa – auch keine Perspektive einer eigenen Staatlichkeit bot. Für die jüdischen Gemeinden waren die Fragen der Toleranz und des Schutzes von Minderheiten durch Menschenrechte, die auch durch Mehrheitsentscheidungen nicht infrage gestellt werden konnten, überlebenswichtig, wichtiger als jede Nationalstaatlichkeit. In der viersprachigen Schweiz lebte Rosa Luxemburg in einem Land, das sich seit je durch das Miteinander unterschiedlicher Kulturen und Ethnien ausgezeichnet hat. Beides hat bei ihren Analysen keine explizite Rolle gespielt, ihre Sicht auf die Verhältnisse aber womöglich trotzdem mit beeinflusst. Es kommt noch ein drittes Moment hinzu: Luxemburgs Vater, dem sie sich ihr Leben lang sehr verbunden fühlte, hatte an dem Januaraufstand 1863 aktiv teilgenommen und hautnah miterlebt, wie dieser Versuch, die nationale Unabhängigkeit wiederzugewinnen, scheiterte und wie die Polen anschließend ihre letzten kulturellen Freiräume verloren. Rosa war 1863 noch nicht geboren, aber diese Erfahrungen haben sich ihr mitgeteilt, denn sie war aufgewachsen in einem Land, das unter der Entpolonisierung litt, und mit einem Vater, dessen Hoffnungen sich nicht erfüllt hatten.

Auf dem Londoner Kongress 1896 wurde am Ende keine der beiden ursprünglichen Resolutionen verabschiedet. Stattdessen legte die »Political Action Commission« als Kompromiss einen Text vor, in dem das Wort Polen gar nicht vorkam: »Der Kongress erklärt, dass er für volles Selbstbestimmungsrecht aller Nationen eintritt und mit den Arbeitern jedes Landes sympathisiert, das gegenwärtig unter dem Joch des militärischen, nationalen oder anderen Formen des Despotismus leidet [...].«[239] Diesen Kompromiss deklarierte jede der beiden Seiten als Sieg für sich und als

Niederlage der anderen Seite.[240] Lenin führte in einer späteren Auseinandersetzung mit Luxemburg die ausdrückliche Erwähnung des Selbstbestimmungsrechts als Niederlage für sie ins Feld, und sie mag es ähnlich empfunden haben.[241] Im Vorfeld hatte es wieder Streitigkeiten wegen der polnischen Mandate gegeben. Wie schon drei Jahre zuvor in Zürich hatte Daszyński Einspruch gegen die Vertreter der SDKP erhoben.[242] Er erreichte aber nur die Annullierung von Warskis Mandat, dagegen konnten Luxemburg, Marchlewski und Stanislaw Wojewski ganz regulär am Kongress teilnehmen. Im Bericht über den Kongress ist »Rose Luxembourg« im Abschnitt »Women at the International Congress« erwähnt, als »interessante weibliche Delegierte, die vier polnische Organisationen vertritt«.[243] Sie wird mit der Bemerkung zitiert, dass es eine Frauenbewegung in Polen nicht gebe, was sie damit begründete, dass in einem versklavten Land kaum Möglichkeiten der politischen Betätigung bestünden, sodass es sowohl für Männer wie für Frauen kaum gewerkschaftliche Organisationen gebe. Der Kongress forderte unter anderem die gleiche Bezahlung für die Arbeit von Männern und Frauen, ein Thema, das erstaunlicherweise unverändert aktuell ist.

Der Bericht über den Londoner Kongress erwähnt Luxemburgs Herausgeberschaft der *Sprawa robotnicza*, die monatlich in einem Umfang von vier bis acht Seiten erschien, tatsächlich allerdings kurz davor war, ihr Erscheinen einzustellen, weil die SDKP nicht mehr aktionsfähig war. Außerdem heißt es in dem Bericht, Luxemburg habe in Zürich in Jura promoviert und sei gerade dabei, an derselben Universität eine weitere Promotion in den Staatswissenschaften abzuschließen. Hier waltete ganz offensichtlich ein Missverständnis. Luxemburg hatte ihre Promotion noch nicht abgeschlossen, und sie promovierte auch nicht zweimal, sondern erwarb den Titel eines »Doctor juris publici et rerum cameralium«. Die in der Prüfungsordnung vorgesehenen Klausurarbeiten schrieb sie am 21. April 1897 bei Fritz Fleiner in Staatsrecht zum Thema Staatsverträge und drei Tage später bei Julius Wolf in Nationalökonomie über »Die Lohnfondstheorie und die Theorie der industriellen Reservearmee«.[244] Fleiner kritisierte, dass Luxemburg das Juristische nicht immer mit der wünschenswerten Sicherheit behandelt habe, vor allem, wenn es um die Verhältnisse in der Schweiz gegangen sei, bescheinigte ihr aber insgesamt eine sehr respektable Kenntnis der Gesetzgebungen. Wolf stellte fest, dass er mit ihrer Beurteilung der Marx'schen Lohntheorie nicht übereinstimmte, bescheinigte ihr aber »volle Kenntnis des Gegenstandes, Belesenheit, Genauigkeit und Schärfe des Denkens«, was ihn zu einer sehr positiven Beurteilung kommen ließ.[245]

Promotion, Tod der Mutter, Scheinehe, Übersiedlung nach Berlin

Die Dissertation, die Luxemburg am 12. März 1897 eingereicht hatte,[246] wurde von drei Professoren begutachtet. Der Doktorvater Julius Wolf kam zu dem Urteil:

> Der Arbeit ist nachzurühmen volle Beherrschung des Gegenstandes, große Sorgfalt, großer Scharfsinn. Sie erschließt ihr Thema, ohne je weitläufig zu werden, und legt Zeugnis ab ebenso von theoretischer Begabung wie von praktischem Blick. Der Stil ist etwas mangelhaft, der Standpunkt etwas einseitig. Die Verfasserin ist Sozialistin und steht zu der sogenannten materialistischen Geschichtsauffassung. Hin und wieder benützt sie Quellen der sozialistischen Pamphletliteratur. Das tut aber der Tüchtigkeit der Leistung keinen Abbruch, welche weit darüber hinausgeht, was von einer Dissertation gefordert werden muss.[247]

Zurückhaltender fiel die Stellungnahme des Zweitgutachters Gustav Vogt aus, auf den »einiges einen komischen Eindruck gemacht« hatte, der aber auch anerkannte, »dass Frl. Luxemburg einen interessanten Stoff ausgewählt und ihn mit viel Geschick dargestellt hat«. Er plädierte ebenso für die Annahme der Arbeit wie auch der dritte Gutachter Emil Zürcher, der wie Vogt Jurist war. Anders als sein Kollege, dessen Beurteilung er

»durchaus nicht« teilte, urteilte Zürcher ausgesprochen enthusiastisch und erblickte »eine sehr scharfsinnige Würdigung des vorher gegebenen Tatsachenmaterials«.[248] Im Juli 1898, nachdem sie der Publikationspflicht genügt hatte, erhielt Rosa Luxemburg ihre Promotionsurkunde mit der Note »magna cum laude«, der zweitbesten, die möglich ist, ausgehändigt.[249]

Natürlich musste die Familie umgehend vom erfolgreichen Studienabschluss erfahren, und Luxemburg schrieb den verschiedenen Familienmitgliedern Briefe. Anna antwortete postwendend: »Vor einer Stunde kam Dein Brief, [...] kann ich Dir überhaupt sagen, welchen Eindruck er machte? Mama lachte und weinte abwechselnd, sie will den Brief nicht aus der Hand geben, möchte, dass die ganze Welt weiß, welche Freude und welcher Stolz sie erfüllt.«[250] Der Vater schrieb vier Tage später und wünschte seiner Tochter, »dass Du alles im Leben so glücklich beendest wie diese Sache«.[251] Die Mutter schrieb nicht, obwohl sie es gern getan hätte, aber sie war – was Rosa erst später erfuhr – an Magenkrebs erkrankt, einer Krankheit, die zumeist erst spät erkannt wird und dann schnell zum Tod führt. Im Mai 1897 war die Mutter bereits stark geschwächt, das Morphium, das ihre Schmerzen lindern sollte, tat ein Übriges. Am 30. September starb Lina Luxenburg, ohne dass Mutter und Tochter sich noch einmal gesehen hätten. Rosa hatte sich nach überstandenen Prüfungsstrapazen am 22. Juli aus Zürich abgemeldet nach dem Kanton Appenzell,[252] fuhr dann allerdings nach Weggis am Vierwaldstättersee, um sich in der Pension »Zur Tanne« etwas zu erholen. Doch auch hier stand die Arbeit, wie so oft, bald im Vordergrund. Ein Brief an Leo macht dies überdeutlich. Er ist ein einziges Dokument der Verzweiflung, beginnt mit dem Satz »Nein, ich kann nicht weiterarbeiten«[253] und endet mit einem Liebesgedicht, in dem es heißt:

> Du sitzt steif, ich stehe dabei,
> verletzt der eine den anderen
> durch Worte und auch durch Schweigen,
> wortkarg, verschreckt verweilen wir.[254]

In dem sehr langen Brief versuchte Luxemburg die seelische Not, über die sie nicht zu sprechen vermochte, in Worte zu fassen. Sie klagte, dass »unser Verhältnis für Dich etwas rein Äußerliches ist« und dass diese Äußerlichkeit alles, sogar das Intimleben, beherrschte: »Ich spüre sie nach jeder Vereinigung, wenn Du mich beiseiteschiebst und Dich verschlossen an die Arbeit machst.« Gleichzeitig gelang es der nach Liebe Dürstenden nicht, sich von ihrem Leo abzuwenden:

> Ich weiß nicht, wieso, ich bin nicht imstande, die Lage zu erfassen, ich bin nicht imstande, Schlussfolgerungen zu ziehen, ich bin nicht imstande, Dir gegenüber eine bestimmte Haltung einzunehmen – in jedem Augenblick verhalte ich mich so, wie es mir die Eingebungen diktieren, sowie sich in meiner Seele viel Liebe und Leid ansammelt – werfe ich mich Dir an den Hals, sowie Du mich durch Kälte beleidigst – zerreißt es mir die Seele, und ich hasse Dich – ich könnte Dich umbringen.[255]

Die Nachricht vom Tod der Mutter erreichte Luxemburg in Weggis nicht, wohl aber erfuhr die Freundin Olympia Lübeck in Zürich davon, die die Familie unter erheblichen Mühen aufgespürt hatte. Sie war sofort bereit, die 50 Kilometer nach Weggis zu fahren, kündigte sich allerdings unter einem Vorwand zu einem kurzen Besuch an, weil sie die schreckliche Todesnachricht persönlich überbringen wollte, um sie Luxemburg so schonend wie möglich beizubringen. Das hatte dazu geführt, dass diese die Freundin zunächst von dem Reisevorhaben abgebracht hatte, weil sie nicht bei ihrer Arbeit gestört werden wollte. Die treibende Kraft dabei war Jogiches gewesen, was Luxemburg ihm viele Jahre später, als sie wieder einmal verzweifelt war über das Leben, das sie führte, heftig vorwarf: »Ich erinnere mich, dass ich auf Dein Zureden hin die Lübeck damals davon abgehalten habe, nach Weggis zu kommen, damit sie mich nicht stört, *den epochemachenden Artikel* für die ›Sozialistischen Monatshefte‹ zu beenden; dabei fuhr sie zu mir – mit der Nachricht vom Tode der Mutter! […] Gestern war ich schon nahe daran, den Entschluss zu fassen, mit einem Schlag diese ganze *gottverdammte Politik* oder vielmehr diese blutige Parodie eines ›politischen‹ Lebens, wie wir es führen, sausen zu lassen *und pfeife auf die ganze Welt.*«[256] Dass die Erinnerung an die Zeit in Weggis Luxemburg acht Jahre später wieder vor Augen trat, hatte einen bestimmten Anlass:

> Gestern holte ich durch einen merkwürdigen Zufall abends die Schachtel mit Mamas und Vaters letzten Briefen und den Briefen von Andzia und Józio aus jenen Zeiten hervor, las sie alle durch, musste so weinen, dass meine Augen ganz geschwollen sind, und ging schlafen mit dem großen Wunsch, nicht wieder aufzuwachen. *Insbesondere* verhasst wurde mir auch die ganze ›Politik‹, derentwegen ich […] die Briefe von Vater und Mutter wochenlang nicht beantwortete, nie für sie Zeit hatte wegen dieser *weltbewegenden Aufgaben* (und das dauert bis zum heutigen Tage an), und Du wurdest mir verhasst als derjenige, der mich für immer an diese verfluchte Politik geschmiedet hat.[257]

In den verbleibenden fünf Monaten bis zum Tod ihrer Mutter hatte Luxemburg keinen Versuch unternommen, sie zu besuchen, obwohl diese sich nichts mehr wünschte, als einmal noch ihre jüngste Tochter zu sehen, die schon seit acht Jahren nicht mehr zu Hause gewesen war. Als die Mutter ein einziges Mal die Kraft gefunden hatte, ihr eine Karte zu schreiben, hatte sie nicht geantwortet, und auch der Vater wartete oftmals vergeblich auf Post. Aus Freude über die Promotion hatten die Eltern in einen goldenen Ring mit einem Vergissmeinnicht aus sechs kleinen Perlen mit Amethysten »Tatko i Mama[258], 1.VI.1897« eingravieren lassen. Doch dieses Geschenk erhielt Luxemburg zu Lebzeiten der Mutter nicht mehr, sondern erst ein Jahr später, als ihre Schwester sie in Berlin besuchte.[259] Der Vater starb fast auf den Tag genau drei Jahre nach seiner Frau, am 27. September 1900. Auch ihn hat Luxemburg vor seinem Tod nur noch ein Mal gesehen, als er schon sehr krank war, und seine Briefe in den letzten Jahren im Drange der Geschäfte oftmals nicht oder sehr verspätet beantwortet, was ihm manchen Kummer bereitet hat.

Rosa Luxemburg ist Gefühlskälte vorgeworfen worden, nicht zuletzt von manchen ihrer Biografen, aber das trifft die Sache nicht. Sie hat sich den Erfordernissen der Arbeit unterworfen, so wie Jogiches sie definiert hatte und wie auch sie selbst sie sah, mit allen Konsequenzen. Sie hat die Liebesbeziehung geheim gehalten, selbst die eigenen Eltern kannten Jogiches nur unter dem Pseudonym Grozowski. Sie hat das Leben in getrennten Wohnungen hingenommen. Sie hat, was sie hart ankam, auf ihren Kinderwunsch verzichtet. Und sie versuchte unermüdlich, den nie endenden Anforderungen der publizistischen und propagandistischen Arbeit gerecht zu werden. Sie war bereit, sich für die Sache zu opfern. Trost fand sie in stillen Stunden in der Beschäftigung mit der Tier- und mehr noch der Pflanzenwelt, wofür die erzwungene Muße der verschiedenen Gefängnisaufenthalte reichlich Raum bot. Letztendlich hat Luxemburg ihr Leben für die Politik geopfert. Der Preis, den sie bezahlte, der Verlust an privatem Glück, den sie dabei in Kauf nahm, war ihr schmerzlich bewusst. Mehr als ein Mal haderte sie mit der politischen Arbeit, der sich alles andere unterzuordnen hatte, aber am Ende siegte stets das Pflichtbewusstsein.

Die wichtigste Quelle für biografische Informationen sind Luxemburgs Briefe an Jogiches, aber sie versiegt, sobald die beiden zusammen sind. So ist aus der Zeit zwischen dem 21. Juli 1896 und dem 13. Mai 1898 nur ein einziger Brief erhalten, der Verzweiflungsschrei, der schon zitiert worden ist. Wir wissen deshalb zwar genau, wann Luxemburg in Deutschland angekommen ist, aber es gibt aus ihrer Feder keine Aussagen über die Beweggründe für diese Übersiedlung. Doch die Überlegungen, die dabei mit einiger Sicherheit eine Rolle gespielt haben, kann man durchaus benennen. Da war die Familie in Polen. Von Warschau war Zürich fast 1400 Kilometer entfernt, Berlin dagegen nur knapp 600 Kilometer und Schwerin an der Warthe, der westlichste Ort der Provinz Posen, kaum 200 Kilometer. In Kongresspolen wäre politische Arbeit für Luxemburg nicht möglich gewesen, im preußischen Teil Polens durchaus. Deutschland war darüber hinaus aus vielerlei Gründen ein naheliegender Wirkungsort. Die SPD war die mit Abstand größte und mächtigste Partei innerhalb der

Sozialistischen Internationale und ein Vorbild für die anderen Arbeiterparteien in Europa. Sie verfolgte, auch nach dem Tod von Marx und Engels, einen eindeutig marxistischen Kurs. Dafür trug schon Karl Kautsky Sorge, mit dem Luxemburg bereits seit einiger Zeit in Verbindung stand und der sie als Spezialistin für polnische Angelegenheiten schätzte, auch wenn er es vorgezogen hätte, wenn sie weniger über die Frage der nationalen Unabhängigkeit geschrieben hätte und mehr über andere Polen betreffende Themen.

Die SPD verfügte außerdem über eine stark entwickelte Presselandschaft, die für eine ehrgeizige junge Publizistin ein reiches Betätigungsfeld bot und, damit verbunden, auch die Möglichkeit, einen Lebensunterhalt zu erwirtschaften. Neben der *Neuen Zeit* hatte Luxemburg, noch in Zürich, auch schon für die *Sächsische Arbeiter-Zeitung* geschrieben und auch für die neu gegründeten *Sozialistischen Monatshefte* (SMH) einen Beitrag »Der Sozialismus in Polen« beigesteuert, in dem sie noch einmal die Anfänge der polnischen Arbeiterbewegung rekapitulierte und betonte: »Das dauerndste Verdienst des Proletariats gegenüber der polnischen Arbeiterklasse war aber seine klare Stellungnahme zum Nationalismus.«[260] Es blieb dies Luxemburgs einziger Artikel in der neuen Zeitschrift, denn die SMH entwickelten sich rasch zur wichtigsten Stimme des Revisionismus, dessen Positionen den ihren genau entgegengesetzt waren.

Wir dürfen annehmen, dass auch der Zürcher Freund Robert Seidel Luxemburg zum Umzug nach Deutschland geraten hat. Seidel stammte aus dem sächsischen Kirchberg und war wie Carl Lübeck ein politischer Flüchtling, der 1869 noch an der Gründung der SPD in Eisenach mitgewirkt hatte, aber im Jahr darauf in die Schweiz emigriert war. In Zürich engagierte er sich für die Sozialdemokratische Partei der Schweiz und machte eine politische Karriere, die ihn bis an die Spitze des Großen Stadtrats von Zürich und in den Nationalrat führte. Außerdem war er Redakteur der Parteizeitung *Arbeiterstimme*. In der ersten Zeit nach dem Umzug schrieb Luxemburg viele Briefe an Robert Seidel und seine Frau Mathilde und schilderte ihnen in bewegten Worten, wie sehr sie die Schweiz vermisste.

Auch Alexander Parvus hat wohl für den Umzug nach Deutschland plädiert. Eigentlich war sein Name Israil Helphand. Er stammte aus einem jüdischen Schtetl in der Nähe von Minsk, hatte von 1887 bis 1891 Volkswirtschaft in Basel studiert und in dieser Zeit Marchlewski, Luxemburg und Warski kennengelernt. Am Ende seines Studiums musste Helphand eine Entscheidung treffen: Sollte er nach Russland zurückkehren, um dort am Aufbau einer sozialistischen Bewegung mitzuwirken? Sollte er in der Schweiz bleiben und sich den revolutionären Emigrantenzirkeln anschließen? Er entschied sich für einen dritten Weg und verlegte sein politisches Wirkungsfeld nach Deutschland: »Die deutsche Sozialdemokratie wurde mein neues Vaterland.«[261] Er ging erst nach Stuttgart, dann nach Berlin und schrieb unter anderem für *Die Neue Zeit* und *Die Gleichheit*. Israil Helphand hatte die SPD zu seinem Vaterland erkoren. Allerdings erwarb er dadurch noch nicht in einem der deutschen Bundesstaaten das Bürgerrecht. So war er durch seine publizistische Tätigkeit immer wieder von politischer Verfolgung bedroht. 1893 verfügte die Berliner Polizei die Ausweisung des »lästigen Ausländers«, der daraufhin zwischen den verschiedenen Zentren der deutschen Arbeiterbewegung hin- und herreiste und mal hier und mal da publizierte. Helphand nahm 1894 den weniger ausländisch klingenden Namen Alexander Parvus an. Er war aber weiterhin russischer Staatsbürger und arbeitete auch für die Presse der SDAPR. 1899 ging er nach München, wo er gemeinsam mit Lenin die Zeitschrift *Iskra* gründete, deren leitender Redakteur Leo Trotzki wurde. Das Ehepaar Warski war schon 1896 nach München gezogen, nachdem die *Sprawa robotnicza* eingestellt worden war, und auch die Marchlewskis wohnten inzwischen hier, sodass es für Luxemburg noch weitere Anknüpfungspunkte gab.

Rosa Luxemburg stand nicht der Sinn danach, so wie Parvus ständig von der Polizei durchs Land gejagt zu werden. Um sich davor zu schützen, ging sie eine Scheinehe mit Gustav, dem dritten Sohn von Carl und Olympia Lübeck, ein, der damals in Basel wohnte. Die Familie lebte schon lange in der Schweiz, hatte aber die deutsche Staatsangehörigkeit nie aufgegeben. Kautsky berichtet darüber: »Ihn gelüstete keineswegs nach dieser Ehe, er wehrte sich dagegen, aber bei aller Bohèmewirtschaft war Frau Olympia eine strenge Mutter, und keines ihrer Kinder wagte, ihrer Autorität zu widersprechen. So wurde Gustav bewogen, das Röslein nicht stehen zu lassen, sondern ihm ergebenst zum Standesamt zu folgen.«[262] Die Eltern empfanden Luxemburg gegenüber, die viele Stunden in ihrem Haushalt verbracht und dem kranken Carl zur Seite gestanden hatte, eine große Dankesschuld. Gustav hegte ganz andere Gefühle. Er hatte in der Vergangenheit für das heimliche Liebespaar Rosa und Leo den Postillon d'Amour spielen dürfen, was ihn nicht besonders amüsiert hatte, und verspürte wenig Lust auf die Rolle des Scheinehegatten. Aber er fügte sich in sein Schicksal, und die Ehe, die dann fünf Jahre später wieder geschieden wurde, konnte geschlossen werden. Nachdem die Eheverkündung am 28./29. Januar bzw. 3. Februar 1898 in Basel, Berlin und Weggis, wo Luxemburg nach wie vor wohnte, stattgefunden hatte, wurde die Ehe am 19. April im Zivilstands-Kreis Basel-Stadt geschlossen.[263] Ro-

Hochzeitsfoto von Rosa Luxemburg und Gustav Lübeck, Zürich, 19. April 1898

bert Seidel war Luxemburgs Trauzeuge. Die Eheverkündung in Berlin war wichtig, weil sie die Voraussetzung für die Bewilligung der Ehe durch den Regierungspräsidenten von Preußen war, wodurch Luxemburg die preußische Staatsangehörigkeit erlangte.[264]

Am 27. April 1898 schrieb Rosalia Lübeck-Luxemburg an das Zivilstandsamt Basel und bat um die Ausstellung eines Trauscheins. Als Adresse gab sie an: »Gustav Lübeck, bei Herrn Grosovski, Zürichbergstr. 58^I«.[265] Das war nun doch einigermaßen grotesk. Grosovski war eines der Pseudonyme von Leo Jogiches. Unter diesem Namen hatte er sich in Luxemburgs Nachbarschaft einquartiert. Wir dürfen davon ausgehen, dass Gustav sich nie in dieser Wohnung aufgehalten hat. Auch Rosa, die sich sehr oft und gerne bei Leo aufgehalten hatte, nutzte die eheliche Wohnung kaum. Die Scheinehe mit Gustav hatte ihr den Weg zur preußischen Staatsbürgerschaft geebnet. Jetzt hielt es sie in Zürich nicht länger. Am 12. Mai 1898 reiste sie ab, traf am folgenden Tag in München ein, wo sie einige Tage blieb, und kam am 16. Mai in Berlin an, in der Stadt, die zu ihrem Schicksal werden sollte.

IV

Die polnische Nation

Anfang Juli 1898 erschien im Verlag Duncker & Humblot *Die industrielle Entwicklung Polens, Inauguraldissertation zur Erlangung der staatswissenschaftlichen Doktorwürde der hohen staatswissenschaftlichen Fakultät der Universität Zürich vorgelegt von Rosa Luxemburg aus Warschau.* Duncker & Humblot, gegründet 1798 in Berlin, wo er auch heute wieder residiert, war ein sehr angesehener Wissenschaftsverlag, der zu Luxemburgs Zeit in der deutschen Buchhauptstadt Leipzig seinen Sitz hatte. Zu seinen Autoren gehörten Geistesgrößen wie Goethe, Hegel und E. T. A. Hoffmann, führend war er auf dem Gebiet der Rechts- und Staatswissenschaften, also ein idealer Publikationsort für Luxemburgs Dissertation. Das Buch hatte einen Umfang von 95 Seiten, was für damalige Verhältnisse nicht wenig war.[266] Finanziert wurde die Drucklegung von ihrer Familie in Warschau.[267] Die Arbeit war von der Universität Zürich im Jahr zuvor angenommen worden, wurde aber trotzdem vor ihrer Publikation von der Autorin noch einmal einer intensiven Redaktion unterzogen, wobei ihr Lebensgefährte Jogiches zu großer Form auflief. Er traktierte Luxemburg, die mittlerweile in Berlin lebte, immer wieder mit Korrekturvorschlägen. Schon am 26. Mai 1898, kaum dass sie in Berlin angekommen war, erhielt sie, gleichzeitig mit den Satzfahnen vom Verlag, von ihm zwei Briefe mit Anmerkungen, versuchte ihn aber dahingehend zu beruhigen, dass seine Hinweise das bestätigten, was sie ohnehin schon korrigiert habe.[268] Doch mit dieser Feststellung geriet sie an den Falschen.

Die Vorstellung, dass seine intensive Korrekturarbeit womöglich als überflüssig anzusehen sei, konnte ihm nicht gefallen, und er reagierte entsprechend heftig:

> Mein Kuka hat sich so schrecklich erzürnt und hat mir eine solche Abreibung verpasst, dass einem angst und bange wird. Und das alles deshalb, weil ich undankbares Schweinchen es gewagt habe, mich so leichtfertig über Kukas Arbeit an den Korrekturabzügen zu äußern. Dafür habe ich vor lauter Angst in der Zweitkorrektur alle Änderungen Dziodzios ausgeführt, mit Ausnahme der am Schluss der Einleitung, die ich eigensinnig, wie ich bin, unverändert gelassen habe. Ich halte ihn, ganz im Ernst, für unbedingt notwendig und hoffe, dass Du mir diese eine Stelle in meiner ganzen Arbeit schenkst, die ich nach meinem eigenen Geschmack lassen möchte.[269]

Um des lieben Friedens willen übernahm Luxemburg sogar Änderungen, von denen sie wusste, dass sie falsch waren, erlaubte sich dabei allerdings den Hinweis, dass Jogiches die Sache »nicht richtig verstanden« habe.[270]

Damals kam die Post noch zweimal am Tag, und nachdem ihre Antwort auf die Briefe des Vormittags schon mehrere Seiten lang war, traf am Nachmittag ein weiterer Brief von Jogiches ein: »Ich las deine Änderungen und habe beinahe Krämpfe bekommen. [...] Ich hasse dieses Doktorat jetzt so, [...] weil so viel Kraft und Anstrengung darauf verwandt wurden, dass ich bei dem Gedanken daran Weinkrämpfe bekomme.« Dies gab ihr Anlass zu einigen allgemeinen Bemerkungen, denn: »Unser bisheriges Arbeitssystem [...] ist eine Idiotie.« Luxemburg plädierte dafür, ökonomisch zu arbeiten, d. h. mit dem geringstmöglichen Aufwand das bestmögliche Ergebnis zu erzielen, was unter anderem bedeutete, nur solche Korrekturen am Text durchzuführen, die wirklich notwendig waren.[271] Die vielen Korrekturen, die Jogiches auch im zweiten Korrekturgang wieder angebracht hatte und die einen neuen Umbruch erfordert hätten, wollte sie deshalb nicht ausführen. Und so, das deutete sie bereits an, wollte sie auch bei ihren künftigen publizistischen Arbeiten verfahren.

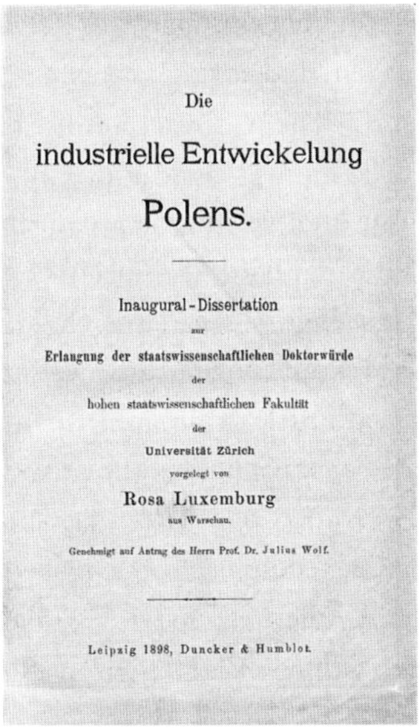
Die

industrielle Entwickelung

Polens.

Inaugural-Dissertation

zur

Erlangung der staatswissenschaftlichen Doktorwürde

der

hohen staatswissenschaftlichen Fakultät

der

Universität Zürich

vorgelegt von

Rosa Luxemburg

aus Warschau.

Genehmigt auf Antrag des Herrn Prof. Dr. Julius Wolf.

Leipzig 1898, Duncker & Humblot.

Rosa Luxemburgs Dissertation, 1898

Hier kündigte sich ein Emanzipationsprozess von ihrem gestrengen Lehrmeister an, der bald an Dynamik gewinnen und der irreversibel sein würde. Das heißt aber nicht, dass sie auf diesem Weg nicht manches Mal innehielt oder wieder einen Schritt zurückmachte.

Am folgenden Tag, dem 25. Juni 1898, erhielt Luxemburg bereits die nächsten Korrekturen von Jogiches, und wieder zwei Tage später kam eine zweite »Abreibung« in Form einer »bösen Karte«, die ihr vollends die Stimmung verdarb: »Goldchen, wie kannst Du nur so gemein sein und so an mich schreiben! Bist Du verrückt geworden oder was?«[272] Nachdem sie ihm ihre Verzweiflung und Niedergeschlagenheit geschildert hatte, die auch daher rührte, dass sie allein in einer fremden Stadt leben musste, versuchte sie, wieder gut Wetter zu machen: »Dziodziuchna, ich muss Dir gestehen, dass mir Deine letzten Änderungen (auf den Zetteln) sehr imponiert haben, und ich bitte Dich demütigst um Verzeihung, dass ich zuweilen wegen der Korrekturen wütend war.« Gleichzeitig fand sie aber Vorwände, ihm ihren ersten Artikel, den sie gerade für die *Leipziger Volkszeitung* geschrieben hatte, nicht zu schicken. Er habe ohnehin viel zu viel Arbeit, um ihn durchzusehen, und außerdem müsse dieser Kommentar der oberschlesischen Wahlergebnisse so rasch wie möglich erscheinen, sodass sie auf seine Korrekturvorschläge nicht warten könne. Aber sie setzte schon auch den Hinweis hinzu, der Text »ist sehr gut ausgefallen, das Maximum, was man zu diesem Thema schreiben kann«.[273] Ihr Wunsch, als Publizistin selbstständig zu werden, war keineswegs erloschen.

Es gibt noch zwei weitere Briefe, in denen das Thema Dissertation eine Rolle spielt. Am 3. August 1898 schrieb Luxemburg: »Und Du, Goldchen, kannst offenbar immer noch nicht mit der Dissertation anfangen! Wie vergeht Dir dort die Zeit, von der Du so viel hast? Was machst Du an all den Tagen?«[274] Diesmal ging es um Leos Doktorarbeit, und ein kritischer Unterton war nicht zu überhören. Ein Jahr später griff sie das Thema noch einmal auf: »Ob Du Dich an die Dissertation machst? Um Gottes willen, pack das doch nun endlich mit ganzer Energie an [...] Wirklich, jeder Mensch würde lachen, wenn man ihm sagte, dass Du nach so vielen Jahren, schon im Besitze der Staatsbürgerschaft, noch ein Jahr wegen der Dissertation in Zürich sitzt, statt sie genauso gut vorzubereiten und dabei mit mir in Deutschland zu wohnen.«[275] Der vielen Zeit zum Trotz war Jogiches nicht vorangekommen, und als Autor wissenschaftlicher Werke sollte er auch nicht in die Geschichte eingehen. Gleichzeitig saß seine Geliebte nun schon fast 15 Monate allein im unwirtlichen Berlin, was ihr mit der Zeit immer mehr missfiel. Luxemburg fühlte sich in der neuen Heimat nicht wohl, und ihr Dziodzio machte – abgesehen von seiner finanziellen Unterstützung – keine Anstalten, ihr das Leben zu erleichtern. So hatte sie ihm schon wenige Wochen nach ihrer Ankunft geschrieben:

> Ich möchte wiederholen, was ich Dir schon einmal geschrieben habe, aber Du wirst mich wieder nicht verstehen, und es wird Dir unangenehm sein. »Ich fühle mich kalt und ruhig.« Du hast das auf das Verhältnis zu Dir bezogen, während ich mich einfach bei Dir über meinen Zustand beklagte, der immer noch andauert. Eine Art tödlicher Apathie, bei der ich alle Handlungen, sogar die im Denken, wie ein Automat ausführe, so, als ob es ein anderer wäre. Was ist das? Erkläre es mir. Einmal fragst Du mich, was mir fehlt. Eigentlich das Leben! Mir ist so, als wäre etwas in mir gestorben, ich empfinde weder Angst noch Schmerz, noch Einsamkeit, genau wie ein Leichnam. Es

ist, als wäre ich ein ganz anderer Mensch als in Zürich, und ich reflektiere über mich in der damaligen Zeit wie über eine andere Person.[276]

Die moderne Psychologie würde hier von dissoziativen Störungen bzw. von dissoziativem Verhalten sprechen. Jemand hat das Gefühl, neben sich zu stehen, nicht mehr er selbst zu sein, und trotzdem schafft er es, in den alltäglichen Lebensvollzügen weiterhin zu funktionieren. Die akute depressive Verstimmung nach dem Umzug hing auch mit dem Verlust der Mutter zusammen, der sie nach wie vor furchtbar quälte, wofür Jogiches nicht wirklich Verständnis aufzubringen vermochte. Aber es gibt, jenseits dieses unmittelbaren Anlasses, durch all die Jahre hindurch immer wieder Äußerungen, die erkennen lassen, dass Luxemburg eigentlich ein ganz anderes Leben hätte führen wollen. Da ist der Kinderwunsch, der sich steigerte bis hin zu Entführungsfantasien, der Wunsch nach einem richtigen Eheleben, der Wunsch nach Verbindung mit der Natur. All das blitzte immer wieder einmal auf, bevor die Selbstdisziplin die Oberhand gewann. Aus dem Gefängnis in Breslau schrieb sie an ihre Freundin Sophie Liebknecht: »Ich habe manchmal das Gefühl, ich bin gar kein richtiger Mensch, sondern auch irgendein Vogel oder ein anderes Tier in misslungener Menschgestalt, innerlich fühle ich mich in so einem Stückchen Garten wie hier oder im Feld unter Hummeln und Gras viel mehr in meiner Heimat als – auf einem Parteitag. Ihnen kann ich wohl das alles ruhig sagen: Sie werden nicht gleich Verrat am Sozialismus wittern. Sie wissen, ich werde trotzdem hoffentlich auf dem Posten sterben: in einer Straßenschlacht oder im Zuchthaus.«[277]

In einem Stückchen Garten fühlte Luxemburg sich mehr in ihrer Heimat als auf einem Parteitag. Vielleicht schlummerte da noch eine Erinnerung an die ersten Lebensjahre in der Gartenstraße in ihrem Unterbewusstsein, obwohl sie noch sehr jung war, als die Familie Zamość verließ. Wir wissen es nicht. Aber wir wissen, dass sie sich in Deutschland nicht wohlfühlte, das Land nie als ihre Heimat ansah, und wenn sie zugab, den Garten und das Feld mit Hummeln und Gräsern einem Parteitag vorzuziehen, so standen ihr zweifellos vor allem die vielen Parteitage der deutschen SPD vor Augen, die sie im Lauf der Jahre besucht hatte. Ihre Heimat war das Milieu, dem sie entstammte, das maskilische Milieu ihrer Jugend. Hannah Arendt hat es in ihrem berühmten Essay über Rosa Luxemburg so beschrieben: »Sein Kern bestand aus assimilierten Juden aus bürgerlichen Familien, deren kultureller Hintergrund deutsch war (Rosa Luxemburg kannte Goethe und Mörike in- und auswendig, und ihr literarischer Geschmack war hervorragend, dem ihrer deutschen Freunde weit überlegen), während ihre politische Orientierung russisch war und ihre Moralbegriffe im privaten wie im öffentlichen Bereich ganz ausschließlich ihre eigenen waren. [...] In diesem Milieu, und niemals in der deutschen Partei, war und blieb Rosa Luxemburg zu Hause.«[278] Das kann man auch ein wenig anders sehen. Luxemburg, die ein halbes Dutzend Sprachen beherrschte, war literarisch ganz generell ungeheuer gebildet, sie kannte zweifellos Goethe und Mörike gut, aber weit mehr als Goethe oder Mörike liebte sie Adam Mickiewicz. Polnisch war ihre erste Sprache, und die polnische Kultur war ihr ungleich mehr Heimat als die deutsche.

Hannah Arendt verweist zu Recht darauf, dass die Führung der SDKPiL genau von jenem maskilischen Milieu geprägt war, in dem Luxemburg sich zu Hause fühlte. Dass diese Partei eine internationalistische Position einnahm, die sie in Opposition zur nationalistischen PPS brachte, ist nicht überraschend. Arendt sieht hier die Selbsttäuschung der intellektuellen Juden, besonders der osteuropäischen, am Werk, die glaubten, kein Vaterland zu haben, so wie der Arbeiter im *Kommunistischen Manifest*. Die Arbeiterklasse könne aber kein Vaterland sein: »Ein Vaterland ist schließlich in erster Linie ein Land, und eine Organisation ist eben nichts dergleichen, nicht einmal im metaphorischen Sinn.«[279] Hiergegen könnte man wiederum einwenden, dass die Arbeiterklasse mehr ist als die Partei der Arbeiterklasse, eine soziale Schicht mehr ist als eine Organisation. Aber wie schwer es war, der Idee der internationalen Solidarität der Proletarier gegen nationale Bindungen Geltung zu verschaffen, zeigte sich dramatisch im August 1914, als in nahezu allen Krieg führenden Ländern die sozialistischen Parteien auf den Kurs der jeweiligen Regierungen einschwenkten. In der Sowjetunion setzte sich später in der Frage des Internationalismus Stalin mit harter Hand gegen Trotzki durch und erhob in den 30er-Jahren das Schlagwort vom Sozialismus in einem Land zur Staatsdoktrin und erklärte die Sowjetunion zum »Vaterland aller Werktätigen«. Und die 1919 in Moskau gegründete Kommunistische Internationale war in Wahrheit keine internationale Organisation, sondern ein Instrument, mit dem Stalin die kommunistischen Parteien in den anderen Ländern gnadenlos kontrollierte und gegebenenfalls mit brachialen Mitteln auf Linie brachte. Luxemburgs Utopie einer Überwindung der Nationalstaaten zugunsten eines proletarischen Internationalismus war zu keiner Zeit populär. Und doch ist nicht zu bestreiten, dass der »wahnwitzige Nationalismus«[280], den sie immer bekämpft hat, in den Jahrzehnten nach ihrem Tod entscheidend dazu beigetragen hat, dass große Teile Europas in Schutt und Asche versanken und Millionen von Menschen gewaltsam ihr Leben verloren.

Rosa Luxemburg sah sich hier mit einem Dilemma konfrontiert, das nicht neu war. Sie galt als eine der bedeutendsten Denkerinnen in der Nachfolge von Karl Marx, aber schon Marx und Engels hatten dieses Problem nicht zu lösen vermocht. Der polnische Philosoph Leszek Kołakowski bemerkt dazu in seiner Ideengeschichte des Marxismus: »Die nationale Frage war eine ständige, nie bewältigte Schwierigkeit für den Marxismus und eine praktische Schwierigkeit für die sozialistischen Bewegungen.«[281] Marx und Engels haben keine Theorie der nationalen Frage entwickelt. In konkreten politischen Fällen formulierten sie ihre Position nicht auf einer sicheren theoretischen Grundlage, sondern situativ. So schrieb Friedrich Engels im Vorwort zur polnischen Ausgabe des *Kommunistischen Manifests* von 1892 einerseits, dass die polnische Industrie große Fortschritte gemacht habe und Kongresspolen ein entscheidendes Industriezentrum des russischen Reiches geworden sei, was Luxemburgs Auffassung zu entsprechen schien, andererseits stellte er fest, dass diese »rasche Entwicklung der polnischen Industrie […] ein neuer Beweis für die unverwüstliche Lebenskraft des polnischen Volkes und eine neue Garantie seiner bevorstehenden nationalen Wiederherstellung«[282] sei, was die Position der im Jahr darauf gegründeten PPS antizipierte und nicht ohne Weiteres mit den Grundideen des *Kommunistischen Manifestes* zur Deckung zu bringen war. Verfasst hatten Marx und Engels das *Kommunistische Manifest* 1847/48, in der Zeit der bürgerlichen Revolutionen, im Auftrag des Bundes der Kommunisten. Der Bund bestand bis 1852 und war eine Vorläuferorganisation der Internationalen Arbeiterassoziation (IAA). Aber auch in den Schriften jener Jahre sucht man vergeblich nach grundsätzlichen Überlegungen zu den nationalen Bewegungen.[283]

Rosa Luxemburg entschied nicht situativ, das hätte nicht ihrer wissenschaftlichen Strenge und Unbedingtheit entsprochen, sie ging aber auch nicht schematisch vor, sondern suchte nach einer Antwort auf die nationale Frage, die der Entwicklungsstufe des Kapitalismus in dem jeweiligen Land adäquat war. So kam sie in Bezug auf das Osmanische Reich zu einer ganz anderen Position als bei der Frage nach dem künftigen Schicksal der polnischen Nation als Teil des Zarenreiches. Kurz nach ihrem Aufsatz über den Sozialpatriotismus in Polen veröffentlichte Luxemburg drei Artikel über die nationalen Kämpfe in der Türkei[284], es waren dies zugleich ihre ersten Beiträge für die *Sächsische Arbeiter-Zeitung*.[285] Das Ergebnis ihrer Analyse war, dass bis zum Beginn des 19. Jahrhunderts die Entwicklung in den beiden Großreichen ähnlich verlaufen sei, die Entwicklung im Osmanischen Reich dann aber über das Stadium des Finanzkapitalismus nicht hinausgekommen sei, während im Zarenreich ein Prozess der Industrialisierung eingesetzt habe. Deshalb könne das Osmanische Reich sich »als Ganzes nicht regenerieren«, die einzelnen Länder strebten auseinander: »Kein materielles Interesse, keine gemeinsame Entwicklung war geschaffen worden, die sie innerlich verbinden würde. Im Gegenteil, der Druck und das Elend der gemeinsamen Zugehörigkeit zum türkischen Staat wurden immer größer. Und so ergab sich eine natürliche Tendenz der verschiedenen Nationalitäten, aus dem Ganzen zu entkommen und in einer selbstständigen Existenz instinktmäßig den Weg zur höheren sozialen Entwicklung zu suchen. Damit war über die Türkei das historische Urteil gesprochen: Sie ging dem Zerfall entgegen.«[286]

Aufgabe der Sozialdemokratie, so Luxemburg, sei es nun, die freiheitlichen Bestrebungen der christlichen Nationen rückhaltlos zu unterstützen. Dies diene dem sozialen Fortschritt und stärke den Kampf gegen den reaktionären Zarismus. Man dürfe aber nicht »schablonisieren«, wenn es um die nationale Frage gehe. Anders gestaltete sich die nationale Frage in Polen, Elsass-Lothringen oder Böhmen: »In allen diesen Fällen haben wir einen direkt entgegengesetzten Prozess der kapitalistischen Assimilierung der annektierten Länder mit dem herrschenden vor uns, was die separatistischen Bestrebungen zur Ohnmacht verurteilt, und die Interessen der Arbeiterbewegung gebieten uns, für die Vereinigung der Kräfte und nicht für ihre Zersplitterung in nationalen Kämpfen einzutreten.«[287] Man wird zugeben müssen, dass diese Analyse so falsch nicht war. Der Zerfallsprozess des Osmanischen Reiches, der lange vor dem Ersten Weltkrieg eingesetzt hatte, war nicht aufzuhalten. Elsass-Lothringen gehört heute wieder zu Frankreich. Das ist aber nicht das Resultat einer separatistischen Bewegung, sondern es war ein Ergebnis der deutschen Kriegsniederlage von 1918. Das Zarenreich zerfiel nach dem Krieg ebenfalls, allerdings gelang es Stalin, einen großen Teil der ehedem vom russischen Zaren beherrschten Völkerschaften in die Sowjetunion zu inkorporieren, allen voran die Ukrainer. Eine prominente Ausnahme allerdings gab es, das waren die Polen.

Als der Erste Weltkrieg zu Ende war, wurde Rosa Luxemburg aus dem Gefängnis entlassen. Sie traf am 10. November 1918 in Berlin ein, wo sie in den folgenden Wochen rastlos für die sozialistische Revolution kämpfte. Einen Tag später traf ihr großer Gegenspieler Józef Piłsudski, der in Magdeburg ebenfalls in einem deutschen Gefängnis gesessen hatte, in Warschau ein, wo ihm der Regentschaftsrat unverzüglich den Oberbefehl über die polnischen Truppen übertrug. Unter der militärischen Führung des Marschalls Piłsudski führten die Polen ziemlich erfolgreich Krieg gegen Sowjetrussland und auch gegen die gerade gebildete Litauische Republik. Sie eroberten ein Territorium, das weit über die sogenannte Curzon-Linie hinausging, die den Polen bei den Friedensverhandlungen in Versailles als Ostgrenze zugestanden worden war. Es entstand ein polnischer Staat von beachtlicher Größe, auf dessen Territorium sich unter anderem das ukrainische Lwiw (Lemberg) und das litauische Vilnius (Wilna) befanden. So lebten die Polen nach über hundert Jahren der Fremdherrschaft nun in einem Land, das sie politisch und kulturell dominierten, während gleichzeitig ihr Anteil an der Bevölkerung weniger als 70 Prozent betrug.[288] Bis heute wird der 11. November 1918 als polnischer Unabhängigkeitstag gefeiert, und Marschall Piłsudski, der eigentlich aus Litauen stammte, ist ein polnischer Nationalheld, nach dem im ganzen Land Straßen und Plätze benannt sind, während seine große Gegenspielerin Rosa Luxemburg, die in aller Welt als eine Vorkämpferin der Freiheit gilt, sich in ihrer Heimat bis heute anhaltender Unbeliebtheit erfreut.

Das alles konnte die Doktorandin in Zürich nicht ahnen. Sie war zwar »fertig als Marxistin« in die Schweiz gekommen, wie ihr Doktorvater sich später erinnerte,[289] aber auch die klügsten Marxisten sagen historische Entwicklungen keineswegs immer zutreffend voraus, selbst ihre Analysen gegenwärtiger Verhältnisse sind durchaus nicht immer überzeugend. Marx und Engels sind selbst die besten Beispiele dafür, und ihre Sicht der Situation in Osteuropa hatte sich in einer früheren Zeit entwickelt als die Überzeugungen der jungen Frau, die 1888 als fertige Marxistin aus Warschau in die Schweiz kam.

Der Novemberaufstand 1830/31 hatte in Europa eine Polenbegeisterung hervorgerufen, die gerade in Deutschland hohe Wellen schlug. Insbesondere im liberalen Süden waren die Sympathien groß, und nach der Niederschlagung des Aufstands wurden vielerorts Bürgerkomitees zur Unterstützung der politischen Flüchtlinge gegründet, die Kongresspolen hatten verlassen müssen. Es war die Zeit der bürgerlichen Revolutionen, des »Völkerfrühlings«, bewaffnete Konflikte wurden oftmals nicht mehr zwischen Regierungen ausgetragen, sondern die Bürger verschiedener Länder erhoben sich gegen die Obrigkeit. Die belgische Revolution führte 1830 zur Unabhängigkeit Belgiens von den Niederlanden, die französische Julirevolution setzte im selben Jahr der Herrschaft der Bourbonen ein endgültiges Ende. 1831 war auch die schon zehn Jahre zuvor begonnene griechische Revolution gegen die Herrschaft der Osmanen von Erfolg gekrönt, und kurz darauf wurde Otto von Bayern zum König von Griechenland gewählt. In Deutschland war der Höhepunkt der bürgerlichen

Opposition in der Zeit der Restauration das Hambacher Fest Ende Mai 1832, die größte politische Manifestation, die es bis dahin auf deutschem Boden gegeben hatte. Erstmals wurde die schwarz-rot-goldene Fahne mitgeführt, als Symbol republikanischen Einheitsstrebens, und daneben sah man auch polnische Fahnen.

All dies blieb nicht ohne Auswirkungen auf die geschichtsphilosophische Theoriebildung des »wissenschaftlichen Sozialismus«. Das »Erbe der vormärzlichen Polonophilie«[290] prägte nicht nur das Denken von Marx und Engels, sondern die gesamte europäische Arbeiterbewegung. Das Revolutionsjahr 1848 festigte die propolnische und antirussische Position weiter. Das Zarenreich galt als Hort der Reaktion und Haupthindernis einer fortschrittlichen Entwicklung in Europa. Marx schrieb 1856 an Engels: »Was mich übrigens bei meinem neueren Studium der polnischen Geschichte décidément direkt für Polen entschieden hat, ist das historische Fakt, daß alle revolutions seit 1789 ihre Intensität und Lebensfähigkeit ziemlich sicher an ihrem Verhalten zu Polen messen. Polen ist ihr ›auswärtiger‹ Thermometer.«[291] Drei Jahre später kritisierte er in einem Brief an Lassalle den mangelnden Mut der Preußen, denn »der Krieg zwischen Deutschland und Russland [sei] das wünschenswerteste aller Ereignisse«.[292] Er befürchtete, die Teilungsmächte Preußen und Russland könnten sich verbünden gegen die fortschrittlichen Kräfte in Westeuropa. Das war keine aus der Luft gegriffene Vermutung, wie die spätere Russlandpolitik des Reichskanzlers Bismarck zeigte. Manche Autoren sehen hier allerdings die zeitgenössische europäische Russophobie am Werk, vor der auch Marx und Engels nicht gefeit gewesen seien.[293]

1864 wurde die Internationale Arbeiterassoziation gegründet. Ein Jahr zuvor war auch der Januaraufstand gescheitert, was zu einer starken Solidaritätsbewegung der europäischen Arbeiterschaft mit den geschlagenen Polen geführt hatte, wohl auch, weil die soziale Basis dieses Aufstands etwas anders wahrgenommen wurde, als Rosa Luxemburg sie später interpretiert hat. Johann Philipp Becker, der nach der Niederlage der deutschen Revolution von 1848 in die Schweiz gegangen war, vertrat auf dem Gründungskongress der IAA die Linie von Karl Marx gegen die anarchistische Fraktion und erklärte, »dass Europa ein überragendes Interesse daran hätte, der russischen Aggression durch Wiederherstellung der Unabhängigkeit Polens Einhalt zu gebieten«.[294] Am 22. Januar 1867 fand, wiederum in London, eine Gedenkveranstaltung zum vierten Jahrestag des Januaraufstands statt. Marx hielt eine große Rede, in der er das hohe Lied auf das polnische Bollwerk sang, das Europa bisher vor der Bedrohung durch das Zarenreich geschützt habe. Er endete mit den Worten: »So steht vor Europa nur eine Alternative: Entweder wird die asiatische Barbarei unter Führung der Moskowiter wie eine Lawine über Europa hereinbrechen, oder Europa muss Polen wiederherstellen und schützt sich so durch einen Wall von zwanzig Millionen Helden vor Asien, um Zeit gewinnen für die Vollendung seiner sozialen Umgestaltung.«[295]

Aus diesen Worten sprach die Hoffnung, dass die Wiederherstellung des polnischen Staates einhergehen würde mit einer revolutionär erkämpften Vereinigung der Deutschen zu einem nationalen Staat, einer Vereinigung im Zeichen der Volkssouveränität. Eine Hoffnung, die schon wenige Jahre später obsolet geworden war, nachdem Preußen die Einigungskriege gewonnen hatte und Bismarck eine »Reichseinigung von oben« ins Werk gesetzt hatte. Doch die Forderung nach einer Wiederherstellung Polens verlor dadurch aus marxistischer Sicht nichts von ihrer Bedeutung. Carl Hirsch, der nach der Verhaftung von Bebel, Liebknecht und Hepner die Redaktion des *Volksstaat* übernommen hatte, schrieb dort 1872: »Das russische Volk kann nur frei werden und auf die gleiche Stufe mit den westlichen Nationen gelangen, wenn diese selbst die russischen Übergriffe zurückdrängen, wenn sie Russland alles weitere Erobern unmöglich machen, wenn sie *Polen* wiederherstellen, und zwar ein *lebensfähiges* Polen, ein Polen mit Seehäfen, ein Polen, das Russland gewachsen ist.«[296] Auch Hirsch sah einen unauflöslichen Zusammenhang zwischen der polnischen Frage und dem sozialen Fortschritt. Zugleich klingt auch die marxistische Grundüberzeugung an, dass Russland das letzte Land in Europa sei, in dem eine sozialistische Revolution ausbrechen könne, weil es von allen Ländern das rückständigste sei. Dabei muss man sich klarmachen, dass einem wiederhergestellten polnischen Staat aus der Sicht von Marx und Engels vor allem die Aufgabe eines Schutzwalls, eines »cordon sanitaire zwischen Reaktion und Fortschritt«[297] zukommen sollte; ein tiefer gehendes Interesse an den Polen, die damals als Minderheiten in den drei Teilungsstaaten lebten, war damit nicht verbunden. Insofern war auch die Forderung nach der polnischen Unabhängigkeit nur eine bedingte, sie sollte – während eines historischen Übergangsstadiums – dem sozialen Fortschritt in Europa dienen. Marx und Engels begründeten, in den Worten von Peter Nettl, »eine Tradition proletarischer Unterstützung des Strebens nach nationaler Selbstbestimmung im Allgemeinen (zumindest für größere Völker) und nach nationaler Selbstbestimmung Polens im Besonderen«.[298] Die größeren Völker waren aus der Sicht von Marx vor allem die Deutschen, die Polen und die Ungarn. Diese von Nettl apostrophierte Tradition vertrug sich nur sehr bedingt mit dem radikalen Internationalismus von Rosa Luxemburg.

Ihre Dissertation trug den Titel *Die industrielle Entwicklung Polens.* Kurz vor Drucklegung erwog sie, ob nicht doch »Die kapitalistische Entwicklung Polens« der bessere Titel wäre. An Jogiches schrieb sie: »Das klingt doch gleich ganz anders, nicht wahr?«[299] Dieser Meinung war Jogiches offenbar nicht, und es blieb beim ursprünglichen Titel. Sachlich fällt der Unterschied hier nicht ins Gewicht. Der Kapitalismus ist viel älter als die Industrialisierung, aber durch sie entwickelte sich der Handelskapitalismus im 19. Jahrhundert zum Industriekapitalismus, der ein massenhaftes Industrieproletariat hervorbrachte und so zugleich die Grundlagen für die moderne Arbeiterbewegung schuf.[300] Luxemburg legte mit ihrer Arbeit die erste ernsthafte Untersuchung der Entwicklung der polnischen Industrie im 19. Jahrhundert vor. Der Schwerpunkt lag dabei auf dem Übergang zur Großindustrie in den Jahren 1850 bis 1870.[301] Sie präsentierte in großer Fülle statistisches Material, um ihre These zu untermauern, »dass die russischen Absatzmärkte die eigentliche Triebfeder der heutigen großindustriellen Entwicklung Polens bilden«,[302] und betonte, dass insbesondere vier Faktoren dabei eine wichtige Rolle gespielt haben: 1. die Abschaffung der polnisch-russischen Zollgrenze 1851, 2. die Schaffung einer logistischen Infrastruktur durch den Bau mehrerer Eisenbahnlinien, die Polen mit Russland verbanden, 3. die Abschaffung der Leibeigenschaft in Russland 1861 und in Polen drei Jahre später nach der Niederschlagung des Januaraufstandes und 4. die Zollpolitik. Diese Maßnahmen hätten »die polnische Fabrikproduktion binnen weniger Jahre zu einer Großindustrie gemacht«.[303] Tatsächlich erlebte Łódź, das Zentrum der polnischen Textilindustrie, in dieser Zeit der Industrialisierung einen enormen Aufschwung und galt allgemein als das polnische Manchester. Die nationale Opposition in Polen wurde durch diese Entwicklung geschwächt, gleichzeitig erwuchs dem russischen Absolutismus in dem entstehenden industriellen Proletariat ein neuer Gegner.

Während die Polnische Sozialistische Partei (PPS) in der polnischen Arbeiterschaft den neuen Träger des nationalen Widerstands sehen wollte, kam Luxemburg zu dem genau entgegengesetzten Schluss, dass »die Opposition des Proletariats nicht einen nationalen Charakter haben kann«, dass sie vielmehr »die von der Regierung so erwünschte Solidarität der polnischen und der russischen Bourgeoisie logischerweise mit einer politischen Solidarität des polnischen und des russischen Proletariats beantworten wird«.[304] Die nationale Unterdrückung war ein Resultat der Herrschaft des Kapitals, und die internationale Klassensolidarität sollte die politischen Verhältnisse revolutionieren. Das Schlusswort der Dissertation endete mit der Feststellung: »Die kapitalistische Verschmelzung Polens und Russlands erzeugt als Endresultat […] die Vereinigung des polnischen und des russischen Proletariats zum künftigen Syndikus bei dem Bankrott zuerst der russischen Zarenherrschaft und dann der polnisch-russischen Kapitalherrschaft.«[305] Diese Gedanken zur nationalen Frage finden sich immer wieder in den Schriften von Rosa Luxemburg. In ihrer Dissertation hat sie sie systematisiert und sich so ein argumentatives Waffenarsenal gegen den polnischen Nationalismus der konkurrierenden PPS geschaffen. Eigentlich wollte sie ausgehend von der Arbeit eine polnische Geschichte schreiben, doch dazu kam es nicht.[306]

Bereits 1895, als zweiter Band der von Jogiches finanzierten sozialdemokratischen Bibliothek, war unter dem Pseudonym Maciej Rózga eine Broschüre mit dem Titel *Das unabhängige Polen und die Arbeiterfrage*[307] erschienen. In dieser Schrift wandte sich Luxemburg direkt an die polnischen Arbeiter und stellte ihnen die Frage: »Wird die Wiederherstellung Polens die Arbeiter aus dem Elend erlösen?«[308] Natürlich verneinte sie diese rhetorisch gemeinte Frage und verwies dabei auf die Situation der Arbeiter in den souveränen Staaten. In leuchtenden Farben schilderte sie die miserable Lage der arbeitenden Klasse in Ländern wie Deutschland, Italien oder den Vereinigten Staaten, sprach von Hungertoten, Erwerbslosigkeit und dem Los der Wanderarbeiter. In Bezug auf Polen betonte sie, dass auch nach einer Lostrennung des Landes von Russland die Kapitalisten noch lange nicht verschwunden seien. Luxemburgs zweite Frage lautete: »Wird es in einem unabhängigen Polen keine Unterdrückung mehr geben?« Auch hier war die Antwort negativ, weil »die eigene wie auch fremde Regierungen gleichermaßen feindlich gegen die Arbeiter eingestellt sind«.[309]

Im dritten Abschnitt der Broschüre, der das Thema Freiheit hatte, griff Luxemburg die PPS direkt an, und hier geriet sie in argumentative Schwierigkeiten. Sie musste zugestehen, dass in einem unabhängigen Polen die Menschen sich wieder zu ihrer Kultur bekennen und wieder Polnisch sprechen dürften, behauptete aber, das sei »nur ein Tropfen im Meer unseres gesamten Leides [...] des Hungers, der schweren Arbeit, der Arbeitslosigkeit, der Unterdrückung auf Schritt und Tritt«.[310] Luxemburg versuchte nachzuweisen, dass es auch jenseits der Frage des Sprachgebrauchs mit der Freiheit in einem unabhängigen Polen nicht weit her sein würde, geriet aber in ein zunehmend rabulistisches Argumentieren. Sehr ausführlich widmete sie sich im vierten Abschnitt der Frage, ob die Wiederherstellung eines unabhängigen Polen möglich wäre. Auf die Gegenwart bezogen, fiel die Antwort – nicht überraschend – negativ aus. Für den Fall, dass die Kräfte, die ein unabhängiges Polen wollten, in Zukunft einmal stark genug sein sollten, fügte Luxemburg prophylaktisch hinzu: »Auch dann werden wir den polnischen Staat nicht wiederherstellen. Dann werden wir den Sozialismus aufbauen und alle Regierungen und Staaten zum Teufel schicken.«[311] So dachte wohl auch das Provisorische Polnische Revolutionskomitee, das unter Dzierżyńskis Führung am 30. Juli 1920 gebildet wurde, als die Rote Armee in Polen einmarschierte, um auch die Polen der Segnungen des Sowjetsystems teilhaftig werden zu lassen. Besonders erfolgreich verlief diese Mission allerdings nicht. Unterstützt von Franzosen und Briten schlugen die von Marschall Piłsudski geführten polnischen Truppen die Rote Armee in die Flucht, und 1921 schloss Polen mit Sowjetrussland den recht vorteilhaften Frieden von Riga, der dem Land erhebliche territoriale Zuwächse einbrachte.

Luxemburg hielt die Erlangung der Unabhängigkeit weder für möglich noch für erstrebenswert, plädierte aber gleichzeitig dafür, für die Konstitution zu kämpfen, also für Verfassung und Parlament, ein Ziel, das nach der ersten Russischen Revolution, im April 1906, auch in Russland erreicht worden ist. Die Konstitution sollte die Rechte der Polen stärken, Meinungsfreiheit, Streikrecht und andere Grundrechte, und zugleich die Voraussetzungen schaffen für eine kulturelle Autonomie im Inneren, während die nationale Unabhängigkeit nicht erstrebenswert sei, denn »ob nun eine eigene oder eine fremde Regierung besteht – da gibt es keinen Unterschied«.[312] Diese These, dass zwischen einem russischen Besatzungsregime und einer nationalpolnischen Regierung kein Unterschied bestehe, war für viele Leser eine schwer zu verdauende Kost. Aber an diesem Dogma hielt Luxemburg all die Jahre ihres politischen Wirkens mit stupender Beharrlichkeit fest.

Und das Thema holte sie immer wieder ein. Im Sinne von Luxemburgs These der Vereinigung des russischen und des polnischen Proletariats hatte die SDKPiL auf ihrem vierten Parteitag 25. bis 29. Juli 1903 in Berlin beschlossen, der SDAPR beizutreten, diesen Beitritt aber an eine Reihe von Bedingungen geknüpft. An dem Parteitag hatten immerhin zehn Personen teilgenommen, nicht allerdings Rosa Luxemburg, dennoch lagen die sieben beschlossenen Bedingungen ganz auf ihrer Linie.[313] Den Verhandlungen mit den Russen hatte sie zunächst entspannt entgegengesehen, war allerdings auf das Äußerste alarmiert, als zwei Wochen vor dem Parteitag in der *Iskra* ein von Lenin gezeichneter Artikel über »Die nationale Frage in unserem Programm« erschien.[314] Lenin stellte zunächst fest, ohne Marx namentlich zu erwähnen, dass die Polen-Frage sich heute anders darstelle als noch vor fünfzig Jahren. Er war der Meinung, dass der Klassenantagonismus die nationale Frage in den Hintergrund gedrängt habe, hielt die Wiederherstellung Polens vor dem Sturz des Kapitalismus nicht für wahrscheinlich, aber denkbar, und betonte: »Die russische Sozialdemokratie bindet sich daher in keiner Weise die Hände.«[315] Lenin äußerte durchaus deutliche Kritik an der PPS, die »keine wirkliche sozialdemokratische Arbeiterpartei«[316] sei, wollte sich aber andererseits nicht in den Streit der beiden polnischen Parteien hineinziehen lassen.[317] Luxemburg schrieb daraufhin einen ausführlichen Brief an Adolf Warski, der für die SDKPiL die Verhandlungen in Brüssel führte, wo am 30. Juli 1903 der zweite Parteitag der SDAPR begonnen hatte.[318]

Warski erhielt klare Anweisungen: »Wenn sie sich nicht einverstanden erklären, den § 7 so zu ändern, wie wir es in jenem Brief vorgeschlagen

Der »Kampfbund zur Befreiung der Arbeiterklasse« in Petersburg, Februar 1897.
Von links stehend: Alexander Leontjewitsch Maltschenko, Pjotr Kusmitsch Saporoschez, Anatoli Alexandrowitsch Wanejew; sitzend: Wassili Wassiljewitsch Starkow, Gleb Maximilianowitsch Krschischanowski, Wladimir I. Lenin, Julius Ossipowitsch Martow

haben, dann verhindern wir den Anschluss.«[319] Im § 7 des Parteiprogramms der SDAPR sollte das Selbstbestimmungsrecht der Nationen festgeschrieben werden, was Luxemburg ablehnte. Nach ihrer Überzeugung sollte stattdessen die Forderung nach »Institutionen, die allen dem Staatsverband angehörenden Nationen volle Freiheit der kulturellen Entwicklung garantieren«[320] in das Programm aufgenommen werden. Luxemburgs Einstellung zu der Idee einer Vereinigung der beiden Parteien war durch Lenins Stellungnahme vollkommen verändert worden. An Warski schrieb sie weiter: »Sag der Sassulitsch so ganz nebenbei, dass ich Dir geschrieben habe, dass mir nach dem Artikel in der ›Iskra‹ nichts mehr am Zusammenschluss liegt und ich geraten habe, keinerlei weitere Zugeständnisse zu machen.«[321] Es folgten detaillierte Anweisungen zu allen Punkten der Tagesordnung. Am Ende gab Luxemburg Warski den Rat: »Sei ruhig, werde nicht nervös und zeige keine falsche Bescheidenheit: tritt mit aller Brutalität für unsere Sache ein.« Dabei war sie sich mit Jogiches völlig einig, der in einem Aufsatz vor »nationalistischen Bocksprüngen« gewarnt hatte.[322] Keinesfalls sollte Warski den Russen in ihrer Abwesenheit Zugeständnisse machen.[323] Dabei ging es nicht nur um das Selbstbestimmungsrecht der Nationen. Es gab noch andere weitreichende Forderungen, z. B. einen Alleinvertretungsanspruch der SDKPiL für das Gebiet des Königreichs Polen, der sich natürlich gegen die PPS richtete, mit der die SDAPR damals ebenfalls verhandelte, und tatsächlich scheiterten die Verhandlungen im ersten Anlauf.

Beginnend im Sommer 1908, nahm Rosa Luxemburg noch einmal ausführlich Stellung zur Situation der polnischen Nation unter der Herrschaft der Teilungsmächte. Sie verfasste eine Serie von sechs Artikeln, die unter dem Titel »Nationalitätenfrage und Autonomie« ein Jahr lang in der *Przegląd Socjaldemokratyczny* (Sozialdemokratische Rundschau), der Parteizeitung der SDKPiL, erschienen. Die Zeitung hatte von 1902 bis 1904 in Berlin ihren Sitz gehabt und erschien nach längerer Pause ab 1908 in Krakau, also in dem zu Österreich-Ungarn gehörenden Teil Polens. Herausgeber war Leo Jogiches. Luxemburg setzte sich zunächst mit dem Programm der SDAPR auseinander, das 1903 auf dem Parteitag beschlossen worden war, der in Brüssel begonnen hatte und dann, nachdem die belgische Polizei Wind von der Veranstaltung bekommen hatte, nach London verlegt werden musste. Auf diesem Parteitag hatte sich die Linie Lenins durchgesetzt, der aus der SDAPR eine Kaderpartei von Berufsrevolutionären machen wollte. Seitdem nannte sich seine Fraktion Bolschewiki (Mehrheitler). Außerdem war ein Parteiprogramm beschlossen worden, dessen Forderungen in der Zwischenzeit durch die erste Russische Revolution zusätzliche Brisanz erhalten hatten. Während in Ziffer 7 die Abschaffung der Stände und die vollständige Gleichberechtigung aller Bürger gefordert wurden und in Ziffer 8 das Recht der Bevölkerung auf Bildung in der Muttersprache, wogegen auch aus der Sicht Luxemburgs durchaus nichts einzuwenden war, lautete die neunte Forderung: »Das Selbstbestimmungsrecht für alle Völker, die zum Staatsverband gehören.«[324] Hier schrillten bei Luxemburg die Alarmglocken, denn: »Die Sozialdemokratie, die ihre gesamte Politik auf den Boden der wissenschaftlichen Methode des Geschichtsmaterialismus und des Klassenkampfes stellte, darf auch in der Nationalitätenfrage keine Ausnahme machen.«[325]

Im zweiten Teil der Artikelserie setzte sich Luxemburg mit der Nationalstaatsidee auseinander und versuchte zu zeigen, dass der Nationalstaat ein Produkt der bürgerlichen Revolution sei, nicht umgekehrt. In den beiden folgenden Beiträgen ging es um die Idee des Föderalismus, um die Tendenz bürgerlicher Gesellschaften, Zentralstaaten hervorzubringen, und um die lokale Selbstverwaltung als Gegenmittel gegen diese Tendenz. Im fünften Teil kam Luxemburg dann auf die für ihre Überlegungen so wichtige Autonomiefrage zu sprechen, die sie mit der ihr eigenen Gründlichkeit nicht nur für Polen, sondern für das ganze Zarenreich untersuchte. Sie konnte sich vorstellen, dass sich unter bestimmten Voraussetzungen die lokale Selbstverwaltung zu einer Landesselbstverwaltung, einer »Landesautonomie«[326] entwickelte. Entscheidend dafür war die kapitalistische Entwicklung, hier schloss Luxemburg an ihre Doktorarbeit an, d. h. die Entwicklung neuer sozialer Schichten in den Großstädten: »Der Kapitalismus hat die polnische nationale Unabhängigkeit zunichtegemacht, hat aber zugleich die moderne polnische Nationalkultur hervorgebracht. Diese Nationalkultur ist auf dem Boden des bürgerlichen Polen ein unerlässliches Produkt, ihre Existenz und Entwicklung sind eine historische, mit der kapitalistischen Entwicklung selbst verbundene Notwendigkeit.«[327]

Die städtischen Agglomerationen waren Orte der sozialen Transformation. Der Landbevölkerung kam demgegenüber nur die Aufgabe der »völlig passiven Bewahrung der nationalen Besonderheit in ihrer ethnischen Bedeutung« zu. Die so konservierte traditionelle Nationalkultur konnte kein Ferment einer sozialen Entwicklung sein: »Die Bauernparzelle als nationaler ›Vorposten‹ ist immer, und dies bereits von vornherein, eine Kultur der sozialen Barbarei, die Grundlage für politische Rückständigkeit, dem Untergang durch die geschichtliche Entwicklung geweiht.«[328] Luxemburg bewegte sich hier ganz in den traditionellen Bahnen marxistischen Denkens, das den Bauern immer nur die Rolle einer unfreiwilligen Beförderung des sozialen Wandels zugestand, ohne dass sie selbst an ihm teilhatten. Sie waren, so glaubten Marx und Engels, Katalysatoren einer Entwicklung, die ihre eigene Marginalisierung provozierte.

Rosa Luxemburg beschäftigte sich in diesem fünften Aufsatz nicht nur mit Kongresspolen, sondern auch mit der Situation im Habsburgerreich. Dabei bezog sie sich auf die Kontroverse zwischen Karl Kautsky und den österreichischen Sozialdemokraten Otto Bauer und Karl Renner. Kautsky war 1854 im habsburgischen Prag zur Welt gekommen und in Wien aufgewachsen, wo er sich im Alter von 20 Jahren der Sozialdemokratischen Arbeiterpartei anschloss. Er kannte die Verhältnisse im Habsburgerreich gut, war aber 1880 nach Zürich gegangen. Nach Jahren in London war er 1890 nach Deutschland übersiedelt und zum führenden Theoretiker der SPD aufgestiegen. Bauer, 1881 in Wien geboren, war eine Generation jünger als Kautsky, er gilt als Begründer des Austromarxismus. 1907 legte er einen 600 Seiten starken Band mit dem Titel *Die Nationalitätenfrage und die Sozialdemokratie* vor, die erste gründliche Erörterung der Nationalitätenfrage aus marxistischer Sicht.[329] Kautsky reagierte darauf mit der Broschüre »Nationalität und Internationalität«, die im Januar 1908 erschien, kurz bevor Luxemburg ihre Artikelserie begann.[330] Otto Bauer entwickelte in seinem Buch Gedanken, die denen von Rosa Luxemburg in gewisser Weise ähnlich waren. Er verurteilte den Nationalismus, der nur dem Bürgertum dazu diene, die Klassengegensätze zu verhüllen.[331] Dagegen »pflanzt die Arbeiterklasse nun mitten im Gewühl der nationalen Kämpfe eine neue Fahne auf, das Banner der nationalen Autonomie.«[332] Nach Bauers Überzeugung war die nationale Autonomie eine »Notwendigkeit des Klassenkampfes«.[333] Kautsky setzte andere Akzente, wenn er betonte, dass gerade die Landbevölkerung »Bewahrer der Nationalität«[334] sei, während Städte ein viel flexibleres Verhältnis zu ihrer ethnischen Identität haben, aber grundsätzlich stand er »auf dem gleichen Boden«[335] wie Bauer, sah allerdings die Zukunft des Nationalitätenstaats skeptischer als dieser und war davon überzeugt, dass der Nationalstaat in Hinblick auf seine Leistungsfähigkeit die überlegene Staatsform war.[336]

Luxemburg bezog sich in ihrer Artikelserie auch auf das Programm, das die österreichische SDAP 1899 auf ihrem Parteitag in Brünn verabschiedet hatte. (Brünn, etwa auf dem halben Weg zwischen Wien und Prag gelegen, gehört heute zur Tschechischen Republik.) Formuliert hatte dieses Brünner Programm maßgeblich Victor Adler, der die verschiedenen sozialdemokratischen Gruppen 1898 zur SDAP zusammengeführt hatte. Das Programm wollte die mit der Nationalitäten- und Sprachenfrage verbundenen Probleme durch die Umwandlung der Monarchie in einen »demokratischen Nationalitätenbundesstaat« autonomer Völker lösen. An die Stelle nationalen Haders sollte nationale Ordnung treten, die Kronländer sollten aufgelöst und durch national abgegrenzte Selbstverwaltungskörper ersetzt werden. Jede Nationalität sollte ein Anrecht auf nationale Existenz und Entwicklung haben. Die Autonomie der einzelnen Volksgruppen sollte so weit gehen, dass man eine gemeinsame Landessprache für die k. u. k. Monarchie für entbehrlich hielt. Über die Notwendigkeit einer »Vermittlungssprache« sollte das Reichsparlament entscheiden.[337] Diesem Brünner Nationalitätenprogramm erging es ähnlich wie Luxemburgs Überlegungen zur kulturellen Autonomie der Polen: Angesichts der weiteren historischen Entwicklung erlangte es keine politische Wirksamkeit.

Das Reich der Habsburger war, wie wir es heute formulieren würden, ein Vielvölkerstaat. Bauer und Kautsky sprachen vom Nationalitätenstaat, ein Begriff, den Hannah Arendt später aufgegriffen hat. In ihrer Analyse des kontinentalen Imperialismus in ihrem Buch über die Elemente und Ursprünge totaler Herrschaft nannte sie das Zarenreich und das Habsburgerreich »die beiden Nationalitätenstaaten, deren zentralisierende Bürokratien den ›Gürtel der gemischten Bevölkerungen‹ halbwegs zusammengehalten und dem dort aufgespeicherten Hass als ein auch wieder alle einigendes Zentrum gedient hatten«.[338] Inzwischen wissen wir, zu welch furchtbaren Gewaltexzessen es kommen kann, wenn der »aufgespeicherte Hass« sich entlädt, so wie es in den ersten Jahren nach den beiden Weltkriegen, aber auch im Jugoslawischen Bürgerkrieg der Fall war. Der Nationalitätenstaat war ethnisch nicht homogen, was ihn inneren Spannungen aussetzte, ihm aber auch, insbesondere, wenn keine der verschiedenen Ethnien dominierte, Chancen eines Binnenpluralismus eröffnete. Die friedliche Koexistenz zahlreicher Völkerschaften mit ganz unterschiedlichen Sprachen im Reich der Habsburger hat manche Historiker dazu veranlasst, dieses Reich, damals nach Russland immerhin der zweitgrößte Staat in Europa, als frühen Vorläufer der Europäischen Union zu apostrophieren. Die nationale Autonomie, so wie Otto Bauer sie verstand, war ein innerstaatliches Nationalitätsprinzip. Sie brachte der einzelnen Volksgruppe Autonomie innerhalb des Nationalitätenstaates ohne politische Unabhängigkeit, aber dafür auch ohne Begrenzung auf ein fixiertes Territorium. Insoweit war »die nationale Autonomie innerhalb des Nationalitätenstaates dem Nationalstaat überlegen«.[339] Diese Idee der nationalen Autonomie war, wenn man so will, der Idee der ethnischen Säuberung zur Herstellung von Nationalstaaten ohne ethnische Minderheiten genau entgegengesetzt.

Dieses Autonomiekonzept kam Rosa Luxemburg entgegen. Ihr ging es vor allem darum, nationale Identität und nationalstaatliche Souveränität zu entkoppeln. Unter Nationalität verstand sie einen »Komplex geistiger Merkmale und Werte (Sprache, Literatur, Kunst, Religion, Sitten) […], der unabhängig von wirtschaftlichen Elementen und politischen Interessen besteht«.[340] Luxemburg ging es, gerade angesichts der brutalen Russifizierung in Kongresspolen, um eine Bewahrung der kulturellen Identität des polnischen Volkes, um kulturelle Autonomie, ohne sich dafür des Gefäßes des Nationalstaats zu bedienen. Ihr Konzept der Nationalität ist nicht weit entfernt von dem, was der Soziologe Rainer Lepsius als »Kulturnation« bezeichnet hat. Historisch voraus ging ihr die »Volksnation«, die sich in Deutschland im frühen 19. Jahrhundert artikulierte, während nach der Reichseinigung von 1871 aus der Kulturnation eine »Staatsbürgernation« wurde.

Zu Beginn des 19. Jahrhunderts, als die Entwicklung der Nationalstaatlichkeit sich vielerorts noch in den Anfängen befand, war Europa von multiethnischen Imperien dominiert gewesen. Drei von ihnen – Großbritannien, Dänemark und Preußen – hatten eine hochentwickelte Nationalkultur, während die anderen drei – das Habsburgerreich, das Osmanische Reich und das Zarenreich – einen ausgesprochen multikulturellen Charakter aufwiesen. Der Zerfall der Vielvölkerreiche führte dazu, dass ein enger Zusammenhang entstand zwischen Nationalität im Sinne nationalstaatlicher Zugehörigkeit und Ethnizität, dessen unvermeidliches konzeptionelles Nebenprodukt die ethnische Minderheit war. In Südosteuropa lebten nach dem Ersten Weltkrieg 60 Millionen Menschen, bei denen staatliches Territorium und Ethnizität zusammenfielen, während 25 Millionen ethnischen Minderheiten angehörten. Die Folge war ein nicht abreißender Strom von Flüchtlingen. Etwa eine Million Deutsche wurden aus den Polen zugesprochenen östlichen Provinzen Oberschlesien, Pommern und Posen vertrieben oder flohen aus den vom Bürgerkrieg heimgesuchten baltischen Staaten. Umgekehrt strebten zwei Millionen Polen in den neu errichteten polnischen Nationalstaat. Auch Ungarn nahm Hunderttausende von Zuwanderern aus den angrenzenden Ländern auf. Die Bevölkerung Griechenlands vergrößerte sich um nicht weniger als ein Viertel, vor allem durch Zuwanderer aus der Türkei, aber auch aus Bulgarien, und es gab ähnlich große Wanderbewegungen in die jeweils entgegengesetzte Richtung. 300 000 Armenier, die den Genozid überlebt hatten, verließen die Türkei, und der Zusammenbruch des Zarenreichs und die Russische Revolution führten zur Flucht von zwei Millionen Russen und Ukrainern. Und Polen führte sowohl mit der Ukraine als auch mit Sowjetrussland Kriege um die Frage, welche Gebiete zu dem wiedererstandenen Nationalstaat gehören sollten. Otto Bauer hatte erwartet, dass der »imperialistische Weltkrieg der Zukunft« eine revolutionäre Bewegung auslösen würde: »Gerade die imperialistische Welterschütterung wird die sozialistische Weltumwälzung einleiten.«[341] Eine durch den Ersten Weltkrieg ausgelöste revolutionäre Bewegung gab es tatsächlich, eine sozialistische Weltumwälzung hat sie nicht eingeleitet.

Nationalitätenfrage und Autonomie

Rosa Luxemburg widmete den letzten und zugleich längsten Teil ihrer Überlegungen der »Autonomie des Königreichs Polen«. Detailliert setzte sie sich insbesondere mit den Verhältnissen in Galizien und Kongresspolen auseinander. Aus der Sicht der Sozialistin war eine solche Landesautonomie kein Endziel, sondern eine Zwischenstufe der Entwicklung der bürgerlichen Gesellschaft, die Luxemburg im Fall des Königreichs Polen für historisch notwendig hielt. Konkret ging es um »die Kombination einer breiten lokalen Selbstverwaltung mit der Gleichstellung aller Bürger und mit einem entsprechenden gesamtstaatlichen Sprachgesetz«.[342] Eine solche Landesautonomie war für das polnische Proletariat als »fortschrittliche Form der bürgerlichen Herrschaft«[343] erstrebenswert. Es folgte dann ein umfangreiches Reformprogramm, das im Zuge der Landesautonomie für das Königreich Polen realisiert werden sollte. Es sollte allgemeine, gleiche, geheime und direkte Wahlen und ein Landesparlament geben. Es folgten Forderungen zur Wirtschaftspolitik, der Entwicklung der Infrastruktur, dem Gesundheitswesen, dem Militärwesen, einer Steuerreform und zur Arbeiterschutzgesetzgebung. Im Zentrum von Luxemburgs Überlegungen aber stand das öffentliche Bildungswesen. Holger Politt, dem wir die Edition der Texte verdanken, vermutet, dass die langen Ausführungen zur Geschichte des polnischen Bildungswesens auch eine autobiografische Bedeutung haben. Für diese These spricht, dass Luxemburg, nachdem sie ihre Reformvorschläge vorgetragen hatte, eine Bemerkung folgen ließ, die auf ihre zweite biografische Station Bezug nahm: »In diese Richtung hat sich die Bildungsfrage in der Schweiz entwickelt, einem in dieser Hinsicht mustergültigen Land.«[344]

Das Bildungswesen war nach Luxemburgs Überzeugung ein zentrales Politikfeld, und ihre Forderungen waren sehr konkret: »die allgemeine und kostenfreie Schulpflicht, Sicherstellung von Unterrichtsmaterial und Unterhalt für Kinder aus nichtbegüterten Verhältnissen, Ermöglichen von Hochschulbildung für hochbegabte Kinder nichtvermögender Eltern auf Kosten der Gesellschaft, völlige Befreiung der Schule vom Einfluss der Geistlichkeit, die weltliche Lehre unter Ausschluss des obligatorischen Religionsunterrichts als Grundlage des öffentlichen Bildungswesens«. Das war ein erstaunlich konkretes und zugleich erstaunlich modernes Programm, das die Autorin mit einer Fülle an statistischem Material illustrierte. Die Forderungen waren nicht ganz neu. Sie finden sich bereits in dem »Programm der Sozialdemokratie des Königreichs Polen und Litauen«, das 1906 im Verlag der SDKPiL in Warschau erschienen war.[345] Als Verfasserin figurierte auch dort Rosa Luxemburg, Leo Jogiches hatte aber intensiv daran mitgearbeitet. Das Programm wurde nie von einem Parteitag der SDKPiL verabschiedet, weshalb es in der Publikation auch als »Kommentar« bezeichnet wurde, was für seine praktische Bedeutung aber kaum einen Unterschied machte.[346]

Luxemburg entwickelte in dem Parteiprogramm die gleichen Gedanken wie in all den anderen bisher erörterten Schriften. Es begann mit der allgemeinen marxistischen Programmatik, Ausführungen über die historische Rolle des Proletariats und das Endziel einer sozialistischen Gesellschaft. Dann folgte so sicher wie das Amen in der Kirche die Feststellung, dass die Wiederherstellung des polnischen Staates nicht die Aufgabe des polnischen Proletariats sein könne, ja, dass sie »heute schon an und für sich ein Hirngespinst« sei.[347] Es folgte dann ein konkretes politisches Programm, das die zuvor zitierten Forderungen enthielt, die auch im Kontext

Leo Jogiches, um 1900

Rosa Luxemburg, um 1900

der Landesautonomie für das Königreich Polen erhoben wurden. Hinzu kamen weitere Programmpunkte: die Proklamierung der Republik für das gesamte Russische Reich, die Gleichheit aller vor dem Gesetz, Rede-, Presse- und Versammlungsfreiheit, Gleichberechtigung der Frau und Abschaffung des stehenden Heeres. Während im ersten Teil des Programms durchaus von der Abschaffung der kapitalistischen Gesellschaftsordnung und der Vergesellschaftung der Produktionsmittel die Rede war, liest sich der zweite Teil wie ein ambitioniertes, im Kern aber doch reformerisches Programm – eine Zweiteilung, die der im Erfurter Programm der SPD gar nicht so unähnlich war. Nur mit dem Unterschied, dass beim Programm der SDKPiL die Verfasser beider Teile dieselben waren.

Die Überlegungen in »Nationalitätenfrage und Autonomie« waren deutlich geprägt von der polnischen Geschichte der letzten hundert Jahre und den wenig ermutigenden Erfahrungen, die die Polen beim Kampf um ihre Unabhängigkeit gemacht hatten. Auf den gescheiterten Januaraufstand und die folgende Russifizierung nahm Luxemburg explizit Bezug.[348] Der Januaraufstand war die letzte große nationale Erhebung der

Polen gewesen. Die Niederlage erschütterte die polnische Gesellschaft, auf verlustreiche Schlachten folgten Erschießungen, Enteignungen und Verbannung. Durch die Russifizierung geriet die nationale Kultur in Gefahr, aber anders als nach dem Novemberaufstand von 1830/31 gingen die geschlagenen Revolutionäre diesmal nicht ins Exil. Sie ließen ihre romantischen Ideale hinter sich, setzten nicht länger auf eine gewaltsame Befreiung des Landes, vielmehr auf seine industrielle Entwicklung und die Aufklärung der Volksmassen. Es folgte die Zeit des Positivismus und der »organischen Arbeit«. Der polnische Positivismus war nicht nur eine literarische und künstlerische, sondern auch eine soziokulturelle Bewegung. Die Positivisten schrieben nicht nur realistische Romane, sie organisierten auch im Untergrund Sprachunterricht für die indigene Bevölkerung, nachdem das Polnische an der Schule nicht mehr unterrichtet werden durfte, und gründeten sogar »fliegende Universitäten«. Zu den polnischen Positivisten gehörten unter anderem Marie Curie, die 1903 den Nobelpreis für Physik und 1911 den für Chemie bekam, und Henryk Sienkiewicz, der 1905 den Literaturnobelpreis erhielt.

Vor diesem Hintergrund muss man das politische Programm sehen, das Rosa Luxemburg in ihren Schriften entwickelte. Die nationale Unabhängigkeit zu erreichen hielt sie sowohl für utopisch als auch für falsch. Auf der anderen Seite sah sie die Gefahren, die der polnischen Nationalkultur drohten, und entwickelte ein umfassendes Programm für eine polnische Landesautonomie, die auf dem Boden des Zarenreiches zu realisieren war. Dabei kam dem Proletariat eine ganz entscheidende Aufgabe zu, wie sie schon 1898 in ihrem Artikel zum 100. Geburtstag von Adam Mickiewicz festgestellt hatte: »In dem gegenwärtigen Polen […] bildet das klassenbewusste industrielle Proletariat die einzige Schicht, die ebenso ein Interesse wie die soziale Möglichkeit hat, zum Hüter der kulturellen Seite des politisch bankrotten Nationalismus zu werden.«[349]

Aber gerade die führenden Repräsentanten der polnischen Nationalkultur konnten Luxemburgs radikaler Absage an die Wiedergewinnung der nationalen Unabhängigkeit wenig abgewinnen. Der Philosoph Stanisław Brzozowski warf Luxemburg und den anderen Publizisten der

SDKPiL »pseudomarxistischen Fetischismus« vor. Er habe den Eindruck, ihre Schriften seien »durch ein Uhrwerk, nicht aber von lebendigen Menschen geschaffen« worden.[350] Auch der marxistische Philosoph Kazimierz Kelles-Krauz, der bedeutendste Theoretiker der PPS, der 1896 in London beim Kongress der Sozialistischen Internationale als Luxemburgs Gegenspieler aufgetreten war, versuchte in seinem großen Werk über die polnische Unabhängigkeit und die materialistische Interpretation der Geschichte[351], Luxemburgs ökonomische Argumentation zu widerlegen. Er glaubte nicht, dass für die weitere industrielle Entwicklung Polens die Integration in das Zarenreich von Vorteil sei, und vertrat die alte Position von Marx und Engels, die Polen vor allem als Vorposten des fortschrittlichen Westens gegenüber dem russischen Hort der Reaktion schätzten.

Holger Politt geht so weit zu sagen, Rosa Luxemburg sei »an den Unwägbarkeiten der nationalen Frage der Polen« gescheitert und sei nur dadurch zu politischer Wirksamkeit gelangt, dass sie ihr Betätigungsfeld nach Deutschland verlegt habe.[352] Feliks Tych, der, in Warschau geboren, den Holocaust überlebt hat und nach dem Krieg Direktor des Jüdischen Historischen Instituts war, hält dem entgegen, dass Luxemburg sich in all ihren Arbeiten mit zwei Befürchtungen auseinandergesetzt habe: zum einen der, dass der Nationalismus in die sozialistische Bewegung eindringen und sie sprengen würde, zum anderen, dass der Nationalismus die integrativen Tendenzen des Zivilisationsprozesses beschädigen würde. Beide Befürchtungen, so fügt Tych hinzu, seien eingetreten. Während Lenin die nationale Frage nicht lösen wollte, habe Luxemburg nach einer demokratischen Lösung gesucht, die sowohl dem universalistischen Anspruch der Arbeiterbewegung als auch dem zivilisatorischen Fortschritt gerecht werden konnte: »Für Rosa Luxemburg galt die sozialistische Arbeiterbewegung als die höchste Form der demokratischen Befreiungsbewegung, und schon aus diesem Grund hatte für sie die nationale Frage eine untergeordnete Bedeutung.«[353] Die politische Einheit der Arbeiterbewegung hatte für sie allemal Priorität. Deshalb war sie so tief verzweifelt, als im August 1914 der Erste Weltkrieg ausbrach, und reagierte voller Zynismus auf das, was folgte. Im letzten Kriegsjahr notierte sie in ihrer

Breslauer Gefängniszelle: »Das deutsche Pro[letariat] war auf dem Wege, die Weltherrschaft des deutschen Imp[erialismus] zu errichten.«[354] Und zu den bei Kriegsende entstehenden Staaten schrieb sie: »Die neuen nationalen Staaten (K[arl] K[autskys] Theorie: Nat[ionalstaat]-Demokratie) Was hinter dieser Demokratie als Pferdefuß steckt, haben die Ukraine, Finnland, Baltenländer, Polen gezeigt. Diesen Kücken [!] muss man den Hals umdrehen, ehe sie recht mit Federn bewachsen.«[355]

Das Kriegsgeschehen hatte Luxemburg an der Welt verzweifeln lassen. In ihrer Arbeit haben wir es, wie Peter Nettl es treffend formuliert hat, »mit der umfassendsten und extremsten Verneinung des Rechts auf nationale Selbstbestimmung« zu tun.[356] Die fundamentale Frontstellung gegen die PPS trug sicher das Ihre zur Dogmatisierung dieses Internationalismus bei. Luxemburgs Loyalität galt nicht einer Nation, sondern einer Klasse. Am 14. Februar 1914 stand sie in Frankfurt am Main vor Gericht, weil sie in mehreren Versammlungen zum Kampf gegen die Kriegsgefahr aufgerufen hatte. Wenn es wirklich zum Krieg gegen Frankreich kommen sollte, sollten die deutschen Arbeiter sagen: »Nein, auf unsere Brüder schießen wir nicht!« Das brachte ihr eine Anklage wegen Aufforderung zum Ungehorsam gegen die Gesetze ein, und sie wurde zu einem Jahr Gefängnis verurteilt. In ihrem Schlusswort wandte sie sich an den Staatsanwalt, der sie der Heimatlosigkeit geziehen hatte:

> Was die Heimatlosigkeit betrifft, so möchte ich mit dem Herrn Staatsanwalt nicht tauschen. Ich habe eine so große, liebe Heimat, wie sie kein preußischer Staatsanwalt besitzt. Aber wenn dieser Herr vom Vaterland, von der Notwendigkeit, das Vaterland zu verteidigen sprach, so antworte ich hier: Niemand hat das Recht, das Wort Vaterland in den Mund zu nehmen, außer uns Sozialdemokraten. Was ist das Vaterland anderes, als die Hebung des Wohlstandes, die Hebung der Sittlichkeit, die Hebung der geistigen Kräfte der großen Masse, die das Volk ausmacht! Und wer arbeitet daran mit allem Opfermut seit Jahrzehnten im Deutschen Reiche außer der Sozialdemokratie?[357]

Rosa Luxemburg war eine unduldsame Gegnerin der Wiedererrichtung des polnischen Nationalstaats, der, solange das kapitalistische System nicht überwunden war, immer nur ein Klassenstaat sein konnte, aber sie war deshalb, obwohl Polin, nicht heimatlos. Ihre Heimat war die Arbeiterbewegung, die nirgends so stark entwickelt war wie in Deutschland. Auch Alexander Parvus hatte, als er 1891 nach Abschluss seiner Promotion nach Deutschland gegangen war, davon gesprochen, dass die Sozialdemokratie sein neues Vaterland geworden sei.[358] Das gilt auch für viele andere politische Immigranten, die sich nicht expressis verbis dazu bekannt haben.

V

Berlin

Die SPD, die Luxemburgs neue Heimat werden sollte, geht, wenn man die Vorläuferorganisationen mit einbezieht, in ihren Anfängen bis in die erste Hälfte des 19. Jahrhunderts zurück. 1836/37 gründeten deutsche Emigranten in Paris den Bund der Gerechten, der sich 1847 in Bund der Kommunisten umbenannte, für den Karl Marx und Friedrich Engels das *Kommunistische Manifest* schrieben, das einen großen Einfluss auf die weitere Entwicklung der Arbeiterbewegung in Europa hatte. Seit dem Scheitern der Revolution von 1848 lebten Marx und Engels in London und waren dort, vor allem in den Jahren des Sozialistengesetzes, eine wichtige Anlaufstation für verfolgte Sozialdemokraten. Auch an der programmatischen Arbeit der SPD nahmen die beiden, solange sie lebten, großen Anteil. Man denke nur an Karl Marx' berühmte Kritik am Gothaer Programm von 1875.[359]

Der 20 bzw. 22 Jahre jüngere August Bebel engagierte sich ähnlich wie Marx und Engels schon in ganz jungen Jahren in der Arbeiterbildungsbewegung. 1867 wurde er Vorsitzender des Verbandes Deutscher Arbeitervereine und so indirekt auch Mitglied der IAA. Zwei Jahre später gründete er mit Wilhelm Liebknecht die SDAP, die er ab 1871 im Deutschen Reichstag vertrat, dem er bis zu seinem Tod 1913 angehörte. Der »Arbeiterkaiser«, wie Bebel immer wieder genannt wurde, war die berühmteste und populärste Führungsgestalt der europäischen Arbeiterbewegung. Jahrzehntelang stand er an der Spitze der SPD, die unter seiner Führung – nach

Stimmen wie nach Mitgliedern – zur mit Abstand größten Partei im Deutschen Reich heranwuchs. Während die SDKPiL wie eine »südamerikanische Armee« (Peter Nettl)[360] war und über viele Generäle, aber kaum über Soldaten verfügte, organisierte die SPD die Massenheere des Proletariats. »Die zwei Millionen Wähler«, so hat Friedrich Engels es 1895 formuliert, »bilden die zahlreichste, kompakteste Masse, den entscheidenden ›Gewalthaufen‹ der internationalen proletarischen Armee.«[361]

Auf ihrem Parteitag in Jena gab sich die SPD 1905 ein modernes Organisationsstatut,[362] das die Basis schuf für den Aufbau einer regelrechten Mitgliederpartei. Im Jahr darauf hatte sie schon 384 000 Mitglieder, 1914 waren es fast eine Million. Noch rasanter war das Wachstum der Gewerkschaften, deren Mitgliedschaft sich von 1892 bis 1913 auf 2,5 Millionen mehr als verzehnfachte. Das Sozialistengesetz, das die SPD als Partei zwölf Jahre lang verbot, hatte sie in eine grundsätzliche Gegnerschaft zum wilhelminischen Obrigkeitsstaat gebracht und insofern nach links gerückt. Noch viele Jahre später, auf dem Parteitag in Dresden 1903, rief Bebel unter stürmischem Beifall aus: »Ich will der Todfeind dieser bürgerlichen Gesellschaft und dieser Staatsordnung bleiben, um sie in ihren Existenzbedingungen zu untergraben, und sie, wenn ich kann, beseitigen.«[363] Auf der anderen Seite war die Reichstagsfraktion in der Zeit des Sozialistengesetzes die einzige legale Instanz der Partei. Als Einzelpersonen konnten auch Sozialdemokraten bei den Reichstagswahlen kandidieren, und sie taten es mit stetig wachsendem Erfolg. Hatten 1878 dem Reichstag erst neun Sozialdemokraten angehört, waren es zwölf Jahre später bereits 35. In den sechs Berliner Wahlkreisen stieg die Zahl der Stimmen für die SPD in jener Zeit von 64 000 auf 159 000.[364]

Hier zeichnete sich schon jene Dichotomie ab, die nach der Wiederzulassung der Partei ihre Politik prägen sollte: auf der einen Seite die revolutionäre Theorie, auf der anderen Seite die pragmatische Praxis.[365] Auch nach 1890 standen die Wahlkämpfe und die Arbeit in den Parlamenten im Vordergrund, außerdem die Mitwirkung in den durch die Bismarck'sche Sozialgesetzgebung geschaffenen Selbstverwaltungskörperschaften, die Tausende von Parteimitgliedern in die Funktionsräume des Sozialsystems integrierte, was maßgeblich dazu beitrug, dass die SPD zu einer Funktionärspartei mit einer Heerschar von hauptamtlichen Mitarbeitern mutierte. Gleichzeitig blühte die Parteipresse auf. Das war für viele prominente SPD-Politiker die wichtigste Existenzgrundlage. Es gab insgesamt etwa 1000 Arbeitsstellen bei den verschiedenen sozialdemokratischen Zeitungen. Und auch wer keine solche Stelle innehatte, konnte – wie z. B. Rosa Luxemburg – durch das Schreiben von Artikeln das Nötige für seinen Lebensunterhalt verdienen. Diese Journalisten und Parteischriftsteller waren, neben vielen selbstständigen Handwerkern und Gewerbetreibenden, auch in der sozialdemokratischen Reichstagsfraktion sehr präsent. Sie waren nicht von Entlassung bedroht, wie es bei Arbeitern oder Angestellten der Fall gewesen wäre, deren politisches Engagement dem Arbeitgeber im Zweifel missfallen hätte. Sie hatten eine sichere Existenzgrundlage und konnten sich den Luxus einer parlamentarischen Tätigkeit leisten, obwohl die Zahlung von Diäten verboten war.[366]

Der politische Erfolg, auf den die SPD mit Recht stolz war, führte zur Parlamentarisierung der Partei und zur Ausbildung bürokratischer Strukturen. Die Partei richtete sich mehr und mehr in dem Staat ein, den sie ihrem Programm zufolge eigentlich beseitigen wollte. Es erwuchsen ihr Besitzstände, die bewahrt sein wollten. Die zwölf Jahre des Sozialistengesetzes, ein zentraler Erinnerungsort in der Parteigeschichte, begründeten einerseits den Mythos der Unbesiegbarkeit der Sozialdemokratie, dienten aber andererseits auch als Drohkulisse, die zeigte, was passieren konnte, wenn der Staat sich durch die Partei zu sehr herausgefordert fühlte. Dann stand seine ganze Infrastruktur, bestehend aus den Gliederungen der Partei, den Arbeiterbildungsvereinen und anderen Unterorganisationen, dem Funktionärsapparat, den Presseorganen und anderem mehr, auf dem Spiel. Das spielte schon eine Rolle, wenn es darum ging, ob der Kampftag der Arbeiterklasse am 1. Mai durch Arbeitsniederlegungen gefeiert werden sollte oder doch lieber am nächstfolgenden Sonntag, und war erst recht ein Thema, wenn es um den Massenstreik ging, das schärfste, aber zugleich auch riskanteste politische Kampfinstrument, über das die Partei verfügte.

Bei den Reichstagswahlen 1890 war die SPD mit 19,7 Prozent erstmals die nach Stimmen stärkste Partei geworden, knapp vor dem katholischen Zentrum.[367] 1894 baute sie ihren Vorsprung deutlich aus und kam auf 23,3 Prozent. Am 16. Juni 1898 standen wiederum Reichstagswahlen an. Diesmal sollte Rosa Luxemburg, die gerade in Deutschland angekommen war, im Wahlkampf eine wichtige Rolle spielen, doch zunächst galt es, in Berlin ein Quartier zu finden.

Wohnungssuche, Wahlkampf

Am Montag, den 16. Mai 1898, kam sie frühmorgens in Berlin an und begab sich sogleich auf Zimmersuche. Dabei orientierte sie sich nach Nordwesten und Westen, dort lagen die besseren Wohngegenden. In den anderen Stadtvierteln war »das Wohnen im Sommer unerträglich«,[368] was mit den damaligen hygienischen Verhältnissen zusammenhing. Es gab vielfach keine Kanalisation, oftmals kein fließendes Wasser, die Toiletten befanden sich außerhalb der Wohnungen, in ärmeren Gegenden nicht selten im Hof, was vor allem bei warmem Wetter unerquickliche olfaktorische Konsequenzen zeitigen konnte. Obwohl Luxemburg unermüdlich umherlief, erbrachte der erste Tag keinen Erfolg. An Jogiches schrieb sie am Abend: »Es ist äußert schwierig, billigere Zimmer sind in Charlottenburg zu haben, dort ist auch die Luft besser, aber es liegt außerhalb von Berlin und ist ein ziemlich proletarisches Viertel. In der Stadt hingegen ist die Luft fatal und die Zimmer teuer. […] Ich bin unmenschlich erschöpft und hasse Berlin und die Deutschen schon so, dass ich sie umbringen könnte.«[369] Der erste Tag der Wohnungssuche war offensichtlich sehr anstrengend gewesen. Vorausgegangen war die lange Zugfahrt von München, die zudem unterbrochen worden war, weil der Zug unterwegs einen Menschen überfahren hatte, der kurz darauf verstarb, was Luxemburg als schlechtes Omen nahm.[370] Charlottenburg hatte sie an diesem ersten Tag ganz offenbar noch nicht richtig kennengelernt, denn ein proletarisches

Viertel war die Stadt nicht. In Charlottenburg, damals bereits eine Großstadt mit über 100 000 Einwohnern, wohnten viele wohlhabende Bürger, so der Industrielle Werner von Siemens oder der Bankier Robert Warschauer, sodass Charlottenburg zeitweilig das höchste Steueraufkommen aller preußischen Städte hatte. In seinem östlichen Teil, nahe dem 1882 eröffneten Berliner Bahnhof Zoologischer Garten, gab es allerdings auch Wohngegenden, die eher als proletarisch zu bezeichnen waren. Hier wohnten viele Arbeiter und Handwerker. Berlin selbst war damals bereits eine bedeutende Industriemetropole. 1871 hatte die Stadt noch 825 000 Einwohner gehabt, um die Jahrhundertwende waren es bereits 1,9 Millionen.

Jetzt, da Rosa und Leo räumlich getrennt waren, wurden die Briefe wieder zum wichtigsten Kommunikationsmittel. Aus dem Jahr 1897 ist nur ein einziger Brief Luxemburgs an ihren Geliebten überliefert, aus der Zeit zwischen dem 1. Januar und dem 12. Mai 1898 gar keiner. Aber zwischen dem 13. Mai 1898, dem Tag ihrer Ankunft in München, und dem Ende des Jahres schrieb sie ihm 86 oftmals sehr ausführliche Briefe, die unsere wichtigste Quelle für ihre erste Zeit in Deutschland sind. Am 17. Mai, ihrem zweiten Tag in Berlin, schrieb sie Jogiches zweimal, am Morgen sehr kurz – »Ich suche eine Wohnung. Umarmungen.«, am Abend dafür umso ausführlicher. Sie war den ganzen Tag herumgerannt, hatte erste Erfahrungen mit den gewaltigen Entfernungen in der großen Stadt gemacht, deren Überwindung enorm viel Zeit verschlang, war nun auch in Charlottenburg gewesen, aber auch dort kostete das billigste Etablissement schon 28 Mark, bot aber nur einen Raum, während Luxemburg eigentlich einen abgetrennten Schlafbereich haben wollte. Eine Wohnung hatte sie noch nicht gefunden und für den Moment ein Zimmer gemietet, das eine Mark pro Tag kostete. So hatte sie immerhin eine Bleibe, wo sie ihre Sachen unterstellen konnte, und zugleich war der selbst gesetzte Kostenrahmen von 30 Mark in Monat nur geringfügig überschritten.

Im weiteren Verlauf des Briefes berichtete Luxemburg erstaunlich viel, was sie an diesem zweiten Tag in der neuen Stadt bereits über das Parteileben in Erfahrung gebracht hatte, und kam dann auf ihre mentale Verfassung, die »blaue[n] Flecken auf meiner Seele« zu sprechen. Sie fühlte sich in der riesigen Stadt verloren, Düsternis umgab sie, »woran die bedrückende Größe Berlins Schuld ist«.[371] In der ersten Nacht, »im Bett bereits, in der fremden Wohnung, mitten in der fremden Stadt«,[372] hatte Verzagtheit sie befallen, und ihre Gedanken kehrten zu ihrer Seelenlandschaft zurück: »Wäre es nicht glücklicher, statt eines solchen abenteuerlichen Lebens irgendwo in der Schweiz mit Dir zu zweit still und herzlich zu leben und die Jugend zu genießen und sich aneinander zu erfreuen?« Doch dann wurde ihr klar, dass sie bei dem Blick zurück einer Täuschung anheimgefallen war: »Wir lebten doch weder zusammen, noch hatten wir aneinander Freude, und da gab es auch nichts Glückliches [...].«[373] Die ganze Disharmonie der letzten Schweizer Monate kam ihr schlagartig wieder zu Bewusstsein, ihre unerfüllt gebliebenen Erwartungen und Hoffnungen. Ihr war klar, dass sich auch künftig nichts zum Besseren wenden würde: »Es ist eine Tatsache, ich habe verdammt Lust, glücklich zu sein, und wäre bereit, Tag für Tag um mein Portiönchen Glück mit dem Starrsinn eines Tauben zu handeln. Aber das sind nur noch Reste; diese Lust wird immer schwächer in mir angesichts der wie die Sonne klaren, eher wie die Nacht dunklen Unmöglichkeit, glücklich zu sein.«[374]

Die beiden waren ein höchst ungleiches Paar. Jogiches hätte sich als Geliebte auch eine andere Frau vorstellen können, und an einem Privatleben im eigentlichen Sinne des Wortes war er ohnehin nicht interessiert. Aber für seine politischen Ambitionen war Luxemburg unentbehrlich. Das war ihr schmerzlich bewusst: »Ich beginne mich eigentlich an den Gedanken zu gewöhnen, dass meine einzige Aufgabe darin besteht – derzeit an die Wahlen zu denken, und dann daran, was nach den Wahlen sein wird. Da wir allerdings beide zusammen bereits sechzig Jahre alt sind, so habe ich dabei ein Gefühl ähnlich dem, das gewiss vierzigjährige Frauen erfahren, wenn die physischen Symptome des Geschlechtslebens wegbleiben.«[375] Rosa Luxemburg hatte bereits viel erreicht, hatte erfolgreich ihre Promotion abgeschlossen, was Jogiches nie auch nur ansatzweise gelingen sollte, und war nun mit 27 Jahren im besten Alter, in trauter Zweisamkeit zu leben, eine Familie zu gründen und sich in Deutschlands pulsierender

Hauptstadt eine bürgerliche Existenz aufzubauen. Zugleich war ihr klar, dass das mit Jogiches, den sie allen Enttäuschungen zum Trotz noch immer liebte, völlig undenkbar war. Und doch kamen die beiden voneinander nicht los. Die Korrespondenz der nächsten beiden Jahre, die Luxemburg alleine in Berlin verbringen musste, ist eine deprimierende Lektüre. Sie war weiterhin von Jogiches finanziell abhängig, von dem sie regelmäßige Zuwendungen erhielt. Dafür widmete sie einen Tag in der Woche den Arbeiten für die SDKPiL, die sie zuverlässig erledigte. Dennoch musste sie noch über die kleinste Ausgabe in entwürdigender Art und Weise Rechenschaft ablegen.

Gleichzeitig bombardierte er sie unablässig mit Korrekturen zu ihrer Dissertation, deren Drucklegung sie vorbereitete, und kritisierte auch ihre anderen Veröffentlichungen, neidete ihr jeden Erfolg und versuchte, ihn kleinzureden. Wenn ihr eine Redakteursstelle angeboten wurde, zeigte er sich überzeugt, dass sie der Aufgabe nicht gewachsen war. Umgekehrt stichelte sie in ihren Briefen regelmäßig mit Fragen, wie weit er denn schon mit seinem Promotionsvorhaben gekommen sei, obwohl ihr klar war, dass sich da gar nichts tat. Vor allem aber bedrängte sie ihn – je länger, desto mehr –, nun endlich seine Übersiedelung nach Berlin in Angriff zu nehmen. Doch es fanden sich immer wieder neue Vorwände, um dieses Vorhaben zu verschieben.

Den nächsten Brief schrieb Luxemburg erst drei Tage später, am 20. Mai 1898. 75 verschiedene Zimmer hatte sie inzwischen besichtigt und sich schließlich für eines in der Cuxhavener Straße 2 im Bezirk Tiergarten, »im aristokratischsten Teil«, entschieden. Das Zimmer entsprach in jeder Hinsicht ihren Erwartungen – mit einer Ausnahme: »ich habe fast Angst, es zu schreiben – 33 Mark!«[376] Das waren drei Mark mehr als das festgelegte Budget. Doch sie hatte keine andere Lösung des Wohnungsproblems gesehen: »Wären nicht diese Skrupel, weil unser Budget um 3 M überzogen wird, so hätte ich dieses Zimmer sofort gehabt, denn wir haben es gleich am ersten Tag gesehen, aber mein Gewissen hat es nicht zugelassen, bevor ich nicht die halbe Stadt abgeklappert und nicht gesehen hatte, dass mir keine andere Wahl bleibt. Dafür werde ich bei der Frau sicher gut und billig Mittag essen können und überhaupt mit jedem Pfennig rechnen, so wie ich es auch schon jetzt tue.«[377] Das Zimmer konnte bereits wenige Tage später bezogen werden, sodass Luxemburg jetzt über eine Operationsbasis in der ihr unbekannten Stadt verfügte. Nun hatte sie auch den nötigen Mut, mit der SPD Kontakt aufzunehmen. Am 24. Mai besuchte sie den Sekretär des Parteivorstands Ignaz Auer in seinem Büro in der Katzbachstr. 9 in Kreuzberg. Ursprünglich wollte sie sich mit dem Parteivorsitzenden August Bebel treffen, aber der war auf einer Wahlkampfreise und seine Rückkunft ungewiss.

Luxemburg hatte sich auf das Gespräch gut vorbereitet. Sie war gerade einmal acht Tage in der Stadt, hatte noch keinen direkten Kontakt zur SPD gehabt und war doch schon fest entschlossen, in der Partei eine wichtige Rolle zu spielen. Auer erklärte sie gleich zu Beginn des Gesprächs: »Ich möchte Ihnen bei der Arbeit helfen, zu diesem Zweck habe ich die Staatsbürgerschaft erworben und bin gekommen, um mich aktiv zu beteiligen. Ich habe natürlich in dieser Hinsicht einen eigenen Aktionsplan, möchte jedoch nicht auf eigene Faust beginnen, ohne mich mit der Parteileitung zu verständigen.«[378] Der jungen Dame gebrach es ersichtlich nicht an Selbstbewusstsein. Der in Ehren ergraute Parteisekretär, der sich schon in der SDAP engagiert hatte, als Luxemburg noch nicht einmal geboren war, war gehörig beeindruckt und erkannte rasch, dass hier jemand vor ihm saß, mit dem vieles möglich war. Natürlich hatte er ihre Aufsätze gelesen, aber persönlich war er ihr nie begegnet, und dass sie die preußische Staatsbürgerschaft erworben hatte, war ihm neu. Es entspann sich ein intensives und offenes Gespräch. Luxemburg machte Auer ohne Umschweife klar, dass sie über die polnischen Verhältnisse ungleich besser Bescheid wusste als er und die anderen Mitglieder des Parteivorstands. Jogiches berichtete sie: »Über die PPS wissen sie nichts und interessieren sich auch nicht dafür.«[379] Mit großer Befriedigung nahm sie zur Kenntnis, dass nicht nur Auer, sondern der gesamte Vorstand die Unabhängigkeit Polens für eine »Idiotie«[380] hielt.

Beide Seiten waren daran interessiert, Nägel mit Köpfen zu machen. Auer trug Luxemburgs Anschrift in das Parteiadressbuch ein, wodurch sie gewissermaßen in die Reihen der SPD aufgenommen war. Reguläres Mitglied konnte sie als Frau erst nach Erlass des Reichsvereinsgesetzes vom 15. Mai 1908 werden. Der Parteisekretär erteilte ihr anschließend einen klaren Auftrag: »Auer will mich gleich nach Oberschlesien schicken.«[381] Außerdem überreichte er ihr das Parteihandbuch[382], und als sie sich zum Schein anschickte, es zu bezahlen, lehnte er das Ansinnen ab, lächelte liebenswürdig und sagte: »für Ihre polnische Agitation in Oberschlesien«.[383] Darüber war sie sehr froh, denn das Handbuch kostete vier Mark, und das hätte Luxemburg sich nicht leisten können. Sie studierte es in den folgenden Tagen gründlich, las die Parteizeitungen, allen voran den *Vorwärts*, besuchte Versammlungen, traf sich mit anderen Sozialdemokraten und nutzte jede Gelegenheit, sich über die deutschen Verhältnisse zu informieren. Am 2. Juni war es so weit; sie verließ Berlin um 8 Uhr morgens und traf um 14 Uhr in Breslau ein. Am Tag darauf fuhr sie weiter in die oberschlesische Industriestadt Königshütte, die 200 Kilometer südöstlich von Breslau lag und ihre hauptsächliche Operationsbasis während des Wahlkampfes sein sollte. Zunächst lag vor ihr ein von Wahlkampfpflichten freies Wochenende, an dem sie noch einmal ihr Referat memorieren konnte.

Am Montag, den 5. Juni 1898, fuhr Rosa Luxemburg zurück nach Breslau und hielt dort zum ersten Mal in ihrem Leben in Deutschland eine Rede auf einer Wahlversammlung. Mit dem Resultat konnte sie sehr zufrieden sein, an Jogiches telegrafierte sie: »Glänzend verlaufen.«[384] Das Manuskript der Rede ist nicht überliefert. Deshalb ist als Ersatz in ihren Gesammelten Werken der Bericht der sozialdemokratischen *Volkswacht* abgedruckt,[385] der allerdings nicht den rhetorischen Glanz dieses ersten öffentlichen Auftritts widerspiegelt. Der Verfasser war ein »einfachen Arbeiter«[386], sein Bericht ließ gleichwohl sehr gut erkennen, wie tief die Rednerin sich schon in die politischen Themen der zu Ende gehenden Legislaturperiode des Deutschen Reichstags eingearbeitet hatte. Sie begann mit der Feststellung: »Das arbeitende Volk hat keine Ursache, in das Lob einzustimmen, welches dem scheidenden Reichstage von höchster Stelle gezollt worden ist.«[387] Anschließend gab sie eine Tour d'Horizon, die vom Arbeiterschutzgesetz über die Kornzolldebatte bis hin zur Kolonialpolitik reichte.

Obwohl der erste öffentliche Auftritt durchaus ermutigend verlaufen war, dauerte es acht Tage, bis Luxemburg zwei weitere Wahlversammlungen absolvieren konnte. Das lag daran, dass es kaum Versammlungsmöglichkeiten gab, weil Gastwirte, die bereit gewesen wären, den »vaterlandslosen Gesellen« der SPD Räume zur Verfügung zu stellen, Gefahr liefen, ihre Konzession zu verlieren. Luxemburg fuhr am 7. Juni nach Kandrzin, das auf der Rückfahrt auf halbem Wege lag. Dort wirkte sie bei der Verbreitung von Wahlaufrufen mit. Am Tag darauf war sie wieder in Königshütte. Dort verbrachte die tapfere Wahlkämpferin ihre Tage damit, im örtlichen »Wahlbüro« zu sitzen; das war die Wohnung von August Winter, dem örtlichen Parteisekretär. Dort saß sie, »um Arbeiter zu empfangen, die jeden Augenblick hereinkommen, sei es, um sich Rat zu holen oder ihre Dienste für die Agitation oder den Aufruf anzubieten, und gleichzeitig habe ich einige schriftliche Kleinigkeiten zu erledigen«.[388] In ihrem improvisierten Wahlkampfbüro konnte Luxemburg ihr schon bei vielen Gelegenheiten erprobtes organisatorisches Talent zur Entfaltung bringen, Wahlhelfer einteilen, die Verteilung von Flugblättern und Informationsmaterial organisieren und, wo es nottat, auch als Übersetzerin tätig werden, da sie des Deutschen wie des Polnischen gleichermaßen mächtig war.

Die mit politischer Arbeit ausgefüllten Tage und der direkte Kontakt mit der Bevölkerung taten Rosa Luxemburg ersichtlich gut. Sie fühlte sich gebraucht, willkommen, wenn nicht sogar bewundert, und neu beheimatet: »Den bestimmenden und stärksten Eindruck hat die hiesige Gegend auf mich gemacht: Kornfelder, Wiesen, Wälder, weite Flächen und polnische Sprache, polnische Bauern ringsum. Du hast keinen Begriff, wie mich das alles beglückt. Ich fühle mich wie neugeboren, als ob ich wieder Boden unter den Füßen gefunden hätte.« Sie hatte auch bereits entschieden, dass Jogiches und sie hier, und nicht in der Schweiz, den gemeinsamen Sommerurlaub verbringen sollten, denn sie war überzeugt, dass er in dieser Landschaft das gleiche Glück empfinden würde wie sie. Luxemburg thematisierte die Abwesenheit des Geliebten diesmal nicht vorwurfsvoll, sondern sehnsüchtig: »Es hat mir nur eines zum Glück gefehlt, eigentlich nur ›einer‹.«[389]

August Winter hätte seine tüchtige Helferin am liebsten bis zum Wahltag bei sich behalten, doch andere verlangten auch nach ihrer Unterstützung. Außerdem wollte Luxemburg sehr gerne noch einmal öffentlich auftreten, »denn über die Versammlungen erfahren die Leute aus den Zeitungen, über meine tugendhaften Taten hier aber nur privat, also muss man eins mit dem anderen verbinden.«[390] Bei allem Pflichtbewusstsein hatte sie auch die eigene Karriere immer im Blick. Und so trat sie noch zweimal öffentlich auf, am 13. Juni im niederschlesischen Liegnitz und am Tag darauf in der nur wenige Kilometer entfernten Stadt Goldberg. Eingeladen hatte sie Julius Bruhns, der dort für den Reichstag kandidierte. Bruhns stammte ursprünglich aus Altona, hatte aber längere Zeit in Bremen gelebt. Von 1890 bis 1893 vertrat er die Stadt auch im Deutschen Reichstag. Gleichzeitig war er auch Verleger der *Bremer Bürger-Zeitung*. Der auf den ersten Blick etwas merkwürdige, nicht sehr sozialistisch klingende Name des Blattes erklärt sich dadurch, dass es im Frühjahr 1890 zu erscheinen begann, als das Sozialistengesetz noch in Kraft war. Die *Bremer Bürger-Zeitung* war neben der *Leipziger Volkszeitung* das wichtigste Organ des linken Flügels in der SPD. Nach innerparteilichen Streitigkeiten verließ Bruhns 1895 Bremen und ging nach Schlesien und übernahm dort die Leitung der Breslauer *Volkswacht*.

Luxemburg berichtete ihrem Geliebten in Zürich, die Versammlung in Liegnitz sei noch besser gelungen als ihr erster Auftritt in Breslau: »Die Genossen äußerten sofort den Wunsch, ich sollte für ständig bei ihnen bleiben. Sie gaben mir Blumen etc.«[391] Und die dritte Veranstaltung geriet zu einem wahren Triumph: »Gestern war es in Goldberg ausgezeichnet, die Leute drängten sich so zahlreich, dass um den Saal an den Fenstern mehr standen als im Saal (Parterre), sie standen einer auf dem anderen hinter den Fenstern. Die Genossen sagen, dass sie noch keine so zahlreich besuchte Versammlung hatten.«[392] Abschließend fuhr sie zurück nach Königshütte und stürzte sich dort noch einmal in den Wahlkampf. Am 17. Juni, am Tag nach der Wahl, kehrte sie nach Berlin zurück.

Die Wahlkampftour erwies sich als ein sehr erfolgreiches Unternehmen. Während der Stimmenanteil der SPD gegenüber den Reichstagswahlen von 1893 um 3,9 Prozentpunkte auf 27,2 Prozent stieg, war der Stimmenzuwachs in Schlesien wesentlich stärker. Im Regierungsbezirk Oppeln, dem südöstlichsten der drei schlesischen Regierungsbezirke, wo sich Luxemburg vor allem engagiert hatte, war der Erfolg eklatant: Hatte die SPD 1893 nur 4973 Stimmen bekommen, waren es diesmal 25707 Stimmen, also mehr als fünfmal so viele.[393] In ihrem Bericht über die Wahl verwies Luxemburg zu Recht darauf, dass dieses Ergebnis umso höher zu bewerten war, als es unter äußerst widrigen Bedingungen zustande kam:

> Die Abhaltung öffentlicher Versammlungen war unmöglich und die ganze Agitation bloß auf Flugblattverteilung reduziert. Bei den Wahlen selbst war der Druck der Zentrumsleute und der Polizei so groß, dass bei dem einzelnen Arbeiter wirklich Mut dazu gehörte, einen sozialdemokratischen Stimmzettel abzugeben oder während der Wahl für uns zu wirken. Zahlreiche Kündigungen der Arbeit, einige Fälle von Verhaftungen unserer Flugblattverbreiter, vor allem aber die noch ganz patriarchalischen Mittel der Polizei und der Zentrumsleute in den Wahllokalen, wo sie vielfach unsere Genossen mit Zetteln einfach wegjagten, einigen Wählern den Zettel einfach aus der Hand rissen und öffneten – alles dies sollte die Arbeiter von der Stimmabgabe für den sozialdemokratischen Kandidaten abschrecken.[394]

Die sozialdemokratische Partei war offensichtlich in Oberschlesien inzwischen so stark verankert, dass diese Abschreckungsmaßnahmen ihre Wirkung weitgehend verfehlten. Luxemburg vermerkte denn auch in ihrem Bericht mit Stolz: »Mit der bisherigen ungeteilten Herrschaft des Zentrums in Oberschlesien ist es für immer vorbei.«[395] Das mochte so sein. Ungeteilt war die Herrschaft des Zentrums vielleicht insoweit nicht mehr, als die anderen Parteien merklich erstarkten, aber 1893 wie 1898 gewann das Zentrum bei den Reichstagswahlen im Regierungsbezirk Oppeln elf der zwölf Wahlkreise und die Deutschkonservative Partei einen, die Sozialdemokraten dagegen errangen, solange das Kaiserreich bestand, in diesem Bezirk kein einziges Mandat.[396] Gleichwohl hatte Rosa Luxemburg sich als Wahlkämpferin und mehr noch als Rednerin einen Ruf wie Donnerhall erworben.

Am 17. Juni 1898, am Tag nach der Wahl,[397] begab sich Luxemburg auf die Heimreise. Der Zug fuhr von Königshütte über Breslau nach Berlin, wo sie am Abend eintraf. In Breslau stieg Bruno Schoenlank in den Zug, der schon 1893 den Wahlkreis Breslau-West erobert hatte und auch diesmal erfolgreich war. (Auch den Wahlkreis Breslau-Ost gewann die SPD schon 1893.) Schoenlank war außerdem seit einigen Jahren Chefredakteur der *Leipziger Volkszeitung* und hatte es vermocht, das Blatt zu einer der führenden sozialdemokratischen Zeitungen auszubauen. In seiner beruflichen Eigenschaft erbat er von Luxemburg einen Artikel über die Bedeutung der Wahlen in Oberschlesien, und sie schrieb, als sie wieder in Berlin war, den Text, aus dem gerade schon zitiert worden ist. Vor allem aber nutzte Schoenlank die zufällige Begegnung, um ein persönliches Anliegen vorzutragen: »Er sagte, dass er mich schon seit einem Jahr zur Zusammenarbeit einladen wollte, aber er hätte gefürchtet, ich würde das so verstehen, dass er mit mir anbinden will, und absagen werde. […] Er bat mich um Freundschaft, er ist mit jeder Beziehung, wie ich sie will, einverstanden, wenn er nur mit mir verkehren kann; er faselt, dass er geistig in Berlin verkommt, dass ich ihm mit meiner Bekanntschaft einen großen ethischen Dienst erweisen kann u. ä. dummes Zeug.«[398] Ähnliches widerfuhr ihr auch mit Julius Bruhns. Er hatte sich, das gab er ohne Umschweife zu, in Luxemburg verliebt, angeblich schon fünf Jahre zuvor in Zürich: »Da er sich absolut tadellos benimmt, selbst ein äußerst braver Kerl ist (nicht wie Schoenl[ank]), dabei leidet er sehr (ist erkrankt), und ich außerdem doch gute Beziehungen mit den Leuten haben muss, unterhalte ich also mit ihm – ›eine Freundschaft‹, deren Schranken zu übertreten er nicht einmal versucht.«[399]

Rosa Luxemburg war mit 1 Meter 46 noch ein ganzes Stück kleiner als die Frauen in der damaligen Zeit, die im Durchschnitt mindestens zehn Zentimeter mehr maßen. Ihr Körper war schmächtig, darauf saß ein zu großer Kopf, der manchen Hutmacher zur Verzweiflung trieb, und ihre Hakennase wurde wiederholt Gegenstand verzerrender antisemitischer Karikaturen. Infolge ihres Hüftschadens hinkte sie. Doch das focht sie nicht an. Ihre Kleidung war stets geschmackvoll und makellos, ihr langes Haar sorgfältig frisiert, wobei sie es meist hochsteckte, um etwas größer zu wirken. Wenn sie den Raum betrat, wurde ihre intensive Ausstrahlung sofort spürbar. Mit ihren dunklen Augen blickte sie ihr Gegenüber eindringlich an und nahm die Menschen im Gespräch schnell für sich ein, Klugheit und Scharfsinn, verbunden mit enormer Bildung, beeindruckten ihre Zuhörer. Die Freundin Luise Kautsky schrieb rückblickend: »Wohl war Rosa, was ihr Äußeres betraf, von der Natur beinahe stiefmütterlich bedacht worden. Von zarter Beschaffenheit, kindhaft kleinem Wuchs und etwas verschobenen Körperbau wirkte sie beim ersten Anblick alles eher als imponierend. Aber als hätte Mutter Natur das gütig ersetzen wollen, was sie ihr an lieblichen Gütern versagte, hatte sie sie mit geistigen Gaben umso reicher ausgestattet.«[400] Die Leidenschaftlichkeit, mit der sie auftrat, faszinierte das Publikum, und schon bald eilte ihr der Ruf einer mitreißenden Rednerin voraus. Große Versammlungen und Zuhörer, die bei ihren Reden in Begeisterungsstürme ausbrachen, waren ein neues Erlebnis für Luxemburg, das ihr ungeheuer guttat und jene Anerkennung brachte, die sie so lange entbehrt hatte. Sie gewann rasch an Selbstsicherheit und versicherte Jogiches nach ihrer ersten Wahlkampfreise, dass sie binnen eines halben Jahres zu den besten Rednern der Partei gehören würde,[401] was keineswegs übertrieben war.

Dabei war Luxemburg eine exotische Erscheinung. Es gab eine ganze Reihe politisch aktiver Frauen in der SPD, darunter auch solche, deren Bedeutung bis heute sträflich unterschätzt wird. Man denke nur an Julie Bebel, die in den fast fünf Jahren, die ihr Mann im Lauf der Zeit im Gefängnis verbringen musste, nicht nur sein Unternehmen mit acht bis zehn Angestellten souverän leitete, sondern sich, neben ihren Pflichten als Hausfrau und Mutter, auch noch um die Verwaltung der Parteifinanzen kümmerte. Aber keine dieser anderen Frauen hatte studiert oder gar promoviert und war in den theoretischen Debatten und Grundsatzdiskussionen so beschlagen und den Männern ebenbürtig wie Luxemburg. Zugleich war ihre erotische Wirkung groß, und nicht wenige Funktionärsgattinnen registrierten dies voller Sorge, was aber zumeist nicht berechtigt war. Luxemburg war eine leidenschaftlich liebende Frau, sie sehnte sich nach Zuwendung, aber sie war alles andere als ein männermordendes Weib. Dabei scherte sie sich nicht um gesellschaftliche Konventionen, sagte laut und deutlich und nicht selten schroff ihre Meinung, wenn ihr das Thema wichtig war. Diplomatie oder gar Zurückhaltung war ihre Sache nicht. Sie war ungeheuer zielstrebig, intensiv und leidenschaftlich. Damit nahm sie viele Männer für sich ein, und sie genoss die Verehrung, die ihr entgegengebracht wurde. Lange genug hatte sie all das an der Seite von Leo Jogiches entbehren müssen. Mit Julius Bruhns entwickelte sich eine wirkliche Freundschaft, und als er später seine Frau verließ, um eine neue Verbindung einzugehen, stand ihm Luxemburg mit Rat und Tat zur Seite. Mit Bruno Schoenlank war die Sache komplizierter. Er suchte sie häufig in Berlin auf, führte sie in die Oper oder ins Konzert, was sie sich gerne gefallen ließ, weil sie sehr an Kultur interessiert war und selbst nicht über die für solche Unternehmungen nötigen Geldmittel verfügte. Dass das Gerüchten Auftrieb gab, sie habe ein Verhältnis mit Schoenlank, amüsierte sie eher, als dass es sie irritierte.[402] Die Bekanntschaft mit Bruno Schoenlank war für Luxemburg ein großer Gewinn. Sie nutzte seine schwärmerische Verehrung sehr gezielt für ihre Zwecke. Über einen Besuch im Dezember 1898 berichtete sie Jogiches: »Er hat mir natürlich wie gewöhnlich endloses Zeug dahergeredet, doch das Wichtigste: 1. Was das Schreiben betrifft, so kann ich bei ihm schreiben, was und wie viel ich will.«[403] Das war für Rosa Luxemburg aus mehreren Gründen außerordentlich attraktiv. Zum einen stand ihr das bedeutendste Publikationsorgan des linken Flügels der Sozialdemokratie als Plattform für die Verbreitung ihrer Ansichten zur Verfügung. So fanden nicht nur ihre Positionen ein großes Echo, und sie konnte dadurch ihre Stellung in der Partei festigen. Zum anderen schuf sie sich eine gute Basis, um ihre materielle Abhängigkeit von den Zuwendungen ihrer Familie und Jogiches' zu vermindern. Dabei kam dem erfahrenen Chefredakteur eine wichtige

Funktion für ihre beginnende Karriere als Publizistin zu: »Schoenlank formte ihren Stil als Journalistin und vermittelte ihr sicherlich auch ein bestimmtes journalistisches Handwerkszeug.«[404] Bei allem Ehrgeiz und aller Klugheit war sie doch noch recht unerfahren, als sie nach Berlin kam und anfing, sich in den Gefilden der sozialdemokratischen Presselandschaft zu etablieren. In den kurzen Jahren der Zusammenarbeit lieferte Luxemburg 43 Leitartikel, Aufsätze und Rezensionen und war so, weil die längeren Texte immer über mehrere Ausgaben verteilt wurden, beginnend mit dem 2. Juli 1898 in nicht weniger als 91 Ausgaben der *Leipziger Volkszeitung* vertreten.[405] Leider setzte bei Schoenlank bald ein körperlicher und geistiger Verfall ein, der im Mai 1900 zu einem ziemlich plötzlichen Ende der Zusammenarbeit führte. Im Jahr darauf verstarb er.

Rosa Luxemburg ließ es sich angelegen sein, ihrem Leo ausführlich über das Interesse von Bruhns und Schoenlank an ihrer Person zu berichten. Sie schickte ihm sogar deren Briefe zur Lektüre, doch er sandte sie ungelesen wieder zurück, mit der nicht unbedingt glaubwürdigen Begründung, sie seien zu lang, um sie zu lesen. Rosa wusste genau, wie eifersüchtig Leo war. So hatte er Angst, sie würde mit einem Offizier durchbrennen, weshalb sie bei der Zimmersuche solche Nachbarschaft mied »wie die Pest«, was sich in Berlin als schwieriges Unterfangen erwies.[406] Wir dürfen vermuten, dass die lustvolle Ausführlichkeit ihrer Berichte auch darin ihren Grund hatte, dass sie ihn daran erinnern wollte, dass sie eine begehrenswerte Frau war und dass sie ihn schmerzlich vermisste. Doch in dieser Hinsicht war Jogiches bemerkenswert hartleibig. Statt ernsthaft seine Übersiedlung nach Berlin in Angriff zu nehmen, versuchte er weiterhin, aus der Ferne Luxemburgs Tun und Lassen zu kontrollieren. Ihre Emanzipationsversuche kommentierte er stets skeptisch, oftmals rundheraus ablehnend. Von der Wahlkampfreise nach Oberschlesien hatte er ihr, wie von fast allem, abgeraten, und auch die Idee, über die Wahlen einen Bericht für die *LVZ* zu schreiben, fand nicht seine Zustimmung. Das focht sie indes nicht an. Sie wies seine Einwände zurück und war nun eher noch mehr von der Richtigkeit der Idee überzeugt: »[ich] werde ihn schreiben und Dir die Zunge herausstrecken.« Auch als Jogiches die Auffassung vertrat, sie solle sich ohne sein Beisein keine Jacke kaufen, widersprach sie entschieden: »Wenn meine Selbstständigkeit dazu reichen soll, dass ich mich auf eigene Faust in der politischen Arena bewege, so muss sie auch dazu reichen, mir eine Jacke selbst zu kaufen.«[407]

Das Kontrollbedürfnis ihres Geliebten enervierte sie zeitweise erheblich. Immerhin verdanken wir ihm eine genaue Beschreibung von Luxemburgs Tageslauf:

> Dziudzia will wissen, wie ich den Tag verbringe, also gut. Morgens vor 8 werde ich wach, hopse ins Vorzimmer, schnappe Zeitungen und Briefe, dann schwupp unter das Federbett und lese die wichtigsten Sachen. Dann reibe ich mich kalt ab (regelmäßig, jeden Tag), dann kleide ich mich an, trinke auf dem Balkon ein Glas heiße Milch mit Butterbrot [...]. Dann ziehe ich mich ordentlich an und gehe für eine Stunde in den Tiergarten spazieren (regelmäßig, jeden Tag, bei jedem Wetter). Dann gehe ich wieder nach Hause, ziehe mich um und schreibe meine Notizen für Parvus oder Briefe. Mittag esse ich um 12:30 zu Hause für 60 Pf. in meinem Zimmer, das Mittagessen ist ausgezeichnet und äußerst gesund. Nach dem Mittagessen schwupp auf das Kanapee, schlafen! Gegen 3 stehe ich auf, trinke Tee und setze mich, um die Notizen oder Briefe zu schreiben [...] oder ich lese Bücher. [...] Um 5 oder 6 trinke ich Kakao, arbeite weiter, oder häufiger noch gehe ich dann zur Post, um Briefe und Notizen aufzugeben (diese Tätigkeit liebe ich ungeheuer). Um 8 esse ich Abendbrot: (erschrick nicht) drei weiche Eier, Brot mit Butter, mit Käse oder Schinken und noch ein Glas heiße Milch. Dann setze ich mich an den Bernstein (Oh! ...) Gegen 10 trinke ich noch ein Glas Milch (einen Liter täglich). Ich arbeite abends sehr gern. [...] Gegen 12:00 ziehe ich den Wecker auf, singe etwas vor mich hin, dann bereite ich die Schüssel mit dem Wasser für die morgendliche Abreibung vor, kleide mich aus und schwupp unters Federbett. Ist Dziodzio zufrieden?[408]

Dziodzio war selten zufrieden, aber gegen diesen penibel protokollierten Tageslauf konnte er kaum Einwände erheben. Die Gerechtigkeit gebietet es hinzuzufügen, dass in der Gegenrichtung bisweilen ähnliche Fürsorglichkeit waltete. Seine Rosa erinnerte ihn immer wieder daran, dass er sich um seine Dissertation kümmern und auch andere Obliegenheiten nicht vernachlässigen sollte, wie wichtig es war, dass er regelmäßig seinen Kakao trank, und dass die Bedeutsamkeit täglicher Spaziergänge keinesfalls zu unterschätzen war.

In jener Zeit wurde auch die Zusammenarbeit mit dem im Brief erwähnten Alexander Parvus wieder enger. Parvus war nach seiner Übersiedelung nach Deutschland zunächst in Berlin tätig gewesen. Im März 1896 hatte er als Nachfolger von Georg Gradnauer die Leitung der *Sächsischen Arbeiter-Zeitung* (*SAZ*) übernommen und auch Julian Marchlewski in die Redaktion aufgenommen. Die alten Verbindungen taten ihre Wirkung, und für Rosa Luxemburg, die damals noch in Zürich lebte, wurde die *SAZ* zu ihrer ersten wichtigen Publikationsplattform. Zwischen Oktober

Rosa Luxemburg (vorne links) auf dem Kongress der Sozialistischen Internationale in Paris, 1900

1896 und März 1899 lieferte sie insgesamt 38 Beiträge, die in 28 verschiedenen Ausgaben der Zeitung erschienen.[409] Als Luxemburg dann nach Berlin übersiedelte, wollte Parvus sie, kaum dass sie angekommen war, dazu überreden, nach Dresden zu kommen, aber es stellten sich die bekannten pekuniären Probleme in den Weg: »[...] am Montag fährt der billige Zug zu ihm für 7 M, aber ich weiß nicht, ob mein Geld reichen wird, denn hier habe ich für zehn Tage Unterkunft zu bezahlen und der neuen Frau im Voraus für vier Tage bis zum Ersten und vom Ersten für einen Monat (33 M), und jeden Tag beläuft sich das Mittagessen auf 50 Pf, da bleibt mir sehr wenig im Beutel.«[410] Doch diesen äußerlichen Hindernissen zum Trotz entwickelte sich eine rege Zusammenarbeit.

Im September 1898 dagegen tat sich ein anderes Problem auf. Parvus, den die preußische Polizei zwei Jahre zuvor schon gezwungen hatte, Berlin zu verlassen, wurde nun auch aus Sachsen ausgewiesen, und Marchlewski traf das gleiche Schicksal. Spätestens am 25. September mussten die beiden Dresden verlassen haben. Sie reisten daraufhin durch die Lande, bekamen aber an verschiedenen anderen Orten keine Aufenthaltsbewilligung und ließen sich schlussendlich in München nieder. Gleichzeitig waren sie bereit, weiter für die *SAZ* zu arbeiten, allerdings nur unter einer Bedingung. Rosa Luxemburg hatte deshalb, als die Ausweisung noch nicht exekutiert war, ein Telegramm aus Dresden erhalten: »Höchst wichtig, sofort kommen.« Sie tat, wie ihr geheißen, und schon auf dem Bahnhof eröffnete ihr Marchlewski, dass sie die Leitung der Redaktion übernehmen müsse.[411] Luxemburg versprach, es sich zu überlegen, und reiste weiter nach Leipzig, wo sie dringend die Redaktion der *LVZ* aufsuchen musste, denn sie hatte einen Artikel eingereicht und versehentlich ein Manuskriptblatt nicht mitgeschickt, das sie nun aus Berlin persönlich nach Leipzig brachte. Schoenlank riet ihr sehr zu, die Redaktion der *SAZ* zu übernehmen, wozu sie ohnehin neigte, und schon sehr bald war sie entschlossen, das Angebot anzunehmen. Die Reaktion von Jogiches war nicht überraschend. Er telegrafierte »Rundweg ablehnen«.[412] Das Telegramm traf erst ein, als Luxemburg ihre Entscheidung schon getroffen hatte, hätte aber wohl ohnehin nichts geändert. Sie war frohen Mutes, denn Parvus und Marchlewski würden weiterhin einen erheblichen Teil der Zeitung bestreiten, sie selbst würde sich nur um die ersten beiden Seiten kümmern. Außerdem sollten ihr viele tüchtige Mitstreiter zur Verfügung stehen, die bisher nicht bereit gewesen waren, für die *SAZ* zu schreiben, »für mich werden sie alle schreiben, ich nehme sie gleich an die Kandare«.[413] Sie war sich, wie so oft, ihrer Sache sehr sicher und davon überzeugt, dass es ihr gelingen werde, das »verwahrloste Blatt«[414] zu verbessern, unterschätzte aber die Schwierigkeit der Situation. Parvus hatte ihr ein »schlimmes Erbe«[415] hinterlassen. Die Redaktion, die neben Parvus und Marchlewski noch drei weitere Redakteure[416] umfasste, war tief zerstritten.

Revisionismusstreit, SPD-Parteitag 1898

Parvus hatte es nicht vermocht, sich durchzusetzen, und so schrieb jeder, was er wollte. Luxemburg wollte dagegen eine Zeitung aus einem Guss. Sie griff in die einzelnen Ressorts ein und schuf auch eine neue Rubrik, die »Wirtschaftliche und sozialpolitische Rundschau«, die sie selbst – unter dem schönen Pseudonym »ego« – bestritt. Ein solch entschlossenes Regiment waren die Redakteure nicht gewohnt. Außerdem war die Bereitschaft der durchweg männlichen Redakteure, sich etwas von einer Frau sagen zu lassen, die noch dazu jünger war als sie selbst, damals noch wesentlich geringer ausgeprägt, als es heute der Fall wäre. Es kam zum Aufstand gegen die neue leitende Redakteurin. Am 31. Oktober, als sie gerade mal einen guten Monat im Amt war, schrieb sie an August Bebel: »Meine Kollegen einer- und Gradnauer andererseits drängen zu einem Konflikt, in dem ich mich sehr leicht gezwungen sehen kann, die Redaktion niederzulegen.«[417] Bebel hatte zu Beginn mit ihrem Engagement positive Erwartungen verbunden: »Rosa […] ist ein sehr gescheites Frauenzimmer u. wird ihren Mann stellen.«[418] Doch nun geriet sie gleich von zwei Seiten unter Feuer. Da war auf der einen Seite die chaotisch agierende Redaktion, auf der anderen Seite Georg Gradnauer. Er war vor Parvus Chefredakteur der *SAZ* gewesen und arbeitete jetzt für den *Vorwärts* in Berlin. Außerdem war er seit den Wahlen im Juni 1898 Reichstagsabgeordneter, weil er einen der drei Dresdner Wahlkreise gewonnen hatte, die allesamt an die SPD gefallen waren. Gradnauer war, ähnlich wie Kurt Eisner, Neukantianer und Revisionist. Er gehörte einem Lager innerhalb der SPD an, dessen Positionen denen des linken Flügels, den Luxemburg repräsentierte, genau entgegengesetzt waren. Entsprechend waren auch ihrer beider Einschätzungen des Stuttgarter Parteitags, über den später noch zu sprechen sein wird, sehr unterschiedlich. Während Luxemburg in der *SAZ* ihre »Nachbetrachtungen« veröffentlichte,[419] diskutierte Gradnauer im *Vorwärts* die Fragen der politischen Taktik in der Auseinandersetzung mit seinen innerparteilichen Gegnern Zetkin, Mehring und Bebel. Zugleich warf er dem Vorstand vor, den Streit auf dem Parteitag verschuldet zu haben.[420]

Luxemburg, die sich sicher nicht zu Unrecht als inzwischen prominente Vertreterin des linken Flügels ebenfalls angegriffen fühlte, antwortete ihm in der *SAZ* und druckte, als er darauf erwiderte, dort auch seine Entgegnung ab. Als Gradnauer dann auf einen weiteren Artikel von Luxemburg erneut antworten wollte, lehnte sie den Abdruck dieser zweiten Entgegnung ab.[421] Der *Vorwärts* brachte den Text umso lieber und nahm gerne die Gelegenheit wahr, der aufstrebenden sächsischen Provinzzeitung unter die Nase zu reiben, dass es ihr doch schlecht anstehe, einerseits in politischen Diskussionen für Meinungsfreiheit einzutreten und andererseits den örtlichen Reichstagsabgeordneten nicht zu Wort kommen zu lassen und ihm so den Zugang zu seinen Wählern zu verwehren.[422] Gradnauer wandte sich an die örtliche Pressekommission[423] der Partei, die Luxemburg mit Bebels ausdrücklicher Billigung der Kuratel der Redaktion unterstellte. Daraufhin legte sie, wie angekündigt, am 2. November 1898 mit sofortiger Wirkung ihr Amt nieder.[424] Sie war, wie sie Bebel erläuterte, durchaus zur Weiterarbeit bereit, aber nur, wenn man ihr die entsprechenden Handlungsvollmachten einräumte. Andernfalls musste sie befürchten, nicht einmal mehr ihre eigenen Artikel in der Zeitung unterzubringen.[425] Dazu war die Kommission nicht bereit, auch wenn mehrere der siebzehn Mitglieder es gerne gesehen hätten, wenn sie ihre Arbeit fortgesetzt hätte. Luxemburgs Nachfolger in der Redaktion wurde Georg Ledebour, der, von der liberalen Deutschen Fortschrittspartei kommend, sich erst 1891 der SPD angeschlossen hatte, dort aber bald zu den prominenten Vertretern des linken Flügels zählte. Als Schoenlank hörte, dass Luxemburg aus der Redaktion der *SAZ* ausgeschieden war, bot er ihr, wie schon im September, eine Stelle bei der *LVZ* an. Mit einem Grundgehalt von 250 Mark monatlich bei einer Arbeitszeit von nur vier Stunden am Tag wäre das sehr attraktiv gewesen, aber sie lehnte erneut ab, vermutlich, um den eifersüchtigen Jogiches nicht zu sehr zu erzürnen.[426]

Als im September das Telegramm eintraf, Rosa Luxemburg solle sofort nach Dresden kommen, stand etwas ganz anderes als die Rettung der *Sächsischen Arbeiter-Zeitung* im Mittelpunkt ihrer Aufmerksamkeit. Seit einiger Zeit schon arbeitete sie an einer Generalabrechnung mit Eduard Bernstein. Der prominente Sozialdemokrat lebte noch immer in London, weil der gegen ihn bestehende Haftbefehl auch nach dem Ende des Sozialistengesetzes nicht aufgehoben worden war. (Das geschah erst 1901.) Trotzdem war er an vorderster Front in der Debatte engagiert, wie die wieder legalisierte und bei Wahlkämpfen recht erfolgreiche SPD ihre politische Arbeit weiterentwickeln konnte, welches ihre langfristigen Ziele sein sollten. 1897 war in der *Neuen Zeit* eine Serie von Artikeln Bernsteins unter dem Titel »Probleme des Sozialismus« erschienen.[427] Dies war der Ausgangspunkt zu einer weit ausgreifenden Auseinandersetzung, dem Revisionismusstreit, der die Partei jahrelang in Atem halten sollte. Luxemburg hatte ihre ganze Kraft darauf konzentriert, eine ausführliche Antwort auf Bernstein zu konzipieren, und die ersten Texte im August an Jogiches geschickt, der sie ausführlich kommentierte. Mitte September hatte sie dann in einem wahren Arbeitsrausch innerhalb von zwei Tagen 107 Seiten niedergeschrieben, die eine Serie von fünf Artikeln ergaben. Sie sollten nicht in der *Neuen Zeit* erscheinen, sondern in der *Leipziger Volkszeitung*, die als Tageszeitung die Texte viel schneller, d.h. noch vor dem am 3. Oktober beginnenden Parteitag, publizieren konnte. Der erste Artikel, »Die Bernsteinsche Methode«, erschien in der *LVZ* am 21. September. Es war jener

Text, dessentwegen Luxemburg nach Leipzig fahren musste, weil sie im Eifer beim Absenden des Manuskripts ein Blatt auf ihrem Schreibtisch liegen gelassen hatte, das sie Bruno Schoenlank nun persönlich überbrachte.

Die Artikelserie, später unter dem Titel »Sozialreform oder Revolution« auch separat veröffentlicht, war ihre erste große programmatische Arbeit, seit sie die politische Arena in Deutschland betreten hatte. Sie sollte Rosa Luxemburg berühmt machen. Schoenlank hielt sie für ein »Meisterstück der Dialektik«,[428] und die *LVZ* wurde fast über Nacht zu der sozialdemokratischen Zeitung, die in der europäischen Arbeiterbewegung das höchste Ansehen genoss.[429] Luxemburg, die bisher vor allem als unerschrockene Wahlkämpferin von sich reden gemacht hatte, signalisierte gleich mit ihrer ersten größeren theoretischen Arbeit deutlich, dass sie keineswegs gewillt war, die zunehmend Platz greifende Dichotomie zwischen revolutionärer Theorie und reformistischer Praxis hinzunehmen: »Für die Sozialdemokratie besteht zwischen der Sozialreform und der sozialen Revolution ein unzertrennlicher Zusammenhang, indem ihr der Kampf um die Sozialreform das Mittel, die soziale Umwälzung aber der Zweck ist.«[430] Selbst wenn infolge der sozialen Entwicklung die SPD eines Tages die Mehrheit der Reichstagsabgeordneten stellen sollte, wovon sie selbst nach ihrem großen Wahlsieg 1912 noch weit entfernt war, so würde das doch am Klassencharakter des Staates nichts ändern. Die Folge wäre nicht die »stufenweise Sozialisierung der Gesellschaft«. Vielmehr wären die der Form nach demokratischen Einrichtungen, wie z. B. das Parlament, ihrem Gehalt nach »Werkzeuge der herrschenden Klasseninteressen«. Die Demokratie »erscheint nicht als ein unmittelbar sozialistisches Element, das die kapitalistische Gesellschaft allmählich durchtränkt, wie Bernstein annimmt, sondern umgekehrt als ein spezifisch kapitalistisches Mittel, die kapitalistischen Gegensätze zur Reife und zur Ausbildung zu bringen.«[431] Deshalb war die Revolution ungeachtet aller denkbaren sozialen Fortschritte unausweichlich.

Luxemburgs Darstellung der »Bernsteinschen Methode« erinnert an die später von Karl Popper propagierte Strategie des »piecemeal social engineering«, einer Reformpolitik der kleinen Schritte, die disruptiven

Veränderungen sozialer Systeme vorzuziehen sei. Popper sah in Revolutionen den Versuch, sozialen Utopien zum Durchbruch zu verhelfen. Derartige umwälzende Veränderungen des Sozialgefüges konnten aber nur gegen den Widerstand erheblicher Teile der Bevölkerung durchgesetzt werden. Angesichts der Notwendigkeit, jede politische Zielsetzung der fortwährenden Überprüfung zu unterziehen, war das mit revolutionären Umwälzungen verbundene menschliche Leid nach der Überzeugung des kritischen Rationalisten Popper aber nicht zu rechtfertigen. Aus seiner Sicht war es besser, von der revolutionären Idee Abschied zu nehmen, als Menschen für ihre Verwirklichung sterben zu lassen. Diesem humanistischen Argument könnte man entgegenhalten, dass der Ausbruch einer Revolution nicht das Ergebnis eines voluntaristischen Aktes ist. Karl Marx formuliert es so: »Es genügt nicht, dass der Gedanke zur Verwirklichung drängt, die Wirklichkeit muss sich selbst zum Gedanken drängen.«[432] Hieran knüpft wohl auch das viel zitierte Diktum des parteiamtlichen Marxexegeten Kautsky an, die SPD sei eine revolutionäre, aber keine Revolutionen machende Partei, das allzu oft als Argument für passives Abwarten ge- und missbraucht worden ist. Wenn der Ausbruch einer Revolution nicht das Ergebnis eines voluntaristischen Aktes ist, heißt das aber auch, dass sie in dem Moment, in dem die Wirklichkeit zum Gedanken drängt, nicht aufzuhalten ist. Und dieser Moment der Revolution musste das letzte Ziel allen politischen Handelns sein; davon war Rosa Luxemburg zutiefst überzeugt. Sie war umso mehr davon überzeugt, als sie sicher war, dass dieser Moment eher früher als später kommen würde.

»Sozialreform oder Revolution« ist der erste Text, in dem Luxemburg ihre Revolutionstheorie entwickelt hat. Ausgangspunkt ist eine Kapitalismusanalyse, die Otto Kallscheuer als »methodisch radikalisierte Version einer Zusammenbruchstheorie« charakterisiert hat.[433] Die Grundlagen für diese Theorie benannte Luxemburg zu Beginn ihrer Schrift:

> Die wissenschaftliche Begründung des Sozialismus stützt sich nämlich bekanntermaßen auf drei Ergebnisse der kapitalistischen Entwicklung: vor allem auf die wachsende Anarchie der kapitalistischen Wirtschaft,

> die ihren Untergang zu unvermeidlichem Ergebnis, zweitens auf die fortschreitende Vergesellschaftung des Produktionsprozesses, die die positiven Ansätze der künftigen sozialen Ordnung schafft, und drittens auf die wachsende Macht und Klassenerkenntnis des Proletariats, das den aktiven Faktor der bevorstehenden Umwälzung bildet.[434]

Der »wissenschaftliche Sozialismus« war ein zentraler Begriff im Konstitutionsprozess der europäischen Arbeiterbewegung, während der heute allgemein gebräuchliche Begriff »Marxismus« zunächst eine pejorative Begriffsprägung war, die vor allem von den Anarchisten, Marx' Widersachern in der IAA, gebraucht wurde. Friedrich Engels, der drei Jahre zuvor schon Grundlegendes dazu vorgelegt hatte,[435] sprach 1883 in seiner Grabrede für Karl Marx davon, dass Charles Darwin das Gesetz der Entwicklung der organischen Natur entdeckt habe, Marx aber der Entdecker der Entwicklungsgesetze der menschlichen Geschichte sei.[436] Marx und Engels traten mit dem Anspruch auf, mit ihrer materialistischen Geschichtsauffassung den Sozialismus zur Wissenschaft erhoben zu haben, und setzten sich so vom Idealismus der Frühsozialisten ab. Der historische Materialismus und die Kritik der politischen Ökonomie fanden rasch Eingang in die Welt der akademischen Wissenschaft. Die Entstehung der Soziologie als eigenständige Disziplin im späten 19. Jahrhundert ist in diesem Kontext zu sehen, und Marx' Schrift *Zur Kritik der politischen Ökonomie* löste unter den Nationalökonomen lebhafte Debatten aus.[437] Diese akademischen Gefilde waren der promovierten Ökonomin Rosa Luxemburg alles andere als fremd.

Sie kam, anders als ihr Widersacher Bernstein, aus der Universität in die politische Arena. Sie wollte in der Partei Karriere machen, aber zugleich keine Kompromisse zugunsten der politischen Praxis eingehen. Die Vorstellung, dass diese Praxis sich ohne die lebendige Rückbindung an ihre theoretischen Grundlagen vollziehen könnte, war für Luxemburg – in den Worten von Peter Nettl – »schlimmste Ketzerei«[438]. Dabei war es nicht schwer, als den schlimmsten Ketzer Eduard Bernstein zu identifizieren. Sein berühmtestes Zitat lautete: »Ich gestehe es offen, ich habe für das, was man gemeinhin unter ›Endziel des Sozialismus‹ versteht, außerordentlich wenig Sinn und Interesse. Dieses Ziel, was immer es sei, ist mir gar nichts, die Bewegung alles.«[439] Zu dieser Auffassung und explizit auch zu diesem Zitat bekannte Bernstein sich im weiteren Verlauf der Debatte ausdrücklich.[440] Der Revisionismusstreit, der in gewisser Weise in der Zweiteilung des Erfurter Programms schon angelegt war, begleitete die Sozialdemokratie in den ganzen folgenden Jahren. Er verstummte im Grunde erst 1914, als der Krieg kaum noch Raum für Programmdebatten ließ und außerdem die Auseinandersetzungen zwischen Anhängern und Gegnern der Burgfriedenspolitik ganz neue Frontlinien schufen.

Rosa Luxemburg war nicht die Erste, die sich mit Bernstein auseinandersetzte. Alexander Parvus, ihr engster Kampfgefährte in jenen Tagen,[441] hatte schon zuvor in der *SAZ* publizistische Attacken gegen ihn geritten, die vom heißblütigen Temperament des Berufsrevolutionärs geprägt waren. Er machte sich weniger Gedanken über historische Gesetzmäßigkeiten, sondern sah im Marxismus und seiner Programmatik vor allem ein Instrument der Mobilisierung der revolutionären Massen. Karl Kautsky war von seinem Temperament her der genau entgegengesetzte Typ. Er zögerte lange, sich auf eine öffentliche Polemik mit seinem alten Freund Bernstein einzulassen. Aber nach dem Tod von Marx und Engels war es seine Aufgabe, darüber zu wachen, dass die marxistische Theorie nicht angetastet wurde, sodass er auf die Dauer nicht umhinkonnte, Stellung zu beziehen. Das geschah indes erst nach dem Stuttgarter Parteitag, wodurch er sich, insbesondere vonseiten Liebknechts und Bebels, den Vorwurf einhandelte, erst durch sein langes Zögern habe der Streit so große Dimensionen angenommen. Luxemburg schuf durch ihr Auftreten eine Verbindung zwischen Parvus und Kautsky, »denn nur ihre Ideen schlugen eine Brücke zwischen Parvus' revolutionärem Kampfgeist und Kautskys Festhalten an der marxistischen Theorie«.[442] Rosa Luxemburg war der eher seltene Fall eines Menschen, der sowohl als Theoretiker wie auch als Politiker den unbedingten Ehrgeiz hatte, das für richtig Erkannte kompromisslos durchzusetzen. Eine Rolle wie die von Kautsky, der als »Philosoph und Politiker« galt und der zwar der maßgebliche Theoretiker war,

Links der Bruder Maksymilian Luxenburg mit seiner Frau Stepania Augusta und der Tochter Halina Stefania, rechts der Bruder Józef Luxenburg und seine Frau, über Rosa Luxemburg deren Tochter Romana Rosalia. Die Porträts auf dem Tisch zeigen die verstorbenen Eltern, Berlin 1902

aber weder in der Partei noch in der Politik irgendein Amt innehatte, wäre ihr völlig fremd gewesen. Wäre sie ein Mann gewesen, hätte Luxemburg mit Sicherheit versucht, auch in der SPD in den Parteivorstand gewählt zu werden. In der SDKPiL und im ISB hatte sie vergleichbare Positionen. Und sie hätte sich, vermutlich mit Erfolg, auch um ein Reichstagsmandat bemüht.

Luxemburg wollte die unmittelbare Verbindung von Theorie und Praxis nicht preisgeben. Eine solche Haltung taugt für revolutionäre Bewegungen, in etablierten politischen Parteien stößt sie auf Schwierigkeiten. Auch Parteien haben Grundsatzprogramme, aber die Politiker wissen um deren begrenzte Bedeutung im politischen Alltag. Victor Adler z. B. schrieb in einem privaten Brief an Karl Kautsky, auch er habe »etwas von der banausischen Geringschätzung der Theorie« in sich, Parvus und Luxemburg, die er ohnehin nicht mochte, warf er »abgeschmackte Pfaffereien« vor.[443] Adler war als Führer der österreichischen Sozialdemokraten sehr geschickt darin, den radikalen und den pragmatischen Flügel der

Partei durch Kompromisse, in denen sich beide Seiten wiederfinden konnten, zusammenzuhalten. Auch im Krieg kam es, trotz Auseinandersetzungen über die Burgfriedenspolitik, nicht wie in Deutschland zu einer Spaltung der Partei. In Deutschland dagegen waren die Gräben, die sich im Revisionismusstreit auftaten, tief, und sie wurden desto tiefer, je länger debattiert wurde. Dass in der SPD jahrelang so erbittert gestritten wurde, hing sicherlich auch damit zusammen, dass die Partei, weil sie von der Teilhabe an der Macht ausgeschlossen war, viel Zeit hatte, sich mit sich selbst und ihrer Programmatik zu beschäftigen. Rosa Luxemburg errang bei diesen Auseinandersetzungen große Siege auf dem Feld der Rhetorik. Die Resolutionen gegen den Revisionismus erreichten auf den Parteitagen riesige Mehrheiten, aber an der politischen Praxis der deutschen Sozialdemokratie änderte sich dadurch nur wenig. Luxemburg ist ein gutes Beispiel dafür, dass eine aus theoretischem Wissen erwachsende Autorität nicht dasselbe ist wie politische Macht.

Am Montag, den 3. Oktober 1898, begann der jährliche Parteitag der SPD in Stuttgart. Rosa Luxemburg reiste in Begleitung von Leo Jogiches an, der für einige Wochen nach Deutschland gekommen war, nachdem seine Geliebte der Idee eines gemeinsamen Sommerurlaubs in der Schweiz eine Absage erteilt hatte. Der Parteitag fiel in ihre kurze Zeit als *SAZ*-Redakteurin. Deswegen war im Protokoll als ihr Wohnort nicht Berlin, sondern Dresden angegeben. Ein Mandat hatte sie von dem oberschlesischen Wahlkreis Neustadt und Beuthen-Tarnowitz erhalten. Luxemburg war in Stuttgart eine »ebenso bewunderte wie kritisch beäugte Ausnahmeerscheinung«.[444] Unter den 252 Delegierten gab es nur sechs Frauen, und auch die Zahl der Akademiker betrug sechs, wobei sie die einzige Delegierte war, die beiden Minoritäten angehörte.[445] Hinzu kam, dass sie sich der Partei überhaupt erst wenige Monate zuvor angeschlossen und eine bereits deutlich herausgehobene Position erreicht hatte, was in der SPD durchaus ungewöhnlich war, einer Partei, in der bis heute die Ochsentour ein üblicher Karriereweg ist. Und schließlich, auch das sollte man in seiner Wirkung nicht unterschätzen, war der Rednerin bei aller rhetorischen Begabung schon noch anzuhören, dass Deutsch nicht ihre Muttersprache war.

Gleich am ersten Verhandlungstag hielt Rosa Luxemburg ihre Jungfernrede. Kurz vor ihr sprach der den Revisionisten nahestehende Reichstagsabgeordnete Wolfgang Heine. Das mag dazu beigetragen haben, dass sie gleich im ersten Satz auf den aktuellen Streit zu sprechen kam: »Die Reden von Heine und Anderen haben bewiesen, dass sich in unserer Partei ein äußerst wichtiger Punkt verdunkelt hat, nämlich das Verständnis von der Beziehung zwischen dem Endziel und dem alltäglichen Kampfe.«[446] Sie betonte, die Frage nach dem Endziel sei keine »Doktorfrage«, vielmehr gebe es für eine revolutionäre, proletarische Partei keine praktischere Frage. Die Sozialreform habe durchaus nichts mit dem Sozialismus zu tun und werde von bürgerlichen Kräften wie den Kathedersozialisten oder dem Nationalsozialen Verein sogar zur Verhinderung des Sozialismus propagiert. Auch die Demokratisierung sei »etwas spezifisch Bürgerliches«[447]. Nur das Endziel mache den Kampf der Partei zu einem sozialistischen Kampf, zum Klassenkampf. Der Vorstellung, die kapitalistische Gesellschaft sei reformierbar, erteilte sie eine ausdrückliche Absage, denn diese verwickle »sich in unlösbare Widersprüche [...], die im Schlussresultat eine Explosion notwendig machen, einen Zusammenbruch, bei dem wir den Syndikus spielen werden, der die verkrachte Gesellschaft liquidieren wird«.[448] Namentlich griff sie Wolfgang Heine, den Neukantianer Konrad Schmidt, der Mitarbeiter des *Vorwärts* war, und Eduard Bernstein an.

Da Luxemburg gegen Ende des ersten Verhandlungstages gesprochen hatte, kam es erst am Tag darauf zu einer substanziellen Erwiderung. Vorgetragen wurde sie von Georg von Vollmar. Sein voller Name war Georg Carl Joseph Heinrich Edler und Ritter von Vollmar auf Veltheim. Er stammte aus einer oberbayerischen altadligen Beamtenfamilie und hatte zunächst eine militärische Laufbahn eingeschlagen. Als strenger Katholik trat er für einige Zeit in die Fremdenlegion des Kirchenstaates ein. Aus dem deutsch-französischen Krieg kehrte er als Invalide zurück und wurde aus dem bayerischen Staatsdienst entlassen. Danach lebte er mit seiner Frau, einer schwedischen Großindustriellen, in einer luxuriösen Villa an den Ufern des oberbayerischen Walchensees. Obwohl dies gewiss nicht der typische Lebenslauf eines Sozialisten war, schloss er sich 1875 der Sozialdemokratie an, wo er zunächst sogar auf dem revolutionär gestimmten linken Flügel wirkte, wurde 1881 erstmals in den Deutschen Reichstag gewählt und war maßgeblich am Aufbau der bayerischen SPD beteiligt. Vollmar genoss als »königlich-bayerischer Sozialdemokrat« hohes Ansehen in seiner Partei, auch wenn er schon bald gemäßigten Positionen zuneigte. Er zählte zu den Reformisten in der SPD, die sich von den Revisionisten dadurch unterschieden, dass sie sich ganz auf die praktische Politik konzentrierten und wenig Interesse an Theoriedebatten an den Tag legten. Ihre Theoriedistanz war kein Ausdruck von mangelndem Engagement, vielmehr sahen sie die von Bernstein forcierte Programmdiskussion nicht als förderlich für die Partei an. Die dritte Strömung auf dem rechten Flügel der Partei, der zweiten eng verwandt, bildeten die Praktizisten, denen es vor allem darum ging, Streitigkeiten zu vermeiden, um die Einheit der Partei nicht zu gefährden. Prominente Praktizisten waren der Parteisekretär Ignaz Auer, der wie Vollmar aus Bayern stammte, und Helmut Molkenbuhr.[449] In diesem Zusammenhang ist auch Ludwig Frank zu nennen, stellvertretender Fraktionsvorsitzender im badischen Landtag, der mit seinen Parteifreunden dem von der SPD mit Freisinn und Nationalliberalen gemeinsam erarbeiteten Etat unverdrossen zustimmte, auch wenn das gegen die auf den Parteitagen immer wieder bestätigte Linie verstieß.

Vollmar erklärte zunächst, dass er eigentlich gar keine Lust habe, sich mit der ewig gleichen Leier vom Untergang der Partei auseinanderzusetzen, ließ es sich dann aber doch angelegen sein, Luxemburg nach allen Regeln der Kunst abzuwatschen. Er begann mit der Feststellung, dass es Leute gebe, »die mehr zum Dogmatiker und Doktrinär, zum Sekten- und Mahdistentum veranlagt sind als zum Politiker, der es mit dem lebendigen Leben zu tun hat und dem eine Handvoll praktischer Emanzipationsarbeit stets ein ganzes Schock Theoreme überwiegen muss«.[450] Vollmar polemisierte sodann gegen die Dresdner Richtung und ihre hochmütige und allwissende Art, womit die Redaktion der *Sächsischen Arbeiter-Zeitung* und ihr Umfeld gemeint waren. Erst dann, nach einem langen Anlauf, nannte er erstmals den Namen der Angegriffenen: »Fräulein Luxemburg zeigt sich ausgerüstet mit dem äußeren Rüstzeug des Marxismus und erweckt dadurch den Anschein der Wissenschaftlichkeit.«[451] Diesen Anspruch auf Wissenschaftlichkeit suchte er sodann, ausführlich und unter ausdrücklicher Berufung auf Marx zu widerlegen. Zuletzt betonte er, dass sich Leute wie Heine und Bernstein viel mehr Verdienste um die Partei erworben hätten als Leute, die immerfort alte Klischees als Neuigkeiten präsentieren, und schloss mit den Worten: »Die deutsche Sozialdemokratie ist fertig geworden mit den vielen äußeren Gegnern, sie wird sich auch von der Phrase zu emanzipieren wissen. (Großer Beifall.)«[452] Der Gegensatz zwischen den Kontrahenten hätte größer nicht sein können. Auf der einen Seite der bayerische Landedelmann, eine beeindruckende Erscheinung von gewaltiger Körperfülle, auf der anderen Seite die über zwanzig Jahre jüngere schmächtige Frau aus Russisch-Polen, die sich – als einzige unter den weiblichen Delegierten – als Fräulein titulieren lassen musste. Sie war zwar verheiratet, aber das nur, um die preußische Staatsbürgerschaft zu erlangen. Karriere machen wollte sie nicht als Frau Lübeck, sondern mit ihrem Mädchennamen, unter dem sie auch allgemein bekannt war, und am 4. April 1903 wurde die Scheinehe mit Gustav Lübeck ohnehin geschieden. Auch bei öffentlichen Versammlungen trat sie stets unter ihrem Mädchennamen auf, weswegen sie von der Hamburger Polizei sogar einmal mit einem Strafbefehl belegt, auf ihre Klage hin aber freigesprochen wurde.[453]

Eine kurze Einstimmung auf Vollmars Standpauke hatte am Vorabend schon der Schriftsteller Anton Fendrich gegeben, der aus Offenburg stammte und dem Badischen Landtag angehörte, dessen SPD-Fraktion eine Hochburg der vor allem in Süddeutschland starken sozialdemokratischen Reformströmung war. Fendrich fasste seine Verachtung für die neue Parteigenossin in wenigen Worten zusammen: »Man soll zwar höflich gegen Damen sein, aber Genossin Luxemburg wird auf Höflichkeit in diesen Dingen keinen Wert legen. Ich muss sagen, sie ist gewissermaßen mit der Anmaßung, etwas Neues zu sagen, vor uns hingetreten und hat uns mit Gemeinplätzen gedient (Widerspruch). Was sie vorgetragen hat, das wissen wir längst alle. Halten wir unser Pulver trocken, haben wir das Herz auf dem rechten Fleck und unser Ideal darin, das ist mehr wert als Phrasen. Sie kennen meine Anschauungen und können sich das Übrige ungefähr selber denken. (Heiterkeit.)«[454] Fendrichs kurzer Redebeitrag war in gewisser Weise die Einstimmung auf das, was Luxemburg vom rechten Flügel der Partei immer wieder vorgehalten wurde: Nur Überflüssiges, längst Bekanntes habe sie, die Newcomerin, beizutragen. Besonders scharfe Angriffe kamen aus dem polnischen Lager. So wurde sie z. B. 1900 auf dem Parteitag in Mainz von Georg Haase, der den oberschlesischen Wahlkreis Kattowitz-Zabrze vertrat, mit der Behauptung attackiert, ihre Berühmtheit beruhe lediglich auf ihren »Schimpfartikeln«: »Meine Arbeit bestand nicht darin, Hetzartikel gegen die Partei zu schreiben, ich lehne es ab, eine unwürdige Agitation zu führen. […] Ich versichere Sie, dass die Tätigkeit von Frl. Luxemburg unsere Partei-Entwicklung gehindert hat. Aus Russisch-Polen ist sie ja seit 1888 fort, da schadet sie Niemand mehr. (Heiterkeit).«[455] Józef Biniszkiewicz, der aus dem preußischen Teil Polens stammte und Vorsitzender der PPS in Berlin war, attackierte sie im Jahr darauf in Lübeck noch heftiger: »Auf das Kouplet der Genossin Luxemburg will ich nicht eingehen; ich würde mich selbst beleidigen, wollte ich auf ein solch menschenfresserisches Gerede antworten.«[456] Solcherlei Liebenswürdigkeiten bekam das Fräulein Luxemburg auf den Parteitagen immer wieder zu hören, aber diese wenigen Beispiele sollen hier genügen.

Am zweiten Verhandlungstag des Stuttgarter Parteitags kam sie noch einmal zu Wort und antwortete auf den Angriff von Georg von Vollmar. Dabei nahm sie die Gelegenheit wahr, sich klar zu positionieren:

> Vollmar hat es mir zum bitteren Vorwurf gemacht, dass ich als junger Rekrut in der Bewegung die alten Veteranen belehren will. Das ist nicht der Fall. Es wäre überflüssig, weil ich der festen Überzeugung bin, dass die Veteranen auf demselben Boden stehen wie ich. Es kommt hier überhaupt nicht darauf an, irgendjemand zu belehren, sondern eine bestimmte Taktik zum klaren und unzweideutigen Ausdruck. Dass ich noch meine Epauletten in der deutschen Bewe-

gung erst holen muss, weiß ich; ich will es aber auf dem linken Flügel tun, wo man mit dem Feinde kämpfen, und nicht auf dem rechten, wo man mit dem Feinde kompromisseln will. (Widerspruch)[457]

Damit kein falsches Bild entsteht, soll nicht unerwähnt bleiben, dass es auf dem Parteitag auch Redner gab, die Luxemburg und ihre Position verteidigten: etwa Alexander Parvus oder der Berliner Rechtsanwalt und Schriftsteller Arthur Stadthagen, der wie sie zum linken Parteiflügel gehörte. Noch ein weiterer Berliner Rechtsanwalt meldete sich zu Wort, Karl Liebknecht, mit dem Luxemburg in den letzten Wochen ihres Lebens viel zu tun haben sollte. Er bezeichnete Bernsteins Diktum, dass das Endziel nichts, die Bewegung aber alles sei, als große Torheit, hatte aber auch an seiner Opponentin Kritik zu üben: »Die Genossin Luxemburg hat umgekehrt gesagt: ›Das Endziel ist mir Alles, die Bewegung Nichts‹. Das ist ebenfalls falsch. Wie ist das Endziel ohne Bewegung zu erreichen? Nein: Bewegung und Endziel – Bewegung zum Endziel, das ist die richtige Lösung, und das Endziel ist die Niederwerfung der kapitalistischen Gesellschaft. (Stürmischer Beifall und Händeklatschen.)«[458]

Bernstein, über dessen Artikelserie zu den Problemen des Sozialismus auf dem Parteitag so intensiv diskutiert wurde, war selbst nicht in Stuttgart. Da er in Deutschland noch immer zur Fahndung ausgeschrieben war, blieb er in London und schickte stattdessen eine ausführliche Erklärung, die von August Bebel verlesen wurde, anschließend fügte der Parteivorsitzende nur wenige eigene Bemerkungen hinzu und lehnte es ab, sich auf die Frage der Parteitaktik einzulassen, da der Parteitag sie nicht auf die Tagesordnung gesetzt habe. Es folgte ein längerer Redebeitrag von Karl Kautsky, der indes betonte, er ergreife sehr ungern das Wort, »denn ich muss mich auseinandersetzen mit einem Manne, mit dem ich mich 18 Jahre lang in innigster Kampfgenossenschaft befinde, mit einem Mann, der in der schwersten Zeit der Partei an vorderster Stelle im Kampfe stand, der deswegen im Exile weilt, der nicht die Möglichkeit hat, seinen Standpunkt hier zu vertreten«.[459] Kautsky kam aber nicht umhin zu konstatieren, dass sich tief greifende Differenzen zwischen den Freunden aufgetan hatten. Eduard Bernstein, 1850 in Berlin geboren, war bereits 1872 der SDAP beigetreten und hatte gemeinsam mit Bebel und Liebknecht den Einigungsparteitag mit dem ADAV vorbereitet, hatte sich also schon in ihrer allerersten Zeit Verdienste um die Partei erworben. 1878 musste er Deutschland verlassen und hatte in der Zeit des Sozialistengesetzes für den *Sozialdemokrat* gearbeitet, erst in Zürich, danach in London. Nach der Wiederzulassung der Partei hatte Bernstein mit Kautsky das Erfurter Programm ausgearbeitet. Als Publizist und Editor war er unermüdlich tätig, unter anderem gab er eine dreibändige Ausgabe der Schriften des Gründers des ADAV Ferdinand Lassalle heraus.

In den Londoner Jahren war Bernstein, der ursprünglich ein orthodoxer Marxist gewesen war, durch seine Kontakte mit der Fabian Society vom englischen Utilitarismus beeinflusst worden. Die Fabianer verstanden sich als Sozialisten, plädierten aber für eine nichtmarxistische Wirtschaftslehre und für einen parlamentarisch-evolutionären Weg zur Erreichung ihrer Ziele,[460] ein Ansatz, der dem später von Karl Popper vertretenen nicht unähnlich war. Tatsächlich lehnte Bernstein die marxistische Zusammenbruchstheorie ab, bestritt allerdings in seiner Autobiografie, dass er unter dem Einfluss des Fabianismus zum Revisionisten geworden sei.[461] Bernstein zählte auch zu den Neukantianern innerhalb der SPD,[462] wobei keineswegs alle Neukantianer auch Revisionisten waren.[463] In »Endziel und Bewegung«, dem Schlusskapitel der Schrift, bezog er sich ausdrücklich auf Kant und auf den Neukantianer und Sozialisten Friedrich Albert Lange,[464] der auch in der IAA aktiv gewesen war. Der von dem utopischen Sozialisten Louis Blanc geprägte französische Sozialismus hat Bernstein wohl ebenfalls beeinflusst. Im Übrigen war die Revisionismusdebatte kein isoliertes deutsches Phänomen, auch in anderen europäischen Arbeiterparteien gab es Diskussionen über einen reformistischen Revisionismus, die in Frankreich sogar zur Abspaltung der reformsozialistischen »Parti républicain-socialiste« führten.[465] Einer der Gründer dieser Partei war Alexandre Millerand, der 1899 gegen den Willen seiner Partei in die Regierung des Republikaners Pierre Waldeck-Rousseau eingetreten war und damit eine internationale Debatte ausgelöst hatte. Auch Luxem-

Rosa Luxemburg mit Alexander Parvus (links), 1903

burg hatte Millerand scharf kritisiert[466], der 1904 aus der Sozialistischen Partei ausgeschlossen wurde.

Rosa Luxemburg hätte Leo Jogiches zweifellos ausführlich berichtet, wie sie ihren ersten deutschen Parteitag erlebt hatte. Einen solchen Bericht gibt es nicht, weil er in jener Zeit bei ihr in Deutschland war. Stattdessen veröffentlichte sie »Nachbetrachtungen«[467] in der *SAZ*, die aber natürlich nichts über ihre persönlichen Empfindungen verrieten. Ausgehend von der Feststellung, dass die Frage der Taktik sich als roter Faden durch alle Parteitage der SPD ziehe, stellte sie fest, dass die marxistische Linie nach zwei Seiten hin habe verteidigt werden müssen. In den frühen Jahren sei der Angriff gegen die politische Taktik der SPD von der antiparlamentarischen, zum Anarchismus neigenden äußersten Linken gekommen, später aber von den für opportunistische Neigungen anfälligen Reformern. Der Schnittpunkt beider Tendenzen sei die Rückkehr zur Legalität 1890/91 gewesen. Auf dem Parteitag in Erfurt habe die Partei nach zwei Richtungen kämpfen müssen, einerseits gegen die negative Agitation der Anarchisten, andererseits »bereits gegen die ersten Anzeichen des

Opportunismus in der Person Vollmars«.[468] Ihn namentlich zu nennen konnte sich Luxemburg nicht verkneifen, angesichts dessen, was sie in Stuttgart kurz zuvor hatte erleben müssen. Sieben Jahre nach Erfurt habe es in Stuttgart eine »allgemeine und grundsätzliche Auseinandersetzung mit dem Opportunismus [gegeben], dank der letzten Ausbildung, die er theoretisch bei Bernstein und praktisch bei Heine gefunden hat«.[469] Diese Grundsatzdiskussion habe zu einem eindeutigen Ergebnis geführt: »Die Stimmung des Parteitages war nach der Debatte so erdrückend für die wenigen Vertreter des Opportunismus, dass sie […] zum Schlusse es aufgeben mussten, ihren Standpunkt in der allgemeinen Debatte überhaupt noch zu verteidigen.«[470] August Bebel berichtete Bernstein, dass 99 Prozent der Delegierten seine Auffassung ablehnten.[471]

Das mag überraschen angesichts der deutlichen Kritik, die Luxemburg in Stuttgart entgegengeschlagen war. Doch diese Kritik richtete sich mehr gegen ihre Person und ihr Auftreten als gegen ihren Widerspruch zu Bernsteins revisionistischen Thesen. Das sogenannte marxistische Zentrum, das vor allem von Bebel und Kautsky verkörpert wurde, und der linke Flügel der Partei waren sich einig in ihrer Ablehnung des Revisionismus und wussten dabei die übergroße Mehrheit des Parteitags hinter sich. Aber die bedächtige und abwägende Art, in der Bebel und Kautsky sich vom Revisionismus distanzierten, stieß viel eher auf Zustimmung als die scharfzüngige und unerbittliche Art, in der Luxemburg das tat. Das trug ihr vielleicht Respekt, aber kaum Sympathie ein. Ignaz Auer bezeichnete sie in einem Brief an Eduard Bernstein als »gescheite Giftnudel«,[472] ähnliche Charakterisierungen ließen sich auch von anderen Parteifreunden zitieren. Die Einschätzung, dass die Diskussion zu einem eindeutigen Ergebnis geführt hatte, mag man so stehen lassen. Beendet war sie dadurch aber keineswegs – im Gegenteil. Sie nahm im folgenden Jahr richtig Fahrt auf und kam erst 1903 in Dresden zu einem vorläufigen Abschluss, wobei die Pragmatiker, Praktizisten und Revisionisten zwar auf Parteitagen nur wenige Stimmen für ihre Sicht der Dinge zu mobilisieren vermochten, was sie aber keineswegs daran hinderte, an den übrigen 360 Tagen des Jahres an ihren Positionen festzuhalten und auch so zu handeln.

Rosa Luxemburg fuhr nach dem Parteitag wieder nach Dresden zurück, denn sie war ja im Moment noch Redakteurin der *Sächsischen Arbeiter-Zeitung*, in der auch ihre Nachbetrachtungen erschienen. Mitte November 1898 nahm sie wieder in Berlin Quartier, während Jogiches sich über München auf die Heimreise nach Zürich machte. Die letzten Monate waren sehr ereignisreich gewesen. Luxemburg hatte mehr erreicht, als man das im Vorhinein hätte vermuten dürfen. Aber alles zusammen – das Ankommen in Deutschland, die Wohnungssuche, die Wahlkampfreise, die publizistische Arbeit, der Parteitag und nicht zuletzt auch die nervenaufreibende Fernbeziehung mit Jogiches – hatte sie auch sehr viel Kraft gekostet. Immer wieder war sie erkrankt, hatte sich schwach gefühlt und musste mit depressiven Verstimmungen kämpfen. In ihrem ersten Brief nach seiner Abreise schrieb sie Jogiches, sie fühle sich »ziemlich niedergedrückt«.[473] Zwei Tage später hieß es: »Ich fühle mich elend, weiß selbst nicht warum. Ich habe noch nichts geschrieben, obwohl ich es mir dauernd vornehme.«[474] Den Arzt, der sich schließlich ihrer annahm, fragte sie, ob sie womöglich an Magenkrebs leide, was er entschieden verneinte. Dafür sei sie viel zu jung. Die Diagnose, die er ihr stellte, wies in eine ganz andere Richtung: »Jene Übelkeiten bis zum Erbrechen kommen von nervöser Überanstrengung, und diese periodischen Magenschmerzen können durch Gallensteine hervorgerufen werden, aber auch das ist nur eine Vermutung, für die es keinen Anhalt gibt. Auf jeden Fall werde ich jetzt eine strenge Diät einhalten.«[475] Hinweise auf Gallensteine ergaben sich in der Folge nicht. Tatsächlich war das erste Stichwort des Arztes wohl das richtige. Luxemburg hatte einen »nervösen Magen« (Reizmagen), und das war die Folge des sehr stressbelasteten Lebens, das sie führte, und der enorm hohen Anforderungen, die sie an sich selbst stellte und die den Stress noch steigerten. Immer wieder hatte sie massive Magenprobleme, die sie nicht selten ans Bett fesselten. Wegen häufiger Appetitlosigkeit hatte sie zudem mit Untergewicht zu kämpfen, und sie blieb zeitlebens auf diätetische Kost angewiesen, was in den Zeiten, die sie im Gefängnis verbringen musste, eine besondere Herausforderung darstellte.

Luxemburg hatte am Ende ihres ersten Jahres auch noch mit anderen gesundheitlichen Problemen zu kämpfen. Mit ihren Zürcher Winterschuhen hatte sie sich den einen Fuß aufgerieben und war dazu verurteilt, mit hochgelegtem Bein so lange in der Wohnung zu verharren, bis der Fuß einigermaßen ausgeheilt war.[476] Diese Verurteilung zur Bewegungslosigkeit war ganz gegen ihr Naturell. In einem anderen Brief, in dem sie Jogiches über ihre finanzielle Situation Bericht erstattete, schrieb sie von der »Abzahlung meiner Zähne, die ich endlich abholen muss«,[477] was wohl nur so verstanden werden kann, dass sie in ihrem jugendlichen Alter schon auf Zahnersatz angewiesen war. Und zu den gesundheitlichen Malaisen kam noch die Abwesenheit des Geliebten, die in bestimmten Momenten besonders schmerzlich spürbar war: »Den Silvester werde ich natürlich ebenso einsam wie Du verbringen.«[478] Das Thema Einsamkeit blieb ein stummer Gast in ihren wechselnden möblierten Zimmern, die sie im Lauf der Jahre anmietete. Am 2. Februar 1899 schrieb sie ihrem Leo: »Das wichtigste, was Du mir schreibst, ist, dass Du Ende Februar oder Anfang März nicht hierherkommen kannst. Das kränkt mich ungeheuer und verstimmt mich wieder, denn ich fürchte sehr, dass sich eine Reise von hier nach Zürich oder München sehr schädlich auf meine Arbeit gegen Bernstein auswirken könnte, aber erneut völlig auf die Frühjahrsferien zu verzichten, das wäre doch sicher idiotisch!«[479] Doch auf genau diese Idiotie wäre es beinahe hinausgelaufen. Es dauerte noch anderthalb Jahre, bis Jogiches seine Übersiedlung nach Berlin ernsthaft in Angriff nahm, und Luxemburg reiste zwar nach Zürich, aber erst Ende Juni, was aber nicht nur an der »Arbeit gegen Bernstein« lag, die sie im April zum Abschluss gebracht hatte.

Ein Thema, das in den Briefen immer wiederkehrte, war der Wunsch nach einem »persönlichen Leben« mit ihrem Leo, einem kleinen Freundeskreis, einer Wohnung mit Möbeln und einer Bibliothek, regelmäßiger Arbeit, aber auch einem arbeitsfreien Sommerurlaub, und – das vermisste sie mehr als alles andere – »vielleicht auch noch ein kleines, ganz kleines Bobo? Wird es niemals erlaubt sein?« Sie schilderte Leo einen ihrer Spaziergänge im Tiergarten: »Plötzlich wirbelte irgendein Bobo von drei bis vier Jahren in einem entzückenden Kleidchen, mit reinem blondem Haar vor meine Beine und begann mich anzugaffen. Schlagartig stieß mich etwas geradezu, dieses Bobo zu ergreifen und mit ihm schnell nach Hause zu fliehen und als eigenes zu behalten. Ach Dziodziu, werde ich niemals ein Bobo haben?!«[480] Der Kinderwunsch ergriff immer heftiger von ihr Besitz. Ende 1899 schrieb sie Jogiches, sie trage sich ernsthaft mit dem Gedanken, ein Kind zu adoptieren, und fügte hinzu: »Das Bedürfnis nach einem Kind empfinde ich unausgesetzt, manchmal auf unerträgliche Weise. Du kannst Dir das gewiss gar nicht vorstellen.«[481] Wir dürfen davon ausgehen, dass Jogiches sich das weder vorstellen konnte noch wollte. Sentimentalitäten waren seine Sache nicht.

Die »Arbeit gegen Bernstein« beschäftigte Rosa Luxemburg ziemlich lange und intensiv, denn er verkörperte den zentralen Widerspruch zu ihrer Revolutionstheorie und allem, was daraus abzuleiten war für die politische Arbeit. Im September 1898, kurz vor dem Stuttgarter Parteitag, war ihre erste Artikelserie in der *Leipziger Volkszeitung* erschienen, eine ausführliche Auseinandersetzung mit Bernsteins Buch *Probleme des Sozialismus*. Im April 1899 erschien dann eine zweite Serie von wiederum fünf Artikeln, von der gleich noch zu sprechen sein wird, die sich wiederum mit Bernstein auseinandersetzte. Zuvor allerdings, im Februar 1899, veröffentlichte sie vier Artikel unter der Überschrift »Miliz und Militarismus« in der *LVZ*. In diesen Beiträgen setzte sich Luxemburg mit Max Schippel auseinander, einem revisionistischen Reichstagsabgeordneten, der Redakteur der *Sozialistischen Monatshefte (SMH)* war. Die Zeitschrift war 1897 gegründet worden, sie erschien in Berlin in einem eigenen Verlag und unterstand nicht dem Parteivorstand. Herausgeber war der sozialistische Zionist Joseph Bloch, der diese Funktion bis zum bitteren Ende 1933 ausübte. Die *SMH* waren das wichtigste Sprachrohr des Revisionismus, zu den Mitarbeitern gehörten unter anderem Wolfgang Heine, Eduard David, Albert Südekum, Paul Kampffmeyer und Georg von Vollmar.[482]

Die Auseinandersetzung mit Schippel war von ganz anderer Art als die mit Bernstein. Auslöser war ein Artikel in den *Monatsheften*, in dem er sich mit Friedrich Engels und dessen militärpolitischen Überzeugungen auseinandersetzte.[483] Schippel polemisierte unter Zuhilfenahme einer höchst eigenwilligen Metaphorik gegen die Sozialdemokratie, die aus »sonderbaren Schwärmern« bestehe, die »zahme vegetabilische Breinahrung« für die Zukunft der Menschheit hielten, auch von »milizgläubischen Wasserheiligen und Mehlbappaposteln« war die Rede, und schloss mit einem Zitat aus Richard Wagners Oper *Siegfried*: »Fort mit dem Brei –/Ich brauch ihn nicht!/aus Bappe schmied' ich kein Schwert!«[484] Dieser Artikel wurde als Angriff auf den sozialdemokratischen Antimilitarismus verstanden, da er die Vorzüge eines stehenden Heeres diskutierte und sich dabei auch noch auf Friedrich Engels berief. Da Schippel dem Reichstag angehörte, kam es am 10. Januar 1899 auch in der Fraktion zu einer Debatte darüber, anschließend wurde über einen Antrag des zweiten Parteivorsitzenden Paul Singer abgestimmt. Zunächst wurde die Tonlage des Artikels missbilligt, dafür stimmten mit drei Ausnahmen alle Abgeordneten. Im zweiten Teil der Entschließung ging es um den Inhalt, da war das Ergebnis der Abstimmung überraschend knapp. 24 Abgeordnete verurteilten auch den Inhalt, 16 Abgeordnete, unter ihnen Auer, Dietz und Vollmar, stimmten dagegen. Zugleich entschied sich die Fraktion dafür, den Beschluss geheim zu halten, weil der Streit nicht an die Öffentlichkeit getragen werden sollte.[485] Natürlich sprach sich die Sache trotzdem herum.

Max Schippel, der die Jahre des Sozialistengesetzes ohne Schwierigkeiten in Deutschland verbracht hatte, war bei Weitem nicht so angesehen wie der Parteiveteran Eduard Bernstein. Außerdem hatte er seine Thesen zur Militärpolitik denkbar ungeschickt vorgetragen, sodass Rosa Luxemburg als Kritikerin hier in einer viel besseren Position war. Es kommt hinzu, dass Kautsky, die führende Autorität in theoretischen Fragen, Schippels Plädoyer gegen das Milizsystem in der *Neuen Zeit* bereits entschieden zurückgewiesen hatte und Luxemburg daran anknüpfen konnte. Ihre Artikel, die diesmal viel sachlicher argumentierten, fanden breite Zustimmung in der Partei. August Bebel wurde mit den Worten zitiert: »Die Artikel sind brillant, ich unterschreibe sie Wort für Wort, der Ton ist vornehm und tadellos; dass die Fraktion ihren Beschluss verheimlichte, ist natürlich ein Blödsinn. Die Sache muss vor den Parteitag kommen.

Aber …«[486] Über das Aber berichtete Luxemburg Jogiches einige Tage später, nachdem sie Bebel besucht hatte: »Er war sehr süß, lobte gewaltig meine Artikel, sagte, dass Sch[ippel] nach ihnen erledigt ist, aber … aber – er selbst will nichts tun.«[487] Vergeblich appellierte sie an ihn, sich auch selbst in dieser Sache zu exponieren. Zwar schrieb sie Jogiches: »ich werde den Opa schon aus der Ecke herausholen.« Doch das gelang ihr nicht. Ja mehr noch, Bebel bat Luxemburg, bei ihren Versammlungen nicht über die Milizfrage zu sprechen, sondern sich ihrem Lieblingsfeind zuzuwenden: »Stattdessen bittet er mich, […] möglichst scharf zu schreiben gegen Ede [Bernstein]. ›Sagen Sie ihm, dass er nicht in die Partei gehört, das hat ihm noch keiner gesagt.‹«[488] Er selbst wollte ihm das offenbar nicht sagen, jedenfalls nicht öffentlich.

In dieser Zeit erschien auch Bernsteins Buch *Die Voraussetzungen des Sozialismus und die Aufgaben der Sozialdemokratie* im Verlag des Reichstagsabgeordneten Johann Heinrich Wilhelm Dietz in Stuttgart. Nach der Artikelserie »Probleme des Sozialismus« war dies nun sein Hauptbeitrag zum Revisionismusstreit, das Buch wurde zur »Bibel des Revisionismus« (Peter Gay). Bernstein rechnete damit, dass angesichts der anhaltend lebhaften Debatte sich ein weiterer Parteitag mit seinen Thesen beschäftigen würde, was dann ja auch der Fall war. Gleichzeitig musste er gewärtigen, dass er wieder nicht würde teilnehmen können. Deshalb legte er seine Auffassungen schriftlich nieder und unterstrich im Vorwort seine unverändert entschiedene Ablehnung der Zusammenbruchstheorie: »Ich bin der Anschauung entgegengetreten, dass wir vor einem in Bälde zu erwartenden Zusammenbruch der bürgerlichen Gesellschaft stehen und dass die Sozialdemokratie ihre Taktik durch die Aussicht auf eine solche bevorstehende große Katastrophe bestimmen beziehungsweise von ihr abhängig mache soll. Das halte ich in vollem Umfang aufrecht.«[489] In der vergeblichen Hoffnung, so dem Vorwurf der marxistischen Häresie zu entgehen, bekannte er sich dann zu Beginn des ersten Kapitels zum wissenschaftlichen Sozialismus: »Die deutsche Sozialdemokratie erkennt heute als die theoretische Grundlage ihres Wirkens die von Marx und Engels ausgearbeitete und von ihnen als wissenschaftlicher Sozialismus bezeichnete Gesellschaftslehre an.«[490] Allerdings ließ er sogleich eine entscheidende Einschränkung folgen: »Bei allen Wissenschaften kann man zwischen einer reinen und einer angewandten Lehre unterscheiden.«[491] Mit Kautsky war Bernstein darin einig, dass dem Marxismus eine Entwicklungstheorie zugrunde liege, aber wenn diese Theorie einen wissenschaftlichen Anspruch erhob, musste sie auch überprüfbar und gegebenenfalls falsifizierbar sein.

Die Wirkung von Bernsteins Schrift war beachtlich, nach zehn Jahren befand sie sich bereits im 13. Tausend, außerdem waren englische und französische Übersetzungen erschienen. Auch wenn er von den auf Parteitagen versammelten Funktionären nur wenig Beifall erhielt, änderte das nichts daran, dass Bernstein mit großer Prägnanz die Schwachpunkte der sozialdemokratischen Politik benannt hatte. Er wollte die theoretischen Grundlagen des Sozialismus wieder in Einklang bringen mit der politischen Praxis, wie sie sich nach der Aufhebung des Sozialistengesetzes entwickelt hatte. Er wollte die »platte, evolutionistische Auffassung der historischen Entwicklung [...], die vor allem von Darwin und seiner Evolutionstheorie beeinflusst war«,[492] überwinden. Er wollte mit der Lösung der sozialen Frage nicht abwarten, bis eine Revolution stattgefunden hatte. Als Neukantianer war er kein Anhänger eines strikten Materialismus marxistischer Observanz. Es ging ihm »nicht mehr nur um die sozialistische Lebensform nach der Revolution [...], sondern um die Leitlinien sozialistischer Praxis vor der Revolution«.[493] Der vom Neukantianismus geprägte ethische Sozialismus ging dabei davon aus, dass auch Ideale die historische Entwicklung beeinflussen können. Wenn man bedenkt, dass damals an der Spitze der Arbeiterpartei SPD mit August Bebel und Paul Singer zwei Unternehmer standen und auch die anderen Spitzenfunktionäre nur in seltenen Ausnahmefällen der Arbeiterklasse angehörten, wird man Bernsteins Überzeugung nicht ohne Weiteres als offensichtlichen Unsinn abtun können.

Rosa Luxemburg widmete ihre zweite gegen Bernstein gerichtete Serie von Artikeln seinem neuen Buch und setzte sich dabei besonders mit der Frage der Gewerkschaften und der Genossenschaften auseinander, die – so die Vorstellung Bernsteins – eine gesellschaftliche Kontrolle ausüben sollten, eine Idee, die – aus der Sicht Luxemburgs – die Natur des bürgerlichen Staates verkannte. Sie folgte dem Wunsch Bebels und fügte immer wieder Passagen in den Text ein, die mehr oder weniger offen den Ausschluss der Revisionisten aus der Partei forderten. So schloss der letzte Artikel mit den Worten: »Die jetzige opportunistische Strömung überwinden heißt sie von sich weisen. Bernstein lässt sein Buch in den Rat der Partei ausklingen, sie möge zu scheinen wagen, was sie sei: eine demokratisch-sozialistische Reformpartei. Die Partei, d. h. ihr oberstes Organ, der Parteitag, müsste unseres Erachtens diesen Rat quittieren, indem er Bernstein veranlasst, seinerseits auch formell als das zu erscheinen, was er ist: ein kleinbürgerlich-demokratischer Fortschrittler.«[494] Das war deutlich, aber Konsequenzen hatte es nicht. Auch wenn Bernstein auf den Parteitagen kaum Fürsprecher hatte, waren seine Positionen in der Partei zu stark verankert, als dass man es hätte riskieren können, ihn auszuschließen. Luxemburg hatte deshalb die entsprechenden Passagen 1908, als ihre Artikel in einer zweiten Auflage aufgelegt wurden, gestrichen.[495] Die beiden Artikel-Serien erschienen noch im Frühjahr 1899 im Verlag der *Leipziger Volkszeitung* unter dem Titel »Sozialreform oder Revolution«. Diese Publikation enthielt außerdem im Anhang die kürzere Serie von vier Artikeln, die sie gegen Max Schippel geschrieben hatte.

Leo Jogiches war – wer wollte überrascht sein – gar nicht begeistert von der Publikation. Am 10. April 1899 schrieb Luxemburg ihm: »Eben erhielt ich Deinen langen Brief nach IV [d. i. der vierte Artikel der Serie]. Das war eine solche Kopfwäsche, dass ich dasitze wie ein Pudel nach dem Regen und mich belecke.«[496] Am selben Tag folgte noch ein ausführlicher Brief, in dem sie feststellte, »ich habe überhaupt nicht damit gerechnet, dass ich Dich zufriedenstelle (Umso mehr, als es mir, wie mir scheint, noch nie gelungen ist …)«.[497] Doch sie wusste sich zu wehren, berichtete ihm wahrheitsgemäß, dass die Texte in der Partei auf große Zustimmung stießen und sogar in verschiedenen sozialdemokratischen Zeitungen nachgedruckt wurden. Und am Tag darauf zeigte sie ihm, dass sie auch auszuteilen wusste: »Deine Bemerkungen zu IV sind völlig verfehlt […], sie haben mich sogar sehr verwundert, denn es zeigt sich, dass Du einige Punkte falsch auffasst, und ich war sicher, dass Du in dieser Hinsicht unfehlbar bist wie der Papst. Was V betrifft, so entsinne ich mich zu meiner Beruhigung, dass Du auch mit dem Artikel über Schippel [...] sehr unzufrieden warst, die Partei hingegen ihn anders eingeschätzt hat.«[498] Tatsächlich, es wurde schon gesagt, trugen die insgesamt vierzehn Artikel in der *Leipziger Volkszeitung*, die nicht zuletzt ein profundes theoretisches Wissen erkennen ließen, sehr zum Ruhm ihrer Verfasserin bei. Es zeigte sich einmal mehr, dass dem gestrengen Leo im fernen Zürich, der seine Rosa eigentlich kontrollieren und, so wie er es verstand, auch fördern wollte, nur die höchst undankbare Rolle blieb, im Nachhinein herumzumäkeln, während seine Geliebte von Erfolg zu Erfolg eilte und sich nolens volens mehr und mehr von ihm emanzipierte.

Auch Karl Kautsky, der lange gezögert hatte, nahm nun grundsätzlich Stellung zu Eduard Bernstein. Wollte er seine Position als »Pontifex maximus der marxistischen Schule«[499] nicht selbst infrage stellen, konnte er dieser Herausforderung nicht dauerhaft aus dem Weg gehen. Zunächst äußerte er sich im *Vorwärts* und in der *Neuen Zeit*, wobei seine Kritik »so mild als möglich«[500] formuliert war, wie er Victor Adler schrieb, bei dem er nicht zu Unrecht Sympathien für Bernstein vermutete. Aber der Freund aus früheren Tagen hatte den Pfad marxistischer Tugend verlassen: »Seine jetzige Position als antimarxistischer Marxist ist auf die Dauer nicht haltbar.« Gleichwohl, hier waren Briefschreiber und -empfänger einer Meinung, wollte Kautsky ihn nicht aus der sozialdemokratischen Familie verstoßen: »Aber auch ich bin gegen seinen Ausschluss aus der Partei.«[501] Kautsky konzipierte eine sehr umfängliche *Antikritik*[502]. Das Buch war am Ende mehr als doppelt so lang wie *Sozialreform und Revolution*. Die Einleitung begann mit der Feststellung, Bernstein habe die erste sozialdemokratische »Sensationsschrift« geliefert, »ein Buch [...], in dem er feierlich verbrennt, was er bisher angebetet, und anbetet, was er bisher verbrannt hat«.[503] Mit dieser Feststellung transportierte Kautsky die Botschaft, Bernstein habe die bisherigen Grundlagen seines Denkens völlig hinter sich gelassen. Deshalb war es unvermeidlich, das neue Buch einer grundsätzlichen Kritik zu unterziehen. Kautsky veröffentlichte seine *Antikritik* erst im September 1899, wenige Wochen vor dem Parteitag in Hannover. Er schickte aber schon vorab die Druckfahnen an August Bebel, der intensiv an seiner großen Rede arbeitete. Zunächst zeigte sich Bebel nach der Lektüre der Fahnen höchst zufrieden. Dieser Eindruck änderte sich allerdings erheblich, als er weiterlas. Erbost schrieb er an Kautsky: »Was für ein Satan reitet Dich, dass Du in dem Abschnitt ›Die Formulierung des Programms‹ Ede so viel Konzessionen machst.«[504]

Kautsky konstatierte in dem inkriminierten Abschnitt seines Buches zunächst mit Erleichterung, dass Bernstein sich unverändert zum Erfurter Programm bekannte, das sie beide schließlich gemeinsam verfasst hatten und das zum Vorbild für die Programme der anderen europäischen Arbeiterparteien geworden war. Anstoß nahm Bernstein lediglich an gewissen allzu strengen Auslegungen des Programms. Aber auch in seinem zweiten Beitrag zum Revisionismusstreit lehnte er die Zusammenbruchstheorie explizit ab. Darauf reagierte Kautsky in einer Weise, die Bebels Beifall nicht finden konnte. Er bestritt, dass im Erfurter Programm von einem »ökonomischen Zusammenbruch«, einem »gewaltigen Zusammenstoß« überhaupt die Rede sei: »Wo finden wir hier den Zusammenbruch, wo den Zusammenstoß? Über die Formen der Entwicklung zum Sozialismus sagt das Erfurter Programm gar nichts, aus dem einfachen Grunde, weil sich darüber nicht sagen lässt.«[505] Damit nicht genug, betonte Kautsky auch noch, dass das Erfurter Programm von einer Programmkommission einstimmig verabschiedet worden sei, der Georg von Vollmar angehört hatte, der wenige Wochen zuvor in seinen »Eldorado«-Reden[506] ein grundsätzliches Bekenntnis zum Reformismus abgelegt hatte, das er in Erfurt ausdrücklich verteidigte. Es fehlte nur noch, dass Kautsky hinzusetzte, dass ihm das Endziel nichts bedeute, aber so weit ging er dann doch nicht, jedenfalls nicht in der veröffentlichten Fassung seines Buches, dessen Manuskript er nach Bebels harscher Kritik noch einmal überarbeitete.[507] Die Sozialdemokraten, mit diesem Gedanken schloss das Buch, sollten sich mit aller Kraft einsetzen für das Wohl des Proletariats; dann hätten sie ihre Pflicht erfüllt. Ob diesem Wollen Erfolg beschieden war, »steht in der

Hand von Faktoren, die wir nicht beherrschen«.[508] Das war im Grunde eine Variation seines berühmten Diktums: »Die Sozialdemokratie ist eine revolutionäre, aber keine Revolution machende Partei.«[509] Kautskys Marxismus setzte nicht auf Hegel, sondern auf Darwin, auf Evolution statt Dialektik, und das ohne den Ehrgeiz, das Ergebnis des evolutionären Prozesses zu prognostizieren.

Ferien in der Schweiz, Clara Zetkin, Wiedersehen mit dem Vater, Luise Kautsky, SPD-Parteitag 1899

Während Karl Kautsky sich mit seiner Antikritik abmühte, hatte Rosa Luxemburg ihre Auseinandersetzung mit Eduard Bernstein mit ihrer zweiten Artikelserie, die vom 4. bis 8. April erschienen war, vorläufig abgeschlossen. Nun war wieder Raum für anderes. Eigentlich plante sie schon die lang ersehnten Frühlingsferien mit Leo Jogiches in der Schweiz, da bekam ihre Wirtin am 10. Mai 1899 einen solchen Wutanfall, dass sie das ein Jahr zuvor gemietete Zimmer in Tiergarten Hals über Kopf verlassen musste. Sie blieb dem Bezirk Tiergarten treu und fand dort schon am folgenden Tag ein neues Quartier. Von der nördlich des Tiergartens gelegenen Cuxhavener Straße 2 wechselte sie in die südlich gelegene Lützowstr. 51, wo sie sich »zu sehr günstigen Bedingungen«[510] für vier Wochen einmietete, um für die Zeit bis zur Abreise in die Schweiz ein Dach über dem Kopf zu haben. Die Pfingsttage verbrachte sie bei Familie Schoenlank in Leipzig, und am 7. Juni verließ sie dann Berlin, um über Halle und München nach Zürich zu reisen, wo sie drei Tage später eintraf. Aus der Zeit zwischen dem 9. Juni und dem 18. Juli gibt es keine Briefe an Jogiches, sodass wir annehmen dürfen, dass Luxemburg in dieser Zeit in Zürich war. Die beiden nahmen Quartier im Schlößli am Zürichberg in Fluntern, jenem Quartier, das Luxemburg aus ihren Studienjahren vertraut war. Der erste Brief, den sie – schon auf der Rückreise – an Jogiches schrieb, ist nicht unbedingt ein Indiz für glückstrunkene Ferienwochen.

Sie bat ihn: »Verzeih mir alles, ich werde jetzt fleißig arbeiten, zweifle nicht an mir.«[511] Wenige Tage später allerdings schrieb sie ihm, sie könne sich an die Streitereien schon gar nicht mehr erinnern.[512]

Den zitierten Brief bekam Jogiches aus Stuttgart, wo Luxemburg bei Clara Zetkin übernachtet hatte. Rosa und Clara, die bald enge Freundinnen wurden, waren sich im Jahr zuvor auf dem Stuttgarter Parteitag erstmals begegnet. Beide hatten im Vorfeld die Klingen mit Bernstein gekreuzt, Luxemburg in der *LVZ*, Zetkin in der *Gleichheit*. Letztere hatte sich in einem Brief an Bruno Schoenlank sehr lobend geäußert über »die tapfere Rosa, die den Mehlsack Bernstein so heftig klopft, dass der dicke Puderstaub in alle Lüfte fliegt und die Perücken der Bernsteinschule von den Köpfen fliegen, weil sie nicht mehr gepudert werden können«.[513] Im Februar 1899 war Zetkin nach Berlin gekommen und extra einen Tag länger geblieben, um Luxemburg wiederzusehen. Seit dieser Begegnung waren die beiden kämpferischen Sozialdemokratinnen in steter Verbindung. Clara Zetkin stammte aus Sachsen und war 14 Jahre älter als Luxemburg. Sie hatte schon am Gründungskongress der Sozialistischen Internationale 1889 in Paris als »Abgeordnete der Arbeiterinnen von Berlin«[514] teilgenommen und dort eine vielbeachtete Rede zur Frage der Frauenarbeit gehalten, deren Sinn und Notwendigkeit auch unter Sozialisten nicht unumstritten war. Zetkin betonte, diejenigen, die die Befreiung aller Menschen auf ihr Banner geschrieben haben, »dürfen nicht eine ganze Hälfte des Menschengeschlechts durch die wirtschaftliche Abhängigkeit zu politischer und sozialer Sklaverei verurteilen«.[515] Sie lebte damals in Paris, kehrte aber nach dem Tod von Ossip Zetkin 1891 nach Deutschland zurück und ließ sich in Sillenbuch bei Stuttgart nieder. Im Juli 1899 konnte Luxemburg nicht lange zu Besuch bleiben. In späteren Jahren kam sie immer gerne hierher, wenn sie es einrichten konnte, was nicht so oft vorkam, wie sie es gewollt hätte. Umgekehrt logierte Zetkin bei der Freundin, wenn sie in Berlin zu tun hatte, was häufiger der Fall war.

Luxemburg fuhr aus Stuttgart zurück nach Berlin, musste sich aber schon nach ganz wenigen Tagen erneut auf den Weg machen. Am 23. Juli reiste sie nach Breslau, um sich dort mit ihrem Vater zu treffen, der inzwischen 69 Jahre alt und ziemlich gebrechlich war. Sie wollte mit ihm zur Erholung in einen Kurort fahren, was sich als schwieriger erwies als gedacht, weil fast alles ausgebucht war. Schließlich fanden sie ein Quartier im oberschlesischen Carlsruhe, doch das Klima dort war zu feucht für den Vater. Deshalb reisten sie weiter nach Gräfenberg bei Freiwaldau, das 115 Kilometer südwestlich von Carlsberg bereits jenseits der Grenze lag und zum tschechischen Teil des Habsburger Reiches gehörte. Rosa Luxemburg kümmerte sich um den Vater, den sie zehn Jahre nicht gesehen hatte, und verbrachte mehrere Wochen mit ihm. Ihr war bewusst, dass er möglicherweise nicht mehr lange zu leben hatte, und sie wollte auf keinen Fall so wie zwei Jahre zuvor bei der Mutter die Möglichkeit eines vielleicht letzten Wiedersehens versäumen. Aber erquicklich war die Zeit mit dem alten Herrn nicht: »Wenn Du wüsstest, wie erschöpft ich bin! Papa beschäftigt mich den ganzen Tag mit seiner Person, jede Stunde will er mal etwas essen, dann etwas trinken, dabei weiß er selbst nie genau, was er will. Er steht schon um 6^{00} auf, spazieren gehen können wir nicht, denn Papa kann kaum gehen […]; kurz, nach allen Seiten hin eine Qual.«[516] Seit dem Tod der Mutter hatte sich der Gesundheitszustand des Vaters enorm verschlechtert, außerdem war er, nach Luxemburgs Überzeugung, von den Ärzten falsch behandelt worden, was seinen Zustand weiter verschlimmert hatte. In Gräfenberg stellte sie seine gesamte Ernährung um, was zu einer Besserung führte, sie aber auch den ganzen Tag in Atem hielt, denn sie musste ständig selbst kochen, und die Nächte boten kaum Erholung, weil der Vater alle zwei Stunden von Hustenanfällen heimgesucht wurde.[517] Und doch wird sie im Nachhinein sehr dankbar für diese gemeinsamen Wochen gewesen sein, denn es sollte ihre letzte Begegnung sein.

Nach anstrengenden drei Wochen war Rosa Luxemburg am 15. August wieder in Berlin und bezog gleich am folgenden Tag ein neues Zimmer in der Wilhelm-Hauff-Straße 4 in Friedenau, nachdem in der Nähe des Tiergartens nichts zu finden gewesen war. Die Landgemeinde Friedenau ging, anders als viele andere Orte im Umfeld von Berlin, nicht auf einen alten Dorfkern zurück. Sie war erst 1874 entstanden und sollte durch gezielte

Bebauung einen Beitrag zur Linderung der Wohnungsnot in Berlin leisten, dessen Bevölkerung nach der Reichsgründung sprunghaft zunahm. Luxemburg gefiel es dort ausgesprochen gut: »Die Luft in Friedenau ist sehr gut, vor den Fenstern Bäume, Wälder und Felder nahegelegen, Ruhe, ein ausgesprochenes Villenquartier.«[518] In Friedenau sollte sie zwölf Jahre bleiben, in der Wilhelm-Hauff-Straße allerdings nur zwei Monate. Im Oktober zog sie um die Ecke in die Wielandstraße 23, wo sie einen Salon mit Plüschmöbeln und einem großen Balkon und Vollpension für 80 Mark im Monat mietete.[519] In dieser Zeit begann die Freundschaft mit der Familie Kautsky, die im selben Häuserblock nacheinander verschiedene Wohnungen angemietet hatte, bevor sie im September 1900 in die nur wenige Hundert Meter entfernte Saarstraße und zwei Jahre darauf in die ebenfalls in Friedenau befindliche Niedstraße umzog. Auch Luxemburg blieb in Friedenau, als sie im Dezember 1901 in die Cranachstraße 58 zog. Karl Kautskys Frau Luise, eine ausgesprochen gastfreundliche Wienerin, lud regelmäßig zu Sonntagsgesellschaften, zu denen sich die führenden Vertreter der Sozialdemokratie ebenso einfanden wie Repräsentanten der europäischen Arbeiterbewegung. Luise Kautsky war die Mutter von drei Söhnen und sieben Jahre älter als Rosa Luxemburg; schon bald entwickelte sich eine ausgesprochen intensive Freundschaft zwischen den beiden Frauen, die in manchem an pubertierende Schulmädchen erinnerte. Sie besuchten sich häufig gegenseitig, am Ende brachte die eine die andere nach Hause, und der Weg wurde dabei nicht nur einmal zurückgelegt, sondern es ging immer wieder hin und her:

> Meist dehnten sich diese Minuten zu Stunden, denn wir fanden des Plauderns kein Ende. Auch gehörte es zu Rosas Gepflogenheit, stets ihren »Dricker« zu vergessen, wie sie kurzerhand alle Schlüssel nannte, und fast allnächtlich standen wir, den Wächter erwartend, vor ihrer Haustür, damit er öffne, was allemal den Anlass zu unbändiger Heiterkeit gab. Sie liebte es auch, ihrem revolutionären Drang in der mitternächtlichen Stille durch lautes Singen Luft zu machen, und oft holten wir uns strenge Verweise von der Hermandad Friedenaus,

die weder für Arien aus dem Figaro, noch für Hugo Wolf, noch für die Marseillaise oder die Internationale das nötige künstlerische Verständnis aufbrachte.[520]

Am 9. Oktober 1899 begann der SPD-Parteitag in Hannover. Einige Tage zuvor kam Jogiches bereits nach Friedenau, er und Luxemburg fuhren dann gemeinsam nach Hannover. Nach drei Wochen kehrte er über München wieder zurück nach Zürich. Luxemburg hatte dem Ereignis schon lange entgegengefiebert. Bereits im Februar hatte sie an Jogiches geschrieben: »Es ist kompromittierend, wenn ich nach der ›Ouvertüre‹ in Stuttgart von den Parteitagen verschwinde, und wenn ich von irgendwoher ein Mandat bekommen will, so muss man den Menschen durch anständiges Auftreten in Erinnerung bleiben.«[521] Das gelang ihr. Sie erhielt ein Mandat des Wahlkreises Ratibor und Reuß ä. L., also einer Gegend, in der ihr Auftreten im Wahlkampf gewiss noch in guter Erinnerung war.[522] Der Parteitag in Hannover stand ganz im Zeichen von Eduard Bernstein, der selbst wiederum nicht anwesend sein konnte. Am zweiten Verhandlungstag begann die Debatte über »Grundanschauungen und die taktische Stellungnahme der Partei« am Morgen mit einem Grundsatzreferat von August Bebel, an dem er an seinem Zürcher Wohnsitz monatelang gearbeitet hatte. Bebels Vortrag dauerte sechs Stunden und ging bis weit in den Nachmittag.[523] Auf ihn antwortete in Vertretung Bernsteins der Revisionist Eduard David, der im Großherzogtum Hessen politisch tätig war. Er hatte dort, ähnlich wie Frank in Baden, schon zu Beginn der 1890er-Jahre dem Etat zugestimmt, was gegen die offizielle Linie der Partei war. Ähnlich wie die Süddeutschen Ludwig Frank und Georg von Vollmar plädierte er dafür, dass die SPD sich der Landbevölkerung mehr öffnen sollte. Zu Beginn des Ersten Weltkriegs war David dann der stärkste Befürworter der Burgfriedenspolitik innerhalb der Reichstagsfraktion. Davids Rede auf dem Hannoveraner Parteitag war nicht so lang wie die von Bebel, aber auch sie dauerte mehr als drei Stunden und war erst am Vormittag des folgenden Tages zu Ende.[524] An die beiden Grundsatzreferate schloss sich dann eine schier endlose Debatte an, die sich über zwei weitere Tage hinzog. Am fünften Verhandlungstag sprach Bebel dann ein Schlusswort, das noch einmal fast drei Stunden in Anspruch nahm.[525]

Danach wurde über den von ihm eingebrachten Antrag abgestimmt, der mit 216 gegen 21 Stimmen bei einer Enthaltung angenommen wurde.[526] Diese große Mehrheit kam nicht zuletzt dadurch zustande, dass, mit Ausnahme von Hermann Molkenbuhr, auch alle prominenten Reformer und Revisionisten mit Ja stimmten. Eduard David betonte sogar unmittelbar vor der Abstimmung, dass man »auch vom Standpunkt der Bernstein'schen Anschauungen aus für die Resolution Bebel stimmen kann«.[527] Tatsächlich enthielt sie, anders als Bebels große Rede, die den Eindruck erweckte, er wolle Bernstein aus der Partei drängen, nur allgemeine Feststellungen. So hieß es dort, die SPD stehe nach wie vor auf dem Boden des Klassenkampfes, sie sehe keinen Anlass, ihr Programm zu revidieren, ihre Taktik oder gar ihren Namen zu verändern und etwa eine »demokratische-sozialistische Reformpartei zu werden«[528]. Die Resolution bekräftigte im Grunde genommen die im Erfurter Programm verankerte Verbindung von revolutionärer Theorie und reformerischer Praxis. Während in der Diskussion Bebels Konfrontationskurs, zu dem er sich nach langem Zögern entschlossen hatte, und Auers Integrationsstrategie gegeneinandergestanden hatten, fanden in der Schlussabstimmung beide Lager wieder zueinander. Dass die Zustimmung derartig groß war, hing sicherlich auch mit der Person des Antragstellers zusammen. August Bebel war die alles überstrahlende Führungspersönlichkeit der SPD. Er hatte 1869 die SDAP mitgegründet, war Parteivorsitzender, gehörte seit 1871 dem Deutschen Reichstag an, war auch Fraktionsvorsitzender und genoss in der Bevölkerung ein außerordentlich großes Ansehen. Außerdem hatte sich Bebel schon im Vorfeld nicht nur der Unterstützung der Linken Zetkin und Luxemburg versichert, sondern sich auch mit Kautsky und Auer abgestimmt,[529] sodass alle Voraussetzungen dafür gegeben waren, dass die Resolution – nach einigen kleineren Änderungen – auf große Zustimmung stieß.

Auch Rosa Luxemburg erwies Bebel in ihrem Diskussionsbeitrag ihre Reverenz, nannte seine Rede »vortrefflich«[530] und betonte, dass sie so gründlich und umfassend gewesen sei, dass sie gar nichts mehr hinzufügen wolle. Stattdessen setzte sie sich mit der Kritik auseinander, die Eduard David in seiner Erwiderung auf Bebel an ihren Positionen geübt hatte, und verteidigte ein weiteres Mal die Katastrophentheorie, die ein zentrales Element ihrer Revolutionstheorie war. Der linke Flügel der Partei, dessen prominenteste Vertreterin Luxemburg inzwischen war, stimmte in der Zurückweisung Bernsteins mit dem marxistischen Zentrum überein, sah sich aber anders als dieses gleichzeitig Angriffen der Reformer ausgesetzt. Rosa Luxemburg kam in ihrem Redebeitrag auch auf Max Schippel zu sprechen, mit dem sie sich in der *LVZ* intensiv auseinandergesetzt hatte. Im Erfurter Programm hieß es dazu ganz klar und eindeutig: »Erziehung zur allgemeinen Wehrhaftigkeit. Volkswehr an Stelle der stehenden Heere. Entscheidung über Krieg und Frieden durch die Volksvertretung.«[531] Das war die alte Idee der Volksbewaffnung, der Demokratisierung der wehrhaften Nation, die Schippel entschieden infrage stellte. Bebels Resolution ging auch darauf ein, ohne ihn beim Namen zu nennen. Am fünften Verhandlungstag wurde zu dieser Frage eine eigene Debatte geführt. Zunächst trug der Leipziger SPD-Vorsitzende Friedrich Geyer die Position der Partei vor, dann antwortete Schippel. Die anschließende Diskussion eröffnete Rosa Luxemburg mit einer pointierten Stellungnahme: »Die Rede Schippels, besonders im ersten Teil, war eine Verteidigung des Militarismus, wie sie ein Kriegsminister ganz gut einer Militärvorlage beilegen könnte. (Heiterkeit)«[532] Am Ende der Debatte standen mehrere Anträge zur Abstimmung. Ein Antrag, Schippel aus der Partei auszuschließen, wurde mit allen gegen vier Stimmen abgelehnt, angenommen dagegen ein von Adolf Hoffmann, Georg Ledebour, Rosa Luxemburg und Clara Zetkin eingebrachter Antrag: »Der Parteitag weist die vom Genossen Schippel in seinen Aufsätzen über den Militarismus geäußerte Auffassung mit aller Entschiedenheit zurück, da er in ihr einen Verstoß gegen die Grundsätze der sozialdemokratischen Partei erblickt.«[533] Angenommen wurde auch ein weiterer Antrag Luxemburgs, das Thema »Die Taktik der Sozialdemokratie bei den Landtagswahlen« auf die Tagesordnung zu setzen.[534]

Der Streit war damit noch längst nicht zu Ende, aber auf dem Parteitag in Hannover war deutlich zu sehen, welche Gruppen hier miteinander um Einfluss rangen. Im Wesentlichen ging es um drei Strömungen: den linken Flügel, das marxistische Zentrum und die Reformer und Revisionisten auf der Rechten.

Prominente Vertreter der Linken waren Franz Mehring, Alexander Parvus, Clara Zetkin und Rosa Luxemburg, ihnen standen die *Leipziger Volkszeitung*, die *Sächsische Arbeiter-Zeitung* und die *Bremer Bürger-Zeitung* nahe. Sie vertraten eine revolutionäre Politik, die Kompromisse ablehnte. Sie waren systemoppositionell und strebten nicht nach Positionen im existierenden parlamentarischen System, sondern kämpften für eine grundsätzlich andere Gesellschaft. Sie hielten an Marx' Krisentheorie (Zusammenbruchstheorie) fest und glaubten an einen »wissenschaftlichen Sozialismus«, was auf eine »Logifizierung der Geschichte«[535] hinauslief. Aus diesem Parteiflügel ging später die KPD hervor. Heute sind die kommunistischen Parteien in Europa verschwunden oder zur Bedeutungslosigkeit geschrumpft. Die mechanische Evolutionslogik des orthodoxen Marxismus hatte nicht mit der inneren Dynamik des Kapitalismus gerechnet. Gerade die sozialen Bewegungen, die gegen das kapitalistische System aufbegehrt haben, allen voran die Arbeiterbewegung, haben durch die Fortschritte, die sie ihm abgetrotzt haben, das System nicht nur gerechter, sondern auch überlebensfähiger gemacht. Inwieweit Rosa Luxemburg sich dieser Erkenntnis geöffnet hätte, wenn sie länger gelebt hätte, wissen wir nicht.

Galionsfigur der Rechten war Eduard Bernstein, der nicht von Karl Marx herkam, sondern von Ferdinand Lassalle, dem anderen Gründervater der Sozialdemokratie. Prominente Vertreter waren Georg von Vollmar, Eduard David, Georg Gradnauer, Paul Kampffmeyer, Max Schippel und Kurt Eisner, ihr Organ waren die *Sozialistischen Monatshefte*. Sie wollten sich verabschieden vom Ziel der Revolution, sahen in Reformen keine Kompromisse, sondern Schritte auf dem Weg zum Erfolg, träumten vom »Hineinwachsen in den Sozialismus« (Eduard Bernstein) und neigten dazu, das Wirkliche für das Vernünftige zu halten. Diese Linie, im Kaiserreich eindeutig in der Minderheit, setzte sich durch, als die SPD nach dem Ersten Weltkrieg Regierungspartei wurde und sich 1921 in Görlitz ein neues Programm gab, das stark von Bernstein geprägt war. Friedrich Ebert, ein Mann des rechten Flügels und seit Bebels Tod 1913 Parteivorsitzender, wurde am 11. Februar 1919 zum Reichspräsidenten gewählt. Endgültig die Oberhand gewannen die Reformer, die sich vom Konzept der Klassenpartei zugunsten der Volkspartei verabschiedeten, dann 1959 mit dem Godesberger Programm. Ein Vierteljahrhundert nach seinem Tod hatte Bernstein sich durchgesetzt.

In der Zeit des Kaiserreiches dominierte hingegen eindeutig das sogenannte marxistische Zentrum, das zwischen diesen beiden Flügeln das Gravitationszentrum der Partei bildete. Seine herausragenden Vertreter waren Karl Kautsky, der auch das Theorieorgan *Neue Zeit* herausgab, und August Bebel. Das Gros der Parteipresse war auf ihrer Linie. Das marxistische Zentrum war geprägt durch seinen revolutionären Attentismus, der Kritik an den marxistischen Grundlagen der Partei nicht zuließ, selbst wenn die politische Praxis längst eine ganz andere war. Kautskys Buch *Der Weg zur Macht* hieß im Untertitel *Politische Betrachtungen über das Hineinwachsen in die Revolution.*[536] Das klang nicht nach Aktivismus und war auch nicht so gemeint. Auch Bebel betonte, dass die Sozialdemokraten sich bei aller grundsätzlichen Gegnerschaft gegen die bürgerliche Gesellschaft sich nicht zu Unbesonnenheiten und Gewaltstreichen hinreißen lassen dürften. Dabei leitete ihn weniger die Furcht vor einer Neuauflage des Sozialistengesetzes als vielmehr die feste Überzeugung, dass die Sieg der Sozialdemokratie sicher war: »Stark in dem Bewusstsein, dass die ganze geschichtliche Entwicklung ihr in die Hände arbeitet, und sie durch die Macht der Gründe und die Gerechtigkeit und die Selbstverständlichkeit ihrer Forderungen der Kristallisationskern für alle wird, die an einer neuen gesellschaftlichen Ordnung auf sozialistischer Grundlage interessiert sind, und das ist schließlich die große Mehrheit, kann sie festen Fußes und heiteren Auges das Kommende erwarten.«[537] Linke Denker wie der Politikwissenschaftler Georg Fülberth haben Jahrzehnte später dieser Parteiströmung sterilen Dogmatismus und pseudomarxistischen

Verbalradikalismus vorgeworfen. Sie war sozialoppositionell, aber normativ angepasst und nicht systemoppositionell. Kautsky und andere führende Vertreter des marxistischen Zentrums wie z. B. Hugo Haase schlossen sich 1917 der USPD an, kehrten aber zum Beginn der 1920er-Jahre zum größten Teil in den Schoß der SPD zurück. Fülberth ging den umgekehrten Weg. Er begann 1962 als Sozialdemokrat und ist seit 1974 für die DKP aktiv, eine Partei, die auch nicht unbedingt der Gegenentwurf zu sterilem Dogmatismus ist.

Die kleinere Gruppe der Praktizisten sei abschließend noch einmal erwähnt. Sie hielten wenig von Programmdebatten und versuchten gleichzeitig, die Revisionisten, denen sie nahestanden, in den Mainstream der Partei zu integrieren. Berühmt geworden ist ein Zitat von Ignaz Auer, der Bernstein nach dem Parteitag etwas ins Stammbuch schrieb, was dieser dann nach Auers Tod in einem Nachruf auf ihn veröffentlichte: »Mein lieber Ede, das, was Du verlangst, so etwas beschließt man nicht, so etwas sagt man nicht, so etwas tut man. Unsere ganze Tätigkeit […] war die Tätigkeit einer sozial-demokratischen Reformpartei. Eine Partei, die mit den Massen rechnet, kann auch gar nichts anderes sein.«[538]

Leo Jogiches kommt nach Berlin

Rosa Luxemburgs Position war sehr eindeutig. Sie war angetreten, sich ihre Epauletten auf dem linken Flügel zu verdienen. Dabei kam ihr zugute, dass in der Auseinandersetzung mit dem Revisionismus Linke und Zentristen an einem Strang zogen, zu einem grundlegenden Zerwürfnis zwischen diesen beiden Gruppierungen kam es erst viele Jahre später. Luxemburg war, bei aller Wertschätzung, die ihr zuteilwurde, immer wieder auch mit Anfeindungen konfrontiert, weil sie noch sehr jung war, neu in der Partei, zu wenig Respekt vor Autoritäten an den Tag legte, manchmal gab es auch antisemitische Äußerungen, die in der SPD zwar selten waren, aber vorkamen. Das alles focht sie nicht an. Die deutsche Sozialdemokratie war ihre Heimat geworden, ohne dass sie deshalb ihre polnischen Wurzeln verleugnen wollte. Auch die Obrigkeit war mittlerweile auf sie aufmerksam geworden, was sie sogleich Jogiches berichtete: »Die Polizei observiert mich in Friedenau; bei Frau Thönemann, wie ich erst jetzt durch Askew erfuhr, war noch während Deines Aufenthalts ein Spitzel, der sie nach mir ausfragte und ihr erzählte, dass ich vorher als Redakteur in Leipzig war, aber aus Leipzig ›ausgewiesen‹ wurde.«[539] Derselbe Brief zeigte auch, dass das Selbstbewusstsein seiner Verfasserin während des noch gar nicht so langen Aufenthalts in Deutschland deutlich gewachsen war: »Deine kritischen Bemerkungen über meine Artikel sind so dumm, dass ich nicht darauf antworten kann! Alles ist irgendwie so doktrinär überzüchtet [...] und so überspannt, dass mir beim Lesen fast übel wird.« Das Schreiben schloss mit einer leicht paradoxen Ermahnung: »Sei nicht böse, Goldjunge, wegen dieser Verspätung mit dem Brief und schreibe häufig!«[540]

Das war aber nur das Präludium zu einem wahren Füllhorn von Vorwürfen, mit dem Luxemburg ihren Dziodziuś im nächsten Brief überschüttete. Es begann mit der Feststellung, er sei ein Idiot, seine Rezensionen dumm, seine Empfehlungen, wie sie auf Kritik an ihrer Arbeit reagieren sollte, »die allerunpraktischsten«[541]. Leo habe offenbar nichts gelernt. Dann warf sie ihm vor, er sitze in Zürich und habe keine deutschen Zeitungen abonniert, sodass er über die deutschen Verhältnisse gar nicht informiert sei: »Ich bitte Dich, erkläre mir die Gründe einer solchen Nachlässigkeit, denn das hat auf mich einen sehr unangenehmen Eindruck gemacht.«[542] Sodann fragte sie – in dieser Wunde bohrte sie gern – nach Fortschritten bei der Arbeit an der Dissertation, wohlwissend, dass da nichts voranging. Aber die Dissertation war schließlich der wichtigste Vorwand dafür, dass Leo noch immer in Zürich herumsaß. Und das war es, was sie ihm in Wirklichkeit vor allem verübelte, dass er sie allein ließ: »Ich bin schlechter Stimmung, denn ich sehe nicht, wie und wo wir uns einrichten können [...]«[543] Auch im nächsten Brief zwei Tage später war sie noch immer in »mieser Stimmung«[544] und musste sich außerdem dafür rechtfertigen, dass mal wieder Ebbe in der Kasse herrschte, denn Leo war davon überzeugt, dass sie nicht haushalten könne. Unterdessen rückte Weihnachten immer näher, was die Stimmung nicht verbesserte. Unmittelbar vor Heiligabend schrieb sie an Leo: »Ich würde Dir ein frohes Fest wünschen, wenn das unter unseren Bedingungen nicht so lächerlich klingen würde. Wünschen wir uns dafür: Fröhliche Weihnachten von heute in einem Jahr!«[545]

Die ersten Stunden des Weihnachtsfests verbrachte Rosa Luxemburg im Kreis der Familie Kautsky, später war sie zu Gast bei ihrer Vermieterin, Frau Neufeld, die mit Kautskys gut bekannt war. Am 25. Dezember brach sie zu einer Agitationsreise in das vertraute Oberschlesien auf, wo sie bis zum Jahresende eine ganze Reihe von Veranstaltungen absolvierte. Das ging nicht immer ohne Hindernisse ab, mal hatte der Zug Verspätung, mal wurde sie nicht wie vereinbart vom Bahnhof abgeholt, mal verfehlte ihr eigentlich ortskundiger Begleiter den richtigen Weg, mal wurde die Versammlung unter irgendeinem Vorwand von der Polizei aufgelöst.[546] Aber die ganze Unternehmung war dennoch ein Erfolg, und Luxemburg war sehr zufrieden. Sie traf viele Menschen bei privaten Zusammenkünften, knüpfte viele neue Verbindungen und stellte einmal mehr fest, dass ihre Sprachkenntnisse große Wirkung taten, »ein polnisches Wort wirkt doch ganz anders als das fremde deutsche«.[547] Im Übrigen zeigte sich auch hier wieder, dass Menschen, die selbst mit dem Pfennig rechnen müssen, oftmals bescheiden sind in ihren Erwartungen an andere. Luxemburg ließ sich nur die Eisenbahnfahrkarte erstatten und trug alle anderen Reisekosten selbst, obwohl die Partei in jener Zeit so arm nicht war.

In Margarethe von Trottas preisgekröntem Film *Rosa Luxemburg* (1986) sehen wir fast zu Beginn einen großen Silvesterball, mit dem das neue Jahrhundert begrüßt wird. Alle wichtigen Personen treten auf. Luxemburg macht Bebel mit Jogiches bekannt, Luise Kautsky tanzt mit dem Schwager Hans, weil ihr Karl kein Tänzer ist, Zetkin lädt Luxemburg ein, sie in Stuttgart zu besuchen, wo es ihr bestimmt gefallen würde, und Bernstein bittet Luxemburg zum Tanz, was diese ablehnt: »Ich kann mich nicht heute mit Ihnen amüsieren und morgen gegen Sie polemisieren, Genosse Bernstein.«[548] Nichts davon entspricht der Realität. Jogiches war am 31.12.1899 in Zürich, Bernstein aus bekannten Gründen in London, Luxemburg war zu diesem Zeitpunkt schon längst in Stuttgart gewesen und an jenem Abend noch gar nicht aus Oberschlesien zurück. Die ganze Inszenierung hat wohl vor allem die Funktion, die wichtigsten Dramatis Personae in den Film einzuführen. Beschrieben wird die Szene im Drehbuch so: »Eine ausgelassene, dennoch eher biedere Gesellschaft. Keine Fin-de-Siècle-Dekadenz, sondern wackere Heiterkeit. Darin haben sich die Sozialdemokraten bis heute nicht geändert.«[549] Man könnte trefflich darüber streiten, ob diese Beschreibung mehr über Margarethe von Trotta oder mehr über die Sozialdemokraten aussagt.

Die Realität war weder bieder noch heiter. Luxemburg kämpfte sich durch Schnee und Frost und traf erst am 1. Januar in Berlin ein, wo kein Leo auf sie wartete. Das große Thema des neuen Jahres hatte sich in ihrem verzweifelt-sarkastischen Weihnachtsbrief schon angekündigt. Leo musste nun endlich Farbe bekennen: Wollte er mit seiner Rosa zusammenleben oder nicht? Am 13. Januar beschrieb sie sehr ausführlich die Verfahrenheit der ganzen Situation, klagte darüber, dass er sie ständig aus der Ferne belehren wolle: »Überhaupt merkst Du nicht, dass Deine ganze Korrespondenz systematisch den Charakter einer gewaltigen Unlust hat: Ihr einziger Inhalt, das ist ein langweiliges, pedantisches Mentorentum, wie üblicherweise ›die Briefe des Lehrers an den lieben Schüler‹.«[550] In dieser Rolle wollte sie sich nicht länger sehen, das war nur zu verständlich. Gleichzeitig wurde ihr auch klar, dass die einmal erwogene Idee, gemeinsam das halbe Jahr in Zürich und das andere halbe Jahr in Berlin zu verbringen, aus wirtschaftlichen und arbeitsökonomischen Gründen ganz unrealistisch war.[551] Im Februar 1900 reiste Luxemburg nach Zürich, um die Scheidung von ihrem Scheinehemann Gustav Lübeck voranzubringen. Das Vorhaben erwies sich als schwierig, denn die Schweizer Behörden zeigten sich wenig geneigt, sich mit den Scheidungsbegehren deutscher Eheleute auseinanderzusetzen. Die Tatsache, dass die Ehe in der Schweiz geschlossen worden war, änderte daran nichts. Die beiden Liebenden Rosa und Leo brachte der Zürich-Aufenthalt einander nicht näher, und Luxemburg drohte, als sie wieder in Berlin war, wie vor Jahren schon einmal, die Kommunikation bis auf Weiteres einzustellen: »Da ich nicht teilhaben will an einer Situation, die ich nicht begreife und nicht anerkenne, und da ich keine Möglichkeit sehe, mit Dir zu irgendeiner Verständigung zu gelangen, bevor wir uns hier nicht ansiedeln, halte ich das Schreiben von Briefen bis zu Deiner Ankunft für sinnlos.«[552] Eine aus Verzweiflung geborene Drohung, die sie immerhin mehrere Tage durchhielt.

Doch als sie wieder zur Feder griff, folgten neue Vorwürfe: »Dein Brief hat mir klargemacht, dass nicht irgendwelche Gründe, die ich nicht erraten konnte, sondern nur Unlust und mangelnde Zuneigung Deine Übersiedlung nach Berlin hinauszögern.«[553] Jogiches' Vorschlag, sie solle ihn erneut besuchen, um ihn zum Umzug zu bewegen, fand sie begreiflicherweise abwegig, setzte allerdings hinzu: »Ich versichere Dir nur, dass ich meinen Fuß niemals nach Zürich setzen noch sonst irgendwohin fahren werde, um mit Dir zusammenzutreffen.«[554] Der etwa vier Wochen zurückliegende Zürich-Aufenthalt muss eine wahre Enttäuschung gewesen sein, denn nach diesem Brief schrieb Rosa Leo fast einen ganzen Monat lang gar nicht und erklärte das im Nachhinein damit, »dass ich aus der ganzen letzten Periode, am meisten jedoch aus dem Aufenthalt in Zürich, geschlossen habe, dass Du … aufgehört hast, mich zu lieben, dass Du vielleicht sogar von jemand anderem in Anspruch genommen bist, dass ich jedenfalls aufgehört habe, für Dich der Mensch zu sein, der imstande wäre, Dich im Leben glücklich zu machen – sofern das überhaupt möglich ist«.[555] Aber das war eine retrospektive Erklärung, inzwischen hatte ein Brief aus Zürich wieder Raum für ein wenig Hoffnung geschaffen. Doch sie währte nur kurz. Schon wenige Tage später hieß es wieder: »Wir hatten uns schon in Zürich seit Jahren geistig entfremdet, besonders die beiden letzten Jahre meines Aufenthalts in Zürich haben sich in meiner Erinnerung dadurch eingeprägt, dass ich mich furchtbar einsam fühlte.«[556] Und die Zeit der räumlichen Trennung, inzwischen bald zwei Jahre, hatte nichts besser gemacht. Rosas geistige Gestalt, so empfand sie es, war Leos Auge entschwunden. Und doch ließ sie nicht locker, hoffte noch immer, er werde irgendwann wieder den Platz an ihrer Seite einnehmen: »Ich sehe keinerlei Gründe für Dein weiteres Verweilen in Zürich.«[557] Zwei Tage später folgte der Befehl: »Erledige Du Deine Geschäfte in der Schweiz so schnell wie möglich, packe Deine Sachen und komm hierher.«[558] Es folgten noch etliche Ermahnungen solcher und ähnlicher Art, aber irgendwann war sie dann auch souverän genug, ihm einfach zu schreiben, wie sehr er ihr fehlte: »Teuerster Dziodziu! Wie ich Dich brauche! Wie wir einander brauchen! Wahrhaftig, kein anderes Paar hat eine solche Aufgabe im Leben, gegenseitig einer aus dem anderen einen Menschen zu machen, wie wir!«[559] Inzwischen waren zwei weitere Monate ins Land gegangen, und es sollte ein weiterer Monat verstreichen, aber am 12. August 1900 war Leo endlich da und meldete sich unter Rosas Adresse polizeilich an,[560] mit der unvermeidlichen Folge, dass der Strom der oftmals so inhaltsreichen Briefe abrupt versiegte.[561]

Leo hatte Rosas unablässigem Drängen schließlich nachgegeben. Aber war er damit gut beraten? Elżbieta Ettingers Antwort auf diese Frage weckt starke Zweifel: »Jogiches kam mit leeren Händen zur Zwangsvereinigung nach Berlin. Im Jahr 1900, mit dreiunddreißig, war er zu alt, um Lehrling der berühmten Revolutionärin zu werden, und zu jung für ein Rentnerleben. Er hatte keinen Namen, keinen Beruf, keine Hoffnung. Er hatte sich der Forderung Rosas gebeugt, weil es keine andere Lösung gab, und spürte, dass er seinen letzten Rest von Würde aufgab.«[562] Ettinger mit ihrem unbedingten Willen zur Empathie ist immer gut für eine starke These. Damit trifft sie nicht jedes Mal ins Schwarze, aber was sie schreibt, ist auch nicht völlig falsch. Jogiches war in der Tat zu alt, um Luxemburgs Lehrling zu werden, aber das stand auch gar nicht zur Debatte. Richtig ist auch, dass sie sich in kurzer Zeit ein erstaunlich großes Ansehen erworben hatte. Luxemburg war eine revolutionäre Sozialistin mit einem enormen Charisma, aber eine Revolutionärin war sie deswegen noch nicht. Sie war im Gegenteil auf dem besten Weg, eine erfolgreiche Parteipolitikerin zu werden. Dass Jogiches keinen Namen hatte, galt vielleicht für Deutschland, wo er sich nun zu leben anschickte, aber keineswegs für Polen. Dass er keinen Beruf hatte, ist halb richtig. Er hatte zehn Jahre in der Schweiz gelebt und dort studiert, aber in dieser Zeit kaum publiziert und keinen Abschluss gemacht; die Doktorarbeit blieb immer eine Schimäre. Er hatte in all den Jahren nicht einmal richtig Deutsch gelernt. Aber soweit Revolutionär ein Beruf sein kann, hatte Jogiches durchaus einen. In Berlin war er ein Revolutionär im Wartestand, aber als 1905 die russische Februarrevolution ausbrach, lief er zu großer Form auf. Und wenn, wie Ettinger schreibt, der Umzug nach Berlin ihm den letzten Rest seiner Würde nahm, dann muss doch die Frage erlaubt sein, was die Alternative gewesen wäre. Was hätte er erreicht, wenn er noch länger in Zürich geblieben wäre? Wenig bis nichts. Für Luxemburg hatte Berlin den unbestreitbaren Vorzug, dass es viel näher bei Polen lag als Zürich. Das galt für Jogiches aber ganz genauso. Beide hatten sie Familie dort, und beide waren sie politisch stark in polnischen Angelegenheiten engagiert, die sich von Berlin weitaus besser dirigieren ließen als aus dem fernen Zürich. Die Vereinigung in Berlin war von Rosa mehr erwünscht als von Leo, das ist keine Frage. Aber eine echte Alternative dazu gab es nicht, und es war auch keine Zwangsvereinigung. Als politische Kämpfer blieben die beiden immer verbunden. Bis zu Luxemburgs Ermordung arbeiteten sie eng zusammen, obwohl sie da schon seit mehr als einem Jahrzehnt kein Liebespaar mehr waren.

VI

Die polnische Sozialdemokratie

Eine Woche nach der von Rosa Luxemburg so lange ersehnten Ankunft von Leo Jogiches in Berlin fand vom 19. bis zum 21. August 1900 in Otwock bei Warschau der zweite Kongress der wiedererstandenen SDKP statt. Nach dem illegalen Gründungskongress im Frühjahr 1894 in Warschau war es zunächst mit der neuen Partei bergauf gegangen. Sie hatte etwa 400 Mitglieder rekrutieren können und zeitweise sogar die PPS überflügelt. Doch dann wurde die Warschauer Führungsriege verhaftet, und alle weiteren Aktivitäten der Partei kamen durch fortgesetzte Verfolgungsmaßnahmen zum Erliegen. Als aktive Organisation existierte eigentlich nur noch die PPS. Das änderte sich erst durch Feliks Dzierżyńskis Auftreten in Warschau im Herbst 1899. Unter seiner Führung schlossen sich die litauischen Sozialdemokraten der SDKP an, was für diese eine erhebliche Verstärkung bedeutete.[563] Die Partei nannte sich fortan »Sozialdemokratie des Königreichs Polen und Litauen« (SDKPiL). Innerhalb der neu formierten Partei gab es drei autonome Organisationen – die Sozialdemokratie des Königreichs Polen, die Sozialdemokratie Litauens und die »Vereinigung der polnischen Arbeiter-Sozialdemokraten im Ausland«. Die Auslandsvereinigung gab sich ein Statut, in dem für das preußische Teilungsgebiet auf das Erfurter Programm Bezug genommen wurde.[564] Die verschiedenen Organisationen hatten Führungsgremien mit häufig wechselnder Zusammensetzung.[565] Der meist fünfköpfigen Hauptverwaltung gehörte ab 1902 Leo Jogiches an. Rosa Luxemburg wurde offiziell erst im Februar 1904 Mitglied des Auslandskomitees, dem Jogiches ebenfalls angehörte. Im März 1904 trat auch Władysław Feinstein in das Auslandskomitee ein, außerdem auch in die Hauptverwaltung. Nach Dzierżyńskis erneuter Verhaftung wurde er 1905 zum Vertreter der Hauptverwaltung in Kongresspolen und damit gewissermaßen Jogiches' Mann vor Ort. Feinstein war hauptamtlich für die Partei tätig, und als Sekretär war er auch Luxemburgs »nächster Mitarbeiter«.[566] Er stammte aus Warschau, war neun Jahre jünger als sie und unterhielt 1905, als Jogiches in Krakau war, eine Zeit lang auch eine Beziehung zu ihr.[567]

Warski und Marchlewski, die alten Freunde aus Zürcher Zeiten, waren in den Führungsgremien der SDKPiL ebenfalls vertreten. Der wichtigste neue Mann aber war Feliks Dzierżyński, der – allerdings unterbrochen durch mehrere Gefängnisaufenthalte – der Hauptverwaltung immer wieder angehörte.[568] Er stammte aus einem Ort in der Nähe von Wilna und hatte dort das Gymnasium besucht, wie zuvor schon Józef Piłsudski und Leo Jogiches. Seine Frau Zofia war eine Jugendfreundin von Rosa Luxemburg. Dzierżyński spielte später auch in der Russischen Revolution eine wichtige Rolle. Für Lenin organisierte er die Geheimpolizei Tscheka. Diese »Außerordentliche Allrussische Kommission zur Bekämpfung von Konterrevolution, Spekulation und Sabotage«, wie sie offiziell hieß, war die Urzelle des Überwachungs- und Unterdrückungsapparats, der in der Sowjetunion dann rasch immer gewaltigere Dimensionen annahm und zum Vorbild für die geheimen Polizeiapparate in den anderen kommunistischen Staaten wurde. (Die Eliteeinheit des Ministeriums für Staatssicherheit der DDR war das »Wachregiment Feliks Dzierżyński«.) Nach der Russischen Revolution versuchte Dzierżyński gemeinsam mit Józef Unszlicht, der der Hauptverwaltung der SDKPiL ebenfalls angehörte, mithilfe des Provisorischen Polnischen Revolutionskomitees, das unter der Führung Marchlewskis stand, das Sowjetsystem auch in Polen zu etablieren. Doch die Mission war nicht erfolgreich, weil die Sowjets den Krieg gegen Polen 1920 verloren. Marchlewski starb 1925, Dzierżyński 1926, Unszlicht wurde 1938 auf Geheiß Stalins erschossen.

Die Sozialistische Internationale, der auch die SDKPiL angehörte, zerfiel zu Beginn des Ersten Weltkriegs in zwei Fraktionen. Auf der einen Seite waren diejenigen, die die Kriegsanstrengung ihrer jeweiligen Regierungen unterstützten, auf der anderen die, die den Krieg unter allen Umständen kategorisch ablehnten. Die Burgfriedenspolitik führte in Deutschland, so wie auch in anderen Ländern, zur Spaltung der SPD, sodass es nach dem Krieg zwei konkurrierende Parteien gab, Sozialdemokraten und Kommunisten, und auf internationaler Ebene neben der Sozialistischen Internationale auch eine Kommunistische Internationale. Doch bis 1914 gehörten so unterschiedliche Persönlichkeiten wie Eduard Bernstein und Lenin, Marie Juchacz und Clara Zetkin, Georg von Vollmar und Rosa Luxemburg, Friedrich Ebert und Karl Liebknecht alle derselben politischen Bewegung an. Dann trennten sich ihre Wege, und sie wurden oftmals zu erbitterten Feinden. Das muss man bedenken, wenn man bei Peter Nettl liest: »Die führenden Mitglieder der SDKPiL waren Menschen von außergewöhnlichem geistigen Rang. [...] Nirgends in der Zweiten Internationale hatte eine kleine Gruppe so hervorragende Führer.«[569] Nicht wenige dieser hervorragenden Führer wurden später Kommunisten und dienten einem Regime, das schon bald des Roten Terrors bedurfte, um sich an der Macht zu halten. Der Tschekist Feliks Dzierżyński hatte in seinem Büro in Moskau ein Porträt von Rosa Luxemburg hängen, die er sehr verehrte.[570] Dass sie darüber glücklich gewesen wäre, wenn sie es noch erlebt hätte, darf bezweifelt werden. Die SDKPiL zerfiel am Ende des Ersten Weltkriegs, ihre führenden Mitglieder zerstreuten sich und spielten oftmals eine wichtige Rolle bei den revolutionären Entwicklungen in ihren jeweiligen Ländern, so z. B. Dzierżyński und Julian Leszczyński (Pseudonym Leński) in Moskau und Jogiches und Luxemburg in Berlin. Diejenigen, die in Polen blieben, schlossen sich 1918 mit dem linken Flügel der PPS, der PPS-Lewica, zusammen und gründeten die Kommunistische Partei Polens. Die Partei stand in der Tradition von Luxemburgs Internationalismus und war eher auf Trotzkis als auf Stalins Seite. 1938 wurde sie auf Anordnung Stalins aufgelöst, und die zuletzt noch knapp 4000 Mitglieder wurden nahezu ausnahmslos erschossen.

Unter den Opfern befand sich auch Luxemburgs Weggefährte Adolf Warski, der ihr Manuskript über die bolschewistische Revolution heftig kritisiert hatte.[571]

Feliks Dzierżyński fiel bei einem von der PPS organisierten geheimen Treffen mit sozialistischen Arbeitern in Wilna am 4. Februar 1900 der Polizei in die Hände. Er wurde nach Warschau verbracht, wo er im berüchtigten Pavillon 10 der Warschauer Zitadelle festgehalten wurde, an demselben Ort, wo dann 1906 auch Jogiches und Luxemburg inhaftiert waren. Dzierżyński wurde nach Sibirien deportiert, von wo ihm erst im Sommer 1902 die Flucht gelang. Durch die polizeilichen Verfolgungsmaßnahmen war die Führung der gerade wieder gegründeten Partei stark geschwächt. Die Autorität lag deshalb bei einer Gruppe von Emigranten, die weit verstreut war. Luxemburg lebte in Berlin, Jogiches zunächst in Zürich, später dann ebenfalls in Berlin, Marchlewski, Warski und Parvus in München, Cezaryna Wojnarowska in Paris. Wojnarowska, zehn Jahre älter als Luxemburg, war 1883 in die Schweiz emigriert und sechs Jahre später zum Studium nach Paris gegangen, wo sie sich dauerhaft niedergelassen hatte. 1893 hatte sie sich der SDKP angeschlossen und vertrat die SDKPiL ab 1900 im Internationalen Sozialistischen Büro, Luxemburg übernahm 1904 dort ihren Platz. Wojnarowska und ihre Freunde verfolgten innerhalb der SDKPiL eine moderate Linie, die von der Hoffnung getragen war, die alten Gegensätze zur PPS zu überwinden. Es gehört wenig Fantasie dazu, sich vorzustellen, dass Jogiches und Luxemburg gegen diesen neuen Kurs erbittert opponierten.[572] Das ging so weit, dass Luxemburg in einem Brief an Jogiches die Renaissance der SDKP als »Unglück« bezeichnete: »Solange es nach uns nichts gab, herrschte immer noch eine gewisse Erinnerung an eine ernsthafte und achtunggebietende Arbeit. Das, was jetzt entstanden ist, vernichtet diese Achtung in sehr kurzer Zeit, verunglimpft und besudelt die Firma und wird schließlich sicher von selbst verschwinden und nur einen üblen Geruch hinterlassen. Das schmerzt mich furchtbar, umso mehr, als ich mich in diesen Morast weder einmischen kann noch will, um den Lauf der Dinge zu verändern.«[573] Das ist eine bemerkenswerte Briefstelle. Das Urteil war wie gewohnt sehr pointiert, die Aussagen standen allerdings in einem auffallenden Kontrast zu dem, was dann geschah.

Rosa Luxemburg spielte in den ersten Jahren des neuen Jahrhunderts eine entscheidende Rolle in der polnischen Sozialdemokratie. In der SDKPiL war sie die treibende Kraft, hielt sich aber im Hintergrund. Kein polnischer Schatten sollte auf ihre deutsche Parteikarriere fallen. In gewisser Weise führte sie ein Doppelleben, »nur Jogiches kannte das volle Ausmaß ihrer Tätigkeit«.[574] (Es ist bezeichnend, dass Luxemburgs polnische Schriften zum großen Teil erst jetzt, fast 100 Jahre nach ihrem Tod, in deutscher Übersetzung publiziert werden.[575]) Luxemburg war nicht nur in der SDKPiL aktiv, sie schloss sich auch der PPS an, was damals, bei allen ideologischen Gegensätzen, so ungewöhnlich nicht war. So ganz wohl war ihr bei dieser Entscheidung dennoch nicht: »Was die polnischen Angelegenheiten betrifft, so habe ich die Lage noch einmal gründlich durchdacht und bin zu dem Schluss gelangt, dass mein Eintritt in die PPS ein außergewöhnlich wichtiger Schritt in meinem Leben war, gleichzeitig der idiotischste Schritt, den ich in diesem Leben getan habe oder noch tun werde.«[576] Dies schrieb sie Jogiches, nachdem sie vier Wochen zuvor, am 15./16. April 1900, am fünften Parteitag der PPS in Berlin teilgenommen hatte. Auf diesem Parteitag wurde ein Antrag aus Posen verhandelt, die PPS solle sich als separate Organisation auflösen und ihre Mitglieder sich der SPD anschließen, die in der preußischen Provinz Posen so etwas wie die Mutterpartei der PPS war. Der Antrag stieß auf lebhaften Widerspruch, und Luxemburg, der die Antragsteller nahestanden, bestimmte sie dazu, ihren Antrag zurückzuziehen. Stattdessen brachte die Posener Parteiorganisation einen anderen Antrag ein, den Luxemburg verfasst hatte. Dieser Antrag war sehr geschickt formuliert, er verdammte den Revisionismus ebenso wie den polnischen Nationalismus, betonte den Schulterschluss mit der SPD, deren Parteitagsbeschlüsse hinfort bindend für die PPS sein sollten, stellte aber nicht deren Eigenständigkeit infrage.[577] Mit diesem Antrag setzte sich Luxemburg durch: »Sieg auf der ganzen Linie; ich gewann sogar die verbissensten Gegner für mich. Im Lager der Intelligenz-PPS herrscht große Verwirrung. Sie sind schon dabei, die Sache zu verdrehen, wofür ein Beweis der Artikel in der ›Gazeta Robotnicza‹ ist, […], in der nächsten Nummer kommt meine Antwort.«[578]

Provinz Posen, PPS, Leo Jogiches

Der erwähnte Artikel verdrehte die Dinge in der Tat, wenn er feststellte, Rosa Luxemburg sei auf ihre alten Tage doch noch zu einer polnischen Sozialistin geworden, »die den gleichen Gott verehrt wie wir«. Ihr Eintritt in die PPS sei der Beweis, dass sie nun ebenfalls die Wiedererringung der polnischen Unabhängigkeit unterstütze. Die so Gepriesene schrieb ihre Antwort, aber sie erschien nicht, jedenfalls nicht in der nächsten Nummer. Da habe es technische Schwierigkeiten gegeben, erklärte ihr die Redaktion. In der übernächsten Nummer erschien der Text, vorangestellt war ihm allerdings eine Erklärung des Vorstands der PPS, die heftige Angriffe gegen Luxemburg enthielt.[579] Es waren die gleichen Frontstellungen wie immer, dabei hatten die polnischen Sozialisten im preußischen Teilungsgebiet eigentlich andere, drängendere Probleme. Sie mussten nicht in der Illegalität agieren, sie konnten Parteitage abhalten, aber das waren bescheidene Veranstaltungen.

Die Polen waren zwar geduldet, aber vielfältigen Diskriminierungen ausgesetzt. Die Prussifizierung bzw. Germanisierung beschränkte sich nicht auf die kulturelle Überformung der alten Königsstadt Posen, wo 1000 Jahre zuvor der erste polnische Bischofssitz errichtet worden war und wo die frühesten polnischen Könige ihre Grablege hatten. Der Gebrauch der polnischen Sprache in der Öffentlichkeit war verboten, Ortsnamen wurden germanisiert, die 1886 gegründete Königlich Preußische Ansiedlungskommission für Westpreußen und Posen versuchte, den Bevölkerungsanteil der Deutschen, der in manchen Bezirken kaum zehn Prozent überstieg, zu steigern, und investierte mehrere Hundert Millionen Reichsmark in den Aufkauf von Ländereien, um deutsche Bauern dort anzusiedeln. Auf Druck des Deutschen Ostmarkenvereins wurde die Germanisierungspolitik später noch verschärft und polnische Grundbesitzer wurden in gewissen Fällen sogar enteignet.

In Berlin gab es um die Jahrhundertwende etwa 30 000 Polen, aber die politische Aktionsbasis der Sozialisten war schmal. Die PPS hatte kaum mehr als hundert Mitglieder.[580] Einer der wichtigsten Aktiven war der Möbeltischler Franciszek Morawski, der auch der Redaktion der *Gazeta Robotnicza* angehörte. Er war auch Sozialdemokrat und auf den Parteitagen der SPD ein beredter Vertreter polnischer Anliegen. Dafür gab es reichlich Gelegenheit, auf den Parteitagen kam es immer wieder zu »Polendebatten«, so auch 1897 in Hamburg. Dabei ging es vor allem um das Problem der Sprachkompetenz. Morawski brachte dort einen Antrag ein, die SPD solle in Wahlkreisen mit überwiegend polnischer Bevölkerung nur solche Kandidaten aufstellen, die neben der deutschen auch der polnischen Sprache mächtig seien und »beide Sprachen vollständig beherrschen«[581]. Damit bewegte er sich auf dünnem Eis. Als sozialistische Partei lehnte die SPD offiziell jede Art von Nationalismus ab und sah Angehörige jedweden Volkes als absolut gleichberechtigt an. Im Alltag gab es auch hier Raum für andere Gefühlswelten. Ignaz Auer, der Rosa Luxemburg gleich bei ihrem ersten Besuch versichert hatte, dass er das polnische Streben nach Unabhängigkeit für eine Idiotie halte, stand mit dieser Ansicht keineswegs allein. Und so wurde in Hamburg auch das Argument vorgetragen, es sei viel wichtiger, dass der Kandidat ein »erprobter« Genosse sei, als dass er Polnisch könne. Wilhelm Liebknecht wiederum, der prominenteste Polenfreund unter den Sozialdemokraten, vertrat die Auffassung, die dem Antrag zugrunde liegende Idee sei derart selbstverständlich, dass man so etwas gar nicht beschließen müsse.[582] Ein weiteres Gegenargument lautete, der Parteitag könne doch den Wahlkreisen keine Vorschriften machen, was für Kandidaten sie aufstellten. Morawski versuchte, seinen Antrag zu verteidigen, und verwies auf schwierige Verhandlungen im Vorfeld der Kandidatenaufstellung, bei denen die Partei ihnen einfach Kandidaten vor die Nase gesetzt hatte:

> Wir machten Einwendungen: es ginge doch nicht an, einen Kandidaten zu empfehlen, den die Wähler gar nicht verstehen. Es wurde uns erwidert, es ginge nicht anders; […] Ich hob den demokratischen Standpunkt hervor: die Wähler müssten doch wenigstens befragt werden. Da wurde uns direkt empfohlen, dass mehr germanisiert werden müsse. Ein polnischer Genosse rief: Wir sind aber Polen, da wurde uns von Gerisch zugerufen: Dann seid Ihr keine Sozialdemokraten, wenn Ihr Polen seid. Wir waren ganz sprachlos, als wir das hörten. Seit 25 Jahren haben wir doch Schulter an Schulter mit den deutschen Genossen gekämpft und den Standpunkt der Internationalität nie verlassen. Da blieb uns schließlich nichts anderes mehr übrig, als den Antrag 41 zu stellen. Mag der Parteitag nun entscheiden, ob wir uns Kandidaten oktroyieren lassen müssen, die sich mit ihren Wählern nicht verständigen können.[583]

Die Gelegenheit zur Entscheidung bekam der Parteitag am Ende nicht, weil Morawski seinen Antrag, der keine Aussicht auf Erfolg hatte, zurückzog. Der zitierte Albin Gerisch war übrigens nicht irgendjemand, er gehörte seit 1890 dem Parteivorstand an und hatte die Partei nach dem Ende des Sozialistengesetzes wieder mit aufgebaut.

Die Diskussion machte deutlich, dass die polnischen Genossen in der SPD, die sie finanziell erheblich unterstützte, zwar geduldet, aber nicht wirklich beliebt waren. Und sie lässt erahnen, warum im Jahr darauf die perfekt zweisprachige Polin Rosa Luxemburg mit ihrer Agitationsreise durch Oberschlesien einen so triumphalen Erfolg einfahren konnte. Sie trug entscheidend zur Konsolidierung der Arbeiterbewegung in den polnischen Landesteilen bei. Zugleich standen durch ihr Auftreten die Frage der nationalen Unabhängigkeit und die damit unweigerlich verbundenen Auseinandersetzungen wieder auf der Tagesordnung. So war sie im April 1900 in die Pressekommission der PPS gewählt worden und wollte – kampffreudig wie immer – die neue Machtstellung dazu nutzen, die Kontrolle über das Wochenblatt der PPS im preußischen Teilungsgebiet, die *Gazeta Robotnicza*, zu übernehmen

»und die ›Przedświt‹-Leute von dort ausräuchern«,[584] was indes nicht gelang.

In Berlin, wo es nicht nur um theoretische Diskussionen, sondern auch um praktische Politik ging, war Luxemburgs Rolle eine andere als vormals in Zürich. Sie musste einen Spagat bewältigen, wenn sie sich einerseits für die Interessen der polnischen Arbeiterschaft einsetzen und andererseits den polnischen Nationalisten Paroli bieten wollte. Im Juli 1900 verbot der preußische Kultusminister Conrad von Studt durch einen neuen Erlass den Gebrauch der polnischen Sprache sogar für den Religionsunterricht in der Mittel- und Oberstufe der Elementarschulen. Luxemburg brachte daraufhin, gemeinsam mit Joseph Gogowski aus Posen, auf dem SPD-Parteitag in Mainz einen Antrag ein, der auch angenommen wurde: »Der Parteitag beauftragt die Fraktion, die neuesten gegen den Gebrauch der polnischen Sprache in den Schulen der Provinz Posen gerichteten Maßnahmen der preußischen Regierung im Reichstag zur Sprache zu bringen und überhaupt die Behandlung der Polen als Bürger zweiter Klasse mit allem Nachdruck zu bekämpfen.«[585] Bezeichnend war, was Luxemburg zur Begründung ihres Antrags vortrug. Es gehe darum, dem polnischen Volk zu beweisen, dass der Schutz seiner Interessen nicht bei der polnischen Bourgeoisie, sondern bei den deutschen Sozialdemokraten in den besten Händen sei: »Wir müssen den polnischen Arbeiter lehren, seine nationalen Utopien aufzugeben, und ihm zeigen, dass er nicht in seiner Sonderstellung als Pole, im Anschluss an nationalistische Parteien, sondern als Sozialdemokrat seine Nationalitätsinteressen am besten verteidigt.«[586] Auf demselben Parteitag geriet sie in ein heftiges Wortgefecht mit Georg Haase von der PPS. Sie machte sich nicht nur in wenig vornehmer Weise mehrfach über seinen Namen lustig, sondern warf ihm und seiner Partei auch »nationalistische Phrasenmachereien«[587] vor. Mit diesem Auftritt erwarb sie sich nicht überall Sympathien. Käthe Duncker, die später wie Luxemburg zur USPD und dann zur KPD wechseln sollte, berichtete über den Parteitag ihrem Mann Hermann, der damals bei der *Leipziger Volkszeitung* arbeitete und in Mainz nicht dabei war. Zunächst vermerkte sie kritisch, dass die dem Parteitag vorausgehende Frauenkonferenz »recht interessant« gewesen sei, Luxemburg allerdings nicht teilgenommen habe, »sie macht einen sehr unsympathischen Eindruck, mehr als ich dachte.« Sodann kam sie auf die Polemik gegen Haase zu sprechen: »Kampf der Polen untereinander. Hie Rosa, hie polnische Sozialdemokratie. [...] Einfach gemeines Geschimpfe. [...] Eklige Person!«[588]

Rosa Luxemburg vertrat ihre Positionen nicht nur offensiv in der sozialdemokratischen Presse, auf Versammlungen und Parteitagen. Sie nahm den Erlass von Studt zum Anlass, sich auch mit einer eigenen Publikation, »Zur Verteidigung der Nationalität«, an die im preußischen Teilungsgebiet lebenden Polen zu wenden.[589] Dabei sprach sie sie als ihre Landsleute an: »Das ist nicht der erste Anschlag der preußischen Behörden auf unsere Sprache und unsere Nationalität.«[590] Sie klagte: »Die polnische Sprache, die polnische Nationalität sollen in Preußen verschwinden, drei Millionen des polnischen Volkes sollen vergessen, dass sie als Polen geboren wurden, und sich in Deutsche verwandeln! Die Kinder sollen die Sprache ihrer Väter und Mütter vergessen, die Enkel sollen vergessen, dass ihre Großväter einst auf polnischem Boden lebten!«[591] Ihr Ziel war die Verteidigung der polnischen Nationalität, heute würden wir sagen: der kulturellen Identität. Luxemburg exemplifizierte dabei in ihrer Schrift die marxistische Lehre vom internationalen Klassenkampf am polnischen Beispiel. Die preußische Regierung war der Feind des polnischen Volkes, aber sie war in gleicher Weise auch der Feind des deutschen arbeitenden Volkes, das deshalb ein Verbündeter war: »Es gibt nur eine Partei, die uns aufrichtig zugetan ist und gegen die Germanisierung wie gegen jegliche Rechtlosigkeit nicht nur ihre laute Stimme, sondern auch die geballte Faust erhebt. Diese Partei ist die Sozialdemokratie, die Partei der deutschen Arbeiter.«[592] Umgekehrt seien die nationalpolnischen Abgeordneten, die dem Bürgertum und dem Adel angehörten, keine Interessenvertreter des polnischen Volkes: »Was haben sie bisher durch ihre Abgeordnetentätigkeit Gutes für das polnische Volk getan? Rein gar nichts! Im Parlament und im Landtag sitzen diese unsere polnischen Abgeordneten wie ägyptische Mumien; weder Macht noch Einfluss, noch Ansehen vermochten sie zu erlangen. [...] Völlig anders treten die sozialdemokratischen Abgeordneten zur Verteidigung des Polentums auf, obwohl es bisher keinen einzigen Polen unter ihnen gibt.«[593] Die Botschaft war klar und eindeutig, und sie lag ganz auf der Linie dessen, was Luxemburg immer propagiert hatte.

Am 21. September war der SPD-Parteitag in Mainz zu Ende. Am Tag darauf fuhr sie mit Clara Zetkin nach Paris, wo am 23. September der Kongress der Sozialistischen Internationale begann. Die beiden Freundinnen nahmen ein gemeinsames Quartier, was Geld sparte. Wie schon bei den Kongressen zuvor gab es auch in Paris Auseinandersetzungen um Luxemburgs Mandat.[594] Das mag verwundern angesichts ihrer zwischenzeitlich erheblich gewachsenen Reputation, aber ihren scharfzüngigen Auftritt in Mainz hatten ihr die Genossen der PPS doch sehr übel genommen. Sie besaß ein Mandat der SDKPiL, das 218 Personen unterzeichnet hatten, darunter 27 Gefangene in der Warschauer Zitadelle, gab es aber an Cezaryna Wojnarowska weiter mit der Begründung, dass sie in der SDKPiL Kongresspolens gar nicht tätig sei. In Paris wurde innerhalb der Delegationen über die Gültigkeit von Mandaten abgestimmt, und die PPS wollte Luxemburg in die polnische Delegation nicht aufnehmen. Am Kongress selbst konnte sie als Mitglied der deutschen Delegation trotzdem teilnehmen, weil sie über Mandate des Posener Agitationskomitees mit 360 Unterschriften und des oberschlesischen Wahlkreises Beuthen-Tarnowitz und Kattowitz-Zabrze verfügte.[595] Nicht nur Luxemburg wurde in die polnische Delegation nicht aufgenommen, die PPS verweigerte den Vertretern der SDKPiL insgesamt die Anerkennung, mit der Begründung, in Kongresspolen gebe es neben ihrer eigenen Partei keine weitere sozialistische Organisation. Luxemburg trug dieses Problem am folgenden Tag unter Aufbietung ihres ganzen rhetorischen Talents dem Plenum des Kongresses vor und erntete enormen Applaus. Victor Adler, dessen Sympathien traditionell der PPS gehörten, versuchte gegenzuhalten, doch das war aussichtslos. Der Kongress musste zu seinem Missvergnügen wieder einmal über einen innerpolnischen Streit entscheiden und anerkannte alle Mandate der SDKPiL. Luxemburgs scharfe Angriffe gegen die PPS hatten zur Folge, dass sie aus der Partei ausgeschlossen wurde, was sie leichten Herzens zur Kenntnis nahm. Außerordentlich verärgert war sie allerdings darüber, dass auch vier emigrierte Studenten, die eigentlich der SDKPiL angehörten, mit den Vertretern der PPS für ihren Parteiausschluss gestimmt hatten.[596]

Stolz berichtete Luxemburg am nächsten Tag Jogiches, der nicht in Paris war: »Ich habe gestern (3/4 Stunde) eine glänzende französische Rede gehalten und Beifall erhalten. Sie haben es so bekommen, dass sie und Adler blass wie der Tod dasaßen. Heute hat das Büro alle Mandate angenommen. Ich bin in der 4. und 5. Kommission von den Deutschen und Sekretär. Die gesamte Arbeit ruht auf meinen Schultern.«[597] Rosa Luxemburg war ein wichtiges Mitglied der deutschen Delegation. Gemeinsam mit dem Parteivorsitzenden Paul Singer wurde sie in die Kommissionen »Der Völkerfriede, der Militarismus, die Beseitigung der stehenden Heere« und »Die Kolonialpolitik« entsandt, die gemeinsam tagten.[598] Ihr Ziel war es, sich unentbehrlich zu machen und die große, mächtige und vergleichsweise wohlhabende SPD auf ihre Seite zu ziehen und der PPS im innerpolnischen Streit eine dauerhafte Niederlage beizubringen. Dieses Ziel würde sie nie erreichen, aber sie war ihm in Paris immerhin ein ganzes Stück näher gekommen. Nach diesem Kongress versuchten die »nationalistischen Sozialisten«, wie sie sie gerne nannte, nie wieder zu verhindern, dass Luxemburg als Vertreterin der polnischen Sache auftrat.

Mit ihren Auftritten in Mainz und Paris konnte sie sehr zufrieden sein. Eine national und international bedeutende Karriere war vorgezeichnet. Aber als sie wieder in Berlin war, erreichte sie eine Botschaft, die sie erst einmal alles andere vergessen ließ. Am 30. September 1900 war der Vater mit 70 Jahren in Warschau verstorben. Drei Monate später schrieb sie an Minna Kautsky, die Mutter von Karl, die in Wien lebte: »Dieser Schlag hat mich so niedergeschmettert, dass ich mit den Menschen weder mündlich noch schriftlich verkehren konnte. ich war innerlich wie abgestorben und so gleichgültig für alles, dass ich nur mechanisch die Tagesobliegenheiten eines ›lebendigen Menschen‹ verrichtete.«[599] Immerhin war Luxemburg ihrem Vater, anders als seinerzeit der Mutter, im Jahr vor seinem Tod noch einmal begegnet. Doch danach war er ihr aus dem Blick geraten, fand sie nicht mehr die Kraft, angesichts der Fülle ihrer Obliegenheiten auch ihm noch Aufmerksamkeit zu widmen. Seine Briefe blieben unbeantwortet, auch wenn er ihr in »sehr wichtigen Angelegenheiten« schrieb, was er sich, als er ihr fünf Monate vor seinem Tod letztmals schrieb, so erklärte: »Das erinnert mich daran, was ich einmal gelesen habe: dass der Adler sich hoch erhebt, also sieht er nicht, was auf der Erde geschieht. Du bist mit sozialen Fragen befasst, und die häuslich-familiären Angelegenheiten sind sogar vom zweiten Platz gerückt, naja, was tun! Ich muss auch das annehmen, denn offensichtlich fehlte noch ein Tropfen Wermut im Kelch. Ich kann Dich mit meiner Korrespondenz nicht mehr belasten. Bleib gesund.«[600] So schied er mit einem Wort der Enttäuschung von ihr. Noch im Januar hatte er ihr geschrieben: »Ich bitte Dich, erbarme Dich und schreib mir postwendend über alles, worum bittet Dein Dich liebender Vater«[601]. Doch sie fand nicht die Kraft sich zu erbarmen, mitten in den schweren Auseinandersetzungen mit Jogiches über seinen immer erneut aufgeschobenen Umzug nach Berlin: »Ich wollte Dir einen langen Brief schreiben, aber ich erhielt wieder eine Nachricht von Vater, nach der ich kaum noch in der Lage bin, Dir das Dringendste zu schreiben.«[602]

Inzwischen lebte Leo bei seiner Rosa in Berlin. Aber ein unbeschwertes Liebespaar war aus den beiden dadurch nicht geworden. Rosa war auf dem Papier noch immer mit Gustav verheiratet, der erste Anlauf zur Scheidung war gescheitert. Gustav hätte sich – welche Ironie – der ehelichen Untreue bezichtigen und dadurch den Weg zur Scheidung ebnen sollen, und Leo hätte ihm das nahebringen sollen. So war Rosas Plan, die mit dem Sozialdemokraten Arthur Stadthagen auch einen prominenten Rechtsanwalt eingeschaltet hatte, der von einem Kollegen in Zürich unterstützt wurde. Aber die Schweizer Behörden waren unwillig, und wir dürfen vermuten, dass auch Gustav und Leo sich nicht maximal geschickt anstellten, obwohl ihnen Rosa aus der Ferne genaueste Anweisungen gab. Sie hatte sich erkundigt, wie lange der Fall von Untreue zurückliegen dürfe, um als Scheidungsgrund Anerkennung zu finden, höchstens drei Monate, und wies Leo an, falls eine persönliche Zeugenaussage der Frau notwendig sei, eine »konzessionierte Dirne«[603] zu beschaffen. Doch das alles half nichts, und es sollte noch drei Jahre dauern, bis die Trennung von Tisch und Bett amtlich besiegelt war. Das bedeutete, es gab erheblichen Erklärungsbedarf. Der Familie in Warschau erzählte sie, Leo sei Schweizer,[604] deshalb müsse die Eheschließung dort stattfinden und das schon so bald, dass eine Anreise für die Familie leider nicht möglich sei. Ein größeres Problem als die Familie im fernen Warschau war die sozialdemokratische Parteifamilie. Der liberale August Bebel war hier eine Ausnahme. Er hatte mit *Die Frau und der Sozialismus* (1878) ein sehr modernes Buch geschrieben, das sich zu einem internationalen Bestseller entwickelt und seinen Autor zu einem reichen Mann gemacht hatte. Einmal wollte Bebel sogar eine parlamentarische Initiative mit dem Ziel betreiben, den § 175 aus dem Strafgesetzbuch zu streichen, scheiterte mit dieser Idee aber schon an der eigenen Reichstagsfraktion. Da war er seiner Zeit hundert Jahre voraus. Aber im Allgemeinen waren die sozialdemokratischen Vorstellungen von Sitte und Anstand nicht viel moderner als die der übrigen Gesellschaft. Dass Clara Zetkin mit einem wesentlich jüngeren Mann zusammenlebte, wurde hingenommen, da die beiden zumindest verheiratet waren. Heiraten konnte Rosa ihren Leo bis auf Weiteres nicht, aber von ihm getrennt leben, wenn er endlich nach Berlin kam, wollte sie natürlich nicht.

Doch für dieses Problem fand sich eine Lösung: »Sofort zusammen wohnen können wir jedoch vom Augenblick Deiner Ankunft an, denn bei meiner Wirtin ist seit je ein zweites (kleines) Zimmer zu vermieten, und Du nimmst es ebenso mit Pension wie ich. Auf diese Weise werden wir ständig zusammen sein. Ich stelle Dich als meinen Cousin vor, und ich genieße so großes Ansehen bei den Wirtsleuten und im ganzen Haus, dass das keinen Anlass für irgendwelchen Klatsch oder Vermutungen geben wird.«[605] Das war eine Konstellation, die Jogiches im Grunde gut gefiel. Als »Cousin« hatte er keine gesellschaftlichen Verpflichtungen, die ein Ehegatte oder Verlobter unweigerlich gehabt hätte, auch mit der Frage eines gemeinsamen Hausstandes musste er sich erst einmal nicht auseinandersetzen, ganz zu schweigen von der – horribile dictu – Frage nach einem gemeinsamen Kind. Auf der anderen Seite fand er keinen wirklichen Halt an seinem neuen Lebensmittelpunkt. Ettinger beschreibt es pointiert: »Jogiches wurde immer verzagter. Tagelang nahm er kein Buch, keine Zeitung zur Hand. Er lag kettenrauchend auf dem Bett, in schwarze Wolken gehüllt. Auf der anderen Seite der Wand raste Rosas Feder wie eine Lokomotive übers Papier und bedeckte Seite um Seite. Ihre Energie vertiefte seine Trägheit, ihre Kraft sein Unvermögen, ihre Leistungen seinen Misserfolg.«[606] So mag es gewesen sein, die ganze Wahrheit ist es nicht. Luxemburg war eine außerordentlich erfolgreiche Publizistin, während Jogiches auf diesem Feld nie reüssierte. Aber er war nach wie vor in der SDKPiL stark engagiert und war, nachdem die von Cezaryna Wojnarowska und Stanisław Trusiewicz angeführte Fraktion sich nicht durchgesetzt hatte, de facto der Führer der Partei.[607] Auffallend ist indes, dass er sich vom sozialdemokratischen Parteileben fernhielt; dieses Feld überließ er seiner Geliebten. Er begleitete Luxemburg weder zum SPD-Parteitag nach Mainz noch zur Sozialistischen Internationale nach Paris. Ihr Wirken dagegen zog immer weitere Kreise. In zahllosen Berichten über die beiden Veranstaltungen wurde über sie berichtet, allerdings nicht immer zu ihrem Vorteil. So schrieb die *Neue Korrespondenz* von der »sattsam bekannten Rosa Luxemburg«, die den deutschen Arbeitern nicht sympathisch sein könne: »Diese ausländische Dame möge doch die Gastfreundschaft der deutschen Arbeiter nicht zu sehr auf die Probe stellen.« In Paris seien »recht unangenehme Dinge« vorgefallen und Georg von Vollmar sei es »schließlich zu arg geworden«.[608] Auch in späteren Jahren gab es immer wieder xenophobe und antisemitische Angriffe, wenn etwa die reaktionäre *Kreuzzeitung* schrieb, Luxemburg sei russische Reichsangehörige und müsse des Landes verwiesen werden.[609]

Auf dem 6. Parteitag der PPS am 27./28. Mai 1901 in Berlin stand erneut die nationale Frage auf dem Programm. Der von Luxemburg in Mainz so gescholtene Georg Haase versuchte mit Macht, die Forderung nach nationaler Unabhängigkeit im Parteiprogramm zu verankern. Franciszek Morawski und andere stellten sich dem mit Verweis auf die staatsrechtliche Situation entgegen. Es kam zu heftigen Auseinandersetzungen, bei denen sich die Linie Haases nicht durchsetzte. In einem anderen Punkt allerdings war er erfolgreich, und der Parteitag beschloss, dass die

PPS bei den 1903 anstehenden Reichstagswahlen mit eigenen Kandidaten antreten sollte. Das war eine klare Kampfansage an die SPD. Der Provinzparteitag der Posener Sozialdemokraten schloss daraufhin die Delegierten der PPS von seiner Tagung aus, die am 9./10. Juni in Bromberg stattfand. Nach einem Referat von Rosa Luxemburg wurde dort einmütig ein Antrag verabschiedet, in dem erneut der Nationalismus der PPS verurteilt wurde. Diese habe durch ihre jüngste Entscheidung, trotz großzügiger Förderung in der Vergangenheit, »das Tischtuch zwischen sich und der deutschen Sozialdemokratie zerschnitten«, deshalb höre sie auf, »als sozialdemokratische Organisation zu existieren«. Es wurde deshalb »zur einheitlichen und planmäßigen Leitung der mündlichen und schriftlichen Agitation unter der polnischen Bevölkerung des Deutschen Reichs« ein »Zentralausschuss der polnischen Sozialdemokratie« gewählt.[610] Er bestand aus vier polnischen Sozialdemokraten, einer von ihnen war Marcin Kasprzak,[611] der einst dazu beigetragen hatte, dass die 17-jährige Rosa die Reise von Warschau nach Zürich erfolgreich hatte bewältigen können.

Der jährliche SPD-Parteitag fand vom 22. bis zum 28. September 1901 in Lübeck statt. Luxemburg vertrat den Wahlkreis Posen, also genau jene Sozialdemokraten, die sich mit der PPS angelegt hatten. Jogiches hat sie diesmal möglicherweise begleitet, jedenfalls hat sie ihm in der Zeit nicht geschrieben. Auch in Lübeck gab es »wieder die schönste Polendebatte«, wie sie zu Beginn ihrer Rede feststellte, wobei sie fortfuhr: »aber wir sind nicht schuld daran, wenn wir wieder mit diesen unerquicklichen Dingen traktiert werden.«[612] Ausgangspunkt der Polendebatte war natürlich der vorausgehende Parteitag der Provinz Posen. Luxemburg betonte, es handle sich nicht um einen Konflikt zwischen Deutschen und Polen, sondern »zwischen polnischen Sozialdemokraten, die auf internationalem Boden stehen, und solchen, die auf nationalem Boden stehen«.[613] Sie verwies auf ihre Schrift über den Schutz der polnischen Nationalität und berichtete, dass ihr diese eine Beleidigungsklage des preußischen Kultusministers Studt eingebracht habe. Luxemburg war bei diesem Thema eines Sinnes mit dem Parteivorstand, der in seinem Bericht zu Beginn des Parteitags feststellte, angesichts des Verhaltens von Georg Haase und seinen Leuten habe er die Pflicht gehabt, »jede weitere Unterstützung der polnischen Organisation abzulehnen«.[614] Wilhelm Pfannkuch, ein alter Parteiveteran, der in Berlin als besoldetes Vorstandsmitglied tätig war, bekräftigte diese Position in seiner Rede noch einmal,[615] während Georg Ledebour versuchte, für die PPS eine Lanze zu brechen, und die Hoffnung aussprach, dass die Zusammenarbeit mit der Partei bald wieder aufgenommen werde.[616] Ledebour, der sich wie Luxemburg 1917 der USPD anschloss, stand in der polnischen Frage im anderen Lager, weshalb er sich von ihr auf dem Münchner Parteitag 1902 als »Ledebourski« verspotten lassen musste. Von Gogowski wurde ihm vorgeworfen, er bewerfe Kasprzak mit Schmutz. Tatsächlich hatte der Parteivorstand schon im Jahr zuvor geklärt, dass die Vorwürfe gegen den von Luxemburg protegierten Kasprzak substanzlos waren, sodass seiner Nominierung als Reichstagskandidat nichts im Wege stand. Luxemburg verfasste nach dem Lübecker Parteitag eine Resolution zur Verurteilung der preußischen Germanisierungspolitik, die Singer und Kautsky bei der nächsten Sitzung des ISB am 30. Dezember 1901 in Brüssel einbrachten, wo sie einstimmig angenommen wurde.[617] Konkreter Anlass für die Resolution waren Vorgänge in Wreschen, einer Kreisstadt 50 Kilometer östlich von Posen, wo polnische Schulkinder von einem Lehrer schwer misshandelt worden waren, als sie im Unterricht Fragen nicht auf Deutsch beantworten wollten. Eltern, die sich darüber beschwerten, waren wegen »Landfriedensbruch« zu langen Haftstrafen verurteilt worden. Dieser Vorfall zeigt, dass auch im preußischen Teilungsgebiet die Repressionen gegen die indigene Bevölkerung äußerst brutale Formen annehmen konnten.

Der Revisionismus war ein großes Thema auf dem Parteitag in Lübeck, an dem Eduard Bernstein erstmals persönlich teilnehmen konnte. Er hatte nach seiner Rückkehr nach Deutschland bereits eine ganze Reihe öffentlicher Veranstaltungen absolviert, die ein kontroverses Echo ausgelöst und ihm zum Teil neue Vorwürfe eingebracht hatten. In Lübeck hielt er zwei ausführliche Rechtfertigungsreden. In der nachfolgenden Diskussion wurde deutlich, dass er zwar nicht in allem auf Zustimmung rechnen konnte, aber die Stimmung doch vergleichsweise versöhnlich war und kaum jemand im Ernst daran dachte, ihn aus der Partei auszuschließen. Dazu mag beigetragen haben, dass wenige Wochen zuvor Parvus in der *Neuen Zeit* nicht nur Bernstein, sondern auch Auer und Vollmar in einer Serie von Artikeln »Opportunismus in der Praxis« angegriffen hatte. Diese Angriffe, die sich nicht auf den Papst des Revisionismus beschränkten, sondern noch zwei weiteren verdienten Parteigenossen galten, hatten ob ihrer Heftigkeit erheblichen Widerspruch mobilisiert. Vor allem Kautsky, der sich, während Parvus' letzte Artikel erschienen, im Sommerurlaub befunden hatte, musste sich viel Kritik anhören. Am Ende der Debatte wurde auch Luxemburg heftig attackiert. Richard Fischer, der wie Bernstein in der Zeit des Sozialistengesetzes in Zürich und London gelebt hatte, warf ihr vor allem ihre Kritik an Alexandre Millerand vor, sprach von Unterstellung und »Verdrehung des Tatbestands vermittels geschickter, aber gewissenloser Rabulistik«: »Man kann eine Auffassung vertreten in aller Schärfe, aber man darf die Meinungen der Genossen nicht fälschen und so lange rabulisteln, bis die Wahrheit in ihrem Gegenteil erscheint.«[618] Das war starker Tobak, vor allem wenn man bedenkt, dass die Angegriffene sich nicht wehren konnte. Sie hatte den Parteitag bereits verlassen müssen, weil sie aufgrund der Beleidigungsklage des preußischen Kultusministers am 26. September vor dem Königlichen Landgericht in Posen erscheinen musste, das sie zu einer Geldstrafe von 100 Mark verurteilte.[619] Luxemburg verfasste wenige Tage später, als sie zurück in Berlin war, eine Erklärung, in der sie Fischer aufforderte, den Wahrheitsbeweis für seine Behauptungen anzutreten. Kautsky hatte jedoch nicht den Mut, diese Erklärung in der *Neuen Zeit* zu veröffentlichen, und sie beugte sich seinem Wunsch, darauf zu verzichten, auch wenn sie seine Begründung, dass das in ihrem Interesse sei, in keiner Weise nachvollziehen konnte.[620]

Immerhin gab es nach diesen eher unerquicklichen Vorgängen in Luxemburgs Privatleben zum Ende des Jahres einen Fortschritt. Sie konnte gemeinsam mit Jogiches eine Wohnung beziehen.[621] Wie schon die Adressen zuvor lag sie in Friedenau, aber etwas weiter südöstlich, jenseits des Bahndamms, in der Cranachstr. 58. Hier blieb sie bis zum Sommer 1911, also fast zehn Jahre, woran seit den 70er-Jahren eine große eiserne Tafel erinnert. (Nachdem der Hausbesitzer sich gegen das Erinnerungszeichen zur Wehr gesetzt hatte, wurde vor dem Haus ein Parkplatz für die Schaffung einer Grünfläche geopfert und die Tafel dort aufgestellt.) Das Leben in möblierten Zimmern war nun endlich zu Ende und Luxemburg ihrem Traum vom bürgerlichen Leben einen großen Schritt näher gekommen, »diese hübsche, stille kleine Wohnung macht mich wieder langsam zu einem Menschen«.[622] Es gab zwei große Räume, die jeweils als Wohn- und Arbeitszimmer dienten,[623] außerdem ein Dienstmädchen, das in der Küche schlief. Das Liebespaar versuchte pro Forma die wahren Verhältnisse weiterhin zu verschleiern, jedoch mit mäßigem Erfolg. Jogiches war offiziell der Mieter des einen Zimmers, und wie seinerzeit in Zürich benutzte er das Pseudonym Grosovski, aber in Parteikreisen hieß er, wenn die beiden nicht in der Nähe waren, schon bald »Herr Rosa«.[624] Trotzdem musste der Schein gewahrt werden, sodass Luxemburg auch während des Sommerurlaubs im Nordseebad Wenningstedt in der Öffentlichkeit stets alleine auftrat. Der Herausgeber der *Sozialistischen Monatshefte* Joseph Bloch und seine Frau, die dort ebenfalls Urlaub machten, gingen davon aus, dass die einsame junge Frau vielleicht Anschluss suchte, und nahmen trotz innerparteilicher Gegnerschaft Kontakt auf, aber Luxemburg wies ihr Ansinnen brüsk zurück. Luise Kautsky berichtete sie, dass sie diese »Flöhe« als politische Gegner nicht anerkennen könne.[625] Als sie wieder in Berlin war, schrieb sie an die Redaktion der *Sozialistischen Monatshefte* und bat darum, sie von der Liste der Mitarbeiter zu streichen, auf der sie bis dahin offenbar nach ihrem einzigen Beitrag fünf Jahre zuvor immer noch geführt wurde.[626]

Luxemburg hatte dreieinhalb Jahre nach ihrer Ankunft in Berlin erstmals eine Wohnung zur Verfügung, die ihren Vorstellungen entsprach. Sie war eine erfolgreiche Publizistin, hatte sich große Achtung in der Partei erworben und wurde vielerorts als Versammlungsrednerin angefragt, weil sich herumgesprochen hatte, dass ihr Auftreten zuverlässig die Säle zu füllen vermochte. »Die politische Lage und die Sozialdemokratie«, »Die Wissenschaft und die Arbeiter« und »Die bürgerliche Sozialreform und die Gewerkschaften« waren in jener Zeit drei ihrer beliebtesten Vortragsthemen. Während sie durch die Lande reiste, saß »Herr Rosa« zu Hause und wartete darauf, dass er gebraucht wurde. Diese Erwartung erfüllte sich in ganz unerwarteter Weise. Im Dezember traf Ossip Jogiches in Berlin ein, der mittlere seiner drei Brüder; er war unrettbar an Tuberkulose erkrankt. Die Ärzte empfahlen, der damaligen Anschauung entsprechend, einen Aufenthalt in einem warmen, trockenen und sonnigen Klima. Die Brüder Jogiches suchten aber keine der damals in Mode befindlichen Lungenheilstätten auf, sondern reisten über Italien nach Algier. Leo war womöglich froh darüber, nach sechzehn Monaten in vielem wenig ersprießlicher Zweisamkeit Berlin wieder verlassen zu können. Und Rosa nutzte die wieder gewonnene Distanz, um ihm all das mitzuteilen, was bisher ungesagt geblieben war. Nachdem der Briefverkehr über lange Zeit nahezu vollständig geruht hatte, schrieb sie ihm zwischen dem 18. Dezember 1901 und dem 16. März 1902 in gewohnter Ausführlichkeit 49 Briefe. Im März verstarb der Bruder, und Leo kehrte nach Berlin zurück.

Die zahlreichen Briefe enthielten das bekannte Themenrepertoire. Rosa zog sich in der Zeit von Leos Abwesenheit zurück, räumte die Wohnung auf und entwickelte einen regelrechten Sauberkeitsfanatismus: »In den Zimmern ist es so sauber, dass in den Sonnenstrahlen nicht einmal die gewohnten Stäubchen tanzen, die man fast überall sehen kann. Da gibt es nichts zu sagen, ich habe unsere Anna vorbildlich dressiert.«[627] Luxemburg war die meiste Zeit allein, auch den Weihnachts- und den Silvesterabend verbrachte sie alleine in der neuen Wohnung und las ein Buch. Jogiches war noch kaum in Algier angekommen, da kam sie auf ihr Lebensthema zu sprechen. Familie Warski erwartete ein weiteres Kind, was »düstere Verzweiflung« auslöste, weil dieser unverhoffte Zuwachs wirtschaftliche Bedrängnis bedeutete: »In diesem Zusammenhang fiel mir ein, dass, wenn wir irgendein Kind zu uns nehmen wollten, wovon wir doch nicht nur einmal gesprochen haben, es am besten wäre, später dieses zweite Kind der Adolfs zu nehmen, da weiß man wenigstens, was es für Eltern hat [...] Es ist so leer und dumm zu Hause ohne Kinder, und ich fühle mich derart einsam, dass ich, so scheint mir, bei einem Kind völlig aufleben würde.« Offenbar ging es nicht so sehr um das Glück der Mutterschaft, sondern vor allem darum, endlich einen wirklichen Gefährten zu haben, denn der nächste Satz lautete: »Einstweilen möchte ich mir wenigstens einen Hund oder eine Katze anschaffen.«[628]

Trotz akkurat aufgeräumter eigener Wohnung und strikt geregeltem Tageslauf machten Luxemburg immer wieder depressive Verstimmungen zu schaffen. Sie fühlte sich müde und kraftlos und konnte sich kaum überwinden, aus dem Bett aufzustehen. Ein geregelter Tagesablauf, bei dem alles »wie ein Uhrwerk abläuft«, machte noch kein geregeltes Leben. Ihr fehlte nach wie vor die innere Mitte. Es gab jetzt eine Wohnung, aber keine Familie, die dort wohnte. Und Luxemburg hatte zwar viel zu tun, aber keine geregelte Arbeit, die sie morgens aus dem Haus trieb und in Kontakt mit anderen Menschen brachte. Wie sehr ihr das alles fehlte, zeigte sich jedes Mal, wenn sie auf Reisen ging, um in der Öffentlichkeit aufzutreten und Vorträge zu halten. Ein ums andre Mal berichtete sie Jogiches davon[629], dass der Saal überfüllt und die Menschen von ihrer Rede begeistert waren, viele Leute anschließend der Partei beitraten, sie manches Mal am folgenden Abend wiederkommen musste, um die Diskussion fortzusetzen, und dass ihre unermüdliche Reisetätigkeit dazu beitrug, die Front gegen die PPS zu stabilisieren. Ihre rastlose Tätigkeit verstärkte auch ihre Beziehung zur in Berlin ansässigen Parteiprominenz. Immer wieder wurde sie bedrängt, Einladungen anzunehmen, was sie – mal mehr, mal weniger gern – häufig auch tat. So ließ es sich auf die Dauer nicht umgehen, irgendwann einmal auch eine Gegeneinladung auszusprechen. Als eine kleine Liste von überfälligen Einladungen entstanden war, entschied sie sich, die darauf Stehenden in zwei Gruppen einzuteilen und für den 19. und den 26. Januar einzuladen. Zur ersten Einladung kamen Karl, Luise und Hans Kautsky, Kurt Eisner und seine Frau sowie Arthur Stadthagen. Jogiches erhielt auch in diesem Fall einen genauen Bericht:

> Es war herrlich gedeckt (sogar Sträußchen zu 10 Pf. lagen neben jedem Teller und in der Mitte eine Hyazinthe im Topf), das Auftragen ging wie geschmiert. Es gab Brötchen mit Kaviar (für 50 Pf., damit

> Du nicht erschrickst), Lachs und Ei, dann Borschtsch in Tassen mit Pastetchen, Fisch gesäuert, Lendenbraten mit Gemüse, Kompott, eine Mehlspeise, Käse mit Radieschen und schwarzen Kaffee mit Kognak, zu trinken Limonade und Bier. Sie schimpften mich nach jedem neuen Gang aus, aber sie aßen alles und verlangten am Ende sogar noch einstimmig Champagner, wobei sie dumme Gesichter machten, als ich in die Küche ging und den Champagner brachte (den vom Bruder). Natürlich haben sie ihn restlos ausgetrunken.[630]

Dieser Bericht zeigt mehrerlei. Luxemburg orientierte sich auch in Hinblick auf solche Abendgesellschaften ganz an den bürgerlichen Konventionen der damaligen Zeit. Bei einem heutigen Leser stellt sich wahrscheinlich schon nach der bloßen Lektüre des Menüs ein unangenehmes Völlegefühl ein. Man sieht außerdem, dass die finanziellen Verhältnisse inzwischen auch eine solch ausschweifende Bewirtung gestatteten, gleichzeitig aber Rosa Leo noch immer auf den Pfennig genau Rechenschaft ablegte. Schließlich kann man sich vorstellen, dass diese ausführliche Schilderung mindestens unbewusst auch die Funktion hatte, ihm vor Augen zu führen, was er alles im trauten Heim versäumte. Bei der zweiten Einladung eine Woche später, für die sie ein ganz ähnliches Menü vorbereitete, waren Franz Mehring mit Frau und Clara Zetkin zugegen.

Von einem ganz besonderen kulturellen Ereignis hatte Luxemburg in jener Zeit auch zu berichten: »Heute Abend gehe ich zum Konzert des berühmten Geigers Huberman (ein Jude – Pole aus Zamość, er ist neunzehn Jahre alt und gibt schon seit seinem neunten Lebensjahr Konzerte).«[631] Bronisław Huberman, einer der bedeutendsten Geiger des 20. Jahrhunderts, war ein musikalisches Wunderkind, er stammte allerdings nicht aus Zamość, sondern aus dem schlesischen Tschenstochau, muss aber zu Luxemburgs Heimat eine Verbindung gehabt haben, denn er spielte auf einer Stradivari, die ihm sein Mäzen Jan Zamoyski zur Verfügung gestellt hatte. Die Karten für das Konzert hatte Rosas Bruder Mikolaj besorgt, der mit Huberman befreundet war. Nach dem Konzert, »unter dem Eindruck dieses göttlichen Spiels«, fasste Luxemburg einen Beschluss: »Jedes Mal, wenn er in Berlin sein wird, gehen wir beide zu allen seinen Konzerten, das steht schon fest.«[632] Sie konnte auch in solchen Dingen sehr apodiktisch sein.

Die aus früheren Jahren bekannten Spannungen tauchten auch in diesen Briefen immer wieder auf. Einerseits war Rosa Leos Urteil und Rat nach wie vor ungeheuer wichtig, andererseits war sie längst selbstbewusst genug, ihm klar und deutlich zu sagen, was sie davon hielt: »Nach Deiner Beurteilung von Bernsteins Artikel [...] habe ich entschieden, dass Du, mit Verlaub zu sagen, ein Dummkopf bist.«[633] In einem Brief vom 1. März 1902, einem der letzten nach Afrika, finden sich wieder einmal die verschiedenen Gravamina versammelt. Leos letzter Brief sei »furchtbar langweilig«: »Nur Geschäftliches, was ich, zitternd vor Ungeduld, las, ob nicht doch endlich etwas ›Menschliches‹ folgen würde, aber es folgte nichts.«[634] Sodann beklagte sie, dass Leo sich trotz des monatelangen Aufenthaltes in einem Heilklima in einem schlechten gesundheitlichen Zustand befand. Aber sie hatte schon einen strengen Tagesplan für die Zeit nach seiner Rückkehr entwickelt: »Du wirst früh aufstehen, Kakao statt Tee trinken, das Bier vor dem Schlafengehen wird abgeschafft, nur zum Abendbrot kannst Du welches trinken, und dann jeden Tag ein Spaziergang.« Ob dieser Tagesplan Leos Freude darauf, wieder nach Hause zu kommen, gesteigert hat, ist nicht überliefert. Schließlich kam Rosa auf ihre eigene, wie so häufig – trotz »hygienischer Lebensweise« – schlechte Verfassung zu sprechen, eine »nervliche Depression«, von der sie nicht wusste, wie sie mit ihr umgehen sollte.[635] Solche depressiven Anwandlungen begleiteten sie in all den Jahren immer wieder. Sie zeigen, dass ihr grundsätzliches Lebensgefühl kein wirklich positives war.

SPD-Parteitag 1902, Wahlkampf, Majestätsbeleidigung

Schließlich gab es noch einen Brief, der einem ganz anderen Thema gewidmet war. Im Oktober 1901 war Bruno Schoenlank gestorben, und die Partei suchte einen Nachfolger für die Redaktion der *Leipziger Volkszei-*

tung. Franz Mehring, unterstützt von zwei nach Berlin gereisten Mitgliedern der Pressekommission, bedrängten Luxemburg massiv, diese Stelle zu übernehmen. Luxemburg neigte auch durchaus dazu, diesem Drängen nachzugeben, obwohl sie bei einem Umzug nach Leipzig die gerade eingerichtete Wohnung in Friedenau hätte wieder aufgeben müssen. Doch sofort zusagen konnte und wollte sie nicht, denn natürlich musste diese Entscheidung mit Jogiches besprochen werden, und der weilte noch in Algier. In aller Ausführlichkeit erläuterte sie ihm die Argumente, die dafür sprachen, das Angebot anzunehmen. Vor allem drei Argumente führte sie an: 1. »Viel Geld«. Sie würden ein in finanzieller Hinsicht sorgenfreies Leben führen, könnten jeden Sommer Urlaub in der Schweiz machen, sich schöne Kleider kaufen, die Wohnung herrichten und der Familie in Warschau helfen. 2. Als Redakteurin der bedeutendsten Parteizeitung hätte sie eine herausgehobene politische Stellung, würde über ein »mächtiges Schwert« verfügen. 3. Ein geregeltes Leben.[636] Letzteres war Rosa zweifellos wichtiger als Leo. Das Abenteuer bei der *LVZ* endete in gewisser Weise ähnlich wie einige Jahre zuvor bei der *SAZ*. Jogiches riet von vornherein ab, sie sei der Aufgabe nicht gewachsen. Luxemburg zögerte lange, sagte schließlich zu, musste sich aber, anders als zuvor Schoenlank, die Leitung der Redaktion mit Mehring teilen, und das ging nicht lange gut.

Am 14. September 1902 begann der SPD-Parteitag in München. Rosa Luxemburg hatte einen Antrag eingebracht, der einen Frontalangriff gegen die PPS enthielt, die sie konsequent als einen nationalistischen »Sonderbund« bezeichnete.[637] August Bebel legte dazu ein »Amendment« vor, das nur den ersten Teil von Luxemburgs Antragstext übernahm und so ihrem Angriff die Spitze nahm und die Tür zu einer möglichen Verständigung offen hielt. Bebel verurteilte ebenfalls die Absonderung der PPS und die von ihr provozierten Doppelkandidaturen in Oberschlesien, sein Text schloss aber mit der Aufforderung an den Parteivorstand, »nochmals den Versuch zu machen, eine Verständigung zwischen den streitenden Parteien herbeizuführen, die im Interesse der gesamten Sozialdemokratie liegt«.[638] Nach einer relativ kurzen Debatte, die kontrovers, aber in eher gemäßigtem Ton verlief, erklärte Luxemburg zum Ende ihrer Rede, dass sie den Änderungsantrag Bebels akzeptiere,[639] sodass ihrem Antrag in abgemilderter Form eine Mehrheit sicher war. Aber wirklich zufrieden war sie mit diesem Ergebnis nicht. Kaum war sie nach Berlin zurückgekehrt, verfasste sie einen Artikel für die *LVZ*, in dem sie die PPS erneut scharf attackierte, aber auch kritisierte, dass der Parteivorstand, der sich noch im Jahr zuvor eindeutig hinter sie gestellt hatte, aus einem plötzlichen Versöhnungsbedürfnis heraus eine Kompromisslinie eingenommen habe und ihr so in den Rücken gefallen sei.[640] In dieser Form wurde ihr Artikel allerdings nicht gedruckt. Die Kritik am Parteivorstand hatte Mehring, ohne Luxemburg davon Kenntnis zu geben, gestrichen und den Artikel »zusammengestrichen u. verstümmelt« ins Blatt gehoben.[641] Daraufhin erklärte sie am 27. September in einem Schreiben an die Pressekommission ihren Rücktritt,[642] und das Leipziger Abenteuer war nach wenigen Monaten schon wieder beendet. Die Beziehungen zwischen der SPD und der PPS, die in Preußen nur über eine niedrige vierstellige Zahl von Mitgliedern verfügte, aber dennoch als Partei der polnischen Minderheit von Bedeutung war, blieben schwierig. Nach langwierigen Verhandlungen gelang 1906 eine Verständigung, bevor es dann auf dem SPD-Parteitag 1913 in Jena, nach einer sechsten und letzten Polendebatte, zum endgültigen Bruch kam.[643]

Leo Jogiches versuchte, nach seiner Übersiedlung nach Berlin seine alte Rolle als Mentor wieder einzunehmen. Das gelang mehr schlecht als recht. Rosa Luxemburg hatte in den Jahren seiner Abwesenheit viele Erfahrungen gesammelt, war selbstsicherer geworden und wusste inzwischen über etliches besser Bescheid als er. Und sie war viel unterwegs. Am 16. Juni 1903 fanden Wahlen zum Deutschen Reichstag statt, und sie unternahm ein Wahlkampfreise vom 8. Mai bis zum 15. Juni, die in Posen begann und in Oelsnitz im sächsischen Voigtland endete.[644] Viele Wochen war sie ohne Unterbrechung unterwegs und musste seiner Belehrungen entraten. Der Erfolg ihrer Tournee war wie immer gewaltig. In Glauchau, wo Ignaz Auer 45 Zuhörer gehabt hatte, hatte sie 900,[645] und in Lichtenstein kamen sogar 2000 Menschen, um sie zu hören.[646] In diesen fünfeinhalb Wochen schrieb sie ihm dreißig Briefe, die allerdings oftmals recht kurz waren, und auch die längeren fielen auffallend geschäftsmäßig aus. Nur zu Beginn ihrer langen Abwesenheit schickte sie Leo einmal die üblichen Ermahnungen: »Gehe jeden Tag spazieren, lebe ruhig und regelmäßig, gehe früh schlafen und stehe früh auf.«[647] Ein paar Tage später erhielt er die Anweisung, sich »auf jeden Fall morgen sofort« um eine Zahlung zu kümmern, die im Zusammenhang mit ihrer Scheidung von Gustav Lübeck zu leisten war, die im April 1903 endlich über die Bühne gegangen war.[648] Umgekehrt hatte Rosa sich – auch das war nicht neu – mit Leos Kritik an ihrer publizistischen Arbeit auseinanderzusetzen: »Um die ›Gazeta Ludowa‹ besser zu schreiben, dazu fehlt mir die Kraft; es tut mir sehr leid, dass sie Dich so nicht befriedigt, aber ich kann da nichts machen. Solltest Du jemand anderen kennen, der, wenn schon nicht besser, doch überhaupt diese süße Last auf sich nehmen würde, so bin ich Dir sehr dankbar.«[649] Nach Hinweisen darauf, dass sie Leos Nähe in dieser Zeit vermisste, sucht man in den vielen Briefen vergeblich.

Die *Gazeta Ludowa* (Volkszeitung) war eine von der SPD finanzierte Wochenzeitung, die ab 1902 in Posen erschien und der PPS publizistisch etwas entgegensetzen sollte. Die Redaktion bestand aus Rosa Luxemburg, Marcin Kasprzak und Tadeusz Matuszewski, wobei Luxemburg – wie so oft – den Hauptteil der Arbeit leistete. Ihr Intimfeind Ledebour berichtete dem SPD-Parteitag 1903, dass die Finanzierung der Zeitung im Vorjahr 2 650 Mark gekostet habe, das Blatt andererseits aber nur 37 zahlende Abonnenten habe.[650] Das mag dazu beigetragen haben, dass die *Gazeta Ludowa* im Jahr darauf eingestellt wurde. In den Jahren 1902 bis 1904 erschien in Berlin auch die *Przegląd Socjaldemokratyczny* (Sozialdemokratische Rundschau), das Theorieorgan der SDKPiL, dessen Herausgeber Leo Jogiches war, der in diesem Fall das Pseudonym Jan Tyszka benutzte. (1908 bis 1910 erschien die Zeitschrift erneut, diesmal in Krakau.) Unter diesem polnisch klingenden Namen arbeitete er auch für die SDKPiL, deren Mitglieder einen Mann, dessen Name seine russische Herkunft verriet, womöglich nicht gerne an ihrer Spitze gesehen hätten. Gleichzeitig hielt er sich, ganz im Gegensatz zu seiner Lebensgefährtin, derart im Hintergrund, dass er für viele Sozialdemokraten eine schemenhafte Erscheinung blieb. Manche vermuteten gar, Jan Tyszka sei ein neues Pseudonym von Rosa Luxemburg.[651] Tatsächlich war ihr Einfluss innerhalb der SDKPiL damals auf seinem Höhepunkt, für die meisten verkörperte sie die Partei, und für sie war die Partei ein Vehikel zur Verbreitung ihrer Ideen.[652] Dieses eklatante Ungleichgewicht in der öffentlichen Wahrnehmung hat das private Verhältnis zwischen Leo und Rosa gewiss nicht einfacher gemacht.

Luxemburg publizierte auch in der *Gazeta Ludowa*, allerdings unter ihrem richtigen Namen. Im zweiten Jahr verfasste sie einen umfangreichen Beitrag zur Geschichte des Proletariat I, der in der Ausgabe ihrer Gesammelten Werke fast sechzig Seiten umfasst.[653] Diesen Text nutzte sie selbstverständlich als Plattform, um der PPS neue Vorwürfe zu machen und die Geschichte des Sozialismus in Polen ganz aus der Sicht der SDKPiL darzustellen. Es finden sich hier all die Gedanken wieder, die uns aus der Dissertation und den anderen Veröffentlichungen zu polnischen Fragen bekannt sind, und nicht zuletzt auch die Themen, die im Revisionismusstreit eine wichtige Rolle spielten. Im abschließenden Resümee hieß es: »Die gesellschaftlichen Verhältnisse Polens, durch einen stark entwickelten Kapitalismus sowie die westeuropäischen Einflüsse gestaltet, führten den polnischen Sozialismus bereits im Jahre 1881 zum sozialdemokratischen Standpunkt.«[654] Und der sozialdemokratische Standpunkt war natürlich der ihre: Der objektive Faktor des politischen Umsturzes, der Revolution, war die kapitalistische Gesellschaft, der subjektive die Arbeiterklasse. Grundsatz des wissenschaftlichen Sozialismus war, dass die Befreiung der Arbeiterklasse nur das Werk der Arbeiterklasse selbst sein konnte: »Die erste Handlung der sozialistischen Umwandlung muss also die Eroberung der politischen Macht durch die Arbeiterklasse sein und die Errichtung der Diktatur des Proletariats, die zur Verwirklichung der Übergangsmaßnahmen unbedingt notwendig ist.«[655] Auch dies, die Eroberung der politischen Macht durch die Arbeiterklasse, war ein Lebensthema von Rosa Luxemburg. (Die Frage, ob auch die »dressierte« Anna zur Arbeiterklasse gehörte, würde man an dieser Stelle gerne stellen.)

1903 fand der SPD-Parteitag in Dresden statt. Auch diesmal kam es zu einer Polendebatte. Wenngleich »keine Stimmung«[656] dafür vorhanden war, ließ sie sich doch nicht ganz umgehen. Alwin Gerisch berichtete für den Parteivorstand, dass man im Sinne des Beschlusses vom Vorjahr das Gespräch mit der PPS gesucht habe, eine Einigung mit den polnischen Genossen sich aber als unmöglich erwiesen habe.[657] Als Widersacher trat auch diesmal Georg Ledebour auf. Er warf dem Vorstand vor, er lasse sich von der Genossin Luxemburg zu sehr beeinflussen, weil er selbst des Polnischen nicht mächtig sei: »Ich bin fest überzeugt, dass das Scheitern der Einigung nur auf die Genossin Luxemburg zurückzuführen ist.«[658] Und wenn sie die PPS als »Sonderbund« diffamierte, so sprach er umgekehrt von denen, die der SDKPiL nahestanden, als der »Gruppe Luxemburg«. Er verwies dabei auf die verschwindend geringe Zahl von Abonnenten der *Gazeta Ludowa*, die beweise, »dass die angeblich mächtige Organisation, die hinter der Genossin Luxemburg steht, nur in ihrer Phantasie lebt«.[659] Rosa Luxemburg antwortete sogleich, wiederholte ihre bekannten Positionen und suchte die Vertreter der PPS zu disqualifizieren: »Wenn das nationale Sozialisten sind, dann sind es internationale Stänker. (Große Heiterkeit)« Ledebour warf sie vor, sich mit den falschen Leuten einzulassen: »Er stützt sich nur auf ein paar Informationen von Stänkern, wie wir sie überall haben, wenn auch zum Glück nicht überall Ledeboure sind, die sich zum Schützer dieser Stänker aufwerfen. (Heiterkeit und Beifall.)«[660] Abschließend brachte Luxemburg einen Antrag ein: »Der Parteitag erklärt sich mit der Haltung des Parteivorstandes in den Verhandlungen mit der polnischen Sonderorganisation einverstanden und geht über die Angelegenheit zur Tagesordnung über.« Dieser Antrag wurde ohne weitere Aussprache von den Delegierten gebilligt.[661] Luxemburg engagierte sich auch in den kommenden Monaten in der polnischen Frage und sprach bei Parteiveranstaltungen vorzugsweise über »Die Einigungsverhandlungen mit der PPS«, so z. B. bei der Regionalkonferenz der oberschlesischen SPD in Auschwitz.

Im Zentrum der Debatten stand diesmal ein ganz anderes Thema, das den Parteitag zwei volle Tage in Anspruch nahm. Die beiden Parteivorsitzenden Bebel und Singer hatten gemeinsam mit dem für Fragen des Parteiprogramms zuständigen Kautsky einen Antrag eingebracht, dessen wichtigster Satz lautete: »Der Parteitag verurteilt auf das Entschiedenste die revisionistischen Bestrebungen, unsre bisherige bewährte und sieggekrönte, auf dem Klassenkampf beruhende Taktik in dem Sinne zu ändern, dass an Stelle der Eroberung der politischen Macht durch Überwindung unsrer Gegner eine Politik des Entgegenkommens an die bestehende Ordnung der Dinge tritt.«[662] Es gab eine lebhafte und intensive Diskussion. Zu dem Antrag wurden diverse Änderungs- und Ergänzungsvorschläge eingebracht, aber der zitierte Satz blieb unverändert. Am Ende stimmten 288 Delegierte für den Antrag und nur elf dagegen, unter ihnen Bernstein. Auch die meisten Revisionisten und Reformisten stimmten mit Ja, so zum Beispiel Auer, Heine, Südekum und Vollmar, was Heiterkeit auslöste.[663] Sie wollten damit demonstrieren, dass sie sich von der in dem Antrag formulierten Kritik am Revisionismus gar nicht angesprochen fühlten. Die ausführliche Debatte und der nahezu einmütige Beschluss waren der vorläufige Abschluss eines Streites, der die Partei über ein halbes Jahrzehnt in Atem gehalten hatte, wobei das Ergebnis eher ein Festhalten an sozialdemokratischen Traditionen war als ein Bekenntnis zu zukunftsorientiertem Handeln.

Vom 14. bis zum 20. August 1904 tagte in Amsterdam der sechste Kongress der Sozialistischen Internationale. Es waren 476 Delegierte aus 24 verschiedenen Ländern zusammengekommen, darunter viele der prominentesten Vertreter der sozialistischen Bewegung, so z. B. August Bebel und Karl Kautsky, Jean Jaurès, Jules Guesde und Edouard Vaillant, Georgi Plechanow, Victor Adler, Émile Vandervelde, Hjalmar Branting, Keir Hardie und mit Sen Katayama erstmals auch ein Vertreter aus Japan. Inzwischen durfte sich auch Rosa Luxemburg zu diesem Kreis der Prominenten rechnen. Sie reiste mit zwei Mandaten an, einem deutschen und einem polnischen, und niemandem wäre es jetzt noch eingefallen, ihre Legitimation infrage zu stellen. Erstmals traten ganz offiziell zwei gleichberechtigte polnische Delegationen auf, was nach einer Änderung der Statuten möglich war, die auf die Spaltung der Sozialistischen Partei Frankreichs zurückging.[664] Der Japaner Katayama war schon 1900 in Paris in Abwesenheit in das ISB gewählt worden. Dass er

Gruppenfoto vom Kongress der Sozialistischen Internationale in Amsterdam, 12./13. August 1904: Dritte Reihe: van Kol, Nemec, Vaillant, Adler, Kautsky, Walecki, Vandervelde. Zweite Reihe: Cypriani, Troelstra, Soukup, Luxemburg, Bracke, Cambier, Longuet, Anseele, Ferri. Erste Reihe: Hyndman, Bax, Kringen, Katayama, Plechanow, Knudsen, Hilquitt en Navroji

dieses Mal die weite Reise nach Europa nicht gescheut hatte, hing mit dem russisch-japanischen Krieg zusammen, der am 8. Februar 1904 mit dem japanischen Angriff auf die vor Port Arthur liegende russische Pazifikflotte begonnen hatte. Port Arthur war der Kolonialname der seit 1898 unter russischer Verwaltung stehenden chinesischen Stadt Lüshun. Katayama war einer der Gründer der Sozialdemokratischen Partei Japans und Herausgeber der Zeitung *Heimin Shimbun*, die den imperialistischen Krieg der Japaner verurteilt hatte. In Amsterdam hielt Katayama, der in den USA studiert hatte, eine Rede, die diese internationalistische Position noch einmal unterstrich. Rosa Luxemburg übersetzte sie ins Französische, Clara Zetkin ins Deutsche. Die Sympathien der Sozialisten lagen im russisch-japanischen Krieg eindeutig auf der Seite der Japaner. Piłsudski war sogar im Mai 1904 nach Japan gereist. Er hoffte auf japanische Unterstützung für einen von der PPS geführten Aufstand gegen das Zarenregime, der, so Piłsudskis Überlegung, im Interesse der Japaner sein könnte, weil er eine zweite Front gegen ihren russischen Feind schuf.[665]

Seit Anfang des Jahres war Luxemburg als Nachfolgerin von Cezaryna Wojnarowska auch Mitglied des ISB und hatte als Vertreterin der polnischen Sozialdemokratie, gemeinsam mit Maksymilian Horwitz (Pseudonym Henryk Walecki), an der Sitzung vom 7. Februar 1904 teilgenommen.[666] Auch im Auslandskomitee der SDKPiL übernahm sie den Platz von Wojnarowska. Bis zum Krieg nahm sie an allen weiteren Kongressen der Internationale teil und war dort eine maßgebliche Akteurin; dasselbe gilt für das ISB, dessen Sitzungen in Brüssel sie bis zuletzt besuchte. Obwohl sie offiziell von der SDKPiL in das ISB entsandt worden war, vertrat sie dort Interessen der SPD. Das zentrale Thema des Kongresses von 1904 wurde in der Kommission »Internationale Regeln der sozialistischen Politik«, in der es um Fragen der politischen Taktik ging, verhandelt, der auch Luxemburg angehörte. Hier vertrat sie die SDKPiL, während sie in der Kommission »Trusts und Arbeitslosigkeit«, der sie ebenfalls angehörte, die SPD repräsentierte. Es entsprach ihrer geistigen Beweglichkeit, dass sie die verschiedensten Rollen einnahm, je nachdem, was die Situation erforderte. Als Ignaz Auer im April 1907 starb, hielt sie am Grab eine feierliche Rede als Vertreterin der SDAPR,[667] jener Partei, deren führende Vertreter sie bei anderer Gelegenheit als Gesindel bezeichnet hatte.

In der Taktik-Kommission ging es um die Frage, ob die Sozialistische Internationale den im Vorjahr auf dem Dresdner Parteitag der SPD gefassten Beschluss gegen den Revisionismus für sich übernehmen sollte. Die Hauptkontrahenten waren August Bebel, der von Luxemburg und Kautsky unterstützt wurde, und Jean Jaurès. Jaurès war ein sehr angesehener Politiker, der sich für den zu Unrecht verurteilten jüdischen Offizier Alfred Dreyfus, allerdings auch für einen Kompromiss zur Beilegung der Affäre eingesetzt hatte. 1902 gehörte er zu den Gründungsmitgliedern der Parti socialiste de France (PSDF), die im Gegensatz zur weiter links stehenden Parti socialiste (PS) reformistisch orientiert war. Es ergab sich eine

Situation, die dazu beitrug, den internationalen Ruhm von Rosa Luxemburg weiter zu mehren. Jaurès verteidigte in einer Rede zur Frage der politischen Taktik seine Position mit großer Leidenschaft. Als er geendet hatte, fand sich niemand, der in der Lage war, die Rede zu übersetzen. Spontan stand Luxemburg auf und trug – rhetorisch brillant wie immer – die Rede auf Deutsch vor, »wobei die Inbrunst des Originals erhalten blieb«,[668] und das, obwohl sie mit dem Inhalt der Rede in keiner Weise einverstanden war.[669] Diese Geste der Kollegialität und Fairness trug ihr zu Recht große Anerkennung ein. Am Ende der Debatte setzte sich dann die von August Bebel vertretene Linie durch, und die Sozialistische Internationale übernahm den Beschluss des Dresdner Parteitags als Richtlinie für ihre eigene Politik.[670] Das war ein großer Triumph für die Gegner des Revisionismus, den Kautsky und Luxemburg in »enger Kampfgemeinschaft«[671] errangen. Der Revisionismus war damit bis auf Weiteres als Thema erledigt. Mit den Anhängern einer pragmatischen Politik galt es allerdings schon bald – im Kontext der Massenstreikdebatte – neue Kämpfe auszufechten.

Wenige Wochen nach dem Kongress der Internationale folgte der jährliche SPD-Parteitag, der 1904 in Bremen stattfand, doch diesmal konnte Luxemburg nicht teilnehmen, denn sie saß zur selben Zeit im Landesgerichtsgefängnis in Zwickau. Am 24. Juni 1901 hatte sie in Breslau eine Rede über »Bürgerliche Sozialreform und Sozialdemokratie« gehalten.[672] Der Polizeibeamte, der die Veranstaltung überwachte, zeigte anschließend bei der Staatsanwaltschaft Zwickau eine Majestätsbeleidigung an, weil die Referentin angeblich gesagt habe, dass Kaiser Wilhelm II., wenn er von der guten gesicherten Existenz der deutschen Arbeiter spreche, keine Ahnung von den Tatsachen habe. Die Staatsanwaltschaft sah den Tatbestand der Majestätsbeleidigung nicht als erfüllt an und wollte keine Anklage erheben, erhielt dann aber vom sächsischen Justizministerium die Weisung, es doch zu tun. Obwohl die Beweiserhebung im Prozess kaum Belastendes erbrachte,[673] wurde Luxemburg am 17. Januar 1904 zu drei Monaten Gefängnis verurteilt und ihre Revision am 12. Juli verworfen. Am 26. August trat sie ihre Strafe an, wurde aber schon nach zwei

Monaten wieder entlassen, weil anlässlich der Thronbesteigung von König Friedrich August von Sachsen III. eine Amnestie erlassen worden war. Luxemburg protestierte gegen ihre vorzeitige Entlassung, weil sie von einem König nichts geschenkt haben wollte. Aber es half nichts, nach zwei Monaten war sie wieder frei. Während der Zeit im Gefängnis durfte sie eigentlich nur einen Brief im Monat schreiben, weitere nur, »wenn Wichtiges vorliegt«,[674] was offenbar immer mal wieder der Fall war, denn in den zwei Monaten in Zwickau schrieb sie immerhin sieben Briefe. Drei waren an Jogiches gerichtet, drei an Luise und einer an Karl und Luise Kautsky zusammen.

Diese Briefe hätten unterschiedlicher nicht sein können. An Jogiches schrieb sie aus Gründen der Tarnung auf Deutsch und mit der Anrede »Liebste Leonie!« Es sollte der Eindruck entstehen, es handle sich um eine weibliche Verwandte. Die Briefe enthielten zahllose Anweisungen, was alles zu erledigen war, wie immer sehr detailliert: »Strümpfe kannst Du mir auch schicken (kleinste Damennummer), lasse sie aber erst waschen, denn neue machen die Füße schwarz. Etwa drei Paar.«[675] Neben Kleidungsstücken und Büchern, die ins Gefängnis geschickt werden sollten, ging es natürlich auch um Parteiangelegenheiten und um den Fortgang ihrer publizistischen Arbeit. Um alles sollte er sich kümmern. Nur von persönlichen Dingen, Zuwendung, Liebe gar, war nie die Rede.

Ganz anders die Briefe an Luise Kautsky, die inzwischen eine enge Freundin geworden war. So wie früher Leo wurde Luise nun mit Kosenamen überhäuft – Luigina, Liebste, Luiserl. Die Briefe waren sehr privat, sehr ausführlich, oftmals schwärmerisch: »Ich wollte so viel schreiben und muss mich so kurz fassen! Also nur so viel, dass mich Deine Briefe in die sonnigste Stimmung versetzen; danke tausendmal für jedes Wort, Du gibst mir so ein lebendiges Bild von Eurer Umgebung!«[676] Der Kontrast ist umso bemerkenswerter, wenn man bedenkt, dass die beiden gerade zitierten Briefe am selben Tag geschrieben worden sind. Die große Liebe zu Leo, das wird hier greifbar, gehörte der Vergangenheit an. Dafür war der Kontakt zur Familie wieder enger geworden. Ihr Bruder Józef, der Arzt, kam zu Besuch, ihr Bruder Maksymilian schickte Geld, damit sie aus einem Restaurant mit Essen versorgt werden konnte und nicht auf die Gefängniskost angewiesen war. Das war nicht unwichtig angesichts ihres Magenleidens. Wieder zu Hause, schrieb sie an Julius Bruhns, »dass ich die neun Wochen Haft sehr gut überstanden habe und sehr viel gearbeitet habe«.[677] Die erzwungene Ruhe wird ihr gutgetan haben. Von August Bebel wird gesagt, er sei nur deshalb trotz schweren Herzleidens 73 Jahre alt geworden, weil er immer wieder gezwungen war, sein rastloses und aufreibendes Leben durch Aufenthalte im Gefängnis zu unterbrechen, und sich dort etwas erholen konnte. Für Rosa Luxemburg war es die erste Auszeit hinter Gefängnismauern. In der damaligen Zeit war das für einen sozialistischen Politiker so etwas wie ein Ritterschlag, und für eine Frau galt das natürlich erst recht. Draußen im Lande geriet sie während der Zeit in Zwickau nicht in Vergessenheit. Der *Vorwärts* sah sich deshalb veranlasst, folgende Notiz einzurücken: »An die Adresse der Genossin Luxemburg gelangten in der letzten Zeit wiederholt Anfragen um Versammlungsreden. Um den Genossen die unnötige Mühe zu sparen, machen wir darauf aufmerksam, dass Genossin Luxemburg gegenwärtig das innere Leben der Strafanstalt Zwickau studiert, und dieses Studium nimmt sie so gefangen, dass sie gegenwärtig nicht in Versammlungen gehen kann.«[678]

VII

Massenstreik

Am 30. Juni 1903 begann in Brüssel der zweite Parteitag der Sozialdemokratischen Arbeiterpartei Russlands (SDAPR). Die Partei war fünf Jahre zuvor bei einem Geheimtreffen in der Wohnung eines Eisenbahnarbeiters am Stadtrand von Minsk von neun Delegierten,[679] die verschiedene kleinere Gruppierungen vertraten, gegründet worden. Diesmal kamen immerhin 43 stimmberechtigte Delegierte zusammen, die über insgesamt 51 Stimmen verfügten. Die größte Gruppe mit 25 Delegierten stellte die Zeitschrift *Iskra* (Funke), die Lenin zweieinhalb Jahre zuvor gegründet hatte. Fünf Delegierte entsandte der Allgemeine jüdische Arbeiterbund für Litauen, Polen und Russland (»Bund«), sieben gehörten zu den sogenannten Ökonomisten, vier waren keiner Fraktion zuzurechnen. (Lenin bezeichnete sie in seinem Bericht über den Parteitag als »Unentschlossene, Schwankende«.[680]) In Brüssel durften die Versammelten so wenig mit dem Wohlwollen der Behörden rechnen wie fünf Jahre zuvor in Weißrussland. Die Sitzungen fanden in einem leer stehenden Lagerraum statt, einem großen Mehlspeicher. Doch die belgische Polizei kam den Teilnehmern auf die Schliche, begann, Delegierte auszuweisen, und der Parteitag musste umziehen. Am 6. August wurde er abgebrochen und fünf Tage später in London fortgesetzt, wo er am 23. August nach 37 jeweils halbtägigen Sitzungen zu Ende ging.

Die ohnehin bescheidenen Anfänge hatten seinerzeit zu nichts geführt, weil die gerade erst im Aufbau befindliche Untergrundorganisation von der Ochrana, der zaristischen Geheimpolizei, sehr bald zerschlagen wurde. Erst Lenin und Julius Martow, die schon 1895 gemeinsam den Petersburger Kampfbund zur Befreiung der Arbeiterklasse gegründet hatten, gelang es, eine neue Struktur zu schaffen, indem sie unter Führung der *Iskra* ein Netz von Agenten in Russland aufbauten, das sowohl der Verbreitung der Zeitschrift als auch der Schaffung von Verbindungen zwischen den Parteimitgliedern diente, sodass die SDAPR 1903 immerhin etwa 5 000 Mitglieder hatte. Die »Iskristen« waren es denn auch, die die mit Abstand größte Gruppe auf dem zweiten Parteitag stellten. Dennoch kam es zur Spaltung, weil die Freunde Lenin und Martow sich entzweiten und mit ihnen die Iskristen. Im Mittelpunkt der Beratungen stand die Parteisatzung. Umkämpft war vor allem § 1 des Statuts. Lenin wollte unbedingt die Formulierung durchsetzen: »Mitglied der Partei ist, wer an einer Organisation der Partei teilnimmt.« Der Vorschlag von Martow hingegen lautete: »Mitglied ist, wer unter der Kontrolle der Partei arbeitet.«[681] Hinter diesen beiden Formulierungen verbargen sich zwei grundsätzlich verschiedene Konzepte. Lenin bestand auf der persönlichen Mitgliedschaft in einer lokalen Organisation, um so die Kontrolle über die »Reinheit, Stärke und Festigkeit« der Partei zu behalten. Er wollte eine kleine schlagkräftige Kaderpartei als Avantgarde der Arbeiterklasse. Martow dagegen schwebte eine Massenpartei nach westeuropäischem Vorbild vor, in der jeder mitarbeiten konnte: »Nach unserer Meinung besteht die Arbeiterpartei nicht nur aus der Organisation von Berufsrevolutionären, sondern aus ihnen sowie zusätzlich allen führenden aktiven Elementen des Proletariats.«[682]

Zunächst sah es aus, als ob Martow sich durchsetzen würde. Eine erste Abstimmung erbrachte am 15. August 28 Stimmen für seinen Vorschlag und 23 Stimmen für den von Lenin. Doch an den folgenden beiden Tagen wurde weiter über das Statut beraten, Lenin selbst ergriff erstmals das Wort. Am 18. August verließen die Vertreter des Bundes und auch zwei der Ökonomisten den Parteitag, sodass die Parteigänger Lenins fortan über eine Mehrheit von 24 gegen 20 Stimmen verfügten. Mit dieser Mehrheit entschieden sie über die Besetzung des ZK und des Rates der Partei und auch der Redaktion der *Iskra*. Sie nannten sich fortan Bolschewiki (Mehrheitler), während die Anhänger Martows die Menschewiki (Minderheitler) waren. Der SDAPR-Parteitag von 1903 war die Geburtsstunde des Bolschewismus.[683] Lenin war nun de facto der Vorsitzende der Partei. Am 24. August, nach dem offiziellen Ende des Parteitages, besuchte er zusammen mit anderen Delegierten das Grab von Karl Marx im Highgate Cemetery. Danach kehrte er nach Genf zurück, wo sich seit Mai 1903 auch die Redaktion der *Iskra* befand. Die beiden verfeindeten Lager verblieben zunächst in der Partei. Es folgten Jahre erbitterter Auseinandersetzungen, bei denen Lenin immer wieder auch in die Defensive geriet. Aber er vertrat unnachgiebig die Überzeugung, dass kein Weg an der Klärung inhaltlicher Differenzen vorbeiführe. Lieber wollte er der Führer einer kleinen Partei sein, als Kompromisse zu machen und ideologische Unklarheiten zu dulden. 1912 war es so weit, dass er sich endgültig durchsetzte; auf dem sechsten Parteitag in Prag wurden die »Menschewiki-Liquidatoren« offiziell ausgeschlossen.[684]

Vom zweiten Parteitag der SDAPR war in dem Kapitel über die polnische Nation schon einmal die Rede. Die SDKPiL hatte im Juli 1903 auf ihrem vierten Parteitag in Berlin den Beschluss gefasst, sich der SDAPR anzuschließen. Auch darüber wurde in Brüssel und London verhandelt. Doch bei diesen Verhandlungen, die Adolf Warski und Jakub Hanecki für die SDKPiL führten, kam es zu keiner Einigung, wobei die nationale Frage sich einmal mehr als der entscheidende Stolperstein erwies.[685] Luxemburg nahm zwar selbst nicht an dem Parteitag teil, aber sie bestimmte aus der Ferne den Kurs der SDKPiL mit harter Hand und detaillierten Anweisungen. So hieß es in einem Telegramm an die beiden Unterhändler: »Macht keinerlei Zugeständnisse beim § 7.«[686] Auch mit dem Bund kam die SDAPR zu keiner Einigung. Er hatte auf seiner fünften Konferenz im Juni 1903 ebenfalls beschlossen, den Anschluss an die SDAPR zu suchen, was aber an den Beitrittsbedingungen, die er stellte, scheiterte. Der Bund wollte einerseits einen Alleinvertretungsanspruch in Bezug auf das jüdische Proletariat geltend machen, andererseits im Rahmen einer Föderation mit der SDAPR aber selbstständig bleiben.[687] In dieser Frage der organisatorischen Grundkonzeption waren Lenin und Martow einer

Meinung, sodass diese Forderungen auf eine geschlossene Abwehrfront stießen. Deshalb packten die fünf Delegierten des Bund ihre Koffer und verließen London am 18. August, was gewissermaßen weltpolitische Folgen hatte, weil es Lenin auf dem Parteitag zur Mehrheit verhalf.

Der Allgemeine Jüdische Arbeiterbund, Auseinandersetzungen mit Lenin, die Russische Revolution von 1905

Der ›Allgemeine Jüdische Arbeiterbund für Polen und Russland‹, wie er zunächst hieß (Litauen kam erst 1901 hinzu), war am 7. November 1897 in Wilna gegründet worden. Diese säkulare sozialistische Partei verfolgte das Ziel, einerseits die jüdischen Arbeiter im zaristischen Russland zu organisieren und andererseits die rechtliche Gleichstellung mit den übrigen Staatsbürgern für die russischen Juden zu erreichen. Denn Russland war das einzige Land in Europa, in dem keine Judenemanzipation stattgefunden hatte. Eine besonders große Rolle spielte der Bund naturgemäß in den Städten des Ansiedlungsrayons, weil die jüdische Bevölkerung dort konzentriert war. Bei der Russischen Revolution von 1905 kämpften die Bundisten in vorderster Front. Sie hatten damals immerhin 34 000 Mitglieder, während die SDAPR nur auf 8 400 kam.[688] Leo Jogiches, der aus Wilna stammte, hatte gute Verbindungen zu den jüdischen Kreisen und erhielt den Kontakt auch aufrecht, nachdem er ins Schweizer Exil hatte gehen müssen. 1893 publizierten Jogiches und Luxemburg als ersten Band ihrer Sozialdemokratischen Bibliothek vier Reden, die – auf Russisch und Jiddisch – am 1. Mai in Wilna gehalten worden waren. Im Januar 1894 schrieb Jogiches über diese wichtigen Ansprachen einen Artikel in der *Sprawa Robotnicza*, in dem er betonte, dass das Joch des Kapitalismus schwer auf den Schultern der jüdischen wie auch der Arbeiter anderer Nationalität laste, dass aber zugleich das Los der russischen Juden ein besonders schweres sei, weil sie in besonderem Maße unter dem zaristischen Despotismus zu leiden hätten: »Die Juden sind die am meisten entrechteten und versklavten von allen Untertanen des Zaren.« Dabei waren es die »armen, schutzlosen jüdischen Proletarier«, die die schlimmsten Schläge abbekamen, nicht die Wohlhabenden, die sich durch Bestechung einen gewissen Schutz erkaufen konnten.[689] Jogiches und Luxemburg registrierten es mit Wohlgefallen, dass die Führer des Bundes wie sie auf ein Zusammenwirken der russischen, polnischen und jüdischen proletarischen Massen setzten, während die PPS unter dem Einfluss ihres sehr antirussisch eingestellten Führers Piłsudski einen solchen Kurs strikt ablehnte. Dabei war ihnen klar, dass ein solcher proletarischer Schulterschluss nur möglich wäre, wenn die polnischen und russischen Proletarier sich als immun gegen den grassierenden Antisemitismus erweisen würden.

Das Einverständnis mit dem Bund bekam allerdings Risse, als Julius Martow, der spätere Führer der Menschewiki, der aus einer bürgerlichen jüdischen Familie stammte und in Konstantinopel zur Welt gekommen war, in einer berühmten Rede im Mai 1895 die Auffassung vertrat, die Indifferenz der jüdischen Massen in der nationalen Frage sei ein Hindernis für das Erwachen des Klassenbewusstseins.[690] So begrüßte die SDKPiL, dass der Bund die traditionelle jüdische Kultur und auch den Zionismus ablehnte, aber sie hatte erhebliche Schwierigkeiten damit, dass er das Jiddische kultivierte und auf separate jüdische Organisationen zur Verteidigung der ethnischen Identität setzte. Rosa Luxemburg ging dabei nicht so weit wie Plechanow, Trotzki oder Lenin, die im Bund wie im Zionismus zwei verschiedene Formen des jüdischen Separatismus sehen wollten.[691] Eine besonders ausgeprägte Aversion entwickelte sie allerdings gegen Yoysef Shloyme Mil, der aus einem Ort in der Nähe des litauischen Kovno stammte und sich später John Mill nannte. Mill spielte eine führende Rolle im Bund, plädierte entschieden für ein nationales Programm und verfügte als Redakteur der Zeitschrift *Der yidisher arbeter* (Der jüdische Arbeiter) über eine einflussreiche Position. Luxemburg pflegte ihre Aversion gegen ihn mit Hingabe. An Cezaryna Wojnarowska schrieb sie einmal, »dieser ganze ›Bund‹ und besonders dieser ›Alexander‹, dieser ›John‹ und alle ihre Adlaten haben es für ihr politisches Vorgehen gegenüber unserer Partei wie auch für ihre Methoden des Vorgehens im Allgemeinen mindestens verdient, dass sie jeder anständige Mensch gleich nach Öffnung der Tür alle Treppen hinunterwirft (zu diesem Zweck lohnt es sich, mindestens im vierten Stock zu wohnen).«[692] Hier zeigte sich wieder einmal, zu welch radikaler Unversöhnlichkeit Rosa Luxemburg bereit und in der Lage war. Dem zitierten Satz folgte noch eine ganze Tirade über Idiotismus und Arglist, die den beiden zu eigen seien, aber auch die Politik des Bund insgesamt charakterisierten, sodass an eine Zusammenarbeit nicht zu denken sei. Im weiteren Verlauf der Philippika ist sogar von »jüdischer Arglist«[693] die Rede. Das ist eine jener Textstellen, die man zitieren könnte, wenn man Luxemburg Antisemitismus unterstellen wollte. Dann müsste man ihr allerdings angesichts der zuweilen jedes Maß vermissen lassenden Angriffe gegen die PPS auch antipolnische Empfindungen und noch mancherlei Antiismen unterstellen. Doch ihre Angriffe richteten sich immer gegen Widersacher in ideologischen und programmatischen Streitfragen, und dabei war ihr, wenn es nottat, jedes Mittel recht, auch das der persönlichen Diffamierung. Aber dass sie die Juden hasste, wie der Historiker des Bundes Jakob S. Herz behauptet,[694] ist sicher nicht richtig.

Wie bei ihrem Kampf gegen die PPS war es auch bei den Auseinandersetzungen mit dem Bund ihr leidenschaftlicher Internationalismus, der ihr die Feder diktierte: »Sie war bereit, die Arbeit der Sozialisten jüdischer Herkunft unter den Juden zu unterstützen. Sie war aber nicht bereit, jüdische Sozialisten zu unterstützen, die jüdische nationale Rechte forderten.«[695] So geriet sie mit der Zeit in eine immer radikalere Frontstellung gegen den Bund und scheute dabei nicht einmal vor wüsten antisemitischen Klischees zurück, wenn sie etwa an Clara Zetkin schrieb: »Die Juden vom Bund haben sich als die schäbigsten Schacherpolitiker entpuppt, die nach vielen Winkelzügen und radikalen Phrasen doch immer dem Plechanowschen Opportunismus die Stange hielten. Ich habe sie dafür mit geißelnden Worten festgenagelt und sie in hellste Wut gebracht. Zum Schluss war ich so müde und hatte einen solchen Katzenjammer, dass ich Selbstmordgedanken hatte – Du kennst ja diese Stimmung aus eigener Erfahrung.«[696] Diese Briefstelle ist interessant. Rosa berichtete ihrer Freundin Clara vom fünften Parteitag der SDAPR im Mai 1907, an dem sie teilgenommen hatte. Dort hatte es zum wiederholten Male scharfe Auseinandersetzungen zwischen den Bolschewiki, denen inzwischen Luxemburgs Sympathien gehörten, und den Menschewiki gegeben. Die Delegierten des Bundes hatten sich auf die Seite der Menschewiki geschlagen, woraufhin Luxemburg sie auf das Heftigste beschimpft und mit Zuckerspekulanten verglichen hatte. Das hatte dazu geführt, dass sie niedergeschrien wurde. Dieser Angriff war zweifellos eine grobe Geschmacklosigkeit. Zugleich wird aber auch deutlich, dass es ihr nicht um Antisemitismus ging, sondern um die Ausrichtung der Partei, der sowohl die SDKPiL als auch der Bund sich im Jahr zuvor schließlich doch angeschlossen hatten. Direkte Verhandlungen zwischen SDKPiL und Bund über eine Zusammenarbeit, die es 1905 gegeben hatte, waren dagegen gescheitert. Jogiches war zu Zugeständnissen bereit gewesen, wurde aber von Luxemburg sofort zurückgepfiffen: »Ich stimme keinerlei Zusammengehen mit den Juden zu. […] Dieses Gesindel braucht uns, wir sie nicht.«[697] Jogiches legte daraufhin sein Mandat für die geplante Konferenz nieder. An seiner Stelle nahm Adolf Warski teil. Den Ausdruck Gesindel mag man als starken Tobak empfinden, aber er gehörte zu Luxemburgs rhetorischem Repertoire. Als 1905 in London der dritte Parteitag der SDAPR stattfand und sie und Jogiches nicht eingeladen waren, schrieb sie ihm über den »Parteitag der Russen«: »Umso besser, was soll man dort mit diesem Gesindel machen.«[698]

Die faktische Spaltung der SDAPR, zu der es 1903 in London gekommen war, wurde in Deutschland mit Missvergnügen zur Kenntnis genommen. Sowohl die Bolschewiki als auch die Menschewiki gaben sich große Mühe, die deutschen Parteifreunde auf ihre Seite zu ziehen. Die Menschewiki hatten dabei zunächst die besseren Karten, weil in ihren Reihen die bekannteren Leute waren. Als Lenin den russischen Berufsrevolutionär M. N. Ljadow als Emissär nach Berlin entsandte, um für den bolschewistischen Standpunkt zu werben, erklärte Karl Kautsky ihm unumwunden: »Was wollt ihr, wir kennen euren Lenin nicht, er ist für uns ein neuer Mensch. Plechanow und Axelrod kennen wir gut. Wir sind erst durch sie zur Beleuchtung der Dinge in Russland gelangt. Schließlich können wir eurer Behauptung nicht glauben, dass Plechanow und Axelrod plötzlich zur Opportunisten geworden sind. Das ist unsinnig.«[699] Den deutschen Genossen fehlte das rechte Verständnis für das, was vor sich ging. August Bebel schrieb an seinen Freund Victor Adler: »Nun bin ich allerdings auch der Meinung, dass der Versuch gemacht werden müsste, die streitenden Parteien zusammenzubringen, denn alles worüber man streitet und uneinig ist, ist doch nur Quark gegenüber dem, was praktisch auf dem Spiele steht und was gearbeitet werden soll. Zeigen sich die Leute jetzt nicht der Situation gewachsen, dann handeln sie unverantwortlich.«[700] Der sonst so kluge und weitblickende Parteivorsitzende war hier überfordert; um Quark ging es bei dieser fundamentalen Auseinandersetzung nicht. Eigentlich gab es in der SPD überhaupt nur zwei Menschen, die die Dimensionen des Grundsatzstreites zu erfassen vermochten. Das waren Parvus und Luxemburg, die von den Menschewiki entsprechend heftig umgarnt wurden.[701] Parvus wollte sich aus der Sache am liebsten heraushalten, aber Luxemburg war in der SPD die unumstrittene Expertin für polnische und russische Angelegenheiten, und sie war nicht dafür bekannt, Streitigkeiten aus dem Wege zu gehen. Außerdem saß sie inzwischen als Nachfolgerin von Cezaryna Wojnarowska im ISB, das den unerquicklichen Auftrag hatte, die beiden Flügel der SDAPR wieder miteinander zu versöhnen.

Luxemburg war keine Freundin der Menschewiki im Allgemeinen und noch weniger von Plechanow im Besonderen. Aber entscheidend war in diesem Fall, dass sie mit Lenin in der nationalen Frage heftig aneinandergeraten war. Der Anschluss der SDKPiL an die SDAPR war vorerst gescheitert, und auch in der Organisationsfrage nahm sie nun eine Position ein, die sie in Gegensatz zu Lenin brachte. So stieß Alexander Potressow auf offene Ohren, als er Luxemburg um einen Beitrag für die *Iskra* bat, dessen Redaktion nach dem Ausscheiden Lenins unter der Kontrolle der Menschewiki stand. Luxemburg schrieb den gewünschten Aufsatz über »Organisationsfragen der russischen Sozialdemokratie«[702], der zuerst in der *Iskra* und anschließend auf Deutsch in der *Neuen Zeit* erschien. Der Aufsatz war eine Antwort auf Lenins Schrift *Ein Schritt vorwärts, zwei zurück. Die Krise in unserer Partei*[703], in der er auf der Basis des Parteitagsprotokolls seine persönliche Interpretation des Spaltungsprozesses präsentierte und seine Vorstellung einer Kaderpartei aus Berufsrevolutionären entwickelte, die immer prinzipientreu sein und einheitlich handeln sollten. Hier offenbarte sich bereits der Kern eines Konflikts, der nach der Russischen Revolution 1917 seinen Höhepunkt erreicht hätte, wenn die Ermordung von Rosa Luxemburg nicht die Publikation ihrer letzten Arbeit über die Russische Revolution und die weitere Debatte verhindert hätte. Die Hoffnung der Redakteure der *Iskra*, dass es Luxemburg gelingen würde, Lenin die Augen zu öffnen, dass sein Standpunkt nichts mit revolutionärem Marxismus zu tun habe,[704] hat sich bekanntlich nicht erfüllt. Immerhin nahm er ihre Kritik sehr ernst. Es war die einzige ausländische Kritik, die er einer Erwiderung würdigte, die allerdings ihr Ziel nicht erreichte, weil Kautsky nicht bereit war, seinen Aufsatz in der *Neuen Zeit* abzudrucken.[705] Lenin beschwerte sich in einem Brief an das ISB darüber, dass die meisten sozialdemokratischen Zeitungen in Deutschland auf der Seite der Menschewiki standen, falsch berichteten und sich weigerten, Richtigstellungen abzudrucken.[706] Luxemburg sandte Lenins Brief an Kautsky weiter mit dem Bemerken, er solle diese »Quasselei« gegenüber dem ISB richtigstellen.[707]

Wenn der Historiker Arthur Rosenberg den SDAPR-Parteitag von 1903 als Geburtsstunde des Bolschewismus bezeichnet,[708] so könnte man ihn mit gleichem Recht auch als Geburtsstunde des Leninismus bezeichnen. Und Rosa Luxemburg ist der lebendige Beweis dafür, dass ein Marxismus jenseits des Leninismus möglich ist. Wo Lenin Kontrolle verlangte, wollte sie Spontaneität, ohne dass deswegen ihre Erwiderung ein Plädoyer für Desorganisation war, wie er ihr unterstellte.[709] Luxemburg polemisierte in ihrem Aufsatz heftig gegen den »Nachtwächtergeist des von Lenin und seinen Freunden befürworteten Ultrazentralismus«, gegen die »absolute Gewalt des Zentralkomitees«.[710] Der »ultrazentralistischen Richtung der russischen Partei«[711] setzte sie die »sozialdemokratische Zentralisation« entgegen, »die nicht auf blindem Gehorsam, nicht auf der mechanischen Unterordnung der Parteikämpfer unter ihre Zentralgewalt basieren kann«. Und genau wie Martow vertrat sie die Überzeugung, dass »zwischen dem bereits in feste Parteikader organisierten Kern des klassenbewussten Proletariats und der vom Klassenkampf bereits ergriffenen, im Prozess der Klassenaufklärung befindlichen umliegenden Schicht nie eine absolute Scheidewand aufgerichtet werden kann«.[712] Am Ende ihres Aufsatzes polemisierte Luxemburg gegen das ängstliche Bestreben eines Teils der russischen Sozialdemokratie, d. h. der Bolschewiki, die russische Arbeiterbewegung »durch die Vormundschaft eines allwissenden und allgegenwärtigen Zentralkomitees vor Fehltritten zu bewahren«.[713] Das Zentralkomitee wolle sich zum Lenker der Geschichte aufschwingen, jedoch:

> Der kühne Akrobat übersieht dabei, dass das einzige Subjekt, dem jetzt diese Rolle des Lenkers zugefallen, das Massen-Ich der Arbeiterklasse ist, das sich partout darauf versteift, eigene Fehler machen und selbst historische Dialektik lernen zu dürfen. Und schließlich sagen wir doch unter uns offen heraus: Fehltritte, die eine wirklich revolutionäre Arbeiterbewegung begeht, sind geschichtlich unermesslich fruchtbarer und wertvoller als die Unfehlbarkeit des allerbesten »Zentralkomitees«.[714]

Die Freiheit der Andersdenkenden, von der dann im Manuskript über die Russischen Revolution die Rede sein wird, klingt hier schon an. Es geht um zwei unterschiedliche Wege zur Macht, wobei die Unterschiede zwischen Lenin und Luxemburg auch, aber nicht nur darin begründet waren, dass der eine in einem riesigen, agrarisch geprägten Reich agierte, die andere dagegen in einer führenden Industrienation Europas mit einer modernen und hoch entwickelten Arbeiterpartei. Es geht hier nicht, jedenfalls nicht nur und nicht in erster Linie, um die Meinungsfreiheit im Sinne des durch eine bürgerliche Revolution erkämpften Grundrechts. Es geht um das historische Subjekt im revolutionären Prozess, an dessen Ende auch nach Luxemburgs Überzeugung die Diktatur des Proletariats stehen sollte.

Ein zentrales Element in ihrer Revolutionstheorie ist der Glaube an die Spontaneität der proletarischen Massen und an diese Massen als Agens eines autopoetischen revolutionären Prozesses. Diese Grundidee durchzieht ihr gesamtes publizistisches Werk. Susanne Hillmann hat deshalb 1970 »Sozialreform oder Revolution« (1898/99), »Organisationsfragen der russischen Sozialdemokratie« (1904), »Massenstreik, Partei und Gewerkschaften« (1906) und »Die Russische Revolution« (1917/18), also Schriften aus ganz unterschiedlichen Zeiten, sowie die Rede zum Programm der KPD vom 31. Dezember 1918 in einem Band als *Schriften zur Theorie der Spontaneität* zusammengefasst.[715] Die Zeit der Studentenbewegung und des Eurokommunismus verhalf auch Rosa Luxemburg und ihrem Glauben an die Spontaneität der Massen zu einer Renaissance. Den äußersten Gegensatz dazu symbolisiert das leninistische »Lied der Partei« mit der an Realsatire gemahnenden Zeile »Die Partei, die Partei, die hat immer recht«, das davon ausgeht, dass der Proletarier ohne Vorgaben der Organisation gar keine Chance hat, die richtige Gesinnung zu entwickeln oder gar erfolgreich politisch zu arbeiten.[716]

Lenin wollte, wie seine menschewistischen Kritiker ihm vorhielten, nicht eine Diktatur des Proletariats, sondern eine Diktatur über das Proletariat. Er unterschied in seiner Revolutionstheorie zwischen der Arbeiterpartei, wie sie in den industrialisierten Staaten Westeuropas existierte, und der revolutionären Partei oder Kaderpartei, wie sie nach seiner Überzeugung für eine erfolgreiche Revolution im Russischen Reich vonnöten war. Die revolutionäre Partei sollte als Avantgarde der Arbeiterklasse eine »Partei neuen Typs« sein. Der Kampf um die Macht erforderte militärische Disziplin und einen hierarchischen Zentralismus. Eine solche Partei brauchte Berufsrevolutionäre, Menschen, die bereit waren, dem politischen Kampf alles andere unterzuordnen. Das Bild des Berufsrevolutionärs hatte der russische Schriftsteller und Revolutionär Nikolai Gawrilowitsch Tschernyschewski in seinem 1863 im Gefängnis verfassten Roman *Was tun?* entwickelt. Lenin war von den in diesem Buch entwickelten Ideen beeinflusst und übernahm auch den Titel des Romans für seine programmatische Schrift. Das darin entwickelte Konzept der Partei neuen Typs ebnete in letzter Konsequenz den Weg in den Stalinismus: »Indem es die Partei über das Proletariat erhob, zum eigentlichen revolutionären

Subjekt der Geschichte erklärte und die Interessen von Partei und Staat in eins setzte, wurde das Avantgardekonzept der Partei zum perfekten Instrument des Staatsterrors.«[717] Wenn die Interessen von Partei und Staat in eins gesetzt werden, ist nicht nur die Gewaltenteilung zwischen Legislative, Exekutive und Judikative aufgehoben. Auch für einen sozialistischen Binnenpluralismus, wie er Rosa Luxemburg vorschwebte, Kritik »im Rahmen der marxistischen Grundsätze«[718], war dann kein Raum mehr.

Am 15. Januar 1905 nahm Luxemburg an einer Sitzung des ISB in Brüssel teil. Sie war kaum zurück, da trafen die ersten Nachrichten über Streiks und Unruhen in der russischen Hauptstadt ein. Am 17. Januar (jul. 4. Januar)[719] waren etwa 100 000 Arbeiter von 83 Betrieben in St. Petersburg in Ausstand getreten.[720] Für ihre Streikforderungen fand sich kein Adressat, sodass sie beschlossen, sich in einem klassischen Untertanengestus an den Zaren als ihren obersten Herrn zu wenden. Der Priester Georgij Gapon, der bei den folgenden Ereignissen eine Schlüsselrolle spielte, bemühte sich, über seine Kontakte zur Regierung eine Möglichkeit der Vorsprache zu vermitteln. Als dieser Versuch erfolglos endete, übernahm Gapon es, für die Streikenden eine Bittschrift zu verfassen. Diese Bittschrift, devot in der Form, aber durchaus weitreichend in der Sache, ist ein bemerkenswertes Dokument. Sie zeigt, dass die europäischen Debatten über Bürger- und Menschenrechte, über Emanzipation und Gleichberechtigung auch im Russischen Reich ein Echo gefunden hatten. Mehr als 300 000 Streikende wandten sich an den verehrten Zaren, »menschliche Wesen nach ihrer äußeren Erscheinung, tatsächlich aber bar jeglichen Menschenrechts, selbst des Rechts zu sprechen, zu denken oder gemeinsam über Möglichkeiten zur Besserung ihrer Lage zu beraten«.[721] Nach einer längeren Einleitung führte die Bittschrift eine ganze Reihe konkreter Forderungen an. Zunächst ging es um die Entrechtung des russischen Volkes. Was hier gefordert wurde, erinnerte in vielem an das Programm der bürgerlichen Revolution: Meinungsfreiheit, Pressefreiheit, Versammlungsfreiheit, Trennung von Kirche und Staat, Schulpflicht, Verantwortlichkeit der Regierung gegenüber dem Parlament, Gleichheit aller vor dem Gesetz. Es folgten dann sozialpolitische Forderungen: Arbeiterschutzgesetze, Koalitionsfreiheit,

Achtstundentag, Tarifhoheit, Sozialversicherung, Mindestlohn. Im Vergleich zum Status quo war das in der Summe geradezu revolutionär. Den Sozialdemokraten, Bolschewiki wie Menschewiki, war das alles viel zu unpolitisch, aber sie vermochten es nicht, Einfluss auf den Inhalt der Bittschrift zu nehmen.

Gapon war von dem sozialkritischen Schriftsteller Lew Tolstoi beeinflusst, der angesichts seiner enormen Popularität als ein Wegbereiter der Revolution von 1905 gilt. Er bemühte sich im Sinne der christlichen Nächstenliebe um die Mühseligen und die Beladenen und versuchte zugleich, das Bündnis zwischen dem Zaren und seinem Volk mit neuem Leben zu erfüllen. Gapon hatte auch bei dem Versuch der Ochrana mitgewirkt, regimetreue Arbeitervereinigungen zu schaffen, um den im Untergrund wirkenden radikaleren politischen Kräften das Wasser abzugraben. So hatte er 1903 die »Versammlung der St. Petersburger Fabrik- und Werksarbeiter« gegründet. Dabei duldete er auch illegale Aktivitäten, die über den von der Ochrana gesteckten Rahmen hinausgingen, was seiner Glaubwürdigkeit in der Arbeiterschaft zugutekam. Gapon erschien als der geeignete Mann, den streikenden Arbeitern eine Stimme zu geben und dieser Stimme am Hof des Zaren Gehör zu verschaffen. Doch dort entschied man anders. Als sich am 22. Januar eine riesige Prozession, die zwischen 50 000 und 100 000 Menschen zählte, singend und Zarenbilder und Ikonen mit sich tragend auf den Winterpalast zubewegte, hatte der St. Petersburger Gouverneur bereits 9 000 Infanteristen und 3 000 Kavalleristen in der Stadt zusammengezogen. Ohne jegliche Vorwarnung eröffneten die Soldaten das Feuer. Nach offiziellen Angaben kamen dabei 130 Menschen um, 299 erlitten schwere Verletzungen. Insbesondere die Zahl der Verletzten war in Wahrheit wahrscheinlich noch erheblich höher. Die Teilnehmer der Prozession, die gehofft hatten, dass der Zar eine Delegation aus ihrer Mitte empfangen würde, waren gleichermaßen schockiert und empört. Sie riefen in Anspielung auf den wenig ruhmreichen Verlauf des russisch-japanischen Krieges: »Mörder! Blutsauger! Henker! Ihr flieht vor den Japanern, aber schießt auf Eure eigenen Leute.«[722] Der Vorfall erregte ungeheures Aufsehen und ging als Petersburger Blutsonntag in die Geschichte ein. Er steht am Beginn der Russischen Revolution von 1905.

Sehr bald griffen die revolutionären Unruhen auch auf Kongresspolen über und die so oft beschworene Einheit der russischen und der polnischen Proletarier kam in diesem Fall zum Tragen. Schon bald hielt sich auch die gesamte Führungsriege der SDKPiL in Krakau auf, wo man dem Geschehen wesentlich näher war als in Berlin. In Krakau konnte sie sich weitgehend unbehelligt bewegen, da die Interventionsambitionen des österreichischen Kaiserhauses in dem peripheren Kronland von Galizien und Lodomerien, zu dem die Stadt gehörte, sich sehr in Grenzen hielten. Auch Leo Jogiches verließ Berlin am 6. Februar 1905 und ließ sich in Krakau nieder, von wo er gemeinsam mit den alten Freunden Marchlewski und Warski die Geschicke der Partei leitete. Dzierżyński und Hanecki dagegen reisten auf illegalem Wege nach Warschau weiter, wo sie in das revolutionäre Geschehen mehr oder weniger direkt involviert waren. Einzig Rosa Luxemburg sollte in Berlin bleiben, um die Verbindung zum ISB und zur SPD zu halten. Außerdem fungierte sie für Jogiches als »Artikelfabrik in Berlin, die politische Kommentare auf Bestellung liefern musste«.[723] Luxemburg schrieb im Lauf des Jahres 1905 mehr als 80 Artikel über die Russische Revolution für die *Neue Zeit*, für *Die Gleichheit*, für die *Sächsische Arbeiter-Zeitung* und vor allem für den *Vorwärts*, wo sie in den letzten Monaten des Jahres eine tägliche Kolumne hatte, außerdem 17 Beiträge für den *Czerwony Sztandar* (Die rote Fahne) und für *Z pola walki* (Von der Kampffront), eine in Krakau gerade erst gegründete Zeitschrift.[724] Sie war darüber hinaus eine Poststation für Sendungen, Nachrichten und auch Reisende, die von West nach Ost oder in umgekehrter Richtung unterwegs waren. Sie packte – mal mehr, mal weniger begeistert – Pakete und brachte sie zur Post, kümmerte sich um die illegale Weiterbeförderung von wichtigen Briefen und half politischen Flüchtlingen, die in Berlin auf der Suche nach einem Quartier oder nach Verdienstmöglichkeiten waren.

Das alles waren keine gering zu schätzenden Tätigkeiten. Zofia Dzierżyńska schildert in ihren Lebenserinnerungen, wie die nach Polen gesandte Literatur dort weiterverbreitet wurde. Zunächst musste sie kleinere Mengen der illegalen Parteiliteratur bei einem Gewährsmann abholen, der sie auch mit den Adressen der Empfänger versorgte. Als der Parteigenosse sich davon überzeugt hatte, dass sie die Regeln der Konspiration beachtete, verriet er ihr, wo die Depots waren, und gab ihr den Schlüssel dafür, sodass sie sich direkt mit dem Material versorgen konnte: »Eine französische Lehrerin hatte in ihrer Wohnung einen Schrank zur Verfügung gestellt. Er war bis zum Rand mit Broschüren der SDKPiL vollgestopft.«[725] Es gab eine ganze Reihe von solchen Depots, dort waren verschiedene Autoren vertreten, von Liebknecht und Kautsky bis Marchlewski und Kritschewski, vor allem aber Schriften von Rosa Luxemburg zu polnischen und russischen Themen, darunter auch die beiden ersten Bände der Sozialdemokratischen Bibliothek, die erwähnten Reden zum 1. Mai 1892, die sie unter dem Pseudonym R. Kruszynska herausgegeben hatte, sowie ihre Schrift *Das unabhängige Polen und die Arbeiterfrage*, die sie unter dem Namen Maciej Rózga publiziert hatte[726]. Zofia Dzierżyńska beschreibt ausführlich, wie zeitraubend und schwierig es war, die Publikationen unter die Leute zu bringen, ohne unliebsames Aufsehen bei den Vertretern der Obrigkeit zu erregen.[727]

Peter Nettl vermutet, dass Jogiches in Krakau lieber selbst die Fäden in der Hand halten wollte, ohne lästige Diskussionen mit Luxemburg führen zu müssen. Das mag zutreffen. Die beiden hatten sich auch in der Vergangenheit längere Zeit an unterschiedlichen Orten aufgehalten. Luxemburg war in der Zürcher Zeit mehrfach längere Zeit in Paris gewesen, und als sie nach Berlin umgezogen war, hatte es über zwei Jahre gedauert, bis Jogiches ihr nachgekommen war, trotzdem hatten sie in dieser Zeit eng zusammengearbeitet. Richtig ist allerdings, dass sie in ihren Briefen immer wieder darüber klagte, dass sie ständig Artikel liefern sollte und gleichzeitig kaum Informationen über die Parteiarbeit in Polen bekam.[728] Nach Jahren der durch die Umstände erzwungenen Untätigkeit in Berlin lief Jogiches in Krakau zu großer Form auf. Er war für Redaktion, Produktion und Vertrieb der Parteipresse verantwortlich, zugleich der informelle Vorsitzende der Partei.[729] Die Tatsache, dass er nach Herzenslust schalten und walten konnte, setzte enorme Energien frei, förderte aber nicht das Bedürfnis, Luxemburg ständig Bericht zu erstatten. Es gab einen intensiven Austausch, aber er war einseitig, und Jogiches war berauscht vom politischen Erfolg: »Je erfolgreicher er war – und die wachsende Mitgliederzahl der SDKPiL war Beweis seines Erfolges –, umso halsstarriger verschanzte er sich in seiner Festung.«[730] Die Partei war immer ein kleines Häuflein Unentwegter gewesen, nun wuchs sie rasant. 1906 gab es 30 000 Mitglieder, im Jahr darauf sogar fast 40 000. Etwa die Hälfte dieser Mitglieder entfiel auf Łódź, das Zentrum der polnischen Textilindustrie. Dieses rasante Wachstum war eine Begleiterscheinung der Revolution, 1910 betrug die Zahl der Mitglieder wieder weniger als 1 000.[731]

Jogiches in Krakau, Władysław Feinstein, Redakteurin des *Vorwärts*

Tatsächlich kam es im Jahr 1905 zum Bruch zwischen den beiden, nachdem das lange Zeit vor allem von einer Seite geschürte Feuer der Liebe inzwischen dem Verlöschen nahe war. In der Zeit zwischen dem 26. April und dem 6. Dezember 1905 schrieb Rosa nicht weniger als 130 Briefe nach Krakau, in denen sie gewissenhaft Rechenschaft ablegte über ihre Tätigkeit als Artikelfabrik, aber Persönliches sucht man in diesen Briefen, abgesehen von den gewohnten Klagen über Leos mangelndes Interesse an privatem Glück, vergebens. Die Gegenbriefe sind leider nicht erhalten. Vieles deutet darauf hin, dass sie deutlich weniger zahlreich ausfielen als erhofft. So hieß es einmal: »Was ist los, zum Teufel noch mal? Ich warte von Post zu Post, aber von Dir kein Wort. Was ist geschehen, was ist mit Dir los? Nimmt Dich die Arbeit wirklich so sehr in Anspruch, dass Du keinen Augenblick Zeit findest? Ich werde grob.«[732] Einige Wochen später bekam der schweigsame Leo ein Telegramm, dessen Knappheit kaum noch steigerungsfähig war: »Warum Schweigen? Wie Gesundheit?«[733] Einige Wochen später kam wieder eine wortreiche Klage per Brief: »Mein Teurer, was stellst Du an, was ist mit Dir los, warum gibt es seit Tagen von

Dir kein Wort, und sogar auf zwei Depeschen antwortest Du nicht?«[734] Am Tag darauf schickte sie noch ein drittes Telegramm: »Ich reise ab nach Krakau.«[735]

Rosa Luxemburg hatte 1903 endlich die Scheidung von Gustav Lübeck erreicht.[736] Sie war nun auch ganz formal frei für eine neue Verbindung. Aber Leo Jogiches lehnte nicht nur jegliches Familienleben strikt ab. Es gelang ihr auch nicht, ihn in das Reich ihrer künstlerischen und kulturellen Interessen zu locken. »Herr Rosa« war überhaupt kaum dazu zu bewegen, sich mit Frau Rosa in der Öffentlichkeit zu zeigen. Auch privatim stand stets das politische Geschäft im Vordergrund. Jetzt kam die räumliche Trennung hinzu, die Jogiches wohltat, nachdem er in Berlin nie so recht Fuß gefasst hatte. Er konnte Luxemburg wieder, wie früher gewohnt, herumdirigieren, sie lieferte zuverlässig, und im Übrigen hatte er seine Ruhe und konnte sich auf das politische Geschäft konzentrieren. Da Revolutionär der einzige Beruf war, den er gelernt hatte, war er damit recht zufrieden. Doch diese Lebenssituation erfüllte Rosa mit wachsender Ungeduld, denn jünger wurde sie darüber nicht: »Sie war eine leidenschaftliche Frau, sie brauchte Liebe, körperliche Nähe, emotionale Zuwendung.«[737] All das fand sie bei Władysław Feinstein,[738] der ein enger Mitarbeiter Leos war, zugleich aber auch ein wichtiger Verbindungsmann zwischen den beiden glücklos miteinander Verbundenen, der Artikelfabrik in Berlin und der Kommandozentrale der Parteipresse der SDKPiL in Krakau. Er wurde im Februar 1904 nach Krakau geschickt, weil es in Warschau für ihn zu gefährlich geworden war, war aber auch später immer wieder in Warschau aktiv, wo er in der zweiten Jahreshälfte 1904 in der Zitadelle inhaftiert war. Ab 1906 gehörte Feinstein der Hauptverwaltung der SDKPiL an und bildete dort mit Marchlewski und, nach dessen Rückkehr, auch mit Jogiches die »Berliner Troika«[739]. Anders als Luxemburg und Jogiches überlebte Feinstein die Jahre der Revolution und starb erst im Winter 1937/38 während des Abtransports in ein stalinistisches Lager.[740] In den 20er-Jahren brachte er eine große Zahl von Schriften heraus, darunter eine zur Zukunft des Arbeiterrechts, die er »dem Andenken unserer toten, aber in unserem Herzen lebenden Rosa Luxemburg«

widmete.[741] Die Ironie des Schicksals will es, dass wir Feinstein auch die einzige Biografie von Leo Jogiches verdanken.[742]

Als Leo sie im Juni 1905 nach ihren Ferienplänen fragte, antwortete Rosa ausweichend. Sie fühle sich sehr wohl in Berlin, habe verschiedene Einladungen, die aber nicht unbedingt Erholung versprächen. So sei sie zu Clara Zetkin eingeladen, könne aber »dieses Geplapper den ganzen Tag nicht ertragen«.[743] Den Vorschlag einer gemeinsamen Unternehmung in den Sommerferien machte sie explizit nicht. Einige Wochen später war dann doch wieder von einer Reise nach Sillenbuch die Rede. Die Koffer waren schon gepackt,[744] als sie sich ganz plötzlich dazu entschloss, nach Krakau zu fahren und reinen Tisch zu machen. Sie reiste in die alte Königsstadt, fand ein Quartier nahe der Weichsel, das sie allerdings mit zahllosen Wanzen teilen musste, blieb dennoch etwa zwölf Tage und beichtete Leo, dass sie eine Affäre mit Feinstein begonnen hatte. Möglicherweise war dieses Geständnis ein letzter Versuch, ihn aufzurütteln.[745] Sollte das ihre Absicht gewesen sein, so war sie ziemlich erfolgreich. Leo war zutiefst erschüttert. Er hatte sich nicht vorstellen können, dass Rosa ihre Beziehung anders empfand als er selbst: »Er war außerstande zu verstehen, warum sie ihm untreu geworden war. Er hatte sich so sicher geglaubt. Gehörten sie nicht zusammen – auf einer Basis, die viel fester war als ein Eheversprechen?«[746] Rosa erkannte, dass sie Leo keineswegs gleichgültig war, dass er sie liebte, so wie er zu lieben vermochte und wie es für ihn auch genügte. Und sie sah auch, dass er sie brauchte, dass er noch mehr auf sie angewiesen war als sie auf ihn. Sie entschloss sich, die Affäre mit Feinstein zu beenden, und fuhr zurück nach Friedenau. Leo war

Władysław Feinstein in der Uniform des Gymnasiasten, um 1894

dennoch nachhaltig verunsichert durch das, was er erfahren hatte, und setzte sich Anfang September ebenfalls in den Zug: »Er kam nicht als Bittender, denn er war außerstande zu bitten, er kam, um sich von ihr versichern zu lassen, dass sie sein wäre, dass sich nichts in ihrem Leben geändert hätte.«[747] Dazu war sie bereit. Aber Leo blieb alarmiert. So schweigsam er zuvor gewesen war, so sehr bombardierte er sie nun mit Briefen und Telegrammen. Kaum war er wieder in Krakau, sandte er ein Telegramm und war beunruhigt, als sie nicht sofort antwortete: »Teurer, gestern Telegrammbote nicht angetroffen und nicht gelassen, erst heute früh gebracht. Gestern ganzen Tag Leute, Karl, Luise, Łódźer. War undenkbar schreiben. Sei ruhig, Teurer, alles wird gut. Bin unerschütterlich. Schreibe heute Eilbrief ausführlich. Tausend Grüße. Bitte um Ruhe.«[748]

In dem per Telegramm angekündigten Eilbrief folgte dann eine Klarstellung, die keinen Raum für Zweifel ließ:

> Teurer mein, Lieber, wozu diese Qualen, wozu? Jetzt müssen wir nur noch tapfer an die Arbeit, an das Werk denken. Ruhe brauchen Du und ich und wir alle. Ich bin bei den Entscheidungen ohne jede Schwankung, wie ich Dir heute telegrafierte, also sei doch ruhig und denke nur noch an die Zukunft. Ich habe in dieser letzten Zeit und noch gestern furchtbare Qualen durchgemacht, aber ich fühle gleichzeitig auch schon irgendeinen Keim der Ruhe und Stille in mir. W wusste schon, als er ankam, dass die Entscheidung gefallen ist; mit keinem Wort hat er versucht, mich zu erschüttern.[749]

Der brave »W«, Władysław Feinstein, plante sogar, »für ständig« in Krakau zu leben, um sich Rosas Nähe zu entziehen. Sie hielt das für keine gute Idee und bat Leo mitzuhelfen, ihm diesen Plan wieder auszureden. Am Schluss ihres Briefes kam sie auf Leos Abschied zu sprechen und wurde ungewohnt gefühlsselig: »Damals, auf dem Bahnsteig leuchtete Dein Fensterchen ungeheuer lange, direkt bis zur Kurve. Ich stand absichtlich an der Laterne im Licht, damit Du mich siehst. So wollte ich in den letzten Augenblicken besser, fröhlicher sein und konnte nicht, und

Du sahst so schrecklich aus. Du musst jetzt wieder anders aussehen, vergiss nicht! […] Jetzt ist das Furchtbarste schon vorbei, es gibt nur noch Ruhe und energische Arbeit. Wie nötig ich es habe, mich auszuruhen!!«[750]

Die Affäre mit dem jungen Władysław, der damals gerade seinen 25. Geburtstag feierte, hatte in gewisser Weise wie ein reinigendes Gewitter gewirkt. Die Nebel hatten sich verzogen, und die Luft war rein und klar. Damit war vielleicht das Furchtbarste vorbei. Rosa war endgültig bewusst geworden, dass Leo niemals für ein gemeinsames Leben zu gewinnen zu sein würde, wie sie es sich vorstellte. Genauso klar war ihr aber auch, dass er sie als Mitarbeiterin unbedingt brauchte, dass aber auch sie auf den Austausch mit ihm angewiesen war. Tatsächlich blieben die beiden in allen politischen Dingen eine verschworene Gemeinschaft bis zuletzt, obwohl auf die kurze Liaison mit Feinstein bald weitere, ernstere Affären folgten. Ein Liebespaar aber wurden Rosa und Leo nicht mehr.

Unterdessen hatte sich die Revolution in Russland weiter ausgebreitet. Das Land war nach dem Petersburger Blutsonntag nicht mehr zur Ruhe gekommen. In den Weiten des Zarenreiches kam es vielerorts zu Demonstrationen, Streiks, Barrikadenkämpfen, Bauernunruhen und spontanen Landenteignungen.[751] Auch Befehlsverweigerung und Meuterei bei den russischen Streitkräften waren keine Seltenheit mehr.

Berühmtheit erlangt hat die Meuterei auf dem Panzerkreuzer *Potemkin* am 27. Juni 1905. Als das Schiff im Hafen von Odessa einlief, wo ein Generalstreik stattfand, begannen regierungstreue Truppen, auf die auf der Hafentreppe versammelte Bevölkerung zu schießen. Ein Blutbad war die Folge. Der Filmregisseur Sergei Eisenstein hat zum 20. Jahrestag des Ereignisses das furchtbare Gemetzel in einem legendären Stummfilm festgehalten, der als offizieller Jubiläumsfilm zur Feier der Revolution am 21. Dezember 1925 im Bolschoi-Theater uraufgeführt wurde. Dass acht Jahre nach der Oktoberrevolution so aufwendig an die gescheiterte Revolution von 1905 erinnert wurde, hat auch darin seinen Grund, dass Eisensteins *Panzerkreuzer Potemkin*, sein berühmtestes Meisterwerk, ein Lehrfilm im Sinne der leninistischen Revolutionstheorie war. Damals hatte eine »revolutionäre Situation« bestanden, ähnlich wie 1871 in Paris, 1917 in St. Petersburg und 1918 in Berlin. Aber was 1917 gelang, musste 1905 scheitern, weil den sich offen empörenden ausgebeuteten Massen die politische Führung durch geschulte Berufsrevolutionäre einer schlagkräftigen Kaderpartei fehlte. Als Gegenstück zu *Panzerkreuzer Potemkin* drehte Eisenstein drei Jahre später den Film *Oktober* über die erfolgreiche Revolution von 1917.

Der russisch-japanische Krieg endete am 5. September 1905 mit der Niederlage des Zarenreiches, das seine Kriegsziele nicht erreicht hatte. Korea und die Mandschurei waren nicht erobert worden. Die Russen mussten im Gegenteil Port Arthur aufgeben, die südliche Hälfte von Sachalin an die Japaner abtreten und sich aus der Mongolei zurückziehen. Der Versuch, durch eine sozialimperialistische Strategie der Monarchie neues Ansehen zu verschaffen und die sozialen Konflikte nicht zu lösen, sondern durch eine chauvinistische Politik zu kompensieren, die auch den darbenden Proletariern Nationalstolz einimpfte, war grandios gescheitert. Am 30. Oktober verkündete der durch den verlorenen Krieg in seinem Ansehen stark geschwächte Zar Nikolaus II. ein »Manifest zur Verbesserung der staatlichen Ordnung«, das sogenannte Oktobermanifest. Unter anderem sollte es neben dem ständisch besetzten Reichsrat künftig eine zweite Kammer, die Duma, geben. Dieses nationale Parlament sollte von allen männlichen Bürgern gewählt werden. In der ersten im April 1906 gewählten Duma hatte die liberale Konstitutionell-Demokratische Partei die Mehrheit, denn die sozialistischen Parteien hatten die Wahlen boykottiert. Viel Macht hatte dieses Parlament freilich nicht. Tagen konnte es nur, wenn der Zar es einberief, und gegen seine Beschlüsse hatte er ein Vetorecht. In dem Manifest waren auch Grundrechte erwähnt, aber von einer richtigen Verfassung war das Oktobermanifest noch weit entfernt. Es war eine halbherzige Reform, die auf längere Sicht kaum etwas zur Stabilisierung des zaristischen Regimes beitrug.

Lenin, wiewohl im Schweizer Exil, hatte gleich am folgenden Tag von den schrecklichen Ereignissen in St. Petersburg gehört, die sich wie ein Lauffeuer in der russischen Emigrantenszene herumgesprochen hatten. Nadeschda Krupskaja, Lenins Frau, berichtet in ihren Erinnerungen:

> Die Meldung von den Ereignissen des 9. Januar [jul.] gelangte am nächsten Morgen nach Genf. [...] Wir gingen in die Speisewirtschaft der Emigranten bei Lepeschinskis, wohin alle Bolschewiki, die die Mitteilung von den Petersburger Ereignissen erhalten hatten, instinktiv eilten. Man hatte allgemein das Bedürfnis, zusammen zu sein. Niemand sprach ein Wort. Jeder kämpfte mit seiner Erregung. Man stimmte spontan den Trauermarsch an: »Als Opfer seid ihr gefallen ...« Die Gesichter trugen den Ausdruck der Sammlung. Alle bewegte das Bewusstsein: Die Revolution hat bereits begonnen, die Netze des Glaubens an den Zaren sind zerrissen.[752]

Lenin setzte sich sofort hin und verfasste einen emphatischen Artikel über die Revolution in Russland für den *Wperjod* (Vorwärts), der seit Dezember 1904 in Genf erschien. Lenin feierte die Arbeiter von St. Petersburg, ohne darüber seine Revolutionstheorie zu vergessen: »Mit schwindelerregender Schnelligkeit haben die breiten Arbeitermassen ihre fortgeschrittenen Kameraden, die bewussten Sozialdemokraten, eingeholt.« Und er hatte auch schon eine klare Vorstellung davon, wie es weitergehen sollte: »Der Aufstand hat begonnen. Gewalt gegen Gewalt. Der Straßenkampf tobt, Barrikaden werden errichtet, Salven krachen und Kanonen donnern. Ströme von Blut fließen, es entbrennt der Bürgerkrieg der Freiheit. [...] Tod oder Freiheit! ist die Losung der Arbeiter geworden.«[753]

Lenin selbst sah allerdings seinen Kampfplatz nicht auf den Barrikaden, sondern am Schreibtisch. Während Trotzki schon im Februar nach Russland fuhr, bereitete Lenin sich auf den dritten Parteitag der SDAPR vor, der vom 25. April bis zum 10. Mai 1905 in London stattfand. Das war der schon erwähnte Parteitag, zu dem Luxemburg und Jogiches nicht eingeladen waren, was den »Russen« das liebevolle Epitheton »Gesindel« eintrug. Für Lenins weitere Karriere war dieser Parteitag entscheidend. Er wurde zum Tagungspräsidenten gewählt, ebenso in das neu geschaffene, fünfköpfige Zentralkomitee der Partei und er war der Herausgeber der neuen Parteizeitung *Proletari* (Der Proletarier), die an die Stelle der *Iskra* trat. Von nun an war er die unbestrittene Führungspersönlichkeit der

Bolschewiki. Die folgenden Monate versah Lenin gewissenhaft dreimal wöchentlich seinen Bürodienst in der Redaktion des neuen Zentralorgans *Proletari* und avisierte sich dem ISB als Kontaktmann des ZK der SDAPR.[754] Erst im November verließ Lenin Genf und traf am 21. November 1905 in St. Petersburg ein.

Im Russland des Jahres 1905 war eine »revolutionäre Situation« gegeben, wie sie seinen Vorstellungen entsprach. Ohne sie war nach Lenins Überzeugung eine Revolution nicht möglich. Sie konnte nicht willkürlich initiiert werden, und auch nicht jede revolutionäre Situation führte automatisch zur Revolution. Drei Hauptmerkmale kennzeichneten eine solche Situation:

> 1. Für die herrschenden Klassen ist es unmöglich, ihre Herrschaft unverändert aufrechtzuerhalten. [...] Damit es zur Revolution kommt, genügt es in der Regel nicht, dass die »unteren Schichten« in der alten Weise »nicht leben wollen«, es ist auch erforderlich, dass die »oberen Schichten« in der alten Weise »nicht leben können«.
> 2. Die Not und das Elend der unterdrückten Klassen verschärfen sich über das gewohnte Maß hinaus.
> 3. Infolge der erwähnten Ursachen steigert sich erheblich die Aktivität der Massen, die sich in der »friedlichen« Epoche ruhig ausplündern lassen, in stürmischen Zeiten dagegen sowohl durch die ganze Krisensituation als auch durch die »oberen Schichten« selbst zu selbständigem historischem Handeln gedrängt werden.[755]

Das Geschehen in Russland hatte Lenin die ganze Zeit aufmerksam verfolgt und auch mit seiner Schrift *Zwei Taktiken der Sozialdemokratie in der demokratischen Revolution*[756] Position bezogen im Streit mit den Menschewiki über die richtige marxistische Interpretation der Revolution. Die Schrift erschien im August 1905 in Genf und kurz darauf auch in Russland. Die Menschewiki stellten den bürgerlich-demokratischen Charakter der Revolution in den Vordergrund und vertraten die Auffassung, dass das liberale Bürgertum die führende Kraft sein und eine kapitalistisch-demokratische Entwicklung einleiten müsse.

Lenin glaubte nicht, dass die rückständige russische Bourgeoisie dazu in der Lage sein würde, und plädierte deshalb für ein Bündnis des – in Russland erst in bescheidenen Ansätzen vorhandenen – Proletariats mit der Bauernschaft, die gemeinsam eine »revolutionär-demokratische Diktatur des Proletariats und der Bauernschaft«[757] errichten sollten. Ohne militärische Gewalt werde es nicht möglich sein, den Widerstand der Gutsbesitzer, der Großbourgeoisie und des Zarismus zu brechen. Demokratisch aber werde die Diktatur insofern sein, als sie – noch – nicht imstande sein werde, die kapitalistischen Grundlagen der Gesellschaft anzutasten. Im besten Fall werde eine radikale Umverteilung des Grundeigentums zugunsten der Bauernschaft möglich sein, eine Parlamentarisierung und die Überwindung der Zarenherrschaft sowie die Verbesserung der Lebensverhältnisse der Arbeiterschaft:

> Ein solcher Sieg wird aus unserer bürgerlichen Revolution noch keineswegs eine sozialistische machen; die demokratische Umwälzung wird über den Rahmen der bürgerlichen gesellschaftlich-ökonomischen Verhältnisse nicht unmittelbar hinausgehen; aber nichtsdestoweniger wird die Bedeutung eines solchen Sieges für die künftige Entwicklung sowohl Russlands als auch der ganzen Welt gigantisch sein. Nichts wird die revolutionäre Energie des Weltproletariats so sehr steigern, nichts wird den Weg, der zu seinem vollen Siege führt, so sehr abkürzen wie dieser entscheidende Sieg der in Russland begonnenen Revolution.[758]

Diese Vision erinnert erstaunlich stark an das, was zwölf Jahre später dann wirklich geschah. Zugleich ist hier schon ein wesentliches Theorem des Leninismus angesprochen. Lenin war davon überzeugt, dass – entgegen der Überzeugung von Marx – im rückständigen Russland eine Revolution möglich sei und, auch hier widersprach er Marx, dass den Bauern dabei als revolutionäres Subjekt eine wichtige Rolle zukäme. Voraussetzung dafür war aber die Umverteilung des Grundeigentums, was ihn 1917 in Gegensatz zu Rosa Luxemburg brachte, die eine solche Umverteilung entschieden ablehnte, weil dadurch das Privateigentum nicht abgeschafft, sondern im Gegenteil durch die Landverteilung an die Bauern eine neue Klasse von Besitzenden geschaffen werde.

Auch schon 1905 kamen Parvus und Luxemburg, die prominentesten Vertreter des linken Flügels in der SPD, zu einer anderen Einschätzung als Lenin und lehnten – so wie auch Trotzki – das Bündnis zwischen Arbeiterklasse und Bauernschaft ab, was ihnen vonseiten der Leninisten den Vorwurf des Menschewismus einbrachte.[759] Luxemburg war davon überzeugt, dass das Proletariat die politische Herrschaft für seine eigenen Interessen, ohne Rücksicht auf die Schranken der bürgerlichen Gesellschaftsordnung nutzen werde. Sie plädierte nicht für eine revolutionär-demokratische Diktatur des Proletariats und der Bauernschaft, sondern für eine revolutionäre Diktatur des Proletariats, gestützt auf die Bauernschaft.[760] Das Proletariat war für sie das historische Subjekt, auch wenn das Ziel seines Handelns nicht über die Errichtung einer bürgerlich-demokratischen Staatsverfassung hinausging und das Ergebnis zunächst nur eine »kümmerliche konstitutionelle Verfassung« war: »Russland tritt auf die revolutionäre Weltbühne als das politisch zurückgebliebenste Land; es kann vom Standpunkt der bürgerlichen Klassenentwicklung mit dem vormärzlichen Deutschland keinen Vergleich aushalten. Allein gerade deshalb trägt, entgegen allen landläufigen Ansichten, die jetzige russische Revolution den ausgesprochensten proletarischen Klassencharakter von allen bisherigen Revolutionen.«[761] Bei anderer Gelegenheit sprach Luxemburg davon, die Revolution trage einen Doppelcharakter. Gemessen an ihren Zielen, sei die Revolution bürgerlich, das revolutionäre Subjekt sei aber nicht die Bourgeoisie, sondern die Arbeiterklasse.[762] Das war – anders akzentuiert – letztendlich der gleiche Gedanke.

Dieser erste der mehr als 80 Texte zur Russischen Revolution, die sie damals schrieb, war von großem Optimismus getragen. Das hatte seinen Grund auch darin, dass nahezu zeitgleich mit den Vorgängen in St. Petersburg der zweite große Bergarbeiterstreik in Deutschland begann. (Der erste war 1889 gewesen.) Die verschiedenen Gewerkschaften hatten zunächst versucht, einen großen Streik zu verhindern, weil sie starke Zweifel an den Erfolgsaussichten hegten.[763] Als sie erkannten, dass das nicht möglich war, hatten sie sich an die Spitze der Bewegung gesetzt, um nicht die Kontrolle über die Arbeiterschaft zu verlieren. Immerhin waren 60 Prozent der Bergarbeiter gewerkschaftlich organisiert, während insgesamt die Zahl der Gewerkschaftsmitglieder unter den Arbeitern in Deutschland eher bei zehn Prozent lag. Nachdem die Arbeitgeber Zugeständnisse abgelehnt hatten, wurde für den 19. Januar 1905 ein Generalstreik ausgerufen, an dem sich etwa 200 000 der 268 000 im Ruhrgebiet tätigen Bergleute beteiligten. Bei den Untertagebau-Belegschaften, deren Arbeit besonders hart war, betrug die Streikbeteiligung 85 Prozent. Das war ein Arbeitskampf, der die üblichen Dimensionen weit hinter sich ließ, aber er war mit den Ereignissen in Russland nicht wirklich vergleichbar. Luxemburg sah dennoch in Deutschland und Russland »zwei gewaltige soziale Kämpfe, zwei proletarische Massenerhebungen [...], die mit einem Male wieder die im Schoße der modernen Gesellschaft arbeitenden revolutionären Elementarkräfte an die Oberfläche gezerrt und alle jene Illusionen über den nunmehr ruhigen, ›gesetzlichen‹ Verlauf der Entwicklung, die während der internationalen Windstille üppig in die Höhe geschossen waren, wie leichte Spreu in alle Winde zerstreut haben«.[764] Hier setzte sie sich gleichermaßen vom Revisionismus ab wie vom Attentismus der Zentristen. Im nächsten Satz folgte eine rhetorische Frage: »Wer hat den Generalstreik im Ruhrgebiet ›gewollt‹, und wer hat ihn ›hervorgerufen‹?«[765] Die Antwort gab sie gleich selbst. Die Gewerkschaften hatten den Streik nicht hervorgerufen, sondern im Gegenteil ihn zu inhibieren versucht, was gründlich misslang: »Da aber die Bewegung im Ruhrgebiet in ihrem ganzen Charakter – in der Mannigfaltigkeit der Momente, die ihr zugrunde liegen und die in ihrer Totalität das ganze Dasein des Minenproletariats erschöpfen, in der Unbestimmtheit ihres unmittelbaren letzten Anlasses – nicht ein partieller Kampf gegen diese oder jene Teilerscheinung, sondern im Grund genommen eine Erhebung der Lohnsklaven gegen die Kapitalsherrschaft als solche in ihrer nacktesten Gestalt ist, so brach sie wie ein atmosphärisches Gewitter mit Elementargewalt aus.«[766] Hier artikulierte sich Luxemburgs Spontaneitätstheorie, die im bewussten

Gegensatz zum leninistischen Konzept der revolutionären Kaderpartei stand. Anzumerken ist allerdings, dass die deutsche Erhebung schon nach wenigen Wochen, ohne dass sie ihre Ziele erreicht hatte, ihr Ende fand, weil die Streikkassen erschöpft waren. Immerhin verabschiedete das preußische Herrenhaus eine Novelle des Berggesetzes, die bescheidene Verbesserungen mit sich brachte.

In ihrem zweiten Aufsatz zur Russischen Revolution betonte Luxemburg, dass die Erhebung des Proletariats in St. Petersburg spontan, im übrigen Russischen Reich, namentlich in Kongresspolen, aber unter Anleitung der Sozialdemokratie erfolgt sei. Als Ergebnis der Kämpfe sei die Arbeiterklasse im Zarenreich »nunmehr nicht bloß ein abstrakter Begriff oder ein mechanisches Aggregat isolierter Proletariergruppen mit gleichartigen Interessen und parallelen Bestrebungen [...], sondern ein organisches, aktionsfähiges Ganzes, eine politische Klasse mit gemeinsamem Willen und gemeinsamem Klassenbewusstsein«.[767] Diese Feststellung bezog sich ausdrücklich auf das gesamte Russische Reich mit seinen verschiedenen Territorien und Völkerschaften. Aufgabe der Sozialdemokratie sei es nun, »den revolutionären Zustand in Permanenz zu erhalten«.[768] Die Kämpfe fanden auch jenseits der russischen Grenzen ein lebhaftes Echo, und die Solidarität war groß. Am 5. Juli 1905 verabschiedete der Parteivorstand der SPD einen Aufruf an alle Mitglieder, der mit der Feststellung begann, das revolutionäre Solidaritätsgefühl dürfe sich nicht in teilnahmsvollem Zuschauen und Sympathieerklärungen erschöpfen:

> Der heldenmütige und unvergleichliche Kampf, den das russische und polnische Proletariat unter Führung unserer Genossen gegen das fluch- und schmachbeladene Regiment des russischen Zarismus führt, erfordert ungeheure, von Tag zu Tag steigende Opfer.
> [...]
> Die deutsche Arbeiterklasse, welche dem russischen und polnischen Proletariat einen vollen Erfolg seiner heldenmütigen Anstrengungen zum Sturze des russischen Despotismus und für eine neue, bessere

> und gerechtere soziale und politische Ordnung der Dinge im russischen Reiche wünscht, kann durch schleunige Sammlung von Geldmitteln die ungeheure Not und das Elend der Opfer lindern, die dieser einzig dastehende Kampf für die Befreiung Russlands bisher gekostet hat.[769]

Die Solidarität war groß. Die meisten Spenden betrugen zwischen 50 Pfennig und 20 Mark. Sie kamen von Einzelpersonen oder Belegschaften einzelner Betriebe. So spendeten die Druckereihilfsarbeiter des *Vorwärts* 10,– M, die Vereinigten Gesang- und Sparvereine in der »Neuen Welt« (Berlin-Neukölln) 11,77 M und bei einer »roten Hochzeit« wurden 5,10 M gesammelt. Größere Spenden, bis zu 1 000,– M, kamen von Parteigliederungen. Insgesamt ging bis zum 10. Oktober der beachtliche Betrag von 116 390,76 M ein.[770] Die SPD behielt zunächst 6 000,– M als Reserve für Nachforderungen zurück. Der Hauptbetrag von 110 000,– M kam gleich zur Auszahlung, davon entfielen 20 Prozent auf die SDKPiL, was aus Luxemburgs Sicht ein komfortabler Betrag war.[771] Um die Aufteilung der Gelder entbrannte dennoch ein heftiger Kampf zwischen den verschiedenen politischen Gruppierungen. Das galt insbesondere für die 18 700 Franc, die das ISB bereitstellte. Davon gingen 5 000,– Franc an die Sozialrevolutionäre, je 2 500,– an die Menschewiki, die Bolschewiki und den Bund und je 3 100,– an die PPS und die SDKPiL.[772] Die vollständige Auszahlung dieser letzten Position klappte aber erst nach erheblichem Hin und Her und einer energischen Intervention von Rosa Luxemburg bei Camille Huysmans, dem Sekretär des ISB.[773] In jener Zeit ging sie auch wieder auf Vortragstour und sprach in verschiedenen Städten der Provinz Posen über »Freiheitskämpfe der Vergangenheit und Gegenwart«.[774] Es gehört wenig Fantasie dazu, sich vorzustellen, dass dieser neutral klingende Titel Vortragsveranstaltungen anzeigte, bei denen mehr über die Gegenwart als über die Vergangenheit gesprochen wurde. Ein Zeitungsbericht über einen früheren Vortrag zum selben Thema bestätigt diese Vermutung.[775] Im März 1905 hatte Luxemburg in Leipzig gesprochen, und natürlich standen die russischen Ereignisse im Mittelpunkt, allerdings eingebettet in den historischen Kontext, sodass sie ihre Ausführungen mit einem Rückblick auf die deutsche Revolution von 1848 und den Krimkrieg begann.

Am 6. Oktober 1905 berichtete Rosa Leo von einem »Heiratsantrag in aller Form«. Absender des Heiratsantrags war August Bebel: »Ich stelle die Anfrage an Sie, ob Sie geneigt sind, für den ›Vorwärts‹ regelmäßig wöchentlich etwa zwei Leitartikel zu schreiben, wenn die zuständigen Instanzen Sie zur Mitarbeit auffordern sollten?« Die Anfrage war mit sehr komfortablen Konditionen verbunden: Den Erscheinungstag sollte Luxemburg ebenso selbst bestimmen wie das Thema, die Redaktion sollte kein inhaltliches Mitspracherecht haben, außerdem gab es ein Sonderhonorar von 25 Mark pro Artikel und dazu »eine besondere, privilegierte Stellung«.[776] August Bebel und Rosa Luxemburg verband – bei allen Differenzen in einzelnen Fragen – eine besondere gegenseitige Wertschätzung, aber das war nicht der Grund für dieses generöse Angebot. Vielmehr war ihm ein schwerer Konflikt vorausgegangen, der die Partei in den vorangegangenen Monaten belastet hatte. Zum einen gab es seit Längerem Auseinandersetzungen über den Status des *Vorwärts*. Im Gegensatz zu den anderen wichtigen Parteizeitungen wie z. B. der *Leipziger Volkszeitung*, die der örtlichen Pressekommission der Partei unterstellt war, war der *Vorwärts* zugleich und vor allem das Zentralorgan der Partei. Die Berliner hatten deshalb auf dem Jenaer Parteitag im September 1905 den Antrag gestellt, den *Vorwärts* zum Berliner Lokalorgan zu machen, da »aus bloßem Gerechtigkeitsgefühl schon die Berliner Genossen nicht minderen Rechtes länger bleiben dürfen als die Genossen des kleinsten Ortes, wo ein Blatt erscheint«.[777] August Bebel sprach in einem längeren Redebeitrag gegen diesen Antrag, der auch keine Mehrheit fand. Er wandte sich aber nicht nur gegen den Berliner Antrag, er ging auch darauf ein, dass innerhalb der Redaktion des *Vorwärts* gravierende Meinungsverschiedenheiten aufgetreten waren. Die Berliner hatten in den Jahren zuvor vier Redakteure dort untergebracht, die ihre Positionen vertreten sollten, doch das hatte nicht so recht geklappt: »Im Laufe der Tätigkeit dieser Männer ist es nun so gekommen, dass zwei derselben sich nicht etwa von der Linken, wo sie waren, sondern von der Rechten umgarnen ließen und nun ist durch diese zwei, die anderer Meinung geworden sind, die Mehrheit in der Redaktion eine andere geworden.«[778]

Gravierender als die Frage Lokal- oder Zentralorgan war im Grunde das Problem, dass ausgerechnet in Berlin, immerhin die Hauptstadt des Deutschen Reiches, eine Zeitung erschien, die weder die Position des Parteivorstands noch die Meinung der Berliner SPD vertrat. Sechs Redakteure, unter ihnen Kurt Eisner und Georg Gradnauer, gehörten dem revisionistischen Flügel der Partei an. Ihnen stand eine Minderheit von vier Redakteuren gegenüber, darunter Heinrich Cunow und Heinrich Ströbel, die die Position des marxistischen Zentrums vertrat. Das war auch aus der Sicht des Parteivorstands eine unbefriedigende Situation, zumal »ein gut kollegialisches Zusammenarbeiten kaum noch möglich erschien«.[779] Anlass zur Eskalation der Auseinandersetzungen war eine Rezension des Buches *Generalstreik und Sozialdemokratie* von Henriette Roland-Holst[780]. Die Autorin gehörte dem linken Flügel der Sozialdemokratischen Arbeiterpartei (SDAP) der Niederlande an und war eine gute Freundin von Rosa Luxemburg, der sie später auch ein etwas schwärmerisches Erinnerungsbuch widmete. Roland-Holsts Buch war auf wohlwollende Resonanz in der *Neuen Zeit* gestoßen, auch die Besprechung in der *LVZ* war sehr positiv, während im *Vorwärts* ein ausführlicher Verriss erschien, der eine Pressefehde nach sich zog, die zunächst als »Literatengezänk« abgetan wurde. Doch der Jenaer Parteitag gelangte mit großer Mehrheit zu der Überzeugung, dass hier ein ernstes Problem vorlag, weshalb er den Parteivorstand zum Einschreiten aufforderte. Dieser entschied sich im Einvernehmen mit der Berliner Pressekommission dafür, die Mehrheitsverhältnisse dadurch zu verändern, dass zwei der revisionistischen Redakteure entlassen wurden, an ihrer Stelle zwei neue Redakteure heranzuziehen und außerdem Luxemburg als prominenteste Vertreterin des linken Parteiflügels in die Redaktionsarbeit einzubinden. Die sechs Revisionisten durften an den Besprechungen über die zukünftige Gestaltung der Verhältnisse nicht einmal teilnehmen, woraufhin sie ihrerseits kollektiv kündigten.[781] Diese Kündigungen wurden sofort angenommen, und es traten nun noch weitere neue Mitarbeiter der Redaktion bei. Das kam Luxemburg sehr entgegen, die für den ihr eigentlich verhassten »Vorwärts« nur arbeiten wollte, wenn »eine ständige Mehrheit der Linken in der Redaktion gesichert wird«[782].

Noch am selben Tag berichtete Rosa Leo, dass »die Palastrevolution Fortschritte [macht], die Demission der ›Rechten‹ wurde angenommen«.[783] Am 28. Oktober schrieb Kautsky auf eine Visitenkarte, die er zurückließ, nachdem er Luxemburg zu Hause nicht angetroffen hatte: »Liebe Róża, also morgen nimmt das Interregnum ein Ende, und Du bist als Mitarbeiterin feierlich eingeladen, d.h. offiziell, in der neuen Redaktion mitzutun. Erste Pflicht: Du hast morgen, sonntags, Punkt 10 Uhr Vorm[ittag] zu der Redaktionssitzung zu erscheinen, die alles weitere regelt. Für Dienstag wird ein Artikel von Dir erwartet.«[784] Bebel war schon am Tag zuvor in gleicher Sache vorstellig geworden: »August quengelt schon seit Freitag, dass ich es nicht etwa versäume, zur ersten Redaktionssitzung zu gehen.«[785] Der von Kautsky erwähnte Dienstag war der 31. Oktober. Zuverlässig lieferte Luxemburg den so dringlich erwarteten Text, ihren ersten Leitartikel, er erschien am 1. November. Thema war das zwei Tage zuvor publizierte Oktobermanifest von Zar Nikolaus II., das »neue Verfassungsmanifest Nikolaus' des Letzten«.[786] Die Apostrophierung des gegenwärtigen Zaren als des letzten sollte sich, wie wir wissen, als zutreffend erweisen, auch wenn die Revolution von 1905 noch nicht das Ende der Zarenherrschaft mit sich brachte. Der russisch-japanische Krieg war am 5. September 1905 mit dem Vertrag von Portsmouth zu Ende gegangen.[787] Obwohl Sergei Witte, der frühere Finanzminister, trotz der russischen Niederlage einen guten Vertrag ausgehandelt hatte und das Lager der Liberalen sich über die Frage der von Alexander Bulygin betriebenen Verfassungsreform gespalten hatte, erreichte die Unzufriedenheit mit den herrschenden Verhältnissen im Herbst einen neuen Höhepunkt. Es gab verschiedene Protest- und Streikaktionen, aus denen im Lauf des Oktober ein »Flächenbrand«[788] entstand. Am 4. Oktober begann ein Streik der Eisenbahner, der schon bald in Moskau und St. Petersburg den Verkehr vollständig zum Erliegen brachte. Innerhalb von zwei Wochen griff der

Streik auf 120 Städte im ganzen Land über. Außerdem weitete sich der Arbeitskampf der Eisenbahner zu einem Generalstreik aus, dem sich nahezu alle Branchen anschlossen. Lediglich die Lebensmittelgeschäfte blieben geöffnet, um die Grundversorgung der Bevölkerung zu gewährleisten. Der Zar wollte eigentlich erneut mit brutaler Gewalt gegen die Menschen vorgehen. In St. Petersburg war sogar öffentlich plakatiert, dass der Befehl bestehe, »an Munition nicht zu sparen«.[789] Dass es nicht zu einem zweiten Blutbad kam, hatte mehrere Gründe. Bei den Verantwortlichen gab es eine nicht unverständliche Scheu, im entscheidenden Moment den Feuerbefehl zu erteilen. Man war sich außerdem, eingedenk der Meuterei auf dem Panzerkreuzer *Potemkin*, der Zuverlässigkeit der Truppen nicht mehr sicher. Und vielleicht am wichtigsten: Witte, als Unternehmer wie als Staatsmann gleichermaßen erfolgreich und am Hof des Zaren entsprechend angesehen, wirkte intensiv auf den Zaren ein, seine starre Haltung aufzugeben, weil sonst die Monarchie dem Untergang geweiht sei. Nach einigem Hin und Her erhielt er den Auftrag, ein Manifest zu entwerfen, aus dem dann das Oktobermanifest hervorging.

Rosa Luxemburg hielt sich in ihrem Leitartikel mit dem Manifest »aus den blutüberströmten Händen des absolutistischen Würgeengels«[790] nicht lange auf. Diese vorsichtigen Liberalisierungsbemühungen des amtierenden Herrschers waren aus ihrer Perspektive nicht mehr als ein Krisensymptom: »Die seit Januar sinnenfällige und offene gewaltige Krise im Zarenreiche ist, wie jede bisherige Revolution, vor allem ein innerer sozialer Prozess, das Entstehen und Werden einer neuen Gesellschaft im Schoße der alten, und die Befreierin Revolution ist auch hier nicht die Mutter, sondern bloß die Geburtshelferin der neuen Gesellschaft.« Sollte das im Manifest Versprochene Realität werden, »beginnt morgen [...] ein neuer Abschnitt der revolutionären Kämpfe«.[791] Damit war Luxemburg bei ihrem eigentlichen Thema. Sie war davon überzeugt, dass »jetzt das entschlossene Eingreifen der proletarischen Faust mit einem Ruck den Karren vorwärts geschoben [...]« habe.[792] Das »industrielle Proletariat Russlands« sei – »wie im ersten Akt der Revolution [...] ihr eigentlicher Träger und ihr einziger zuverlässiger Träger. [...] die ersten entscheidenden Breschen in das Bollwerk des Zarismus sind geschlagen – mit alleiniger Kraft des industriellen Proletariats, durch die alleinige Aktion der städtischen Arbeiterschaft!«[793] Hier artikulierte sie – bei etwas eigenwilliger Deutung des wahren Sachverhalts – überdeutlich ihre Überzeugung, dass nur die Arbeiterschaft das historische Subjekt des revolutionären Prozesses sei und sein könne. In Wirklichkeit hatte die Intelligenz die Streikaktionen tatkräftig unterstützt. Theater hatten geschlossen, Universitäten ihre Räumlichkeiten für die Streikenden zur Verfügung gestellt, Ärzte Teile ihres Einkommens an Streikfonds gespendet: »Überall gehörten *intelligenty* zum innersten Kern der örtlichen Leitungs- und Koordinationsgremien.«[794] Aber das passte nicht in Luxemburgs Bild von der Revolution. Die »schwankende, innerlich haltlose Schicht der bürgerlichen demokratischen Intelligenz« war nach ihrer Überzeugung ein »gefährlicher Bundesgenosse«.[795] Auch hier zeigte sich, dass sie nicht für die Freiheitsrechte der bürgerlichen Revolution kämpfte, sondern für die Diktatur des Proletariats. Deshalb betonte sie auch die Alleinstellung der Arbeiterschaft und setzte hinzu, dass die entscheidende politische Kraft bei all dem die Sozialdemokratie gewesen sei: »ihre Arbeit, ihre Agitation war unbestreitbar in der Zwischenzeit die Triebkraft dieses wunderbaren politischen Wachstums des Proletariats, und ihre Losung war das Signal in dieser jüngsten Entscheidungsschlacht.«[796] Auch das war eine den politischen Überzeugungen der Autorin geschuldete optimistische Deutung. Die SDAPR war noch immer eine kleine Partei und mehr mit sich selbst beschäftigt als Triebkraft in einem revolutionären Prozess.

Neben den beiden Leitartikeln, die Luxemburg jede Woche zu liefern hatte, sollte sie außerdem den »russischen Teil«[797] leiten. Das war einerseits naheliegend, da sie nun mal die Spezialistin für russische und polnische Angelegenheiten in der SPD war, bedeutete allerdings in revolutionären Zeiten »ziemlich viel Arbeit«.[798] Der Nachrichtenüberblick, den sie – meist unter dem Titel »Die Revolution in Russland« – für den *Vorwärts* zusammenstellte, erschien nahezu täglich.[799] Die Artikel hatten einen beachtlichen Umfang und enthielten Meldungen aus den verschiedenen Teilen des Russischen Reiches. Diese Meldungen waren im Allgemeinen mit einer Datumsangabe versehen, sodass der Eindruck entstand, sie stammten vom Vortag. Das kann auch der Realität entsprechen, denn in einem Brief an Jogiches sprach sie davon, dass sie »alle Telegramme über Russland bearbeitet« habe.[800] Wir dürfen also davon ausgehen, dass sie über aktuelle Informationen verfügte. Eine Quelle war in der Mehrzahl der Fälle allerdings nicht angegeben, wiederholt wurde aber auf die Petersburger Telegraphen-Agentur verwiesen, manchmal auch auf andere Quellen. Die Leitartikel beschäftigten sich zum Teil ebenfalls mit der Russischen Revolution, häufig aber auch mit Themen der deutschen Innenpolitik. Eigentlich war Luxemburg damit schon sehr ausgelastet. Täglich musste sie ab 16 Uhr in der Redaktion sein und sah sich dort von unfähigen Leuten umgeben: »Es erweist sich – der Karren steckt im Dreck, und ich muss energisch helfen.«[801] Wenn wir ihr glauben dürfen, sah Bebel die Situation ganz ähnlich: »Aujust, der Ärmste, rennt ebenfalls jeden Abend in der Redaktion herum, aufgeregt und unzufrieden mit unseren Ochsen.«[802] Luxemburg war nicht glücklich darüber, dass sie nur über Russland schreiben durfte, und zugleich ob der großen Arbeitsbelastung enerviert: »Dieses tägliche Fahren um 4 Uhr zur Redaktion, Rückkehr gegen 9 Uhr und dieses Geschnatter dort mit dieser Bande quält mich unbeschreiblich. Dabei stehe ich (seitdem das Dienstmädchen da ist) jeden Morgen pünktlich um 8 Uhr auf und gehe dauernd unausgeschlafen herum, denn abends kann ich nicht einschlafen vor Katzenjammer.«[803] Als sie Leo Jogiches gegenüber dieses Klagelied anstimmte, war sie gerade einmal drei Tage beim *Vorwärts* tätig, und schon überwog der Ärger über die Arbeitsbedingungen die Freude über die neuen Wirkungsmöglichkeiten. Das erwähnte Dienstmädchen hatte Bebel vermittelt, nachdem das vorige mit der Begründung gekündigt hatte, sie könne bei Rosa Luxemburg nicht Kochen lernen. Auch bei der neuen Haushaltshilfe hielt sich die Begeisterung in Grenzen: »Die Donna heult mir schon vor, dass sie Herzklopfen hat, keine Treppen steigen kann, nichts heben kann, und bestimmt werde ich es keinen Monat mit ihr aushalten.«[804]

Generalstreik

In den ersten Monaten des Jahres 1905, als der oftmals profillose *Vorwärts* noch ein gern gepflegtes Feindbild war, publizierte Luxemburg vor allem in der *Sächsischen Arbeiter-Zeitung*.[805] Anfang März, als die von St. Petersburg ausgehenden Arbeitskämpfe immer größere Dimensionen annahmen, griff sie ein Thema auf, das bald auch in der deutschen Debatte eine wichtige Rolle spielen sollte: »Der jüngste und immer noch andauernde Generalstreik in Russland ist seinem Umfang und seiner Dauer nach das gewaltigste Beispiel dieser Kampfweise, das je gesehen worden ist.«[806]

Russland war damals noch ein sehr agrarisch geprägtes Land, aber die Zahl der Lohnarbeiter hatte nach der Aufhebung der Leibeigenschaft 1861 stetig zugenommen. Anfang des 20. Jahrhunderts gab es bereits mehr als zehn Millionen Lohnarbeiter, ihr Anteil an der Gesamtbevölkerung lag irgendwo zwischen fünf und zehn Prozent.[807] Die Lohnarbeiter lebten vor allem in den Städten, und da die Streikbewegung sich nicht auf die Industriebetriebe beschränkte, sondern rasch auf Verkehrsbetriebe, Handel und Banken übergriff, war die Wirkung außerordentlich groß. Das war aus der Sicht von denjenigen, die im Generalstreik ein mögliches politisches Kampfmittel sahen, ein bemerkenswerter Vorgang: »In diesen Dimensionen und der Mannigfaltigkeit der mitspielenden Momente bietet die jetzige Bewegung in Russland eine wahre Fundgrube für das Studium der Natur und der politischen Bedeutung des Generalstreiks.«[808] Das war umso bemerkenswerter, als alle Voraussetzungen fehlten, die nach marxistischer Lehre eigentlich notwendig waren. Es gab weder richtige Gewerkschaften noch eine starke Arbeiterpartei. Entsprechend fehlte es an politischer Schulung und Führung, an organisatorischer Disziplin und an gewerkschaftlichen Streikkassen. Luxemburg war besonders fasziniert, weil es sich um eine spontane Aktion der russischen Arbeiterschaft handelte: »Der Massenausstand als große politische und soziale Klassenbewegung lässt sich ebenso wenig auf Kommando ›machen‹ wie eine Revolution.«[809]

Die Massenstreikbewegung war nach ihrer Überzeugung ein Moment der Revolution. Die eigentliche Aufgabe der Sozialdemokratie war es,

»den Eintritt eines solchen Moments herauszufühlen« und die Massen so gut wie möglich darauf vorzubereiten:

> Nicht durch die systematische Propaganda des Generalstreiks als einer wundertätigen Spezies des proletarischen Klassenkampfes für sich und andrerseits auch nicht durch den bloßen bienenartigen Ausbau der gewerkschaftlichen Zellen ins unendliche, sondern durch die Aufklärung und Aufrüttelung der Masse im Sinne der revolutionären Einsicht, dass sie in allen wichtigeren politischen und sozialen Lebensfragen und Entscheidungen nur auf sich selbst, auf die eigene direkte Aktion angewiesen ist, bereiten wir von selbst den Boden für jene Momente vor, wo die Arbeiterklasse um wirklicher Lebensinteressen willen bereit sein wird, nicht bloß ›alle Räder stillstehen‹ zu lassen, sondern nötigenfalls auch ihr Blut im Straßenkampfe zu verspritzen.[810]

Das russische Beispiel diente Luxemburg als »Mantra für die zukünftige Taktik der deutschen Sozialdemokratie«.[811] Hier bildeten sich die Überzeugungen, die ihre Position in den Massenstreikdebatten der kommenden Jahre bestimmen sollten.

Die Ereignisse in Russland gaben der Diskussion über den General- oder Massenstreik, die bis dahin kaum systematisch geführt worden war, enormen Auftrieb. In der IAA hatten seinerzeit vor allem die Anarchisten den Generalstreik propagiert. Auch in der Sozialistischen Internationale hatte die anarchistische Fraktion, die anfangs noch eine Rolle spielte, versucht, das Thema wieder auf die Tagesordnung zu setzen. Auf dem dritten Kongress 1893 in Zürich propagierten die Anarchisten einen »Weltstreik«, eine Idee, die angesichts ihrer Undurchführbarkeit allerdings nicht auf Beifall stieß.[812] Eine ernsthaftere Diskussion kam in Gang, als im April 1902 die belgische Arbeiterpartei beschloss, die seit Langem geforderte Einführung des allgemeinen und gleichen Wahlrechts für Männer mithilfe eines Generalstreiks zu erzwingen. Der Streik musste erfolglos abgebrochen werden. Luxemburg unterzog dieses »belgische Experiment« einer harschen Kritik, wobei ihre Kritik sich nicht gegen den Streik als solches richtete. Sie war vielmehr davon überzeugt, dass der Hauptgrund für das Scheitern das Bündnis war, das die Sozialisten mit den Liberalen eingegangen waren.[813]

Beim sechsten Kongress der Sozialistischen Internationale im August 1904 in Amsterdam stand zwar die Revisionismusdebatte im Zentrum; davon war schon die Rede.[814] Angesichts der Tatsache, dass er zunehmend vom anarchistischen Luftschloss zum sozialistischen Kampfmittel mutierte, wurde dort aber auch über den Generalstreik diskutiert. Der Kongress differenzierte zwischen dem »absoluten Generalstreik« und dem »politischen Massenstreik«, während sonst die Begriffe Massen- und Generalstreik oftmals synonym gebraucht wurden. Wenn man genau sein wollte, war der Generalstreik gewissermaßen die höchste Form des Massenstreiks, weil er alle Arbeitsbereiche umfasste. Der Kongress formulierte die Überzeugung, »dass die notwendige Voraussetzung für den Erfolg eines Massenstreiks eine starke Organisation und die freiwillige Disziplin der Arbeiterschaft ist«. Den absoluten Generalstreik in dem Sinne, dass die Arbeit in sämtlichen Industriezweigen des Landes zu einem gegebenen Zeitpunkt niedergelegt wird, hielt er für undurchführbar, »weil ein derartiger Streik jede Existenz, also auch die des Proletariats unmöglich machen würde«. Vorstellen konnte man sich indes, »dass ein Streik, der sich über einige für das ökonomische Leben wichtige Industriezweige oder eine große Anzahl von Betrieben ausdehnt, ein äußerstes Mittel sein kann, um gesellschaftliche Veränderungen zu erbringen oder sich gegen reaktionäre Anschläge zu verteidigen«. Die Resolution schloss mit der Aufforderung an die Mitgliedsparteien, »durch die Entwicklung ihrer Organisation ihre Einheit und Kraft im Klassenkampf zu stärken, weil, wenn der Streik mit politischem Zwecke einst nützlich und nötig sein wird, sein Gelingen von der Stärke ihrer Organisation abhängt«.[815] Hier klang schon ein Argument an, dass in den Massenstreikdebatten der kommenden Jahre eine zentrale Rolle spielen sollte: Der Fortbestand der Organisationen durfte durch den politischen Kampf nicht gefährdet werden. Gerade in Deutschland stieß dieses Argument auf offene Ohren. Dort gab es die größte und am besten organisierte Arbeiterpartei Europas, an ihrer Seite eine Gewerkschaftsorganisation, über die sich Ähnliches sagen ließ. Bei aller grundsätzlichen Opposition hatte man sich in dem bestehenden Staat eingerichtet, und die Erfahrung von zwölf Jahren brutaler Verfolgung unter dem Sozialistengesetz steckte vielen noch zu tief in den Knochen, als dass sie geneigt gewesen wären, das Erreichte zu gefährden und sich auf unkontrollierbare politische Abenteuer einzulassen.

Dass das Gelingen einer Aktion von der Stärke der agierenden Organisation abhängig ist, ist nun keinesfalls eine völlig unvernünftige Überzeugung. Aber gerade in Deutschland wird die Bedeutung guter Organisation leicht verabsolutiert. Im konkreten Fall kam die sozialdemokratische Staatsgläubigkeit hinzu, wobei es an dieser Stelle unentschieden bleiben kann, ob diese bis heute bisweilen spürbare Staatsgläubigkeit mehr auf Marx oder mehr auf Lassalle zurückgeht. Doch historische Ereignisse orientieren sich nicht immer an den Erwartungen, die die Zeitgenossen hegen. Das musste auch Karl Kautsky anerkennen: »Wir brauchen bloß nach Russland zu sehen, um zu erkennen, wie unvermutet, über Nacht, die gegebenen Verhältnisse völlig umschlagen, Verhältnisse eintreten können, die den politischen Massenstreik entfesseln.« Er beeilte sich allerdings hinzuzusetzen: »Dieser wird aber umso wirksamer sein, umso geringere Opfer kosten, umso größere Resultate erzielen, je geschulter die Massen sind, wozu auch die nötige Aufklärung über das Wesen, die Bedingungen und die Methoden des politischen Massenstreiks gehört.«[816] Solches schrieb Kautsky im Vorwort zu dem schon erwähnten Buch von Henriette Roland-Holst über Generalstreik und Sozialdemokratie. Eigentlich hätte er selbst die Autorschaft zu diesem wichtigen Thema übernehmen sollen, was angesichts seiner zentralen Rolle für die Programmatik der Partei auch naheliegend gewesen wäre. Aber aus Zeitmangel beschränkte er sich auf ein Vorwort. An seine Stelle trat die niederländische Sozialistin Roland-Holst, die im Jahr zuvor in Amsterdam Hauptrednerin zum Thema gewesen war und sich so gründlich vorbereitet hatte, dass sie ihr überlanges Referat nicht zu Ende bringen konnte.

In ihrer Publikation ging sie zunächst auf die Russische Revolution ein. Es folgte eine Typologisierung vom »anarchistischen Generalstreik«

über den generalisierten Sympathiestreik, den ökonomisch-sozialen Generalstreik und den ökonomischen Streik mit politischer Bedeutung bis hin zum politischen Massenstreik. Den Schluss bildete ein historischer Überblick über die Behandlung des Themas durch die IAA und die Sozialistische Internationale. Hier wurde in der zweiten Auflage, die 1906 erschien, dann auch der Jenaer SPD-Parteitag berücksichtigt. Die SPD, so Roland-Holst, war die erste Partei, die aus dem Amsterdamer Beschluss praktische Konsequenzen zog und einen eigenen Beschluss zum Thema fasste. Dass der Massenstreik dort grundsätzlich als Option akzeptiert wurde, war aus Sicht der Autorin eher überraschend, nachdem zuvor nur die Vertreter des linken Parteiflügels – Kautsky, Parvus, Luxemburg und Zetkin – dafür eingetreten waren, während »die Mehrheit der Partei […] dem Gedanken des Streiks zu politischen Zwecken kalt-ablehnend gegenüber [stand]«.[817] Roland-Holst sah hier einen Zusammenhang zwischen der Niederlage des Revisionismus und der neuen Aufgeschlossenheit gegenüber dem Massenstreik.[818] In der Redaktion des *Vorwärts* allerdings gehörte die Mehrheit der Redakteure dem revisionistischen Flügel an. Entsprechend ungnädig fiel, wie schon erwähnt, die Rezension von Roland-Holsts Buch aus.[819] Eine Passage der Besprechung, die besonderen Anstoß erregt hatte, fand sogar Eingang in den Bericht der sogenannten Fünfzehner-Kommission auf dem Jenaer Parteitag:

> Ein anderes ist es, wenn die kapitalistischen Parteien, gestützt durch Unverständnis und Gleichgültigkeit der hinter ihnen stehenden Volksmassen, die Wege der Gesetzlichkeit zu versperren wagen. Der Versuch der Staatsstreichler, bestehende Rechte zu beseitigen, durch welche der Aufstieg des Volkes und die Herbeiführung kultureller Zustände erst möglich ist, schafft einen Ausnahmezustand. In diesem Fall sind alle Mittel der Notwehr berechtigt, nicht nur der Massenstreik! Welche Mittel aber in solchen Fällen die geeigneten sind, das lässt sich nicht vorher studieren und nicht vorher diskutieren![820]

Das war in nuce die Argumentation der Gegner des Massenstreiks. Nur im äußersten Notfall, der, wenn alles mit rechten Dingen zuging, nie eintreten würde, war der Massenstreik eine Option. In diesem äußersten Notfall wäre dann alles erlaubt, aber diesen Fall zu antizipieren und sich darauf vorzubereiten war wiederum nicht möglich, weil man nicht wissen konnte, was wann passieren würde.

Auf derselben Linie argumentierten die freien Gewerkschaften.[821] Auf ihrem Kongress im Mai 1905 hatten sie einen Beschluss gefasst, der dem Massenstreik eine entschiedene Absage erteilte, ja seine Propagierung für »verwerflich« erklärte und die organisierte Arbeiterschaft dazu aufrief, ihr entschieden entgegenzutreten: »Den Generalstreik, wie er von Anarchisten und Leuten ohne jegliche Erfahrung auf dem Gebiete des wirtschaftlichen Kampfes vertreten wird, hält der Kongress für undiskutabel. Er warnt die Arbeiterschaft, sich durch die Aufnahme und Verbreitung solcher Ideen von der täglichen Kleinarbeit zur Stärkung der Arbeiterorganisation abhalten zu lassen.«[822] Das war eine deutliche Ansage, die die 208 Delegierten bei nur sieben Gegenstimmen guthießen. Die tägliche Kleinarbeit stand den Gewerkschaftsfunktionären näher als die große Revolution. Schon den Bergarbeiterstreik hatten die Gewerkschaften nur deshalb angeführt, weil er nicht zu verhindern war, und die Generalkommission der Gewerkschaften tat alles, um ein Übergreifen auf andere Industriezweige zu verhindern.

Die pragmatischen Gewerkschaftsführer sympathisierten, das lag in der Natur der Sache, in ihrer großen Mehrheit eher mit Eduard Bernstein als mit Rosa Luxemburg. Das galt namentlich für Theodor Bömelburg, der ein entschiedener Gegner Luxemburgs war, sich aber auch über Bernstein lustig machte, den er von seinem generellen Vorwurf der Praxisferne nicht ausnehmen wollte: »Die Literaten mögen ja tun, was sie wollen, aber der Arbeiterbewegung leisten sie keinen guten Dienst. (Sehr richtig!) Diejenigen, die so leicht über den politischen Massenstreik heute reden, haben meist von der praktischen Arbeiterbewegung keine Ahnung. (Sehr richtig!)«[823] Bömelburg, ein gelernter Maurergeselle, war der Vorsitzende des Deutschen Maurerverbandes, außerdem war er, wie schon zweimal zuvor, 1905 der Vorsitzende des Gewerkschaftskongresses. Seit 1903 vertrat er außerdem die SPD im Deutschen Reichstag. Auf dem Kongress führte er nicht nur den Vorsitz, er hielt auch das Hauptreferat zu dem zentralen Thema Generalstreik, dem er in allen Formen, vom »anarchistischen Generalstreik« über den »Solidaritätsstreik« bis hin zum »politischen Massenstreik«, eine entschiedene Abfuhr erteilte. Er argumentierte mit einer Lust zur Polemik, die einer Rosa Luxemburg Ehre gemacht hätte, verwies etwa darauf, dass bei einem Generalstreik auch die öffentliche Versorgung zusammenbrechen würde: »Ja, so leicht es ist, mit dem Produzieren aufzuhören, so schwer ist es, mit dem Konsumieren aufzuhören. (Heiterkeit)«[824] Bömelburg betonte, dass die internationalen Kongresse der Sozialistischen Internationale sich stets gegen den Generalstreik gewandt hätten, lediglich im Vorjahr in Amsterdam habe man dem politischen Massenstreik eine Konzession gemacht, was er sehr bedauere.[825] Mehr als alles andere betonte er den Wert und die Bedeutung der geleisteten Organisationsarbeit: »Ungeheure Opfer hat es gekostet, um den augenblicklichen Stand der Organisation zu erreichen, und ungeheure Opfer wird es noch kosten, um die Organisation auf eine noch höhere Stufe der Macht zu heben. Um aber unsere Organisationen auszubauen, dazu bedürfen wir in der Arbeiterbewegung Ruhe.«[826] Die freien Gewerkschaften hatten damals, 15 Jahre nach dem Ende des Sozialistengesetzes, etwa 1,2 Millionen Mitglieder. Das war zweifellos ein beachtlicher Erfolg, den man nicht ohne Not in Gefahr bringen wollte.

Aber in Bömelburgs Rede paarten sich Intellektuellenverachtung und Organisationsfetischismus in problematischer Weise. Dass Ruhe das war, was die Arbeiterbewegung vor allem brauchte, kann man doch mit guten Gründen bezweifeln. Umgekehrt konnten die Gewerkschaften darauf verweisen, dass sie mit ihrer wachsenden organisatorischen Macht im Rücken in zunehmendem Maße Erfolge ohne das kostenintensive Kampfmittel des Streiks erreichten. 1905 wurden bereits 64 Prozent aller gewerkschaftlichen Erfolge ohne Streik erzielt, 1913 waren es sogar 77 Prozent.[827] Das stärkte den »reformerischen Optimismus«[828] innerhalb der Gewerkschaften. Nun dachten die Befürworter des Massenstreiks auch nicht daran, dieses äußerste Kampfmittel im Falle eines normalen Tarifkonflikts ins Spiel zu bringen. Ihnen ging es dabei eher um eine grundsätzliche Umgestaltung der Gesellschaft, wie sie im theoretischen Teil des SPD-Programms auch durchaus vorgesehen war. Aber der durchschnittliche Gewerkschaftsfunktionär konnte mit solchen revolutionären Gedankenspielen in der Regel wenig anfangen. Er sah in den Theoretikern der Partei, die versuchten, zwischen den im Parteiprogramm formulierten Zielen und der politischen Praxis eine Verbindung herzustellen, weltfremde »Literaten«. Die profilierteste Vertreterin dieser Gruppe war Rosa Luxemburg, die sich durch die Russische Revolution in ihren Überzeugungen nachhaltig bestätigt fühlte. Die spontane Revolte der russischen Arbeiterschaft gab ihrem latenten Antiparlamentarismus neue Nahrung, der dann in ihren wütenden Attacken gegen die Wahlen zur Nationalversammlung im Dezember 1918 seinen Höhepunkt fand.

In der sozialdemokratischen Presse erfuhr der Beschluss des Kölner Gewerkschaftskongresses eine »ziemlich einmütige Verurteilung«, wie der *Vorwärts* zu berichten wusste. Ausgerechnet das Zentralorgan der Partei kam aber zu einer zurückhaltenderen Einschätzung, was natürlich mit der revisionistischen Mehrheit in der Redaktion zusammenhing, die eine Verurteilung der Gewerkschaftsposition vermeiden wollte. Das Blatt versuchte, eine neutrale Position einzunehmen: »Das beste Mittel, Reibungen zu vermeiden, sehen wir in der Klärung des Bewusstseins von der Verschiedenartigkeit der Aufgaben beider Organisationen.« Hierbei stieß man aber unweigerlich auf das Problem, dass »die Personen zum größten Teil dieselben sind«.[829] Die führenden Persönlichkeiten in den freien Gewerkschaften waren in der Regel Sozialdemokraten. Umgekehrt nahm die Durchdringung der Führungsebene der Partei mit Gewerkschaftsfunktionären zu. In der Reichstagsfraktion der SPD wuchs ihr Anteil stetig, 1912 betrug er beachtliche 32,7 Prozent.[830] Deutlicher wurde die Linie des *Vorwärts* einige Wochen später, als auf einer Berliner Gewerkschaftsversammlung 3 000 Arbeiter eine Resolution verabschiedeten, die Sympathie für die Idee des Massenstreiks erkennen ließ. Die Zeitung warf den Arbeitern vor, »dass sie sich von anarchistischen Phrasen haben blenden lassen«.[831]

Vom 17. bis 24. September 1905[832] fand der jährliche SPD-Parteitag in Jena statt, der sich nicht nur, wie schon berichtet, mit den Problemen beim *Vorwärts* beschäftigte, sondern vor allem eine große Debatte über den Massenstreik führte. Ausgangspunkt war ein Antrag »Der politische Massenstreik und die Sozialdemokratie«, den der Parteivorsitzende August Bebel selbst eingebracht hatte. In dem ausführlichen Antrag ging es um die »umfassendste Anwendung der Massenarbeitseinstellung«, die die Arbeiterklasse als ein besonders wirksames Kampfmittel zur Anwendung bringen solle, um »jedem Anschlag auf ihre Menschen- und Staatsbürgerrechte entgegenzutreten«. Konkret benannt wurde »nicht nur die Erhaltung, sondern auch die Erweiterung des allgemeinen, gleichen, direkten und geheimen Wahlrechts für alle Vertretungskörper im Sinne des sozialdemokratischen Programms und die Sicherung der vollen Koalitionsfreiheit«.[833] Damit wurde deutlich signalisiert, dass die Partei sich nicht grundsätzlich gegen den Massenstreik stellte, dass er aber im Kontext normaler Arbeitskämpfe nicht zur Debatte stand. Dafür war die SPD als Partei ohnehin nicht zuständig, das war Sache der Gewerkschaften. Wenn ein Massenstreik stattfinden sollte, dann, wenn die Integration der Arbeiterklasse in die Gesellschaft grundsätzlich infrage gestellt war. Das allgemeine, gleiche und direkte Wahlrecht war dafür ein wirkmächtiges Symbol, eine starke politische Waffe in der Hand der Arbeiter, weil sie angesichts ihrer großen Zahl bei Wahlen gegenüber den Besitzenden im Vorteil waren. Nicht von ungefähr war die SPD bereits seit 1887 die nach Stimmen stärkste Partei im Deutschen Reichstag. Aber die Situation war ambivalent. Bei den Wahlen zum preußischen Abgeordnetenhaus galt nach wie vor das Dreiklassenwahlrecht, das die SPD massiv benachteiligte, und es gab immer wieder Stimmen, man solle doch auch für die Reichstagswahlen vom allgemeinen und gleichen Wahlrecht wieder abgehen, weil es sich nicht bewährt habe. Das wäre dann aus der Sicht des SPD-Vorstands der Casus Belli gewesen, wenn die herrschenden politischen Kräfte diesen zentralen politischen Besitzstand der Arbeiterbewegung wieder infrage gestellt hätten. Neben der Erhaltung sprach der Antrag auch den Gesichtspunkt der Erweiterung des allgemeinen Wahlrechts an, also die Einführung des allgemeinen, gleichen und direkten Wahlrechts auch in Preußen.[834] In dem Fall wäre der politische Massenstreik dann kein Abwehr-, sondern ein Angriffsstreik. Im Zuge des Kampfes gegen das Dreiklassenwahlrecht wurde der Massenstreik 1910 wieder ein Diskussionsthema ohne praktische Konsequenzen.

Das Hauptreferat der Gegner des Massenstreiks hielt auf dem Jenaer Parteitag Robert Schmidt.[835] Er war zunächst Vorsitzender der Klavierbauergewerkschaft gewesen, danach Gewerkschaftssekretär, von 1893 bis 1903 hatte er als Redakteur für den *Vorwärts* gearbeitet, bevor er zur Generalkommission der Gewerkschaften Deutschlands, dem Dachverband der freien Gewerkschaften, wechselte. Viele Jahre gehörte er außerdem dem Deutschen Reichstag an. Nach dem Ersten Weltkrieg diente er in mehreren Kabinetten als Reichsminister. In Jena sprach er über verschiedene Themen der Gewerkschaftspolitik, vor allem über den 1. Mai, auch ein Thema, das immer wieder für Diskussionen sorgte. Die einen plädierten dafür, an diesem Tag unbedingt Demonstrationen durchzuführen, was von den Unternehmern aber als unerlaubtes Fernbleiben von der Arbeit gewertet wurde und eine Entlassung zur Folge haben konnte. Die anderen favorisierten deshalb Maifeiern am Abend oder am nachfolgenden Sonntag. Das wäre eine jährlich wiederkehrende Debatte, die ähnlich symbolisch aufgeladen war wie die Diskussionen über den Massenstreik, zumal eine reichsweite Durchführung von Demonstrationen am 1. Mai ähnlich gewirkt hätte wie ein eintägiger Massenstreik. Allerdings gab es in diesem Punkt wenig Dissens zwischen Partei und Gewerkschaft, weil auch die SPD sehr zurückhaltend war, wenn es um Demonstrationen am 1. Mai ging. 1889 vom Gründungskongress der Sozialistischen Internationale in Paris beschlossen, sollte der 1. Mai im Jahr 1890 erstmals gefeiert werden, zu einer Zeit, als die SPD noch in der Illegalität operierte, da das Sozialistengesetz erst zum 30. September 1890 auslief. Da wären mit Fernbleiben von der Arbeit verbundene Demonstrationen ohnehin keine Option gewesen, und auch in den folgenden Jahren überwog die Vorsicht.

Robert Schmidt attackierte in seiner Rede ausführlich die *Neue Zeit*, der er Praxisferne und mangelndes Interesse an Fragen der gewerkschaftlichen Arbeit vorwarf. Dieser Angriff auf das angesehene Theorieorgan der Partei provozierte deutlichen Widerspruch, der sich auch in einer wütenden Replik von Rosa Luxemburg artikulierte, die ihm »unerhörte Hetze« vorwarf: »Und zwar war diese Hetze mit so unschönen Mitteln geführt, wie wir sie nur bei den ärgsten Gegnern aus dem bürgerlichen Lager kennen. (›Sehr richtig!‹)«[836] Luxemburg verteidigte die *Neue Zeit*, da Kautsky, der als Chefredakteur dafür zunächst zuständig gewesen wäre, als Mitglied der Fünfzehner-Kommission anderweitig beschäftigt war und diese Aufgabe nicht selbst übernehmen konnte. Interessanter ist allerdings Luxemburgs zweiter Redebeitrag auf dem Parteitag, in dem sie auf das zu sprechen kam, was sie eigentlich bewegte: »Wenn man die bisherigen Reden in der Debatte zur Frage des politischen Massenstreiks hier gehört hat, muss man sich wirklich an den Kopf fassen und fragen: Leben wir denn tatsächlich im Jahre der glorreichen russischen Revolution, oder stehen wir in der Zeit zehn Jahre vor ihr? (Sehr richtig!)«[837] Sie war durch die Ereignisse ungeheuer aufgewühlt und glaubte, »dass die Zeit gekommen ist, die unsere Großmeister Marx und Engels vorausgesehen haben, wo die Evolution in die Revolution umschlägt«.[838] Die Revolution, die sie emphatisch begrüßt hatte, bestärkte sie in dem Glauben, der revolutionäre Massenstreik sei das wichtigste Mittel zur Verwirklichung des Sozialismus. Ihr antiparlamentarischer Affekt, die Ablehnung der »parlamentarischen Maulwurfsweisheit«,[839] erhielt dadurch reiche Nahrung: »Die bisherigen Revolutionen, namentlich die von 1848, haben bewiesen, dass man in revolutionären Situationen nicht die Massen im Zügel halten muss, sondern die parlamentarischen Rechtsanwälte, damit sie die Massen und die Revolution nicht verraten.« Auch in Belgien sei 1902 »diese ganze großartige Massenstreikbewegung durch das parlamentarische Techtelmechteln mit den Liberalen zugrunde gegangen«. Und sie setzte hinzu, »dass alle Revolutionen mit dem Blut des Volkes erkauft sind.«[840] (Aufgrund dieser Rede wurde Luxemburg im Dezember 1906, nachdem sie aus Polen zurückgekehrt war, wegen »Aufreizung zu Gewalttätigkeiten« zu zwei Monaten Gefängnis verurteilt.)

Auch Theodor Bömelburg beteiligte sich an der Debatte. Er trat hier nicht weniger wortgewaltig auf als zuvor in Köln, aber in Jena war es kein Heimspiel für den mächtigen Gewerkschaftsfunktionär. Er verwies auf die Diskussion auf dem Gewerkschaftskongress, auf die in Köln beschlossene Resolution, die er im Auftrag der Generalkommission der Gewerkschaften selbst verfasst hatte. Für Bebel fand er freundliche Worte, um dann Luxemburg umso schärfer anzugreifen:

> Genossin Luxemburg, sehen Sie, ich bin Maurer von Beruf, ich habe keine hohe Schule besucht, kenne mich auch nicht so mit dem feinen Schliff aus, und wir wissen ja alle, dass wir mit unserem Wissen nicht im entferntesten an die Genossin Luxemburg heranreichen. (Große Heiterkeit.) Ach, wir wissen es alle zusammen, dass wir mit unserem Wissen nicht heranreichen an diejenigen, die in ihrer Jugend nicht Hunger gelitten und eine gute Bildung genossen haben, aber wenn man im Kampfe steht – und ich kann für mich in Anspruch nehmen, dass ich Jahre hindurch für die Arbeiterbewegung gekämpft habe – wenn man im Kampf steht und so eigentümlich überfallen wird, wie es geschehen ist, dann schmerzt das, das tut wehe, das ist nicht angenehm, das ist nicht die Art und Weise, wie man die Einheit in der Arbeiterbewegung fördert. (Lebhaftes Sehr richtig!)[841]

Mit dieser heftigen Attacke war die Diskussion abgeschlossen. (Luxemburg gab lediglich nach der Abstimmung noch eine kurze persönliche Erklärung ab, dass sie keinen »Wettlauf des Hungerns« mit Bömelburg eingehen wolle.[842]) Auf Bömelburg folgte nur noch das Schlusswort von Bebel, der am Vormittag bereits eine fast vierstündige Rede zur Begründung des Antrags gehalten hatte, in der er zugleich einen weit ausgreifenden Überblick über die gegenwärtige politische Lage gegeben hatte.[843] Bei der anschließenden Abstimmung wurde sein Antrag mit 287 gegen 14 Stimmen bei zwei Enthaltungen angenommen.[844] Die übergroße Mehrheit der Jastimmen erklärt sich daraus, dass mit geringen Ausnahmen alle politischen Lager, auch Bernstein, Eisner und die anderen Revisionisten für die Resolution stimmten. Bernsteins Konzept einer erfolgreichen Reformpolitik setzte ein demokratisches Wahlrecht voraus, weswegen er der Idee von Massenstreiks zur Erzwingung von Wahlrechtsreformen aufgeschlossen gegenüberstand. Zu den wenigen, die mit Nein stimmten, gehörte Robert Schmidt und der Vorsitzende der Generalkommission der Gewerkschaften Deutschlands Carl Legien. Theodor Bömelburg dagegen enthielt sich.

Bebels Resolution war so formuliert, dass sich die verschiedenen Flügel der Partei hinter ihr versammeln konnten. Aus der Sicht Rosa Luxemburgs brachte diese Kompromissposition gewisse Defizite mit sich, die sie aber gewillt war, in Kauf zu nehmen. Ihrer Freundin Henriette Roland-Holst schrieb sie: »Ich bin ganz mit Dir einverstanden, dass die Bebelsche Resolution die Frage vom Massenstreik sehr einseitig und flach auffasst. Als sie uns in Jena bekannt wurde, nahmen sich einige von uns vor, sie in der Diskussion nach der Richtung hin zu bekämpfen, um den Massenstreik nicht als mechanisches Rezept für politische Defensive, sondern als elementare Revolutionsform zu vertreten. Allein schon die Rede Bebels hat der Sache eine andere Wendung gegeben und noch mehr die Haltung der Opportunisten […] Wie schon mehrmals, sahen wir, ›äußerste Linke‹, uns gezwungen, trotz wichtiger Differenzen mit Bebel, nicht ihn, sondern zusammen mit ihm die Opportunisten zu bekämpfen.«[845] Der Bericht an Leo Jogiches fiel im Vergleich dazu recht enthusiastisch aus: »Faktisch war fast der ganze Parteitag auf meiner Seite. Bebel hat fast als erster alle Augenblicke laut zugestimmt, und Vollmar, der in seiner Nähe saß, wurde fast vom Schlag gerührt. Ganz Jena ist ein gewaltiger Sieg für uns auf der ganzen Linie.«[846] Je nach Empfänger wurde die Darstellung eigener Erfolge unterschiedlich akzentuiert. Im folgenden Jahr sollte sich dann herausstellen, dass der Sieg auf ganzer Linie, wenn es denn einer war, nur eine kurze Haltbarkeit hatte.

Nach dem Jenaer Parteitag blieb Rosa Luxemburg noch etwa drei Monate in Deutschland. Unmittelbar in Anschluss absolvierte sie in drei Tagen sechs große Wahlversammlungen in Essen, wo damals eine Stichwahl anstand.[847] Danach trat sie noch dreimal in der Öffentlichkeit auf, am 7. November auf einer Versammlung des Wahlvereins von Leipzig-Stadt,[848] am 14. November bei der Mitgliederversammlung des Sozialdemokratischen Vereins für den II. Hamburger Wahlkreis[849] und am 6. Dezember vor einer von sozialdemokratischen Frauen einberufenen Volksversammlung in Berlin.[850] Das Thema war bei allen Versammlungen dasselbe: Der politische Massenstreik: »Vor noch gar nicht langer Zeit betrachtete man dieses Mittel als etwas dem proletarisch-sozialistischen Klassenkampfe fremdes, etwas wesenloses, gar nicht diskutables, und heute fühlen wir gemeinsam, dass der politische Massenstreik kein lebloses Wesen, sondern ein Stück des lebensvollen Kampfes darstellt.« Die Rednerin benannte auch den Grund für den Sinneswandel: »Der in der russischen Revolution mit so großem Erfolge angewendete politische Massenstreik hat den Umschwung in der Anschauung des politischen Massenstreiks bewirkt.«[851] Das würde wohl kaum jemand bezweifelt haben. Dennoch – Köln und Jena hatten es gezeigt – konnte man unterschiedlicher Meinung darüber sein, welche Lehren aus dieser Revolution zu ziehen waren. Das war auch Luxemburg bewusst, wenn sie im Folgenden ausführte, dass die verschiedenen Flügel der Partei aus durchaus unterschiedlichen Gründen auf dem Jenaer Parteitag der Resolution zum Massenstreik zugestimmt hatten: »Unsere opportunistischen Genossen [...] sagen, dass wohl die Prinzipien gehütet werden müssten, aber die Taktik hätte sich nicht danach zu richten. Eine völlig andere Auffassung der Dinge haben die marxistischen Sozialisten.« Sie grenzte sich zugleich scharf von den Anarchisten ab, denen sie ein voluntaristisches Verhältnis zum Massen- bzw. Generalstreik unterstellte, während den Marxisten bewusst sei, dass der Einsatz des Massenstreiks als Waffe im Klassenkampf keine Frage des Wollens oder Nichtwollens sei, »sondern die Entwicklung der Verhältnisse zwingt es der Arbeiterschaft auf«.[852]

Rosa Luxemburg sprach für gewöhnlich frei, Redemanuskripte sind deshalb nicht überliefert. Zitiert werden ihre Reden in der Regel nach Zeitungsberichten, d.h. Mitschriften, die in sozialdemokratischen Zeitungen wie etwa der *LVZ* erschienen sind. Die Hamburger Rede vom 14. November 1905 stellt eine Ausnahme dar, die wir einem Polizeiwachtmeister mit dem schönen Namen Zufall verdanken. Laut Gesetz musste bei jeder politischen Versammlung ein Vertreter der Staatsmacht anwesend sein, um sicherzustellen, dass alles mit rechten Dingen zuging und niemand gegen irgendwelche Auflagen oder Gesetze verstieß. Das Protokoll des Wachtmeisters Zufall hat sich im Staatsarchiv Hamburg erhalten, wo es vor einigen Jahren gefunden wurde. Der Wachtmeister war sehr gewissenhaft und notierte alle Details:

> Punkt 2: Der Generalstreik
> Referentin:
> Dr. Rosalie Lübeck, geb. Luxemburg
> geb. am 25.12.1870
> zu Zamost in Russland[853]

Offensichtlich lag der Hamburger Polizei die Schweizer Heiratsurkunde vor, denn dort findet sich dieses falsche Geburtsdatum ebenso wie die unzutreffende Schreibweise des Geburtsortes. Es war eine sehr gut besuchte Mitgliederversammlung. 2000 Personen waren erschienen, darunter 300 bis 400 Frauen. Die liberalen *Hamburger Neuesten Nachrichten* berichteten:

> Die unentwegte, von dem Jenaer Parteitag her jedem bekannte Vorkämpferin für den politischen Massenstreik, Frl. Rosa Luxemburg, sprach dort vor einem gewaltigen Auditorium, das sich nicht nur aus der organisierten Arbeiterschaft Hamburgs, sondern, man könnte fast sagen, der gesamten Einwohnerschaft rekrutierte. Rosa Luxemburg hat etwas Faszinierendes in ihrem Wesen, sie verfügt über eine zündende Beredsamkeit, sie versteht es, für jede ihrer Ausführungen selbst dem nicht sozialistischen Zuhörer das regste Interesse einzuflößen, und gerade gestern wurde es dem rein objektiven Zuhörer klar, dass es einer Frau wie ihr gelingen muss, die Arbeitermassen mit sich fortzureißen.[854]

Der Vortrag bewegte sich in denselben Bahnen wie der zuvor in Leipzig. Das gilt auch für die dritte Veranstaltung in Berlin, wobei der Bericht des *Vorwärts* mit einer Besonderheit begann: »Als Neuheit ist zu verzeichnen, dass die Polizei dem Vertreter der Presse, ja selbst der Referentin den Eintritt verwehrte. Nach heißem Streite erst gelang es den Ausgesperrten, auf Seitenpfaden zum Saal vorzudringen.«[855] Eine weitere Besonderheit bestand darin, dass der anarchistische Schriftsteller Erich Mühsam im Saal war und, in deutlicher Absetzung von der Referentin, für die Idee des Generalstreiks warb, was großen Unmut bei den Anwesenden auslöste. Aber auch diese Herausforderung wurde gemeistert: »Mit donnernden Hochrufen auf die internationale völkerbefreiende Sozialdemokratie, denen Hochrufe auf die Genossin Luxemburg folgten, schloss die imposante Versammlung.«[856]

Dies alles blieb nicht unbemerkt. Unter der Überschrift »Besteht der Ausweisungsparagraph nicht mehr zu Recht?« schrieb die *Konservative Korrespondenz*:

> Die galizische Jüdin Rosa Luxemburg ist jetzt die Tonangeberin im »Vorwärts«, dem sozialdemokratischen Zentralorgan. Unter dem Einfluss dieser jüdischen Ausländerin ist der »Vorwärts« in die extremsten revolutionären Bahnen eingelenkt. Täglich wird von ihm Aufruhr gepredigt. Außerdem reist die Rosa Luxemburg in Deutschland umher und hält aufrührerische Reden. Vor kurzem hat sie Hamburg unsicher gemacht. Darauf hat sie sogar in der Reichshauptstadt vor einer großen Versammlung gesprochen und unter frenetischem Beifall aufgefordert, es den russischen Revolutionären nachzumachen. [...] Weshalb lässt man die Aufruhr predigende galizische Jüdin im Lande? Man spediere diese Person doch dahin, woher sie gekommen ist, nach dem »in Freiheit« schwelgenden Russland! Ferner wäre es höchst wünschenswert, dass die Behörde den sehr zahlreich in Berlin herumlungernden und agitierenden Studenten und Studentinnen unausgesetzte Aufmerksamkeit schenkt.[857]

Ganz offenbar löste dieser Hetzartikel im Berliner Polizeipräsidium gewisse Nachforschungen aus, denn eine Aufzeichnung aus derselben Zeit rekapituliert die bekannten Tatsachen, dass Luxemburg jüdischer Abstammung war, der jüdischen Gemeinde nicht angehörte, in Kongresspolen geboren war, aber durch Heirat mit dem »Reichsdeutschen Lübeck« die deutsche Staatsangehörigkeit erworben habe.[858]

Reise Warschau, Verhaftung, Rückreise

In jener Zeit legte die Publizistin einen stupenden Fleiß an den Tag. Allein im Dezember erschienen 29 Beiträge im *Vorwärts*, der letzte noch am 31. Dezember, als sie schon seit drei Tagen außer Landes war. Gleichzeitig wurde sie immer unruhiger, wollte über die Russische Revolution nicht nur reden und schreiben, sondern dem Geschehen nahe sein. Dieses Gefühl verstärkte sich noch, als immer mehr Emigranten aus der Schweiz und anderen Staaten nach Russland zurückkehrten und nicht wenige von ihnen auf dem Weg in die Heimat in Berlin-Friedenau Station machten: »Weißt Du, das hat auf mich so sonderbar gewirkt, dass die Sehnsucht mein Herz ergriff, aus diesem Elend und Geschwätz im ›Vorwärts‹ irgendwohin zu flüchten. Ich beneide sie ganz einfach! Wann kommst Du endlich hierher?«[859] Jogiches hatte eine Reise nach Berlin geplant, aber sie kam letztendlich nicht zustande. Auch das mag dazu beigetragen haben, dass Luxemburg alle Warnungen in den Wind schlug und ihren Reisewunsch schließlich in die Tat umsetzte. Die Führung der SDKPiL in Warschau war wenig begeistert und warnte sie eindringlich vor den Gefahren. Es fehlte ihr an Erfahrung in der konspirativen Arbeit. Sie konnte sich kaum tarnen. Ihre Statur war unverkennbar, ihr markantes Profil allgemein bekannt. Das Hinken ließ sich nicht verbergen. Sie konnte sich nicht einmal, wie ein Mann, einen Bart wachsen lassen oder, wenn er zuvor da war, ihn entfernen. Sie konnte allenfalls einen anderen Namen annehmen, und das war die schwächste aller denkbaren Tarnungen. Aber sie setzte sich über alle Warnungen hinweg und ließ sich auch von den deutschen Genossen nicht zurückhalten, obwohl sie gerade erst beim *Vorwärts* eine einflussreiche Position erreicht und sich dort unentbehrlich gemacht hatte, Jakub Hanecki berichtet darüber in seinen Memoiren: »Ich erinnere mich, wie vor ihrer Abreise August Bebel sich aufregte. Er gab ihr verschiedene Instruktionen, Geleitworte, Ratschläge. Ins polnische Zentralkomitee schickte er strenge kameradschaftliche Anweisungen, ›unsere liebe Rosa‹ mit allen Mitteln zu schonen und alle Maßnahmen zu ergreifen, damit sie nicht in die Hände der Gendarmen fällt.«[860] Bebels Sorge war echt. Er schätzte Luxemburg sehr, und ihm war klar, was die Partei an ihr hatte, auch wenn sie manchmal anstrengend war. Aber es gab auch andere Sozialdemokraten wie den Reichstagsabgeordneten Otto Hue, den mächtigen Vorsitzenden der Bergarbeitergewerkschaft, der in der Zeitung seiner Gewerkschaft geschrieben hatte: »In Russland blutet die Arbeiterschaft, weshalb eilen insbesondere die aus Russland oder Polen stammenden, jetzt in Deutschland, Frankreich und der Schweiz ›revolutionäre‹ Artikel schreibenden Theoretiker nicht auf den Kampfplatz? Wer ein solches Übermaß von ›revolutionärer‹ Energie bietet, wie unsere systematischen Generalstreikpropagandisten, für den ist es Zeit, sich im russischen Freiheitskampfe praktisch zu beteiligen, statt aus der Sommerfrische Generalstreiksdiskussion zu betreiben.«[861] Diese Invektive war ungewöhnlich geschmacklos, zumal wenige Tage zuvor Marcin Kasprzak in Warschau hingerichtet worden war, was Rosa Luxemburg sehr nahe ging,[862] aber vielleicht hat dieses unmissverständliche Signal, dass sie selbst in sozialdemokratischen Kreisen nicht durchweg willkommen war, sie in ihren Reiseabsichten noch bestärkt.

Die sonst so passionierte Briefschreiberin verstummte in dieser Zeit fast völlig. Das ist ein weiteres Indiz dafür, dass der Gedanke einer Reise nach Polen immer mehr von ihr Besitz ergriff. Im Dezember 1905 schrieb sie zwar täglich für die Zeitung, aber kaum noch Briefe, die sich zudem meist auf wenige Zeilen beschränkten und dazu dienten, Einladungen, womöglich zu Veranstaltungen, abschlägig zu bescheiden.

Jogiches erhielt am 6. Dezember, lange vor ihrer Abreise, einen kurzen Brief. Es sollte für sehr lange Zeit der letzte sein. Erst im Februar 1908 schrieb sie ihm wieder, doch das war dann eine gänzlich andersgeartete Korrespondenz, kalt und geschäftsmäßig, ohne Anrede und ohne Grußformel. Die überkommene Intimität war Jogiches und Luxemburg in der Zwischenzeit vollständig verloren gegangen.

Am Donnerstag, den 28. Dezember, war es so weit. Rosa Luxemburg begab sich zum Bahnhof Friedrichstraße, ausgerüstet mit einem Reisepass der Berliner Sozialdemokratin Anna Matschke. Ihre Abreise sollte möglichst diskret vonstattengehen. Nur Kautskys, mit denen sich im Lauf der Jahre eine enge Freundschaft entwickelt hatte, waren zum Bahnhof gekommen. Die Reise, die Luxemburg antrat, war nicht ganz unkompliziert. Im Zarenreich streikten bekanntlich die Eisenbahner. So fuhr sie erst einmal 500 Kilometer gen Osten, versuchte dann an verschiedenen Orten, über die deutsch-russische Grenze zu kommen, und landete schließlich in Illowo (heute: Iłowo-Osada), etwa 150 Kilometer nordöstlich von Warschau. Dort ergab sich die Möglichkeit, mit einem Militärzug das letzte Stück der Reise zurückzulegen: »Die Tragikomik der Situation […] könnt Ihr Euch selbst ausmalen. Der ganze Zug soll von Militär besetzt sein, und dazwischen – wahrscheinlich noch als einziger

Postkarte Rosa Luxemburgs aus Warschau an Luise und Karl Kautsky, unterschrieben mit dem Tarnnamen Anna, 30. Dezember 1905

Fahrgast – ich … Der Witz der Geschichte kann aber leicht ernst werden, falls [es] unterwegs zum Rencontre mit streikenden Eisenbahnbeamten kommt. Hoffentlich werde ich nicht in Warschau mit Brownings empfangen!«[863] Doch es ging alles gut, wenn die Reise auch nicht übermäßig angenehm war. Der Zug fuhr unbeleuchtet, um möglichst nicht aufzufallen, musste aber andererseits sehr langsam fahren, weil die Gleise in der Finsternis kaum zu sehen waren und man nie wissen konnte, ob Saboteure sie beschädigt hatten. Außerdem wurde im Zug nicht geheizt, was den Komfort nicht gerade steigerte. Der Empfang in der polnischen Hauptstadt war eher ernüchternd: »Die Stadt ist wie ausgestorben, Generalstreik, Soldaten auf Schritt und Tritt.«[864]

Die deutsche Journalistin Anna Matschke bezog ein Zimmer in der Pension einer Gräfin Walewska, einer verarmten Nachfahrin der Geliebten Napoleons, in der Ulica Jasna, einer Querstraße der Ulica Złota, in der Luxemburg aufgewachsen war. Wenige Tage später mietete sich auch Otto Engelmann dort ein, der sich bereits seit November in Warschau aufhielt, aber bisher im Hotel Victoria gewohnt hatte. Es war das erste Mal, dass Jogiches ein deutsches Pseudonym benutzte, im Ausland schien das gefahrlos zu sein, während er in Deutschland als angeblicher Deutscher mit seinen mangelhaften Sprachkenntnissen sofort aufgefallen wäre. Die beiden hatten natürlich unterschiedliche Zimmer gemietet. Dass sie in derselben Pension wohnten, war eigentlich ein schwerer Verstoß gegen die Regeln konspirativen Verhaltens, bot andererseits den Vorteil, dass sie miteinander arbeiten konnten, ohne das Haus verlassen zu müssen. Luxemburg verbrachte einen großen Teil der Zeit in der Pension, die sie als Büro nutzte, und schrieb in gewohnter Emsigkeit Artikel für den von Jogiches herausgegebenen *Czerwony Sztandar*.[865] Die Zeitschrift erschien seit 1903 wieder regelmäßig, wenn auch unverändert in der Illegalität. Jogiches hatte, zunächst von Berlin aus, die redaktionelle Arbeit koordiniert, selbst aber am wenigsten geschrieben. Die wichtigsten Autoren waren wie schon früher Marchlewski, Warski und Luxemburg, die in dieser Zeit auch das neue Programm der SDKPiL verfasste.[866]

Auf Wunsch des Parteivorstands zeigte Luxemburg sich nicht in der Öffentlichkeit, zu groß war die Gefahr, erkannt zu werden, sie nahm aber an den Treffen der Parteiführung teil. Einmal in der Woche traf sie sich mit ihren Geschwistern, die im selben Stadtviertel wohnten. Dennoch ließ es sich nicht vermeiden, dass der Verfolgungsdruck zunahm. Nachdem sie zuvor nahezu täglich im *Vorwärts* publiziert hatte, konnte es den Berliner Agenten der Ochrana nicht verborgen bleiben, dass dort nun gar nichts mehr aus ihrer Feder erschien. Umso auffälliger war es, dass der *Czerwony Sztandar* nun Artikel brachte, die stilistisch eindeutig Luxemburgs publizistischem Schaffen zuzuordnen waren. Dabei versetzte es die Warschauer Polizei zunehmend in Rage, dass es ihr nicht gelang, die Druckerei, in der das Blatt produziert wurde, zu finden: »Auf allen Straßen ist Militär, jeder verdächtige Passant wird revidiert; jeder, der ein Paket trägt, erst recht; man kann doch nicht Tausende von Exemplaren einer Zeitung durch die Luft fliegen lassen; wo kommt die Zeitung her? Darüber zerbrechen sich die besten Spürhunde des Zaren den Schädel, aber sobald der Abend kommt, lesen Tausende von Arbeitern das Blatt, und die Zeitungsjungen schreien triumphierend: Czerwony Sztandar! Zehn Kopeken!«[867] Luxemburg berichtete, sie müssten »den Druck des ›Sztandar‹ täglich mit Revolvern in der Hand in den bürgerlichen Druckereien erzwingen«.[868] Wenn dann doch einmal eine solche Druckerei entdeckt, die Unterlagen beschlagnahmt und die Druckerei versiegelt wurde, fand sich meist sofort eine neue, sodass die Zeitung ziemlich regelmäßig erscheinen konnte, nachdem es von September bis November 1905 eine längere Unterbrechung gegeben hatte.[869]

Der direkte Kontakt mit dem Revolutionsgeschehen gab Luxemburg Auftrieb; da ging es ihr nicht anders als Jogiches. Aber für Euphorie bestand kein Anlass, denn der Generalstreik, der auf Beschluss des Moskauer Sowjet am 20. Dezember begonnen hatte, war bei ihrer Ankunft bereits gescheitert: »Der Generalstreik ist so ziemlich misslungen, am meisten in Petersburg, wo die Eisenbahner gar keinen Anlauf genommen haben, um ihn durchzuführen. [...] Die Ursache von alledem ist aber der einfache Umstand, dass der bloße Generalstreik die Rolle ausgespielt hat.

Jetzt kann nur ein direkter, allgemeiner Straßenkampf die Entscheidung bringen.«[870] Solche Überlegungen mussten Theorie bleiben. Die Revolution hatte mit dem großen Eisenbahnerstreik im Oktober 1905 und dem dadurch ausgelösten Oktobermanifest, mit dem der Zar wohl oder übel doch eine gewisse Reformbereitschaft hatte demonstrieren müssen, ihren Höhepunkt erreicht. An einen allgemeinen Straßenkampf war überhaupt nicht zu denken. In den polnischen Artikeln jener Monate finden sich denn auch weniger Aufrufe zum revolutionären Kampf als vielmehr Analysen des Geschehenen, Überlegungen zum Boykott der Dumawahlen, Angriffe auf die polnischen Nationaldemokraten und – wie immer – heftige Attacken gegen die PPS.[871] Gleichzeitig zweifelte Luxemburg keinen Moment daran, dass die Revolution früher oder später siegen werde. In Warschau verfasste sie neben der Arbeit für die Zeitung die Schrift *In revolutionärer Stunde. Was weiter?*,[872] die einen wichtigen Baustein ihrer Revolutionstheorie darstellt. Im ersten Teil der Schrift hatte sie den Doppelcharakter der gegenwärtigen Revolution betont, die gemessen an ihren Zielen bürgerlich sei, aber von der Arbeiterklasse als revolutionärem Subjekt getragen werde.[873] Im zweiten Teil setzte sie sich vor allem mit dem Massenstreik auseinander, der nur ein Instrument im Waffenarsenal des Proletariats war: »Der allgemeine Streik ist und bleibt eine mächtige Waffe des Arbeiterkampfes, aber er ist eben nur eine Waffe, deren Anwendung und Wirksamkeit immer von den Umständen abhängt, von den gegebenen Bedingungen und dem Zeitpunkt des Kampfes.«[874]

In Berlin wurde die fleißige Redakteurin des *Vorwärts* unterdessen schmerzlich vermisst. Schon am 23. Januar schrieb Karl Kautsky ihr: »Es ist hohe Zeit, dass Du wieder hier auftauchst.« Und am Ende des Briefes beschwor er sie: »Und nun nochmals: Komm bald! Kehre zurück, alles ist Dir verziehen!«[875] Dem war ein Brief vorausgegangen, in dem sie gelobt hatte, wieder für den *Vorwärts* zu schreiben.[876] Doch sie war völlig in Anspruch genommen durch »den unaufhörlichen Trubel und die ›Unsicherheit der Existenz‹, unter der man hier jetzt beständig leidet«. Einerseits wollte sie nach Berlin zurückkehren, andererseits nach St. Petersburg zum IV. Parteitag der SDAPR, der aber erst Ende April stattfand. Schließlich verwarf sie den Gedanken wieder, so lange in Warschau zu bleiben, und plante, Anfang März nach Berlin zu fahren. Da kam im letzten Moment etwas dazwischen, wie sie Kautskys berichten musste:

> Meine Allerliebsten! Am Sonntag, dem 4., abends hat mich das Schicksal ereilt: Ich bin verhaftet worden. Ich hatte bereits meinen Pass zur Rückreise visiert und war auf dem Sprung zu fahren. Nun, es muss auch so gehen. Hoffentlich werdet Ihr Euch nicht zu sehr die Sache zu Herzen nehmen. Es lebe die Re …! mit allem, was sie bringt. […] Hier sitze ich im Rathaus, wo »Politische«, Gemeine und Geisteskranke zusammengepfercht sind. Meine Zelle, die ein Kleinod in dieser Garnitur ist (eine gewöhnliche Einzelzelle für eine Person in normalen Zeiten), enthält vierzehn Gäste, zum Glück lauter Politische. Tür an Tür mit uns noch zwei große Doppelzellen, in jeder ca. dreißig Personen, alle durcheinander. Dies sind schon, wie man mir erzählt, paradiesische Zustände; früher saßen sechzig zusammen in einer Zelle und schliefen schichtweise je paar Stunden in der Nacht, während die anderen »spazierten«.[877]

Erkennungsdienstliches Porträt Rosa Luxemburgs aus dem Gefängnis in Warschau, 1906

Unterschrieben war der Brief, der durch die Gefängnisverwaltung ging, mit »Eure Anna«. Dabei war Luxemburg klar, dass die Erfolgsaussichten gering waren und ihre Tarnung bald auffliegen würde: »Vorläufig bin ich verschleiert, doch wird's wohl nicht lange halten. Man glaubt mir nicht.«[878]

Anna Matschke und Otto Engelmann waren gemeinsam in der Pension verhaftet worden. Möglicherweise haben dabei denunziatorische Hinweise einer reaktionären deutschen Zeitung eine Rolle gespielt.[879] Die Polizei machte reiche Beute und beschlagnahmte auch illegale Schriften, Korrespondenzen und Korrekturbögen des *Czerwony Sztandar*. Die Vernehmung der Hoteldiener und von Luxemburgs Geschwistern brachte rasch weitere Aufklärung, zumal die Polizei in Anna Luxemburgs Wohnung Fotos ihrer Schwester Rosa gefunden hatte. Zum Nachteil geriet Rosa Luxemburg nun auch, dass sie im Januar einen Beitrag im *Czerwony Sztandar* unter ihrem Klarnamen veröffentlicht hatte.[880] Dahinter stand womöglich die Überlegung, dass sie den Eindruck erwecken wollte, dass sie von Berlin aus schreibe.[881] Schließlich kam die Militärstaatsanwalt zu folgender Entscheidung: »Aufgrund des Dargelegten werden der Kleinbürger Leo Jogiches und die Kaufmannstochter Rosalia Luxemburg angeklagt, dass sie sich im Jahre 1906 der Kampforganisation der SDKPiL anschlossen, die das Ziel hatte, auf dem Weg des bewaffneten Aufstands die in Russland durch die Verfassung festgelegte Monarchie zu stürzen und auf diese Weise die Autonomie Polens zu erreichen.«[882] Es drohte eine lange Haftstrafe oder Zwangsarbeit, vielleicht sogar die Todesstrafe. Die Führung der SDKPiL schmiedete fieberhaft Fluchtpläne, deren Umsetzung mithilfe bestechlicher Polizeibeamter wohl auch gelungen wäre, aber einen Tag vor der geplanten Flucht wurden die beiden Gefangenen in das Untersuchungsgefängnis Pawiak verlegt. Dort waren die Verhältnisse wesentlich besser als im Rathausgefängnis. Sie konnte sich bewegen, es gab genug zu Essen, und Jakub Hanecki besuchte sie regelmäßig, um Parteiangelegenheiten zu besprechen. Durch die starke Belegung mit »gemeinen« und »myschuggenen« Frauen gab es allerdings auch dort den ganzen Tag ein »Höllenspektakel«, das Luxemburg »als eine äußerst wirksame Dompteuse des folles« zu mindern suchte, aber in den Abendstunden konnte sie arbeiten. Es war möglich, Post zu empfangen und zu versenden, sodass sie auch gewisse Angelegenheiten, z. B. die Bezahlung ihrer Berliner Wohnungsmiete, aus der Ferne regeln konnte. Und regelmäßig kamen Blumen ins Gefängnis, was sie immer besonders freute.[883]

Doch auch der Aufenthalt im Pawiak war nicht von Dauer. Die SDKPiL-Führung hatte erneut einen Fluchtplan ausgearbeitet, doch drei Tage bevor er realisiert werden konnte, wurden Luxemburg und Jogiches am 11. April abermals verlegt, diesmal in den berüchtigten X. Pavillon der Zitadelle Warschau. Nach der Niederschlagung des Novemberaufstands 1830/31 hatte der Zar die Zitadelle errichten lassen, die, wehrhaft nach allen Seiten, gegen äußere wie innere Feinde gleichermaßen gerichtet war. Hier tagte das Kriegsgericht nach dem Januaraufstand 1863/64, beim Prozess gegen die Mitglieder des Proletariat II und auch während der Russischen Revolution. Die Zitadelle hatte die Dimensionen eines kleinen Stadtviertels, sie lag nördlich der Stadt direkt an der Weichsel und war ein weithin sichtbares Symbol der russischen Besatzungsmacht. Der X. Pavillon, am nördlichen Ende des mit hohen Festungswällen umgebenen Areals, war völlig isoliert und ausschließlich politischen Gefangenen vorbehalten. An Flucht war nicht zu denken; von hier war noch nie jemand entkommen. Den Wachhabenden war jeder Kontakt mit den Gefangenen verboten. Wer mit ihnen sprach, wurde sofort in ein Strafbataillon versetzt. Auch war es hier nicht möglich, der Gefangenen heimlich Nachrichten und Kassiber zu übermitteln. Rosa Luxemburg hat es später in einem Brief an ihre Freundin Sophie Liebknecht beschrieben:

> Dort wird man in einem förmlichen Doppelkäfig aus Drahtgeflecht vorgeführt, d. h. ein kleinerer Käfig steht frei in einem größeren, und durch das flimmernde Geflecht der beiden muss man sich unterhalten. Da es dazu just nach einem sechstägigen Hungerstreik war, war ich so schwach, dass mich der Rittmeister (unser Festungskommandant) ins Sprechzimmer fast tragen musste und ich mich im Käfig mit beiden Händen am Draht festhielt, was wohl den Eindruck

> eines wilden Tieres im Zoo verstärkte. Der Käfig stand in einem ziemlich dunklen Winkel des Zimmers und mein Bruder drückte sein Gesicht dicht an den Draht. »Wo bist du?« frug er immer und wischte sich vom Zwicker die Tränen, die ihn am Sehen hinderten.[884]

Durch die katastrophalen hygienischen Bedingungen[885] und die miserable Ernährung war Luxemburgs Gesundheitszustand ohnehin angegriffen. Die Hungerstreiks – einzige Waffe der Gefangenen – schwächten sie weiter. Die besonderen psychischen Belastungen in der Zitadelle taten ein Übriges: »Es kamen Tage, wo im Festungshof Galgen errichtet wurden, beklemmende Stille sich auf das ganze Gefängnis legte, bis man den Schritt der Verurteilten und des Hinrichtungskommandos hörte und aus allen Zellen der Trauermarsch erscholl. Und oft geschah es, dass Revolutionäre mit bedeutsamem Ernst und unter besonderen Zeremonien aus den Zellen gerufen wurden. Sie kehrten nicht wieder. Ohne Gericht und Urteil, ›auf administrativem Weg‹, wurde ihr Leben ausgewischt.«[886] Einmal wurde auch Luxemburg mit verbundenen Augen aus der Zelle geführt, doch am Ende ging es nur zu einem Verhör. Ob ein Versehen vorlag oder es sich um eine perfide Folter handelte, ist nicht klar. Seine Wirkung verfehlte dieser Vorgang jedenfalls nicht: »Ich schämte mich, weil ich fühlte, dass ich erbleichte!«[887]

Die nicht besonders robuste Rosa Luxemburg, durch ihr chronisches Magenleiden ohnehin geschwächt, erkrankte mehrfach. Sie litt, auch wenn sie das sich oder gar anderen nie eingestanden hätte. In diesen Monaten ergraute ihr Haar, obwohl sie gerade erst – einen Tag nach ihrer Verhaftung – 35 Jahre alt geworden war. Währenddessen machten sich ihre Parteigenossen in Berlin wie in Warschau große Sorgen. Zunächst war über ihre Verhaftung nicht berichtet worden. An Kautsky hatte sie in dem schon zitierten ersten Brief geschrieben: »Meine Verhaftung darf nicht publiziert werden, bis zur endgültigen Entschleierung. Dann aber – ich lass es Dich wissen – macht Lärm, damit die Leutchen hier etwas Schreck kriegen.«[888] Die Enttarnung kam bald, und am 15. März berichtete der *Vorwärts* von ihrer Verhaftung.[889] Luxemburgs Situation war unübersichtlich. Nach deutschem Recht war sie Deutsche, nach russischem Recht möglicherweise nicht, da ihre Eheschließung nur nach Zivilrecht erfolgt war. Wenn man sie nicht als Ausländerin, sondern als russische Staatsangehörige betrachtete, hätte sie keinerlei Schutz vor juristischer Willkür. Unklar war auch, ob sie vor ein Kriegsgericht gestellt werden würde, was drakonische Strafen zur Folge haben konnte, oder vor ein ziviles Gericht, was die Berücksichtigung bei einer späteren Amnestie erleichtert hätte. Die Nachricht von der Überführung in den X. Pavillon hatte nicht zuletzt August Bebel in höchste Alarmbereitschaft versetzt. Jakub Hanecki, der mit Luxemburg in engem Kontakt war und sie häufig besuchte, berichtet darüber: »Dauernd schickte er uns Aufträge und Bitten, weder Energie noch Geld zu scheuen, alle Mittel zur Befreiung Rosas zu unternehmen. ›Wir können nicht‹, schrieb er, ›ruhig abwarten, bis man sie zur Zwangsarbeit schickt. Unsere Partei wird keine Ausgaben scheuen. Handelt schnell und energisch!‹«[890] Da das Militärgericht drohte,[891] war rasches Handeln geboten.

Da kam Luxemburg ihr schwacher Gesundheitszustand zu Hilfe. Am 27. Mai konnte eine Ärztekommission sie im X. Pavillon untersuchen. Sie stellte fest, dass die Gefangene »an Blutarmut, hysterischen und neurasthenischen Erscheinungen und an einem Magen- und Darmkatarrh mit Lebererweiterung« leide. Eine Mineralwasser- und Badekur sei notwendig »unter entsprechenden hygienischen und diätetischen Bedingungen«.[892] Das klang nach Haftverschonung, wobei den Festungskommandanten, Rittmeister Schuschkow, die parallel offerierten 2 000 Rubel möglicherweise noch stärker überzeugten als das ärztliche Attest, auch wenn es keine eingebildeten, sondern reale Beschwerden schilderte,[893] die aber ohne pekuniäre Unterstützung womöglich dennoch nicht ausgereicht hätten. Er bewilligte eine Freilassung gegen eine Kaution von 3 000 Rubel. Das Geld wurde von Maksymilian Luxemburg überbracht, kam aber vom Parteivorstand der SPD.[894] Am 28. Juni wurde die Schwester bis auf Weiteres auf freien Fuß gesetzt.[895] Eigentlich sollte sie sich weiterhin in Warschau aufhalten, aber ein weiteres ärztliches Gutachten bewirkte, dass Schuschkow eine Kur in Karlsbad genehmigte.

Doch Luxemburg hatte ganz andere Pläne. Weder wollte sie eine Kur in Karlsbad machen noch anschließend zum Prozess in Warschau erscheinen. Stattdessen fuhr sie am 31. Juli nach St. Petersburg und ließ sich von ihren dortigen Genossen mit einem neuen Pass auf den Namen Felicia Budilowitsch ausstatten, mit dem sie einige Tage später weiterreiste nach Kuokkala (heute: Repino).[896] Der Ort liegt 45 Kilometer nordwestlich von St. Petersburg am Finnischen Meerbusen und gehörte damals zum finnischen Teil des Russischen Reiches. Die abgelegene, waldreiche Gegend war ein guter Rückzugsort. In der Datscha der Malerin Jekaterina Sarudnaja-Cavos,[897] die wie ihre politisch aktiven Brüder mit der Sozialdemokratie sympathisierte, fand Luxemburg die nötige Ruhe. Der Vater von Sarudnaja-Cavos hatte maßgeblich an der Justizreform unter Zar Alexander II. mitgewirkt. Sein Sohn Alexander, einer von Jekaterinas Brüdern, wurde 1917 unter Kerenski Justizminister. Sarudnaja-Cavos hat ihren Gast in dieser Zeit auch porträtiert. Das Bild stand später bei Kautskys auf einem Schrank, sein weiteres Schicksal ist leider unbekannt.[898]

Luxemburg blieb etwa einen Monat in Kuokkala und fuhr in dieser Zeit immer wieder auch nach St. Petersburg, wo sie unter anderem Alexander Parvus und Leo Deutsch im Gefängnis besuchte. Auch andere Revolutionäre hatten in Kuokkala Zuflucht gefunden, Axelrod, Sinowjew, Sassulitsch und vor allem auch Lenin, den sie zuvor nur einmal in München persönlich getroffen hatte und mit dem sie nun allabendlich diskutieren konnte. Hatte sie bisher den Menschewiki nahegestanden, war sie inzwischen von deren Zerfahrenheit und Desorientiertheit »vollends disgustiert«[899]. In dieser Zeit der Erholung nach den Monaten im Gefängnis schrieb sie im Auftrag der Sozialdemokratischen Vereine in Hamburg, wo sie im November 1905 ihren großen Auftritt gehabt hatte, die Broschüre »Massenstreik, Partei und Gewerkschaften«, die im September 1906, gerade noch rechtzeitig vor dem Parteitag, als Manuskript im Druck erschien. Am 13. September reiste Luxemburg aus Kuokkala ab, erreichte am 17. September Stockholm, fuhr von dort nach Hamburg, wo sie den Druck des Manuskripts überwachte, und erreichte am 22. September – nach neun Monaten Abwesenheit – Berlin.

Leo Jogiches hatte es weniger gut getroffen. Er saß noch immer im X. Pavillon und wartete auf seinen Prozess. Auch in seinem Fall war eine Kaution angeboten, die zunächst erwogene Haftverschonung aber nicht gewährt worden. Außerdem war es den Behörden gelungen, im Sommer auch sein Inkognito zu lüften, und er galt nun als fahnenflüchtiger russischer Staatsbürger und besonders gefährlicher Verbrecher. Als das Warschauer Militärgericht den Prozess schließlich eröffnete, erschien Luxemburg nicht, aus gesundheitlichen Gründen, so die offizielle Begründung, sodass die gestellte Kaution von 3 000 Rubeln verfiel. Jogiches wurde am 10. Januar 1907 zu acht Jahren Zwangsarbeit in Sibirien, Aberkennung der bürgerlichen Ehrenrechte und lebenslänglicher Ansiedlung in Sibirien verurteilt.[900] In der deutschen Presse verbreitete sich das unzutreffende Gerücht, Luxemburg sei zu 15 Jahren schwerer Zwangsarbeit und sieben Mitangeklagte sogar zum Tode verurteilt worden.[901] In Wahrheit gab es aber außer Jogiches keine weiteren Mitangeklagten.[902] Ihm gelang am 16. März die Flucht,[903] aber als er im April 1907 Berlin erreichte, musste er feststellen, dass seine Geliebte inzwischen mit einem anderen Mann zusammenlebte. Die 65 Tage, die Rosa und Leo inkognito in der Pension der Gräfin Walewska verbracht hatten, waren die letzten gemeinsamen Tage in ihrem Leben gewesen. In Warschau hatten sie sehr eng zusammengearbeitet, so wie einst in Zürich: »Beide zeigten einander ihre stärksten Seiten – Leos Konspirations- und Führungskünste waren hier ebenso wichtig wie Rosas rascher, scharfer Verstand und ihre sichere journalistische Feder.«[904] Im revolutionären Warschau waren sie sich noch einmal sehr nahe gewesen, aber zusammengefunden hatten sie nicht mehr.

Rückkehr, SPD-Parteitag 1906, Mannheimer Abkommen

Am 21. September 1906 stand Rosa Luxemburg zum ersten Mal wieder in ihrer eigenen Wohnung. Neun lange Monate hatte sie alle Angelegenheiten nur aus der Ferne regeln können. Ihre finanziellen Verhältnisse waren wie gewöhnlich unübersichtlich und prekär, mit dem Unterschied, dass Jogiches jetzt nicht mehr für Ausgleich sorgen konnte. An seiner statt durften es sich nun Luise Kautsky und Julie Bebel angelegen sein lassen, offene Forderungen zu klären.[905]

Aus den folgenden zwei Monaten sind von der leidenschaftlichen Schreiberin so gut wie keine Briefe überliefert. Dafür stürzte sie sich nach der langen Abwesenheit mit Macht in das politische Leben, zumal am Horizont noch eine deutsche Gefängnisstrafe drohte, die sie erneut zur Untätigkeit verdammen würde. Bereits am 22. September saß Luxemburg wieder im Zug, denn am Tag darauf begann der Parteitag der SPD in Mannheim, der im Rosengarten stattfand, einem drei Jahre zuvor eröffneten Kongressgebäude. Im Zentrum des Parteitags stand erneut die Massenstreikdebatte und, eng damit verbunden, das Verhältnis zwischen Partei und Gewerkschaften. Zu beiden Themen hielt Luxemburg eine Rede. Zuvor aber sprach sie am 25. September, am Abend des zweiten Verhandlungstages, in Mannheim auf einer Volksversammlung zu dem nicht überraschenden Thema »Die russische Revolution«. Das Publikum wollte es so, wenngleich eigentlich anderes auf der Tagesordnung gestanden hatte. Aber die Chance, einen Bericht aus erster Hand zu bekommen, war allzu verlockend.[906] Gleich zu Beginn fiel der seither oft zitierte Satz: »Ich kann Sie ohne jede Übertreibung und mit offener Ehrlichkeit versichern, dass jene Monate, die ich in Russland zubrachte, die glücklichsten meines Lebens sind.« Und sie fuhr fort: »Ich fühle mich tief betrübt, dass ich aus Russland heraus und herüber musste nach Deutschland.«[907] Schon im Juli hatte sie, kaum dem Kerker entronnen, geschrieben: »Die Revolution ist großartig, alles andere ist Quark!«[908] In demselben Brief nahm sie auch Bezug auf die Auseinandersetzungen zwischen Partei und Gewerkschaften: »Das jüngste ›Krächle‹ in der Partei machte mich lachen, und – verzeiht – recht teuflisch lachen! O über die welterschütternden Ereignisse zwischen Lindenstraße und Engelufer, die einen Sturm entfesseln!«[909]

In Deutschland hatte Rosa Luxemburg ein geregeltes Leben geführt, von bürgerlicher Existenz und Familienleben geträumt. Gleichzeitig war sie all die Jahre nicht nur eine fleißige Publizistin, sondern auch – soweit das für eine Frau damals möglich war – eine engagierte Politikerin. Sie war polizeilich gemeldet, arbeitete für eine legale Partei, reiste mit ihrem richtigen Pass, publizierte unter ihrem Klarnamen, sprach bei angemeldeten Versammlungen, verdiente Geld, mit dem sie ihre Miete und sonstige Unkosten bestritt, und wünschte sich zu all dem einen liebenden Mann und ein Kind. In Warschau hatte sie für einige Monate in der Illegalität eine völlig andere Existenz geführt. Zum ersten – und einzigen – Mal hatte sie die Revolution unmittelbar miterlebt. Diese Erfahrung hatte ihren Blick auf die Welt für immer verändert: »Das Wichtigste, was sie aus Russland mitbrachte, war nicht Analyse oder Wissen, sondern das gewaltige Heilmittel der revolutionären Gesinnung.«[910] Anders gesagt: Aus der Parteipolitikerin war keine Revolutionärin, aber eine revolutionäre Parteipolitikerin geworden, die mehr denn je Ernst machen wollte mit dem, was die Programmatik der Partei verlangte. Der revolutionären Theorie sollte eine revolutionäre Praxis entsprechen. An diesem Punkt würde es am Ende zum Bruch kommen zwischen ihr und der Partei, für die sie sich so lange Jahre aufgezehrt hatte.

Aus der Ferne mochten die Auseinandersetzungen zwischen Partei und Gewerkschaften wie ein »Krächle« erscheinen, über das man lachen konnte. Zurück in Deutschland holte die Realität Luxemburg schnell wieder ein. Die Hamburger Sozialdemokraten hatten ihre Broschüre »Massenstreik, Partei und Gewerkschaften« rechtzeitig zum Parteitag als Manuskript gedruckt, damit sie an die Delegierten verteilt werden konnte. Doch der Parteivorstand griff mit harter Hand ein, stoppte die Verteilung und ließ den Rest der Auflage einstampfen. Eine Neuausgabe, offiziell die erste Auflage, konnte nur mit zahlreichen textlichen Änderungen erscheinen, die die Partei mit Rücksicht auf die Gewerkschaften als notwendig ansah.[911] Das »jüngste Krächle« hatte seinen Ursprung in diskreten Verhandlungen, die der Parteivorstand der SPD mit der Generalkommission der Gewerkschaften im Februar 1906 geführt hatte, nachdem die Gewerkschaftsvertreter massiv gegen den Beschluss des Jenaer Parteitags zum Massenstreik protestiert hatten. Ihre Angst vor unkontrollierten Streiks war noch beflügelt worden, als es im Rahmen von Gedenkveranstaltungen zum ersten Jahrestag des Petersburger Blutsonntags zu Großdemonstrationen gegen das Dreiklassenwahlrecht kam. Die geheimen Verhandlungen wurden, wie das so oft geschieht, bekannt, was für böses Blut zwischen den Beteiligten und einige Aufregung an der sozialdemokratischen Basis sorgte. Eine etwas kuriose Folge dieser Situation war zum einen, dass die Hamburger SPD bei der im Ausland weilenden Rosa Luxemburg eine Schrift in Auftrag gab, die gegen den hinter verschlossenen Türen gefundenen Konsens gerichtet war, zum anderen, dass August Bebel und Carl Legien zwar auf dem Parteitag einen gemeinsamen Antrag einbrachten, sich aber in ihren Grundsatzreden gegenseitig mit den heftigsten Vorwürfen überzogen.

Das Ergebnis ähnelte der Quadratur des Kreises, denn der erste Satz der neuen Resolution lautete: »Der Parteitag bestätigt den Jenaer Parteitagsbeschluss zum politischen Massenstreik und hält nach der Feststellung, dass der Beschluss des Kölner Gewerkschaftskongresses nicht im Widerspruch steht mit dem Jenaer Beschluss allen Streit über den Sinn des Kölner Beschlusses für erledigt.«[912] In Wirklichkeit standen die beiden Beschlüsse durchaus miteinander im Widerspruch, man könnte etwas zugespitzt sogar sagen, der Kölner besagte das Gegenteil des Jenaer Beschlusses. Dieser erste Satz der Resolution war erst auf massiven Druck der Gewerkschaften so formuliert worden. In Bebels ursprünglicher Resolution hatte es nur geheißen: »Der Parteitag bestätigt die Beschlüsse des Jenaer Parteitags den politischen Massenstreik betreffend.«[913] Aber der Druck, zu einem Ausgleich zwischen Partei und Gewerkschaften zu kommen, um eine dauerhafte Entfremdung zu vermeiden, war groß. Eine nächtliche Krisensitzung unter Leitung von Bebel und Legien brachte schließlich den Durchbruch, sodass »ein Resultat erreicht wurde, das die Natur der Dinge dringend erheischte, die Anbahnung eines besseren Verhältnisses zwischen Partei und Gewerkschaft«.[914] So formulierte es Karl Kautsky in seiner Monografie über den Massenstreik, wobei er selbst in Mannheim gegen die Resolution stimmte.

Im zweiten Absatz des Beschlusses wurde der Schulterschluss zwischen Partei und Gewerkschaften beschworen. Möglichst viele Mitglieder sollten sich auch der jeweils anderen Organisation anschließen. Entscheidend war der dritte Absatz, der den Gewerkschaften ein Vetorecht einräumte: »Sobald der Parteivorstand die Notwendigkeit eines politischen Massenstreiks für gegeben erachtet, hat derselbe sich mit der Generalkommission der Gewerkschaften in Verbindung zu setzen.«[915] In der Begründung wurde dann noch einmal betont, dass die Gewerkschaften an Wichtigkeit hinter der Partei nicht zurückstünden. Beide Organisationen seien aufeinander angewiesen. Deshalb sei die »Einheitlichkeit des Denkens und Handelns von Partei und Gewerkschaft [...] ein unentbehrliches Erfordernis für den siegreichen Fortgang des proletarischen Klassenkampfs«.[916] In der Frage des Verhältnisses zwischen Partei und Gewerkschaft nahm die deutsche Arbeiterbewegung eine mittlere Position ein. Während in Großbritannien die Trade Unions das bestimmende Element waren und die Labour Party im Jahr 1900 überhaupt erst gegründet wurde, lag die politische Führung in Russland, wo es überhaupt keine legalen Gewerkschaften gab, ganz bei der Partei bzw. den Parteien. In Deutschland waren beide Säulen der Arbeiterbewegung eng miteinander verbunden, was – Parteitagsbeschlüsse hin oder her – in der politischen Praxis die Position der Reformisten stärkte. Für die Resolution, die als Mannheimer Abkommen in die Geschichte einging, stimmten am Ende 328 Delegierte, darunter alle bekannten Gewerkschaftsfunktionäre. Mit Nein stimmten insgesamt 62 Delegierte, neben dem schon erwähnten Kautsky wenig überraschend auch Rosa Luxemburg.[917] Sie hatte sich in ihrer Rede leidenschaftlich gegen das Referat von Carl Legien gewandt und betont, dass die großartige Russische Revolution der entscheidende Bezugspunkt für alle weiteren Diskussionen über den Massenstreik sein müsse und nicht etwa weiter zurückliegende Vorgänge in England oder Frankreich. Die Revolution war in Russland ausgebrochen, einem Land, in dem es keinerlei Organisation gegeben hatte, und die »gewaltige russische Gewerkschaftsbewegung« sei gerade ein Kind der Revolution. Am Schluss forderte sie, »die Abmachungen des Vorstandes mit der Generalkommission, die hinter unserm Rücken getroffen sind, abzulehnen und dem Antrag Kautskys zuzustimmen«.[918] Kautsky wollte mit seinem Antrag den Primat der Partei wiederherstellen,[919] aber gegen die vereinigte Macht von Bebel und Legien hatte seine Initiative keine Chance.

Luxemburg sprach auch die Frage einer möglichen militärischen Intervention in Russland zugunsten des in Bedrängnis geratenen Zaren an. Die französischen Sozialisten hatten beschlossen, in einem solchen Fall alles zu tun, um der eigenen Regierung in den Arm zu fallen, getreu dem Motto: »Lieber einen Volksaufstand als einen Krieg.«[920] Einen vergleichbaren deutschen Beschluss vermisste sie. Bebel gab zu, »in der Hitze des Gefechts« nichts zu diesem Thema gesagt zu haben. Es sei aber doch selbstverständlich, dass man eine deutsche Intervention in Russland nicht hinnehmen werde. Allerdings: »Was wir dann alles tun werden und tun können, das müssen Sie unserem eigenen Ermessen überlassen, da können wir heute keinerlei Versprechungen und Zusagen geben.«[921] Der schwache Eindruck, den diese Stellungnahme hinterließ, verstärkte sich noch dadurch, dass er im Weiteren auf den Reichstag verwies, der ja nun nicht gerade von der SPD dominiert war, und betonte, dass es dem Deutschen Reich für die Kriegsführung an finanziellen Mitteln mangle. In den Ohren einer revolutionären Sozialdemokratin, die gerade aus Russland zurückgekommen war und dort entscheidende Erkenntnisse für die weitere politische Praxis gewonnen hatte, musste das enttäuschend klingen.

Die SPD fühlte sich stark in jener Zeit. Sie hatte bei den Reichstagswahlen 1903 noch einmal kräftig zugelegt. Nach 2,1 Millionen fünf Jahre zuvor hatte sie diesmal mehr als drei Millionen Stimmen erreicht und war mit 31,7 Prozent nach Wählerstimmen die mit weitem Abstand stärkste Partei. Das Ziel, mithilfe des allgemeinen Wahlrechts der Partei, die dem Millionenheer des Proletariats eine Stimme gab, zur Mehrheit im Deutschen Reichstag zu verhelfen, schien in erreichbare Nähe zu rücken. Und mit jedem Wahlerfolg schwand die Neigung, das Erreichte durch riskante politische Abenteuer infrage zu stellen. Insbesondere die Gewerkschaften setzten auf die legale Taktik der Aufklärungs- und Bildungsarbeit, der weiteren Entwicklung ihrer Organisationen und, wo es sich nicht vermeiden ließ, auf den Streik als Mittel im Arbeitskampf. Aber die Diskussion über den politischen Massenstreik drohte ihre Entscheidungshoheit über den Einsatz dieses Kampfmittels infrage zu stellen. Andererseits zeigte die Russische Revolution, dass der zaristische Absolutismus auf einem brüchigen Fundament stand. Die Frage war nicht länger von der Hand zu weisen, ob sich nicht auch in Deutschland mit seiner starken Arbeiterbewegung mit revolutionären Kampfmitteln wie dem Massenstreik politische Erfolge erreichen ließen. Die Debatte, die schon in den Jahren zuvor immer wieder einmal geführt worden war, gewann vor dem aktuellen Hintergrund enorm an Brisanz. Sowohl 1905 als auch 1906 war sie das beherrschende Thema auf dem Parteitag, und Rosa Luxemburg als prominenteste und wortmächtigste Repräsentantin des linken Flügels spielte dabei eine zentrale Rolle. Ihrer Schrift »Massenstreik, Partei und Gewerkschaften« kommt deshalb große Bedeutung zu. Es ist bezeichnend, dass noch 1906 in Kiew eine russische Übersetzung erschien. In dem Vorwort für die russische Ausgabe resümierte sie auch noch einmal die bisherige Entwicklung der Diskussion.[922] Sie tat es mit einer solchen Freude am Detail, dass man sich fragen kann, ob sie dabei wirklich den russischen Leser vor Augen hatte, oder ob sie nicht vielmehr die Gelegenheit ergriff, sich ihre Enttäuschung über den Verlauf der deutschen Debatte von der Seele zu schreiben. Dabei scheute sie auch nicht vor Kritik an Karl Kautsky und Henriette Roland-Holst zurück, die die Entwicklung der Diskussion nicht begriffen hätten. Es gehe nicht mehr um das Ob, sondern um das Wie: »Gegen den Massenstreik überhaupt spricht sich jetzt in Deutschland fast keiner der Politiker der Arbeiterbewegung aus. Aber die Idee des Massenstreiks selbst füllt jede der Richtungen mit einem anderen konkreten Inhalt.«[923]

Hier war schon der Keim des Konflikts zu erkennen, der vier Jahre später, bei der zweiten großen Massenstreikdebatte, die enge Verbindung zwischen der »lieben Róza« und dem »ollen Karolus«[924] zerbrechen ließ. »Massenstreik, Partei und Gewerkschaften« bezeichnet ziemlich präzise den Zeitpunkt, zu dem Rosa Luxemburg begann, sich von ihrer intellektuellen Heimat, der deutschen Sozialdemokratie, zu emanzipieren. Karl Radek hat es in seinem Nachruf auf Luxemburg, Liebknecht und Jogiches, die ersten Vorsitzenden der KPD, die alle drei innerhalb weniger Wochen ermordet wurden, prägnant formuliert: »Diese Broschüre bedeutet die Grundlegung der neuen Phase des Sozialismus. Mit ihr beginnt die Absonderung der kommunistischen Bewegung von der Sozialdemokratie.«[925] Im Kern waren die Gegensätze zwischen den Marxisten und den »Opportunisten«, wie die Reformisten von ihren marxistischen Gegnern genannt wurden, unüberbrückbar. Die Hauptfunktion des »marxistischen Zentrums« um Karl Kautsky bestand im Grunde darin, diese Tatsache zu verdecken. Das funktionierte auch lange Zeit, aber eben nicht für immer. In Mannheim hatte die gute Verbindung zu Kautsky erste Risse bekommen. Nach dem Parteitag schrieb Luxemburg an Clara Zetkin: »Der Mensch wird mir immer unheimlicher mit seiner kläglichen Wankelmütigkeit.«[926]

»Massenstreik, Partei und Gewerkschaften« war das direkt auf die politische Praxis bezogene Pendant zu Luxemburgs früher revolutionstheoretischer Arbeit »Sozialreform oder Revolution«. Die Partei brauchte die Gewerkschaften, die als Organisation mächtiger waren, um nicht in parlamentarischer Besitzstandswahrung zu erstarren, aber die Gewerkschaften brauchten auch die Partei, sollte sich ihre Bedeutung nicht im tristen Alltag der Verhandlungen über Arbeitsbedingungen erschöpfen. Der ökonomische und der politische Kampf waren nicht zu trennen, aber Luxemburg beharrte dabei dezidiert auf dem Primat der Politik. Die Partei musste über die Taktik entscheiden. Mit dieser Überzeugung stand sie klar im Widerspruch zu dem gerade verabschiedeten Mannheimer Abkommen. Im ersten Teil der Schrift betonte Luxemburg zunächst, dass die früheren Einwände gegen den Massenstreik sich überholt hätten. Heute gehe es nicht mehr um die anarchistische Idee eines Generalstreiks, sondern um die politische Praxis, wie sie durch die Russische Revolution geschichtsmächtig geworden sei. Nicht der Massenstreik führe dabei zur Revolution, sondern die Revolution bringe den Massenstreik hervor. Der Massenstreik könne auch nicht »auf dem Wege eines Vorstandsbeschlusses«[927] herbeigeführt werden: »Der Massenstreik, wie ihn uns die russische Revolution zeigt, ist nicht ein pfiffiges Mittel, ausgeklügelt zum Zwecke einer kräftigeren Wirkung des proletarischen Kampfes, sondern er ist die Bewegungsweise der proletarischen Masse, die Erscheinungsform des proletarischen Kampfes in der Revolution.«[928] Es wäre daher auch ein »gar zu klägliches, grotesk winziges Resultat der russischen Revolution«, sollte der Massenstreik in Deutschland nur zur Verteidigung des Reichstagswahlrechts eingesetzt werden. Die Internationalität des proletarischen Klassenkampfes ließ eine solche Krähwinkelei ohnehin als obsolet erscheinen. Anders gesagt: Der Primat der Politik wurde noch übertroffen durch den Primat des Internationalismus.

Auf der schon erwähnten Volksversammlung in Mannheim hatte Luxemburg zum Schluss gesagt: »Die russischen Vorgänge zeigen, dass wir uns nach der allgemeinen Situation auch in Deutschland bereit machen sollen auf solche Kämpfe, in denen die Massen den Ausschlag geben. Der politische Massenstreik bildet den Mittelpunkt der Verhandlungen des Parteitages; ein Beweis, dass das Klassenbewusstsein im Proletariat immer tiefere Wurzeln fasst. Es fühlt aus sich heraus, dass das Proletariat sich früher oder später darauf gefasst machen muss, seinen Besitzstand an politischen Rechten durch den Massenstreik zu verteidigen und zu erweitern.«[929] Diese Worte quittierten die Versammelten mit minutenlangem Beifall, aber dass die Partei in ihrer großen Mehrheit so fühlte, darf man dennoch bezweifeln. Für Rosa Luxemburg war die Revolution eine Voraussetzung für die Verwirklichung des Sozialismus, der Massenstreik eine revolutionäre Waffe. Und angesichts der Ereignisse in Russland war die Revolution nicht länger eine Frage der Theorie, sondern Realität.

Nach dem Mannheimer Parteitag fuhr Luxemburg nach Hause und konnte nach neun Monaten der erzwungenen Abwesenheit endlich einmal länger als eine Nacht im eigenen Bett schlafen. Bald sah sie auch ihre Freundin Luise Kautsky wieder, die sich im Juli bei einem Unfall mit dem Fahrrad das linke Bein mehrfach gebrochen hatte.[930] Inzwischen hatte sie sich von dem Unfall soweit erholt, und am 24. November fuhren die beiden Freundinnen nach Maderno am Westufer des Gardasees. Der Aufenthalt tat Luxemburg sichtlich gut, sie schrieb an Luises Sohn Benedikt, der damals gerade zwölf geworden war, einen Brief, der von »ausgelassener Fröhlichkeit«[931] zeugte. Eigentlich war es ein Brief, den die beiden Freundinnen gemeinsam schrieben, wobei die »verrückte Rosa« ihre Zeilen zwischen die Zeilen von Luise quetschte.[932] Leider mussten sie schon in der ersten Dezemberwoche die Rückreise antreten, denn am 12. Dezember hatte Luxemburg vor dem Landgericht in Weimar zu erscheinen. Ihre Rede über den Massenstreik auf dem Jenaer Parteitag[933] hatte eine Anklage wegen »Aufreizung zu Gewalttätigkeiten« nach sich gezogen.[934] Obwohl die Grundlage der Anklage ziemlich fragwürdig war, wurde Luxemburg zu zwei Monaten Gefängnis verurteilt, die sie, nachdem die Berufungsverhandlung ohne Erfolg blieb, vom 12. Juni bis 12. August 1907 absitzen musste.

VIII

Kostja Zetkin

Am Gardasee fühlte sich Rosa Luxemburg außerordentlich wohl. Nach den Strapazen der vergangenen Monate war die Erholung mehr als willkommen. Gut gelaunt schrieb sie an ihren neuen Untermieter: »Wir sind hier sehr gut untergebracht, und ich dachte heute, dass für Ihre Mutter nichts Schöneres und Passenderes gefunden werden kann. Von dieser Ruhe und Schönheit kann man sich keinen Begriff machen. Jetzt, im Dezember fast, ist die Luft so warm und mild, dass wir in Blusen spazieren; wie wird es im Januar sein, wo die Mutter auszuspannen gedenkt.«[935] Es war dies der erste und einzige Brief, in dem Luxemburg Kostja Zetkin, den jüngeren Sohn ihrer Freundin Clara, mit »Sie« ansprach. In den mehr als 600 Briefen, die in den nächsten Jahren folgten, hieß er »Geliebter Kostik«, »Niuniu, süßer kleiner Bub« oder auch »Dudu Herzlieb, Dudu süßer Freund, Dudu schöner schlanker nackter Bub!«[936] Nachdem erst Jogiches und später auch Luxemburg nach Polen gereist waren, hatte die Wohnung in der Cranachstraße lange leer gestanden. Schließlich kam Clara Zetkin, die sich sicher war, dass ihre Freundin Rosa damit einverstanden sein würde, auf die Idee, ihren Sohn hier einzuquartieren. Auch Bebel und Kautsky billigten diesen Plan. Der junge Mann war 21 Jahre alt und sollte in Berlin studieren, was ihm andernorts bisher nicht recht gelungen war. Sehr bald wurde aus dem Untermieter, um den sich Rosa Luxemburg nur zu gerne kümmerte, ein leidenschaftlicher Liebhaber, der die 15 Jahre ältere Frau bedingungslos verehrte und ihr all das bot, was sie so lange vermisst hatte: »Rosa gab sich dieser Liebe hin wie einer Erholungskur.«[937] Von all ihren Liebesbeziehungen war diese die glücklichste. Politisch und beruflich verband die beiden nichts. Es ging nur um die Freude am Zusammensein, an der Natur, der Musik und den schönen Künsten.

Die Briefe an Kostja Zetkin zeugen von einer Ekstase, wie sie sich so schwärmerisch vorher in ihrem Leben nicht gezeigt hatte. Einmal schrieb Luxemburg: »Ich fand übrigens im Schrank noch drei Deiner geliebten Unterhöschen«.[938] Ein andermal hieß es: »Diudiu, mir ist so weh beim Anblick Deiner Sachen, die mich an Dich so lebhaft erinnern, an unsere Stunden dort im Zimmer, an den Tee, den Du für mich kochtest, an das Sofa, dass ich vor Tränen ersticke.«[939] Und wenig später: »Im Sommer komme ich natürlich zu Dir. Überhaupt werde ich immer alles tun, was Du willst, Du Liebling süßer.«[940]

Doch die unbeschwerten Wochen mit dem »geliebten Bubi« waren schon bald vorbei. Am 20. März 1907 musste sie ihm mitteilen: »Am letzten Sonnabend ist Lew Grigorowitsch glücklich aus dem Gefängnis entwichen – zusammen mit seinem Wächter. Er wird wohl bald in Berlin auftauchen.«[941] Es war Jogiches gelungen, einen der Aufseher dazu zu überreden, sich als polnischer Patriot dem Kampf gegen die Zarenherrschaft anzuschließen. Der Mann verschaffte ihm die Uniform eines Anstaltsarztes, und gemeinsam verließen die beiden das Gefängnis. Im April 1907 stand Leo vor Rosas Wohnungstür und dachte, er könnte einfach dort weitermachen, wo er mehr als zwei Jahre zuvor aufge-

Rosa Luxemburg in ihrer Wohnung in Berlin-Steglitz, 1907

hört hatte. Tatsächlich war es aber der Beginn einer Katastrophe, die sich quälend lange hinzog und Luxemburg in menschliche Abgründe führte, von denen sie bis dahin wohl kaum etwas geahnt hatte. Während Leo umstandslos seine Position an ihrer Seite wieder einnehmen wollte, erklärte Rosa ihm kühl und entschieden, dass sie in der Zeit seiner Abwesenheit die Beziehung mit ihm beendet habe. Das war viel schlimmer als die Tatsache, dass sie ihn betrogen hatte, wie ihm bald sehr klar wurde.

Auch er hatte sich in der Zwischenzeit mit einer polnischen Genossin eingelassen, die ihn nach seiner Freilassung versteckt hatte.[942] Aber das änderte aus seiner Sicht nichts daran, dass Rosa und er füreinander bestimmt waren.

Unversehens verwandelte sich der kühne Revolutionär in einen tobsüchtigen Racheengel.

Rosa verriet ihm nichts über die Gründe für ihre Entscheidung, und so vermutete Leo, sie habe die Beziehung zu Feinstein wieder aufgenommen, der sich derzeit allerdings nach seiner erneuten Verhaftung in der Warschauer Zitadelle befand.[943]

Da der vermeintliche Rivale zwangsweise in der Ferne weilte, glaubte Leo, er könne Rosa mit Gewaltmitteln zur Räson bringen. Er weigerte sich, ihr seine Schlüssel auszuhändigen, tauchte tags wie nachts unvermittelt in der Wohnung auf, verabredete sich dort mit anderen Leuten, öffnete ihre Post, verbot ihr zu verreisen und drohte immer wieder damit, sie totzuschlagen oder zu erschießen, wahlweise auch, erst ihren Liebhaber und dann sich selbst zu erschießen. Zeitweise kam es zu der grotesken Situation, dass er einen Revolver bei sich führte und Luxemburg, um sich gegebenenfalls wehren zu können, ebenfalls eine Schusswaffe mitnahm, wenn sie das Haus verließ. Dieser Terror nahm nicht ab, als er sich ein Zimmer in einem nahen Hotel genommen hatte. Nach wie vor nutzte er nach Belieben sein früheres Zimmer und machte demonstrativ Besitzansprüche auf einen Lebensbereich aus seiner Vergangenheit geltend. Dieser Irrsinn strapazierte jetzt für lange Zeit das Nervenkostüm aller Beteiligten. Rosa hatten allen Grund, Leos Drohungen ernst zu nehmen. Sie hatte in Warschau selbst erlebt, wie er mit vorgehaltener Waffe Drucker zwang, den *Czerwony Sztandar* zu produzieren.

Ein ausführlicher Bericht an den Geliebten aus dem Frühjahr 1908 zeigt deutlich. wie gefährlich die Lage für sie war. Luxemburg beabsichtigte, mit Karl Kautsky zur Erholung an den geliebten Genfer See zu fahren:

> Ich schwankte noch in Berlin stark, ob ich mit K[autsky] und wann fahren soll, als L[eo] plötzlich in die Wohnung und in mein Zimmer stürzte und rief, er hätte erfahren, dass ich mit K. fahren wolle, daraus werde aber nichts, oder ich bleibe auf der Stelle tot. Ich wurde, wie immer, eisig ruhig dabei, blieb auf meinem Platz und antwortete kein Wort. Das machte ihn noch rabiater, und er stürzte zu Dir, wobei er von mir die Adresse verlangte (ich antwortete natürlich nichts) und sich von Gertrud[944] beide Schlüssel geben ließ. Wie ich das sah, ging ich zu K. K. und blieb dort über Nacht. Wie ich mich fühlte, kann ich Dir nicht beschreiben, die Nacht war fürchterlich.

Am anderen Morgen kehrte Luxemburg dennoch, unter dem Begleitschutz von Kautskys Söhnen, in ihre Wohnung zurück, um nach der Post zu sehen:

> Oben lagen meine Briefe geöffnet und wie ich runter ging, war er wieder vor dem Hause und ging neben mir her. Er war bei Dir, Frau Großmann hätte ihm ›alle Informationen‹ gegeben – offenbar über Besuche – ›der Vogel sei herausgeflogen‹, aber er werde ihn schon erreichen; ferne dürfe ich keinen Schritt aus Berlin tun, ich solle es versprechen, sonst schlägt er mich sofort tot. Und er griff schon in die Tasche [mit dem Revolver]. Ich blieb ruhig und eisig, wandte nicht einmal den Kopf um, darauf ging er. Ich war aber innerlich von den Misshandlungen so furchtbar aufgeregt und so unglücklich, dass ich wieder zu K. K. musste.[945]

Sie sandte per Rohrpost eine Nachricht an Hans Diefenbach, einen anderen jugendlichen Freund, der sie bei Kautskys abholte, sie für einige Stunden mit zu sich nahm und dann, nachdem sie sich etwas beruhigt hatte, wieder zu Kautskys zurückbrachte: »Ich fühlte mich so einsam, ratlos, ausweglos wie noch nie.«[946]

Diefenbach begleitete sie in ihre Wohnung, die alleine zu betreten sie kaum noch wagte, half ihr beim Packen und begleitete sie wiederum zurück zu Kautskys, wo sie erneut übernachtete. Hans Diefenbach, den Luxemburg immer Hannes nannte, stammte aus Stuttgart und war ein Jahr älter als Kostja. Wie dieser studierte er Medizin und freundete sich in Berlin mit der Familie Kautsky an. Mit ihm hatte Luxemburg Jahre später ihr letztes, wohl platonisches, Liebesverhältnis.

Am Morgen nach dem grauenhaften Hin und Her fuhr Luxemburg mit Karl Kautsky gen Süden. Aber die schrecklichen Erlebnisse der letzten Stunden verfolgten sie noch eine ganze Weile: »In Frankfurt, nachts, verfiel ich in eine solche Aufregung, dass ich deutlich einen nahenden Ausbruch des Wahnsinns fühlte, die Gedanken und Empfindungen jagten einander mit solcher rasenden Hast, dass ich schon nahe daran war aufzustehen und Dir oder dem Hannes zu telegraphieren. Was eigentlich, weiß ich nicht, ich wollte mich nur an jemand halten.«[947] Allen Bedrängnissen zum Trotz erreichte Luxemburg, nach einer weiteren Übernachtung in Basel, am 14. April ihr Ziel Baugy-sur-Clarens, wo sie mit Kautsky die Ostertage verbrachte.[948]

Nachdem Jogiches wieder in Berlin war, hatte Kostja Rosas Wohnung verlassen müssen. Sonst hätte es womöglich Mord und Totschlag gegeben. Zunächst wohnte er in der Menzelstraße, einer unmittelbaren Parallelstraße der Cranachstraße, später dann bei der im Brief erwähnten Frau Großmann in der Peschkestraße,[949] die auch in Friedenau lag, aber einen knappen Kilometer weiter im Nordwesten, jenseits des Bahndamms. August Bebel versuchte in allen Lebenslagen seine schützende Hand über Rosa Luxemburg zu halten, auf die er, bei allen Differenzen in manchen Fragen, nach wie vor große Stücke hielt. Er hatte ihr nach der Rückkehr aus Polen, in der berechtigten Vermutung, dass sie völlig mittellos war,

Geld angeboten, um die Zeit zu überbrücken, bis sie wieder etwas verdienen konnte. Dieses Angebot hatte sie zu seinem Verdruss abgelehnt. Sie wollte kein Geld von der Partei, damit sie in allen programmatischen Debatten ganz unbelastet in gewohnter Schärfe ihre Position vortragen konnte. Auch dass sie privat in dramatischen Schwierigkeiten steckte, war dem Parteivorsitzenden nicht verborgen geblieben. Gleich nach Jogiches' Rückkehr schrieb er an Kautsky: »Wenn der Freund der Genossin R. L. dauernd hierbleibt und dann auch bei ihr wohnt, wird Costia kaum weiter in der Wohnung bleiben können. Um dem letzteren den Erwerb einer eigenen Bude zu erleichtern, bin ich bereit, ihm während der Dauer seines Aufenthalts in Berlin monatlich dreißig Mark Zuschuss zu gewähren. Ich gäb' mehr, aber Du weißt, wie sehr ich in Anspruch genommen werde.«[950] Kautsky sollte Kostja nach seiner Rückkehr von diesem Angebot unterrichten. Jogiches kam als Finanzier für Kostjas Wohnung naturgemäß nicht infrage. Auch Luxemburg standen seine finanziellen Ressourcen nicht mehr so, wie lange Zeit gewohnt, zur Verfügung. Zwei Monate später musste Bebel erneut aktiv werden: »Rosa soll von ihren Lebensmittelgläubigern stark bedrängt werden; sie soll bei verschiedenen derselben Schulden haben, sodass mehrere Abstand nehmen, noch zu liefern. [...] Ich will morgen, Mittwochnachmittag, die Angelegenheit im Vorstand vorbringen und die Zahlung der Schulden befürworten.«[951]

Rosa Luxemburg mit Kostja Zetkin, Berlin 1907

Rosa Luxemburg hatte in jenen Jahren immer wieder auch Familienbesuch aus der Heimat, von den Geschwistern, aber auch von anderen Verwandten. Vor allem der Bruder Maksymilian besuchte sie mehrfach. Er führte sie aus in vornehme Restaurants, deren Besuch ihr schmales Budget nicht gestattet hätte, ging mit ihr in Konzerte oder Opernaufführungen und unterstützte sie manches Mal auch finanziell, etwa, wenn es darum ging, die diätetische Spezialkost während ihrer Gefängnisaufenthalte zu bezahlen. Aber wirklichen familiären Rückhalt in den alltäglichen Stürmen des Lebens fand Rosa Luxemburg bei den Kautskys, die ihr alle mehr oder weniger intensiv zugetan waren. Sie kamen aus dem cisleithanischen Teil des Habsburgerreiches. Karl Kautsky, der aus einer tschechisch-österreichischen Mischehe stammte, war 1854 in Prag zur Welt gekommen. 1863 war der Vater, der als Theatermaler arbeitete, nach Wien gezogen, wo Karl später studierte. Danach lebte er in Zürich, London und Stuttgart, bevor er sich 1897 in Berlin niederließ. 1890 hatte er seine zweite Frau Luise geheiratet, mit der er drei Kinder hatte, Felix, Karl junior und Benedikt. Karl und Luise emigrierten 1938 in die Niederlande, wo Karl noch im selben Jahr verstarb, während Luise 1944 nach Auschwitz deportiert wurde, wo sie kurze Zeit später umkam. Der Sohn Benedikt verbrachte insgesamt sieben Jahre in verschiedenen Lagern, unter anderem in Auschwitz-Monowitz, wo er Zwangsarbeit für die IG Farben leisten musste.[952] Er überlebte und engagierte sich nach dem Zweiten Weltkrieg für die SPÖ. Außerdem gab er aus dem Nachlass seiner Mutter einen Band mit Briefen von Rosa Luxemburg heraus.[953]

Auch die Großmutter Minna Kautsky, die Schauspielerin war und zahlreiche von sozialistischen und feministischen Ideen geprägte Romane geschrieben hatte, lebte ab 1904 in Berlin-Friedenau, wo sie 1912 starb. Zu ihr unterhielt Luxemburg eine ebenso freundschaftliche Beziehung wie zu Karls Bruder Hans, der als Theater- und Dekorationsmaler am preußischen Hoftheater tätig war und als Bühnenbildner über die deutschen Grenzen hinaus ein gefragter Mann war. Hans war zehn Jahre jünger als Karl und galt als der sehr viel Lebenslustigere der beiden, ein Umstand, der zu Zeiten auch Luise nicht gleichgültig ließ. Mit Luise verband Rosa eine sehr innige Freundschaft. Sie teilte ihre Sorgen und Nöte und blieb ihr auch verbunden, als es im Zuge der zweiten Massenstreikdebatte 1910 zum Bruch zwischen Karl und Rosa kam. Sie fuhren auch weiterhin gemeinsam in die Schweiz, um dort die Sommerferien zu verbringen. Und als Luise überlegte, ob sie der Zuneigung zu ihrem Schwager Hans Raum geben sollte, war es Rosa, die sie dazu ermutigte. Nach dem gewaltsamen Tod der Freundin setzte Luise Kautsky alles daran, ihr durch Publikationen ein ehrendes Andenken zu bewahren und dabei vor allem auch ihre menschliche Seite zur Geltung zu bringen. Ihr kleines Gedenkbuch ist eine Quelle, die nicht unterschätzt werden sollte, und der Briefedition wären noch weitere Publikationen gefolgt, wenn die KPD, die inzwischen das Verlagsrecht erworben hatte, es nicht verhindert hätte.[954] Auch mit Luises Söhnen, den »Buben«, verstand Rosa sich gut. Mit Karl junior, dem ältesten Sohn, der damals 15 Jahre alt war, verbrachte sie 1907 die Ostertage in Maderno am Gardasee, dort, wo sie wenige Monate zuvor mit Luise gewesen war.[955] Hans Kautsky hatte wie sein Bruder Karl drei Söhne, Fritz, Hans und Robert.[956] Robert wurde wie sein Vater und Großvater Theatermaler und Bühnenbildner. Er schuf auch Bilder, die Luxemburg sehr gefielen, und hatte die Absicht, sie zu porträtieren. Als sie im Krieg in Wronke in Schutzhaft saß, versuchte sie, ihn zu animieren, doch dort sein Vorhaben zu verwirklichen,[957] was zweifellos Abwechslung in ihren Gefängnisalltag gebracht hätte.

Als Luxemburg 1907 nach Ostern vom Gardasee zurückkehrte, war auch Jogiches wieder in Berlin. Es begannen Jahre eines Martyriums, das schizophrene Züge hatte. Nach langer Suche hatte sie in Berlin eine richtige kleine Wohnung gefunden, in der sie sich nun heimatlos fühlte, weil sie ständig mit überfallartigen Besuchen rechnen musste. Sie hatte andererseits nach langen Jahren sehnsüchtiger Erwartung endlich einen jungen Mann gefunden, der sie bewunderte und bedingungslos liebte. Gleichzeitig bedurfte es komplizierter Arrangements, um mit ihm gemeinsame Zeit – sei es in Berlin, sei es in Sillenbuch – verbringen zu können, und sie musste immer gewärtigen, dass ihre Korrespondenz mit ihm kontrolliert oder sogar abgefangen wurde. Das alles tat ihr derselbe Mann an, mit dem sie in dieser Zeit wie gewohnt in der vermeintlich gemeinsamen Wohnung auswärtige Besucher empfing, um mit ihnen politische Gespräche zu führen. Wie die Kommunikation vor und nach diesen Gesprächen verlaufen ist, vermag man sich kaum vorzustellen. Brieflich nahm Luxemburg, abgesehen von einer einzigen Ausnahme[958], erst im Sommer 1908 wieder Kontakt mit Jogiches auf und auch dann nur sporadisch. Die meist kurzen Briefe sind von einer Eiseskälte, dass einen schon beim Lesen fröstelt. Sie enthalten grundsätzlich keinerlei Anrede oder Grußformel, auch die direkte Ansprache des Adressaten im Text wird vermieden. Der Inhalt beschränkt sich auf sachliche Mitteilungen. Der erste Satz des ersten Briefes lautete: »Wenn es hinsichtlich des Artikels etc. erforderlich ist, sich zu verständigen, so muss das morgen geschehen, denn am Dienstag oder Mittwoch muss ich mit meiner Schwester an die See fahren.«[959] Es gab auch nicht allzu viele Anlässe für solcherlei Korrespondenz, denn ihre publizistische Tätigkeit, die 1905 so überbordend gewesen war, bevor sie dann, bedingt durch die Umstände, abbrach, beschränkte sich jetzt auf ein Minimum. Einen Tag, bevor sie den eben zitierten Brief schrieb, hatte sie Kostja ihre Seelenqualen geschildert: »Mir ist schrecklich, die Depression presst mir die Kehle, dass ich ersticke. Oh, jetzt einen Menschen sehen – niemand ist da –, oh jetzt Flügel haben und zu Niuniu fliegen – ach, keine Flügel, bloß paar freie Tage für mich haben, dann würde ich heute in den Nachtzug steigen und morgen Früh bei Dir sein. Aber nichts ist möglich. O dieser furchtbare Druck auf dem Hirn und das Zappeln im Herzen!«[960]

In den Nachtzug stieg Rosa Luxemburg zwar nicht, aber mehr als nichts war dennoch möglich. Vom 12. Juni bis zum 10. Juli fuhr sie mit ihrer Schwester Anna nach Kolberg (heute Kołobrzeg) an der Ostsee. In dem Kur- und Badeort hatten sie vier ganze Wochen für sich alleine, erholten sich dabei gut und kamen sich auch menschlich näher: »Ich bin hier mit ihr zum ersten mal so, wie sie es verdient, denn immer war ich früher gereizt, ungeduldig, unausstehlich – es ist dies, weil ich erst ganz wieder ich bin, seit ich von L. frei bin. Und meine Schwester kann sich gar nicht mit dem Gedanken abfinden, dass sich jemand einmal um sie kümmert und ihr eine Freude machen will.«[961] Zurück in Berlin, hatte es noch kein Ende mit dem Freudemachen. Als Anna schließlich abgereist war, musste sich Rosa die recht beachtliche Summe von 2000 Mark leihen, um den eingegangenen Zahlungsverpflichtungen nachkommen zu können.[962] Einer der Darlehensgeber war der wohlhabende Hans Diefenbach, der später in seinem Testament Luxemburg 50 000 Mark vermachte, allerdings mit der Maßgabe, dass der Betrag ihr nicht ausgezahlt werden, sondern für sie angelegt werden sollte. Damit sie nicht in Versuchung kam, das Geld allzu rasch zu verbrauchen, sollte ihr als Erbin nur der jährlich erwirtschaftete Zins zufließen, »da meine ausgezeichnete Freundin in der Privatökonomie vielleicht keine ganz so geniale Meisterin ist wie in der National-Ökonomie«.[963]

In der ohnehin so komplizierten Situation nach ihrer Rückkehr aus Polen bedrückte Rosa Luxemburg noch ein weiteres Ereignis: »Mein Junge liegt offenbar im Sterben, ein Konsilium von drei Militärärzten hat seine sofortige Freilassung für notwendig erklärt! Man will ihn freilassen – gegen eine Kaution von 6 000 Rubel! Seine Familie läuft seit zwei Wochen und hat noch nicht die Hälfte zusammenkratzen können. Ich muss mindestens 5–6 000 Mark schicken.«[964] Der Name des »Jungen« wird nicht genannt, aber es deutet alles darauf hin, dass es sich um Władysław Feinstein handelt. Er saß seit nahezu anderthalb Jahren in Untersuchungshaft, und sein Gesundheitszustand war entsprechend angegriffen. Luxemburg versuchte fast panisch, ihm zu helfen, sodass die an der Ostsee gewonnene Stabilität bald wieder dahin war, zumal der Geliebte fern und die einzige private Rückzugsmöglichkeit von einem unerbittlichen Racheengel belagert war: »Mir presst das Herz sich vor Sehnsucht und ich bin fast in Selbstmordstimmung, da ich keine Möglichkeit sehe, mit Dir ruhig und frei zu leben. L. kommt jeden Tag in die Wohnung, empfängt dort Briefe und Leute. Das ist offenbar aus Rücksicht auf meinen Jungen, den er [für] viel gefährlicher hält als Dich.«[965] Luxemburg gelang es nicht, die gewaltige Geldsumme für den »Jungen«, der damals immerhin schon 28 Jahre alt war, aufzutreiben. Aber Mutter und Schwester bekamen das Geld dann doch zusammen, und Feinstein, der offenbar nicht ganz so dramatisch erkrankt war, wie befürchtet, wurde gegen Kaution entlassen. Die Partei nahm seine Dienste recht bald wieder in Anspruch, und auf dem VI. Kongress der SDKPiL im Dezember 1908 in Prag wurde er gegen seinen Wunsch erneut in die Hauptverwaltung gewählt, weil man trotz langer Abwesenheit und seiner Erholungsbedürftigkeit nicht auf seine Mitarbeit verzichten konnte und wollte. Feinstein geriet allerdings zunehmend in Opposition zu Jogiches und der Parteiführung und verließ die Hauptverwaltung im August 1910.[966]

In jenen so schwierigen Jahren fand Luxemburg eine neue Fluchtlandschaft, die ihrer geschundenen Seele ein wenig Erholung gewährte. Am 4. August 1908 berichtete sie ihrem Geliebten: »Wenn Du wüsstest, was ich erlebe! Ich sagte am Sonntag dem H. K., dass ich Ölfarben haben möchte, nun ist heute von Wertheim alles gebracht worden: Staffelei, Pinsel, Farben. Ich war toll vor Freude und fing sofort an zu malen, ganz allein, ohne jede Unterweisung.«[967] H. K. war der Malerfreund Prof. Hans Kautsky, der Bruder von Karl, mit dem Luxemburg sich sehr gut verstand und der sie, so gut er es vermochte, unterstützte. Wir dürfen davon ausgehen, dass er die Malutensilien nicht nur bei Wertheim für sie bestellt, sondern auch bezahlt hat. Als sie einmal ihren Freund Hans Diefenbach malte, erwarb er das Porträt für 200 Mark,[968] was eine ganze Menge Geld war. Schon zweieinhalb Wochen nach dem ersten Malversuch fuhr sie an den durch Walter Leistikows Bild »Abendstimmung am Schlachtensee« (1895) berühmt gewordenen See, um »zum ersten Mal die Natur zu malen.«[969] Das Bild, das bei ihren ersten Versuchen entstanden war, schickte sie Kostja nach Stuttgart: »Aber, Süßer, ich flehe Dich an, lach mich nicht aus, wenn Du die Sache erbärmlich findest, das ist doch mein erster Pinselstrich im Leben, und ich habe so viel gelernt dabei! Auch schaue das nicht in der Nähe und nicht in hellem Sonnenlicht an, denn dann sieht es schauderhaft aus, sondern aus der Ferne und ein bisschen im Schatten. Süßer, zeig das Ding niemandem, denn alle werden lachen, nur Dir schicke ich das, und Dein Urteil will ich wissen.«[970] Kostja war nicht nur ihr Geliebter, er war auch ihr Verbündeter, wenn es um die Kunst ging.

Kostja, eigentlich Konstantin, stammte wie sein zwei Jahre älterer Bruder Maxim aus der Verbindung seiner Mutter mit dem russischen Revolutionär Ossip Zetkin. Der war bei den Narodniki aktiv gewesen, musste aber das Land verlassen. In Leipzig lernte er Clara kennen, die ihn zwar nicht heiratete, aber seinen Nachnamen annahm.[971] Von 1882 bis 1889 lebten sie in Paris, dort wurden 1883 und 1885 die beiden Söhne geboren. 1889 starb Ossip Zetkin an Tuberkulose, und zwei Jahre später zog Clara nach Stuttgart um, wo sie im Jahr darauf die Redaktion des neuen Parteiorgans *Die Gleichheit. Zeitschrift für die Interessen der Arbeiterinnen* übernahm. Clara Zetkin, die 1889 bei der Gründung der Sozialistischen Internationale in Paris eine vielbeachtete Rede zur Frauenfrage gehalten hatte, verband ganz im Gegensatz zu ihrer Freundin Rosa Luxemburg ihr politisches Engagement mit feministischen Positionen, ohne dass sie im eigentlichen Sinne des Wortes eine Feministin gewesen wäre. 1895 wurde sie als erste Frau in die Kontrollkommission der SPD gewählt. 1899 heiratete sie Friedrich Zundel. Vier Jahre später erwarben sie ein Haus in dem Stuttgarter Vorort Sillenbuch, das sich rasch zu einem Ort für kulturelle Aktivitäten wie z. B. Konzerte entwickelte. Es war auch ein wichtiger Treffpunkt für Parteifreunde aus nah und fern. Bebel und Mehring kamen hierher, auch Marchlewski und manchmal auch ausländische Gäste wie Lenin und Alexandra Kollontai.[972] Nach der gescheiterten Revolution von 1905 fanden russische Revolutionäre, die auf der Flucht waren, hier Unterschlupf. Auch Kautskys kamen gerne. Karl Kautsky war nach dem Ende des Sozialistengesetzes nach Deutschland zurückgekehrt und lebte bis 1897 in Stuttgart, wo die *Neue Zeit* erschien, die er herausgab. Er hatte 1890 seine zweite Frau Luise geheiratet, und die drei Söhne wurden in den Stuttgarter Jahren geboren.

Der Maler Friedrich Zundel war zum Zeitpunkt der Eheschließung 24, Clara Zetkin dagegen bereits 42 Jahre alt, was in der Partei mit erheblichem Stirnrunzeln registriert wurde. Zundel war ein geachteter Porträtmaler und verdiente recht gut, sodass er schon in jungen Jahren das Haus in Sillenbuch erwerben konnte. Seinen politischen Überzeugungen gemäß stellte er häufig Menschen aus der Arbeitswelt dar. Durch Clara Zetkin kam er aber auch mit dem fortschrittlichen Unternehmer Robert Bosch in Kontakt, der 1886 eine Werkstätte für Feinmechanik und Elektrotechnik eröffnet hatte, aus der sich später ein großes Industrieunternehmen entwickelte. Zundel porträtierte die Töchter Paula und Anna; viele Jahre später wurde Paula Bosch, die damals noch ein Kind war, seine zweite Frau. Friedrich Zundel war eine prägende Persönlichkeit im Leben von Maxim und Kostja Zetkin. Die beiden waren kleine Kinder gewesen, als ihr leiblicher Vater starb, und sie waren nur acht bzw. zehn Jahre jünger als Zundel, was sicherlich eine gute Voraussetzung für einen unbeschwerten und intensiven Kontakt war. In einem Brief an Kautsky sprach Clara Zetkin von ihren »drei Jungen«.[973] Die alles in allem recht unkonventionelle Konstellation hat womöglich dazu beigetragen, dass Clara Verständnis dafür hegte, dass ihre engste Freundin Rosa eine Beziehung mit ihrem jüngeren Sohn begann, zumal sie selbst den Weg dorthin geebnet hatte. Nach allem, was wir wissen, haben die beiden sich darüber nie ausgetauscht. Aber von einem stillen Einverständnis dürfen wir ausgehen.[974]

Parteitag der SDAPR in London, Kongress der Sozialistischen Internationale in Stuttgart

Am 12. Mai 1907 sandte Rosa ihrem Kostja einen kurzen Brief: »Falls mein Schiff auf den Grund geht, was ich sehnlich wünsche, kriegst Du wenigstens diese Zeilen.«[975] Das schrieb sie noch in dem Zug, der sie an die holländische Küste brachte. Dort bestieg sie dann das Schiff, das aber nicht unterging, sodass Kostja am Abend ein weiteres Lebenszeichen aus London erhielt. Am folgenden Tag schrieb sie ihm einen ausführlichen Brief. Der 13. Mai war der erste Tag des V. Parteitags der SDAPR, der bis zum 1. Juni dauerte. Der Parteitag sollte ursprünglich in Kopenhagen stattfinden, was die in die SDAPR eingeschleusten Spitzel der Ochrana aber frühzeitig herausfanden. Da die Mutter von Nikolaus II. eine dänische Prinzessin war, konnte der Zarenhof erfolgreich in Kopenhagen intervenieren, und die Delegierten mussten nach London weiterreisen, eine Unbequemlichkeit, die ihnen schon von früheren Parteitagen vertraut war. An der Eröffnungsveranstaltung des Parteitags durfte Luxemburg nicht teilnehmen, sodass sie Zeit fand, ihr Missfallen über die Stadt ausführlich zu Papier zu bringen: »Dunkel und schmutzig ist es hier, das trübe Laternenlicht flackert und spiegelt sich in den Pfützen und Lachen (es regnet hier den ganzen Tag), in der Dunkelheit leuchten rechts und links gespenstisch die bunten Restaurants und Bars auf, Banden von Betrunkenen torkeln mit wildem Lärmen und Schreien mitten durch die Straße, Zeitungsboys brüllen, Blumenmädchen mit fürchterlicher, lasterhafter Hässlichkeit [...] kreischen an den Ecken, unzählige Omnibusse knarren und [Kutscher] knallen mit den Peitschen.«[976] Zu dieser nicht übermäßig vorteilhaften Beschreibung der Umgebung mag beigetragen haben, dass der Parteitag in der Bruderschaftskirche eines sozialistischen Geistlichen in Whitechapel stattfand,[977] einem Stadtviertel, das sich durch Armut, Kriminalität und Prostitution auszeichnete. Jack the Ripper war nur der bekannteste der vielen Mörder, die hier ihr Unwesen trieben.

Am 16. Mai durfte Luxemburg das Grußwort des Parteivorstands der SPD an den Parteitag vortragen.[978] Als Lenin sie offiziell als Vertreterin der deutschen Partei begrüßte, wurde sie von den Delegierten enthusiastisch gefeiert. Lenin vertrat im fünfköpfigen Tagungspräsidium die Bolschewiki. Die vier anderen Mitglieder repräsentierten die Menschewiki, den Bund, die SDKPiL und die lettischen Sozialdemokraten. Luxemburg hatte noch keine drei Sätze ihres Grußwortes gesprochen, da war sie schon bei ihrem Lieblingsthema Massenstreik angekommen. Sie zitierte den Beschluss des Parteitags in Jena 1905, mit dem die SPD angesichts der russischen Ereignisse zum ersten Mal eine positive Einstellung zu diesem Kampfmittel eingenommen habe. Bezeichnenderweise erwähnte sie das Mannheimer Abkommen vom Jahr darauf, das die aktuelle Beschlusslage darstellte, mit keinem Wort. Luxemburg ging auch auf die Reichstagswahlen vom 25. Januar 1907 ein, bei denen die Sozialdemokraten herbe Verluste hatten hinnehmen müssen. Diese sogenannten Hottentottenwahlen hatten in einer nationalistisch aufgeheizten Atmosphäre stattgefunden. Es ging um den Kolonialkrieg in Deutsch-Südwestafrika, der nicht nur zum Genozid an den Herero und Nama führte, sondern auch enorme finanzielle Mittel verschlang. Da neben der SPD auch das Zentrum seine Zustimmung zu dem entsprechenden Nachtragshaushalt verweigert hatte, ließ Reichskanzler Bernhard Fürst von Bülow den Reichstag auflösen. Bei den folgenden Wahlen verbündeten sich die liberalen mit den konservativen Parteien zum sogenannten Bülow-Block. Die SPD gewann in absoluten Zahlen sogar Stimmen hinzu, büßte relativ allerdings angesichts der stark erhöhten Wahlbeteiligung etwas ein und verlor, da die Parteien des Bülow-Blocks in der Stichwahl Wahlbündnisse bildeten, fast die Hälfte ihrer Mandate. Luxemburg bestärkte der Ausgang der Wahlen in ihrer schon bei vielen Gelegenheiten artikulierten Überzeugung, dass das Proletariat auf sich allein gestellt sei und beim Kampf um die Macht keine taktischen Bündnisse eingehen und keine Kompromisse machen dürfe: »Wir können die traurigen Resultate der historischen Entwicklung bedauern, aber wir dürfen um des Liberalismus willen kein Jota von unserer prinzipiellen proletarischen Taktik abweichen. [...] Wenn der bürgerliche Liberalismus und die bürgerliche Demokratie sich als so gebrechlich und schwankend erweisen, dass sie bei jeder energischeren Geste des Klassenkampfes des Proletariats gewillt sind, im Abgrund der Reaktion zu versinken, dann geschieht ihnen ganz recht! (Beifall der Bolschewiki und eines Teils des Zentrums.)«[979]

Ihre zweite Rede hielt Luxemburg als Repräsentantin der SDKPiL.[980] Auf ihrem V. Kongress in Zakopane war im Juni 1906 der im ersten Anlauf gescheiterte Beitritt zur SDAPR doch noch bestätigt worden. Dzierżyński, der in Abwesenheit der in Warschau inhaftierten Jogiches und Luxemburg in Zakopane das Hauptreferat hielt, hatte sich nachdrücklich dafür eingesetzt. Nachdem der Anschluss nunmehr geglückt war, war die SDKPiL mit einer mehr als 40-köpfigen Delegation in London vertreten, die Luxemburg gemeinsam mit Jogiches und Marchlewski anführte; Jogiches wurde auch in das ZK der SDAPR gewählt. Die Rede, die Luxemburg vortrug, war zweifellos ein Gemeinschaftswerk. Sie wiederholte noch einmal ihre bekannte Position, dass das Proletariat in der Russischen Revolution nicht das Bündnis mit dem Bürgertum suchen dürfe. Dabei betonte sie abschließend, dass es darum gehe, »den Sieg dieser Politik zu sichern, nicht in ihrer spezifischen bolschewistischen Form, sondern in jener Form, wie sie die polnische Sozialdemokratie auffasst und durchführt, in jener Form, die dem Geist der deutschen Sozialdemokratie und dem Geist des wirklichen Marxismus am nächsten kommt. (Beifall.)«[981] Sie setzte noch einen Satz hinzu: »Wir anerkennen, dass in der Theorie der Genossen Bolschewiki ein Körnchen Wahrheit enthalten ist, das durch eine dicke Schicht fraktioneller Auflagerungen verdeckt wird.« Das war den Genossen Bolschewiki zu starker Tobak, sodass die Protokollkommission diesen letzten Satz nicht in das Parteitagsprotokoll aufnahm.[982] Im Publikum saß ein Zuhörer ohne Delegiertenmandat, der den *nom de guerre* Koba führte. Er registrierte das große Selbstbewusstsein, mit dem die Genossin Luxemburg den Bolschewiki die Leviten las, aufmerksam. Koba war der Name einer Romanfigur, eines kaukasischen Briganten, der gegen das Zarenregime gekämpft hatte und in Georgien als Volksheld verehrt wurde. Auch der Mann, der den Namen benutzte, kam aus Georgien. Er hatte sich durch »Enteignungen«, sprich: Überfälle auf Geldtransporte, einen Namen gemacht. Das füllte zwar die Parteikasse, verstieß aber gegen die offizielle Linie der Partei. Lenin musste sich heftige Vorwürfe vonseiten der Menschewiki anhören, dass er Koba mit nach London gebracht hatte, und zu Beginn des Parteitags stand sogar seine Wahl ins Präsidium infrage. Doch schließlich wurde Lenin gewählt und Koba als sein Berater akzeptiert.[983] 1912 setzte Lenin seine Wahl in das ZK der SDAPR durch, und Koba nannte sich fortan Stalin (»der Stählerne«). Die Unbotmäßigkeit der Genossin Luxemburg behielt er im Gedächtnis; 1931, da war Lenin schon tot, sprach er ex cathedra das Todesurteil über den »Luxemburgismus«.

In ihrem dritten Redebeitrag auf dem Parteitag nahm Luxemburg Stellung zu dem heftigen Streit zwischen Bolschewiki und Menschewiki, bei dem sich die Delegierten des Bundes auf die Seite der Menschewiki schlugen. Vor allem aber setzte sie sich mit verschiedenen Einwänden gegen ihre ersten beiden Reden auseinander, durch die sie sich falsch verstanden sah.[984] Die drei Auftritte hatten ihr einiges abverlangt. Schließlich hatten die persönlichen Begleitumstände ihres Londonaufenthaltes ihr Nervenkostüm strapaziert. Die Reise an die Themse hatte Luxemburg alleine zurückgelegt, aber auch Jogiches war zum Parteitag gekommen. Sie wohnten im selben Hotel, nahmen an denselben Beratungen teil, kämpften für dieselben Ziele und führten gemeinsam Verhandlungen mit anderen Delegierten. Das hieß aber nicht, dass die persönlichen Auseinandersetzungen in dieser Zeit ruhten. Rosa hatte Kostja gleich bei ihrer Ankunft ihre Adresse mitgeteilt, mit der Bemerkung: »Man kann ruhig schreiben.«[985] Doch diese Behauptung erwies sich als allzu optimistisch: »Gestern hat L. Deinen Brief abgefangen, geöffnet und gelesen. Er gab ihn mir nicht, und ich will nicht danach fragen, um hier keine Katastrophe herbeizuführen. Ich weiß nicht, was Du drin geschrieben hast. Ich will Dir nur in aller Hast avisieren, dass Du nicht mehr Briefe schreibst.«[986] Jogiches machte ihr das Leben zur Hölle, und Luxemburg war froh, als sie wieder in Berlin war und ihren geliebten Kostja sehen konnte. Das war schwierig genug, denn in ihrer eigenen Wohnung war das kaum möglich. Die betrachtete Jogiches als sein Territorium, in dem er nach Belieben herumwütete. Die Freude des Wiedersehens mit ihrem »Bubi« währte nur kurz, denn keine zwei Wochen nachdem Kostja am 1. Juni in Berlin eingetroffen war, musste Rosa Luxemburg »ins Loch gehen«. Das Reichsgericht hatte am

Clara Zetkin, Rosa Luxemburg, Émile Vandervelde und Pieter-Jelles Troelstra auf dem Weg zum Kongress der Sozialistischen Internationale, Stuttgart 1907

12. April, während sie am Genfer See war, die Berufung gegen das Urteil des Landgerichts Weimar vom 12. Dezember 1906 verworfen. Vom 12. Juni bis 12. August 1907 musste sie wegen »Aufreizung zu Gewalttätigkeiten« im Königlich-Preußischen Weiber-Gefängnis in der Barnimstraße in Berlin-Friedrichshain einsitzen. Es war ihre erste, aber nicht ihre letzte Begegnung mit dieser Haftanstalt.

Kaum hatte sie ihre Strafe verbüßt, verließ Luxemburg Berlin wieder, denn vom 18. bis zum 24. August fand in Stuttgart der Kongress der Sozialistischen Internationale statt, und am 15. August tagte bereits das ISB. Es war dies der erste und einzige Kongress auf deutschem Boden. Wie Bebel in seiner Begrüßungsrede erläuterte, hatte die SPD mit einer Einladung lange gezögert, da Deutschland »in Bezug auf bürgerliche Freiheit sich bis dahin im Auslande gerade nicht des besten Rufes erfreute«.[987] Schließlich hatte man es, trotz mancherlei Bedenken, gewagt, sich aber gegen die Reichshauptstadt entschieden, weil man nicht »unter den Augen des Fürsten Bülow und der Berliner Polizei«[988] tagen wollte, und stattdessen die Hauptstadt des relativ liberalen Königreichs Württemberg ausgesucht, das sich durch ein demokratisches Vereins- und Versammlungsrecht auszeichnete. Der Kongress begann mit einem »internationalen Massenmeeting«[989] auf dem Canstatter Wasen, an dem 60 000 Menschen teilnahmen, was etwa einem Drittel der damaligen Einwohnerzahl der Stadt entsprach. Am Abend folgte die eigentliche Eröffnungsveranstaltung in der Stuttgarter Liederhalle. Bereits am Vortag, am 17. August, hatte eine Interparlamentarische Sozialistische Konferenz getagt, an der »150 sozialdemokratische Abgeordnete aller Länder«[990] teilgenommen hatten. Am 17. August begann auch die Erste Internationale Konferenz Sozialistischer Frauen, die drei Tage dauerte. Schließlich gab es erstmals auch eine Konferenz sozialistischer Jugendorganisationen, sodass das beschauliche Stuttgart für zehn Tage in jeder Hinsicht die Hauptstadt der europäischen Arbeiterbewegung war.

Luxemburg war in Abwesenheit zur Delegierten der Frauen Sachsens gewählt worden. Ihr Intimfeind Georg von Vollmar hintertrieb erfolgreich die Anerkennung dieses Mandats für den eigentlichen SI-Kongress mit dem Argument, in der sächsischen SPD seien Frauen und Männer gemeinsam organisiert, sodass ein auf einer reinen Frauenversammlung beschlossenes Mandat keine Gültigkeit habe. Dieser surreale Einwand wurde von der Mandatsprüfungskommission akzeptiert, sodass Luxemburg ausgerechnet bei dem Kongress der SI, der in Deutschland stattfand, nicht als Vertreterin der SPD auftreten konnte, obwohl ihr unermüdliches Wirken für diese Partei sie international bekannt gemacht hatte. Ein durchschlagender Erfolg war Vollmars Aktion allerdings nicht beschieden, weil Luxemburg auch über ein Mandat der SDKPiL verfügte, sodass sie als Mitglied der polnischen Delegation am Kongress teilnehmen konnte, was auch insofern gut war, weil sie als Übersetzerin aus dem Französischen gebraucht wurde. Davon profitierte zum Beispiel der Belgier Émile Vandervelde, der seit 1900 Vorsitzender der Sozialistischen Internationale war.

884 Delegierte aus 25 Ländern waren gekommen, darunter 289 aus Deutschland. Die Briten stellten mit 123 Delegierten die zweitgrößte Delegation. Aus den beiden Reichshälften Österreich-Ungarns kamen insgesamt 100 Delegierte, aus Frankreich 78. Die kleinsten Delegationen mit jeweils nur einem einzigen Abgesandten stellten Japan, Serbien und Südafrika. Die Zeit war geprägt von zunehmenden Spannungen zwischen den Großmächten, deren koloniale Ambitionen nicht ohne Weiteres auf friedlichem Wege zum Ausgleich zu bringen waren. Das Deutsche Reich hatte sich beim »Wettlauf um Afrika« lange Zeit nur zurückhaltend engagiert, weil Bismarck dem Erwerb von Kolonien sehr skeptisch gegenüberstand. Als das erheblich ins Hintertreffen geratene Deutschland sich dann 1905 in Marokko engagierte, war das ein eher dilettantischer Versuch, Boden gutzumachen.[991] Die daraus resultierende Marokkokrise machte deutlich, dass die anderen Staaten inzwischen vielfältig miteinander verbunden waren und den Deutschen nur die Österreicher als treue Bundesgenossen blieben. Das marokkanische Abenteuer endete mit einem erheblichen Prestigeverlust und ließ schon erahnen, dass das Deutsche Reich in einem kommenden Weltkrieg einen schweren Stand haben würde. Durch den Zerfall des Osmanischen Reiches entstand in

jenen Jahren ein gewaltiges Machtvakuum, das insbesondere in Nordafrika und auf dem Balkan immer wieder zu kriegerischen Auseinandersetzungen führte, die wie ein Wetterleuchten dem heraufziehenden Weltkrieg vorangingen.

Der Kongress beschäftigte sich mit verschiedenen Themen. Für jedes wurde, wie gewohnt, eine Kommission eingesetzt. Gleich am ersten Verhandlungstag ging es um das zentrale Thema »Der Militarismus und die internationalen Konflikte« und dabei vor allem um die Frage, welche Mittel der internationalen Arbeiterbewegung zur Verfügung standen, um einen möglichen Kriegsausbruch zu verhindern. Ein Thema, das eine Menge Konfliktpotenzial barg, weshalb August Bebel gleich zu Beginn betonte, man habe darüber schon auf allen vorigen Kongressen diskutiert und es genüge völlig, die bestehenden Entschließungen zu bestätigen, ein Argument, das Georg von Vollmar, der zweite Sprecher der deutschen Delegation, nachdrücklich unterstrich.[992] Gleichzeitig war es schwer,

Teilnehmer des Kongresses der Sozialistischen Internationale 1907, vor der Stuttgarter Liederhalle, unter ihnen W. I. Lenin, Rosa Luxemburg (in der Mitte stehend) und August Bebel (ganz rechts stehend)

einen Kongress, der sich ausführlichen Beratungen hingab, davon zu überzeugen, dass gar nichts zu beschließen sei, weshalb Vollmar hinzufügte: »Aber nachdem wir einmal so weit in die Beratungen eingetreten sind, verstehe ich es, dass Sie eine andere Resolution fassen wollen, die, wenn sie auch nichts anderes sagt, es doch wenigstens in einer neuen Form tut. (Heiterkeit und lebhafter Widerspruch bei einem Teil der französischen Delegation.)«[993] Es lagen vier Resolutionen vor, eine von Bebel sowie drei aus den Reihen der französischen Delegation. Von Gustave Hervé, der sich nach 1914 in einen wilden Nationalisten verwandeln sollte, stammte der radikalste, anarchistisch inspirierte Text. Er wollte, wenn ein Krieg drohte, mit Volksaufständen und Militärstreiks dagegen vorgehen. Die Gegenposition vertrat Jules Guesde, der jede Aktion gegen den Militarismus verwarf, weil dieser eine bloße Teilerscheinung des Kapitalismus sei und, wenn der erst überwunden sei, von selbst verschwinden werde. Édouard Vaillant, der bedeutendste der drei französischen Sozialisten, der schon 1871 an der Pariser Kommune teilgenommen hatte, vertrat eine mittlere Linie, die der von Bebel ähnlich war.[994]

Zur weiteren Beratung der Resolutionsentwürfe schlug Bebel eine aus 13 Mitgliedern bestehende Unterkommission vor, die aus je zwei Vertretern der potenziellen Kriegsparteien Frankreich, Deutschland, England, Russland, Italien und Österreich sowie Vandervelde als Vertreter der kleinen Staaten und neutralem Moderator bestehen sollte. Da Lenin Rosa Luxemburg unbedingt dabeihaben wollte, bot er ihr eines der beiden russischen Mandate an. Außerdem wurde noch je ein Vertreter Skandinaviens und der Schweiz hinzugewählt. Am Ende gelangte nur der Resolutionsentwurf Bebels zur Abstimmung, den Luxemburg in der Debatte als unzureichend kritisiert hatte.[995] Sie erinnerte an den Beschluss des Jenaer Parteitags, betonte die Bedeutung des Massenstreiks und sprach eindringlich über die aus der Russischen Revolution zu ziehenden Lehren. Sie setzte hinzu: »Nach der Rede Vollmars und zum Teil Bebels halten wir es für notwendig, die Bebelsche Resolution zu verschärfen, und wir haben ein Amendement ausgearbeitet, das wir noch vorlegen werden.«[996] Das Amendement wurde von Lenin, Luxemburg und Martow namens der polnischen und der russischen Delegation gemeinsam eingebracht, war aber von Luxemburg formuliert worden.[997] Seine Grundgedanken fanden Eingang in den Text, der dann am Ende einstimmig verabschiedet wurde.[998] Der Schluss der umfangreichen Resolution lautete:

> Droht der Ausbruch eines Krieges, so sind die arbeitenden Klassen und deren parlamentarische Vertretungen in den beteiligten Ländern verpflichtet […], alles aufzubieten, um durch die Anwendung der ihnen am wirksamsten erscheinenden Mittel den Ausbruch des Krieges zu verhindern, die sich je nach Verschärfung des Klassenkampfes und der Verschärfung der allgemeinen politischen Situation naturgemäß ändern.
> Falls der Krieg dennoch ausbrechen sollte, ist es die Pflicht, für dessen rasche Beendigung einzutreten und mit allen Kräften dahin zu streben, die durch den Krieg herbeigeführte wirtschaftliche und politische Krise zur Aufrüttelung des Volkes auszunutzen und dadurch die Beseitigung der kapitalistischen Klassenherrschaft zu beschleunigen.[999]

Dies war mit Rücksicht auf die Umstände allgemein formuliert, Reizworte wie Generalstreik kamen nicht vor. Lenin berichtete später darüber: »Die erste Fassung sprach viel direkter von revolutionärer Agitation und revolutionären Taten. Wir zeigten sie Bebel. Er antwortete: Darauf gehe ich nicht ein, da die Staatsanwaltschaft dann unsere Parteiorganisationen sofort auflösen wird. Und wir wollen dies nicht, solange kein ernsthafter Grund dazu vorliegt.« In intensiven Beratungen gelang es, »denselben Gedanken auf legale Art auszudrücken«, sodass Bebel seine Zustimmung geben konnte.[1000]

Die sozialistische Frauenkonferenz tagte im Mozart-Saal, der sich trotz seiner 750 Plätze als viel zu klein erwies, um alle Interessierten aufzunehmen. Die Zahl der Delegierten war mit 58 allerdings bescheiden im Vergleich zum eigentlichen Kongress. Sie kamen aus 15 verschiedenen Ländern, die weiteste Reise hatten die Vertreterinnen Indiens und Japans zurücklegen müssen, was auch besonders gewürdigt wurde. Eröffnet wurde die Konferenz von Ottilie Baader. Sie war acht Jahre zuvor, als es neben dem Parteitag erstmals eine Konferenz der sozialdemokratischen Frauen Deutschlands gab, zur Zentralvertrauensperson der sozialistischen Frauen Deutschlands gewählt worden. Da bis zum Erlass des Reichsvereinsgesetzes am 19. April 1908 über jeglicher organisierten Tätigkeit von Frauen das Damoklesschwert des jederzeit möglichen Verbots wegen unerlaubter politischer Betätigung schwebte, kam dem System der Vertrauenspersonen eine große Bedeutung zu. Sie wurden gewählt, da sie, anders als Vereine, weder aufgelöst noch verboten werden konnten, und hatten die Aufgabe, auf informellem Wege für Informationsaustausch und Zusammenhalt unter den politischen Frauen zu sorgen. Das war sehr wichtig, da z. B. in Preußen bis 1908 Frauen selbst die bloße Mitgliedschaft in politischen Vereinen verboten war.[1001] Den Vorsitz übernahmen Anna Boschek aus Wien und Clara Zetkin. Ein zentrales Thema der Konferenz, wie der sozialistischen Frauenbewegung überhaupt, war der Kampf um das Wahlrecht für Frauen. Im Jahr zuvor hatte es einen beachtlichen Erfolg im zaristisch regierten Finnland gegeben, das als erstes Land in Europa das Frauenwahlrecht eingeführt hatte. Nach einem Generalstreik hatte Nikolaus II. ein Reformgesetz erlassen, nach dem alle Männer und Frauen ab 24 Jahren gleichberechtigt den Landtag wählen konnten. Bei der Wahl im Frühjahr 1907 wurde die Finnische Sozialdemokratische Partei mit 80 Sitzen die stärkste Partei. Von den insgesamt 200 Abgeordneten waren 19 Frauen, darunter acht Sozialdemokratinnen. Die Konferenz verabschiedete eine umfangreiche Resolution, die die Bedeutung des Frauenwahlrechts sowohl für den Klassenkampf wie für die »politische[n] Gleichberechtigung des weiblichen Geschlechts« betonte. Die sozialistischen Parteien aller Länder seien verpflichtet, für die Einführung des Frauenwahlrechts energisch zu kämpfen, so wie Frauen ihrerseits verpflichtet seien, sich an diesem Kampf »mit höchster Kraftentfaltung zu beteiligen«.[1002] Auf dem Kongress der SI gab es auch eine Kommission zum Frauenstimmrecht, die sich mit den Forderungen der Frauenkonferenz solidarisch erklärte und sich die letzten, konkreten Absätze der dort beschlossenen Resolution einstimmig zu eigen machte.[1003]

Die Frauenkonferenz sollte kein einmaliges Ereignis bleiben: Die Delegierten beschlossen die Gründung einer Sozialistischen Fraueninternationale. An dieser Stelle kam Rosa Luxemburg ins Spiel, die auf Bitten ihrer Freundin Clara Zetkin über die Arbeit des ISB berichtete.[1004] Ihr Bericht fiel ziemlich spöttisch aus und erregte große Heiterkeit. In Kenntnis der in Brüssel herrschenden Verhältnisse riet Luxemburg entschieden davon ab, das Internationale Sozialistische Frauenbüro, das im Anschluss an die Konferenz etabliert werden sollte, in Brüssel anzusiedeln. Sie plädierte stattdessen lebhaft für Stuttgart. Darauf verständigte sich nach einigem Hin und Her die Konferenz und wählte Zetkin zur Sekretärin der Sozialistischen Fraueninternationale,[1005] eine Funktion, die sie bis zu ihrem Austritt aus der SPD 1917 innehatte. Die von Zetkin herausgegebene Zeitschrift *Die Gleichheit* wurde zum Organ der Fraueninternationale bestimmt. *Die Gleichheit* erschien seit 1892 und hatte unter der Leitung von Zetkin enormen Erfolg, 1907 hatte sie 75 000 Abonnentinnen.[1006] Luxemburg gehörte trotz der engen Freundschaft nicht zu den traditionellen Autorinnen der Zeitschrift, was mit ihrer Abneigung gegen den Feminismus zu erklären ist. Erst nach Ausbruch der Russischen Revolution 1905 schrieb sie einige Male in der *Gleichheit*[1007], blieb aber auf Distanz zur »Weiberwelt«. Im Vorfeld der Stuttgarter Frauenkonferenz hatte Clara Zetkin ihr die Druckfahnen einer Schrift zur Frage des Frauenwahlrechts mit der Bitte um kritische Durchsicht zugesandt.[1008] Grundlage der Publikation war eine Rede, die Zetkin im Jahr zuvor auf der Frauenkonferenz während des SPD-Parteitages in Mannheim gehalten hatte.[1009] Sehr interessant ist es, wie Luxemburg ihrer Freundin antwortete. Sie lobte Zetkins scharfsinnige Analyse der Wahlrechtsfrage, die sehr klar die Unterschiede zwischen den Absichten und Zielen der bürgerlichen und der sozialistischen Frauenbewegung herausgearbeitet hatte. Luxemburg ließ auch erneut ihre Abneigung gegenüber dem Parlamentarismus deutlich werden, wenn sie die Abgeordneten als »unsere[n] Parlamentskretins« bezeichnete. Am Schluss schrieb sie: »Die ganze Arbeit ist, wie gesagt, herzerfrischend und war mir ein Labsal. Auch eine Fundgrube, denn ich hatte keine Ahnung von dieser ganzen Fülle von Tatsachen aus der Weiberwelt …«[1010]

Karl Kautsky jun. mit seinem von Rosa Luxemburg gezeichneten Porträt, Berlin 1907

Schon bald sollte Rosa Luxemburg die Chance haben, sich wieder der Männerwelt zuzuwenden. Jogiches hatte Berlin inzwischen verlassen und sollte erst im Januar des kommenden Jahres zurückkehren, was eine große Erleichterung war, wie sie Kostja schrieb, der sich Sorgen wegen ihres Befindens gemacht hatte: »Ich fühlte mich allerdings sehr elend, solange ich nicht alleine war, aber das war rein geistige Depression und Müdigkeit.«[1011] Tatsächlich war sie nach den Anstrengungen der vergangenen Monate sehr erholungsbedürftig und blieb sogar dem jährlichen SPD-Parteitag fern. Sie hatte Kostja aber noch mehr zu berichten. Am 15. November 1906 war in Berlin die Parteischule der SPD eröffnet worden. Ihr Ziel war es, in Kursen, die sechs Monate dauerten, »geistig strebsamen Genossen« Grundlagen der sozialen und politischen Erkenntnis zu vermitteln.[1012] Zunächst hatten mit dem Österreicher Rudolf Hilferding und dem Niederländer Anton Pannekoek zwei international bekannte Sozialdemokraten einen Teil des Unterrichts bestritten, doch dann wurde ihnen als Ausländern untersagt, an der Schule weiterhin Vorlesungen zu halten: »Nun fasst man mich Unglückliche beim Ohr, ich soll die Nationalökonomie übernehmen.«[1013] Es war Kautsky, der sie beim Ohr fasste, aber so groß war das Unglück nun wieder nicht. Für einen Kurs mit vier Vorlesungen pro

Woche sollte sie 3 000 Mark bekommen: »Das sind eigentlich glänzende Bedingungen, und in einem halben Jahr hätte ich ständig mehr als für ein ganzes Jahr verdient, dabei habe ich die Nachmittage immer frei und ein halbes Jahr ganz für mich.«[1014] Das waren in der Tat glänzende Bedingungen. Endlich hatte die akute Geldnot, die sie viele Jahre lang belastet hatte, ein Ende, und das in einer Situation, in der mit den gewohnten Zuwendungen von Jogiches nicht mehr zu rechnen war.

Der einzige Wermutstropfen war, dass Luxemburg die mit so viel Erfolg begonnene Vortragsreihe »Einführung in die Nationalökonomie«[1015] nicht weiterführen konnte. Sie hatte sich auf Bitte des Verbandes der Berliner Wahlvereine dazu verpflichtet, zwei Vortragszyklen mit je sechs Veranstaltungen zu übernehmen. Die erste Vortragsreihe war sehr erfolgreich. Bei einem Eintrittspreis von 60 Pfennigen, was für damalige Verhältnisse nicht wenig war, kamen laut Polizeibericht 3 500 Männer und 1 100 Frauen zu den Veranstaltungen in das Kreuzberger Hotel Deutscher Hof.[1016] Aber eine Fortsetzung wäre mit den an der Parteischule übernommenen Verpflichtungen nicht zu vereinbaren gewesen. Es fand sich jedoch eine Lösung für dieses Problem. Hermann Molkenbuhr übernahm den zweiten Teil an ihrer Stelle.[1017]

Lehrtätigkeit an der Parteischule der SPD

Für Rosa Luxemburg begann eine Zeit, in der sie von materiellen Sorgen befreit war und ihr großes theoretisches Wissen, ihren scharfen Verstand und ihre rhetorische Begabung zur Geltung bringen konnte, was ihr, wie sie bald eingestand, auch großen Spaß bereitete.[1018] Bis zum Ausbruch des Ersten Weltkriegs lehrte sie regelmäßig von Anfang Oktober bis Ende März an der Parteischule Nationalökonomie. Damit trug sie die Hauptlast des Unterrichts, denn auf diesen Bereich, den zuvor zwei Lehrer wahrgenommen hatten, entfielen 250 von 777 Unterrichtsstunden.[1019] Luxemburg war die einzige Frau im Lehrkörper, zugleich die beliebteste und nach allgemeiner Überzeugung auch die beste Lehrkraft, »das geistige Haupt der ganzen Schule«[1020]. Dabei waren auch die anderen Lehrer prominente Sozialdemokraten. Arthur Stadthagen unterrichtete Sozialpolitik, der Rechtsanwalt Hugo Heimann Strafrecht, sein Kollege Kurt Rosenfeld Zivilrecht, Franz Mehring Parteiengeschichte.[1021] Heinrich Schulz war für Konversation und Zeitungstechnik zuständig. Schulz, ein bedeutender Reformpädagoge, war zugleich auch der Leiter der Parteischule und Geschäftsführer des 1906 ebenfalls neu geschaffenen Zentralbildungsausschusses der SPD. Er hatte zuvor schon die sozialdemokratische Arbeiterbildungsschule geleitet, war stellvertretender Vorsitzender der Freien Volksbühne und machte in der Weimarer Republik als Bildungspolitiker Karriere. Schulz arbeitete auch den Lehrplan aus, nach dem jedes Jahr etwa 30 Parteimitglieder für die politische Arbeit geschult wurden. Die Schüler erhielten monatlich 125 Mark und zusätzlich, wenn sie verheiratet waren, eine Familienunterstützung. Davon mussten sie die Miete für eine Unterkunft in Berlin, Essen und Bücher bezahlen, die sie zu Vorzugspreisen bekamen. Nachdem das Reichsvereinsgesetz von 1908 auch Frauen die politische Betätigung erlaubte, lud man auch Frauen zu den Lehrgängen ein.[1022] Die SPD bildete so im Lauf der Jahre mehr als 200 gut geschulte Funktionäre aus. Interessant ist, dass in diesem Punkt die bürgerlichen Parteien der sonst so gut organisierten Sozialdemokratie zunächst voraus waren. So hatte der »Reichsverband gegen die Sozialdemokratie«, der in sozialdemokratischen Kreisen »Reichslügenverband« genannt wurde, 1905 eine Rednerschule für seine Agitatoren gegründet, und die Gründung der Parteischule der SPD war eine Reaktion darauf. Aus Luxemburgs Lehrtätigkeit gingen später zwei große ökonomische Werke hervor, *Die Akkumulation des Kapitals*[1023] sowie die unvollendete *Einführung in die Nationalökonomie*[1024], die von manchen zu den bedeutendsten Versuchen, Marx' Denken weiterzuentwickeln, gerechnet werden[1025]. Weitere Zeugnisse ihrer Lehrveranstaltungen sind die seit Kurzem publizierten umfangreichen Mitschriften ihrer Schüler Jacob Walcher[1026] und Rosi Wolfstein[1027], der späteren Ehefrau ihres Biografen Paul Frölich. Zu den Schülern des zweiten Lehrgangs 1907/08 gehörte auch der Erste

Parteischule der SPD, Berlin, 2. Kursus 1907/1908. Stehend vor der Wand, von links: Hugo Heinemann, Heinrich Schulz, Kurt Rosenfeld, Rosa Luxemburg, August Bebel, Arthur Stadthagen, Heinrich Kunow, Franz Mehring, Emanuel Wurm

Sekretär der Bremer SPD Wilhelm Pieck, der von Luxemburg sehr beeindruckt war und 1910 nach Berlin übersiedelte, wo er zweiter Sekretär des Zentralbildungsausschusses wurde und in dieser Eigenschaft auch für die Parteischule zuständig war.

Wenn man den monatlichen Unterstützungsbetrag für die Schüler für sechs Monate und 30 Schüler berechnet und dann noch die Lehrergehälter hinzunimmt, kommt man leicht auf einen Betrag von etwa 50 000 Mark, die ein Lehrgang die Partei kostete, Nebenkosten nicht mitgerechnet. Das war selbst für eine vergleichsweise wohlhabende Partei wie die SPD ein beachtlicher Betrag. Es dauerte denn auch nicht lange, bis darüber erste Diskussionen geführt wurden.[1028] Ein prominenter Kritiker war Kurt Eisner, der für eine »Dezentralisierung« der Bildungsanstrengungen plädierte, weil er der Meinung war, dass der finanzielle Aufwand erheblich geringer ausfallen würde, wenn die Parteischule ihre Tätigkeit einstellen und die Schulungsarbeit in den verschiedenen Provinzen des Reiches erfolgen würde. Hier mochte eine Rolle spielen, dass Eisner die Redaktion des *Vorwärts* seinerzeit eher unfreiwillig verlassen hatte und eine gute Gelegenheit sah, den Berlinern am Zeug zu flicken. Nach einer längeren Zeit der Arbeitslosigkeit war er inzwischen Chefredakteur der traditionsreichen, in Nürnberg erscheinenden *Fränkischen Tagespost* und nutzte diese Plattform für seine Kritik. Dabei kamen auch seine revisionistischen Positionen zur Geltung, wenn er etwa kritisierte, dass beim Lehrstoff der Marxismus zu sehr im Vordergrund stehe und der Lehrkörper zu orthodox ausgerichtet sei. Die Parteischule sei eine »Drillanstalt für orthodoxe Lehrmeinungen«.[1029] Eisner beließ es aber nicht bei Kritik, er schuf auch ein »dezentrales« Gegenmodell.[1030] Man verzichtete in Nürnberg auf die von Berlin angebotenen Wanderlehrer und schuf einen lokalen Bildungsausschuss, der just im Jahr 1907 erstmals eigene Veranstaltungsangebote auf die Beine stellte. Der Neukantianer Eisner verfolgte dabei ein deutlich anderes Bildungsziel als die vom marxistischen Zentrum geprägte Parteischule in Berlin. Er selbst bot zum Beispiel im ersten Jahr einen Vortragszyklus über Napoleon I. an, im zweiten Jahr sprach er über Goethes *Faust*. Andere Lehrer waren prominente Revisionisten wie Friedrich Stampfer und Max Maurenbrecher. Man organisierte Veranstaltungen nicht nur in Nürnberg, sondern auch in anderen fränkischen Städten.

Eisners dezentrale Initiativen blieben nicht ohne Widerspruch. Der *Vorwärts* schoss scharf zurück und brachte, prominent platziert, eine ausführliche Replik unter der polemischen Überschrift »Ein Ahnungsloser«.[1031] Die Gegenrede erschöpfte sich allerdings in formalen Argumenten. So wurde Eisner vorgehalten, dass er einerseits behaupte, alle Lehrer an der Parteischule seien orthodoxe Marxisten, andererseits aber gar nicht wisse, wer dort überhaupt unterrichte, dass er Dezentralisierung fordere und sich nicht klarmache, dass, abgesehen von Rosa Luxemburg, aufgrund seiner beruflichen Situation keiner der Lehrenden als Wanderlehrer durch die Lande ziehen könne. Ein paar Tage später druckte der *Vorwärts* eine Reihe von Stellungnahmen früherer Kursteilnehmer ab, die die Schule durchweg verteidigten. So schrieb z. B. die Genossin Seliger: »Wie Genosse Eisner von dem großen Gegensatz zwischen ›Elitezüchtung‹ und ›Massenbildung‹ sprechen kann, ist mir unverständlich, denn die Schüler kommen aus der Masse und gehen zur Masse zurück, und niemals ist der Versuch gemacht worden, sie als höhere Kategorie über die Masse zu stellen.«[1032] Damit sprach die Genossin Seliger einen zentralen Punkt an, denn in der negativen Beurteilung der deutschen Volksschule waren sich die Sozialdemokraten aller Schattierungen einig. Auch Eisner hatte die preußische Volksschule als »feindselige Drillanstalt«[1033] bezeichnet, die die Kinder notdürftig mit den elementarsten Fertigkeiten vertraut machte und vor allem versuchte, willfährige Untertanen aus ihnen zu formen. Dem versuchte die sozialdemokratische Parteischule etwas entgegenzusetzen. Das blieb auch der Gegenseite nicht verborgen. So nannte die reaktionäre *Schlesische Zeitung* die Parteischule ein »Unternehmen zur wissenschaftlichen Brunnenvergiftung«.[1034]

Die Stellungnahmen ehemaliger Schüler waren das Resultat eines Rundschreibens von Heinrich Schulz, dem Obmann des Lehrerkollegiums. Dieses Rundschreiben wiederum nahm Eisner zum Anlass für neue, wenig glücklich argumentierende Angriffe, die Schulz in seiner Eigenschaft als Geschäftsführer des Bildungsausschusses der Partei umgehend zurückwies.[1035] Wenige Tage später, am 13. September 1908, begann der SPD-Parteitag, der diesmal passenderweise in Nürnberg stattfand. Der Schule war im Bericht des Parteivorstands ein eigenes Kapitel gewidmet, in dem es hieß: »Die Lehrer [...] und der Parteivorstand sind sich einig in der Überzeugung, dass die Parteischule den ihr gesetzten Zweck in vollem Maße erfüllt hat.«[1036] Während des Schulungskurses 1907/08 hatte die Lehrerkonferenz siebenmal getagt, als Vertreter des Parteivorstandes hatte August Bebel teilgenommen. Schulz gab einen ausführlichen Bericht als Geschäftsführer des Bildungsausschusses, in dem er der Parteischule, die ohnehin nicht ernsthaft im Feuer der Kritik stand, nur einen kurzen Absatz widmete.[1037] Als Eisner dann das Wort ergriff, war ihm klar, dass er sich in der Defensive befand. Er stellte einleitend fest, dass im Grunde gegen die Schule nichts einzuwenden sei, zumal sie »in einer sehr erfreulichen Umwandlung begriffen« sei,[1038] eine Behauptung, die nicht ohne Widerspruch blieb. Eisner bestritt dann den größten Teil seiner Redezeit damit, einen »ausgezeichneten Artikel« des auf dem Parteitag nicht anwesenden Maurenbrecher zu referieren, der einen kaum kaschierten Generalangriff auf die Schule darstellte. Maurenbrecher, der damals bereits in Nordbayern unterrichtete, vertrat ein Konzept, das dem von Schulz genau entgegengesetzt war. Der Unterricht sollte »nicht mit den schwierigsten theoretischen Problemen anfangen […], sondern von unten einheitlich aufbauen«.[1039] Anders gesagt, die marxistische Theorie sollte zugunsten einer gewissen Allgemeinbildung über Bord geworfen werden.

Es kann nicht überraschen, dass Luxemburg diesen Ausführungen in aller Deutlichkeit widersprach. Wie so oft griff sie ihren Kontrahenten auch persönlich an. Sie hielt Eisner vor, sein »strahlendes Gegenstück« zur Berliner Schule sei der »Nürnberger Trichter (Heiterkeit), den man sich hier geschaffen hat in Gestalt des Genossen Maurenbrecher«.[1040] Man müsse nicht weniger, sondern mehr Geschichte des internationalen Sozialismus lehren, denn sie sei die Lebensschule einer Kampfpartei wie der SPD. Das Proletariat kenne diesen Stoff besser als Eisner und könne gerade daraus seine Waffen für den Kampf mit dem politischen Gegner schmieden: »Wenn mich irgendetwas überzeugt hat von der Notwendigkeit der Parteischule, der Verbreitung des Verständnisses für die sozialistische Theorie in unseren Reihen, so ist es die Kritik von Eisner. (Lebhafter Beifall.)«[1041] In der nachfolgenden Debatte erhielt Luxemburg breite Unterstützung, unter anderem von Max Grunwald, dem Sekretär der Reichstagsfraktion, der Maurenbrecher massiv angriff, aber auch von Wilhelm Pieck und Clara Zetkin. Zuletzt meldete sich Heinrich Schulz noch einmal zu Wort und betonte, man wolle gerne der Geschichte des Sozialismus mehr Raum geben, sobald die dafür notwendigen Voraussetzungen geschaffen seien. Mit deutlichen Worten wandte er sich gegen Eisner und Maurenbrecher. Eisner trat ebenfalls ein weiteres Mal ans Rednerpult, versuchte Maurenbrecher zu verteidigen und erwies sich als ironisch-liebenswürdiger Widersacher, wenn er hinzusetzte, er »würde großen Wert darauf legen, einmal von den Nürnberger Genossen ein halbes Jahr beurlaubt zu werden, um zu den Füßen der Genossin Luxemburg neue Wissenschaft zu lernen. (Heiterkeit.)«[1042] Dass er die Grundlagen des Marxismus als neue Wissenschaft bezeichnete, war revisionistische Polemik.

Ein eindeutiger Affront Eisners gegen die Berliner Zentrale der Partei war es, dass im Oktober 1908, also direkt nach dem Nürnberger Parteitag, Maurenbrecher als hauptamtlicher Parteilehrer angestellt wurde, also ausgerechnet der Mann, der ursprünglich in Berlin als Lehrer vorgesehen, aber von Bebel wegen politischer und theoretischer Unzuverlässigkeit abgelehnt worden war.[1043] Max Maurenbrecher ist eine interessante Figur. Sein Vater war Historiker, sein Bruder Berthold Altphilologe, und auch er selbst hatte ein humanistisches Gymnasium besucht. Nach seinem Theologiestudium arbeitete er zunächst als Religionslehrer, lernte in dieser Zeit Friedrich Naumann kennen und schloss sich dessen Nationalsozialem Verein an. Als der sich 1903 auflöste, wurde Maurenbrecher Mitglied der SPD, trat aber schon zehn Jahre später wieder aus und begann dann eine weit ausgreifende Wanderung durch rechte ideologische Gefilde. Maurenbrecher war einer von den völkischen Denkern, die das Soziale mit dem Nationalen zu verbinden suchten. Sein lebhafter Antisemitismus führte ihn zuletzt in die Reihen der Deutschen Christen. Alles in allem nicht gerade ein typischer Sozialdemokrat. Über die Arbeit der Parteischule wurde auch in den kommenden Jahren auf den kommenden Parteitagen Bericht erstattet, Gegenstand von Kontroversen war sie nicht mehr. Im Grunde genommen war die Debatte des Jahres 1908 eine verdeckte Fortsetzung des Revisionismusstreits gewesen. Unter veränderten Vorzeichen trafen die beiden Lager immer wieder aufeinander, bis der Kriegsausbruch dann zu völlig neuen Konstellationen führte.

Wenige Monate nach dem Nürnberger Parteitag fand vom 5. bis zum 13. Dezember 1908 in Prag der sechste Kongress der SDKPiL statt. Luxemburg nahm nicht daran teil, wohl aber Jogiches. Auf diesem Kongress gab es, auf Initiative von Marchlewski, erstmals Gespräche mit der bislang so inbrünstig gehassten politischen Konkurrenz. Die PPS hatte sich unter dem Eindruck der Russischen Revolution gespalten, die Anhänger Piłsudskis die Partei verlassen und die verbliebenen Kräfte sich im November 1906 in Wien unter Leitung von Maksymilian Horwitz (Henryk Walecki) und Maria Koszutska als PPS-Lewica (PPS-Linke) neu konstituiert.[1044] Ihr primäres Ziel war es, in Polen durch eine Revolution die

Diktatur des Proletariats zu errichten. Dieses sozialistische Polen sollte Teil eines größeren kommunistischen Staatsverbandes sein. Das waren politische Vorstellungen, die denen der SDKPiL nahekamen, und so lotete man in Prag Möglichkeiten einer Kooperation aus. Die PPS-Lewica war bereit, mit der SDKPiL über ein Zusammengehen als gleichberechtigte Partner zu verhandeln, während viele in der Führung der SDKPiL die Auffassung vertraten, die PPS-Lewica müsse sich auflösen und anschließend könnten die Mitglieder als Einzelpersonen beitreten. Als Marchlewski hörte, dass der Hauptvorstand der SDKPiL Luxemburg damit beauftragen wollte, auf den Einigungsvorschlag der anderen Seite zu antworten, protestierte er entschieden dagegen, weil ihm klar war, dass bei der notorischen Unnachgiebigkeit Luxemburgs die Verhandlungen dann von vornherein zum Scheitern verurteilt waren.[1045] Die Verhandlungen fanden statt, und vor allem Warschauer und Łódźer Parteimitglieder, aber auch Karl Radek unterstützten die Annäherung an die PPS-Lewica. Es waren im Wesentlichen dieselben Kräfte, die sich drei Jahre später von der Hauptverwaltung in Berlin lossagten.[1046] Zur Vereinigung der beiden Parteien kam es aber erst auf der Landeskonferenz der SDKPiL am 16. Dezember 1918 in Warschau, wobei das dann zugleich der Gründungsparteitag der Kommunistischen Arbeiterpartei Polens war.

Der Kongress 1908 in Prag war der letzte vor dem Krieg; danach folgten auch für die SDKPiL Jahre des Schismas, die das Verhältnis zwischen Luxemburg und Lenin massiv belasten sollten. Doch 1909 standen die beiden noch auf gutem Fuß. Am 18. Mai schickte er ihr sein Buch *Materialismus und Empiriokritizismus*, in dem er die Basis schuf für die jahrzehntelange Verdammung des österreichischen Physikers und Philosophen Ernst Mach, der der Sozialdemokratie nahestand, durch den Marxismus-Leninismus. Bei dieser Gelegenheit lobte Lenin ausdrücklich Luxemburgs jüngste Publikation: »Ihr Artikel gegen die Otsowisten und Ultimatisten gefällt allen sehr; schade nur, dass Sie so selten in russischer Sprache in Erscheinung treten und die reiche sozialdemokratische Partei der Deutschen der armen sozialdemokratischen Partei der Russen vorziehen.«[1047] Er nahm auch auf die internen Auseinandersetzungen Bezug: »Von unserem inneren Kampf unter den Bolschewiki haben Sie bestimmt schon durch den Gen[ossen] Tyska [d. i. Jogiches] gehört.«[1048] Lenins später kanonisierte Schrift[1049] richtete sich auch gegen den Empiriomonismus von Alexander Bogdanow, der versuchte, den Marxismus mit den Philosophien von Ernst Mach, Wilhelm Ostwald und Richard Avenarius zu versöhnen. Bogdanow hatte sich 1903 auf die Seite der Bolschewiki geschlagen und gehörte seit 1905 auch dem ZK der SDAPR an. Er war aber auch das Oberhaupt der Otsowisten, die sich als die wahren Bolschewiki sahen und die leninistische Fraktion ablehnten. Wie so oft setzte sich Lenin durch. Auf einer erweiterten Redaktionskonferenz des *Proletari* (Der Proletarier) Ende Juni 1909 in Paris, die gewissermaßen als Parteitagsersatz diente, wurden auf sein Betreiben die Otsowisten und Ultimatisten um Bogdanow aus der Partei ausgeschlossen.[1050] Der gründete unterdessen auf Capri eine Schule für Revolutionäre und Propagandisten. Dabei hatte er die Unterstützung von Maxim Gorki, der seit 1907 auf der Insel lebte, nachdem die Russische Revolution, für die er sich so engagiert hatte, niedergeschlagen worden war.[1051] 1908 schrieb er dort seinen Roman *Eine Beichte*, der als Zeugnis der Idee des Gottbildnertums gilt. Dieser Versuch, einen christlich inspirierten Marxismus zu schaffen, fand den Beifall Bogdanows, stieß aber bei Lenin auf vehemente Ablehnung. An der Parteischule, zu der Lenin später ein Konkurrenzunternehmen startete, unterrichteten unter anderem Gorki, Bogdanow und Lunatscharski,[1052] der in der Sowjetunion dann Volkskommissar für das Bildungswesen war.

Auch Rosa Luxemburg erhielt eine Einladung, dort Vorträge zu halten.[1053] Die Vorstellung, im Sommer zwei Wochen auf Capri zu verbringen, gefiel ihr sehr, zumal mit der Einladung die Übernahme der Reisekosten verbunden war. Allerdings sah sie auch Probleme: »Ein offener Krieg mit den Bolschewiki scheint mir überhaupt für uns sehr schwierig zu sein.«[1054] Die publizistischen Möglichkeiten der SDAPR schätzte sie weit höher ein als die der SDKPiL. Vor allem aber würde eine Konfrontation mit den Bolschewiki das Chaos innerhalb der SDAPR vergrößern, was die Position der Menschewiki stärken würde, »die die gefährlichste

Pest sind für die Partei und insbesondere für uns, da sie Protektoren der PPS und unsere erbitterten Feinde aus tiefster Seele sind«.[1055] So groß die Lust war, nach Capri zu fahren, so groß waren auch die Bedenken, die sie Jogiches trotz der angespannten persönlichen Situation vortrug: »Ich weiß jedoch nicht, ob das bei der Feindschaft zwischen der Capri-Kolonie und Lenin nicht mit parteipolitischen Gründen kollidiert. Ich meine allerdings, die Partei als solche und ich als Privatperson könnten darauf ›spucken‹.«[1056] Jogiches war offenbar anderer Meinung. Jedenfalls trat Luxemburg die Reise nicht an und sagte Lunatscharski mit »äußerstem Bedauern« ab.[1057]

Die SDAPR befand sich damals ständig in einem Strudel ideologischer Auseinandersetzungen, wie das für kleine, im Untergrund agierende Organisationen nicht ungewöhnlich ist. Lenin hatte in jenen Jahren zu kämpfen mit Girondisten, Kompromisslern, Konstitutionalisten, Liquidatoren, Machisten, Menschewiki, Neuiskristen, Opportunisten, Oswoboshdenzen, Otsowisten, Realisten, Reformisten, Revisionisten, Sozialpatrioten, Sozialpazifisten, Ultimatisten, Versöhnlern und Zentristen.[1058] Alle diese Begriffe finden sich in seinen Schriften, und es gibt auch heute noch Autoren, die sie affirmativ verwenden.[1059] Aus Lenins Sicht lauerten auf dem marxistisch-leninistischen Tugendpfad viele Gefahren, die einen vom rechten Weg abbringen konnten, und die Freiheit der Andersdenken war seine Sache nicht. Er strebte die bedingungslose ideologische Einheitlichkeit einer straff geführten Partei an. Darin sah er die wichtigste Voraussetzung für einen politischen Erfolg, den er mit dem spektakulären Staatsstreich im November 1917 dann auch erreichte.

Während Rosa Luxemburg noch darüber nachdachte, ob sie die Reise nach Capri antreten sollte, fand unversehens ihre Beziehung mit Kostja Zetkin ein Ende. Mehr als zwei Jahre lang hatte, allen Schwierigkeiten und Bedrängnissen zum Trotz, diese sie so sehr erfüllende Liebesbeziehung gedauert, dabei war ihr – und wohl auch ihm – klar, dass angesichts seiner Jugendlichkeit die Beziehung keine langfristige Perspektive haben konnte. Und doch war es ein großer Einschnitt, als das Ende da war:

Mein lieber Costia, es kostet mich eine Überwindung, Dir noch zu schreiben, aber ich will doch, dass Du beim Abschied ebenso klar in mir siehst wie ich in Dir.

[...]

Es kam so, wie ich Dir am Anfang sagte: Du hast mich durch Deine Liebe gezwungen, Dich zu lieben, und als Deine Liebe in nichts zerrann, da war es auch um meine geschehen. Mich schmerzte, dass ich Dich nicht früher von der Last befreite, mich schmerzt die Erinnerung an die bösen und gequälten Blicke eines gefangenen Vögelchens, aber ich wagte nie das erlösende Wort zu sprechen, weil ich innerlich unser Verhältnis als eine heilige und ernste Sache hielt. Armer Junge, Du hieltest Dich für gefangen, während Dich ein kleines Wörtlein jeden Augenblick frei machen konnte, wie Du ja jetzt siehst, während in Wirklichkeit ich die Gefangene war, weil mich die Erinnerung an ein leises Stammeln im kleinen Zimmer: »Bleib mir doch treu, bleib mir treu«, und ein Flehen im Briefe: »Verlass mich nicht, verlass mich nicht!« wie mit eisernen Ketten hielt. Das Stammeln eines kleinen holden Knaben hielt mein Herz fest, auch als mich Dein unglückliches Aussehen unsäglich marterte, als mich in Genua in schlaflosen Nächten die Unklarheit Deines Verhältnisses zu mir würgte. Aber ich habe doch einen süßen Trost darin, dass ich des Knaben Wunsch erfüllt habe: Ich war ihm treu bis zum Ende, und niemals, niemals hat ihn von mir ein Blick oder auch der verborgenste Gedanke lauernd oder spitz getroffen.

[...][1060]

Diesen Brief schrieb sie ihm am 17. August aus Quarten am Walensee im Kanton St. Gallen. Zu diesem Zeitpunkt war sie bereits seit fast vier Monaten auf Reisen. Da der Unterricht an der Parteischule nur im Winterhalbjahr stattfand, war das ohne Probleme möglich. Am 1. Mai war sie bei den Zetkins in Sillenbuch angekommen und wenig später nach Rapperswil weitergereist, um dort in der Bibliothek des Polenmuseums an ihrer Geschichte Polens zu arbeiten, die freilich niemals fertig werden sollte.

Von dort fuhr sie weiter nach Genua, blieb dann etwa vier Wochen in Levanto, einer Küstenstadt, die noch ein Stück weiter südlich gelegen war, und traf in der zweiten Junihälfte wieder in der Schweiz ein, wo sie sich erst in Gersau am Vierwaldstätter See und dann in Quarten aufhielt. Erst am 30. August war sie wieder in ihrer Wohnung in Berlin-Friedenau. Während der Reisemonate hatte sich das Ende der Beziehung manifestiert. Kostja hatte ihr »so kalt und so mechanisch nur alle zwei Tage« geschrieben. Ihr war klar, dass dieser Moment irgendwann kommen musste: »Wenn Du mich nicht mehr liebst, so sag es mir offen mit drei Worten. Ich werde Dir ja nicht den leisesten Vorwurf machen.«[1061] Nur wenig später, als sie gerade wieder in Berlin angekommen war, schrieb sie ihm: »Ein geliebter Freund bist Du und bleibst Du mir, solange Du willst, solange ich lebe.«[1062] So sollte es kommen. Von den 613 Briefen, die Rosa an Kostja schrieb, stammen 414 aus der Zeit nach der Trennung. Er blieb, jedenfalls noch für einige Jahre, ihr Vertrauter, ihr Seelenfreund; ihm schrieb sie, was sie bewegte. Auch trafen sie sich weiterhin häufig, und sie versuchte sogar, ihn an der Parteischule als Lehrer unterzubringen.[1063]

Kostja Zetkin, der, als er bei Rosa Luxemburg einzog, im Ruf eines studierunwilligen Tagträumers stand, war durch die Beziehung gereift. Er studierte erst politische Ökonomie, dann – von Rosa darin bestärkt – Medizin und diente im Ersten Weltkrieg als Sanitätsunteroffizier und Feldarzt. 1923, da war er immerhin schon 38, schloss er sein Studium ab, arbeitete aber zunächst nicht als Arzt. Er war politisch engagiert, kümmerte sich um seine Mutter, die zunehmend erblindete, und ging ihr, wo er konnte, zur Hand. 1933 emigrierte er mit ihr nach Moskau, wo sie noch im selben Jahr verstarb.[1064] Kostja Zetkin geriet in erhebliche Meinungsverschiedenheiten mit den Bolschewiki über die Frage, wie mit dem literarischen Nachlass der Mutter zu verfahren sei, denn ihm missfielen deren Zensurbestrebungen. 1935 floh er über die Tschechoslowakei, wo er seine spätere Frau Gertrud kennenlernte, nach Frankreich und versuchte, mithilfe von dort lebenden Verwandten in die Vereinigten Staaten zu gelangen. Doch wenige Monate später besetzte die deutsche Wehrmacht Frankreich, und Kostja und Gertrud wurden inhaftiert. Mithilfe eines sympathisierenden Aufsehers gelang es ihnen, zu fliehen und in Spanien unterzutauchen. Den Atlantik überqueren konnten sie allerdings erst 1945. Kostja Zetkin starb 1980 in Kanada im gesegneten Alter von 95 Jahren. Sein Bruder Maxim, der wie Kostja Medizin studiert hatte, blieb nach dem Tod der Mutter in Moskau, kehrte 1945 nach Deutschland zurück, wurde 1949 Ärztlicher Direktor der Charité und starb 1965 in Ostberlin.

Das Jahr 1909 war eine große Zäsur in Rosa Luxemburgs Leben. Eine Beziehung, die sie als Mensch erfüllt hatte wie keine andere, ging zu Ende. Nach der Trennung schrieb sie Kostja tapfer, sie sei »mit Lust und Liebe an der Arbeit«[1065], aber das war nicht die ganze Wahrheit. Sie schrieb in diesem Jahr fast nichts und trat auf keiner einzigen öffentlichen Versammlung auf. Auch zum alljährlichen Parteitag der SPD fuhr sie nicht.[1066] Und Jogiches blieb weiterhin die Nemesis in ihrem Leben. Er hatte sich nach seiner Rückkehr nach Berlin im Januar 1908 zwar unter dem neuen Pseudonym Krzyształowicz in das Steglitzer Schlosspark-Hotel eingemietet.[1067] Polizeilich gemeldet war er aber noch immer in der Cranachstraße, sodass seine Post weiterhin an die alte Adresse ging. Aber auch Kontaktpersonen der SDKPiL und andere Besucher fanden sich dort ein, die Unruhe in der Wohnung verbreiteten. Für Jogiches war dies auch immer wieder Anlass, unter dem Vorwand, es müsse etwas besprochen werden, das Gespräch mit Luxemburg zu suchen. Damit brachte er sie stets aufs Neue zur Verzweiflung: »Gestern nach dem Gespräch konnte ich vor Aufregung die halbe Nacht nicht einschlafen, und heute bin ich nicht fähig zu arbeiten. Ich muss zum ich

Rosa Luxemburg und Luise Kautsky, Sommer 1909

weiß nicht wievielten Male bitten, das Geschäftliche schriftlich mit mir zu erledigen, damit ich in meinem Winkel Ruhe habe. Ich brauche das Zimmer nicht und ich betrete es nicht, und wenn jemand zu mir anreist, so halse ich ihn mir im Schlafzimmer auf, um jenes Zimmer nicht zu benutzen. Aber ich muss meine eigene Wohnung haben, und kein Hotel, in dem man ohne meine Zustimmung ein- und ausgehen kann.«[1068] Vier Monate war sie fort gewesen und hatte in dieser Zeit regelmäßig mit Jogiches wegen der gemeinsamen Redaktionsarbeit brieflich Kontakt gehalten. Aber kaum war sie zurück, wollte er die alten unhaltbaren Zustände wiederherstellen, weil er offenbar noch immer Luxemburgs Nähe suchte, obwohl er nun seit bald zweieinhalb Jahren Briefe erhielt, die an abweisender Kälte nicht zu überbieten waren. Weiterhin fehlte jegliche Anrede und Grußformel, und auch im Brieftext sprach sie ihn nicht an. Sie schrieb nicht etwa »Ich muss Dich bitten«, sondern »Ich muss bitten«, und das konsequent. Erst im Herbst 1910 begann sie, ihn immerhin im Text der Briefe gelegentlich wieder anzusprechen, allerdings mit einem signifikanten Unterschied: Nachdem die Anrede 15 Jahre lang »Du« gelautet hatte, kehrte sie nun zum förmlichen »Sie« zurück, denn persönliche Nähe wollte sie definitiv nicht mehr.

All das lag Luxemburg schwer auf der Seele, und erst im Jahr 1910 fand sie zu alter Form zurück. So hielt sie nach langer Abstinenz in den ersten Monaten des neuen Jahres eine Vielzahl öffentliche Versammlungen ab.[1069] Dabei stand das preußische Dreiklassenwahlrecht im Zentrum der Auseinandersetzungen. Der Abstimmungsmodus wurde so genannt, weil die Wähler nach der Höhe der gezahlten Steuern in drei Abteilungen eingeteilt wurden. Dabei sollte in jeder der Abteilungen das gesamte Steueraufkommen gleich hoch sein. Das führte dazu, dass die erste Abteilung in vielen Wahlkreisen nur aus einem einzigen Wähler bestand, während es in der dritten Abteilung Tausende waren. Außerdem waren die Wahlen nicht geheim, es wurde offen abgestimmt, und sie waren auch nicht direkt, sondern es wurden Wahlmänner in den Wahlbezirken gewählt, die zudem so zugeschnitten waren, dass die konservativen ländlichen Gebiete bevorzugt wurden. Die Wahlergebnisse fielen entsprechend aus. 1908 hatte die

SPD bei den Wahlen zum preußischen Abgeordnetenhaus, der zweiten Kammer des Landtags, zwar 23,9 Prozent der Stimmen, aber nur sechs von 443 Sitzen erhalten.[1070] Trotz dieses grotesken Missverhältnisses lehnten die anderen Parteien eine Änderung des Wahlrechts weiterhin ab. Wer beschneidet schon gerne die eigenen Privilegien? Im Februar 1910 brachte der preußische Ministerpräsident Theobald von Bethmann Hollweg die Vorlage für eine Wahlrechtsreform im Parlament ein, die derartig geringe Verbesserungen vorsah, dass sie den Namen Reform nicht verdient hatte. Selbst diese überaus bescheidenen Fortschritte hatten die Konservativen im Verein mit dem Zentrum noch zu verwässern versucht, bevor das Abgeordnetenhaus seine Zustimmung gab. Doch das preußische Herrenhaus, die erste Kammer des Landtags, die sich aus erblichen und ernannten Mitgliedern zusammensetzte, verlangte weitere Änderungen, sodass der Ministerpräsident seine Vorlage schließlich zurückzog und alles beim Alten blieb.[1071] Bei den letzten preußischen Wahlen 1913 erreichte die SPD dann 28,4 Prozent der Stimmen und erhielt dafür lediglich zehn von 443 Sitzen, während z. B. die Freikonservativen mit zwei Prozent der Stimmen 53 Sitze bekamen, was die krasse Missachtung des Wählerwillens erneut in ein grelles Licht rückte.[1072]

Dabei kam Preußen eine große Bedeutung zu. Das Land machte nicht nur etwa zwei Drittel des 1871 gegründeten Deutschen Reiches aus, es hat kraft seiner Größe auch eine Sperrminorität im Bundesrat und konnte daher, sollte der Deutsche Reichstag jemals eine fortschrittliche Entscheidung treffen, diese sofort konterkarieren.[1073] Preußen, dessen Grenzen sich von Belgien und den Niederlanden bis zum Zarenreich erstreckten, dominierte in jeder Weise die deutsche Politik. Das wurde schon dadurch deutlich, dass der preußische König zugleich der deutsche Kaiser war; auch der preußischen Ministerpräsident und der deutsche Reichskanzler waren miteinander identisch.[1074] Preußen, die Heimat des preußisch-deutschen Militarismus, wie er sich insbesondere nach 1890 als »Humus für die europäischen Hegemonialansprüche des Deutschen Reiches«[1075] herausbildete, war das Kraftzentrum der deutschen Politik, dem die liberaleren süddeutschen Staaten wenig entgegenzusetzen hatten. In Berlin konzentrierten sich die Funktionseliten des Kaiserreiches, denen es vor allem darum zu tun war, ihre neue Machtposition zu verteidigen. Der Gedanke, das vergleichsweise moderne allgemeine und gleiche Wahlrecht für Männer, das für Reichstagswahlen galt, wieder einzukassieren, lag ihnen erheblich näher, als solch eine radikale Neuerung auch für den preußischen Landtag einzuführen. Die Bedrohung des Reichstagswahlrechts, da waren sich die verschiedenen Flügel der SPD einig, war der Casus Belli, der den Einsatz des Massenstreiks als Kampfmittel gerechtfertigt hätte. Der Gesetzentwurf Bethmann Hollwegs zur Reform des preußischen Wahlrechts, der zu Recht als Farce empfunden wurde, provozierte vergleichbare Empfindungen. Der *Vorwärts* druckte, was höchst ungewöhnlich war, den Gesetzestext auf seiner Titelseite ab, daneben einen Kommentar mit der Überschrift »Die Kriegserklärung«. Der umfangreiche Text begann mit der Feststellung: »die Wahlrechtsvorlage der Regierung [bedeutet] nichts Geringeres als die brutale und höhnische Kriegserklärung an die Wahlentrechteten, also die große Masse des Volkes!« Und der fett gedruckte Schluss lautete: »Wohlan! Das Volk nimmt den Kampf auf!«[1076]

Bereits am Tag danach, einem Sonntag, kam es in zahlreichen Städten zu spontanen Protestkundgebungen, und in der Parteipresse wurden Forderungen nach Massenstreiks laut. Daraufhin sahen sich die preußische Landeskommission der SPD und die Generalkommission der Gewerkschaften zu der Feststellung veranlasst, dass in der gegenwärtigen Situation ein Demonstrations- oder Massenstreik nicht infrage komme.[1077] Dennoch fanden am Sonntag darauf in ganz Deutschland Protestversammlungen statt, an denen sich eine große Zahl von Menschen beteiligte, darunter auch Anhänger bürgerlicher Parteien.[1078] Allein in Berlin mobilisierten 42 verschiedene Versammlungen insgesamt 100 000 Menschen. Vielen Versammlungen folgten Straßendemonstrationen, und es kam in den kommenden drei Wochen zu einer Demonstrationswelle, die am 6. März 1910 ihren Höhepunkt erreichte. Für diesen Tag, wiederum ein Sonntag, hatte die SPD in Berlin eine Reihe von Versammlungen unter freiem Himmel angemeldet, die aber Polizeipräsident Traugott von Jagow untersagte. Daraufhin rief der *Vorwärts* zu einem »Wahlrechtsspaziergang« zum Treptower Park auf, was dazu führte, dass die Schutzpolizei rund um den Park ihre gesamten Mannschaften konzentrierte und zu ihrer Verstärkung sogar noch Militär dorthin entsandt wurde. Die Sozialdemokraten marschierten natürlich nicht zum Treptower Park, sondern führten ihre Demonstrationen zum Großen Stern im Tiergarten, wo sich etwa 150 000 Menschen zusammenfanden. Bis die zehn Kilometer entfernten Polizeieinheiten dort eintrafen, war die große Kundgebung der SPD schon erfolgreich über die Bühne gegangen.[1079] Auch in einer Reihe von anderen Städten kam es an diesem Tag zu Versammlungen und Demonstrationen mit teilweise sehr beachtlichen Teilnehmerzahlen.

Rosa Luxemburg verfolgte diese Massenproteste voller Hoffnungen. Wie 1905/06 in Russland sah sie auch jetzt eine »revolutionäre Situation« im Sinne Lenins heraufziehen. Damals waren bei der Bewertung der russischen Ereignisse feine Risse innerhalb des linken Blocks in der Sozialdemokratie erkennbar geworden. Diese traten nun sehr viel deutlicher hervor. Die kleine linksradikale Gruppe, deren unbestrittenes Oberhaupt Luxemburg war, begann ihren Weg in die ideologische Exterritorialität, der in letzter Konsequenz zur Abspaltung von der SPD führte. Schon Ende Februar 1910 hatte sie ihr Konzept einer »kumulativen Strategie«[1080] entwickelt. Aus den Versammlungen sollten Demonstrationen erwachsen, aus den Demonstrationen eintägige Demonstrationsstreiks, die schließlich in eine Welle deutschlandweiter Massenstreiks münden würden. Luxemburg schickte ihren Text an den *Vorwärts*, doch der lehnte höflich ab: »Leider kann ich Ihre beiden Artikel nicht aufnehmen, da nach einer Vereinbarung zwischen Parteivorstand, geschäftsführendem Ausschuss der preußischen Landeskommission und Redaktion zunächst die Frage des Massenstreiks nicht im ›Vorwärts‹ erörtert werden soll.«[1081] Daraufhin sandte sie den Text an die *Neue Zeit*, mit bescheidenem Erfolg: »Nun bekam es mein Karl [Kautsky] furchtbar mit der Angst und flehte mich vor allem an, den Passus über die Republik zu streichen.«[1082] Luxemburg tat, wie ihr geheißen. Der Text wurde, ohne den Passus über die Republik, mit einer distanzierenden Fußnote der Redaktion für den Druck vorbereitet. Aber dann kam es doch anders: »Gestern früh aber eröffnet mir Karlchen, er sei zum August [Bebel] gelaufen, um ihn um seine Meinung zu fragen, und nun habe ihm August mitgeteilt, die kürzlich abgehaltene Konferenz der Bezirksleiter mit dem Vorstand habe den Wunsch geäußert, man möge in der Presse überhaupt das Thema des Massenstreiks nicht diskutieren!«[1083] Totschweigen ließ sich das Thema durch diese Entscheidung nicht. Aber Luxemburg sah sich unversehens abgeschnitten von der wichtigsten Tageszeitung der SPD und vom wichtigsten Theorieorgan der Partei. Beide Publikationen hatten ihr in all den Jahren zuvor immer als Forum für die Verbreitung ihrer Überzeugungen zur Verfügung gestanden. Aber der Parteivorstand ließ angesichts konservativer Drohungen, das Reichstagswahlrecht zu revidieren, zunehmend Vorsicht walten und legte die Parteipresse an die kurze Leine. Bis zum Frühjahr sollte sich die Zahl der dem linken Flügel nahestehenden Zeitungen auf sieben vermindern, von denen nur drei von Bedeutung waren: die *LVZ*, die *Bremer Bürger-Zeitung* und die *Freie Volkszeitung* in Göppingen.[1084]

Der Hauptteil des unerwünschten Textes erschien in zwei Folgen in der Dortmunder *Arbeiter-Zeitung*[1085], das zuvor herausgenommene Plädoyer für die Republik in der Breslauer *Volkswacht*[1086]. Luxemburg plädierte nicht nur erneut für den Massenstreik. Sie machte zugleich auch deutlich, dass dieses Kampfmittel deshalb unverzichtbar sei, weil die Sozialdemokratie ihre politischen Ziele auf parlamentarischem Wege nicht erreichen könne: »Die preußische Wahlreform kann unmöglich durch parlamentarische Mittel gelöst werden, nur eine unmittelbare Massenaktion draußen im Lande vermag hier Wandel zu schaffen [...].«[1087] Diese Aussage bezog sich zunächst – und unbestreitbar zutreffend – auf die Situation im preußischen Landtag, wo eine Wahlrechtsreform, die diesen Namen wirklich verdiente, angesichts der dort herrschenden Machtverhältnisse weder jetzt noch künftig zu erwarten war. Aber Luxemburg blieb bei dieser Feststellung nicht stehen: »Allein, wenn die jüngsten imposanten Straßendemonstrationen bereits an sich eine erfreuliche Neuerung in den äußeren Kampfformen der Sozialdemokratie bedeuten und zugleich in kräftigster Weise den Massenkampf um das preußische Wahlrecht eröffnet haben, so legen sie ihrerseits der Partei, auf deren Initiative und Leitung sie zurückzuführen sind, bestimmte Pflichten auf.«[1088] Im Sinne einer Strategie der kumulativen Radikalisierung sollte die Partei einen klaren Plan für die weitere Entwicklung haben: »Straßendemonstrationen sind, wie militärische Demonstrationen, gewöhnlich nur die Einleitung der Kämpfe.« Diese Demonstrationen, so eindrucksvoll sie auch sein mochten, würden den Feind, »die vereinigte junkerlich-großbürgerlich-monarchistische Reaktion Preußen-Deutschlands«, nicht in die Knie zwingen. Eindruck würden sie nur machen, wenn die dahinterstehende Entschlossenheit zu erkennen war, an dieser Stelle nicht stehen zu bleiben, sondern den Kampf zu eskalieren, wenn es notwendig war. Das war aber nicht nur nach außen wichtig, um dem Feind wirksam entgegenzutreten, sondern auch nach innen, um die einmal mobilisierten Massen nicht zu enttäuschen: »Die Äußerungen des Massenwillens im politischen Kampfe lassen sich nämlich nicht künstlich auf die Dauer auf einer und derselben Höhe erhalten, in eine und dieselbe Form einkapseln. Sie müssen sich steigern, sich zuspitzen, neue, wirksamere Formen annehmen. Die einmal entfachte Massenaktion muss vorwärtskommen.«[1089]

Der zweite Teil des Textes war ein einziges vehementes Plädoyer für das Kampfmittel, »dessen Anwendung sich der Partei im gegenwärtigen Massenkampfe von selbst aufzwingt, es ist dies der Massenstreik«.[1090] Luxemburg verwies darauf, dass der Jenaer Parteitag 1905 ganz formell den Massenstreik zu einem auch in Deutschland anwendbaren Kampfmittel erhoben habe, und verschwieg dabei geflissentlich, dass dies nicht die aktuelle Beschlusslage war, denn es hatte auch 1906 einen Parteitag gegeben, der doch zu einem etwas anderen Ergebnis gekommen war, und es gab auch einen erst wenige Wochen alten Beschluss der preußischen Landeskommission und der Generalkommission der Gewerkschaften. Und es gab darüber hinaus – Kautsky hatte es ihr gerade mitgeteilt – die Entscheidung, dass über den Massenstreik in der Parteipresse nicht einmal diskutiert werden sollte. Das alles focht sie nicht an. Unverdrossen propagierte sie, was sie für richtig hielt: »Für die Anwendbarkeit des Massenstreiks in der gegenwärtigen Kampagne spricht aber namentlich der Umstand, dass er sich aus einer bereits begonnenen und sich immer mehr ausbreitenden

Massenaktion als ihre natürliche unvermeidliche Steigerung gewissermaßen von selbst ergibt.«[1091] So einfach war es natürlich keineswegs. Aber die Tatsache, dass es sozialdemokratische Zeitungen gab, die bereit waren, ihren Text zu drucken, zeigt, dass es, allen Anordnungen von oben zum Trotz, in der SPD zur Frage des Massenstreiks durchaus unterschiedliche Positionen gab. Luxemburg vertrat eine sehr dezidierte Meinung. Sie war gleichwohl klug genug, den Gewerkschaften ihre Reverenz zu erweisen, indem sie betonte, dass nur eine gemeinsame Aktion von Partei und Gewerkschaft infrage komme. Sie anerkannte auch, dass das Risiko für die Gewerkschaften erheblich war und deshalb die Anwendung des Massenstreiks sorgfältig erwogen werden musste. Am Ende betonte sie, dass, ganz im Sinne des berühmten Satzes aus dem *Kommunistischen Manifest*, die Befreiung der Arbeiterklasse nur das Werk der Arbeiterklasse selbst sein könne, der Beschluss zum Massenstreik nicht von der Parteispitze, sondern »nur durch die breitesten Parteischichten« gefasst werden könne: »Und ist das geschehen, dann werden auch unsere Führer sicher auf dem Posten sein, wie sie bis jetzt stets gewesen sind.«[1092] Dieser Zweckoptimismus, der durch den Versuch motiviert war, die Verbindung zum marxistischen Zentrum nicht abreißen zu lassen, erwies sich schon bald als wenig realistisch.

Luxemburgs zweiter Text, der in der Breslauer *Volkswacht* erschien, enthielt noch mehr politischen Sprengstoff, auch wenn das auf den ersten Blick überraschend erscheinen mag. Die SPD war ihrem Selbstverständnis nach immer eine republikanische Partei gewesen. Aber in der politischen Agitation hatte das, wie Luxemburg richtig feststellte, kaum eine Rolle gespielt. Um den »Gefahren republikanisch-kleinbürgerlicher Illusionen« vorzubeugen, wollte sie aus diesem programmatischen Alleinstellungsmerkmal nun ein Aktivum der politischen Arbeit machen: »Durch die Hervorhebung des republikanischen Charakters der Sozialdemokratie gewinnen wir vor allem eine Gelegenheit mehr, unsere prinzipielle Gegnerschaft als einer Klassenpartei des Proletariats zu dem vereinigten Lager sämtlicher bürgerlicher Parteien in greifbarer, populärer Weise zu illustrieren.«[1093] Hinter diesem Appell verbarg sich natürlich ein strategisches

Kalkül. Nach ihrem Selbstverständnis war die SPD als einzige Partei ganz entschieden gegen die Monarchie und für die Republik, aber im politischen Alltag betonte man diese ohnehin bekannte Tatsache nicht ohne Not, denn die Partei wollte der Regierung keinen Vorwand dafür liefern, wegen gesetzwidrigen Handelns gegen sie vorzugehen. Es reichte schon, dass immer wieder sozialdemokratische Redakteure wegen angeblicher Majestätsbeleidigung Gefängnisstrafen absitzen mussten.[1094] Aus diesem Grund war das Bekenntnis zur Republik nicht einmal in das Erfurter Programm aufgenommen worden.[1095] Noch am 9. November 1918, als der Kaiser bereits zurückgetreten war, betonte Reichskanzler Friedrich Ebert, dass es einer zu wählenden Nationalversammlung vorbehalten bleiben müsse, über Deutschlands künftig Staatsform zu entscheiden. Luxemburgs Text war ein Tabubruch, und wenn Kautsky ihn zurückwies, so handelte er dabei mit der ausdrücklichen, wenn auch nicht öffentlich bekundeten, Rückendeckung durch den Parteivorstand.

Im parlamentarischen Alltag bewegten sich die Sozialdemokraten in einer Grauzone des Pragmatismus, was auch damit zusammenhing, dass es das von Luxemburg apostrophierte vereinigte Lager sämtlicher bürgerlicher Parteien in der Realität so nicht gab. Als der Deutsche Reichstag 1878 das Sozialistengesetz verabschiedete, stimmten 221 Abgeordnete mit Ja und 149 mit Nein,[1096] wobei nur neun der Neinstimmen von der SPD kamen (mehr Abgeordnete hatte sie damals nicht). Die Partei weigerte sich einerseits bis zum Ende des Kaiserreiches, in das Präsidium des Reichstags einzutreten, worauf sie spätestens 1912 als stärkste Fraktion jeden Anspruch gehabt hätte. Bernstein hatte schon 1903 dafür plädiert, aber dann hätte man einen Antrittsbesuch beim Kaiser machen und »zu Hofe gehen« müssen, und das war für Sozialdemokraten ein Tabu. Andererseits gab es schon frühzeitig eine Zusammenarbeit mit den bürgerlichen Parteien. Bereits 1890, unmittelbar nach dem Ende des Sozialistengesetzes, war über Absprachen mit der Fortschrittspartei bei den Stichwahlen zum Reichstag diskutiert worden. 1894 hatten die Sozialdemokraten im bayerischen Landtag erstmals dem Budget zugestimmt, weil sie wichtige Anliegen hatten durchsetzen können.[1097] Und 1905 hatte es in Baden bei den Landtagswahlen eine Aufsehen erregende Zusammenarbeit mit den Nationalliberalen gegeben, um die Vorherrschaft des Zentrums zu brechen. Das Zentrum blieb zwar stärkste Fraktion im neu gewählten Landtag, verlor aber die absolute Mehrheit. Mithilfe der SPD wurde ein Nationalliberaler zum Präsidenten der zweiten Kammer gewählt und der Sozialdemokrat Adolf Geck zu seinem Stellvertreter. Als 1907 der badische Großherzog Friedrich I. starb, nahm zwar Geck nicht an der Beerdigung teil, wohl aber zwei seiner Fraktionskollegen.[1098] 1908 stimmte die Landtagsfraktion der SPD auch für das Budget, was vom Parteitag in Nürnberg scharf missbilligt wurde, die badischen Genossen allerdings nicht daran hinderte, dem Budget 1910 erneut ihre Zustimmung zu geben. Das sollte ausdrücklich auch ein Signal an die liberalen Parteien sein.

Der badische Landesparteitag der SPD billigte diese Politik mit großer Mehrheit, sie fand darüber hinaus auch Unterstützung bei Parteifreunden in den liberaleren süddeutschen Ländern Württemberg, Bayern und Hessen. Dagegen protestierte Rosa Luxemburg mit scharfen Worten, die auch wieder einen antiparlamentarischen Affekt erkennen lassen: »Es ist der gesunde proletarische Instinkt, der sich hier gegen die Erhabenheit jener Herrenmenschennaturen mit parlamentarischem Mandat aufbäumt, die mit Zynismus den Willen der großen ›Parteiherde‹ mit Füßen treten, weil ihnen das gnädige Lächeln einer bürgerlichen Ministerexistenz wichtiger erscheint als der Beifall Hunderttausender klassenbewusster Proletarier. [...] Die Partei kann aber unmöglich zweierlei Recht haben – für einfache Proletarier und für Parlamentarier.«[1099] Der zentristische Parteivorstand teilte diese Kritik, stellte sich deswegen aber keineswegs an die Seite Luxemburgs, sondern wollte in ihrer Agitation für den Massenstreik und in der Budgetbewilligung durch die badische Landtagsfraktion ebenfalls Verstöße gegen die vorgegebene Parteilinie sehen.[1100] Kautsky dagegen glaubte, die Vorgänge in Baden könnten helfen, die alte Kampfgemeinschaft mit Luxemburg wiederherzustellen »im Interesse einmütiger Abwehr des badischen Disziplinbruchs«,[1101] doch sie zeigte ihm die kalte Schulter, obwohl er in seinem Aufsatz mit dem sinnigen Titel »Zwischen Baden und Luxemburg« darauf verwies, dass zwischen den Großherzogtümern Baden und Luxemburg Trier lag, die Geburtsstadt von Karl Marx: »Geht man von dort nach links über die Grenze, so kommt man nach Luxemburg. Geht man stark nach rechts bis über den Rhein, so erreicht man Baden. Die Lage auf der Landkarte ist heute ein Symbol der Lage der deutschen Sozialdemokratie.«[1102]

Auseinandersetzungen mit Karl Kautsky

Rosa Luxemburg waren die Vorstöße der süddeutschen Genossen ein Dorn im Auge. Sie lehnte – das war nicht neu – jede Zusammenarbeit mit bürgerlichen Kräften ab. Auch deshalb propagierte sie leichten Herzens den Massenstreik. Die Anhänger bürgerlicher Parteien, die sich sozialdemokratischen Demonstrationen gegen das geltende Dreiklassenwahlrecht anschlossen, würden sich an einem Massenstreik nicht beteiligen, aber das wollte sie auch gar nicht. Auch in der eigenen Partei, in der sie sich als furchtlose Wahlkämpferin, glänzende Rednerin und scharfsinnige Denkerin so großes Ansehen erworben hatte, geriet sie aber zunehmend in die Isolation. Dennoch warb sie unablässig für ihre Überzeugung; allein zwischen dem 15. März und dem 18. April 1910 bestritt sie nicht weniger als 18 Versammlungen, bei denen sie von den Zuhörern enthusiastisch gefeiert wurde.[1103] Aber die prominenteren Parteigenossen, die sie in der Debatte unterstützten, kann man an einer Hand abzählen.[1104] Die führenden Vertreter des marxistischen Zentrums, die bisher Luxemburgs Weg immer mit Wohlwollen verfolgt und oft genug auch gefördert hatten, gingen nun auf Distanz. Es war Kautskys Aufgabe, diese Distanz in Worte zu fassen. In der *Neuen Zeit* lieferte er sich einen offenen Schlagabtausch mit der alten Freundin.[1105] Nachdem sie Zeitungen gefunden hatte, die bereit waren, ihre Ausführungen zu drucken, und sich auch die *Bremer Bürger-Zeitung* auf ihre Seite gestellt hatte, ließ sich die Debatte nicht länger vermeiden, auch wenn Kautsky noch immer dagegen war, sie in der Öffentlichkeit zu führen. Dann müsse man unweigerlich das Für und Wider coram publico erörtern und dabei auch eigene Schwachpunkte offenbaren: »Die ganze Diskussion wäre ebenso zweckmäßig, als wollte man einen Kriegsrat darüber, ob man dem Gegner eine Schlacht liefern soll, in Hörweite des Feindes abhalten.«[1106] Luxemburg antwortete Kautsky unverdrossen, dass sie sehr froh sei, dass es ihr gelungen sei, das über den Massenstreik verhängte Diskussionsverbot zu durchbrechen. Außerdem verwies sie darauf, dass ihre zahlreichen Versammlungen stets gut besucht waren und »die Losung des Massenstreiks überall ohne Ausnahme die stürmischste Zustimmung fand«.[1107] Das große Interesse an der Debatte zeigte sich auch an der Resonanz, die ihr erster Diskussionsbeitrag fand: »Meinen Artikel in der ›Neuen Zeit‹ haben bisher abgedruckt die ›Leipziger Volkszeitung‹, die Essener [›Arbeiterzeitung‹], die Solinger [›Bergische Arbeiterstimme‹], der Braunschweiger [›Volksfreund‹], die Frankfurter [›Volksstimme‹] in einer Zusammenfassung. In Braunschweig fand eine große Versammlung mit Diskussion über die Taktik statt, der Referent und alle Redner bekannten sich zu mir. Die Dortmunder [›Arbeiter-Zeitung‹] wird ihn jetzt abdrucken, sie brachte mir brieflich ihre Freude über den Artikel zum Ausdruck.«[1108]

Luxemburg widersprach ganz entschieden Kautskys Idee, die politische Strategie und Taktik hinter verschlossenen Türen zu diskutieren: »Der Massenstreik wäre demnach ein schlau ersonnener Coup, der vom ›Kriegsrat‹ der Sozialdemokratie – also etwa vom Parteivorstand und der Generalkommission der Gewerkschaften – im verschlossenen Stübchen geheim ausgeheckt und womit der Feind – hier die bürgerliche Gesellschaft – überrumpelt wird.«[1109] Sie verwies auf ihre unter dem Eindruck der Russischen Revolution verfasste Schrift »Massenstreik, Partei und Gewerkschaften« von 1906. Schon damals hatte sie betont, ein Massenstreik könne nicht das Resultat eines Vorstandsbeschlusses sein, sondern nur aus einer Massenbewegung hervorgehen. Überhaupt, so ihre Überzeugung, war der kriegstechnische Vergleich falsch. Die Partei habe immer in aller Offenheit diskutiert, sie sei eine Massenbewegung und keine geschlossene Gruppe: »Die Kraft und die Schwäche hängen hier von allgemeinen politischen und sozialen Verhältnissen ab, von denen nichts geheim zu halten ist, die durch Geheimhaltung nicht zu vergrößern oder zu verringern sind.«[1110] Kautsky blieb blass in dieser Diskussion. Er war ein Theoretiker, der glaubte, alle Welträtsel am heimischen Schreibtisch lösen zu können. Luxemburg, die die Revolution mit eigenen Augen gesehen und dabei auch zaristische Gefängnisse kennengelernt hatte, war hier eindeutig im Vorteil. Wohin sie auch kam, die Menschen wollten, dass sie von ihren Erlebnissen erzählte, und warfen dafür notfalls auch die vorgesehene Tagesordnung über den Haufen.[1111] Sie argumentierte in der Auseinandersetzung mit Kautsky vor dem Hintergrund der eigenen Erfahrung und mit Verweis auf die Wirkungsmacht der historischen Ereignisse. Ihre zweite Entgegnung hatte den bezeichnenden Titel »Die Theorie und die Praxis«:

> Ich meine, dass die Aufgabe der Sozialdemokratischen Partei und ihrer Leitung weder im geheimnisvollen Aushecken von »großen Plänen« noch im »Warten« auf Elementarereignisse besteht. Massenstreiks können [...] nicht auf Kommando der obersten Instanzen »gemacht« werden, sie müssen aus der Masse und ihrer fortschreitenden Aktion sich ergeben. Aber diese Aktion politisch im Sinne einer energischen Taktik, einer kräftigen Offensive so vorwärtsführen, dass die Masse sich ihrer Aufgaben immer mehr bewusst wird, das kann die Partei, und das ist auch ihre Pflicht.[1112]

Kautsky argumentierte derweil formalistisch. Er führte historische Beispiele an, wo es weder zu einer Zuspitzung noch zu einer Abschwächung der Massenaktion gekommen sei. Er betonte, in Deutschland sei die Erregung der Massen noch nicht groß genug, um die Auseinandersetzungen in die nächste Eskalationsstufe zu führen. Er verwies auf die bevorstehenden Reichstagswahlen, die der SPD gewiss einen großen Erfolg bringen würden, was stimmte, sodass die absolute Mehrheit der Stimmen dann nicht mehr fern sei, was nicht stimmte. Er versuche, ökonomische und politische Streikziele fein säuberlich zu trennen, während Luxemburg sie zu vermischen trachte, was zu Unklarheiten führe.[1113] Kautsky betonte, dass die soziale Lage des deutschen Proletariats besser sei als die des russischen, während andererseits die preußische Regierung in einer viel stärkeren Machtposition sei als die russische. Wollte man die Position des revolutionären Attentismus verteidigen, ließen sich immer Argumente finden, die für sich genommen nicht einmal falsch sein mussten, aber stets den Weg zu der alten Beschwörungsformel wiesen, dass die SPD zwar eine revolutionäre, aber keine Revolutionen machende Partei sei. Nun war Luxemburg ja der schon mehrfach zitierten Überzeugung, dass man eine Revolution tatsächlich nicht »machen« könne. Sehr wohl war es nach ihrer Überzeugung aber die Aufgabe der Partei, revolutionäre Situationen zu erkennen und dann nicht in Passivität zu verharren, sondern ihre politischen Führungsaufgaben wahrzunehmen. Während Kautsky das Prinzip des unbedingten Festhaltens an der Legalität verteidigte, wollte sie vor allem verhindern, dass der Massenstreik in den Bezirk des zwar grundsätzlich Denkbaren, de facto aber Unmöglichen verbannt wurde. Kautsky setzte sich noch in einem dritten Aufsatz, »Die Aktion der Masse«[1114], mit Luxemburg auseinander. Er bezog sich dabei insbesondere auf die Massenpsychologie von Gustave Le Bon, betonte die Unberechenbarkeit der Massen und die Grenzen des Aktionismus, der eher geeignet sei, negative als positive Ziele durchzusetzen, und bewertete die Gefahren nichtorganisierter Massenaktionen höher als ihren Mobilisierungseffekt. Dem Apologeten des revolutionären Attentismus ging es mehr um die »Revolutionierung der Köpfe«[1115] als um die direkte Aktion, die den Kern von Luxemburgs Massenstreiktheorie und in der Konsequenz auch ihrer Revolutionstheorie bildete.

Zu Beginn des Jahres 1914 legte Kautsky eine große Monografie zur Geschichte der Massenstreikdebatte vor, in der er feststellte, dass ein Aufsatz aus seiner Feder im August 1891 »die erste marxistische Stimme in Deutschland [war], die die Möglichkeit anerkannte, den Streik für die Erreichung politischer Ziele anzuwenden«.[1116] Er war stolz darauf, als erster Marxist den Anarchisten das Monopol für die Propagierung dieser Idee entwunden zu haben. Auf 300 Seiten referierte er dann die Debatten, die es im Lauf der Jahre zum Massenstreik gegeben hatte, und wie er immer wieder gezwungen gewesen war, die Idee der prinzipiellen Anwendbarkeit des

Massenstreiks zu verteidigen gegen Vorschläge, dies auch tatsächlich zu tun. Kautskys Buch war, wie Erich Matthias treffend bemerkt hat, »die wohl charakteristischste literarische Manifestation des ›Zentrismus‹«.[1117] Das marxistische Zentrum sah seine Aufgabe vor allem darin, nicht die Kontrolle über die Ereignisse zu verlieren und alle Gefahren von der SPD fernzuhalten, die sich nach langen Jahren der Verfolgung zu einer stolzen und mächtigen Partei entwickelt hatte. Die, die sich vorstellen konnten, das Kampfmittel des Massenstreiks tatsächlich auch einzusetzen, waren dagegen einerseits diejenigen, die der kleinen Gruppe der Linksradikalen angehörten, andererseits die intellektuellen Revisionisten wie Kurt Eisner und Friedrich Stampfer. Stampfer war überzeugt davon, dass es nicht genüge, einfach abzuwarten: »Durch das Abwarten revolutionärer Situationen bricht kein Zarenthron und auch kein Junkerregiment zusammen. Und wenn die russischen Genossen unter Einsetzung ihrer ganzen Persönlichkeit mit Schweiß und Blut die revolutionäre Situation schaffen müssen, in der der Thron der Despotie zusammenbrechen soll, so ist es auch von den deutschen Genossen nicht zu viel verlangt, dass auch sie in Preußen eine ›revolutionäre Situation‹ schaffen sollen, die dem Dreiklassenwahlrecht ein Ende bereitet.«[1118] Rosa Luxemburg hätte ein klassen-

Rosa Luxemburg mit der Schwester Anna (links) und Schwägerin Stepania Augusta (Mitte), der Frau des Bruders Maksymilian, um 1910

kämpferischeres Vokabular gewählt, aber in der Sache lag Stampfers Argument auf ihrer Linie.

Als sie nach Deutschland kam, tobte der Revisionismusstreit, und schon bald, so schrieb Kautsky in einer postumen Würdigung, »ergab sich für mich eine innige Waffengemeinschaft mit Rosa Luxemburg. Die erste russische Revolution schuf Bedingungen, die schließlich dieser Gemeinschaft ein Ende machen sollten. Das russische Denken wurde nun in ihr zu einer Einseitigkeit gesteigert, die unvereinbar war mit den deutschen Verhältnissen.«[1119] Kautsky wollte die entscheidende Differenz in ihrer polnischen Herkunft sehen. Das war für ihn die bequemere Sicht der Dinge. Richtig war, dass die Russischen Revolution den Spaltpilz in die innige Waffengemeinschaft gesetzt hatte. Aber das lag nicht daran, dass Luxemburg aus Kongresspolen stammte. Ihre Mitstreiter Zetkin, Pannekoek, Lensch und Ledebour kamen auch nicht von dort, ebenso wenig andere Vertreter des radikalen linken Flügels, die sich an dieser Kontroverse nicht beteiligten. Der wahre Unterschied bestand darin, dass Luxemburg die Ideen in die Tat umsetzen wollte, die Kautsky am liebsten der theoretischen Erörterung vorbehalten hätte. Die lange Kontroverse der zweiten Massenstreikdebatte hatte die Differenzen verfestigt, und das über viele Jahre unzertrennliche Dioskurenpaar fand danach nie wieder zusammen. Es war das Ende einer Freundschaft, die für Luxemburg lange Zeit sehr wichtig gewesen war. Auch ihr Verhältnis zu Bebel, das immer von großer gegenseitiger Hochachtung geprägt gewesen war, war in den letzten Jahren vor seinem Tod durch die Auseinandersetzungen belastet.[1120] Dennoch versuchte der Parteivorsitzende weiterhin, Luxemburg zu verteidigen. So warf er Kautsky vor, er habe wegen seiner arbeitsmäßigen Überlastung in der Kontroverse überreagiert: »Ohne diese Nervosität wäre die Geschichte mit der Rosa anders ausgefallen. [...] In der Polemik habt Ihr dann hüben wie drüben über das Ziel geschossen, Rosa natürlich mehr als Du, und beide habt Ihr den Gegnern Wasser auf die Mühle geliefert.«[1121] Bebels Freund Victor Adler, der Luxemburg von Anfang an nicht leiden konnte, hatte eine wesentlich drastischere Sicht der Dinge. Er registrierte mit Schadenfreude, was Kautsky mit seiner Freundin erlebte, und fügte hinzu: »das giftige Luder wird noch sehr viel Schaden anrichten, umso größeren, weil sie blitzgescheit ist, während ihr jedes Gefühl für Verantwortung vollständig fehlt u. ihr einziges Motiv eine geradezu perverse Rechthaberei ist.«[1122] Doch Bebel widersprach ihm: »Die Rosarei ist nicht so schlimm wie Du denkst. Trotz aller Giftmischerei möchte ich das Frauenzimmer in der Partei nicht missen. In der Parteischule wird sie als die beste Lehrerin von Radikalen, Revisionisten und Gewerkschaftern verehrt. Dort ist sie die Objektivität in höchster Potenz. Natürlich lacht alle Welt über den Konflikt zwischen Rosa und Karl, die man für eine Art siamesische Zwillinge hielt.«[1123]

Rosa Luxemburg lachte nicht. Sie, die sich in Deutschland nie wirklich wohlgefühlt und sich als ihre Heimat die deutsche Sozialdemokratie erkoren hatte, begann den festen Boden unter den Füßen zu verlieren. Sie war eine brillante Rednerin, die im In- und Ausland einen Ruf wie Donnerhall hatte, sie vermochte bei Versammlungen die Menschen zu begeistern, wobei sie, die mit ihren 1,46 Metern den anderen kaum bis zur Schulter reichte, sich »im Menschengewühl«[1124] eigentlich nicht wohlfühlte. Nach einer Tour durch Baden schrieb sie an Kostja: »Im Übrigen ist mir, wie gewöhnlich, von der Berührung mit der Masse fremder Menschen schlecht.«[1125] Aber sie war unterwegs auf einem Weg, auf dem es kein Zurück gab. Nicht nur der siamesische Zwillingsbruder war verloren. Sie vertrat mit dem ihr eigenen Rigorismus Positionen, die in der Konsequenz nur von einer kleinen Minderheit ihrer sozialdemokratischen Freunde geteilt wurden. Zugleich stand sie in ihrem 40. Lebensjahr, und ihr Privatleben war ein »Trümmerhaufen«,[1126] und es gelang ihr auch nicht mehr, auf dem Trümmerfeld ein neues Heim zu errichten. Die nie wirklich lebbare Beziehung mit Kostja war zu Ende gegangen. Es folgte eine intensive Brieffreundschaft, die auf die Dauer – wer wollte es ihm verdenken – nicht das war, was der junge Mann sich unter einem erfüllten Liebesleben vorstellte. So schrieb Luxemburg ihm eines Tages, drei Jahre nachdem sie sich getrennt hatten: »Niuniu, ich bin nicht imstande, es länger zurückzudrängen, dass mir Deine Briefe seit einiger Zeit eine große Pein bereiten. Sie sind unecht, wie von jemand, dessen Sinne ganz anderswo sind. Da ich weiß, womit das zusammenhängt, weiß, dass Du seit Januar jeden Tag herunter nach der Stadt springst, so kannst Du Dir vorstellen, wie mich das Unwahre Deiner Briefe schmerzt.«[1127] Rosa war bereit gewesen, auf Kostjas körperliche Nähe zu verzichten. Aber dass sie nun einer anderen zuteilwurde, war zu viel für sie. Das machte der nachfolgende Brief sehr deutlich: »Ich mache Dir nicht den leisesten Vorwurf und will Dein Privatleben überhaupt nicht antasten, das Dir allein gehört. Ich sehe bloß keinen Platz mehr für mich darin und kann das Unaufrichtige und Unklare in Deinem Verhältnis zu mir einfach nicht mehr aushalten. Also leb wohl.« Im PS brachte sie dann noch ihre geliebte Katze ins Spiel: »Ich werde der kleinen Mimi sagen, dass wir nun allein sind …«[1128] Das war schon ein ziemlich heftiger Druck auf die Tränendrüse und nachdem noch einige mehr oder weniger belanglose Freundlichkeiten ausgetauscht wurden, versiegte der Strom der Korrespondenz. In den Jahren 1907 bis 1912 schrieb Rosa ihrem Kostja 573 Briefe, im Jahr 1913 folgte nur noch ein einziger.[1129]

Hans Diefenbach, wie Kostja aus Stuttgart und nur ein Jahr älter als er, war ein liebenswürdiger, wohlerzogener und hilfsbereiter junger Mann. Doch das war es nicht, was Rosa Luxemburg jetzt brauchte. Später kamen sie sich näher, aber da standen ihnen die Umstände im Weg. Luxemburg saß im Gefängnis und Diefenbach fiel am 25. Oktober 1917 an der Westfront. Sie wünschte sich »für bessere Zeiten ein glückliches Zusammenleben mit Hans Diefenbach«.[1130]

Hans Diefenbach, um 1910

Als männliche Bezugsperson, oder wie immer man das nennen möchte, blieb Leo Jogiches. Er hatte inzwischen eine Geliebte, eine »junge Verkäuferin ohne geistige Ansprüche«.[1131] Aber wir dürfen davon ausgehen, dass Jogiches die Bekanntschaft der jungen Dame gesucht hat, um nicht geistige, sondern körperliche Ansprüche zu befriedigen. Männern wird häufig nachgesagt, dass sie das eine gut vom anderen zu trennen vermögen, und auch »Jogiches zog es vor, sein Sexualleben an die Peripherie zu verlegen«.[1132] So kam es, dass Luxemburg dessen zunächst gar nicht gewahr wurde, wenngleich sie doch irritiert war, wenn er sich am Telefon verleugnen ließ.[1133] Sie wollte ohnehin keine Beziehung mehr mit ihm, denn darüber, wie eine Liebesbeziehung, ein Zusammenleben als Mann und Frau aussehen sollte, war zwischen ihnen keine Verständigung möglich. Gleichzeitig war ihr bewusst geworden, dass kein anderer Mann in der Lage war, seinen Platz einzunehmen. Als Kämpfer für den Sozialismus hatten sie seit jeher in einer symbiotischen Beziehung gelebt. Das schlug sich auch in einer klaren Aufgabenteilung nieder. So unermüdlich Luxemburg als Publizistin tätig war, so wenig schrieb Jogiches:

> Leo ist trotz seiner außerordentlichen Begabung und Geistesschärfe einfach unfähig zu schreiben; sowie er seine Gedanken schriftlich niederlegen soll, ist er wie gelähmt. Das war der Fluch seines Daseins während eines Dutzends von Jahren – seit er von der praktischen organisatorischen Wirkung in Russland weg musste. Er fühlte sich ganz entwurzelt, vegetierte nur in ewiger Verbitterung, verlor schließlich die Gewohnheit zu lesen, da es doch zwecklos war. Sein Leben schien definitiv verpfuscht [...] Da kam die Revolution, und er errang sich nicht nur ganz plötzlich die Stellung des Führers in der polnischen Bewegung, sondern auch in der russischen, außerdem aber fiel ihm wie von selbst die Stellung des leitenden Redakteurs bei uns zu; er schreibt nach wie vor selbst nicht eine Zeile, aber er ist die Seele der Parteiliteratur, und seine Zeit reicht kaum aus zur Erfüllung aller Pflichten.[1134]

Das ist eine ziemlich genaue Beschreibung der Situation, in der Jogiches sich nach der Russischen Revolution von 1905 befand. Sie lässt auch erkennen, was die beiden einander bedeuteten, wie sie aufeinander angewiesen waren. In der schlimmsten Zeit, als der Briefverkehr auf das Allernötigste reduziert war, ging es immer noch regelmäßig um Publikationen, die er organisierte und sie schrieb.

Leo Jogiches und Kostja Zetkin waren die beiden Pole, zwischen denen sich Luxemburgs Leben in jenen Jahren vollzog. Der Umfang ihrer Korrespondenz mit den beiden verhielt sich wie Flüssigkeiten in kommunizierenden Röhren. 1906/07 schrieb sie durch die Umstände bedingt überhaupt nicht an Jogiches, 1908 fast gar nicht, an Kostja dafür umso mehr. Im Trennungsjahr 1909 hatte sie mit beiden einen intensiven Briefverkehr, der nach der Trennung im August 1909 mit Jogiches zunahm, während die Briefe an Kostja weniger wurden. In den Jahren 1910 bis 1912 hatte die Korrespondenz mit Jogiches wieder einen erheblichen Umfang, erreichte aber nicht den der Korrespondenz mit Kostja, während sich 1913 die Zahl der Briefe an Jogiches noch einmal erheblich steigerte, nachdem Kostja nun als Briefpartner völlig ausfiel.[1135] An beide Männer schrieb sie letztmals im Jahr 1915. Da hatte Kostja Zetkin sich längst von seiner mütterlichen Liebhaberin emanzipiert. Er hatte noch ein langes Leben vor sich und starb erst 1980 im kanadischen Halfmoon Bay. Leo Jogiches kämpfte in den Kriegsjahren, die Luxemburg großenteils im Gefängnis verbringen musste, im Untergrund für die gemeinsamen Ziele. Die letzten zwei Monate ihres Lebens, die sie wieder in Freiheit verbrachte, arbeiteten die beiden enger zusammen als jemals zuvor und wurden dann kurz hintereinander von den gleichen reaktionären Kräften ermordet.

IX

Dem Krieg entgegen

Rosa Luxemburg war auf der Suche nach Orientierung. Im Juni 1910 schrieb sie ihrem Kostja: »Das einzig Schöne, was ich mir noch vom Leben verspreche, ist Reisen in ganz entlegenen Ländern: Kaukasus, Südafrika, Zentralasien. Ich will zu diesem Zwecke Geld zusammenscharren und mit dieser Hoffnung arbeiten; denn an sich ist mir das ganze Leben hier völlig gleichgültig.«[1136] Vier Wochen später trat sie ihren Sommerurlaub an, der sie allerdings weder in den Kaukasus noch nach Südafrika führte, sondern in die Schweiz. Dorthin fuhr sie fast jeden Sommer, dennoch war es dieses Mal vielleicht besonders wichtig. Nachdem der Geliebte kein Geliebter mehr war und auch ihre Position in der Partei zunehmend schwieriger wurde, tat es ihrer Seele wohl, sich zu vergewissern, dass ihre Sehnsuchtslandschaft noch vorhanden war: »Hier ist es sehr schön [...] Lauter Wiesen herum und ein breiter Blick auf den ganzen See tief unten. Fliegen summen in der Luft, unermüdlich, auch Krähen schreien, Hühner gackern an den Bauernhäusern, sonst hört man nichts als das Rascheln des Grases beim leisen Winde.«[1137] Das alles war recht unspektakulär, und gerade darin lag seine Wirkung. Nach Sillenbuch schrieb sie: »Lauter Dinge, die Dir wenig imponieren können, weil Du das gewohnt bist, mir tun sie aber wohl, und ich ruhe mich aus.«[1138] Am 23. Juli 1910 war sie nach Aeschi am Thuner See gefahren und blieb dort bis zum 13. August.[1139] Am Tag darauf war sie zurück in Berlin, eine Woche später schon wieder auf Reisen. Nachdem es für sie sehr viel schwieriger geworden war, sich mittels der Parteipresse Gehör zu verschaffen, warb sie umso intensiver auf Versammlungen für ihre politischen Überzeugungen.

Am 14. Juli 1910 hatte die SPD-Fraktion im badischen Landtag erneut dem Budget, d. h. dem Landeshaushalt, zugestimmt. Diese Entscheidung war vom Landesparteitag in Offenburg am 21. August mit großer Mehrheit gebilligt worden.[1140] Und es war noch ein zweiter Beschluss gefasst worden: »Der Parteitag hält es für unangebracht, dass öffentliche Versammlungen innerparteiliche Fragen erörtern und fordert die Genossen auf, derartige Versammlungen, – die im Endeffekt nur dem Gegner dienen können – nicht einzuberufen.«[1141] Luxemburg hatte an dem Parteitag als Zuhörerin teilgenommen.[1142] Doch das hinderte sie nicht daran, sich über seine Beschlüsse unverzüglich hinwegzusetzen. Adolf Geck, »ein Radikaler, der verloren in der revisionistischen Einöde Baden saß«,[1143] lud sie ein, auf einer Reihe von Versammlungen zu sprechen. Dieser Einladung folgte sie nur zu gern und sprach in den Tagen vom 21. bis zum 24. August in Offenburg, Lahr, Durlach und Pforzheim über »Sozialdemokratie, Budget und Monarchie«.[1144] Sie übernachtete auch bei Geck, der seit 1905 dem badischen Landtag angehörte und im Zuge der Kooperation mit den Nationalliberalen zum stellvertretenden Präsidenten gewählt worden war. Diesem hohen Amt zum Trotz hatte er es aber 1907 abgelehnt, an der Beerdigung des Großherzogs teilzunehmen,[1145] und stand auf gutem Fuße mit Luxemburg, die auch mit der Ehefrau Marie und dem Sohn Brandel eine freundschaftliche Verbindung pflegte. Noch am Abend des 21. August, als der Parteitag kaum zu Ende war, sprach Luxemburg in Offenburg. Sie betonte gleich zu Beginn, dass es seit jeher Gepflogenheit der Partei gewesen sei, »ihre Angelegenheiten auf dem offenen Markt zu behandeln«, darin liege ihre Stärke.[1146] Es folgte der sachlich zutreffende Hinweis, dass die viel diskutierte Budgetfrage auch im Mittelpunkt des bevorstehenden Parteitags in Magdeburg stehen werde. Luxemburg kritisierte mit aller Deutlichkeit, dass die badische SPD weiterhin an ihrer Zusammenarbeit mit den Nationalliberalen festhielt. Sie selbst lehnte ohnehin jede Form des Zusammengehens mit bürgerlichen Parteien ab. Besonders ärgerte es sie, dass man »durch Teilnahme an höfischen Zeremonien«[1147] die republikanische Gesinnung preisgegeben hatte. Erneut plädierte sie vehement dafür, dass es bei dem Prinzip bleiben müsse, dass Sozialdemokraten dem Budget nicht zustimmen dürften, und das sei auch keine Frage, die die einzelnen Landesverbände autonom entscheiden könnten. Dabei hatte sie den kommenden Parteitag bereits fest im Blick: »Der Magdeburger Parteitag dürfe nicht um eines Haares Breite von früheren Beschlüssen abweichen. Sonst führe der Weg in den Abgrund. Nicht Baden, sondern ganz Deutschland sei für die Sozialdemokratie maßgebend. (Großer Beifall.)«[1148]

Am 25. August fuhr Rosa Luxemburg morgens nach Berlin zurück. Bis zum SPD-Parteitag waren es noch vier Wochen, aber der Kongress der Sozialistischen Internationale in Kopenhagen stand unmittelbar bevor. Eigentlich wollte sie in unverwandter Pflichterfüllung, noch am selben Abend, nur zwei Stunden nachdem sie in Berlin angekommen war, weiterreisen, fuhr dann aber doch erst am 28. August.[1149] Sie hatte vorgehabt, an der dem Kongress vorgeschalteten Zweiten Internationalen Konferenz Sozialistischer Frauen, in Luxemburgs Nomenklatur »Weiberkonferenz«[1150], teilzunehmen, aber die war schon vorbei, als sie in Kopenhagen eintraf. An der Sitzung des ISB nahm sie ebenso wenig teil. Und auch an der dem Kongress vorausgehenden Landeskonferenz der SDKPiL in Krakau hatte Luxemburg nicht teilgenommen, verfügte aber als Mitglied des ISB ohnehin über ein Mandat für den SI-Kongress. Die polnische Delegation umfasste insgesamt 24 Personen, von denen fünf der SDKPiL angehörten, die innerhalb der Delegation eine eigene Sektion bildeten. Ihr gehörten außer Luxemburg noch Irena Izwolska, Julian Marchlewski, Adolf Warksi und Karl Radek an.[1151] Insgesamt nahmen an dem Kongress 896 Delegierte aus 23 Ländern teil. Die deutsche Delegation war mit 189 Delegierten die größte, wobei sie ein getreuer Spiegel des durch das Mannheimer Abkommen erreichten Machtgleichgewichts war, denn die Delegierten kamen je zur Hälfte von der SPD und von den freien Gewerkschaften und waren im Kongressprotokoll auch in getrennten Listen verzeichnet.[1152] Die Kriegsgefahr hatte seit dem Kongress in Stuttgart drei Jahre zuvor gewiss nicht abgenommen, das zeigte schon die bosnische Annexionskrise 1908, und die Agitation gegen den Krieg stand auch 1910 wieder auf der Tagesordnung. Erheblich stärker geprägt war die Zusammenkunft im Kopenhagener Konzertpalast allerdings von anderen Fragen, die typisch waren für den Entwicklungsstand, den die europäische Arbeiterbewegung inzwischen erreicht hatte. Neben der Kommission, die sich dem Thema Abrüstung und Frieden widmete, gab es drei weitere mit den Themenfeldern Genossenschaftswesen, Gewerkschaften und Arbeitslosenversicherung und Arbeiterschutzgesetzgebung.[1153] Vor allem die westeuropäischen Mitgliedsparteien der Internationale, allen voran die deutsche, waren inzwischen schlagkräftige Massenorganisationen geworden. Mit dem Erfolg wuchs auch die Gefahr der bürokratischen Sklerotisierung. Der angestellte Funktionär mit sicherem Arbeitsplatz und ordentlicher Besoldung ist eben nicht unbedingt der typische Revolutionär.

SPD-Parteitag 1910, Auseinandersetzung mit dem Antisemitismus, Streit mit Lenin

In Kopenhagen spielte Luxemburg nicht eine so prominente Rolle wie drei Jahre zuvor in Stuttgart. An der »Weiberkonferenz«, bei der ihre Freundin Clara Zetkin erfolgreich einen jährlich abzuhaltenden internationalen Frauentag zum Kampf für das Frauenstimmrecht proklamierte, hatte sie gar nicht teilgenommen, und auf dem Kongress der SI hielt sie diesmal keine Rede und leitete auch keine Kommission, beteiligte sich aber immer wieder an den Diskussionen.[1154] Außerdem brachte sie gemeinsam mit Jean Longuet, einem französischen Politiker und Enkel von Karl Marx, eine Resolution ein. In dem einstimmig angenommenen Text solidarisierte sich der Kongress mit einem Generalstreik in Spanien und »brandmarkt[e] die barbarische Unterdrückung, deren Opfer unsere Genossen in Barcelona und anderen Städten geworden sind«.[1155] Hier ging die Initiative möglicherweise von Longuet aus. Sie selbst war »in der idiotischen Kommission für die Todesstrafe versackt, die es mir unmöglich gemacht hat, irgendetwas Ernsthaftes in einer anderen zu tun«.[1156] Immerhin verfasste sie eine ausführliche Resolution zum Kampf gegen die Todesstrafe, die, nachdem die polnische Delegation ihren Entwurf zurückgezogen hatte, einstimmig angenommen wurde.[1157] Etwas womöglich noch Ernsthafteres tat Luxemburg für Karl Radek. Der hatte in der Kommission für Abrüstung und Frieden eine Resolution eingebracht, die von der bürgerlichen Presse so interpretiert wurde, als ob er die sozialdemokratischen Forderungen nach Abrüstung als utopisch und deshalb mehr oder weniger sinnlos abtun wollte. Daraufhin verfasste sie eine Erklärung für ihn, in der er feststellte, »dass ich natürlich niemals die Absicht hatte, die sozialistische Aktion des Friedens zu vermindern«.[1158] Luxemburg fühlte sich in Kopenhagen nicht besonders wohl: »Ich habe ein starkes Gefühl der Öde und Sinnlosigkeit hier.«[1159] An den 17-jährigen Brandel Geck schrieb sie: »Bei Euch im Häusle war's viel schöner als hier im sinnlosen Trubel der Internationale.«[1160] Und als sie nach Berlin zurückkehrte, war sie »müde und traurig von dem Kongress«[1161]. Das hinderte sie nicht daran, sich nach einer kurzen Verschnaufpause auf die nächste Agitationstour ins Badische zu begeben. Vom 10. bis 12. September absolvierte sie vier weitere Versammlungen, diesmal in Schopfheim, Lörrach, Karlsruhe und Mannheim.[1162] Danach konnte sie einige wenige Tage in den eigenen vier Wänden verbringen, bevor sie nach Magdeburg aufbrach, wo am 18. September der Parteitag der SPD begann. Kostja wachte währenddessen in der Friedenauer Wohnung über ihre Lebensgefährtin Mimi.[1163] Die Katze hatte Luxemburg in der Parteischule gefunden, wo sie durch den umfallenden Besen einer Scheuerfrau verletzt worden war, und zu sich genommen.[1164]

Der Magdeburger Parteitag wurde zu einer ernüchternden Erfahrung für Rosa Luxemburg. Die Themen ihrer Agitationstouren standen im Zentrum, aber sie tat sich schwer damit, ihren Positionen Gehör zu verschaffen. Der Parteitag diskutierte zwei volle Tage über das Thema Budgetbewilligung und einen weiteren Tag über das preußische Dreiklassenwahlrecht.[1165] Die Debatte zur Budgetbewilligung wurde von einem etwas missmutigen Parteivorsitzenden Bebel eröffnet, der zu Beginn seiner mehrstündigen Rede darauf hinwies, dass durch die Beschlüsse früherer Parteitage eigentlich ausreichend Klarheit geschaffen sei. Dennoch schien es ihm unvermeidlich, die gesamte Debatte der letzten Jahre noch einmal ausführlich zu referieren. Als Koreferent und Vertreter der badischen Genossen trat anschließend der Rechtsanwalt Ludwig Frank ans Rednerpult. Er bedankte sich zu Beginn ausdrücklich bei Bebel dafür, dass dieser, bei allen Differenzen in der Sache, den Badensern zugestanden habe, dass sie im Glauben und in der Absicht gehandelt hatten, der Partei durch ihr Verhalten zu nutzen und nicht zu schaden. Frank gehörte sowohl dem Badischen Landtag als auch dem Deutschen Reichstag an. Er stammte aus einem sehr bewusst jüdischen Elternhaus, unter seinen Vorfahren gab es mehrere Rabbiner. Gegen den Willen der Familie hatte er sich der SPD angeschlossen. 1914 kämpfte er bis zur letzten Minute gegen den Kriegsausbruch, meldete sich dann aber freiwillig an die Front, was außer ihm kaum ein Reichstagsabgeordneter tat. Gerade als Jude wollte er ein vorbildlicher Patriot sein. Frank zog in dem Glauben in den Krieg, ein Sieg würde die Voraussetzungen dafür schaffen, das Deutsche Reich grundlegend zu reformieren und eine demokratische Monarchie zu etablieren. Er fiel gleich in dem ersten Gefecht, an dem er teilnahm, ohne selbst einen einzigen Schuss abgegeben zu haben.[1166]

Am Ende der zweitägigen Debatte wurde eine scharfe Resolution verabschiedet, die noch einmal bekräftigte, dass das Verbot, dem Budget zuzustimmen, für Sozialdemokraten sowohl im Reich als auch in den Einzelstaaten galt, und betonte, dass »die Missachtung von Parteitagsbeschlüssen eins der schlimmsten Vergehen [ist], dessen sich ein Parteigenosse gegen die Partei schuldig machen kann«. Sodann hieß es: »Der Parteitag spricht infolgedessen den sozialdemokratischen Abgeordneten, die im badischen Landtag das Budget bewilligt haben, die allerschärfste Missbilligung aus. Der Parteitag erklärt weiter die Teilnahme an höfischen Zeremonien und monarchischen Loyalitätsbekundungen für unvereinbar mit unseren sozialdemokratischen Grundsätzen und macht den Parteigenossen zur Pflicht, solchen Kundgebungen fernzubleiben.«[1167] Mit diesen beiden Sätzen endete der Beschluss. Es folgte nichts darüber, was geschehen sollte, wenn Parteigenossen sich über diese klare Ansage hinwegsetzen sollten. Das ist umso bemerkenswerter, als das ja in der Vergangenheit schon mehrfach vorgekommen war und der Beschluss in der Sache selbst nichts Neues sagte. Die finale Konfrontation wollte die – vor allem norddeutsch geprägte – Mehrheit der Delegierten offenbar vermeiden.

Der Antrag wurde mit 289 gegen 80 Stimmen angenommen.[1168] Auch Luxemburg, die wie die anderen Vertreter des linken Flügels mit Ja stimmte, hatte sich in der Aussprache zu Wort gemeldet. Sie geißelte mit scharfen Worten das Verhalten der badischen Landtagsfraktion. Mit dem Tagungspräsidium geriet sie allerdings aus anderen Gründen in einen Konflikt. Sie bestand darauf, statt der für Diskussionsredner üblichen zehn Minuten doppelt so lange sprechen zu dürfen. Dieses Verlangen stieß indes auf Widerspruch. Sie hatte zwar einen Antrag eingebracht, aber der forderte in Ansehung der im preußischen Wahlrechtskampf gemachten Erfahrungen, »die Erörterung und Propagierung des Massenstreiks in der Parteipresse und in Versammlungen in die Wege zu leiten«[1169], was genau das Gegenteil der geltenden Beschlusslage war, vor allem aber nichts mit dem momentanen Diskussionsthema, der Budgetbewilligung in Baden, zu tun hatte. Der Verleger J. H. W. Dietz, der das Tagungspräsidium innehatte, war ein verträglicher Mensch. Er versuchte, sich mit Luxemburg zu verständigen, und ließ sie fünfzehn statt der eigentlich zulässigen zehn Minuten sprechen. Doch das genügte ihr nicht, und sie sprach einfach weiter, was zu fortwährender, sich steigernder Unruhe führte. Das Protokoll vermerkt dazu:

> Fortgesetzte Schlussrufe bei den Süddeutschen, auf die die Norddeutschen mit dem Ruf »Ruhe« antworten. Die Rufe »Schluss« wiederholen sich so stürmisch, dass die Rednerin einen Satz, den sie beginnt, nicht beenden kann. Der Vorsitzende Dietz ersucht die Rednerin abzubrechen; sie erklärt, dass sie sich füge, doch gehen ihre Worte unter dem Lärm vollkommen verloren. Fortgesetzt erschallen aus den Reihen der Minderheit Schlussrufe. Frank ruft: »Ihre Zeit ist

vorbei, Genossin Luxemburg!« Heiterkeit bei den Süddeutschen. Von anderer Seite wird gerufen: »Abtreten!« Der Lärm schwillt so an, dass der Vorsitzende droht, falls keine Ruhe eintritt, würde er die Sitzung auf kurze Zeit aufheben. Die Genossin verlässt schließlich unter brausendem Beifall der Mehrheit die Rednertribüne.[1170]

Der Vorfall erregte solches Aufsehen, dass sogar die *New York Times* darüber berichtete. Der Artikel trug zwar die Überschrift »A Fatal Blow to Socialism«,[1171] im Text wurde allerdings vor allem mehr Höflichkeit gegenüber der Frau und nicht mehr Respekt gegenüber der Sozialistin angemahnt. Die Tatsache, dass eine Vertreterin des sogenannten schwachen Geschlechts von ihren Parteifreunden wie ein Mann niedergebrüllt wurde,[1172] hatte den Korrespondenten aus New York offensichtlich zutiefst schockiert. Als der Parteitag zwei Tage später über den preußischen Wahlrechtskampf debattierte, durfte Luxemburg ihren Antrag begründen, ohne dass jemand den Versuch unternahm, sie zum Schweigen zu bringen.[1173] Ein wirklicher Erfolg war ihr dennoch nicht beschieden. Der Antrag zum politischen Massenstreik trug zwar über 60 Unterschriften, aber die Parteitagsregie ging damit recht geschickt um. Der Vorstand hatte selbst eine Resolution zur Wahlrechtsfrage eingebracht, die aber lediglich die herrschenden Verhältnisse beschrieb und die Einführung eines allgemeinen, gleichen, direkten und geheimen Wahlrechts in Preußen forderte. Dagegen konnte niemand etwas haben. Dieser Antrag wurde mit dem Antrag Luxemburgs verbunden, aber nur mit dem ersten Satz, in dem es hieß, »dass der Wahlrechtskampf in Preußen nur durch eine große, entschlossene Massenaktion des arbeitenden Volkes zum Siege geführt werden kann, wobei alle Mittel, darunter auch der politische Massenstreik, nötigenfalls zur Anwendung gebracht werden müssen.«[1174] Das war im Grunde auch nichts Neues und stieß auf beifällige Zustimmung.

Der entscheidende zweite Satz des Antrags, aus dem oben zitiert wurde und der die Erörterung und Propagierung des Massenstreiks forderte, stand am Ende der Debatte nicht mehr zur Abstimmung. Die Idee eines proaktiven Umgangs mit der Möglichkeit eines politischen Massenstreiks war auf starken Widerstand gestoßen. Typisch war der Kommentar des Hannoveraner Arbeitersekretärs Robert Leinert: »Wann der Massenstreik begonnen werden soll, das bestimmen die Leiter der Organisationen, das wissen der Parteivorstand und die Generalkommission und nicht die Genossin Luxemburg. (Beifall und Oho-Rufe.)«[1175] Am Ende der Debatte ergriff Clara Zetkin das Wort: »Im Namen der Unterzeichner der Resolution 100 habe ich zu erklären, dass sie den zweiten Absatz zurückziehen, weil sie der Ansicht sind, dass durch die Annahme des ersten Absatzes in Verbindung mit der vorausgegangenen Diskussion das Ziel erreicht ist, was sie im gegenwärtigen Augenblick ins Auge gefasst haben.«[1176] Die distanzierte Formulierung lässt deutlich erkennen, dass Zetkin hier nicht ihre eigene Meinung vortrug. Vielmehr hatten Luxemburgs Mitunterzeichner kalte Füße bekommen, weil sie eine Abstimmungsniederlage fürchteten, und sie unter Druck gesetzt.[1177] Das war eine eindeutige Niederlage des linken Flügels gegen das marxistische Zentrum. Genau so sah das auch Rosa Luxemburg, die Jogiches noch am selben Abend berichtete: »Ich fühle mich wie ein geprügelter Hund, und mir scheint, dass ich eine eklatante Niederlage erlitten habe. [...] Dieser Parteitag hat meine Kräfte und Gesundheit für zwei Monate gefressen.«[1178]

Nach dem Parteitag nahm sie ihre Agitationstätigkeit für den politischen Massenstreik wieder auf, wobei die Einladungen zu Versammlungen sie in die unterschiedlichsten Gefilde führten.[1179] Doch besser ging es ihr deshalb nicht. Fast drei Wochen nach den Enttäuschungen von Magdeburg schrieb sie Jogiches: »Es ist etwas Grässliches, den ganzen Tag leide ich an einer solchen physischen und moralischen Depression, dass ich nicht in der Lage bin, einen einzigen Satz zu schreiben.«[1180] Die Korrespondenz, die nun wieder intensiver wurde, war so wie eh und je. Ständig ging es um die journalistische Arbeit, und fast immer lagen Spannungen in der Luft: »Kann meine polnische Arbeit gar nicht ohne ewige und unaufhörliche Nörgelei, Antreiben, Beanstandungen, Vorwürfe usw. auskommen? Das verekelt die Arbeit doch so, dass ich mit Schrecken statt mit Vergnügen an den ›Młot‹ denke.«[1181] Und drei Tage später sprach sie Jogiches sogar direkt an: »Was die Fehler in meinem Artikel betrifft, so liegt der Fehler bei Ihnen.«[1182] Jogiches gab von Berlin aus die in Warschau erscheinende, zu jener Zeit legale Wochenzeitung der SDKPiL heraus, die zuerst *Trybuna* (Tribüne) und dann bis zu ihrem Verbot im Dezember 1910 *Młot* (Hammer) hieß.[1183] Luxemburg hatte zur *Trybuna* in den wenigen Monaten ihrer Existenz nichts beigetragen. Aber im *Młot* setzte sie sich in einer Reihe von Artikeln mit einer antisemitischen Hetzkampagne auseinander, die von dem Freidenker Andrzej Niemojewski angeführt wurde, der einen »fortschrittlichen Antisemitismus« propagierte. Einer seiner wichtigsten Mitstreiter war Julian Unszlicht, der 1905 noch in der SDKPiL aktiv gewesen war und dann die Seiten gewechselt hatte. Gemeinsam kämpften sie nun gegen die »Juden vom Młot« und für die »Entjudung des polnischen Sozialismus«.[1184] Dabei schreckten sie auch vor persönlichen Angriffen auf Rosa Luxemburg nicht zurück, in deren körperlichem Handicap sie ein Symptom jüdischer Degeneration sehen wollten.

Zwischen Oktober 1910 und Januar 1911 schrieb Luxemburg neun Aufsätze zur Zurückweisung dieser Angriffe.[1185] Sie ging dabei sowohl auf die politische Situation in Polen ein als auch auf die generellen Implikationen der Judenfrage. Der zweite Text, »Nach dem Pogrom«, begann mit der Feststellung »Das Lager des polnischen ›Fortschritts‹ liegt in Trümmern«.[1186] Hinter dem Ruf »Schlag den Juden!« verbarg sich nach ihrer Überzeugung der Ruf »Schlag den Sozialisten!«. Der Antisemitismus war eine gemeinsame Plattform aller bürgerlichen Kräfte, zu denen auch Andrzej Niemojewski zählte. Die gegnerische Front reichte von den fortschrittlichen Freidenkern bis zur klerikalen Reaktion. Am Ende befand sich »die gesamte bourgeoise Gesellschaft in einem einzigen Lager«[1187]. Dieses entsprach ihrer generellen Überzeugung, dass das Proletariat auf sich allein gestellt sei und nicht die Zusammenarbeit mit einzelnen fortschrittlichen Kräften innerhalb des bürgerlichen Lagers suchen sollte. Luxemburg betonte stets, dass alle die Situation der jüdischen Minderheiten betreffenden Fragen auch Klassenfragen waren. Ihre Sympathie und Loyalität galt nicht den Juden, sondern den jüdischen Arbeitern. Genau das Gleiche ließe sich über ihr Verhältnis zu ihren polnischen Landsleuten sagen. Während die PPS sich als Erbe der polnischen Unabhängigkeitsbewegung sah und glaubte, nach den gescheiterten Aufständen von 1830/31 und 1863/64 könnte ein dritter polnischer Aufstand doch noch zum Sturz der Zarenherrschaft führen, propagierte Luxemburg stets eine vom polnischen und russischen Proletariat gemeinsam getragene Revolution, um dieses Ziel zu erreichen. Die Überwindung aller ethnischen Differenzen war für sie eine unausweichliche Konsequenz des Marxismus:

> Nun besteht das ganze Wesen der Lehre von Marx und Lassalle […] darin, die Begriffe von Rassen und Nationen als nicht zu differenzierende »anthropologische Verbindungen« zu vernichten, diese Begriffe mit dem Kaiserschnitt der Marx'schen analytischen Methode in differenzierbare Klassenbegriffe aufzuspalten […]
> Für die ganze internationale Sozialdemokratie […] gibt es eigentlich auf der ganzen heutigen Welt im Grunde »nur zwei Nationen«, die der Ausbeuter und die der Ausgebeuteten, und auch nur zwei Religionen, die Religion des Kapitals und das Evangelium der Befreiung der Arbeit.[1188]

Luxemburg fühlte sich durch die Massivität der antisemitischen Kampagne, die von der gesamten bürgerlichen Presse unterstützt wurde, bedrängt und wandte sich angesichts dieser »Dreyfus-Affäre en miniature« Hilfe suchend an Émile Vandervelde, den Vorsitzenden des ISB, und bat um »die moralische Unterstützung, die Hilfe, die Solidarität der Internationale«. Sie hatte auch einen konkreten Vorschlag: »Schreiben Sie uns also einen Offenen Brief an die Redaktion des ›Młot‹, sagen Sie uns, was Sie über die Verquickung der ›Gedankenfreiheit‹ mit dem Antisemitismus und über das ›Judentum‹ im Sozialismus denken, richten Sie an die kämpfenden Arbeiter, die den Kampf unter so schwierigen Bedingungen führen, einige Worte der Ermutigung.«[1189] Diese Bitte fand weiten Widerhall, und es erschienen auch Stellungnahmen von August Bebel, Otto Bauer, Grigorij Aleksinskij, Jean Jaurès, Karl Kautsky, James Keir Hardie und Georg Ledebour.[1190] Das waren alles sehr prominente Arbeiterführer, und die Sozialistische Internationale setzte hier ein starkes Zeichen der internationalen Solidarität. Auch die PPS-Lewica war im Kampf gegen den Antisemitismus an der Seite der SDKPiL und verabschiedete auf ihrer zweiten Konferenz im Oktober 1910 eine entsprechende Resolution.[1191]

Luxemburg, die noch am 9. Oktober behauptet hatte, sie könne keinen einzigen Satz schreiben, und auch in den Tagen danach mehrfach von Herzanfällen berichtete, ging es im Lauf der Zeit dann doch wieder deutlich besser, auch wenn ihr Gesundheitszustand sich in ihren letzten Lebensjahren nie mehr wirklich stabilisierte. In den Monaten zwischen dem Magdeburger Parteitag und dem Jahresende produzierte sie eine ganze Reihe wichtiger Texte, die auch Beachtung fanden, zumal neben den polnischen Beiträgen drei gegen die antisemitische Kampagne gerichtete Texte im *Vorwärts* publiziert wurden.[1192] Im Dezember musste sie dort auch das Ende des *Młot* vermelden: »Der Schlussakt ist indessen selbst für russische Zustände ungewöhnlich: der Redakteur wurde auf Befehl des Generalgouverneurs von Warschau in den Kerker geworfen, dann wurden die Redaktionsräume gesperrt und versiegelt und das weitere Drucken des Blattes untersagt. Man setzte sich also über alle Vorschriften des Pressegesetzes hinweg und ließ der Willkür die Zügel schießen.«[1193] Doch das war nicht das Ende der Geschichte. Schon im Januar folgte den beiden inzwischen verbotenen Blättern eine dritte Zeitung, die *Wolna Trybuna* (Freie Tribüne),[1194] die nun bis auf Weiteres die Stimme der SDKPiL in Kongresspolen war. Nach allen Aufregungen und Anstrengungen hatte das Jahr 1910 für Rosa Luxemburg einen versöhnlichen Abschluss; die Weihnachtstage verbrachte sie im Hause Zetkin in Sillenbuch.

Am Montag, den 2. Januar 1911, fuhr sie wieder nach Berlin, denn am Tag darauf hatte sie schon wieder an der Parteischule zu unterrichten.[1195] Anknüpfend an ihre Lehrtätigkeit, sprach sie in den kommenden Wochen auf öffentlichen Versammlungen über ihr Thema Nationalökonomie, aber auch über das preußische Wahlrecht. Die erste Agitationstour im neuen Jahr führte sie ins Bergische Land. Am Magdeburger Parteitag hatte sie mit einem Mandat des Wahlkreises Lennep-Remscheid-Mettmann teilgenommen, dorthin kehrte sie nun zurück. Das war der Wahlkreis von Wilhelm Dittmann, der in Solingen die *Bergische Arbeiterstimme* herausgab. Hier absolvierte Luxemburg ihre bis dahin größte Vortragsreise mit neun Veranstaltungen über »Die politische Lage und die Sozialdemokratie« in der Zeit vom 6. bis 15. Mai.[1196] Das Unternehmen war »für die Partei ein Bombenerfolg. Die bürgerliche Presse, die gegen die ›rote Rosa‹ täglich in rüdester Weise eiferte, sorgte mit dafür, dass die Versammlungen überfüllt wurden. Bürgerliche Parteigänger und Indifferente waren fast ebenso viele erschienen wie Parteigenossen.«[1197] Nach einer Pause von knapp zwei Wochen war die »rote Rosa« wieder unterwegs und sprach in Eisleben und Hettstedt in Sachsen.[1198] Mitte Juni nahm sie dann sogar die weite Reise nach Ostpreußen auf sich und sprach bei weiteren drei Veranstaltungen mit großem Erfolg.[1199] Über den Abend in Ludwigshof bei Königsberg berichtete sie Kostja: »Liebling, Juju, die gestrige Versammlung hat mich ganz kaputt gemacht, es war ein so wahnsinniger Andrang, dass die Leute, die nicht mehr reinkonnten – und es sollen 3000 ausgesperrt worden sein –, die ganze Zeit Radau machten, sie wollten mit Gewalt herein. Der Saal war akustisch miserabel, und ich bin ganz heiser. Aber diese Begeisterung der Masse macht doch große Freude.«[1200] Das waren wichtige Erfolgserlebnisse, insbesondere für eine Frau, die die Partei, für die sie so unermüdlich kämpfte, nicht einmal wählen durfte, von der Möglichkeit, die Partei in einem Parlament zu vertreten, ganz zu schweigen. Und diese Erlebnisse mit den »Massen« bestärkten Luxemburg zweifellos in ihrer Überzeugung, dass es möglich war, das Proletariat zu mobilisieren und so vorzubereiten auf die kommende sozialistische Revolution, bei der ihm die Rolle des handelnden Subjekts zukommen würde.

Von einer revolutionären Situation war man im Moment allerdings denkbar weit entfernt. Die Russische Revolution von 1905/06 hatte mit einer Niederlage geendet. Zar Nikolaus II. hatte die erste Duma bald wieder aufgelöst und die zarten Reformansätze des Oktobermanifests weitgehend wieder zurückgenommen, ohne dass es eine politische Kraft gegeben hätte, die dem etwas entgegensetzen wollte oder konnte. Die SDAPR, ohnehin nicht gerade eine kampfstarke Massenorganisation, zerfiel in jener Zeit in zahlreiche Gruppen und Grüppchen, die sich heftig befehdeten. Die Situation war umso schwerer zu überschauen, als die verschiedenen Teile der Partei über halb Europa verstreut waren.[1201] Da gab es eine Parteischule auf Capri, eine andere in der Nähe von Paris und eine dritte in Bologna, von denen jede einer anderen Fraktion zuzurechnen war. Es gab drei verschiedene bolschewistische Fraktionen, zwei menschewistische, außerdem die Gruppen um Plechanow und Trotzki, daneben die autonomen nationalen Organisationen wie den Bund, die SDKPiL und die lettischen Sozialdemokraten. Sie alle unterhielten Zeitschriften, deren Redaktionen unter anderem in Paris, Genf, St. Petersburg, Warschau und Wien ihren Sitz hatten, wobei die Beiträger zu diesen Blättern oftmals noch ganz woanders tätig waren. Die verschiedenen Gremien – Parteikongress, Parteikonferenz, Zentralkomitee, Auslandsbüro – trafen mal hier und mal dort zusammen, wie es die Umstände erlaubten. Dabei war keineswegs immer klar, wer mit welcher Legitimation was einberief.

Vom 10. bis 17. Juni 1911 kamen in Paris auf Initiative Lenins Mitglieder des ZK der SDAPR zu einer Beratung zusammen. Die Einladung ging an die 15 im Ausland lebenden Mitglieder, von denen acht erschienen.[1202] Lenins Entscheidung, nur im Ausland lebende Personen einzuladen, war durchaus umstritten. Mindestens ebenso umstritten war seine Absicht, bei dieser Gelegenheit bestimmte Fraktionen aus der SDAPR hinauszudrängen. Die Berliner Hauptverwaltung der SDKPiL verständigte sich im Vorfeld auf folgende Linie: »Kein Ausschluss von Gruppen, die der Partei angehören, mit Hilfe fraktioneller Auseinandersetzungen; Schaffung eines festen ideologischen Kerns zum Schutz der Einheit der Partei und Bekämpfung der Gefahr, welche der Partei von den Liquidatoren droht.«[1203] Jogiches und Dzierżyński, die die Partei in Paris vertraten, waren so auf eine »versöhnlerische« Linie festgelegt. Keine Gruppe sollte ausgeschlossen, gleichzeitig aber der Einfluss der »Liquidatoren«, einer Fraktion der Menschewiki, zurückgedrängt werden. Das war wichtig, denn Dzierżyński sympathisierte mit Lenin, weswegen Jogiches sorgfältig darauf achtete, dass es zwischen den beiden nicht vorab zu irgendwelchen Absprachen kam. Lenins Position in der SDAPR war zu jener Zeit noch wenig gefestigt. Er versuchte, seine Machtbasis zu konsolidieren, indem er andere Fraktionen aus der Partei drängte, bzw. dort, wo das nicht möglich war, selbst mit dem Austritt aus der Partei drohte. In Jogiches erwuchs ihm ein Gegenspieler, der seine Position in der Partei eine Zeit lang ernsthaft infrage zu stellen vermochte.

Dass die einzelnen Gruppierungen so erbittert miteinander rangen, hatte einen handfesten Grund. Es ging – wie so oft im Leben – um Geld, um viel Geld. Gegenstand der Auseinandersetzungen war das Erbe von Nikolaj Pavlovič Šmit, einem jungen Mann, dem eine Möbelfabrik in Moskau gehört hatte und der zudem über ein ererbtes Vermögen verfügte. Als es in den Wochen nach dem am 30. Oktober 1905 von Zar Nikolaus II. verkündeten Reformmanifest in Moskau zu Unruhen gekommen war, hatte sich Šmit, der mit den Bolschewiki sympathisierte, aktiv daran beteiligt. Unter anderem finanzierte er den Ankauf von Waffen und die Produktion von Flugschriften. Während des Dezemberaufstands, bei dem der Moskauer Arbeiterdeputiertenrat eine führende Rolle spielte, wurde seine Fabrik zerstört und er selbst verhaftet. Šmit landete im sogenannten Isolator eines Moskauer Gefängnisses, dem Sonderhaftbereich für politische Gefangene. Dort kam er unter ungeklärten Umständen im Februar 1907 im Alter von 23 Jahren ums Leben. Vieles deutet darauf hin, dass er zuvor misshandelt, ja gefoltert worden war.[1204] Šmit hinterließ kein schriftliches Testament, aber seine ältere Schwester bezeugte, es sei sein Wunsch gewesen, dass sein Erbe den Bolschewiki zukomme. Dabei ging es um ein sehr beträchtliches Vermögen, das sich zwischen 235 000 und 315 000 Rubel bewegt haben muss.[1205] Lenin hatte im Vorfeld der Pariser Zusammenkunft die Parteikasse in Sicherheit bringen lassen, doch Jogiches setzte durch, dass eine »Technische Kommission« zur Verwaltung der Parteifinanzen gewählt wurde. In ihr waren Leninisten, aber auch »Versöhnler«, also nichtleninistische Bolschewiki, und die SDKPiL vertreten. Diese Kommission war ein starkes Instrument im innerparteilichen Machtkampf. Jogiches versuchte auch, eine Konferenz zu organisieren, bei der eine neue Parteiführung gewählt werden sollte, aber das gelang ihm nicht.[1206] Auf die Dauer war er Lenin nicht gewachsen. Der sah sich Anfang Juli 1911 immerhin gezwungen, das russische Parteivermögen auf ein Konto der Württembergischen Vereinsbank in Stuttgart zu überweisen, auf das Clara Zetkin Zugriff hatte.[1207]

Im Januar 1910 hatte das Plenum des ZK der SDAPR in Paris beschlossen, Kautsky, Zetkin und Mehring als Treuhänder des aus der Erbschaft resultierenden Parteivermögens einzusetzen. Damit wurden drei führende Vertreter der SPD in die internen Kämpfe der russischen Sozialdemokraten hineingezogen. Lenin kündigte noch im Dezember des gleichen Jahres die Vereinbarungen des Plenums, und es folgten Monate heftiger Auseinandersetzungen zwischen den Leninisten und dem Auslandsbüro des ZK über die Einberufung eines neuen Plenums. Am 27. Mai 1911 trat Alexandrov Semaško, der Vertreter der Leninisten, unter Mitnahme der Barbestände und der Kassenbücher aus dem Auslandsbüro aus. Aber nach den Beratungen im Juni bedrängten die Treuhänder Lenin massiv, die Gelder nach Stuttgart zu überweisen, was er schließlich auch tat. Gleichzeitig versuchte er, sich die Verfügungsgewalt über die Mittel zu erhalten, was aber an den Treuhändern scheiterte. Mehring trat bereits im August von seinem Amt aus gesundheitlichen Gründen zurück. im Oktober erklärte auch Kautsky seinen Rücktritt. Zunächst verblieb noch Clara Zetkin, die allerdings am 16. November ebenfalls als Treuhänderin zurücktrat, sodass die Gelder faktisch blockiert waren, zumal die Treuhänder – zurückgetreten oder nicht[1208] – sich weigerten, irgendwelche Gelder an die Technische Kommission oder auch andere Gremien oder Fraktionen zur Auszahlung zu bringen. Vielmehr sollte das »Russengeld« in Stuttgart auf dem Sperrkonto bleiben, bis eine Einigung der verschiedenen, miteinander streitenden Gruppen erfolgte.[1209] Doch zu einer Einigung kam es nicht, im Gegenteil. Nach jahrelangen Auseinandersetzungen mussten die Menschewiki die SDAPR verlassen, und die verbleibende Fraktion der Bolschewiki konstituierte sich im Januar 1912 in Prag als Sozialdemokratische Arbeiterpartei Russlands (Bolschewiki), abgekürzt SDAPR (B), was die von Lenin betriebene Spaltung der Partei besiegelte. Anschließend reiste er mehrfach nach Berlin, um Luxemburg für seine Sicht der Dinge zu gewinnen, was auch den Weg zu den eingefrorenen Geldern erheblich erleichtert hätte. Aber Lenin vermochte die streitbare Genossin nicht zu überzeugen.[1210]

Leo Jogiches' Zeit in der Cranachstraße – nicht nur als Bewohner, sondern auch als Besucher – war inzwischen endgültig zu Ende gegangen. Rosa Luxemburg hatte den Ort so vieler Seelenqualen schon seit geraumer Zeit hinter sich lassen wollen. Am 30. August 1911 gab sie die Wohnung in Friedenau schließlich auf und zog in die Lindenstr. 2 in Südende bei Berlin. Das bedeutete den Abschied von vielen schmerzlichen, aber auch von sehr schönen Erinnerungen, Rosa und Kostja waren hier ein Paar geworden. Sie musste außerdem von ihren Nachbarn, den Kautskys, Abschied nehmen, die zehn Jahre lang so etwas wie eine Familie für sie gewesen waren. Aber nach dem Zerwürfnis mit Karl Kautsky war es damit ohnehin vorbei.

Jetzt begann ein neuer Lebensabschnitt für sie. Südende war damals ein unwirtliches, sumpfiges Gelände auf märkischem Sand, das seit den 1870er-Jahren langsam erschlossen und mit Wohnhäusern bebaut wurde; heute gehört die Gemarkung zum Bezirk Steglitz. Die neue Wohnung hatte fünf Zimmer und eine Küche. Sie war auf jeden Fall geräumig genug für Luxemburg, die Katze Mimi, die sich in der neuen Wohnung »ausgezeichnet« fühlte,[1211] und die Haushälterin Gertrud Zlottko, die seit 1909 zum Haushalt gehörte und bis 1915 blieb; auch Logiergäste konnten hier gut untergebracht werden. Die Wohnung war komfortabel; und später gab es dort sogar ein Telefon. Hier blieb Rosa Luxemburg bis zu ihrem Lebensende, wobei sie fast die Hälfte der Zeit, die ihr noch beschieden war, im Gefängnis zubringen musste.

Kaum war sie umgezogen, begann der SPD-Parteitag in Jena, der im Schatten zunehmender internationaler Konflikte stand, die gerade mit der zweiten Marokkokrise einen neuen Höhepunkt erreicht hatten. Das Kanonenboot *Panther*, eigentlich auf dem Weg zur Generalüberholung nach Deutschland, war auf Weisung des Auswärtigen Amtes am 1. Juli 1911 vor Agadir vor Anker gegangen. Großbritannien wollte verhindern, dass die Deutschen dort eine Flottenbasis errichteten, und reagierte sofort. Die britische Regierung ordnete eine Probemobilmachung an und stellte sich auf die Seite Frankreichs, zu dessen Einflussbereich Südmarokko gehörte. Es ergab sich eine ähnliche Konstellation wie schon bei der ersten Marokkokrise 1905/06, als die deutsche Reichsleitung auch vergeblich gehofft hatte, einen Keil zwischen Großbritannien und Frankreich treiben zu können, deren unterschiedliche Interessen in Afrika durchaus auch Konfliktstoff bargen. Der »Panthersprung nach Agadir« war geeignet, in einer ohnehin angespannten internationalen Atmosphäre akute Kriegsängste auszulösen.[1212]

Die zweite Marokkokrise erregte die Gemüter in Deutschland außerordentlich. Das galt sowohl für die Alldeutschen, die Anhänger einer aktiven Kolonialpolitik und andere Nationalisten als auch im umgekehrten Sinne für bürgerliche Pazifisten und vor allem die internationalistische Arbeiterbewegung. Sozialdemokraten und Gewerkschaftsvertreter organisierten angesichts der drohenden Kriegsgefahr große Kundgebungen und Versammlungen, zu denen oftmals auch Vertreter aus den anderen in die Krise involvierten Ländern eingeladen waren. Ähnlich gab es auch in London und Paris Veranstaltungen mit ausländischer Beteiligung. So demonstrierten zum Beispiel am 13. August 1911 mehrere Tausend Menschen auf dem Londoner Trafalgar Square gemeinsam mit französischen Arbeitern gegen die Kriegstreiberei.

Die durch den »Panthersprung« ausgelöste diplomatische Krise beschäftigte auch die Sozialistische Internationale. Am 6. Juli verschickte Camille Huysmans, der belgische Sekretär, ein Rundschreiben an alle Mitglieder des ISB und fragte sie, »ob sie der Meinung sind, dass es Zeit ist, eine Zusammenkunft von Delegierten der Sozialistischen Parteien Deutschlands, Frankreichs, Spaniens und selbst auch Großbritanniens einzuberufen«.[1213] Als der Brief in Berlin eintraf, hielt Hermann Molkenbuhr Stallwache. Bebel war in Zürich, wo er schon seit den späten 1890er-Jahren überwiegend lebte, Paul Singer kurz zuvor verstorben, andere Mitglieder des engeren Parteivorstands im Urlaub. Molkenbuhr, der auch dem ISB angehörte, antwortete umgehend, betonte aber zu Beginn seines Schreibens, dass es sich um seine persönliche Meinung handle. Seine Antwort war zögerlich. Am 12. Januar 1912 wurde ein neuer Reichstag gewählt, und vieles deutete darauf hin, dass die in den letzten Jahren noch einmal mächtig gewachsene SPD, die größte Arbeiterpartei der Welt, bei den Wahlen einen großen Sieg einfahren würde und so die bei den »Hottentottenwahlen« 1907 erlittene Niederlage wettmachen könnte. In dieser Situation war die Partei sehr zurückhaltend, wenn es darum ging, sich auf das glatte Parkett der Außenpolitik locken zu lassen. Man glaubte nicht wirklich an die Kriegsgefahr und vermutete eher, mit dem »Panthersprung« wolle die Reichsleitung von innenpolitischen Auseinandersetzungen und Problemen ablenken.[1214] Molkenbuhr schloss sein Schreiben mit der Bemerkung: »Ich glaube daher, dass wir vorläufig mit der Besprechung noch warten können.«[1215] Das war eine dilatorische, aber angesichts der Umstände keineswegs unverständliche Antwort, getragen von der von vielen Sozialdemokraten geteilten Überzeugung, dass Wählerstimmen ein wirksameres politisches Kampfmittel seien als Massenstreiks. Nachdem Huysmans aus London, Paris und Madrid Antwortschreiben erhielt, die der Idee einer Konferenz des ISB aufgeschlossen gegenüberstanden, teilte Bebel am 10. Juli aus Zürich mit, dass auch er die Absicht habe, daran teilzunehmen, schrieb dann allerdings zwei Tage später: »Die Marokkokrise hat neuerdings einen Charakter angenommen, dass mir zunächst eine Konferenz des Internationalen Sozialistischen Büros nicht empfehlenswert erscheint.«[1216] Diese Kehrtwendung nahm Huysmans zum Anlass, das Thema auf die nächste Jahressitzung des ISB zu vertagen.

Rosa Luxemburg gehörte dem ISB als Vertreterin der SDKPiL an und kannte deshalb wie alle anderen Mitglieder die zitierte Korrespondenz. Diesen Umstand nutzte sie zu einer höchst zweifelhaften Aktion. Sie veröffentlichte Molkenbuhrs Brief, was »eine bisher in der Parteigeschichte noch nicht da gewesene Indiskretion«[1217] war, wobei sie die Sache noch zuspitzte, indem sie den ersten und den letzten Satz des Briefes wegließ und so den Eindruck zu erwecken suchte, es handle sich um eine definitive Stellungnahme des Parteivorstands und nicht um die vorläufige Einschätzung eines Einzelnen, dessen Arbeitsfeld zudem Sozial- und nicht Außenpolitik war. Außerdem publizierte sie den Brieftext nicht als einzelnes Dokument, sondern im Rahmen eines eigenen Artikels »zugleich mit gehässig geschriebenen Angriffen auf das Zögern des Parteivorstands«.[1218] Das war ein Vorgehen, das ihr selbst vonseiten der radikalen Linken nur verhaltenen Beifall eintrug. Der biedere Molkenbuhr setzte sich gegen diesen perfiden Angriff nicht zu Wehr und brachte so seine Vorstandskollegen in eine missliche Lage. Bebel klagte seinem Freund Adler: »Die Luxemburg hat sich dieses Mal wirklich schandbar benommen. Es wäre gar nicht so weit gekommen, wenn nicht Molkenbuhr ein Leimsieder wäre. So lässt er das Frauenzimmer lügen und antwortet öffentlich kein Wort.«[1219] In ihrem Artikel »Um Marokko«, der in der *LVZ* erschien,[1220] machte sie den Vorstand der SPD dafür verantwortlich, dass die außerordentliche Sitzung des ISB nicht zustande gekommen war und infolge dessen auch die Idee einer »internationale[n] Kundgebung des Sozialismus gegen das eingeleitete militaristische Kolonialabenteuer«[1221] nicht weiterverfolgt wurde. In den folgenden Tagen veröffentliche Luxemburg weitere Attacken auf den Vorstand, der in der Frage, wie auf die Marokkokrise zu reagieren sei, trotz wiederholter Beratungen zu keiner einheitlichen Meinung fand.[1222] Es entspann sich vor aller Öffentlichkeit ein unerquicklicher Meinungsstreit. Wenn Luxemburg dem Parteivorstand Untätigkeit vorwarf,[1223] so reagierte dieser mit einer Erklärung im *Vorwärts*: »In einem R. L. gezeichneten Artikel der ›Leipziger Volkszeitung‹ Nr. 174 werden eine Reihe unwahrer Behauptungen über das Verhalten des Parteivorstandes während der Marokkokrise aufgestellt, auf die eine Erwiderung nötig ist, weil sie in Parteiversammlungen weiterkolportiert wurden.«[1224] Darauf reagierte Luxemburg dann wiederum mit einer Gegendarstellung, was die Gräben weiter vertiefte.[1225]

Als Anfang August in einer außenpolitisch eher ruhigen Phase die nationalistischen Verbände und die ihnen nahestehenden Zeitungen ihre Hetze gegen England weiter steigerten und damit zunehmend auch die deutsche Reichsleitung[1226] angriffen, sah der SPD-Vorstand den Moment zum Handeln gekommen. Am 9. August erschien ein Aufruf im *Vorwärts*, der die Einberufung des Reichstages forderte und außerdem zu weiteren Kundgebungen gegen die Kriegsgefahr aufrief. Der Aufruf schloss mit der optimistischen Feststellung: »Gegen den Willen der breiten Volksmassen ist heute kein Krieg mehr möglich.«[1227] Von Mitte August bis in die erste Septemberhälfte fand eine Welle öffentlicher Massenversammlungen statt.[1228] Gleichzeitig hatte der Vorstand bei Karl Kautsky eine Flugschrift in Auftrag gegeben, die Mitte August unter dem Titel *Weltpolitik, Weltkrieg und Sozialdemokratie!* erschien.[1229] Der Autor wurde nicht genannt, was wohl den offiziellen Charakter der Publikation unterstreichen sollte. Der überraschend temperamentlose Text, der sich im Wesentlichen in der Beschreibung der weltpolitischen Lage und der Feststellung erschöpfte, dass die SPD die einzige wirkliche Friedenspartei sei, wurde umgehend zum Gegenstand einer neuen Kontroverse. Luxemburg unterzog ihn einer schonungslosen Kritik und behauptete, das Flugblatt mache »infolge seiner allgemeinen entsetzlichen Flachheit mehr den Eindruck einer sozialdemokratischen Kannegießerei als einer sozialdemokratischen Analyse großer Probleme«.[1230] Kautsky antwortete darauf im *Vorwärts* mit einer Stellungnahme, die eine ganze Zeitungsseite ausfüllte. Er hob zu Beginn darauf ab, dass es höchst ungewöhnlich sei, der Partei, die gerade eine große Aktion in Werk setze, derart in die Parade zu fahren, setzte sich dann ausführlich mit Luxemburgs sachlichen Einwänden auseinander und stellte abschließend fest: »Aber wenn man seinen ganzen Scharfsinn dazu aufwendet, um Kundgebungen der Partei in einer Weise zu entstellen und grundlos zu verdächtigen, dass die Welt den Eindruck erhält, jetzt, in dieser entscheidenden Krise versage die Partei vollständig, zeige sie sich völlig hilflos und unfähig und verleugne sie ihre Grundsätze [...], dann versündigt man sich auf das frevelhafteste gegen das Wohl der Partei.«[1231] Luxemburg antwortete gleich am nächsten Tag, ging allerdings nicht auf den Inhalt von Kautskys Artikel ein, sondern beschränkte sich darauf, gleich fünf verschiedene Gründe dafür anzuführen, dass sie unmöglich habe ahnen können, dass er der Autor der Flugschrift war, während er in seiner Entgegnung behauptet hatte, seine Autorschaft sei unschwer zu erkennen gewesen.[1232] Wir dürfen aber davon ausgehen, dass Luxemburg es tatsächlich nicht geahnt hatte, denn sie schrieb Jogiches: »Ein schrecklicher Reinfall: Ich habe das Flugblatt des Vorstands zur Marokkofrage unbarmherzig heruntergemacht, heute stellt sich heraus, dass das K. K. geschrieben hat!! Es war aber eine Dürftigkeit erster Klasse, und ich hatte nicht die geringste Ahnung, dass er das ist.«[1233]

Die Kontroverse zog weitere Kreise und vertiefte den Riss zwischen der kleinen Gruppe der Linksradikalen und dem marxistischen Zentrum. Clara Zetkin solidarisierte sich mit ihrer Freundin und schrieb Kautsky zu seiner Erwiderung auf Luxemburgs Kritik: »Diese Antwort macht es mir unmöglich, noch länger freundschaftliche Beziehungen mit Dir zu unterhalten. Ich weiß auf das Positivste, dass R[osa] keine Ahnung davon gehabt hat, dass Du der Verfasser des Flugblatt[es] seiest. Und ich füge hinzu: Hätte sie es gewusst, so wäre es ihre Pflicht gewesen, noch viel schärfer zu kritisieren, denn wenn K[arl] K[autsky] etwas offiziell, im Auftrag der Partei schreibt, so muss man andere Maßstäbe daran legen, als wenn Hinz oder Kunz es tut.«[1234] Bebel war ebenfalls nicht erbaut über Kautskys übermäßig ausführliche und irgendwo auch wehleidige Antikritik: »Und wenn Dir nun die Rosa, wie ich annehme, wieder antwortet, willst Du dann abermals losgehen? Mach doch nur diese Dummheit nicht. Die Luxemburg ist dem Vorstand gegenüber in einem unzurechnungsfähigen Zustand, sie haut blind auf alles, was vom Vorstand kommt oder nicht kommt.«[1235] Es war eine Auseinandersetzung mit etwas ungleichen Waffen. Kautsky stand der *Vorwärts*, das offizielle Organ der Partei zur Verfügung, jene Zeitung, in der Luxemburg noch wenige Jahre zuvor fast täglich geschrieben hatte. Jetzt dagegen konnte sie schon dafür dankbar sein, dass wenigstens die *Leipziger Volkszeitung*, immerhin das wichtigste Sprachrohr des linken Flügels, ihr nach wie vor ihre Spalten öffnete. Dafür, dass das so blieb, garantierte vor allem Paul Lensch, der damals Chefredakteur der *LVZ* und neben Luxemburg, Parvus und Mehring einer der Wortführer der antirevisionistischen Linken war. Es lag eine gewisse Ironie darin, dass in einer Zeit, in der Luxemburg im *Vorwärts* nicht mehr zu Wort kam, ausgerechnet Eduard Bernstein dort wieder ein geschätzter Autor war. Er hatte lange in England gelebt und galt zu Recht als Kenner der deutsch-englischen Verhältnisse. Aus Bernsteins Feder stammten die wichtigsten Beiträge, die der *Vorwärts* in jenen Wochen zur Marokkokrise brachte.[1236]

Der Höhepunkt der mehrwöchigen Welle von Antikriegsdemonstrationen wurde am Sonntag, den 3. September, erreicht. Zwei Tage zuvor erschien ein Aufruf im *Vorwärts*:

> Volk von Berlin!
> Gestalte die Demonstration am Sonntag zur machtvollsten Kundgebung Deines unerschütterlichen Friedenswillens!
> Marokko ist nicht die Knochen eines einzigen deutschen Arbeiters wert!
> Nieder mit den Kriegshetzern!
> Hoch die Solidarität mit unseren englischen und französischen Brüdern![1237]

Am 4. September erschien eine vierseitige Extraausgabe des *Vorwärts* mit einer umfassenden Berichterstattung über das Ereignis. Dort hieß es: »Die Kundgebung der Berliner Arbeiter im Treptower Park ist sicherlich die größte Friedensdemonstration, die die Welt gesehen hat.«[1238] Ob dieser Superlativ im Wortsinne zutreffend ist, kann dahingestellt bleiben. Es war jedenfalls die bis dahin größte Friedensdemonstration der damaligen Zeit. Mehr als 200 000 Menschen hatten sich im Treptower Park versammelt, um gegen die Kriegsgefahr zu demonstrieren. Es gab insgesamt zehn verschiedene Einzelkundgebungen, mit jeweils eigenen Rednertribünen. Sie waren in einem großen Oval im westlichen Teil des Treptower Parks angeordnet. Bei jeder der Kundgebungen sprachen zwei Redner. Dabei marschierte die Parteiprominenz auf, unter anderem sprachen Eduard Bernstein, Karl Liebknecht, Hermann Molkenbuhr, Heinrich Schulz und Arthur Stadthagen, nicht aber die einstmals auch vom Parteivorstand geschätzte und für ihre rhetorischen Fähigkeiten zu Recht gerühmte Rosa Luxemburg.

Wenige Tage später, am 10. September 1911, begann in Jena der SPD-Parteitag. Offiziell standen neben den üblichen Berichten des Parteivorstands und der Reichstagsfraktion nur die Themen Reichsversicherungsordnung und Reichstagswahlen auf der Tagesordnung, außerdem –

wie jedes Jahr – die Maifeier. Tatsächlich aber waren die Beratungen geprägt von der Debatte über die Marokkokrise, die zu einer lebhaften Kontroverse zwischen Bebel und Luxemburg führte. Bebel hatte lange seine schützende Hand über Rosa Luxemburg gehalten, deren große Begabung er früh erkannt hatte, und sie gegen manche Kritik auch aus den Reihen seiner Freunde verteidigt. Doch das war inzwischen Vergangenheit. Bebel, der seit Langem schwer herzkrank war und nur noch weniger als zwei Jahre zu leben hatte, verbrachte den größten Teil seiner Zeit in Zürich. Seine Frau Julie, die er sehr geliebt hatte, war 1910 verstorben. Obwohl seine Kräfte langsam nachließen, war er nach wie vor Parteivorsitzender und Reichstagsabgeordneter und versuchte, so gut er es vermochte, die Partei zusammenzuhalten. Gegen den Rat seiner Ärzte nahm er nach wie vor an den Parteitagen teil, und in Jena gelang es dem gewieften Taktiker, Luxemburg, deren Kritik er insgeheim so unberechtigt nicht fand, weitgehend zu isolieren. Bebel hielt die Hauptreferate zu den beiden wichtigsten Themen, der Marokkokrise und den Reichstagswahlen, und dominierte mit enormem persönlichem Einsatz die Verhandlungen. Hinterher bekannte er, dass ihn noch kaum je ein Parteitag so angestrengt habe wie dieser.[1239] Luxemburg fuhr schon am 7. September nach Jena, denn an den beiden Tagen vor dem Parteitag fand die Frauenkonferenz statt. Sie hatte diesmal ein Mandat des westfälischen Wahlkreises Hagen-Schwelm bekommen, und die Parteiorganisation dort hatte es etwas zu gut gemeint: »Denk Dir, ich bin weiblich geworden. Die Hagener haben mir auch ein Mandat zur Frauenkonferenz gegeben, ich muss also hin, wenn ich auch nicht weiß, was ich dort reden soll. Du wirst mir schon sagen.«[1240] Die so angeschriebene Clara Zetkin wusste offenbar keinen rechten Rat. Jedenfalls sagte Luxemburg auf der Frauenkonferenz nichts, nahm aber immerhin teil. Dabei muss es für sie sehr ungewohnt gewesen sein, Verhandlungen zu lauschen, bei denen es – unter anderem – um Kochunterricht, Krankenkassenwahlen, Säuglingsfürsorge, Schularztfrage, Sittliche Gefahren für Arbeiterinnen, Stillprämien, Weibliche Parteisekretäre und Witwenverhöhnung ging.[1241]

Im August hatte Bebel an Victor Adler geschrieben: »Wahrscheinlich werde ich mit der Lux.[emburg] in Jena zusammenstoßen. Freut Dich natürlich.«[1242] Das war keine besonders gewagte Prognose. Im Grunde stieß er mit ihr schon vor dem Parteitag zusammen, denn am 31. August brachte die SPD eine achtseitige Dokumentation des Schriftverkehrs heraus, die explizit gegen Luxemburg gerichtet war und ihr »grobe Indiskretion« und »grobe Irreführung« vorwarf.[1243] Die Angegriffene ließ es sich natürlich nicht nehmen, sich in ihrem ersten Redebeitrag auf dem Parteitag ausführlich damit auseinanderzusetzen.[1244] Es ging dabei unvermeidlicherweise immer wieder um dieselben Themen: wie der Brief Molkenbuhrs zu bewerten war, ob es eine Indiskretion war, ihn zu veröffentlichen, was Huysmans zu Bebel über Luxemburg gesagt hatte, ob der Parteivorstand zu spät aktiv geworden war oder nicht usw. usf. Luxemburg ging mit der ihr eigenen Eloquenz zum Angriff über: »Ich muss mich wundern, dass der Parteivorstand, der ein so langes Sündenregister hat, hier mit Anklagen auftritt. (Lachen.)«[1245] Sie schloss mit den Worten: »Ich verzeihe Euch und gebe Euch den väterlichen Rat (Bebel: ›Den mütterlichen Rat.‹ Große Heiterkeit.): Bessert Euch! (Lebhafter Beifall und Widerspruch.)«[1246] Bebel wies in seiner ausführlichen Erwiderung Luxemburg nach, dass sie doch die Dinge in sehr eigenwilliger Art und Weise dargestellt habe, und konnte angesichts ihres etwas übertrieben selbstbewussten Auftretens leicht die Rolle des ehrlichen Maklers übernehmen: »Da appelliere ich nun an den ganzen Parteitag, da appelliere ich an die ganze Partei und frage: hat die Genossin Luxemburg damit nicht eine ganz falsche Darstellung von der Sache gegeben? (Stürmische Zustimmung, Rufe: Es ist eine Niedertracht!)«[1247] Auch Molkenbuhr sprach für den Vorstand, und anschließend verteidigte sich Luxemburg in einem zweiten Redebeitrag noch einmal gegen die Kritik der beiden.[1248] Am Ende warf sie Bebel vor, dass er für seine Rede vor allem Beifall von den süddeutschen Parteigliederungen bekommen habe, was großen Unmut auslöste.

Zur Marokkofrage hatte der Vorstand eine Resolution vorbereitet, die aus Luxemburgs Sicht nur die gegenwärtige Kriegsgefahr ansprach, aber nicht den grundsätzlichen Zusammenhang zwischen Krieg und Kapitalismus und deshalb als »Leitstern in der Massenagitation gegen die bürgerliche Gesellschaft«[1249] nicht ausreichte. Sie brachte deshalb, unterstützt von Gustav Hoch und Clara Zetkin, ein Amendement zu der Resolution ein, das jedoch, ebenso wie drei andere Amendements, von der Mehrheit der Delegierten abgelehnt wurde. Die Resolution des Parteivorstands fand dagegen in ihrer ursprünglichen Fassung einmütige Zustimmung.[1250]

Eduard Bernstein beteiligte sich auf diesem Parteitag ebenfalls immer wieder an der Debatte und hatte diesmal den Beifall der Mehrheit auf seiner Seite. Er verteidigte Molkenbuhr, kritisierte den England-Korrespondenten des *Vorwärts*, der mit manchen Artikeln der Englandhetze der nationalistischen Blätter gefährlich nahe gekommen war, und stellte mit Erfolg den Antrag, noch vor den Reichstagswahlen solle eine Broschüre publiziert werden, »welche gegenüber den Bestrebungen, England und Deutschland zu verhetzen, die großen gemeinsamen Interessen der arbeitenden Klassen beider Länder an der Erhaltung und Festigung der friedlichen Beziehungen zwischen ihnen darlegt und das Falschspiel der Hetzer aufdeckt«.[1251] Am Rande des Parteitages wurde außerdem auch wieder über das russische Parteivermögen verhandelt. Der Menschewist Pawel Axelrod war als Vertreter der SDAPR nach Jena gekommen und sprach auch ein sehr höfliches Grußwort, in dem er betonte, was für eine großartige Lehrmeisterin die SPD für seine Partei sei.[1252] In seiner Begleitung war Trotzki, der am Parteitag aber nicht teilnahm. Die beiden verhandelten mit Kautsky, der inzwischen der Meinung war, die Blockadeentscheidung vom Sommer sei ein Fehler gewesen, und zu Auszahlungen von Geldern aus dem von der Partei geerbten Vermögen bereit war. Aber Zetkin stellte sich quer. Sie war lediglich bereit, 10 000 Franken an die Lenin-Jogiches-Gruppe auszuzahlen, das sogenannte Organisationskomitee zur Einberufung einer Parteikonferenz, was bei Trotzki einen regelrechten Wutanfall auslöste: »Aber die Zetkin macht, was Rosa für Recht befindet. [...] Es ist wirklich die tiefste Erniedrigung für die russ[ische] S[ozial-]D[emokratie] eingetreten, wo Klara, durch Rosa ›informiert‹, Parteiinstitutionen vernichtet und neue ins Leben ruft. Pfui, Teufel!«[1253]

Rosa Luxemburg war noch keine Woche zurück in Berlin, da musste sie schon wieder nach Zürich fahren, wo am 23./24. September das ISB tagte. Erneut kam es zu scharfen Auseinandersetzungen mit Bebel und

Molkenbuhr, über die wir aber nichts Genaues wissen, weil das Protokoll der Debatte nicht veröffentlicht wurde.[1254] Allerdings berichtete Luxemburg, ihr vom Parteitag abgelehntes Amendement sei in Zürich einstimmig angenommen worden. Verabschiedet wurde dort außerdem eine von ihr vorgelegte Resolution zur Lebensmittelteuerung, was damals ein großes Thema war. Die arbeitende Bevölkerung sollte sich den sozialistischen Parteien anschließen, um so das Heer des klassenbewussten Proletariats in seinem Kampf gegen die Teuerung zu stärken.[1255]

Am 26. September, einen Tag nach ihrer Rückkehr, übernahm Luxemburg die Berichterstattung über den Jenaer Parteitag im Wahlkreis Charlottenburg. Verständlicherweise schilderte sie die Ereignisse aus ihrer Sicht, sprach auch die Punkte an, bei denen es Differenzen gegeben hatte, brachte aber gleichzeitig »ihre volle Befriedigung mit dem Resultat des diesjährigen Parteitages« zum Ausdruck. In ihrem Schlusswort übte sie noch einmal ausdrücklich Kritik an den Revisionisten und betonte außerdem, dass es bei den bevorstehenden Reichstagswahlen nicht darum gehen könne, dem »schwarz-blauen Block«, also dem Bündnis von Zentrum und Konservativen, eine Niederlage zu bereiten, denn das wollten auch die Liberalen, »sondern dass es auf den Sturz der gesamten Reaktion in Deutschland ankomme«. Und zur Reaktion gehörte für Luxemburg nun einmal das gesamte nichtsozialdemokratische Parteilager. In diesem Punkt war sie zu keinerlei taktischen Kompromissen bereit.

Am 29. September 1911 griffen die Italiener das Osmanische Reich an. Italien war ähnlich wie das Deutsche Reich erst in bescheidenem Maße zu Kolonialbesitz in Afrika gekommen. Umso verlockender erschien es, von der erkennbaren Schwäche des Osmanischen Reiches zu profitieren und dessen umfangreiche Besitzungen in Nordafrika anzugreifen. Der italienisch-türkische Krieg endete nach einem Jahr mit einem Sieg Italiens, der dem Land mit Tripolitanien und Cyreneika zwei neue Kolonien einbrachte. Rosa Luxemburg sprach bald nach Kriegsausbruch in Stuttgart auf einer Versammlung. Ihre Rede hatte den prophetischen Titel »Dem Weltkrieg entgegen«.[1256] Sie betonte, dass dies der erste Krieg sei, der aus rein imperialistischem Interesse stattfinde: »In der Türkei und in Italien gibt es große arbeitende Massen, die von einer Hand voll Kapitalisten ausgebeutet werden. […] Der jetzige Krieg ist nur der Anfang von weiteren, die einen Weltkrieg heraufbeschwören müssen. Die Balkanländer Griechenland, Bulgarien, Serbien, Rumänien werden ebenfalls diesen Krieg benutzen wollen, um auf ihre Rechnung zu kommen.«[1257] Das war eine ganz zutreffende Vorhersage. Tatsächlich schlossen sich die beiden Balkankriege im Oktober 1912 ganz unmittelbar an den italienisch-türkischen Krieg an. Nur der Erste Weltkrieg war das noch nicht. Luxemburg beließ es bei dieser einen Veranstaltung und reiste anschließend gemeinsam mit Kostja Zetkin für einige Wochen in die korsische Hafenstadt Bastia, um sich von den Strapazen der letzten Monate zu erholen.[1258] Mutter Clara hatte in dieser Zeit die ehrenvolle Aufgabe, die Wohnung in Südende und Mimi zu hüten. Wir dürfen davon ausgehen, dass Rosa und Kostja sich in dieser Zeit wieder näher gekommen sind. In der Zeit danach ist die Korrespondenz wieder von großer Innigkeit geprägt. Während Jogiches mit drei dürren Zeilen abgefertigt wird und – selbstverständlich ohne Anrede und Grußformel – den Auftrag erhält, zwei fehlende Bücher zu besorgen, schrieb sie anschließend an Kostja: »Juju, Liebling, ich sitze jetzt allein und habe Heimweh nach Dir. Mimi ist meine liebe Freundin, sie liegt im Stuhl zusammengerollt und schläft, wenn ich sie nicht hätte, wäre ich noch trauriger.« Und am Ende heißt es dann: »Ich freue mich, dass Du jeden Tag zum Laufen kommst und dass Du in der Morgendämmerung im Garten nackt spazieren gehst.«[1259]

Die zweite Marokkokrise kam am 4. November 1911 zu einem – aus deutscher Sicht wenig ruhmreichen – Ende. Das Deutsche Reich musste die französische Position anerkennen und verzichtete auf alle Ansprüche in Marokko. Das war besonders enttäuschend, weil Paris mit englischer Unterstützung schon in der ersten Marokkokrise 1905/06 seine Interessen geschickt gegen Deutschland durchgesetzt hatte. Vor allem die Gemüter der Alldeutschen und der Imperialisten gerieten darüber in Wallung, die ohnehin argwöhnten, Deutschland sei bei dem sogenannten Wettlauf um Afrika unzumutbar ins Hintertreffen geraten und lasse sich von den anderen Kolonialmächten übervorteilen. Dass die Franzosen dem Deutschen

Reich im Gegenzug mit Neukamerun (Deutsch-Kongo) einen Teil ihrer Kongo-Kolonie in Äquatorial-Afrika überließen, wurde als ganz unzureichende Kompensation angesehen. Obwohl im Hinblick auf langfristige Expansionsziele in Mittelafrika keineswegs bedeutungslos, erklärten die Nationalisten diese Gebiete für ödes, von der Schlafkrankheit geplagtes Sumpfland und sprachen hämisch vom »Schlafkongo«. Dieselben Kräfte hatten den Panthersprung nach Agadir begeistert begrüßt. Sie wollten nicht wahrhaben, dass das unbeholfene Säbelrasseln nur die außenpolitische Isolation Deutschlands verstärkte und den Schulterschluss der anderen europäischen Großmächte förderte. Über das Marokko-Kongo-Abkommen wurde am 9. und 11. November im Deutschen Reichstag debattiert, wobei die konservativen Parteien Reichskanzler Bethmann Hollweg mit heftiger Kritik überzogen, weil er nicht mehr erreicht hatte. Einzig die Sozialdemokraten unterstützten die Reichsleitung, die das Spiel mit dem Feuer gerade noch rechtzeitig beendet hatte. August Bebel hielt an beiden Tagen der Debatte große Reden; es waren seine letzten Auftritte im Deutschen Reichstag. Zum ersten Mal verteidigte die SPD in einer außenpolitischen Debatte den Reichskanzler, verlangte aber zugleich, dass das Abkommen vom Reichstag ratifiziert werden müsse. Diese Forderung nach einer Parlamentarisierung des Deutschen Reiches wurde von der Freisinnigen Volkspartei und dem Zentrum nachdrücklich unterstützt. Diese drei Parteien waren dieselben, die 1917 aus der Mitte des Reichstags eine Initiative für einen Verständigungsfrieden starteten und die 1919 die Weimarer Koalition bildeten. Es waren die Kräfte, die bereit und in der Lage waren, den überfälligen Demokratisierungsprozess voranzubringen.

August Bebel war der Überzeugung, dass trotz der gerade erfolgten Beilegung der akuten Krise die Kriegsgefahr gewachsen war: »Es kann auch kommen, wie es zwischen Japan und Russland gekommen ist; eines Tages kann die eine Seite sagen: das kann nicht so weiter gehen. Sie kann auch sagen: halt, wenn wir länger warten, dann geht es uns schlecht, dann sind wir der Schwächere statt der Stärkere. Dann kommt die Katastrophe. Alsdann wird in Europa der große Generalmarsch geschlagen, auf den hin

16 bis 18 Millionen Männer, die Männerblüte der verschiedenen Nationen, ausgerüstet mit den besten Mordwerkzeugen, gegeneinander als Feinde ins Feld rücken.«[1260] Auf den großen Generalmarsch würde aber »der große Kladderadatsch« folgen. Den Konservativen hielt Bebel vor, »ihrer eigenen Staats- und Gesellschaftsordnung das Totenglöcklein zu läuten«. Die Folgen seien Massenelend, Arbeitslosigkeit und Hungersnot. Diese im Kern zutreffende Prognose provozierte in den Reihen der Konservativen den bemerkenswerten Zwischenruf: »Nach jedem Kriege wird es besser!«[1261] Für diese Auffassung hätte man sieben Jahre später wohl nicht mehr viele Gewährsleute gefunden.

Am 12. Januar 1912 fand der erste Wahlgang zum 13. Deutschen Reichstag statt. Luxemburg tat in den letzten Wochen alles dafür, ihren Beitrag zu einem guten Ergebnis zu leisten. Zwischen dem 1. und dem 19. Dezember sprach sie auf 14 verschiedenen Versammlungen, das Thema lautete stets »Die politische Lage und die Sozialdemokratie«.[1262] Dabei hielt sie sich gegebenenfalls auch mit brachialen Mitteln fit: »Ich fühle mich nicht gut, gestern kriegte ich eine scheußliche Migräne, die noch andauert, zur Versammlung muss ich mich dann mit mehreren Aspirintabletten und vier bis fünf Glas Tee aufputschen. Im Saal sehe ich dann so frisch aus, dass alle staunen, rede zwei Stunden aus voller Kraft, nachher liege ich aber bis 5 Uhr, ohne einschlafen zu können – und stehe wieder mit Migräne auf.«[1263] Der unermüdliche Einsatz für die Partei hielt sie keineswegs davon ab, zugleich auch weiterhin ihre eigene Agenda zu verfolgen: »Gestern hier in der grandiosen Versammlung [...] habe ich scharf gegen Bebel gesprochen, und die Leute stimmten begeistert zu. Nächste Woche rede ich ebenso in Berlin im I. Wahlkreis, womöglich noch schärfer.«[1264] Diese Bemerkung bezog sich auf ihren letzten Auftritt im alten Jahr, am 19. Dezember im I. Berliner Reichstagswahlkreis.[1265] Der *Vorwärts* berichtete über diese Veranstaltung und vermerkte auch getreulich »Tosende Zustimmung«, »Minutenlanger, tosender Beifall« und zum Schluss »Brausender, minutenlanger Beifall«. Nur ein missliebiges Thema fiel in der Berichterstattung der Parteizeitung ganz unter den Tisch, sodass Luxemburg sich zu einem Leserbrief veranlasst sah: »Völlig unerwähnt in dem sonst so sorgfältigen Bericht ist ein Passus meiner Rede geblieben, wo ich, auf die Frage unseres Verhaltens im Kriegsfalle eingehend, entgegen den Äußerungen unserer Fraktion im Reichstag erklärte, kein ernster Politiker könne zwar im Voraus versichern, die Sozialdemokratie würde im Kriegsfall einen Massenstreik machen, genauso wenig könne aber erklärt werden, wir würden in diesem Falle keinen Massenstreik machen.«[1266] Es entsprach Luxemburgs ausgeprägter Neigung zur Kompromisslosigkeit, solche Differenzen auch in der heißen Wahlkampfphase zu thematisieren, was umso bemerkenswerter war, weil die Frage eines möglichen Massenstreiks im Kriegsfall eigentlich nun wirklich kein Wahlkampfthema war. Aber aus ihrer Sicht kam ihm hohe Bedeutung zu, weil sie zutiefst davon überzeugt war, dass der Massenstreik ein unverzichtbares Mittel war, wenn es darum ging, die große Masse des Proletariats zum revolutionären Subjekt zu machen. Und das langfristige Ziel ihrer politischen Arbeit waren nicht Wahlsiege, sondern eine revolutionäre Umgestaltung der Verhältnisse.

Die Weihnachtstage verbrachte Luxemburg wieder bei Familie Zetkin in Sillenbuch. Am 2. Januar 1912 fuhr sie, nach einem Zwischenstopp in Berlin, nach Weimar[1267] und bestritt bis zum Wahltag dann noch einmal neun Termine. Die Wahl am 12. Januar erbrachte den erwarteten großen Erfolg. Auf die Kandidaten der SPD entfielen 4,25 Millionen Stimmen oder 34,8 Prozent; in der Arbeiterstadt Berlin erreichte die Partei sogar 75,3 Prozent.[1268] Insgesamt errangen die Sozialdemokraten 110 der 397 Sitze im Deutschen Reichstag und stellten erstmals die stärkste Fraktion, obwohl das Wahlsystem sie benachteiligte. Ein Vergleich macht dies deutlich: Das Zentrum bekam mit 16,4 Prozent nicht einmal halb so viele Stimmen, dennoch war die Fraktion mit 91 Abgeordneten nicht viel kleiner als die sozialdemokratische. Der schwarz-blaue Block hatte gleichwohl eine empfindliche Niederlage erlitten, während die drei Parteien der späteren Weimarer Koalition jetzt über eine deutliche Mehrheit von 243 von insgesamt 397 Sitzen verfügten, was bis auf Weiteres allerdings keinerlei praktische Folgen hatte, weil aus vielerlei Gründen eine Zusammenarbeit zwischen diesen Parteien nicht zur Debatte stand.[1269] Immerhin hatte es bei den Stichwahlen 1912 erstmals eine gewisse Zusammenarbeit zwischen der SPD und der 1910 neu gebildeten Fortschrittlichen Volkspartei[1270] gegeben. Den Stichwahlen kam große Bedeutung zu, denn im ersten Wahlgang war ein Kandidat nur dann erfolgreich, wenn er die absolute Mehrheit der Stimmen auf sich vereinigte. Das war 1912 nur in 207 Wahlkreisen der Fall, während es in 190 Wahlkreisen zur Stichwahl zwischen den erfolgreichsten Kandidaten des ersten Wahlganges kam.[1271] Die SPD war hier traditionell im Nachteil, weil sich, wenn ein Sozialdemokrat in die Stichwahl kam, die anderen Parteien üblicherweise gegen ihn verbündeten. 1912 kam es nun erstmals zu einem geheimen Stichwahlabkommen, das vorsah, dass die Fortschrittliche Volkspartei in 31 Wahlkreisen den Kandidaten der SPD unterstützte, während im Gegenzug die Sozialdemokraten sich verpflichteten, in 16 Wahlkreisen die fortschrittlichen Kandidaten zu unterstützen und »bis zur Stichwahl keine Versammlung abzuhalten, kein Flugblatt zu verbreiten, keine Stimmzettel den Wählern zuzustellen und am Wahltage selbst keine Schlepperdienste zu verrichten«[1272]. Für die Fortschrittliche Volkspartei waren solche Absprachen essenziell. Sie war eine neue, noch relativ kleine Partei und hatte im ersten Wahlgang kein einziges Reichstagsmandat gewonnen. Alle 42 Sitze eroberte sie erst in der Stichwahl. Die SPD profitierte weniger stark von dem Abkommen, weil nur ein relativ kleiner Teil der fortschrittlichen Wähler den Empfehlungen ihrer Partei folgte, den sozialdemokratischen Kandidaten zu unterstützen; die Mehrheit entschied sich dafür, Kandidaten bürgerlicher Parteien ihre Stimme zu geben, sodass die SPD auf diesem Weg nur wenige zusätzliche Mandate eroberte.[1273]

Rosa Luxemburg war eine vehemente Gegnerin des Stichwahlabkommens, da sie jegliche Zusammenarbeit mit bürgerlichen Parteien strikt ablehnte: »Nicht in grotesken Blockspekulationen mit den jämmerlichen liberalen Mandatsträgern, sondern in einer selbstständigen, kühnen und grundsätzlichen Klassenkampftaktik müssen wir der Internationale vordemonstrieren, wie die Partei des Proletariats parlamentarische Mittel für das revolutionäre Endziel der Sozialdemokratie auszunutzen vermag.«[1274] Hier artikulierten sich Konstanten ihres argumentativen Arsenals. In einer vierteiligen Artikelserie machte Luxemburg massiv Front gegen den Parteivorstand, kritisierte insbesondere, dass das Abkommen nicht publiziert worden war, und rechnete vor, dass man sozialdemokratische Grundsätze aufgegeben habe zugunsten eines bescheidenen Vorteils.[1275] Am 1. März sprach sie in Bremen, einer Hochburg der Linken. In ihrem Vortrag wiederholte sie ihre bekannten Angriffe gegen den Parteivorstand und die von ihm verfolgte Taktik.[1276] Auch in Berlin war das Stichwahlabkommen ein großes Thema. Am 17. März tagte in den Concordia-Festsälen[1277] die Generalversammlung der SPD von Groß-Berlin.[1278] Der Diskussionsbedarf war so groß, dass die Genossen zwei Wochen später erneut zusammenkamen, um die Aussprache fortzusetzen.[1279] Um diese zweite Versammlung möglichst gut vorzubereiten, wurden den Delegierten wichtige Zeitungsartikel zum Thema, darunter auch mehrere von Luxemburg, vorab als Sonderdruck zur Verfügung gestellt.[1280] Bei der Versammlung am 31. März kam sie dann auch selbst zu Wort und hielt ein weiteres Mal ein vehementes Plädoyer gegen das Stichwahlabkommen, das mit den Worten endete »bis hierher und nicht weiter«.[1281]

Mit dieser Kritik am Stichwahlabkommen, insbesondere an dessen Geheimhaltung, konnte Luxemburg in vielen lokalen Parteiorganisationen auf Zustimmung rechnen. Wenn es aber um ihre weitergehende Agenda ging – Massenstreiks zur Erkämpfung des Reichstagswahlrechts für die Wahlen zum preußischen Landtag, des Achtstundentages oder des Milizsystems –, dann befand sie sich sehr schnell mit einem Häuflein Gleichgesinnter in der Isolation.[1282] Dem neu gewählten Deutschen Reichstag gehörten nicht mehr 43 sozialdemokratische Abgeordnete an, sondern 110. Entsprechend wuchs das innerparteiliche Gewicht der Reichstagsfraktion, die nicht gerade ein Hort des linken Radikalismus war. August Bebel hatte sich immer bemüht, die »Balance zwischen Dogma und Pragmatismus« zu erhalten. Doch angesichts seiner schwindenden Kräfte hatte er nach 1911 zunehmend weniger Einfluss auf den Gang der Dinge, was dazu führte, dass sich das Gravitationszentrum der Partei zunehmend nach rechts verlagerte.[1283] Mit Friedrich Ebert wurde nach seinem Tod ein Mann Parteivorsitzender, den er nie als seinen Nachfolger hatte sehen wollen, weil er nach seiner Überzeugung politisch zu weit rechts stand.

Am 26. März 1912 druckte der *Vorwärts* unter der Überschrift »Aus dem russischen Parteileben«[1284] eine Mitteilung des ISB ab, der ein Bericht Lenins »über die gesamtrussische Konferenz der SDAPR«[1285] zugrunde lag, die schon früher erwähnte Konferenz im Januar 1912 in Prag, bei der sich die Partei nach der Verdrängung der Menschewiki als SDAPR (B) neu konstituierte. Lenin hatte diesen Bericht Anfang März an das ISB geschickt, das ihn am 18. März in einem Rundschreiben mit der Bitte um Nachdruck in der Parteipresse veröffentlichte. Der *Vorwärts* fügte der Veröffentlichung die Bemerkung an: »Ohne uns in die Organisationsstreitigkeiten unserer russischen Genossen einzumischen, müssen wir doch darauf aufmerksam machen, dass in dieser Mitteilung nur der Standpunkt einer Gruppe innerhalb der russischen Sozialdemokratie, und zwar der Leninschen Gruppe, zum Ausdruck kommt.«[1286] Dieser Anmerkung folgte ein Kommentar, der wesentlich länger war als Lenins Bericht und ebenfalls anonym publiziert wurde. Verfasst hatte ihn Leo Trotzki, der betonte, dass die überwältigende Mehrheit der Fraktionen innerhalb der SDAPR an der Parteikonferenz gar nicht teilgenommen hatte, weshalb er von einer Konferenz auch nur in Anführungszeichen sprechen wollte. Lenin verfasste umgehend eine Antwort auf diesen Kommentar und seinen Verfasser, in der er dessen Darstellung des Sachverhalts mit allen Anzeichen der Empörung zurückwies. Nachdem der *Vorwärts* den Text nicht abdrucken wollte, brachte er ihn als eigene Broschüre heraus.[1287]

Am 30. März erschien ein weiterer Text mit der Überschrift »Aus dem russischen Parteileben« im *Vorwärts*, wiederum anonym. Die Verfasserin war diesmal Rosa Luxemburg.[1288] Sie schoss noch heftiger gegen Lenin als Trotzki, sprach nicht von einer Parteikonferenz in Anführungszeichen, sondern von einer »angeblichen Parteikonferenz«. Trotzki hatte in seinem Kommentar die bevorstehende »Augustkonferenz« erwähnt, an der alle zu Lenin in Opposition stehenden Gruppierungen innerhalb der SDAPR teilnehmen sollten, »mit Ausnahme der Sozialdemokratie Polens und Litauens, deren Haltung in dieser Frage uns unbekannt ist«. Dem widersprach Luxemburg entschieden und verwies darauf, dass die SDKPiL Lenins Strategie schon zweimal verurteilt habe.[1289] Sie betonte: »Wir sind sowohl gegen die Spaltungsversuche von links wie gegen die Spaltungsversuche von rechts, sowohl gegen die unsinnige Faustpolitik der Ausschließungen im angeblichen Interesse des Radikalismus, wie gegen die Vorschubleistung der opportunistischen Zersetzungselemente der Bewegung im vermeintlichen Interesse der Toleranz. Solange nicht eine Parteikonferenz zustande kommt, die diese beiden Gesichtspunkte gleichmäßig berücksichtigt, wird Friede und Einigkeit in der russischen Bewegung nicht einkehren.«[1290] Von Friede und Einigkeit war allerdings auch Luxemburgs eigene Partei in jener Zeit weit entfernt.

Der im Berliner Exil residierende Hauptvorstand der SDKPiL hatte sich mit dem Warschauer Ortskomitee der Partei überworfen. Auf der »Spalterkonferenz« vom 10. Dezember 1911[1291] sagten die Warschauer sich offiziell von den Berlinern los, wobei auch das unversöhnliche Verhalten von Jogiches, dem Marchlewski vergeblich entgegenzuwirken versucht hatte, eine nicht zu unterschätzende Rolle spielte.[1292] Für die SDKPiL folgten Jahre des Schismas. (Erst im Herbst 1916 kam es zu einer Wiedervereinigung).[1293] Der Vorstand hatte den starken, durch zahlreiche Verhaftungen genährten, aber wohl unzutreffenden Verdacht, dass hinter der Abspaltung der Warschauer die Ochrana steckte. Er erklärte das Komitee der Abtrünnigen für aufgelöst und gründete ein neues, das der Hauptverwaltung gegenüber loyal war.[1294] Das Schisma trug erheblich dazu bei, das Verhältnis zwischen Luxemburg und Lenin endgültig zu zerrütten. Nachdem es schon oft veritable Meinungsverschiedenheiten zwischen den beiden gegeben hatte, war er fortan »nur noch ein rotes Tuch«[1295] für sie. Am 8. Juli 1912 teilte der Hauptvorstand der SDKPiL dem Sekretariat des ISB mit, dass das abgespaltene Warschauer Komitee der Partei nicht mehr angehöre und folglich auch nicht mehr zur SDAPR gehöre, deren autonomer Bestandteil die SDKPiL war.[1296] Daraufhin ging Lenin zum Gegenangriff über und wandte sich am 31. August 1912 ebenfalls an das ISB.[1297] Er betonte, der Hauptvorstand der SDKPiL gehöre der SDAPR gar nicht mehr an, weil er sich weder dem neuen im Januar 1912 in Prag gewählten ZK angeschlossen habe noch dem im August 1912 in Wien gebildeten Organisationskomitee. Gegen Lenins Bolschewiki hatten sich dort auf der Augustkonferenz Menschewiki, Bund, die Gruppe um Trotzki und die lettische Sozialdemokratie zu einem Organisationskomitee zusammengeschlossen, das bis 1914 Bestand hatte. Für die SDKPiL war Jogiches nach Wien gereist, verließ die Augustkonferenz jedoch schon nach einem Tag wieder, weil auch Vertreter der PPS-Lewica anwesend waren. Insofern fiel der Vorwurf der Berliner, die Warschauer gehörten der SDAPR gar nicht mehr an, auf sie zurück.

Lenin verteidigte das ursprüngliche Ortskomitee ausdrücklich und forderte das ISB auf, allen Mitgliedern des ISB dessen Stellungnahme[1298] sowie seinen Brief zur Kenntnis zu bringen. Luxemburg sandte am 20. Oktober eine Gegenerklärung an das Sekretariat des ISB, die so scharf formuliert war, dass Huysmans sich weigerte, sie in der vorliegenden Form weiterzuverbreiten. Zwei Tage später legte Luxemburg eine, wie sie meinte, moderatere Version vor. Die einzige Veränderung, die sie vorgenommen hatte, bestand darin, dass sie das Wort »Individuum« durch »Genosse« ersetzt hatte. So hieß es in der neuen Version: »Das Schriftstück Lenins ist ein letzter Skandal in einer ganzen Reihe von Skandalen dieses Genossen, deren Schauplatz bis jetzt die russische Bewegung war und die Lenin jetzt auch in die Internationale hineinzutragen beginnt.«[1299] Bei diesem »letzten Skandal« blieb es natürlich in keiner Weise, denn ausgestanden war die ganze Sache noch lange nicht, und Lenin und Luxemburg waren alles, nur keine timiden Naturen.

Der Fall Radek

In jener Zeit nahm auch eine andere Auseinandersetzung immer größere Ausmaße an, die sowohl die SDKPiL als auch die SPD jahrelang beschäftigte und die im Grunde genommen nur durch den Ausbruch des Ersten Weltkriegs an Dynamik verlor – der »Fall Radek«. Karl Radek, 1885 in Lemberg als Karol Sobelsohn geboren, galt zu Lebzeiten als »Alter Ego Lenins«, ist heute jedoch weithin vergessen, nachdem ihn Stalins Vernichtungsmaschinerie, die zu schaffen er selbst mitgeholfen hatte, zur Unperson gemacht hat. Der »Soldat der Weltrevolution«[1300] gehörte mit Ausnahme des »Proletariat« all den Parteien an, in denen auch Luxemburg aktiv war. Er begann seine politische Karriere in der PPS, schloss sich dann aber 1904 der SDKPiL an und war, ganz anders als Jogiches, mit einer großen schriftstellerischen Begabung gesegnet, die Luxemburg schon auffiel, bevor sie ihn kennenlernte: »Beachte, wie dieser Radek hervorragend für uns schreibt!«[1301] Wie Luxemburg stammte er aus einer jüdischen Familie, war aber nicht gläubig, wuchs in einer Familie auf, in der Deutsch gesprochen wurde, und fand bereits in seiner Schulzeit Anschluss an die sozialistische Bewegung. Bei aller Begabung trug er doch auch einiges dazu bei, dass Zeitgenossen ihm später Epitheta wie schmierig, gemein und zwielichtig zudachten.[1302] Als er im September 1905 bei Rosa Luxemburg um die Aufnahme in die SDKPiL nachsuchte, entschloss er sich deshalb, die Flucht nach vorn anzutreten und ihr seine »Jugendsünden« zu beichten: »[…] eine private Schuld nicht bezahlt, eine Parteirechnung, sei es im Betrage von einigen Kronen, nicht beglichen, kleine Lügen.«[1303] Dieses Sündenregister kam wieder aufs Tapet, als Luxemburg ihn loswerden wollte.

Beim Fall Radek greift vieles ineinander. Am Beginn stand die Göppinger Affäre. Nachdem er 1908 nach längerer Abwesenheit nach Deutschland zurückgekehrt war, studierte Radek eine Zeit lang in Leipzig und engagierte sich auf dem linken Flügel der SPD.[1304] Im Juli 1911 wurde August Thalheimer Redakteur der in Göppingen erscheinenden *Freien Volkszeitung*, der Radek zur Mitarbeit heranzog und sich zeitweilig auch von ihm vertreten ließ. Das seit 1910 erscheinende Blatt hatte mit finanziellen Schwierigkeiten zu kämpfen, für den Parteivorstand ein willkommener Anlass, den Redakteur zu entlassen, der »radikale revolutionäre Propaganda«[1305] getrieben hatte. Vor allem sein Artikel »Der Revolution entgegen«[1306] hatte Anstoß erregt. Angeblich war Thalheimers Entlassung die Voraussetzung für die Sanierung der Zeitung.[1307] Radek prangerte diesen »Parteiskandal« in der *Leipziger Volkszeitung*[1308] und der *Bremer Bürger-Zeitung*, den führenden linken Blättern, massiv an. Daraufhin attackierte ihn der Parteivorstand und beschuldigte ihn, gar kein Parteimitglied zu sein. Er wies die Vorwürfe immer wieder zurück, konnte seine Angaben zu seiner Mitgliedschaft aber nicht beweisen. Luxemburg hätte unter normalen Umständen angesichts seiner radikalen Positionen vielleicht Sympathien für Radek gehabt, aber bei der Spaltung der SDKPiL hatte er sich auf die Seite des Warschauer Ortskomitees geschlagen, was ihre bereits vorhandenen Vorbehalte in ungehemmte Ablehnung umschlagen ließ. Schon im April schrieb sie Kostja: »Radek gehört zum Typus Dirne, wir können mit ihm noch manches erleben, es ist deshalb besser, sich ihn vom Leibe zu halten.«[1309] Und als er sie in Berlin aufsuchte, war sie wenig erbaut: »Radek wird mit seinem Getue nur schaden.«[1310]

Ende August 1912 sprach Luxemburg beim Parteivorstand vor, verhandelte mit Hermann Müller, Philipp Scheidemann und Hugo Haase, der nach dem Tod von Paul Singer Parteivorsitzender geworden war. Es ging zum einen um die blockierten Geldmittel der SDAPR, zum anderen um den Fall Radek, der immer weitere Kreise zog: »Was Radek betrifft, so sind sie gut (für uns) gestimmt, sie halten Leder [Feinstein] etc. einfach für eine ›Mache‹ Radeks, die Bremer Kommission halten sie für ein Affentheater.«[1311] Feinstein setzte sich beim Vorstand der SPD für ihn ein. Auch die Bremer Sozialdemokraten verteidigten ihn vehement gegen alle Angriffe aus Berlin. Inzwischen hatte sich allerdings eine neue Front aufgetan, denn am 21. August 1912 hatte ein außerordentliches Parteigericht der SDKPiL Radek aus der Partei ausgeschlossen, wobei zur Begründung weit zurückliegende Vorfälle herhalten mussten wie »Entwendung eines Buches« oder »Entwendung von 300 Rubeln, die der Gewerkschaft gehörten«.[1312] Der Parteiausschluss wurde von Jogiches massiv betrieben, war in der SDKPiL aber alles andere als unumstritten.[1313] Dennoch stellte sich die SPD sehr deutlich gegen Radek. Sein Parteiausschluss wurde am 1. September im *Vorwärts* offiziell bekannt gegeben.[1314] Gleichzeitig versandte der Parteivorstand »Materialien zum Fall Radek« an die Parteisekretäre und die Presse. Am 1. Juli hatte er einen Aufnahmeantrag für den Bezirk Berlin-Wilmersdorf gestellt; am 6. September meldete der *Vorwärts*, dass der zuständige Wahlverein diesen Antrag abgelehnt hatte.[1315] Nachdem die

Parteizeitung sich außerdem bemüßigt gefühlt hatte, sein Pseudonym zu lüften und seine Wohnadresse öffentlich bekannt zu machen, fürchtete er Nachstellungen der preußischen Polizei und übersiedelte nach Bremen.[1316]

Jetzt meldete sich auch Rosa Luxemburg zu Wort mit einem Artikel mit dem beziehungsreichen Titel »Blinder Eifer«, der eigentlich in der *Bremer Bürger-Zeitung* erscheinen sollte. Doch diesmal verhielt es sich genau umgekehrt wie sonst. Die Bremer wollten den Text nicht bringen. Dafür brachte ihn nach anfänglichem Zögern der *Vorwärts*,[1317] dessen Lesern das zweifelhafte Vergnügen zuteilwurde, sich ein weiteres Mal ausführlich über innerpolnische Streitigkeiten informieren zu lassen, wobei Luxemburg die Gelegenheit wahrnahm, die Bremer ausdrücklich davor zu warnen, für Radek Partei zu ergreifen: »Durch derartig blinden Eifer nützt man der Sache des Radikalismus nicht, man kann ihr eher schaden.«[1318] Der Radikalismus bedürfe eines Radek nicht, denn erstens seien »die polnischen Wortführer ohne Ausnahme selbst Vertreter der radikalen Richtung« und zweitens habe jeder von ihnen »mehr für die Sache des revolutionären Marxismus geleistet als zwei Dutzend Radeks«.[1319] Luxemburg mokierte sich über Axelrod und auch seine anderen Verteidiger und verwies darauf, »dass gerade in der Emigrantenwelt der russischen Partei infolge der Fraktionskämpfe leider das wildeste Faustrecht tobt, wovon die bekannte Broschüre Martows [...] ein ausreichendes Beispiel bildet«.[1320] Derlei Sottisen wollte Lenin nicht auf sich sitzen lassen. Er gab seiner Antwort den Titel »Rosa Luxemburg und der polnische ›Partei‹vorstand in Martows Fußstapfen«[1321] und sandte sie der *Bremer Bürger-Zeitung*, die sie allerdings nicht publizierte, was spätestens bei der Lektüre des Textes verständlich wird. Es handelt sich um eine einzige Schimpfkanonade. Da ist von den »abscheulichen Methoden des sogenannten polnischen ›Vorstands‹«[1322] die Rede, von Luxemburgs böswilligem Altweiberklatsch, Verleumdungen usw. Am meisten ärgerte ihn, dass sie den Fall Radek nutzte, um den Eindruck zu erwecken, von der SDAPR sei nur noch ein Trümmerfeld sich befehdender Fraktionen übrig geblieben. Um diesen Eindruck zu widerlegen, hatte er gerade einen Aufsatz über die Situation der SDAPR in der *Gazeta Robotnicza* herausgebracht, in dem er namentlich

Jogiches, aber auch Luxemburg angegriffen hatte.[1323] Auch Radek selbst verfasste eine Entgegnung auf Luxemburgs »Blinden Eifer«. Dabei griff er vor allem ihre Invektiven gegen »allerlei gekränkte Leberwürste unter den polnischen Studenten und Emigranten im Auslande«[1324] auf und verwies darauf, dass es sich dabei doch um sehr verdiente Parteigenossen wie z. B. Feinstein, Hanecki und Malecki handle, und fügte hinzu: »Dass diese Genossen vor Jahren die Universität besuchten, und dass sie nach Abbüßung langer Gefängnisstrafen sich im Auslande befinden, ist zwar eine große Sünde, aber sie wird dadurch gemildert, dass ein Doktortitel auch zu den Lorbeeren der Genossin Luxemburg gehört, und dass Südende sich auch nicht in Russisch-Polen befindet.«[1325] Es ist vielleicht kein Zufall, dass Radek hier verdiente Genossen nannte, die inzwischen allerdings alle aus dem Vorstand der SDKPiL ausgeschieden waren. Dagegen blieben die »vier Musketiere«[1326] Jogiches, Luxemburg, Marchlewski und Warski bei allen Differenzen, die es auch zwischen ihnen gab, in dieser schwierigen Zeit beisammen.

Am 15. September 1912 begann der SPD-Parteitag in Chemnitz. Luxemburg musste ihre Teilnahme kurzfristig absagen und lag stattdessen mit einer Nierenentzündung im Kreiskrankenhaus Groß Lichterfelde.[1327] Am 28. September war sie wieder zu Hause[1328] und am 8. Oktober unterrichtete sie erstmals wieder in der Parteischule.[1329] Der Parteitag in Chemnitz war der letzte, an dem Bebel teilnahm. Referate hielt er nicht mehr, aber er meldete sich in der Diskussion mehrfach zu Wort. Den Vorsitz des Parteitags hatten Hugo Haase und Gustav Noske inne, den Geschäftsbericht des Parteivorstands trug Friedrich Ebert vor. Er ging ausführlich auf den Fall der *Freien Volkszeitung* ein, berichtete, dass es inzwischen 86 Parteizeitungen gebe, was einerseits erfreulich sei, betonte aber zugleich, dass immer sorgfältig auf eine solide Finanzierung zu achten sei, denn der Parteivorstand könne für Defizite, die ohne seine Zustimmung entstanden seien, nicht aufkommen. Er setzte hinzu: »Wohin leichtfertige Gründungen führen, das hat uns Göppingen gezeigt.«[1330] Ebert referierte detailliert die Verhandlungen, die zur Sanierung der Zeitung geführt worden waren. Angesichts der scharfen und unsachlichen Angriffe von Radek u. a. war das unvermeidlich. Es wurde eine Menge schmutzige Wäsche gewaschen,[1331] und am Ende erschien Radek doch in einem ziemlich schlechten Licht. Bevor Ebert das Thema verließ, kam er noch auf einen entscheidenden Punkt zu sprechen: »[…] dieser Mann geht in so unverantwortlicher Weise zu Werke, obgleich er selbst nicht die Verpflichtung in sich fühlt, der Partei als Mitglied anzugehören. (Lebhafte Bewegung und Hört! Hört!) Alle gegenteiligen Behauptungen Radeks über seine Mitgliedschaft sind unwahr. […] Radek war in Leipzig überhaupt nicht Mitglied (Hört! Hört!) und in Berlin VI war er es nur dem Namen nach. Er ist dort am 5. Oktober 1908 Mitglied geworden, aber Beiträge hat er nicht bezahlt. (Stürmische, minutenlange Heiterkeit.)«[1332]

Die Causa Radek beschäftigte den Parteitag ungebührlich lange, ohne dass sie abschließend geklärt wurde. Er selbst war nicht anwesend, aber es wurde seine Erklärung verlesen, dass er in den Jahren 1908–11 in Leipzig und Berlin Mitglied der SPD gewesen sei.[1333] Die *Bremer Bürger-Zeitung* hatte schon am 3. September mitgeteilt, dass der Ausschluss aus der SDKPiL, den der *Vorwärts* demonstrativ publiziert hatte, aus ihrer Sicht nicht akzeptabel sei.[1334] Die Bremer Linke hielt auch nach dem Parteitag an Radek fest, dem es zudem schon bald darauf gelang, seine Mitgliedschaft in der Leipziger SPD für die Zeit von Oktober 1909 bis April 1911 doch noch nachzuweisen.[1335] Alfred Henke, der langjährige Redakteur der *Bremer Bürger-Zeitung*, schwankte derweil wie ein Rohr im Wind. Rudolf Franz, der auch Mitarbeiter der Zeitung war, schrieb an Konrad Haenisch: »Henke ist zum 23. Mal umgefallen. […] Das letzte radikale Blatt ist gewesen!«[1336] Henke hatte sich in Chemnitz von Radek distanziert,[1337] aber wohl nicht aus Überzeugung, sondern eher, weil er nicht den Mut hatte, sich vor der großen Parteitagsöffentlichkeit zu einer derart umstrittenen Figur zu bekennen. Der Fall Radek hatte zwei Seiten. Einerseits ging es um seinen Ausschluss aus der SDKPiL, zum anderen aber auch um den bremischen Linksradikalismus. Aus Bremen kamen so unterschiedliche Persönlichkeiten wie Wilhelm Liebknecht, Alfred Henke, Wilhelm Pieck, Friedrich Ebert und Heinrich Schulz, aber spätestens seit 1910 war der dortige Wahlverein eine Hochburg des Linksradikalismus, und nicht jeder war geneigt, dessen Schicksal auf Gedeih und Verderb mit dem von Karl Radek zu verknüpfen. Zetkin schrieb Henke nach dem Parteitag: »Wie immer wir zu Radek stehen, er ist nicht der Radikalismus, ja nicht einmal der Bannerträger des Radikalismus. [...] Ich glaube, lieber Genosse Henke, dass wir Radikalen alle uns auf diesem Standpunkt zusammenfinden sollten. Wir dürfen unsere Sache nicht mit der persönlichen Angelegenheit Radeks identifizieren.«[1338] Wesentlich heftiger fiel wenig später Luxemburgs Stellungnahme aus. Sie warf Henke vor, er habe die polnische Sozialdemokratie auf das Übelste beschimpft, und das »ohne die geringste Kenntnis der Verhältnisse, bloß eines Individuums wegen und bloß unter den Einflüsterungen dieses Individuums«.[1339] Das Individuum war, dazu gehört nicht viel Fantasie, Karl Radek. Doch der Vorstand des Sozialdemokratischen Vereins Bremen lehnte es im Februar 1913 erneut ab, ihn aus der Mitgliederliste zu streichen, und Pannekoek und Knief, zwei prominente Linksradikale, veranlassten ihn, zu seiner Verteidigung alle relevanten Dokumente zu publizieren, was er alsbald in seiner Schrift »Meine Abrechnung« auch tat.[1340] Auch danach beschäftigte die ganze Angelegenheit die Beteiligten weiterhin über Gebühr. Zu einem wirklichen Ende kam sie nie, doch der Ausbruch des Ersten Weltkriegs brachte den Elan der Streithähne zum Versiegen, zumal Radek als nun feindlicher Ausländer es sich angelegen sein ließ, in die neutrale Schweiz zu übersiedeln.

Am 8. Oktober 1912 erklärte Montenegro dem Osmanischen Reich den Krieg, das wiederum am 16. Oktober Bulgarien den Krieg erklärte. Einen Tag später folgte eine gemeinsame Kriegserklärung von Serbien, Bulgarien und Griechenland an das Osmanische Reich. Das war der Beginn des ersten Balkankriegs, an dessen Ende die jahrhundertelange europäische Herrschaft der Osmanen Geschichte war. Am 28. Oktober, der Krieg befand sich gerade in seiner blutigsten Phase, tagte das ISB in Brüssel und beschloss, angesichts der wachsenden Gefahr eines großen Krieges noch vor Jahresende einen außerordentlichen Kongress der Sozialistischen Internationale zu veranstalten und dafür den für 1913 vorgesehenen regulären Kongress um ein Jahr zu verschieben. Der außerordentliche Kongress wurde für den 24./25. November nach Basel einberufen. Schon im Vorfeld hatte es eine Fülle von Friedenskundgebungen gegeben. In Berlin hatte bereits am 20. Oktober eine gewaltige Kundgebung stattgefunden. 250 000 Menschen hatten für ein demokratisches Wahlrecht in Preußen, gegen steigende Lebensmittelpreise und gegen die Kriegsgefahr demonstriert.[1341] Ähnlich wie im Vorjahr waren zehn Tribünen im Treptower Park aufgebaut, an denen jeweils mehrere Redner zu Wort kamen. Am 17. November organisierte die SI Kundgebungen in ganz Europa.[1342] So sprachen Karl Liebknecht in Budapest, Hermann Molkenbuhr in Amsterdam, Philipp Scheidemann in Paris und Ludwig Frank in London. In Berlin veranstaltete die SPD Kundgebungen in sechs verschiedenen Sälen, die erneut 150 000 Menschen mobilisierten. Es sprachen u. a. Hugo Haase und Arthur Stadthagen und als Gäste Jean Jaurès aus Paris, James O'Grady aus London und Karl Renner aus Wien.

Die abschließende Großveranstaltung fand eine Woche später, am Sonntag, den 24. November, in Basel statt. 555 Delegierte aus 23 Ländern waren zu dem Kongress gekommen. Dabei blieb auch diese imposante, dem Frieden gewidmete Veranstaltung nicht von den heimischen Streitigkeiten verschont. Das Warschauer Ortskomitee, das sich von der SDKPiL abgespalten hatte, bestand kategorisch darauf, mit fünf eigenen Delegierten vertreten zu sein. Dieses Ansinnen wurde von Lenin ebenso massiv unterstützt wie von Luxemburg bekämpft. Schließlich einigte man sich auf einen Kompromiss. Die fünf Delegierten durften teilnehmen, allerdings ohne Stimmrecht, und im Protokoll wurden sie nicht erwähnt.[1343] Präsident des Kongresses war der hoch angesehene Nationalrat Herman Greulich, einst Mitbegründer der Sozialdemokratischen Partei der Schweiz, der inzwischen 70 Jahre alt war. Er hatte die Schweizer Sektion der IAA gegründet und als junger Mann 1869 am IV. Kongress der IAA teilgenommen, der ebenfalls in Basel stattgefunden hatte. Eröffnet wurde der Kongress mit einem Friedensmarsch durch die Stadt, an dem mehr als 10 000 Menschen teilnahmen. Die anschließende Friedenskundgebung fand im Münster statt, wo auch die Kantonsregierung ein Grußwort an die Versammelten richtete.[1344] Jakob Täschler, der Pfarrer der Münstergemeinde, hielt eine Friedenspredigt und machte sich die Parole der Kundgebung »Krieg dem Kriege« ausdrücklich zu eigen.[1345] Das erregte im Ausland erhebliches Aufsehen, denn ein solcher Schulterschluss von Kirche und Arbeiterbewegung war damals sehr ungewöhnlich. Anschließend sprachen »Delegierte aus allen Ländern«, wie es auf dem Ankündigungsplakat hieß. Zu den Rednern gehörte auch August Bebel, der hier letztmals vor einer großen Öffentlichkeit auftrat.[1346] Am Ende wurde ein umfangreiches Manifest verabschiedet, das sich im Kern an den Wortlaut der Resolution des Stuttgarter Kongresses von 1907 anlehnte.[1347] Meinungsverschiedenheiten hatte es im Vorfeld einmal mehr zur Frage des Generalstreiks gegeben; das Thema wurde schließlich ausgeklammert. Nach dem offiziellen Ende des Kongresses gab es noch eine Frauenversammlung im Bernoullianum, einem Departementsgebäude der Universität Basel. Die 18 weiblichen Delegierten des Kongresses nahmen daran teil, aber auch Hunderte von Zuhörerinnen, darunter viele polnische und russische Studentinnen und Emigrantinnen. Es sprachen u. a. Clara Zetkin und Luise Zietz. Auch Rosa Luxemburg war als Rednerin angekündigt, sie trat aber nicht auf.[1348]

Der Basler Kongress mit seinem großen internationalen Echo war eine eindrucksvolle Manifestation des unbedingten Friedenswillens der europäischen Arbeiterbewegung. Zugleich war es, was damals noch niemand ahnen konnte, der letzte Kongress der Sozialistischen Internationale.

Spaltung der SDKPiL

Das neue Jahr begann so, wie das alte geendet hatte – mit Streit. Im Januar 1913 publizierte Lenin einen Artikel über die Spaltung der polnischen Sozialdemokratie, das war die nächste Breitseite gegen den Berliner Vorstand der SDKPiL.[1349] Dabei stand nicht Luxemburg im Fokus, die zwar häufig als Sprecherin der SDKPiL in Erscheinung trat, dem Vorstand aber gar nicht angehörte. Der zentrale Gegenspieler von Lenin in diesem Gladiatorenkampf war Jogiches, der sich durch seine Versuche, Lenin zu stürzen,[1350] selbst in diese Rolle hineinmanövriert hatte. Die Auseinandersetzungen wurden nicht zuletzt deshalb mit Erbitterung geführt, weil es auch um viel Geld ging, das nach wie vor auf dem Stuttgarter Sperrkonto lag. Jogiches hielt deshalb mit großem Nachdruck an der Behauptung fest, dass es nur eine polnische Sozialdemokratie gebe. Diese wiederholten Behauptungen von der Einheit der Partei erlebten bei den Duma-Wahlen 1912 einen schweren Rückschlag. Nach der Wahlreform von 1905 waren nun auch Arbeiter wahlberechtigt. Allerdings wurden die Duma-Abgeordneten nicht direkt gewählt, sondern von Gouvernements-Wahlversammlungen, die sich aus mehreren Kurien zusammensetzten.[1351] Bei der Wahl der Warschauer Arbeiterkurie erreichte die SDKPiL 1912 zwar 34 von 66 Bevollmächtigten, was an und für sich ein recht gutes Ergebnis war. Allerdings stellte der Hauptvorstand nur einen einzigen von ihnen, während 33 auf die Warschauer »Spalter«-Gruppe entfielen,[1352] obwohl diese wegen der Blockade des Parteivermögens ihren Wahlkampf aus eigenen Mitteln hatte finanzieren müssen. Während der SDKPiL-Vorstand, die PPS-Lewica und der Bund jeweils 3 000 Mark bekommen hatten, waren Lenins Bolschewiki und die Warschauer leer ausgegangen. Die SPD hatte die Verständigung auf gemeinsame Kandidaten zur Bedingung für die Geldvergabe gemacht. Jogiches hatte das der Partei empfohlen, wobei er sehr genau wusste, dass Lenin und das Warschauer Komitee diese Bedingung nicht akzeptieren würden. Das Wahlergebnis brachte die SPD in Schwierigkeiten, die sich nun Vorwürfen ausgesetzt sah, sie habe sich »von einem ausgekochten Intriganten politisch missbrauchen lassen«.[1353] Zugleich wurde auch die Radek-Affäre zur Belastung, bei der die SPD sich mit der Herausforderung konfrontiert sah, in einer Auseinandersetzung Partei zu ergreifen, die nicht die Ihre war.

Lenins Artikel über die Spaltung der SDKPiL war ein Frontalangriff gegen Jogiches, dem er vorwarf, in der Partei eine Diktatur zu errichten, indem er seine Gegner aus dem Vorstand vertrieb, das Warschauer Ortskomitee aufzulösen versuchte und außerdem in der SDAPR in seinem Sinne zu intrigieren versuchte. Während Lenin persönliche Angriffe gegen Luxemburg eher vermied, weil er sie, bei allen Differenzen in der Sache, als ebenbürtige Theoretikerin und Politikerin anerkannte, war Jogiches ein regelrechtes Hassobjekt für ihn; er »versuchte den unglaubwürdig gewordenen Jogiches moralisch und charakterlich zu vernichten«.[1354] Luxemburg dagegen wurde die Ehre einer Auseinandersetzung auf theoretischer Ebene zuteil. Im Juni 1913 verfasste Lenin Thesen zur nationalen Frage, die als Grundlage dienten für eine Vortragsreise, die ihn nach Zürich, Genf, Lausanne und Bern führte.[1355] Er lehnte das Konzept der national-kulturellen Autonomie entschieden ab, wobei er nur Otto Bauer und Karl Renner namentlich erwähnte, aber natürlich auch das von Luxemburg geprägte Programm der SDKPiL meinte. Es widerspreche dem Internationalismus des proletarischen Klassenkampfs und berge die Gefahr, dass das Proletariat unter den Einfluss des bürgerlichen Nationalismus gerate. Lenin wollte die nationale Frage bei seiner Auseinandersetzung mit Luxemburg in den Vordergrund rücken und traf sich in diesem Zusammenhang sogar mit Piłsudski.[1356]

Im August 1913 veröffentlichte Lenin einen Aufsatz, in dem er von Neuem den Hauptvorstand der SDKPiL attackierte: »Bekanntlich ist dieser Hauptvorstand der Polnischen Sozialdemokratie gegenwärtig ein Vorstand ohne Partei.«[1357] Er verwies sodann auf das Wahlergebnis der Warschauer Arbeiterkurie zur Reichsduma, das die »fiktive Größe« der Anhängerschaft des Berliner Vorstands eindrucksvoll unter Beweis gestellt habe.[1358] Der Artikel, den Lenin bereits im November des Vorjahres geschrieben hatte, setzte sich vor allem mit einer »Landeskonferenz« des SDKPiL vom August 1912 auseinander, wobei die Vorwürfe, die beide Seiten sich gegenseitig machten, von ähnlicher Qualität waren. Wenn Lenin von einem Vorstand ohne Partei sprach, so hatte jener Vorstand zuvor beschlossen: »Indem festgestellt wird, dass die SDAPR als organisierte Einheit nicht vorhanden ist, erklärt die Konferenz, dass die SDKPiL, genau wie die anderen Gruppen und Organisationen, die als Bestandteile der Dachpartei angehört haben, ein verselbstständigter Teil der zerschlagenen SDAPR ist […]«[1359] Worauf Lenin entgegnete: »Das maßlose, mannigfache, wortreiche Gekeif, mit dem die Tyszkasche Konferenz die ›Leninisten‹ überschüttet, läuft auf eins hinaus – auf die Beschuldigung der Spaltung.«[1360] (Tyszka war der Deckname von Jogiches.) Man desavouierte sich gegenseitig, so gut es ging. Als Angehörige des Warschauer Komitees dann auch noch im Ausland auftraten und den Eindruck erweckten, es gebe nicht zwei, sondern drei konkurrierende sozialdemokratische Parteien in Polen, kannte Luxemburgs Wut auf den »Vertreter der russischen sozialdem[okratischen] Fraktion Lenin« keine Grenzen mehr:

> Diese Fraktion, die in Russland selbst die Spaltung der Arbeiterpartei und rücksichtslosen Fraktionskampf seit Jahren systematisch betreibt, die ein von niemandem anerkanntes fiktives »Zentralkomitee« gebildet hat, die alle Einigungsbestrebungen hartnäckig hintertreibt und dadurch die russische Parteibewegung an den Rand des Ruins gebracht hat – diese Fraktion ist eine höchst unsichere und unberufene Quelle zur Auskunftserteilung über polnische Parteiverhältnisse. Die Lenin-Fraktion und ihre Vertreter verstehen zwar kein Wort Polnisch, können deshalb über interne polnische Verhältnisse aus eigenem Wissen nichts aussagen. Sie suchen aber planmäßig in der polnischen Sozialdemokratie dieselbe Spaltung großzuziehen, die sie in der russischen als ihre Spezialität betreiben.[1361]

Beide Seiten wandten sich immer wieder an das ISB, einerseits, um über diesen Weg die internationale sozialistische Öffentlichkeit zu erreichen, andererseits in der Hoffnung, das ISB werde Partei ergreifen, was es aber nicht tat. Als Luxemburg an das Büro den Antrag stellte, es möge das Warschauer Komitee auffordern, sich der Hauptverwaltung zu unterstellen, erlitt sie mit diesem Ansinnen eine Niederlage. Das ISB schloss sich den Darlegungen eines Vertreters der PPS-Lewica an, dass die Spaltung lediglich durch »Verbaldifferenzen« entstanden sei.[1362]

Rosa Luxemburg gab sich keineswegs geschlagen, sondern beantragte, die Frage der Einheit der russischen Partei auf die Tagesordnung des nächsten Kongresses der Sozialistischen Internationale zu setzen, der im August 1914 Wien stattfinden sollte. In einem Zeitungbeitrag begrüßte

Lenin diesen Vorschlag ironisch: »Wenn die russische Frage zur Sprache kommt, wird sich der Kongress in Wien zweifellos über die Bedeutung der ›Illegalität‹ in einem Land wie dem heutigen Russland sowie darüber äußern, ob die Marxisten unter den gegebenen Umständen von der Perspektive der ›Evolution‹ oder von der des ›uneingeschränkten‹ Weges ausgehen sollen usw. [...]«[1363] Was der Kongress dazu zu sagen habe, werde gewiss interessant sein. Allerdings sei es bis dahin noch weit: »Vorderhand sehen wir nur das zornige, aber ohnmächtige Auftreten des Berliner Zirkels Rosa Luxemburgs und Tyszkas.«[1364] Die SDKPiL, d. h. ihr Vorstand, sei ein »Grüpplein politischer Bankrotteure«, das »dank seiner Prinzipienlosigkeit und seines Intrigenspiels sowohl in der polnischen als auch in der russischen Arbeiterbewegung jedwede Bedeutung verloren hat«[1365]. Doch da geschah etwas, was dem Thema neue Brisanz verlieh. Die sozialdemokratische Fraktion der 1912 gewählten IV. Reichsduma bestand aus sieben Menschewiki und sechs Bolschewiki. Da es immer wieder zu Meinungsverschiedenheiten zwischen den beiden Gruppen gekommen war, konstituierten sich die Bolschewiki im Oktober 1913 auf Weisung Lenins als eigenständige Fraktion.[1366] Daraufhin stellte Luxemburg den Antrag, die Frage der Einheit der russischen Partei bereits auf der nächsten Sitzung des ISB zu behandeln. In ihrem Antrag, der auch im *Vorwärts* publiziert wurde, fehlte es nicht an den üblichen Giftpfeilen, die auf die Gegenseite abgeschossen wurden. So begründete sie die besondere Dringlichkeit der Frage mit den folgenden Tatsachen: »a) die soeben in frivoler Weise herbeigeführte Spaltung der sozialdemokratischen Dumafraktion, die das letzte Organ der sozialdemokratischen Einigkeit in Russland war; b) das systematische Schüren der Spaltung seitens der Leninschen Gruppe auch in den Reihen anderer sozialdemokratischer Organisationen, wie in der Sozialdemokratie Russisch-Polens und Litauens«.[1367]

Das Büro der Sozialistischen Internationale tagte am 13./14. Dezember 1913. Die Delegierten trafen sich diesmal in London, es war Luxemburgs letzte Reise in die englische Hauptstadt. Die Situation war für beide Parteien nicht unkompliziert. Lenin hatte bisher in Plechanow einen zuverlässigen Bundesgenossen gehabt, der jetzt aber seinen Rücktritt erklärte.

An seiner Stelle vergab das ISB das zweite der SDAPR zustehende Mandat an einen orthodoxen Vertreter der Menschewiki. Für Luxemburg war es eine Herausforderung, dass für die SPD Karl Kautsky an den Beratungen teilnahm, ihr ehemaliger siamesischer Zwilling, mit dem sie inzwischen tief zerstritten war. Ziel der Beratungen war es, eine Vereinigungskonferenz zu initiieren. Luxemburg schlug vor, zu dieser Konferenz nur solche Parteien einzuladen, die im ISB vertreten waren. Kautsky dagegen wollte, dass »sämtliche Fraktionen der Arbeiterbewegung innerhalb des russischen Reiches, die sich als Sozialdemokraten betrachten«, eingeladen werden.[1368] Damit war sie gar nicht einverstanden, weil sie die Gefahr sah, dass dann auch die Warschauer Fraktion der SDKPiL eingeladen würde. Kautsky opponierte erfolgreich gegen Luxemburgs engere Formulierung, worauf er auch später noch sehr stolz war: »Rosa [hätte] die ganze Einigungsaktion dirigiert, wenn ich sie nicht in die Hand nahm.«[1369] De facto kam es zu einem Kompromiss. Das Büro sollte sich »vor allem mit den Vertretern der Sozialdemokratie Russlands und Russisch-Polens verständigen«,[1370] konnte aber selbst entscheiden, wer mit dieser Formulierung gemeint war. Damit hatte Luxemburg ihr Hauptziel erreicht. Das ISB wurde aktiv und signalisierte so der SDAPR, dass sie nicht in der Lage war, ihre Angelegenheiten selbst zu regeln.[1371] Sie selbst empfand das Ergebnis der Tagung allerdings als »komplette Niederlage«[1372]. Auch Lenin, in London selbst nicht anwesend, war mit Kautskys Resolutionsentwurf ganz einverstanden, seine Begründungsrede dagegen empörte ihn, weil sie so verstanden werden konnte, dass eine neue Partei geschaffen werden müsse, da die alte – notabene von Lenin geleitete – nicht mehr existierte.[1373] Im Januar 1914 fuhr Émile Vandervelde, der Vorsitzende der SI, nach Russland, um dem in London gefassten Beschluss Taten folgen zu lassen, und sprach mit Vertretern aller Fraktionen der SDAPR. Obwohl er guten Willens war, blieben diese Gespräche angesichts der Intransigenz der Bolschewiki ohne Ergebnis. Das ISB lud deshalb alle Beteiligten für den 16.–18. Juli zu einer Einigungskonferenz nach Brüssel.

1913 wurde aber nicht nur über parteiinterne Fragen gestritten. Rosa Luxemburg legte in diesem Jahr auch ihr wissenschaftliches Hauptwerk vor – *Die Akkumulation des Kapitals*.[1374] Sie hatte seit 1911 intensiv daran gearbeitet.[1375] Am 31. Juli 1912 konnte sie Kostja Vollzug melden: »Gestern um 1 Uhr nachts habe ich meine Arbeit zu Ende gebracht.«[1376] Im Januar 1913 erschien das Buch im parteieigenen *Vorwärts*-Verlag. Die Arbeit hatte sie ungeheuer beflügelt und enorme Energien freigesetzt. Sie schrieb das ganze Werk, das über 400 Seiten hatte, »in einem Zug in vier Monaten«[1377]. Hier war die promovierte Nationalökonomin ganz bei sich:

> Die Zeit, als ich die »Akkumulation« schrieb, gehört zu den glücklichsten meines Lebens. Ich lebte wirklich wie im Rausch, sah und hörte Tag und Nacht nichts als dieses eine Problem, das sich so schön vor mir entfaltete, und ich weiß nicht zu sagen, was mir höhere Freude gewährte: der Prozess des Denkens, wenn ich eine verwickelte Frage im langsamen Hinundherwandeln durch das Zimmer wälzte, aufmerksam beobachtet von der Mimi, die auf dem Tisch mit der roten Plüschdecke mit untergeschlagenen Pfötlein lag und das kluge Köpfchen nach mir hin- und herwandte, oder das Gestalten, das literarische Formen mit der Feder in der Hand.[1378]

Die Arbeit war, so lautete der Untertitel, *Ein Beitrag zur ökonomischen Erklärung des Imperialismus*. Imperialismus war hier nicht im klassischen Sinne als Unterwerfung außerhalb des eigenen Staatswesens liegender agrarischer Territorien zu verstehen, sondern im marxistischen Sinne als Entwicklungsstadium des Kapitalismus. Luxemburgs zentrales Thema war die sogenannte erweiterte Reproduktion, das Problem der Reproduktion des gesellschaftlichen Gesamtkapitals. Der Akkumulationsprozess tendierte dazu, die kapitalistische Wirtschaft an die Stelle der Naturalwirtschaft zu setzen und die Kapitalproduktion zur absoluten Herrschaft zu bringen. In dem Moment, in dem das Marx'sche Schema der erweiterten Reproduktion der Wirklichkeit entspricht, würde die Akkumulationsbewegung an eine Grenze kommen. Der Imperialismus war eine ökonomische Notwendigkeit für die Existenz des Kapitalismus, weil die Kapitalakkumulation in einem geschlossenen kapitalistischen System unmöglich war. Allerdings existierte der Kapitalismus in Reinform nur in der Theorie, weswegen er sich auch als sehr viel zählebiger erwiesen hat, als alle marxistischen Theoretiker geglaubt haben. Außerdem ist die kapitalistische Landnahme nicht nur in fernen, »unterentwickelten« Ländern möglich, sondern auch in den Binnenräumen entwickelter kapitalistischer Ökonomien.[1379] Rosa Luxemburg analysierte in ihrem Werk die beiden Seiten des historischen Prozesses der kapitalistischen Akkumulation: »Die eine vollzieht sich in der Produktionsstätte des Mehrwerts – in der Fabrik, im Bergwerk, auf dem landwirtschaftlichen Gut – und auf dem Warenmarkt. […] Die andere Seite der Kapitalakkumulation vollzieht sich zwischen dem Kapital und nichtkapitalistischen Produktionsformen. Ihr Schauplatz ist die Weltbühne.«[1380] Die Weltbühne, das war zu ihrer Zeit der Schauplatz von Imperialismus, Kolonialismus und brutaler Ausbeutung der eroberten Kolonien.[1381] Das letzte Kapitel von Luxemburgs Arbeit war dem Militarismus gewidmet: »Der Militarismus übt in der Geschichte des Kapitals eine ganz bestimmte Funktion aus. Er begleitet die Schritte der Akkumulation in allen ihren geschichtlichen Phasen.«[1382] Inmitten zunehmender internationaler Konflikte, die immer offensichtlicher auf einen großen Krieg zusteuerten, war die Brisanz des Themas schwerlich zu übersehen.

Angesichts der Prominenz der Autorin fand *Die Akkumulation des Kapitals* breite Beachtung, allerdings wenig Zustimmung.[1383] Unter den etwa 90 Parteizeitungen gab es kaum eine, die das Buch nicht einer Besprechung würdigte. Im *Vorwärts* widmete Gustav Eckstein Luxemburgs Arbeit eine große Rezension, die eineinhalb Zeitungsseiten füllte.[1384] Eckstein stammte aus Wien und lehrte wie Luxemburg an der Parteischule.[1385] Otto Bauer besprach das Buch in der *Neuen Zeit*.[1386] Ecksteins Besprechung war ein uneingeschränkter Verriss, wenn er resümierend am Ende schrieb: »Genossin Luxemburg glaubt mit ihrem Buche einen Beitrag zur ökonomischen Erklärung des Imperialismus geliefert zu haben. Leider ist das keineswegs der Fall. […] Es ist schmerzlich, über ein Buch, das zur Förderung der proletarischen Bewegung beizutragen bestimmt war, ein so hartes Urteil fällen zu müssen.«[1387] Bauers Kritik war auch negativ, aber doch differenzierter, mehr um Würdigung des von Luxemburg Geleisteten bemüht und von höherem argumentativem Niveau. Die Autorin war begreiflicherweise wenig davon begeistert, dass gerade in den beiden autoritativen sozialdemokratischen Presseorganen ihre Arbeit so wenig Anerkennung fand: »Und von einem solchen Burschen [Eckstein], der nicht einmal das Marx'sche ›Kapital‹ ordentlich durchgelesen hat, muss man sich Unverschämtheiten an den Kopf werfen lassen! Dass eine derartige ›Rezension‹ überhaupt im ›Vorwärts‹ erscheinen konnte, ist eine bezeichnende Blüte der Herrschaft der ›austromarxistischen‹ Epigonenschule in den beiden Zentralorganen der Sozialdemokratie […]«[1388] Dass die revisionistischen *Süddeutschen Monatshefte* Luxemburgs Buch negativ besprachen, war nicht überraschend.[1389] Aber selbst bei ihren linksradikalen Freunden durfte sie nicht ohne Weiteres auf Zustimmung hoffen. So fiel auch Pannekoeks Rezension sehr kritisch aus.[1390] Dass Kautsky das Buch ablehnte, war angesichts der Vorgeschichte nicht überraschend. Noch 1921, zwei Jahre nach Luxemburgs Ermordung, urteilte er schroff: »Sie war, wie alle marxistischen Russen, ökonomisch höchst unwissend, fasste Marxsche Ökonomie ganz formalistisch auf. Und das nicht immer richtig, wie ihr Buch über den Imperialismus beweist […] Rosas Wirken blieb auch wissenschaftlich wie politisch und pädagogisch unfruchtbar. Man hat sie sehr gelobt wegen ihrer glänzenden Methode, den Leuten die verwickeltsten Probleme klarzumachen. Ich konnte diese Methode nicht akzeptieren, und ich glaube, ich tat wohl daran. Sie brachte den Leuten nicht höheres Verständnis bei, sondern nur die Einbildung, sie verstünden schon alles. Und das ist das Schlimmste.«[1391] Davon abgesehen, dass Luxemburg keine Russin war, ist das eine erstaunlich kleingeistige Abrechnung mit einer ehemaligen Kampfgefährtin.

Eine prominente Ausnahme, die 1913 nicht in den Chor der Ablehnung einstimmte, war Franz Mehring. Er fand Luxemburgs Buch »einfach genial«, »eine wahrhaft großartige, hinreißende Leistung«, die seit dem Tod von Marx ihresgleichen nicht habe.[1392] Dafür war die Verfasserin ihm verständlicherweise sehr dankbar: »Vielen Dank für Ihre Güte und Ihre ›Flankendeckung‹.[…] Dass das Buch im Allgemeinen zunächst auf Widerstand stoßen wird, war ich mir wohl bewusst; unser herrschender ›Marxismus‹ fürchtet leider jeden Gedankenluftzug wie ein alter Gichtonkel, und ich rechne damit, erst viel streiten zu müssen.«[1393] Mehring tat einiges dafür, seiner euphorischen Zustimmung weite Verbreitung zuteilwerden zu lassen. Er benutzte das sozialdemokratische Pressebüro, um seine positive Einschätzung des Buches, von der er drei verschiedene Versionen angefertigt hatte, zu verbreiten. Der Effekt war beachtlich. 25 Zeitungen druckten Mehrings Rezension nach, die so ein gewisses Gegengewicht zu den vielen negativen Besprechungen schuf. Beim Parteivorstand löste dieses Vorgehen allerdings keine Begeisterung aus. Am 12. Februar meldete der *Vorwärts*: »Zu unserer nicht geringen Überraschung gingen uns Montagabend mit der üblichen Sendung unseres Pressebureaus drei Artikel des Genossen Mehring zu, die über ein jüngst erschienenes nationalökonomisches Buch der Genossin Rosa Luxemburg handeln und teilweise auch gegen andere Kritiken polemisieren. Die Kritiken werden als Privatarbeit bezeichnet, die das Pressebureau nur vermittelte, der Abdruck sei honorarfrei. Es ist kein Zweifel, dass solche Verbreitung nicht Aufgabe des Pressebureaus ist und dem Zweck dieser Institution durchaus widerspricht.«[1394] Die Angelegenheit erregte Aufsehen und beschäftigte im September auch den SPD-Parteitag. Die Kontrollkommission kam in ihrem Bericht zu dem Ergebnis, dass der Versand von Mehrings Artikeln unzulässig gewesen war. Sie rügte aber zugleich auch, dass die Redaktion des *Vorwärts* das zitierte Zirkular des Parteivorstands publiziert hatte, »das nicht für die Öffentlichkeit bestimmt war, denn dadurch verschärfte sie den an sich geringfügigen Streit ganz erheblich«.[1395] Die vielen Zurückweisungen ihrer Arbeit konnten eine so selbstbewusste und streitlustige Person wie Rosa Luxemburg nicht gleichgültig lassen. Sie beschäftigte sich vielmehr mit ausufernder Gründlichkeit mit ihren Kritikern und verfasste eine *Antikritik* von mehr als 100 Seiten[1396], an der sie noch während ihres letzten Gefängnisaufenthalts in Breslau arbeitete,[1397] sodass sie erst nach ihrem Tod publiziert werden konnte.

Die *Akkumulation des Kapitals* hatte in der Öffentlichkeit einen schweren Stand. Die Intention, Marx weiterentwickeln oder gar übertreffen zu wollen, galt als eher vermessen. Man war nicht an theoretischen Rechenmodellen zur Entwicklung des Kapitalismus interessiert, sondern eher an Prognosen, wann es denn nun so weit sei mit dem schon intensiv erwarteten Untergang des Kapitalismus. Das verleitete die Zeitgenossen zu einer falschen Lektüre des Buches.[1398] Mit wachsendem zeitlichem Abstand fand Luxemburgs analytische Leistung geneigtere Leser. Hedwig Wachenheim, die nach dem Ersten Weltkrieg eine wichtige Rolle in der SPD spielen sollte, schreibt rückblickend: »Drei große Konzeptionen des wachsenden Imperialismus waren von entscheidender Bedeutung für die Partei damals und für die Zukunft des Sozialismus. Rosa Luxemburg, Rudolf Hilferding und die russischen Sozialisten […] haben die Marx'sche Lehre entscheidend weiterentwickelt, wo Kautsky und der Vulgärmarxismus versagten.«[1399] Hannah Arendt, die Rosa Luxemburg ohnehin sehr zugetan war, bemerkt wohl zu Recht, dass das Buch fast unbeachtet geblieben ist, weil seine Verfasserin »es weder den Marxisten noch deren Gegnern hatte rechtmachen können«. An ihrem eigenen Urteil änderte das nichts: »Unter den Büchern über den Imperialismus ist vielleicht keines von einem so außerordentlichen geschichtlichen Instinkt geleitet wie die Arbeit Rosa Luxemburgs.«[1400] Noch weiter ging später der britische Sozialist Tony Cliff, der der Überzeugung war, dass Luxemburgs Arbeit, unabhängig davon, ob man ihren Ergebnissen zustimmt oder nicht, »zweifellos einer der wichtigsten, wenn nicht der wichtigste und originellste Beitrag zur marxistischen Wirtschaftstheorie seit dem ›Kapital‹« war.[1401] Und in der nach dem Ende der DDR gegründeten Rosa-Luxemburg-Stiftung ist man sich des Potenzials der *Akkumulation des Kapitals* auch für die Analyse heutiger Verhältnisse durchaus bewusst.[1402]

In dem fünften und seinerzeit abschließenden Band der Werkausgabe sind Rosa Luxemburgs ökonomische Schriften enthalten. Die dritte Arbeit neben der *Akkumulation* und der *Antikritik* ist die *Einführung in die*

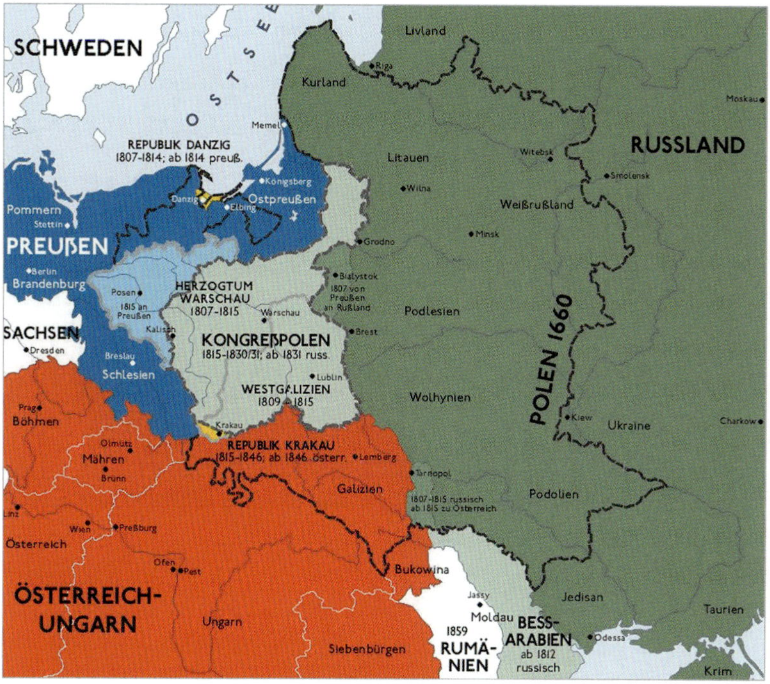

Polen nach der vierten polnischen Teilung von 1815

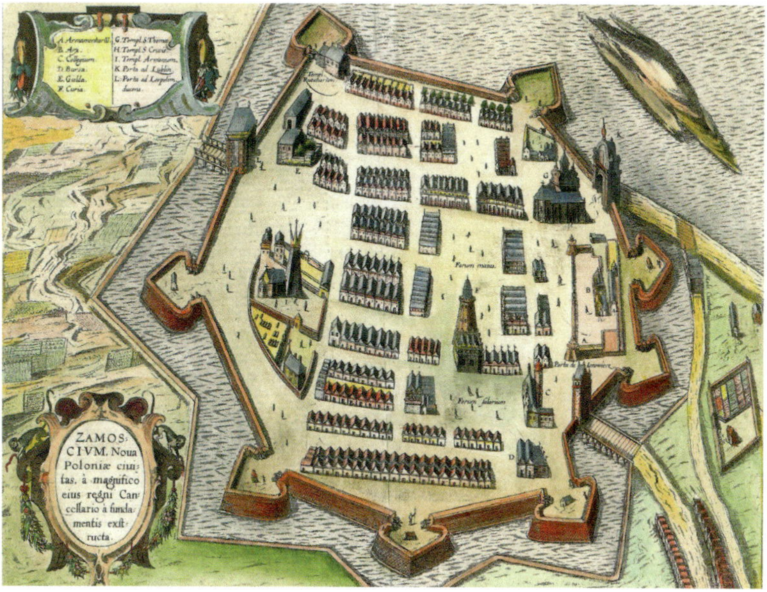

Georg Braun, Plan der Stadt Zamość, aus: Antonius Hierat Abraham Hogenberg, Theatri Praecipuarum Totius Mundi Urbium. Liber sextus, 1618, Nr. 53

Die Synagoge in Zamość nach der Restaurierung, 2011

Geburtshaus Rosa Luxemburgs, Zamość 2015

Gedenktafel am vermeintlichen Geburtshaus von Rosa Luxemburg, Zamość 2015

Attentat auf Zar Alexander II. am 13. März 1881 in St. Petersburg

Kreuzung der Ulica Słota
mit der Marszałkowską,
Warschau 1908

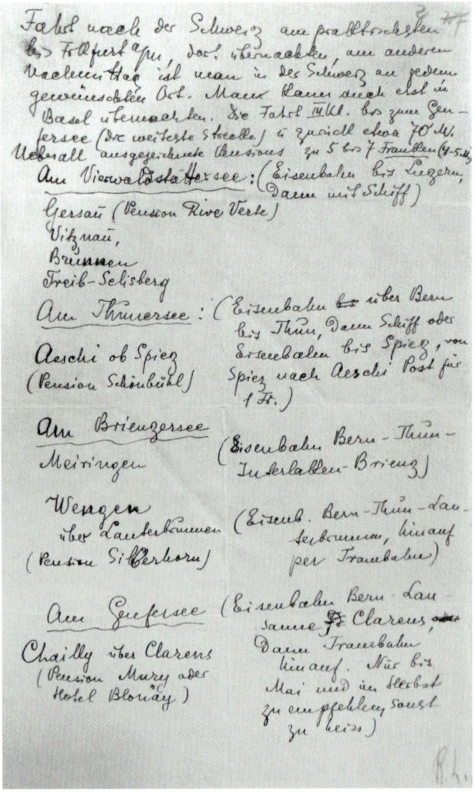

Fahrt nach der Schweiz am praktischsten bis Frankfurt a/M., dort übernachten, am anderen Nachmittag ist man in der Schweiz an jedem gewünschten Ort. Man kann auch erst in Basel übernachten. Die Fahrt IV Kl. bis zum Genfersee (die weiteste Strecke) u. zurück etwa 70 M.
Ueberall ausgezeichnete Pensions zu 5 bis 7 Franken (4–5 M.)

Am Vierwaldstättersee: (Eisenbahn bis Luzern, dann mit Schiff)
Gersau (Pension Rive Verte)
Vitznau,
Brunnen
Treib-Selisberg

Am Thunersee: (Eisenbahn über Bern bis Thun, dann Schiff oder Eisenbahn bis Spiez, von Spiez nach Aeschi Post für 1 Fr.)
Aeschi ob Spiez (Pension Schönbühl)

Am Brienzersee (Eisenbahn Bern-Thun-Interlaken-Brienz)
Meiringen

Wengen über Lauterbrunnen (Pension Silberhorn) (Eisenb. Bern-Thun-Lauterbrunnen, hinauf per Trambahn)

Am Genfersee (Eisenbahn Bern-Lausanne-Clarens, dann Trambahn hinauf. Nur bis Mai und im Herbst zu empfehlen, sonst zu heiss)
Chailly über Clarens (Pension Mury oder Hotel Blonay)

R. L.

Aufzeichnung Rosa Luxemburgs
zur Planung einer Reise
in die Schweiz, um 1900

Demonstration in Sankt Petersburg am 22. Januar 1905, Sonntagsbeilage des Corriere della Sera vom 5. Februar 1905. Illustrator: Achille Beltrame

Gedenkblatt für August Bebel, 1913

Aquarell von Rosa Luxemburg, Wronke 1915

Aus dem Herbarium: Vom Grabe Lassalles durch Medi [Kautsky-Urban], Breslau 2. August (überschrieben: Juli) 1918

Mordaufruf zur Tötung der Spartakisten, Berlin Januar 1919

Auf Anordnung der PiS-Regierung wurde die Gedenktafel am vermeintlichen Geburtshaus in Zamość 2018 entfernt, sodass an ihrem Geburtsort nichts mehr an Rosa Luxemburg erinnert

Nationalökonomie[1403], die in ihrer Entstehung am weitesten zurückreicht. In den Jahren 1907–12 und dann wieder in ihrer Zeit als Schutzhäftling 1916–18 hat Luxemburg an dem Manuskript gearbeitet,[1404] ohne es jemals abzuschließen. Der Vortragszyklus zur Einführung in die Nationalökonomie aus dem Herbst 1907, der vor wenigen Jahren erstmals publiziert worden ist,[1405] ist ein erster Nukleus dieser Schrift.[1406] Entscheidende Grundlage aber waren ihre Vorlesungen an der Parteischule, die sie ab Oktober 1907 regelmäßig hielt. Der Text des Buches war »niedergeschriebene Rede«, wie der Herausgeber Paul Levi es später formuliert hat.[1407] Luxemburg wollte die Vorlesungen einerseits als Buch herausbringen, aber auch in Form von acht einzelnen Heften, um eine möglichst weite Verbreitung zu ermöglichen: »Die Sache ist mit einem Maximum an Popularität geschrieben, für die breiten Massen der intelligenten Arbeiter.«[1408] Im Frühjahr 1910 war sie noch optimistisch, dass die Arbeit am Manuskript im Juni abgeschlossen sein würde.[1409] Ursprünglich hatte es sogar noch viel schneller gehen sollen. Im August 1908 schrieb sie ihrem Schüler Wilhelm Pieck: »Ich kann nicht zum September nach Bremen kommen. Ich habe nämlich beim Barte des Propheten geschworen, dass ich keinen einzigen Vortrag übernehmen würde, bis ich meine ›Einführung in die Nationalökonomie‹ in Druck gegeben habe, sonst bringe ich es nicht fertig bis Anfang des neuen Schulkursus, und das würde meinen moralischen und materiellen Zusammenbruch bedeuten.«[1410] Der Prophet behielt seinen Bart, und Luxemburg brach nicht zusammen, aber die Einführung wurde im August 1908 so wenig fertig wie in den zehn Jahren, die folgten. Irgendetwas kam immer dazwischen. Erst schob sich die Auseinandersetzung mit Kautsky in den Weg, dann ging es gegen die badischen Budgetbewilliger, und schließlich entwickelte sich die *Akkumulation des Kapitals* zu einem Thema von so großem Gewicht, dass es nach einer eigenen Darstellung verlangte, und anschließend nahm die Auseinandersetzung mit den Kritikern dieses Werkes die Autorin in Anspruch. In der erzwungenen Muße des Gefängnisaufenthalts nahm sie das Projekt 1916 erneut in Angriff, gemeinsam mit der *Antikritik*. Ihrem Verleger Johann Heinrich Wilhelm Dietz entwickelte sie einen detaillierten Plan. Inzwischen sollte die *Einführung in die Nationalökonomie* nicht mehr acht, sondern zehn Broschüren bzw. Kapitel umfassen. Druckfertig waren allerdings – acht Jahre nach dem ersten Anlauf – erst ganze zwei. Die anderen acht Kapitel existierten nach Luxemburgs Angaben in einer Rohfassung.[1411] In ihrem Nachlass ist allerdings nur das Manuskript für fünf der zehn Kapitel gefunden worden. Paul Levi hat sie 1925 ediert,[1412] und 60 Jahre später wurden sie in die Werkausgabe aufgenommen.

1913 war das letzte Friedensjahr in Europa. Die Achsenzeit zwischen Jahrhundertwende und Kriegsausbruch, die Philipp Blom in seinem Buch *Der taumelnde Kontinent* so eindringlich beschrieben hat, neigte sich dem Ende zu.[1413] Die Kriegsgefahr wuchs und mit ihr die Nervosität. Die europäische Arbeiterbewegung hatte gewaltige Kundgebungen organisiert, die den Friedenswillen der Massen eindrucksvoll demonstriert hatten. Aber sie waren ohne konkrete Folgen geblieben. Das lag auch in der Logik derer, die argumentierten, erst die Abschaffung des Kapitalismus werde einen dauerhaften Frieden möglich machen. Zugleich barg aber jede Aktion die Hoffnung in sich, man könne Kriege auch schon in der existierenden Gesellschaft verhindern. Welche Mittel aber gab es jenseits von Antikriegspropaganda und Massenkundgebungen, diese Hoffnung Realität werden zu lassen? Egbert Jahn nennt vier: Verweigerung von Kriegskrediten, Generalstreik, Militärstreik und Aufstand.[1414] Die Verweigerung der parlamentarischen Mitwirkung an der Finanzierung des Krieges war für die SPD eine stumpfe Waffe. Über die Bewilligung der Kriegskredite wurde erst am 4. August 1914 abgestimmt, drei Tage nachdem das Deutsche Reich Russland den Krieg erklärt hatte. Für die Finanzierung brauchte der Kaiser das Parlament, aber erklären konnte er den Krieg aus eigener Machtvollkommenheit. Gegen einen einmal begonnenen Krieg, der zudem als reiner Verteidigungskrieg deklariert war, zu opponieren, indem man die Finanzierung verweigert, ist aber schwierig, zumal die Sozialdemokraten im Deutschen Reichstag, wie ihre Schwesterparteien in den anderen kriegführenden Staaten, in der Minderheit waren und andere Fraktionen ihrem Nein mit Sicherheit nicht gefolgt wären. Die drei anderen Optionen – Generalstreik, Militärstreik, Aufstand – konnten nur in einem

Moment unmittelbarer Kriegsgefahr zur Diskussion stehen. Ein Aufstand würde aber in der dann herrschenden patriotischen Stimmung ein unkalkulierbares Risiko bedeuten und das Land womöglich in einen Bürgerkrieg stürzen. Generalstreik und Militärstreik sind Aktionsformen, die nicht unbedingt die Gefahr eines Bürgerkriegs mit sich bringen. Aber ob sie eine realistische Option in einem Moment des patriotischen Überschwangs sind, ist eine ganz andere Frage. Da darf man getrost skeptisch sein.

Preußischer Wahlrechtskampf, der Fall Radek, der Tod August Bebels

Es blieb die Frage, ob es nicht jenseits von publizistischen Aktivitäten und Massenkundgebungen doch noch andere wirksame Aktionsformen gab. Und so ist es nicht überraschend, dass der Massenstreik 1913 erneut ganz oben auf der Tagesordnung stand. Befeuert wurde die Debatte auch durch das wahrhaft blamable Ergebnis der preußischen Landtagswahlen vom 6. Juni 1913 – blamabel für die reformunwillige Obrigkeit. Diesmal erhielt die SPD 28,4 Prozent der Stimmen, gewann aber trotzdem nur 10 von 443 Sitzen, und das, obwohl sie inzwischen nicht nur in der dritten, sondern auch in der zweiten Abteilung die meisten Stimmen erhielt. Dass die stärkste Partei mit 28,4 Prozent der Stimmen gerade einmal zwei Prozent der Abgeordneten stellte, war so offensichtlich absurd und eine so groteske Verzerrung des Wählerwillens, dass die Empörung in der SPD allgemein war und alle Strömungen erfasste. Das schloss selbst die Gewerkschaften ein.[1415] Es hatte sich in der Sozialdemokratie zunehmend Verdrossenheit breitgemacht. Die Partei kommandierte gewaltige proletarische Heerscharen, gebot über eindrucksvolle Vorfeldorganisationen, stellte inzwischen 13 000 Gemeindevertreter sowie zahllose Mitarbeiter in den Verwaltungs- und Vertretungskörperschaften und war doch ein Koloss auf tönernen Füßen. Die riesigen Massendemonstrationen im Treptower Park hatten keinen erkennbaren Einfluss auf den Gang der Dinge. Und als revolutionäre, nicht aber Revolutionen machende Partei gut organisiert auf den Tag zu warten, an dem der Kapitalismus zusammenbrechen würde, war eine unerquickliche Perspektive. Da war die neue, nunmehr dritte Massenstreikdebatte ein willkommenes Ventil für die um sich greifende Verdrossenheit. Sie brachte wieder ein aktives Moment in die politische Arbeit. Dies erklärt auch, warum Rosa Luxemburg, die auf Parteitagen mit ihren linksradikalen Positionen inzwischen verlässlich in der Minderheit blieb, regelmäßig die viel zitierte »stürmische Zustimmung« erlebte, wenn sie, wo auch immer im Lande, in Versammlungen oder bei Vortragsveranstaltungen auftrat.

Am 10. Juni 1913, vier Tage nach der Landtagswahl, fand in Berlin-Wilmersdorf im Viktoriagarten eine Versammlung zum Massenstreik statt. Es war symptomatisch für die neue Situation, dass der Referent des Abends Ludwig Frank war, der Reformist und Budgetbewilliger aus Baden, Bebels Gegenspieler auf dem Magdeburger Parteitag: »Der Referent des Abends, Genosse Dr. Frank-Mannheim, ging von einer ins Herz treffenden Kritik der innerpreußischen Zustände aus, deren bloße Aufzählung in jedem anständigen Menschen das Blut zum Sieden bringt. Wie lange noch, so fragte er, will das Volk dies ertragen.«[1416] Wenn es gegen das preußische Wahlrecht ging, hielt auch er, genau wie Bernstein und andere Reformisten. den Massenstreik für ein legitimes Kampfmittel: »Dass der Massenstreik nötig sein wird, um den Junkertrotz zu brechen, darüber waren alle einig.«[1417] Ob dies seine wirkliche Überzeugung war, ob er sich hier gezwungen sah, dem Zeitgeist Tribut zu zollen, wie Laschitza glaubt,[1418] oder ob dies ein Versuch war, die erneute Massenstreikdebatte einzuhegen und auf den Kampf gegen das preußische Wahlrecht zu beschränken, ist schwer zu entscheiden.[1419] Als Frank geendet hatte, begann eine Debatte, die der *Vorwärts* in seinem Bericht sehr diplomatisch zusammenfasste: »Die Diskussion eröffnete Genossin Rosa Luxemburg. Sie sprach von einem Widerspruch zwischen der Politik der badischen Partei und der Massenstreikrede Franks. Sowohl Reichstagsabgeordneter Dr. Weill als auch Genosse Dr. Breitscheid und manche andere Redner, auch nichtsozialdemokratische, lehnten dies Beginnen ab, und die Versammlung pflichtete ihnen bei.«[1420] Will man dem Polizeibericht glauben, ging es etwas lebhafter zu: »Zwischen der Rednerin Rosa Luxemburg und dem Reichstagsabgeordneten Dr. Weill kam es zu stürmischen Szenen und Auseinandersetzungen, welche bald in Tumulte ausarteten.«[1421] Georges Weill stammte aus einer deutsch-französischen Familie. Er war Revisionist wie Ludwig Frank und vertrat seit 1912 den Wahlkreis Reichsland Elsass-Lothringen im Deutschen Reichstag. Im Ersten Weltkrieg schloss er sich der französischen Armee an.

Nach einer Pause hatten sich die Gemüter so weit beruhigt, dass eine geordnete Diskussion beginnen und Luxemburg ihren Beitrag zu Gehör bringen konnte: »Herr Dr. Frank hat uns den letzten Ausweg zur Abschaffung des Dreiklassenwahlrechts angedeutet. Wie feurig hat er uns auf die Straße gelockt, wie hat er es verstanden, uns zu erklären, dass es nur die Menge bringt. Ich bin auch für den Massenstreik, denn von diesem ist die Weiterentwicklung der Sozialdemokratie abhängig und er allein nur kann uns das richtige Wahlrecht bringen. Ich möchte den Genossen Frank doch bitten, auch daheim in Baden einmal solche Reden zu halten.«[1422] Dass diese vor Hohn triefenden Äußerungen geeignet waren, die Gemüter der anwesenden Genossen in Wallung zu versetzen, kann man sich vorstellen. Aus ihren Worten ging zudem hervor, dass sie keineswegs damit einverstanden war, den Massenstreik auf den Kampf gegen das preußische Dreiklassenwahlrecht zu beschränken. Anders als der *Vorwärts* berichtete die *LVZ* ausgiebig über Luxemburgs Intervention. Die Sottisen gegen Frank traten dabei zugunsten der eigentlichen Konflikte mit den süddeutschen Reformisten in den Hintergrund: »Ist es möglich und wahr, dass man in Baden auf einen Großblock hinarbeitet, in Preußen aber den Massenstreik propagiert? […] Er ist unvereinbar mit einem Zusammengehen mit bürgerlichen Parteien, aber ich habe nun wenigstens die Hoffnung, dass wir in Zukunft von Badener Seitensprüngen verschont bleiben. (Beifall und Heiterkeit.)«[1423] Das war, bei aller Kritik, doch etwas konzilianter formuliert.

Sechs Wochen später, am 22. Juli, hielt der vierte Berliner Reichstagswahlkreis[1424] seine Mitgliederversammlung ab. Um der Massen Herr zu werden, griff man zu einem sehr häufig angewandten Mittel. Es gab mehrere, in diesem Fall zwei, parallele Versammlungen, beide waren überfüllt. Auf der einen sprach Rosa Luxemburg, auf der anderen Paul Lensch. Luxemburg begann ihre Ausführungen mit einem Überblick über die Massenstreikdebatte seit der Russischen Revolution von 1905, richtete ihren Blick aber schon auf den bevorstehenden Parteitag, bei dem es erneut zu einer großen Auseinandersetzung kommen würde. Auch bei dieser Gelegenheit wandte sie sich gegen jegliche Zusammenarbeit mit anderen Parteien und kritisierte namentlich einen Aufsatz von Kautsky,[1425] in dem er sich nach der Reichstagswahl 1912 Gedanken über einen »neuen Liberalismus« gemacht hatte, der seine politische Heimat in der Fortschrittlichen Volkspartei und dem linken Flügel der Nationalliberalen habe. Die Vorstellung, dass diese Kräfte in bestimmten Fällen Bündnispartner der SPD sein könnten, nannte Luxemburg eine »sehr verhängnisvolle Illusion«.[1426] Enttäuscht zeigte sie sich über die Diskussion ihrer Ausführungen im Anschluss an ihren Vortrag: »Es sei beschämend, dass nicht andere Gegner aufgetreten seien. Was hier gegen sie gesagt worden sei, das sei an ihren Ausführungen vorbei gesprochen.«[1427] Sie verwahrte sich auch gegen den Vorwurf, sie habe die Partei herabgesetzt.

Kautsky meldete sich wenige Tage später zu Wort, weil er sich unfair kritisiert sah.[1428] Es ging ihm gar nicht um den neuen Liberalismus als politisches Phänomen, jedenfalls nicht in erster Linie, sondern um die Erschließung neuer Wählerschichten, wobei er auch an den neuen Mittelstand dachte, an die Angestellten, die es in rasch wachsender Zahl gab:

> Neue Waffen (soziale Reformen) oder (wenn er darin versagt) neue Rekruten oder beides vermag uns der neue Reichstag zu bringen. Drei große Gebiete der Rekrutierung haben wir uns zu erschließen. Gelingt es uns, die Zentrumsarbeiter aus den kirchlichen Fesseln zu befreien, die ostelbischen Landarbeiter gegen den Terrorismus der Konservativen zu wappnen, und treibt uns liberale Schwäche die große Masse des neuen Mittelstandes in die Arme, so haben wir die Mehrheit des deutschen Volkes gewonnen und unser weiterer Vormarsch wird unwiderstehlich.[1429]

Das war ein politisches Konzept, das dem von Rosa Luxemburg diametral entgegengesetzt war. Es ging nicht um die sich immer weiter steigernde Mobilisierung der proletarischen Massen mit dem Endziel einer revolutionären Machtübernahme, sondern darum, auf der Basis eines mehr oder wenigen fairen Reichstagswahlrechts darauf hinzuarbeiten, eines Tages die Mehrheit der Stimmen zu gewinnen, indem man sich neue Wählerschichten erschloss und, wo dies sinnvoll erschien, auch mit politischen Kräften zusammenarbeitete, denen diese neuen Wählerschichten bisher verbunden waren. Das war noch nicht das Konzept der Volkspartei, das die SPD im eigentlichen Sinne erst 1959 adaptiert hat, aber es war doch ein bedeutsamer Schritt dorthin.

Luxemburg hatte Äußerungen von Kautsky angegriffen, die so gar nicht in seinem Text standen, bzw. zitierte ihn so, dass ein falscher Eindruck entstehen musste, um ihn leichter attackieren zu können. Bebel, der gerade im Begriff war, zur Kur zu fahren, registrierte die Kontroverse aus der Ferne: »Die Luxemburg schleimt sich mal wieder gehörig aus [...]« Er hätte sich gerne zu Wort gemeldet, sah sich dazu aber nicht in der Lage und ermunterte Kautsky, sich nicht unterkriegen zu lassen: »Der Unterschied zwischen Dir und mir ist, dass Du noch arbeitsfähig bist, ich nicht mehr. Es ist ein scheußlicher Zustand, eingreifen zu wollen und doch vor dem Kampf zurückschrecken zu müssen.«[1430] Diesen Brief schrieb Bebel am 29. Juli in Zürich, am 13. August verstarb er während des Kuraufenthaltes in Passug (Churwalden).[1431] Sein Herz, das schon immer schwach gewesen war, hatte aufgehört zu schlagen. Am 17. August wurde er in Zürich beigesetzt. 60 000 Menschen waren gekommen, um ihm die letzte Ehre zu erweisen. 500 Kranzträger folgten dem Leichenwagen, eine Delegation der SPD-Reichstagsfraktion, Abordnungen aus Frankreich, England, Österreich und vielen anderen Ländern, eine Vertretung der Schweiz, Delegationen von Gewerkschaften und politischen Vereinen. Von dem Trauerzug wurde sogar ein Film für die Wochenschau gedreht.[1432] Rosa Luxemburg, die gerade erst eine Woche bei ihrer Freundin Clara Zetkin gewesen war,[1433] zögerte nicht, erneut die weite Reise in den Süden anzutreten. Bei allen zuletzt zutage getretenen Differenzen hatte sie sich immer eine große Hochachtung für August Bebel bewahrt und wollte persönlich von ihm Abschied nehmen: »Ich stand lange am Sarge Bebels, er sah wunderbar aus, noch viel schöner als im Leben.«[1434] Sie widmete ihm einen Nachruf, der ein Zeugnis großer und warmherziger Verehrung ist.[1435] Ihr war vermutlich auch bewusst, dass es ohne ihn, seine große Autorität und seine integrierende Kraft für sie nicht einfacher werden würde in der sozialdemokratischen Partei. Der Nachruf erschien in der von ihrer Freundin Clara Zetkin herausgegebenen Zeitschrift *Die Gleichheit*, einem der wenigen Blätter, in dem sie noch ohne Schwierigkeiten Beiträge unterbringen konnte.

August Bebel wurde auf dem Zürcher Friedhof Sihlfeld beigesetzt, neben seiner Frau Julie. Die Schweiz war über die Jahre zu seiner Wahlheimat geworden, hier hatte er sich von den Anstrengungen des politischen Geschäfts erholt. Deshalb hatte das Ehepaar sich für diese Begräbnisstätte entschieden. Wäre er in Berlin beigesetzt worden, hätten die deutschen Sozialdemokraten ihrem »Arbeiterkaiser« zweifellos einen triumphalen Abschied bereitet. Als Paul Singer, der andere SPD-Vorsitzende, 1911 verstarb, folgte fast eine Million Menschen seinem Sarg, es war die größte Beerdigung in der Geschichte Berlins. Beerdigungsfeierlichkeiten hatten insbesondere seit der Zeit des Sozialistengesetzes, als sie eine der wenigen legalen Demonstrationsmöglichkeiten gewesen waren, einen hohen Stellenwert in der proletarischen Festkultur. Bebel, der damals der wahrscheinlich populärste Arbeiterführer der Welt war, wäre zweifellos ganz besonders glanz- und würdevoll von seinen Parteigenossen zu Grabe getragen worden. Aber auch so gab es am 17. August eine Unzahl von Trauerfeierlichkeiten im ganzen Deutschen Reich, siebzehn Veranstaltungen allein in Berlin.

Luxemburg absolvierte im August 1913 weitere Termine, bei denen es um den Massenstreik ging. Dabei hatte sie schon den bevorstehenden Parteitag im Visier. Aber auch der Vorstand bereitete sich intensiv darauf vor. Er bemühte sich um eine Begrenzung der Massenstreikdebatte, um eine »Dämpfung der Diskussion«[1436], und versuchte, mögliche radikale Beschlüsse antizipierend zu bekämpfen. In diesem Sinne fanden auch mehrere interne Veranstaltungen statt, zu denen der Vorstand Gewerkschaftsführer und prominente Parteimitglieder einlud. Zu einer dieser Veranstaltungen Anfang August war auch Luxemburg geladen.[1437] Als sie zu Wort kam,[1438] hatten schon acht Redner vor ihr gesprochen, von denen nur Heinrich Schulz und Arthur Stadthagen explizit für den Massenstreik als politisches Kampfmittel plädierten.[1439] Luxemburg argumentierte aus einer erkennbar schwierigen Situation. Sie kritisierte sowohl die Gewerkschaften als auch den *Vorwärts* und musste schließlich hinnehmen, dass Molkenbuhr, der die Aussprache leitete, sie mit dem Hinweis unterbrach, dass ihre Ausführungen nichts mit dem Massenstreik zu tun hätten. Darauf entgegnete Luxemburg, sie wolle nur an Beispielen beweisen, »wie fremd und erhaben unsere Gewerkschaftsführer der Masse und deren Aktion gegenübersteht [sic!]«.[1440] Am 7. September publizierte der *Vorwärts* vorab den Resolutionsentwurf des Parteivorstands zum Massenstreik,[1441] der in Jena beschlossen werden sollte. Der Entwurf war von dem Bemühen geprägt, die zu erwartende Debatte zu entschärfen. Man konnte darin beim besten Willen nichts entdecken, was nicht schon auf früheren Parteitagen beschlossen worden war, und die Autoren hatten alles darangesetzt, jedwede Festlegung in der Sache zu vermeiden, was Luxemburg entsprechend sarkastisch kommentierte:

> Wir sind ja in Bezug auf Parteitagsresolutionen überhaupt nicht verwöhnt, und niemand wird in diesem Fall ein Meisterstück in politischer wie in stilistischer Hinsicht erwartet oder verlangt haben. Aber ein so farbloses, gequältes Stück Prosa ohne Hand und Fuß wie das vorliegende, dem bei allgemeiner Verschwommenheit in Form und Inhalt nur das eine sehr deutlich an der Stirn geschrieben steht: der Wunsch der Verfasser, gar nichts Deutliches zu sagen, ein solches Produkt der hohen Staatskunst durfte der Parteivorstand denn doch in dieser Situation nicht vorlegen.[1442]

Durfte er nicht, tat er aber doch. Und Luxemburg musste es erleben, dass der Antrag des Vorstands auf dem Parteitag, der am 14. September in Jena begann, mit allen gegen zwei Stimmen angenommen wurde. Auch sie selbst stimmte dafür. Vergeblich hatte sie zuvor versucht, den sehr allgemein gehaltenen, kurzen Antrag durch konkrete Aussagen zu ergänzen. In ihrem Amendement war die von ihr stets betonte Feststellung enthalten, dass die Organisation der Massen in Partei und Gewerkschaft wichtig sei, aber dennoch der Massenstreik »nicht auf Kommando von Partei- und Gewerkschaftsinstanzen künstlich herbeigeführt werden« könne. Es gehe nicht nur um Organisation, sondern vor allem auch um Mobilisierung: »Als Antwort auf die Übergriffe der Reaktion wie als erste Voraussetzung erfolgreicher Massenaktionen ist eine offensive, entschlossene und konsequente Taktik der Partei auf allen Gebieten erforderlich. Nur eine solche Taktik, die den Schwerpunkt des Kampfes bewusst in die Aktion der Massen verlegt, ist geeignet, in den Reihen der Organisierten die Kampfenergie und den Idealismus wachzuhalten sowie die Unorganisierten in wichtigen Augenblicken mitzureißen und für die gewerkschaftliche und politische Organisation dauernd zu gewinnen.«[1443]

Für das Amendement stimmten in namentlicher Abstimmung 142, dagegen 333 Delegierte, darunter Bernstein, David, Ebert, Frank, Molkenbuhr, Noske, Scheidemann, Wels und Zietz.[1444] Unter den Neinstimmen waren fast alle Mitglieder des Parteivorstands, allen voran Friedrich Ebert, der in Jena mit großer Mehrheit als Bebels Nachfolger zum neuen Vorsitzenden gewählt wurde. (Hugo Haase, der zweite Vorsitzende, nahm an dem Parteitag nicht teil.) Mit Ja stimmten neben Luxemburg die bekannten Vertreter der Linken wie Dittmann, Henke, Lensch, Liebknecht, Pannekoek, Stadthagen und Zetkin, aber neben dem harten Kern der radikalen Linken auch Teile des Zentrums, sodass es diesmal immerhin 142 Neinstimmen waren, 60 mehr als bei der zweiten Massenstreikdebatte drei Jahre zuvor.[1445] Eine ähnliche Konstellation ergab sich bei dem zweiten großen Thema, der Steuerpolitik. Ausgangspunkt war die Heeresvorlage, die vorsah, dass das Heer um 136 000 Mann aufgestockt werden sollte. Die einmaligen Kosten sollten durch eine einmalige Vermögensabgabe, die laufenden durch eine Vermögenszuwachssteuer finanziert werden. Insgesamt ging es um ein Finanzierungsvolumen von etwas über einer

Milliarde Mark. Die SPD-Fraktion stimmte im Reichstag als einzige gegen die Heeresvorlage, aber sie stimmte gemeinsam mit den Nationalliberalen, der Fortschrittlichen Volkspartei und der Mehrheit des Zentrums für die Vermögenszuwachssteuer; die Konservativen dagegen lehnten sie ab. Die Sozialdemokraten waren grundsätzliche Kriegsgegner und waren bisher immer Bebels Parole »Diesem System keinen Mann und keinen Groschen« gefolgt. Im vorliegenden Fall stimmten sie für die neue Steuer, weil sie darin den Einstieg in die von ihnen seit Langem geforderte Reichseinkommensteuer sahen.[1446] In Jena lag ein Antrag vor, der dieses Verhalten der Reichstagsfraktion ausdrücklich billigte.[1447] Der Antrag wurde zurückgezogen, verabschiedet wurde eine Resolution von Emanuel Wurm. Er vermied den direkten Bezug auf die jüngsten Vorgänge im Parlament und stellte stattdessen nur allgemein fest, dass die SPD grundsätzlich direkte Steuern befürwortete. Der Antrag wurde mit 336 gegen 140 Stimmen angenommen.[1448] Das Stimmenverhältnis war also nahezu identisch mit dem bei der Abstimmung über den Massenstreik. Die Gegenposition zu Wurm vertrat der Antrag von Friedrich Geyer, den auch Rosa Luxemburg unterstützte. Er verfiel mit großer Mehrheit der Ablehnung.[1449]

Ein weiteres Thema, das den Parteitag beschäftigte, war der Fall Radek. Am 31. August war eine Erklärung im *Vorwärts* erschienen, den die Redaktion mit dem folgenden Vorspann versehen hatte: »Wir erhalten von den Vertretern des Parteivorstandes der Sozialdemokratie Polens und Litauens mit dem Ersuchen um Veröffentlichung nachfolgende Erklärung, mit dem Beifügen, dass deren Inhalt von den Genossen J. Karski [Marchlewski], Rosa Luxemburg, J. Tyska [Jogiches] vertreten wird.«[1450] Die Verfasserin der Erklärung war Luxemburg. Die Bremer Sozialdemokraten kämpften weiter für den Verbleib Radeks in der SPD[1451] und setzten das Gerücht in die Welt, dass der Parteivorstand die Einberufung eines paritätisch besetzten Schiedsgerichts vorgeschlagen, die Führung der SDKPiL sich aber widersetzt habe. Dem widersprach Luxemburg, die die Erklärung verfasst hatte, mit dem Argument, einen solchen Vorschlag des Parteivorstands gebe es gar nicht, das sei vielmehr die Idee der Bremer. Sie zitierte sodann mehrere Schreiben der SDKPiL an den Vorstand der SPD, in denen sie ihre Bereitschaft zur Mitwirkung an einem Schiedsverfahren erklärt hatte. Der Parteitag im Vorjahr hatte sich zwar intensiv mit dem Fall Radek befasst, war aber zu keinem wirklichen Ergebnis gekommen. In Jena sollte nun Klarheit geschaffen werden. Der Parteivorstand brachte einen Antrag ein: »Personen, die aus einer dem Internationalen Sozialistischen Bureau angeschlossenen Bruderpartei aus Gründen, die auch in der deutschen sozialdemokratischen Partei zum Ausschluss führen, ausgeschlossen sind, können in der Sozialdemokratischen Partei Deutschlands ohne Zustimmung der Partei, die den Ausschluss vollzogen hat, die Mitgliedschaft nicht erwerben.«[1452] Luxemburg stellte einen Zusatzantrag: »Vorbehalten bleibt dabei die Untersuchung des Falles Radek in seinem vollen Umfang durch dazu berufene deutsche Parteiinstanzen unter Wahrung einer ausreichenden Verteidigungsmöglichkeit für Radek.«[1453] Einen weiteren Ergänzungsantrag stellte Karl Liebknecht. Er schlug vor, den Fall an das ISB »zur eventuellen Herbeiführung einer allgemeinen Regelung der Frage zu überweisen, ob und in welchem Umfang der Ausschluss aus einer dem Internationalen Bureau angeschlossenen Partei bindende Kraft für die übrigen angeschlossenen Parteien besitzt«.[1454] In der Begründung ihres Amendements widersprach Luxemburg dem Vorschlag Liebknechts entschieden, er sei »ganz unannehmbar«.[1455] Das ISB könne nach seinem Reglement nur aktiv werden, wenn es von zwei Parteien angerufen werde. Der Antrag des Parteivorstands sei wiederum nicht ausreichend, weil er ja nicht rückwirkend zur Anwendung kommen könne und deshalb für die Regelung des aktuellen Problems nicht ausreiche.

Nachdem Rosa Luxemburg bis dahin mit ihren Initiativen auf dem Parteitag wenig Glück gehabt hatte, schloss sie ihre Begründungsrede mit den Worten: »Ich bitte Sie, wenigstens diesen Antrag von mir auf diesem Parteitag anzunehmen. (Heiterkeit und Beifall.)«[1456] Doch die Bitte blieb unerfüllt, wenngleich sie in der Sache diesmal Erfolg hatte. Ebert, der den Vorsitz führte, ließ zuerst über den von der Beschwerdekommission überarbeiteten Antrag[1457] des Vorstands abstimmen, der »mit übergroßer Mehrheit« angenommen wurde. Anschließend stimmte der Parteitag darüber ab, ob dieser Beschluss rückwirkende Kraft haben sollte, was ebenfalls von einer »übergroßen Mehrheit« bejaht wurde. Dadurch, so Ebert, seien alle anderen Anträge zur Causa Radek erledigt. Liebknecht widersprach dieser Feststellung, er habe einen Grundsatzantrag gestellt mit dem Ziel, dass für die Frage, die jetzt für Deutschland geregelt sei, auch eine internationale Vereinbarung gefunden werde. Daraufhin stellte Ebert noch Liebknechts Antrag zur Abstimmung, der mit 168 zu 158 Stimmen eine knappe Mehrheit fand.[1458] Damit, so könnte man denken, war der Fall Radek endlich zu den Akten gelegt. Um seine Bremer Freunde, die uneinig waren, wie es weitergehen sollte, nicht in Schwierigkeiten zu bringen, erklärte er am 14. Oktober seinen Austritt aus der bremischen Parteiorganisation. Das wurde insofern honoriert, als diese im Gegenzug mit knapper Mehrheit entschied, er könne weiterhin bei der *Bremer Bürger-Zeitung* mitarbeiten. Auch seine Unterstützer in der SDAPR, namentlich Lenin und Feinstein, gaben nicht auf. Bereits im Dezember 1912 hatte eine Konferenz der Auslandssektionen der SDKPiL, die von den »Roslamowcy«, den abtrünnigen Warschauern, beherrscht wurde, beschlossen, eine Kommission zur erneuten Untersuchung des Falles Radek einzusetzen. Jetzt, nachdem der Jenaer Parteitag Radeks Streichung aus dem Mitgliederverzeichnis der SPD beschlossen hatte, wurde die Kommission aktiv und kam – nicht wirklich überraschend – im Februar 1914 zu dem Ergebnis, dass alle gegen ihn erhobenen Vorwürfe und Anklagen unbegründet seien.[1459] Es ergab sich die paradoxe Situation, dass die SDAPR und die Warschauer SDKPiL seine SPD-Mitgliedschaft anerkannten, die SPD selbst und der Hauptvorstand der SDKPiL dagegen nicht.[1460] Wirklich geklärt wurde die Sache nie. Die Auseinandersetzungen kamen aber durch den Ausbruch des Ersten Weltkriegs zum Erliegen.

Der SPD-Parteitag 1913 in Jena war der letzte, an dem Rosa Luxemburg teilnahm. Im September 1914 tobte bereits der Krieg. Der nächste Parteitag fand erst im Oktober 1917 statt, aber da gehörte sie der SPD, für die sie so leidenschaftlich gekämpft hatte, nicht mehr an. In Jena waren ihr die Grenzen ihrer Möglichkeiten sehr deutlich geworden. Bei den beiden großen Abstimmungen hatte der linke Teil des marxistischen Zentrums mit den Radikalen gestimmt, trotzdem waren sie deutlich in der Minderheit geblieben. Die radikale Linke, deren prominentestes Gesicht Luxemburg war, befand sich in der Defensive. Sie gebot, abgesehen von den beiden Leuchttürmen in Leipzig und Bremen, nur über einen sehr bescheidenen Teil der Parteipresse. Im Funktionärskorps der Gewerkschaften hatte sie kaum Gesinnungsgenossen, und auch in der Reichstagsfraktion, deren Größe sich bei den letzten Reichstagswahlen mehr als verdoppelt hatte, dominierten die Realpolitiker. Fast alle Mitglieder des Vorstands gehörten auch dem Reichstag an, sodass die Bindung zwischen Partei und Fraktion eng war. Nettl schreibt dazu: »Von 1912 an wurden die Radikalen mehr und mehr von wirksamer Teilnahme am Parteileben abgeschnitten; der Vorstand hatte alle Machtmittel in der Hand, und sie mussten sich auf Proteste beschränken.«[1461] Das ist nicht falsch, aber doch ein wenig übertrieben. Luxemburg war vom Parteileben nicht abgeschnitten. Es war nach wie vor gerne gesehen, wenn sie die Säle füllte, und die Veranstaltungen waren auch ein Teil des Parteilebens. Schwieriger war es geworden, wenn sie ihre Stimme in der Presse zu Gehör bringen wollte, aber auch das gelang ihr in der Mehrzahl der Fälle nach wie vor. Sie fand eigentlich auch immer eine Wahlkreisorganisation, die willens war, sie mit einem Mandat für den Parteitag auszustatten. Andererseits war nicht zu übersehen, dass sie dort inzwischen aus der Defensive argumentierte. Luxemburg, die einst, gerade in Deutschland angekommen, als Wahlkämpferin Furore gemacht hatte, entfernte sich zusehends aus der Mitte der Partei. Die drei Massenstreikdebatten 1905/06, 1910 und 1913 waren wesentliche Wegmarken auf ihrem unaufhaltsamen Weg ins Abseits. Lange wollte sie es nicht wahrhaben und hielt an der Idee noch fest, für ihre Positionen in der SPD eine Mehrheit gewinnen zu können, als das längst eine Illusion geworden war.

Am 20. September 1913 endete der Parteitag, und Luxemburg fuhr zurück nach Südende, wo Getrud Zlottko, die treue Haushälterin, inzwischen Mimi gehütet hatte. Doch vier Tage später saß sie schon wieder im Zug nach Frankfurt, unterwegs zu der Wahlkreisorganisation, von der sie in diesem Jahr das Delegiertenmandat bekommen hatte. Am 24. September sprach sie auf einer Volksversammlung in Fechenheim,[1462] in den

Tagen danach in Hanau und Bockenheim.[1463] Die Vorträge setzten etwas unterschiedliche Akzente, aber immer ging es um den Kampf gegen den Militarismus. Luxemburgs Agitation gegen den drohenden Krieg traf auf große Resonanz. Es konnte der Eindruck entstehen, dass die große Mehrheit der einfachen Parteimitglieder hinter ihr stehe, obwohl es ihr nicht gelang, auf Parteitagen Mehrheiten zu gewinnen.[1464] Als sie am 26. September in Bockenheim sprach, setzte schon zwei Stunden vor Beginn »eine wahre Völkerwanderung« zur »Liederhalle«, dem Parteilokal, ein: »Auch bürgerliche Frauenrechtlerinnen kamen, um im Saal rechtzeitig ein Plätzchen zu finden.« Um 20 Uhr herrschte bereits eine solche Überfüllung, dass die letzten Tische aus dem Saal entfernt werden mussten. Die zum Garten führenden Türen und Fenster wurden geöffnet, damit man die Rednerin auch dort hören konnte. Als Luxemburg dann um 21 Uhr eintraf, gelang es nur mit Mühe, ihr eine Gasse zum Rednerpodium zu bahnen.[1465] Auch der preußische Innenminister konnte nicht umhin festzustellen: »Ihre leidenschaftlichen Reden machen auf die Zuhörerschaft regelmäßig einen starken Eindruck.« Der Frankfurter Polizeipräsident äußerte sich dagegen sehr abfällig über das »blutrünstige[n] Geschwätz«.[1466] Die hohen Herren hatten sich miteinander ins Benehmen gesetzt, weil peinlicherweise versäumt worden war, für die übliche polizeiliche Überwachung der Versammlung zu sorgen.[1467] Das wiederum war aktenkundig geworden, als die Frankfurter Staatsanwaltschaft ein Strafverfahren wegen Aufforderung zum Hochverrat eingeleitet und den polizeilichen Überwachungsbericht angefordert hatte, den es aber nicht gab. Doch das erwies sich als lösbares Problem, denn es fand sich ein Denunziant, ein alldeutscher Antisemit, der mitstenografiert und anhand seiner Notizen eine Inhaltsangabe des Vortrags ausgearbeitet hatte. Ernst Henrici, ein sowohl politisch als auch wissenschaftlich gescheiterter Abenteurer, veröffentlichte seine Notizen in der *Frankfurter Warte*, einem antisemitischen Blättchen, verbunden mit der Aufforderung, gegen Luxemburg vorzugehen, denn ihre Äußerungen seien »nackteste Aufreizung zum Hochverrat«[1468]. Da Henrici nicht sicher sein konnte, dass der Staatsanwalt die *Frankfurter Warte* las, schickte er ihm ein Exemplar zu.

Wenn wir dem guten Mann glauben wollen, hatte Luxemburg die rhetorische Frage aufgeworfen, »ob wir uns einen Krieg ungestraft gefallen lassen würden«. Darauf wurde aus der Versammlung gerufen: »Niemals!« Anschließend soll sie gesagt haben: »Wenn uns zugemutet wird, die Mordwaffe gegen unsere französischen oder andern Brüder zu erheben, dann rufen wir: Das tun wir nicht!«[1469] Die Anklage warf ihr vor, sie habe in einer »maßlosen, verhetzenden Weise gesprochen«: »Diese Worte bedeuten die Aufforderung zu einem außerordentlich schweren Verbrechen der Meuterei, das mit dem Tode bestraft wird.«[1470] Milde sei hier nicht angebracht, zumal die Angeklagte mehrfach vorbestraft sei: »Die Angeklagte überlegt sich genau, was sie sagt. Ihre ganze Persönlichkeit ist nicht geeignet, eine milde Auffassung hervorzurufen. Sie gehört der extremsten Gruppe des radikalsten Flügels der Sozialdemokratie an. […] Sie trägt den Beinamen ›die rote Rosa‹ nicht mit Unrecht. […] Sie spielt mit dem Massenstreik, sie animiert zum Mord, sie fordert zur Meuterei auf.«[1471] Die Tirade des Staatsanwalts gipfelte in dem Satz: »Was die Angeklagte getan hat, ist ein Attentat auf den Lebensnerv unseres Staates.«[1472] Eigentlich waren es sogar zwei Attentate; für die Veranstaltung in Bockenheim beantragte der Staatsanwalt acht Monate, für die in Fechenheim sechs Monate Gefängnis, die zu einer Gesamtstrafe von einem Jahr zusammengezogen werden sollten.[1473]

In ihrer Verteidigungsrede ging die rote Rosa ausführlich auf die gesamte antimilitaristische Tätigkeit der ersten und auch der zweiten Internationale, vor allem aber auch der SPD ein. Sie betonte, dass die Frage von Krieg und Frieden das ganze Volk betraf: »Nach der Auffassung des Staatsanwalts ist die Armee die kriegführende Partei, nach unserer Auffassung ist es das gesamte Volk. Dieses hat zu entscheiden, ob Kriege zustande kommen oder nicht.«[1474] Den Vorwurf der Hetze wies sie entschieden zurück: »Was ich in jenen Frankfurter Versammlungen tat, und was wir Sozialdemokraten stets in Wort und Schrift tun, das ist: Aufklärung verbreiten, den arbeitenden Massen ihre Klasseninteressen und ihre geschichtlichen Aufgaben zum Bewusstsein bringen […]«[1475] Der der Anklage zugrunde liegende Sachverhalt wurde von der Verteidigung nicht infrage gestellt, allerdings ganz anders interpretiert. Kurt Rosenfeld versuchte in seinem Plädoyer, den politischen Charakter des Prozesses herauszuarbeiten, indem er nachwies, dass keiner der herangezogenen Paragrafen des StGB eine Basis für eine Verurteilung biete. Paul Levi hob darauf ab, Luxemburg »habe nicht den Willen ihrer Zuhörer beeinflussen wollen, was strafbar ist, sondern ihre Gesinnung, und dies sei nicht mit Strafe bedroht«.[1476] In diesem Sinne argumentierte auch die Angeklagte. Das Landgericht Frankfurt folgte allerdings dem Antrag des Staatsanwalts und verurteilte Rosa Luxemburg am 20. Februar 1914 wegen »Aufforderung zum Ungehorsam gegen das Gesetz« (§ 110 StGB) zu einem Jahr Gefängnis, wobei es betonte, dass angesichts der Schwere der Straftat eigentlich die Höchststrafe von zwei Jahren angemessen wäre. Davon wollte man aber absehen, weil »es sich um eine Frau handelt, deren Gesundheit durch eine längere Strafe schwer erschüttert wird«.[1477] Der Staatsanwalt hatte auch die sofortige Inhaftnahme beantragt, weil er im Falle einer Verurteilung akute Fluchtgefahr sah. Luxemburg sei eine internationale Persönlichkeit, die keine Bindung an Deutschland habe und sich überall wohlfühle. Sie würde »geradezu unbegreiflich« handeln, wenn sie nicht sofort ins Ausland fliehen würde. Luxemburg entgegnete darauf sehr selbstbewusst mit Worten, die berühmt geworden sind: »Herr Staatsanwalt, ich glaube Ihnen, Sie würden fliehen. Ein Sozialdemokrat flieht nicht. Er steht zu seinen Taten und lacht Ihrer Strafen.«[1478] Das Gericht lehnte den Haftantrag ab, sodass Luxemburg bis zur Entscheidung über den Revisionsantrag ihrer Verteidiger durch das Reichsgericht in Freiheit blieb und so auch an den Protestveranstaltungen gegen den Urteilsspruch selbst mitwirken konnte.

Die Verurteilung zu einer einjährigen Haftstrafe wegen einer kurzen Bemerkung in einem eineinhalbstündigen Vortrag hatte einen gewaltigen Aufschrei im ganzen Land zur Folge. Die gesamte Partei ohne jeden Unterschied der politischen Richtung verurteilte diesen Richterspruch auf das Entschiedenste.[1479] Zahllose Parteizeitungen brachten Berichte und Kommentare.[1480] Der *Vorwärts*, der in den Jahren zuvor für Luxemburg kaum noch zugänglich gewesen war, brachte drei Tage lang große Artikel auf der Titelseite. Am 21. Februar schrieb er: »Das unglaublich harte Urteil ist ein juristisches Unikum und lediglich verständlich, wenn man es als politisches Tendenzurteil betrachtet.«[1481] Am Tag darauf brachte die Zeitung eine kleine Presseschau, der zu entnehmen war, dass die liberale *Frankfurter Zeitung* das ganz ähnlich sah. Sie zweifelte stark an der Strafbarkeit von Luxemburgs Äußerung und hielt in jedem Fall das verhängte Strafmaß für befremdlich. Reaktionären Blättern wie der *Täglichen Rundschau* blieb es vorbehalten, das Urteil hart, aber gerecht zu finden: »Und Härte war gegenüber dieser blutrünstigen politischen Brandstifterin nachgerade am Platze.«[1482] Wieder einen Tag später, am 23. Februar, konnte der *Vorwärts* bereits von einem »flammenden Massenprotest« berichten.[1483] Am Vortag hatte es in Frankfurt, dort, wo Luxemburg im September aufgetreten war, drei Versammlungen gegeben. Die Tagesordnung lautete »Denunziant und Justiz«.[1484] In der Bockenheimer Liederhalle sprach Luxemburgs Verteidiger Kurt Rosenfeld.[1485] Rosenfeld war ein profilierter sozialdemokratischer Jurist, er vertrat viele Sozialdemokraten in politischen Prozessen, außerdem gehörte er der Berliner Stadtverordnetenversammlung an. Nach der Novemberrevolution war er für kurze Zeit preußischer Justizminister. In seiner Rede beleuchtete er das Verfahren vor allem aus der Sicht des Juristen. Am Schluss ging er auf die Aussage des Staatsanwalts ein, Luxemburgs Auftritt sei ein Attentat auf den Lebensnerv des Staates: »Kadavergehorsam des Soldaten als Lebensnerv der heutigen Staatsordnung – so krass ist der brutal-reaktionäre Charakter des Klassenstaates noch nie in einem Gerichtssaal gekennzeichnet worden.«[1486] Mit diesem Bekenntnis habe der Staatsanwalt das Todesurteil über die heutige Gesellschaftsordnung gesprochen und gegen seinen Willen ein Plädoyer für die Bestrebungen der Sozialdemokratie gehalten. Luxemburg schloss an diesen Gedanken an, wenn sie sagte, es gehe nicht um sie, sondern um den Kampf gegen den Militarismus: »Da stehen wir alle wie eine Mauer gegen diese Gesellschaft. (Stürmischer, brausender, lang anhaltender Beifall) Es ist nicht die Rosa Luxemburg, es sind heute bereits zehn Millionen Todfeinde des Klassenstaates.«[1487] Am Ende der Versammlungen wurde eine Resolution verabschiedet, in der es hieß: »Die heutige

Massenversammlung erhebt flammenden Protest gegen das die Genossin Luxemburg zu einem Jahr Gefängnis verurteilende Erkenntnis der Frankfurter Strafkammer. [...] Sie gelobt, in Zukunft noch viel schärfer als bisher, als Todfeind der bestehenden Gesellschaftsordnung bis zum letzten Atemzug zu kämpfen.«[1488]

Leipziger Volkszeitung, Soldatenmisshandlungen, Paul Levi, Sozialdemokratische Korrespondenz

Den drei Auftaktveranstaltungen vom 22. Februar 1914 folgten weitere Protestversammlungen in Stuttgart, Freiburg i. Br., Karlsruhe, Pforzheim, München, Nürnberg sowie Berlin, wo Luxemburg insgesamt dreimal auftrat.[1489] Bei ihren späteren Veranstaltungen blieb der Kampf gegen den Militarismus ein stets präsentes Thema, aber der Frankfurter Staatsanwalt, der sie zur Attentäterin hatte erklären wollen, trat nun doch zunehmend in den Hintergrund. Gleichzeitig wurden die öffentlichen Auftritte ein immer wichtigeres Kommunikationsmedium, um die Mitglieder und Anhänger der Partei zu erreichen. Denn nicht nur der *Vorwärts*, auch die *Leipziger Volkszeitung* standen ihr inzwischen nicht mehr zur Verfügung. Paul Lensch war im Sommer 1913 »wegen Faulheit« entlassen worden.[1490] Der entscheidende Mann war jetzt der Chefredakteur Hans Block. Er brachte zwar Luxemburgs sechsteilige Artikelfolge »Die Reichstagsfraktion und die Militärvorlage«,[1491] stellte allerdings, ohne sie vorher darüber zu informieren, einen negativen Kommentar dazu, worüber sie begreiflicherweise wenig erbaut war: »Seit ich in der ›Leipziger Volkszeitung‹ mitarbeite – d. h. seit 15 Jahren –, ist noch nie vorgekommen, dass die Redaktion gegen meine in der ›Leipziger Volkszeitung‹ veröffentlichten Artikel Stellung nimmt.«[1492] Die *LVZ* brachte Luxemburgs ausführlichen Diskussionsbeitrag, in dem sie darlegte, warum sie gegen die mehrheitliche Entscheidung der Reichstagsfraktion opponierte, im Reichstag für die Vermögenszuwachssteuer zu stimmen, und distanzierte sich dann von ihrer

Mitarbeiterin unmittelbar vor der entscheidenden Abstimmung in der Fraktion. Das kam einer Desavouierung in aller Öffentlichkeit gleich, was von der konservativen Presse genüsslich registriert wurde. Unter diesen Umständen wollte sie, wie auch Franz Mehring und Clara Zetkin, nicht mehr für die *LVZ* schreiben, machte allerdings eine Ausnahme, als Marchlewski, nicht zum ersten Mal, vertretungsweise die Chefredaktion übernommen hatte, weil Block im Urlaub war. Sie sandte ihren Artikel »Nach dem Jenaer Parteitag«[1493] ein, doch Friedrich Keimling, ein Redakteur, der auf Blocks Seite stand, verstand es, das Erscheinen zu verhindern, obwohl die oberste Entscheidungsinstanz während Blocks Abwesenheit eigentlich Marchlewski war.

Das führte zum endgültigen Bruch. Mehring, Marchlewski und Luxemburg formulierten am 6. November 1913 Forderungen, die sie an das Pressekomitee der *LVZ* richteten, als Voraussetzung für ihre weitere Mitarbeit. Sie betrafen relativ schlichte Punkte: Festhalten an der radikalen Redaktionslinie, keine Polemik gegen Mitarbeiter, ohne diese zuvor zu informieren, Entscheidungsvollmacht für Marchlewski, wenn er in Vertretung von Block das Blatt leitete.[1494] All das wurde von der Pressekommission abgelehnt,[1495] sodass es mit der Zusammenarbeit nun endgültig vorbei war. Luxemburg geriet dadurch in eine prekäre Lage. Es wurde für sie immer schwieriger, ihrer Stimme Gehör zu verschaffen. Die zuletzt zitierten Aufsätze erschienen erst lange nach ihrem Tod in der kommunistischen Zeitschrift *Die Internationale*. Außerdem entfiel auch eine wichtige Einnahmequelle, wenn sie nicht mehr publizieren konnte, und die lange Zeit so vertraute Geldnot stellte sich wieder ein. Im Frühjahr 1914 schrieb Luxemburg an Marchlewski: »Lieber Julek! Für die hier aufgeklebte Briefmarke habe ich eben meine letzten Pfennige verausgabt. Wenn Du irgend kannst, schicke mir doch bitte durch Dein Töchting 5 Mark.«[1496] Schumacher und Tych berichten in ihrer Marchlewski-Biografie: »Die Karte löste eine Panik aus, und erst nach längerem Suchen in Schubladen und Taschen war die gewünschte Summe beisammen. Freudestrahlend konnte sich ›Töchting‹ auf den Weg machen.«[1497] Der 15-jährigen Zofia Marchlewska fiel die Aufgabe zu, die kostbare Barschaft zu überbringen.

Rosa Luxemburgs Reaktion auf die neue Lage beschränkte sich aber nicht auf das Erbetteln von Almosen. Am 17. Dezember 1913 versandte sie gemeinsam mit Julian Marchlewski, der hier sein Pseudonym J. Karski benutzte, und Franz Mehring ein Zirkular: »Die Unterzeichneten haben sich entschlossen, ihre journalistischen Arbeiten der Parteipresse zur Verfügung zu stellen, indem sie vom 1. Januar 1914 an eine Zeitungskorrespondenz herausgeben. Die Korrespondenz soll wöchentlich drei Leitartikel von uns bringen, eine Wirtschaftliche Wochenschau und daneben auch Entrefilets.«[1498] Die Wirtschaftliche Wochenschau wurde von Marchlewski betreut, der dieselbe Kolumne bisher für die *LVZ* geschrieben hatte. Die *Sozialdemokratische Korrespondenz* war ein Artikeldienst, der den Redaktionen kostenlos zur Verfügung gestellt wurde, lediglich der Nachdruck der Texte war zu honorieren, »für jeden Leitartikel oder die Wirtschaftliche Rundschau 5 M, für Entrefilets 5 Pf. je Zeile«.[1499] Die Redaktionsadresse war Marchlewskis Privatwohnung in der Kleiststraße 23 in Steglitz.[1500] Bereits am 27. Dezember erschien eine »Probenummer in verstärktem Umfang«[1501], bis Ende 1914 kam dann etwa alle drei Tage eine neue Ausgabe.[1502] Danach erschien nur noch einmal wöchentlich die Wirtschaftliche Wochenschau, und auch damit war es im Mai 1915 vorbei. Manche von Luxemburgs Beiträgen waren namentlich gezeichnet, viele aber auch nicht, sodass ihre Autorschaft erst in den letzten Jahren erkannt wurde.[1503] Der Pressedienst war vergleichsweise erfolgreich. Marchlewskis Beiträge wurden durchgängig übernommen. Auch an den Texten zu Luxemburgs Prozessen bestand großes Interesse. Einige ihrer Texte erschienen auch in der früher von ihr verschmähten *Gleichheit*, die bis 1917 noch von Clara Zetkin herausgegeben wurde. Auch Franz Mehrings Beiträge fanden häufig ihren Weg in die Presse.

Ende Februar 1914 schickte Rosa Luxemburg einen Brief nach Frankfurt: »Süßer Herr, Du und die herrliche Nacht zittert [sic!] mir noch in allen Gliedern, und meine wichtigste Beschäftigung hier ist, in den Erinnerungen zu wühlen mit trägen Fingern, wie in einem Korb Blumen. Dein blasses leidenschaftliches Gesichtlein mit den dunklen Augen sehe ich immer vor mir, wie damals – ganz in der Nähe.«[1504] Der Empfänger dieser Zeilen war der Frankfurter Rechtsanwalt Paul Levi, neben dem in Berlin ansässigen Kurt Rosenfeld Luxemburgs Verteidiger in dem gerade überstandenen Strafprozess. Kennengelernt hatten sie sich schon im Vorjahr auf dem Parteitag in Jena, an dem Levi als Delegierter des Wahlkreises Frankfurt/Main teilgenommen hatte. Luxemburg vertrat den benachbarten Wahlkreis Hanau. Beide Wahlkreisorganisationen brachten gemeinsam einen Antrag zur Förderung der Agitation für den Massenstreik ein, der aber nicht zur Abstimmung kam, nachdem der Parteivorstand sich mit seiner sehr allgemein gehaltenen, von Luxemburg so harsch kritisierten Resolution durchgesetzt hatte. Luxemburg und Levi gehörten dabei zur überstimmten Minderheit. Anders war es bei der Frage der Vermögenszuwachssteuer. Hier hatte Levi für, Luxemburg aber gegen den Antrag von Emanuel Wurm gestimmt. Näher kamen die beiden sich einige Monate später durch den Prozess vor dem Frankfurter Landgericht. Paul Levi war zwölf Jahre jünger als Rosa Luxemburg und passte insofern gut in die Reihe ihrer Liebhaber. Er entstammte einer bürgerlich-liberalen jüdischen Familie, war von hoher Bildung, interessierte sich sehr für die griechische und römische Antike und verfügte über ein beachtliches rhetorisches Talent. Mit ihm erlebte Rosa Luxemburg eine letzte intensive und erfüllte Liebesbeziehung, die Levis weiteren Lebensweg ganz entscheidend geprägt hat.[1505] Ein gemeinsames Intimleben gab es wohl nur in den Monaten Februar bis Juli,[1506] und die 55 erhaltenen Briefe Luxemburgs stammen alle aus dem Jahr 1914, aber es bestand auch danach eine intensive Verbindung. Levi empfand sich nach ihrem gewaltsamen Tod als ihr intellektueller Testamentsvollstrecker. Das galt sowohl in Hinblick auf die Pflege ihres Werkes als auch für ihr politisches Wollen. Er versuchte die Arbeit fortzuführen, aus der sie jäh herausgerissen worden war. Wenn es zuvor die persönliche Beziehung nicht gegeben hätte, dann hätte Levi nach dem Tod von Liebknecht, Luxemburg und Jogiches wohl kaum den Vorsitz der KPD übernommen. 1920 vertrat er die KPD auf dem zweiten Kongress der Kommunistischen Internationale. Im dreiteiligen Anzug mit weißem Hemd und Fliege wirkte er etwas exotisch neben Trotzki und den anderen russischen Genossen in ihrem revolutionären Habit. Es war dies auch sein einziges Gastspiel in Moskau. Bald danach trennte er sich von der KPD und kehrte zurück in die Reihen der Sozialdemokratie, wo er bis zu seinem Tod 1930 ein ziemlich isoliertes Leben führte.

Die Liebenden verhielten sich sehr konspirativ. Nur ganz wenige von Luxemburgs Briefen enthalten überhaupt eine Anrede und eine Grußformel. Viele sind auch nicht datiert, es waren Kassiber einer plötzlich auflodernden Leidenschaft. Luxemburg wollte sich für den Fall schützen, dass die Briefe in die falschen Hände gerieten. Selbst vor engen Freunden hielt sie die Verbindung geheim, vor dem ewig eifersüchtigen Jogiches ohnehin. So schrieb sie Levi im März 1914: »Allerdings war gerade der Mann mit dem großen Schnurrbart da, als Dein Telegramm ankam. Ich hütete mich aber instinktiv, von Dir zu sprechen, und als er mich nachher frug, ob mir mein Rechtsanwalt gefalle, gab ich eine angemessene Antwort.«[1507] So war der Personenkreis, der wirklich von dieser Beziehung wusste, sehr klein, und die wenigen, die etwas mitbekommen hatten, schwiegen.[1508] Wir können deshalb auch nur vermuten, dass Levi im April Luxemburg nach Clarens begleitet hat,[1509] ein sicheres Zeugnis dafür gibt es nicht. Der Korpus der 55 Briefe an Levi war jahrzehntelang unbekannt und fehlt in der ersten Auflage der fünfbändigen Briefausgabe, die in den 80er-Jahren erschien. Erst nachdem Sibylle Quack die Briefe entdeckt und in der Bundesrepublik publiziert hatte,[1510] wurden sie auch in der DDR in die Briefausgabe aufgenommen.[1511] Dieser Korpus ist von großer Bedeutung. Levi war Luxemburgs wichtigster Korrespondenzpartner im Jahr 1914. Jogiches schrieb sie noch zehn Briefe im ersten Halbjahr, danach gar nicht mehr, und auch sonst ist die Korrespondenz in diesem letzten Friedens- und ersten Kriegsjahr auffallend schmal.

Die Verurteilung zu einem Jahr Gefängnis hatte Luxemburg schwer getroffen, auch wenn sie sich in Frankfurt große Mühe gegeben hatte, sich das nicht anmerken zu lassen. Am 23. Februar war sie wieder in Berlin: »Kaum war ich gestern Nacht auf dem Berliner Pflaster ausgestiegen, als mich die bösen Vögel der Vereinsamung und der Depression wieder in ihre Krallen gepackt haben und ich musste mich sehr zusammennehmen, um auf der Straße nicht zu weinen. [...] Mimi war auch verschlafen, mit einem Wort, ich fühlte mich mutterseelenallein und fand das Leben hoffnungslos.«[1512] Ihr Auftreten vor dem Frankfurter Landgericht hatte ihr zu neuer Berühmtheit verholfen, aber die Distanz der Partei zu der eigenwilligen Genossin war dadurch nicht geringer geworden. Am Morgen nach ihrer Rückkunft rief Rosenfeld an, um ihr mitzuteilen, dass »die Berliner Parteileitung abgelehnt hat, Protestveranstaltungen einzuberufen. Ja, abgelehnt.«[1513] Das deprimierte sie aufs Neue. Tatsächlich fand dann doch, wie schon dargestellt, eine ganze Reihe von Veranstaltungen statt, wobei die Initiative stets von den jeweiligen Wahlkreisorganisationen ausging. Am 7. März 1914 trat sie in Freiburg i. Br. auf, worüber auch ihr eher nicht gewogene Zeitungen nolens volens berichteten: »Frau Dr. Luxemburg, eine Russin, wurde bekanntlich vor 14 Tagen von der Frankfurter Strafkammer wegen Aufforderung zum Widerstand gegen die Staatsgewalt zu einem Jahr Gefängnis verurteilt. Mit diesem Urteil wurde kräftig die Werbetrommel gerührt, wie man sah, mit Erfolg. Über 3 000 Personen, darunter wohl die Hälfte Nichtsozialdemokraten, füllten die Festhalle bis zum letzten Winkel.«[1514] Eine zentrale Passage ihres Vortrages lautete:

> Werte Anwesende! Wie soll ein Mann ein richtiger Vaterlandsverteidiger sein, wenn man erst jahrelang systematisch mit Füßen tritt, was jeden Mann [aus]macht: das Ehrgefühl, die Selbstachtung, der aufrechte Wille. Man tritt mit Füßen die Söhne des Volkes, wohlgemerkt, im Rock des Königs. Und dann geht man hinaus und spricht Phrasen von Vaterlandsverteidigung, vom Rock des Königs und von der besonderen Ehre des Soldatenstandes![1515]

Hier artikulierte sich ein neues Thema, das für Rosa Luxemburgs politische Agitation bald eine zentrale Rolle spielen sollte, die furchtbaren Soldatenmisshandlungen, die damals überall in Deutschland verbreitet waren und nicht selten zu Todesfällen führten und häufiger noch erst mit dem Selbstmord der Malträtierten endeten. Gut zwei Monate nach ihrem Auftritt in Freiburg frohlockte Luxemburg: »Liebling, denk Dir, wie famos! Es ist ein Strafantrag des Kriegsministers von Falkenhayn wegen Beleidigung des Offiziers- und Unteroffizierskorps [...]«[1516] Luxemburg sah hier die Chance eines großen Propagandafeldzugs: »Ich habe natürlich zugegeben, die Äußerungen getan zu haben, und zwar, um den Leuten den Rückzug abzuschneiden. Die Kerle sind wohl von allen guten Geistern verlassen. Denk Dir, was man alles bei einer solchen Verhandlung an Material ausbreiten und wiedergutmachen kann, was unsere Esel im Reichstag versäumt haben!«[1517] Auch hier fehlte nicht der Seitenhieb auf die Sozialdemokraten, die dem Parlament angehörten und es dort aus Luxemburgs Sicht oft genug an marxistisch fundierter Entschiedenheit fehlen ließen.

Die Soldatenmisshandlungen waren eines der großen sozialen Themen des wilhelminischen Kaiserreichs. Die Offiziere und Unteroffiziere legten ihren Untergebenen gegenüber ein Ausmaß an Willkür, Grausamkeit und Sadismus an den Tag, das jede Vorstellungskraft übersteigt. In der Zeit

Rosa Luxemburg mit ihren Anwälten Paul Levi (l.) und Kurt Rosenfeld vor dem Landgericht Berlin-Moabit, 29. Juni 1914

zwischen 1870 und 1911 kam es im Heer zu 6676 Todesfällen infolge von Misshandlungen sowie zu 10439 Selbstmorden und 2353 Selbstmordversuchen.[1518] In den Jahren 1900 bis 1914 betrug die Gesamtzahl der vorschriftswidrigen Behandlungen und Misshandlungen jährlich zwischen 600000 und 800000, mit steigender Tendenz. Auffallend ist dabei, dass die übergroße Mehrzahl der Fälle das preußische Heer betraf, während es in den Kontingenten von Bayern, Sachsen und Württemberg sehr viel humaner zuging.[1519] Hier machte sich ganz offensichtlich der berüchtigte preußische Militarismus bemerkbar. Soldatenmisshandlungen waren ein endemisches Problem, das auch die Verurteilung besonders brutaler Täter, die keine Seltenheit war, nicht einzudämmen vermochte. Die Zustände, besser gesagt: Missstände, blieben den höherrangigen Militärs nicht verborgen, und es gab auch immer wieder einmal mehr oder weniger zaghafte Anstrengungen, diesem barbarischen Treiben Einhalt zu gebieten. Aber am Ende siegten dann doch immer Korpsgeist, adeliger Standesdünkel und die Furcht, durch das Eingeständnis der herrschenden Missstände Wasser auf die Mühlen der SPD zu leiten, für die dieses Thema einen wichtigen Bestandteil der Agitation gegen den Krieg darstellte. In Luxemburgs Unterlagen, die sie bei der Vorbereitung auf ihren Prozess gesammelt hat, gibt es eine Notiz: »Wichtiger als der Verein gegen Thierquälerei ist ein Verein gegen Soldatenquälerei. Dieser Verein besteht u[nd] wächst mit jedem Tage. Er heisst die deutsche Sozd. [Sozialdemokratie]«[1520]

Allerdings hatte die Parteispitze nicht den Mut, Luxemburg in dieser Sache beizustehen: »Parteivorstand und Fraktion sind über mich wütend, die Sache wird ihnen ganz fatal. Heute hielt mir Schulz eine große Pauke über mein unverantwortliches Treiben. Und im Parteivorstand wurde ich behandelt wie eine schwere Verbrecherin. Es war mir danach so jämmerlich zumute, dass Rosenf[eld] Mühe hatte, mich wieder aufzutakeln.«[1521] Es ist erstaunlich, wie kleinmütig man seit dem Tod Bebels in Berlin agierte. Aber auch diesmal kam Unterstützung von der Basis. Die Freiburger *Volkswacht* griff eine Anregung der Chemnitzer *Volksstimme* auf und schrieb: »Wir sind sicher, dass sich auf diese Weise Zehntausende von

Zeugen zusammenbringen lassen. Das kann ein netter Reinfall für den Militarismus werden.«[1522] Genau so sollte es wenige Wochen später auch kommen, aber im Parteivorstand vermochte sich das offenbar niemand vorzustellen. Luxemburg war unterdessen weiter aktiv. Am 14. Mai hielt sie eine Versammlung im VI. Berliner Reichstagswahlkreis:[1523] »Der Zustrom war ungeheuer. Schon lange vor 8 Uhr sind die Räume abgesperrt worden, denn der gewaltige Versammlungsraum sowohl, wie die geräumigen Galerien und die Bühne waren besetzt, soweit sich irgendein Fleckchen darbot. Bald drängten sich die Massen auch auf der Straße in weitem Umkreise.«[1524] Viele Hundert Menschen erhielten keinen Einlass, wollten aber wenigstens das Eintreffen der Referentin abwarten, die auch pünktlich erschien und mit großem Jubel begrüßt wurde. In ihrer Rede plädierte Luxemburg für einen sozialistischen Patriotismus ohne Militarismus. Den Sozialdemokraten werde vorgeworfen, sie seien schlechte Patrioten, »und speziell auf meiner kleinen Person lastet das Odium, heimatlos zu sein. Wenn jemand das Recht hat, das Wort Vaterland im Munde zu führen, dann sind wir es. Wir, das arbeitende Volk, durch dessen Hände die gesamte Gesellschaft erhalten wird. Freilich sind wir nicht der Meinung, dass alle Völker gegeneinander wie reißende Bestien zum Sprung bereitstehen müssen und der schließlich Recht behält, der die größten Leichenhügel aufrichtet.« Sie vergaß natürlich nicht hinzuzufügen, dass es Kriege geben werde, solange der Kapitalismus noch bestehe, den zu überwinden sie angetreten waren.[1525]

Am 22. Mai war es so weit: »Liebling, die Anklage ist da, vor dem Landgericht II Berlin (die schlimmste Strafkammer Berlins, wie mir R[osenfeld] sagte), Kläger der Kriegsminister [...] Wir werden also die Militärmisshandlungen aufrollen.«[1526] Der preußische Kriegsminister General Erich von Falkenhayn klagte vor der Vierten Strafkammer des Königlichen Landgerichts II Luxemburg an, »durch unwahre Tatsachenbehauptungen Vorgesetzte, Offiziere und Unteroffiziere des preußischen Heeres verächtlich gemacht und in der öffentlichen Meinung herabgewürdigt zu haben«.[1527] Die Anklageschrift versuchte sich in Vorwärtsverteidigung:

»Der Militarismus auf der Anklagebank«, Karikatur zum Prozess gegen Rosa Luxemburg in Berlin, Der Wahre Jacob vom 25. Juli 1914

> Mögen auch im Deutschen Heer Übergriffe oder Misshandlungen stattfinden, so ist doch die Verallgemeinerung, dass tagaus tagein Misshandlungen im Deutschen Heer üblich sind, völlig verfehlt. Die Berechtigung dieser Verallgemeinerungen kann auch nicht durch das Vorbringen einzelner Misshandlungsfälle erbracht werden, und zwar umso weniger, als, wie allgemein bekannt ist und auch der Angeschuldigten nicht fremd sein kann, die Militärbehörden in jedem Falle mit allen gesetzlichen Mitteln eingreifen.[1528]

Ohne es zu wollen, hatte der Kläger hier seine Achillesferse benannt. Einzelne Misshandlungsfälle mochte es geben, sie waren nach seiner Überzeugung aber nicht geeignet, den Wahrheitsbeweis für die Äußerungen der Angeklagten zu führen. Angesichts von Hunderttausenden von Vorkommnissen im Jahr sollte es allerdings möglich sein, mehr als nur einzelne Fälle vor Gericht vorzutragen und dieses Argument zu widerlegen.

Genau darauf zielte auch die Strategie der Verteidigung, auf die sich Rosenfeld und Levi verständigten, wobei Levi den Vorschlag machte, die Parteipresse einzubeziehen: »Es ist in diesem Falle nicht damit getan, dass wir eine Reihe, wenn auch noch so krasser Fälle zur Kenntnis des Gerichts bringen, sondern es muss das Gericht buchstäblich durch die Masse der Fälle erschlagen werden.«[1529] Die sozialdemokratische Presse hatte ihr Thema gefunden. Landauf, landab erschienen Berichte über Misshandlungen und Soldatenselbstmorde[1530] und immer wieder Aufrufe, »dass alle diejenigen, die Militärmisshandlungen erlitten oder von solchen sichere Kenntnis erlangt haben, sofort ihre Adresse uns zur Kenntnis bringen«.[1531] Diesen Aufrufen war ein beachtlicher Erfolg beschieden. Als der Prozess am 29. Juni 1914 begann, einen Tag nach dem Attentat von Sarajewo, hatte die Verteidigung Dokumente zu nicht weniger als 30 000 Fällen von Soldatenmisshandlungen in Händen. 922 ehemalige Soldaten waren bereit, als Zeugen vor Gericht auszusagen, und etwa 100 waren gleich zur ersten Verhandlung persönlich erschienen:[1532] »Von der Verteidigung sind zur Führung des Wahrheitsbeweises so viele Personen geladen, dass beim Zeugenaufruf der Saal vollständig gefüllt ist.«[1533]

Schnell war der Anklagebehörde klar, dass die Erfolgsaussichten der Klage höchst ungewiss waren und der Schuss, der Rosa Luxemburg treffen sollte, nach hinten losgehen könnte.[1534] Sie unternahm alles, damit keiner der Zeugen gehört wurde. Der Sachvortrag der Verteidigung war schon eindrucksvoll genug. Es sollte auf jeden Fall verhindert werden, dass durch das Auftreten der Zeugen Eindringlichkeit und Überzeugungskraft der geschilderten brutalen Übergriffe noch einmal gesteigert würden. Der Staatsanwalt trug deshalb vor, er habe sich auf die Zeugenvernehmung kaum vorbereiten können, weil nicht bekannt gewesen sei, wozu genau die Zeugen befragt werden sollten. Das war zwar einigermaßen lächerlich, wurde vom Gericht aber akzeptiert und die weitere Verhandlung vertagt. Am folgenden Tag sollte die Verteidigung ihre präzisierten Beweisanträge vortragen. Ein Teil der Zeugen habe am 3. Juli erneut zu erscheinen, die überwiegende Mehrheit aber müsse auf neue Vorladung warten.[1535] Am zweiten Verhandlungstag versuchte der zunehmend verdrossene Staatsanwalt erneut mit allerlei Winkelzügen den unvermeidlichen Fortgang der Dinge aufzuhalten. Wenn etwa Beweis erhoben werden sollte zu Misshandlungen, die in Sachsen vorgekommen waren, und die Verteidigung darauf verwies, dass die Angeklagte von »Dramen in deutschen Kasernen« gesprochen habe, erhob der Staatsanwalt Einspruch, weil die Klage des preußischen Kriegsministers sich nur auf preußische Truppen bezog. Am Ende des umfangreichen Vortrags der Verteidigung zur Beweiserhebung vertagte sich das Gericht auf den 3. Juli, wobei die Staatsanwaltschaft sofort erklärte, innerhalb von drei Tage könne sie unmöglich zu allen vorgetragenen Fällen Erkundigungen einziehen.[1536] Das Ganze war eine ziemliche Blamage. Die *Frankfurter Zeitung* kommentierte: »Wenn der Herr Kriegsminister den Bericht über die gestrige Verhandlung des Prozesses gegen Frau Rosa Luxemburg liest, so wird er selbst einsehen, dass er eine größere Ungeschicklichkeit als die Herbeiführung dieses Prozesses nicht wohl begehen konnte.«[1537] Währenddessen meldeten sich immer noch weitere Zeugen, die bereit waren, erlittene oder wahrgenommene Misshandlungen zu bekunden, und im Kriegsministerium kam zusehends Panik auf. Ein Fall ist besonders bemerkenswert: Der Kriegerverein zu Steinbuch im Odenwald fasste den Beschluss, dass sich diejenigen Mitglieder, die während ihrer Dienstzeit misshandelt worden waren, in dem Prozess als Zeugen zur Verfügung stellen sollten. Daraufhin stellten sämtliche Mitglieder des Vereins den Antrag, in die Zeugenliste aufgenommen zu werden.[1538]

Am 3. Juli 1914, dem dritten Verhandlungstag, geschah dann etwas Denkwürdiges. Der Kammergerichtspräsident erschien höchstselbst zur Verhandlung und erklärte, wegen der voraussichtlich langen Dauer des Verfahrens müsse ein Ersatzrichter bestellt werden, was die Wiederholung des bisher Verhandelten notwendig mache. Sodann wurde ein Brief des Kriegsministers verlesen: »Obwohl ich nicht einzusehen vermag, weshalb so viele Fälle, die über das sogenannte Kasernendrama hinausgehen, hier hereingezogen werden, so möchte ich doch der einseitigen Darstellung der von der Verteidigung vorgeschlagenen Zeugen nicht widersprechen. Ich habe die noch nicht abgeurteilten Fälle dem zuständigen Kriegsgericht zur Aburteilung überwiesen, soweit die Verjährung noch nicht eingetreten war.«[1539] Die Übeltäter sollten endlich ihrer verdienten Strafe zugeführt werden: Das hörte sich ehrenwert an, hatte aber natürlich für den Kläger den Vorteil, dass alle diese Fälle bis zu ihrer Aburteilung dem weiteren Klageverfahren entzogen waren. Erst einmal waren die Urteile des Kriegsgerichts abzuwarten, weshalb die Staatsanwaltschaft im Strafprozess gegen Rosa Luxemburg folgerichtig den Antrag auf Vertagung stellte, dem das Gericht gegen heftigen Protest der Verteidigung auch stattgab. Zu den anderen Fällen, die nicht an das Kriegsgericht abgegeben wurden, trug die Staatsanwaltschaft vor, dass ihre Ermittlungen nichts ergeben hätten, was nicht ganz richtig war. Die »Ermittlungen« hatten vor allem darin bestanden, dass Kriminalbeamte die jeweiligen Zeugen in ihren Wohnungen aufsuchten, um sie einzuschüchtern, was im einen oder anderen Fall nicht ohne Wirkung blieb. Einem Zeugen wurde z. B. vorgehalten: »Sie haben doch bei der Landesversicherungsanstalt ein Gesuch eingereicht, dass Sie in einem Sanatorium aufgenommen werden wollen, und nun wollen Sie im Luxemburg-Prozess als Zeuge auftreten?«[1540] Das wiederum wurde von der Verteidigung im Gerichtssaal vorgetragen und verstärkte noch den fatalen Eindruck, den das ganze Verfahren machte. Selbst die bürgerliche Presse reagierte zunehmend mit Unverständnis auf das Vorgehen des Kriegsministers, und *Die Tribüne* variierte den berühmten Satz, die Deutschen fürchteten Gott und sonst nichts auf der Welt: »Wir Deutsche fürchten Gott und die Rosa Luxemburg«.[1541]

Auch Luxemburg hatte der Vertagung am 3. Juli entschieden widersprochen, wenn auch mit einer anderen Begründung als ihre Verteidiger. Sie betonte noch einmal, dass es sich aus der Sicht der Betroffenen auch dann um Dramen gehandelt habe, wenn ihre Misshandlung nicht mit Selbstmord oder Fahnenflucht geendet habe. Sie zitierte vor allem Beispiele, bei denen die Soldaten nicht physisch, sondern psychisch misshandelt worden waren, wenn etwa ein Soldat gezwungen wurde, unter sein Bett zu kriechen und zu singen »Aus tiefster Not schrei ich zu dir«.[1542] Der Einspruch gegen die Vertagung blieb ohne Erfolg. Trotzdem war das ganze Verfahren ein gewaltiger Sieg für die Angeklagte. Das mussten selbst reaktionäre Blätter wie die *Vossische Zeitung* widerwillig anerkennen.[1543] Der *Vorwärts* sprach davon, dass der preußische Militarismus eine solche Niederlage noch nie zuvor erlebt habe.[1544] Paul Levi, der sich bei diesem Prozess ganz besonders engagiert hatte, bestritt in den Wochen nach dem Vertagungsbeschluss des Gerichts eine ganze Reihe von großen öffentlichen Versammlungen, unter anderem in Frankfurt/Main;[1545] das Referat, das er dort hielt, erschien bereits zehn Tage später als Broschüre, die zum Preis von 10 Pfennigen abgegeben wurde.[1546] Am 4. August 1914, wohl nicht zufällig an dem Tag, an dem die SPD im Reichstag für die Bewilligung der Kriegskredite stimmte, entschied der preußische Kriegsminister, seinen Strafantrag gegen Rosa Luxemburg zurückzunehmen. Vier Tage später stellte die Strafkammer das Verfahren ein.[1547] Eine Fortführung dieses Strafverfahrens im Kriege wäre dem Anliegen der Vaterlandsverteidigung wohl wirklich nicht dienlich gewesen.

Luxemburg selbst hielt sich mit öffentlichen Auftritten nach dem Vertagungsbeschluss zurück, was möglicherweise damit zusammenhing, dass noch die Drohung eines dritten Gerichtsverfahrens über ihr schwebte. Am 14. Juni hatte die Generalversammlung des Verbandes der Sozialdemokratischen Wahlvereine Berlins und Umgegend stattgefunden. Dort hatte auch Luxemburg das Wort ergriffen und in Ansehung des aus ihrer Sicht unbefriedigenden preußischen Wahlrechtskampfs von 1910 erneut für die Idee des Massenstreiks geworben. Nur er vermöge »dem gleichen Wahlrecht in Preußen die Bahn zu brechen«. Am Ende hieß es: »Die Verbandsgeneralversammlung fordert die Genossen und Genossinnen von Groß-Berlin auf, mit allen Kräften in Werkstätten, Zahlabenden, in allen Zusammenkünften dafür zu agitieren, dass der Wille und die Bereitschaft der Massen zur höchsten Machtentfaltung in Preußen so bald wie möglich zur Tat wird. (Stürmischer Beifall.)«[1548] Es ging um die Gründung eines Massenstreikfonds, der helfen sollte, den Einsatz dieses schon so oft diskutierten Kampfmittels jenseits aller Parteitagsbeschlüsse als eine realistische Möglichkeit erscheinen zu lassen. Mehr als auf Geldmittel komme es aber darauf an, es auch wirklich zu wollen, wie sie einige Tage später in der Chemnitzer *Volksstimme* erläuterte: »Der wahre ›Kampffond‹ jeder großen historischen Bewegung ist nicht klingendes Gold, sondern der Idealismus der Massen und die vorwärtsstrebende, konsequente Politik ihrer Führer.«[1549] Die hier implizierte Kritik am Parteivorstand wird umso verständlicher, wenn man weiß, dass am selben Abend auch darüber diskutiert wurde, dass der Vorstand gegen den Willen der Berliner Wahlkreisversammlungen Solidaritätskundgebungen mit der in Frankfurt/Main verurteilten Rosa Luxemburg untersagt hatte.[1550]

Bürgerliche Pressevertreter, die an der Veranstaltung teilgenommen hatten, wollten in dem Aufbau dieses Streikfonds und der damit verbun-

Preis 10 Pfennig

Preis 10 Pfennig

Die Tribüne

Wochenschrift für Aufklärung, Belehrung und Unterhaltung

Herausgeber: Karl Schneidt

Nummer 27 | Berlin, 8. Juli 1914 | 10. Jahrgang

Wir Deutsche fürchten Gott und die Rosa Luxemburg

von Karl Schneidt

Zeitbilder

Nationales Unglück

Titelseite der Wochenschrift »Die Tribüne«, 8. Juli 1914

denen Mobilisierung der Massen die Vorbereitung einer Revolution sehen.[1551] Den Mitantragsteller Adolph Hoffmann schützte seine Immunität als Reichstagsabgeordneter, aber gegen Rosa Luxemburg wollte die Reichsleitung nun erneut zu Felde ziehen. Reichskanzler Bethmann Hollweg setzte sich am Tag nach der Generalversammlung mit Heinrich Lisco, dem Staatssekretär des Reichsjustizamtes, in Verbindung, der von einem juristischen Vorgehen gegen die massenstreikwillige Sozialdemokratin allerdings abriet. Die Aufforderung zum Massenstreik könne man als Aufforderung zum Kontraktbruch ansehen, was strafbar sei. Nach der letzten Überarbeitung des Strafgesetzbuches sei sogar schon »die bloße Anreizung« strafbar. Die Bildung eines Kampffonds sei allerdings noch keine Aufforderung. Es komme außerdem auch der Straftatbestand des Hochverrats in Betracht, denn: »Eines Hochverrats macht sich nach § 81 Nr. 2 schuldig, wer es unternimmt, die Verfassung eines Bundesstaates gewaltsam zu ändern.« Die von der Generalversammlung verabschiedete Entschließung ziele aber nicht auf eine »gewaltsame« Änderung des Wahlrechts ab.[1552] Daraufhin wandte sich Bethmann Hollweg, der auch angesichts der »sonstigen agitatorischen Exzesse der Sozialdemokratie«[1553] nicht lockerlassen wollte, an den preußischen Justizminister Max von Beseler, der ihm postwendend mitteilen ließ, »er halte – im Gegensatz zu dem Reichsjustizamt – ein Einschreiten gegen Rosa Luxemburg und die Befürworter ihrer Resolution für angezeigt«.[1554] Sechs Wochen später brach dann allerdings der Krieg aus, und nicht nur der Reichskanzler hatte nun andere Sorgen.

Die letzten Tage vor dem Kriegsausbruch

Während Levi auf stark besuchten Volksversammlungen über »Luxemburg-Prozess und Soldatenmisshandlungen« sprach, reiste Luxemburg nach Brüssel. Wie im Dezember des Vorjahres beschlossen,[1555] tagte vom 16. bis 18. Juli 1914 das ISB im Maison du Peuple. Zu dieser »allgemeinen russischen Einigungskonferenz«[1556] kamen Bolschewiki, Menschewiki, die

Plechanow-Gruppe, der Bund, die lettischen Sozialdemokraten, die beiden Fraktionen der SDKPiL und die PPS-Lewica. Lenin selbst erschien nicht. Er schickte seine langjährige Mitarbeiterin und frühere Geliebte Inès Armand. Sie überbrachte in seinem Auftrag einen Bericht des ZK der SDAPR.[1557] Außerdem hatte er ihr »Instruktive Hinweise«[1558] mit auf den Weg gegeben, die klare Handlungsanweisungen enthielten, die deutlich machten, dass diese Konferenz keinesfalls ein Ergebnis zeitigen durfte. Da war vom »Vereinigungsschwindel«[1559] die Rede, und immer wieder gab es Anweisungen wie: »Wir selbst gehen auf keinen Fall auf irgendetwas ein […].«[1560] Der abschließende Satz lautete: »Die ›versöhnenden‹ Formeln muss man ganz sorgfältig aufschreiben (das ist das wichtigste), dann ein kleines bisschen kritisieren und –, alle ablehnen.«[1561] Nach diesen Vorgaben war es nicht überraschend, dass die Konferenz ohne Ergebnis blieb, wenngleich Armand kaum Verbündete für ihre obstruktive Linie fand. Luxemburg dagegen trat »mit der ganzen Autorität einer langjährigen Vorkämpferin für die russische Einheit und einer anerkannten Expertin für diese schwierige Frage«[1562] auf. Die Konferenz folgte ihrem Vorschlag, das Problem der russischen Einheit auf die Tagesordnung des nächsten Kongresses der Sozialistischen Internationale zu setzen, der Ende August in Wien stattfinden sollte. So war sie denn auch mit dem Ergebnis der Verhandlungen recht zufrieden.[1563]

Am 19. Juli war Luxemburg wieder in Berlin. Am 23. Juli, fast vier Wochen nach dem Attentat von Sarajewo, hatte der österreichische Gesandte in Belgrad dem amtierenden serbischen Ministerpräsidenten ein auf 48 Stunden befristetes, bewusst unannehmbar formuliertes Ultimatum übergeben. Als die serbische Regierung sich durchaus fristgemäß den ultimativen Forderungen im Prinzip unterwarf, in zwei Punkten aber ausweichend antwortete, brach der Gesandte die diplomatischen Beziehungen mit Serbien ab, bestieg – die Koffer waren schon gepackt – den Zug und verließ Belgrad. Nach zehn Minuten war der Zug auf der anderen Seite der Donau und damit auf habsburgischem Territorium. Der Gesandte telegrafierte nach Wien, um einen Lagebericht zu geben, doch den hatte man gar nicht abgewartet. Die Teilmobilmachung gegen Serbien war bereits im Gange, und die Welt steuerte auf einen Krieg zu, wie es ihn nie zuvor gegeben hatte. Zwei Tage später publizierte der Parteivorstand der SPD einen Aufruf, in dem die österreichische Kriegsprovokation gegenüber den Serben scharf verurteilt wurde: »Kein Tropfen Blut eines deutschen Soldaten darf dem Machtkitzel der österreichischen Gewalthaber, den imperialistischen Profitinteressen geopfert werden.«[1564] Für den 28. Juli rief die Partei allein im Großraum Berlin zu 32 Protestversammlungen auf, das Thema lautete: »Tagesordnung: Gegen den Krieg.«[1565] Obwohl Polizeipräsident Traugott von Jagow die Versammlungen verboten hatte, beteiligten sich in Berlin mehr als 100 000 Menschen an diesen Versammlungen. Etlichen gelang es, trotz der polizeilichen Straßensperren bis ins Zentrum der Hauptstadt vorzudringen.[1566] Dort trafen sie auf Gegendemonstranten. Während die einen »Hoch lebe die Sozialdemokratie« und »Nieder mit dem Krieg« riefen, stimmten die anderen die »Wacht am Rhein« und »Heil dir im Siegerkranz« an. Nach zeitgenössischen Berichten waren die Arbeitermassen bei diesem »Sängerkrieg Unter den Linden« sogar vorübergehend in der Überzahl, hatten allerdings die Polizei gegen sich, die mancherorts mit gezücktem Säbel in die Menge ritt, was von den dicht besetzten Balkons der umliegenden Caféhäuser mit stürmischem Beifall begrüßt wurde.[1567] In ganz Deutschland demonstrierten an jenem Tag mehr als 750 000 Menschen gegen den Krieg.[1568]

Rosa Luxemburg fuhr am 28. Juli erneut nach Brüssel. Das ISB, das gerade erst getagt hatte, kam zu einer Sondersitzung zusammen. Der Teilnehmerkreis war prominent. Aus Deutschland waren Karl Kautsky und Hugo Haase gekommen, aus Österreich Victor Adler, aus Großbritannien Keir Hardie. Der belgische Sozialdemokrat Émile Vandervelde war ebenso anwesend wie die Russin Angelica Balabanoff, die damals eine führende Position in der Sozialistischen Partei Italiens innehatte. Die Franzosen waren unter anderem durch Jean Jaurès, den Mitbegründer der Französischen Sozialistischen Partei, vertreten. Nur Lenin war wieder nicht da, er ließ sich durch einen eher unbekannten Vertreter der Fraktion der Bolschewiki vertreten. Aber Axelrod nahm an der Besprechung teil. Die »Vertreter[n] aller vom Weltkrieg bedrohten Nationen« verabschiedeten einstimmig eine Resolution, in der sie die Proletarier aller betroffenen Länder zu verstärkten Demonstrationen gegen den Krieg verpflichteten. Sodann hieß es: »Das deutsche und das französische Proletariat werden kraftvoller als je auf ihre Regierungen einwirken, dass Deutschland auf Österreich einen mäßigenden Einfluss ausübt und dass Frankreich bei Russland bewirkt, dass es sich nicht in den Konflikt hineinmengt. Die Proletarier Großbritanniens und Italiens werden diese Bestrebungen ihrerseits aufs Energischste unterstützen. Der dringlich nach Paris einberufene Kongress wird den entschlossenen Friedenswillen zum entschiedenen Ausdruck bringen.«[1569] Die Resolution ging vor allem auf die Initiative von Jean Jaurès zurück, der anders als Victor Adler an die Möglichkeit eines Massenstreiks glaubte.[1570] Adler berichtete, dass der Bellizismus der österreichischen Regierung ihn und seine Partei überrascht habe. Die antiserbische Stimmung in Wien sei gewaltig, »die Partei ist wehrlos«. Adler schloss mit den Worten: »Trotz allem hoffen wir, den großen Krieg vermieden zu sehen. Daran glauben, heißt vielleicht an ein Wunder glauben, trotz allem hoffen wir.«[1571] Das Wunder ist bekanntlich nicht eingetreten.

Anschließend an die Sitzung des ISB fand noch eine Friedenskundgebung im Cirque Royal statt, bei der mehrere Tausend Menschen Vandervelde, Haase, Hardie und den anderen Rednern stürmische Ovationen bereiteten. Auch Luxemburg sollte sprechen. Sie kam erst später dazu, war sehr bleich, sah sich das Geschehen lange an, bevor sie sich zu den anderen setzte, und barg dann ihr Gesicht in den Händen. Jaurès wandte sich an sie: »Erlaubt mir, die kühne Frau zu begrüßen, die das Herz des deutschen Proletariats mit der Flamme ihres Gedankens erfüllt.« Einige Mitglieder des ISB suchten das persönliche Gespräch mit ihr, doch das Einzige, was sie schließlich sagte, war »Nein«.[1572] Der für den 9. August nach Paris einzuberufende Kongress, der den Friedenswillen des Proletariats noch einmal zum Ausdruck bringen sollte, konnte nicht mehr stattfinden. Der Krieg hatte inzwischen begonnen, und die Parteien der Sozialistischen Internationale hatten sich mit wenigen Ausnahmen[1573] dazu entschlossen, den Kurs ihrer jeweiligen nationalen Regierungen zu unterstützen. Nur einen Tag nach der Sitzung des ISB wurde Jean Jaurès, dem für die deutsch-französischen Verständigungsbemühungen eine zentrale Rolle zugekommen war, von einem nationalistischen Studenten erschossen, als er nichts ahnend im Pariser Café du Croissant saß. Sein Mörder verbrachte den Krieg in Untersuchungshaft und wurde 1919 im siegestrunkenen Frankreich von einem Geschworenengericht freigesprochen, das überdies der Witwe des Ermordeten die Prozesskosten aufbürdete.

Am 31. Juli war Luxemburg wieder in Berlin. Am nächsten Morgen telegrafierte sie Kostja Zetkin: »Bin tief erschüttert. Soeben heimgekehrt.«[1574]

X

Burgfrieden oder Klassenkampf

Der österreichisch-ungarischen Mobilmachung folgte am 28. Juli, genau einen Monat nach dem Attentat von Sarajevo, die Kriegserklärung an Serbien. Am 30. Juli begann die Generalmobilmachung der russischen Armee, und am 1. August 1914 erklärte das Deutsche Reich Russland den Krieg. Am Tag darauf besetzten Teile des VIII. Armee-Korps das kleine, wegen seiner Eisenbahnverbindungen aber strategisch wichtige Großherzogtum Luxemburg. Abends gegen 19 Uhr überreichte der deutsche Gesandte im Brüsseler Außenministerium ein Ultimatum und verlangte binnen zwölf Stunden die Zusicherung wohlwollender Neutralität sowie insbesondere des ungehinderten Durchmarschs der deutschen Truppen nach Frankreich. Während die luxemburgische Regierung die Fortdauer ihrer Neutralität erklärte, legte die Regierung des gleichfalls neutralen Belgien gegen die völkerrechtswidrige Verletzung der Landesgrenzen entschiedene Verwahrung ein. Sie kündigte an, die Neutralität des Landes notfalls mit Waffengewalt zu verteidigen. Dennoch marschierten die deutschen Truppenverbände am Morgen des 4. August in dem Glauben in Belgien ein, sie würden auf keinen nennenswerten Widerstand stoßen.

Ein folgenschwerer Irrtum. Am selben Tag versammelte Kaiser Wilhelm II. die Mitglieder des Reichstags im Berliner Stadtschloss zu einer Thronrede, in der er betonte, der nun ausgebrochene Krieg sei ein Verteidigungskrieg, »das Ergebnis eines seit langen Jahren tätigen Übelwollens gegen Macht und Gedeihen des Deutschen Reichs«. Er fuhr fort:

»Uns treibt nicht Eroberungssucht, uns beseelt der unbeugsame Wille, den Platz zu bewahren, auf den Gott uns gestellt hat, für uns und alle kommenden Geschlechter.« Es folgten die später am häufigsten zitierten Sätze dieser Rede: »Ich kenne keine Parteien mehr. Ich kenne nur Deutsche.«[1575] Dies war in verknappter Form die Wiederholung des Aufrufs zur inneren Einheit, den der Kaiser bereits drei Tage zuvor an die vor dem Schloss versammelte Menschenmenge gerichtet hatte. Der Appell hatte dort eine so starke Wirkung entfaltet, dass Wilhelm II. ihn jetzt, obwohl er nicht im Manuskript seiner Rede stand, in seiner Thronrede wiederholte, wobei er diesmal vor allem auf die sozialdemokratischen Mitglieder des Reichstages zielte.[1576]

Reichskanzler Theobald von Bethmann Hollweg, der die Ansprache des Kaisers im Wesentlichen verfasst hatte, eröffnete anschließend die Beratungen des Reichstags mit einer Rede, in der er noch einmal die friedlichen Absichten seiner Regierung unterstrich: »Nur zur Verteidigung einer gerechten Sache soll unser Schwert aus der Scheide fliegen.«[1577] Man stehe in einem erzwungenen Krieg mit Russland und Frankreich. Es folgte eine ausführliche Schilderung der kaiserlichen Friedensbemühungen bis zur letzten Stunde, bevor der Reichskanzler schließlich auf den entscheidenden Punkt zu sprechen kam: »Meine Herren, wir sind jetzt in der Notwehr; und Not kennt kein Gebot! Unsere Truppen haben Luxemburg besetzt, vielleicht schon belgisches Gebiet betreten. Meine Herren, das widerspricht den Geboten des Völkerrechts.«[1578] Nur so habe man einem französischen Angriff zuvorkommen können. Man sei gezwungen gewesen, sich über die berechtigten Proteste der luxemburgischen und der belgischen Regierung hinwegzusetzen: »Das Unrecht – ich spreche offen, das Unrecht, das wir tun, werden wir wiedergutzumachen suchen, sobald unser militärisches Ziel erreicht ist. Wer so bedroht ist wie wir und um sein Höchstes kämpft, der darf nur daran denken, wie er sich durchhaut!«[1579] So sprach der deutsche Reichskanzler, der selbst alles andere als glücklich über den Ausbruch des Krieges war und sich an die Hoffnung klammerte, Großbritannien werde wegen der Verletzung der belgischen Neutralität nicht in den Krieg eintreten. Eine Hoffnung, die sich nicht erfüllte. Nach der Rede Bethmann Hollwegs genehmigte der Reichstag ohne Gegenstimme Kriegskredite in Höhe von fünf Milliarden Mark und beschloss zugleich, für die Dauer des Krieges auf Neuwahlen und selbst auf Nachwahlen für frei gewordene Sitze zu verzichten.

Das Ja zu den Kriegskrediten, Karl Liebknecht

Die SPD hatte in den Wochen zuvor alle Energien für machtvolle Friedenskundgebungen mobilisiert und brauchte erst einmal etwas Zeit, um sich auf die neue Situation einzustellen. Während Wilhelm II. am 25. Juli seine alljährliche, den Tourismus gewaltig ankurbelnde Kreuzfahrt vor der norwegischen Küste beendete und in die Reichshauptstadt aufbrach, machte der SPD-Vorsitzende Friedrich Ebert Ferien auf Rügen. Von dort wünschte er den Antikriegsdemonstrationen viel Erfolg: »Die Versammlungen werden sicher imposante Kundgebungen werden.« Aber ihn plagten Sorgen: »In unserem Parteiinnern wird's wohl auch Schwierigkeiten geben. Krieg und die mächtige Wiederbelebung der Arbeiterbewegung in Russland werden die Rosagruppe doch mit neuen Plänen erfüllen.«[1580] Nicht nur Ebert war verreist, auch Scheidemann und Molkenbuhr waren im Urlaub, sodass die »entschlossensten Konservativen des Vorstands«[1581] allesamt abwesend waren.

Hugo Haase, der zweite Parteivorsitzende, führte währenddessen die Geschäfte. Er war pazifistischer gestimmt als Ebert, und wir dürfen davon ausgehen, dass er den Verlauf der vielen großen Kundgebungen gegen die Kriegsgefahr mit heißerem Herzen verfolgte. Auf der Sitzung des Parteivorstands am 31. Juli berichtete er seinen Kollegen von der letzten Sitzung des Internationalen Sozialistischen Büros (ISB) in Brüssel. Am Mittag kam auch der Fraktionsvorstand dazu; und Haase, unterstützt von Ledebour, warb für einen Beschluss, der die Fraktion auf eine Ablehnung der Kriegskredite festlegen sollte. Doch Scheidemann, der inzwischen wieder in Berlin war, wehrte sich dagegen und plädierte dafür, vorerst keine Festlegungen zu treffen und ein einheitliches Vorgehen mit den Franzosen anzustreben: »Wir einigten uns schließlich dahin, Müller sofort nach Brüssel zu senden, damit er in Gemeinschaft mit Huysmans nach Paris reise, um Stimmung zu machen für eine einheitliche Abstimmung bzw. für einheitliche Erklärungen im Reichstage bzw. in der französischen Deputiertenkammer.«[1582]

Als Hermann Müller am 1. August in Paris ankam, standen die französischen Genossen noch ganz unter dem Schock der Ermordung von Jean Jaurès. Bei den Beratungen wurde bald deutlich, dass beide Fraktionen noch keine offizielle Festlegung getroffen hatten, die Franzosen aber stark dazu tendierten, mit Ja zu stimmen, wenn Deutschland Frankreich angreifen sollte, während sie den deutschen Genossen empfahlen, sich doch der Stimme zu enthalten.[1583]

Als Müller am 3. August wieder in Berlin eintraf, war die Sitzung der sozialdemokratischen Reichstagsfraktion bereits im Gange. Er berichtete, dass er den festen Eindruck gewonnen habe, dass die französischen Genossen für die Kredite stimmen würden, was nicht ohne Wirkung auf die Versammelten blieb. Während ursprünglich durchaus unsicher gewesen war, wie die Fraktion sich entscheiden würde, fiel die Mehrheit für die Zustimmung mit 78 gegen 14 Stimmen dann doch sehr deutlich aus, was sich allerdings auch vor Müllers Bericht in der Debatte schon angedeutet hatte. Anschließend wurde bei 24 Gegenstimmen außerdem der Fraktionszwang beschlossen.[1584] So kam es, dass am Tag darauf dem Partei- und Fraktionsvorsitzenden Hugo Haase, der als Pazifist zur überstimmten Minderheit gehört hatte, die Aufgabe zufiel, die Erklärung der Fraktion vorzutragen. Zunächst betonte er, dass die SPD die verhängnisvolle Entwicklung mit allen Mitteln bekämpft habe und insbesondere in »innigem Einvernehmen mit den französischen Brüdern« bis zuletzt versucht habe, den Frieden zu erhalten. Erst dann kam er auf den entscheidenden Punkt zu sprechen:

> Wir lassen in der Stunde der Gefahr das eigene Vaterland nicht im Stich. Wir fühlen uns dabei im Einklang mit der Internationale, die das Recht jedes Volkes auf nationale Selbstständigkeit und Selbst-

> verteidigung jederzeit anerkannt hat, wie wir auch in Übereinstimmung mit ihr jeden Eroberungskrieg verurteilen. Wir fordern, dass dem Kriege, sobald das Ziel der Sicherung erreicht ist, und die Gegner zum Frieden geneigt sind, ein Ende gemacht wird durch einen Frieden, der die Freundschaft mit den Nachbarvölkern ermöglicht. [...] Wir hoffen, dass die grausame Schule der Kriegsleiden in neuen Millionen den Abscheu vor dem Kriege wecken und sie für das Ideal des Sozialismus und des Völkerfriedens gewinnen wird. [...] Von diesen Grundsätzen geleitet bewilligen wir die geforderten Kredite.

Diese Erklärung wurde noch am selben Tag als Extraausgabe des *Vorwärts* publiziert.[1585]

Zwei Abgeordnete, die sich nicht in der Lage sahen zuzustimmen, hatten vor der Abstimmung den Saal verlassen, um das Bild der Einstimmigkeit zu wahren. Auch Hugo Haase war die Zustimmung, die seiner persönlichen Überzeugung völlig widersprach, sichtlich schwergefallen. Lange hatte er sich dagegen gewehrt, als Sprecher der Fraktion im Reichstag aufzutreten und die Erklärung zu verlesen.[1586] Schon in seiner allerersten Reichstagsrede hatte er sich 1898 kritisch mit dem preußischen Militarismus auseinandergesetzt. In den letzten Jahren vor dem Kriegsausbruch hatte er bei den Debatten über Heeresvorlagen der Regierung regelmäßig warnend seine Stimme erhoben, vor einer Eskalation des Wettrüstens gewarnt und internationale Rüstungskontrollen gefordert. Bis zuletzt hatte er in Berlin zahlreiche Antikriegskundgebungen organisiert und gemeinsam mit Jean Jaurès nach Mitteln und Wegen gesucht, auf die Regierungen Deutschlands und Frankreichs mäßigend einzuwirken. Bei der Zustimmung der Sozialdemokraten zu den Kriegskrediten mögen verschiedene Überlegungen eine Rolle gespielt haben: die Angst vor Repressionen wie zur Zeit der Sozialistengesetze, die vielen noch in lebhafter Erinnerung war; die Anpassung an die Volksstimmung; die Sorge um die Wahrung der sozialpolitischen Errungenschaften, mochten sie auch bescheiden sein, und um den organisatorischen Bestand der Partei und der Gewerkschaften; die Hoffnung auf innenpolitische Reformen, die ein gewonnener

Krieg ermöglichen würde. Eine grundsätzliche Opposition wäre unter den Bedingungen des Kriegsrechts schwierig gewesen und hätte zu einer erneuten Unterdrückung der sozialdemokratischen Organisationen führen können. Die verständliche Angst vor staatlicher Repression spielte nicht nur in Deutschland eine Rolle. So gab es z. B. im französischen Innenministerium ein »Carnet B«, ein Verzeichnis, das für den Fall der Mobilmachung die vorsorgliche Verhaftung von etwa 2500 Pazifisten, Anarchisten und potenziellen Saboteuren vorsah. Tatsächlich meldeten sich mehr als 80 Prozent der dort Aufgeführten freiwillig zu den Waffen, und die Behörden waren gut beraten, die Liste in der Schublade zu lassen.[1587]

Auch in Deutschland war von Systemopposition nichts zu bemerken. Die »Rosagruppe«, über die Ebert sich Gedanken gemacht hatte, existierte kaum. Der linksradikale Flügel der SPD brauchte eine ganze Weile, um sich neu zu finden. Die Frontlinien waren jetzt auch nicht mehr dieselben. Es gab Linke wie Paul Lensch, die ins Lager der Kreditbewilliger aus Überzeugung wechselten, und auf der anderen Seite Revisionisten wie Eduard Bernstein, der aus grundsätzlicher Opposition gegen den Krieg 1917 die Partei verließ und sich der USPD anschloss. Für Rosa Luxemburg war die Zustimmung der Reichstagsfraktion zur Bewilligung der Kriegskredite die größte Katastrophe ihres Lebens. Alles, woran sie geglaubt hatte – der bedingungslose Internationalismus, die grundsätzliche Systemopposition, der kompromisslose Kampf gegen den Krieg –, war dahin. Sie, die sich in Deutschland nie besonders wohlgefühlt, aber geglaubt hatte, in der SPD eine Heimat gefunden zu haben, stand nach Jahren der wachsenden Entfremdung unversehens als eine Entwurzelte, eine Heimatlose da.

Am Abend des 3. August tagte der Vorstand des Wahlvereins für Teltow-Beeskow-Storkow-Charlottenburg. Hugo Eberlein, der sich später wie Luxemburg der KPD anschloss, gehörte dem Vorstand an. Nach der Sitzung ging er »nachts mit Rosa Luxemburg vom ›Vorwärts‹-Gebäude in der Lindenstraße nach Südende. Unsere Stimmung war sehr gedrückt. Der Krieg war da, das Proletariat rührte sich nicht.« Fritz Zubeil, der den Wahlkreis im Reichstag vertrat, hatte es mit Verweis auf das Schweigegebot abgelehnt, etwas über das Ergebnis der Fraktionssitzung vom Vormittag zu berichten:

> Er benahm sich aber so jämmerlich hilflos, dass Rosa auf dem Heimweg erklärte: »Wir haben das Schlimmste zu befürchten.« Und doch wollte an eine Bewilligung der Kriegskredite durch die sozialdemokratische Fraktion niemand von uns denken.
> Zwölf Stunden später hatte die SPD die Kriegskredite bewilligt! Ich eilte vom Betrieb zu Genossin Rosa. Sie lag auf dem Diwan und weinte. »Ich werde mir eine Kugel durch den Kopf schießen, das wird der beste Protest gegen den Verrat der Partei sein und wird die Arbeitermassen vielleicht doch noch zur Besinnung bringen.«[1588]

Ähnlich erging es ihrer Freundin Clara in Sillenbuch: »Als der Zusammenbruch kam, meinte ich, wahnsinnig werden oder mich töten zu müssen.«[1589]

Die Verzweiflung war groß, aber zu einem Selbsttötungsversuch kam es nicht. Es gebrach nicht nur an einer Schusswaffe, die Idee stieß auch auf entschiedenen Widerspruch im Freundeskreis. Schon am Abend desselben Tages hatte der Kampfgeist wieder die Oberhand gewonnen. Sieben Sozialdemokraten kamen in Rosa Luxemburgs Wohnung in Südende zusammen, außer der Gastgeberin waren Hermann Duncker, Hugo Eberlein, Julian Marchlewski, Franz Mehring, Ernst Meyer und Wilhelm Pieck anwesend. Der Gedanke, aus Protest aus der Partei auszutreten, wurde bald verworfen, »da wir bei der damaligen Stimmung unter den Arbeitern das Auseinanderfliegen der ganzen Partei befürchteten«.[1590] Beschlossen wurde stattdessen, »in der Partei zu bleiben, den Kampf gegen den Krieg in der Organisation zu führen und zu organisieren«.[1591] Zu diesem Zweck wurden mehr als 300 Telegramme an bekannte linksradikale Genossen geschickt, die man zu einer Besprechung über das weitere Vorgehen nach Berlin einladen wollte. Das Resultat war sehr ernüchternd. Die meisten antworteten gar nicht, die Übrigen verbargen sich hinter wenig überzeugenden Ausreden. Zustimmung kam nur von Clara Zetkin. Aber die Idee, mit einer öffentlichen Erklärung gegen die Haltung der Reichstagsfraktion zu protestieren, verwarf auch sie: »An der Haltung der Fraktion ändert der Protest nichts mehr, er bliebe eine rein persönliche Kundgebung, die jetzt von niemand verstanden würde, nur zeigte, dass wir völlig isoliert in der Luft stehen und wie klein und ohnmächtig wir sind.«[1592] Vom Aufbau einer »Rosagruppe« konnte vorderhand kaum die Rede sein. Aber in den folgenden Tagen nahm dann doch noch der eine oder andere Kampfgefährte Kontakt mit den Initiatoren auf, nicht zuletzt auch Jogiches, der am 4. August nicht in Berlin gewesen war. Auch Parteifunktionäre der Ortsgruppen Charlottenburg und Mariendorf und andere meldeten sich, sodass der 4. August heute als Geburtsstunde der Gruppe Internationale gilt, aus der dann später die Spartakusgruppe, schließlich der Spartakus-Bund und am Ende die KPD hervorging.[1593]

Karl Kautsky publizierte am 21. August 1914 in der *Neuen Zeit* einen Aufsatz mit dem schlichten Titel »Der Krieg«.[1594] Wie fast jedermann glaubte er, dass der Krieg von kurzer Dauer sein würde. Der Krieg von 1870/71 habe sieben Monate gedauert, ein derart langer Krieg sei heute angesichts der ungeheuren Zahl von Soldaten, die man dafür brauche, und der immensen Kosten gar nicht mehr denkbar. Das war damals ein weitverbreiteter Irrtum, und tatsächlich war keine der kriegführenden Mächte auf eine länger andauernde Auseinandersetzung vorbereitet. Der deutsche Kriegsschatz reichte gerade einmal für zwei Tage, der Vorrat an Munition nur für wenige Wochen. Aber diese Umstände führten bekanntlich nicht zu einem raschen Kriegsende. Zugleich thematisierte Kautsky auch das grundlegende Dilemma, in dem sich eine internationalistische Partei wie die SPD befand: »Wir müssen die Organisationen und die Organe der Partei und der Gewerkschaften intakt halten, ihre Mitglieder bewahren ebenso vor Unvorsichtigkeiten wie vor feiger Fahnenflucht. [...] Jeder Krieg bringt die Sozialdemokratie in das fatale Dilemma zwischen der Notwendigkeit, den eigenen Herd zu verteidigen, und der internationalen Solidarität.«[1595] Den Krieg als Mittel der Politik grundsätzlich abzulehnen und gleichzeitig die Nation im konkreten Konfliktfall nicht im Stich zu lassen – das war für die SPD in der Tat ein schwieriger Spagat. Da sie Teil einer internationalen Bewegung war, betrachteten viele

Nationalisten die Partei ohnehin als einen Hort vaterlandsloser Gesellen. Die Sozialdemokraten gehörten aus der Sicht des reichsdeutschen radikalen Nationalismus zu den »inneren Reichsfeinden«, ebenso wie die Juden sowie in schwächerem Maß die Katholiken, deren Oberhaupt in Rom saß, und die polnischen, französischen und dänischen Minderheiten.

In einer etwas anderen Situation als die SPD waren die freien Gewerkschaften. Als der Krieg ausbrach, stellten sie sich schneller und entschlossener als die SPD auf die Seite der Befürworter des Burgfriedens. Schon am 2. August 1914 erklärte die Generalkommission den Verzicht auf Streiks zur Durchsetzung von Lohnerhöhungen für die Dauer des Krieges. Diese Verzichtserklärung hatte durchschlagende Konsequenzen. Hatte es im letzten Friedensjahr 1913 noch 2 173 Streiks mit mehr als 4,1 Millionen ausgefallenen Arbeitstagen gegeben, waren es 1915 nur noch 60 Streiks mit etwas über 4 000 entfallenen Arbeitstagen, was einem Rückgang um 99,9 Prozent entsprach. In den letzten Kriegsjahren, als die sozialen Spannungen größer wurden, nahm die Streiktätigkeit wieder etwas zu, blieb aber im Vergleich zur Vorkriegszeit – mit Ausnahme des Januarstreiks 1918 – marginal.[1596]

Für Rosa Luxemburg waren die Wochen und Monate nach dem Beginn des Krieges eine schwierige Zeit. Alle Gewissheiten schienen infrage gestellt zu sein. Täglich gingen erprobte Kämpfer für die Sache des Internationalismus von der Fahne. Alle Presseerzeugnisse unterstanden der Aufsicht der Militärbehörden. Eine Erklärung, in der sich die Redakteure des *Vorwärts* von der Entscheidung der Reichstagsfraktion distanzierten, wurde verfasst, erschien aber nie.[1597] Das Einschwenken der SPD auf Burgfriedenskurs war der innerparteilichen Meinungsvielfalt nicht förderlich. Luxemburgs Welt lag in Trümmern, und »Trümmer« hieß auch ein Text, den sie in der *Sozialdemokratischen Korrespondenz* publizierte.[1598] Obwohl der Krieg eben erst begonnen hatte, hatte sie schon eine klare Vorstellung von dem, was kommen würde: »Solange es Privateigentum, Ausbeutung, Reichtum und Armut gibt, sind Kriege unvermeidlich, und jeder Krieg verbreitet um sich Tod und Pesthauch, Vernichtung und Elend. Der gegenwärtige Weltkrieg übertrifft jedoch alles Bisherige an

Dimensionen, an Wucht, an tief greifender Wirkung.«[1599] Das waren prophetische Worte. Luxemburg sah das Kommende sehr viel klarer als viele Politiker in verantwortlicher Position. Und sie machte sich bereits Gedanken über das Danach: »So wird die Welt nach dem Kriege gründlich verändert aussehen. Freilich werden emsige Hände die Trümmer wieder aufzurichten suchen. Aber materieller Ruin lässt sich eher wiedergutmachen als moralischer.«[1600] Der Text schloss mit einem Zitat aus Goethes *Faust*:

> Jetzt gilt dem aufgeklärten Proletarier, ihm, der die Basis der Gesellschaft trotz alledem ist, das Wort des Dichters:
> Wir tragen/Die Trümmer ins Nichts hinüber/Und klagen/Über die verlorne Schöne./Mächtiger/Der Erdensöhne,/Prächtiger/Baue sie wieder,/In deinem Busen baue sie auf![1601]

Bei aller Enttäuschung ließ sie sich nicht entmutigen und kämpfte weiter für ihre Überzeugungen. In dieser Zeit kam sie auch in Kontakt mit Karl Liebknecht, der bis dahin »mit Rosa [...] noch keine nähere Fühlung«[1602] gehabt hatte. Liebknecht war wie sie gewillt, den Kampf gegen die Kriegspolitik weiterzuführen. Er wollte öffentlich bekannt machen, dass in der Fraktionssitzung 14 Abgeordnete gegen die Bewilligung der Kriegskredite gestimmt hatten, und er warb beim Parteivorstand für Veranstaltungen zu der im Lande rasch überbordenden Kriegszieldebatte. Der Einfall deutscher Armeen in die westlichen Nachbarländer hatte der Fantasie kräftig die Zügel schießen lassen. »Man watet in Denkschriften!«, lautete eine viel zitierte Bemerkung des Staatssekretärs im Reichskolonialamt Wilhelm Solf.[1603] Liebknecht wollte dem etwas entgegensetzen, traf mit dieser Idee jedoch auf wenig Gegenliebe. Es könnten sich, so hielt man ihm im Parteivorstand entgegen, »Genossen zugunsten von Annexionen aussprechen«[1604]. Er wollte sein Vorhaben, Veranstaltungen gegen die »Annexionshetze« durchzuführen, aber nicht so schnell aufgeben und traf sich mit Georg Ledebour, Paul Lensch und Rosa Luxemburg in ihrer Wohnung, um Weiteres zu besprechen. Nur Luxemburg unterstützte seinen Plan, Veranstaltungen auf eigene Faust, ohne den Segen des Vorstands, durchzuführen. Als Liebknecht dann daranging, am 21. September in Stuttgart über die »Annexionshetze« zu sprechen, wurde die Veranstaltung von der Polizei unter Berufung auf das Kriegsrecht kurzerhand verboten. Es konnte dann nur eine interne Sitzung mit den Vertrauensmännern der Partei stattfinden.[1605]

Die deutschen Sozialdemokraten waren damals in einer denkbar schwierigen Lage. Auf der einen Seite hatten sie den Kriegskrediten zugestimmt und sich dadurch eine gewisse Akzeptanz bei den Instanzen des Staates erworben. Der zwanzig Jahre alte Erlass des preußischen Kriegsministers, der den Bezug sozialdemokratischer Zeitungen in den Kasernen verbot, wurde am 31. August 1914 aufgehoben.[1606] Damit verbanden sich gewisse Erwartungen, denen zu genügen die Partei sich bemühte. Einer der entschlossensten Burgfriedensapostel war Philipp Scheidemann: »Wir stellen unter dem Belagerungszustand an alle Parteigenossen das Verlangen, praktische oder parteigrundsätzliche Differenzen nicht in die Reihen der Parteigenossen zu tragen, da unter dem Belagerungszustand ein freier Meinungsaustausch nicht möglich ist.«[1607] Am liebsten wäre es ihm und Leuten wie Ebert oder Molkenbuhr gewesen, wenn die SPD nicht nur die Kriegskredite bewilligt, sondern den propagierten Verteidigungskrieg insgesamt unterstützt hätte. Aber es war ihnen klar, dass einen solchen politischen Richtungswechsel nicht der Vorstand, sondern nur ein Parteitag beschließen konnte, den einzuberufen angesichts des Krieges kaum möglich war. Dabei war es auch durchaus unsicher, wie ein Parteitag über den künftigen Kurs der Partei entscheiden würde, ob er mehrheitlich bereit sein würde, eine solche grundsätzliche Kursänderung mitzutragen. Gleichzeitig war der Vorstand um sein Ansehen im Ausland besorgt. Er schickte bekannte Vertreter des rechten Parteiflügels auf Reisen. Scheidemann fuhr in die Niederlande, Richard Fischer in die Schweiz, der deutsch-schwedische Gewerkschafter Wilhelm Janson nach Dänemark und Schweden und Albert Südekum nach Italien. Auch die österreichische Sozialdemokratie schickte Vertreter ins benachbarte Italien. Die öffentliche Meinung in den neutralen Staaten zu beeinflussen war besonders wichtig, denn dort tobte der Propagandakrieg. Die Alliierten wie die Mittelmächte warben gleichermaßen um Sympathien für ihre Positionen. Südekum ging dabei so weit, dass er sogar die Verletzung der belgischen Neutralität offensiv verteidigte. Er war der informelle Verbindungsmann zwischen der SPD und der Reichsleitung und hatte auch gute Kontakte zum Auswärtigen Amt, mit dem er seine Auslandsreisen zum Teil absprach, denn die Stärkung des neutralistischen Flügels der sozialistischen Bruderparteien lag in beider Interesse.

Aber es gab auch Sozialdemokraten, die mit diesem Vorgehen überhaupt nicht einverstanden waren. Am 10. September verschickten Karl Liebknecht, Rosa Luxemburg, Franz Mehring und Clara Zetkin eine Erklärung an sozialdemokratische Zeitungen in Schweden, Italien und der Schweiz, in der sie sich gegen die Reisetätigkeit ihrer Genossen vom rechten Flügel wandten. Sie betonten, »dass wir und sicherlich viele andere deutsche Sozialdemokraten den Krieg, seine Ursachen, seinen Charakter sowie die Rolle der Sozialdemokratie in der gegenwärtigen Lage von einem Standpunkt betrachten, der demjenigen der Genossen Südekum und Fischer durchaus nicht entspricht«.[1608] Die Erklärung war allerdings leichter geschrieben als publiziert. Im Inland gab es kaum eine Möglichkeit, solch eine Stellungnahme zu veröffentlichen, und auch die Redaktionen sozialistischer Zeitungen im neutralen Ausland zeigten sich erst nach wiederholten freundlichen Erinnerungen geneigt. In der Schweiz erschien die Erklärung schließlich am 30. Oktober in der *Berner Tagwacht* und am Tag darauf im Zürcher *Volksrecht*.[1609] Die *Berner Tagwacht* wurde unter der Leitung von Robert Grimm zum wichtigsten Organ der sozialistischen Kriegsgegner in Europa.[1610]

Der Parteivorstand hatte derweil andere Sorgen. Die deutschen Kriegsgräuel in Belgien, die in der internationalen Berichterstattung einen breiten Raum einnahmen, waren in diesem Zusammenhang eine große Herausforderung. In den letzten Augusttagen hatten die deutschen Truppen die Stadt Löwen schwer zerstört. Am schwersten wog der Verlust der Universitätsbibliothek. Sie brannte tagelang, am Ende waren tausend Handschriften, achthundert Inkunabeln und fast 300 000 Bücher ein Raub der Flammen geworden. Die Früchte fünfhundertjähriger Sammlungstätigkeit waren vernichtet. Von dem Bibliotheksgebäude standen nur noch die Außenmauern. Dies war eines der schlimmsten Kriegsverbrechen des Ersten Weltkriegs. Überhaupt hinterließen die deutschen Einheiten bei ihrem Vormarsch durch Belgien in Richtung Paris eine breite Blutspur. Die Stadt Dinant wurde fast vollständig in Schutt und Asche gelegt und fast 700 Zivilisten ermordet, darunter auch alte Frauen und kleine Kinder. Ähnliches vollzog sich in einer ganzen Reihe von Ortschaften, als Rechtfertigung dienten häufig vermeintliche Angriffe von Franktireuren, d. h. Angehörigen irregulärer Kampfverbände.[1611] Diese Vorgänge ließen auch die Sozialisten in den betroffenen Ländern nicht gleichgültig. Am 9. September sah sich der SPD-Parteivorstand veranlasst, eine Erklärung abzugeben. Er beklagte lebhaft, dass das Exekutivkomitee des ISB gemeinsam mit der Sozialistischen Partei Frankreichs einen »Aufruf an das deutsche Volk« herausgebracht habe, ohne vorher mit den deutschen Genossen Verbindung zu suchen: »Der Aufruf [...] stellt die Vorgänge, die zum Kriege geführt haben, im Sinne der französischen Regierung dar und geht stillschweigend über alles hinweg, was gegen die Auffassungen der verbündeten Regierungen Englands, Frankreichs, Belgiens und Russlands spricht.«[1612] Der Aufruf lasse jegliche Objektivität vermissen. Die SPD habe stets jegliche Gräueltaten verurteilt, ganz gleich, wer sie zu verantworten habe. Die Frage, ob deutsche Soldaten irgendwo die Grenzen berechtigter Notwehr überschritten haben könnten, lasse sich noch nicht beantworten, dafür fehle es derzeit noch an Beweismaterial.

Das war doch eine erstaunliche Feststellung angesichts der unleugbaren Gewaltexzesse etwa in Löwen. Im Übrigen aber war sich der SPD-Vorstand sicher, und dies obwohl die Situation nach seiner Überzeugung noch kein abschließendes Urteil zuließ, dass die Vorwürfe gegen das deutsche Heer in ihrer Gesamtheit unmöglich zutreffen konnten: »Wir fühlen uns aber verpflichtet festzustellen, dass die deutschen Soldaten, die zu Millionen durch die Schule der deutschen Partei und Gewerkschaften gegangen sind, keine Barbaren sind und an Bildung des Geistes und Herzens hinter den Soldaten keines Volkes zurückstehen.« Dieser Argumentation war eine gewisse Kühnheit nicht abzusprechen. Sie blieb nicht ohne Folgen. Der Vorstand wandte sich an die Parteipresse mit der Aufforderung, seine Erklärung abzudrucken, und »empfahl« gleichzeitig, den Aufruf, gegen den sie sich wandte, nicht abzudrucken.[1613] Eine solche Informationspolitik war typisch für Kriegszeiten. Das *Hamburger Echo* ging weit darüber hinaus und fühlte sich durch die Stellungnahme des Vorstands ermutigt, jegliche Zurückhaltung aufzugeben, was eigentlich, hier muss man Rosa Luxemburg zustimmen, ein Verstoß gegen den Geist des Burgfriedens war. Sie war nun ihrerseits der Meinung, dass »solche scharfen Ausfälle gegen die ausländischen Genossen«[1614] nicht unwidersprochen bleiben konnten: »Ich glaube, da ist [es] unmöglich, zu schweigen.«[1615] Sie verfasste einen Text für die *Sozialdemokratische Korrespondenz*, der an Deutlichkeit nichts zu wünschen übrig ließ.[1616] Sie hob vor allem darauf ab, dass die SPD durch derlei verbale Attacken international noch mehr in die Isolation gerate, da die Genossen in Italien, der Schweiz, den Niederlanden und Italien, also in den neutralen Ländern, dieselbe Sicht der Dinge hatten wie die in Belgien und Frankreich.

Einige Wochen später versuchten die Sozialdemokraten, wieder etwas anschlussfähiger zu argumentieren. Sie machten sich Sorgen über Deutschlands Ansehen im Ausland: »Es hat sich gegen die Deutschen im Auslande – auch im neutralen – seit Langem eine Fülle von Misstrauen, von Argwohn und Gegnerschaft aufgestapelt, und jetzt sehen wir die Wirkung davon.«[1617] Deutschland sei eben in den letzten Jahrzehnten wirtschaftlich besonders erfolgreich gewesen, was in entsprechend starken imperialistischen Tendenzen zum Ausdruck komme, die bei anderen Völkern ein Gefühl der Bedrohung hervorrufen könnten, zumal Deutschland zugleich auch das Land des Sozialistengesetzes und eines schikanösen Polizeiregiments sei: »So erschien dem übrigen Ausland, auch den arbeitenden Massen im Auslande, Deutschland stets als eine Macht, deren Herrschaft Militarismus und politische Unterdrückung bedeute.« Dies wiederum sei der Grund dafür, »dass auch aus den Kreisen der Arbeiter im Auslande heraus Kundgebungen gekommen sind, die man bedauern muss«. Die Genossen im Ausland könnten aber gewiss sein, dass die deutschen Arbeiter auch künftig jede räuberische Politik missbilligen würden und dass

»ihre Interessen die gleichen sind wie die der Proletarier in den anderen Ländern, die ebenso wie sie selbst ohne ihren Willen, ja gegen ihre wiederholten ausdrücklichen Friedensbekundungen in den Krieg gezwungen wurden und jetzt dort ihre Pflicht tun«.[1618] Wer versuchte, zwischen Patriotismus und Internationalismus die Balance zu halten, bewegte sich auf einem schmalen und schlüpfrigen Grat. Der zitierte Artikel erregte das entschiedene Missfallen des Oberkommandos in den Marken. Der Militärbefehlshaber für Berlin und Brandenburg verbot den *Vorwärts* auf unbestimmte Zeit. Nachdem die Redaktion sich verpflichtet hatte, das Thema Klassenhass und Klassenkampf künftig nicht mehr zu berühren, wurde das Verbot nach drei Tagen am 30. September 1914 wieder aufgehoben.[1619]

Die wenigen Parteizeitungen, die es noch gab, die dem linken Flügel der SPD nahestanden, arbeiteten unter schwierigen Bedingungen. Luxemburg schrieb aus Stuttgart an Mehring: »Die Haltung des hiesigen Blattes wird nicht bloß durch die Strenge der Zensur, sondern auch durch die Position des Landesvorstands bedingt. Keil & Co. sollen nur darauf lauern, dass sich das Blatt unmöglich macht. Unter diesen Umständen muss die Redaktion sich damit begnügen, farblos zu sein.«[1620] Das ging so weit, dass die *Schwäbische Tagwacht* mit der Schlagzeile »Zeichnet die Kriegsanleihe« erschien.[1621] Auf Dauer konnte alle Vorsicht die Redaktion nicht retten. Am 4. November kam es zur »Keil-Sauerei«.[1622] Der Landesvorstand der württembergischen SPD setzte Wilhelm Keil als Chefredakteur der *Schwäbischen Tagwacht* ein, womit er seine satzungsmäßigen Kompetenzen überschritt, denn für eine solche Entscheidung war die Pressekommission zuständig. Keil, der ein Vertreter des süddeutschen Reformismus war, hatte diese Position früher schon einmal innegehabt. Die linken Redakteure Arthur Crispien, Edwin Hoernle und Jacob Walcher wurden aus der Zeitung hinausgedrängt, woraufhin die Mitgliederversammlung des linken SPD-Ortsverbands Stuttgart beschloss, eine eigene Zeitung herauszubringen.[1623] Sie erschien ab Januar 1915 unter dem Titel *Der Sozialdemokrat*, der Herausgeber war Friedrich Westmeyer, der auch Redakteur der *Schwäbischen Tagwacht* gewesen, allerdings schon 1910 ausgeschieden war. Die Auseinandersetzungen innerhalb der württembergischen SPD, die zu beenden sogar Friedrich Ebert sich bemühte, wurden mit solcher Erbitterung geführt, dass die Partei sich hier nicht erst 1917, sondern schon zwei Jahre vorher spaltete. Am 22. Juli 1915 zeigten die Abgeordneten Westmeyer, Engelhardt und Hoschka dem Präsidium des Württembergischen Landtags an, dass sie sich zu einer eigenen Fraktion zusammengeschlossen hatten.[1624] Das alles machte die Situation, solange der Krieg dauerte, für eine Publizistin wie Rosa Luxemburg nicht einfacher. Zeitweise war die *Bremer Bürger-Zeitung* das einzige Blatt, das noch bereit war, Artikel von ihr zu veröffentlichen. Die anderen sozialdemokratischen Blätter trieben die Anpassung oftmals sehr weit und, wie Zetkin es formulierte, »die erdrückende Mehrzahl [ist] durch und durch nationalistisch, ja chauvinistisch, und nicht wenige übertreffen an mordspatriotischer Gesinnungstüchtigkeit die anständigeren und besonnenen bürgerlicher Blätter«.[1625]

Am 8. September 1914 fuhr Luxemburg zu ihrer alten Freundin nach Sillenbuch. Nach dem spontanen Treffen am 4. August in Südende war dies nun der zweite Anlauf, wieder einen gewissen Zusammenhalt herzustellen. Am 11. September trafen sich bei Clara und Kostja Zetkin Rosa Luxemburg, Paul Levi, Edwin Hoernle, Friedrich Westmeyer und Arthur Crispien.[1626] Luxemburg, die als Einzige aus der Reichshauptstadt kam, berichtete den anderen über die Vorgänge im Vorfeld der Zustimmung zu den Kriegskrediten, aber auch darüber, wie sich die Verhältnisse seitdem entwickelt hatten. Es gebe jetzt eine ständige Verbindung zwischen dem Parteivorstand und der Regierung, was sie mit den Worten kommentierte: »Ein dauernder Parteiverrat.«[1627] Als Resümee notierte Crispien: »Das Resultat der Besprechung ist: Fühlung nehmen und Verbindungen anknüpfen.«[1628] Das Ziel war, wie man heute sagen würde, sich zu vernetzen, die einzelnen Versprengten wieder zusammenzuführen. Es waren zu Beginn nur wenige, die auf einem kompromisslosen Antikriegskurs waren, aber es war die Keimzelle zu einer wachsenden Bewegung. Westmeyer fiel 1917 an der Westfront, Crispien blieb später in der USPD. Alle anderen wechselten nach ihrer Gründung zur KPD über.

Am 17. September fand eine zweite Besprechung statt, an der Luxemburg, Liebknecht, Westmeyer und Crispien teilnahmen. Sie beschlossen, in Stuttgart eine Versammlung zum Thema »Gegen die Annexionshetze« mit Liebknecht als Referenten zu veranstalten.[1629] Diese Versammlung war für den 21. September terminiert, wurde aber, wie schon erwähnt, von der Polizei verboten. Schon am Tag darauf kam man ein weiteres Mal zusammen, diesmal in etwas größerer Runde in Frankfurt/Main, wo Luxemburg auf ihrer Rückreise nach Berlin Station machte. Liebknecht, Levi und Crispien waren diesmal auch wieder dabei. Letzterer notierte: »Beschlossen, Verbindungen anzuknüpfen und die Rettung der Internationale vorzubereiten, die Schmach von der zertrümmerten Internationale zu tilgen.«[1630] Das war, vorsichtig formuliert, ein ambitionierter Plan, aber er lag in der Logik der politischen Ziele der Rosagruppe, die im Frankfurter Raum – nicht zuletzt in der Gestalt von Paul Levi – einen wichtigen Ankerpunkt hatte.[1631] Dadurch dass man den Berliner Reichstagsabgeordneten Liebknecht nach Stuttgart holte, verlor auch der Stuttgarter Konflikt seinen regionalen Charakter. Vielmehr entwickelte er sich zum Ausgangspunkt einer überregionalen Kooperation derjenigen, die gegen den Kriegskurs der Partei opponierten. In der Stuttgarter Veranstaltung ist auch der Ausgangspunkt für Liebknechts Entscheidung zu sehen, am 2. Dezember im Reichstag erstmals mit Nein zu stimmen.[1632]

Nach Berlin zurückgekehrt, ging Luxemburg wieder an ihre Arbeit und versuchte, sich auf ihre größeren Schriften zu konzentrieren, »nur muss ich mich ständig noch gegen Karl L[iebknecht] wehren, der das Bestreben hat, mich täglich mit sich herumzuschleppen, alle Zeit- und Raumdispositionen durcheinanderzuwirbeln und mit besten Absichten, aus denen aber schließlich fast nichts herauskommt, seine und meine Tage totzuschlagen.«[1633] Hier gewann eine neue Kampfgemeinschaft erste Konturen.[1634] Einen ausführlichen Brief schrieb Luxemburg an Carl Moor, den sie im Juli bei der Sitzung des ISB kennengelernt hatte, bei der er die Sozialdemokratische Partei der Schweiz vertreten hatte. Moor war Leninist, aber er hatte auch gute Verbindungen zum Auswärtigen Amt. Gemeinsam mit Parvus half er 1917, die bolschewistische Revolution zu finanzieren, doch von diesen Dingen wusste Luxemburg nichts.[1635] In der ersten Kriegszeit war er als einflussreicher Politiker in einem neutralen Land ein wichtiger Kontaktmann für sie, und so enthielt ihr Brief eine ganze Liste von Wünschen. Er sollte mithelfen bei der Verbreitung der Erklärung vom 10. September, um deren Abdruck in Schweizer Zeitungen Moor sich dann auch kümmerte. Er sollte aber auch Verbindung mit Angelica Balabanoff aufnehmen, nachdem zuvor schon Zetkin einen Brief, der ohne Antwort geblieben war, an die Adresse von Mussolini geschrieben hatte, der damals noch für den sozialdemokratischen *Avanti* (Vorwärts) tätig war. Luxemburg nahm aber auch die Gelegenheit wahr, Moor die Probleme im eigenen Lande zu schildern: »Wir fühlen uns ja hier von der Welt abgeschnitten, und zwar durch eine doppelte Mauer: den Belagerungszustand und das Parteioffiziösentum.«[1636] Sie nahm aber auch wahr, wie die Flügel der Partei auseinanderstrebten, auf der einen Seite Elemente, »die eigentlich zum bürgerlichen Lager gehören und höchstens eine militärfromme proletarische Reformpartei mit starkem nationalistischem Anstrich bilden«, auf der anderen Seite diejenigen, »die den Kern des revolutionären Klassenkampfes und des Internationalismus nicht preisgeben wollen«.[1637] Obwohl diese Entwicklung erst seit wenigen Wochen manifest geworden war, antizipierte Luxemburg schon sehr klar, dass sich der Konflikt weiter zuspitzen musste, ohne deshalb übermäßig optimistisch zu sein: »Nach alledem ist unsere Lage hier innerhalb der Partei sehr traurig, und man muss täglich alle Kraft und allen Mut zusammennehmen, um diesen Morast weiter zu durchwaten.«[1638]

Auch Camille Huysmans, dem Sekretär des ISB, erläuterte sie die schwierige Lage. Sie beklagte insbesondere die durch den Krieg massiv reduzierten Arbeitsmöglichkeiten: »Ich bin überzeugt, dass die Arbeitermassen auf unserer Seite wären, wenn sich nur eine Gelegenheit böte, ihnen die Frage auch zu erläutern. Aber in der Zwischenzeit nutzen die Karrieristen den Belagerungszustand für Versuche, uns zu terrorisieren und die Massen zu demoralisieren.«[1639] Aber das gravierendste Problem war, dass es sich sehr rasch als unmöglich erwiesen hatte, die in der Sozialistischen Internationale jahrzehntelang gepflegten Verbindungen zu den

Bruderparteien aufrechtzuerhalten: »Der Zusammenbruch der Internationale ist ebenso vollständig wie furchtbar!«[1640] Sie war durch die deutsche Invasion in das neutrale Belgien auch konkret bedroht, weswegen das ISB – vorübergehend, wie man meinte – von Brüssel nach Den Haag verlegt wurde. Ein Teil der Angestellten sollte dabei mit umziehen.[1641] In einem offenen Brief, den sie an mehrere Zeitungen sandte, erklärte sich Luxemburg mit diesem Schritt einverstanden, nachdem eine reguläre Beschlussfassung in Kriegszeiten nicht möglich war.[1642] Sie selbst hatte noch ganz andere Sorgen: »Bald muss ich wohl meinen privaten ›Burgfrieden‹ beziehen – in der festen Burg in der Turmstraße.«[1643] Am 22. Oktober 1914 hatte das Reichsgericht den Revisionsantrag gegen das Urteil der Frankfurter Strafkammer verworfen,[1644] und Luxemburg machte sich mit dem Gedanken vertraut, demnächst eine einjährige Gefängnisstrafe antreten zu müssen. Dabei ging sie offenbar davon aus, dass sie die Zeit im Königlichen Untersuchungsgefängnis in der Turmstraße in Berlin-Moabit verbringen würde. Im Lauf des Jahres 1914 hatte sich wieder eine intensivere Korrespondenz mit Kostja Zetkin entwickelt, aber die Information über den privaten Burgfrieden ging an »Mein liebes Hannesle«, an Hans Diefenbach, den Luxemburg schon viele Jahre kannte und der nun mehr und mehr die Position des wichtigsten Seelenfreundes einnahm. Während sie sich mit Kostja neben ein paar politischen Themen eher über die gesundheitlichen Probleme der Mutter oder ihre aktuelle Lektüre austauschte, gab sie Hannesle eine ausführliche Tour d'Horizon über ihre Situation. Es ging um Partei und Internationale, die gründlich kaputt waren, und ihre anfänglich verzweifelte Stimmung, die sich inzwischen wieder gebessert hatte, die Schilderung täglicher Verrichtungen und Bedürfnisse, die weitverzweigte Familie Kautsky, mit der Diefenbach gut bekannt war, und endete mit der aus anderen Korrespondenzen vertrauten dringenden, mehrfach wiederholten Aufforderung, doch so oft wie möglich zu schreiben. Doch das war schwierig, denn Hans Diefenbach, der wie Kostja Medizin studiert hatte, wurde bald eingezogen: Er kam als Militärarzt an die Westfront, und das Korrespondieren mithilfe der Feldpost war zeitraubend und nicht immer zuverlässig.

Am 22. Oktober hatte das Reichsgericht die Revision verworfen, aber erst am 13. November gingen die Akten in Frankfurt ein.[1645] Am 21. November berichtete der Frankfurter Oberstaatsanwalt dem preußischen Justizminister, der am 10. Dezember grünes Licht für die Strafvollstreckung gab. Mit Rücksicht auf den bevorstehenden Jahreswechsel wurde die Ladung zum Strafantritt erst am 31. Dezember in die Post gegeben. Der Strafantritt sollte am 15. Januar 1915 in Berlin erfolgen. Dieser gemächliche Geschäftsgang deutet darauf hin, dass Rosa Luxemburg, trotz der großen Prominenz, die sie in den letzten Monaten vor Kriegsausbruch erlangt hatte, nicht als politischer Häftling, sondern wie eine gewöhnliche Kriminelle behandelt wurde, was nur zu ihrem Vorteil war. Bereits am 3. November hatte Paul Levi einen Antrag an die Frankfurter Staatsanwaltschaft gerichtet, sie möge dem Vollzug der Haftstrafe in Berlin zustimmen und außerdem Selbstbeschäftigung und Selbstbeköstigung gestatten.[1646] Es war klar, dass sich der Strafantritt auf die Dauer nicht würde umgehen lassen. Aber wenn irgend möglich, sollte Luxemburg in Berlin bleiben. Sie war der »intellektuelle Motor«[1647] der Rosagruppe, und wenn sie in Berlin inhaftiert war, konnte der Kontakt mit ihr sehr viel leichter aufrechterhalten werden, als wenn sie im fernen Frankfurt eingekerkert wäre. Als Kontaktmann war Jogiches ausersehen worden, der als Einziger Erfahrungen in konspirativer Arbeit hatte. Er wurde deshalb im Herbst 1914 in die Gruppe eingeführt.[1648] Kautsky, der, wie er selbst sagte, zum linksradikalen Lager keine Kontakte hatte, überschätzte das, was sich dort tat, gewaltig: »Aber aus verschiedenen Indizien nehme ich an, dass Rosa fieberhaft daran arbeitet, die Partei zu spalten. Auch sie will lieber der Erste im Dorf sein als der Zweite in Rom; kann sie die große Partei nicht dirigieren, will sie eine kleine Partei, die auf sie schwört. Sie wird wohl bald ihre Haft antreten müssen und möchte offenbar die Spaltung vorher bewerkstelligen.«[1649] Wenn man bedenkt, wie intensiv Luxemburg und Kautsky viele Jahre lang zusammengearbeitet hatten, staunt man doch, wie sehr er sich zu irren vermochte. Wenn es einen Menschen gab, der bis zuletzt um die Einheit der Partei und der Internationale rang, dann war das Rosa Luxemburg.

Lenin in der Schweiz, Liebknechts Nein zu den Kriegskrediten, Mathilde Jacob, Internationale Sozialistische Frauenkonferenz in Bern, *Die Internationale*

Während sie sich auf die Unvermeidlichkeit eines erneuten Gefängnisaufenthaltes einstellte, hatte sich ihr Kontrahent Lenin im sicheren Schweizer Exil niedergelassen. Als der Krieg ausbrach, war Lenin in Poronin, südlich von Krakau. Trotz der Meinungsverschiedenheiten in verschiedenen Fragen war er davon überzeugt, dass die deutschen Sozialdemokraten gegen die Bewilligung der Kriegskredite stimmen würden, und sei es nur, um keinen Ärger mit den Arbeitern zu bekommen. Als Grigori Sinowjew ihm den *Vorwärts* brachte, der die Zustimmung zu den Krediten vermeldete,[1650] reagierte Lenin ungläubig: »Das ist nicht möglich, das ist wahrscheinlich eine gefälschte Nummer des ›Vorwärts‹; diese elenden deutschen Bourgeois haben sie herausgegeben, um uns zu täuschen und so zum Verrat an der Internationale zu zwingen.« Als er erfuhr, dass es keine Fälschung war und die SPD-Abgeordneten, anders als die Bolschewiki in der Reichsduma, tatsächlich zugestimmt hatten, war er, ähnlich wie Luxemburg, davon überzeugt, dass diese Zustimmung das Ende der Sozialistischen Internationale war.[1651] Kurz darauf wurde er von der österreichischen Polizei verhaftet. Seine Frau Nadeschda Krupskaja mobilisierte die Sozialdemokraten Victor Adler und Hermann Diamand, die sich erfolgreich für Lenins Freilassung einsetzten. Adler kümmerte sich auch um die Reisedokumente für die Schweiz. Am 3. September verließ Lenin Wien mit Frau und Schwiegermutter, zwei Tage später war er in Bern. Auch Sinowjew, ein enger Weggefährte in jener Zeit, ließ sich in der Schweiz nieder.

Lenin war tief erschüttert. Auch wenn es Differenzen gab und er keine großen Erwartungen an den revolutionären Elan eines Mannes wie Kautsky hatte, von Ebert ganz zu schweigen, so war doch die deutsche Sozialdemokratie auch für ihn immer das große Vorbild gewesen. Der 4. August war ein Paukenschlag, der alles veränderte. So wie die Hinrichtung des Bruders ihn einst zum Revolutionär bestimmt hatte, erstrebte er fortan die Trennung von den Sozialdemokraten. Er glaubte nicht an die Möglichkeit, die Sozialistische Internationale nach dem Krieg zu erneuern. Er sah seine Partei in der Tradition des *Kommunistischen Manifests* von 1848. Deshalb wurde die Sozialdemokratische Arbeiterpartei Russlands (Bolschewiki) auf ihrem siebten außerordentlichen Parteitag im März 1918 in Kommunistische Partei Russlands (Bolschewiki) umbenannt und ein Jahr später in Moskau die Kommunistische Internationale gegründet. Damit war die Spaltung der europäischen Arbeiterbewegung in Sozialdemokraten und Kommunisten unumkehrbar.

Bereits am 6. September 1914, einen Tag nach seiner Ankunft, verfasste Lenin Thesen zu den Aufgaben der revolutionären Sozialdemokratie.[1652] Dort rechnete er scharf ab mit den ehemaligen Bundesgenossen: »Das Verhalten der Führer der deutschen sozialdemokratischen Partei – der stärksten und einflussreichsten Partei der II. Internationale (1889–1914), die für das Kriegsbudget gestimmt hat und sich die bürgerlich-chauvinistischen Phrasen der preußischen Junker und der Bourgeoisie zu eigen macht, ist direkter Verrat am Sozialismus. […] In Wirklichkeit treibt diese Partei heute eine nationalliberale Politik.«[1653] Auch die belgischen und französischen Sozialdemokraten hatten den Sozialismus verraten, weil sie in die bürgerlichen Regierungen ihrer Länder eingetreten waren. Der Zusammenbruch der Sozialistischen Internationale sei von langer Hand geplant gewesen von den Revisionisten, die die sozialistische Revolution in Wirklichkeit ablehnten. Die Aufgabe der SDAPR sei nun »in erster Linie der schonungslose und unbedingte Kampf gegen den großrussischen und zaristisch-monarchistischen Chauvinismus und gegen seine sophistische Rechtfertigung durch die russischen Liberalen, die Kadetten, durch einen Teil der Volkstümler und durch andere bürgerliche Parteien«.[1654] Aus der Sicht Lenins war die Niederlage der Zarenmonarchie für die russische Arbeiterklasse das kleinere Übel, ohne dass er sich deshalb einen Sieg der deutschen Waffen wünschte. Aber der Sturz des Zaren hatte Priorität. Doch bis der Zar stürzte, sollte es noch fast drei Jahre dauern. Lenin konnte in dieser Zeit an den Konferenzen der radikalen Kriegsgegner der Sozialistischen Internationale, die in der Schweiz stattfanden, teilnehmen, aber mit seinem Programm einer Umwandlung des imperialistischen Krieges in einen Bürgerkrieg blieb er dort in der Minderheit.

Die erste, am 4. August 1914 vom Deutschen Reichstag einstimmig beschlossene Kriegsanleihe hatte 4,46 Milliarden Mark erbracht. Das reichte nicht weit. Im November zeichnete sich ab, dass der Reichstag bald über die nächste Anleihe würde beschließen müssen. Dem Vorstand der SPD war nicht verborgen geblieben, dass das Thema geeignet war, die Partei in erhebliche Unruhe zu versetzen, und er versuchte, die Sache so diskret wie möglich zu kommunizieren. Am 12. November erschien eine relativ unscheinbare Notiz im *Vorwärts*: »Der Reichstag nimmt am 2. Dezember seine Arbeiten ohne weitere Förmlichkeiten wieder auf, nachdem er am 4. August nicht geschlossen, sondern vertagt worden ist.«[1655] Es folgte die Feststellung, dass die neue Kriegskreditvorlage eine Vorberatung wünschenswert erscheinen lasse, »deshalb ist man auf den Ausweg gekommen, eine freie Kommission zu berufen, die am 1. Dezember zusammentritt«. Diese freie Kommission sollte aus den Mitgliedern der Budgetkommission bestehen, was dem heutigen Haushaltsausschuss entspricht.[1656] Der Clou war: »Das besondere Merkmal einer solchen freien Kommission besteht darin, dass ihre Verhandlungen streng geheim sind und dass Abgeordnete, die nicht in die Kommission berufen sind, den Verhandlungen nicht, wie sonst bei Kommissionsberatungen üblich, als Zuhörer beiwohnen dürfen.« Die zweite Kriegskreditvorlage sollte so schnell und geräuschlos wie möglich über die Bühne gebracht werden. Karl Liebknecht, der gerade von seiner Wahlkreisversammlung in Potsdam den Auftrag bekommen hatte, beim nächsten Mal mit Nein zu stimmen, protestierte umgehend gegen dieses Verfahren. Diesmal wollte er aber nicht als Einziger mit Nein stimmen. Er arbeitete ein Thesenpapier aus, dessen Adressaten vor allem jene 13 Fraktionskollegen waren, die bei der fraktionsinternen Abstimmung über die erste Kriegsanleihe ebenfalls mit Nein gestimmt hatten. Mit seinen »Novemberthesen« versuchte er, Gesinnungsgenossen zu rekrutieren, und machte sich zugleich auch schon Gedanken über einen möglichen Neuaufbau der Internationale.[1657]

Am 28. November trafen sich die Dissidenten in der Wohnung von Georg Ledebour.[1658] Am Ende kam nur wenig dabei heraus. Die einen stimmten Liebknecht grundsätzlich zu, waren aber der Meinung, man könne, nachdem man für die erste Kriegsanleihe gestimmt habe, jetzt nicht plötzlich die zweite ablehnen. Andere waren bereit, im Reichstag mit Nein zu stimmen, aber nur, wenn mindestens 15 Abgeordnete sich an der Aktion beteiligten. Die Versammlung endete wie das Hornberger Schießen: »Die Ausflüchte, mit denen sich die Helden von der Aktion lossagten, gingen bis zum platten Eingeständnis persönlicher Feigheit [...].«[1659] Bei der Abstimmung in der Fraktion gab es diesmal immerhin 17 Neinstimmen, aber im Plenum des Reichstags blieb Liebknecht mit seiner Ablehnung der Kreditvorlage am 2. Dezember allein. Der Vorsitzende Hugo Haase gab wiederum für die Fraktion eine Erklärung ab: »Den Krieg, dessen tiefere Ursachen die ökonomischen Interessengegensätze bilden, haben wir bis zum letzten Augenblick bekämpft. Noch sind aber die Grenzen unseres Landes von feindlichen Truppen bedroht. Daher muss das deutsche Volk auch heute noch seine ganze Kraft für den Schutz des Landes einsetzen. Die Sozialdemokratie bewilligt deshalb die geforderten neuen Kredite.«[1660] Eigentlich hatte Haase einen ganz anderen Text vortragen wollen, in dem deutlich an das von Bethmann Hollweg am 4. August gegebene Versprechen erinnert wurde, das Belgien und Luxemburg angetane Unrecht wiedergutzumachen. Auch sollte jeder Vermittlungsversuch neutraler Staaten, um einen raschen Friedensschluss zu erreichen, begrüßt werden. Aber das war für die Mehrheit der Fraktion indiskutabel, und Haase musste – wie schon am 4. August – eine Erklärung vortragen, die er persönlich gar nicht billigte.[1661]

Karl Liebknecht gab zur Begründung seiner ablehnenden Haltung eine schriftliche Erklärung ab. Der Reichstagspräsident, der Freisinnige Johannes Kaempf, lehnte es allerdings ab, diese Erklärung ins Protokoll aufzunehmen, weil sie aus seiner Sicht im Falle eines mündlichen Vortrags Ordnungsrufe nach sich gezogen hätte. Liebknechts Erklärung begann mit den Worten: »Dieser Krieg, den keines der beteiligten Völker selbst gewollt hat, ist nicht für die Wohlfahrt des deutschen oder eines anderen

Volkes entbrannt. Es handelt sich um einen imperialistischen Krieg, einen Krieg um die kapitalistische Beherrschung des Weltmarkts, um die politische Beherrschung wichtiger Siedlungsgebiete für das Industrie- und Bankkapital.«[1662] Liebknecht stimmte fortan allen Krediten zu, die dafür bestimmt waren, die Situation der Soldaten zu verbessern und die Not der Verwundeten und Kranken zu lindern, aber er gab seine Stimme nicht für die Finanzierung weiterer Kampfhandlungen. Die »kapitalistischen Ziele« des gegenwärtigen Krieges, die Annexionspläne und die Verletzung der belgischen und der luxemburgischen Neutralität lehnte er ab.[1663] In der sozialdemokratischen Parteipresse stieß Liebknechts Verstoß gegen die Fraktionsdisziplin fast überall auf Ablehnung. Eine der wenigen Stimmen, die dieses Prinzip infrage stellten, war die von Rosa Luxemburg: »In einer demokratischen Partei wie der unsern ist maßgebend die Ansicht und der Wille nicht einer Handvoll Literaten, Parteibeamter oder Parlamentarier, sondern der großen Mehrheit der Proletarier, der Millionen, die nach reiflicher Prüfung, nach offener, eingehender Diskussion ihre Entschlüsse fassen.«[1664] Hier sprach wieder die Rätedemokratin, die den Grundsätzen der repräsentativen, parlamentarischen Demokratie mit Distanz begegnete. Luxemburg gehörte zu den wenigen, die in der Öffentlichkeit eindeutig für Liebknecht Partei ergriffen.

Im Dezember fand in Berlin-Charlottenburg eine Versammlung von Funktionären statt, bei der Liebknecht die Hauptrede hielt. Zur Frage der Kriegskredite war Eduard David als Korreferent geladen. In seinem Kriegstagebuch notierte er anschließend: »Der Eindruck ist niederschmetternd.«[1665] Das lag vor allem an einer Diskussionsrednerin: »Rosa Luxemburg erntet mit ihrer Meisterleistung der feinen und groben Demagogie den stürmischsten Beifall. Ich verlasse den Schauplatz dieses vergeblichen Kampfes mit der festen Überzeugung: Die Partei wird auseinanderreißen. Es ist kein gemeinsamer Boden mehr da. Bleiben diese Leute in der Partei, so werden sie die ganze Position des 4. August versauen und jeden vernünftigen ferneren Schritt unendlich erschweren oder ganz unmöglich machen.«[1666] Auch hier kann man wieder die Frage stellen: War der Burgfrieden die konsequente Weiterentwicklung der sozialdemokratischen

Politik, oder war er ein Verrat ihrer Grundsätze? Um den gemeinsamen Boden war es jedenfalls nicht zum Besten bestellt. Insoweit hatte David zweifellos recht.

Am 2. Januar 1915 erhielt Rosa Luxemburg die Ladung zum Strafantritt bis spätestens 15. Januar.[1667] Eine Woche später gingen bei der Staatsanwaltschaft Frankfurt, die nach wie vor federführend war, zwei Schreiben des Strafverteidigers Paul Levi ein, denen jeweils ein ärztliches Attest beigefügt war. Das erste stammte von Arthur Süssmann, Luxemburgs langjährigem Hausarzt, das zweite von Professor Huber[1668] vom Auguste-Victoria-Krankenhaus in Berlin-Schöneberg, der Luxemburg am Tag zuvor stationär aufgenommen hatte: »Frau Dr. Rosa Luxemburg [...] hat ein chronisches Magenleiden, wahrscheinlich Magengeschwür. Die Behandlung wird mehrere Wochen in Anspruch nehmen.«[1669] Ein chronisches Magenleiden hatte Luxemburg seit Langem, jetzt plagte sie eine »dumme Magen- und Lebergeschichte«,[1670] aber ein Magengeschwür war es wohl nicht. Wichtig an dem kurzen Attest war vor allem der letzte Satz. Er war die Basis dafür, dass Levi Haftverschonung bis zum 31.3.1915 beantragen konnte, die der Frankfurter Staatsanwalt auch ohne langes Federlesen gewährte.[1671] In Frankfurt war man überhaupt entgegenkommend und empfahl bei dieser Gelegenheit zum wiederholten Male, Luxemburg solle doch ein Gnadengesuch stellen,[1672] was für sie aber nicht infrage kam. Sie wollte Recht, aber keine Gnade. Ihr Gesundheitszustand besserte sich, und am 24. Januar konnte Mathilde Jacob sie abholen, allerdings ohne dass ihre Gesundheit schon vollständig wiederhergestellt war: »Rosa Luxemburgs Kur im Schöneberger Krankenhaus war noch nicht beendet, die vollständige Wiederherstellung ihrer Gesundheit wäre dringend nötig gewesen. Aber die Pflicht rief und sobald die eigentliche Gefahr behoben war, geleitete ich unsere Patientin in ihr Heim nach Südende, wo Leo Jogiches uns empfing.«[1673]

Die Reichstagsfraktion der SPD kam, bedingt durch die Weihnachtspause, nach der Abstimmung über die zweite Kreditvorlage erst am 2. Februar wieder zu einer Sitzung zusammen. Liebknechts Abstimmungsverhalten hatte in der Zwischenzeit in der Sitzung des Parteiausschusses viel Kritik auf sich gezogen. Bei der Sitzung am 2. Februar kam es zu einer

Mathilde Jacob (links) im Kreis von Freundinnen, 1930er-Jahre

grundsätzlichen Auseinandersetzung der verschiedenen Flügel in der Partei. Am weitesten ging der Antrag des Gewerkschafters Carl Legien: »Die Fraktion erklärt, dass sie mit dem Genossen Liebknecht wegen des von ihm am 2. Dezember 1914 begangenen Disziplinbruchs keine Gemeinschaft mehr hat.«[1674] Ein solcher Ausschlussantrag hätte die Fraktion vor eine Zerreißprobe gestellt. Deshalb ging die burgfriedenswillige Mehrheit einen anderen Weg. Eduard David, der in der Sache ähnlich dachte wie Legien, entwarf einen Antrag, den der angesehene Parteiveteran Karl Frohme dann einbrachte: »Die Fraktion […] verurteilt den von Liebknecht begangenen Disziplinbruch aufs Schärfste. Sie weist die von ihm verbreitete Begründung seiner Abstimmung als unvereinbar mit den Interessen der deutschen Sozialdemokratie entschieden zurück. […] Da der Fraktion nach dem Organisationsstatut nicht die Handhabe zu weitergehenden Maßnahmen zusteht, so muss sie die endgültige Entscheidung dem nächsten Parteitag anheimstellen.« Das war scharf formuliert, de facto aber dilatorisch, denn ein Parteitag würde nicht stattfinden, solange der Krieg tobte. Der Antrag wurde mit 65 gegen 26 Stimmen angenommen. Bernstein stellte dann einen Zusatzantrag des Inhalts, dass die Fraktion anerkennt, dass Liebknechts Beweggründe für sein Abstimmungsverhalten den sozialdemokratischen Grundsätzen nicht widersprechen. Dieser Antrag wurde mit der deutlichen Mehrheit von 68 gegen 20 Stimmen abgelehnt. Interessanter war eine dritte Abstimmung. Liebknecht selbst meldete sich auch zu Wort und wollte, dass die Abstimmung über Frohmes Antrag solange zurückgestellt werde, bis »erwiesen« sei, dass seine Begründung für sein Abstimmungsverhalten mit den Interessen der deutschen Sozialdemokratie unvereinbar sei. Dieser Antrag, der die Sache de facto auf Eis gelegt hätte, wurde mit 52 gegen 43 Stimmen nur vergleichsweise knapp abgelehnt. Das zeigte, dass eine starke Minderheit der Fraktion zu diesem Zeitpunkt gegen eine weitere Vertiefung der Gräben war. Schließlich beschloss die Fraktion fast einmütig, bei nur vier Gegenstimmen, dass die Fraktion im Plenum geschlossen abzustimmen habe: »Glaubt ein Fraktionsmitglied nach seiner Überzeugung an der geschlossenen Abstimmung der Fraktion nicht teilnehmen zu können, so steht ihm das Recht zu, der Abstimmung fernzubleiben, ohne dass dies einen demonstrativen Charakter tragen darf.«[1675]

Auf den Sitzungen der Fraktion, die sich über drei Tage erstreckten, wurde heftig um den weiteren Kurs in Zeiten des Krieges gerungen. Rosa Luxemburg fand das deprimierend: »Die Vorgänge hier in der Fraktion spotten jeder Beschreibung. Man müsste an die Arbeiter ein offenes Wort richten, aber alle unsere Leute sind so schwer zu etwas zu bewegen; vor lauter Vorsicht und Rücksicht kommen wir nicht vom Fleck.«[1676] Mit der Auffassung, dass die Partei sich, wenn sie schon die Kriegspolitik der Reichsleitung unterstützte, ihren Anhängern erklären müsse, stand sie keineswegs allein. Am 4. Februar 1915 stritten die Abgeordneten leidenschaftlich über die Notwendigkeit einer Friedensaktion. Bernstein, einer der entschiedensten Pazifisten unter den Abgeordneten, plädierte dafür, sich mit einem Friedensmanifest an die Öffentlichkeit zu wenden, und Haase, immerhin der Fraktionsvorsitzende, sagte mit großem Nachdruck: »Wir müssen mit einer Kundgebung für den Frieden hervortreten.«[1677] Obwohl die Idee, den Zweiklang von Verteidigungsbereitschaft und Friedenswillen zu betonen, für eine dem Internationalismus verpflichtete Partei ja keineswegs unvernünftig war, ließ sich dafür in der Fraktion keine Mehrheit gewinnen. Es kam nicht einmal zu einer Abstimmung.

Rosa Luxemburg wurde, sobald sie in Freiheit war, wieder aktiv. Am 9. Februar trat sie in Charlottenburg auf und vier Tage später in Niederbarnim, wo sie, so die Mitteilung des Oberkommandos in den Marken, »aufreizend« sprach.[1678] Die war für die Obrigkeit Anlass, am 18. Februar erneut aktiv zu werden:

> Donnerstag Mittag ist die Genossin Rosa Luxemburg in ihrer Wohnung durch zwei Kriminalbeamte plötzlich verhaftet worden. Sie wurde zunächst im Automobil nach dem Berliner Polizeipräsidium Abteilung VII (politische Polizei), und von dort im grünen Wagen nach dem Weibergefängnis in der Barnimstraße transportiert. [...] Krankheitshalber war ihr bis zum 31. März Strafaufschub erteilt worden. Auf höheren Befehl ist jetzt die sofortige Strafvollstreckung telegraphisch angeordnet worden, ohne dass Frau Luxemburg irgendeine erneute Aufforderung zum Strafantritt zugegangen wäre, ist sie daraufhin festgenommen worden. [...][1679]

Karl Liebknecht hatte diese Pressenotiz am 19. Februar verfasst, die aber nach allem, was wir wissen, nirgends abgedruckt worden ist. Die konservative *Deutsche Tageszeitung*, die offenbar über gute Kontakte zu den Behörden verfügte, berichtete an diesem Tag bereits über die Verhaftung der »blutigen Rosa«,[1680] während der *Vorwärts* erst einen Tag später sechs dürre Zeilen brachte und sich dabei als Informationsquelle auf die *Deutsche Tageszeitung* bezog,[1681] was in normalen Zeiten doch einigermaßen peinlich gewesen wäre. Liebknecht ging davon aus, dass »unsaubere Spitzelhände« am Werk waren,[1682] Zetkin war sich sicher, »dass es sich um einen wohlvorbereiteten Streich handelt, der durch eine Denunziation aus Parteikreisen möglich geworden ist«.[1683]

Nachdem zunächst versucht worden war, ihn daran zu hindern, griff Liebknecht den Fall am 9. März im preußischen Abgeordnetenhaus auf. Er berichtete, dass die Kriminalpolizei Luxemburg, ohne dass eine neue

Aufforderung zum Strafantritt ergangen war, in ihrer Wohnung verhaftet hatte. Er bestritt nicht das Recht des Staates, sie in Haft zu nehmen, betonte aber: »Die Art der Ausführung ist unter aller Kritik.«[1684] Luxemburg hatte am 10. Februar in einer geschlossenen Mitgliederversammlung gesprochen. Ein Spitzel der Berliner Geheimpolizei hatte dies an das Oberkommando in den Marken gemeldet, eine militärische Kommandobehörde, die in Kriegszeiten über diktatorische Vollmachten verfügte. Auf Anweisung des Oberkommandos in den Marken hatte die Frankfurter Staatsanwaltschaft dann trotz der bis 31. März gewährten Haftverschonung die sofortige Verhaftung verfügt. Immerhin war die »Rosagruppe« auf diesen Fall vorbereitet. Leo Jogiches nahm nun sofort den Platz von Rosa Luxemburg ein.[1685] Diese Operation funktionierte problemlos. Jogiches war, da er selbst nie etwas publizierte, ein unbeschriebenes Blatt. Über seine vielen Auseinandersetzungen mit polnischen und russischen Gruppierungen wusste man in Berlin nichts. Die Autorität, ja Verehrung, die die inhaftierte Luxemburg genoss, waren eine gute Operationsbasis für ihn, und seine enormen Erfahrungen in konspirativer Arbeit waren für ihn und die Gruppe, die er jetzt leitete, von großem Wert. Er wurde rasch zu der am meisten gefährdeten Person, und doch gelang es ihm, der Polizei drei Jahre lang immer wieder zu entkommen: »Wurden Verdächtige verhaftet und durch Polizeischikanen zu Aussagen gebracht, so konnten sie wohl eine Personalbeschreibung des Verschwörers geben, aber seinen richtigen Namen oder gar die Wohnung kannte niemand.«[1686] Erst im März 1918 wurde er nach dem Hinweis eines Denunzianten an das Oberkommando in den Marken verhaftet. Die konspirative Arbeit brachte es andererseits mit sich, dass Jogiches, anders als Luxemburg, im Verborgenen arbeitete. In der Öffentlichkeit blieb er unbekannt. Der »sichtbare Mittelpunkt«[1687] der linken Opposition wurde nach Luxemburgs Verhaftung deshalb Karl Liebknecht, der durch eine leichtsinnige Aktion allerdings schon im Mai 1916 ebenfalls ins Gefängnis wanderte.

Nach der sehr kurzfristig terminierten Verhaftung kam Clara Zetkin nach Berlin, um in der Wohnung der Freundin nach dem Rechten zu sehen, Unterlagen zu ordnen und brisante Papiere gegebenenfalls verschwinden zu lassen. Es gelang ihr sogar, mithilfe der Behauptung, sie sei Luxemburgs Schwägerin, ihr einen Besuch in der Barnimstraße abzustatten. Das klappte allerdings nur ein Mal, weil sie von einer der Aufseherinnen erkannt wurde. Zetkin kehrte bald nach Stuttgart zurück, und es begann eine sehr enge und vertrauensvolle Zusammenarbeit zwischen Mathilde Jacob und Rosa Luxemburg, die erst mit ihrem Tod endete. Die beiden Frauen kamen in näheren Kontakt, als Jacob, die ein kleines Schreibbüro unterhielt, mit Schreibarbeiten für die *Sozialdemokratische Korrespondenz* betraut wurde. Sehr bald entwickelte sich eine persönliche Beziehung: »Niemals vorher hatte eine Frau einen so tiefen Eindruck auf mich gemacht. Ihre großen leuchtenden Augen, die alles zu verstehen schienen, ihre Bescheidenheit und Güte, ihre fast kindliche Freude an allem Schönen, ließen mein Herz für sie höher schlagen. Bewundernd blickte ich zu dieser Geistesgröße auf, die beinahe ärmlich gekleidet war.«[1688] Jacob sollte in diesen letzten Jahren, die Luxemburg zum großen Teil im Gefängnis verbrachte, als Freundin, treu sorgende Seele und unermüdliche Helferin eine kaum zu überschätzende Bedeutung gewinnen. Sie hielt die Wohnung in Südende in Schuss, versorgte Mimi, kümmerte sich um Luxemburgs Ernährung, was in Kriegszeiten, die Magenkranken nicht wohlgesinnt waren, alles andere als einfach war, versorgte sie mit Büchern und Zeitschriften, schmuggelte alle Arten von Kassibern und Informationen in das Gefängnis und auf demselben Weg Briefe und Manuskripte heraus und organisierte die Kommunikation zwischen der Gefangenen und der Außenwelt.[1689] Eine ganz besondere Leistung war es, 1915 das Manuskript zur Junius-Broschüre aus dem Gefängnis herauszubringen,[1690] sodass es in der Schweiz gedruckt werden konnte. Bei all dem war sie im ständigen Kontakt mit Leo Jogiches, der nicht nur der neue intellektuelle und organisatorische Kopf der Gruppe war, sondern der auch großen Anteil an Luxemburgs Schicksal nahm, wobei liebevolle Sorge und strenge Handlungsanweisungen Hand in Hand gingen. Mehr als zwanzig Jahre lang hatten die beiden, allen Widrigkeiten zum Trotz, politisch eng zusammengearbeitet. Jetzt waren sie durch Gefängnismauern getrennt, und Jacob wurde zur Mittlerin zwischen ihnen.[1691] Jogiches fasste in einem für ihn höchst ungewöhnlichen Maße Vertrauen zu Jacob: »Der Jogiches, der ihren Memoiren entsteigt, freundlich, großzügig, witzig und offen, hat wenig Ähnlichkeit mit dem Manne, den alle anderen kannten.«[1692] Da sie als Einzige seine Adresse kannte, kam ihr auch für die Kommunikation zwischen ihm und den anderen Mitgliedern der Gruppe eine zentrale Bedeutung zu.[1693]

Mathilde Jacob,[1694] deren Eltern eine koschere Metzgerei betrieben, stammte aus einer kinderreichen Familie und war in sehr bescheidenen Verhältnissen aufgewachsen. 1907 hatte sie als selbstständige Stenotypistin in Berlin-Moabit ein Schreib- und Übersetzungsbüro eröffnet und ab 1913 Artikel für Luxemburg, Mehring und Marchlewski geschrieben, zuvor schon für Liebknecht. Nachdem Luxemburg ihre Haftstrafe angetreten hatte, wurde Jogiches ihr wichtigster Auftraggeber. Nach ihrer beider Ermordung arbeitete Jacob bis zu seinem Tod im Februar 1930 vor allem mit Paul Levi zusammen. Danach war sie für die Redaktion der *Weltbühne* tätig.[1695] Außerordentliche Verdienste erwarb sich die unerschrockene Frau, als sie sich nach dem 15. Januar 1919 darum bemühte, in der von der Soldateska verwüsteten Wohnung in Südende Luxemburgs Nachlass zu sichern. Es gelang ihr, das Geborgene zu retten, indem sie das gesamte Material nicht nur in Sicherheit brachte, aufbewahrte und inventarisierte, sondern es 1939 dem amerikanischen Historiker Ralph H. Lutz übergeben konnte, der für die Aufnahme in die Hoover Institution on War, Revolution, and Peace an der Universität Stanford sorgte.[1696] Den Kontakt zu Lutz hatte Angelica Balabanoff hergestellt, die in die USA emigriert war. Lutz sorgte dafür, dass die unersetzlichen Dokumente mit Diplomatenpost in die USA geschafft wurden. Sich selbst vermochte Mathilde Jacob leider nicht zu retten. Verzweifelt versuchte sie, gemeinsam mit der Familie ihres Bruders Walter in die USA zu emigrieren. Als schließlich ein Schreiben des New Yorker »International Rescue und Relief Committee« in Berlin eintraf, dass ein Hilfskomitee die benötigten 500 US-Dollar bereitgestellt habe, war sie schon tot.[1697] Am 27. Juli 1942 wurde sie mit dem »30. Alterstransport« in das Getto Theresienstadt deportiert, wo sie am 14. April 1943 den unerträglichen Lebensbedingungen erlag. Heute erinnert eine von Ingeborg Hunzinger geschaffene Stele auf dem Franz-Mehring-Platz an Mathilde Jacob, 1995 wurde außerdem der Platz vor dem Rathaus des Berliner Bezirks Tiergarten nach ihr benannt, und 2011 wurde vor ihrem ehemaligen Wohnhaus in der Altonaer Straße 26 ein Stolperstein verlegt.

Vom 5. März 1915 datiert der erste Eintrag in Luxemburgs »Kalender für das Jahr 1915«: »Von Fräulein Jacob diesen Kalender und wundervolle Blumen erhalten (Anemonen, Vergissmeinnicht, Kätzchen und Kirschenzweige).«[1698] Sie nutzte den Kalender nur sporadisch. Es dominieren Eintragungen wie »Jetzt ist ein Monat voll« oder »8 Wochen«.[1699] Das Führen eines Tagebuchs war offenkundig nicht ihre Sache. Am 12. März vermerkte sie: »Das war der schöne Tag zu Hause.« Und am Tag darauf: »Das war der zweite schöne Tag.«[1700] Das Gericht hatte Luxemburg zwei Tage Hafturlaub gewährt. Nach der sehr kurzfristig terminierten Inhaftierung sollte sie noch einmal Gelegenheit erhalten, ihre Angelegenheiten zu ordnen. Begleitet wurde sie von einer nachsichtigen Aufseherin, die sich die meiste Zeit in einem Nebenzimmer aufhielt, sodass ihr Bericht an das Polizeipräsidium entsprechend karg ausfiel, denn von den geführten Gesprächen hatte sie kaum etwas mitbekommen.[1701] Jacob hatte in der Wohnung alles vorbereitet und auch die Freunde informiert. So kamen Jogiches und Karl und Sophie Liebknecht, Levi reiste aus Frankfurt an. Auch Mehring, Hermann Duncker, Eugen Ernst, Fanny Jezierska und Marta Rosenbaum fanden sich ein[1702]:

> Als wir beieinandersaßen, wurden Gefängnisepisoden erzählt. Karl Liebknecht berichtete von seiner Glatzer Festungszeit und von seines Vaters Gefängnissen. Leo Jogiches von seinen und Rosa Luxemburgs Kerkern in Polen und Russland. Paul Levi konnte zu jener Zeit nur von einer Karzerstrafe aus seiner Berliner Studienzeit berichten, während Franz Mehring damals noch »gänzlich unbescholten« war. Es waren zwei frohe Tage, die einen bitteren Nachgeschmack hatten, als unsere Freundin Abschied nahm. Sie tröstete uns lächelnd. Wir winkten dem Auto, das sie entführte, vom Balkon aus zu.[1703]

Nach dem 4. August 1914 war dies das zweite Treffen der Gruppe Internationale, deren geistige Anführerin Rosa Luxemburg war.

Am 2. April schrieb sie in ihren Kalender: »Heute fange ich wieder an zu botanisieren.«[1704] Botanikerin zu werden war ihr Jugendtraum gewesen. In Zürich hatte sie zunächst Biologie studiert und im ersten Semester neben einer Vorlesung über Allgemeine Zoologie auch einen zoologisch-mikroskopischen Übungskurs belegt.[1705] Viele Jahre später ergriff die Begeisterung für die heimische Flora wieder Besitz von ihr: »In Südende packte mich die Leidenschaft für Pflanzen; ich fing an zu sammeln, zu pressen und zu botanisieren. Vier Monate lang machte ich buchstäblich nichts anderes, als im Feld zu schlendern oder zu Hause zu ordnen und zu bestimmen, was ich von Streifzügen mitbrachte.«[1706] Zehn Hefte füllte sie zwischen April und August 1913 mit gepressten Blumen und Blättern, die sie sorgfältig beschriftete, wobei auch die lateinischen Namen nicht fehlen durften.

In der erzwungenen Muße des Gefängnisses widmete sie sich erneut ihrer botanischen Leidenschaft: »So muss ich immer etwas haben, was mich mit Haut und Haar verschlingt, sowenig sich das für eine ernste Person geziemt, von der man – zu ihrem Pech – immer etwas Gescheites erwartet. Auch Du, Liebste, willst nichts von meinem ›Glück im Winkel‹ hören und hast dafür nur Spott. Aber ich muss doch jemanden haben, der mir glaubt, dass ich nur aus Versehen im Strudel der Weltgeschichte herumkreisle, eigentlich aber zum Gänsehüten geboren bin.«[1707] Dies war der erste Brief, den sie ihrer Freundin Luise Kautsky aus dem Gefängnis schrieb, die in der langen Haftzeit während des Krieges eine wichtige Vertraute war. Es ist kein Zufall, dass sich gerade ihr gegenüber wieder einmal Luxemburgs Weltfluchtgedanken zu Wort meldeten. Das Herbarium wuchs in der Barnimstraße zwischen dem 2. April 1915 und dem 2. Januar 1916 um weitere drei Hefte an. In Breslau, wo sie zuletzt in Schutzhaft war, entstanden dann in der zweiten Jahreshälfte 1918 noch einmal vier Hefte. Ähnlich wie zuvor in Wronke, wo sie nicht botanisierte, stand Luxemburg in Breslau ein kleiner Garten zur Verfügung, in dem sie viel Zeit verbrachte. Sie berichtete der Freundin von dem Zitronenfalter, der ihr

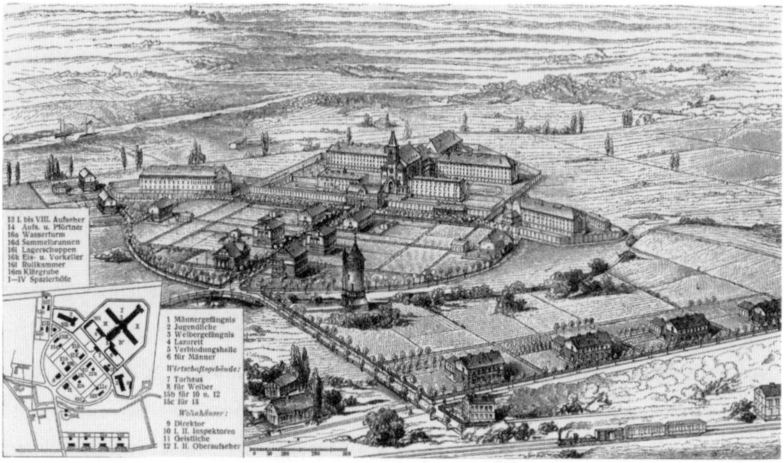

Das Zentralgefängnis für die Provinz Posen in Wronke, um 1900

begegnete, von der ersten Hummel des neuen Jahres und anderen Tieren, und sie sammelte Blumen, Blätter und Vogelfedern. Ergänzt wurden die siebzehn Hefte des Herbariums durch ein weiteres mit geologischen und botanischen Notizen.[1708]

Während Rosa Luxemburg sich, so gut es eben ging, in ihrer Gefängniszelle einrichtete, kam die sozialdemokratische Reichstagsfraktion zusammen, um zum dritten Mal über die Finanzierung des Krieges mitzuentscheiden. Diesmal war die Situation allerdings eine andere als am 4. August und am 2. Dezember 1914, denn es stand der reguläre Etat zur Abstimmung, und solange die SPD existierte, war es ein ehernes Grundprinzip gewesen, dem Etat nicht zuzustimmen. Im badischen Landtag waren die sozialdemokratischen Abgeordneten sehr zum Ärger der Partei gelegentlich davon abgewichen, im Reichstag nie. Im Vorfeld der Reichstagssitzung vom 20. März 1915 gab es lebhafte Debatten, über die dank der linken *Bremer Bürger-Zeitung* auch die Öffentlichkeit unterrichtet war.[1709] Zunächst ging es um die Höhe der neuen Kriegskredite. Ein Antrag, nur fünf statt der geforderten zehn Milliarden zu bewilligen, wurde mit 64 gegen 34 Stimmen verworfen und die Bewilligung der zehn Milliarden dann mit 77 gegen 23 Stimmen beschlossen. Schließlich entschied die Fraktion, was unter anderen Umständen eine Sensation gewesen wäre, dem Etat zuzustimmen. Philipp Scheidemann sollte dazu in der Reichstagssitzung eine Erklärung[1710] abgeben, was mit 70 gegen 22 Stimmen bei sechs Enthaltungen ebenfalls gebilligt wurde. Abgelehnt wurde der Vorschlag, in die Erklärung der Fraktion die Information aufzunehmen, dass eine Minderheit der Abgeordneten gegen die Zustimmung zum Etat votiert hatte. Der Ablehnung verfiel auch die Erläuterung, dass diese Zustimmung zum Etat kein Vertrauensvotum für die Regierung bedeute. Dies lehnte die Mehrheit mit der bemerkenswerten Begründung ab, dass das ohnehin selbstverständlich sei. Zuletzt ging es um den Fraktionszwang. Der Antrag, die Abstimmung freizugeben, wurde mit 71 gegen 18 Stimmen abgelehnt. Es blieb bei der Beschlusslage vom 2. Februar, die besagte, dass diejenigen, die nicht zustimmen konnten, der Abstimmung fernbleiben könnten, dieses Fernbleiben aber keinen demonstrativen Charakter haben dürfe. Von der Option, vor der Abstimmung den Saal zu verlassen, machten tatsächlich 30 Abgeordnete Gebrauch, an ihrer Spitze der Fraktionsvorsitzende Hugo Haase. Zwei andere Abgeordnete, Karl Liebknecht und Otto Rühle, setzten sich über das beschlossene Reglement hinweg und stimmten mit Nein. Diesen »Disziplinbruch« verurteilte die Fraktion mit 67 gegen 17 Stimmen »aufs entschiedenste«.[1711]

Die Zahl der Dissidenten in der Reichstagsfraktion war innerhalb weniger Monate erheblich angewachsen. Das hatte mit der veränderten Kriegslage zu tun. Ein Hauptargument für die anfängliche Zustimmung zur Bewilligung der Kriegskredite war gewesen, dass der gerade begonnene Krieg ein Verteidigungskrieg war, wahlweise gegen das zutiefst reaktionäre russische Zarenreich, dem gegenüber selbst der wilhelminische Obrigkeitsstaat geradezu fortschrittlich wirkte, gegen den britischen Imperialismus oder gegen das revanchelüsterne Frankreich, das seine 1871 verlorenen Regionen Elsass und Lothringen zurückerobern wollte. Doch schon bald wurde deutlich, dass diese Defensivrhetorik die wahren Intentionen der Mittelmächte eher verdeckte, als zutreffend benannte. Nachdem Wilhelm II. am 1. August noch betont hatte: »Uns treibt nicht Eroberungssucht«, setzte schon im September eine heftige Kriegszieldiskussion ein, zu der vor allem die Alldeutschen schrille Töne beisteuerten. Zugleich standen die deutschen Truppen an allen Fronten in Feindesland. Wenn sie wirklich nur einem Verteidigungsauftrag nachgekommen wären, hätte man also durchaus von einer Erfolg versprechenden Ausgangslage für einen vorteilhaften Friedensschluss sprechen können. Von Friedensverhandlungen war gleichwohl keine Rede. Vielmehr verdichteten sich im März 1915 die Anzeichen, dass die deutsche Regierung die Fortsetzung des Krieges mit der Erwartung erheblicher Gebietsgewinne verband. Und wenn es tatsächlich zu Friedensverhandlungen kommen sollte, dann müssten die Deutschen für die ungeheuren Opfer, die sie gebracht hatten, angemessen entschädigt werden. Vertreter dieser Auffassung gab es durchaus auch in den Reihen der sozialdemokratischen Reichstagsfraktion. So erklärte der Militärexperte Gustav Noske im Mai 1915: »Nur ein Idiot kann für den Status quo vor dem Krieg sein.«[1712]

Hier wurde schon die Bruchlinie erkennbar, die dann 1917 zur Spaltung der SPD führen sollte. Aber die Gruppen, die sich nun herausbildeten, waren keineswegs deckungsgleich mit den Parteiflügeln, die die großen Debatten in den Jahrzehnten vor dem Krieg geprägt hatten. Die Revisionisten Bernstein und Eisner zählten zu den entschiedenen Kriegsgegnern, während die Gruppe um die Linken Konrad Haenisch, Heinrich Cunow und Paul Lensch nach anfänglichem Widerstand ins Lager der Befürworter der Kriegskredite überging und versuchte, diesen Schritt marxistisch zu begründen. Der Zentrist Kautsky fand sich in seiner Gegnerschaft gegen den Krieg an der Seite von Bernstein wieder, den er zuvor viele Jahre lang bekämpft hatte. Der Revisionist Max Maurenbrecher wiederum verfiel einem hemmungslosen Nationalismus, sodass er die SPD verließ und sich 1917 der erzreaktionären Deutschen Vaterlandspartei anschloss. Eine zentrale Rolle spielte Eduard David, der im Revisionismusstreit an der Seite von Bernstein gestanden hatte. Über einen hessischen Wahlkreis in den Reichstag gekommen, gehörte er zu den reformistisch orientierten süddeutschen Sozialdemokraten. Er war in haushaltspolitischen Fragen einer der führenden Redner der Partei und gehörte seit 1912 dem Fraktionsvorstand an. David, der für die Einbeziehung ländlicher Wählergruppen warb und die SPD von einer Arbeiter- zu einer Volkspartei weiterentwickeln wollte, war der maßgebliche Architekt der Burgfriedenspolitik auf sozialdemokratischer Seite. Er kämpfte in der Reichstagsfraktion für die Zustimmung zu den Kriegskrediten und verband damit die Hoffnung auf innenpolitische Fortschritte nach dem Krieg, insbesondere ein gerechteres Wahlsystem. Nach der Abspaltung der USPD im April 1917 bildete er mit Ebert und Scheidemann das Führungstrio der Mehrheits-SPD.

Am 26. März, nur wenige Tage nach der dritten Abstimmung über Kriegskredite im Deutschen Reichstag, begann in Bern eine Internationale Sozialistische Frauenkonferenz, die drei Tage dauerte.[1713] Sie ging auf die Initiative von Clara Zetkin zurück, die seit dem Stuttgarter Kongress 1907 Sekretärin der Sozialistischen Fraueninternationale war. Während sich bei der Sozialistischen Internationale sehr bald gezeigt hatte, dass an weitere Zusammenkünfte auf internationaler Ebene nicht zu denken war, war das bei den Frauen, die keinen Kombattantenstatus hatten und in ihren Ländern in der Regel keine prominenten politischen Positionen bekleideten, eher möglich. Natürlich musste das Treffen in einem neutralen Land stattfinden, das zugleich gut erreichbar war. Die Schweizer Hauptstadt war insofern gut geeignet. Der deutschen Delegation gehörten außer Zetkin noch Käte Duncker, Margarethe Wengels, Martha Arendsee, Berta Thalheimer, Lore Agnes und Toni Sender an.[1714] Sie standen alle auf dem linken Flügel der Partei. Etliche schlossen sich später der USPD, einige dann auch der KPD an. Es war gewissermaßen der weibliche Teil der Gruppe Internationale. Die deutschen Delegierten erklärten denn auch ganz offiziell, dass sie »keine Vertretung der gesamten sozialdemokratischen Partei seien, sondern unter ihrer persönlichen Verantwortlichkeit sich an der Konferenz beteiligten«.[1715] Die Konferenz war ein erster Versuch, eine internationale Opposition gegen den Krieg zu organisieren, wofür nicht nur die Bolschewisten im Schweizer Exil plädierten, sondern auch Liebknecht, der seine Erklärung zur Ablehnung weiterer Kriegskredite am 2.12.1914 nicht nur in Deutschland, sondern auch im Ausland verbreitete.[1716] Clara wollte ursprünglich nicht ohne ihre Freundin Rosa nach Bern fahren, was nun nicht möglich war: »Ich vertrat die Auffassung, dass wir durch Rs Verhaftung keinen unserer Pläne zerschmettern lassen durften. Gewiss wird ohne Rosa vieles weniger glänzend und schneidig sein, jedoch die Hauptsache bleibt, dass es gemacht wird.«[1717] Insgesamt nahmen 25 Delegierte an der Konferenz teil, neben den sieben deutschen vier aus England, je eine aus Frankreich, Polen und Italien, drei aus den Niederlanden, zwei aus der Schweiz und sechs aus Russland.[1718] Die Belgierinnen konnten nicht anreisen, da sie keine Reisepässe erhalten hatten, ebenso fehlten die Österreicherinnen wegen »unübersteiglicher Schwierigkeiten«.[1719]

Die russischen Sozialistinnen waren durch zwei Delegationen vertreten, eine menschewistische und eine bolschewistische. Die letztere wurde angeführt von Lenins Frau Nadeschda Krupskaja und seiner Freundin Inès Armand. Lenin selbst steuerte die Gruppe aus dem Hintergrund. Die Bolschewistinnen legte einen von ihm ausgearbeiteten Resolutionsentwurf vor, der ganz auf seiner bekannten Linie lag und eine scharfe Verurteilung der Politik der sozialdemokratischen Parteien enthielt, die durch ihre Mitwirkung an der Vaterlandsverteidigung Verrat am Sozialismus begangen hatten. Die zentrale Forderung war die Verwandlung des imperialistischen Krieges in einen Bürgerkrieg zum Sturz des Kapitalismus. Diese Resolution, die lediglich die Unterstützung der polnischen Delegierten fand, richtete sich gegen Zetkin, die Lenin des Zentrismus verdächtigte, und den von ihr, gemeinsam mit der englischen und der niederländischen Delegation, vorgelegten Antrag.[1720] Lenins wie immer kompromissloses Vorgehen beschwor die Gefahr einer Katastrophe herauf. Wenn die Delegierten sich nicht auf einen gemeinsam zu verabschiedenden Text einigen konnten, würde das ihren Gegnern als Beweis dienen, dass internationale Solidarität in Kriegszeiten eben ein Ding der Unmöglichkeit war. Zetkin, die ohnehin schwer krank war und zeitweise an den Verhandlungen gar nicht teilnehmen konnte, war schockiert. Sie zitterte am ganzen Körper. Die Konferenz wurde unterbrochen. Zetkin begab sich mit den Delegierten in ein Nebenzimmer, in dem sich Lenin aufhielt. Nach einer

Stunde war ein Kompromiss gefunden. Die von Zetkin vorgelegte Resolution wurde einmütig verabschiedet und Lenins Text ins Protokoll der Konferenz aufgenommen.[1721]

Die schlussendlich verabschiedete Resolution verurteilte die Burgfriedenspolitik und die Idee der Vaterlandsverteidigung, forderte zum Kampf für den Frieden im Sinne der Beschlüsse der internationalen Kongresse zu Stuttgart, Kopenhagen und Basel auf, vermied aber die explizite Verurteilung einzelner Parteien:

> Die aus dem tiefsten Leid des Krieges geborene Friedenssehnsucht der Frauen, namentlich der Proletarierinnen, müssen sie als klaren, bewussten Friedenswillen zur Geltung bringen. Die Internationale Sozialistische Frauenkonferenz ruft daher die Sozialistinnen, die proletarischen Frauen aller Länder auf, keine Zeit und keine Gelegenheit zu versäumen und alle vorhandenen Mittel und Wege zu nutzen, um dieser Auffassung entsprechend zu wirken. [...] Der jetzige Krieg weist mit dem Kampfe für den Frieden den Frauen eine gewaltige geschichtliche Aufgabe zu. Wenn sie begriffen und erfüllt wird, kann dies von der größten Tragweite für die Gleichberechtigung des weiblichen Geschlechts und das Ringen für den Sozialismus werden [...] Die Friedensaktion der sozialistischen Frauen muss Vorläuferin einer allgemeinen Bewegung der werktätigen Massen für die Beendigung des Brudermordens sein. Sie muss einen wichtigen Schritt vorwärts bedeuten zum Wiederaufbau der einen großen Arbeiterinternationale.[1722]

Der Kongress verabschiedete außerdem ein Manifest »Frauen des arbeitenden Volkes! Wo sind Eure Männer? Wo sind Eure Söhne?«[1723], das illegal in den kriegführenden Ländern verbreitet wurde. Allein in Deutschland kamen 100 000 Exemplare in 40 verschiedenen Orten zur Verteilung, davon 30 000 Exemplare in Berlin.[1724] Diese Aktivitäten waren den Sozialdemokraten ein Dorn im Auge. Am 7. April verurteilten Parteivorstand und Parteiausschuss die Abhaltung der Frauenkonferenz, die Zetkin ein-

Schlafraum Rosa Luxemburgs im Zentralgefängnis Wronke, 1916

berufen hatte, ohne die Zustimmung der Partei einzuholen, und verboten die Verbreitung ihrer Beschlüsse und Materialien.[1725]

Auch bei der Obrigkeit erwarb Zetkin sich keine Sympathie mit ihrer Friedenspropaganda. Am 29. Juli wurde sie, ebenso wie eine Reihe weiterer Sozialdemokratinnen, verhaftet und ein Strafverfahren wegen »versuchten Landesverrats« gegen sie eingeleitet. Johann Heinrich Wilhelm Dietz, der sich trotz der inzwischen zutage getretenen politischen Differenzen verantwortlich für sie fühlte, hinterlegte 10 000 Mark Kaution für sie, und zwar in Kriegsanleihen, was darauf hindeutet, dass der Verleger Humor hatte. Am 9. Oktober 1915 wurde Zetkin aus der Haft entlassen, offiziell wegen Haftunfähigkeit. In Wahrheit fürchteten die Behörden ein zu großes öffentliches Interesse an ihrer Verfassung, denn es war kein Geheimnis, dass sie gesundheitliche Probleme hatte.[1726]

Am 15. April 1915 schrieb Jogiches an Mathilde Jacob: »Die Herausgabe der Zeitschrift zog sich in die Länge, es waren noch viele Schwierigkeiten zu überwinden, und an Ärger und Verdruss fehlte es keinesfalls. Nun hat endlich das Schmerzenskind das Tageslicht erblickt.«[1727] Das Schmerzenskind war das erste Heft der Zeitschrift *Die Internationale. Eine Monatsschrift für Praxis und Theorie des Marxismus*; für die nächsten vier Jahre sollte es auch das einzige bleiben. Die Geburt des Schmerzenskindes war schwierig gewesen, aber der Erfolg beachtlich: »Die ›Int[ernationale]‹ hat sich über alles Erwarten gut verbreitet. In Berlin wurden auf den ersten Anhieb 4000 abgesetzt, 3000 nachbestellt. In keinem Ort haben die bezogenen Exemplare ausgereicht. Überall Nachbestellungen. Der P[artei-]V[orstand] schäumt vor Wut.«[1728] Als Clara Zetkin dies dem Schweizer Sozialdemokraten Robert Grimm berichtete, war die Zeitschrift bereits verboten. *Die Internationale* war im Verlag von Peter Berten in Düsseldorf erschienen und wurde am 20. April beschlagnahmt, eine Maßnahme, die angesichts der raschen Verbreitung der ersten Nummer weitgehend ins Leere ging. Unmittelbar darauf wurde für künftige Hefte von den Militärbehörden Vorzensur angeordnet: »Die Maßregel ist durch den Inhalt des ersten erschienenen Heftes geboten. Durch diesen wird der Burgfrieden gröblich verletzt.«[1729] Da die erste Auflage des ersten Heftes sofort vergriffen war und an einen Nachdruck in Deutschland nicht zu denken war, wurden die Matrizen zu Robert Grimm gesandt, der nicht nur Redakteur der *Berner Tagwacht*, sondern auch gelernter Drucker war und sich um einen Nachdruck in der Berner Unionsdruckerei kümmerte.[1730] Die Politische Polizei fahndete unterdessen nach Exemplaren der gefährlichen Zeitschrift, zumeist ohne Erfolg.[1731]

Die Internationale enthielt namentlich gezeichnete Beiträge von Rosa Luxemburg, Johannes Kämpfer, Paul Lange, Käte Duncker, Clara Zetkin, Heinrich Strobel, August Thalheimer und Franz Mehring. In einer redaktionellen Notiz wurde mitgeteilt, dass auch Karl Liebknecht als Beiträger vorgesehen war, aber wegen seiner Einberufung zum Militärdienst nicht wie geplant etwas liefern konnte.[1732] Als Herausgeber firmierten Rosa Luxemburg und Franz Mehring, gegen die das Landgericht Düsseldorf am 4. Juni 1915 eine Voruntersuchung wegen Hoch- und Landesverrats eröffnete. Beschuldigte waren weiterhin Clara Zetkin, der Geschäftsführer der Druckerei Heinrich Pfeiffer und der Verleger Peter Berten.[1733] Clara

Zetkin, die den Beitrag »Für den Frieden« verfasst hatte, wurde am 16. Juli vom Königlichen Amtsgericht Stuttgart-Stadt vorgeladen. In ihrer Stellungnahme verwies sie darauf, dass sie nicht Herausgeberin, sondern lediglich Beiträgerin war, versuchte aber gleichwohl, die Funktion der neuen Zeitschrift zu erläutern. Der *Internationale* gehe es darum, den innerparteilichen Meinungsbildungsprozess zu fördern: »Da das offizielle wissenschaftliche Organ der Sozialdemokratie ›Die Neue Zeit‹ den Anforderungen eines großen Kreises innerhalb der Sozialdemokratie nicht entsprach, erfolgte die Gründung der Zeitschrift.«[1734] Den Vorwurf des Hoch- und Landesverrats wies sie zurück: »Dass ich in diesem Artikel zum Ungehorsam gegen Gesetze und zu tätlicher Widersetzlichkeit aufgefordert habe, bestreite ich entschieden. Mein ganzer Artikel ist in der Hauptsache nichts anderes als eine Polemik gegen die Leitung der deutschen Sozialdemokratie, die nicht energisch genug für den Frieden eintritt.«[1735] Der Graben, der sich innerhalb der SPD aufgetan hatte, wurde hier sehr offen und deutlich benannt. Aber in anderen Fragen, die die Behörden vermutlich noch mehr interessierten, hielt sich Zetkin sehr bedeckt. Die Geldgeber der Zeitschrift seien ihr unbekannt, ebenso die Adressen der weiteren Mitarbeiter, die sie im Übrigen, auch wenn sie sie wüsste, nicht angeben würde. Auch könne sie nicht sagen, wer sie zur Mitarbeit aufgefordert habe. Das sei keine einzelne Person gewesen, sondern eine größere Zahl von Freunden und Bekannten. Hier sprach jemand, der wusste, wie man mit staatlichen Behörden umgehen muss, wenn man seine Mitstreiter schützen will.

Auch die Herausgeberin Rosa Luxemburg wurde befragt, vorgeladen vom Königlichen Amtsgericht Berlin-Mitte. Beim ersten Termin bekannte sie sich zu ihrer Verantwortung für den Inhalt der Zeitschrift, bat aber darum, ihr ein Heft zur Verfügung zu stellen, da sie außer ihrem eigenen Beitrag die Texte noch gar nicht kenne. *Die Internationale* war ja erst zwei Monate nach ihrer Verhaftung erschienen.[1736] Man beschaffte ihr die Zeitschrift und gab ihr fast vier Wochen Zeit für die Lektüre. Die Erklärung, die sie dann vor dem Amtsgericht abgab, ähnelte stark derjenigen von Clara Zetkin. In ihrem Text könne sie so wenig etwas Strafbares entdecken wie in den übrigen Artikeln. Die Geldgeber seien ihr nicht bekannt. Und auch, wenn sie sie kennen würde, gäbe sie sie nicht an. Die Adressen der übrigen Mitarbeiter zu nennen lehne sie ab.[1737] Auch diese Vernehmung erwies sich als sehr unergiebig für die Behörden. Die Staatsanwaltschaft Düsseldorf war aber hartnäckig und versuchte noch im Oktober 1916 einen Hauptverhandlungstermin anzusetzen, was sich aber als nicht praktikabel erwies, weil sich die Beklagte in Schutzhaft befand und eine adäquate Vorbereitung auf eine Verhandlung nicht möglich war.[1738] Offiziell eingestellt wurde das Verfahren allerdings erst am 31. Dezember 1917, als die Staatsanwaltschaft Düsseldorf dem preußischen Justizminister mitteilte, dass eine weitere Unterbrechung der Verjährung sinnlos sei, weil eine mögliche Verurteilung nicht absehbar sei.[1739] Auch die Vernehmung von Franz Mehring zu seiner Mitarbeit bei der »Internationale« führte zu keinem greifbaren Ergebnis für die Strafverfolgungsbehörden.[1740]

Luxemburgs Beitrag in dem beschlagnahmten Heft trug den Titel »Der Wiederaufbau der Internationale« und begann mit der Feststellung: »Am 4. August 1914 hat die deutsche Sozialdemokratie politisch abgedankt und gleichzeitig ist die Sozialistische Internationale zusammengebrochen.«[1741] Nach ihrer Überzeugung würden künftige Historiker »als die frappanteste weltgeschichtliche Tatsache dieses Krieges zweifellos das völlige Versagen des Proletariats als Klasse, der Sozialdemokratie als seiner Führerin verzeichnen müssen«.[1742] Ganz so bewahrheitete sich diese Prognose natürlich nicht. Wie hätte ein Nicht-Versagen des Proletariats aussehen können? Wann ist jemals der Ausbruch eines Krieges am Widerstand der Bevölkerung gescheitert? Der Text ist vor allem deshalb ein bedeutendes Dokument, weil Luxemburg ihren Gefühlen freien Lauf lässt. Die ganze Empörung und Enttäuschung, die sich über die Jahre angestaut hatte, kommt hier zum Ausdruck. 1905, im Jahr der ersten Russischen Revolution, hatte der Prozess der schleichenden Entfremdung von der Partei begonnen. Am 4. August 1914 hatte er seinen dramatischen Höhepunkt gefunden. Dieser Text war mehr als alles andere eine Abrechnung. Eine Abrechnung mit ihrem ehemaligen politischen Zwilling »Kautsky, der als Vertreter des sogenannten ›marxistischen Zentrums‹ [...] schon seit

Jahren die Theorie zur willfährigen Magd der offiziellen Praxis der ›Parteiinstanzen‹ degradiert und dadurch zu dem heutigen Zusammenbruch der Partei redlich beigetragen hat«,[1743] aber auch mit der Sozialdemokratie insgesamt, die durch ihre Zustimmung zu den Kriegskrediten zum »Schildknappen des Imperialismus im gegenwärtigen Kriege«[1744] geworden sei. Allen hielt sie ihr Sündenregister vor, den Gewerkschaften, den sozialdemokratischen Frauen, der Parteipresse, den Parlamentariern und Parteiführern, um die lange Reihe der Klagen mit einem weiteren Fortissimo abzuschließen: »Noch nie hat ein Krieg solche Pindare, nie eine Militärdiktatur solche Mamelucken gefunden, nie eine politische Partei alles, was sie war und besaß, so inbrünstig auf dem Altar einer Sache hingegeben, gegen die bis zum letzten Blutstropfen zu kämpfen sie sich und der Welt tausendmal schwor.«[1745]

Dieser Klagegesang unterscheidet sich nur noch graduell von den wütenden Invektiven, die Luxemburg der SPD in ihren letzten Lebenswochen in der *Roten Fahne* entgegenschleuderte, aber nicht mehr in der Substanz. Sie fühlte sich verraten und auch verloren. Die Partei wiederum war von den Angriffen alles andere als begeistert. Der Vorstand schickte ein Rundschreiben an die Vorstände aller Bezirks- und Landesorganisationen: »Mancherlei Vorkommnisse der letzten Zeit lassen immer klarer die Tatsache erkennen, dass eine kleine Gruppe daran arbeitet, die Einigkeit der deutschen Arbeiterbewegung zu zerstören.« Diese kleine Gruppe sei keineswegs identisch mit der SAG, sie sei vielmehr »innerhalb der Minderheit selbst wieder nur eine kleine Minorität«.[1746] Das Rundschreiben wandte sich namentlich gegen Borchardts *Lichtstrahlen*, aber auch gegen die neue, soeben erschienene Zeitschrift: »Diese ›Internationale‹ arbeitet ganz offenbar auf die Zerstörung der Parteieinheit hin. […] Gegen ein solches Treiben Front zu machen, ist die Pflicht jedes Parteigenossen […]«. Namentlich in Schutz genommen wurde in dem Rundschreiben Karl Kautsky, in der gesamten Internationale geachtet und geehrt, aber »von Rosa Luxemburg und Franz Mehring in der schlimmsten Weise beschimpft« werde.[1747]

Tatsächlich war Luxemburgs Enttäuschung über Karl Kautsky, den hauptberuflichen Marx-Exegeten, besonders groß. Lange hatte sie geglaubt, eines Sinnes mit ihm zu sein, weil sie beide aus denselben theoretischen Quellen schöpften. Nun wurde ihr klar, dass der von ihm propagierte revolutionäre Attentismus und ihre Revolutionstheorie sich vertrugen wie Feuer und Wasser. Kautskys Theorem, die SPD sei eine revolutionäre, aber keine Revolutionen machende, Partei, hatte zur Entzweiung der siamesischen Zwillinge im Lauf der Massenstreikdebatte geführt. Nun musste Luxemburg erleben, dass Kautsky erklärte, die Sozialistische Internationale sei eine gute Sache in Friedenszeiten, aber kein taugliches Instrument, solange Krieg herrschte. Für die Internationalistin galt der Lehrsatz des historischen Materialismus, dass die ganze bisherige Geschichte eine Geschichte von Klassenkämpfen war. Nach Kautskys »revidiertem Materialismus« galt das immer noch, aber nicht in Kriegszeiten: »Der welthistorische Appell des Kommunistischen Manifests erfährt eine wesentliche Ergänzung und lautet nun nach Kautskys Korrektur: Proletarier aller Länder, vereinigt euch im Frieden, und schneidet euch die Gurgeln ab im Kriege!«[1748] So, wie die SPD keine Revolutionen machende Partei war, fehlte ihr auch »der tatkräftige Wille, um die Geschichte nicht bloß zu verstehen, sondern sie auch zu machen«.[1749] Einen schwereren Vorwurf konnte man einer nach ihrem offiziellen Selbstverständnis revolutionären Partei, die die Interessen der Entrechteten vertreten wollte, kaum machen. »Der Wiederaufbau der Internationale«, so war der Text überschrieben, wurde nur ex negativo thematisiert, indem Luxemburg all das kritisierte, was man dabei hinter sich lassen musste, und am Ende feststellte: »Die Internationale wie ein Friede, der dem Interesse der proletarischen Sache entspricht, können nur aus der Selbstkritik des Proletariats geboren werden, aus der Besinnung auf die eigene Macht des Proletariats, [...] Der Weg zu dieser Macht – nicht papierne Resolutionen – ist zugleich der Weg zum Frieden und zum Wiederaufbau der Internationale.«[1750]

In diesem Eröffnungsaufsatz im ersten Heft der neuen Zeitschrift artikulierte sich das geistige Oberhaupt der Gruppe Internationale. Die Gruppe war klein, der Widerstand gegen die Burgfriedenspolitik der Partei aber war deutlich breiter. Das hatte sich schon im März gezeigt, als mehr als 30 Reichstagsabgeordnete den Kurs der Partei, die Kriegskredite zu bewilligen, nicht länger mitzutragen bereit waren. Kurz darauf begann Rudolf Breitscheid die Pressekorrespondenz *Sozialistische Außenpolitik* herauszubringen, die einen gewissen Ausgleich für die abgebrochenen Beziehungen zu den sozialistischen Bruderparteien im Ausland schaffen sollte.[1751] Am 9. Juni ging eine Eingabe an die Vorstände von Partei und Fraktion, die Liebknecht gemeinsam mit Ernst Meyer, Heinrich Strobel, Julian Marchlewski und Hermann Duncker ausgearbeitet hatte.[1752] Diese Eingabe war immerhin von etwa 1000 Funktionären aus Partei und Gewerkschaften unterzeichnet und wurde in 100000 Exemplaren im Land verbreitet. Die Burgfriedenspolitik war nach Überzeugung der Unterzeichner das »Kreuz auf dem Grab des Klassenkampfes«.[1753] Nachdem Friedrich Ebert im Deutschen Reichstag am 29. Mai 1915 in seiner Antwort auf Reichskanzler Bethmann Hollweg Kritik am Annexionsprogramm des Reichskanzlers ängstlich vermieden hatte, kritisierte die Eingabe entschieden, dass die Parteileitung »im Kielwasser der Eroberungspolitik« treibe. Die Unterzeichner forderten eine Abkehr von der bisherigen Politik: »Die Alternative lautet schlechthin: Parteirettung oder Parteizerstörung.«[1754]

Zimmerwalder Konferenz, Erste Reichskonferenz der Gruppe Internationale, Kientaler Konferenz, Bildung der Sozialdemokratischen Arbeitsgemeinschaft

Die Initiatoren der Erklärung waren auch in Kontakt mit Bernstein und Haase gewesen, die sich aber entschlossen, einen eigenen Weg zu gehen. Gemeinsam mit Kautsky veröffentlichten sie am 19. Juni in der *Leipziger Volkszeitung* den Aufruf »Das Gebot der Stunde«.[1755] Die Zeitung wurde daraufhin vom 23. Juni bis zum 1. Juli von der Militärzensur verboten. Nicht besser erging es den Blättern, die es gewagt hatten, den Text nachzudrucken.[1756] Dieser Aufruf ist ein Schlüsseldokument für die Geschichte der SPD. Die Verfasser waren alle drei sehr prominente Sozialdemokraten, der Vorsitzende von Partei und Reichstagsfraktion allemal, aber auch der Cheftheoretiker der Partei und der Vordenker des Revisionismus. Sie argumentierten nicht radikal ideologisch, sondern pragmatisch politisch: »Was verschiedene unter uns befürchtet haben, zeichnet sich immer bemerkenswerter ab: Man erlaubt der deutschen Sozialdemokratie, die Kriegsmittel zu bewilligen, man geht aber kühl über sie hinweg bei den für die Zukunft unseres Volkes folgenschwersten Beschlüssen.«[1757] Die Autoren dieses Aufrufs wollten nicht das System stürzen, verdammten auch nicht die Politik der Partei in Bausch und Bogen, sondern plädierten für eine Kurskorrektur und schlossen mit den Worten: »Hat unsere Partei nicht die Macht, die Entscheidungen zu treffen, so fällt doch uns die Aufgabe zu, als treibende Kraft die Politik in der Richtung vorwärts zu drängen, die wir als die richtige erkannt haben.«[1758] Dies war die Stimme der gemäßigten Opposition gegen die Burgfriedenspolitik. Wirklich ernst genommen wurde sie nicht, aber der Vorstand sah doch die Notwendigkeit zu reagieren. Seine Entgegnung erschien eine Woche später und nahm eine ganze Zeitungsseite ein.[1759] Die Antwort war zwar ausführlich, wiederholte aber im Wesentlichen nur Bekanntes, indem sie beschrieb, was seit dem 4. August 1914 geschehen war. Der Vorstand betonte die Friedenssehnsucht der Partei und nannte Eckpunkte für einen möglichen Friedensvertrag. Am Ende wurde die Regierung aufgefordert, ihre Bereitschaft zu Friedensverhandlungen zu erklären. Gleichzeitig appellierte der Vorstand an die Genossen in den anderen kriegführenden Staaten, dass sie in gleichem Sinne auf ihre Regierungen einwirkten. Angesichts der Prominenz der Unterzeichner hatte man sich veranlasst gesehen, auf den Aufruf zu reagieren, aber zu sagen hatte der Vorstand im Grunde genommen nicht gerade viel. In Erinnerung blieb vor allem »Das Gebot der Stunde«. Von diesem Dokument führte ein direkter Weg zu der zwei Jahre später gegründeten USPD, der die drei Autoren auch von Anfang an angehörten.

Vom 5. bis 8. September 1915 fand eine geheime internationale Konferenz in der kleinen Gemeinde Zimmerwald im Kanton Bern statt.[1760] Der Initiator war Robert Grimm, der die Sozialdemokratische Partei der Schweiz (SPS) im Nationalrat vertrat und auf den Kongressen der Sozialistischen Internationale wiederholt der Schweizer Delegation angehört hatte. Er bemühte sich, daran anzuknüpfen und die Kräfte der Internationale wieder zu sammeln. Die Zimmerwalder Bewegung stützte sich dabei auf oppositionelle Kräfte wie z. B. die Gruppe Internationale und Exilparteien; anders gesagt: eingeladen waren nur Gegner der Burgfriedenspolitik. Zugute kam Grimm dabei, dass er die Seiten der *Berner Tagwacht* frühzeitig für Oppositionelle aller sozialistischen Parteien geöffnet hatte und dass er sich als Bürger eines neutralen Landes frei in den verschiedenen kriegführenden Staaten bewegen konnte. Das waren ideale Voraussetzungen für die Schaffung von Verbindungen. Zu der Konferenz kamen 38 Delegierte aus zehn verschiedenen Ländern, die sich zunächst vor dem Volkshaus in Bern versammelten und dann mit Kutschen nach Zimmerwald gefahren wurden.[1761] Aus Deutschland reisten insgesamt zehn Delegierte an, darunter Adolph Hoffmann, Georg Ledebour, Berta Thalheimer und Ernst Meyer sowie Julian Borchardt, der gleich nach Kriegsausbruch aus der SPD ausgetreten war und die kleine Gruppe um die *Lichtstrahlen. Zeitschrift für Internationalen Kommunismus* vertrat. Russland war wie immer durch eine ganze Reihe von Fraktionen präsent, Lenin und Sinowjew für das ZK der SDAPR, Axelrod und Martow für das Organisationskomitee, zwei Vertreter der Sozialrevolutionäre, drei Repräsentanten der SDKPiL, darunter Adolf Warski, je einer der lettischen Partei und des Bundes sowie Trotzki für die Redaktion des *Nasche Slowo (Unser Wort)* in Paris. Aus den Niederlanden war Luxemburgs Freundin Henriette Roland-Holst gekommen, aus Italien Angelica Balabanoff. Außerdem erschienen Delegierte aus Bulgarien, Rumänien, Norwegen, Schweden, Frankreich und natürlich der Schweiz. Die SPS billigte anschließend auf ihrem Parteitag in Aarau die Ergebnisse der Konferenz und war deshalb auf der Folgeveranstaltung in Kiental sogar offiziell als Partei vertreten.

Mit Lenin gab es die üblichen Probleme. Er begrüßte Grimm mit den Worten: »Wie ist Ihre Haltung zum Weltkrieg? Sie fassen ihn als Konsequenz des Imperialismus auf, Sie lehnen ihn ab? Gut, dann gibt es nur eine Losung, die Sie sofort ausgeben müssen, für die Schweiz wie für andere Länder: Bewaffneter Aufstand!«[1762] Er propagierte wie immer die Umwandlung des imperialistischen Krieges in einen Bürgerkrieg. Schon im November 1914 hatte er geschrieben: »Der Dritten Internationale steht die Aufgabe bevor, die Kräfte des Proletariats zum revolutionären Ansturm gegen die kapitalistischen Regierungen zu organisieren, zum Bürgerkrieg gegen die Bourgeoisie aller Länder um die politische Macht, um den Sieg des Sozialismus.«[1763] Wenn Delegierte darauf verwiesen, ihnen drohe die Todesstrafe, wenn sie für seine Resolution stimmten und dann nach Hause zurückkehrten, so beeindruckte ihn das nur wenig. Aber Lenin konnte sich mit seinem Radikalismus nicht durchsetzen. Nur sieben Delegierte unterstützten seinen Resolutionsentwurf, von den zehn Deutschen lediglich Borchardt.[1764] Verabschiedet wurde ein von Trotzki entworfenes »Zimmerwalder Manifest«,[1765] das den gegenwärtigen imperialistischen Krieg und die herrschenden Gewalten der kapitalistischen Gesellschaft verurteilte und auch das Versagen der Parteien der Sozialistischen Internationale angesichts des Kriegsausbruchs kritisierte, das alles aber doch in einem eher gemäßigten Tonfall, der nicht alle Brücken zu den Parteien der SI verbrannte, während Lenin schon damals davon überzeugt war, dass an einer Spaltung der Parteien kein Weg vorbeiführe. Am Ende stand der Aufruf, »für die heiligen Ziele des Sozialismus, für die Erlösung der unterdrückten Völker wie der geknechteten Klassen einzutreten durch den unversöhnlichen proletarischen Klassenkampf«.[1766] Unterzeichnet war das Manifest von Vertretern aller Delegationen, für die Deutschen unterschrieben Ledebour und Hoffmann. Für Lenin, der schon gegen die Zulassung Trotzkis als Delegierter gestimmt hatte, war das eine Niederlage, aber am Ende stand auch sein Name unter dem Manifest. Bevor die Teilnehmer der Konferenz auseinandergingen, wählten sie eine – bescheiden dimensionierte – Internationale Sozialistische Kommission (ISK), der Robert Grimm, Angelica Balabanoff, Charles Naine und Oddino Morgari angehörten. Die beiden Erstgenannten bildeten auch das ständige Sekretariat der ISK in Bern. Es sollte vorübergehend an die Stelle des nicht funktionierenden ISB treten. Ihm zur Seite sollte eine Erweiterte Kommission mit Vertretern aller beteiligten Länder treten, ähnlich wie zuvor das Exekutivkomitee der SI.[1767] Die Erweiterte Kommission tagte erstmals vom 5. bis zum 8. Februar 1916 in Bern.[1768]

Das Zimmerwalder Manifest wurde in Italien, England und neutralen Ländern in sozialistischen Zeitungen publiziert. In Deutschland, Frankreich und Russland war dagegen nur die Verbreitung als illegales Flugblatt möglich. Die Resonanz war zunächst gering, weil sich die Führungen der Parteien der Sozialistischen Internationale ablehnend verhielten.[1769] Anders verhielt es sich mit der Parteibasis, der Arbeiterschaft. In Deutschland gab es erstmals seit Kriegsbeginn wieder Demonstrationen. So demonstrierten am 20. November 1915 10 000 Menschen in Berlin Unter den Linden für einen sofortigen Verständigungsfrieden.[1770] Und auch im parlamentarischen Raum entfaltete das Manifest seine Wirkung. Zehn Tage später stellte Georg Ledebour, der in Zimmerwald dabei gewesen war, in der Reichstagsfraktion den Antrag, in der nächsten Reichstagssitzung am 9. Dezember eine Interpellation einzubringen, der Reichskanzler möge sich erklären, ob er zu sofortigen Friedensverhandlungen ohne Annexionsforderungen bereit sei. Dieser Antrag wurde mit 58 gegen 43 Stimmen, also doch gegen eine beachtliche Minderheit, abgelehnt. Angenommen wurde ein unverbindlicher Antrag, in dem der Reichskanzler lediglich aufgefordert wurde, mitzuteilen, unter welchen Bedingungen er bereit sei, über einen Friedensvertrag zu verhandeln.

Auf der Reichstagssitzung am 9. Dezember kam es dann zu einem heftigen Zusammenstoß. Der Zentrums-Abgeordnete Peter Spahn[1771] forderte als Sprecher der bürgerlichen Fraktionen »Gebietserwerbungen« im Falle eines Friedensschlusses. Um eine Diskussion darüber zu verhindern, forderten die bürgerlichen Parteien direkt anschließend den Schluss der Debatte, was zu einer leidenschaftlich geführten Geschäftsordnungsdebatte führte. Der Fraktionsvorsitzende Hugo Haase sprach mit großer Erregung:

> Ich erkläre für meine Person, dass ich die Gemeinschaft mit den Anschauungen, die hier zum Ausdruck gekommen sind, mit aller Entschiedenheit ablehne, (stürmischer Beifall und Händeklatschen bei

den Sozialdemokraten) und ich weiß mich eins darin mit der überwältigenden Mehrheit unseres Volkes. (Sehr richtig bei den Sozialdemokraten – Lebhafter Widerspruch.) Meine Herren, wollen Sie denn wirklich, dass aus diesem Gemetzel, das ja alle bedauert haben, (wiederholte Rufe: zur Geschäftsordnung!) schließlich als Ergebnis herauskommt ein Europa, das einen Trümmerhaufen bildet, (sehr richtig! bei den Sozialdemokraten. – Erneute Rufe: Zur Geschäftsordnung!) durchtränkt von Tränen und Blut?! Wir verlangen eine Absage an alle Eroberungspläne, (Zustimmung und Beifall bei den Sozialdemokraten) von welcher Seite sie auch kommen und in welcher Form sie sich auch äußern. Wir wollen den Frieden! (Stürmischer Beifall und Händeklatschen bei den Sozialdemokraten. Große Unruhe im übrigen Teile des Hauses.)[1772]

Ledebour und Liebknecht unterstützten Haase mit großem Nachdruck, und der Antrag auf Schluss der Debatte wurde tatsächlich abgelehnt. Anschließend sprach, was man als bittere Ironie empfinden konnte, der Sozialdemokrat Otto Landsberg, der im Namen der schwindenden Mehrheit seiner Fraktion den Annexionsforderungen nicht nur nicht entgegentrat, sondern sie verklausuliert sogar guthieß.

Das brachte das Fass zum Überlaufen. Am 20. Dezember legte Hugo Haase sein Amt als Fraktionsvorsitzender nieder, erklärte aber gleichzeitig, als Parteivorsitzender im Amt bleiben zu wollen. Am Tag darauf trat der Reichstag zusammen, um über eine weitere Kriegskreditvorlage abzustimmen. Dabei wurde deutlich, welch tiefer Riss inzwischen mitten durch die Partei ging. 22 Abgeordnete entfernten sich vor der Abstimmung aus dem Saal, wie es das Reglement der Fraktion für Dissidenten vorsah. Aber 20 weitere blieben sitzen und stimmten mit Nein. Die Zahl der Gegner der Burgfriedenspolitik hatte sich innerhalb relativ kurzer Zeit verdreifacht, und Haase glaubte daran, dass er und seine Mitstreiter die Mehrheit in der Fraktion auf ihre Seite ziehen könnten, »zumal das Kriegsende nicht abzusehen ist«.[1773] Eine Spaltung der Partei wollte er unbedingt verhindern. Dass es anders kam, war nicht seine Schuld.

Rosa Luxemburg konnte das Geschehen in all diesen Monaten nur aus der Distanz verfolgen: »Leider weiß ich von der Welt jetzt nur so viel, wie sich im ›Berliner Tageblatt‹ spiegelt.«[1774] Sie war über aktuelle Vorgänge nicht immer so gut informiert, wie sie es gerne gehabt hätte, und vor allem konnte sie nicht eingreifen, wenn die anderen nicht wie gewünscht agierten, was sie mächtig ärgerte: »Dass Gross [Jogiches] seine Arbeit vernachlässigt, ist sträflich, aber ich kann ihm ja nicht mal direkt die Leviten lesen, Sie müssen es schon tun, auch ließ ich darum den Alten [Mehring] bitten. Die kostbare Zeit vergeht, und der Mensch bummelt! Ich finde es haarsträubend.«[1775] Sie konnte Mathilde Jacob Weisungen erteilen, was sie oft und gerne tat, aber selbst konnte sie nicht aktiv werden. Nicht nur der Frauenkonferenz in Bern war sie gezwungenermaßen ferngeblieben, auch in das idyllische Dörfchen Zimmerwald hatte sie nicht fahren können. Was dort beschlossen worden war, fand nicht ihren Beifall: »Auch die überschwänglich lobpreisende Beleuchtung des Zimmerwalder Rummels z. B. hat mich etwas melancholisch berührt. Diese zerquetschte Schwergeburt, die, wie die Franzosen sagen, n'a ni tête ni queue [weder Kopf noch Schwanz] hat (namentlich keinen Kopf!) und die unter der Ägide des großen Ledebour in die Welt tritt, mit der Versicherung, niemandem wehtun zu wollen – sie konnte uns wirklich gestohlen bleiben.«[1776] Luxemburg sah die Gefahr einer Verbrüderung unterschiedlicher oppositioneller Strömungen ohne ausreichende Klärung der ideologischen Grundlagen und Zielsetzung. Insbesondere die prominente Mitwirkung von Georg Ledebour, mit dem sie in der Vergangenheit mehr als einmal die Klingen gekreuzt hatte, war ihr ein Dorn im Auge: »Die Rosa soll in ihrer Zelle wie ein Löwe toben, dass sie den Led[ebour], Haase und Konsorten nicht den Kopf waschen kann. Sie ist der Ansicht, dass es auf der Z[immerwalder]-K[onferenz] nicht genug geschah.«[1777]

Auch bei Jogiches beschwerte sie sich: »Ich bedaure z. B. sehr, dass man mich seinerzeit nicht über den Plan von Zimmerwald rechtzeitig informiert hat. Ich halte die Sache nicht bloß für verfehlt, sondern geradezu für einen katastrophalen Fehler, der die weitere Entwicklung der Opposition und der Internationale von vornherein auf ein falsches Geleise geschoben hat.«[1778] In Sorge war sie nicht zuletzt, weil schon in naher Zukunft eine Konferenz der Gruppe Internationale geplant war, an der sie wiederum nicht würde teilnehmen können: »Unsere Taktik auf dieser Konferenz müsste dahin gehen, nicht etwa die ganze Opposition unter einen Hut zu bringen, sondern umgekehrt aus diesem Brei den kleinen, festen und aktionsfähigen Kern herauszuschälen, den wir um unsere Plattform gruppieren können.«[1779] In der Einsamkeit des Gefängnisses entwickelte sie eine geradezu leninistische Attitüde: »Notabene, unsere Plattform, denke ich, ist nicht etwa so vorzulegen, dass sie nach dem Muster ›radikaler Resolutionen‹ auf den Parteitagen durch eine widerliche Manscherei und allerlei ›Verbesserungen‹ zu einem Brei nach jedermanns Munde gemacht wird, sondern ohne Änderungen.« Selbst wenn ihr Text einstimmig verworfen werden sollte, würde sie nichts daran ändern wollen. Sie vertraute auf die Wirkung ihrer Thesen bei denjenigen, die es eigentlich betraf: »Die Arbeiter werden sicher der radikalsten Stellungnahme folgen […] und überhaupt folgen die Unentschiedenen immer den Entschiedenen. Also Rücksichten auf die Massen sprechen gerade für Rücksichtslosigkeit gegenüber den Helden der Opposition.«[1780] Tatsächlich gab es dann aber doch einige Veränderungen. Schon im Vorfeld der Konferenz korrespondierte Luxemburg darüber mit Liebknecht, der zu fast allen Punkten Anmerkungen gemacht hatte.[1781] Und nach der Konferenz redigierten Käte Duncker, Liebknecht, Marchlewski, Mehring und Ernst Meyer gemeinsam die Endfassung, die dann publiziert wurde.[1782]

Die erste Reichskonferenz der Gruppe Internationale fand am 2. Januar 1916 in der Anwaltskanzlei der Brüder Karl und Theodor Liebknecht in der Chausseestraße 121 in Berlin-Mitte statt.[1783] Um die stets wachsame Politische Polizei nicht unnötig zu alarmieren, wurden die Teilnehmer in kleinen Gruppen auf Umwegen zum Tagungsort geführt. Es waren zwischen 15 und 20 Personen gekommen, neben Liebknecht selbst Franz Mehring, Ernst Meyer, Otto Rühle, Wilhelm Pieck, die Geschwister August und Berta Thalheimer, Johann Knief, Georg Schumann, Carl Minster, Fritz Globig, Fritz Rück, Heinrich Brandler und Rudolf Lindau.[1784] Käte Duncker, die auch zu den Teilnehmern gehörte, schickte ihrem Mann, der an der Ostfront stand, einen verschlüsselten Bericht über die »Familienbesprechung«, bei der es »um die Ordnung des Nachlasses von Tante Rosa« gegangen sei.[1785] Damit waren Luxemburgs »Leitsätze über die Aufgaben der internationalen Sozialdemokratie«[1786] gemeint: »Wir einigten uns auf Tante Rosas Testament und machten dadurch einen Trennungsstrich zwischen uns und der Familie von Onkel Georg, der dieses Testament natürlich anfechten wird. Eine Abschrift des Testaments schicke ich Dir, sobald ich es habe. Die Besprechung dauerte von 10 Uhr vormittags bis 9 Uhr abends, sodass ich halb tot nach Hause kam.«[1787] Mit Onkel Georg war Ledebour gemeint. Schon bald trennten sich die Wege der verschiedenen oppositionellen Gruppen in der SPD.

Die Leitsätze bestanden aus zwölf Thesen und sechs Schlussfolgerungen. Die erste These war eine radikale Abrechnung mit der Burgfriedenspolitik:

> Der Weltkrieg hat die Resultate der 40jährigen Arbeit des europäischen Sozialismus zunichte gemacht, indem er die Bedeutung der revolutionären Arbeiterklasse als eines politischen Machtfaktors und das moralische Prestige des Sozialismus vernichtete, die proletarische Internationale gesprengt, ihre Sektionen zum Brudermord gegeneinander geführt und die Wünsche und Hoffnungen der Volksmassen in den wichtigsten Ländern der kapitalistischen Entwicklung an das Schiff des Imperialismus gekettet hat.[1788]

Luxemburg geißelte die »Taktik der offiziellen Parteiinstanzen der kriegführenden Länder, in allerersten Linie in Deutschland, dem bisherigen führenden Lande der Internationale«. Der Weltkrieg diene weder der nationalen Verteidigung noch den Interessen irgendwelcher Volksmassen, er sei vielmehr eine Ausgeburt imperialistischer Rivalitäten. Die sogenannten nationalen Interessen seien lediglich ein Täuschungsmittel, »um die arbeitenden Volksmassen ihrem Todfeind, dem Imperialismus, dienstbar zu machen«.[1789] In ihrer letzten These richtete sie den Blick nach vorn:

> Angesichts des Verrats der offiziellen Vertretungen der sozialistischen Parteien der führenden Länder an den Zielen und Interessen der Arbeiterklasse, angesichts ihrer Abschwenkung vom Boden der proletarischen Internationale auf den Boden der bürgerlich-imperialistischen Politik, ist es eine Lebensnotwendigkeit für den Sozialismus, eine neue Arbeiterinternationale zu schaffen, welche die Leitung und Zusammenfassung des revolutionären Klassenkampfes gegen den Imperialismus in allen Ländern übernehmen muss.[1790]

Hier werden die sozialistischen Parteiführungen aller kriegführenden Länder kritisiert. Deshalb sei es notwendig, eine neue internationale Organisation zu schaffen. Der Kampf für diese Erneuerung auf internationaler Ebene sollte aber im Rahmen der vorhandenen nationalen Organisation erfolgen. Die wenigsten dachten daran, die SPD zu verlassen. Julian Borchardt war in dieser Hinsicht eine Ausnahme. Auf der Reichskonferenz am 2. Januar plädierten Johann Knief und Rudolf Lindau, die die Linksradikalen in Bremen bzw. Hamburg vertraten, für die sofortige Gründung einer neuen radikal linken Partei, stießen damit aber nicht auf Zustimmung.[1791] Auch Rosa Luxemburg, wäre sie dabei gewesen, hätte diese leninistische Idee abgelehnt. Die wachsende Entfremdung führte 1917 schließlich zur Parteispaltung, aber die Initiative zur formalen Separation ging nicht von der Minderheit aus, sondern von der Mehrheit. Ein erster Schritt in dieser Richtung erfolgte schon wenige Tage nach der Konferenz. Am 12. Januar schloss die Reichstagsfraktion der SPD Karl Liebknecht mit 60 gegen 25 Stimmen bei einer Enthaltung aus. Der äußere Anlass dafür war sein Verhalten am 21. Dezember. Er hatte sich trotz entsprechender Bitten der Fraktion geweigert, darauf zu verzichten, Kleine Anfragen zu stellen, die ihm zusätzliche Redemöglichkeiten im Reichstag einbrachten.[1792] Der nächste Schritt folgte am 15. Februar. Luise Zietz, die von Clara Zetkin über die geplante Internationale Sozialistische Frauenkonferenz in Bern mündlich informiert worden war und keine Einwände erhoben hatte, wurde kaltgestellt und aus dem Parteivorstand faktisch ausgeschlossen.[1793]

Am 18. Februar 1916 war das quälend lange Jahr Gefängnis vorbei, zu dem das Landgericht Frankfurt sie verurteilt hatte, und Luxemburg durfte das Königlich-Preußische Weibergefängnis wieder verlassen. Sie wurde von vielen Anhängern erwartet: »Schon um drei Uhr füllte sich die Barnimstraße mit Menschen, großenteils Frauen.«[1794] Die Gefängnisleitung entschied sich, in der vergeblichen Hoffnung, Aufsehen zu vermeiden, die prominente Gefangene durch ein anderes Portal zu entlassen, doch das wurde schnell bekannt: »Wir setzten uns in Bewegung und kamen auch richtig gerade in dem Augenblick, als das Auto zum Tor herauskam. Hochrufe auf Rosa und den Frieden! Einige schwangen sich auf die Trittbretter, warfen ihr Blumen hinein und fuhren ein Stück mit. Die Gerüchte in der Umgebung waren sehr widersprechend. Die einen sprachen von einem neu eröffneten Butterverkauf, andre wollten wissen, die Großherzogin von Luxemburg sei vorbeigekommen.« Anschließend fuhr Käte Duncker mit der Bahn zu Luxemburgs Wohnung nach Südende, wo sich etwa 60 bis 70 Frauen versammelt hatten: »Es war beängstigend: die vielen Blumen und sonstigen Geschenke kamen in die größte Gefahr, umgeworfen zu werden. In der Not hielt ich eine ganz kurze Ansprache und machte mich mit den Frauen auf den Weg. Die Rosa sieht gut aus und ist sehr vergnügt.« Clara Zetkin kam nicht selbst, schickte aber ebenfalls ein Geschenk, für das sich ihre Freundin, sobald sie Zeit fand, bedankte: »Ich fand hier einen Empfang, der mich ganz verblüfft und beschämt hat. Über tausend Personen – meist Frauen – waren am Gefängnis, und hier war meine Wohnung in einen Blumengarten und – ein Viktualiendepot verwandelt. Ich war ganz starr. Deine vier wunderschönen Blumenvasen haben mir mit die größte Freude gemacht.«[1795] Ihre Wohnung war jetzt »vollgestopft mit ihren Geschenken, Blumenkästen, Kuchen, Stollen, Konservenbüchsen, Teesäckchen, Seife, Kakao, Sardinen, feinste Gemüse – wie in einem Delikatessenladen, alles von diesen armen und herzlichen Frauen selbst gebacken, selbst eingemacht, selbst gebracht. Du wirst wissen, was ich empfinde, wenn ich das sehe.«[1796]

Einige Tage später, auf dem Leseabend in Mariendorf, wurde ihr ein ähnlich überschwänglicher Empfang bereitet. Der Vorsitzende begrüßte diejenige, die »uns gefehlt hat, weil sie gerade den Parteiführern ein scharfes Wort sagt, weil sie die ist, die man oben in der Partei lieber ins Gefängnis ein- als aus ihm ausgehen sieht«.[1797] Der Parteivorstand schwieg zu Luxemburgs Entlassung, von Luise Zietz kam dagegen »ein riesiges, höchst herzliches Telegramm im Namen aller Frauen Deutschlands«.[1798] Der *Vorwärts* ließ sich immerhin herbei, am Tag nach der Entlassung in der Rubrik »Aus der Partei« auf Seite 6 eine kurze Notiz zu veröffentlichen, die mit den Worten endete: »Wir hoffen, dass die Genossin Luxemburg die lange Gefängniszeit gut überstanden hat.« Dazu, das sei nicht verschwiegen, hatte der Parteivorstand einen nicht zu unterschätzenden Beitrag geleistet, indem er die Kosten von monatlich 60 Mark für die Selbstbeköstigung während der Haftzeit übernommen hatte.[1799] In den Tagen nach ihrer Entlassung schrieb Luxemburg noch einige weitere Dankesbriefe. In dem an Rosi Wolfstein hieß es: »Ich bin zwar körperlich sehr heruntergekommen, geistig aber fühle ich mich frischer und arbeitslustiger als je.«[1800] Da konnte sie noch nicht ahnen, wie kurz die Spanne des Lebens in Freiheit sein würde.

Käte Duncker berichtete ihrem Mann in dem zitierten Brief nicht nur von Luxemburgs Freilassung, sondern auch von einer erneuten »Familienzusammenkunft«, an der sie selbst allerdings nicht teilgenommen hatte: »Und dort wurde nach einer erbitterten Debatte das Tischtuch zwischen den Familien von Onkel Georg [Ledebour] und Vetter Karl [Liebknecht] und uns zerschnitten. Vor allem wegen der Sonderzusammenkunft, die die Familie von den beiden letzten am 2. Jan. gehabt hatte und wegen des dort angenommenen Testaments von Tante Rosa.«[1801]

Die erneute Familienzusammenkunft war die zweite Reichskonferenz der Gruppe Internationale am 19. März, die diesmal nicht in der Kanzlei Liebknecht, sondern in der Wohnung von Rosa Luxemburg stattfand. Schon nach der Konferenz vom 2. Januar hatte sich eine gewisse Infrastruktur herausgebildet. Seit dem 27. Januar erschienen *Politische Briefe,* herausgegeben von *Spartacus*. In die Redaktionsarbeit teilten sich Liebknecht, Mehring, Meyer, Jogiches, Pieck, Käte Duncker und Hugo Eberlein.[1802] Jogiches kümmerte sich vor allem um die Produktion, Eberlein,

Lange und Pieck um den Vertrieb.[1803] Nach dem 18. Februar wirkte natürlich auch Luxemburg bei der Redaktionsarbeit mit.

Zu der zweiten Reichskonferenz am 19. März kamen 34 Personen aus 17 verschiedenen Städten nach Berlin.[1804] Luxemburg hatte nun erstmals die Möglichkeit, selbst zu den von ihr ausgearbeiteten Leitsätzen Stellung zu nehmen, die in der inzwischen vorliegenden redigierten Fassung angenommen wurden. Von Luxemburgs Rede gibt es kein Manuskript, wohl aber handschriftliche Notizen von Fritz Ohlhoff[1805] und von Friedrich Westmeyer[1806]. Aus ihnen geht hervor, dass sie sich dankbar über die »tollpatschige Offenherzigkeit«[1807] von Hoffmann und Ledebour äußerte, die sich mit einem am 25. Februar veröffentlichten Rundschreiben gegen die Leitsätze gewandt hatten.[1808] Sie wehrten sich vor allem gegen den Eindruck, die Leitsätze seien eine »Kundgebung der gegenwärtigen Opposition in der sozialdemokratischen Partei«, und betonten, dass der größte Teil der Opposition damit gar nichts zu tun habe. Es gab aber auch Widerspruch in der Sache. Hoffmann und Ledebour lehnten den in den Leitsätzen ausgesprochenen Suprematieanspruch einer neuen, dritten Internationale gegenüber den nationalen sozialistischen Parteien ab.[1809] Da Luxemburg mit Ledebour und Genossen ohnehin nicht zusammenarbeiten wollte, kam ihr der Widerspruch der beiden gerade recht. Einstimmig verabschiedete die Reichskonferenz zwei Resolutionen. In der einen begrüßte sie »die Richtung der ›Internationale‹, d. h. der auf dem Boden der ›Leitsätze‹ vereinigten Opposition der deutschen Sozialdemokratie […] und erwartet, dass ihre Äußerungen einen neuen Impuls abgeben werden, um die Geburt der Internationale aus dem tatkräftigen Willen der proletarischen Massen zu beschleunigen«.[1810] Die zweite Resolution beschrieb ein Pflichtenheft für sozialdemokratische Parlamentarier. Sie sollten im Sinne des Beschlusses des Stuttgarter SI-Kongresses von 1907 mit allen Mitteln eine kriegsfeindliche Stimmung in der Bevölkerung fördern. Außerdem waren sie verpflichtet, »in allen kriegführenden Ländern, ungeachtet der militärischen Situation, die Kriegskredite unter grundsätzlicher sozialistischer Begründung abzulehnen«, den Regierungen alle finanziellen Mittel zu verweigern und mit allen Mitteln der Geschäftsordnung und schärfster Kritik an ihren Regierungen »die Massen aufzurütteln und zu nachdrücklichen Willenskundgebungen gegen den Krieg und für die internationale sozialistische Solidarität zu ermuntern«.[1811] Ernst Meyer brachte in Kiental beide Resolutionen in die Beratungen ein.

Nach der Reichskonferenz wollte Luxemburg so rasch wie möglich nach Stuttgart fahren, um endlich ihre alte Freundin und Kampfgefährtin Clara Zetkin wiederzusehen, doch dann kam ihr »die große ›Revolution‹ im Glase Wasser der Fraktion« in die Quere.[1812] Schon nach der Reichstagssitzung vom 21. Dezember, bei der es zum ersten Mal 20 Abgeordnete gewagt hatten, gegen weitere Kredite zu stimmen, hatten Vertreter des rechten Flügels wie Eduard David und Gustav Bauer ein energisches Vorgehen gegen die Abweichler verlangt, doch der Fraktionsvorstand konnte ihren Ausschluss gerade noch einmal verhindern. Zum endgültigen Bruch kam es dann bei den Etatberatungen am 24. März 1916. Die Fraktion hatte zuvor mit 44 gegen 36 Stimmen beschlossen, dem Notetat erneut zuzustimmen. Während der Reichstagssitzung ergriff dann aber, ohne dass dies abgesprochen war, der Fraktionsvorsitzende Hugo Haase das Wort, um die Position der inzwischen beträchtlich angewachsenen Minderheit vorzutragen. Es kam zum Tumult, mehrere Fraktionskollegen versuchten, ihn am Reden zu hindern, bevor ihm der Reichstagspräsident das Wort entzog.[1813] In der anschließenden Fraktionssitzung wurde mit 58 gegen 33 Stimmen bei vier Enthaltungen beschlossen, »dass Haase und diejenigen Fraktionsmitglieder, welche die gemeinsam gefassten Beschlüsse gröblich missachten und öffentlich durchkreuzen, dadurch die aus der Fraktionszugehörigkeit entspringenden Rechte verwirkt haben«.[1814] Die aus der Fraktion ausgeschlossenen Abgeordneten konstituierten sich als Sozialdemokratische Arbeitsgemeinschaft (SAG).[1815] Die 18 Abgeordneten wählten Haase und Ledebour zu ihren Vorsitzenden, Dittmann zum Schriftführer.[1816] Am Tag darauf legte Haase schweren Herzens sein Amt als Parteivorsitzender nieder, sodass Ebert nun alleiniger Vorsitzender war. Er blieb aber, ebenso wie die anderen Abgeordneten der SAG, Mitglied der SPD. Haase und seine Mitstreiter waren gegen den Krieg und seine weitere Finanzierung, aber in anderen politischen Fragen nahmen sie unterschiedliche Standpunkte ein und standen insgesamt nicht für radikale, sondern für zentristische Positionen. Von der SAG führt eine direkte Linie zu der im Jahr darauf gegründeten USPD, deren Funktionäre später ganz überwiegend zur SPD zurückkehrten.

Die Erbitterung war auf beiden Seiten groß. Die Mehrheit warf Haase vor, dass er seine Rede zuvor in der Fraktion nicht angekündigt hatte. Er wurde von den eigenen Parteifreunden im Plenum als Feigling beschimpft und der Heimtücke bezichtigt.[1817] Einige gingen sogar so weit, für den Antrag des Parlamentspräsidenten zu stimmen, Haase das Wort zu entziehen. Das war besonders bemerkenswert, weil bis dahin der Grundsatz gegolten hatte, dass die SPD solchen Anträgen niemals zustimmt, ganz gleich welcher Partei der Abgeordnete angehörte, gegen den der Antrag sich richtete.[1818] Die Minderheit, die inzwischen mehr als ein Drittel der Fraktion umfasste, war wiederum empört, dass sie im Plenum nie zu Wort kam und so der falsche Eindruck einer geschlossenen Unterstützung des Notetats durch die SPD entstand. Tatsächlich wurde das Reglement nach diesem Vorfall auch verändert, und künftig sprachen in den Debatten für die SPD-Fraktion immer ein Vertreter der Mehrheit und ein Vertreter des Teils der Minderheit, die ihr nach wie vor angehörte, weil sie nicht mit Nein gestimmt, sondern den Saal verlassen hatte.[1819] Die Spaltung der Fraktion kam einem Erdbeben gleich, das sich nicht nur in den folgenden Tagen in einer Unzahl von Artikeln und Stellungnahmen im *Vorwärts* und den anderen Parteizeitungen niederschlug, sondern auch in der gesamten bürgerlichen Presse große Beachtung fand. Der linksliberale Pazifist Hellmut von Gerlach schrieb in der *Welt am Montag*: »Die Fraktionstrennung wäre ein Unglück nicht nur für die deutschen Arbeiter, sondern für alle, die in der Linksorientierung unserer Politik das Heil Deutschlands erblicken, wenn sie zur Parteispaltung führte.« Die nationalliberale *Kölnische Zeitung*, die in der Linksorientierung sicherlich nicht das Heil Deutschlands erblickte, bemerkte nüchtern: »Dass sich die Hoffnung des ›Vorwärts‹, eine Parteispaltung stehe nicht bevor, auf die Dauer erfüllen wird, glauben wir nicht.« Die liberale *Frankfurter Zeitung* sah in der Aufkündigung der Fraktionsgemeinschaft die Beendigung eines unhaltbaren Zustands.[1820]

Die Parteipresse beurteilte die Vorgänge im Deutschen Reichstag je nach eigenem Standpunkt sehr unterschiedlich. Der dem rechten Parteiflügel zuzurechnende *Volkswille* in Hannover war äußert empört darüber, dass »sozialdemokratische Abgeordnete den beklagenswerten Mut [finden], im Reichstage eine Szene aufzuführen, wie sie hässlicher nicht auszudenken ist – eine Szene, die aufs Neue Wasser auf die Mühlen unserer Feinde leitet, sie in dem Wahne bestärkt, dass jetzt endlich die Einigkeit des deutschen Volkes in die Brüche gehe und damit den Sieg unserer Feinde verbürge«. Solche vom patriotischen Überschwang diktierten Vorwürfe suchte man in den bürgerlichen Blättern vergeblich. Ganz anders die *Bremer Bürger-Zeitung*. Für sie »bleibt auch diesmal bestehen, was die Bremer Resolution des Linksradikalismus über die Aktion der Zwanzig vom 21. Dezember sagt: Als Tat zu begrüßen; in der Begründung kein grundsätzlicher Standpunkt.« Gelten ließ die Zeitung nur das Nein von Liebknecht und Rühle, das diese mit dem alten sozialdemokratischen Grundsatz begründet hatten: »Diesem System keinen Mann und keinen Groschen.«[1821] Die radikalen Linken Liebknecht und Rühle, die schon zuvor aus der Fraktion ausgeschlossen worden waren, blieben denn auch auf Distanz zur SAG. Sie fühlten sich der Gruppe Internationale verbunden. Ihr perspektivisches Ziel war nicht die USPD, sondern die KPD.

Die SAG wollte eigentlich keine andere Politik als die Mehrheit. Lediglich in der Frage des Burgfriedens gab es einen grundlegenden Dissens. Dennoch fuhren Parteivorstand, Fraktionsvorstand und Parteiausschuss schweres Geschütz auf. In einer Erklärung »An die Partei!«, die die gesamte erste Seite des *Vorwärts* einnahm, machten sie den Abgeordneten massive Vorwürfe: »Was von einem Teil der Parteiminderheit seit Monaten systematisch vorbereitet wurde, ist jetzt unheilvolles Ereignis geworden. 18 Mitglieder der Reichstagsfraktion, die schon durch ihr Sondervorgehen am 21. Dezember die Parteieinheit aufs Schwerste gefährdeten, haben am letzten Freitag durch ein erneutes, noch weit mehr parteischädigendes Vorgehen die Fraktionsgemeinschaft vernichtet.« Von Spaltungsplänen und Zerstörungsarbeit war da die Rede. Kaum sei die Fraktion gesprengt, sei man schon dabei, »das organisatorische Gefüge der

Partei selbst auseinanderzusprengen.« In gewisser Weise richteten die Vorstände diesen Vorwurf gegen sich selbst, wenn sie im weiteren Verlauf der Erklärung feststellten, die Vertretung einer einheitlichen Partei im Parlament durch zwei Fraktionen sei eine »innere Unmöglichkeit«.[1822] Die Mitglieder der SAG verwiesen anderntags in einer kurzen Erwiderung denn auch darauf, dass die Mehrheit ihnen durch ihren Beschluss alle Mitwirkungsrechte genommen habe, dass sie aber auch in der neuen Arbeitsgemeinschaft Vertreter der Partei blieben. Die erhobenen Vorwürfe wiesen sie zurück: »Unser Auftreten schädigt nicht das Ansehen der Partei, sondern hebt es im In- und Auslande. Unser Auftreten wirkt nicht spaltend und zerstörend, sondern sammelnd und organisationserhaltend.« Das war, bewusst oder unbewusst, doch etwas blauäugig formuliert. Anschließend wurde der Vorwurf des parteischädigenden Verhaltens nun gegen die Erklärung der Vorstände gerichtet: »Unser Auftreten ist kein Disziplin- und Treubruch, sondern ein Gebot der Treue gegen die Parteigrundsätze, die Beschlüsse der Parteitage und der internationalen Kongresse.«[1823] Diese Aussage implizierte, dass sich die anderen nicht an die Beschlüsse der Partei und der Sozialistischen Internationale gehalten hatten.

In einer zweiten Erklärung rief die SAG zur Treue gegenüber der Partei und ihren Grundsätzen auf und betonte, die Gründung einer zweiten Fraktion sei lediglich ein Mittel, im Reichstag die Sache des Sozialismus zu vertreten, wie es das Programm der Partei und die Beschlüsse der Parteitage zur »unabweisbaren Pflicht« machten.[1824] Eine Pflicht, die die Mehrheit offenbar vernachlässigte. Dieses erneute Scharmützel zwischen Mehrheit und Minderheit erzeugte ein weiteres Rauschen im sozialdemokratischen Blätterwald, wobei die Zeitungen je nach ihrem politischen Standpunkt Partei für die eine oder andere Seite ergriffen.[1825] Auch die Basisorganisationen befassten sich natürlich mit den aktuellen Auseinandersetzungen.

Am 31. März befasste sich auch der Zentralvorstand des Verbandes der Sozialdemokratischen Wahlvereine Berlins und Umgegend[1826] mit den aktuellen Ergebnissen. Bei dieser Gelegenheit hielt Rosa Luxemburg eine Rede über »Die Lage in der Partei und die Bildung der SAG«. Es wurde eine Resolution verabschiedet, in der das Verhalten der Fraktionsmehrheit scharf verurteilt und die Bildung der SAG gebilligt wurde. Der Vorstand verurteilte »aufs Allerschärfste« die Art und Weise, in der man Hugo Haase aus dem Parteivorstand verdrängt hatte, und forderte seine Wiedereinsetzung als Parteivorsitzender. Für die Resolution stimmten 42 Genossen, darunter Luxemburg, Ledebour, Stadthagen, Ströbel und Hoffmann, dagegen 26 Genossen, darunter Otto Wels und Otto Braun, der spätere preußische Ministerpräsident.[1827] In diesem Fall hatten die große Gruppe der Zentristen und die kleine Gruppe der »Rosarier«, also die Gruppe Internationale, gemeinsam einen Abstimmungssieg gegen diejenigen errungen, die die Position des Parteivorstands vertraten. Die Zusammenarbeit war eher die Ausnahme als die Regel.

Am 25. Juni 1916 tagte die Generalversammlung von Groß-Berlin. Dort erlebte der Parteivorstand ein »vollständiges Fiasko«, wie Hugo Haase mit einer gewissen Genugtuung feststellte.[1828] Die Opposition, die in der Reichstagsfraktion in der Minderheit war, hatte auf der Generalversammlung mehr als 80 Prozent der Stimmen auf ihrer Seite. Dabei hatte die zentristische Richtung, die Haase vertrat, die Oberhand: »Der ›Rosarier‹ Eberlein erhielt 66 Stimmen gegen 244, die auf den Anhänger der Arbeitsgemeinschaft, Weise, fielen. Und bei der Wahl zum Parteiausschuss, bei der Rosa selbst gegen Stadthagen kandidierte, blieb sie nicht nur in der Minderheit, sondern musste es erleben, dass Stadthagen sogar 262 Stimmen erhielt.«[1829] Für Luxemburg blieben nur 48 Stimmen, was angesichts ihres Prestiges nicht gerade viel war. Da war es nur ein schwacher Trost, dass sie einmütig zu Stadthagens Stellvertreterin gewählt wurde.

Luxemburg war in jenen Wochen viel unterwegs. Gerade im Großraum Berlin waren die oppositionellen Kräfte sehr stark, und sie warb auf den Versammlungen für ihre Positionen, brachte Anträge ein oder machte Vorschläge zur Verschärfung von Resolutionen aus den Reihen der SAG.[1830] Solche Aktivitäten waren pragmatische Kompromisse angesichts der Tatsache, dass nur der kleinste Teil der Opposition bereit war, ihrer radikalen Linie zu folgen.

Aus ihren bisherigen politischen Positionen ergab sich zwangsläufig, dass sie wenig von der SAG hielt: »Die 18 Genossen hatten […] im Schoße der Fraktion wahrlich im eigentlichen Sinne nicht eine Opposition, sondern bloß den Schatten einer Opposition gebildet!«[1831] Der Ausschluss dieser Abgeordneten aus der Fraktion war nach ihrer Überzeugung ein eindrucksvoller Beweis für das Scheitern ihrer Politik: »Der 24. März [...] ist [...] der Bankrott der kleinen Schritte und der Politik des Ausweichens vor Entscheidungen, der Politik der Schwächlichkeiten, Halbheiten und Konzessionen an die Rechte.«[1832] Schwächlichkeiten und Halbheiten waren Luxemburgs Sache nicht. Sie forderte eine knallharte Oppositionspolitik gegen den Belagerungszustand im Reich wie gegen den in der Partei: »Erklärt laut, dass ihr die Fraktionsmehrheit der David, Heine, Noske nicht mehr als sozialdemokratische Vertretung anerkennt, fordert laut von den Verrätern die Niederlegung ihrer verwirkten Mandate.«[1833] Das war eine kaum noch verhüllte Aufforderung zur Spaltung der Partei, auch wenn Luxemburg in bestimmten Momenten geglaubt haben mag, mit solchen Parolen könne man zum Kampf um die Mehrheit in der Partei antreten. Außerdem forderte sie einen Zahlungsboykott: »Die Organisationen müssen sich entschließen, die Parteigelder dem Parteivorstand der Scheidemann-Ebert zu sperren, welche die Volksgroschen dem Moloch des Weltkrieges und der Regierung der Hungersnot und des Belagerungszustandes bewilligen.«[1834] Markige Worte, wenn man bedenkt, was für ein bescheidenes Häuflein die Gruppe Internationale damals darstellte.

Die Krise der Sozialdemokratie, Anti-Kriegskundgebung am 1. Mai 1916, Verhaftung von Karl Liebknecht, Spartakus-Briefe

In dieser Zeit erschien im sicheren Exil, in der Zürcher Verlagsdruckerei Union, ein schmales Buch mit dem Titel *Die Krise der Sozialdemokratie*. Der Verfasser nannte sich »Junius«, aber die Publikation enthielt einen Anhang, die »Leitsätze über die Aufgaben der internationalen Sozialdemokratie«, sodass mindestens einem bestimmten Kreis klar war, wer sich hinter diesem Pseudonym verbarg.[1835] Eigentlich hatte Luxemburg unter ihrem eigenen Namen publizieren wollen, aber ihre Kampfgefährten hatten ihr das ausgeredet, weil die Gefahr einer erneuten Inhaftierung doch imminent gewesen wäre.[1836] Die Schrift begann mit den Worten: »Die Szene hat gründlich gewechselt. Der Marsch in sechs Wochen nach Paris hat sich zu einem Weltdrama ausgewachsen; die Massenschlächterei ist zum ermüdend eintönigen Tagesgeschäft geworden, ohne die Lösung vorwärts oder rückwärts zu bringen. Die bürgerliche Staatskunst sitzt in der Klemme, im eigenen Eisen gefangen; die Geister, die man rief, kann man nicht mehr bannen.«[1837] Luxemburg hatte die Junius-Broschüre schon in den ersten Monaten ihrer Haft verfasst, aber als sie im Februar 1916 entlassen wurde, lag das von Mathilde Jacob einige Monate zuvor aus dem Gefängnis geschmuggelte Manuskript noch unberührt auf ihrem Schreibtisch in Südende. Der Szenenwechsel, den sie beschreibt, hatte schon im Frühjahr 1915 stattgefunden, ein halbes Jahr nach Kriegsausbruch. Die frohen Mutes zur Westfront aufgebrochenen Soldaten hatten weder die Pariser Boulevards gesehen, noch waren sie Weihnachten wieder nach Hause gekommen. Die Kriegsgedichte waren geschrieben, die Kampfgesänge verrauscht. Die Professoren hatten kaum noch Zeit für vaterländische Vorträge, sie gingen wieder ihrer wissenschaftlichen Arbeit nach. Der vermeintliche Verbündete Italien war inzwischen an der Seite der Entente in den Krieg eingetreten. An der Ostfront hatte es große Geländegewinne, aber keine Entscheidungsschlacht gegeben. In der Hoffnung, die verhärteten Fronten im Westen wieder in Bewegung zu bringen, setzten die Deutschen in der Ypern-Offensive, die am 22. April 1915 begann, erstmals große Mengen von Chlorgas ein. Das war ein klarer Verstoß gegen das geltende Kriegs- und Völkerrecht und zugleich die Geburtsstunde der modernen Massenvernichtungswaffen, die die Kriegführung im 20. Jahrhundert entscheidend geprägt haben.[1838] Die Sozialdemokraten, die bereit gewesen waren, einen dem Deutschen Reich angeblich aufgezwungenen Verteidigungskrieg mitzutragen, gerieten zunehmend in Schwierigkeiten.

Luxemburg veröffentlichte ihre Abrechnung mit der Sozialdemokratie ein Jahr später bewusst ganz unverändert, um zu zeigen, dass das, was sie prognostiziert hatte, »sich seitdem von Tag zu Tag mehr bestätigt hat«.[1839]

Der Text wurde in einem Durchgang niedergeschrieben, getragen vom Furor der Enttäuschung und der Empörung. Das zentrale Ereignis des Ersten Weltkriegs war für sie »die Kapitulation der internationalen Sozialdemokratie«.[1840] Besonders schwer wog dabei das Versagen der Deutschen, denn nach dem Krieg von 1870/71 und der Niederlage der Pariser Kommune hatten sie, unter der Anleitung von Marx und Engels, die Führungsrolle in der europäischen Arbeiterbewegung übernommen. Luxemburg ließ in einem Rückblick auf die letzten Jahre noch einmal die zahllosen Reden und Schriften, Beschlüsse und Kundgebungen gegen den Krieg Revue passieren, die Aufrufe zu Antikriegsdemonstrationen noch am 30. Juli 1914: »Und dann kam das Unerhörte, das Beispiellose, der 4. August 1914.«[1841] Die Erklärung der Reichstagsfraktion war »das gerade Gegenteil«[1842] dessen, was am Tag zuvor noch gegolten hatte. Es ging aber nicht nur um die internationale Solidarität, die auf dem Altar der Vaterlandsverteidigung geopfert wurde, sondern auch um den Burgfrieden, die Selbstaufgabe der Partei im eigenen Lande. Mit dem 4. August wurde der Klassenkampf für inexistent erklärt: »Deutschland verwandelte sich mit dem ersten Donner der Krupp-Kanonen in Belgien in ein Wunderland der Klassensolidarität und der gesellschaftlichen Harmonien.«[1843]

In aller Ausführlichkeit rekapitulierte Luxemburg die Vorgeschichte des Krieges, die forcierte Kapitalakkumulation nach der Reichsgründung, die Wendung von Bismarcks kontinentaler Politik zur imperialistischen Weltpolitik, die Aufrüstung mit dem Ziel deutscher Seegeltung, die Rolle des Zarismus als Feindbild. Dies alles hatte man immer gewusst und im Kampf gegen die Kriegsgefahr dann im entscheidenden Moment hintangestellt, sodass Deutschland am 4. August »den tiefsten Fall, den gewaltigsten Zusammenbruch«[1844] erlebte. Ein historisches Beispiel für eine alternative Handlungsoption führte Luxemburg an, die Sitzung des Reichstags des Norddeutschen Bundes vom 21. Juli 1870, als Wilhelm Liebknecht und August Bebel die Bewilligung der finanziellen Mittel für den Krieg gegen Frankreich abgelehnt, die Sache des deutschen Proletariats unter das Zeichen der Internationale gestellt und dafür in der Folge auch Haftstrafen auf sich genommen hatten: »Sie blieben auf dem Posten und die deutsche

Sozialdemokratie zehrte vierzig Jahre lang von der moralischen Kraft, die sie damals gegen eine Welt von Feinden aufgeboten hatte.«[1845] Auch die zwölf bitteren Jahre des Sozialistengesetzes hatten die Partei nicht niederzwingen können, vielmehr war sie gestärkt aus ihnen hervorgegangen. Jetzt aber hatte sie sich selbst aufgegeben. Der Weltkrieg war ein »Selbstmord der europäischen Arbeiterklasse«, dem nur sie selbst ein Ende machen konnte:

> Die Dividenden steigen, und die Proletarier fallen. [...] Der Wahnwitz wird erst aufhören, und der blutige Spuk der Hölle wird verschwinden, wenn die Arbeiter in Deutschland und Frankreich, in England und Russland endlich aus ihrem Rausch erwachen, einander brüderlich die Hand reichen und den bestialischen Chorus der imperialistischen Kriegshetzer wie den heiseren Schrei der kapitalistischen Hyänen durch den alten mächtigen Schlachtruf der Arbeit überdonnern: Proletarier aller Länder vereinigt euch![1846]

Die Junius-Borschüre war Rosa Luxemburgs schärfste Anklage gegen die SPD.[1847] Zugleich wollte sie die Partei nicht aufgeben, konzentrierte ihre Kritik auf das Versagen am 4. August 1914 und sagte nichts über die innerparteilichen Auseinandersetzungen vor und nach diesem Datum. Genau dies machte ihr Lenin in seiner Rezension zum Vorwurf. Es fehlte jede Kritik an Kautskys Zentrismus, »seine[r] Prostituierung des Marxismus und seine[r] Liebedienerei vor den Opportunisten«.[1848] Lenin war der Überzeugung, die Krise der Sozialdemokratie – er selbst sprach von der »ehemals sozialdemokratischen Partei Deutschlands«[1849] – könne nicht überwunden werden, wenn nicht die innerparteilichen Gegner klar benannt werden, sowohl die »offen opportunistischen (Legien, David usw.)« als auch die »verkappt opportunistischen (Kautsky und Co.)«.[1850] Dabei verwies er auf den Artikel Otto Rühles vom 12. Januar, in dem dieser die Auffassung vertreten hatte, die Spaltung der Partei sei der einzig mögliche Weg zur Beendigung des innerparteilichen Konflikts.[1851] Rühle war neben Liebknecht auch der einzige Abgeordnete, der keiner der beiden »opportunistischen« Richtungen angehörte.

Lenins Auseinandersetzung mit der Junius-Broschüre war geprägt von seinem eigenen politischen Konzept. So sah er sich durch Querelen innerhalb der SPD sehr darin bestätigt, dass er in der SDAPR von vornherein auf ideologische Klarheit gesetzt und dafür die Zersplitterung der Partei in viele miteinander rivalisierende Gruppierungen in Kauf genommen hatte. Ausgehend vom Prinzip der Kaderpartei stellte er fest: »Der größte Mangel des gesamten revolutionären Marxismus in Deutschland ist das Fehlen einer festgefügten illegalen Organisation, die systematisch ihre Linie verfolgt und die Massen im Geiste der neuen Aufgaben erzieht.«[1852] Illegal war die Gruppe Internationale, festgefügt war sie bisher nicht. Das war unter den Verhältnissen des Belagerungszustands auch schwerlich zu erreichen. Auch sonst zeigten sich die bekannten Differenzen. Für Lenin war der Krieg vor allem eine »revolutionäre Situation«, ein Katalysator für die Herbeiführung eines Bürgerkrieges gegen die herrschende Klasse, ein Mittel zum Zweck, wobei er in seinem Artikel genaue Handlungsanweisungen gab, wie dieser Bürgerkrieg herbeizuführen war: Ablehnung der Kriegskredite, Bruch des Burgfriedens, Bildung einer illegalen Organisation, Verbrüderung der Soldaten und Unterstützung aller revolutionären Massenaktionen. Das war das Konzept, das die Mehrheit der in Zimmerwald Versammelten abgelehnt hatte. Im Gegensatz zu Lenin empfand Luxemburg den Krieg vor allem als »Rückfall in die Barbarei«, der Triumph des Imperialismus führte zur Vernichtung der Kultur[1853]. Diesen Triumph konnte nur der Sieg des Sozialismus verhindern, in dieser Hinsicht waren sich die beiden Theoretiker der Revolution einig, nicht aber über den Weg, der zu diesem Sieg führen sollte. Auch ein längeres Kolleg über den Unterschied zwischen nationalen und imperialistischen Kriegen ersparte Lenin seiner geschätzten Rivalin nicht, denn schlimmer als alles andere war für ihn, »der Theorie des Marxismus gegenüber einen Mangel [an] Sorgfalt zu bekunden«[1854].

Während Lenin den nationalen Krieg als Phantasie bezeichnete,[1855] schrieb Luxemburg: »Statt also dem imperialistischen Kriege den Mantel der nationalen Verteidigung fälschlich umzuhängen, galt es gerade mit dem Selbstbestimmungsrecht der Völker und mit der nationalen Verteidigung

Ernst zu machen, sie als revolutionären Hebel gegen den imperialistischen Krieg zu wenden.«[1856] Was folgte, war ein Plädoyer für die Volksbewaffnung und das Milizsystem, der Rekurs auf die napoleonischen Kriege und die Pariser Kommune, die Marx bei seinem Konzept der Diktatur des Proletariats inspiriert hatte. Luxemburg wollte, in den Worten Lenins, dem imperialistischen Krieg ein nationales Programm entgegenstellen. Dagegen wendete er mit einem gewissen Recht ein: »Der fortschrittlichen Klasse schlägt er vor, sich der Vergangenheit und nicht der Zukunft zuzuwenden! 1793 und 1848 stand objektiv sowohl in Frankreich als auch in Deutschland und in ganz Europa die bürgerlich-demokratische Revolution auf der Tagesordnung.«[1857] Dieser Hinweis, dass die Epoche der bürgerlichen Revolutionen sich in Europa dem Ende zuneigte, war nicht von der Hand zu weisen. Luxemburg entwickelte ihren Gedanken, wie mit der nationalen Verteidigung Ernst zu machen wäre, denn auch nicht, während die Bolschewiki damals bereits ein klares Konzept vom Kampf gegen die Bourgeoisie um die Staatsmacht hatten. (Ob es deshalb realistisch oder auch nur erstrebenswert war, mitten im Krieg einen Bürgerkrieg zu initiieren, ist eine andere Frage.) Luxemburg war hier weniger entschieden: »Es ist die zwischen revolutionärer Politik und dem volkstümlichen Rahmen schwankende Linie, die von links bis dahin oft als ›Tyszka-Politik‹ kritisiert wurde, nach Jogiches, der sie kompakter verkörperte als irgendwer sonst.«[1858] Die »Tyszka-Politik«, die darauf aus war, ideologische Auseinandersetzungen innerhalb derselben Organisation zu führen, hatte schon in den Jahren vor dem Krieg immer wieder zu Auseinandersetzungen geführt. Lenins Politik, jede ideologische Fraktion eine eigene Gruppe bilden zu lassen und die anderen Gruppen aus der von ihm geführten Partei zu verdrängen, um das Prinzip der straff geführten Kaderpartei nicht zu verwässern, war dem genau entgegengesetzt und brachte erhebliche Komplikationen mit sich, etwa als es um den Zugriff auf das von Nikolaj Pavlovič Šmit hinterlassene Vermögen ging. Die damit verbundenen Auseinandersetzungen zogen sich, wie geschildert, über Jahre hin.

Vom 24. bis 30. April 1916 trafen sich die Zimmerwalder zu ihrer zweiten Konferenz, die im Volkshaus in Bern eröffnet wurde, dann aber in

Kiental tagte, einem abgeschiedenen Bergdorf im Berner Oberland, 50 Kilometer südöstlich von dem nahe bei Bern gelegenen Zimmerwald.[1859] 45 Teilnehmer kamen hier zusammen, sieben von ihnen aus Deutschland. Bertha Thalheimer und Ernst Meyer vertraten die Gruppe Internationale, der spätere Luxemburg-Biograf Paul Frölich die Bremer Linksradikalen und Adolph Hoffmann und die übrigen Deutschen die zentristische Opposition in der SPD. Adolf Warski vertrat den Hauptvorstand der SDKPiL, Radek das abtrünnige Warschauer Komitee. Die Russen waren mit insgesamt acht Delegierten, darunter Axelrod, Martow, Sinowjew, Lenin und Inès Armand prominent vertreten, wobei die drei Letztgenannten die Delegation der Bolschewiki bildeten. Außerdem gab es Teilnehmer aus Frankreich, Portugal, Italien, Serbien und einen Vertreter der PPS. Das Gastgeberland Schweiz war stark vertreten und auch die Mitglieder des ISK waren natürlich gekommen. Willi Münzenberg, der seit 1910 in der Schweiz lebte, repräsentierte das Internationale Jugendsekretariat in Bern. Von den 45 Teilnehmern waren 43 stimmberechtigte Delegierte, von denen zwölf zu der von Lenin angeführten Zimmerwalder Linken zu rechnen waren, darunter Frölich als einziger Deutscher.[1860] Der revolutionäre Flügel war gegenüber der ersten Konferenz gestärkt, aber durchsetzen konnte er sich mit seinem Programm, Entfesselung eines Bürgerkriegs und Spaltung der Internationale, auch diesmal nicht.[1861] Rosa Luxemburg hatte wegen des Sturms im Wasserglas der Fraktion die Reise nach Stuttgart gestrichen. Auch fuhr sie nicht nach Kiental. Stattdessen versuchte sie, im Vorfeld Einfluss auf die Verhandlungen zu nehmen. Thalheimer schrieb deshalb an Grimm: »Ich war mit Rosa zusammen. Sie bittet, dass Sie unter allen Umständen so bald als möglich zu einer Besprechung zu ihr kommen. Wenn es offiziell nicht ginge, dann mit falschem Pass.«[1862] Vier Tage später schrieb sie noch einmal,[1863] aber das Treffen kam nicht zustande.[1864]

In jenen Tagen kursierten kleine maschinengeschriebene Handzettel in Berlin: »Wer gegen den Krieg ist, erscheint am 1. Mai abends acht Uhr/ Potsdamer Platz (Berlin)/Brot! Freiheit! Frieden!«[1865] Es war das zweite Mal, dass dieser Kampftag der Arbeiterklasse im Krieg stattfand. In den

Tagen zuvor war außerdem ein Flugblatt verbreitet worden, das Karl Liebknecht verfasst hatte. Er rief dazu auf, den Tag zu einem Kampftag für den internationalen Sozialismus zu machen: »Am 1. Mai reichen wir über alle Grenzsperren und Schlachtfelder hinweg die Bruderhand dem Volke in Frankreich, in Belgien, in Russland, in England, in Serbien, in der ganzen Welt! Am 1. Mai rufen wir vielstimmig: Fort mit dem ruchlosen Verbrechen des Völkermordes!«[1866] Die kleinen Handzettel hatten in großer Zahl ihren Weg in die Betriebe gefunden, und am Abend des 1. Mai 1916 waren eine ganze Menge Menschen auf dem Potsdamer Platz versammelt. Karl Liebknecht, der auch ein Heißsporn war, hatte sich nicht davon abbringen lassen, auch persönlich zu erscheinen und mehrfach zu rufen: »Nieder mit dem Krieg! Nieder mit der Regierung!«, was natürlich zu seiner Verhaftung geführt hatte. Die Kundgebung war die »erste große Massenaktion«[1867] der Spartakusgruppe im Sinne der Reichskonferenz vom 1. Januar 1916 gewesen, als man beschlossen hatte, politisch verstärkt aktiv zu werden. Ob es allerdings klug war, dass Liebknecht selbst an der Kundgebung teilnahm und sich dort exponierte, ist doch sehr fraglich, angesichts seiner Bedeutung für die noch sehr fragile Infrastruktur der Gruppe. Für Luxemburg stellte sich diese Frage nicht: »Die Demonstration am 1.5. war sehr gelungen und übertraf alle unsere Erwartungen, zumal wir sie ganz allein mit wenigen Kräften und in kürzester Zeit vorbereitet haben.«[1868]

Die Polizei brachte Liebknecht auf die Wache auf dem Potsdamer Bahnhof. Luxemburg begleitete ihn, und Mathilde Jacob folgte ihr bis zur Wache:

> Nach kurzer Zeit kam Rosa Luxemburg auf mich zu: »Hier bin ich Mathilde.« »Sie wollten doch verhaftet werden, Rosa. Hat man sie freigegeben? Wo ist Karl?« »Kommen sie nur, wir demonstrieren jetzt. Karl ist noch im Polizeibureau, aber als Abgeordneter ist er immun, er wird bald wieder da sein.« Wir mischten uns unter die Demonstranten, während die Schutzleute bemüht waren, die Massen auseinanderzutreiben; der Straßendamm war angefüllt mit berittener Polizei, die ihre Pferde zwischen die Menge trieb. Die aber hielt tapfer aus und stimmte immer wieder neue Kampflieder an.[1869]

Irgendwann gelang es der Polizei, die Demonstranten in die Seitenstraßen abzudrängen und die Kundgebung aufzulösen. Luxemburg und Jacob gingen zur Redaktion des *Vorwärts*, um Hilfe für Liebknecht zu mobilisieren, trafen dort aber niemanden an. Schließlich erreichten sie Hugo Haase telefonisch, der mit ihnen zum Polizeigefängnis am Alexanderplatz ging, wo sie aber den Bescheid erhielten, dass nachts keine Auskunft über Gefangene erteilt werde. Am anderen Morgen suchte Luxemburg Sophie Liebknecht auf, um sie über die Verhaftung ihres Mannes zu unterrichten. Außerdem wollte sie belastendes Material beseitigen, fand das Arbeitszimmer aber abgeschlossen. Kurze Zeit später traf auch die Kriminalpolizei ein, die die Tür aufbrach und Restexemplare des Flugblatts zum 1. Mai beschlagnahmte.

Der Deutsche Reichstag zögerte nicht, Liebknechts Immunität in seiner Sitzung vom 11. Mai aufzuheben. Nur die Sozialdemokraten stimmten dagegen, allerdings mit der Begründung, dass der Abgeordnete Liebknecht ein harmloser und weltfremder Mensch sei, der glaubte, man könne »durch ein Flugblatt hohe Politik machen«.[1870] Auch die SAG hatte der Aktion vom 1. Mai distanziert gegenübergestanden: »Einige ihrer Führer befanden sich unter den Demonstranten, andere sah man als Zuschauer auf dem Balkon eines Cafés, wieder andere hatten die Aktion abgelehnt.«[1871] Hugo Haase gehörte zu denjenigen, die sich ernsthaft um ein Zusammenwirken mit den Spartakisten bemühten. Angesichts der Verhaftung Liebknechts sollte das Persönliche in den Hintergrund treten. Im Juli schrieb er optimistisch: »Auch mit den Anhängern der Rosa-Gruppe ist eine volle Verständigung erzielt.«[1872] Die Gruppe bot allerdings zunehmend das Bild einer Gemeinschaft von Versprengten. Liebknecht war am 28. Juni wegen versuchten Kriegsverrats in Tateinheit mit erschwertem Ungehorsam und Widerstand gegen die Staatsgewalt zu zwei Jahren, sechs Monaten und drei Tagen Zuchthaus verurteilt worden.[1873]

Die Verurteilung kam nicht überraschend. Am Vorabend hatten sich bereits 25 000 Menschen auf dem Potsdamer Platz versammelt. Am 28. Juni begann frühmorgens ein Streik, dem sich in Berlin immerhin 45 000 Menschen anschlossen.[1874] Am Vormittag fand im Tiergarten außerdem eine große Demonstration statt. In Braunschweig hatte es am Tag vor dem Urteil einen Generalstreik gegeben, in Stuttgart und Bremen bereits am 26. Juni große Kundgebungen.[1875] Dies waren die ersten größeren politischen Aktionen der Arbeiterschaft seit dem Kriegsausbruch vor fast zwei Jahren, eine mindestens punktuelle Aufkündigung des Burgfriedens. Liebknecht war durch seine Aktion am 1. Mai und das nachfolgende Strafverfahren für viele zur Symbolfigur der Kriegsgegnerschaft geworden. Die nach wie vor burgfriedenswilligen Mehrheitssozialdemokraten bekamen es prompt mit der Angst zu tun. Der Parteivorstand und die Generalkommission der Gewerkschaften erließen einen gemeinsamen Aufruf an die Arbeiterschaft, der im *Vorwärts* prominent auf der Titelseite platziert und in Berlin in 100 000 Exemplaren auch als Flugblatt verteilt wurde.[1876] Der Aufruf beklagte, dass anonyme Flugblätter Misstrauen gegen die gewählten Vertrauensleute säen würden, er erinnerte an die Beschlüsse des Mannheimer Parteitags 1906 und betonte, dass die anonymen Flugblätter weder von der SPD noch von den Gewerkschaften kämen: »Wir halten es deshalb für unsere Pflicht, die Arbeiterschaft vor dem Treiben der im Dunkel der Anonymität wirkenden Protest- und Generalstreikapostel nachdrücklich zu warnen.«[1877] Die aufgeschreckte Partei scheute sich nicht, diejenigen, die sich an den Streikaktionen beteiligten, zu diffamieren: »Wer das putschistische Treiben einzelner, jedes Verantwortlichkeitsgefühls barer Personen mitmacht, oder andere dafür zu gewinnen sucht, der dient weder der Arbeiterbewegung noch der Sache des Friedens, sondern trägt eher zur Verlängerung des Krieges bei.«[1878]

Karl Liebknecht legte Berufung gegen seine Verurteilung ein, mit der Konsequenz, dass er am 23. August in zweiter Instanz zu einer noch härteren Strafe von vier Jahren und einem Monat Zuchthaus verurteilt wurde. Am 27. November wurde auch die Revision zum Reichsmilitärgericht verworfen, sodass dieses Urteil nun Rechtskraft erlangte. Liebknecht verlor nicht nur sein Abgeordnetenmandat.[1879] Er wurde auch aus dem preußischen Heer ausgestoßen und außerdem aus der Liste der bei den Berliner Landgerichten zugelassenen Anwälte gestrichen.

Am 8. Dezember trat er seine Haft im Zuchthaus Luckau, etwa 90 Kilometer südlich von Berlin, an. Einmal im Monat durfte er Besuch empfangen. Am 8. Januar 1917 konnte Sophie mit den Kindern ihn erstmals besuchen: »Karl wurde wie ein wildes Tier oder wie ein Affe uns hinter einem hohen Drahtnetz gezeigt – er ist ganz geschoren, absolut nicht zu erkennen, ernst und unruhig – Nachher hat dieser Hund von Aufseher das Drahtnetz aufgemacht, sodass wir uns verabschieden konnten [...] Das Ganze ist eine Erfindung des Teufels, ein Albdruck, etwas absolut Unmögliches und Unfassbares – man möchte schreien und toben, bis man tot zusammensinkt oder ich weiß selbst nicht was [...]«[1880] Sophie Liebknecht war sehr mitgenommen durch das harte Urteil gegen ihren Mann. Rosa Luxemburg suchte, so gut es eben ging, sie seelisch wieder aufzurichten und ihr beizustehen, und blieb auch später, nach ihrer eigenen erneuten Inhaftierung mit ihr in engem Kontakt.

Sie hatte zum Fall Liebknecht in einer Reihe von Spartakus-Flugblättern Stellung genommen.[1881] Dem Oberkommando in den Marken war nicht verborgen geblieben, dass »die bekannte radikal-sozialistische Agitatorin Dr. Rosa Lübeck geb. Luxemburg [...] die geistige Urheberin« dieser Flugschriften war. Die Nationalsozialisten erfanden für solche Aktivitäten den Tatbestand der »Wehrkraftzersetzung«, der mit dem Tode bestraft wurde. So weit ging man im Kaiserreich auch in Zeiten des Belagerungszustandes nicht, aber man wollte Menschen aus dem Verkehr ziehen, von denen eine Beeinträchtigung der Kriegsanstrengungen zu erwarten stand, zumal sich der Krieg immer mehr in die Länge zog und der anfängliche patriotische Überschwang entsprechend nachließ. Deshalb wurde über die radikalsozialistische Agitatorin »im Interesse der öffentlichen Sicherheit bis auf Weiteres die militärische Sicherheitshaft« verhängt.[1882] Die Verhaftung erfolgte am 10. Juli 1916. Ihr war eine polizeiliche Durchsuchung der Wohnung vorausgegangen,[1883] weil das Oberkommando hoffte, Luxemburg nachweisen zu können, dass sie die Verfasserin der Flugblätter war, doch das gelang nicht.[1884] Das angestrebte Strafverfahren wegen Landesverrat wurde deshalb nicht weiterverfolgt, und Luxemburg kam in Schutzhaft, was mit vergleichsweise erträglichen Haftbedingungen verbunden war. Bis die Behörden sich definitiv für die Schutzhaft entschieden und sie in der Festung Wronke ihr Quartier beziehen konnte, sollten allerdings fast dreieinhalb Monate ins Land gehen. Zunächst saß sie erst einmal im Polizeigefängnis am Alexanderplatz, wo der Aufenthalt selbst für robustere Naturen alles andere als angenehm war. Immerhin erfolgte am 21. Juli die Überführung aus dem Polizeigefängnis in die ihr schon vertraute Haftanstalt in der Barnimstraße.

Mathilde Jacob, die unermüdliche treue Seele, nahm unverzüglich alles in die Hand. Sie hielt sich in jener Zeit ohnehin häufig in Südende auf, übernachtete auch immer wieder dort, um sich um Rosa Luxemburg kümmern zu können. Auch am 9. Juli war sie in der Wohnung, als zwei Polizeispitzel einen ersten Versuch unternahmen, Luxemburg zu verhaften, die selbst aber nicht anwesend war. Als die Verhaftung am nächsten Morgen dann erfolgte, war Jacob ebenfalls anwesend. Auch am folgenden Tag war sie wieder dort, um nach dem Rechten zu sehen, und schrieb auch sofort einen ausführlichen Bericht: »Meine liebe Rosa! Ich hoffe und wünsche, dass es Ihnen erträglich gehen möge, und doch weiß ich, dass das natürlich unmöglich ist und dass Sie sehr zu leiden haben werden. Sie werden gewiss erfahren haben, dass ich heute bei Ihnen gewesen bin.«[1885] Sie hatte sich aber nicht nur um die Wohnung gekümmert, sondern auch mit »vielen Beamten« gesprochen, die Sonderbeköstigung organisiert,[1886] ausgerechnet, dass für 5 Mark 35 pro Tag »genau nach ärztlicher Vorschrift« gekocht werden konnte, auch mit dem Arzt gesprochen und zudringliche Männer abgewehrt: »Sämtliche Anwälte, die glauben, in Betracht zu kommen, bemühen sich um Ihre Hand!« Mathilde Jacob, der auch das Gefühl der Eifersucht nicht fremd war, erkor Karl Liebknechts Bruder Theodor zum Favoriten, denn er trat »sehr bescheiden« auf. Auch Hugo Haase gehörte zu den Anwälten, die sich gemeldet hatten. In den Reihen der SAG gab es einige engagierte Rechtsanwälte, die bei der Verteidigung der militanten Opposition vor den Gerichten eine wichtige Rolle spielten. Nach einer Reihe weiterer Informationen schloss der Brief mit den Worten: »Leben Sie recht wohl, Sie wissen, was ich Ihnen zu sagen habe, ohne dass ich es schreibe. Ich bin froh, dass ich wenigstens Mimi habe, obgleich ich sie Ihnen wohl gönnte. Auch das wissen Sie. Wir umarmen Sie beide, und ich bleibe Ihre Mathilde Jacob.«[1887]

Nicht nur Rosa Luxemburg und bald auch Karl Liebknecht saßen im Gefängnis. Bereits am 22. Mai war Julian Marchlewski bei seiner routinemäßigen Meldung auf der Polizeiwache verhaftet und anschließend in militärische Schutzhaft genommen worden.[1888] Am 3. August wurde Ernst Meyer verhaftet und am 15. August sogar der 70-jährige Franz Mehring, weil er bereit gewesen war, ein Flugblatt für die Friedensdemonstration am 1. Mai zu verfassen. Selbst zwei Mädchen, die gerade einmal 18 Jahre alt waren, wurden verhaftet und dreieinhalb Monate im Gefängnis festgehalten, weil sie Handzettel verteilt hatten, die zur Teilnahme an einer Demonstration gegen den Liebknechtprozess aufriefen.[1889] Hugo Eberlein gehörte zu den Spartakisten, die durch einen Gestellungsbefehl an weiteren politischen Aktivitäten gehindert waren. Auch Paul Levi war eingezogen worden und lag inzwischen im Lazarett. Direkt neben ihm waren zwei Granaten detoniert, und er hatte einen Nervenschock erlitten. Und über Käte Duncker hatten die Behörden ein Redeverbot verhängt.[1890] Im Vorwort einer Nachkriegsedition der *Spartakus-Briefe* ist die Situation pointiert zusammengefasst worden: »Alle anderen bekannteren Mitglieder der Spartakusgruppe saßen im Gefängnis oder im Schützengraben. Da sprang Genosse Leo Jogiches (Tyszka) in die Bresche.«[1891] Der Berufsrevolutionär war der ideale Kandidat, um in diesen schwierigen Zeiten die Fäden zusammenzuhalten. Er kannte alle Regeln der Konspiration, arbeitete immer, schlief nie und hatte immer die notwendigen finanziellen Mittel zu seiner Verfügung. Wie all die Jahre zuvor kümmerte er sich um Luxemburgs Belange. Während der Kunsthistoriker Eduard Fuchs und die Schauspielerin Tilla Durieux 200 Mark monatlich für die mit der Wohnung verbundenen Kosten übernahmen,[1892] sorgte er dafür, dass andere Rechnungen bezahlt wurden.[1893] Zu wissen, dass ihr trautes Heim nicht in Gefahr war, war in den Jahren der Haft für Luxemburg ein nicht zu unterschätzender psychologischer Rückhalt, zumal so auch die über alles geliebte Mimi ein ungefährdetes Leben führte.

Auch der gewiefteste Konspirateur macht gelegentlich Fehler. So begann Jogiches ein Verhältnis mit seiner Zimmerwirtin, was naturgemäß ihr Interesse an seinem Privatleben beflügelte. Auch führte er seine Telefongespräche stets vom selben Tabakladen aus, was auffallen musste. Dennoch gelang es ihm, zwei Jahre lang der Polizei zu entkommen. Niemand, außer Mathilde Jacob, kannte seinen richtigen Namen, wusste was er beruflich tat, wo er wohnte, wie er aussah. Einmal wurde er zufällig verhaftet, weil ein Polizeispitzel ein geheimes Treffen verraten hatte, aber er hatte Glück: »Die Staatsanwaltschaft ermittelte in vierzig verschiedenen Städten, aber es gelang nicht, Leo nachzuweisen, dass er der gesuchte ›kleine Herr‹ war, den die vielen Zeugen so unterschiedlich beschrieben. Die Untersuchungsbehörden verirrten sich in dem komplizierten Netz falscher Spuren, das Leo vorsorglich ausgelegt hatte. Er wurde schließlich wieder freigelassen.«[1894] Seine wichtigste Aufgabe waren Produktion und Vertrieb der *Spartakus-Briefe*, die bis September 1918 regelmäßig erschienen, während *Die Internationale* über die erste Nummer nicht hinausgekommen war. Dieser Erfolg zog auch einen Namenswechsel nach sich. Die »Rosa-Gruppe« hieß nun nicht länger die Gruppe Internationale, sondern Spartakusgruppe. Schon die erste Nummer der »*Spartakus-Briefe*« erschien in einer Auflage von mehreren Tausend Exemplaren, später waren es manchmal sogar mehrere Zehntausend. Unter Jogiches' Leitung wurden die Briefe zum wichtigsten oppositionellen Organ der Kriegszeit und zum »geistigen Zentrum, ihr Vertrieb hielt die linke Opposition organisatorisch zusammen«.[1895]

Der erste reguläre *Spartakus-Brief* kam am 20. September 1916 heraus. Er bestand aus zwei Beiträgen von Rosa Luxemburg, die natürlich nicht namentlich gezeichnet waren, und einem Auszug aus den Akten zum Liebknecht-Prozess. Luxemburg griff wie immer kräftig in die Saiten:

> So verröchelt der famose »Burgfrieden« in Deutschland. Die Komödie ist ausgespielt, die Masken sind gefallen, und die Gemütlichkeit hat aufgehört. Geboren aus der Infamie des Verrats der sozialdemokratischen Führer an den proletarischen Massen und der proletarischen

> Massen an den eigenen Klassenaufgaben, endet der »Burgfrieden« in der Infamie eines offenen Kreuzzugs der sozialdemokratischen Führer Arm in Arm mit der Militärdiktatur gegen die Massen, die sich auf ihre Interessen und Aufgaben besinnen, die gegen Hunger, Massenmord und das Halseisen des Belagerungszustands zu rebellieren beginnen.[1896]

Das war eine frontale Kampfansage, obwohl alle an den Konfrontationen Beteiligten noch derselben Partei angehörten. Aber die Fliehkräfte innerhalb dieser Partei entwickelten eine immer stärkere Dynamik. Das wurde deutlich, als vom 21. bis 23. September eine Reichskonferenz der SPD stattfand. Tagungsort war der Saal der Budgetkommission im Obergeschoss des Deutschen Reichstages; so staatstragend war man inzwischen. Der Parteivorstand hatte erst erwogen, einen regulären Parteitag einzuberufen, denn eine Parteikonferenz war im Statut der Partei gar nicht vorgesehen. Doch dagegen hatte sich lebhafter Widerspruch der Linken artikuliert, die keine Möglichkeit sah, für ihre Positionen zu werben. Zu der Reichskonferenz kamen die Mitglieder von Parteivorstand und Parteiausschuss, die Mitglieder der Kontrollkommission, außerdem – man beachte den Plural – die Reichstagsfraktionen, schließlich von den Wahlkreisorganisationen bestimmte Delegierte, die nicht gewählt, sondern von den Vorständen ernannt wurden. Insgesamt waren es 455 Teilnehmer.[1897] Von den 307 gewählten Delegierten gehörte nahezu die Hälfte der Opposition an, aber durch Mitglieder der Gremien hatte die Burgfriedensmehrheit der Reichstagsfraktion auch auf der Konferenz eine sichere Mehrheit.

Nach dem Organisationsstatut war eine solche Konferenz, im Gegensatz zu einem Parteitag, nicht berechtigt, Sachanträge zu beschließen. Ein Antrag, der dieses Faktum noch einmal ausdrücklich festhalten wollte, wurde gleichwohl von der Mehrheit mit 276 gegen 169 Stimmen abgelehnt.[1898] Die Konferenz wurde geleitet von Friedrich Ebert, zweiter Referent der Mehrheit war Philipp Scheidemann. Als Korreferent der Opposition gestand man Hugo Haase die in der Geschäftsordnung vorgesehene unbegrenzte Redezeit zu, allerdings gab es eine erbitterte Auseinandersetzung darüber, ob ihm auch ein Schlusswort gestattet sein sollte, wie das eigentlich üblich war. Aber auch das war schließlich möglich. Die kleine Gruppe der Spartakisten war bei der Konferenz ebenfalls präsent. Für sie sprach Käthe Duncker, die die Situation prägnant beschrieb: »Auf internationalen Kongressen werden verschiedene Sprachen gesprochen, aber da gibt es Übersetzer und Dolmetscher und man kann sich verstehen. Hier sprechen wir äußerlich dieselbe Sprache, aber wir gehen von so vollkommen verschiedenen Voraussetzungen aus, wir stehen so vollkommen auf dem Boden verschiedener Weltanschauungen, dass eine Verständigung nicht möglich ist. Die Resolution David atmet so völlig den Geist der nationalistischen Ideologie, dass man billig zweifeln kann, ob die Unterzeichner jemals den Gedanken des internationalen Sozialismus in sich aufgenommen haben.«[1899]

Die Resolution David, die die Position der Fraktionsmehrheit wiedergab, begann mit einem Bekenntnis zur Pflicht zur Landesverteidigung, betonte, dass bei einem Friedensschluss die Interessen des eigenen Volkes an der Spitze der Kriegszielforderungen stehen müssten, erwähnte dann noch den Kampf gegen kapitalistische Ausbeutung und endete mit dem Wunsch, die deutsche Regierung möge sich doch um eine Beendigung des Krieges bemühen.[1900] Das alles wurde vorgetragen ohne patriotischen Bombast, ohne aggressives Getöse, aber es war doch meilenweit entfernt von dem, was man von der Partei erwarten durfte, die einmal der Stolz der Sozialistischen Internationale gewesen war. Vor der Abstimmung über die Resolution erklärte Ledebour für die Opposition, dass sie sich an der Abstimmung über Anträge zu Sachfragen nicht beteiligen würde, da die Konferenz zu solchen Beschlüssen nicht berechtigt sei. Friedrich Schnellbacher, der Sprecher der Gruppe Internationale, wie sie damals offiziell noch hieß, schloss sich dieser Erklärung an. So kam es, dass der Antrag David mit 251 gegen fünf Stimmen bei 15 Enthaltungen angenommen wurde, was bedeutete, dass sich fast 40 Prozent der Delegierten an der Abstimmung gar nicht beteiligt hatten. Nach dieser Reichskonferenz war wohl den meisten klar, dass es mit dem innerparteilichen Burgfrieden nicht mehr weit her war, auch wenn der *Vorwärts* in seiner Berichterstattung einen anderen Eindruck zu erwecken versuchte.[1901]

Insbesondere Hugo Haase, der bei der Reichstagssitzung am 24. März von seinen Parteifreunden auf das Übelste beschimpft worden war und sich auf der Konferenz auch wieder diverse Freundlichkeiten anhören durfte – »Demagogie, Schlammflut, System politischer Brunnenvergiftung«[1902] –, hatte wohl nicht mehr viele Hoffnungen auf eine gemeinsame Zukunft. Haase war ein Ehrenmann im besten Sinne des Wortes. Er war nicht nur ein engagierter Partei- und Fraktionsvorsitzender gewesen, er hatte auch unter Hintanstellung persönlicher Interessen sich als Rechtsanwalt für viele Parteigenossen nachdrücklich eingesetzt, ganz unabhängig davon, ob sie seiner Richtung zuneigten oder nicht. In seiner Schlussrede ging er auf die gegen ihn gerichteten Angriffe ein: »Auf die vielen Angriffe gegen meine persönliche Ehre gehe ich nicht ein. Ich habe es auch ruhig geduldet, dass ich ein Jahr lang geradezu durch die Gosse gezogen wurde mit einer Kühnheit, die einer besseren Sache würdig gewesen wäre.« Lediglich über Noskes »Beschimpfungen gröbster Art« wollte er nicht einfach hinweggehen, weil das zu Missdeutungen Anlass geben könnte.[1903] Haase setzte sich auch auf dieser letzten Konferenz der äußerlich noch vereinten Partei vor allem für andere ein, so z. B. für den abwesenden Liebknecht: »Die vorgeschlagene Sympathiekundgebung für Liebknecht kann uns in keiner Weise befriedigen. Der Ausdruck mitleidigen Bedauerns ist hier nicht am Platze, sondern ein entschiedener Protest, den wir hiermit erheben.« Er wollte Liebknecht als »echten Klassenkämpfer« würdigen, ebenso wie die anderen, die wegen ihres Eintretens für den Frieden ins Gefängnis wandern mussten.[1904]

Friedrich Ebert hatte in seiner Eröffnungsrede gesagt: »Unsere Absicht in dieser Konferenz, das will ich offen aussprechen, ist lediglich das Bestreben, die Einheit der Partei zu wahren und ihre Aktionsmöglichkeit zu sichern.«[1905] Am Ende ging es wohl mehr um die Aktionsmöglichkeit, sprich: Handlungsfähigkeit, der Partei und ihrer Führung und weniger um die Einheit. Der Parteivorstand zögerte nach der Reichskonferenz nicht lange, die letzten oppositionellen Bastionen in der Parteipresse zu schleifen. Dabei setzte er sich auch über die eigentlich zuständigen Pressekommissionen hinweg. Im Dezember wurde die Redaktion der *Bremer*

Bürger-Zeitung entlassen, im März 1917 die Redaktion des *Volksfreunds* in Braunschweig, nachdem bereits im Frühjahr 1916 die Spartakisten Minster und Schoch aus der Redaktion der *Niederrheinischen Zeitung* in Duisburg entfernt worden waren. Danach verblieb den Zentristen nur noch die *Leipziger Volkszeitung*, den Spartakisten *Der Kampf* in Duisburg.[1906] Um den *Vorwärts* entspann sich ein heftiger Streit, denn hier waren die Verhältnisse kompliziert.[1907] Die Zeitung, d. h. der Verlag, in dem sie erschien, war Eigentum des Parteivorstands, die Druckerei gehörte den Berliner Genossen. Der Streit, ob der *Vorwärts* eine Zeitung der gesamten Partei oder der Parteiorganisation von Groß-Berlin sei, war nicht neu. Er hatte aber jetzt zusätzliche Brisanz gewonnen, weil die zentristische Richtung, die in der Reichstagsfraktion und im Parteivorstand nur eine Minderheit ausmachte, die Wahlkreisorganisationen in Berlin deutlich majorisierte. Das führte zu der Situation, dass die wichtigste Zeitung der Partei, die gewissermaßen vor der Haustür des Vorstandes erschien, immer wieder Positionen vertrat, die denen des Vorstandes widersprachen, was der immer dann als besonders misslich empfand, wenn die entsprechenden Artikel zu einem Verbot der Zeitung führten. Dieser Fall war am 8. Oktober 1916 gegeben, als das Oberkommando in den Marken einen Artikel[1908] zum Anlass genommen hatte, die Zeitung wegen Verstoßes gegen den Burgfrieden auf unbestimmte Zeit zu verbieten. Das Oberkommando verlangte, dass eine Person mit Vetorecht in die Redaktion eintrat, die künftig die Einhaltung der Garantien des Burgfriedens überwachen sollte. Der Parteivorstand machte einen entsprechenden Vorschlag, den die Pressekommission aber ablehnte. Der Vorstand setzte sich aber über die Kommission hinweg und entsandte ein Mitglied in die Redaktion, das die Vollmacht hatte, »über den Inhalt des ›Vorwärts‹ zu entscheiden«.[1909] Daraufhin hob das Oberkommando in den Marken das Verbot auf und die Zeitung konnte nach einer Pause von zehn Tagen wieder erscheinen.

Gegen die Eingriffe des Parteivorstands, gegen den *Vorwärts*-Raub, hatte Luxemburg schon in der Vergangenheit heftig protestiert, wobei sie zunächst Schwierigkeiten hatte, sich mit ihrer Position durchzusetzen.

Am 6. April 1916 hatte sie in der Berliner Pressekommission eine Resolution vorgelegt, in der es hieß, die Kommission »weist die Gewaltpolitik des Parteivorstandes mit Entrüstung zurück«.[1910] Das tat sie aber nicht, sondern lehnte die Resolution mit allen gegen vier Stimmen ab. Auch bei der schon erwähnten Generalversammlung des Verbandes sozialdemokratischer Wahlvereine von Groß-Berlin am 25. Juni 1916, bei der die Zentristen die »Rosarier« so deutlich dominierten, brachte sie eine Resolution ein, die mit großer Mehrheit abgelehnt wurde,[1911] was wohl vor allem daran lag, dass sie als Kampfmittel gegen den Parteivorstand die Idee der Beitragssperre ins Spiel brachte. Am 29. Oktober beschäftigten sich die Berliner Parteigenossen auf fünf Generalversammlungen noch einmal mit dem Thema. Diesmal wurde die »Resolution Luxemburg«[1912] einstimmig angenommen, obwohl sie selbst gar nicht anwesend sein konnte. Von Beitragssperre war in ihrem Text nicht mehr die Rede. Stattdessen wurde in einer anderen Resolution die »Inhibierung der Abonnementszahlung« verlangt, was mit überwältigender Mehrheit gegen fünf Stimmen auch beschlossen wurde. Der Vorschlag, anstelle des *Vorwärts* doch *Die Gleichheit* zu abonnieren, wurde einstimmig angenommen.[1913]

Rosa Luxemburg hatte sich im Vorfeld auch Gedanken über die Durchführung der Reichskonferenz gemacht,[1914] teilnehmen konnte sie aber nicht. Am 21. Juli war sie in das Königliche Weibergefängnis in der Barnimstraße überführt worden. Dort durfte Mathilde Jacob sie einmal wöchentlich für eine Stunde besuchen. Natürlich wurde die Sprechstunde von einem Polizeibeamten überwacht. Eines Tages wurde der durch den Spitzel abgelöst, der schon bei der Verhaftung am 10. Juli durch flegelhaftes Benehmen sehr unangenehm aufgefallen war. Am 22. September, als die Gefangene und ihre Freundin gerade über den in Düsseldorf anberaumten Prozess wegen der Zeitschrift *Die Internationale* sprachen, sprang der Mann bereits nach zehn Minuten auf und rief: »Die Sprechstunde ist beendet.«[1915] Daraufhin sagte Luxemburg: »O nein, ich habe eine für mich sehr wichtige Sache zu besprechen, und ich werde dies Gespräch zu Ende führen; solange bitte ich Sie zu bleiben.« Der Mann machte solchen Lärm, dass sogar die Vorsteherin des Gefängnisses herbeieilte, die bei dem aggressiven Polizeispitzel aber nichts auszurichten vermochte. Er erklärte Luxemburg höhnisch: »Hier haben Sie ganz artig zu sein und zu parieren.« Daraufhin riss ihr der Geduldsfaden. Sie rief, so berichtet es Mathilde Jacob, »Sie dreckiger Spitzel!« und warf wütend eine mitgebrachte Schokolade in die Zimmerecke. Ein solch unerhörtes Vergehen gegen einen preußischen Beamten konnte nicht ohne Folgen bleiben. Noch in der gleichen Nacht erfolgte die strafweise Rückverlegung in das Polizeigefängnis am Alexanderplatz. Die ganze Sache hatte aber auch noch ein Nachspiel. Am 12. Januar 1917, da war sie längst in Wronke, wurde Luxemburg in absentia vom Amtsgericht Berlin Mitte wegen Beleidigung zu zehn Tag Gefängnis verurteilt, wobei ihr im Urteil eine andere Wortwahl gegenüber dem aufsichtführenden Beamten angelastet wurde: »Sie sind ein ganz ordinärer Spitzel und Schweinehund. Machen Sie, dass Sie hinauskommen.« Auch soll sie keine Schokolade, sondern einen Tintendrucker nach dem Beamten geworfen haben.[1916]

Polizeigefängnis am Alexanderplatz, militärische Sicherungshaft, Februarrevolution, Gründung der USPD, Tod von Hans Diefenbach

Im Polizeigewahrsam am Alexanderplatz, dem damals verkehrsreichsten Platz Europas, wo Fernbahn, S-und U-Bahn, Pferde- und Straßenbahnen und Zehntausende von Passanten aufeinandertrafen, wartete auf sie »die schlimmste Gefängniserfahrung ihres ganzen Lebens«.[1917] Sie war »in der 11 m^3 großen Zelle, morgens und abends ohne Licht, eingeklemmt zwischen das C (aber ohne W) und die eiserne Pritsche«.[1918] Die Zelle war winzig, unsauber und vom Lärm des unablässig tosenden Verkehrs erfüllt. Möglichkeiten für den üblichen Hofgang fehlten, und Besuch war kaum möglich. Jacob musste sogar das Essen, das sie wie gewohnt zum Gefängnis brachte, wieder mitnehmen: »Alle Bemühungen, hier zu helfen, scheiterten.«[1919] Das alles bekam der Gefangenen überhaupt nicht: »Der anderthalbmonatige Aufenthalt dort hat auf meinem Kopf graue Haare und in meinen Nerven Risse zurückgelassen, die ich nie verwinden werde.«[1920] In Wronke, wo die Ernährungssituation erheblich besser war, wog sie auch Monate nach ihrer Ankunft nicht mehr als 46 Kilo, was etwa vier Kilo unter ihrem Normalgewicht war. Aus der Zeit am Alexanderplatz gibt es auch nur einen einzigen kurzen Brief, in dem Rosa ihre liebe Mathilde bat, sie möge doch ihre Sachen, die alle noch in der Zelle in der Barnimstraße waren, dort abholen und aufbewahren.[1921]

Es dauerte fünf Wochen, bis Luxemburg dieser Tortur entkam und am 26. Oktober in das Zentralgefängnis Wronke in der Provinz Posen überführt wurde, das in einer alten Festung untergebracht war. Wronke, zu Deutsch Krähennest, war eine beschauliche Kleinstadt mit etwa 5 000 Einwohnern. Die Haftanstalt ist bis heute die größte Polens; in den 1980er-Jahren saßen hier Aktivisten der Solidarność ein. Luxemburg führte als Schutzhäftling ein eher beschauliches Leben. Sie war in einem eigenen kleinen Gebäude untergebracht, wo ihr zwei Räume zur Verfügung standen, ein Wohnzimmer und ein Schlafzimmer mit eigener Toilette; außerdem hatte sie einen kleinen Garten. Innerhalb der Festung durfte sie spazieren gehen. Das Essen kam mittags und abends aus dem Hotel »Fremdenhof Gegenmantel«. Der Direktor des Gefängnisses, Staatsanwalt Ernst Dossmann, war seinem prominenten Schutzhäftling gewogen und sorgte dafür, dass der Aufenthalt in Wronke sich erträglich gestaltete und die Kontrollvorschriften nicht allzu engherzig interpretiert wurden.[1922] Er ließ ihr manches zukommen, was über den normalen Standard hinausging, z. B. kümmerte er sich darum, dass sie ein Konversationslexikon bekam, was ihr die publizistische Arbeit erleichterte. Luxemburg gewann auch die Sympathien der Vorsteherin des Frauengefängnisses Else Schrick, die leider schon nach wenigen Monaten nach Metz versetzt und durch eine weit weniger angenehme Nachfolgerin ersetzt wurde. Aus Metz schrieb sie an Jacob: »Ich habe Fr. L. nicht vergessen und werde es nie tun, das Starke, das von ihrer Persönlichkeit ausgeht, weckte immer den Wunsch in mir, mich auch in glücklicheren Tagen einmal mit ihr zu unterhalten. Ich habe sie immer bewundert, wie sie ihr derzeitiges Los trägt. Hoffentlich hält sie körperlich so gut durch, wie sie es moralisch tut.«[1923]

Die äußeren Umstände waren vergleichsweise angenehm an dem neuen Aufenthaltsort. Ein Nachteil war allerdings, dass Wronke über 200 Kilometer von Berlin entfernt war und der gesamte Postverkehr über die Königliche Kommandantur in Berlin abgewickelt werden musste. Wenn jemand den Fehler machte, direkt an Rosa Luxemburg in der Festung Wronke zu schreiben, ging der Brief von dort erst an die Kommandantur in Berlin, wurde dort geprüft und dann wieder nach Wronke zurückgeschickt. Diese umständliche Prozedur konnte zwei Wochen in Anspruch nehmen. Außerdem gestatteten die Behörden Luxemburg nur das Abonnement einer einzigen Zeitung, was für jemanden, der einen Überblick über das aktuelle Geschehen behalten und es auch kommentieren wollte, eine herbe Beschränkung war. Immerhin war bei den Besuchen der Austausch von Informationen möglich. Dossmann überwachte diese Termine persönlich und auch allein, obwohl dafür eigentlich zwei Personen vorgesehen waren. Er nahm am entgegengesetzten Ende des Raumes Platz und vertiefte sich dort in seine Akten, sodass Luxemburg ungestört Gespräche führen konnte. Und wenn aus den offiziell erlaubten 15 Minuten vier oder fünf Stunden wurden, erhob er keine Einwände. Der Umstand, dass Luxemburg und Jacob identische Handtaschen benutzten, war dem Austausch von Manuskripten und anderem Material förderlich und erklärt auch die umfangreiche Korrespondenz in jener Zeit. Natürlich wurde auch die Möglichkeit genutzt, Dinge in mitgebrachten Büchern zu verstecken.[1924] Daneben gab es noch verschiedene Codierungsverfahren zur Übermittlung von Nachrichten, über die wir kaum etwas wissen.[1925] Auffallend ist, dass Luxemburg in ihren Briefen an Jacob immer außerordentlich detailliert die empfangenen Blumensträuße beschrieb, wofür keine sachliche Notwendigkeit bestand, denn die wusste ja, was sie geschickt hatte. Jacob schrieb außerdem Luxemburg »fast täglich Geheimbriefe«[1926], die – das liegt in der Logik der konspirativen Tätigkeit – leider allesamt nicht erhalten sind. Vielleicht besteht ein Zusammenhang zwischen den Blumensträußen und den Geheimbriefen. Jacobs Biograf bemerkt dazu nur: »Mathilde wiederum hat mit geschickter Hand auch in ihren zahlreichen Blumengrüßen Nachrichten verborgen. Wie, das weiß keiner.«[1927]

Rosa Luxemburg entfaltete in der Schutzhaft eine rege publizistische Tätigkeit. Von besonderer Bedeutung ist aber die Korrespondenz, mit deren Hilfe sie mit den Menschen, die ihr nahestanden, in Verbindung bleiben konnte. Dabei zog sie, wie Peter Nettl es formuliert, »ihre Freunde wie mit Fangarmen in den Bannkreis ihres Denkens und Fühlens. Ob sie über Politik, Literatur oder das Leben schrieb, war dabei gleichgültig. Das Gefängnisleben erstickte sie nicht, sondern vollendete ihre geistige und emotionale Reife; zugleich vervollkommnete sie die Mittel, ihre Empfindungen und Ideen mitzuteilen.«[1928] Anders als bei einer normalen Haftstrafe war das Ende ihres Aufenthalts nicht absehbar, und sie verstand es, sich in der Haft eine eigene kleine Lebenswelt zu schaffen. Oft genug schweiften ihre Gedanken in frühere Lebensabschnitte zurück. Sowohl der Brief, in dem sie Luise Kautsky ihre Kindheitsjahre in Warschau schilderte, als auch der Brief, in dem sie Hans Diefenbach ihre Schweizer Sehnsuchtslandschaft beschrieb, oder auch der Brief, in dem sie Mathilde Wurm schrieb, dass sie sich dort zu Hause fühle, wo es Wolken, Vögel und Menschentränen gebe, entstanden während der ersten Monate der Schutzhaft.

Kaum war Luxemburg in Wronke angekommen, musste sie sich wieder mit dem Ermittlungsverfahren befassen, das die Staatsanwaltschaft Düsseldorf im Mai 1915 gegen die Herausgeber der Zeitschrift *Die Internationale* und weitere Mitwirkende eingeleitet hatte. Die Staatsanwaltschaft war von bemerkenswerter Hartnäckigkeit und hatte für den 24. November 1916 erneut einen Hauptverhandlungstermin angesetzt, aber die Umstände sprachen gegen dieses Vorhaben. Clara Zetkin war schwer krank und in keiner Weise verhandlungsfähig.[1929] Die beiden Herausgeber Luxemburg und Mehring befanden sich in militärischer Schutzhaft, und der Verleger Peter Berten war zum Kriegsdienst einberufen worden. Mehrings Anwalt Oscar Cohn hatte einen Besuchstermin bei Luxemburg beantragt, um sich mit ihr über die Verteidigung zu verständigen. Dieser Antrag wurde bewilligt, allerdings erst, als der Termin schon vorbei war. Siegfried Weinberg, der Anwalt von Rosa Luxemburg, stand an der Front, sodass eine Vorbereitung der Verteidigung gar nicht möglich war, und die Korrespondenz ging immer über das Oberkommando in den Marken und war dadurch so langsam, dass die Zeit für eine sinnvolle Vorbereitung ohnehin in keiner Weise ausreichte. Luxemburg beantragte deshalb die Aufhebung des angesetzten Termins.[1930] Dieser Antrag wurde abgelehnt.[1931] Aufgehoben wurde der Termin aber trotzdem, weil auch der Gesundheitszustand von Franz Mehring so schlecht war, dass er nicht zur Verhandlung nach Düsseldorf überführt werden konnte. Die Staatsanwaltschaft unternahm noch mehrere Anläufe, einen Verhandlungstermin zustande zu bringen, bis dann 1918 Verjährung eintrat. Danach wurde die Sache tatsächlich ad acta gelegt.[1932]

Nach der Reichskonferenz vom September 1916 setzte sich die faktische Spaltung der SPD rasch weiter fort. Schon im Dezember 1916 wurde der von den Linksradikalen dominierte Bremer Wahlverein in toto aus der Partei ausgeschlossen, weil man dort den Beschluss gefasst hatte, keine Beiträge mehr an den Vorstand zu überweisen. Am 7. Januar 1917 berief auch die SAG eine Reichskonferenz ein, so wie einige Monate zuvor der Parteivorstand. Es war eine Konferenz der Opposition, an der 138 Delegierte und 19 Reichstagsabgeordnete teilnahmen, unter ihnen 35 Spartakisten.[1933] Vor allem Kautsky hatte die Sache vorangetrieben. Die Erfolgsaussichten der Reichskonferenz des Parteivorstands hatte er schon im Vorfeld pessimistisch beurteilt: »Mir ist übrigens in der Parteigeschichte kein Fall erinnerlich, in dem vorhandene tiefgehende Gegensätze durch Aussprache gemildert worden wären. Die führenden Elemente der verschiedenen Richtungen wissen doch stets genau, um was es sich handelt. Die brauchen nicht erst die Aussprache, um es zu erfahren.«[1934] Kautsky sah andererseits die Gefahr, dass die Radikalen beider Flügel immer stärker werden: »Die Gefahr, die von der Spartacusgruppe droht, ist eine große. Ihr Radikalismus entspricht den augenblicklichen Bedürfnissen der breiten, ungeschulten Massen. Liebknecht ist heute der populärste Mann in den Schützengräben […].«[1935] Nach seiner Überzeugung würde nicht die von den Rechten beherrschte Fraktionsmehrheit, von der die Initiative zu der Konferenz im September ausgegangen war, wohl aber die Zentristen in der Lage sein, die Einheit der Partei zu erhalten: »Wir sind das Zentrum, von dessen Größe es abhängt, ob es ihm gelingt, die zentrifugalen Kräfte von rechts und links zu überwinden.«[1936] Deshalb war ihm die Reichskonferenz wichtig. Er wollte nicht so sehr die Spaltung der Partei vorantreiben, sondern er wollte vor allem die Vorherrschaft der Zentristen innerhalb der Opposition sichern. Die Gruppe Internationale erklärte auf der Konferenz, dass sie so lange in der SPD verbleiben wolle, wie das die selbstständige politische Aktion nicht hemme. Im Übrigen gelte: »Die Opposition verbleibt in der Partei, nur um die Politik der Mehrheit auf Schritt und Tritt zu durchkreuzen und zu bekämpfen.«[1937] Hinter dieser Resolution, die nur 34 Stimmen der Spartakisten erhielt, stand die Überzeugung, man dürfe auf keinen Fall den Kontakt mit den Massen verlieren: »Nicht Spaltung oder Einheit, nicht neue Partei oder alte Partei heißt die Parole, sondern Zurückerobern der Partei von unten aus der Rebellion der Massen, die die Organisation und ihre Mittel in eigene Hände nehmen müssen […].«[1938] Das war die Grundlinie der Gruppe Internationale, wie auch Jogiches sie offensiv vertrat. Die SPD als Organisation der Arbeitermassen sollte das Rekrutierungsfeld für den antiimperialistischen Klassenkampf sein und bleiben.[1939]

Die SPD verlor allerdings zunehmend die Lust, ihre Aufgabe als Rekrutierungsfeld wahrzunehmen. Am 18. Januar entschied der Parteiausschuss mit 29 gegen 10 Stimmen,[1940] die Mitglieder der SAG sowie die führenden Vertreter der Spartakusgruppe aus der Partei auszuschließen. Die Wahlkreisorganisationen wurden aufgefordert, mit den Anhängern der beiden Oppositionsströmungen ebenso zu verfahren. Der SAG wurde vorgeworfen, sie habe die Reichskonferenz veranstaltet, um sich innerhalb der Partei als selbstständige Organisation zu konstituieren: »Dieses mit den Organisationsverhältnissen einer Partei unvereinbare Vorgehen war nur die Krönung eines Zerstörungswerks, das die Opposition seit Jahr und Tag betreibt.«[1941] Maßgeblich vorangetrieben hatte den Parteiausschluss der Opposition Friedrich Ebert. Dabei interpretierte er die militärische Lage, die sich für Deutschland inzwischen verschlechtert hatte, in eigenwilliger Weise: »Deutschland kämpft heute in der Tat um sein nacktes Dasein und um seine Zukunft; niemand kann heute ernstlich bestreiten, dass sich Deutschland in der Abwehr befindet.« Wenn jemals

Zweifel daran bestanden hätten, dass das Deutsche Reich lediglich einen Verteidigungskrieg führe, könne davon inzwischen keine Rede mehr sein und insofern sei doch eigentlich jeder Grund für den innerparteilichen Streit entfallen. Er fügte hinzu: »Erst der enge Zusammenhang zwischen unserer Friedensarbeit und der Anerkennung der Pflicht zu Landesverteidigung hat uns Einfluss verschafft auf die Politik des Reiches.«[1942] Worin dieser Einfluss bestehen sollte, verriet Ebert allerdings nicht. In Wirklichkeit war es eher so, dass sich die Partei der Politik der Reichsleitung immer mehr untergeordnet und sogar das im Dezember 1916 verabschiedete Gesetz über den vaterländischen Hilfsdienst mitgetragen hatte, das für jeden männlichen Deutschen zwischen 17 und 60 Jahren eine gesetzliche Arbeitsverpflichtung in einem kriegswichtigen Betrieb geschaffen hatte. Zwei Tage nach dem Beschluss des Parteiausschusses wandte sich der Parteivorstand mit einer Erklärung an die Parteiöffentlichkeit, die noch einmal in aller Deutlichkeit sagte: »Die Genossen und Organisationen, die sich mit den Beschlüssen der Reichskonferenz der oppositionellen Gruppen solidarisch erklären, können nicht gleichzeitig Mitglieder der Sozialdemokratischen Partei sein oder bleiben. Das eine schließt das andere aus.«[1943] Damit war die Trennung ganz offiziell vollzogen. Der SPD, die in den Kriegsjahren ohnehin schon mehr als die Hälfte ihrer Mitglieder verloren hatte, stand ein erheblicher Aderlass bevor. Ganze Ortsvereine verließen nun die Partei. Und es dauerte nicht lange, bis sich auf einer zweiten Reichskonferenz der Opposition eine neue Partei etablierte.

Rosa Luxemburg hatte noch unmittelbar vor der Konferenz einen Artikel veröffentlicht, in dem sie die SPD einerseits als einen »Haufen organisierter Verwesung« bezeichnet, andererseits aber dafür plädiert hatte, aus der Partei nicht auszutreten, sondern in ihr um die Mehrheit zu ringen.[1944] Drei Wochen nach diesem Artikel publizierte sie einen zweiten Brief an die Gesinnungsfreunde,[1945] der deutlich machte, dass die Isolation in der Festung ihren Preis forderte. Sie warf der SAG mit heftigen Worten vor, der Parteimehrheit in die Hände zu arbeiten, indem sie die offizielle Lüge von der Parteieinheit mitmache und die blutige Komödie des Instanzenlebens unterstütze, eine Behauptung, die durch den Gang der Ereignisse eigentlich obsolet geworden war. Der Mehrheit selbst schleuderte Luxemburg eine Hassorgie entgegen, die auch durch große Enttäuschung kaum mehr erklärbar ist. Das Proletariat müsse erkennen,

> dass die Scheidemann & Co. wie die Legien & Co. mehr und anderes sind als bloß ungetreue Verwalter der Ämter der Arbeiterbewegung, als Renegaten des internationalen Sozialismus. Sie sind heute [...] nichts anderes als Vertreter der herrschenden Klassen [...]. Die offizielle Sozialdemokratie und die Freien Gewerkschaften sind Einrichtungen des bürgerlichen Klassenstaates geworden, so gut wie Kirche, Polizei und Gefängnisse, nur mit dem Unterschied, dass dort organisierte Massen des sozialistischen Proletariats durch Täuschung geistig versklavt und korrumpiert werden.[1946]

Der Zerfall dessen, »was sich heute deutsche Sozialdemokratie nennt«, war nach ihrer Überzeugung nur eine Frage der Zeit. Dennoch plädierte sie weiterhin dafür, aus der Partei nicht auszutreten: »Der Klassenkampf muss jetzt eben auch innerhalb der Sozialdemokratie ausgefochten werden.«[1947] Das war die Linie, die sie immer vertreten hatte: »Wir dürfen nicht außerhalb der Organisation, außer Kontakt mit den Massen stehen. Die schlechteste Arbeiterpartei ist besser wie keine.«[1948] Doch sie und ihre Gesinnungsfreunde waren durch den Beschluss des Parteiausschusses vom 18. Januar de facto nicht mehr Teil der Partei, die sie von innen so fanatisch bekämpfen wollte.

Der Kontrast zu der Rosa Luxemburg, die uns zur selben Zeit in der Korrespondenz entgegentritt, könnte größer nicht sein. Sie schrieb an »Sonjuschka, mein kleines Vöglein«, »Lulu, geliebte«, »mein liebes, liebes Martchen«, »meine liebste Mathilde«, »mein liebes Hänschen« und »meine liebste Klara«.[1949] Nahezu alle Briefe in dieser Zeit richteten sich an enge Freunde. Politik und Weltgeschehen spielten kaum eine Rolle in ihnen, stattdessen ging es um den herrlichen Christbaum, den sie bekommen hatte, Vogelkästen, die eigens für sie angefertigt wurden, das »Drama in Sillenbuch« (Friedrich Zundel hatte sich von Clara Zetkin getrennt und eine Beziehung mit der Tochter von Robert Bosch begonnen), flammende Sonnenuntergänge, ein Froschkonzert um Mitternacht, überhaupt die Tier- und Pflanzenwelt, die stets ihre Aufmerksamkeit besonders beanspruchte, und natürlich um ihr Befinden, das erheblichen Schwankungen unterlag. Abgesehen von dem Magenleiden, das als Thema immer präsent war, gab es – wie kaum anders denkbar – immer wieder auch depressive Verstimmungen. Aber mit der ihr eigenen Empathie nahm sie auch starken Anteil am Schicksal anderer. In der Korrespondenz mit Sophie Liebknecht, die eigentlich Sonja hieß, ging es vor allem um das Schicksal von Karl, der zu einer langjährigen Haftstrafe verurteilt war, was weit weniger angenehm war als die militärische Schutzhaft, auch die Chance auf ein vorzeitiges Ende bestand hier nicht. Bis zu ihrer Verhaftung hatten Rosa und Sophie sich nahezu täglich gesehen und waren darüber zu guten Freundinnen geworden. Und auch aus der Haft versuchte Rosa immer wieder, ihrer Freundin Mut zuzusprechen. Insgesamt 35 Briefe schrieb sie ihr zwischen dem 7. Juli 1916 und dem 18. Oktober 1918, die 1920 erstmals in Buchform erschienen,[1950] rasch zum Bestseller wurden und das Bild von Rosa Luxemburg lange geprägt haben.

Sophie besuchte Rosa auch im Gefängnis, einmal in Wronke[1951] und zweimal in Breslau. Das waren jedes Mal mehrtägige Unternehmungen. Die Anreise gestaltete sich in Kriegszeiten beschwerlich, und man musste sich »überfüllte Züge mit frechen, schimpfenden Soldaten«[1952] teilen. War man endlich da, so war trotz der weiten Anreise die erlaubte Sprechzeit sehr beschränkt, »sie verstrich schneller als uns lieb war«.[1953] Man durfte wiederkommen, aber erst am Tag darauf. So war es durchaus ein Zeichen besonderer Zuneigung, dass Sophie sich insgesamt dreimal auf den Weg in die Provinz Posen machte, zumal sie sich ja auch um die Kinder aus Karls erster Ehe kümmern musste. Natürlich wurde auch sie bei diesen Gelegenheiten in das von Mathilde Jacob organisierte Kommunikationssystem eingespannt. Dabei stellte sie sich offenbar nicht ganz so geschickt an: »Rosa und ich hatte ganz gleiche, schwarze, durch nichts auffallende Taschen – die mussten ausgetauscht werden. Es gelang am ersten Tag nicht. Am zweiten Tag, als ich wieder ins Zimmer, wo Rosa wartete, geführt wurde, umarmte ich sie, und wir tauschten die Taschen, der Offizier schwieg.«[1954] Als die erlaubte Besuchsstunde abgelaufen war, erhob sich der Offizier: »Meine Damen, Sie haben die Taschen getauscht. Widersprechen Sie nicht, ich habe es gesehen. Ich will aber darüber hinwegsehen, weil ich Frau Luxemburg hoch achte.« Auf dem Korridor versicherte der Offizier Sophie Liebknecht noch einmal, er werde keine Anzeige erstatten. Trotzdem hatte der ganze Vorgang sie sehr schockiert: »Wer ungeschickt beim Tauschen gewesen war, Rosa oder ich, weiß ich nicht mehr. Sie hat jedenfalls Informationsmaterial bekommen, und ich habe ihre Arbeiten nach Berlin gebracht. Seitdem führte mich mein Weg niemals mehr nach Breslau.«[1955]

Luxemburgs Bedürfnis nach Zuwendung war wie immer groß. Mathilde Jacob erhielt nicht nur regelmäßig Anweisungen, was sie alles zu tun und zu besorgen habe. Am Schluss eines solchen Briefes hieß es dann unter Umständen: »Schreiben Sie jetzt einen ordentlichen Brief wieder einmal, ich kann's brauchen.«[1956] Und kurz darauf wurde auch Hans Diefenbach ins Gebet genommen: »Was machen Sie für Sachen! Sie schreiben am 13., dass Sie ›morgen‹ einen ausführlichen Brief senden, und dann schweigen Sie zwei Wochen. [...] Also bessern Sie sich. Und schreiben Sie nicht so lange an einem Brief oder wenigstens häufiger Karten dazwischen.«[1957] In demselben Brief kam sie noch auf ein ganz anderes Thema zu sprechen: »Wie mich Russland innerlich in Aufruhr gebracht hat, können Sie sich ja denken. So mancher alte Freund, der in Moskau, in Petersburg, Orel oder Riga seit Jahren im Kerker schmachtete, spaziert jetzt frei. Wie mir das mein Sitzen hier erleichtert.«[1958]

In Petrograd, wie die russische Hauptstadt St. Petersburg seit 1914 hieß, waren am 8. März 1917[1959] Streiks ausgebrochen, aus denen sich rasch ein Generalstreik entwickelte. Das zaristische Russland war den Anforderungen des Kriegs weder militärisch noch wirtschaftlich gewachsen. Im dritten Kriegsjahr gab es immer mehr Demonstrationen verzweifelter Menschen, die hungerten und immer drängender nach Brot und Frieden verlangten. Der ausbleibende Erfolg auf den Schlachtfeldern hatte einen großen Vertrauensverlust in die Führung des Landes und eine wachsende

Kriegsmüdigkeit nach sich gezogen. Dennoch erteilte Zar Nikolaus II. den berittenen Kosaken den Befehl, gewaltsam gegen die Demonstranten vorzugehen. Die Kosaken befolgten diesen Befehl nur zögerlich, es gab dennoch mehrere Tote bei den Auseinandersetzungen. Aber die Menschen ließen sich nicht aufhalten, inzwischen demonstrierten in der ganzen Stadt Hunderttausende, und etliche Kosaken schlossen sich ihnen an. Am 11. März liefen auch die Soldaten der Petrograder Garnison zu den Aufständischen über, die bald die ganze Stadt beherrschten. Am Tag darauf schlossen sich auch die Truppen, die der Zar nach Petrograd entsandt hatte, dem Aufstand an. Die Duma, das 1912 gewählte Parlament, trat nach längerer Pause wieder zusammen, und am 15. März musste Nikolaus II. abdanken. 300 Jahre lang hatte die Dynastie der Romanows geherrscht, jetzt war die Zarenherrschaft beendet. Erster Ministerpräsident der Russischen Republik wurde Fürst Georgi Jewgenjewitsch Lwow, der eine Provisorische Regierung anführte. Diese »Februarrevolution«, die nach unserem gregorianischen Kalender im März stattfand, war eine bürgerliche Revolution, die versuchte, Entwicklungen nachzuholen, die in den Ländern Westeuropas schon früher stattgefunden hatten.

Lenin, den es angesichts der aktuellen Ereignisse nicht mehr in seinem Schweizer Exil hielt, bestieg nach intensiven Verhandlungen mit der deutschen Regierung am 9. April in Zürich einen Sonderzug, in dem er und seine Begleiter ohne Kontrollen Deutschland durchqueren konnten. Am späten Abend des 16. April traf er in Petrograd ein. Auf dem Bahnhofsvorplatz erwarteten ihn begeisterte Menschenmassen. Auf einem Panzerwagen stehend hielt er seine erste Rede, die mit den Worten endete: »Es lebe die sozialistische Weltrevolution!«[1960] Lenin hatte sich auf seine Rückkehr intensiv vorbereitet, und er war entschlossen, so schnell wie möglich die Kontrolle über die SDAPR (B) zu gewinnen. Er hatte ein fertiges Revolutionskonzept in der Tasche, und bereits am nächsten Tag sprach er vor den bolschewistischen Mitgliedern des örtlichen Sowjets »Über die Aufgaben des Proletariats in der gegenwärtigen Revolution«. Diese »April-Thesen« wurden drei Tage später in der *Prawda* veröffentlicht[1961] und enthalten den Kern seines Programms: alle Macht den Sowjets, Beendigung des Krieges,

Enteignung des Großgrundbesitzes, Verstaatlichung der Banken und Bildung einer Nationalbank, Gründung einer revolutionären Internationale als Ersatz für die gescheiterte Sozialistische Internationale, Umbenennung der Partei, da der Begriff »Sozialdemokratie« durch die Burgfriedenspolitik unrettbar diskreditiert war. Am 22. April erschien in der *Prawda* der Artikel »Über die Doppelherrschaft«,[1962] in dem Lenin das Nebeneinander von Duma und Sowjets, d. h. der Provisorischen Regierung, die eine Regierung der Bourgeoisie war, und den Arbeiter- und Soldatenräten kritisierte. Die Räte sollten eine revolutionäre Diktatur errichten, die sich »auf die revolutionäre Machtergreifung stützt, auf die unmittelbare Initiative der Volksmassen von unten, und nicht auf ein von einer zentralisierten Staatsmacht erlassenes Gesetz«.[1963]

Schon in den April-Thesen hatte er die Forderung nach einem »Kommunestaat« erhoben,[1964] einem Staat nach dem Vorbild der Pariser Kommune von 1871. Quelle der Macht sollte »die direkte, von unten kommende Initiative der Volksmassen« sein. Die direkte Bewaffnung des ganzen Volkes sollte an die Stelle von Polizei und Armee treten. Die Beamtenschaft sollte durch »die unmittelbare Herrschaft des Volkes selbst« ersetzt werden.[1965] Lenin verwarf die zuvor beschlossene Strategie der Deputierten der Arbeiter- und Soldatenräte, die Provisorische Regierung lediglich kontrollierend einzuhegen. Die bürgerliche Revolution sei bereits an ihr Ende gekommen und nun gelte es, die kapitalistische Regierung zu überwinden. Auch die vor seiner Rückkehr beschlossene Wiedervereinigung von Bolschewiki und Menschewiki lehnte er ab und plädierte stattdessen für die Gründung einer Kommunistischen Partei. Lenins Konzeption war wie immer kompromisslos. Am Anfang wurde sie von fast allen abgelehnt. Auch Lew Kamenew, der Redaktionsleiter der *Prawda*, versah die Veröffentlichung der April-Thesen mit der Anmerkung, es handle sich um die »persönliche Meinung des Genossen Lenin«.[1966] Wie wir wissen, sollte diese persönliche Meinung aber schon wenige Monate später eine sehr weitreichende Geltungskraft besitzen.

Währenddessen lud die SAG für den 6. bis 8. April 1917 zu einer »nichtöffentlichen Oppositionskonferenz« ins Volkshaus zum Mohren im thüringischen Gotha, jener Stadt, in der sich 1875 Eisenacher und ADAV zur Sozialdemokratische Arbeiterpartei (SDAP) vereinigt hatten, die sich ab 1891 dann SPD nannte. Unterzeichnet war die Einladung von den Reichstagsabgeordneten Dittmann, Haase, Ledebour und Vogtherr. In seiner Eröffnungsrede sandte Hugo Haase einen Gruß an das revolutionäre Russland: »Märzstürme brausen durch die Welt. Das Morgenrot der Freiheit leuchtet über Russlands Grenzen bis in diesen Saal hinein. Alle Versammelten sind erfüllt von Bewunderung für die russischen Brüder, die für Freiheit und Frieden kämpfen.«[1967] Für die Gruppe Internationale stellte sich zunächst die Frage, ob sie an der Konferenz überhaupt teilnehmen sollte. Luxemburg und Jogiches bejahten das entschieden. Luxemburg sah es schon deshalb als zwingend an, weil die Gruppe selbst so eine Konferenz »vor Jahr und Tag mit allem Nachdruck« gefordert hatte und die zögerliche SAG nun endlich dieser Forderung nachgekommen war.[1968] Die Spartakisten fuhren nach Gotha und traten der dort gegründeten USPD dann auch bei, was in der Logik ihrer bisherigen Position lag. Eigentlich wären sie lieber in dem »Haufen organisierter Verwesung« geblieben, aber diese Option bestand nicht mehr. Ganz unumstritten war die Entscheidung zum Beitritt allerdings nicht.

Die Bremer Linksradikalen, die stark unter dem Einfluss von Lenin standen, wollten lieber getrennt marschieren als ideologische Kompromisse eingehen, was dazu führte, dass die Spartakisten sich von ihnen in Gotha distanzierten: »Unsere Haltung deckt sich nicht vollständig mit dem Standpunkt der Bremer Genossen.«[1969] Schon im Vorfeld hatte es Auseinandersetzungen gegeben. Die Bremer hielten den Beitritt der Gruppe Internationale zur USPD für einen »verhängnisvollen Schritt«.[1970] Sie sahen keinen grundsätzlichen Unterschied zwischen den »Ledebouristen« und den »Sozialpatrioten«. Einen Tag vor Beginn der Gothaer Konferenz überreichten sie der Gruppe Internationale eine Erklärung, in der sie ankündigten: »Sollte die Gruppe ›Internationale‹ eine organisatorische Verbindung mit der [S.] A. G. in irgendeiner Form eingehen, so werden wir genötigt sein, im vollen Gegensatz zu ihr die Gründung einer eigenen linksradikalen Organisation, der Internationalen Sozialdemokratie

Deutschlands, vorzunehmen.«[1971] Diese Gruppe blieb, ähnlich wie die um Borchardts *Lichtstrahlen*, nahezu ohne Einfluss, auch wenn sie nicht ganz so klein war. Die treibende Kraft hinter diesem Separatismus war Johann Knief, der auch die *Arbeiterpolitik. Wochenschrift für wissenschaftlichen Sozialismus* herausgab. Er war auch später von der Richtigkeit seines Weges überzeugt. Im November 1918 hatte Radek ein Gespräch mit ihm: »Nach dem Block Ebert und Haase kommt der Block Ledebour-Liebknecht-Luxemburg. Und erst nach ihnen kämen wir. Er forderte die Gründung einer bolschewistischen Partei unabhängig von Rosa Luxemburg.«[1972] Die Bremer schlossen sich der KPD nach ihrer Gründung zwar an, verließen sie aber bald wieder und fanden eine Heimat in der 1920 gegründeten KAPD, die nur vorübergehend eine gewisse Bedeutung erlangte.

An der Gründungsversammlung der USPD nahmen 124 Delegierte aus 91 verschiedenen Wahlkreisorganisationen teil sowie 15 Reichstagsabgeordnete. Haase und Ledebour wurden zu Vorsitzenden gewählt, auch die weiteren Vorstandsmitglieder, unter ihnen Luise Zietz und Wilhelm Dittmann, gehörten zumeist dem marxistischen Zentrum an. Aber insgesamt war die USPD, wie zuvor schon die Fronde der Kriegskreditverweigerer, eine heterogene Formation. Neben dem engagierten Rechtsanwalt Haase, der wie Kautsky ein Zentrist war, gab es Revisionisten wie Eisner und Bernstein, aber eben auch die marxistischen Revolutionäre der Spartakusgruppe. In Berlin, wo über 80 Prozent der SPD-Mitglieder zur USPD übertraten, waren außerdem die Revolutionären Obleute sehr aktiv, die innerhalb der Gewerkschaftsstrukturen in verschiedenen Industriebetrieben ein unabhängiges Netzwerk frei gewählter Vertrauensleute aufgebaut hatten. Sie lehnten die Burgfriedenspolitik ab, bildeten eine betrieblich organisierte Arbeiteropposition und schlossen sich ebenfalls der USPD an. Nur die Bremer Linksradikalen blieben fern. Bei aller Heterogenität der Beteiligten dominierte die Idee, die SPD kehre zu ihren Wurzeln zurück. Der Tagungsort war nicht zufällig gewählt, und auch das Organisationsstatut der USPD glich in weiten Teilen dem der Mutterpartei. Dieses Traditionsbewusstsein dokumentierten auch die in Gotha verabschiedeten

»Grundlinien der USPD«, die in allem auf die sozialdemokratische Tradition Bezug nahmen:

> Die Opposition der sozialdemokratischen Parteien Deutschlands will im Interesse der Arbeiterklasse eine unabhängige und selbstständige Politik betreiben, geleitet von den Grundsätzen und Forderungen des Parteiprogramms, der Parteitagsbeschlüsse und der Beschlüsse der internationalen Kongresse. Sie steht in grundsätzlicher Opposition zum herrschenden Regierungssystem, zur Kriegspolitik der Reichsregierung und zu der vom Parteivorstand im Regierungsfahrwasser geführten Politik der nominellen Partei.[1973]

Für die SPD war der durch die Abspaltung verursachte Aderlass gewaltig. Am 31. März 1914 hatte die Partei noch 1,086 Millionen Mitglieder. Zwei Jahre später waren es, bedingt durch die vielen Einberufungen, nur noch 483 000. Am 31. März 1917 hatte sich die Zahl noch einmal fast halbiert auf 243 000. Etwa 120 000 Parteigenossen hatten sich inzwischen der USPD angeschlossen. Nicht wenige Bezirke, außer Berlin z. B. Erfurt, Leipzig, Braunschweig und Frankfurt/Main, gingen in ihrer großen Mehrheit zu der neuen Partei über. Dort, wo die Opposition in der Minderheit war, traten ihre Anhänger aus den Wahlkreisorganisationen aus und gründeten neue Zusammenschlüsse. In Leipzig wechselten die 30 000 Sozialdemokraten nahezu geschlossen zu der neuen Partei. Die *Leipziger Volkszeitung*, die als Aktiengesellschaft dem Zugriff des Parteivorstands entzogen war, wurde die Stimme der USPD. Das war eine der wichtigsten sozialdemokratischen Zeitungen, zugleich auch die einzige, über die die neue Partei verfügte, abgesehen von dem *Mitteilungsblatt des Verbandes der Sozialdemokratischen Wahlvereine Berlins und Umgebung. Die Freiheit*, die offizielle Parteizeitung der USPD, wurde erst am 15. November 1918 gegründet.

Auch Clara Zetkin schloss sich der USPD an. Das blieb nicht ohne Folgen. Bisher war sie immer noch Herausgeberin der *Gleichheit*, die bei aller Distanz zu Frauenfragen für Luxemburg in den letzten Jahren eine der letzten guten Publikationsmöglichkeiten gewesen war. Seit Oktober 1914 hatte es in der *Gleichheit* auch eine Rubrik »Für den Frieden« gegeben, in der regelmäßig über Friedenskundgebungen im Ausland, z. B. in den neutralen USA, über Aktivitäten des Frauenbundes der Deutschen Friedensgesellschaft oder vergleichbare Themen berichtet wurde. 1917 nahm dann auch die Berichterstattung über die revolutionären Vorgänge in Russland breiten Raum ein. Frecherweise hatte *Die Gleichheit* noch eine zweite Rubrik eingerichtet, die »Burgfrieden« hieß. Dort brachte die Redaktion gerne Berichte über das Vorgehen der Behörden gegen Liebknecht und Luxemburg, was natürlich zugleich auch eine indirekte Kritik an der eigenen Partei war. Diese Rubrik erregte das Missfallen der Militärzensur und musste umbenannt werden. Sie erhielt den unverfänglichen Namen »Aus dem öffentlichen Leben«. Doch am 8. Juni 1917 war der Aufmacher der Zeitschrift mit »In eigener Sache« überschrieben. Er begann mit den Worten: »Die vorliegende Nummer der ›Gleichheit‹ ist nicht mehr von ihrer bisherigen langjährigen Leiterin, der Genossin Klara Zetkin, redigiert worden, sondern der Parteivorstand als die verantwortliche Körperschaft der deutschen Sozialdemokratie hat die Redaktion des sozialdemokratischen Frauenblattes in andere Hände gelegt.«[1974] Zetkin durfte sich zu dem ihr auferlegten Abschied nicht äußern. Ihr Abschiedsgruß erschien in der *LVZ*. Dort bekannte sie sich noch einmal emphatisch zu ihrer Rolle als Bannerträgerin des internationalen Sozialismus und der Sozialistischen Fraueninternationale. Die Umwandlung der *Gleichheit* in eine »gehorsame Magd der Vorstandspolitik« als Folge der organisatorischen Trennung hatte sie nicht überrascht. Sie erklärte sich schuldig, sich der Reichstagsfraktion entgegengestellt zu haben, die »die Grundsätze des Sozialismus als hinderlichen Ballast über Bord warf«.[1975] Pläne, ein »Ersatzblatt« zu schaffen, scheiterten an den Behörden, die die dafür erforderlichen Genehmigungen nicht erteilen wollten, sodass die Publikationsmöglichkeiten der linken Opposition ein weiteres Mal geschrumpft waren.[1976]

In seiner Eröffnungsansprache hatte Hugo Haase in Gotha die Russische Revolution begrüßt. Er hatte dabei auf einen Appell des Petrograder

Sowjets »An die Völker der ganzen Welt« vom 27. März 1917 Bezug genommen, in dem sich eine Passage ganz direkt an die deutsche Arbeiterschaft richtete:

> Seit den ersten Kriegstagen hat man Euch die Überzeugung beizubringen gesucht, dass, indem ihr gegen das absolutistische Russland die Waffen erhebt, ihr die Kultur Europas gegen den asiatischen Despotismus verteidigt. Viele von Euch sahen darin eine Rechtfertigung jener Unterstützung, die ihr dem Krieg zuteilwerden ließet. Nunmehr gibt es auch diese Rechtfertigung nicht, denn das demokratische Russland kann Freiheit und Kultur nicht bedrohen.[1977]

Gefordert wurde ein Frieden ohne Annexionen und Kontributionen. Dieses von Maxim Gorki entworfene Manifest war gewissermaßen ein Stoß ins Herz derjenigen, die immer noch weitere Kriegskredite genehmigen wollten. Es war, in den Worten von Wilhelm Dittmann, »ein Funke im Pulverfass des deutschen Proletariats«.[1978] Auch die SPD kam nicht umhin, sich zu den welthistorischen Ereignissen in Russland zu verhalten. Am 18./19. April tagte der erweiterte Parteiausschuss und verabschiedete eine Resolution, deren entscheidende Passage lautete: »Wir begrüßen mit leidenschaftlicher Anteilnahme den Sieg der russischen Revolution und das durch ihn entfachte Wiederaufleben der internationalen Friedensbestrebungen. Wir erklären unser Einverständnis mit dem Kongressbeschluss des russischen Arbeiter- und Soldatenrates, einen gemeinsamen Frieden vorzubereiten, ohne Annexionen und Kriegsentschädigungen auf der Grundlage einer freien nationalen Entwicklung aller Völker.«[1979] Es mag dahingestellt bleiben, wie leidenschaftlich diese Anteilnahme war. Die Dinge gerieten jedenfalls in Bewegung, wobei die Initiative zunächst nicht von der SPD ausging.

Rosa Luxemburg, die das Geschehen notgedrungen aus der Abgeschiedenheit ihrer Gefängniszelle verfolgte, reagierte begreiflicherweise euphorisch. »Die herrlichen Dinge in Russland« waren für sie »wie Lebenselixier. Das ist ja für uns alle eine Heilsbotschaft, [...] ich fürchte, ihr alle schätzt das nicht genügend hoch, empfindet nicht genügend, dass es unsere eigene Sache ist, die dort siegt.« Sie war optimistisch: »[…] ich bin felsenfest überzeugt, dass eine neue Epoche jetzt beginnt und dass der Krieg nicht mehr lange dauern kann.«[1980]

Diese Hoffnung ist sehr verständlich, und eine neue Epoche begann tatsächlich. Aber auch hier bestätigte sich wieder die alte Erkenntnis, dass es wesentlich leichter ist, einen Krieg zu beginnen, als ihn zu beenden, selbst wenn auf allen Seiten die anfängliche Begeisterung längst erloschen ist. Es sollte noch eineinhalb Jahre dauern, bis er wirklich zu Ende war. Luxemburg hatte erstmals zu den Ereignissen Stellung genommen, als der Petrograder Sowjet sich bereits konstituiert, aber das zitierte Manifest noch nicht verabschiedet hatte. Angesichts der »Unsicherheit und Verworrenheit der Nachrichten«[1981] zu diesem Zeitpunkt war ihre Einschätzung noch von einer gewissen Unsicherheit geprägt. Sie erkannte richtig, dass es sich um eine bürgerliche Revolution handelte, überschätzte aber zugleich die Macht der russischen Bourgeoisie. Sie glaubte, Ursache der Revolution sei vor allem die Unzufriedenheit mit dem Zaren, der nicht in der Lage war, den Krieg erfolgreich durchzufechten, und das Bürgertum lechze danach, den Krieg weiterzuführen: »Daraus ergibt sich schon die Hinfälligkeit des Versuchs, die russische Revolution als einen Vorboten des Friedens zu begrüßen.«[1982]

Einige Wochen später las sich das schon anders. In Luxemburgs zweitem Aufsatz stand nicht mehr die Bourgeoisie, sondern das Proletariat als handelndes Subjekt im Mittelpunkt: »Der Krieg hat um einige Jahre hinausgeschoben, er konnte nicht verhindern, was bereits vor seinem Ausbruch vernehmbar heranrückte: das Wiederaufflammen der Revolution.«[1983] Sie sah die Februarrevolution zu Recht als Fortsetzung dessen, was 1905 begonnen worden war. Und auch wenn dies erst ein »schwacher Anfang«[1984] war, stellte es all jene, die behauptet hatten, sie müssten in den Krieg ziehen, um die Untertanen des Zaren vom Joch des Absolutismus zu befreien, vor große Rechtfertigungsprobleme: »Wie begossene Pudel schauen die deutschen ›Befreier‹ auf das Werk der russischen Revolution.«[1985] Der Aufsatz schloss mit der Frage: »Russland befreit sich selbst.

Wer wird Deutschland von Säbeldiktatur, ostelbischer Reaktion und imperialistischem Völkermord befreien?«[1986]

Das war eine Frage, die sich mit kaum zu ignorierender Deutlichkeit an die Sozialdemokratie richtete. Die Mehrheitssozialdemokraten verfolgten, was sie nicht ohne Weiteres zugegeben hätten, die Ereignisse in Russland mit gemischten Gefühlen. Sie sahen die Notwendigkeit, ihre Forderung nach innenpolitischen Reformen nunmehr mit noch größerem Nachdruck vorzutragen und sich nicht länger auf die Zeit nach dem Krieg vertrösten zu lassen. Auch auf dem Feld der Außenpolitik mussten sie massiver als in der Vergangenheit für einen Verständigungsfrieden werben, nachdem es durch die Februarrevolution zu einer Verkehrung der Positionen gekommen war. Für die russischen Sozialdemokraten war das semiabsolutistische Deutschland nunmehr der Hort der Reaktion, gegen den es die Errungenschaften der Russischen Revolution zu verteidigen gelte.[1987] Ein Separatfrieden, wie er dann ein knappes Jahr später zustande kam, wurde zu diesem Zeitpunkt von allen Parteien, einschließlich der Bolschewiki, abgelehnt. Man befürchtete, dies könne zu einer Restauration des Zarismus führen, der sich dann womöglich mit den Mittelmächten gegen England und Frankreich verbünden würde. Für die Sozialisten in diesen Ländern war die Februarrevolution höchst willkommen. Endlich mussten sie nicht länger nach Rechtfertigungen dafür suchen, dass ihre Regierungen sich ausgerechnet mit dem rückständigsten Regime Europas, dem des russischen Zaren, verbündet hatten. Führende Sozialdemokraten wie Émile Vandervelde, Arthur Henderson oder der französische Rüstungsminister Albert Thomas reisten im Frühjahr 1917 nach Russland, um auf ihre russischen Genossen einzuwirken, keinesfalls einem Separatfrieden mit Deutschland zuzustimmen, der die Position der Mittelmächte im Krieg mit den Westalliierten unweigerlich gestärkt hätte.[1988]

Die große Verbitterung, die angesichts eines nicht enden wollenden Krieges und der katastrophalen Verhältnisse an der Heimatfront herrschte, war auch der SPD bewusst. Im Juli 1917 erklärte Friedrich Ebert im Hauptausschuss des Reichstages: »Schöne Reden, Erklärungen und kaiserliche Botschaften über die Neuorientierung im Innern genügen nicht. [...] Wozu die großen Opfer, wenn die Regierung nicht gewillt ist, uns das Notwendigste, Unentbehrlichste, Selbstverständlichste: die politische Gleichberechtigung zu gewähren.«[1989] Die Sozialdemokraten waren bisher sehr duldsam gewesen. Nun drohte aus Sicht der bürgerlichen Parteien erstmals die Gefahr, dass die ganze Fraktion weiteren Kriegskrediten ihre Zustimmung versagen könnte. Nach langen Jahren des Immobilismus entstand Bewegung im bürgerlichen Lager. Das Zentrum, das sich bisher strikt gegen alle Reformen gewandt hatte, öffnete sich vorsichtig für die Forderungen der Sozialdemokraten, und das war eine entscheidende Veränderung. Bei den Reichstagswahlen 1912 hatte die SPD 110 Sitze erreicht, die linksliberale Fortschrittliche Volkspartei 42, sodass der linke Flügel des Parlaments über 152 von insgesamt 397 Sitzen verfügte. Konservative, Antisemiten und Sonstige auf der rechten Seite kamen zusammen auf 81 Sitze, die Vertreter der nationalen Minderheiten wie Polen, Dänen und Elsässer stellten 28 Abgeordnete. Zwischen den Flügeln bewegten sich das Zentrum mit 91 und die Nationalliberalen mit 45 Sitzen. Entscheidend für das Erreichen von Mehrheiten war das Zentrum, das nach der SPD die zweitgrößte Fraktion stellte. Der rechte Flügel des Zentrums neigte zum Annexionismus. Setzte er sich durch, ergab sich, wenn auch die Nationalliberalen mitstimmten, eine »Kriegszielmehrheit«. Wenn der linke Flügel die Oberhand hatte, der zur Zusammenarbeit mit SPD und Fortschrittlicher Volkspartei tendierte, so ergab sich eine »Reformmehrheit«.

Dem prominenten Zentrums-Abgeordneten und Finanzexperten Matthias Erzberger kam in dieser Situation eine Schlüsselstellung zu. Ursprünglich war er ein entschiedener Annexionist gewesen, hatte sich mit weitreichenden Vorschlägen an den Kriegszieldebatten beteiligt und auch den unbeschränkten U-Boot-Krieg befürwortet. Doch am 6. Juli 1917 hielt er eine aufsehenerregende Rede, analysierte im Hauptausschuss des Reichstags mit scharfen Worten das Scheitern des U-Boot-Krieges, präsentierte eine Abrechnung mit allen Fehleinschätzungen der Reichsleitung, zum Beispiel zur Ernährungslage und zur Kriegsdauer, erinnerte an des Kaisers Wort vom 4. August 1914 »Uns treibt nicht Eroberungssucht«

und forderte einen »Frieden des Ausgleichs«, d.h. einen Frieden, der die inzwischen entstandenen Machtverhältnisse berücksichtige und keine Unterdrückung von Völkern mit sich bringe. Unmittelbar anschließend forderte Ebert, die Debatte nicht fortzusetzen und stattdessen den Fraktionen und der Reichsleitung die Gelegenheit zur Stellungnahme zu geben, Noch am selben Tag bildeten das Zentrum, die Mehrheitssozialdemokraten und die Fortschrittliche Volkspartei einen Interfraktionellen Ausschuss und erarbeiteten eine Friedensresolution, die der Reichstag dann am 19. Juli mit 214 gegen 116 Stimmen bei 17 Enthaltungen verabschiedete. Der Interfraktionelle Ausschuss war de facto der Beginn der Parlamentarisierung des Deutschen Reiches. Er blieb als informelles Spitzengremium bis zum Ende des Krieges bestehen. Von seiner politischen Zusammensetzung her war er eine Vorwegnahme der Weimarer Koalition von 1919. Die USPD lehnte die Mitarbeit in diesem Ausschuss genauso ab wie im Oktober 1918 den Eintritt in die Regierung; sie stimmte auch gegen die Friedensresolution, die ihr unzureichend erschien.

Die Unabhängigen Sozialdemokraten sahen ihren Platz in der Opposition. Sie suchten nicht die Zusammenarbeit mit den ehemaligen Parteigenossen oder gar mit den bürgerlichen Parteien. Viel wichtiger war es ihnen, die Beziehungen zu den Sozialisten in den anderen kriegführenden Staaten wiederherzustellen. Das ISB, das zunächst seinen Sitz von Brüssel nach Den Haag verlegt hatte, residierte seit dem 15. April 1917 in Stockholm. Auch das ISK der Zimmerwalder Bewegung war dort präsent, weil das neutrale Schweden viel bessere Voraussetzungen als Treffpunkt zu bieten schien als die Schweiz, die von kriegführenden Staaten umgeben war. Es gab eine Fülle von bilateralen Vorbereitungsgesprächen, an denen auch der Petrograder Sowjet beteiligt war, in dem damals Sozialrevolutionäre, Menschewiki und – als kleine Minderheit – Bolschewiki vertreten waren. Die Verhandlungen waren kompliziert. Am 22. Juni traf eine Delegation der USPD in Stockholm ein, an ihrer Spitze Bernstein, Haase und Kautsky. Sie trafen mit einigen Vertretern neutraler Staaten wie Dänemark, Schweden und die Niederlande zusammen. Die Regierungen der USA, Großbritanniens und Frankreichs hatten dagegen den Delegierten aus ihren Ländern die Reisepässe verweigert. Im Grunde genommen war das Unternehmen der Stockholmer Konferenz trotz der intensiven Bemühungen von Camille Huysmans und Pieter Troelstra gescheitert, weswegen man in manchen Darstellungen auch lesen kann, sie habe gar nicht stattgefunden.[1990] Nicht viel besser erging es den Zimmerwaldern, deren Konferenz am 5. September begann. Die USPD war diesmal durch Haase, Ledebour und Stadthagen vertreten, die Gruppe Internationale durch Käte Duncker. Der Wahlverein für den Kreis Teltow-Beeskow-Storkow-Charlottenburg hatte am 18.5.1917 auch Luxemburg und Mehring zu Delegierten gewählt, die sich aber beide in Haft befanden.[1991] Radek hielt wie so oft radikale Reden: »Mehr denn je liegt eine revolutionäre Situation vor. Damit sind unsere Streitfragen erledigt. Jede Partei, die nun die Massen nicht aufruft zum Straßenkampf, streicht sich selbst aus der Führung der gegenwärtigen revolutionären Parteien.«[1992] Reale Folgen zeitigte dieses Feldgeschrei nicht.

Aus jener Zeit gibt es ein höchst interessantes Dokument. Während sonst aus Gründen der Konspiration die Briefe von Jogiches an Luxemburg immer umgehend vernichtet wurden, ist uns einer erhalten geblieben. Mathilde Jacob hatte ihn gefunden, als sie die zurückgebliebenen Sachen in Luxemburgs Zelle in der Barnimstraße abgeholt hatte, und aufgehoben. Jogiches gab wie stets in strengem Ton Anweisungen: »Ihr Schweigen infolge Nichtbeförderung der Briefe Anfang Juni hat mich sehr beunruhigt und sogar deprimiert. Bitte dringend, sofort genaueste Durchsuchung aller Ihrer Sachen, Bücher, Notizen, Briefe, Papierfetzen vorzunehmen und alles sofort unbarmherzig zu vernichten, was irgendwie auf Verbindung mit der Außenwelt hindeutet. Warne dringend!«[1993] Die Gardinenpredigt ging noch eine ganze Weile so weiter. Dann kam er auf politische Themen zu sprechen. Es bestand damals die Idee, Luxemburg, die ja gebürtige Russin war, gegen deutsche Kriegsgefangene auszutauschen. Bei Marchlewski gelang das auch, bei Luxemburg allerdings nicht. Sodann äußerte sich Jogiches ausführlich zur Stockholmer Konferenz und fand wie so oft das, was bisher geplant war, ungenügend. Am Ende kam er wieder auf seine frühere Geliebte zu sprechen, auf die er nach wie vor große Stücke hielt: »Trotz der flauen, gedrückten Stimmung der Arbeiter hier und ungünstiger Lage in Russland, habe ich immer die feste Überzeugung, dass wir in naher Zukunft Wichtiges erleben werden, falls der Krieg weitergeht, was zweifellos ist. Und da ist außerordentlich wichtig, dass Sie auf freiem Fuß sind und eingreifen können. Schon jetzt könnten Sie großen Einfluss üben.«[1994] Unterschrieben war der Brief mit »Marie«. Im Brief selbst hatte er von sich als »Gross« gesprochen, von Luxemburg als »Krusche«. Das waren beides Annäherungen an die Decknamen, die sie einst in den Schweizer Jahren benutzt hatten.

Rosa Luxemburg bemühte sich währenddessen weiterhin um die Aufhebung der gegen sie verfügten Schutzhaft, allerdings ohne Erfolg.[1995] Ihr neuer Anwalt Sigismund Pinner, der auch dem Vorstand der Jüdischen Gemeinde in Berlin angehörte, traktierte die Gerichte immer wieder mit Beschwerden, allerdings ohne Erfolg.[1996] Am 22. Februar 1918 lehnte der zweite Senat des Reichsmilitärgerichts die Entlassung aus der Schutzhaft endgültig ab. Das Urteil listete ausführlich Luxemburgs gesamtes Sündenregister auf, beginnend mit sämtlichen Vorstrafen, führte *Die Internationale* als Beweis dafür an, dass sich ihre Gesinnung nicht gewandelt habe, und kam dann auf die schwierige innenpolitische Lage zu sprechen. Das Gericht war davon überzeugt, dass Luxemburg nach wie vor gewillt war, »für die Verwirklichung ihrer politischen Anschauungen und Ziele, insbesondere für die Erzwingung eines Friedens durch Aufreizung der Volksmassen ohne jede Rücksicht auf vaterländische Interessen, tatkräftig mit allen ihr zu Gebote stehenden Mitteln einzutreten«. Dabei war die Gefahr umso größer, »als Frau Dr. Luxemburg für eine gewandte, erfahrene und besonders einflussreiche Agitatorin gilt«. Der drohenden Gefahr könne nur durch Fortdauer der Sicherheitshaft wirksam begegnet werden.[1997]

Die Haft dauerte fort, und Luxemburg musste zudem ihre kleine Wohnung in der Festung von Wronke räumen, weil eine andere Frau zu Festungshaft verurteilt worden war und woanders nicht untergebracht werden konnte. Am 22. Juli übersiedelte sie gezwungenermaßen nach Breslau, was zunächst wenig Begeisterung auslöste: »Mit Tränen in den Augen wurde sie zu mir geführt. ›O Mathilde‹, sagte sie, ›der Umschwung ist zu schrecklich. Ich habe eine kahle Zelle. Ich darf nicht auf den Hof hinunter. Es gibt kein Restaurant am Platz, das meine Verpflegung übernimmt. Ich werde hier zugrunde gehen.‹«[1998] Die lebenspraktische Mathilde sah die Situation weniger negativ: »Rosa Luxemburg war nicht mehr völlig isoliert, sondern im gleichen Gebäude mit anderen Gefangenen untergebracht. Der Pulsschlag des Lebens drang wieder zu ihr.«[1999] Das war schon richtig, sie führte nun »das regelrechte Dasein einer Strafgefangenen, d. h. ich bin Tag und Nacht in meiner Zelle eingesperrt und sehe nur das Männergefängnis als Visavis«.[2000] Aber Jacob kümmerte sich wie stets um alles und ließ nichts unversucht, ihr das Leben so erträglich wie möglich zu machen. Sie transportierte den gesamten Hausrat aus Wronke nach Breslau, sie besorgte einen Kleiderschrank und Waschgeschirr und fand auch eine sozialdemokratische Familie in Breslau, die gerne bereit war, für die Gefangene zu kochen. Außerdem inspizierte die Berliner Behörde das neue Domizil, befand es als unzureichend und empfahl dem Gefängnisdirektor, die beiden Zellen miteinander verbinden zu lassen: »Jetzt war Rosa Luxemburg leidlich bequem untergebracht, sie richtete einen Wohn- und einen Schlafraum her […] Von da an wurde ihr auch gestattet, so viel auf dem Hof zu spazieren, wie sie wollte.«[2001] Familie Schlisch gab sich alle Mühe, sie gut zu versorgen, was im vierten Kriegsjahr nicht einfach war, aber gelang, weil Robert Schlisch als Schiffer viel herumkam und in manchen ländlichen Gegenden die Lebensmittelversorgung immer noch relativ gut war. Trotzdem verschlimmerte sich das nervöse Magenleiden erneut, ging es ihr »miserabel«: »Ich denke, das kommt vom hiesigen Brot, an das ich mich erst gewöhnen muss. […] freilich kann mir einstweilen wenig geholfen werden, da mein Magen ja alle Medikamente ablehnt.«[2002]

Luxemburg hatte sich gerade etwas eingelebt in Breslau, da traf sie ein schwerer Schicksalsschlag:

> Ich komme immer noch nicht aus dem tiefen Erstaunen heraus: Ist das möglich? Es ist mir wie ein mitten im Satz verstummtes Wort, wie ein plötzlich abgerissener Akkord, den ich immer noch höre.

> Wir hatten tausend Pläne für die Zeit nach dem Kriege, wir wollten »das Leben genießen«, reisen, gute Bücher lesen, den Frühling bewundern wie noch nie … Ich begreife es nicht: Ist das möglich? Wie eine abgerissene und zertretene Blume …[2003]

Hans Diefenbach, der Seelenfreund der letzten Jahre, mit dem sie nach dem Krieg ihr Leben hatte teilen wollen, war als Militärarzt an der Westfront im Einsatz gewesen. Am 24. Oktober ritt er gerade mit drei Kameraden zum Verbandsplatz, als die ganze Gruppe von einer Granate zerrissen wurde.[2004] Schon in den stürmischen Zeiten mit Kostja Zetkin war Diefenbach oft genug ein ebenso diskreter wie unentbehrlicher Helfer in der Not gewesen. Er hatte ihr aber nicht nur Beistand geleistet, wenn sie auf der Flucht vor dem rasenden Jogiches war. Sie hatten auch viele »schöne Abende in Südende« verbracht.[2005] Als der Krieg ausbrach, wurde er sogleich eingezogen, und Luxemburg gab ihm die Anweisung mit auf den Weg: »Bleiben Sie munter und frisch und schreiben Sie oft!«[2006] Das tat er auch, aber er musste mehr als zwei Jahre lang auf Antwort warten. Erst im Januar 1917 brach sie ihr Schweigen, »um ihre letzte romantische Affäre zu beginnen«.[2007] Plötzlich – sie befand sich nicht zufällig in einer depressiven Stimmung – war ihr bewusst geworden, was seine Berufung war: »Ihr Hauptberuf bleibt nach wie vor, in mein Erdendasein den Glanz und den Schimmer zu bringen oder, wie Sie das in Ihrem letzten (erhaltenen) Brief galant nennen: mein Hofnarr zu sein.«[2008]

Bedingt durch die Umstände hatten sie sich in den letzten Jahren nur selten sehen können. Selbst wenn Diefenbach in der Nähe von Wronke stationiert war, bekam er von seinen Vorgesetzten nicht ohne Weiteres die Erlaubnis, sie zu besuchen.[2009] Umso wichtiger war ihre Korrespondenz für die Kommunikation. Luxemburg schrieb ihm nun regelmäßig ausführliche Briefe, »unreflektierte Herzensergießungen«,[2010] die von großer Intimität zeugen. Sie wirken oftmals wie Privatgespräche, die vertraute Paare nach dem Abendessen am Kamin führen; so ähnlich darf man sich wohl die schönen Abende in Südende vorstellen. Bedingt durch die Umstände, kam es wohl nie zu einer körperlichen Vereinigung, so blieben sie auch bis zum Ende beim »Sie«, was damals auch zwischen guten Freunden eine übliche Anrede war. Aber aus dem Hannes der Anfangsjahre wurde Hänschen, und die Briefe an ihn waren erotischer als ihre anderen Liebesbriefe. Einmal berichtete sie ihm von einem wunderschönen Traum von unbestimmtem Inhalt: »Ich weiß nur, dass irgendjemand Lieber bei mir war, dass ich ihn mit dem Finger auf die Lippen berührte und frug: ›Wessen Mund ist das?‹ Der Betreffende antwortete: ›Meiner.‹ ›Ach nein‹, rief ich lachend, ›dieser Mund gehört doch mir!‹«[2011] Auch in den anderen Briefen finden sich immer wieder Anspielungen, und sei es, dass sie ihm von der Wollust der Blütenpracht vorschwärmte.

Luxemburg berichtete ihm alles, was sie bewegte, was sie schrieb, was sie las, was sich den Tag über ereignet hatte. Die beiden begegneten sich nicht in realen Räumen, wohl aber in geistigen, die sie vorübergehend die sie umgebende Ödnis vergessen ließen. Mit Diefenbach konnte sie sich über Musik, Literatur und Malerei austauschen, all die Dinge, die ihr am Herzen lagen und für die der feinsinnige junge Arzt ebenso viel Enthusiasmus mitbrachte wie sie selbst. Sie schilderte ihm mit naiver Freude banale Vorkommnisse und berichtete ihm auch von den depressiven Verstimmungen, die in der Einsamkeit des Gefängnisalltags nicht ausbleiben konnten: »Hänschen, schlafen Sie? Ich komme mit einem langen Strohhalm, um Sie am Ohr zu kitzeln. Ich brauche Gesellschaft, ich bin traurig, ich will beichten.«[2012] Er war ihr wichtigster Gesprächspartner, was sich oftmals in gebieterischen Forderungen nach häufigeren Briefen niederschlug. Diese Erwartungen zu erfüllen fiel ihm nicht immer leicht, denn der Dienst an der Front war anspruchsvoll. Gleichwohl war er immer bemüht, sie vor der Unbill des Lebens zu schützen, und hatte ihr zuletzt auch die von seinem kürzlich verstorbenen Vater ererbten 50 000 Mark testamentarisch vermacht.[2013] Und bei allen Beschwerden über ausbleibende Briefe wusste sie, was sie an ihm hatte: »Hans übertraf alle Menschen, die ich kenne, an innerer Noblesse, Reinheit und Güte.« So schrieb sie an die Schwester des Verstorbenen und setzte hinzu: »Ich habe zugleich den teuersten Freund verloren, der wie keiner jede meiner Stimmungen, jede Empfindung verstand und mitempfand.«[2014] Es war ihre letzte große Liebe. Auf ihn setzte sie alle ihre Hoffnungen auf ein Leben nach dem Krieg und jenseits der Politik, das sie sich in manchen der Briefe ausmalte.

Oktoberrevolution, Januarstreik, Frieden von Brest-Litowsk

Gleichzeitig mit der bestürzenden Nachricht vom Tod des Geliebten hatte auch die Weltpolitik die Stille der Breslauer Gefängniszelle erreicht: »Seit einer Woche etwa sind natürlich alle meine Gedanken in Petersburg.«[2015] Fürst Lwow, der im Zuge der Februarrevolution Ministerpräsident geworden war, hatte dieses Amt schon im Juli an Alexander Kerenski abgeben müssen, obwohl es gelungen war, einen von den Bolschewiki unterstützten Aufstand niederzuschlagen. Auch Kerenski setzte den Krieg gegen das Deutsche Reich fort,[2016] was Lenin in die Hände spielte, denn die Kriegsmüdigkeit in der Bevölkerung war enorm groß. Fürs Erste aber war die Doppelherrschaft beendet, allerdings nicht so, wie Lenin sich das vorgestellt hatte, sondern zugunsten der Regierung. Doch die Fortführung des Krieges und das Ausbleiben militärischer Erfolge führten zu einer Destabilisierung der innenpolitischen Situation. Kerenskis Kalkül, durch eine militärische Offensive gegen die Mittelmächte eine bessere Verhandlungsposition zu erreichen, ging nicht auf. Außerdem ergriff die Regierung keinerlei Initiative, um die Verteilung von Land an die verarmten Bauern voranzubringen. Zwischen den beiden Themen bestand ein Zusammenhang, weil fast alle Soldaten im Zivilberuf Bauern waren, denn eine Industriearbeiterschaft gab es in Russland damals erst in geringem Umfang.[2017] Wenn das Thema Landverteilung auf die Tagesordnung kam, wollten die Soldaten dabei sein, was eine entschlossene Weiterführung des Krieges nahezu unmöglich machte.

Lenin hatte nach der Niederschlagung des Juliaufstands fliehen müssen. Er versteckte sich wie schon 1906 in Finnland, das damals noch zum Zarenreich gehörte, und schrieb dort sein Buch *Staat und Revolution. Die*

Lehre des Marxismus vom Staat und die Aufgaben des Proletariats in der Revolution, das 1918 erstmals publiziert wurde. Am 20. Oktober kehrte er nach Petrograd zurück, und dann ging alles sehr schnell. Am Tag darauf verfasste er die »Ratschläge eines Außenstehenden«,[2018] in denen er sehr konkrete Vorschläge für die Machtübernahme machte: »Jetzt auf den bewaffneten Aufstand verzichten, hieße auf die Hauptlosung des Bolschewismus (alle Macht den Sowjets) und überhaupt auf den ganzen revolutionären proletarischen Internationalismus verzichten.«[2019] Es folgte dann ein Fahrplan für den Aufstand. Ein zentraler Punkt lautete: »Unsere drei Hauptkräfte: die Flotte, die Arbeiter und die Truppenteile, sind so zu kombinieren, dass unbedingt besetzt und um den Preis noch so großer Verluste behauptet werden: a) das Telefonamt, b) das Telegrafenamt, c) die Bahnhöfe und vor allem d) die Brücken.«[2020] Zwei Tage später wurde das Plädoyer für den bewaffneten Aufstand im Zentralkomitee der SDAPR (B) mit zehn zu zwei Stimmen gebilligt. Lenins Überzeugung, dass der Aufstand unumgänglich sei und jede Verzögerung den Tod bringen könne, fand am 29. Oktober auch im erweiterten Zentralkomitee der Partei eine Mehrheit. Am 6. November verließ Lenin sein illegales Quartier und begab sich ins Smolny-Institut, wo die Bolschewiki ihr Hauptquartier hatten. Am folgenden Tag gelang es, alle strategisch wichtigen Punkte in der Stadt wie z. B. Brücken und Bahnhöfe zu besetzen, während die Regierung sich im Winterpalais verschanzte. Es fanden sich nur noch wenige Soldaten dazu bereit, die Regierung dort zu verteidigen, sodass der viel zitierte »Sturm auf das Winterpalais« rasch und vergleichsweise unblutig über die Bühne ging. Kerenski hatte die Stadt inzwischen verlassen, ansonsten befand sich die gesamte Provisorische Regierung, die am 15. März gebildet worden war, nun in den Händen der Bolschewiki.

Auf dem zweiten Allrussischen Sowjetkongress, der am 7. November eröffnet wurde, waren die Bolschewiki sehr viel stärker vertreten als auf dem ersten Kongress fünf Monate zuvor. Sie hatten zwar keine Mehrheit, profitierten aber in erheblichem Maß von der Uneinigkeit ihrer Gegner. Die Delegierten vom linken Flügel der Sozialrevolutionäre kooperierten mit den Bolschewiki, während andererseits viele Menschewiki und die gemäßigten Sozialrevolutionäre den Kongress unter Protest verließen, als sie erfuhren, dass die Mitglieder der Provisorischen Regierung verhaftet worden waren. An ihre Stelle trat der Rat der Volkskommissare, dessen Vorsitz Lenin übernahm. Die Leitung der einzelnen Ministerialverwaltungen übernahmen Kommissare anstelle der verhafteten Minister. Für auswärtige Angelegenheiten war Trotzki zuständig, für Nationalitätenfragen Stalin. Kontrolliert werden sollte der Rat der Volkskommissare durch den Allrussischen Kongress der Arbeiter-, Soldaten- und Bauernräte und durch dessen zentrales Exekutivkomitee. Der Kongress verabschiedete am 8. November 1917 zwei vorbereitete Dekrete, die die beiden drängendsten Probleme betrafen. Im »Dekret über den Frieden« schlug »die Arbeiter- und Bauernregierung, die durch die Revolution vom 6./7. November geschaffen wurde« den kriegführenden Staaten sofortige Friedensverhandlungen vor.[2021] Das »Dekret über Grund und Boden« verfügte die entschädigungslose Enteignung des Eigentums der Gutsbesitzer. Es sollte kein Privateigentum an Grund und Boden mehr geben. Das gesamte Land sollte in Volkseigentum übergehen und denen zur Verfügung gestellt werden, die es bewirtschafteten.[2022]

Der Kongress verlief nach einem erstaunlich präzisen Drehbuch und war nach zwei Tagen schon wieder zu Ende. Die Delegierten sangen gemeinsam *Die Internationale* und fuhren danach wieder nach Hause. Der Umsturz war »militärisch schon vollzogen, bevor er politisch überhaupt begonnen hatte«.[2023] War die Februarrevolution eine wirkliche Revolution gewesen, ein Regimewechsel, der von den demonstrierenden Volksmassen erzwungen worden war, so war die Oktoberrevolution im Grunde genommen ein präzise geplanter Militärputsch. Im Handstreich hatten die Bolschewiki die Macht übernommen, obwohl sie außerhalb von Petrograd und Moskau zu dieser Zeit noch keinen großen Rückhalt besaßen. Das zeigte sich schon am 25. November, als die noch von der Provisorischen Regierung angesetzte Wahl der Konstituante stattfand. Nur in den beiden Hauptstädten erreichten die Bolschewiki die Mehrheit der Stimmen, während auf dem Land die Sozialrevolutionäre dominierten. Insgesamt entfielen auf die Bolschewiki 168 von 707 Mandaten. Zunächst versuchten sie, die Konstituierung des neu gewählten Parlaments zu verschieben. Als das nicht länger möglich war und die Konstituante am 18. Januar 1918 zusammentrat, schossen bolschewistische Truppen mit Maschinengewehren auf Demonstranten, die sich zur Unterstützung des Parlaments versammelt hatten, wobei es etliche Tote gab. In der Nacht auf den 19. Januar drangen Matrosen in das Taurische Palais ein und trieben die Abgeordneten auseinander. In dem Palais, das unter Katharina der Großen errichtet worden war, hatte sowohl der Petrograder Sowjet seinen Sitz als auch die Staatsduma unter der Provisorischen Regierung. Hier verdichtete sich die anfängliche Doppelherrschaft an einem geschichtsträchtigen Ort. Die Gewaltaktion der Matrosen wurde legitimiert durch ein Dekret des Allrussischen Zentralen Exekutivkomitees,[2024] das klar machte, dass die Sowjets keine Macht neben sich dulden würden. Sie wollten keine Doppelherrschaft, der Parlamentarismus sollte abgeschafft, die Gewaltenteilung aufgehoben werden. Die liberalen Parteien wurden sehr bald verboten, etwas später auch die mit den Bolschewiki konkurrierenden linken Gruppierungen.

In dem am 10. Juli 1918 verabschiedeten Grundgesetz der Russischen Sozialistischen Föderativen Sowjetrepublik war die »Diktatur des städtischen und ländlichen Proletariats und der ärmsten Bauernschaft in der Form der mächtigen gesamtrussischen Sowjetmacht zur völligen Niederhaltung der Bourgeoisie« festgeschrieben.[2025] Bereits am 20. Dezember 1917 war die neue Geheimpolizei Tscheka gegründet worden, die rücksichtslos gegen politische Gegner der sowjetischen Regierung vorging. Der Beschluss über den Roten Terror vom 5. September 1918,[2026] der bewusst an den »terreur« der Französischen Revolution anknüpfte, schuf die Grundlage für die systematische Vernichtung der antibolschewistischen Opposition. Er brach mit der Tradition der Sozialistischen Internationale, die die Todesstrafe stets abgelehnt hatte. Den Weg in den Bürgerkrieg, der Hunderttausende von Menschen das Leben kosten sollte, war vorgezeichnet. Rosa Luxemburg hat ihn nicht mehr miterlebt, wohl aber die gewaltsame Auflösung der Konstituante und die Anfänge des Roten Terrors, die sich mit ihrer Vorstellung einer proletarischen Revolution nicht zur Deckung bringen ließen. Das war auch das Thema des Buches, an dem sie in den letzten Monaten im Breslauer Gefängnis arbeitete. Das Manuskript *Die russische Revolution* blieb unvollendet, es wurde erst nach ihrem Tod publiziert.

Die Auflösung der Konstituante wurde im Ausland sehr genau registriert. Der *Vorwärts* sprach von einem geschichtlichen Ereignis, »dessen schmerzliche Bedeutung nicht verkannt werden wird.« Der deutschen Sozialdemokratie war es wichtig, bei dieser Gelegenheit zu betonen, »dass sie zwar im sozialistischen Endziel und im Streben nach dem Frieden mit den Bolschewiki einverstanden ist, dass sie sich aber sonst in ihren Auffassungen und Methoden von den Bolschewiki stark unterscheidet«.[2027] Der spätere preußische Ministerpräsident Otto Braun betonte in einem Artikel, in dem er die Vorgeschichte des Friedensvertrags mit der Ukraine vom 9. Februar 1918 kommentierte, dass der Sozialismus nicht auf Bajonetten und Maschinengewehren errichtet werden könne: »Was die Bolschewiki in Russland treiben, ist weder Sozialismus noch Demokratie, es ist vielmehr gewalttätigster Putschismus und Anarchie. Deshalb müssen wir zwischen den Bolschewiki und uns einen dicken, sichtbaren Trennungsstrich ziehen.«[2028] Hier wurden Frontstellungen innerhalb des sozialistischen Lagers sichtbar, die schon bald eine große Rolle spielen sollten. Die Auflösung der Konstituante löste bei den Mehrheitssozialdemokraten große Empörung aus. Dieser Gewaltakt dementierte den jahrzehntelang gepflegten Glauben, dass der Sieg des Sozialismus durch beharrliche politische Arbeit und Wahlerfolge zu erreichen sei. Vor allem aber verstieß das Vorgehen der Bolschewiki gegen alle demokratischen Grundprinzipien.

Etwas anders als bei der SPD fiel die Resonanz auf die Vorgänge in Russland bei den Unabhängigen Sozialdemokraten aus. Hier war man eher geneigt, dem Erreichen der Ziele sozialistischer Politik den Vorrang gegenüber der Beachtung formaldemokratischer Prinzipien einzuräumen. Das Parlament erschien hier eher als Mittel zum Zweck, als Kampfinstrument denn als Ziel politischen Handelns. Es war ein Ringen um den grundsätzlichen Trennungsstrich, von dem Otto Braun gesprochen hatte, im Spannungsfeld zwischen der Diktatur des Proletariats und einem demokratischen Sozialismus.

Eine Folge der bolschewistischen Machtergreifung war, dass Russland am 15. Dezember 1917 aus dem Krieg ausschied. Die russischen Armeen hatten bereits im Sommer erhebliche Rückschläge hinnehmen müssen, es kam zunehmend zu Auflösungserscheinungen, während die Versorgungsprobleme an der Heimatfront die Kriegsmüdigkeit der Bevölkerung förderten. Lenin drängte darauf, den Krieg zu beenden, weil das nach seiner Überzeugung der einzige Weg war, um die innenpolitische Lage zu stabilisieren. In Berlin fand er geneigte Gesprächspartner, denn die Oberste Heeresleitung war der berechtigten Überzeugung, dass ein Waffenstillstand im Osten die Chancen erheblich verbessern würde, an der Westfront nach mehr als drei Jahren großer Schlachten ohne wesentliche Fortschritte, dafür mit entsetzlichen Blutverlusten doch noch den Sieg zu erringen. Am 3. Dezember begannen in Brest-Litowsk Verhandlungen, die bereits zwölf Tage später mit der Unterzeichnung eines Waffenstillstands erfolgreich beendet wurden. Verhandlungsführer der russischen Delegation war Leo Trotzki. Dieser Waffenstillstand beflügelte bei vielen Menschen die Hoffnung, dass es endlich Frieden geben würde. Auch in Deutschland und Österreich war die Kriegsmüdigkeit bei der durch Mangelwirtschaft und Hungersnöte geschwächten Bevölkerung außerordentlich groß.

Am Montag, den 28. Januar 1918, traten in Berlin rund 400 000 Arbeiter und Arbeiterinnen in der metallverarbeitenden Industrie in den Streik. Am Nachmittag trafen sich die 414 Delegierten der Streikenden im großen Saal des Berliner Gewerkschaftshauses. Sie wählten, in Anlehnung an das russische Beispiel, einen elfköpfigen »Arbeiterrat«, der als Streikleitung fungierte,[2029] den Vorsitz übernahm Richard Müller, der innerhalb des Deutschen Metallarbeiter-Verbandes (DMV) Branchenleiter der Dreher war. Müller spielte eine führende Rolle bei den Revolutionären Obleuten, die die Streiks vor allem organisierten. Die Obleute waren besonders stark in den Berliner Rüstungsbetrieben vertreten, weswegen das falsche Gerücht aufkam, der Januarstreik sei ausschließlich eine Aktion der Rüstungsarbeiter gewesen. Gestreikt wurde Ende Januar 1918 nicht nur in Berlin, sondern auch in Hamburg, Kiel, Nürnberg, Leipzig, Braunschweig, Köln, Breslau, München, Magdeburg, Halle, Bochum, Dortmund

und anderen Städten. Insgesamt waren mehr als eine Million Menschen im Ausstand. Das war nach Jahren des Burgfriedens die erste große Streikaktion, die das ganze Land erfasste.

Die Revolutionären Obleute forderten eine rasche Herbeiführung des Friedens ohne Annexionen und Kriegsentschädigungen auf der Grundlage des Selbstbestimmungsrechts der Völker, die Zuziehung von Arbeitervertretern aller Länder zu den Friedensverhandlungen, die Erfassung aller Lebensmittelbestände in den Produktionsbetrieben und Verteilungszentren zur Verbesserung der Versorgung, die Aufhebung des Belagerungszustandes, die Freilassung aller wegen politischer Handlungen Verhafteten und Verurteilten sowie die durchgreifende Demokratisierung der gesamten Staatseinrichtungen in Deutschland, beginnend mit der Einführung des allgemeinen, gleichen, direkten und geheimen Wahlrechts für alle Männer und Frauen im Alter von mehr als 20 Jahren für den preußischen Landtag.[2030] Die Spartakusgruppe unterstützte den Streik mit einem eigenen Flugblatt.[2031] In München begann der Streik schon am 27. Januar, den Aufruf dazu hatte Kurt Eisner verfasst.[2032] Der »Jännerstreik« im Habsburger Reich begann sogar schon am 3. Januar und dauerte bis zum 25. Januar, über 700 000 Arbeiter nahmen daran teil. Gefordert wurde vor allem, an allen Fronten einen Waffenstillstand herbeizuführen. Die Delegierten für die sich anschließenden Friedensverhandlungen sollten vom Volk gewählt werden.[2033] Die Forderungskataloge der verschiedenen Akteure waren allesamt nicht besonders revolutionär. Es ging eher um Reformen zur Demokratisierung des Landes und vor allem darum, endlich ernsthafte Schritte zur Beendigung des Völkermordens zu unternehmen.

Der Januarstreik war eine erste Machtprobe der wieder erwachenden Arbeiterbewegung, aber nach einer Woche musste er abgebrochen werden. Die Militärbehörde verhängte den verschärften Belagerungszustand, verbot Streikversammlungen und Sitzungen des Arbeiterrates, verhaftete streikende Arbeiter und zog andere zum Militärdienst ein. Außerdem wurden die kriegswichtigen Rüstungsbetriebe militärischer Leitung unterstellt. Der Streik war aber nicht nur für das wilhelminische Kaiserreich eine Herausforderung, sondern auch für die SPD. Für sie war es sehr gefährlich, wenn der Eindruck entstand, dass die große Mehrheit der traditionell sozialdemokratischen Arbeiterschaft gar nicht mehr hinter ihr stand. Es war deshalb ein »Gebot politischer Notwendigkeit«,[2034] dass Friedrich Ebert in die Streikleitung eintrat, obwohl er den Streik ablehnte. Er wollte daran mitwirken, dass er sich nicht ausweitete und zu einem baldigen Ende kam. Die Streikleitung lehnte die von der SPD vorgeschlagene Vermittlung der Generalkommission der Gewerkschaften bei der Reichsregierung ab. Auf der anderen Seite wäre eine Weiterführung des Streiks auf einen offenen Kampf gegen das Militär hinausgelaufen. Deshalb musste er beendet werden. Trotz dieses Scheiterns trugen die Erfahrungen des Januarstreiks dazu bei, dass der von den Revolutionären Obleuten dominierte Deutsche Metallarbeiterverband sich 1919 als einzige Gewerkschaft zu den Ideen der Räterepublik bekannte. Im Juni 1916 hatte es den Liebknechtstreik gegeben und im Frühjahr 1917 Hungerstreiks angesichts der miserablen Versorgungslage. Aber der Januarstreik 1918 war von anderer Qualität. Er erfasste das ganze Reich, hatte ein klares politisches Programm und zeigte, dass die Masse der arbeitenden Bevölkerung mit wachsender Ungeduld ein Ende des schrecklichen Gemetzels auf den Schlachtfeldern erwartete.

Am 22. Dezember begannen in Brest-Litowsk die deutsch-russischen Friedensverhandlungen. Während andere Bolschewiki, z.B. Bucharin und Trotzki, darauf setzten, dass durch die Fortsetzung des Krieges der revolutionäre Funke auf die Gesellschaften der Mittelmächte überspringen könne, wollte Lenin selbst um den Preis sehr harter Friedensbedingungen den Krieg beenden, um die Herrschaft der Bolschewiki zu stabilisieren. Gleichzeitig forcierte er in Hinblick auf den sich abzeichnenden Bürgerkrieg den Aufbau der Roten Armee, einer Truppe aus Arbeitern und Bauern, die gegenüber der neuen Regierung loyal waren. Trotzki, der die Friedensverhandlungen in Brest-Litowsk führte, spielte unterdessen auf Zeit und erklärte, Russland wolle den Krieg nicht fortsetzen, habe aber auch nicht die Absicht, einen Friedensvertrag zu unterschreiben. Diese Taktik stieß auf deutscher Seite nicht auf Gegenliebe, und die Mittelmächte schlossen am 9. Februar mit der gerade unabhängig gewordenen Ukraine einen Separatfrieden, den sogenannten Brotfrieden. Währenddessen gelang es Lenin nicht, sich mit seiner Position, notfalls auch einen Diktatfrieden zu akzeptieren, durchzusetzen, und die Mittelmächte starteten am 18. Februar die Operation Faustschlag, die ihnen vor allem im südlichen Teil der Ostfront noch einmal erhebliche Gebietsgewinne einbrachte. Nach der Annahme eines deutsch-österreichischen Ultimatums wurden die Friedensverhandlungen am 1. März erneut aufgenommen und endeten zwei Tage später mit dem Friedensvertrag von Brest-Litowsk, durch den Russland ein Territorium mit 60 Millionen Menschen, fast 90 Prozent seiner Kohlegruben und mehr als die Hälfte seiner Industrie verlor.[2035] Ob die Deutschen gut beraten waren, einen solchen Vertrag abzuschließen, ist eine ganz andere Frage. Die gewaltigen territorialen Zugewinne banden erhebliche militärische Kräfte, die an der Westfront eigentlich dringend gebraucht wurden. Außerdem fiel der Friedensvertrag den Deutschen einige Zeit später schwer auf die Füße, als sie versuchten, gegen die harten Bedingungen des Friedensvertrags von Versailles zu argumentieren.

Am 8. Januar 1918 hatte Woodrow Wilson dem amerikanischen Kongress sein 14-Punkte-Programm für eine europäische Friedensordnung vorgestellt, das einen die Interessen aller Seiten ausgleichenden Friedensschluss vorschlug. Zentral waren dabei die Forderungen nach der Räumung besetzter Gebiete und die generelle Neuordnung Europas auf der Basis des Prinzips des Selbstbestimmungsrechtes der Völker. Das Deutsche Reich hatte diese Ideen zurückgewiesen. Es wirkte dann nicht mehr sehr überzeugend, als Reichskanzler Prinz Max von Baden sich im Oktober angesichts der drohenden Niederlage auf dieses Programm berufen wollte, zumal der Vertrag von Brest-Litowsk ganz eklatant dagegen verstieß. Rosa Luxemburg hatte auf Wilsons Vorschläge sehr sarkastisch reagiert und dem internationalen Proletariat schwere Vorwürfe gemacht: »Völlig blind vor den Lehren der russischen Revolution, vergessend auf das ABC des Sozialismus, jagt es demselben Friedensprogramm der Bourgeoisie nach, erhebt es zum eigenen Programm!«[2036] Sie sah sich einer gewaltigen Phalanx von Feinden gegenüber:

> Hoch Wilson und der Völkerbund! Hoch nationale Selbstbestimmung und Abrüstung! Das ist jetzt das Banner, unter dem sich plötzlich die Sozialisten aller Länder vereinen – zusammen mit den imperialistischen Regierungen der Entente, mit reaktionärsten Parteien, regierungssozialistischen Strebern, »grundsatztreuen« oppositionellen Sumpfsozialisten, bürgerlichen Pazifisten, kleinbürgerlichen Utopisten, nationalistischen Emporkömmlingsstaaten, bankrotten deutschen Imperialisten, dem Papst, den finnländischen Henkern des revolutionären Proletariats, den ukrainischen Schürzenstipendiaten des deutschen Militarismus.[2037]

Das war eine eindrucksvolle Aufzählung aller denkbaren politischen Gegner. Übrig blieb im Grunde nur der Spartakusbund, eine Organisation von weniger als 2000 Personen, die ihren Kampf für den Sozialismus offensichtlich gegen eine Welt voller Feinde zu führen hatte. Man konnte fast meinen, Luxemburg sei in Breslau zur Leninistin geworden. Wie die Resonanz auf ihren Text gewesen wäre, wissen wir nicht, denn veröffentlicht wurde er erst ein halbes Jahrhundert später.

Luxemburgs Perspektive war, das wird im weiteren Verlauf des Textes deutlich, geprägt von ihrem radikalen Antinationalismus, der sie zu einer negativen Sicht auf die nationalen Befreiungsbewegungen im russischen Reich, die Emporkömmlingsstaaten, führte: »Der Gedanke des Klassenkampfes kapitulierte hier formell vor dem nationalen Gedanken.« Sie unterstellte, dass »die erste praktische Krönung dieser salbungsvollen Politik« die Niederwerfung der Russischen Revolution und die Aufteilung Russlands sein würde.[2038] Bei aller wortmächtigen Verdammung des nationalen Selbstbestimmungsrechts stellt sich doch die Frage, ob man von einer Aufteilung Russlands sprechen kann, wenn Staaten wie Finnland, Polen oder die baltischen Staaten, die einst gegen ihren Willen dem Zarenreich eingegliedert wurden, zurück zur Selbstständigkeit strebten. Zumal man diesen Staaten kaum unterstellen kann, dass sie das Ziel hatten, die Russische Revolution niederzuwerfen. Luxemburg ging in ihrer Philippika mit allen ins Gericht, mit den Austromarxisten und Kautsky, aber auch mit Ländern wie Italien, der Ukraine und Indien, deren Unabhängigkeitsbewegungen sie nicht anerkennen wollte und ihnen den immer gleichen Vorwurf des Nationalismus machte. Am Ende attackierte sie wie schon zu Beginn das Proletariat: »Die Schwierigkeit liegt im Proletariat selbst, in seiner Unreife, vielmehr in der Unreife seiner Führer, der sozialistischen Parteien. Die Arbeiterklasse sträubt sich, sie schreckt immer wieder vor der unbestimmten Ungeheuerlichkeit ihrer Aufgabe zurück. Aber sie muss, sie muss.«[2039] Dieser etwas hilflose Appell an das historische Subjekt, doch die ihm von der revolutionären Theorie gestellte Aufgabe wahrzunehmen, nimmt sich aus dem historischen Abstand etwas merkwürdig aus.

In einem zweiten Artikel, der als *Spartakus-Brief* erschien, äußerte Luxemburg heftige Kritik an der Lenin'schen Politik, Frieden um jeden Preis zu schließen. Der Separatfriede im Osten werde nur dazu führen, dass deutsche Truppen nach Westen verlagert werden und so »die deutschen ›Genossen‹ mit aufgekrempelten Ärmeln in heldenmütigen Massenaktionen ins Feuer [stürzen], um ihrerseits französische, englische und italienische Proletarier abzuschlachten«.[2040] Ein dritter Beitrag, den sie im Juni schrieb, hieb in dieselbe Kerbe: »Das deutsche Proletariat, das verabsäumt hat, dem Sturmwagen des Imperialismus in die Speichen zu fallen, wird von ihm nunmehr zur Niederringung des Sozialismus und der Demokratie in ganz Europa herumgeschleift. Über die Knochen der russischen und ukrainischen, baltischen, finnischen revolutionären Proletarier [...] stampft der deutsche Arbeiter, bis über die Knie im Blute watend, vorwärts, um überall die Siegesfahne des deutschen Imperialismus aufzupflanzen.«[2041] Man kann sich doch fragen, ob dem deutschen Arbeiter wirklich so viel heftigere Vorwürfe gemacht werden müssen als den Arbeitern aller anderen Länder. Der unmodulierte hohe Ton in Luxemburgs rabiaten Attacken gab ihren Texten etwas Steriles.[2042] Mit dem so scharf attackierten deutschen Arbeiter sind in Wirklichkeit natürlich die mehrheitssozialdemokratischen Führer gemeint, die – was Luxemburg vielleicht nicht wusste – in dieser Zeit versuchten, auf die Friedensverhandlungen in Brest-Litowsk Einfluss zu nehmen und für einen »demokratischen Frieden ohne Annexionen« warben.[2043] Diesen Bemühungen war kein

Erfolg beschieden. Trotzdem stimmten die Abgeordneten der SPD dem Friedensvertrag von Brest-Litowsk am 22. März im Deutschen Reichstag zu, während die Fraktion der USPD ihn als einzige wegen damit verbundenen Annexionen ablehnte.[2044]

Am 2. April 1918 schrieb Clara Zetkin an Mathilde Jacob einen Brief: »Die arme kleine Frau Dr. Müller! Wie werden die Notleidenden ihre Erkrankung empfinden, denen sie so aufopfernd, ohne Rücksicht auf ihre eigenen Entbehrungen geholfen hat, ohne Rücksicht auf die drohende Erkrankung, die bei ihrer zarten Konstitution so gut wie sicher war. Es gab so viele, die sich darauf verließen, dass sie mit Lebensmitteln half. [...] Wie wird Frau Dr. Müllers Freund die Nachricht aufnehmen? Der arme Robert ist ja übel genug dran.«[2045] Frau Dr. Müller war Jogiches, Erkrankung bedeutete Verhaftung, Lebensmittel waren Flugschriften, vermutlich *Spartakus-Briefe*, und der arme Robert war Luxemburg. Es war ein Brief in der Tarnsprache, wie sie damals gebräuchlich war. Leo Jogiches war durch einen Polizeispitzel verraten worden und wurde am 24. März zusammen mit acht seiner Mitstreiter in Berlin-Neukölln verhaftet.[2046] Bei Jogiches wurde der hohe Geldbetrag von 1931 Mark gefunden, was bei den Behörden den Verdacht erweckte, dass er nicht nur als Organisator von Publikationen, sondern auch als Agent tätig war. Der Untersuchungsrichter betrieb einen enormen Aufwand, um nachzuweisen, dass er der Hauptverantwortliche der Spartakusgruppe war, was aber trotz zahlreicher Gegenüberstellungen nicht gelang.

Die Verhaftungsaktion schwächte die ohnehin kleine Spartakusgruppe erheblich. Mit Jogiches war eine außerordentlich erfahrene Führungspersönlichkeit ihrer Wirkungsmöglichkeiten beraubt worden. Die Einzigen mit einem ähnlichen Erfahrungshintergrund, die jetzt noch in Freiheit waren, der betagte Franz Mehring und die schwer kranke Clara Zetkin, konnten ihn nicht ersetzen. Es dauerte vier Monate, bis überhaupt wieder *Spartakus-Briefe* herauskamen. Und kurz nachdem die Publikationstätigkeit wieder eingesetzt hatte, gelang es den Behörden, die Druckerei ausfindig zu machen und 6000 Exemplare zu beschlagnahmen. Die Leitung der Gruppe lag jetzt bei Ernst Meyer, der schon an dem ersten Treffen am

4. August 1914 in Luxemburgs Wohnung teilgenommen und bei den Konferenzen in Zimmerwald und Kiental die Gruppe vertreten hatte. Meyer war ursprünglich Redakteur des *Vorwärts* gewesen, aber im April 1916 bei der Umbesetzung der Redaktion, dem »*Vorwärts*-Raub« des Parteivorstands, entlassen worden. Nach der Verhaftung von Karl Liebknecht hatte er sich schon einmal um die *Spartakus-Briefe* gekümmert, war dann aber selbst ebenfalls verhaftet worden. Inzwischen war er wieder in Freiheit und versuchte, zu retten, was zu retten war. Währenddessen saß Jogiches im Gefängnis, nicht in militärischer Sicherungshaft, sondern als ganz normaler Häftling, was alles andere als angenehm war. Vor allem die Ernährung war denkbar schlecht, und Luxemburg machte sich große Sorgen. Sie gab Jacob dringliche Anweisungen, ihn gut zu versorgen, und trug auch selbst dazu bei, soweit das möglich war; auch kümmerte sie sich darum, dass der starke Raucher zu Zigaretten kam. Die Haft setzte Jogiches gesundheitlich sehr zu, und er verließ das Gefängnis acht Monate später deutlich gealtert.

Auf den Schultern von Mathilde Jacob ruhte in den letzten Kriegsmonaten eine große Verantwortung. Sie war durch die Arbeit für die Gruppe so in Anspruch genommen, dass sie für Luxemburg und Jogiches nur noch mit Einschränkungen zur Verfügung stehen konnte, zumal sie sich daneben auch noch um ihren Broterwerb kümmern musste. De facto gehörte Jacob in jener Zeit – neben Meyer, Mehring, Käte und Hermann Duncker – zur Führung der Spartakusgruppe.[2047] Im Sommer zog Paul Levi, der die letzten Jahre in der Schweiz verbracht hatte, nach Berlin und beteiligte sich ebenfalls an der Arbeit. Am 23. Oktober wurde Karl Liebknecht aufgrund einer Amnestie der Regierung des neuen Reichskanzlers Prinz Max von Baden, der erstmals auch Sozialdemokraten angehörten, aus der Strafanstalt Luckau entlassen,[2048] sodass sich die Reihen der Spartakusgruppe allmählich wieder etwas füllten. Liebknechts Amnestierung war erst nach einer längeren Diskussion zustande gekommen. Schließlich setzte sich die Überlegung durch: »Die allgemeine Amnestie werde man in allen Kreisen freudig begrüßen. Behalte man aber den einen einzigen Abgeordneten im Zuchthaus, dann sei für Millionen von Arbeitern die Amnestie ein Nichts.« Nach einigen Tagen Bedenkzeit gab dann auch der Kaiser seine Zustimmung.[2049] Als Liebknecht in Berlin am Anhalter Bahnhof eintraf, wurde er von einer großen Menge begeisterter Arbeiter in Empfang genommen, die ihn geradewegs zur sowjetischen Botschaft eskortierten. Nie war sein Ansehen größer gewesen. Ganz selbstverständlich übernahm er nach seiner Rückkehr die Leitung der Spartakusgruppe. Luxemburg saß in dieser Zeit noch immer in Breslau. Ihr wurde die höchst unerwünschte Ehre zuteil, dass sie von der Amnestie ausgeschlossen wurde. Man machte sich sogar die Mühe, ihr am 11. Oktober einen neuen Haftbefehl zuzustellen, der sich auf das Reichsgesetz über die militärische Sicherungshaft vom 4. Dezember 1916, den Haftbefehl des Militäroberbefehlshabers vom 13. August 1917 sowie auf den Beschluss des Reichsmilitärgerichts vom 22. Februar 1918 bezog und feststellte, dass die Gründe für die Sicherungshaft unverändert fortbestünden.[2050] Angesichts ihrer gefürchteten rhetorischen und agitatorischen Fähigkeiten hielt man sie für gefährlicher als ihre Mitstreiter.

Während der Krieg an den übrigen Fronten langsam auf sein Ende zusteuerte, schloss Rosa Luxemburg eine Arbeit ab, die in den Jahren im Gefängnis einen guten Teil ihrer Zeit und Kraft in Anspruch genommen hatte. Schon wenige Tage nach ihrer erneuten Verhaftung im Juli 1916 hatte sie den Verleger Johann Heinrich Wilhelm Dietz in Stuttgart angeschrieben. Sie bot ihm drei Publikationen an, die Antikritik zur *Akkumulation des Kapitals* sowie die *Einführung in die Nationalökonomie*, die beide nie vollendet wurden. Das dritte war eine Übersetzung der *Geschichte meines Zeitgenossen* von Wladimir Korolenko: »Es ist dies eine Selbstbiographie Ks, die nicht bloß ein Kunstwerk ersten Ranges, sondern auch ein hervorragendes kulturhistorisches Dokument aus der Zeit der ›großen Reformen‹ Alexanders II. darstellt und gerade die Übergangsepoche vom alten leibeigenen zum modernen bürgerlichen Russland lebendig schildert.« Das Buch spielte im Westen des Zarenreiches, wo Russen, Polen und Ukrainer aufeinandertrafen, und Luxemburg glaubte, dass es auch für deutsche Leser sehr interessant wäre. Sie wollte deshalb, »bevor ich mich an einen bürgerlichen Verleger wende, erst einmal hören, ob Sie als Kenner der russischen Verhältnisse nicht selbst Lust hätten, den lieben Korolenko, der uns ja geistig ziemlich nahesteht, dem deutschen Publikum vorzuführen«.[2051] Doch Dietz hatte keine Lust, was vermutlich auch damit zusammenhing, dass er ein entschiedener Anhänger des Burgfriedenskurses der Partei war und den Separatismus der SAG scharf verurteilte,[2052] von Sympathien für die Spartakusgruppe ganz zu schweigen.

Luxemburg konnte sich aus dem Gefängnis schwerlich auf die Suche nach einem bürgerlichen Verleger begeben. Sie bat ihre Freundin Luise Kautsky um Hilfe, die die Verbindung zum Verlag von Paul Cassirer herstellte. Dort war seit 1916 Leo Kestenberg als Verlagsleiter tätig. Kestenberg war der Sohn eines Kantors aus Rosenberg (heute Rózsahegy), aufgewachsen in Prag und Reichenberg, hatte eine Ausbildung zum Pianisten absolviert und war seit 1900 auch im Bildungsausschuss der SPD tätig. Anders als Dietz schloss Kestenberg sich 1917 der USPD an, ähnlich wie auch Cassirer, als er 1918 aus dem Schweizer Exil zurückkehrte. Er brachte linke Autoren in das Programm des Verlages wie den jungen Dichter Bruno Schönlank junior, der auch zu den Verehrern Rosa Luxemburgs gehörte, oder den Anarchisten Gustav Landauer.[2053] Luxemburg erhielt den Auftrag, den ersten Band von Korolenkos Werk zu übersetzen und eine Einleitung zu verfassen.[2054] Dafür sollte sie bei Erscheinen ein Honorar von 2 000 Mark bekommen, das Cassirer ihr am 8. Januar 1919 übersandte.[2055] Cassirers Frau, die Schauspielerin Tilla Durieux, wollte an einem ihrer pazifistischen Vortragsabende im Kunstsalon Cassirer aus der Übersetzung vortragen und bat Luxemburg um Vorschläge dafür,[2056] die diese über Luise Kautsky auch übermittelte.[2057] Kestenberg und Durieux hatten in den Jahren vor dem Krieg gemeinsam Vortragsveranstaltungen für Arbeiter organisiert, die ziemlich regelmäßig am Sonntagvormittag stattfanden. Bei einer dieser Matineen hatten Durieux und Luxemburg sich kennengelernt.[2058] Das Manuskript der Übersetzung war schon 1917 an den Verlag gegangen.[2059] Als erster Leser und Korrektor hatte zunächst Hans Diefenbach gedient. Nach seinem Tod übernahm Luise Kautsky diese Aufgabe, der durch Diefenbachs Tod auch sonst in Luxemburgs Beziehungssystem wieder eine zentralere Rolle zukam. Die Einleitung zu dem Buch schrieb sie erst im Juli 1918 in Breslau.[2060]

Während Rosa Luxemburg in ihrer Breslauer Zelle am Schreibtisch saß und arbeitete, mehrten sich in Berlin die Anzeichen für den bevorstehenden politischen Umbruch. Die Russische Sozialistische Föderative Sowjetrepublik war seit April 1918 durch einen Botschafter in der Stadt präsent. Adolf Joffe war der Sohn eines reichen jüdischen Unternehmers. Schon als junger Mann hatte er sich 1902 der SDAPR angeschlossen, 1905 an der ersten Revolution teilgenommen und anschließend die Herausgeberschaft der *Prawda* übernommen. In der Oktoberrevolution hatte er eine wichtige Rolle gespielt. Joffe, der in Wien studiert hatte und sehr gut Deutsch sprach, hielt von Anfang an Verbindung zu den oppositionellen Kräften. Am 1. Mai 1918 lud er zum Kampftag der Arbeiterklasse führende Vertreter der USPD und der Spartakusgruppe zu einem festlichen Abendessen in die Botschaft, war aber sehr enttäuscht von seinen Gästen: »Eine reale Opposition gibt es nicht. Die Unabhängigen sind schlapp und ekelerregend prinzipienlos [...]. [...] Die Spartakisten sind völlig zerschlagen, der größere Teil von ihnen befindet sich zurzeit im Gefängnis, die übrigen sind eingeschüchtert und kraftlos.«[2061] Letzteres widerspricht der von der DDR-Historiografie so gern gepflegten Spartakus-Legende, kam aber der Wahrheit doch sehr nahe. Joffe hielt denn auch an seiner Einschätzung fest. Anfang Juni schrieb er Lenin, der ihn um eine Einschätzung der Lage gebeten hatte, »dass die Unabhängigen absolut unzuverlässig, die Spartakisten indes zerschlagen sind. Einen illegalen Apparat gibt es nicht, und illegale Literatur, außer Proklamationen herauszugeben, gelingt nicht. [...] es ist schwer, etwas zu tun, denn die Besten sitzen in Haft, und die anderen sind wenig zu gebrauchen, denn sie sind zu alt oder zu jung.«[2062] Joffe bemühte sich immer wieder darum, auf die führenden Vertreter einzuwirken, aber Hunde zum Jagen zu tragen ist bekanntlich keine einfache Aufgabe. Es waren ehrenwerte Leute, die schwankten zwischen der Hoffnung auf einen Verständigungsfrieden und der Furcht, die deutsche Waffengewalt könnte die Franzosen und Engländer doch noch in die Knie zwingen. Es war bezeichnend für die damalige Situation, dass Millionen von

Deutschen damals eine Wendung zum Besseren nicht von einem deutschen, sondern von einem ausländischen Staatsmann erwarteten, dem amerikanischen Präsidenten Woodrow Wilson. Die Politiker der USPD waren da keine Ausnahme.

Die USPD, die einen dritten Weg zwischen Burgfrieden und Diktatur des Proletariats suchte, war in keiner einfachen Lage. Sie war Fleisch vom Fleisch der SPD, wollte eine andere Politik, stand aber nicht in grundsätzlicher Opposition zu ihrer Mutterpartei, wie die Spartakusgruppe. Bezeichnenderweise kehrte der größte Teil der Funktionäre nach einigen Jahren in den Schoß der SPD zurück. Was die Sache auch nicht einfacher machte, war der Umstand, dass sie im Grunde – anders als die Spartakusgruppe – eine heterogene Vereinigung war. Das wurde auch deutlich, als die Partei am 11./12. September 1918 eine nichtöffentliche Reichskonferenz abhielt. Die Konferenz verurteilte einerseits den Roten Terror, der inzwischen eingesetzt hatte, begrüßte aber andererseits die bolschewistische Revolution grundsätzlich und widersprach damit ihren eigenen Vordenkern Bernstein und Kautsky, die an der Revolution heftige Kritik geübt hatten.[2063] Spartakisten wie Mehring und Zetkin, formal ja ebenfalls Mitglieder der USPD, hatten es da viel einfacher. Sie applaudierten den Bolschewiki vorbehaltlos, denn die hatten ja ins Werk gesetzt, was die Gruppe immer erhofft hatte. Am meisten Probleme mit dem Roten Terror hatte Rosa Luxemburg. Insgesamt war die Zusammenarbeit zwischen der sowjetischen Botschaft und der Gruppe sehr eng. Mehrere Spartakisten wie Ernst Meyer, Emil Eichhorn, Eugen Leviné und Fanny Jezierska waren sogar in der Botschaft oder in der von dort betriebenen russischen Nachrichtenagentur ROSTA beschäftigt.[2064] Luxemburg war davon nicht begeistert: »Bei uns hier ist die Arbeit seit L[eos] Krankheit [Inhaftierung] vor die Hunde gegangen. Es sind alles Waschlappen und dazu haben sie noch keine ›Zeit‹, vor allem wenn die Arbeit sich nicht bar bezahlt macht. Für ›Arbeit‹ in der Botschaft – reine Albernheit, nichts weiter – haben sie Zeit; denn da zahlt man schwer. Aber das Blatt und die Zettel, nach denen jetzt eine stürmische Nachfrage besteht, hat einzig und allein Maciej Rózga zu schreiben, kein anderer will einen Finger rühren.«[2065] Maciej Rózga war ihr altes Pseudonym aus der Anfangszeit der SDKPiL.

Wenige Tage nach der Reichskonferenz der USPD kamen auch Parteiausschuss und Reichstagsfraktion der SPD zu einer Sitzung zusammen. Sie tagten am 23. September wiederum im Reichstagsgebäude. Die SPD hatte sich im August 1914 auf den Boden des existierenden Staates gestellt. Nun kam es darauf an, diesen Staat umzugestalten zu einem parlamentarisch-demokratischen Staatswesen. Auf dem Würzburger Parteitag 1917 hatte sich die Partei neben der Frage einer möglichen Wiedervereinigung mit den Unabhängigen schwerpunktmäßig mit dem Thema »Die nächsten Aufgaben der Partei«, gegliedert nach den Sachkomplexen Demokratisierung, Wirtschaftspolitik, Finanzpolitik und Sozialpolitik, beschäftigt.[2066] Im Anschluss war ein Aktionsprogramm ausgearbeitet worden, das im *Vorwärts* publiziert wurde.[2067] Dieses Programm war einerseits inspiriert vom Erfurter Programm, was sich vor allem in den Forderungen zur Demokratisierung des Staates niederschlug, aber auch von Wilsons 14 Punkten, wenn etwa die Abschaffung der Geheimdiplomatie gefordert wurde, enthielt viele Überlegungen, wie mit den Kriegsfolgen umzugehen war, Stichworte waren hier Sicherstellung des Arbeitsmarktes, Fürsorge für Kriegsbeschädigte und Kriegsschulden, enthielt aber auch ein sozialpolitisches Programm, bei dem die alte Forderung nach dem achtstündigen Normalarbeitstag an erster Stelle stand. Das alles war so vernünftig wie unrevolutionär. Und so war es nicht überraschend, dass Parteiausschuss und Fraktion sich am 23. September mit 80 zu 21 Stimmen dafür entschieden, in die neue Regierung einzutreten, wenn bestimmte Bedingungen erfüllt wurden.[2068]

Am 13. Oktober veranstaltete auch die Spartakusgruppe eine Reichskonferenz, die naturgemäß im Geheimen stattfand. Aus Gründen der Tarnung wurde die Konferenz in den *Spartakus-Briefen* auf den 7. Oktober datiert, ein Datum, das die Historiografie dann lange Zeit übernommen hat.[2069] Der Bericht stammte aus der Feder von Paul Levi, der auch die Leitung der Konferenz innehatte.[2070] Wenn wir seinem Bericht glauben dürfen, waren auf der Konferenz alle wichtigen Bezirke und Orte

Deutschlands vertreten, außerdem mehrere Ortsgruppen der linksradikalen Bewegung, die der USPD nicht angehörten. Aus dem Bericht wurde sehr deutlich, warum die Spartakisten sich unabhängig von der Reichskonferenz der USPD versammelt hatten. Die Erfahrungen in der Zusammenarbeit waren durchweg negativ: »Nur in den Orten, wo sich die Organisationen der USP[D] völlig in den Händen von Spartakusanhängern befinden, sind die Genossen mit dem in Gotha vollzogenen Zusammenschluss zufrieden.«[2071] Allzu viele Orte können das angesichts der relativ wenigen Spartakisten nicht gewesen sein. Und eine Zusammenarbeit, die nur dann als befriedigend empfunden wird, wenn man alles majorisieren kann, ist keine wirkliche Zusammenarbeit. Hier wurden die ideologischen Bruchlinien schon sehr deutlich. Das gilt auch für den weiteren Bericht. Die Hoffnungen der USPD auf Wilsons 14-Punkte-Plan wurden scharf verurteilt, denn der geplante Völkerbund sei nur ein Mittel, »die aufkeimende proletarische Weltrevolution zu ersticken«. Dann kam ein Punkt zur Sprache, der in den kommenden Monaten eine zentrale Rolle spielen sollte: »Schließlich wurde beschlossen, die Bildung von Arbeiter- und Soldatenräten sofort in allen Orten in Angriff zu nehmen, soweit solche Räte bisher nicht in Funktion getreten sind.«[2072] Die Konferenz dankte den Genossen in Russland und versprach, diesen Dank »durch Aktionen, entsprechend dem russischen Vorbild, zu betätigen«.[2073] Zum Abschluss der Konferenz wurde eine Solidaritätserklärung für die in Haft Befindlichen, namentlich Liebknecht und Luxemburg, verabschiedet.

Die nahezu zeitgleichen, aber streng getrennten Konferenzen von SPD, USPD und Spartakusgruppe symbolisieren bildkräftig die tiefen Gräben, die zwischen den drei Fraktionen der Arbeiterbewegung inzwischen bestanden. Sie sollten auch in den kommenden Jahren nicht überwunden werden, was nicht nur die deutsche Revolution, sondern auch die Gründerjahre der Weimarer Republik entscheidend geprägt hat.

Inzwischen neigte sich der Erste Weltkrieg unwiderruflich seinem Ende entgegen. Nach dem Scheitern der letzten großen Offensive im Sommer 1918 erklärte die Oberste Heeresleitung den Krieg an der Westfront am 29. September für verloren und forderte die Regierung auf, Waffenstillstandsverhandlungen aufzunehmen. Ludendorff plädierte dafür, sofort mit Präsident Wilson Kontakt aufzunehmen, von dem man sich die mildesten Waffenstillstandsbedingungen erhoffte. Zugleich schlug er eine Parlamentarisierung des Deutschen Reiches vor, also eine Einbeziehung der im Interfraktionellen Ausschuss verbundenen Parteien in die Regierungsarbeit. Das war sicher ein taktischer Vorschlag, denn Ludendorff hatte keine Lust, persönlich an den bevorstehenden Kapitulationsverhandlungen mitzuwirken. Eine derart undankbare Aufgabe wollte er lieber den Politikern der ungeliebten demokratischen Parteien überlassen. Tatsächlich entwickelten sich die Dinge bald in diese Richtung, allerdings anders, als Ludendorff sich das vorgestellt hatte.

Am 3. Oktober 1918 wurde Prinz Max von Baden neuer Regierungschef. Ernannt wurde er auf Vorschlag des Vizekanzlers Friedrich von Payer, der der linksliberalen Fortschrittlichen Volkspartei angehörte und der Vertrauensmann des Interfraktionellen Ausschusses in der Regierung war. Der neue Kanzler ernannte die Sozialdemokraten Philipp Scheidemann und Gustav Bauer zu Staatssekretären, sodass nun erstmals auch die SPD in der Regierung vertreten war. Er tat dies, weil er es für unvermeidlich hielt, die Sozialdemokratie einzubinden, und weil er außerdem Erzberger als den gefährlicheren Gegner ansah. Nach seiner Überzeugung war Erzberger die treibende Kraft hinter dem Bemühen, der Regierung »Majoritätsfesseln« anzulegen. Prinz Max wollte die Reichstagsmehrheit »wieder in ihre wohlverdiente Ohnmacht zurücktreiben« und das Deutsche Reich vor einem »Erzberger-Scheidemann-Frieden« retten.[2074]

Ob gewollt oder nicht, die Zugeständnisse in Richtung einer Parlamentarisierung entwickelten ihre eigene Dynamik. Als der soeben gekürte Reichskanzler am 5. Oktober seine erste Rede im Reichstag hielt, bekannte er sich zur parlamentarischen Demokratie und zur Friedensresolution von 1917, auch begrüßte er Wilsons 14-Punkte-Programm. Das alles tat er gegen seine innere Überzeugung. Eigentlich hatte er eine ganz andere Rede halten wollen, aber Vizekanzler Payer und der Staatssekretär des Auswärtigen Wilhelm Solf, der wie Payer der Fortschrittlichen Volkspartei angehörte, hatten ihn genötigt, in seiner Rede den Eindruck zu erwecken, die neue Regierung habe die Zeichen der Zeit verstanden. Prinz Max war auch nicht in Uniform vor den Reichstag getreten, was ebenfalls ein Zugeständnis an die Zeitstimmung war. Dabei hatte er die Hoffnung, der Krieg könnte womöglich doch noch so lange fortgesetzt werden, bis man den Alliierten erträgliche Friedensbedingungen abringen könnte, und als seine vornehmste Aufgabe sah er es an, die Kaiserkrone zu retten.[2075] Aber in der Öffentlichkeit traute man ihm zu, notwendige Reformen anzupacken und die erforderlichen Schritte einzuleiten, um das Land aus der schweren Krise, in die es geraten war, herauszuführen. Das »Gesetz zur Änderung der Reichsverfassung« vom 25. Oktober 1918[2076] war der Versuch, die Reichstagsmehrheit politisch einzubinden und das vorparlamentarische System des semikonstitutionellen deutschen Kaiserreiches zu überwinden. Aber diese Parlamentarisierung kam zu spät, sie war de facto die unmittelbare Vorstufe zum Ende der Monarchie. Das politische System des Kaiserreiches war bei allen Modernisierungsdefiziten den Herausforderungen des Kriegs gewachsen gewesen, solange die große Mehrheit der Bevölkerung an einen deutschen Sieg glauben konnte, aber im Herbst 1918 gab es für diesen Glauben keine Basis mehr.

Hätte das alte Regime sich durch eine energische Änderung seiner Politik retten wollen, dann wäre der 8. August 1918 der späteste Zeitpunkt dafür gewesen. Nach dem militärischen Desaster bei Amiens hätte Wilhelm II. Ludendorff unverzüglich entlassen müssen, die Regierung auf eine parlamentarische Grundlage stellen, den U-Boot-Krieg abbrechen, die absurden Annexionen im Osten aufgeben und den Völkern dort zu einer wirklichen nationalen Selbstbestimmung verhelfen müssen. Nach einer neuerlichen Verständigung mit dem sowjetischen Russland, das ganz mit seiner inneren Stabilisierung beschäftigt war, hätte er alle noch verfügbaren Truppen an der Westfront konzentrieren, Elsass-Lothringen ein Autonomiestatut gewähren und sämtliche Truppen an die deutsch-französische Grenze zurückführen müssen, die zu verteidigen Deutschland durchaus auf lange Zeit noch in der Lage gewesen wäre. Ein solcher Rückzug auf das eigene Territorium wäre aber auf Dauer nur respektiert worden, wenn er mit einem entsprechenden Friedensangebot verbunden gewesen wäre. Aber für die Verständigung über einen Verzichtsfrieden fehlte die Basis. Der Burgfrieden hatte sich noch nicht zu einem Bürgerkrieg gewandelt, aber der gesellschaftliche Konsens war im Krisenjahr 1917 zerbrochen. Deshalb musste Deutschland im November 1918 kapitulieren. Noch nie zuvor hatte eine Nation die Waffen gestreckt, deren Armeen so tief in Feindesland standen. Aber Deutschland war eben, allen späteren Legendenbildungen zum Trotz, im Feld keineswegs unbesiegt. Es hätte den Krieg noch in die Länge ziehen, aber nicht mehr gewinnen können. Doch um einen Ausweg aus dem autoritären Attentismus der letzten Monate des Kaiserreiches zu finden, hätte es einer entschlossenen politischen Führung bedurft, und die gab es nicht.

Exkurs: Die Russische Revolution

»Freiheit nur für die Anhänger der Regierung, nur für Mitglieder einer Partei – mögen sie auch noch so zahlreich sein – ist keine Freiheit. Freiheit ist immer Freiheit der Andersdenkenden. Nicht wegen des Fanatismus der ›Gerechtigkeit‹, sondern weil all das Belebende, Heilsame und Reinigende der politischen Freiheit an diesem Wesen hängt und seine Wirkung versagt, wenn die ›Freiheit‹ zum Privilegium wird.«[2077] Der erste Satz dieses Diktums ist zweifellos das berühmteste Zitat aus dem Werk von Rosa Luxemburg. Zu finden ist es in ihrem letzten Manuskript, das zu ihren Lebzeiten nicht mehr veröffentlicht wurde und je nach Herausgeber den Titel »Die Russische Revolution« oder »Zur russischen Revolution« trägt.[2078] Das Zitat steht, je nach Temperament des Herausgebers mal im Haupttext[2079], mal in einer Anmerkung, deklariert als »Bemerkung am linken Rand ohne Einordnungshinweis«[2080]. Das Manuskript über die Russische Revolution, das Lenin vernichtet sehen wollte, ist ein Schlüsseltext für Luxemburgs Demokratieverständnis. Zugleich ist dieser schmale Text der Kern dessen, was von orthodoxen Kommunisten jahrzehntelang als »Luxemburgismus« bekämpft und diffamiert worden ist.

In Wronke bzw. Breslau verfasste Luxemburg zwischen April 1917 und Herbst 1918 insgesamt neun Texte, die sich mit den aktuellen Vorgängen in Russland befassten, von denen *Die Russische Revolution* der letzte und wichtigste ist. Aber er blieb unvollendet, und nach ihrer Entlassung aus dem Gefängnis war Luxemburg Tag und Nacht mit der Redaktion der *Roten Fahne* beschäftigt, sah kaum einmal die eigene Wohnung und hatte keinen einzigen ruhigen Moment, in dem sie weiter an diesem Manuskript hätte arbeiten können. Die erste Publikation erfolgte 1922 auf der Basis einer nicht ganz vollständigen Abschrift, der Herausgeber war Paul Levi. Er schrieb in seinem Vorwort:

> Ich glaube, in jeder Beziehung ein Recht zu haben, diese Broschüre zu veröffentlichen. Ihre Entstehungsgeschichte ist diese. Im Sommer 1918 schrieb Rosa Luxemburg Artikel für die »Spartakus-Briefe« aus dem Breslauer Gefängnis, in denen sie sich kritisch mit der Politik der Bolschewiki auseinandersetzte. [...] Ihre Freunde hielten die Veröffentlichung damals nicht für opportun, und ich schloss mich ihnen an. Da Rosa Luxemburg hartnäckig auf der Veröffentlichung beharrte, reiste ich 1918 zu ihr nach Breslau, wo ich sie nach langer, ausführlicher Unterredung im Gefängnis zwar nicht überzeugte, aber bestimmte, von dem Druck eines neuerlich von ihr geschriebenen Artikels gegen die Taktik der Bolschewiki Abstand zu nehmen.
> Um mich von der Richtigkeit ihrer Kritik zu überzeugen, schrieb Rosa Luxemburg die vorliegende Broschüre.[2081]

Schon den Aufsatz »Die russische Tragödie«[2082] hatte die Redaktion der *Spartakus-Briefe* sehr zum Ärger Luxemburgs nur mit einer Fußnote publiziert: »Der Artikel spricht Befürchtungen aus, die auch in unseren Kreisen vielfach vorhanden sind – Befürchtungen, die aus der objektiven Lage der Bolschewiki, nicht aus ihrem subjektiven Verhalten entspringen. Wir bringen den Artikel vornehmlich wegen seiner Schlussfolgerung: ohne die deutsche Revolution keine Rettung der russischen Revolution, keine Hoffnung für den Sozialismus in diesem Weltkriege. Es bleibt nur die eine Lösung: der Massenaufstand des deutschen Proletariats.«[2083] Diese Distanzierung der Redaktion von ihrem Text – sie erlebte das ja nicht zum ersten Mal – konnte der Autorin nicht gefallen: »Genossin Luxemburg beschwerte sich in einem Brief an mich sehr lebhaft über diese redaktionelle Notiz und sandte mir bald darauf einen neuen Artikel, der sich noch schärfer mit der Taktik der Bolschewiki auseinandersetzte.«[2084] Dieser zweite Text, der nicht einmal mit einer Anmerkung der Redaktion seinen Weg in die *Spartakus-Briefe* fand, war der Anlass für Levis Reise nach Breslau, von der er in seinem Vorwort berichtet.

Dieses Vorwort hat ganz offensichtlich nichts von seiner Brisanz verloren. 1990, nach dem Ende der DDR, gab Laschitza einen schmalen Band

Rosa Luxemburg und die Freiheit der Andersdenkenden heraus, der den Text über die Russische Revolution enthielt, ebenso auch die anderen acht Texte zum Thema. Und die sehr umfangreiche Einleitung von Paul Levi zur Ausgabe von 1922 hatte sie ebenfalls aufgenommen, Levis Vorwort aber weggelassen.[2085] Deshalb wird daraus hier etwas ausführlicher zitiert.

Von Luxemburgs Kritikern wurde damals und auch später vorgebracht, sie sei im Gefängnis nicht gut genug informiert gewesen und habe sich nur deshalb so kritisch über die bolschewistische Revolution geäußert. Dem ist sowohl damals wie später von kundiger Seite vehement widersprochen worden.[2086] Auch Levi ging auf diese Frage ein:

> Als Material für die Broschüre dienten ihr nicht nur die deutschen Zeitungen, sondern die gesamte bis dahin erschienene russische Zeitungs- und Broschürenliteratur, die damals durch die Russische Botschaft nach Deutschland kamen und die ihr von vertrauten Freunden ins Gefängnis geschmuggelt wurden.
> Man wird mir von zwei Seiten Vorwürfe machen; die einen, dass ich erst jetzt, die anderen, dass ich sie schon jetzt oder überhaupt veröffentliche (denn von gewisser Seite war der Broschüre der Flammentod zugedacht.)[2087]

Der Zeitpunkt werde, so Levi, bestimmt durch den Umstand, dass die Herrschaft der Bolschewiki in Russland inzwischen, soweit möglich, als gesichert angesehen werden könne. Es kam aber ein weiterer Gesichtspunkt hinzu: »Dann wird aber der Zeitpunkt bestimmt durch die Tatsache, dass die jetzige bolschewistische Politik von den schwersten Folgen für die Arbeiterbewegung Europas begleitet sein wird und alles getan werden muss, die Selbstständigkeit der Kritik an den russischen Vorgängen zu fördern.«[2088]

Der Kronstädter Matrosenaufstand im Februar/März 1921, auf den Levi hier anspielte, war ein entscheidendes Datum in der Geschichte der Russischen Revolution. Ausgelöst durch eine Kürzung der Brotrationen, richtete er sich gegen den diktatorischen Einfluss der KPR (B). Im zweiten

Anlauf gelang es der Roten Armee, die Festung Kronstadt zu stürmen, allerdings um den Preis von 10 000 Toten. Nach dem Sieg der Roten Armee wurden Hunderte von Aufständischen standrechtlich erschossen, Tausende hingerichtet, und Zehntausende wanderten in Internierungslager. Die revolutionäre Phase war beendet, es begann die unerbittliche Diktatur der KPR (B). Der Revolutionsforscher Helmut Bock schrieb im *Neuen Deutschland* von der »Ursünde der bolschewistischen Revolution«.[2089] Das geschah allerdings erst 2011, zum 90. Jahrestag des Aufstands. Bis 1990 galt der Kronstädter Aufstand als »antisowjetische Meuterei«, rehabilitiert wurden die aufständischen Matrosen erst 1994 von Boris Jelzin.

Zeitlich parallel zum Kronstädter Aufstand kam es in Mitteldeutschland zu den Märzkämpfen, die der Anlass für Paul Levis eigene Publikation *Unser Weg. Wider den Putschismus* waren.[2090] Nachdem er im Februar 1921 bereits vom Parteivorsitz zurückgetreten war, kritisierte er in dieser Schrift scharf den von der Komintern provozierten Putschversuch in Mitteldeutschland und die damit verbundene Taktik. Nach dem Erscheinen von *Unser Weg* wurde Levi auf Betreiben der Komintern aus der KPD ausgeschlossen und kehrte 1922 wieder zur SPD zurück, weswegen seine Edition des Luxemburg-Manuskripts als das Werk eines Renegaten galt und entsprechend wütende Reaktionen auslöste. Sowohl Adolf Warksi als auch Clara Zetkin, beide vom Exekutivkomitee der Kommunistischen Internationale eingesetzte Herausgeber der Werke Rosa Luxemburgs, brachten Gegenpublikationen heraus.[2091] Zetkins Hauptargumente gegen Levis Edition waren: 1. Luxemburg war in Breslau über die Situation in Russland nicht richtig informiert, 2. Sie kam später zu einer anderen Bewertung und 3. deshalb sei auch Jogiches gegen eine Veröffentlichung gewesen. Levis »Nachlassbroschüre« sei eine Schändung von Luxemburgs Werk durch »reformistische Gegner«, er sei »mit nachlässiger Handbewegung über den Willen der beiden großen Toten hinweggestampft«.[2092] Schließlich – Stichwort Flammentod – wandte sie sich gegen die Behauptung, das Manuskript sollte verbrannt werden. Das sei ein Missverständnis, eine entsprechende Formulierung von Jogiches habe sich lediglich auf einige Notizzettel im Nachlass in Südende bezogen. Das stimmte nicht, wie wir heute wissen. Lenin hatte Zetkin den Auftrag gegeben, das Erscheinen des unvollendeten Manuskripts, von dem zwei Kopien in Moskau vorlagen, zu verhindern. Als ihr das misslang, wurde sie genötigt, ersatzweise die Ansichten ihrer ermordeten Freundin öffentlich zu verurteilen.[2093] Zetkin und Luxemburg waren immer enge Freundinnen gewesen, aber sie waren doch von sehr unterschiedlichem Temperament. In derselben Zeit, in der Luxemburg an ihrem Manuskript arbeitete, hatte Zetkin eine Schrift verfasst, um die Bolschewiki gegen Kritik an ihren undemokratischen Maßnahmen und brutalen Methoden in Schutz zu nehmen.[2094] Auch jetzt tat sie, wie ihr geheißen.

Levi setzte sich zur Wehr und antwortete Zetkin: »Rosa stand nun einmal – das lässt sich nicht leugnen – in gewissen Fragen im Gegensatz zu den Bolschewiki, gerade diese Fragen hat der Gang der russischen Revolution in den Vordergrund geschoben und – so glaube ich – die Auffassungen Rosas glänzend gerechtfertigt.« Bei der Edition des Nachlasses diesen Gegensatz zu verschweigen, war nach Levis Überzeugung nicht zu rechtfertigen. Das würde »das ganze wunderbar einheitliche Bild von Rosas Weltanschauung zerstören.«[2095] An diesem wunderbar einheitlichen Bild bestand allerdings kein wirkliches Interesse. Der inzwischen gegründeten KPdSU ging es vielmehr um eine einheitliche ideologische Ausrichtung, und da war Luxemburg eindeutig ein Störfaktor. Sie »irrte in der Frage der Unabhängigkeit Polens; sie irrte 1903 in der Beurteilung des Menschewismus; sie irrte in der Theorie der Akkumulation des Kapitals; sie irrte, als sie im Juli 1914 […] für die Vereinigung der Bolschewiki mit den Menschewiki eintrat; sie irrte in ihren Gefängnisschriften von 1918.«[2096] Dieses Verdikt Lenins ist eine wichtige Quelle für die bis heute anhaltende Debatte, wie stark zum einen die Gemeinsamkeiten und zum anderen die Differenzen zwischen Luxemburg und Lenin zu gewichten sind. Lenin starb 1924, drei Jahre später setzte sich Stalin gegen die »linke Opposition« wie gegen die »Rechtsabweichler« durch und zementierte seine autoritäre Herrschaft in der KPdSU. Am 29. Februar 1928 schlossen die KPdSU und die KPD am Rande des Plenums des EKKI ein Geheimabkommen, das zur Unterordnung der Komintern unter die Außenpolitik der Sowjetunion und in der Konsequenz zur Stalinisierung der KPD führte.[2097] Für den weiteren Umgang mit Rosa Luxemburgs Werk war Stalins Verdammungsurteil von 1931 maßgeblich, in dem er Luxemburg und Parvus namentlich angriff:

> Sie ersannen ein utopisches und halbmenschewistisches Schema, das der permanenten Revolution [...], durchdrungen von einer durch und durch menschewistischen Verneinung der Politik des Bündnisses der Arbeiterklasse mit der Bauernschaft, und stellten es dem bolschewistischen Schema der revolutionär-demokratischen Diktatur des Proletariats und der Bauernschaft entgegen. Im Weiteren wurde dieses halbmenschewistische Schema der permanenten Revolution von Trotzki (teilweise von Martow) aufgegriffen und zu einem Kampfmittel gegen den Leninismus gemacht.[2098]

Stalin sprach hier wie stets ex cathedra, und sein Urteil wurde wortwörtlich in die *Große Sowjetische Enzyklopädie* aufgenommen.[2099] Es ist nicht übertrieben, wenn man sagt, dass Rosa Luxemburg nach dem Mord am 15. Januar 1919 hier von Stalin zum zweiten Mal ermordet wurde. Hätte sie damals in der Sowjetunion gelebt, hätte sie den Großen Terror gewiss nicht überlebt. Im Anschluss an Stalin rief dann auch Ernst Thälmann zum »schärfsten Kampf gegen die Überreste des Luxemburgismus« auf.[2100]

Ruth Fischer, die 1924 Vorsitzende des Politischen Büros des ZK der KPD wurde, erklärte, der Luxemburgismus sei der »Syphilisbazillus im Blut der deutschen Arbeiterschaft«[2101]. Damit war der absolute intellektuelle Tiefpunkt der Auseinandersetzung mit der streitbaren Genossin erreicht. Ruth Fischer wurde allerdings kurz darauf wegen »Linksabweichung« von Stalin zum Rapport nach Moskau bestellt und gefangen gesetzt.

Große Zustimmung fand nicht überraschend die Publikation des Manuskripts zur Russischen Revolution bei SPD und USPD. Der *Vorwärts* konnte der Versuchung nicht widerstehen, die einst geschmähte Luxemburg zu vereinnahmen, und betonte ein ums andere Mal, welch herbe

Kritik an den Bolschewiki der Text enthalte. Damit verband sich der Anspruch: »Das deutsche Proletariat hat ein Recht darauf, die wirkliche Rosa Luxemburg und nicht eine von der kommunistischen Geschichtsklitterung zurechtgemachte falsche kennenzulernen.«[2102] Wer wollte da widersprechen? Aber man muss doch auch sagen, dass die SPD in den letzten 100 Jahren nicht gerade viel dazu beigetragen hat, um dem deutschen Proletariat die wirkliche Rosa Luxemburg nahezubringen. Auch die *Freiheit*, das Organ der Unabhängigen Sozialdemokraten, berichtete ausführlich über die Publikation, setzte aber die Akzente etwas anders: »Der Standpunkt Rosa Luxemburgs ist keineswegs ›antibolschewistisch‹ im landesüblichen Sinne des Wortes.«[2103] Aber zugleich wurde betont, dass »niemals ärgere Leichenschändung getrieben worden ist« als durch die *Rote Fahne* mit dem Namen Luxemburgs. Die Auseinandersetzung mit dem Manuskript war völlig überdeckt durch die Rivalität der drei Parteien, die aus der SPD des Erfurter Programms hervorgegangen waren.

Nach dem Zweiten Weltkrieg erschien im deutschen Westen bereits 1948 eine Neuausgabe des Manuskripts zur Russischen Revolution.[2104] Herausgeber war Peter Blachstein, ein linker Sozialdemokrat, der sich genau wie Willy Brandt 1931 der SAP angeschlossen hatte, ebenfalls nach Norwegen emigriert war, wo die beiden auch zusammengearbeitet hatten, und nach 1945 nach Deutschland und zur SPD zurückkehrte, die er 20 Jahre lang im Deutschen Bundestag vertrat.

1951 war der 80. Geburtstag von Rosa Luxemburg, ein Datum, das die Staatsführung der DDR schwerlich ignorieren konnte. Es erschien eine zweibändige Auswahlausgabe, die etwa ein Fünftel ihres Werkes enthielt.[2105] Die Ausgabe blieb hinter der unvollendeten Ausgabe der 1920er-Jahre im Anspruch weit zurück, sie enthielt keinen einzigen aus der Sicht der SED irgendwie gefährlichen Text. Der erste der beiden Bände wurde eröffnet durch ein Vorwort von Wilhelm Pieck,[2106] in dem er noch einmal ausführlich Luxemburgs Fehler aufzählte, dann aber die kühne These folgen ließ, dass sie durch die Gründung der KPD ihrem Leben noch einmal eine Wende gegeben habe: »So wurde Rosa Luxemburg in ihrem letzten stürmischen Lebensabschnitt selbst zur Kämpferin gegen das, was wir als

Luxemburgismus bezeichnen.«[2107] Deshalb sei es wichtig, Luxemburg gewissermaßen gegen sich selbst zu verteidigen, denn: »In holder Eintracht versuchen Brandleristen, Trotzkisten, Titoisten und Sozialimperialisten heute die Fehler und Irrtümer Rosa Luxemburgs für den hinterhältigen Kampf gegen die sozialistische Sowjetunion [...] auszunützen oder ihren hehren Namen zu missbrauchen, um die schmutzige Agententätigkeit und Sabotagearbeit gegen die Sache des Friedens zu verdecken.«[2108] Die nächsten 130 Seiten des Buches nahmen drei Aufsätze von Lenin und einer von Stalin ein, die den Leser noch einmal ausführlich über alle Gefahren des Luxemburgismus orientierten.[2109]

Ein ähnlicher Geist waltete bei der Gestaltung der Rosa-Luxemburg-Ausstellung im Marx-Engels-Lenin-Institut in Berlin, bei der rote Fahnen und riesige Lenin- und Stalin-Büsten über die Jubilarin dominierten.[2110] Im Oktober 1951 brachte die DDR zum zweiten Jahrestag ihres Bestehens eine Sonderbriefmarke heraus. Auf ihr war nur der harmlose Agitator Liebknecht abgebildet, der wie Luxemburg in diesem Jahr 80 Jahre alt geworden wäre, seine Mitkämpferin hatte man lieber weggelassen.[2111]

Höhepunkt der Abrechnung mit dem Luxemburgismus war die Monografie von Fred Oelßner,[2112] dem damaligen Chefideologen der SED. Oelßner hatte passenderweise schon als junger Mann an der Reichsparteihochschule der KPD »Rosa Luxemburg« gearbeitet. 1935 war er in die Sowjetunion emigriert und zehn Jahre später nach Deutschland zurückgekehrt, wo er unter anderem Mitglied des Politbüros des ZK der SED und Herausgeber der Zeitschrift *Einheit. Zeitschrift für Theorie und Praxis des Wissenschaftlichen Sozialismus* wurde. Sein Buch ist das Dokument einer vollendeten Schizophrenie. Auf der einen Seite wird Rosa Luxemburg für »heilig« erklärt; so steht es wörtlich im Klappentext. In demselben Klappentext heißt es aber auch, es sei wichtig, dass diese »kritische Biografie« »nicht nur gelesen, sondern studiert« werde:

> Das ist doppelt nötig auch deshalb, weil heute unter Ausnutzung der politischen Schwächen, Fehler und Irrtümer Rosa Luxemburgs von rechten SPD-Führern und Verrätern der Arbeiterklasse mit dem

> Namen dieser großen Revolutionärin in der übelsten Weise Schindluder getrieben wird, um Verwirrung zu stiften und den großen geschichtlichen Prozess der ideologischen und theoretischen Klärung innerhalb der deutschen Arbeiterklasse aufzuhalten.

Das Buch ist in zwei Teile gegliedert, »Ein kämpferisches Leben« und »Ein fehlerhaftes System (Der Luxemburgismus)«. Oelßners Buch steht ganz auf dem Boden der stalinistischen Dogmatik. »Genosse Stalin«, »Genosse Lenin« und »Genosse Thälmann« sind die wissenschaftlichen Autoritäten, die ständig zitiert werden. Das ganze Werk ist durchzogen von Invektiven; einige Beispiele:

> Ihre Fehler hinderten Rosa Luxemburg daran, das Wesen der ersten russischen Revolution und der Taktik der Bolschewiki richtig zu verstehen.[2113]
> Sie führte in vielen Fragen einen aktiven Kampf gegen Lenin und baute ihr eigenes System auf.[2114]
> Ebenso wie Feuerbach vertrat auch Rosa Luxemburg einen unkonsequenten [!], nicht bis zu Ende gehenden Materialismus.[2115]
> Ebenso irrtümlich ist ihre Auffassung über die Zukunft der politischen Ökonomie.[2116]

Ihre Akkumulationstheorie ist »völlig unhaltbar«,[2117] ihre Begriffsbestimmung des Imperialismus »kann natürlich keinerlei ernsthafter Kritik standhalten«.[2118] Man könnte die Reihe der Zitate endlos fortsetzen. Der Gipfel der Infamie ist zweifellos erreicht mit dem Satz: »Es ist leider nichts darüber bekannt, ob sich Rosa Luxemburg jemals [!] intensiv mit philosophischen Studien befasst hat.«[2119] Auf Deutsch gesagt: Von Marxismus hatte sie keine Ahnung.[2120] Ausführlich beschäftigte Oelßner sich mit dem Manuskript über die Russische Revolution, das es in der DDR damals gar nicht zu lesen gab, denn in der zweibändigen Auswahlausgabe war es selbstredend nicht enthalten. Nur am Rande sei vermerkt: Auch Genosse Oelßner trieb nicht immer die richtigen philosophischen Studien. 1958 wurde er sämtlicher Ämter enthoben, weil er sich der Gruppe um Karl Schirdewan angeschlossen hatte, der von Ulbricht gestürzt wurde, und musste öffentliche Selbstkritik wegen »Opportunismus und politischer Blindheit« üben.[2121]

Zum 40. Jahrestag der Novemberrevolution erschien 1958 der erste Band einer Karl-Liebknecht-Ausgabe. Gleichzeitig teilte der Generalsekretär des ZK der SED Walter Ulbricht dem Direktor des Instituts für Marxismus-Leninismus mit, dass eine vergleichbare Luxemburg-Ausgabe nicht möglich sei wegen der falschen Auffassungen in verschiedenen ihrer Werke.[2122] Man strebte stattdessen eine erneute Auswahlausgabe in zwei bis drei Bänden an, aber auch dieser Plan wurde 1960 als »nicht zweckmäßig« beerdigt, und Kurt Hager, der inzwischen Chefideologe der SED war, empfahl, stattdessen mit den frei werdenden Mitarbeitern die Liebknecht-Ausgabe zu forcieren.[2123]

Für das Scheitern der deutschen Revolution von 1918/19 war übrigens auch Rosa Luxemburg verantwortlich. Der Luxemburgismus war »eine der entscheidenden Ursachen für die Niederlagen der Kommunistischen Partei Deutschlands nach ihrer Gründung, für die Verfälschung der Rolle der Partei durch die Brandleristen, für die Unterschätzung der nationalen Frage und der Bauernfrage, die trotz der Bemühungen Ernst Thälmanns nicht überwunden wurde«. Der Luxemburgismus war außerdem »der theoretische Ausdruck für die in der internationalen (besonders westeuropäischen) kommunistischen Bewegung vorhandenen Überreste des Sozialdemokratismus«.[2124] Rosa Luxemburg war im Übrigen, auch das weiß Oelßner, eine schwache Frau. In den entscheidenden Momenten hatte sie in der Zeit der Revolution entweder Ohnmachtsanfälle oder aber sie weigerte sich wegen ihrer heftigen Kopfschmerzen, aus dem Bett aufzustehen.

Die Publikation des Manuskripts über die Russische Revolution war nicht nur in der DDR unerwünscht, sie war im gesamten Ostblock verboten.[2125] Auch in Russland konnte der Text erst 1990 erscheinen. Eine Ausnahme allerdings gab es: 1957 kam im Rahmen der Liberalisierung des »Polnischen Oktober« eine polnische Übersetzung heraus, was bei den SED-Oberen große Unruhe auslöste. Oelßner schrieb dazu in der

Einheit: »Seitdem Levi die kritischen Bemerkungen Rosa Luxemburgs – entgegen ihrem Willen – veröffentlicht und mit einer antibolschewistischen Einleitung versehen hat, sind die Opportunisten aller Schattierungen nicht müde geworden, diese Fehler Rosa Luxemburgs im Kampf gegen den Kommunismus ins Feld zu führen.«[2126] Man hatte Angst, die polnische Übersetzung würde auch in der DDR zu neuem Interesse an der Schrift führen, zumal der polnische Soziologe Julian Hochfeld im Vorwort geschrieben hatte, »dass man den Sozialismus nicht ohne Demokratie bauen kann«[2127].

Stalin hatte mit großer Brachialität das Prinzip des Sozialismus in einem Land durchgesetzt, das der internationalen Arbeiterbewegung als Richtschnur dienen sollte. Im Fall der DDR handelte es sich allerdings um den Sozialismus in einem halben Land, was mit veritablen Nachteilen verbunden war. Man konnte zwar die eigene Bevölkerung unterjochen, aber man hatte keine Kontrolle darüber, was in dem anderen halben Land passierte, von anderen Ländern ganz zu schweigen. In den 1960er-Jahren gab es lebhafte gesellschaftspolitische Debatten, die im Jahr 1968 kulminierten, das heute als Wasserscheide der Nachkriegszeit gilt. Damit einher ging ein starkes Interesse vieler undogmatischer linker Gruppen an Rosa Luxemburg. 1967 erschien im Westen die deutsche Übersetzung von Peter Nettls hoch bedeutender Biografie. Im selben Jahr brachte Iring Fetscher die 1939 erstmals erschienene Luxemburg-Biografie von Paul Frölich neu heraus. Frölich war einst von den Bremer Linksradikalen zur KPD gekommen, dann aber 1928 im Zuge der Stalinisierung als Rechtsabweichler aus der Partei ausgeschlossen worden. In der DDR war sein Buch verboten; der Dietz Verlag durfte es erst 1990 herausbringen. In der Bundesrepublik erschien Frölichs Buch in der Europäischen Verlagsanstalt, die 1946 ehemalige Mitglieder des Internationalen Sozialistischen Kampfbunds, einer Exilorganisation linker Sozialdemokraten, gegründet hatten. Im selben Verlag erschien auch eine dreibändige Rosa-Luxemburg-Ausgabe, die Ossip K. Flechtheim herausgab, der in der Weimarer Republik Mitglied der KPD gewesen war, sich nach dem Zweiten Weltkrieg zunächst der SPD anschloss und später dann zu den Grünen wechselte.

Das alles veranlasste die hauptamtlichen SED-Historiker zu erheblichen Abwehranstrengungen, zumal Flechtheims Luxemburg-Ausgabe natürlich auch das Manuskript über die Russische Revolution enthielt, das vorab 1963 auch schon als Einzelausgabe erschienen war.[2128] Es ist nicht überraschend, dass Flechtheim zu einer gänzlich anderen Einschätzung als Oelßner gelangte: »Das Grunddilemma dieser Revolution hat Rosa Luxemburg bereits 1918 genial vorausgesehen.«[2129] Günter Radczun, der bis zu seinem Tod Annelies Laschitza als Mitherausgeber der Luxemburg-Ausgabe unterstützt hat, attackierte Fetschers Edition ausführlich in den *Beiträgen zur Geschichte der deutschen Arbeiterbewegung*, die vom Institut für Marxismus-Leninismus beim ZK der SED herausgegeben wurden.[2130] Dabei blieb ihm die Peinlichkeit nicht erspart, Luxemburgs Text nach Flechtheims Ausgabe zu zitieren, denn eine DDR-Ausgabe gab es ja nicht. Radczun zog gegen die These zu Felde, es habe unüberbrückbare Gegensätze zwischen Lenin und Luxemburg gegeben und rückte insoweit von der totalen Entwertung von Luxemburgs Werk in der Zeit des Stalinismus notgedrungen ab. Er wiederholte die alte Behauptung, sie habe ihre Anschauungen später revidiert und es könne schon gar keine Rede davon sein, dass der Text über die Russische Revolution ihr politisches Testament sei. Am heftigsten wehrte Radczun sich gegen Flechtheims Behauptung, Luxemburg sei die Vertreterin eines demokratischen Sozialismus gewesen, ein Begriff der einem SED-Historiker den Angstschweiß auf die Stirn treiben konnte.

Radczun widmete auch der Biografie von Peter Nettl einen Abwehrartikel,[2131] wobei er seinen Lesern notgedrungen wiederum zumutete, sich über die Gefahren eines Buches informieren zu lassen, das sie gar nicht lesen durften. Die Tatsache, dass Nettl ein Linker war, machte die Sache nicht einfacher. Radczun begann deshalb mit einer allgemeinen Feststellung:

> Die veränderte objektive Klassenkampfsituation zwingt die bürgerlichen Historiker, zu flexibleren Formen und Methoden ihres Kampfes gegen die revolutionäre Arbeiterbewegung überzugehen. Angesichts

> der Stärke des sozialistischen Weltsystems und des totalen Aufbrechens aller Widersprüche des imperialistischen Weltlagers im Zuge der wissenschaftlichen-technischen Revolution ist die alte antikommunistische Doktrin des »Roll back« als militante Mobilisierungsideologie nicht mehr genügend praktikabel und macht den Übergang zu neuen Formen nötig, um die Massen von ihrem Kampf gegen das imperialistische Herrschaftssystem abzulenken.[2132]

Wenn man Nettls Buch kennt, kommt man nicht umhin, bei der Lektüre dieser Sentenzen an Realsatire zu denken. Radczun bezeichnete seinen Artikel denn auch nicht als Rezension. Es ging ihm nicht so sehr um das Buch von Nettl, sondern um dessen »Rosa-Luxemburg-Bild«, gegen das er sich zur Wehr setzte. Er gestand Nettl zu, dass er zu den Historikern gehörte, die der »plumpen antikommunistischen Ausnutzung« von Luxemburgs Lebenswerk »distanziert gegenüberstehen«. Diese Historiker »sehen in ihr die geistige Urheberin eines demokratischen Sozialismus, dessen sozialer Standort zwischen dem kapitalistischen Gesellschaftssystem und dem Kommunismus liegen soll«.[2133] Hier war er wieder, der demokratische Sozialismus, der Albtraum aller orthodoxen Kommunisten.

Es zeigte sich, dass das wieder erwachte Interesse an Rosa Luxemburg und ihrem Werk eine große Herausforderung war. Die radikale Trennung zwischen der sich selbstlos aufopfernden sozialistischen Märtyrerin und der ständig auf Abwege geratenden Theoretikerin mit dem Ziel, die eine zu hieratisieren und die andere möglichst umfassend zu delegitimieren, funktionierte so nicht mehr. Es musste etwas geschehen, zumal ein großes Jubiläum ins Haus stand.

Am 5. März 1971 war Luxemburgs 100. Geburtstag. Das Politbüro des ZK der SED entschied, dass eine mehrbändige Werkausgabe veranstaltet werden sollte. Die beiden ersten Bände erschienen bereits im Jahr darauf, drei weitere in den Jahren 1974 bis 1985. Damit lagen knapp zwei Drittel des Werkes vor, sorgfältig ediert und kommentiert, wenn auch vor allem in den Kommentaren gelegentlich ideologisch geprägt. Das war ein großer Fortschritt, zumal Band 4 nun tatsächlich auch das Manuskript über die Russische Revolution enthielt. Laschitza berichtete später über die Vorgeschichte: »Druckvorlage des Manuskripts und Vorwort mussten in Moskau vorgelegt werden, wo es in der KPdSU Bedenken über die möglichen Auswirkungen der Publikation in antileninistischer und antisowjetischer Richtung gab.« Die KPdSU lud die Verantwortung listigerweise in Ostberlin ab und überließ die Entscheidung am Ende der SED, die sich für die Publikation entschied: »Im Mittelpunkt der Erwägungen für diese Entscheidung standen eigenständige Erfahrungen in der ideologischen Auseinandersetzung, die besagten, dass das Nichtveröffentlichen von anderweitig bekannt gewordenen Arbeiten viel größeren Schaden anrichtet als ihre Publikation. Kurt Hager stützte sich dabei ausdrücklich auf Erfahrungen der Marx-Engels-Edition oder richtiger gesagt der Nichtedition z. B. der Frühschriften von Karl Marx.«[2134] Selbst Marx verfügte nicht immer über die überlegenen Erkenntnisse, die dem ZK der SED zu Gebote standen. Seine Frühschriften waren 1963 in der Europäischen Verlagsanstalt erschienen, während sie in der DDR nicht zu haben waren. Eine solche Peinlichkeit sollte sich nicht wiederholen.

Allerdings versuchte man den Gefahren der Edition durch ein ausführliches einordnendes Vorwort von Günter Radczun zu begegnen.[2135] Dort erfuhr der Leser, Luxemburg sei damals in fehlerhaften Auffassungen befangen gewesen, Levi habe durch die Veröffentlichung seinen Verrat an der KPD rechtfertigen wollen, Revisionisten würden den Eindruck erwecken wollen, dieser Text sei Luxemburgs politisches Testament, im Übrigen nehme sie keineswegs eine autonome Position eines dritten Weges zum Sozialismus ein – die bekannte Leier. Man versuchte einen vorsichtigen Kurswechsel. Albert Norden, der als Sekretär des ZK der SED für Agitation verantwortlich war, ging auf einer Festveranstaltung des ZK 1971 nur noch relativ kurz auf die von Lenin herausgestellten Irrtümer Luxemburgs ein. Sehr viel ausführlicher beschäftigte ihn der »Missbrauch« der Schrift über die Russische Revolution im Westen im Allgemeinen und durch die SPD im Besonderen.[2136] 1971 waren die Verhältnisse andere als 1951. Der Bundeskanzler hieß nicht mehr Konrad Adenauer, sondern Willy Brandt. Es war die Zeit der Ostpolitik. Im Vorjahr hatte Brandt seinen legendären Erfurt-Besuch absolviert, bei dem es der Bevölkerung gelungen war, den Bahnhofsvorplatz zu stürmen, obwohl die Staatssicherheit die halbe Stadt abgeriegelt hatte. (Seit 2009 erinnert daran der Schriftzug »Willy Brandt ans Fenster« auf dem Dach des Hotels Erfurter Hof.) Da war es wichtig, sich Luxemburg nicht entreißen zu lassen, sie gehörte schließlich zum historischen Erbe des ersten sozialistischen Staates auf deutschem Boden. Ihre Fehler mussten da notfalls etwas in den Hintergrund treten.

1971 erschien zum 100. Geburtstag auch eine Monografie über Rosa Luxemburg von Laschitza und Radczun, die auf derselben Ebene argumentierte, aber im Vergleich zu Oelßners Machwerk von 1951 doch einen erheblichen Fortschritt darstellte. Die Darstellung ließ die ersten 27 Lebensjahre unberücksichtigt und beschränkte sich auf Luxemburgs »Wirken in der deutschen Arbeiterbewegung«. Vor dem Beginn ihrer Arbeit legte Laschitza dem Institut für Marxismus-Leninismus beim ZK der SED ein Konzept vor:

> Die Arbeit wird theoretisch-konzeptionell direkt polemisieren gegen die imperialistischen und revisionistischen Verfälschungen, aber auch gegen dogmatische und linksradikale Verzerrungen des Vermächtnisses Rosa Luxemburgs.
> […]
> Die konkrete Polemik wird sich vor allem gegen Nettl, Lucacz [!], Korsch, Flechtheim, Fetscher und Frölich richten […]
> Die Arbeit […] wird zeigen, dass die Gestaltung des entwickelten gesellschaftlichen Systems des Sozialismus in der Deutschen Demokratischen Republik, der Kampf für Demokratie und Frieden in Europa und das Ringen um die Einheit und Geschlossenheit sowohl des Marxismus-Leninismus als auch der internationalen Arbeiterbewegung auch Rosa Luxemburgs politischem und theoretischem Vermächtnis entsprechen.[2137]

Anders gesagt: Rosa Luxemburg hatte zwar in ihrem Leben eine Menge Fehler gemacht, aber die DDR hätte sie ganz prima gefunden. Auffallend ist, dass die Autoren, die bekämpft werden sollten, ausnahmslos Linke waren. Vier der sechs Genannten waren in der Kommunistischen Partei gewesen, Karl Korsch, Frölich und Flechtheim in der KPD, Georg Lukács in der KP Ungarns. Korsch und Lukács zählen zu den bedeutendsten Erneuerern der marxistischen Philosophie im 20. Jahrhundert. Aus der Sicht der SED waren das alles sehr gefährliche Leute, deren Schriften in den Jahren der Studentenbewegung zum Teil hohe Auflagen erreichten.

Auch Laschitza und Radczun strickten an der alten Legende, dass Luxemburg, einmal aus dem Gefängnis befreit, ihre in Breslau verfasste Kritik am Bolschewismus verworfen habe. Sie zitieren aus dem Programm des Spartakusbundes und schreiben dann: »Hier war kein Platz mehr für die Illusion von der ›Freiheit als Freiheit der Andersdenkenden‹ als Maßstab sozialistischer Demokratie, wie sie sich noch im Breslauer Manuskript findet.«[2138]

Eine entscheidende Entwicklung ergab sich im November 1976. Nach zwölf Jahren des Auftrittsverbots im eigenen Land erhielt der Sänger Wolf Biermann eine Reiseerlaubnis für eine Konzerttournee durch die Bundesrepublik. Am 13. November trat er auf Einladung der IG Metall in Köln auf und kam gleich zu Beginn auf Rosa Luxemburg zu sprechen:

> Er zitierte zwischen bestimmten Strophen aus dem Zusammenhang gerissene ausgewählte Aussprüche Rosa Luxemburgs, die ihm geeignet erschienen nachzuweisen, dass in der DDR keine Diktatur des Proletariats, sondern die »Diktatur einer Parteiclique« herrschen würde. Danach sang er den Text »Die DDR braucht endlich und wie/Rosas rote Demokratie/stimmt ihr mir zu?/Dann stimmt mit ein!/So soll es sein.«[2139]

Etwas später kam er noch einmal auf sie zurück:

> In der DDR wurde endlich spät, aber nicht zu spät, das politische Testament von Rosa Luxemburg veröffentlicht. Das ist ein großer Fortschritt für unser Land. Im dritten, nein im vierten Band ihrer Gesammelten Werke begraben, aber leicht zu finden, ihre Schrift

»Die russische Revolution«. Niemand hat bisher leidenschaftlicher die Oktoberrevolution gefeiert und historisch gewürdigt und niemand auch leidenschaftlicher davor gewarnt, sie zum Modell zu machen für alle nachfolgenden Revolutionen.[2140]

Dieses legendäre Konzert, das sechs Tage später in voller Länge im Fernsehen übertragen und im Westen wie im Osten mit atemloser Spannung verfolgt wurde, gilt im Rückblick in mancher Hinsicht als der Anfang vom Ende der DDR. Biermann durfte anschließend nicht mehr zurückreisen, ihm wurde die Staatsbürgerschaft der DDR wegen der »Verletzung der sozialistischen Treupflicht« aberkannt. In den folgenden Monaten gab es massive Kritik an dieser Entscheidung und lebhafte Auseinandersetzungen in der DDR, und ein beachtlicher Teil der kulturellen Elite verließ das Land – mehr oder weniger freiwillig.

Für Rosas rote Demokratie war in der DDR kein Platz. Ihr Demokratiebegriff stand »im krassen Gegensatz zu dem der leninistischen Sozialistischen Einheitspartei«.[2141] Stattdessen wurde der von Ulbricht und Honecker etablierte »Karl und Rosa«-Kult immer weiter perfektioniert. Bei den Kundgebungen zum 15. Januar gab es Jahr für Jahr Sperrketten, kilometerlange Winkspaliere, Signalposten für den uniformierten Aufmarsch, Tribünen und eine Abschlusszeremonie. »Gesellschaftliche Kräfte«, das waren Angehörige des Ministeriums für Staatssicherheit, getarnt durch Uniformen der FDJ, sorgten für einen störungsfreien Ablauf. Das ZK der SED verabschiedete jedes Jahr die mitzuführenden Parolen.[2142] »Freiheit ist immer die Freiheit der Andersdenkenden« war selbstverständlich strikt verboten.

1988 kam es erstmals zu Auseinandersetzungen: »Zuschauer der Parade bekamen das Schauspiel geboten, dass Stasi-Mitarbeiter DDR-Bürger prügelten und verhafteten, nur weil diese eine Parole gehisst hatten, die von einer der beiden Persönlichkeiten stammte, zu deren Ehre der Umzug veranstaltet wurde.«[2143] 1990 fand der Umzug dann unter gänzlich veränderten Umständen statt. Im Vorfeld – zwei Tage nach dem Mauerfall! – veröffentlichte Annelies Laschitza im *Neuen Deutschland* einen Aufsatz, in dem sie noch einmal die alten Formeln zu beschwören versuchte. Das »zusammenhanglose Herausgreifen« von Luxemburgs Diktum sei »das Bestreben, Rosa Luxemburg W.I. Lenin und dem Leninismus entgegenzusetzen, Rosa Luxemburg zu benutzen, um Auffassungen zur Verteidigung der bürgerlichen Demokratie und zur Verteufelung der sozialistischen Demokratie wie des Sozialismus überhaupt zu rechtfertigen«.[2144] Keinesfalls sei es akzeptabel, wenn mithilfe dieses Satzes der erste sozialistische Staat auf deutschem Boden verleumdet werde. Und Laschitza fügte noch hinzu: »Ihre Bemerkung von der ›Freiheit der Andersdenkenden‹ wird von ihr nie wiederholt.« Wenn man bedenkt, dass die Autorin kurz, nachdem sie diesen Satz niedergeschrieben hatte, ermordet wurde, ist das doch – womöglich ungewollt – eine ziemlich zynische Feststellung.

Die Tatsache, dass Luxemburg nach der – unvollendeten – Niederschrift ihres Manuskripts zur Russischen Revolution nur noch wenige Monate zu leben hatte und danach keinen anderen größeren Text mehr zu Papier gebracht hat, ist sicherlich der Grund dafür, dass der Eindruck entstehen konnte, dieses Manuskript sei so etwas wie ein politisches Testament. Ein Testament verfasst man normalerweise, wenn man sich damit auseinandersetzt, dass das eigene Leben schon bald zu Ende gehen könnte. Das tat Luxemburg im September 1918 sicher nicht. Sie erwartete vielmehr mit wachsender Ungeduld das Kriegsende und ihre Freilassung und hoffte darauf, dass es auch in Deutschland zu einer revolutionären Umgestaltung der Verhältnisse kommen würde, an der sie mitwirken wollte. Dabei setzte sie sich intensiv mit der Frage auseinander, inwieweit die Oktoberrevolution als Vorbild für eine deutsche Revolution fungieren konnte. Die Russische Revolution von 1905 hatte sie emphatisch begrüßt. Das galt auch für die Revolution von 1917, daran schlossen sich aber weitere Fragen an: Warum war die Revolution gerade dort erfolgreich, wo es nach der marxistischen Theorie am wenigsten zu erwarten war? Inwieweit schlugen sich Lenins politische Konzepte, die Luxemburg in der Vergangenheit immer wieder attackiert hatte, in einer revolutionären Praxis nieder, die aus ihrer Sicht ebenfalls zu kritisieren war? Die Themen, um die es dabei ging, waren für sich genommen nicht neu.[2145]

Da war zum einen die Frage des Parteikonzepts. Lenin propagierte eine Kaderpartei aus Berufsrevolutionären. Die rigorose Durchsetzung dieses ultrazentralistischen Konzepts, das schon früh auf Luxemburgs entschiedenen Widerspruch gestoßen war, führte 1903 zur Spaltung der SDAPR in Bolschewiki und Menschewiki. Ein zentrales Element in Luxemburgs Revolutionstheorie war der Glaube an die Spontaneität der proletarischen Massen. Diese Grundidee findet sich schon 1899 in ihrer Schrift *Sozialreform oder Revolution* in dem Abschnitt »Die Eroberung der politischen Macht«[2146], 1904 in *Organisationsfragen der russischen Sozialdemokratie* und zwei Jahre später in *Massenstreik, Partei und Gewerkschaften* und sie begegnet uns auch wieder in dem Manuskript *Die Russische Revolution*. Ihre Rede zum Programm der KPD vom 31. Dezember 1918 war ebenfalls davon geprägt. Sie vertrat einen gewissermaßen basisdemokratischen Ansatz, der dem Konzept der Kaderpartei genau entgegengesetzt war. Luxemburg setzte nicht auf Kontrolle, sondern auf Spontaneität, nicht auf Ultrazentralismus, sondern auf »sozialdemokratische Zentralisation«.[2147] Während Lenin die Kompetenz für das sozialistische Klassenbewusstsein vor allem dem Berufsrevolutionär zuschrieb, war Luxemburgs Revolutionstheorie von »Massenoptimismus und Autonomiedenken« geprägt. Die Masse sollte sich im revolutionären Prozess selbst als revolutionäres Subjekt konstituieren. Während ein Oelßner die Freiheit der Andersdenkenden für ein »gefährliches Wort« hielt, »denn es bedeutet Freiheit für die Konterrevolution«[2148], war Luxemburg der genau gegenteiligen Meinung. Für sie war die Freiheit eine notwendige Vorbedingung für einen gelingenden Lernprozess des Proletariats.

Das zweite Thema war die Diktatur des Proletariats. Dieser Begriff spielte bereits in der IAA eine gewisse Rolle, gewann aber vor allem im Kontext der Pariser Kommune an Bedeutung, die vom 18. März bis zum 28. Mai 1871 bestand. Ein revolutionärer Stadtrat beherrschte damals Paris, dem Mitglieder der Nationalgarde, aber auch Anhänger der IAA angehörten. Die stärkste Fraktion stellten die Parteigänger des Revolutionärs Blanqui, der als junger Mann schon an der Julirevolution von 1830 teilgenommen hatte. Sie alle einte das Ziel, die errungene revolutionäre

Autonomie notfalls auch mit Waffengewalt gegen die französische Regierung zu verteidigen, die nach Versailles ausgewichen war. Sie mussten sich aber nach zweieinhalb Monaten geschlagen geben. In der kurzen Zeit ihrer Existenz versuchte die Kommune mithilfe zahlreicher Maßnahmen, ein demokratisches und sozial gerechtes Gemeinwesen zu schaffen. Das schloss auch die Aufhebung der Gewaltenteilung ein. Die Trennung von gesetzgebender und vollziehender Gewalt sollte zugunsten einer einzigen »arbeitenden Körperschaft« aufgegeben werden. Der Anspruch der sozialistischen Revolution, Legislative und Judikative der Exekutive zu unterwerfen, widersprach den Grundprinzipien der bürgerlichen Revolution von 1789 und der parlamentarischen Demokratie liberaler Prägung

Für Marx und Engels, die führenden Theoretiker der IAA, war die Pariser Kommune die Geburtsstunde der Diktatur des Proletariats. Als Engels nach Marx' Tod dessen Schrift über den Bürgerkrieg in Frankreich neu herausgab, schrieb er eine längere Einleitung, die mit den Worten endete: »Der deutsche Philister ist neuerdings wieder in heilsamen Schrecken geraten bei dem Wort: Diktatur des Proletariats. Nun gut, ihr Herren, wollt ihr wissen, wie diese Diktatur aussieht? Seht euch die Pariser Kommune an. Das war die Diktatur des Proletariats. London, am zwanzigsten Jahrestag der Pariser Kommune, 18. März 1891.«[2149] Bis zur Russischen Revolution von 1917 war die Kommune für die gesamte europäische Arbeiterbewegung der entscheidende Erinnerungsort. Zu den »wesentlichen Grundsätzen des Sozialismus«, auf die sich die Parteien der Sozialistischen Internationale verständigt hatten, gehörte neben der Sozialisierung der Produktionsmittel und der internationalen Vereinigung und Aktion der Arbeiterklasse als drittes die »Eroberung der öffentlichen Gewalt durch das in einer Klassenpartei organisierte Proletariat«.[2150] Damit ist nichts anderes als die Diktatur des Proletariats gemeint.

Durch die Diktaturerfahrungen des 20. Jahrhunderts ist dieser Begriff inzwischen unweigerlich negativ konnotiert, weswegen die Proponenten dieses Konzepts heute lieber von sozialistischer Demokratie sprechen. In der Zeit der deutschen Revolution war das noch nicht der Fall. Das galt nicht nur für die Kommunisten, sondern auch für gemäßigtere Kräfte.

Die USPD, die bemüht war, sich vom Reformismus der SPD wie vom Putschismus der KPD gleichermaßen abzugrenzen, bezog sich auf ihrem zweiten Parteitag, der vom 2. bis 6. März 1919 in Berlin stattfand, in einer programmatischen Erklärung zwar auf das Erfurter Programm von 1891, stellte aber zugleich fest: »Die Unabhängige Sozialdemokratische Partei stellt sich auf den Boden des Rätesystems. Sie unterstützt die Räte in ihrem Ringen um die wirtschaftliche und politische Macht. Sie erstrebt die Diktatur des Proletariats, des Vertreters der großen Volksmehrheit, als notwendige Vorbedingung für die Verwirklichung des Sozialismus.«[2151]

Nach der Russischen Revolution gab es eine Kontroverse über die Diktatur des Proletariats zwischen Karl Kautsky und Lenin, jenen beiden Theoretikern, zwischen denen Luxemburg ihre eigene Linie suchte. Kautsky anerkannte den Klassencharakter des kapitalistischen Staates, sah in der Demokratie aber eine »unerlässliche Grundlage für den Aufbau einer sozialistischen Produktionsweise«.[2152] Die Diktatur des Proletariats sei nicht die Diktatur eines einzelnen, sondern einer Klasse, anders gesagt, Klassenherrschaft so wie die bürgerliche Herrschaft in der kapitalistischen Gesellschaft, also keine Diktatur im Sinne einer Gewaltherrschaft. Lenin verfasste eine scharfe Entgegnung, in der er Kautsky vorwarf, die liberal-bürgerliche Lehre eines nichtrevolutionären Klassenkampfes zu propagieren: »Die Arbeiterklasse kann ihr Ziel der Weltrevolution nicht verwirklichen, ohne gegen dieses Renegatentum, diese Charakterlosigkeit, diese Liebesdienerei gegenüber dem Opportunismus und diese beispiellose theoretische Verflachung des Marxismus einen rücksichtslosen Kampf zu führen.«[2153] Kautsky verwandle Marx in einen »Durchschnittsliberalen« und bezeichne die »Antibolschewiki«, d. h. die Menschewiki und die Sozialrevolutionäre, als Sozialisten, weil sie sich so nannten. Angesichts ihrer Position im Klassenkampf seien sie aber keine Sozialisten.[2154] Hier war der Alleinherrschaftsanspruch der Bolschewiki schon klar erkennbar.

Theoretisch stand Luxemburg in dieser Frage näher bei Kautsky als bei Lenin. Sie wollte mindestens ein Wahlrecht für alle, und sie wollte einen sozialistischen Pluralismus im Rahmen der Diktatur des Proletariats. Das

Proletariat an der Macht »soll und muss eben sofort sozialistische Maßnahmen in energischster, unnachgiebigster, rücksichtslosester Weise in Angriff nehmen, also Diktatur ausüben, aber Diktatur der Klasse, nicht einer Partei oder einer Clique, Diktatur der Klasse, d. h. in breitester Öffentlichkeit, unter tätigster ungehemmter Teilnahme der Volksmassen, in unbeschränkter Demokratie«.[2155] Allerdings war ihre Argumentation in den wenigen unruhigen Wochen, die sie nach ihrer Entlassung aus dem Gefängnis noch zu leben hatte, nicht immer konsistent, sondern abhängig von aktuellen Ereignissen, sodass Zweifel möglich sind, ob mit der »Freiheit der Andersdenkenden« eine »vollendete Demokratie« (Bernd Faulenbach) gemeint war, oder ob sie »Freiheit letztlich nur den ›proletarischen Massen‹ und den Anhängern linker Parteien zubilligen wollte«.[2156] Es ging Luxemburg nicht, jedenfalls nicht nur und nicht in erster Linie, um die Meinungsfreiheit im Sinne des durch eine bürgerliche Revolution erkämpften Grundrechts, sondern um das historische Subjekt im revolutionären Prozess, das volle Handlungs- und Entfaltungsfreiheit haben sollte, oder wie Ottokar Luban es formuliert hat »[…] eine vollständige Meinungsfreiheit zumindest für die Angehörigen des Proletariats«.[2157] Zur (bürgerlichen) Freiheit des Andersdenkenden gehörte die im Klassenkampf errungene soziale Emanzipation des Proletariats.[2158] Die unterschiedlichen Ansätze der drei Theoretiker korrespondieren mit einem unterschiedlichen Revolutionsverständnis, das Iring Fetscher gut auf den Begriff gebracht hat. Während Kautsky einem »pseudorevolutionären Nur-Parlamentarismus« huldigte, vertrat Luxemburg einen »demokratischen Revolutionarismus« und Lenin einen »elitären Revolutionarismus«.[2159]

Statt von sozialistischer Demokratie könnte man auch von sozialistischem Pluralismus sprechen, der in der revolutionären Übergangsperiode viele, aber eben nicht alle einschließt. In der marxistischen Terminologie war dies die Herrschaft der Arbeiterklasse, die die Mehrheit des Volkes ausmachte, über die Minderheit der Kapitalisten. Nun kann man die Arbeiterschaft als eine soziale Klasse ansehen. Trotzdem waren nicht immer alle Angehörigen der Arbeiterklasse einer Meinung. Hier hatte Rosa Luxemburg eine sehr klare Position. Sie hielt den revolutionären Prozess nur dann für legitim, wenn er von der großen Mehrheit der Arbeiterschaft getragen war. In dem von ihr verfassten Programm des Spartakusbundes hieß es denn auch: »Der Spartakusbund wird nie anders die Regierungsgewalt übernehmen als durch den klaren, unzweideutigen Willen der großen Mehrheit der proletarischen Masse in ganz Deutschland [...] Der Sieg des Spartakusbundes steht nicht am Anfang, sondern am Ende der Revolution. Er ist identisch mit dem Sieg der großen Millionenmassen des sozialistischen Proletariats.«[2160] Das war das genaue Gegenteil des putschistischen Konzepts, das Lenin vertreten und in der Oktoberrevolution auch durchgesetzt hatte.

Diese antiputschistische Position hat Luxemburg nicht nur 1918 vertreten, sondern immer in den annähernd 30 Jahren, in denen sie politisch aktiv war. Sie ist gegen den Blanquismus aufgetreten, gegen den Putschismus der Narodniki, gegen die Anarchisten und ihre Propaganda der Tat und eben auch gegen den aus seinem ultrazentralistischen Konzept abgeleiteten Putschismus Lenins. Und genau in dieser geistigen Tradition bewegte sich Paul Levi, als er im Kontext der Debatten in der KPD und der Kommunistischen Internationale 1921/22 das Manuskript über die Russische Revolution herausbrachte.

In dem gerade zitierten Programm des Spartakusbundes stand ein wichtiger Satz, der zum dritten Thema führt, dem Terror: »Die proletarische Revolution bedarf für ihre Ziele keines Terrors, sie hasst und verabscheut den Menschenmord.«[2161] Dieser Satz richtete sich mehr oder weniger direkt gegen den Beschluss des Rates der Volkskommissare über den Roten Terror vom 5. September 1918. Als Luxemburg an ihrem Manuskript über die Russische Revolution schrieb, waren in Russland gerade die gewaltsamen Auseinandersetzungen zwischen den linken Sozialrevolutionären und den Bolschewiki im Gange. An Luise Kautsky schrieb sie damals, dass sie sich selbst irreführe, indem sie sich »in den Gedanken hineinwiege, als lebe ich noch ein normales Menschenleben, während um mich herum eigentlich eine Weltuntergangsatmosphäre herrscht. Vielleicht sind es speziell die 200 ›Sühne-Hinrichtungen‹ in Moskau, von denen ich gestern in der Zeitung las, die es mir angetan haben ...«[2162] Schon im April 1918 hatten Repressionen der Bolschewiki gegen die Sozialrevolutionäre und andere unabhängige Linke eingesetzt.[2163]

Andererseits hatte ein Sozialrevolutionär am 6. Juli den deutschen Botschafter Wilhelm Graf von Mirbach-Harff ermordet, den er für den heimlichen Herrscher Russlands hielt. Er glaubte, dass die Bolschewiki mit den Deutschen im Bunde waren und nur deshalb den so unvorteilhaften Frieden von Brest-Litowsk akzeptiert hätten. Lenin wiederum ging davon aus, dieser Mord sei geschehen im Interesse der russischen Monarchisten und der westlichen Alliierten England und Frankreich. Er schickte dem Volkskommissar Stalin ein Telegramm: »Überall müssen diese erbärmlichen und hysterischen Abenteurer, die zu einem Werkzeug in den Händen der Konterrevolutionäre geworden sind, schonungslos niedergeworfen werden.«[2164] Stalins Antworttelegramm kam sehr schnell und war sehr kurz: »Was die Hysteriker betrifft, so seien Sie gewiss, dass unsere Hand nicht zittern wird. Mit Feinden werden wir auf Feindesart verfahren.«[2165] Bald steigerten sich die terroristischen Aktionen gegenseitig. Es kam zu den zitierten »Sühne-Hinrichtungen«. In der Nacht vom 16. auf den 17. Juli wurde die Zarenfamilie in Ekaterinenburg erschossen. Am 30. August wurde Lenin bei einem Attentat durch einen Sozialrevolutionär schwer verletzt, was der unmittelbare Anlass für den Beschluss über den Roten Terror war. Der Bericht über die Hinrichtungen hatte Luxemburg stark erschüttert. Wie hätte sie wohl erst auf Nachrichten über das ungleich blutigere Gemetzel von Kronstadt im Jahr 1921 reagiert?

Ein weiteres Thema war die Bauernfrage. Luxemburg war strikt gegen die Landverteilung an die Bauern, weil so eine neue Klasse von Besitzenden geschaffen werde. In diesem Punkt war Lenin zweifellos der größere Realist. In einem Land, in dem das Industrieproletariat keine fünf Prozent der Bevölkerung ausmachte, war es einfach unrealistisch, eine Revolution nur auf die Arbeiterschaft zu stützen. Luxemburg war auch eine strikte Gegnerin des Friedens von Brest-Litowsk. Das war aus ihrer Sicht verständlich. Der unbedingte Wille der Bolschewiki, sich an der Macht zu halten, auch unter der Bedingung weitgehender Zugeständnisse an das Deutsche Kaiserreich, war für Rosa Luxemburg de facto »eine Ablehnung der Idee einer gesamteuropäischen Revolution«.[2166] Aber Lenin war ein brutaler Realist, dem eine Revolution in einem Land, der es gelang, sich an der Macht zu halten, lieber war als eine gesamteuropäische Bewegung, die dann irgendwann in sich zusammenbrach. Und dafür war er auch bereit, große Opfer zu bringen.

Das letzte wichtige Thema war die Auflösung der Konstituante, die Luxemburg heftig kritisierte. Sie war überzeugt, dass mit der Unterdrückung des frei gewählten Parlaments auch das Leben in den Sowjets immer mehr erlahmen würde:

> Ohne allgemeine Wahlen, ungehemmte Presse- und Versammlungsfreiheit, freien Meinungskampf erstirbt das Leben in jeder öffentlichen Institution, wird zum Scheinleben, in dem die Bürokratie allein das tätige Element bleibt. Das öffentliche Leben schläft allmählich ein, einige Dutzend Parteiführer von unerschöpflicher Energie und grenzenlosem Idealismus dirigieren und regieren [...] und eine Elite der Arbeiterschaft wird von Zeit zu Zeit zu Versammlungen aufgeboten, um den Reden der Führer Beifall zu klatschen, vorgelegten Resolutionen einstimmig zuzustimmen, im Grunde also eine Cliquenwirtschaft – eine Diktatur allerdings, aber nicht die Diktatur des Proletariats, sondern die Diktatur einer Handvoll Politiker, d. h. Diktatur im rein bürgerlichen Sinne, im Sinne der Jakobinerherrschaft [...][2167]

Das ist eine zentrale Stelle in Luxemburgs Manuskript, die faszinierend genau beschreibt, wie sich später die Verhältnisse in den Staaten des sogenannten real existierenden Sozialismus entwickeln sollten. Sie plädierte, das wird hier indirekt deutlich, nicht gegen, sondern für die Doppelherrschaft von Räten und Parlament. An anderer Stelle sagte sie es auch direkt: »Sowohl Sowjets als Rückgrat wie Konstituante und allgemeines Wahlrecht.«[2168]

Frölich bestätigt in seiner Biografie, dass Luxemburg beides wollte. Aber als Leninist, der sich erst später der Gruppe um Brandler annäherte, verurteilte er ihre Position: »Die Auffassung, die ihre Politik vor der

Machtergreifung bestimmte und die Rosa Luxemburg festhielt: Räte und Parlament zugleich, hätte in der Praxis zu einem Dualismus geführt, an dem die Sowjetmacht zerbrechen musste.«[2169] Nun gibt es einen entscheidenden Unterschied. Lenin konnte, beginnend im April 1917, seine politischen Überzeugungen mit aller Radikalität in praktische Politik umzusetzen. Luxemburg hatte nie die Möglichkeit gehabt, politische Verantwortung zu übernehmen, und wurde vier Tage bevor sie als Frau erstmals ihr Wahlrecht hätte ausüben können ermordet. Die Chance, ihre politischen Überzeugungen in der Praxis zu überprüfen und weiterzuentwickeln, blieb ihr verwehrt. Wir wissen also nicht, wie sie in konkreten Konfliktsituationen gehandelt und entschieden hätte. Wir können uns lediglich mit ihrem Werk auseinandersetzen, das angesichts ihres frühen Todes unabgeschlossen blieb. Sie war eine »schöpferisch-kritische Marxistin«, mit der produktiv umzugehen den Kommunisten über lange Zeit enorme Schwierigkeiten bereitet hat.[2170] Das hängt vor allem mit dem Prozess der dogmatischen Verhärtung und Stalinisierung der KPD zusammen, der auch in der DDR noch sehr lange nachgewirkt hat.

Eine große Bewunderin Rosa Luxemburgs war die Philosophin Hannah Arendt. Ihr Biograf Kurt Sontheimer hat den Luxemburg-Essay in Arendts Buch *Menschen in finsteren Zeiten* eine »Ehrenrettung dieser tapferen und gescheiten Frau vor den üblichen Verzerrungen und Diffamierungen des bürgerlichen und bolschewistischen Lagers« genannt.[2171] Mit diesen Worten bezeichnet der Sozialdemokrat Sontheimer eine Äquidistanz, für die Luxemburg immer wieder einmal – mehr oder weniger mit Recht – in Anspruch genommen wird. Mit dem bürgerlichen Lager wollte Luxemburg zeitlebens nie etwas zu tun haben. Dem bolschewistischen Lager gehörte sie dagegen zuletzt an, wenn auch in höchst eigenwilliger und widersprüchlicher Weise. Arendts Essay lag eine Rezension der Biografie von Peter Nettl zugrunde, die große Sympathie für Luxemburg wie für Nettl erkennen lässt. Diese Sympathie hatte eine autobiografische Grundierung, nicht nur wegen des gemeinsamen deutsch-jüdischen Schicksals. Arendts zweiter Mann Heinrich Blücher hatte sich bei Kriegsende nicht nur im Berliner Arbeiter- und Soldatenrat engagiert, er hatte sich auch der KPD angeschlossen und war einer der engsten Freunde von Heinrich Brandler.[2172] Brandler übernahm nach Levis Ausscheiden 1921 gemeinsam mit August Thalheimer die Leitung der KPD, wurde von den »Ultralinken« Ruth Fischer und Arkadi Maslow kurze Zeit später aber aus der Parteiführung verdrängt. Die »Brandleristen« galten fortan als Anhänger des »Luxemburgismus«.

1958 war Hannah Arendt zu einem Vortrag über »Kultur und Politik« nach München eingeladen worden und berichtete darüber ihrem Mann, der in New York geblieben war. Bei der Begrüßung war sie mit Ricarda Huch und Rosa Luxemburg verglichen worden: »Ich erwiderte, ohne auf die Huch einzugehen, dass es eine große Ehre sei, mit Rosa Luxemburg in einem Atem genannt zu werden. Darauf das junge Gemüse im Saal: spontaner Beifall! Nun sag mir bitte mal, woher wissen die das überhaupt. Nicht ein Buch von ihr ist im Buchhandel zu haben. Piper z. B. hatte kaum eine Ahnung.«[2173] Die Geschichte hatte noch eine Fortsetzung, denn Hannah Arendt verhandelte damals mit ihrem Verleger Klaus Piper[2174] über ihr Buch über Rahel Varnhagen, das sie bereits 1933 geschrieben hatte, das damals aber nicht mehr hatte erscheinen können. (Eine englische Übersetzung war gerade in den USA herausgekommen, das deutsche Original aber bisher nicht.) Zunächst hatte der Verlag Bedenken wegen der Verkäuflichkeit, Rahel Varnhagen sei nicht bekannt genug. Der Cheflektor Hanns Rössner, ein ehemaliger SS-Mann, wandte sich außerdem dagegen, dass das Wort »Jüdin« auf dem Buchumschlag auftauchte. Hier wurde ein Kompromiss gefunden. Auf dem Schutzumschlag hieß es lediglich *Rahel Varnhagen. Eine Lebensgeschichte*, auf dem Titelblatt im Buchinneren »Rahel Varnhagen. Lebensgeschichte einer deutschen Jüdin aus der Romantik«.[2175] Außerdem, das erschließt sich aus der Korrespondenz, hatte Arendt offenbar eine Widmung vorgesehen, in der es um Rosa Luxemburg ging, was in dem bürgerlich-konservativen Verlag nicht gerade Begeisterung auslöste. In diesem Zusammenhang kam sie noch einmal auf ihre Vortragsveranstaltung zu sprechen: »Die arme Rosa! Nun ist sie bald 40 Jahre tot und fällt immer noch zwischen alle Stühle. Natürlich verstehe ich Ihre Gründe. Ich habe es überhaupt nur gewagt, weil mir die

Ihnen ja auch ganz überraschende Reaktion des Publikums bei meinem Vortrag auffiel. Die jungen Leute – und nur sie haben geklatscht! – wissen vielleicht wieder etwas besser Bescheid, denn dass das nicht gut alles Kommunisten gewesen sein können – die nb. ja gerade nicht geklatscht hätten! –, darüber sind wir uns doch einig.«[2176]

Arendt ging in der Rechtfertigung ihrer ursprünglichen Idee, das Buch dem Andenken Rosa Luxemburgs zu widmen, so weit zu behaupten, dass »Luxemburg weder Sozialistin noch Kommunistin wirklich war, sondern ›nur‹ für Gerechtigkeit und Freiheit, und die Revolution als die einzige Möglichkeit einer neuen Gesellschafts- und Staatsform«. Und sie fügte auch noch hinzu: »Natürlich haben Sie recht: Ich bin keine Sozialistin, wenn ich auch nicht der Meinung bin, dass jeder Sozialismus totalitär enden muss.« Korrespondenz in der Zeit des Kalten Krieges. Tatsächlich waren Freiheit, Revolution und Totalitarismus große Themen im Werk Hannah Arendts, der Sozialismus war es nicht. Insofern wird die zitierte Aussage Sontheimers ihr mehr gerecht als Luxemburg. Hannah Arendt ging »in ihrer Loslösung Rosa Luxemburgs vom Marxismus sehr weit«, wie die norwegische Politikwissenschaftlerin Tanja Storløkken zutreffend bemerkt.[2177] Der Philosoph und Hannah-Arendt-Forscher Ernst Vollrath ging sogar noch weiter, indem er behauptete, es gebe eine direkte Verbindungslinie von Luxemburgs Revolutionsbegriff »in eine repräsentative Demokratie und arendtsche Freiheit«.[2178] Den ersten Teil dieser Aussage kann man, wie gezeigt worden ist, doch mit einigen Fragezeichen versehen.

In ihrem unlängst auf Deutsch publizierten Essay *Die Freiheit, frei zu sein* machte Arendt die Französische Revolution, die Urmutter aller bürgerlichen Revolutionen, zum Ausgangspunkt ihrer Überlegungen. Sie differenzierte zwischen der »Freiheit von Furcht« und der »Freiheit von Not«, was den Begriffen »liberté« und »egalité« korrespondiert, und betonte, dass Befreiung der Freiheit vorangehen müsse und »eine solche Befreiung mehr bedeutet als politische Befreiung von absoluter und despotischer Macht: dass die Freiheit, frei zu sein, zuallererst bedeutete, nicht nur von Furcht, sondern auch von Not frei zu sein«.[2179] Anders gesagt, dass für wirkliche Freiheit sich die Ideale der bürgerlichen und der sozialistischen Revolution verbinden müssten. Der »neue Freiheitsbegriff« der Französischen Revolution beruhte auf der »Befreiung von Armut«.[2180] Arendt kam dann auf den »terreur« der Französischen Revolution zu sprechen, der ja das erklärte Vorbild für den Roten Terror der Bolschewiki war, und zitierte den oben wiedergegebenen Absatz aus Luxemburgs Manuskript zur Russischen Revolution, in dem diese den Terror der Bolschewiki mit der Herrschaft der Jakobiner in Paris vergleicht.[2181] Es ist wohl kein Zufall, dass Arendt genau das gleiche Zitat auch in ihrer großen Abhandlung *Über die Revolution* verwendete.[2182] Ein zentrales Element in Luxemburgs Revolutionstheorie war der Glaube an die Spontaneität der proletarischen Massen und die Überzeugung, dass die für die Entfaltung dieser Spontaneität notwendige Freiheit eine Voraussetzung für einen erfolgreichen revolutionären Prozess sein würde. Von dieser Überzeugung lässt sich gewiss eine Verbindungslinie ziehen zu Arendts Feststellung, dass die Befreiung die Voraussetzung der Freiheit ist.

XI

Die Deutsche Revolution

Abdankung von Kaiser Wilhelm II., Friedrich Ebert wird Reichskanzler, Kriegsende, Arbeiter- und Soldatenräte

Am Ende ging alles sehr schnell. Der erst wenige Wochen zuvor ernannte Reichskanzler Prinz Max von Baden betrieb seit dem 28. Oktober 1918 die Abdankung von Wilhelm II. Als der Kaiser erkennen musste, dass nicht nur sein Rückhalt in der Bevölkerung immer mehr schwand, sondern auch die Regimentskommandeure der Westfront auf Befragen angaben, nicht mehr für die Loyalität der Truppe garantieren zu können, verließ er Berlin und zog sich in sein militärisches Hauptquartier im belgischen Spa zurück, von wo er weiter Kontakt mit der Obersten Heeresleitung hielt. Der Kieler Matrosenaufstand und die sich anschließende Novemberrevolution mussten ihm die letzten Illusionen nehmen, dass seine Machtposition noch eine Zukunft hatte. Inzwischen forderten nicht nur die Fortschrittliche Volkspartei und die SPD, sondern auch das Zentrum seine Abdankung. Auch Hindenburg riet ihm, ins Ausland zu gehen. Dennoch zögerte er und überlegte, nur als Kaiser, nicht aber als preußischer König und Oberbefehlshaber des Heeres zurückzutreten, sodass der Reichskanzler schließlich gezwungen war, die Abdankung ohne Autorisierung bekannt zu geben. Wilhelm II., der das Schicksal der Zarenfamilie vor Augen

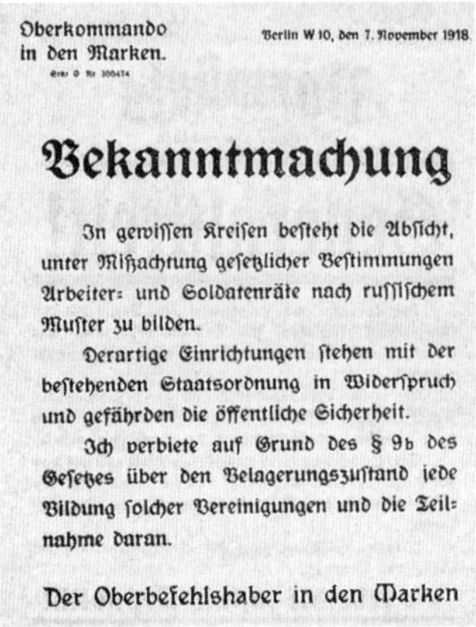

Oberkommando
in den Marken.

Berlin W 10, den 7. November 1918.

Bekanntmachung

In gewissen Kreisen besteht die Absicht, unter Mißachtung gesetzlicher Bestimmungen Arbeiter- und Soldatenräte nach russischem Muster zu bilden.

Derartige Einrichtungen stehen mit der bestehenden Staatsordnung in Widerspruch und gefährden die öffentliche Sicherheit.

Ich verbiete auf Grund des § 9b des Gesetzes über den Belagerungszustand jede Bildung solcher Vereinigungen und die Teilnahme daran.

Der Oberbefehlshaber in den Marken

Schon zu Beginn der deutschen Revolution warnte der militärische Oberbefehlshaber in den Marken vor der Bildung von Arbeiter- und Soldatenräten nach russischem Muster, Berlin 7. November 1918

hatte, bestieg am Abend des 9. November schließlich doch seinen Hofzug und fuhr am nächsten Morgen in den 50 Kilometer nördlich gelegenen Grenzort Eijsden. Dort begab er sich in die Hände der niederländischen Regierung, die ihm Asyl gewährte. Bis zu seinem Tod 1941 sollte er deutschen Boden nie wieder betreten.

Am 9. November um 12 Uhr 30 erschienen die Sozialdemokraten Friedrich Ebert und Philipp Scheidemann im Reichskanzler-Palais, wo sie von Prinz Max, dem liberalen Vizekanzler Friedrich von Payer und weiteren Regierungsmitgliedern erwartet wurden. Der Reichskanzler fragte die SPD-Politiker, ob sie für Ruhe und Ordnung garantieren könnten, was Scheidemann bejahte. Sodann sprach er die Regentschaftsfrage an, d. h. die Frage der Nachfolge von Wilhelm II. Ebert beschied ihn, dafür sei es zu spät. Prinz Max trug daraufhin unter Zustimmung der anwesenden Staatssekretäre Ebert als dem Vorsitzenden der größten Reichstagsfraktion das Amt des Reichskanzlers an, da es ja nun keinen Kaiser mehr gab, der einen Reichskanzler hätte ernennen können, und er selbst seine Mission als erfüllt ansah. Ebert antwortete: »Es ist ein schweres Amt, aber ich werde es übernehmen.«[2183] Schließlich verständigte man sich darauf, dass eine Nationalversammlung über die Frage der künftigen Staatsform entscheiden solle. Um 14 Uhr rief Scheidemann dennoch vor dem Reichstag die deutsche Republik aus, worüber Ebert, mit dem er dies nicht abgesprochen hatte, sehr verärgert war, wenngleich er gegen den übrigen Inhalt der Rede wenig einwenden konnte, denn der lag ganz auf seiner Linie. Ein Kernsatz Scheidemanns lautete: »Ruhe, Ordnung und Sicherheit, das ist das, was wir jetzt brauchen!«[2184] Nach Revolution klang das nicht unbedingt. Zwei Stunden später trat Karl Liebknecht auf einen Balkon des Berliner Stadtschlosses und hielt ebenfalls eine Rede: »›Wer von Euch die freie sozialistische Republik Deutschland und die Weltrevolution erfüllt sehen will, erhebe seine Hand zum Schwur‹ (alle Hände erheben sich und Rufe ertönen: Hoch die Republik!). Nachdem der Beifall verrauscht war, rief ein neben Liebknecht stehender Soldat und schwenkte die rote Fahne, die er in Händen trug: ›Hoch lebe ihr erster Präsident Liebknecht!‹«[2185] Dieser antwortete: »So weit sind wir noch nicht.« Hier wurde schon sehr deutlich, dass Sozialdemokraten und Kommunisten ziemlich unterschiedliche Vorstellungen davon hatten, was das Ergebnis der gerade beginnenden Revolution sein sollte.

Währenddessen saß Rosa Luxemburg noch immer in Breslau fest. Man hatte ihr schon am 7. November mitgeteilt, dass die Schutzhaft aufgehoben sei. Am Tag darauf ergriff das Gefängnispersonal die Flucht, und Luxemburg fand bei Familie Schlich, die sie in den vergangenen Monaten mit Essen versorgt hatte, ein Obdach. Am 8. November kamen auch die Breslauer Stadtverordneten zu einer Sitzung zusammen, und Sozialdemokraten, Liberale und Zentrum wählten einen »Volksrat«. Jede der drei Parteien stellte einen Vorsitzenden, die SPD vertrat Paul Löbe, der dann im Jahr darauf auch in die Nationalversammlung gewählt wurde. Luxemburg schrieb ihm sofort, weil sie sich mit ihm verständigen wollte, bevor sie am Tag darauf auf einer Kundgebung sprach.[2186] Doch begegneten sie sich schon, bevor ihn die Mitteilung erreichte: »Wir trafen uns unerwartet am Eingang des Gewerkschaftshauses und umarmten uns vor Freude, weil Krieg und Tyrannei beendet schienen.«[2187] Aber natürlich wollte Luxemburg vor allem nach Berlin zurück, was sich als schwierig herausstellte, denn der Zugverkehr war für Truppentransporte reserviert.[2188] Am 10. November hatte sich die Situation so weit verbessert, dass die Züge nun immerhin bis Frankfurt/Oder fuhren. Luxemburg rief erneut in Berlin an und traf die Verabredung, dass sie dort abgeholt würde. Stundenlang mühten sich Eduard Fuchs und Mathilde Jacob, der Ersehnten entgegenzufahren, doch sämtliche Fahrzeuge erwiesen sich als untauglich. Als sie nach fünf Stunden Fahrt erst einen Berliner Vorortbahnhof erreicht hatten, beschlossen sie, das Auto samt Begleitmannschaft seinem Schicksal zu überlassen, und fuhren mit der Bahn wieder in die Stadt zurück. Glücklicherweise endete Luxemburgs Zug doch nicht in Frankfurt/Oder, sondern fuhr bis nach Berlin, wobei sie die ganze Zeit in dem völlig überfüllten Zug auf einem Koffer im Gang hatte sitzen müssen.

Luxemburg erreichte den Schlesischen Bahnhof (heute: Berlin Ostbahnhof), ließ ihr Gepäck dort zurück, fuhr zu Mathilde Jacobs Mutter, wo wenig später auch Mathilde eintraf, die mit Rosa sogleich in die Redaktion des *Berliner Lokal-Anzeiger* fuhr, wo gerade die zweite Ausgabe der *Roten Fahne* fertiggestellt wurde. Die Spartakisten hatten die Redaktion am Vortag besetzt, um erstmals ihre neue Tageszeitung herauszubringen, die allerdings zum großen Teil aus schon gesetzten Teilen des alten Blattes bestand. Der neue Kopf hieß indes *Die rote Fahne. Ehemaliger Berliner Lokal-Anzeiger*. Auch die zweite Nummer am Tag darauf musste noch mit bereits vorhandenem Satz aufgefüllt werden. Das Resultat war »ein sonderbares Gemisch von revolutionärer Sprachgewalt und dem trockenen Papierdeutsch der bürgerlichen Redakteure«.[2189] Offenbar waren die bürgerlichen Redakteure aber von der revolutionären Sprachgewalt nur mäßig beeindruckt und erbaten die Hilfe der Obrigkeit. Am Abend des 10. November erschienen auf Anweisung Eberts bewaffnete Soldaten, die die Spartakisten vorübergehend verhafteten und die alte Redaktion wieder in ihre Rechte einsetzten. Jogiches, den Levi am Vortag aus dem Gefängnis befreit hatte, Levi selbst, Luxemburg, Liebknecht und Ernst Meyer nahmen nun Quartier im Hotel Excelsior gegenüber dem Anhalter Bahnhof.

Rosa Luxemburg war fast zweieinhalb Jahre inhaftiert gewesen. Jetzt kehrte sie in eine Stadt zurück, in der, so schien es, nichts mehr war wie zuvor. Wann, wenn nicht jetzt, hatte es in der deutschen Hauptstadt eine wirklich revolutionäre Situation gegeben. Das, wovon so viele all die Jahre geschrieben und gesprochen hatten, war plötzlich eingetreten, und es gab abertausend Dinge, die eigentlich alle sofort passieren mussten: »Wir verbrachten die ersten Wochen der Revolution, Rosa Luxemburg bis Anfang

Leo Jogiches, 1918

Dezember, in einer Hetze von einem Hotelzimmer in das andere, ohne die Möglichkeit, […] auch nur ein Buch zu lesen.«[2190] Am 18. November schrieb Luxemburg an Zetkin: »Ich bin, seitdem ich aus dem Zug gestiegen bin, noch nicht mit einem Fuß in meiner Wohnung gewesen. Die ganze Zeit bis gestern war Jagd hinter der ›Roten Fahne‹ her. Erscheint sie – erscheint sie nicht? Darum dreht sich der Kampf von früh bis spät.«[2191] Auch Mathilde Jacob übernachtete gelegentlich im Hotel Excelsior, »um Rosa ein bisschen zu helfen, indem ich für Essen usw. sorge«.[2192] Mimi war im letzten Kriegsjahr verstorben, sodass es keinen zwingenden Grund gab, die vom Stadtzentrum relativ weit entfernte Wohnung aufzusuchen.

Dass das Organ der Spartakisten *Die rote Fahne* (ab dem 18. November dann *Die Rote Fahne*) hieß, ist kein Zufall. Die rote Fahne war das Banner der Sozialisten, seine Farbe ging zurück auf die roten Jakobinermützen der Französischen Revolution. Während der revolutionären Ereignisse der Jahre 1830 und 1848 sah man erstmals auch in deutschen Landen rote Fahnen. Unter ihrem Zeichen sollte die Revolution jetzt auch in Deutschland zum Sieg geführt werden:

> Diese Revolution muss nicht nur hinwegschwemmen alle Reste und Ruinen des Feudalismus, sie muss nicht nur brechen alle Zwingburgen des Junkertums, […], ihre Losung heißt nicht nur Republik, sondern sozialistische Republik! Ihr Banner ist nicht die schwarz-rot-goldene Fahne der bürgerlichen Republik von 1848, sondern die rote Fahne des internationalen sozialistischen Proletariats, die rote

> Fahne der Kommune von 1871 und der russischen Revolution von 1905 und 1917. Die Umwälzung im Deutschen Reiche muss unter diesem Zeichen die Bahn frei machen für den Sozialismus. Aus dem Schutt und den Trümmern des Weltkrieges muss das revolutionäre, siegreiche Proletariat die neue Wirtschaft errichten. Dazu bedarf es der politischen Macht und der wirtschaftlichen Kräfte.[2193]

Die Spartakisten forderten die Entwaffnung der gesamten Polizei, die Übernahme aller Behörden und Kommandostellen durch den Arbeiter- und Soldatenrat, die Beseitigung des Reichstags und aller Parlamente und die Errichtung eines Reichs-Arbeiter- und Soldatenrates, die Abschaffung aller Dynastien und Einzelstaaten, stattdessen eine einheitliche sozialistische Republik Deutschland.[2194] Das war ein ambitioniertes Programm, aber Eberhard Kolb hat zweifellos recht, wenn er feststellt, dass dieses Programm »bloße Deklamation, kein Aktionsprogramm [war], das einen praktischen, gangbaren Weg wies, weil es nicht von den realen Kräfteverhältnissen ausging und die psychologischen Momente missachtete«.[2195] Die Massenbasis des Spartakusbundes war sehr schmal, wie sich in den kommenden Wochen noch oft genug zeigen sollte.

Rosa Luxemburg propagierte das Programm unermüdlich, aber angesichts der realen Einflusslosigkeit der Spartakisten bekam ihr hochtönender Verbalradikalismus zunehmend etwas Phrasenhaftes. Wenn man unablässig den Sturz der Regierung forderte, ohne auch nur in Ansätzen über eine Organisation zu verfügen, die an ihre Stelle hätte treten können, dann war das auf die Dauer kaum zu vermeiden. Selbst Karl Radek erschien, als er im Dezember nach Berlin kam, ihr Radikalismus übertrieben: »Mir wurde angst. Der Ton der ›Roten Fahne‹ war wie vor der letzten Schlacht. Sie konnten die Lautstärke kaum noch steigern. Wenn sie nur nicht überspannten.«[2196] Doch Luxemburg beschied ihn kühl: »Wenn ein gesundes Kind geboren wird, dann schreit es und piepst nicht.«[2197] Der mit dem revisionistischen Flügel der SPD sympathisierende Historiker Gustav Mayer akzentuierte seine Kritik anders als Radek: »Rosa Luxemburgs Artikel in der ›Roten Fahne‹ sind mit einer genialen Demagogie geschrieben.«[2198] Luxemburgs »maßlos überzogene Agitation«[2199] ist auch von ihren früheren Biografen kritisch kommentiert worden. Ottokar Luban betont allerdings, dass sie keine Abwendung von ihren demokratischen Prinzipien bedeutete.[2200] Dabei ist es allerdings wichtig zu klären, von welcher Demokratie wir sprechen, denn die demokratischen Prinzipien der bürgerlichen und der sozialistischen Demokratie waren ja nicht identisch, wie im Exkurs über das Manuskript über die Russische Revolution ausführlich diskutiert worden ist.

Der scheidende Reichskanzler Prinz Max von Baden hatte mit dem Sozialdemokraten Friedrich Ebert den Vorsitzenden der größten deutschen Partei zu seinem Nachfolger gemacht und damit im Sinne der durch die Oktoberreformen geschaffenen neuen Verfassung gehandelt. Ebert wollte zunächst die seit Juli 1917 bestehende Zusammenarbeit mit der Fortschrittlichen Volkspartei und dem Zentrum fortsetzen, sah allerdings die Notwendigkeit, angesichts ihrer beträchtlichen Anhängerschaft unter den Arbeitern stattdessen die USPD mit ins Boot zu holen. Das schien zunächst schwierig, doch die USPD zeigte sich überraschend kompromissbereit und machte erhebliche Abstriche von ihrem ursprünglichen Forderungskatalog, sodass sich schon am 10. November der Rat der Volksbeauftragten konstituierte. Ihm gehörten vonseiten der SPD Friedrich Ebert, Philipp Scheidemann und Otto Landsberg an, für die USPD Hugo Haase und Wilhelm Dittmann, die den eher gemäßigten Flügel der Unabhängigen repräsentierten, außerdem der Radikale Emil Barth, der auch bei den Revolutionären Obleuten eine führende Rolle spielte. Richard Müller, der Vorsitzende der Revolutionären Obleute, hatte eine Mitwirkung abgelehnt. Das galt auch für Karl Liebknecht, der nur auf der Basis des ursprünglichen Forderungskatalogs der USPD in den Rat der Volksbeauftragten eingetreten wäre.

Liebknecht setzte auf die neu gebildeten Arbeiter- und Soldatenräte, die am Abend des 10. November erstmals zusammenkamen. Etwa 3000 von den Berliner Soldaten und Arbeitern gewählte Vertrauensmänner versammelten sich im Circus Busch. (Der imposante Zirkusbau befand sich an der Spree. Heute ist dort der James-Simon-Park.) Für die verschiedenen

Strömungen sprachen Friedrich Ebert (SPD), Hugo Haase (USPD) und Karl Liebknecht (Gruppe Internationale). Im Vorfeld waren die fundamentalen Unterschiede schon deutlich geworden. Die Titelseite des *Vorwärts* vom 10. November dominierte ein Aufruf des Reichskanzlers Ebert »An die deutschen Bürger!«[2201], der mit den Worten endete »Verlasst die Straßen! Sorgt für Ruhe und Ordnung!«. Daneben stand ein Leitartikel mit der Überschrift »Kein Bruderkampf!«. Ein zentraler Absatz lautete: »Der gestrige Sieg des Volkes über das alte System ist nur mit geringem Blutvergießen bezahlt worden. Soll nun der Welt nach solchem herrlichen Triumph das Schauspiel einer Selbstzerfleischung der Arbeiterschaft in sinnlosem Bruderkampf geboten werden?« Es war ein Aufruf, sich unter dem sozialdemokratischen Banner wieder zusammenzufinden, der mit dem Satz endete »Die Bruderhand liegt offen – schlagt ein!«.[2202]

Die rote Fahne schlug gänzlich andere Töne an. Sie wendete sich nicht an die deutschen Bürger, sondern an die Arbeiter und Soldaten von Berlin.[2203] Der Artikel enthielt das schon zitierte Programm. Und der Schlussabsatz las sich nicht so, als ob die Spartakisten große Lust hätten, in die Bruderhand einzuschlagen: »Es darf kein ›Scheidemann‹ mehr in der Regierung sitzen; es darf kein Sozialist in die Regierung eintreten, solange ein Regierungssozialist noch in ihr sitzt. Es gibt keine Gemeinschaft mit denen, die Euch vier Jahre lang verraten haben.«[2204] Darunter war ein »Gruß an die russische Sowjetrepublik« platziert und unter diesem ein Muster-Antragstext der Spartakusgruppe für Versammlungen von Arbeiter- und Soldatenräten oder Betriebsgruppen, der forderte, unverzüglich die diplomatischen Beziehungen zur Sozialistischen Russischen Sowjetrepublik wiederherzustellen.[2205] Hier spielte sicher eine Rolle, dass es schon seit dem Frühjahr 1918 enge Verbindungen zwischen der russischen Botschaft und der Gruppe Internationale gegeben hatte. Die Botschaft diente den Spartakisten als Operationszentrum, im Schutz der Exterritorialität wurden z. B. Flugblattaktionen vorbereitet. Außerdem versorgte die Botschaft die Gruppe mit finanziellen Mitteln. Zwischen der Ausweisungsverfügung am 5. November und seiner Abreise am Tag darauf hatte der Botschafter Adolf Joffe noch mal eine halbe Million Mark übergeben, die in erster Linie den Spartakisten zugutekam. Das Berliner Mitteilungsblatt der USPD nahm eine etwas andere Position ein, die der der Spartakisten aber nahekam. Es wurde offenbar von Leuten redigiert, die dem linken Flügel der heterogenen Partei angehörten. Auch hier war von Regierungssozialisten die Rede, wurden die Bolschewiki als »tapfere und energische Vorkämpfer des internationalen Sozialismus« gewürdigt, während die SPD als die »geschniegelte Scheidemannpartei« apostrophiert wurde. Man kommentierte sarkastisch den Abbruch der diplomatischen Beziehungen zu Sowjetrussland, vermied es aber, ihre Wiederherstellung zu fordern.[2206]

Bei der Vollversammlung der Berliner Arbeiter- und Soldatenräte warnte Liebknecht vor der Gegenrevolution, die bereits auf dem Marsch sei, und klagte die Sozialdemokraten an, die heute mit der Revolution gingen und kurz zuvor noch ihre Feinde gewesen waren.[2207] Daraufhin wurde er durch stürmische Rufe »Einigkeit! Einigkeit!« unterbrochen. Als Ebert bekannt gab, dass die beiden sozialdemokratischen Parteien mit dem Rat der Volksbeauftragten eine gemeinsame Regierung gebildet hatten, war die Reaktion »nicht enden wollende(r) stürmische(r) Jubel«.[2208] Am Ende wurde ein Vollzugsrat gewählt, der aus je 14 Arbeitern und Soldaten bestand. Sieben Vertreter der Arbeiterschaft kamen von der SPD, während die sieben USPD-Mandate die Revolutionären Obleute übernahmen, die mit Richard Müller auch den Vorsitzenden stellten. Der Vollzugsrat war gewissermaßen der Arbeitsausschuss der Arbeiter- und Soldatenräte, die sich – so ihr Selbstverständnis – als Ausdruck des revolutionären Volkswillens als provisorisches Parlament gebildet hatten. Der Rat der Volksbeauftragten wiederum sollte der Beauftragte des Vollzugsrates bei der politischen Umsetzung der von den Arbeiter- und Soldatenräten formulierten Ziele sein und in Erfüllung dieses Auftrags die Regierung, d. h. den Rat der Volksbeauftragten, kontrollieren. Diese Kontrollbefugnis des Vollzugsrates wurde auch schriftlich fixiert,[2209] allerdings ist kein Fall bekannt geworden, in dem er sie jemals ausgeübt hat.

Die Mitglieder des Rates der Volksbeauftragten waren formal den Staatssekretären, die bisher die verschiedenen Reichsämter geleitet hatten, übergeordnet. Die Staatssekretäre blieben zunächst im Amt, und de facto war der Rat der Volksbeauftragten auf ihre Sachkenntnisse angewiesen. Die gemäßigten Sozialdemokraten waren hier gegenüber den Vollzugsräten der USPD im Vorteil, weil die Ministerialbeamten lieber mit ihnen zusammenarbeiteten. Außerdem sicherte sich die SPD bei der Aufteilung der Ressorts die wichtigsten Bereiche. Ebert selbst übernahm Inneres und Militär, Landsberg Finanzen und Scheidemann Presse und Nachrichtenwesen.

Der Vollzugsrat nahm sehr rasch seine Arbeit auf und erließ eine Vielzahl von Gesetzen und Anordnungen. Das betraf klassische Grundrechte wie die Meinungsfreiheit, vor allem aber das Gebiet der Sozialpolitik. So wurde zum 1. Januar 1919 der achtstündige Normalarbeitstag eingeführt. Viele dieser neuen Regelungen brachten für die Menschen spürbare Verbesserungen, aber revolutionär waren sie nicht. Jahrzehntelang war die SPD eine Partei des Klassenkampfs gewesen, die sich in grundsätzlicher Gegnerschaft zum Staat befunden hatte. Nun stand sie plötzlich selbst an der Spitze dieses Staates und sah ihre Aufgabe vor allem darin, den Übergang in eine neue Nachkriegsordnung soweit möglich ohne Blutvergießen zu bewältigen. Sie war im Grunde genommen zu einer Reformpartei geworden, ohne dass dieses neue Selbstverständnis sich schon in einer neuen Programmatik niedergeschlagen hätte. Die SPD fungierte als Scharnier zwischen der kaiserlichen Bürokratie, mit der sie durch die Regierungsarbeit verbunden war, und den revoltierenden Arbeitern und war so in die Rolle einer Ordnungsmacht hineingewachsen. Die wichtigste Person in diesem Kontext war Friedrich Ebert, der als Reichskanzler und Sprecher des Rates der Volksbeauftragten über eine doppelte Legitimation verfügte. Diese Personalunion brach der Gefahr einer Doppelherrschaft, wie es sie 1917 in Russland gegeben hatte, von vornherein die Spitze ab. Durch sie war ein Antagonismus zwischen den Institutionen praktisch ausgeschlossen.

Spartakusbund, *Die Rote Fahne,* Kampf gegen die Wahlen zur Nationalversammlung, Blutbad am 6. Dezember

Am 11. November trafen sich die wichtigsten Spartakisten im Hotel Excelsior und beschlossen, die Gruppe Internationale in Spartakusbund umzubenennen. Sie verblieben in der USPD, waren aber nun eine offizielle Gruppe innerhalb der Partei. Die Spartakisten unterstrichen so ihren Sonderstatus und erhöhten ihre Sichtbarkeit nach außen. Es wurden keine Mitgliedsbeiträge erhoben, aber zum Preis von 50 Pfennigen »Agitationskarten« an die Mitglieder ausgegeben.[2210] Die Führung des Bundes bestand aus 15 Personen, wobei Liebknecht, Luxemburg, Mehring und Zetkin die engere Führungsgruppe bildeten. Die weiteren Mitglieder waren Hugo Eberlein, Hermann und Käte Duncker, Wolfgang Fernbach, Leo Jogiches, Paul Levi, Ernst Meyer, Julian Marchlewski, Wilhelm Pieck, Karl Schulz und Berta Thalheimer. Luxemburg, Zetkin und Jogiches waren nach wie vor gegen die Gründung einer neuen Partei, weil sie befürchteten, dann den Kontakt zu den Massen zu verlieren.[2211] Andere wie z. B. Fritz Rück und August Thalheimer traten schon damals für die Trennung des Spartakusbundes von der USPD ein.[2212] Man konnte sich allerdings fragen, ob es Sinn machte, eine Organisation, die in ganz Deutschland keine 1 000 aktiven Mitglieder hatte,[2213] als eigene Partei zu konstituieren. Natürlich konnte man nach der Parteigründung mit weiterem Zulauf rechnen, aber eine Massenorganisation würde jedenfalls nicht so schnell entstehen.

Leo Jogiches arbeitete mit Rosa Luxemburg in den letzten neuneinhalb Wochen, die sie noch zu leben hatte, so eng zusammen wie noch nie; jetzt »war er ständig an ihrer Seite, ratend, lenkend, aufmunternd. Der Mann, der nach Alleinherrschaft in der polnischen und der russischen Partei gestrebt hatte, dem seine Gegner wahnwitzigen Ehrgeiz vorwarfen, begnügte sich zuletzt mit einem Platz im Schatten der faszinierenden Frau, die praktisch *seine* Frau gewesen war.«[2214] Die kurze Zeitspanne, die ihm nach ihrer Ermordung blieb, verwendete er darauf, die wahren Hintergründe herauszufinden und die Mörder zu überführen und sich in der KPD weiter für ihre Ideen einzusetzen.

Es dauerte acht Tage, bis in der Königgrätzer Straße 40/41 (heute Stresemann-Straße) in der Nähe des Potsdamer Platzes eine neue Produktionsstätte für *Die Rote Fahne* gefunden war. Bisher war hier die Berliner Mittagszeitung *Das kleine Journal* herausgekommen.[2215] Die *Rote Fahne* erschien dort erstmals am 18. November und von da an ganz regelmäßig, sodass in Luxemburgs Leben wieder so etwas wie Alltag einkehrte. Der Kopf der Zeitung hieß nun *Die Rote Fahne. Zentralorgan des Spartacusbundes. Schriftleitung: Karl Liebknecht und Rosa Luxemburg.* An einen Besuch der eigenen Wohnung war jetzt erst recht nicht mehr zu denken: »Wir waren morgens um 11 Uhr bis abends um 12 Uhr im Redaktionslokal und in der Druckerei. Rosa Luxemburg verließ die Druckerei als Letzte, oft so schwach, dass man sie an den Wagen tragen musste.«[2216] Sie organisierte nicht nur die Redaktion, sondern sie blieb auch immer bis zuletzt in der Druckerei, »um auch den Umbruch zu beaufsichtigen, außerdem treffen bei diesen aufgeregten Zeiten erst um 10 oder 11 Uhr nachts die dringendsten Nachrichten und Weisungen ein, auf die sofort reagiert werden muss.«[2217] Dass sie es dann nach drei Wochen überhaupt mal bis in die eigenen vier Wände schaffte, hatte mit äußeren Umständen zu tun, wie sie Clara Zetkin berichtete: »Wenn Du wüsstest, wie viel ich Dir zu sagen hätte und wie ich hier lebe – wie im Hexenkessel! Gestern Nacht um 12 Uhr bin ich zum ersten Mal in meine Wohnung gekommen, und zwar nur deshalb, weil wir beide – Karl und ich – aus sämtlichen Hotels dieser Gegend (um den Potsdamer Platz und Anhalter Bahnhof) ausgewiesen worden sind!«[2218] Doch auch diese erzwungene Stippvisite sollte eine Ausnahme bleiben. Am 11. Januar schrieb sie der Freundin: »Meine Wohnung sehe ich nur ab und zu für ein paar Nachtstunden.«[2219] Der Aufenthalt dort war schlicht und einfach zu gefährlich, denn es gab genügend Leute, die ihr nach dem Leben trachteten und die Adresse kannten. Der zitierte Brief ist der letzte, den sie vor ihrer Ermordung schrieb.

Zu Luxemburgs Lebzeiten erschienen insgesamt 60 Ausgaben der *Roten Fahne*, in denen sie mit 27 eigenen Beiträgen vertreten war, darunter gleich drei in der Ausgabe vom 18. November. Der Beitrag »Der Anfang« war der wichtigste. Er wollte deutlich machen, dass das Entscheidende noch zu tun sei: »Denn das Vollbrachte ist gering, und der Feind ist *nicht* niedergeworfen.« Die Monarchie war zwar »hinweggefegt«: »Aber die Monarchie war nie der eigentliche Feind, sie war nur Fassade, sie war das Aushängeschild des Imperialismus.«[2220] Es gehe darum, die ganze Macht in die Hände der Arbeiter- und Soldatenräte zu legen, um so die Revolution vor ihren Feinden zu schützen. Die wichtigsten Aufgaben seien: die Einberufung eines Reichsparlaments der Arbeiter und Soldaten, die Organisation des ländlichen Proletariats (ausdrücklich nicht der Bauern), Bildung einer Roten Garde, Verdrängung der Organe des »absolutistischen militärischen Polizeistaats«, sofortige Konfiskation der dynastischen Vermögen und Besitzungen »zur Sicherung der Verpflegung des Volkes«, schließlich »sofortige Einberufung des Arbeiterweltkongresses nach Deutschland, um den sozialistischen und internationalen Charakter der Revolution scharf und klar hervorzukehren«.[2221] Luxemburgs Fazit des bisher durch die Novemberrevolution Erreichten lautete: »Im Staate der Hohenzollern hat sich im Wesentlichen nichts verändert, die Arbeiter- und Soldatenregierung fungiert als Stellvertreterin der imperialistischen Regierung, die bankrott geworden ist.«[2222] Bisher sei fast nichts erreicht, daran waren die »Regierungssozialisten« schuld. Nun müsse ganz schnell ganz viel geschehen. Die meisten dieser Forderungen waren unrealistisch, jedenfalls ihre kurzfristige Umsetzung. Vollends absurd war die Idee eines Arbeiterweltkongresses. An den Kongressen der Sozialistischen Internationale hatten in ihren besten Zeiten einige außereuropäische Gäste teilgenommen, aber sie war nicht mehr handlungsfähig, und was an ihre Stelle treten sollte, war im November 1918 nicht einmal in Ansätzen erkennbar.

Luxemburg schrieb auch, mit der Konstituierenden Nationalversammlung schaffe der Rat der Volksbeauftragten ein »bürgerliches Gegengewicht zur Arbeiter- und Soldatenvertretung, verschiebt damit die Revolution auf das Geleise einer bürgerlichen Revolution, eskamotiert die sozialistischen Ziele der Revolution«.[2223] Diese These kann man durchaus mit einem Fragezeichen versehen, denn im November 1918 schien es nicht so unwahrscheinlich, dass SPD und USPD zusammen die absolute Mehrheit erreichen würden. Tatsächlich erhielten sie dann am 19. Januar 1919 nur 45,5 Prozent der Stimmen, doch dieses Ergebnis war sicherlich von den Ereignissen des Januaraufstands beeinflusst, der sehr viel gewaltsamer verlief als die Novemberrevolution. Logik gewinnt Luxemburgs Aussage, wenn man davon ausgeht, dass sie die »Regierungssozialisten« der SPD, und teilweise auch der USPD, nicht zu den revolutionären Kräften rechnete. Das lag auf der Linie der These von der »verratenen« Revolution. Luxemburg sprach zwar von einer revolutionären Regierung, das bezog sich auf die Art und Weise ihres Zustandekommens, attestierte dieser Regierung aber eine im Grunde konterrevolutionäre Politik. Im Zentrum ihrer Attacken stand dabei in den folgenden Wochen die Nationalversammlung, deren Einberufung sie geradezu fanatisch bekämpfte.

Zwei Tage später wurde Luxemburg schon sehr deutlich. Ihr Artikel »Die Nationalversammlung« ist eine einzige Hasstirade gegen den Parlamentarismus:

> Das ganze »Volk«, die ganze »Nation« soll dazu berufen werden, über die weiteren Schicksale der Revolution durch Mehrheitsbeschluss zu entscheiden.
> Bei den offenen und verkappten Agenten der herrschenden Klassen ist die Parole selbstverständlich. Mit Wächtern der kapitalistischen Kassenschränke diskutieren wir weder in der Nationalversammlung noch über die Nationalversammlung.
> Aber auch unabhängige Führer stellen sich in dieser entscheidenden Frage mit den Wächtern des Kapitals in Reih und Glied.[2224]

Namentlich angegriffen wurden die unabhängigen Führer Kautsky, Hilferding und Haase. Eine Einführung des Sozialismus durch parlamentarischen Mehrheitsbeschluss sei nicht möglich, denn wenn die Nationalversammlung so etwas beschließen sollte, dann sei ein Bürgerkrieg die unweigerliche Folge, der ohnehin nicht zu vermeiden sei: »Denn Bürgerkrieg ist nur ein anderer Name für Klassenkampf, und der Gedanke, den Sozialismus ohne Klassenkampf, durch parlamentarischen Mehrheitsbeschluss einführen zu können, ist eine lächerliche kleinbürgerliche Illusion.«[2225]

Die Nationalversammlung sei »ein überlebtes Erbstück bürgerlicher Revolutionen, eine Hülse ohne Inhalt, ein Requisit aus den Zeiten kleinbürgerlicher Illusionen vom ›einigen Volk‹, von der ›Freiheit, Gleichheit und Brüderlichkeit‹ des bürgerlichen Staates. Wer heute zur Nationalversammlung greift, schraubt die Revolution bewusst oder unbewusst auf das historische Stadium bürgerlicher Revolutionen zurück.« Es gehe nicht um die Alternative Demokratie oder Diktatur, das sei gegenrevolutionäre Demagogie: »Die von der Geschichte auf die Tagesordnung gestellte Frage lautet: bürgerliche Demokratie oder sozialistische Demokratie. Denn Diktatur des Proletariats, das ist Demokratie im sozialistischen Sinne.«[2226] Hier wurde nun doch sehr deutlich, dass in einer sozialistischen Demokratie zwar viele mitreden sollten, aber eben nicht alle. Anders gesagt: Wenn sozialistische Demokratie ein Synonym für die Diktatur des Proletariats ist, dann folgt daraus, dass sozialistische Demokratie etwas anderes ist als demokratischer Sozialismus. Viele Sozialdemokraten beziehen sich bis heute auf den Begriff des demokratischen Sozialismus, und sie meinen damit, dass die Errungenschaften der bürgerlichen Revolution, namentlich das System der repräsentativen Demokratie, vereinbar seien mit den sozialpolitischen Zielen des Sozialismus. Rosa Luxemburg bringt dagegen die bürgerliche und die sozialistische Revolution hier dezidiert in einen Gegensatz. Die sozialistische Revolution soll nicht die bürgerliche Revolution durch die Emanzipation des vierten Standes vollenden, sondern sie überwinden, weil – davon war sie überzeugt – die Herrschaft der einen Klasse nur durch die Herrschaft einer anderen Klasse abgelöst werden könne. Allerdings, das war das Thema des Exkurses zu ihrem Manuskript über die Russische Revolution, hatte sie entschieden andere, »demokratischere«, Vorstellungen davon, wie diese proletarische Klassenherrschaft zu erkämpfen und zu gestalten sei, als ihr Gegenspieler Lenin und die Bolschewisten.

Während Luxemburg die gewaltsame Auflösung der gerade neu gewählten Konstituante in St. Petersburg kritisiert hatte, opponierte sie nun mit aller Entschiedenheit gegen die Wahlen zur Konstituierenden Nationalversammlung, die sie als gravierendes Hemmnis für die sozialistische Revolution ansah. Zetkin war dabei sogar noch radikaler: »Die Konstituierende Nationalversammlung ist der deckende Schild der bourgeoisen Gegenrevolution.«[2227] Einen wesentlichen Unterschied zwischen der russischen und der deutschen Situation gab es. Die Proklamation der sozialistischen Sowjetrepublik durch Lenin erfolgte bereits vor der Wahl der Konstituante. Die Proklamation der sozialistischen Republik am 9. November 1918 durch Liebknecht war dagegen ein rein deklamatorischer Akt ohne reale Folgen. Aus der Sicht der Spartakisten war über den Rücktritt des Kaisers hinaus noch kaum etwas geschehen, die eigentliche Revolution stand noch bevor. Luxemburg stellte deshalb den Kampf gegen die Nationalversammlung in den Mittelpunkt ihrer Agitation. Das betraf nicht nur ihre publizistische Tätigkeit, sondern auch ihre Versammlungsreden.[2228] Am 11. Januar 1919, als der Januaraufstand schon weitgehend niedergeschlagen war, war sie noch immer optimistisch: »In Wirklichkeit wird die Frage der Nationalversammlung von den stürmenden Ereignissen ganz in den Hintergrund geschoben, und wenn die Dinge so weiter verlaufen wie bisher, erscheint es sehr fraglich, ob es überhaupt zu Wahlen und zur Nationalversammlung kommt.«[2229] Es gab im Spartakusbund aber auch moderatere Stimmen, die lediglich für eine Verschiebung der Wahlen eintraten, z. B. die von Eduard Fuchs: »Er sei gegen einen Zusammentritt der Konstituante vor in sechs Monaten. Erst müsste das Volk noch ganz über die Tragweite der Umwälzung aufgeklärt sein. Die Soldaten, die vorläufig den Ton angäben, dächten nur an materielle Dinge. Über die Fragen Konstitution, Diktatur, etc. herrschte in seiner Partei noch keine endgültige Klarheit.«[2230]

Kurz nach der Attacke gegen die Nationalversammlung erschien eine ungezeichnete Notiz Luxemburgs in der *Roten Fahne*, die ganz aus der Serie der Agitationstexte herausfiel: »Eine letzte verirrte Kugel des großen Mordens mähte noch ein Menschenleben nieder, knickte eine reine, kaum erschlossene Knospe, vernichtete eine schon aufsprießende Hoffnung der Partei.«[2231] Sie hatte Brandel Geck 1910 auf einer Vortragsreise im

Hause seiner Eltern Adolf und Marie in Offenburg kennengelernt. Der 17-Jährige hatte Eindruck auf sie gemacht. Bis 1914 schrieb sie ihm immer wieder einmal, aber als der Krieg ausbrach, wurde er eingezogen, und der Kontakt brach ab. Vier Jahre lang kämpfte er tapfer, wurde zum Leutnant befördert und fiel in den letzten Kriegstagen: »Er war zu Größerem bestimmt, als in diesem großen Völkermorden in ein frühes Grab zu sinken. Wo er selbst nicht mehr sein kann, wird die Erinnerung an ihn bei uns bleiben.« An den Tod eines unbekannten Soldaten in der *Roten Fahne* zu erinnern war ein höchst ungewöhnlicher Vorgang. Luxemburg muss sehr beeindruckt von Brandel Geck gewesen sein. Den Eltern schrieb sie: »Ich habe so unendlich viel von ihm für die Partei, für die Menschheit erwartet.« Und weiter hieß es in dem Beileidsschreiben: »Wir alle stehen unter dem blinden Schicksal, mich tröstet nur der grimmige Gedanke, dass ich doch auch vielleicht bald ins Jenseits befördert werde – vielleicht durch eine Kugel der Gegenrevolution, die von allen Seiten lauert.«[2232] Eine starke Identifikation mit dem Schicksal des jungen Mannes verbindet sich hier mit düsteren Todesahnungen.

Wenige Tage später hatte wieder der hohe Ton der Revolution die Oberhand. »An die Proletarier aller Länder« war der Artikel überschrieben. Dort fanden sich Sätze wie diese:

> Proletarier aller Länder! Dieser Krieg muss der letzte sein!
> [...]
> Wenn sich Vertreter der Proletarier aller Länder unter dem Banner des Sozialismus die Hand reichen, um den Frieden zu machen, dann ist der Friede in wenigen Stunden gemacht.
> [...]
> Deutschland ist schwanger mit der sozialen Revolution, aber den Sozialismus kann nur das Weltproletariat verwirklichen.
> [...]
> Wählet überall Arbeiter- und Soldatenräte, die die politische Macht ergreifen und die zusammen mit uns den Frieden herstellen werden.[2233]

Unterschrieben war der Aufruf, der auch als Flugblatt Verbreitung fand, von der engeren Führungsgruppe des Spartakusbundes, aber verfasst hatte ihn Rosa Luxemburg. Eine Gruppe, die schon im eigenen Land nur über einen sehr bescheidenen Rückhalt verfügte, appellierte an das Weltproletariat, nunmehr zur Aktion zu schreiten. Man kann sich leicht vorstellen, dass ein solcher Appell keine realen Folgen zeitigte.[2234]

Die schwierige Lage änderte nichts an Luxemburgs Rigorismus. Ihr Zorn richtete sich unvermindert gegen die »Regierungssozialisten«, und dabei waren ihre Invektiven gegen die Genossen von der USPD, der sie selbst angehörte, kaum weniger heftig als die gegen die Mehrheitssozialdemokraten: »Wir haben ja von den Herren Haase, Dittmann und Kautsky noch nie viel gehalten und schon oft während des Krieges gefunden, dass sie zwar immer das Maul, aber ab und zu – besonders dann, wenn es galt – auch die Hosen voll hatten. Nun, ein Hase wird über Nacht nicht zum Löwen, ein politischer Bremsklotz […] nicht zur vorwärtstreibenden Dampfmaschine.« Dabei, das war jedenfalls ihre Überzeugung, waren die Unabhängigen selbst daran schuld, dass sie so heftig angegriffen wurden: »Die Situation – wir geben es zu – ist sehr unangenehm für Leute, die mit Ebert und Scheidemann zusammen regieren und doch dem Proletariat vorerzählen müssen, dass einzig und allein der Sozialismus Leitstern ihres Handelns ist.«[2235] Die USPD, das war nun ihr ceterum censeo, müsse sich entscheiden: »Konstituante oder Zentralrat der Arbeiter- und Soldatendelegierten […]. Nur eines von beiden kann das Rechte sein.«[2236] Am Tag darauf, am 29. November, setzte sie die Attacke mit einem zweiten Artikel fort: »Die Unabhängige Sozialdemokratie ist von Hause aus ein Kind der Schwäche und Kompromiss ist ihres Daseins Wesen.« Eigentlich wollte das Kind gar nicht zur Welt kommen: »Ihre offizielle Geburt als selbstständige Partei ist nicht ein Akt männlichen Entschlusses, klarer Entscheidung aus eigener Initiative, nicht historische Tat gewesen, sondern erzwungenes Resultat des Hinauswurfs durch die Scheidemänner, eine Episode erbärmlichen Gezänks um ›Parteidisziplin‹ mit Schändern des sozialistischen Banners.«[2237] Kurz zuvor hatte Luxemburg geschrieben, Deutschland gehe mit der sozialen Revolution schwanger, hier war nun von der Geburt der

USPD die Rede. Solche Metaphern finden sich immer wieder bei ihr. Sie sind zweifellos ein unbewusster Ausdruck ihres unerfüllt gebliebenen Kinderwunsches. Und auch in diesem Artikel kam sie wieder auf die Machtfrage zu sprechen: »Entweder will man die Nationalversammlung als ein Mittel, das Proletariat um seine Macht zu prellen, seine Klassenenergie zu paralysieren, seine sozialistischen Endziele in blauen Dunst aufzulösen, oder man will die ganze Macht in die Hand des Proletariats legen [...].«[2238]

Am 2. Dezember 1918 schrieb die *Rote Fahne*: »Die bürgerliche Presse mit dem *Vorwärts* an der Spitze kann sich nicht genug darin tun, den ›Spartakusbund‹ gleichzeitig als unheimlich gefährliche Macht und als unbeträchtliche Personengruppe zu bezeichnen.«[2239] Der Artikel machte keine Anstalten zu dementieren, dass der Spartakusbund nur über wenige Mitglieder verfügte. Er sah seine Bedeutung woanders: »Die sechs Versammlungen, die gestern vom Spartakusbund in Berlin einberufen worden waren, erwiesen, worin die wahre Macht des Spartakusbundes besteht: im Einfluss auf die breiten Arbeitermassen.« Der Bund war am Vortag zum ersten Mal an die Öffentlichkeit getreten: »Im Lehrervereinshaus, das zum Brechen voll war, sprach Genossin R. Luxemburg unter stürmischem Beifall der Versammelten.«[2240] Nach einer längeren Debatte verabschiedeten die Anwesenden[2241] bei lediglich drei Gegenstimmen eine Resolution, in der sie sich mit den Ausführungen der Referentin einverstanden erklärten, die einmal mehr betont hatte, die Einberufung der Nationalversammlung sei ein Mittel, die Gegenrevolution zu stärken. Weiter forderte die Resolution »die Übergabe der ganzen Macht an die A.[rbeiter] und S.[oldaten]-Räte, deren erste Pflicht ist, die Verräter der Arbeiterklasse und des Sozialismus: Scheidemann-Ebert u. Gen.[ossen] von der Regierung zu verjagen, das arbeitende Volk zum Schutze der Revolution zu bewaffnen und mit aller Energie durchgreifende Maßnahmen zur Sozialisierung der Gesellschaft zu ergreifen«. Die vielen, die im Lehrervereinshaus in der Alexanderstraße keinen Einlass in den Saal gefunden hatten, zogen weiter zum Etablissement »Zur Königsbank« in der Großen Frankfurter Straße (Friedrichshain), wo im Großen Saal der Genosse Pankow[2242] zu ihnen sprach.

Am selben Abend fanden parallel noch fünf weitere Versammlungen statt. In der Habel-Brauerei in der Bergmannstraße (Kreuzberg) trat Ernst Haberland auf, in der Vereinsbrauerei in der Jägerstraße (Neukölln) Hugo Eberlein, in den Germania-Sälen in der Chausseestraße (Mitte) Paul Levi, in den Hohenzollern-Lichtspielen (Friedenau) Wilhelm Pieck und in den Prachtsälen des Westens in der Spichernstraße (Wilmersdorf) Karl Liebknecht. Der Spartakusbund bot seine prominentesten Repräsentanten auf, um Einfluss auf den Gang der Dinge zu nehmen. Eingebettet in den Bericht in der *Roten Fahne* war ein Kasten mit Forderungen, die an Radikalität alles überboten, was von Luxemburg in jenen Tagen zu hören und zu lesen war. Es wurde die sofortige Bildung eines Revolutionstribunals gefordert, das »die ganze Verbrecherbande, in erster Linie die beiden Hohenzollern, Vater und Sohn, und der Reichskanzler Bethmann Hollweg«, aburteilen sollte. Der Kaiser sollte zur Rückkehr nach Deutschland aufgefordert werden. Damit nicht genug: »Die Mitschuldigen an der Anstiftung des größten Verbrechens der Weltgeschichte, die Scheidemann und Ebert, die David und Heilmann, muss das revolutionäre deutsche Proletariat jetzt mit eiserner Faust von sich weisen, sonst hat es kein Recht, vor den französischen, englischen und russischen Proletariern, vor der Internationale zu erscheinen.«[2243] Das war ein etwas surrealer Text. Niemand konnte im Ernst erwarten, dass Wilhelm II. die Reise nach Deutschland antreten würde, um sich dort vor einem Revolutionstribunal zu verantworten. Ganz abgesehen von der Frage, wer mit welcher Legitimation ein solches Tribunal bilden sollte. Ausgerechnet den liberalen Bethmann Hollweg, den aggressive Kriegszielbefürworter 1917 erfolgreich zum Rücktritt gedrängt hatten, zum prominenten Mitglied einer Verbrecherbande zu erklären war einigermaßen absurd. Diejenigen, die für die Bewilligung der Kriegskredite gestimmt hatten, der Anstiftung eines Verbrechens zu zeihen, zeigte den unbändigen Hass gegen die ehemaligen Parteigenossen. Wollte man in juristischen Kategorien denken, könnte man nicht von Anstiftung, sondern allenfalls von Beihilfe zu einem Verbrechen sprechen. Und ob ein Verteidigungskrieg, den sie hatten unterstützen wollen, ein Verbrechen ist, gar das größte der Weltgeschichte, ist auch die Frage. Die

Aufforderung an das deutsche Proletariat, Friedrich Ebert, den ersten sozialdemokratischen Reichskanzler, »mit eiserner Faust von sich zu weisen«, war bar jeden Realitätssinns, was auch immer man sich unter dieser Aufforderung vorstellen sollte.

Die Revolution war im November erstaunlich schnell und unblutig über die Bühne gegangen. Der Dezember war eine Phase des Übergangs, bevor es dann im Januar 1919 zu gewaltsamen Konfrontationen mit vielen Opfern kam. Der Monat begann mit einem Ereignis, das ein schlechtes Omen war. Am Freitag, den 6. Dezember, kam es zu einer grauenvollen Schießerei, bei der innerhalb von wenigen Minuten ein Blutbad angerichtet wurde, das mehr Opfer forderte als die Ereignisse vom 8. und 9. November. Vor dem Stettiner Bahnhof (heute Berlin Nordbahnhof) schossen Gardefüsiliere an der Kreuzung Chausseestraße/Invalidenstraße auf demonstrierende Soldaten und Matrosen, töteten 16 Menschen und verletzten etwa 80, davon zwölf schwer. Wer den Befehl erteilt hat, konnte nie geklärt werden.[2244] Eine Gruppe schwer bewaffneter Soldaten, die Ebert nötigte, die Reichskanzlei zu verlassen und auf die Straße zu kommen, wollte ihn zum Reichspräsidenten ausrufen, was er ablehnte. Zeitgleich wurde der Vollzugsrat vorübergehend verhaftet. Es gibt Anhaltspunkte dafür, dass dies ein rechter Putschversuch zur Entmachtung des Arbeiter- und Soldatenrates war. Andere Stimmen sprechen davon, dass der Schießerei spartakistische Provokationen vorausgingen.[2245] Den Schießbefehl sollte der Berliner Stadtkommandant Otto Wels (SPD) erteilt haben,[2246] was dieser lebhaft bestritt. Am späten Abend kam er zu einer Besprechung in die Reichskanzlei: »Er war völlig erschöpft und erschüttert und zitterte am ganzen Körper, sein Gesicht wurde von fortgesetztem Nervenzucken verzerrt, die Augen flackerten unstet umher. Die 16 Toten lasteten schwer auf seinem Gemüt […].«[2247] Ebert wurde von manchen unterstellt, er sei Mitwisser gewesen oder habe das Ganze sogar mit vorbereitet. Solchen Vermutungen gab er durch sein dilatorisches Verhalten Auftrieb, aber sie treffen wohl nicht zu. An dem darauffolgenden Wochenende kam es zu zahllosen Demonstrationen der verschiedenen politischen Lager. Allein die SPD veranstaltete 16 Kundgebungen in den verschiedenen Teilen der Stadt.

Die Vorgänge gaben den Spartakisten gewaltigen Auftrieb. Die *Rote Fahne* präsentierte bereits am 8. Dezember eine klare Schuldzuweisung: »Die Fäden des Putsches liegen nun offen zutage. Es war ein von langer Hand geplanter, wohlvorbereiteter, bis ins Einzelne ausgearbeiteter Anschlag.« Und wer hinter diesem Anschlag stand, war für die Spartakisten klar: »Es gibt nur eine Parole, einen Ruf, ein Ziel: Fort mit den Ebert-Scheidemann! Nieder mit den Mördern der deutschen Revolution! Wieder und immer wieder: Auf die Schanzen, Arbeiter im ganzen Reiche! Es gilt, die Revolution, die Freiheit zu retten!« Der Artikel endete mit dem Kampfruf: »Revolution oder Ebert-Scheidemann! Sozialismus oder Ebert-Scheidemann! Freiheit oder die blutbesudelten Staatsstreichler Ebert-Scheidemann! Ein Drittes gibt es nicht.«[2248] Hier wurde bereits die finale Konfrontation intoniert, die wenige Wochen später dann zum Januaraufstand führte. Am 8. Dezember begann eine groß angelegte Demonstration der Spartakisten im Treptower Park. Von sechs Lastwagen mit Bewaffneten herab wurden Reden gehalten, unter anderem von Liebknecht, Luxemburg, Pieck und Levi. Die *Coburger Zeitung* bemühte in ihrem Bericht ein bekanntes Klischee und sprach von der »bluttriefenden Rosa«.[2249] Anderntags berichtete die *Rote Fahne*, mindestens 150 000 Menschen hätten demonstriert,[2250] aber von dieser Zahl muss man wohl mindestens eine Null abziehen, wie eine Fülle glaubwürdiger Berichte bestätigt. Als der Demonstrationszug, den Karl Liebknecht anführte, die Kommandantur erreichte, ließ er anhalten und forderte die Menge auf, den »Bluthund Wels« herauszuholen. Otto Wels und seiner Frau gelang es aber, sich durch Flucht in Sicherheit zu bringen.

Am 14. Dezember erschien die *Rote Fahne* mit einem ganzseitigen Aufmacher »Was will der Spartakusbund?«. Der Beitrag füllte auch noch einen guten Teil der zweiten Seite und war gezeichnet mit »Der Spartakusbund«. Es war der Entwurf eines Programms »zur Sicherung der Revolution«, verfasst hatte ihn Rosa Luxemburg.[2251] Wer ihre bisherigen Artikel gelesen hatte, fand wenig Neues. Sie betonte auch hier, dass die »imperialistische Kapitalistenklasse« ihre Herrschaft mit aller Macht verteidigen werde: »All dieser Widerstand muss Schritt um Schritt mit eiserner Faust, mit rücksichtsloser Energie gebrochen werden. Der Gewalt der bürgerlichen Gegenrevolution muss die revolutionäre Gewalt des Proletariats entgegengestellt werden.«[2252] Einleitend hatte sie betont, dass die bürgerlichen Revolutionen immer durch Blutvergießen, Terror und politischen Mord gekennzeichnet gewesen seien, denn das war »die unentbehrliche Waffe in der Hand der aufsteigenden Klassen«. Es folgte dann die im Kontext der Russischen Revolution schon zitierte Feststellung, dass die proletarische Revolution keines Terrors bedürfe und den Menschenmord verachte: »Sie bedarf dieser Kampfmittel nicht, weil sie nicht Individuen, sondern Institutionen bekämpft […].«[2253] Luxemburg wandte sich wiederholt gegen den Roten Terror und geriet darüber auch immer wieder in Streit mit Lenins Abgesandtem Karl Radek. Der vertrat die Meinung, zur Niederringung des Kapitalismus sei die Errichtung einer »proletarischen Diktatur« notwendig, so weit waren sie einig, aber er setzte hinzu: »Diktatur ohne Bereitschaft zum Terror ist ein Messer ohne Klinge.«[2254]

Hier offenbarte sich ein Dilemma in Luxemburgs Programmatik. Sie sprach von der gegenrevolutionären Gewalt, die zu überwinden sei, und der Notwendigkeit, eine Diktatur zu errichten, wandte sich aber gleichzeitig gegen Terror. Die Differenzierung zwischen Individuen und Institutionen hilft dabei nur bedingt weiter, denn Institutionen werden von Individuen geschaffen, geleitet und verteidigt. Und wenn wir davon ausgehen, dass die Kapitalistenklasse zu gegenrevolutionärer Gewalt bereit war, dann ist die Schlussfolgerung naheliegend, dass sie die Abschaffung der von ihr beherrschten Institutionen nicht klaglos hinnehmen würde.[2255] Eine Antwort auf die hier aufgeworfene Frage könnte sein, dass Luxemburg zwischen legitimer Gewalt und illegitimem Terror unterscheiden wollte. Dass sie der Meinung war, die bürgerliche Revolution bedürfe des Terrors, die sozialistische Revolution aber nur des Einsatzes des nach erfolgreicher Revolution zu Gebote stehenden staatlichen Gewaltmonopols. Wenn sie das geglaubt haben sollte, war sie gerade durch die russischen Ereignisse eindrucksvoll widerlegt worden. Darüber hinaus kann man sich fragen, ob nicht in einer revolutionären Situation die Differenzierung zwischen Gewalt und Terror ganz besonders schwierig, wenn nicht unmöglich ist. Und gerade in Diktaturen ist die Versuchung für diejenigen, die über die staatlichen Machtmittel gebieten, besonders groß, diese auch einzusetzen, um die errungene Machtposition zu verteidigen. Bedingt durch ihren frühen Tod, wissen wir leider nicht, wie Luxemburg auf diese Herausforderung durch die politische Praxis reagiert hätte.

Der praktische Teil des Programms hatte vier Abschnitte. Im ersten ging es um die militärische Macht im Staat: Entwaffnung der Polizei, »Bewaffnung der gesamten erwachsenen männlichen proletarischen Bevölkerung als Arbeitermiliz«, Aufhebung der Kommandogewalt der Offiziere, Ersetzung aller politischen Organe des alten Regimes durch Vertrauensmänner der Räte. Hier spielte auch die alte sozialdemokratische Forderung eine Rolle, ein Milizsystem zu schaffen, das auf eine Volksbewaffnung, ähnlich wie in der Schweiz, hinauslief. Der aktive Teil der Miliz sollte eine Rote Garde zum Schutz der Revolution bilden. Der zweite Abschnitt betraf die politische Macht und die soziale Frage: Abschaffung aller Einzelstaaten, »Beseitigung aller Parlamente und Gemeinderäte und Übernahme ihrer Funktionen durch A. u. S.-Räte«, Wahl von Arbeiterräten in ganz Deutschland, die Delegierte in einen Zentralrat entsenden sollten, der dann einen Vollzugsrat wählte, »Abschaffung aller Standesunterschiede, Orden und Titel, völlige rechtliche und soziale Gleichstellung der Geschlechter«, »einschneidende soziale Gesetzgebung«, Umgestaltung des Ernährungs-, Wohnungs-, Gesundheits- und Erziehungswesens. Der dritte Abschnitt war wirtschaftlichen Themen gewidmet: Konfiskation aller dynastischen Vermögen, Annullierung aller Staatsschulden, Enteignung aller landwirtschaftlichen Großbetriebe, »Enteignung aller Banken, Bergwerke, Hütten sowie Großbetriebe in Industrie und Handel durch die Räterepublik«, »Konfiskation aller Vermögen von einer bestimmten Höhe an«, »Übernahme des gesamten öffentlichen Verkehrswesens«, Wahl von Betriebsräten in allen Betrieben, Einsetzung einer zentralen Streikkommission. Im letzten Abschnitt, der sehr kurz war, ging es um internationale Aufgaben: »Sofortige Aufnahme der Verbindungen mit den Bruderparteien des Auslandes, um die sozialistische Revolution auf eine internationale Basis zu stellen und den Frieden durch die internationale Verbrüderung und revolutionäre Erhebung des Weltproletariats zu gestalten und zu sichern.«[2256]

Dieses Programm war, vorsichtig formuliert, sehr ambitioniert, und angesichts der schmalen Machtbasis der bald darauf gegründeten KPD bestand nie der Hauch einer Chance, es in die Tat umzusetzen. Natürlich war es nicht möglich, schnell mal alle Bundesstaaten abzuschaffen, sämtliche Unternehmen und Vermögen zu enteignen und die revolutionäre Erhebung des Weltproletariats zu organisieren. Aber die Frage einer Räterepublik stand tatsächlich auf der Tagesordnung, allerdings sollte nur allzu bald deutlich werden, dass die Spartakisten hier nicht die Mehrheit der deutschen Arbeiterschaft auf ihrer Seite hatten. Am nächsten an der Realpolitik waren die sozialpolitischen Forderungen. Hier hatten die Regierung Ebert und der Rat der Volksbeauftragten ohnehin schon einiges bewegt, und die am 31. Juli 1919 verabschiedete Weimarer Verfassung sollte in diesem Bereich erhebliche Fortschritte bringen. Auch die Reichsregierung mit einem Reichskanzler, der sich auf eine Koalition von Parteien stützte, und mit richtigen Ministerien, darunter ganz neu geschaffenen für Wirtschaft, Arbeit und Ernährung, war ein gewaltiger Fortschritt. Doch das war natürlich nicht das, was Rosa Luxemburg sich von einer sozialistischen Revolution erhoffte. Schon am nächsten Tag war sie erneut mit einem Beitrag in der *Roten Fahne*, der mit dem Ruf endete: »Alle Macht den Arbeiter- und Soldatenräten!«[2257] Am Tag darauf begann im Preußischen Abgeordnetenhaus der Allgemeine Kongress der Arbeiter- und Soldatenräte Deutschlands, und den wollte sie noch einmal auf die aus ihrer Sicht dringendsten Maßnahmen einschwören. Das war die Entwaffnung der Fronttruppen sowie der Offiziere, außerdem musste der Kongress »das Kabinett Ebert-Scheidemann-Haase beseitigen«, und »er muss die Nationalversammlung als ein Attentat auf die Revolution und die A. u. S.-Räte ablehnen«.[2258]

Die Zeichen standen nicht gut für die Hoffnung, dass von diesem Kongress ein starkes Signal für eine sozialistische Revolution ausgehen würde. Schon im Vorfeld war eine von der sowjetischen Regierung entsandte russische Delegation gescheitert. Auf Anweisung des Rates der Volksbeauftragten war sie an der Grenze zurückgewiesen worden.[2259] Lediglich vier Delegationsmitgliedern gelang es, illegal ins Land zu kommen, darunter Karl Radek und Ernst Reuter, dem späteren Regierenden Bürgermeister von Berlin, der im Ersten Weltkrieg in russische Kriegsgefangenschaft geraten war, sich 1917 der bolschewistischen Revolution angeschlossen hatte und jetzt als Volkskommissar für deutsche Angelegenheiten an der Wolga tätig war.[2260] Friedrich Ebert sprach am 15. Dezember auf einer Volksversammlung im Zirkus Busch. Einerseits betonte er, dass die Reichskonferenz den Sieg der Revolution sichern sollte. Andererseits wandte er sich mit großer Entschiedenheit gegen die »Kinderkrankheiten« der Revolution, gegen das »Phantom der Weltrevolution« und »die selbstmörderische Anarchie«.[2261] Das war die Stimme der Mehrheitssozialdemokratie, aber auch die Unabhängigen tagten am 15. Dezember und führten eine Verbandsgeneralversammlung für Berlin durch. Dort kam es zu einer scharfen Kontroverse zwischen Haase und Luxemburg. Ihr Korreferat war eine radikale Abrechnung mit der Politik der USPD, insbesondere den Eintritt der Partei in den Rat der Volksbeauftragten geißelte sie als verhängnisvoll.[2262] In ihrer Schlussrede fuhr sie dann noch einmal schweres Geschütz auf: »Unsere erste Pflicht ist es, jede Brücke zu der gegenwärtigen Regierung abzubrechen.«[2263] Sie wandte sich gegen den »Popanz der Nationalversammlung«: »Sozialismus heißt nicht, sich in ein Parlament zusammensetzen und Gesetze beschließen, Sozialismus bedeutet für uns Niederwerfung der herrschenden Klassen mit der ganzen Brutalität. (Großes Gelächter.)«[2264] Bei der Schlussabstimmung wurde die Resolution, die Luxemburg vorgelegt hatte, mit mehr als zwei Dritteln der Stimmen abgelehnt, und *Die Freiheit* erschien anderntags mit der Schlagzeile »Die U. S. P. Berlin für die Nationalversammlung«.[2265]

Während die Mehrheitssozialdemokratie ganz auf einen parlamentarischen Kurs festgelegt war und jetzt vor allem das freie, gleiche und geheime Wahlrecht zu allen deutschen Parlamenten durchsetzen wollte, für das sie jahrzehntelang gekämpft hatte, waren die Verhältnisse in der USPD etwas komplizierter. Kautsky wollte die Nationalversammlung am liebsten so schnell wie möglich wählen lassen, Wilhelm Dittmann sah in den Räten ein »Übergangsgebilde«[2266] und Kurt Eisner, der inzwischen als Bayerischer Ministerpräsident amtierte, hielt eine dauerhafte Dualität für möglich, wobei das Hauptgewicht allerdings beim Parlament liegen und den Räten eine beratende Funktion zukommen sollte. Die Parole »Alle Macht den Räten« propagierten die Spartakisten, die damals noch zur USPD gehörten. Sie waren aber eine kleine Gruppe und fanden über die eigenen Reihen hinaus nur bei dem minoritären linken Flügel der Unabhängigen Zustimmung, den Ernst Däumig und der Reichstagsabgeordnete Max Cohen-Reuß vertraten.

Reichskonferenz der Arbeiter- und Soldatenräte, Gründung der KPD

Am 16. Dezember 1918 begann die Reichskonferenz der Arbeiter- und Soldatenräte. Zur Eröffnung gab Friedrich Ebert eine Pressekonferenz im Festsaal der Reichskanzlei in der Wilhelmstraße,[2267] die vom Preußischen Abgeordnetenhaus in der Prinz-Albrecht-Straße (heute: Niederkirchnerstraße) nicht weit entfernt war. Die Spartakisten hatten sich auch auf das große Ereignis vorbereitet und zu einer Demonstration aufgerufen. Es gelte die Arbeiter- und Soldatenräte »würdig zu begrüßen« und »den entschlossenen Willen des Berliner Proletariats zum Ausdruck zu bringen«.[2268] Das war geschickt formuliert. Man konnte denken, es gehe um eine Kundgebung zur Unterstützung des Kongresses. Tatsächlich war das Gegenteil der Fall: Liebknecht und Levi traten auf das Gesims des Abgeordnetenhauses und hielten Ansprachen an die vor dem Gebäude versammelte Menge. Anderntags sprach *Die Rote Fahne* von 250 000 Demonstranten,[2269] aber ein Fünftel dieser gewaltigen Zahl kommt der Wahrheit wohl näher.[2270] Unter dem Druck der Straße verlangten die beiden Redner anschließend, dass eine Delegation der Demonstranten gehört werde, was der Kongress aber entschieden ablehnte. Immerhin war er bereit, die Forderungen der Demonstranten zur Kenntnis zu nehmen, wenn auch unter erheblichem Protest. Allerdings wurde der Antrag, Liebknecht und Luxemburg, die keine Mandate hatten, mit beratender Stimme zum Kongress zuzulassen, in zweimaliger Abstimmung mit überwältigender Mehrheit abgelehnt.[2271] Dabei spielte auch eine gewisse Rolle, dass die beiden Akademiker weder Arbeiter noch Soldaten waren. Sie gehörten einer Klasse an, die man in den kommunistischen Staaten als »Intelligenz« zu bezeichnen pflegte.

Insgesamt nahmen 514 Delegierte der Arbeiter- und Soldatenräte aus ganz Deutschland an dem Kongress teil. Unter ihnen waren 288 Sozialdemokraten, denen 88 Vertreter der USPD gegenüberstanden. Die Spartakisten stellten nur ein kleines Häuflein von zehn Delegierten. Weitere zehn Delegierte kamen von den Internationalen Kommunisten Deutschlands; das waren die Bremer Linksradikalen. Entsprechend eindeutig fiel nach hitziger Debatte die Entscheidung über das weitere Vorgehen aus. Der Antrag von Ernst Däumig vom linken Flügel der USPD, das Rätesystem zur Grundlage der Verfassung einer deutschen sozialistischen Republik zu machen, wurde mit 344 gegen 98 Stimmen abgelehnt.[2272] Dagegen wurde der Antrag von Max Cohen (SPD), am 19. Januar 1919 eine Nationalversammlung zu wählen, mit großer Mehrheit angenommen.[2273] Alternativ hatten Wahltermine im Februar oder März zur Abstimmung gestanden, aber die Mehrheit der Räte wollte, dass die Wahl möglichst bald stattfand. Damit war klar, dass der von den Mehrheitssozialdemokraten befürwortete Weg in eine parlamentarische Demokratie sich durchgesetzt hatte. Am Ende des Kongresses, der fast eine Woche lang tagte, wurde ein »Zentralrat der Deutschen Sozialistischen Republik« gewählt, der in den wenigen Wochen bis zur Konstituierung der Nationalversammlung den Rat der Volksbeauftragten kontrollieren sollte und den Berliner Vollzugsrat in dieser Funktion ablöste. Die USPD hatte gefordert, den Zentralrat mit einem Vetorecht gegen vom Rat der Volksbeauftragten vorgelegte Gesetze auszustatten. Nachdem sich für diese Forderung keine Mehrheit gefunden hatte, boykottierten die Unabhängigen die Wahl des Zentralrates, sodass die 27 Kandidaten der SPD en bloc gewählt wurden. Die USPD hatte sich durch ihr ungeschicktes Verhalten ins Abseits manövriert, und die Spartakisten spielten angesichts ihrer geringen Zahl ohnehin keine Rolle. So wurde ein Zentralrat gewählt, von dem nicht zu erwarten war, dass er dem Rat der Volksbeauftragten irgendwelche Steine in den Weg legen würde. Aber Ebert war so ängstlich, dass er Sitzungen selbst dieses rein mehrheitssozialdemokratischen Gremiums zu verhindern versuchte, so gut es ging.[2274]

Rosa Luxemburg fand, wie Annelies Laschitza es formuliert hat, »für ihr Lebensideal keine Massenbasis«.[2275] Entsprechend groß war die Enttäuschung. »Selbstmord des Rätekongresses« lautete die Schlagzeile der *Roten Fahne* am 20. Dezember. Darunter war ein Leitartikel aus Luxemburgs Feder, in dem sie die Räte als »Eberts Mamelucken«, als Militärsklaven, beschimpfte.[2276] Sie bezeichnete den Rätekongress als »williges Werkzeug der Gegenrevolution«[2277] und sprach von der »Diktatur der Ebert-Regierung«[2278], die er ermöglicht habe. Dennoch hoffte sie weiterhin auf »die proletarische Masse«, sie sei »der wirkliche Träger der Revolution«.[2279] Am 22. Dezember wandte sich Wilhelm Pieck namens der Zentrale des Spartakusbundes an den Vorstand der USPD mit der Forderung, umgehend einen Parteitag einzuberufen, um das weitere Vorgehen zu besprechen. Doch die Unabhängigen Sozialdemokraten wollten erst einmal die Wahlen zur Nationalversammlung abwarten. Das lief den Intentionen der Spartakisten direkt zuwider, weshalb sie sich entschlossen, für den 30. Dezember eine Reichskonferenz des Spartakusbundes nach Berlin einzuberufen.

Doch zuvor kam es noch zu einem gravierenden Zwischenfall. Am 21. Dezember forderte der Rat der Volksbeauftragten die Volksmarinedivision auf, das Stadtschloss zu räumen und die Schlüssel der Stadtkommandantur auszuhändigen. Im Gegenzug sollte rückständige Löhnung von immerhin 80 000 Mark ausgezahlt werden. Außerdem war eine deutliche Reduzierung der Truppenstärke vorgesehen. Doch die Volksmarinedivision wollte die Schlüssel nur unter ganz bestimmten Bedingungen übergeben und zog nicht ab, sodass der Berliner Stadtkommandant Otto Wels sich weigerte, das geforderte Geld auszuzahlen, woraufhin eine Abteilung der Matrosen die Reichskanzlei in ihre Gewalt brachte. Am 24. Dezember gab es heftige Kämpfe zwischen Truppen, die Generalleutnant Groener auf Eberts Bitte in die Stadt entsandt hatte, und den Matrosen der Volksmarinedivision, die Wels im Marstall als Geisel hielten. Die im Häuserkampf unerfahrenen Frontsoldaten erlitten dabei erhebliche Verluste, 56 von ihnen kamen ums Leben, aber auch elf Matrosen starben bei den Kämpfen. Das war eine ziemliche Blamage für Ebert, der nun die Verständigung mit der Volksmarinedivision suchen musste. Sie blieb vorläufig bestehen, die Männer erhielten ihren rückständigen Sold, und Wels, der seit dem 6. Dezember ohnehin angeschlagen war, musste zurücktreten.

Am 25. Dezember besetzten revolutionäre Arbeiter die Redaktion des *Vorwärts*. Am Tag darauf erschienen die Zeitungen nicht, aber am 27. Dezember brachten der *Vorwärts*, *Die Rote Fahne* und *Die Freiheit* eine gleichlautende Erklärung der Revolutionären Obleute, in der sie »volles Verständnis für den Groll der Arbeitermassen« bekundeten.[2280] Die Redaktion des *Vorwärts* ließ es sich allerdings nicht nehmen, unter den Abdruck der Erklärung eine eigene Stellungnahme zu setzen.[2281] Darin anerkannte sie, dass die Obleute die Besetzung der Redaktion nicht initiiert hatten, konstatierte aber zugleich unüberbrückbare Meinungsverschiedenheiten mit den Obleuten und betonte, ihrerseits den Konflikt nicht weiter eskalieren lassen zu wollen. Am 28. Dezember war der Aufmacher der Zeitung ein Aufruf zu acht über das Stadtgebiet verteilten Massendemonstrationen am folgenden Tag, einem Sonntag: »Wir wollen Frieden, Freiheit, Brot! Wir wollen nicht Chaos, Anarchie, Straßenschlachten, Gewaltakte bewaffneter Haufen und feindliche Besetzung.«[2282]

Am 29. Dezember wurde der Demonstrationsaufruf noch einmal wiederholt. Nun hieß es: »Wir demonstrieren für die freie Ausübung des allgemeinen, gleichen, direkten und geheimen Wahlrechts, für das Selbstbestimmungsrecht des Volkes durch die Nationalversammlung – gegen die terroristischen Wahlrechtsfeinde, gegen die Vergewaltigung der persönlichen Freiheit, der republikanischen Ordnung, des demokratischen Rechts, gegen die Schänder der Revolution!«[2283] Die terroristischen Wahlrechtsfeinde waren natürlich die Spartakisten. Es zeigte sich, dass auch die Mehrheitssozialdemokraten zu verbaler Zuspitzung in der Lage waren.

SPD und Spartakusbund standen sich unversöhnlich gegenüber. Das galt aber nach den sogenannten Weihnachtskämpfen auch für SPD und USPD. Unter dem Demonstrationsaufruf lautete die Schlagzeile »Die Regierungskrise noch ungelöst«.[2284] Dieser Artikel war schon gesetzt, als gegen Mitternacht die Dinge noch einmal in Bewegung kamen. An den Artikel wurden unter der Überschrift »Lösung der Regierungskrise« noch wenige Zeilen angefügt, die vermeldeten, dass die Volksbeauftragten der Unabhängigen Haase, Dittmann und Barth aus der Regierung ausgeschieden waren.[2285] Am nächsten Morgen kam der *Vorwärts* mit der Schlagzeile heraus »Sozialdemokratische Arbeiterregierung! Ebert. Scheidemann. Landsberg. Noske. Wissell«.[2286] Anstelle der ausgeschiedenen Unabhängigen nominierte der Zentralrat einstimmig die Mehrheitssozialdemokraten Gustav Noske und Rudolf Wissell für die Ressorts Militär und Marine bzw. Sozial- und Wirtschaftspolitik. Auch Paul Löbe war nominiert worden, hatte die Wahl aber abgelehnt.[2287] Gleichzeitig verkündete Ebert das Ende der Volksbeauftragten: »Die Reichsregierung ist neu und einheitlich gebildet.«[2288] Wissell war zweiter Vorsitzender der Generalkommission der Gewerkschaften Deutschlands, er wurde 1919 der erste Reichswirtschaftsminister der Weimarer Republik und amtierte Ende der 20er-Jahre unter Hermann Müller als Reichsarbeitsminister. Der Militärexperte Noske war Anfang November in Kiel zum Vorsitzenden des Arbeiter- und Soldatenrats und als Nachfolger von Admiral Wilhelm Souchon auch zum Gouverneur gewählt worden. Diese Position musste er jetzt aufgeben und nach Berlin zurückkehren, was er nur widerstrebend tat.

Die »Weihnachtskämpfe« hatten den letzten Anstoß für das Ausscheiden der Unabhängigen aus der Regierung gegeben. Aber schon zuvor hatte es immer wieder Meinungsverschiedenheiten, insbesondere in der Frage der militärischen Gewalt, gegeben. Nach dem Reichsrätekongress setzten Ebert und Scheidemann noch stärker als zuvor auf eine Zusammenarbeit mit dem Militär, während die Unabhängigen auf die Schaffung einer republikanischen Volkswehr setzten.[2289] Am 30. Dezember verkündete Ebert das innenpolitische Programm der neuen Regierung. Es gelte:

> Die Nationalversammlung vorzubereiten und ihre ungestörte Tagung sicherzustellen, für die Ernährung ernstlich Sorge zu tragen, die Sozialisierung im Sinne des Rätekongresses in die Hand zu nehmen, die Kriegsgewinne in der schärfsten Form zu erfassen, Arbeit zu schaffen und Arbeitslose zu unterstützen, die Hinterbliebenenfürsorge auszubauen, die Volkswehr mit allen Mitteln zu fördern, die Entwaffnung Unbefugter durchzusetzen.[2290]

Es gab sicher manche gute Absicht, etwas zur Verbesserung der sozialen Lage der arbeitenden Bevölkerung zu tun. Aber vieles in diesem Programm war reine Rhetorik. Ebert dachte keine Sekunde daran, die Frage der Sozialisierung, etwa der Montanindustrie, anzugehen oder Maßnahmen zur Erfassung von Kriegsgewinnen zu ergreifen. Auch war es kein Geheimnis, dass er die Schaffung einer Volkswehr eher hintertrieb als förderte. Aber bei der Abwehr von Angriffen vonseiten der USPD mochte der Verweis auf dieses Programm hilfreich sein.

Am 29. Dezember erschien ein Beitrag von Rosa Luxemburg in der *Roten Fahne*, in dem sie die Reichskonferenz des Spartakusbundes vom folgenden Tage annoncierte. Sie resümierte noch einmal den bisherigen Verlauf der Revolution, führte alle gegenrevolutionären Elemente auf, von der Bourgeoisie über die hohen Militärs bis hin zu Ebert-Scheidemann, betonte aber dann, den Spartakusbund trenne »ein Abgrund auch von den Unabhängigen, die es verstanden haben, sich in den fünf Wochen der Revolution nicht vorwärts, sondern rückwärts zu entwickeln, aus tatenlosen Kritikern der Scheidemannschen Prostitution, die sie während des Krieges waren, zu tätigen Teilhabern dieser Prostitution zu werden […].«[2291] Dieser Abgrund manifestierte sich noch am selben Tag, denn die Delegierten zur Reichskonferenz des Spartakusbundes, die am folgenden Tag begann, hatten sich im Festsaal des Preußischen Abgeordnetenhauses zu einer nicht öffentlichen Sitzung versammelt und beschlossen dort die Trennung von der USPD und die Gründung einer eigenen Partei. Es gab lediglich drei Gegenstimmen von Werner Hirsch, Leo Jogiches und Carl Minster.[2292] Schon am 24. Dezember hatten die Bremer Linksradikalen, die der USPD nicht angehörten, sondern sich als Internationale Kommunisten Deutschlands eine eigene Organisation geschaffen hatten, in Berlin getagt und sich dafür entschieden, mit den Spartakisten künftig zusammenzuarbeiten, und sich dann bis zum Beginn der Reichskonferenz vertagt.[2293]

An der Reichskonferenz des Spartakusbundes nahmen insgesamt 127 Delegierte aus 56 verschiedenen Orten teil, 94 Spartakisten, 29 Delegierte der Internationalen Kommunisten Deutschlands, drei Vertreter des Roten Soldatenbundes und ein Vertreter der Freien Sozialistischen Jugend, außerdem 16 Gäste.[2294] Der wichtigste Gast war Karl Radek, der sich angesichts der marginalen Präsenz der Spartakisten nicht die Mühe gemacht hatte, am Kongress der Arbeiter- und Soldatenräte im Zirkus Busch teilzunehmen. aber hier auf der Reichskonferenz spielte er als Abgesandter Lenins und Leiter einer vierköpfigen Delegation der Russischen Sowjet-Republik eine wichtige Rolle. Er sollte Gespräche über eine organisatorische Zusammenarbeit im Hinblick auf die Gründung einer kommunistischen Internationale führen. Allerdings bedurfte es erst der Vermittlung Levis, bevor Luxemburg bereit war, ihn überhaupt zu begrüßen. Zunächst erklärte sie mit großer Entschiedenheit: »Wir brauchen keinen Kommissar für Bolschewismus, die Bolschewisten mögen mit ihrer Taktik zu Hause bleiben.«[2295] Levi erinnerte sich später: »Für Karl Radek hatte Rosa Luxemburg […] nur ein Gefühl: Ekel. Ich musste damals erst intervenieren, um wenigstens einen ›korrekten‹ Empfang zu ermöglichen.«[2296] Das hinderte Radek allerdings nicht daran, in seiner ausführlichen Grußadresse zu erklären: »[…] die russische kommunistische Partei ist stolz darauf, dass sie einst in naher Bundesgenossenschaft mit Rosa Luxemburg, Eurer geistigen Führerin, gearbeitet hat.«[2297]

Liebknecht wählte einen wesentlich eleganteren Weg als Luxemburg, um Radeks Umarmungsversuche zurückzuweisen. Radek habe erklärt, dass die Bolschewiki den Spartakisten ein Bündnis gar nicht anzubieten bräuchten, »weil wir verbunden sind vom ersten Tage«. Das sei aber eine allzu schmeichelhafte Feststellung: »Ich bin der Auffassung, dass das deutsche Proletariat bis zum heutigen Tag noch nicht in vollem Maße bündnisfähig ist für das russische Proletariat«, und er fügte hinzu, dass das auch für die gerade in Gründung befindliche Partei gelte.[2298] Luxemburg hatte schon am 20. Dezember, kaum dass Radek in Berlin angekommen war, Eduard Fuchs mit einem Brief an Lenin nach Moskau geschickt: »Teurer Wladimir! Ich benutze die Reise des Onkels, um Ihnen allen einen herzlichen Gruß von unserer Familie, von Karl, Franz und den anderen zu übersenden. Gebe Gott, dass das kommende Jahr alle unsere Wünsche erfüllen wird.« Karl und Franz waren Liebknecht und Mehring, der Onkel war Fuchs. Ihm fiel die Aufgabe zu, die eigentlichen Botschaften, die aus Vorsichtsgründen nicht im Brief stehen konnten, direkt zu überbringen: »Über unser Leben und Treiben wird der Onkel erzählen.«[2299] Luxemburgs Botschaft an Lenin war sehr einfach und klar: Sie verbat sich jegliche Einmischung der Bolschewiki in die deutschen Angelegenheiten.[2300]

Radek war während der Tage in Berlin nicht verborgen geblieben, dass die Basis der Spartakisten nach wie vor sehr fragil war: »Die Verbindung mit den Massen war äußerst schwach.«[2301] Angesichts der Kürze der Zeit war es auch kaum möglich gewesen, die Reichskonferenz richtig vorzubereiten. Eigentlich war das Ziel auch noch nicht die Gründung einer neuen Partei, es sollten lediglich die Voraussetzungen dafür geschaffen werden. Die Gründung der KPD erfolgte auch, ohne dass ein Klärungsprozess innerhalb der USPD stattgefunden hatte, sodass von dort kaum Verstärkung kam. Die wenigsten Unabhängigen wollten zu einer Partei wechseln, die von den Spartakisten dominiert war, von denen sie zuvor so ausdauernd beschimpft worden waren. Auch die Revolutionären Obleute lehnten es ab, sich der KPD anzuschließen, obwohl bei den Auseinandersetzungen um die Frage der Errichtung einer parlamentarischen Demokratie oder einer Räterepublik die Mehrheit dem Rätegedanken zuneigte. Es gab zwar eine Nähe bei den Zielsetzungen, aber die fünf von Richard Müller im Namen der Obleute gestellten Bedingungen (Zurücknahme des Boykotts der Wahlen zur Nationalversammlung, eine paritätische Besetzung des Vorstands und der Programmkommission, Verurteilung des Putschismus, Beteiligung an der Parteipublizistik und Verzicht auf den Namenszusatz Spartakusbund) wollte und konnte die KPD nicht akzeptieren, sodass die Verhandlungen über ein Zusammengehen scheiterten. Die Forderungen waren weitreichend, aus ihnen sprach großes Selbstbewusstsein, aber dieses Selbstbewusstsein hatte seine Basis in der starken Position der Obleute in den Berliner Betrieben, und diese Verankerung in der Arbeiterschaft war genau das, was der KPD fehlte.

Nach den einleitenden Reden von Liebknecht und Radek am Morgen ging es am Nachmittag des 30. Dezember um die Wahlen zur Nationalversammlung. Das einleitende Referat hielt Paul Levi.[2302] Er betonte: »[...] das Proletariat ist sich tief bewusst, dass nur auf dem Boden des Rätesystems es kommen kann zu einer wirklichen Erfassung, zu einer wirklichen Ergreifung der politischen Macht im Staate und in der Gesellschaft.«[2303] In der Druckfassung der *Roten Fahne* war dieser umständliche Satz gestrafft, aber auch wesentlich zugespitzter formuliert: »Das Proletariat ist sich tief bewusst, dass nur auf dem Boden des Rätesystems es zu einer wirklichen Machtergreifung kommen kann.«[2304] Während die Originalfassung der Rede noch erkennen lässt, dass es Levi um eine Durchdringung der Gesellschaft, im Sinne Luxemburgs um eine Mobilisierung der Massen geht, erinnert die Version der *Roten Fahne* eher an eine ganz andere politische Bewegung, die dann 1933 tatsächlich die Macht »ergriffen« hat. Levi war mit großer Entschiedenheit der Überzeugung, dass es nur mithilfe des Rätesystems möglich sein würde, die Arbeiterschaft, die die große Mehrheit ausmachte, für ihre Interessen zu mobilisieren: »Wir wissen ganz genau, der Weg des Proletariats zum Siege, er kann nur gehen über die Leiche der Nationalversammlung hinweg.« Und er fügte noch hinzu, die Nationalversammlung werde »ganz nach Wunsch der Bourgeoisie, ganz nach dem Wunsche ihrer Agenten Ebert und Scheidemann ein gefügiges Instrument der Gegenrevolution sein«. So weit waren die Delegierten ganz mit Levis Ausführungen einverstanden. Doch dann folgte eine Wendung, die ihm lebhaften Widerspruch einbrachte: »Trotzdem schlagen wir Ihnen vor, die Nationalversammlungswahlen nicht beiseite liegen zu lassen. Wir schlagen Ihnen vor, in diese Wahlen zur Nationalversammlung einzutreten mit aller Kraft. (Rufe: Niemals! Nein!)«[2305] Levi versuchte darzulegen, dass es sinnvoll sei, die Nationalversammlung, wenn sie nun einmal gewählt werde, als Agitationsbühne zu nutzen, sie nicht nur von außen, sondern auch von innen zu bekämpfen. Dabei verstieg er sich sogar zu dem Argument, auch die Bolschewiki hätten sich 1917 an der Wahl der Konstituante beteiligt und sie erst auseinandergejagt, »als sie die Macht hinter sich hatten«.[2306]

In der anschließenden Diskussion sprach zuerst Otto Rühle, der gegen Levis Antrag Stellung nahm. Anschließend kam Rosa Luxemburg zu Wort, die mit lebhaftem Beifall begrüßt wurde.[2307] Nach ihren wochenlangen wütenden Attacken gegen die Nationalversammlung war es nicht leicht für sie, jetzt einen argumentativen Bogen zu finden für eine Beteiligung an den Wahlen. Sie versuchte, die versammelten Genossen für den Gedanken zu gewinnen, dass diese Beteiligung nur Mittel zum Zweck sei: »Die Wahlen stellen ein neues Instrument des revolutionären Kampfes dar.«[2308] Dieses Instrument zu nutzen sei wichtig, denn »gerade dank der Unreife der Massen, die bis jetzt nicht verstanden haben, das Rätesystem zum Siege zu bringen, ist es der Gegenrevolution gelungen, die Nationalversammlung als ein Bollwerk gegen uns aufzurichten«.[2309] Da klang doch auch eine gewisse Enttäuschung durch über die geringe Resonanz, die die Spartakisten bisher gefunden hatten. Die meisten Arbeiter- und Soldatenräte im Deutschen Reich waren von der SPD dominiert. Es gab auch Räte, bei denen die USPD den Ton angab, z. B. in München. Aber selbst in Bremen, der Hochburg der Linksradikalen, kam die KPD bei der Wahl des Arbeiter- und Soldatenrates am 6. Januar 1919 nur auf 60 Sitze, während die SPD 104 Sitze erreichte und die USPD 59. Und bei der Wahl zur Nationalversammlung am 19. Januar erreichte die SPD in Bremen 42 Prozent der Stimmen und die USPD 18,2 Prozent, während die Liberalen 33,5 Prozent erhielten und die Kommunisten gar nicht antraten. Rosa Luxemburg, die bei aller Neigung zum Verbalradikalismus immer auch ein Sensorium für die Realität hatte, war sich der Gefahr, durch eine Parteigründung in die Isolation zu geraten, nur zu bewusst. Deswegen opponierte sie dagegen auch, gemeinsam mit Leo Jogiches, bis zuletzt. Aber ihr war auch klar, dass sie sich mit dieser Position inzwischen in der Minderheit befand. Am Ende ihrer Rede wollte sie auch den Gegnern einer Beteiligung an den Wahlen die Hand reichen: »Ob Sie so oder anders beschließen, Sie stehen auf dem gemeinsamen Boden mit uns, auf dem Boden des revolutionären Kampfes gegen die Nationalversammlung.«[2310] Sehr überzeugend klang das alles nicht. Das Protokoll vermerkte, ganz anders als zu Beginn der Rede: »Schwacher Beifall.«[2311] Es folgte eine lebhafte Debatte, an der sich viele Delegierte beteiligten. Auch Karl Liebknecht warb in einem längeren Diskussionsbeitrag für die Beteiligung an den Wahlen, die vom gesamten Zentralausschuss befürwortet wurde. Am Schluss wurde abgestimmt. Otto Rühle beantragte, sich nicht an den Wahlen zu beteiligen, dafür stimmten 63 Delegierte. Ulrich Rogg stellte den Antrag, an den Wahlen mit einheitlichen Stimmzetteln teilzunehmen, auf denen die Namen Liebknecht und Luxemburg stehen sollten, und erhielt für diesen Vorschlag 23 Stimmen.[2312] Damit war die weitere Marschrichtung klar. Die KPD boykottierte die Wahlen zur Verfassungsgebenden Nationalversammlung und beteiligte sich erstmals am 6. Juni 1920 an den Reichstagswahlen, bei denen sie dann 2,1 Prozent der Stimmen erreichte.

ROSA LUXEMBURG
REDE ZUM PROGRAMM
GEHALTEN AUF DEM GRÜNDUNGSPARTEITAG DER KOMMUNISTISCHEN-PARTEI DEUTSCHLANDS (SPARTAKUSBUND) AM 29.-31. DEZEMBER 1918 ZU BERLIN
PREIS: 50 PFENNIG
VERLAG „ROTE FAHNE" BERLIN 1919.

Luxemburgs Rede auf dem Gründungsparteitag der KPD, Berlin 31. Dezember 1918

Der 31. Dezember 1918, der zweite Verhandlungstag, war der Höhepunkt der Reichskonferenz. Eröffnet wurde er mit einem Referat von Rosa Luxemburg »Unser Programm und die politische Situation«.[2313] Es war die letzte öffentliche Rede ihres Lebens. Sie nahm noch einmal sehr ausführlich Stellung zu dem Programmentwurf, den *Die Rote Fahne* schon am 14. Dezember veröffentlicht hatte. Luxemburg rekurrierte auf die ursprünglichen Intentionen das *Kommunistische Manifest* und Engels Vorwort zur Neuausgabe von Marx' Schrift *Die Klassenkämpfe in Frankreich*. Ihre Ausführungen waren geprägt von ihrem aktuellen Kampf gegen die Nationalversammlung. Sie polemisierte gegen den »reine[n] Nur-Parlamentarismus«. »Bebel und Genossen« hätten den im Ausland lebenden und deshalb mangelhaft informierten Engels gedrängt, jenes neue Vorwort zu verfassen, um die deutsche Arbeiterbewegung »vor anarchistischen Entgleisungen zu retten«, ein Argument, das auch in der ersten Massenstreikdebatte eine Rolle spielte: »Von nun an beherrschte diese Auffassung tatsächlich die deutsche Sozialdemokratie in ihrem Tun und Lassen, bis wir das schöne Erlebnis am 4. August 1914 gehabt haben. Es war die Proklamierung des Nichts-als-Parlamentarismus.«[2314] Davon befreite sich jetzt die neue Partei: »Parteigenossen, heute erleben wir den Moment, wo wir sagen können: Wir sind wieder bei Marx, unter seinem Banner.«[2315] Sie ließ die Ereignisse, vor allem auch die der letzten Wochen, Revue passieren. Zerronnen sei »die Illusion der Herren Ebert-Scheidemann, dass sie mithilfe der Soldaten von der Front imstande wären, das Proletariat dauerhaft niederzuhalten«.[2316] Die »Herren Haase, Dittmann usw.« seien »Kuppler der Konterrevolution«.[2317] Für solche persönlichen Attacken erntete sie die größten Beifallsstürme. Das Tischtuch zwischen der neuen Partei und den verschiedenen Fraktionen der Sozialdemokratie war in der denkbar radikalsten Weise zerschnitten.

Die Rede zeigte deutlich, dass Luxemburg unverändert an ihrer Überzeugung vom Massenstreik als dem entscheidenden politischen Kampfmittel festhielt: »Und wie ist die äußere Form des Kampfes um den Sozialismus? Es ist der Streik […]. […] In der kommenden Phase der Revolution werden sich die Streiks nicht nur immer mehr ausdehnen, sondern sie werden im Mittelpunkt, im entscheidenden Punkt der Revolution stehen, zurückdrängend die rein politischen Fragen.«[2318] Die Hoffnung auf die Aktion der Massen gab sie auch jetzt nicht auf. In der auf die Rede folgenden Diskussion entzündete sich die Kritik an dem Passus im Programm, der sich gegen den Terror richtete. Paul Frölich wandte ein, dass die Aussage »Die proletarische Revolution bedarf für ihre Ziele keines Terrors« als Kritik an den Bolschewiki verstanden werden könne.[2319] Am Ende der Debatte betonte er noch einmal, er sei selbstverständlich gegen »Individualterror«, aber für gewisse Formen des Terrors, »in denen sich die Diktatur in Russland durchsetzen muss«. Da sprach der Leninist. Das Parteiprogramm wurde schließlich ohne wesentliche Änderungen angenommen, wobei Luxemburg auf das ihr als Antragstellerin zustehende Schlusswort verzichten musste, weil sie zu erschöpft war, um noch einmal ans Rednerpult zu treten.

Bei der Frage, wie die neue Partei heißen sollte, plädierten diejenigen, die dem Leninismus zuneigten, für »Kommunistische Partei«. Das war ein symbolischer Schulterschluss mit der KPR (B). Andere, angeführt von Luxemburg und Jogiches, bevorzugten den Namen »Sozialistische Partei«. Sie opponierten entschieden gegen das Adjektiv »kommunistisch«, weil sie der Meinung waren, es würde die Zusammenarbeit zwischen den Revolutionären im Osten und den Sozialisten im Westen erschweren, denn der Rückgriff auf den Begriff »kommunistisch« war von Lenin ausgegangen und fand bis zur Gründung der Kommunistischen Internationale nur wenige Nachahmer. In der Zentrale des Spartakusbundes hatten vier Mitglieder, darunter Liebknecht und Eberlein, für »kommunistisch« gestimmt und drei, darunter Luxemburg und Jogiches, für »sozialistisch«. Levi hatte sich enthalten und so den Ausschlag dafür gegeben, dass der Namensbestandteil »kommunistisch« sich mit einer Stimme Mehrheit durchsetzte.[2320] Die Delegierten des Gründungsparteitags entschieden sich dann unter drei verschiedenen Varianten, die zur Wahl standen, mit großer Mehrheit für »Kommunistische Partei Deutschlands (Spartakusbund)«.[2321] Die Wahl eines Parteivorstands sollte dem ersten regulären Parteitag vorbehalten bleiben. Vorerst amtierte die Zentrale des Spartakusbundes weiter. Lediglich Fernbach, Marchlewski und Schulz schieden aus. Dafür wurde Paul Frölich als Vertreter der Internationalen Kommunisten hinzugewählt.[2322]

Nach der Gründung der KPD war Luxemburgs Arbeitsbelastung noch größer als zuvor, soweit das überhaupt möglich war. Andererseits gab es nun neue Positionen, die besetzt werden konnten, und Mathilde Jacob sollte ihre Sekretärin werden. Doch daraus wurde nichts:

> Leider brachte ich ihr jetzt nicht immer das nötige Verständnis entgegen. Tausend Kleinigkeiten zerrten an mir herum. Rosa Luxemburg war weit über ihre Kräfte in Anspruch genommen. Sie war gewohnt, alles mit der Hand zu schreiben, so dass ich kaum zum Arbeiten mit ihr kam. Für eine gegenseitige Verständigung blieb keine Zeit übrig. Anstatt geduldig abzuwarten, wie sich die Dinge entwickeln würden, arbeitete ich mit Leo Jogiches.[2323]

Es zeigte sich erneut, dass Jacobs enorme Opferbereitschaft auch mit Erwartungen gepaart war. Sie wollte in ihrer Bedeutung gewürdigt werden. Luxemburg kommentierte die Entscheidung ironisch: »Ich freue mich über deinen guten Geschmack, aber dass Leo verträglicher sein soll als ich, ist mir unverständlich. Er ist der schwierigste Charakter, den ich kenne, mit mir kann man doch auskommen.«[2324] In Jacobs ursprünglichem Manuskript stand an dieser Stelle: »Leider konnte ich es damals nicht.«[2325] Den Satz hat sie in der Endfassung gestrichen. Die Entfremdung war auch nicht von Dauer. Nicht nur wurde Jacob nach Luxemburgs Ermordung deren wichtigste Sachwalterin. Auch in den zwei Wochen, die sie noch zu leben hatte, war Jacob weiterhin in regelmäßigem Kontakt mit ihr.

Am 3. Januar 1919 nahm Rosa Luxemburg in der *Roten Fahne* zur Gründung der KPD Stellung: »Der revolutionäre Vortrupp des deutschen Proletariats hat sich zu einer selbstständigen politischen Partei zusammengeschlossen.« Sie betonte, die Gründung sei nicht das Ergebnis einer willkürlichen Entscheidung radikaler Führer und auch keine Spaltung, sondern die logische Konsequenz der historischen Entwicklung: »Die Gründung der Kommunistischen Partei knüpft sich an den Wendepunkt, der die erste Phase der deutschen Revolution abschließt und die zweite Phase eröffnet.«[2326] Der Fokus hat sich verschoben. Jetzt ging es nicht mehr so sehr darum, die Herrschaft der Hohenzollern zu beseitigen und den Krieg zu beenden, sondern um die Klärung der Differenzen mit den anderen politischen Kräften und die Verschärfung des Kampfes gegen Ebert und Scheidemann. Dabei gab Luxemburg sich mancherlei Illusionen hin. Sie glaubte, nach den Internationalen Kommunisten würden auch die Revolutionären Obleute, die »moralischen Vertreter des Kerntrupps des Berliner Proletariats«,[2327] mit den Spartakisten zusammengehen, obwohl in Wirklichkeit die Verhandlungen bereits gescheitert waren. Aus der soldatischen Revolution des 9. November müsse eine Arbeiterrevolution werden, die ohne Zeitverlust ins Werk zu setzen sei. Der Artikel endete mit einem Satz, der eigentlich nicht zu Luxemburgs Spontaneitätstheorie passte: »Das deutsche Proletariat zu dem gewaltigen Hammer schmieden, der die Klassenherrschaft zerschmettern wird, das ist die geschichtliche Mission der Kommunistischen Partei Deutschlands.«[2328]

Januaraufstand, Ermordung von Liebknecht und Luxemburg

Die acht unabhängigen Sozialdemokraten, die dem Preußischen Revolutionskabinett angehörten, das sich am 12. November 1918 gebildet hatte, erklärten am 3. Januar 1919 ihren Rücktritt, da sie keine Möglichkeit sahen, mit dem von der SPD dominierten Zentralrat zusammenzuarbeiten. Paul Hirsch (SPD), erster Ministerpräsident des Freistaates Preußen und Innenminister, entließ am Tag darauf den kommissarischen Polizeipräsidenten von Berlin Emil Eichhorn (USPD). Eichhorn war gelernter Elektromonteur und hatte vor dem Krieg als sozialdemokratischer Journalist gearbeitet. Während der Weihnachtskämpfe hatte er mit den revolutionären Matrosen der Volksmarinedivision kollaboriert und war deshalb den Mehrheitssozialdemokraten ein Dorn im Auge. Neuer Polizeipräsident wurde Eugen Ernst, ein gelernter Buchdrucker, der sowohl dem Parteivorstand der SPD als auch dem Arbeiter- und Soldatenrat von Groß-Berlin angehörte. In der jetzt beginnenden Auseinandersetzung wurde Eichhorn zu einer Symbolfigur von großer Wirkung. Seine Absetzung empfanden die Anhänger der USPD und der KPD, aber auch die Revolutionären Obleute als absolute Provokation. Der Zentralvorstand der USPD von Groß-Berlin kam noch am selben Abend mit den Revolutionären Obleuten zusammen. Gemeinsam verabschiedeten sie einen Aufruf

Plakat der Garde-Kavallerie-Schützen-Division, Berlin Januar 1919

zu einer Protestdemonstration gegen die Entlassung Eichhorns am nächsten Tag.[2329] Die Zentrale der KPD (Spartakusbund) schloss sich diesem Aufruf an, in dem es unter anderen hieß, die Regierung Ebert-Scheidemann wolle »nicht nur den letzten Vertrauensmann der revolutionären Berliner Arbeiterschaft beseitigen, sondern vor allem in Berlin ein Gewaltregiment gegen die revolutionäre Arbeiterschaft errichten«.[2330] Allerdings kamen die Spartakisten erst im letzten Moment dazu, als *Die Rote Fahne* vom 5. Januar bereits gedruckt war. Es wurde deshalb eine zweite Auflage der Ausgabe mit einem Aufruf zur Teilnahme an der Demonstration hergestellt, der über die gesamte Breite der Titelseite ging.[2331]

Die Demonstration fand am Sonntag, den 5. Januar, auf der Berliner Siegesallee statt, einem Prachtboulevard, den Wilhelm II. im östlichen Tiergarten hatte anlegen lassen. Die Kundgebung übertraf alle Erwartungen und entwickelte eine Dynamik, die sich bald jeder Kontrolle entzog. Etwa eine halbe Million Menschen waren gekommen.[2332] Die Massen zogen zum Alexanderplatz, der bereits überfüllt war, als die letzten Kundgebungsteilnehmer noch immer auf der Siegesallee standen. Auf dem Alexanderplatz wurde immer wieder nach Eichhorn gerufen. Schließlich trat er, gemeinsam mit Ledebour, Liebknecht und Däumig, auf den Balkon des Königlichen Polizeipräsidiums. Dort hielten sie Ansprachen, die sich mit gewohnter Heftigkeit gegen die Regierung Ebert-Scheidemann richteten, aber nicht zur Gewalt aufriefen. Dennoch zogen einige Hundert Demonstranten anschließend zum Berliner Zeitungsviertel und besetzten die Produktionsstätten des *Vorwärts* und des *Berliner Tageblatts*, die Betriebe der Verlage Mosse, Scherl, Ullstein und der Druckerei Büxenstein sowie das Wolffsche Telegraphenbüro. Am nächsten Tag meldete *Die Rote*

Fahne unter der Schlagzeile »Eichhorn bleibt«: »Der Anschlag der gegenrevolutionären Ebert-Regierung gegen den Polizeipräsidenten Eichhorn wächst sich naturgemäß zum Machtkampf zwischen der proletarischen Revolution und ihren Todfeinden aus.« Die Berliner Arbeiterschaft habe Eichhorns Absetzung annulliert, der *Vorwärts* sei in den Händen der revolutionären Arbeiterschaft, der er eigentlich ohnehin gehöre.[2333] Noch war nur von einer Massenkundgebung die Rede, aber von der Kundgebung zur Erhebung war jetzt nur noch ein kleiner Schritt.

Die drei linken politischen Kräfte – USPD, Revolutionäre Obleute und Spartakisten, die bei der Gründung der neuen Partei nicht zusammengefunden hatten – sahen sich unversehens in der politischen Aktion vereint, allerdings mit anderer Gewichtsverteilung, als es innerhalb der KPD der Fall gewesen wäre. Unter dem Eindruck der gewaltigen Demonstration kamen am Abend des 5. Januar 70 Revolutionäre Obleute zusammen, die zu etwa vier Fünfteln dem linken Flügel der USPD angehörten, während ein Fünftel der KPD zuzurechnen war. Hinzu kamen die Mitglieder des Zentralvorstands der Groß-Berliner USPD und Liebknecht und Pieck als Mitglieder der KPD-Zentrale.[2334] Sie verabschiedeten einen Aufruf, der für den kommenden Tag zu einer erneuten Demonstration auf der Siegesallee aufrief. Diesmal ging es nicht mehr nur darum, die Absetzung des Polizeipräsidenten zu verhindern. Nun hieß es: »Auf zum Kampf für den Sozialismus! Auf zum Kampf für die Macht des revolutionären Proletariats! Nieder mit der Regierung Ebert-Scheidemann!«[2335] Die Berichte von der Besetzung der Zeitungen galten den Anwesenden als bester Beweis dafür, dass die Massen zur Aktion drängten. Der Offizier Heinrich Dorrenbach, der schon bei den Weihnachtskämpfen als Scharfmacher eine unheilvolle Rolle gespielt hatte, berichtete, dass außer der Volksmarinedivision auch die anderen Berliner Regimenter aufseiten der Revolutionäre stünden und bereit seien, die Regierung zu stürzen, was von anderen Anwesenden lebhaft bezweifelt wurde und sich in den folgenden Tagen nicht einmal für die Volksmarinedivision selbst bewahrheitete, die Dorrenbachs Aussage entschieden dementierte.[2336] Richard Müller widersprach mit großer Entschiedenheit dem Vorschlag, ab sofort auf den Sturz der Regierung hinzuarbeiten, der unter dem Eindruck von Dorrenbachs Rede diskutiert wurde. Liebknecht und Pieck dagegen unterstützten diese Idee. Am Ende wurde abgestimmt und mit allen gegen sechs Stimmen beschlossen, »den Kampf gegen die Regierung aufzunehmen und bis zu ihrem Sturz durchzuführen«.[2337] Zuletzt wurde ein in Permanenz tagender Revolutions-Ausschuss gewählt, dem 53 Personen angehörten. Gleichberechtigte Vorsitzende waren Ledebour (USPD), Paul Scholze (Revolutionäre Obleute) und Liebknecht (KPD).

Die SPD verabschiedete an diesem Tag ebenfalls einen Aufruf und forderte ihre Anhänger auf, »zum Protest gegen die Gewalttaten des Spartakusbundes die Arbeit einzustellen und sofort unter Führung Eurer Vertrauensleute vor dem Haus der Reichsregierung, Wilhelmstraße 77, zu erscheinen«. Auch die Sozialdemokratie führte inzwischen eine scharfe Sprache: »Wir wollen uns nicht länger von Irrsinnigen und Verbrechern terrorisieren lassen. Es muss endlich Ordnung in Berlin geschaffen und der ruhige Aufbau des neuen revolutionären Deutschland gesichert werden.«[2338] Die Sozialdemokraten wollten durch ihre physische Präsenz die Regierung Ebert schützen. Da der *Vorwärts* von den Revolutionären besetzt war, konnte der Aufruf nur als Flugblatt verteilt werden, aber einige Tausend Menschen leisteten ihm Folge und versammelten sich unbewaffnet in der Wilhelmstraße. Inzwischen war auch die Regierung nicht untätig. Am Morgen des 6. Januar gab es in der Reichskanzlei eine Beratung mit dem Zentralrat. Noske vertrat die Auffassung, dass der Einsatz von Waffengewalt zur Wiederherstellung der Ordnung unvermeidlich sei.[2339] Der gerade erst ins Amt gekommene preußische Kriegsminister Walther Reinhardt schlug vor, Generalleutnant von Hoffmann zum Oberbefehlshaber für Berlin zu ernennen. Dagegen erhob sich der Einwand, dass ein General auf die Arbeiter sehr provozierend wirken würde. Als nach längerem Hin und Her Noske forderte, nunmehr zu einer Entscheidung zu kommen, wurde er aufgefordert, doch selbst den Oberbefehl zu übernehmen. Darauf reagierte er mit den berühmt gewordenen Worten »Meinetwegen! Einer muss der Bluthund werden, ich scheue die Verantwortung nicht!«[2340]

Am 7. Januar erschien *Die Rote Fahne* mit einem Leitartikel von Rosa Luxemburg.[2341] Die jüngsten Kundgebungen hatten ihr ganz offensichtlich mächtig Eindruck gemacht:

> Wer die gestrige Massendemonstration in der Siegesallee miterlebt hat, wer diese felsenfeste revolutionäre Überzeugung, diese prächtige Stimmung, diese Tatkraft, die aus den Massen strömte, mit gespürt hat, der musste zu dem Schluss gelangen: Die Proletarier sind durch die Schule der letzten Wochen, der jüngsten Ereignisse politisch enorm gewachsen. Sie sind sich ihrer Macht bewusst geworden, und nichts fehlt ihnen, als von dieser Macht Gebrauch zu machen.[2342]

Luxemburg stellte sich die Frage, ob denn die Führer der Revolution, »die revolutionären Obleute und Vertrauensleute der Großbetriebe« und »die radikalen Elemente der USP«, an Tatkraft und Entschlossenheit gewachsen und in der Lage seien, ihrer Rolle als Führer gerecht zu werden.[2343] Darauf komme es jetzt an: »Den Massen, den revolutionstreuen Soldaten, müssen klare und rasche Direktiven gegeben, ihrer Energie, ihrer Kampflust müssen die richtigen Ziele gewiesen werden.« Die Ziele benannte sie auch: »Die Gegenrevolution entwaffnen, die Massen bewaffnen, alle Machtpositionen besetzen. Rasch handeln!«[2344] Wie schon 1905 hatten die Aktionen auf der Straße sie in Euphorie versetzt, und sie war davon überzeugt, dass jetzt, so wie damals in Russland, eine revolutionäre Situation bestand.

Der Artikel war von großem Optimismus getragen. Die »revolutionstreuen Soldaten« gab es nicht. Keine einzige in Berlin stationierte militärische Einheit wollte für die von Luxemburg beschworene Revolution kämpfen. Sie erklärten sich entweder für neutral, wie die Volksmarinedivision, oder waren loyal gegenüber der Regierung. Und mit den »Führern« stand die Sache nicht besser. Als Luxemburg ihren Artikel schrieb, wusste sie noch nichts davon, dass inzwischen nicht nur die USPD Verhandlungen mit der Regierung Ebert aufgenommen hatte, was in der *Roten Fahne* entsprechend kritisch kommentiert wurde,[2345] sondern dass auch die Revolutionären Obleute bereit waren, sich an diesen Verhandlungen zu beteiligen. Letztendlich kamen die Gespräche nicht zustande, weil die SPD zur Bedingung machte, dass die Aufständischen zuvor die Zeitungshäuser räumten, was die Obleute ablehnten.[2346] Und die KPD, die theoretisch die entschlossenste Kraft bei der Führung der Revolution hätte sein müssen, erwähnte Luxemburg gar nicht, womöglich, weil die Rolle, die die Partei spielen konnte, noch nicht klar war. Aber zufrieden war sie damit nicht.

Am 7. Januar fand erstmals seit Beginn der Massenaktionen eine Sitzung des Zentralausschusses der KPD statt. Wilhelm Pieck berichtet darüber: »Die Genossen Luxemburg und Jogiches drängten auf eine entschlossenere Kampfesführung und klare Parolen.«[2347] Das kann nur so verstanden werden, dass sich auch diese beiden in dem Moment der Linie von Liebknecht und Pieck anschlossen, die für einen Kampf bis zum Sturz der Regierung gestimmt hatten. Das ist ein bemerkenswerter Vorgang, denn in allen späteren Darstellungen wurde stets behauptet, die KPD sei von Anfang an gegen den Aufstand gewesen. Die Tatsache, dass Piecks Manuskript nie publiziert wurde, half bei der Aufrechterhaltung dieser Legende. Luxemburg glaubte am 7. Januar tatsächlich, dass jetzt der Zeitpunkt für den Kampf um die Regierungsmacht gekommen sei. Am Nachmittag schrieb sie einen neuen Leitartikel für die Ausgabe vom folgenden Tag und rief erneut zum Kampf gegen Ebert-Scheidemann, die »Todfeinde der Revolution«[2348]: »Die Regierung Ebert-Scheidemann hinwegräumen heißt nicht, ins Reichskanzlerpalais stürmen und die paar Leute verjagen oder festnehmen, es heißt vor allem, sämtliche tatsächliche Machtpositionen ergreifen und sie auch festhalten und gebrauchen.«[2349] Die Idee, die Regierung wegzuräumen, kann man als irreal ansehen. Immerhin wird aber auch deutlich, dass sie nicht auf eine putschistische Taktik setzte. In diesem Sinne machte sie im weiteren Verlauf des Artikels konkrete Vorschläge: Wenn der *Vorwärts* besetzt sei, sollte die USPD, in deren Reihen es erfahrene Redakteure gab, dafür sorgen, dass dort eine revolutionäre Arbeiterzeitung gemacht wurde. Ähnliches galt für Wolffs Telegraphenbüro. Es sei richtig, die Massen auf die Straße zu rufen, denn sie seien die einzige Sicherheit der Revolution. Aber es müsse ihnen dann auch klar und deutlich gesagt werden, worin ihre Aufgabe bestehe. Das waren in der Summe eher dürftige, zum Teil kaum mit Leben zu erfüllende Vorschläge. Luban spricht von »wirklichkeitsfernen rhetorischen Floskeln«[2350].

Es gab am 7. Januar auch den Versuch, mithilfe bewaffneter Trupps einige Gebäude zu besetzen, aber man stieß schon bald auf Schwierigkeiten. So weigerte sich die Besatzung des preußischen Kriegsministeriums, ihren Posten zu räumen. Der Matrose Wilhelm Lemmgen, der die Revolutionäre anführte, hatte ein Schriftstück zu seiner Legitimation bei sich:

> Kameraden! Arbeiter!
> Die Regierung Ebert-Scheidemann hat sich unmöglich gemacht. Diese ist von dem unterzeichneten Revolutionsausschuss der Vertretung der revolutionären sozialistischen Arbeiter und Soldaten (Unabhängige sozialdemokratische Partei und Kommunistische Partei) für abgesetzt erklärt.
> Der unterzeichnete Revolutionsausschuss hat die Regierungsgeschäfte vorläufig übernommen.
> Kameraden! Arbeiter!
> Schließt Euch den Maßnahmen des Revolutionsausschusses an.[2351]

Diejenigen, die das Ministerium bewachten, akzeptierten das Schriftstück nicht, weil die Namen der Vorsitzenden des Revolutionsausschusses lediglich in Maschinenschrift daruntergesetzt waren. Daraufhin suchte Lemmgen Scholze und Liebknecht auf, damit sie unterschreiben konnten. Liebknecht studierte den Text interessiert, da er ihn offenbar gar nicht kannte, und unterschrieb dann für sich und in Vertretung auch für den abwesenden Ledebour. Der Vorgang erweckte Lemmgens Misstrauen. Er nahm das Dokument, ging damit nach Hause und übergab es später einem Vertreter der SPD. Am 14. Januar, als der Januaraufstand schon niedergeschlagen war, veröffentlichte der *Vorwärts* ein Faksimile,[2352] das natürlich auch Rosa Luxemburg zu Gesicht bekam, die gerade mit Liebknecht beisammensaß. Sie war sehr schockiert, allerdings wird ihre

Reaktion von den verschiedenen Zeitzeugen unterschiedlich geschildert, was sicherlich auch damit zusammenhängt, dass sie alle vom Hörensagen berichten. Paul Levi, der am Vortag bereits verhaftet worden war, schreibt, es sei zu einem heftigen Streit gekommen und Luxemburg habe Liebknecht vorgehalten: »Karl, ist das unser Programm?«[2353] Rosi Wolfstein, die ebenfalls nicht dabei war, berichtet Ähnliches.[2354] Da die Szene schnell legendär wurde, wird sie bald davon gehört haben. Radek schreibt, Luxemburg habe Liebknecht gefragt, was das alles zu bedeuten habe, dann allerdings den ganzen Abend gar nichts mehr gesagt.[2355]

Die Niederschlagung des Januaraufstands begann, ehe er recht begonnen hatte. Am 8. Januar publizierte Gustav Noske einen geschickt formulierten Aufruf:

> Arbeiter!
> Die Reichsregierung hat mir die Führung der republikanischen Soldaten übertragen.
> Ein Arbeiter steht also an der Spitze der Macht der sozialistischen Republik.
> Ihr kennt mich und meine Vergangenheit in der Partei. Ich bürge Euch dafür, dass kein unnützes Blut vergossen wird.
> Ich will säubern, nicht vernichten. [...]
> Die Einigkeit der Arbeiterklasse muss gegen Spartakus stehen, wenn Demokratie und Sozialismus nicht untergehen sollen. [...][2356]

Am selben Tag wandte sich auch die Reichsregierung – unter der Überschrift »Mitbürger!« – an die Bevölkerung: »Spartakus kämpft um die ganze Macht.« Die Auswirkungen einer möglichen Herrschaft der Spartakisten wurden sodann in den schwärzesten Farben geschildert. Am Ende hieß es – fett gedruckt und unterstrichen – drohend: »Die Stunde der Abrechnung naht!«[2357] USPD und KPD antworteten darauf mit einem Aufruf zum Generalstreik.[2358]

In dieser Situation wandte sich Lenins Abgesandter Karl Radek noch einmal mit einem ausführlichen Brief an den Zentralausschuss der KPD, der interessanterweise 2014 erstmals auf Deutsch vollständig publiziert worden ist.[2359] Radek hatte schon am 6. Januar vor einer Teilnahme an dem von Liebknecht und Pieck befürworteten Aufstand gewarnt und wandte sich nun erneut an die deutschen Genossen: »Die Berliner Bewegung ist in eine Sackgasse geraten, deswegen war ich gezwungen, bereits am Montag [6. Januar] einzelnen Mitgliedern des Zentralkomitees meine Meinung darzutun, dass man den Kampf einstellen muss.«[2360] Er verwies auf die im Spartakusprogramm niedergelegte Überzeugung, dass man die Regierung nur dann übernehme, wenn die Partei die Mehrheit der Arbeiterklasse hinter sich habe, und betonte, das sei vollkommen richtig, derzeit sei dieses Ziel aber völlig unerreichbar. Die Arbeiterräte seien »fast nur nominell vorhanden« und überdies von SPD und USPD majorisiert. Es sei sicherlich schwer, jetzt zum Rückzug zu blasen, es sei aber unverantwortlich, die Massen in eine aussichtlose Schlacht zu schicken.[2361] Luxemburg, die zu Beginn des Aufstands skeptisch gewesen war, widersprach Radek. Sie war der Meinung, »dass die Unabhängigen zu einer Einigung mit der Regierung gelangen würden und wir nicht die Rolle derer auf uns nehmen müssten, die zum Rückzug bliesen«.[2362] Hier irrte sie, wie manches Mal in jenen Tagen. Die Unabhängigen und die Regierung einigten sich nicht. Und auch von einem »Todeskampf der Ebert-Scheidemann«, von dem *Die Rote Fahne* schrieb,[2363] konnte keine Rede sein.

Luban bemerkt in diesem Zusammenhang: »Die vollkommen überspitzten Angriffe während des Januaraufstandes gehen zum einen auf die illusionäre Überschätzung der Kräfteverhältnisse zugunsten der Revolutionäre durch Rosa Luxemburg zurück, zum anderen auf ihre Auffassungen über den Gebrauch der Agitation.«[2364] Hinzu kam, dass sie sich – wohl unbewusst – immer noch im Kampfmodus gegenüber den ehemaligen Parteifreunden von der USPD befand und dabei Verbalradikalismus als Radikalität des Denkens und Handelns verstanden wissen wollte. Diese »übertriebene, der politischen Lage vollständig unangemessene Agitation«[2365] ist von verschiedenen Autoren kritisiert worden. Luban nennt beispielhaft Nettl, Laschitza und Gallo. Er betont gleichzeitig, im Widerspruch zu Scharrer, dass sie deshalb aber keineswegs ihre demokratischen

Überzeugungen aufgegeben habe: »Rosa Luxemburg war keine Vertreterin des parlamentarischen Systems, aber die entschiedene Gegnerin eines auf Unterdrückung beruhenden Minderheitsregimes, wie es von Lenin und den Bolschewiki sowie später von anderen kommunistischen Parteien und den Staaten des sog. realen Sozialismus propagiert und praktiziert wurde.«[2366] Tatsächlich votierten Luxemburg und vor allem Jogiches, im Gegensatz zu Liebknecht und Pieck, schon am Abend des 8. Januar für den Rückzug der KPD-Vertreter aus den Gremien der Revolutionäre und hatten dabei die übrigen Mitglieder des Zentralausschusses auf ihrer Seite.[2367] Und auch der *Vorwärts* konzedierte im Nachhinein, dass »Rosa Luxemburg persönlich eine Gegnerin« des »verhängnisvollen Januarputsches« war.[2368] Sie war ohnehin gegen jede Form des Putschismus. Aber im konkreten Fall brauchte sie einige Tage, um sich einzugestehen, dass das, was sich in Berlin abspielte, obwohl es anfänglich anders ausgesehen hatte, nicht mehr als ein Putschversuch war. Außerdem wollte immer bedacht sein, dass das Deutsche Reich nicht nur aus Berlin bestand, aber in der Euphorie des Anfangs hatte sie ein Überspringen des revolutionären Funkens auf den Rest des Landes für möglich gehalten.

Wenn die Regierung die Parole ausgegeben hatte: »Die Stunde der Abrechnung naht!«, so waren das keine leeren Worte gewesen, zumal die Drohung am Tag darauf in einem Extrablatt des *Vorwärts* noch einmal wiederholt wurde.[2369] Bereits am 7. Januar war ein Aufruf publiziert worden, mit dem der Oberkommandierende Noske wehrfähige Männer für »freiwillige Regierungstruppen« anwarb. »Liebknechts Massen« seien dabei, »unser gedemütigtes Vaterland in vollkommenen Verfall zu bringen.« Die Regierung habe jetzt erkannt, dass es nicht möglich sei, »die Verblendeten mit Güte zur Ruhe zu bringen«. Deshalb sei Gegenwehr notwendig: »Spartakus ist bewaffnet, und unsere Treuen können bis heute bloß die Fäuste ballen. Jetzt könnt ihr zu den Waffen greifen, um die heilige Ordnung in Deutschland, namentlich in Berlin, zu schirmen.« Am Ende wurde dann sogar noch auf den August 1914 Bezug genommen: »Zaudert nicht! Stellt Euch sofort, wie Ihr es 1914 getan habt. Die Gefahr ist größer als damals, kommt so weit wie möglich in Uniform und bringt mit, was

Ihr an militärischer Ausrüstung besitzt.«[2370] Dieser Aufruf rief große Empörung hervor, insbesondere auch bei dem eigentlich sehr besonnenen Hugo Haase, und löste eine Radikalisierung auf der Linken aus. *Die Freiheit* publizierte den Werbeaufruf als »Dokument der Schande«[2371] und darüber einen eigenen Aufruf, in dem in scharfen Worten darauf Bezug genommen wurde. Am Ende hieß es: »Arbeiter schart Euch zusammen zur Abwehr gegen die drohenden Gewalttaten der Weißen Garde. Nieder mit ihrem Beschützer Noske! Nieder mit den arbeiterfeindlichen Regierungsmännern.«[2372] Daneben war ein Leitartikel platziert, in dem der Regierung vorgeworfen wurde, dass sie den Weg der Gewalt beschreiten wolle.[2373] Der Aufruf zum Kampf gegen Noskes Weiße Garde war unterzeichnet von den Gruppen, die den Revolutionsausschuss bildeten, den Revolutionären Obleuten, der USPD und der KPD. Letztere hatte man hinzugesetzt, obwohl Liebknecht und Pieck erst zu den Beratungen dazukamen, als der Text schon verabschiedet war. Doch angesichts der jüngsten Entwicklung dachte in der Parteizentrale der KPD niemand mehr daran, sich von Liebknechts Aktionsbereitschaft zu distanzieren, auch nicht Rosa Luxemburg.[2374]

Aber schon einen Tag später, am 10. Januar, sah die Welt wieder anders aus. Der Zentralausschuss der KPD schrieb einen Brief an die Revolutionären Obleute, und die USPD beklagte, dass beide Organisationen sich erneut »gegen unsern heftigen Widerspruch auf die verschleppenden, verwirrenden, demoralisierenden, desorganisierenden, lähmenden Verhandlungen mit den Scheidemann-Ebert eingelassen haben«. Die KPD beschloss deshalb, sich aus dem ohnehin kaum noch aktionsfähigen Revolutionsausschuss zurückzuziehen. Unter den am 10. Januar auf den Straßen herrschenden Verhältnissen erwies sich die Zustellung des Schreibens als unmöglich. Stattdessen wurde es drei Tage später in der *Roten Fahne* publiziert,[2375] zu einem Zeitpunkt, als der Januaraufstand schon niedergeschlagen war. Der Brieftext wurde unauffällig innerhalb eines Artikels auf der zweiten Seite untergebracht, wobei sich für die letzten Zeilen erst auf Seite vier Platz fand. Beachtet wurde das Dokument damals nicht, aber das war vielleicht auch gar nicht so wichtig. Als Quellentext für eine später zu schreibende Geschichte der Partei taugte es allemal. Das Entscheidende hatte schon am 11. Januar in der *Roten Fahne* gestanden. »Das Versagen der Führer« war Rosa Luxemburgs Leitartikel überschrieben.[2376] Es war im Grunde genommen eine Antwort auf die in dem Leitartikel »Was machen die Führer?« vom 7. Januar gestellte Frage. Sie hatten versagt; davon war sie überzeugt. Der Text lag ganz auf der Linie des Briefes, den der Zentralausschuss verfasst hatte. Luxemburg konnte jetzt, da die Zusammenarbeit aufgekündigt war, wieder in gewohnter Art gegen die Unabhängigen vom Leder ziehen, in denen sie die treibende Kraft für »Direktionslosigkeit« und »Einigungsrummel« sah, während die Revolutionären Obleute dieser Politik nach ihrer Überzeugung gefolgt waren, statt ihr etwas entgegenzusetzen: »Die Kommunistische Partei macht diese beschämende Politik selbstverständlich nicht mit und lehnt jede Verantwortung für sie ab.«[2377] Es müsse »die nächste Zeit der Liquidierung der USP[D], dieses verwesenden Leichnams, gewidmet werden«. Am Ende des Leitartikels fasste Luxemburg noch einmal zusammen, worauf es jetzt ankam:

> Klarheit, schärfster, rücksichtsloser Kampf allen Vertuschungs-, Vermittlungs-, Versumpfungsversuchen gegenüber, Zusammenballung der revolutionären Energie der Massen und Schaffung entsprechender Organe zu ihrer Führung im Kampfe – das sind die brennendsten Aufgaben der nächsten Periode, das sind die bedeutsamen Lehren aus den letzten fünf Tagen wuchtigster Anläufe der Massen und kläglichsten Versagens der Führer.[2378]

Das waren markige Worte. Sie dienten vor allem dazu, die ganze Schuld für das Scheitern des Aufstands bei der USPD abzuladen. Diesem Zweck diente auch ein weiterer Text, der sich unmittelbar an Luxemburgs Leitartikel anschloss, aber nicht von ihr stammte.[2379]

Am selben Tag stürmten die Regierungstruppen das *Vorwärts*-Gebäude, das durch den Artilleriebeschuss schwer beschädigt wurde. Die Soldaten töteten zahlreiche Spartakisten, darunter auch Parlamentäre, die über die

Das *Vorwärts*-Gebäude in der Lindenstraße nach der Erstürmung durch Regierungstruppen, Berlin 12. Januar 1919, Fotograf Willy Römer

Übergabe des Gebäudes verhandeln wollten, was verständlicherweise große Empörung hervorrief. Sie machten mehrere Hundert Gefangene, von denen nicht wenige brutal misshandelt wurden.[2380] Der *Vorwärts* erschien ein letztes Mal als Extrablatt, das für den folgenden Tag zu großen Massenversammlungen aufrief: »Arbeiter, Soldaten, Männer und Frauen kommt in Massen und zeigt, dass Ihr nicht gesonnen seid, die Revolution durch volksfeindliche Minderheiten gefährden zu lassen. Demonstriert für demokratische Freiheit – für planmäßigen Sozialismus – für proletarische Einigkeit«.[2381] Am Tag darauf wurde der Aufruf in der ersten regulären Ausgabe wiederholt,[2382] und noch einen Tag später verkündete die Zeitung »Das Ende der Spartakus-Herrschaft«.[2383] Am 12. Januar war auch das Polizeipräsidium von den Regierungstruppen eingenommen worden. Danach brach der ganz unzureichend vorbereitete Aufstand rasch zusammen. Er forderte insgesamt 165 Todesopfer. Darunter waren etliche völlig Unbeteiligte, da vonseiten der Regierungstruppen nicht wenige Exzesstaten verübt wurden. Am 14. Januar informierte Noske die Bevölkerung Berlins über den bevorstehenden Einmarsch aller ihm unterstellten Truppen. Grundlage dafür war sein »Geheimbefehl über das Zusammenwirken der in Groß-Berlin einrückenden Regierungstruppen mit den dort bereits vorhandenen Truppen und Wehren«. Zu Zwischenfällen kam es nicht.[2384]

Dazu passend erschien am 14. Januar auch Rosa Luxemburgs letzter Leitartikel in der *Roten Fahne*, der den Titel trug »Die Ordnung herrscht in Berlin«[2385]. Es war ihre große Schlussabrechnung mit den Ereignissen des Januaraufstands. Für Ottokar Luban stellt »diese Bilanz [...] ein Dokument der Selbsttäuschung, der Ratlosigkeit und der Flucht in ein fast vollständig deterministisches Geschichtsbild dar, wobei jegliche Andeutung selbstkritischer Analyse fehlt«.[2386] Ein Sieg der Aufständischen sei nicht möglich gewesen, schrieb Luxemburg. Daran war einerseits die politische Unreife der Soldaten schuld, andererseits war diese Unreife »selbst nur ein Symptom der allgemeinen Unreife der deutschen Revolution«[2387]. War deshalb der Aufstand ein Fehler? Nein, denn man wollte ihn ja gar nicht. Er wurde erzwungen durch eine »brutale Provokation der Regierung«[2388], damit war die Entlassung Eichhorns gemeint. In Wahrheit waren die Dinge doch sehr viel komplexer. Noch am 4. Januar hatte Luxemburg nicht mit einer größeren Reaktion der Arbeiterschaft auf Eichhorns Entlassung gerechnet. Unter dem Eindruck der gewaltigen Massenkundgebungen an den folgenden beiden Tagen änderte die KPD-Zentrale ihre Meinung und drängte darauf, auf den Sturz der Regierung hinzuarbeiten. Als die Massenbewegung am 8. Januar rückläufig war, sollten Liebknecht und Pieck zurückgepfiffen werden, doch auch dieser Beschluss wurde am folgenden Tag angesichts des Kurswechsels der Revolutionären Obleute und der USPD schon wieder revidiert, und auch diese neue Position hatte nur einen Tag lang Bestand. Nachdem der Aufstand gescheitert war, fielen Luxemburg viele Gründe dafür ein, warum es so hatte kommen müssen. Andererseits hatten Ebert-Scheidemann »die revolutionäre Arbeiterschaft gezwungen, zu den Waffen zu greifen«. Und es sei eine »Ehrensache der Revolution« gewesen, das dann auch zu tun.[2389] Man kann schon die Frage stellen, ob es dafürstand, nur wegen einer Ehrensache den Tod so vieler Menschen in Kauf zu nehmen. Am Schluss kam sie noch einmal auf ihre These zurück, dass die Führung versagt habe: »Aber die Führung kann und muss von den Massen und aus den Massen heraus neu geschaffen werden. Die Massen sind das entscheidende, sie sind der Fels, auf dem der Endsieg der Revolution errichtet wird.«[2390] Im Glauben an den »Endsieg« kam wieder der klassische sozialdemokratische Attentismus zum Vorschein.

Peter Nettl setzt die Akzente etwas anders als Luban: »Fast donquichottisch sprangen Rosa Luxemburg und die KPD einem revolutionären Unternehmen bei, das sie nicht angefangen hatten, dessen Ziele sie nicht billigen konnten, das man aber trotzdem nicht scheitern lassen durfte.«[2391] Luxemburg und die anderen waren ursprünglich gegen den Aufstand gewesen: »Aber da die Massen nun einmal auf die Straße gegangen waren, durfte man nicht über ihre Köpfe hinweg verhandeln, auch wenn die Aktion zu einer blutigen Niederlage führte.«[2392] Dieser Behauptung kann man auch widersprechen. Gerade unter dem Druck der Straße sind manchmal erstaunliche Verhandlungserfolge möglich, und die Verhandlungen müssen nicht über die Köpfe der Demonstrierenden hinweg geführt werden. Nettl kommt dann auf Radek zu sprechen und bemerkt zu Recht, dass dessen Aufforderung, den Aufstand zu beenden, der Lenin'schen Taktik entsprach, »Fehler schnell und brutal zu liquidieren«.[2393] Allerdings war der Aufstand schneller niedergeschlagen, als er hätte »liquidiert« werden können.

Ein Don Quichotte wollte Rosa Luxemburg zu keiner Zeit ihres Lebens sein. Ihre Tragik war, dass sie jahrzehntelang mit hohem intellektuellem und physischem Einsatz auf eine revolutionäre Situation in Deutschland hingearbeitet hatte und dann nach Jahren im Gefängnis in Berlin eine Situation vorfand, bei der es nichts zu gewinnen gab. Die Massenbasis für ihre soziale Utopie war nicht vorhanden.

Als der Januaraufstand niedergeschlagen war, bedrängten ihre Freunde sie, die Stadt zu verlassen. In Berlin zu bleiben war lebensgefährlich, das war ihr wohl bewusst, aber sie wollte die Arbeiter, die so tapfer gekämpft hatten, auf keinen Fall im Stich lassen. Als die Nachricht vom Tod Wolfgang Fernbachs kam, der beim Sturm auf das *Vorwärts*-Gebäude umgekommen war, schrieb sie seiner Witwe: »Liebe Genossin Fernbach, ich drücke Ihnen in Ihrem Schmerz die Hand. Ich habe schon so viele meiner Freunde rechts und links an meiner Seite fallen sehen. Das ist das Schicksal des revolutionären Kämpfers. Ich selbst habe nur den einen Wunsch, auch meinen Tod im Kampf um unsere Sache zu finden.«[2394]

Am 13. Januar 1919 schrieb Clara Zetkin der Freundin einen letzten Brief: »Meine liebste, meine einzige Rosa, wird mein Brief, wird meine Liebe Dich je noch erreichen? Darf meine Liebe Dich noch erreichen, bin ich es wert, dass sie Dich erreicht?« Sie grämte sich, »im Gefühl [...] der Schmach, dass ich nicht bei Dir bin, Deinen Kampf nicht teile, Dein Los nicht und Deinen Tod. Dass ich nicht meiner Empfindung gefolgt u[nd] schon Anfang Dezember zu Dir geeilt bin [...].«[2395] Der lange, hochemotionale Brief schloss mit den Worten: »Ich weiß, Du hast Dir nie einen besseren Tod gewünscht, als kämpfend für die Revolution zu fallen. Aber wie? Können wir Dich entbehren? Können wir ohne Dich leben? Ich kann nicht denken, ich empfinde nur. Ich drücke Dich fest, fest an mein Herz. Immer Deine Clara.«[2396] Unmittelbar darauf sandte auch Kostja Zetkin einen Brief nach Berlin, an Mathilde Jacob, mit der Bitte, ihn Rosa Luxemburg auszuhändigen. Da er noch nie publiziert wurde, sei er hier vollständig zitiert:

> Liebste
> ich bin in größter Sorge um dich.
> Ich fühle mich erniedrigt, dass ich jetzt nicht bei dir bin. Aber Mutter war so nah am Tode, und dann gelang es bis jetzt nicht, die unglückseligen Verhältnisse hier oben zu ordnen. Ich wollte dir immer schreiben, und dich bitten mir zu helfen. Aber ich durfte dich nicht, persönlicher Verhältnisse wegen jetzt von Berlin fortholen.
> Ich umarme und küsse dich von ganzer Seele
> dein Niuniu[2397]

Wir müssen davon ausgehen, dass beide Schreiben die Empfängerin nicht mehr erreicht haben.

Seit der Niederschlagung des Januaraufstands waren Liebknecht und Luxemburg die meistgehassten und auch die meistgesuchten Gegner der Regierung. Hunderte von Soldaten fahndeten nach ihnen[2398], und die Garde-Kavallerie-Schützen-Division unterhielt sogar eine eigene Spionageabteilung[2399]. Die beiden wechselten regelmäßig das Versteck. Sie waren erst wenigen Stunden zuvor bei Familie Marcusson in der Mannheimer Str. 43 (heute Nr. 27) in Berlin-Wilmersdorf angekommen, als gegen 21 Uhr fünf Angehörige der Wilmersdorfer Bürgerwehr, die dazu eigentlich gar nicht befugt waren, in die Wohnung eindrangen. Die Gruppe wurde geleitet von Bruno Lindner und Wilhelm Moering, die für ihre erfolgreiche Arbeit anschließend je 1700 Mark erhielten, was damals sehr viel Geld war. Außer den beiden Gesuchten befand sich auch Wilhelm Pieck in der Wohnung, der ebenfalls verhaftet wurde. Waldemar Pabst, der Erste Generalstabsoffizier der Garde-Kavallerie-Schützen-Division, hatte den Befehl gegeben, im Erfolgsfall die Gesuchten in das Eden-Hotel am Kurfürstendamm 246/247 (heute Budapester Str. 35) zu bringen. Auf dem Weg dorthin wurde ein Zwischenstopp in der Cecilien-Schule am Nikolsburger Platz eingelegt, wo die Wilmersdorfer Bürgerwehr ihr Standquartier hatte. Zuerst wurde Liebknecht abtransportiert, der behauptet hatte, sein Name sei Marcusson, was wenig glaubhaft war und beim Verhör im Eden-Hotel rasch widerlegt werden konnte, zumal er einen Anzug mit dem Monogramm K. L. trug. Die Männer der Bürgerwehr zwangen Luxemburg, die sich wegen starker Kopfschmerzen hingelegt hatte, sich anzukleiden, und transportierten sie anschließend zum Eden-Hotel, wo sie etwa um 22 Uhr eintraf. Auch Pieck wurde ins Eden-Hotel gebracht, konnte aber von dort entkommen. Wie ihm das gelang, ist nicht klar. Pabst hat später behauptet, er habe ihn freigelassen, weil er Informationen über andere KPD-Mitglieder geliefert habe.[2400] Pieck selbst beschreibt in seinen Memoiren, wie ihm die Flucht gelungen ist.[2401] Beide Darstellungen sind nicht unbedingt glaubwürdig.

Die Garde-Kavallerie-Schützen-Division war ein Großverband der

Preußischen Armee, der sich in der letzten Kriegsphase gebildet hatte. Ihren ersten Einsatz auf deutschem Boden hatte sie nach Kriegsende bei den Weihnachtskämpfen in Berlin. Er endete wenig ruhmreich und hat sicherlich dazu beigetragen, den Hass auf die Spartakisten zu steigern. Die Garde-Kavallerie-Schützen-Division spielte eine wichtige Rolle bei der Niederschlagung des Januaraufstands, sie war, wenn man so will, die Kerntruppe der Gegenrevolution. 1920 beteiligte sie sich am Kapp-Lüttwitz-Putsch, was noch einmal deutlich macht, dass sie von antirepublikanischen Elementen geprägt war. Aus ihren Reihen gingen diverse Freikorps hervor. Befehligt wurde sie von Waldemar Pabst, der im Ersten Weltkrieg eine steile Karriere gemacht hatte. Im Eden-Hotel, das heute nicht mehr besteht, hatte er sein Hauptquartier aufgeschlagen. Am Abend des 15. Januar waren etwa 70 Offiziere anwesend, als die drei Spartakisten hereingebracht wurden. Die Stimmung war aufgeheizt und aggressiv. Es kam zu verbalen Attacken, aber nicht zu Misshandlungen. Pabst führte nur ein kurzes Verhör mit Liebknecht und Luxemburg, um sich pro forma noch einmal ihrer Identität zu versichern. Zu diesem Zeitpunkt hatte er sich schon entschieden, die beiden ermorden zu lassen: »Dann ging ich wieder in mein Büro, um mir in den wenigen Minuten, in denen ich in einer gewissen Ruhe nachdenken konnte, mir [!] zu überlegen, wie die Exekution an diesen beiden [Einfügung: Spitzen-]Landes u. Hochverrätern durchgeführt werden solle.«[2402] Pabst entschied sich dafür, einen Überweisungsschein an das Untersuchungsgefängnis Moabit auszustellen,[2403] gab seinen Leuten mündlich aber anderweitige Instruktionen. Die beiden sollten zum Schein dorthin überführt werden, aber nicht lebend ankommen. Allerdings lief nicht alles nach Plan.[2404] Der Husar Otto Runge, der vor dem Hoteleingang Wache stand, war von einem Offizier bestochen worden und versetzte daraufhin sowohl Liebknecht als auch Luxemburg beim Verlassen des Gebäudes wuchtige Kolbenhiebe, sodass beide schwer verletzt wurden. Zuerst wurde Liebknecht mit einem Wagen abtransportiert. In der Nähe des Tiergartens täuschten seine Mörder eine Autopanne vor und gaben ihm die Anweisung, auszusteigen und einige Schritte Richtung Tiergarten zu gehen, wozu er, gestützt von zwei Sol-

Angehörige der Garde-Kavallerie-Schützen-Division feiern die Ermordung von Rosa Luxemburg und Karl Liebknecht im Berliner Eden-Hotel, 15. Januar 1919; in der Mitte Otto Runge

daten, gerade noch in der Lage war. Er wurde dann von Rudolf Liepmann wegen angeblichen Fluchtversuchs von hinten erschossen. Der Wagen fuhr anschließend zum Hotel zurück, wo die Mörder Liebknecht in der gegenüberliegenden Rettungswache als »unbekannte Leiche« abgaben.[2405]

Rosa Luxemburg, die als Zweite aus dem Hotel kam, wurde von Runge so schwer getroffen, dass sie das Bewusstsein verlor. Ihre Mörder packten sie und warfen sie in das Auto. Unmittelbar nachdem der Wagen angefahren war, sprang der Leutnant zur See Hermann Souchon auf das Trittbrett und erschoss Luxemburg aus nächster Nähe.[2406] Der Wagen fuhr dann die 600 Meter bis zur Corneliusbrücke, wo Oberleutnant a. D. Kurt Vogel, der lange Zeit auch als Luxemburgs Mörder galt, die Anweisung gab, nach links abzubiegen. Der Wagen fuhr dann noch etwa 400 Meter den Landwehrkanal entlang bis zur Lichtensteinbrücke, einer Fußgänger-Doppelbrücke. Dort wurde die Leiche auf Weisung Vogels in den Landwehrkanal geworfen. Pabst, unter dessen Aufsicht sich das ganze Geschehen vollzog, hat später immer wieder behauptet, er habe im Einverständnis mit Noske gehandelt. Er rühmte sich, wenn auch etwas verklausuliert, die Ermordung von Liebknecht und Luxemburg angeordnet zu haben, so z. B. 1962 in einem *Spiegel*-Interview,[2407] als nach damaliger Rechtslage die Mordtaten verjährt waren. In Pabsts Nachlass fanden sich Aufzeichnungen, in denen er noch weiterging und behauptete, auch Friedrich Ebert sei eingeweiht gewesen. Er habe mit der Mordaktion der SPD einen großen Dienst erwiesen, aber die Absprache geheim halten müssen, um der Partei nicht zu schaden. Wenn er überhaupt mit Noske telefoniert hat, wie er behauptet und in verschiedenen Varianten mehrfach beschrieben hat, so hat Noske ganz sicher kein Einverständnis zu der Mordaktion gegeben. Das behauptet Pabst allerdings auch nicht. Noske soll gesagt haben, dass er ihm keine Anweisung zur Exekution geben könne, weil das die SPD zerreißen würde. Er müsse selbst wissen, was zu tun sei. Glaubhaft ist das alles nicht. Was man Noske aber vorwerfen kann, ist, dass er sich vorstellen konnte, was passieren würde, und dennoch den Dingen ihren Lauf gelassen hat. Noskes Biograf Wolfram Wette ist sich sicher, dass die Führer der SPD die Ermordung der beiden Spartakistenführer weder gewollt noch davon gewusst haben.[2408] Beweisen lässt sich das so wenig wie das Gegenteil. Noskes Schuld in dieser Sache ist vor allem darin zu sehen, dass er sich – mit Wissen und Duldung durch Ebert – zu einseitig auf fragwürdige militärische Kräfte gestützt hat. Die liberale *Berliner Volkszeitung* schrieb zum zehnten Jahrestag der Morde: »Es war jenes System Noske, das die Freiheit der jungen Republik mit den Landsknechten der alten Armee verteidigen wollte. Ein entsetzlicher Irrtum! Denn Rosa Luxemburg und Karl Liebknecht waren zwar die Ersten, die von jenen Gewaltmenschen gemordet wurden, aber nicht die Einzigen.«[2409] Zu jenem Zeitpunkt spielte Noske in der deutschen Politik keine Rolle mehr. Am 22. März 1920 hatte er wegen seines wenig überzeugenden Agierens bei der Niederschlagung des Kapp-Lüttwitz-Putsches zurücktreten müssen. Der Bluthund wollte er nur sein, wenn es gegen die Linke ging.

XII

»Ich war, ich bin, ich werde sein«

Rosa Luxemburgs letzte Veröffentlichung vor ihrer Ermordung endete mit den Worten:

> »Ordnung herrscht in Berlin!« Ihr stumpfen Schergen! Eure »Ordnung« ist auf Sand gebaut. Die Revolution wird sich morgen schon »rasselnd wieder in die Höh' richten« und zu eurem Schrecken mit Posaunenklang verkünden:
> *Ich war, ich bin, ich werde sein!*[2410]

Die letzte Zeile ist häufig zitiert worden, da sie durch den Gang der Ereignisse auch mit Luxemburgs Tod verbunden ist und auf die fortdauernde Bedeutung ihres Wirkens verweist. Sie stammt ursprünglich von Ferdinand Freiligrath, dem Dichter der Revolution von 1848. In seinem Gedicht »Die Revolution« von 1851 heißt es: »Die Zukunft, die nicht fern mehr ist! Sie spricht mit dreistem Prophezein,/So gut wie weiland euer Gott: Ich war, ich bin – ich werde sein!« Der sozialdemokratische Schriftsteller Ernst Preczang griff diese Worte auf und schuf im Anschluss an die Februarrevolution 1917 das Gedicht »Ich war, ich bin, ich werde sein!« In beiden Fällen ging es um die Zuversicht, dass die Revolution trotz aller Niederlagen siegen werde. Doch während Freiligrath noch deterministisch argumentiert: »'s ist der Geschichte eh'rnes Muss!«, gebraucht Preczang ein organizistisches Bild, wenn die Revolution auf ihre Schöpferin

Mitglieder der KPD während einer Demonstration auf der Theresienwiese in München, 16. Februar 1919, das Foto wurde später vom Erkennungsdienst der Polizeidirektion München beschriftet

verweist, »die Mutter: die Gebärerin Natur!« Womöglich hatte Luxemburg diese Zeilen im Sinn, als sie im November 1918 schrieb, Deutschland gehe mit der sozialen Revolution schwanger.[2411] Dass sie auch noch angesichts der Niederlage Siegeszuversicht in Hinblick auf die Zukunft artikulierte, lag ganz auf die Linie ihrer Publizistik in den Wochen der deutschen Revolution.

Am Tag darauf erschien Karl Liebknechts Beitrag »Trotz alledem« in der *Roten Fahne*. Dies war auch der Titel eines Gedichts von Freiligrath von 1848. Auch er war von einer eschatologischen Siegeszuversicht erfüllt: »Noch ist der Golgathaweg der deutschen Arbeiterklasse nicht beendet – aber der Tag der Erlösung naht. [...] Und ob wir dann noch leben werden, wenn es erreicht wird – leben wird unser Programm; es wird die Welt der erlösten Menschen beherrschen.«[2412]

Für die Sozialdemokraten war Luxemburgs Ermordung ein Schock. Allerdings stand hier nicht die Trauer um die frühere Parteigenossin im

Vordergrund, sondern eher die Angst um die eigene Position. Der spätere Reichskanzler Hermann Müller berichtet in seinen Lebenserinnerungen:

> Ich habe Ebert selten so erregt gesehen, als an jenem Morgen des 16. Januar. Neben den Gefühlen des Abscheus über die grässliche Tat machten sich folgende Erwägungen geltend: Eben war die Regierung des Januarputsches Herr geworden. Für eine ruhige Aufbauarbeit schien der Weg geebnet. Würde die Ermordung der beiden nicht zu neuen Kämpfen führen? Würden Karl Liebknecht und Rosa Luxemburg als Märtyrer nicht zu einer größeren Gefahr werden, als sie es jemals lebend waren?[2413]

Auch Noske erlebte die Aufgeregtheit seiner Parteifreunde, war aber selbst, wie man sich leicht vorstellen kann, sehr viel nüchterner. Er traf im Reichskanzlerpalais Otto Landsberg und den Unterstaatssekretär Baake: »Beide waren der Ansicht, das sei überhaupt nicht zu überstehen. Sehr viel kühler habe ich die Lage beurteilt.« Und er hatte auch gleich eine Erklärung zur Hand für das, was passiert war: »Zu erklären ist der Mord an Rosa Luxemburg und die Tötung Liebknechts nur aus der wahnwitzig erregten Stimmung jener Tage in Berlin.«[2414] Scheidemann sah es ähnlich, betonte aber außerdem, dass die Ermordeten an ihrem Tod selbst schuld waren: »Sie haben Tag für Tag das Volk zu den Waffen gerufen und zum gewaltsamen Sturz der Regierung aufgefordert. Sie sind nun selbst Opfer ihrer eigenen blutigen Terrortaktik geworden.« Ähnlich wie Ebert befürchtete auch er, dass »ein in Not und Jammer wild gewordenes, von gewissenlosen Führern aufgeputschtes Volk sich selbst und vielleicht den ganzen Erfolg unserer Arbeit zerstörte«.[2415] Es scheint so, dass man vor den Toten tatsächlich noch mehr Angst hatte als vor den Lebenden. Nun, da die beiden Herausgeber gar nicht mehr am Leben waren, wurde auch *Die Rote Fahne* verboten. Nachdem die Verbreitung schon in den Tagen zuvor massiv behindert worden war, erschien die Zeitung am 16. Januar zum letzten Mal. Die nächste Ausgabe kam erst wieder am 3. Februar 1919 heraus. Für ein dauerhaftes Verbot gab es keine Grundlage.

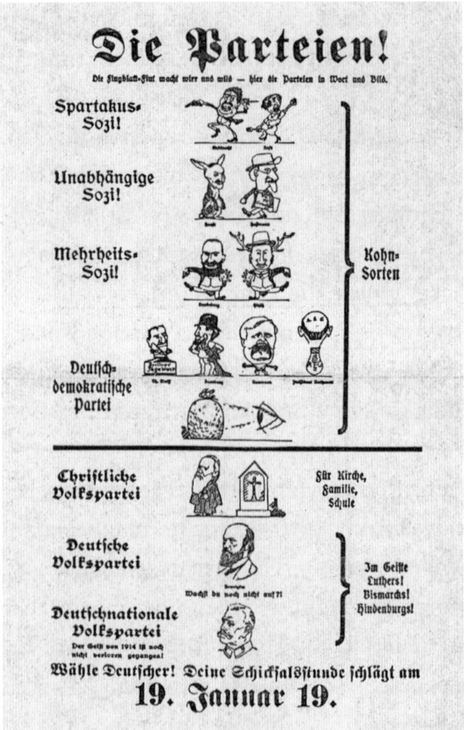

Antisemitisches Plakat zur Wahl der Nationalversammlung, in der obersten Reihe Karikaturen von Liebknecht und Luxemburg, Januar 1919

Nach der Ermordung von Liebknecht und Luxemburg setzten unverzüglich umfangreiche Bemühungen ein, den wahren Tathergang zu vertuschen. Eine typische Zeitungsschlagzeile, die den Berlinern anderntags präsentiert wurde, lautete: »Liebknecht auf der Flucht erschossen. Rosa Luxemburg von der Menge getötet«.[2416] Die Legende, die man zu verbreiten sich bemühte, besagte, auf Liebknecht sei, als er im Auto Platz genommen hatte, eingeschlagen worden. Das Auto sei dann schnell durch den Tiergarten Richtung Moabit gefahren und habe am Neuen See eine Panne gehabt. Von dort sei man zu Fuß weitergegangen, Liebknecht habe sich losgerissen, auf mehrfaches Rufen nicht reagiert und sei dann erschossen worden. Luxemburgs Abtransport habe sich schwieriger gestaltet. Eine erregte, ihr feindlich gesinnte Menschenmenge habe das Auto umringt. Plötzlich sei einer aus der Menge auf das Trittbett gesprungen und habe auf Luxemburg geschossen. Am Landwehrkanal sei der Wagen erneut von einer Menschenmenge aufgehalten worden, die der Begleitmannschaft die Leiche entrissen habe.[2417] Diese Geschichte war so haarsträubend schlecht erfunden, dass sie nicht lange aufrechterhalten werden konnte. Es gab genügend Menschen, die bezeugen konnten, dass es keine erregte

Menschenmenge vor dem Hotel gegeben hatte. Wo hätte die auch herkommen sollen? Dass Liebknecht und Luxemburg sich seit Kurzem in dem Hotel befanden, war Außenstehenden überhaupt nicht bekannt. Außerdem war das Hauptquartier der Garde-Kavallerie-Schützen-Division weiträumig abgesperrt, sodass Zivilisten überhaupt keinen Zugang zu dem Hotel oder der Straße davor hatten.

Leo Jogiches blieb es vorbehalten, die Wahrheit ans Licht zu bringen. Mit den Ergebnissen der Reichskonferenz des Spartakusbundes war er überhaupt nicht zufrieden gewesen, aber nach dem Tod von Liebknecht und Luxemburg zögerte er als Mitglied der KPD-Zentrale keine Sekunde, die Zügel in die Hand zu nehmen und sich um den weiteren Aufbau der Partei zu bemühen. Außerdem ließ ihm die brutale Ermordung der Frau, die er geliebt hatte wie keine andere, keine Ruhe. Am 12. Februar erschien ein Artikel von ihm in der *Roten Fahne*, der die gesamte erste Seite einnahm und eindrucksvoll zeigte, dass selbst ein Einzelner, der wissen wollte, was wirklich passiert war, erstaunlich viel herausfinden konnte.[2418] Die Mörder Liebknechts waren zutreffend benannt, lediglich bei Luxemburg glaubte er, dass nicht Souchon, sondern Vogel geschossen hatte. Aber das war die allgemeine Meinung, die erst ein halbes Jahrhundert später durch die gründlichen Recherchen des SDR für ein Fernsehdokumentarspiel widerlegt wurde.[2419] Den Tathergang hatte Jogiches ziemlich gut zu rekonstruieren vermocht. Aber er leistete nicht nur eine eindrucksvolle Aufklärungsarbeit, sondern er klagte die offiziellen Instanzen auch an, alles zu tun, um die Wahrheit zu vertuschen. Dafür sollte er einen hohen Preis bezahlen. Am 10. März 1919 wurde er von dem Wachtmeister und Vizefeldwebel Ernst Tamschick, der ihn in den Jahren des Ersten Weltkriegs lange vergeblich gejagt hatte und inzwischen der Garde-Kavallerie-Schützen-Division angehörte, in Neukölln verhaftet und in das Kriminalgefängnis Moabit gebracht. Dort führten zwei Kriminalbeamte ihn mit auf dem Rücken gefesselten Händen die Treppe hinauf in den ersten Stock. Tamschick ging hinterher, und als sie oben angekommen waren, erschoss er Jogiches von hinten. Auf dieselbe Weise ermordete er zwei Monate später auch Heinrich Dorrenbach. Es bedarf kaum einer Erwähnung, dass nie der Versuch gemacht wurde, Tamschick wegen dieser Mordtaten anzuklagen oder gar zu verurteilen. Er schloss sich auch der von Pabst gegründeten Sicherheitspolizei an und wurde später Mitglied der NSDAP.

Mord war damals kein ungewöhnliches Mittel der politischen Auseinandersetzung. Der Sozialdemokrat Emil Julius Gumbel, der Privatdozent für mathematische Statistik an der Universität Heidelberg war, hat viel Energie darauf verwendet, zu diesem Thema Material zu sammeln. Seine Publikationen erregten großes Aufsehen und wirkten bis in den politischen Raum hinein. Für die Zeit von 1918 bis 1922 hat Gumbel 22 von Linken verübte Morde erfasst, die zu 38 Verurteilungen führten, darunter zehn Hinrichtungen. In derselben Zeit wurden von Rechten 354 Morde verübt; dabei kam es zu 24 Verurteilungen. In 23 Fällen sprachen die Gerichte die geständigen Täter frei. Wenn linke Täter verurteilt wurden, betrug die Haftstrafe durchschnittlich 15 Jahre, bei rechten Tätern waren es vier Monate.[2420] Prominente Opfer rechtsradikaler Täter waren im Jahr 1919 neben Liebknecht, Luxemburg und Jogiches zum Beispiel der bayerische Ministerpräsident Kurt Eisner, der am 21. Februar 1919 in München erschossen wurde, und der Schriftsteller Gustav Landauer, der in der Münchner Räterepublik Volksbeauftragter für Volksaufklärung war und nach seiner Verhaftung am 2. Mai 1919 von Soldaten zu Tode getrampelt wurde. Sein Kollege Eugen Leviné wurde wegen Hochverrat zum Tod verurteilt und am 5. Juni 1919 erschossen. Der USPD-Vorsitzende Hugo Haase wurde am 8. Oktober 1919 niedergeschossen und starb einen Monat später an den Folgen des Attentats. Daneben gab es auch nach der Niederschlagung des Januaraufstands immer wieder Exzesstaten. So erschossen z. B. Regierungssoldaten am 17. Januar vier Angehörige des Arbeiter- und Soldatenrates im Tegeler Forst. Im März fielen ihnen 24 Matrosen zum Opfer, als sie ihren Wochenlohn abholen wollten. Solche Vorkommnisse beschränkten sich nicht auf Berlin. Kessler schreibt in seinem Tagebuch, ihm sei berichtet worden: »In Halle [...] sei alles vollkommen ruhig gewesen, bis die Noske-Truppen kamen.« Und er fügte hinzu: »Alle geistig und ethischen anständigen Menschen müssen einer so leichtsinnig und frech mit dem Leben ihrer Mitbürger spielenden Regierung den

Rücken kehren.«[2421] In München wurden sogar nach der amtlichen Statistik 557 Menschen bei der Niederschlagung der Räterepublik getötet, in Wahrheit wohl etwa doppelt so viele.[2422]

Der Artikel von Leo Jogiches hatte viel Staub aufgewirbelt, und seine Ermordung einige Wochen später hatte nicht gerade zur Beruhigung der Gemüter beigetragen. Waldemar Pabst sah sich gezwungen, eine Untersuchung der Mordtaten vom 15. Januar einzuleiten. Zunächst war der Kriegsgerichtsrat Kurtzig mit der Aufgabe betraut. Er sah schwerwiegende Verdachtsmomente gegen die beteiligten Offiziere und hatte die ehrliche Absicht, den wahren Sachverhalt zu ermitteln. Das führte dazu, dass er von seiner Aufgabe schon bald wieder entbunden wurde. An seine Stelle trat der Kriegsgerichtsrat Paul Jorns, der der Garde-Kavallerie-Schützen-Division selbst angehörte. Die Mörder ermittelten nun gewissermaßen in eigener Sache. Jorns gab sich alle Mühe, die in ihn gesetzten Hoffnungen zu erfüllen, und vertuschte das, was wirklich passiert war, so gut wie möglich. Bezeichnend ist eine Zeugenaussage des Husaren Otto Runge, der sowohl Liebknecht als auch Luxemburg vor dem Hotel niedergeschlagen hatte, über den Verlauf des Gerichtsprozesses:

> Die Untersuchung ist eine Komödie gewesen. Ich sprach mit Kriegsgerichtsrat Jorns wiederholt privat und er sagte mir: »Nehmen sie ruhig alles auf sich, 4 Monate werden es nur, und Sie können sich dann immer wieder an uns wenden, wenn Sie in Not sind.« Die Zellentüren standen stets offen. Sämtlichen Angeklagten machten den Richter, ich musste den Angeklagten spielen, und es wurde immer gesagt, wenn ich meine Aussagen nicht richtig einlernte, läge mal eine Handgranate im Bett, wenn ich schlafen ginge.[2423]

Jorns' Versprechen stellte sich als leichtfertig heraus. Runge, dessen Taten nun einmal nicht zu leugnen waren, wurde nicht zu den vom Ankläger versprochenen vier Monaten, sondern wegen versuchten Totschlags in Tateinheit mit gefährlicher Körperverletzung zu zwei Jahren und zwei Wochen Gefängnis, Verlust der bürgerlichen Ehrenrechte für vier Jahre und Entfernung aus dem Heer verurteilt.[2424] Er war der Einzige, der seine Strafe wirklich absitzen musste, was ihn verständlicherweise sehr ärgerte. Er nutzte die erzwungene Muße im Gefängnis zu immer neuen Schuldbekenntnissen, zu denen auch das eben zitierte gehört, die aber von der Justiz sämtlich ignoriert wurden. Nach der Haftentlassung lebte er unter dem Namen Radolf in Berlin, wurde aber nach einigen Jahren von Arbeitern der Siemens-Werke aufgespürt und schwer verprügelt. Nach 1933 erhielt er vom NS-Staat für die erlittene Unbill eine Entschädigung von 6000 Reichsmark. 1945 wurde der inzwischen 70-Jährige verhaftet und verstarb nach einem Verhör durch den sowjetischen Geheimdienst NKWD unter ungeklärten Umständen.[2425]

Rudolf Liepmann, den Mörder von Karl Liebknecht, verurteilte das Militärgericht wegen Anmaßung einer Befehlsbefugnis zu sechs Wochen verschärftem Stubenarrest, von der Anklage des gemeinschaftlichen Mordes in Tateinheit mit rechtswidrigem Waffengebrauch sprach es ihn frei. Rosa Luxemburgs Mörder Hermann Souchon wurde dagegen nicht einmal angeklagt. Ihm fiel stattdessen die Rolle des Kronzeugen zu. Er schwor einen Meineid zugunsten seiner Mittäter, die allesamt freigesprochen wurden. Lediglich bei Kurt Vogel, dem vorgeblichen Mörder, war ein Freispruch nicht möglich, da er nach allgemeiner Überzeugung Luxemburg erschossen hatte. Er wurde allerdings nicht wegen Mordes verurteilt, sondern erhielt eine Strafe von zwei Jahren und vier Monaten Gefängnis wegen erschwerten Wachtverbrechens im Felde in Tateinheit mit Begünstigung, die er aber nicht absitzen musste, weil Pabst seine Flucht im Vorfeld schon organisiert hatte.[2426]

Der Prozess, der am 8. Mai begonnen hatte, war schon nach wenigen Tagen wieder zu Ende. Er hinterließ selbst bei liberalen Prozessbeobachtern, die irgendwelcher Sympathien für den Spartakusbund unverdächtig waren, ein ungutes Gefühl. Die *Frankfurter Zeitung* schrieb zum Beispiel: »Der Ausgang der vor dem Kriegsgericht wegen der Ermordung von Liebknecht und Rosa Luxemburg geführten Verhandlungen ist aus rechtlichen wie aus politischen Gründen durchaus unbefriedigend.«[2427] Es war ja nicht zu übersehen, dass wegen der Mordtaten überhaupt niemand verurteilt worden war, lediglich wegen der Begleitumstände erhielten einige der Angeklagten geringe Strafen. Einen rechtsbewussten Menschen musste das irritieren. Noske hingegen ließ es sich nicht nehmen, alle Urteile trotz der vorliegenden Rechtsgutachten, die davon entschieden abrieten, zu bestätigen. Und Pabst tat ein Übriges und nutzte gezielt angesetzte Hausdurchsuchungen, um bei den sozialdemokratischen Beisitzern des Gerichts, die die Regierung entsandt hatte, belastendes Material verschwinden zu lassen. Für Jorns erwies sich dieser Prozess, der selbst für Weimarer Verhältnisse ungewöhnlich skandalös war, als Karrieresprungbrett. Er wurde 1923 zum Oberstaatsanwalt und zwei Jahre später zum Reichsanwalt befördert.

Am Samstag, den 31. Mai, passierte morgens um 5 Uhr 45 der Tischler Otto Fritsch die Untere Freiarchen-Brücke am nordwestlichen Ende des Zoologischen Gartens, nahe dem Bahnhof Zoo, als dort ein Schleusenwärter gerade einen Körper aus dem Wasser zog.[2428] Es war schnell klar, dass es sich um die Leiche von Rosa Luxemburg handelte, die von der Strömung einen Kilometer nach Westen abgetrieben worden war. Polizeipräsident Ernst ließ sie zunächst in das Leichenschauhaus in der Hannoverschen Straße 6 (Berlin-Mitte) überführen. Noske, der befürchtete, dass die Nachricht vom Auffinden der Leiche spontane Demonstrationen auslösen könnte, verhängte sofort eine Nachrichtensperre und veranlasste, dass die Leiche in das Garnisonslazarett des Truppenübungsplatzes Zossen verbracht wurde, obwohl er genau wusste, dass das gegen die Vorschriften verstieß.[2429] Aber die Angst vor Rosa Luxemburg war größer. Am 3. Juni erfolgte dann die Obduktion in Zossen.[2430] Mathilde Jacob hatte sich sehr bemüht, einen Arzt ihres Vertrauens zu finden, der bereit war, daran teilzunehmen, hatte aber keinen gefunden. Die einen fürchteten um ihr Leben, die anderen sagten mit der Begründung ab, wenn man sich an der Obduktion beteilige, anerkenne man die Gerichtsbarkeit der Garde-Kavallerie-Schützen-Division. Am Tag danach fuhr sie mit einem Leichenwagen nach Zossen. Maxim Zetkin, der wie sein Bruder Mediziner war, hatte sich bereit gefunden, sie zu begleiten. Jacob hatte sich im Eden-Hotel eine Bescheinigung für die Herausgabe der Leiche besorgt und konnte sie deshalb, nachdem sie eine Gebühr von drei Mark entrichtet hatte, nach Berlin zurück transportieren.[2431] Mathilde Jacob, die einfache Stenotypistin, besaß großen Mut, der durch nichts zu erschüttern war. An Clara Zetkin, die natürlich zur Beerdigung anreisen wollte, schrieb sie: »Ich schreibe Ihnen nicht, wie furchtbar ich die ganze Tragik von Rosas und Leos Tod jetzt wieder durchlebe. Ich werde zufrieden sein, wenn wir wenigstens Rosas kleine Leiche zur Ruhe gebettet haben.«[2432] Und sie dachte auch schon weiter: »Ich möchte so gern an Rosas Nachlass arbeiten, vielleicht können wir das besprechen und vielleicht lässt sich dieser Wunsch sogar in die Wirklichkeit umsetzen.«[2433]

Am 13. Juni 1919 wurde Rosa Luxemburg auf dem Zentralfriedhof Friedrichsfelde beerdigt, einem Ortsteil des Bezirks Lichtenberg. Dort war am 25. Januar bereits Karl Liebknecht gemeinsam mit 31 getöteten Spartakisten in einem Gemeinschaftsgrab beigesetzt worden, für Luxemburg hatte man einen leeren Sarg beigesetzt. Am 2. Februar hatte Paul Levi im Lehrer-Vereinshaus am Alexanderplatz eine Rede zum Gedächtnis von Liebknecht und Luxemburg gehalten.[2434] Am 19. März war auch Leo Jogiches hier beerdigt worden. Nun, da die Leiche gefunden war, hatten Rosa und Leo hier eine gemeinsame Grabstätte. Jacob berichtet über Jogiches' Beerdigung: »Die engsten Mitarbeiter des Toten blieben ihr fern, sie durften sich den Gefahren einer Verhaftung nicht aussetzen. Offiziell war die Beerdigung nicht bekannt gegeben worden, dennoch fand sich eine nicht kleine Zahl von Parteigenossen ein, die den toten Führer verehrt und geliebt hatten.«[2435] Für die wenigen Toten, die es im November 1918 in Berlin gegeben hatte, war im Volkspark Friedrichshain neben dem Friedhof der Märzgefallenen, die 1848 umgekommen waren, ein eigenes Gräberfeld geschaffen worden. Dort fanden auch die Opfer der Schießerei vom 6. Dezember und ebenso die bei den Weihnachtskämpfen Umgekommenen ihre letzte Ruhestätte. Den Toten des Januaraufstands verweigerte der sozialdemokratische Magistrat der Stadt Berlin im Einvernehmen mit der Reichsregierung diese Ehre.[2436] Sie wurden deshalb auf dem Zentralfriedhof in Friedrichsfelde beerdigt, was mehr als sieben Kilometer vom Stadtzentrum entfernt war und damals noch nicht zu Berlin gehörte. Der Friedhof war 1881 eröffnet worden und fungierte zunächst auch als Armenfriedhof, erfreute sich aber schon bald großer Beliebtheit. Viele prominente Sozialdemokraten wurden hier beerdigt, unter anderem Wilhelm Liebknecht, Paul Singer und Hugo Haase, weshalb er bald den Beinamen Friedhof der Sozialisten erhielt. Allerdings genehmigte der Magistrat nicht, dass Karl Liebknecht in der Nähe seines Vaters beerdigt wurde, sondern wies den Spartakisten die Abteilung 64 zu, die im Volksmund »Verbrecherecke« hieß. Den Kommunisten gelang es allerdings schon bald, diese Ecke in einen Wallfahrtsort der Arbeiterbewegung zu verwandeln.[2437]

Am 14. Januar 1951 wurde hier in Anwesenheit von Staatspräsident Wilhelm Pieck und anderen Prominenten die Gedenkstätte der Sozialisten eingeweiht.

Luxemburgs Beerdigung fand unter großer Anteilnahme der Bevölkerung, insbesondere natürlich der Arbeiterschaft, statt. Es gab einen Leichenzug, den KPD und USPD, ganz der Tradition folgend, als große Massendemonstration gestalteten, obwohl Noske den »Reklamezug« verboten hatte.[2438] Luxemburgs Sarg war im Friedrichshain aufgestellt, wo sich ab neun Uhr morgens die Massen versammelten. Von sechs verschiedenen Bretterwagen hielten Hugo Eberlein, Otto Franke, Paul Frölich, Paul Lange, Fritz Rasch und Clara Zetkin für die KPD und Hugo Haase, Adolph Hoffmann, Theodor Liebknecht, Kurt Rosenfeldt und Emanuel Wurm für USPD Reden. Gegen 12 Uhr setzte sich der Zug in Bewegung, dem Leichenwagen folgten 800 Abordnungen mit Kränzen.[2439] Am Straßenrand standen Zehntausende Menschen. Es waren sicherlich auch viele Sozialdemokraten unter den Trauernden, aber offizielle Vertreter der SPD blieben der Trauerfeier fern. Für die Beisetzung selbst mussten aufgrund des gewaltigen Andrangs Eintrittskarten ausgegeben werden. Die Familie war durch den Bruder Józef Luxenburg und seinen Sohn Kazimierz vertreten. Möglicherweise war auch der Bruder Maksymilian anwesend.[2440]

Paul Levi, der nach dem Tod von Leo Jogiches an die Spitze der Partei getreten war, sprach für die KPD am Grab. Er versuchte – im Sinne des zu Beginn des Kapitels zitierten Mottos – den Geist der Verstorbenen zu beschwören:

> Nach fünf Monaten bringen wir hier zur Erde, was von Rosa Luxemburg zur Erde gehört. Fünf Monate treibt der Körper auf der Welt umher, gehasst noch im Tode, geschändet noch im Tode, verflucht noch im Tode von denen, die sie gemordet haben.
> Aber der tote Körper steht auf, und auf steht mit ihm der Fluch, der dreifache Fluch für die, die das getan haben. Der Fluch, nicht für die, die vorgeschoben sind, nicht für die Henker, der dreifache Fluch gilt denen, die den Mord veranlasst haben und heute noch in den Ministersesseln sitzen. Der dreifache Fluch gilt denen, die nach der Schande eines Krieges von fünf Jahren noch eine tausendfach größere Schande verübt haben.
> Der tote Leib steht auf und richtet über die, die das getan haben. Der tote Leib, er wird zum Rächer werden, denn er wird aufrufen die Geister, die das Werk der Rache vollziehen werden.
> Sie haben den Leib getötet, aber der Geist ist nicht tot geworden![2441]

Als Vertreterin der USPD hielt Luise Zietz eine sehr emotionale und persönliche Rede. Am Ende sprach sie die Verstorbene direkt an:

> In verschwenderischer Fülle hast Du uns allen von dem Überfluss deines Wissens, deiner Erkenntnis ausgeteilt. Dein hochfliegender Geist, dein nie zu stillender Wissensdurst, die Reinheit deiner Seele, deine Tat- und Kampfesfreudigkeit sind uns allezeit Vorbild und Ansporn gewesen. Wir verlieren in dir die hervorragende Theoretikerin des wissenschaftlichen Sozialismus, die unübertreffliche Lehrerin, die hinreißende und überzeugende Rednerin, die tiefgründige, geistsprühende Schriftstellerin und die kühne Führerin im Kampfgetümmel.[2442]

Nach Levi und Zietz sprachen noch Clara Zetkin[2443] und Adolph Hoffmann sowie Vertreter sozialistischer Parteien aus der Türkei, Polen, Griechenland, Ungarn und der Schweiz sowie zwei Schülerinnen Luxemburgs:[2444] »Dann senkten sich unter den Klängen der ›Internationale‹ rote

Fahnen auf die Gruft der toten Heldin.«[2445] Mit diesem Satz enden die Aufzeichnungen von Mathilde Jacob.

Die Berliner KPD unternahm immer wieder Anstrengungen, ihrer prominenten Genossin ein Andenken zu bewahren, die aber sämtlich nicht von Erfolg gekrönt waren. Ein Antrag, die Gräber der bei revolutionären Unruhen Verunglückten, Getöteten und »auf der Flucht« Erschossenen auf Kosten der Stadt pflegen zu lassen, verfiel ebenso der Ablehnung wie der in der Bezirksverordnetenversammlung von Lichtenberg eingebrachte Vorschlag, eine Schule nach Luxemburg zu benennen. Der Antrag, die Lichtensteinbrücke nach Rosa Luxemburg zu benennen, wurde, nachdem er lange verschleppt worden war, am 25. April 1929 ebenfalls abgelehnt.[2446] Immerhin wurde einige Jahre später, im Jahr 2012, der westliche Steg dieser Doppelbrücke in Rosa-Luxemburg-Steg umbenannt, nachdem Ralf Schüler und Ursulina Schüler-Witte bereits 1987 dort ein Gedenkzeichen für Luxemburg errichtet hatten. Das Architektenehepaar schuf auch eine Gedenksäule

Einweihungsfeier des Revolutionsdenkmals mit Wilhelm Pieck als Redner, Berlin-Friedrichsfelde 13. Juni 1926

für Liebknecht, die im Tiergarten an der Stelle steht, wo er erschossen wurde.

Auf dem Zentralfriedhof Friedrichsfelde errichtete die KPD ein Revolutionsdenkmal, das an Liebknecht und Luxemburg, aber auch an die Opfer der Reichstagsunruhen von 1920 und an andere Revolutionäre erinnern sollte. 1924 bildete sich auf Initiative von Wilhelm Pieck ein Denkmalkomitee, noch im gleichen Jahre erfolgte die Grundsteinlegung, und am 13. Juni 1926, dem siebten Jahrestag von Luxemburgs Beerdigung, wurde das Denkmal enthüllt, das noch nicht ganz fertiggestellt war, weil es immer wieder an Geldmitteln mangelte. Die offizielle Einweihung fand am 11. Juli statt. Entworfen hatte das Denkmal Ludwig Mies van der Rohe im expressionistischen Stil. Vorgesehen waren die beiden Inschriften »Den toten Helden der Revolution« und »Ich war, ich bin, ich werde sein«,[2447] die aber nicht zur Ausführung kamen. Mit seinen großen und grob wirkenden vorgesetzten und zurückspringenden kubischen Elementen war das Denkmal gewöhnungsbedürftig, *Die Rote Fahne* fand es »fast zu wuchtig«, fuhr dann aber fort: »Aber ist der erste Eindruck überwunden, so erwächst die Überzeugung, dass nur diese Form der durchaus richtige Ausdruck für ein solches Revolutionsdenkmal ist.«[2448] Bis zur nationalsozialistischen »Machtergreifung« fand hier nun jährlich am 15. Januar die Lenin-Liebknecht-Luxemburg-Demonstration, kurz LLL-Demonstration, statt, eine Tradition, die – ohne Lenin – nach 1945 in der DDR wieder aufgegriffen worden ist. Nach 1933 wurde das Denkmal von der Gestapo intensiv überwacht. Trotzdem kam es immer wieder zu Menschenansammlungen, und häufig wurden Blumen niedergelegt. Das Denkmal wurde deshalb 1935 abgetragen, nachdem es schon zuvor beschädigt worden war, die Grabstätte eingeebnet. Die Leichname von Liebknecht, Luxemburg und den anderen Verstorbenen müssen als verloren gelten.

*

Am 15. Januar war der Aufstand in Berlin gescheitert, vier Tage später wurde die Konstituierende Nationalversammlung gewählt. Die Wahlbeteiligung lag bei 83 %, die SPD wurde mit 37,9 Prozent mit weitem Abstand stärkste Partei, auf die USPD entfielen 7,6 Prozent der Stimmen, die KPD trat entsprechend dem Beschluss ihres Gründungsparteitags nicht an. Wenn sie sich an der Wahl beteiligt hätte, wären auf die noch weithin unbekannte Partei sicherlich nur wenige Stimmen entfallen. Es deutete nichts darauf hin, dass es den Kommunisten in naher Zukunft gelingen könnte, in Deutschland die Macht zu übernehmen. Doch in Sowjetrussland, dem neuen »Vaterland aller Werktätigen«, gelang es den Bolschewiki, ihre Herrschaft zu stabilisieren, wenngleich ihnen noch schwierige Jahre bevorstanden. Lenin wollte um jeden Preis die Gründung der Kommunistischen Internationale vorantreiben, die an die Stelle der Sozialistischen Internationale treten sollte. Diesen Plan verfolgte er im Grund genommen bereits seit der Zimmerwalder Konferenz.

Kurz vor Silvester 1918 war Luxemburgs Emissär Eduard Fuchs in Moskau eingetroffen und hatte Lenin die Botschaft überbracht, dass sie sich an einer Internationale, die ihr Hauptquartier in Sowjetrussland hatte, nicht beteiligen werde. Sie befürchtete, dass eine solche Internationale von den Bolschewiki dominiert sein würde. Genau so sollte es dann ja auch kommen. Außerdem hielt sie die Gründung für verfrüht, weil es noch keine ausreichende Massenbasis für eine neue Internationale gab.[2449] Lenin war nicht überrascht, er kannte die störrische Luxemburg gut genug. Zugleich wusste er nach den vielen Auseinandersetzungen, die er mit ihr gehabt hatte, auch, dass sie die einzige revolutionäre Sozialistin außerhalb Russlands war, die über Einfluss bei den Massen verfügte. Luxemburg war unverzichtbar, wenn die Gründung der Internationale ein Erfolg werden sollte. Lenin verfasste deshalb noch am selben Abend eine Notiz für Georgi Tschitscherin, den Volkskommissar des Äußeren, er solle die Gründung der Kommunistischen Internationale in Berlin, notfalls auch in den Niederlanden vorbereiten.[2450] Fuchs machte sich auf den Rückweg nach Berlin. Als er dort eintraf, war Rosa Luxemburg bereits seit zwei Tagen tot. Das änderte alles. Jogiches versprach Lenin, »zwei, im äußersten Falle einen Delegierten nach Moskau zu entsenden«.[2451] Es war vorgesehen, Hugo Eberlein und Willi Münzenberg auf die Reise schicken, aber Münzenberg wurde im Januar verhaftet, sodass Eberlein der einzige Repräsentant der KPD auf dem Gründungskongress war, der vom 2. bis 6. März in Moskau stattfand. Er war einer von fünf Delegierten, die aus dem Ausland gekommen waren, die übrigen vier vertraten Österreich, Schweden, Norwegen und die Niederlande. Fünf Delegierte gehörten der KPR (B) an. Die weiteren 44 Delegierten waren zumeist ehemalige russische Kriegsgefangene, einige auch Revolutionäre, die sich zufällig im Lande aufhielten.[2452] Sie repräsentierten mehr oder weniger improvisiert die Länder, aus denen sie stammten, ohne dass ihnen jemand ein Mandat dafür erteilt hatte.

Alles war noch sehr in den Anfängen. Eberlein vermerkte rückblickend nicht ohne Stolz: »Aus den verschiedenen Ländern waren Vertreter kleiner revolutionärer Gruppen gekommen. Aber eine Kommunistische Partei außer der russischen konnte nur ich vertreten.«[2453] Umso wichtiger war es für die Bolschewiki, ihn mit ins Boot zu holen. Lenin tat sein Bestes, auf Eberlein einzuwirken, aber der war mit einem imperativen Mandat nach Moskau gekommen und sah sich verpflichtet, gegen die Gründung der Kommunistischen Internationale zu stimmen. Die KPD wurde jetzt von Jogiches geführt, der Luxemburgs Positionen verfocht. Er »war zu der Auffassung gelangt, dass die Gründung einer revolutionären Internationale, die den schärfsten Kampf gegen die Reformisten aufnehme, notwendig, dass aber der Termin der Gründung in diesem Moment verfrüht sei. Die Zentrale schloss sich dieser Auffassung an, wählte mich zu ihrem Vertreter.«[2454] Erst sollten, so die Meinung der Deutschen, die beschlossenen Richtlinien den Arbeitern der verschiedenen Länder zur Prüfung vorgelegt werden, bevor die Internationale gegründet werde. Unter dem Eindruck der Rede des österreichischen Delegierten ließ sich Eberlein dann am Ende aber doch bewegen, sich wenigstens der Stimme zu enthalten. Außerdem fassten die Anwesenden einen Beschluss, in dem ein letztes Mal dem Geist Rosa Luxemburgs Reverenz erwiesen wurde: »Allgemein waren die Delegierten der Auffassung, dass der Sitz der Exekutive und des Büros nach Berlin gehöre. Da aber dies erst nach Errichtung einer deutschen Räterepublik möglich sei, so soll vorläufig Moskau als Zentrale

Besetzung der Universität Köln und Umbenennung in »Rosa Luxemburg-Universität«, 30. Mai 1968

gelten.«[2455] Die im zweiten Satz enthaltene salvatorische Klausel sorgte dafür, dass die im ersten Satz artikulierte Willensäußerung ohne reale Folgen blieb.

Schon auf dem zweiten Kongress der Kommunistischen Internationale 1920 wurde die dominierende Rolle der Bolschewiki dauerhaft festgeschrieben, und *Die Rote Fahne* firmierte nun nicht mehr als *Zentralorgan der Kommunistischen Partei Deutschlands (Spartakusbund)*, sondern als *Zentralorgan der Vereinigten Kommunistischen Partei Deutschlands (Sektion der Kommunistischen Internationale)*. Es wurde deutlich signalisiert, dass die KPD jeden Anspruch auf Eigenständigkeit zugunsten der Moskauer Zentrale aufgegeben hatte. Paul Levi, der bisher in Moskau als Autorität gegolten hatte, fiel bei Lenin in Ungnade, weil er diese Entwicklung kritisierte.[2456] Die Vertreibung der Luxemburgisten aus der KPD bereitete sich vor. 1928 benannte die KPD die im Jahr zuvor gegründete Reichsparteischule in Dresden nach Rosa Luxemburg, vertrieb aber zugleich im

Zuge der Stalinisierung ihre Anhänger aus der Partei. Das betraf nicht nur Paul Levi und Mathilde Jacob, die zu diesem Zeitpunkt schon längst zur SPD zurückgekehrt waren, sondern auch Heinrich Brandler, Paul Frölich, August Thalheimer, Jacob Walcher, Rosi Wolfstein und viele andere. Hier wurde der Grund gelegt für die Trennung von Person und Werk, die radikale Scheidung der Märtyrerin, die sich für die Sache der Revolution verzehrt hatte, von ihren Überzeugungen, für die der orthodoxe Kommunismus ein allzu enges Korsett bot. Wie Rosa Luxemburgs eigener Lebensweg weitergegangen wäre, wissen wir nicht. Aber viel spricht dafür, dass sie die Freiheit der Andersdenkenden auch für sich selbst in Anspruch genommen hätte.

Editorische Notiz

Alle Zitate in diesem Buch folgen der 2011 kodifizierten Rechtschreibung. Dies schien umso sinnvoller, als viele Texte zitiert werden, deren ursprüngliche sprachliche Gestalt gar nicht bekannt ist. Das gilt z. B. für die Briefe von Rosa Luxemburg, die im Original in verschiedenen Sprachen verfasst sind, aber auch für ihre Aufsätze. Diese Texte in der orthografischen Version der 1980er Jahre zu zitieren, erschien nicht sinnvoll. Diese Anpassung betrifft aber nur die Orthografie. Neologismen und auch charakteristische Fehlschreibungen sind beibehalten worden, um die Eigenart der Zitate nicht zu beeinträchtigen. Bei Zitaten von Rosa Luxemburg wird der Name der Autorin in den Anmerkungen zu Beginn nicht genannt, weil das selbsterklärend ist. Die Titel der Texte in den Gesammelten Werken Rosa Luxemburgs sind häufig von der Redaktion gewählte Neuschöpfungen. Die Texte werden nicht immer mit diesen »redaktionellen Überschriften« zitiert, sondern in einigen Fällen mit dem viel treffenderen Originaltitel, der ohne erkennbaren Grund nicht übernommen wurde, oder mit einer kürzeren Version der manchmal recht umständlichen redaktionellen Überschriften. Mit Hilfe der angegebenen Seitenzahlen sind die Texte aber immer problemlos aufzufinden. Die Familienangehörigen von Rosa Luxemburg sind im Personenregister aus Gründen der Einheitlichkeit alle unter »Luxenburg« aufgenommen. Später, als Rosa Luxemburg die berühmteste Namensträgerin war, gingen ihre Verwandten dazu über, ihren Nachnamen ebenfalls »Luxemburg« zu schreiben. Deshalb kommt auch diese Schreibweise im Text vor.

Anmerkungen

1 Brief von Victor Adler an August Bebel vom 14.9.1910; Adler, 1954, S. 515.

2 Bericht des Kriminal-Schutzmannes Bendt vom 27.4.1910; zit. Puschnerat, 2003, S. 81.

3 Nettl, 1967, S. 294 f.

4 Die blutige Rosa auf dem Jenaer Parteitag 1911, *Korrespondenz des Reichsverbandes gegen die Sozialdemokratie* vom 14.9.1911; GStA PK, I. HA Rep. 77 CB P Nr. 172, Bl. 108.

5 Fischart, Johannes [d.i. Erich Dombrowski], Rosa Luxemburg, *Die Weltbühne* Nr. 3/1919 vom 16.1.1919, S. 59–61, hier S. 61.

6 Heuss, Theodor, *Erinnerungen 1905–1933*, Frankfurt/Main 1965, S. 58.

7 Ministerratssitzung vom 26.11.1918; Die Regierung Eisner 1918/19, 1987, S. 82.

8 Ministerratssitzung vom 9.1.1919; ebd., S. 261.

9 Eintrag vom 16.3.1919; Kessler, 2007, S. 191.

10 Nettl, 1967, S. 190.

11 Plener, 2009.

12 Furet, 1996, S. 120.

13 Weber, 1971, S. 191.

14 Faulenbach, 2003, S. 88.

15 Brandt, 1989, S. 357.

16 Arendt, 1989, S. 51.

17 Briefe an Karl und Luise Kautsky, 1923.

18 Vgl. dazu das Verzeichnis der umfangreichen Korrespondenz der Jahre 1922 ff; AdsD, Fonds 209, Opis 1, Bd. 1343, S. 2601 1994 0399 ff.

19 Dazu Kautsky, 1929, S. 9 f.

20 Dazu Zetkin, Clara, Rosa Luxemburgs literarischer Nachlass, *Die Rote Fahne* vom 10.9.1921.

21 Frölich, 1990, S. 382 f, vgl. Laschitza, 1991, S. 442 ff.

22 Ein weiterer Band mit dem Titel »Nationale Kämpfe« war vorbereitet worden. Korrigierte Fahnen aus dem Jahr 1931 liegen vor, erschienen ist er nicht; GW, Bd. 7/1, S. 30 Anm. 57.

23 Vgl. den Exkurs auf S. 586 ff.

24 *Einführung in die Nationalökonomie*, Hrsg. Paul Levi, Berlin 1925.

25 Vgl. S. 598 ff.

26 Der Nachlass von Parvus ist verloren, siehe dazu Scharlau/Zeman, 1964, S. 114 Anm. 1. Manche vermuten, dass Luxemburg irgendwann eine intime Beziehung mit ihm unterhielt. Wahrscheinlicher ist, wie Nettl, 1967, S. 371, schreibt, dass er »mit sanfter Gewalt daran gehindert werden musste, sich aus einem Freund in einen Freier zu verwandeln«: Zur Überlieferungssituation bei Frölich siehe Frölich, 1990, S. 5.

27 Zur Überlieferungsgeschichte der Briefe Laschitza, Annelies/Radczun, Günter, Vorwort, GB, Bd. 1, S. 47* ff; Nettl, 1967, S. 839; Quack, 1986, S. 193.

28 Laschitza, Annelies, Vorwort, in: GW 7/1, S. 15–72, hier S. 61.

29 z. B. in Laschitza, 1991, und im Vorwort ihrer Biografie von 1996.

30 Laschitza, 1996, S. 75.

31 Ebd., S. 75 f. Laschitza zitiert bei dieser Charakterisierung von Leo Jogiches – offensichtlich zustimmend – Clara Zetkin.

32 *Frankfurter Allgemeine Magazin* vom 29.1.1988, Seite 25.

33 Ich bin ein Gegner der modischen Sexualisierung unserer Sprache und unterscheide zwischen Genus und Sexus. Deshalb bin ich auch davon überzeugt, dass das Wort Leser lesende Menschen jedweden Geschlechts einschließt.

34 Zamoyski, Adam, *1812: Napoleons Feldzug in Russland*, München 2012.

35 Die *Zamoscher Shtime* erschien zweiwöchentlich in den Jahren 1928 und 1937–1939.

36 Jawor, 2013, S. 19.

37 StAZ, Or.II–0161-b//66.

38 Zur Frage, wo Rosa Luxemburgs Geburtshaus stand, Lorentz, 2003; Castle, 2012, S. 105.

39 Die folgenden Angaben stützen sich vor allem auf Jack Jacobs, 1994, und Rory Castle, 2012, dessen Forschungen wir viele neue Erkenntnisse über Rosa Luxemburgs Familie verdanken.

40 Kasimir Luxemburg, Zu der Biographie von Rosa Luxemburg, 12.6.1989; BArch, NY 4002/1, Bl. 48. Kasimir ist ein Neffe von Rosa Luxemburg.

41 Kazimierz Luxemburg, Biographical Scetch of Jezy Edward Luxemburg, 2009, zit. Castle, 2012, S. 103.

42 StAZ. Eliasz Edward Luxenburg und Ester Lina Luxenburg übertragen für den Zeitraum vom 16. bis zum 28. März 1871 ihren gesamten Hausrat auf Franciszek Stryprzawski, den Regenten von Szczebrzeszyn. Der Hintergrund ist wohl eine geschäftliche Unternehmung von Edward Luxenburg. Er wollte im Misserfolgsfall sein persönliches Eigentum vor dem Zugriff der Gläubiger schützen.

43 Vgl. die Karte im Nachsatz bei Kaplun-Kogan, Wlad[imir] W., *Der Krieg. Eine Schicksalsstunde des jüdischen Volkes. Mit einer Karte des jüdischen Ansiedlungsrayons in Russland*, Bonn 1915.

44 So auch in einer genealogischen Aufzeichnung von Kazimir (!) Luxemburg vom 12.6.1989; BArch, NY 4002/1, Bl. 49–51, ms. Abschrift derselben mit dem Verfassernamen Kazimierz (!); ebd., Bl. 52–54.

45 Luxemburg, Rosa, Matrikelnummer 8692 bzw. 9599, Universität Zürich Matrikeledition, http://www.matrikel.uzh.ch/active/static/26870.htm (21.8.2017)

46 Staatsarchiv des Kantons Zürich, Bestand U 105h.4.

47 Vgl. GB, Bd. 6, S. 143, Anm. 14.

48 Brief an Henriette Roland-Holst v. 30.1.1907, GB, Bd. 6, S. 143. Der »korrigierte« Geburtsschein ist ein Dokument vom 23.11.1897, in dem der Vater Elias Luxenburg bezeugt, das Geburtsdatum sei der 25.12.1870; BArch, NY 4002/1, Bl. 25.

49 Brief an Leo Jogiches v. Anfang Juni 1900, GB, Bd. 1, S. 481.

50 Abbildung bei Nettl, 1967, nach S. 192.

51 Vgl. die Würdigung zu seinem 100. Geburtstag, LVZ v. 24.12.1898; GW, Bd. 1/1, S. 302–307.

52 Laschitza, 1996, S. 368.

53 Die Artikel erschienen in Polen in den Zeitungen der SDKPiL *Młot* und *Czerwony Sztandar*, in Deutschland im *Vorwärts*, jeweils anonym, und wurden bis vor Kurzem wenig beachtet. Seit kurzem liegen sie erstmals in Buchform vor: *Nach dem Pogrom*, 2014.

54 Fayet, 2007, S. 422.

55 Castle, 2012, S. 95 Anm. 6.

56 Rätsel um Luxemburg-Leiche. Großnichte schickt Haare, ntv.de vom 9.7.2009, https://www.n-tv.de/panorama/Grossnichte-schickt-Haare-article417921.html (11.7.2018).

57 GB, Bd. 5, S. 177. Vgl. dazu Silberner, 1978, S. 316 ff. Silberner vertritt die Auffassung, dass diese häufig zitierte Briefstelle so zu interpretieren ist, dass Luxemburg den Juden kritischer gegenübersteht als anderen leidenden Völkern.

58 Vgl. Silberner, 1978, S. 311.

59 Sachse, 2010, S. 155.

60 Frauenwahlrecht und Klassenkampf, GW, Bd. 3, S. 159.

61 Ebd., S. 165.

62 Zur Politik der Depolonisierung Rolf, 2012.

63 Hellmann, 1985, S. 154 f.

64 *Jüdisches Lexikon*, Hrsg. Georg Herlitz/Bruno Kirschner, Bd. IV/2, Berlin 1930, Sp. 1335 f.

65 Ettinger, 1990, S. 22.

66 Ebd., S. 23.

67 Da es keine exakten Zahlen gibt, findet man in der Literatur eine Vielzahl unter-

schiedlicher Schätzungen. Die von mir genannten Zahlen sind nach allem, was ich feststellen kann, wohl realitätsnah. *Das Jüdische Lexikon* (Anm. 64), Bd. III, Sp. 269 ff, nennt zwölf Millionen Jiddisch Sprechende.

68 Die Ulica Krochmalna lag am nördlichen Rand des kleineren südlichen Teils des 1940 errichteten Warschauer Gettos. Die Ulica Złota dagegen lag südlich des Gettos. Vgl. die Karte bei Grabitz, Helge/Scheffler, Wolfgang, *Letzte Spuren*, Berlin 1988, S. 17.

69 Singer, Isaac B., *Eine Kindheit in Warschau*, München 183, S. 9.

70 Vishniac, Roman, *Verschwundene Welt*, München 1983, Abb. 42. Der Band enthält noch eine Reihe weiterer Bilder aus Warschau. In Vishniac, Roman, *Wo Menschen und Bücher lebten. Bilder aus der ostjüdischen Vergangenheit*, Hrsg. Marion Wiesel, München 1993, S. 68 ff gibt es einen ganzen Abschnitt über Warschau, der einen sehr guten Eindruck von den Wohnverhältnissen im jüdischen Wohnbezirk vermittelt. Unter anderem sieht man dort ein Kellergelass, das mithilfe von Pappwänden in 26 kleine »Wohnungen« unterteilt ist, in denen Lastenträger mit ihren Familien wohnten.

71 Brief an Luise Kautsky vom September 1904; GB, Bd. 2, S. 68.

72 Ebd.

73 Ebd., S. 69.

74 *Jüdisches Lexikon*, Hrsg. Georg Herlitz/Bruno Kirschner, Bd. IV/2, Berlin 1930, Sp. 1337.

75 Ettinger, 1990, S. 31.

76 Vgl. Castle, 2012, S. 115.

77 *Nach dem Pogrom*, 2014, S. 87–97, hier S. 87.

78 Ebd.

79 Ebd., S. 88.

80 Kautsky, 1929, S. 27.

81 Heute werden meist Spreizwindeln oder Spreizhosen eingesetzt. In früherer Zeit hat man allerdings auch bei Hüftgelenksdysplasie die Kinder oft in ein Gipsbett gelegt, was unangenehm und langwierig war. Für diesbezügliche Auskünfte danke ich Prof. Dr. Helmut Milz (Marquartstein).

82 Vgl. das Gutachten von Fritz Strassmann, in: *Rosa Luxemburgs Tod*, 2010, S. 114–118, hier S. 117, außerdem die gutachterliche Stellungnahme von Volkmar Schneider, ebd. S. 67–73.

83 Kautsky, Luise, 1929, S. 24.

84 BArch, NY 4002/81, Bl. 54 f.

85 Kautsky, Luise, 1929, S. 24.

86 Ettinger, 1990, S. 329. Im Anhang von Ettingers Biografie sind auf S. 309–352 »Briefe an Rózia in Zürich 1897–1901« abgedruckt, wobei die Mehrheit von Anna stammt.

87 Die zeitgenössische deutsche Übersetzung des Zeugnisses ist abgebildet bei Nettl, 1967, nach S. 192, eine Abschrift bei Laschitza, 1993, S. 27 f.

88 Deutsche Übersetzung, zit. Laschitza, 1993, S. 26.

89 Ebd.
90 Brief an Mathilde Wurm vom 16.2.1917; GB, Bd. 5, S. 177.
91 Kautsky, Luise, 1929, S. 26.
92 Ebd.
93 Einleitung [zu Wladimir Korolenko: *Die Geschichte meines Zeitgenossen*]; GW, Bd. 4, S. 302–331, hier S. 324.
94 Ebd., S. 325.
95 Der Sozialismus in Polen, SM 1897, S. 547–556, hier S. 548.
96 Handbuch, 1972, S. 611f.
97 Der Sozialismus in Polen; GW, Bd. 1/1, S. 82–93, hier S. 85.
98 Ebd., S. 615f; Hellmann, 1985, S. 155.
99 Strobel, 1968, S. 130ff, gibt einen guten Überblick über das Führungspersonal von Proletariat I, Proletariat II und Solidarność.
100 20 Jahre Zwangsarbeit zu überleben war womöglich nicht sehr wahrscheinlich. Vielleicht ist das der Grund dafür, dass in modernen Darstellungen häufig von sechs Todesurteilen die Rede ist.
101 *Handbuch*, 1972, S. 620.
102 Schumacher/Tych, 1966, S. 24.
103 Ebd.
104 Vgl. ebd., S. 17f; Polin, 2014, S. 208.
105 Strobel, 1968, S. 23.
106 Strobel, 1974, S. 58; Laschitza, 1996, S. 31; Zarembka, Paul, *The National Question and the Question of Crisis*, Bingley 2010, S. 8.
107 Laschitza, 1993, S. 31.
108 Goehrke, 2006, S. 47.
109 Nettl, 1967, S. 70.
110 Frölich, 1990, S. 29.
111 L. Kautsky, 1929, S. 27.
112 Goehrke, 2006, S. 50.
113 Laschitza, 1993, S. 35. Stadler-Labhart, 1978, S. 7, gibt einen Überblick über die häufig wechselnden Wohnadressen Luxemburgs, unterschlägt allerdings die allererste.
114 Bebel, 1981, Bd. 2, Rede im Deutschen Reichstag gegen die Annexion von Elsass-Lothringen am 25. Mai 1871, S. 78–82, hier S. 81.
115 Bebel, 1914, Bd. 2, S. 207.
116 Zum Leipziger Hochverratsprozess ebd., S. 217ff.
117 Goehrke, 2006, S. 55.
118 Seidemann, 1998, S. 36f.
119 Die Satzung der Liga Polska ist wiedergegeben in: *Nationalismus. Dokumente zur Geschichte und Gegenwart eines Phänomens*, Hrsg. Peter Alter, München 1994, S. 101–103.

120 Mehring, Franz, *Geschichte der deutschen Sozialdemokratie*, Bd. 2, Berlin 1960, S. 514.

121 Zur Publikationsgeschichte vgl. Zürich als Stützpunkt der deutschen Arbeiterbewegung in den 1880er-Jahren, Studienbibliothek Info Nr. 36, Zürich 1998.

122 Gilcher-Holtey, 1986, S. 27.

123 Koszyk, Kurt/Eisfeld, Gerhard, *Die Presse der Deutschen Sozialdemokratie.* Bonn 1966, S. 10

124 http://www.hls-dhs-dss.ch/textes/d/D16478.php (11.6.2017).

125 Huser, Karin, *Bildungsort, Männerhort, politischer Kampfverein. Der deutsche Arbeiterverein »Eintracht Zürich« 1840–1916*, Zürich 2012.

126 Hirsch, 2010, S. 49.

127 Turicum ist der Name einer römischen Siedlung im Zentrum des heutigen Zürich.

128 Craig, Gordon A., *Geld und Geist. Zürich im Zeitalter des Liberalismus 1830–1869*, München 1988, S. 140.

129 Berg, Nicolas, *Relativitätstheorie, Enzyklopädie jüdischer Geschichte und Kultur*, Stuttgart 2014, S. 164 f.

130 Hirsch, 2010, S. 48 f.

131 Ebd., S. 46.

132 Aus Warschau kamen 23, andere wichtige Herkunftsorte waren Odessa (13), Wilna (8) und St. Petersburg (7); Auswertung der Immatrikulationslisten im Staatsarchiv des Kantons Zürich, Bestand UU 24.2.

133 Neumann, 1987, S. 15.

134 Einen genauen Überblick über Luxemburgs Studium gibt Stadler-Labhart, 1978, S. 36–43.

135 Zit. ebd., S. 175.

136 1893/94 wohnte sie in der Plattenstraße 47, 1894/95 und noch einmal 1895/96 in der Plattenstraße 26 oder 28; Stadler-Labhart, 1978, S. 7.

137 So Kretz, Regina, Historisches zu Fluntern, http://www.zuerich-fluntern.ch/index.php?nav=21 (21.8.2017).

138 Brief an Mathilde und Robert Seidel vom 30.12.1900, GB, Bd. 1, S. 509.

139 Brief an Hans Diefenbach vom 8.3.1917; GB, Bd. 5, S. 188.

140 Ebd., S. 189.

141 Brief an Leo Jogiches vom 17.5.1898, GB, Bd. 1, S. 115.

142 Frölich, 1990, S. 33.

143 Laschitza, 1996, S. 37.

144 Frölich, 1990, S. 34.

145 Staatsarchiv des Kantons Zürich, Bestand UU 24.2.

146 Eine Übersicht bei Nettl, 1967, S. 76 f. Anm. 7; Laschitza, 1996, S. 678.

147 Seidemann, 1998, S. 46 f.

148 Nettl, 1967, S. 76.

149 Seidemann, 1998, S. 47.

150 Eine Analyse der Liebesbeziehung im Spiegel der Briefe bei Ettinger, 1990, S. 77 ff.

151 Scharlau/Zeman, 1964, S. 114 Anm. 1.
152 Übersicht in GB, Bd. 6, S. 338–356.
153 Brief an Mathilde Wurm vom 16.2.1917; GB, Bd. 5, S. 177.
154 Jens, Walter, Rosa Luxemburgs Briefe, in: W.J., *Die Friedensfrau*, Leipzig 1989, S. 290.
155 Brief an Nadina und Boris N. Kritschewski vom 17.7.1891; GB, Bd. 6, S. 15.
156 Ebd.
157 Ebd., S. 16.
158 Baron, Samuel H., *Plekhanov. The Father of Russian Marxism*, London 1963.
159 Übersetzung des russischen Titels, eine deutsche Übersetzung des Buches kam erst 1980 heraus.
160 *Protokoll des Internationalen Arbeiter-Congresses zu Paris*, 1890, S. 63.
161 Zdzislaw Leder, zit. Laschitza, 1996, S. 40.
162 Nettl, 1967, S. 78.
163 Stoljarowa, 1998, S. 80 f.
164 Kruszynska, R., *Święto Pierwszego Maja*, Paris 1892. Die Name bedeutet im Polnischen Krümelchen oder Bröselchen.
165 Rózga, Maciej, *Niepodległa Polska a sprawa robotnicza*, Paris 1895. Vgl. Nettl, 1967, S. 99 Anm. 64. Laschitza erwähnt weder das Pseudonym noch die Schrift. Soweit ich sehen kann, ist sie bisher auch nicht in den Gesammelten Werken enthalten. Eine deutsche Übersetzung ist erschienen in Neue Texte von Rosa Luxemburg, 2011, S. 41–87.
166 Brief an Nadina und Boris N. Kritschewski vom 17.7.1891; GB, Bd. 6, S. 16.
167 Nettl, 1967, S. 93.
168 Huch, Ricarda, Frühling in der Schweiz (1938), in: R.H., *Erinnerungen an das eigene Leben*, Mit einem Vorwort von Bernd Balzer, Köln 1980, S. 177–243, hier S. 199.
169 Ebd., S. 199 f.
170 GB, Bd. 1, S. 7 ff.
171 Schreiben an Leo Jogiches vom 20.3.1893; ebd., S. 8.
172 Einen genauen Überblick über die von Luxemburg bzw. Jogiches belegten Vorlesungen gibt Stadler-Labhart, 1978, auf S. 38 f bzw. S. 53 ff.
173 Wolf, Julius, *Sozialismus und kapitalistische Gesellschaftsordnung. Kritische Würdigung beider als Grundlegung einer Sozialpolitik*, Stuttgart 1892.
174 Wolf, Julius, Selbstdarstellung, in: *Die Volkswirtschaftslehre der Gegenwart in Selbstdarstellungen*. Band 1, Leipzig 1924, S. 209–247, hier S. 216.
175 Wolf, Julius, *Der Kathedersocialismus und die soziale Frage. Festrede gehalten am 3. November 1899 zur Stiftungsfeier des Socialwissenschaftlichen Studentenvereins zu Berlin*, Berlin 1899.
176 Sozialreform oder Revolution; GW, Bd. 1/1, S. 367–466, hier S. 403 Anm. 6.
177 Wolf, Julius, Selbstdarstellung, S. 220.

178 Marchlewski, Julius, *Der Physiokratismus in Polen*, Zürich 1897 (= Zürcher volkswirtschaftliche Abhandlungen, Hrsg. Julius Wolf, Heft 2), Zweitgutachter war der aus Breslau stammende Jurist Georg Cohn. Die Klausurarbeiten hatten die Themen »Wozu besteht das Wesen der sog. Selbstverwaltung?« und »Wirtschaftliche und soziale Funktion des Geldes«; BArch, NY 4048/1.

179 MS BArch, NY 4048/3; der Nachruf erschien unter dem Namen Karski in der *Kommunistischen Internationale* Nr. 3/1919, zit. Schumacher/Tych, 1966, S. 64.

180 Blobaum, 1984, S. 16.

181 Strobel, 1974, S. 58.

182 Strobel, 1974, S. 75.

183 Ebd., S. 84 Anm. 57.

184 Politt, Holger, Einleitung zu: Das unabhängige Polen und die Arbeiterfrage, in: *Neue Texte von Rosa Luxemburg*, 2011, S. 33–40, hier S. 34 f.

185 *Protokoll des Internationalen Sozialistischen Arbeiterkongresses*, 1894, S. 5 ff.

186 Ebd., S. 14.

187 Ebd.

188 Ebd., S. 15.

189 Nettl, 1967, S. 84.

190 Laschitza, 1996, S. 49, zitiert Luxemburgs Rede auszugsweise. Im Ergänzungsband der Gesammelten Werke ist sie nicht abgedruckt, lediglich der Bericht der *Arbeiterstimme*; GW, Bd. 6, S. 71.

191 Zit. Frölich, 1990, S. 61.

192 Zit. Stadler-Labhart, 1978, S. 16 f.

193 Nettl, 1967, S. 93.

194 Laschitza, 1996, S. 51.

195 Bericht an dem III. Internationalen Sozialistischen Arbeitskongress in Zürich 1893 über den Stand und Verlauf der sozialdemokratischen Bewegung in Russisch-Polen 1889–1893; GW, Bd. 1/1, S. 5–13.

196 Ebd., S. 10.

197 Ebd., S. 11.

198 Ebd.

199 Ebd., S. 13.

200 Nettl, 1967, S. 91.

201 Adler, 1954, S. 451.

202 Brief an Boris N. Kritschewski vom April 1894; GB, Bd. 6, S. 25.

203 Nettl, 1967, S. 86 Anm. 36.

204 Nettl, 1967, S. 86.

205 Blobaum, 1984, S. 59.

206 Brief an Leo Jogiches vom 11.3.1894; GB, Bd. 1, S. 14.

207 Ebd., S. 17, und Brief an Leo Jogiches vom 13.4.1894; ebd., S. 46.

208 Brief an Leo Jogiches vom 25.3.1894; ebd., S. 26.

209 Brief an Leo Jogiches vom 1.4.1894; ebd., S. 36.
210 Brief an Leo Jogiches vom 11.4.1894; ebd., S. 45.
211 Brief an Karl Kautsky vom 5.3.1896; ebd., S. 81 f.
212 Neue Strömungen in der polnischen sozialistischen Bewegung in Deutschland und Österreich; GW, Bd. 1/1, S. 14–36.
213 Brief an Karl Kautsky vom 5.3.1896; GB, Bd. 1, S. 82.
214 Gilcher-Holtey, 1986, S. 252.
215 Ebd.
216 Naprzód v. 14.5.1896, zit. Stadler-Labhart, 1978, S. 14.
217 Brief an Karl Kautsky vom 24.5.1896; GB, Bd. 1, S. 85.
218 Häcker, S., Der Sozialismus in Polen. Eine Entgegnung, *NZ*, 14. Jg. 1895/96, S. 324–332.
219 Der Sozialpatriotismus in Polen; GW, Bd. 1/1, S. 37–51.
220 Ebd., S. 37.
221 Marx, Karl/Engels, Friedrich, 1967, S. 64.
222 Ebd., S. 83.
223 Kautsky, Karl, Finis Poloniæ?, *NZ*, 14. Jg. 1895/96, I. Teil: Die Polen, die Revolution, der Panslavismus, S. 448–449, II.: Die Unabhängigkeit Polens, S. 513–525.
224 Ebd., S. 521.
225 Ebd., S. 523.
226 Ebd.
227 Ebd., S. 525.
228 Walicki, 1983, S. 567.
229 Zit. Der Sozialpatriotismus in Polen; GW, Bd. 1/1, S. 37–51, hier S. 39 f.
230 Brief vom 13.5.1896; Adler, 1954, S. 207.
231 Laschitza, 1996, S. 62 f.
232 Lukács, 1974, S. 70.
233 Ebd., S. 62.
234 Dath, 2010, S. 69.
235 Der Sozialpatriotismus in Polen; GW, Bd. 1/1, S. 37–51, hier S. 48.
236 Ebd., S. 50.
237 Ebd., S. 51.
238 Wehler, 2001, S. 106.
239 Full Report 1896, S. 32; dt. Übersetzung: Verhandlungen und Beschlüsse, 1896, S. 18.
240 Hentze, 1975, S. 42 Anm. 3.
241 Strobel, 1974, S. 115 f.
242 Nettl, 1967, S. 84 f.
243 Full Report, 1896, S. 83.
244 Die Arbeiten sind publiziert bei Stadler-Labhart, 1978, S. 60–75. Kopie der Arbeit über die Lohnfondtheorie; BArch, NY 4002/1, Bl. 5a–24.
245 Staatsarchiv des Kantons Zürich, Bestand U 105h.4.

246 Schreiben an das Dekanat; GB, Bd. 6, S. 34.
247 Staatsarchiv des Kantons Zürich, Bestand U 105h.4.
248 Ebd.
249 Abb. 1, Stadler-Labhart, 1978.
250 Ettinger, S. 314.
251 Ebd., S. 315.
252 Abb. 3, Stadler-Labhart, 1978.
253 Brief an Leo Jogiches. Der Brief ist nicht datiert, im Gegensatz zu dem beiliegenden Gedicht, das das Datum des 16. Juli 1897 trägt. Es ist aber naheliegend, dass der Brief später geschrieben worden ist, vermutlich schon in Weggis oder auf dem Weg dorthin; GB, Bd. 1, S. 103.
254 Ebd., S. 106.
255 Ebd., S. 104.
256 Brief an Leo Jogiches vom 20.10.1905, GB, Bd. 2, S. 209.
257 Ebd.
258 Papachen und Mama.
259 Brief an Leo Jogiches vom 3.8.1898, GB, Bd. 1, S. 180.
260 *Der Sozialismus in Polen*; GW, Bd. 1/1, S. 82–92, hier S. 85.
261 Zit. Scharlau/Zeman, 1964, S. 29.
262 Kautsky, 1960, S. 448. Kautsky, der bis 1885 in Zürich lebte, schildert die Verhältnisse der Familie Lübeck und berichtet auch vom Kinderreichtum: »Ich glaube, es waren schließlich acht«; ebd., S. 445.
263 Heiratsurkunde; Archivum Nowum, Warschau, 1223, 63/I t. II, abgebildet bei Nettl, 1967, vor S. 193.
264 Man erwarb damals die Staatsangehörigkeit eines der Gliedstaaten des Deutschen Reiches. Eine einheitliche deutsche Staatsangehörigkeit gibt es erst seit 1934.
265 BArch, NY 4002/1, Bl. 35.
266 Text: GW, Bd. 1/1, S. 113–216.
267 Vgl. Brief an Leo Jogiches vom 9.6.1898; GB, Bd. 1, S. 143.
268 Brief an Leo Jogiches vom 26.5.1898; ebd., S. 130.
269 Brief an Leo Jogiches vom 24.6.1898; ebd., S. 154.
270 Ebd.
271 Ebd., S. 158.
272 Brief an Leo Jogiches vom 27.6.1898, ebd., S. 162.
273 Ebd., S. 163.
274 Brief an Leo Jogiches vom 3.8.1898; ebd., S. 180.
275 Brief an Leo Jogiches vom 23.7.1899, ebd., S. 348.
276 Brief an Leo Jogiches vom 24.6.1898, ebd., S. 159.
277 Brief an Sophie Liebknecht vom 2.5.1917, GB, Bd. 5, S. 229.
278 Arendt, 1989, S. 57 bzw. S. 58.
279 Ebd., S. 60.

280 Ebd.

281 Kołakowski, Leszek, *Hauptströmungen des Marxismus. Entstehung – Entwicklung – Zerfall*, Bd. 2, NA 3. Aufl. München 1988, S. 105.

282 Marx/Engels, 1967. S. 33.

283 Wehler, 1971, S. 17.

284 Nationale Kämpfe in der Türkei und die Sozialdemokratie, GW, Bd. 1/1, S. 57–68; zuerst erschienen in der *SAZ* vom 8., 9. und 10.10.1896.

285 Luxemburg hatte die Einladung zur Mitarbeit in der *SAZ* Parvus zu verdanken, vgl. Scharlau/Zeman, 1964, S. 42 f.

286 Ebd., S. 62.

287 Ebd., S. 63 f.

288 Alexander, 2003, S. 283 f; vgl. Kornat, Marek, Die Wiedergeburt Polens als multinationaler Staat in den Konzeptionen von Józef Piłsudski, http://www.ku.de/forschung/forschung-an-der-ku/forschungseinr/forschungseinrzimos/publikationen/forum/zeitgeschichte/marek-kornat-die-wiedergeburt-polens-als-multinationaler-staat-in-den-konzeptionen-von-jozef-pilsudski/#_ftnref7 (1.10.2017).

289 Vgl. S. 116.

290 Koenen, 1992, S. 85.

291 Brief vom 2.12.1856; Marx, Karl/Engels, Friedrich, Werke, Hrsg. Institut für Marxismus-Leninismus beim ZK der SED, Bd. 29, S. 88.

292 Brief vom 22.11.1859; ebd., S. 630.

293 Vgl. Hentze, 1975, S. 45.

294 *The Workman's Advocate* vom 7.10.1865, zit. Die I. Internationale, 1964, S. 81.

295 Marx, Karl/Engels, Friedrich, *Werke*, Hrsg. Institut für Marxismus-Leninismus beim ZK der SED, Bd. 16, 6. Aufl. Berlin 1975, S. 204.

296 Hirsch, Carl, Die angeblichen sozialen Theorien und die wirklichen politischen Bestrebungen des Herrn Bakunin, *Der Volksstaat* vom 7.9.1872, zit. Die I. Internationale, 1964, S. 667.

297 Wehler, 1971, S. 25.

298 Nettl, 1967, S. 811.

299 Brief an Leo Jogiches vom 9.6.1898; GB, Bd. 1, S. 143.

300 Vgl. Kocka, 2017, S. 78 ff.

301 Die industrielle Entwicklung Polens, GW, Bd. 1/1, S. 113–216, hier S. 125 ff.

302 Ebd., S. 147.

303 Ebd., S. 129.

304 Ebd., S. 197.

305 Ebd., S. 211.

306 Vgl. Nettl, 1967, S. 113.

307 Auf Deutsch ist die Broschüre, übersetzt und herausgegeben von Holger Politt, erstmals erschienen in: Neue Texte von Rosa Luxemburg, 2011, S. 41–87.

308 Ebd., S. 45.
309 Ebd., S. 50.
310 Ebd., S. 55.
311 Ebd., S. 71.
312 Ebd., S. 75.
313 Politt, Holger, Rosa Luxemburgs »Krakauer Horizont«, in: *Nationalitätenfrage und Autonomie*, 2012, S. 9–33, hier S. 23.
314 *Iskra* v. 15.7.1903; Lenin, *Werke*, Bd. 6, S. 452–461.
315 Ebd., S. 458.
316 Ebd.
317 Strobel, 1974, S. 181.
318 Der zweite Verhandlungsführer der SDKPiL war Jakub Hanecki, vgl. Nettl, 1967, S. 270 f.
319 Brief an Adolf Warski vom 6.8.1903; GB, Bd. 6, S. 79. Nettl, 1967, S. 271, ist dagegen der Meinung, dass das keine »unerlässliche Bedingung« war.
320 GB, Bd. 6, S. 79, Anm. 29.
321 Ebd.
322 Der Aufsatz erschien im Februar 1903 in der *Przegląd Socjaldemokratyczny*; zit. Strobel, 1974, S. 179.
323 Brief vom 6.8.1903; GB, Bd. 6, S. 82.
324 Meissner, Boris, *Das Parteiprogramm der KPdSU 1903 bis 1961*, Köln 1962, S.117.
325 *Nationalitätenfrage und Autonomie*, 2012, S. 44.
326 Ebd., S. 164.
327 Ebd., S. 161.
328 Ebd., S. 167.
329 Bauer, 1907.
330 Kautsky, 1908.
331 Bauer, 1907, S. 388.
332 Ebd., S. 396.
333 Ebd., S. 395.
334 Kautsky, 1908, S. 4.
335 Ebd., S. 27.
336 Ebd., S. 31.
337 *Österreichische Parteiprogramme 1868–1966*, Hrsg. Klaus Berchtold, München 1967, S. 144 f.
338 Arendt, 1993, S. 424.
339 Bauer, 1907, S. 441.
340 Luttmann, 1994, S. 94.
341 Ebd., S. 507 f.
342 *Nationalitätenfrage und Autonomie*, 2012, S. 186.
343 Ebd., S. 188.

344 Ebd., S. 210.

345 *Was wollen wir? Kommentar zum Programm der Sozialdemokratie des Königreichs Polen und Litauen*, Warschau 1906 (= Sozialdemokratische Bibliothek, Bd. XII); GW, Bd. 2, S. 37–89.

346 Angenommen wurde der »Programmkommentar« von der Landeskonferenz in Warschau am 28./30. November 1905; Strobel, 1968, S. 127.

347 Ebd., S. 51.

348 *Nationalitätenfrage und Autonomie*, 2012, S. 233 ff.

349 Adam Mickiewicz, *LVZ* vom 24.12.1898; GW, Bd. 1/1, S. 302–307, hier S. 306 f.

350 Zit. Politt, 2001, S. 613.

351 Vgl. Walicki, 1983, S. 576 f.

352 Politt, 2001, S. 613.

353 Tych, 1993, S. 46.

354 GW, Bd. 7/2, S. 1111.

355 Ebd., S. 1106.

356 Nettl, 1967, S. 819.

357 *Rosa Luxemburg im Kampf gegen den deutschen Militarismus*, 1960, S. 97.

358 Vgl. S. 103.

359 Marx, 1969.

360 Nettl, 1967. S. 270.

361 Engels, Friedrich, Einleitung zu: Karl Marx, *Die Klassenkämpfe in Frankreich*, Studienausgabe Bd. 4, 1973, S. 208.

362 *Protokoll über die Verhandlungen des Parteitages*, 1905, S. 6–10.

363 *Protokoll über die Verhandlungen des Parteitages*, 1903, S. 313.

364 Holmsten, Georg, *Die Berlin-Chronik. Daten – Personen – Dokumente*, Düsseldorf 1984, S. 273 f.

365 Zum Folgenden Walter, 2009, S. 20 ff.

366 Art. 32 der Reichsverfassung von 1871: »Die Mitglieder des Reichstages dürfen als solche keine Besoldung oder Entschädigung beziehen.« Diese Regelung wurde erst 1906 auf Drängen der SPD aufgehoben.

367 Dennoch eroberte die SPD nur 35 Wahlkreise, das Zentrum dagegen 113. Das lag daran, dass das relative Mehrheitswahlrecht galt.

368 Brief an Leo Jogiches vom 17.5.1898, GB, Bd. 1, S. 113.

369 Brief an Leo Jogiches vom 16.5.1898; ebd., S. 112.

370 Brief an Jogiches vom 17.5.1898, ebd., S. 117.

371 Ebd., S. 114.

372 Ebd., S. 115.

373 Ebd.

374 Ebd., S. 116.

375 Ebd.

376 Brief an Leo Jogiches vom 20.5.1898; ebd., S. 118.

377 Ebd., S. 119.
378 Brief an Leo Jogiches vom 25.5.1898; ebd., S. 126.
379 Ebd., S. 127.
380 Ebd., S. 126.
381 Ebd., S. 128.
382 *Handbuch für sozialdemokratische Wähler. Der Reichstag 1893–1898*, Hrsg. Sozialdemokratischer Parteivorstand, Berlin 1898.
383 Brief an Leo Jogiches vom 25.5.1898; GB, Bd. 1, S. 129.
384 Telegramm an Leo Jogiches vom 5.6.1898; ebd., S. 140.
385 [Rede zu den Reichstagswahlen am 5. Juni 1898 in Breslau], GW, Bd. 6, S. 114–116.
386 Brief an Leo Jogiches vom 9.6.1898; GB, Bd. 1, S. 142.
387 [Rede] (Anm. 27), S. 114.
388 Brief an Leo Jogiches vom 9.6.1898; GB, Bd. 1, S. 142.
389 Ebd., S. 143.
390 Ebd., S. 142.
391 Brief an Leo Jogiches vom 14.6.1898; ebd., S. 146.
392 Brief an Leo Jogiches vom 15.6.1898; ebd., S. 147.
393 Ullmann, 1965, S. 42 f, dort weitere Einzelheiten.
394 Die Wahlen in Oberschlesien, *LVZ* vom 2.7.1898; GW, Bd. 1/1, S. 217–221, hier S. 218.
395 Ebd.
396 Bei der Reichstagswahlen 1912, als die SPD mit 34,8 Prozent der Stimmen die mit weitem Abstand stärkste Partei wurde, gewann die SPD zwar fünf Sitze im Regierungsbezirk Breslau und zwei im Regierungsbezirk Liegnitz, aber noch immer keinen einzigen im Regierungsbezirk Oppeln. Dort gingen sieben Sitze an das Zentrum, einer an die Deutschkonservative Partei und vier an die Polnische Fraktion.
397 Luxemburg wollte auch zum zweiten Wahlgang noch einmal als Wahlkämpferin aktiv werden, dazu kam es aber nicht.
398 Brief an Leo Jogiches vom 18.6.1898; GB, Bd. 1, S. 148.
399 Brief an Leo Jogiches vom 9.6.1898; ebd., S. 144.
400 Unpublizierter Text zum 15. Todestag; zit. Vorwort, in: GB, Bd. 6, S. 1*-S. 22*, hier S. 11*.
401 Brief an Leo Jogiches vom 24.6.1898; ebd., S. 156.
402 Vgl. Brief an Leo Jogiches vom 24.2.1899, ebd., S. 274.
403 Brief an Leo Jogiches vom 7.12.1898; ebd., S. 223.
404 Hexelschneider, 2009, S. 7.
405 Ebd., S. 8.
406 Brief an Leo Jogiches vom 17.5.1898; GB, Bd. 1, S. 114.
407 Brief an Leo Jogiches vom 2.9.1898; ebd., S. 193.
408 Brief an Leo Jogiches, Ende Juli 1898; ebd., S. 173 f.
409 22 dieser Beiträge erschienen in der von Luxemburg eingeführten Rubrik »Wirt-

schaftliche und sozialpolitische Rundschau«, oftmals mehrere in einer Ausgabe der *SAZ*.

410 Brief an Leo Jogiches vom 26.5.1898; GB, Bd. 1, S. 131.

411 Brief an Leo Jogiches vom 24.9.1898; ebd., S. 205.

412 Ebd., S. 207.

413 Brief an Leo Jogiches vom 25.9.1898; ebd., S. 208.

414 Brief an August Bebel vom 7.11.1898; ebd., S. 212.

415 Frölich, 1990, S. 68.

416 Richard Fischer, Heinrich Strobel und Emil Eichhorn, der am 9. November 1918 für wenige Wochen Polizeipräsident von Berlin wurde.

417 Brief an August Bebel vom 31.10.1898; GB, Bd. 1, S. 211.

418 Brief von August Bebel an Victor Adler vom 29.9.1898; Adler, 1954, S. 250.

419 Nachbetrachtungen zum Parteitag, *SAZ* vom 12., 13. und 14.10.1898; GW, Bd. 1/1, S. 242–255.

420 *Vorwärts* vom 4., 16. und 19.10.1898.

421 Die beiden Texte von Luxemburg: Erörterungen über die Taktik, *SAZ* vom 19. und 26.10.1898; GW, Bd. 1/1, S. 257–263.

422 Zu den Fragen der Taktik, *Vorwärts* vom 29.10.1898.

423 Die zeitgenössische Bezeichnung ist »Preßkommission«. Im Sinne der besseren Lesbarkeit ist ein »e« eingefügt.

424 Erklärung, *SAZ* vom 2.11.1898; GW, Bd. 1/1, S. 270. Sie verfasste auch noch einmal eine Entgegnung, die aber nicht in der *SAZ* erschien: Ein Parteistreit. Ein Nachspiel zu meiner Diskussion mit Gradnauer, *LVZ* vom 4.11.1898; GW, Bd. 1/1, S. 271–273.

425 Brief an August Bebel vom 7.11.1898; GB, Bd. 1, S. 212 f.

426 Hexelschneider, 2009, S. 13.

427 *NZ*, 15. Jg./1897, Bd. 1, SS. 164–171, 204–213, 303–311, 772–782; 15. Jg./1897, Bd. 2, SS. 100–107, 138–143.

428 Zit. Brief an Leo Jogiches vom 24.9.1898; GB, Bd. 1, 204.

429 Hexelschneider, 2009, S. 12.

430 *Sozialreform oder Revolution? Mit einem Anhang: Miliz und Militarismus*, Leipzig 1899 (= Sonderdruck aus der *Leipziger Volkszeitung*); GW, Bd. 1/1, S. 367–466, hier S. 369.

431 Ebd., S. 398.

432 *Zur Kritik der Hegelschen Rechtsphilosophie.* Einleitung; Marx, Karl/Engels, Friedrich, Werke, Hrsg. Institut für Marxismus-Leninismus beim ZK der SED, Bd. 1, Berlin 1976. S. 378–391, hier S. 386.

433 Kallscheuer, 1986, S. 571.

434 *Sozialreform oder Revolution* (Anm. 430), S. 375.

435 *Die Entwicklung des Sozialismus von der Utopie zur Wissenschaft*; Marx, Karl/Engels, Friedrich, Werke, Hrsg. Institut für Marxismus-Leninismus beim ZK der SED, Bd. 19, 4. Aufl. Berlin 1973, S. 177–228.

436 [Entwurf der Grabrede für Karl Marx]; ebd., S. 333 f, hier S. 333.
437 Kallscheuer, 1986, S. 579 f.
438 Nettl, 1967, S. 207.
439 Bernstein, Eduard, *Der Kampf der Sozialdemokratie und die Revolution der Gesellschaft*. 2. Die Zusammenbruchs-Theorie und die Kolonialpolitik, *NZ*, 16. Jg./1898, Bd. 1, S. 548–557, hier S. 556.
440 Vgl. das Schlusskapitel »Endziel und Bewegung« in Bernstein, 1969, S. 199–218, zum Zitat S. 200 f.
441 Siehe Frölich, 1990, S. 87.
442 Nettl, 1967, S. 221.
443 Brief vom 7.3.1899; Adler, 1954, S. 292.
444 Kelletat, 2016, S. 160.
445 Hirsch, 1969, S. 37.
446 *Protokoll über die Verhandlungen des Parteitages*, 1898, S. 99. Die beiden Reden Luxemburgs auf dem Parteitag werden hier nach dem Protokoll zitiert. Sie sind auch in der Werkausgabe abgedruckt und dort von der Redaktion mit schneidigen Überschriften versehen worden; GW, Bd. 1/1, S. 236–241.
447 Ebd.
448 Ebd., S. 100.
449 Zum Praktizismus Steinberg, 1979, S. 111 ff; Braun, 2000, S. 51 f. Eingeführt hat den Begriff des Praktizismus Parvus, der ihn auf Ignaz Auer münzte und darin eine von mehreren Spielarten des Opportunismus sah; Parvus, Alexander, Der Opportunismus in der Praxis. 4. Der Auersche Praktizismus, *NZ*, 19. Jg./1901, S. 679–684.
450 *Protokoll über die Verhandlungen des Parteitages*, 1898, S. 105.
451 Ebd.
452 Ebd., S. 106 f.
453 Sie war bei zwei Veranstaltungen im Hamburger Raum aufgetreten und bekam dafür zwei Strafverfügungen über je 20,– Mark. Vom Hamburger Schöffengericht wurde sie aber freigesprochen: »Es sei verboten, dass jemand einen ihm nicht zukommenden Namen führe. Der Mädchenname einer Frau komme dieser aber nach dem Bürgerlichen Gesetzbuch auch noch nach der Verehelichung zu, denn sie dürfe ihn zum Beispiel führen, wenn ihre Ehe wieder geschieden sei. In diesem Sinne habe die Judikatur in letzter Zeit schon mehrfach entschieden.«; *Vorwärts* vom 15.3.1901.
454 Ebd., S. 100.
455 *Protokoll über die Verhandlungen des Parteitages*, 1900, S. 127 f.
456 *Protokoll über die Verhandlungen des Parteitages*, 1901, S. 128.
457 *Protokoll über die Verhandlungen des Parteitages*, 1898, S. 117.
458 Ebd., S. 135.
459 Ebd., S. 127.

460 Leesch, 2012, S. 4.
461 Zit. ebd., S. 13.
462 Vgl. Papcke, 1979, S. 76.
463 Vgl. Grau, 2001, S. 161, zum Neukantianismus ebd., S. 105 ff.
464 Bernstein, 1969, 199–218, insbes. S. 218.
465 Papcke, 1979, S. 74 f.
466 Eine taktische Frage, *LVZ* vom 6.7.1899; GW, Bd. 1/1, S. 483–486.
467 Nachbetrachtungen zum Parteitag, *SAZ* vom 12., 13. und 14.10.1898; GW, Bd. 1/1, S. 242–255.
468 Ebd., S. 243.
469 Ebd., S. 244.
470 Ebd., S. 245.
471 Brief von August Bebel an Eduard Bernstein vom 16. Oktober 1898; Adler, 1954, S. 258.
472 Brief von Ignaz Auer an Eduard Bernstein vom 13. Juli 1899, zit. Laschitza, 1996, S. 129.
473 Brief an Leo Jogiches vom 16.11.1898; GB, Bd. 1, S. 214.
474 Brief an Leo Jogiches vom 18.11.1898, ebd., S. 215.
475 Brief an Leo Jogiches vom 24.11.1898; ebd., S. 216.
476 Brief an Leo Jogiches vom 30.12.1898; ebd., S. 236 f.
477 Brief an Leo Jogiches vom 27.12.1898; ebd., S. 235.
478 Brief an Leo Jogiches vom 31.12.1898; ebd., S. 241.
479 Brief an Leo Jogiches vom 2.2.1899; ebd., S. 263 f.
480 Brief an Leo Jogiches vom 6.3.1899; ebd., S. 285.
481 Brief an Leo Jogiches vom 17.12.1899; ebd., S. 425.
482 Auf dem Parteitag 1902 in München stellten Vollmar, Heine und David den Antrag, dass die *SMH* neben der *NZ* als gleichberechtigtes Presseorgan anerkannt werden sollten, der aus dem Parteivorstand aber nur von Auer unterstützt wurde und keine Mehrheit fand; Woltering, o.J., S. 4.
483 Isegrim [Schippel, Max], Skizzen aus der sozialpolitischen Litteratur und Bewegung. IV. War Friedrich Engels milizgläubig?, *SMH,* Heft 11/1898, S. 495–498.
484 Ebd., S. 496 und S. 498.
485 Vgl. Brief an Leo Jogiches vom 14.1.1899; ebd., S. 254.
486 Als Quelle für Bebels Worte zitiert Luxemburg Bruno Schoenlank, Brief an Leo Jogiches vom 2.3.1899; ebd., S. 277.
487 Brief an Leo Jogiches vom 11.3.1899; ebd., S. 289.
488 Ebd.
489 Bernstein, 1969, S, 9.
490 Ebd., S. 29.
491 Ebd.

492 Fetscher, Iring, Von einer evolutionistischen zur ethischen Begründung des Sozialismus, in: *Ethischer Sozialismus*, 1994, S. 39–66, hier S. 47.
493 Holzhey, Helmut, Neukantianismus und Sozialismus, in: *Ethischer Sozialismus*, 1994, S. 7–38, hier S. 11.
494 Sozialreform oder Revolution (Anm. 430), S. 445.
495 Die GW folgen der Textgestalt der ersten Auflage, in Schriften zur Theorie der Spontaneität, 1970, ist der Text der zweiten Auflage aufgenommen. Die Abweichungen sind im Anmerkungsapparat verzeichnet.
496 Brief an Leo Jogiches vom 10.4.1899, GB, Bd. 1, S. 299.
497 Zweiter Brief an Leo Jogiches vom 10.4.1899, ebd., S. 300.
498 Brief an Leo Jogiches vom 11.4.1899, ebd., S. 303.
499 Gilcher-Holtey, 1986, S. 204.
500 Brief von Karl Kautsky an Victor Adler vom 21.3.1899; Adler, 1954, S. 303.
501 Ebd., S. 304.
502 Kautsky, 1899.
503 Ebd., S. 1.
504 Brief von August Bebel an Karl Kautsky vom 9.9.1899; zit. Gilcher-Holtey, 1986, S. 159. Vgl. Kautsky, 1899, S. 152–159.
505 Kautsky, 1899, S. 154.
506 Das »Eldorado« war eine Gaststätte in München, in der Vollmar am 1. Juni und 6. Juli 1891 in zwei Reden seinen Wandel vom Radikalen zum Reformisten erläutert und begründet hatte, vgl. Vollmar, 1891.
507 Vgl. Gilcher-Holtey, 1986, S. 160.
508 Kautsky, 1899, S. 195.
509 Kautsky, Karl, Ein sozialdemokratischer Katechismus, *NZ*, 12. Jg. 1893/94, S. 361–369, hier S. 368.
510 Brief an Leo Jogiches vom 12.5.1899; GB, Bd. 1, S. 329.
511 Brief an Leo Jogiches vom 18.7.1899; ebd., S. 347.
512 Brief an Leo Jogiches vom 18.7.1899; ebd.
513 Brief von Clara Zetkin an Bruno Schoenlank; zit. Brief an Leo Jogiches, GB, Bd. 1, S. 208.
514 *Protokoll des Internationalen Arbeiter-Congresses zu Paris*, 1890, S. 80.
515 Ebd., S. 81.
516 Brief an Leo Jogiches vom 27.7.1899; GB, Bd. 1, S. 351.
517 All dies ist ausführlich geschildert im Brief an Leo Jogiches vom 2.8.1899; ebd., S. 354 f.
518 Brief an Leo Jogiches vom 16.8.1899; GB, Bd. 1, S. 361.
519 Brief an Leo Jogiches vom 24.10.1899; ebd., S. 386 f.
520 Briefe an Karl und Luise Kautsky, 1923, S. 17. Das spanische Wort Hermandad heißt wörtlich übersetzt Bruderschaft, gemeint ist damit wohl die Gemeinschaft der Einwohner.

521 Brief an Leo Jogiches vom 19.2.1899; GB, Bd. 1, S. 271.
522 Die Stadt Ratibor lag in Oberschlesien, Reuß ältere Linie war ein Kleinstaat in Ostthüringen.
523 *Protokoll über die Verhandlungen des Parteitages*, 1899, S. 94–127.
524 Ebd., S. 127–144.
525 Ebd., S. 223–239.
526 Ebd., S. 243 f.
527 Ebd., S. 242.
528 Ebd., S. 244.
529 Gilcher-Holtey, 1986, S. 160.
530 *Protokoll über die Verhandlungen des Parteitages*, 1899, S. 171.
531 Ebd., S. 4.
532 Ebd., S. 265.
533 Ebd., S. 267.
534 Alle Redebeiträge Luxemburgs auf dem Parteitag in GW, Bd. 1/1, S. 567–578.
535 Papcke, 1979, S. 93.
536 Kautsky, 1972.
537 Bebel, August, Vorwort, in: Karl Marx, *Die Klassenkämpfe in Frankreich 1848 bis 1850*, Berlin 1911, S. 3–7, hier S. 7.
538 Bernstein, Eduard, Ignaz Auer, der Führer, Freund und Berater, *SM*, 1907/Heft 5, S. 339–348, hier S. 346.
539 Brief an Leo Jogiches vom 3.12.1899; GB, Bd. 1, S. 415. John B. Askew war ein englischer Sozialist, der als Publizist in Deutschland tätig war. Wer Frau Thönemann war, ist leider nicht zu ermitteln. Die Zimmerwirtin ist es jedenfalls nicht, sie hieß Neufeld.
540 Ebd., S. 416.
541 Brief an Leo Jogiches vom 5.12.1899; GB, Bd. 1, S. 416.
542 Ebd., S. 417.
543 Ebd., S. 418.
544 Brief an Leo Jogiches vom 7.12.1899; GB, Bd. 1, S. 420.
545 Brief an Leo Jogiches vom 22. oder 23.12.1899; ebd., S. 430.
546 Ausführliche Schilderung im Brief an Leo Jogiches vom 2.1.1900; ebd., S. 434 ff.
547 Brief an Luise und Karl Kautsky vom 30.12.1899; GB, Bd. 1, S. 432.
548 Trotta/Ensslin, 1986, S. 28.
549 Ebd.
550 Brief an Leo Jogiches vom 13.1.1900; GB, Bd. 1, S. 440.
551 Brief an Leo Jogiches vom 16.1.1900; ebd., S. 443.
552 Brief an Leo Jogiches vom 15.3.1900; ebd., S. 454.
553 Brief an Leo Jogiches vom 29.3.1900; ebd., S. 455.
554 Ebd.
555 Brief an Leo Jogiches vom 24.4.1900; ebd., S. 456.

556 Brief an Leo Jogiches vom 30.4.1900; ebd., S. 460.

557 Brief an Leo Jogiches vom 2.5.1900; ebd., S. 463.

558 Brief an Leo Jogiches vom 4.5.1900; ebd., S. 465.

559 Brief an Leo Jogiches vom 3.7.1900; ebd., S. 490.

560 Laschitza, 1996, S. 154.

561 57 Briefen in den ersten sieben Monaten des Jahres 1900 folgten nur noch elf weitere bis Jahresende, die Luxemburg schrieb, wenn sie auf Reisen war, und die meist wenig inhaltsreich waren.

562 Ettinger, 1990, S. 122.

563 Blobaum, 1984, S. 59, vgl. auch ebd., S. 67 ff.

564 Dokument 28 in Strobel, 1968, S. 196–198.

565 Strobel, 1968, S. 42, eine Übersicht über die verschiedenen Parteigremien ebd., S. 131 f.

566 Leidinger, Friedrich, Unser sehr einfacher Weg, Eine Familiensaga in der Mitte Europas, http://www.polen-news.de/puw/puw65-14.html (20.9.2017). So auch die Söhne: Stefan und Witold Leder, Ein Lebensbild: Władysław Leder/Feinstein, in *Unbedingt rot*, 2002, S. 41–46, hier S. 42.

567 Mitteilung von Ottokar Luban; Schreiben vom 12.1.2016. Vgl. dazu auch Seidemann, 1998, S. 124 f; Ettinger, 1990, S. 159. Siehe S. 249 ff.

568 Die Diskontinuität resultierte daraus, dass Dzierżyński insgesamt sechs Mal verhaftet wurde.

569 Nettl, 1967, S. 39.

570 Vgl. ebd., S. 253.

571 Davies, Norman, *Im Herzen Europas. Geschichte Polens*, München 2006, S. 82 ff.

572 Vgl. Strobel, 1968, S. 43.

573 Brief an Leo Jogiches vom 12.5.1900; GB, Bd. 1, S. 469.

574 Nettl, 1967, S. 253.

575 Vgl. insbesondere *Nationalitätenfrage und Autonomie*, 2012, und *Nach dem Pogrom*, 2014.

576 Brief an Leo Jogiches vom 12.5.1900; GB, Bd. 1, S. 469.

577 GW, Bd. 6, S. 297. In dem von Luxemburg selbst verfassten Bericht über den Parteitag, der am 20.4.1900 im *Vorwärts* erschien, behauptete sie, die Posener hätten ihren Antrag schon vor dem Parteitag zurückgezogen; GW, Bd. 6, S. 300.

578 Brief an Leo Jogiches vom 24.4.1900; GB, Bd. 1, S. 457.

579 zit. Ullmann, 1965, S. 144.

580 Meister, Hans-Peter, Die Berliner Polonia und ihre Verbindung nach Schlesien, http://www.expolis.de/schlesien/texte/Die_Berliner_Polonia_und_ihre_Verbindung_nach_Schlesien.html (19.12.2017).

581 *Protokoll über die Verhandlungen des Parteitages*, 1897, S. 86.

582 Ebd., S. 130 f.

583 Ebd., S. 135.
584 Brief an Leo Jogiches vom 30.4.1900; GB, Bd. 1, S. 460.
585 *Protokoll über die Verhandlungen des Parteitages*, 1900, S. 95; GW, Bd. 1/1, S. 797 ff.
586 Ebd., S. 124.
587 Ebd., S. 126.
588 Duncker, 2016, S. 100 f.
589 Luksemburg, Róża, Wobronie narodowości, Poznań 1900; deutsch: GW, Bd. 1/1, S. 810–828. Ullmann, 1965, S. 166, nennt sie »die erste marxistische programmatische Schrift für die Polenfrage in Deutschland«.
590 Ebd., S. 810.
591 Ebd., S. 811.
592 Ebd., S. 818.
593 Ebd., S. 822.
594 Zum Folgenden Strobel, 1974, S. 145 ff. Vgl. Rede zur Verteidigung der Mandate der SDKPiL, GW, Bd. 6, S. 302–304.
595 BArch/SAPMO, RY 4 17.
596 Laschitza nennt den Vorgang, interpretiert ihn allerdings falsch, vgl. GB, Bd. 6, S. 51 Anm. 51.
597 Brief an Leo Jogiches vom 25.9.1900; GB, Bd. 1, S. 506.
598 Zu Luxemburgs Mitwirkung in den Kommissionen GW, Bd. 1/1, S. 807 ff, ihre Rede über den Völkerfrieden, den Militarismus und die stehenden Heere GW, Bd. 6, S. 304–307.
599 Brief an Minna Kautsky vom 30.12.1900; GB, Bd. 1, S. 510.
600 Zit. Ettinger, 1990, S. 350.
601 Ebd., S. 347.
602 Brief an Leo Jogiches vom 22.1.1900; GB, Bd. 1, S. 444. Dieser Brief datiert vom 22. Januar, der des Vaters vom 25. Januar. Sie bezieht sich also offenbar auf ein früheres Schreiben des Vaters, das bei Ettinger nicht wiedergegeben ist.
603 Brief an Leo Jogiches vom 9.6.1900; GB, Bd. 1, S. 484.
604 Strobel, 1968, S. 107, schreibt, Jogiches habe die Schweizer Staatsbürgerschaft 1896 tatsächlich erworben, Ettinger, 1990, S. 125, behauptet, dass er sie nicht hatte.
605 Brief an Leo Jogiches vom 18.5.1900; GB, Bd. 1, S. 473.
606 Ettinger, 1990, S. 137.
607 Strobel, 1968, S. 107.
608 *Neue Korrespondenz* vom 13.10.1900.
609 Bericht in der *Volksstimme* vom 3.4.1902.
610 *Vorwärts* vom 13.6.1901.
611 *Vorwärts* vom 23.6.1901.
612 *Protokoll über die Verhandlungen des Parteitages*, 1901, S. 127; GW, Bd. 1/2, S. 144.
613 Ebd.

614 Ebd., S. 26.
615 Ebd., S. 123 f.
616 Ebd., S. 124 f.
617 GW, Bd. 1/2, S. 159.
618 Ebd., S. 192.
619 Laschitza, 1996, S. 170 f.
620 Brief an Karl Kautsky vom 3.10.1901; GB, Bd. 1, S. 539 f.
621 Der Einzug erfolgte im November oder Dezember 1901, eine genauere Datierung ist leider nicht möglich, aber nicht erst 1902, wie man häufig lesen kann; vgl. Laschitza, 1996, S. 169. Ein Brief an Leo Jogiches vom 19. Dezember 1901, in dem Luxemburg ihm über die Reinigung und Möblierung seines Arbeitszimmers berichtet, beweist, dass der Umzug vor dem Jahreswechsel erfolgt sein muss; GB, Bd. 1, S. 543.
622 Brief an Leo Jogiches vom 29.12.1901; GB, Bd. 1, S. 548.
623 Ettinger, 1990, S. 139, gibt eine sehr detailreiche Beschreibung der Wohnung. Leider ist nicht erkennbar, auf welche Quellen sie sich dabei stützt.
624 Seidemann, 1998, S. 114.
625 Brief an Luise Kautsky vom 8.8.1901; GB, Bd. 1, S. 535.
626 Brief an die Redaktion der *Sozialistischen Monatshefte* vom 31.8.1901; ebd., S. 537.
627 Brief an Leo Jogiches vom 16.2.1902; ebd., S. 607. Anna war das Dienstmädchen, das Luxemburg engagiert hatte.
628 Brief an Leo Jogiches vom 3.1.1902; ebd., S. 553.
629 Vgl. z. B. Brief an Leo Jogiches vom 7.2.1902; ebd., S. 596.
630 Brief an Leo Jogiches vom 20.1.1902; ebd., S. 576.
631 Brief an Leo Jogiches vom 24.2.1902; ebd., S. 617.
632 Brief an Leo Jogiches vom 27.2.1902; ebd., S. 619.
633 Brief an Leo Jogiches vom 25.1.1902; ebd., S. 583.
634 Brief an Leo Jogiches vom 1.3.1902; ebd., S. 620.
635 Ebd., S. 621.
636 Brief an Leo Jogiches vom 21.2.1902; ebd., S. 613 f.
637 *Protokoll über die Verhandlungen des Parteitages*, 1902, S. 87; GW, Bd. 1/2, S. 282.
638 *Protokoll über die Verhandlungen des Parteitages*, 1902, S. 88.
639 Ebd., S. 150 f; GW, Bd. 1/2, S. 284 f.
640 Zur Schlichtung der polnischen Zwistigkeiten, *LVZ* vom 25.9.1902; GW, Bd. 6, S. 449–452.
641 [Zwei handschriftliche Manuskriptseiten mit den umstrittenen gestrichenen Passagen]; GW, Bd. 6, S. 455 f.
642 Schreiben an die Pressekommission; GW, Bd. 6, S. 452–455. vgl. dazu auch die Schreiben an Franz Mehring vom 27.9.1902 und an August Bebel vom 11.10.1902; GB, Bd. 1, S. 646 f und S. 648 f. Vgl. Kinner, 2010, der von einem weiteren, jetzt aufgefundenen Brief Luxemburgs an Mehring berichtet.

643 Vgl. Wehler, 1962, S. 162ff, zum Münchner Parteitag 1902 auch Ullmann, 1965, S. 198ff.

644 Übersicht in Reden, 1976, S. 390.

645 Brief an Leo Jogiches vom 10.6.1903; GB, Bd. 2, S. 33.

646 Brief an Leo Jogiches vom 6.6.1903; ebd., S. 30.

647 Brief an Leo Jogiches vom 13. oder 14.5.1903; ebd., S. 18.

648 Brief an Leo Jogiches vom 20.5.1903; ebd., S. 25.

649 Brief an Leo Jogiches vom 25.5.1903; ebd., S. 26.

650 *Protokoll über die Verhandlungen des Parteitages*, 1903, S. 277 und S. 433.

651 Władysław Feinstein, zit. Ettinger, 1990, S. 146.

652 Vgl. Nettl, 1967, S. 278.

653 Dem Andenken des »Proletariat«, *Przegląd Socjaldemokratyczny*, Nr. 1 und 2/1903; GW, Bd. 1/2, S. 306–362.

654 Ebd., S. 362.

655 Ebd., S. 317.

656 So Konrad Haenisch, *Protokoll über die Verhandlungen des Parteitages*, 1903, S. 275.

657 Ebd., S. 272ff.

658 Ebd., S. 277.

659 Ebd.

660 Ebd., S. 279; GW, Bd. 1/2, S. 380f.

661 *Protokoll über die Verhandlungen des Parteitages*, 1903, S. 279. Durch den Beschluss, die Debatte über die polnische Frage zu beenden, war Luxemburg auf dem Parteitag nicht mehr zu Wort gekommen, was sie dazu veranlasste, nach dem Parteitag eine längere Erklärung zu verfassen: Nachträgliches zur Polendebatte, *Vorwärts* vom 27.10.1903; GW, Bd. 1/2, S. 403–409.

662 *Protokoll über die Verhandlungen des Parteitages*, 1903, S. 133.

663 Ebd., S. 419f.

664 Strobel, 1974, S. 215.

665 Politt, 2015 a, S. 14.

666 BArch/SAPMO, RY 4 17.

667 Rede am Grabe von Ignaz Auer im Auftrage der SDAPR; GW, Bd. 7/1, S. 101f. Die Rede ist bemerkenswert pathetisch, vor allem, wenn man das doch recht kühle Verhältnis bedenkt, das die Rednerin zu dem Verstorbenen zu seinen Lebzeiten hatte. So heißt es z. B.: »Deshalb empfinden heute Hunderte und Tausende Kämpfer der russischen Revolution tiefste Trauer und innigste Liebe an diesem Grabe, mögen sie nun in den Kasematten Petersburgs, in den Bergwerken Sibiriens oder in den Folterkammern der Ostseeprovinzen schmachten.«; ebd., S. 102.

668 Ettinger, 1990, S. 148.

669 Ihre Gegenrede über die sozialistische Taktik in GW, Bd. 1/2, S. 445f.

670 Vgl. Rede auf dem Internationalen Sozialisten-Kongress zu Amsterdam am 19. August 1904, in: Bebel, Bd. 2, 1981, S. 143–149.

671 Nettl, 1967, S. 292.

672 GW, Bd. 6, S. 331–339.

673 Vgl. Verteidigungsrede und Schlusswort am 17. Januar 1904 vor dem Landgericht Zwickau; GW, Bd. 6, S. 491 f.

674 Brief an Luise Kautsky vom 1.9.1904; GB, Bd. 2, S. 63.

675 Brief an Leo Jogiches vom 9.9.1903; ebd., S. 65.

676 Brief an Luise Kautsky vom 9.9.1904; ebd., S. 67.

677 Brief an Julius Bruhns vom 10.11.1904; ebd., S. 75.

678 *Vorwärts* vom 2.10.1904.

679 In der DDR gab es für Ausstellungszwecke ein Modell des Hauses, in dem der »Gründungsparteitag« stattgefunden hatte. Zuletzt war es 2018 in der Ausstellung über die Russische Revolution zu sehen; 1917. *Revolution: Russland und die Folgen*, Hrsg. Julia Franke/Christiane Janeke/Arnuld Scriba, Dresden 2017, S. 54.

680 Schilderung des II. Parteitags der SDAPR; Lenin, Band 7, S. 5–31, hier S. 5.

681 Rosenberg, 1975, S. 73.

682 Scherrer, 1987, S. 254.

683 Lenin selbst hat das geschrieben, vgl. Lenin-Chronik, 1983, S. 50.

684 Scherrer, 1987, S. 255.

685 Vgl. S. 123.

686 Telegramm an Adolf Warksi und Jakub Henecki, vermutlich vom 6.8.1903; GB, Bd. 6, S. 83.

687 Vgl. Lenin, Das letzte Wort des bundistischen Nationalismus, Werke, Bd. 6, S. 517–520, sowie ders., Die Stellung des »Bund« in der Partei, Werke, Bd. 7, S. 82–93.

688 Braun, Stefan, Der Allgemeine Jüdische Arbeiterbund, *Gegen Vergessen – Für Demokratie*, Nr. 94/Oktober 2017, S. 21 f, hier S. 21.

689 Zit. Wistrich, 2007, S. 102.

690 Ebd., S. 107.

691 Ebd., S. 108; vgl. Jacobs, 1994, S. 77 f.

692 Brief an Cezaryna Wojnarowska vom 17.5.1901; GB, Bd. 6, S. 62. »Alexander« war Arkadiusz Kremer.

693 Ebd.

694 Interview vom 23.4.1973; zit. Gutjahr, 2012, S. 39.

695 Jacobs, 1977, S. 77.

696 Brief an Clara Zetkin vom 4.6.1907; GB, Bd. 2, S. 294.

697 Brief an Leo Jogiches vom 17.6.1905; ebd., S. 137. Die gemeinsame Konferenz des Hauptvorstands der SDKPiL und des Zentralkomitees des Bundes fand vom 15. bis 20. Juli 1905 in Kongresspolen statt, vgl. ebd., S. 156, Anm. 352.

698 Brief an Jogiches vom 6.5.1905; ebd., S. 91.

699 So Ljadow in seinen 1956 in Moskau erschienenen Erinnerungen, zit. Brachmann, 1962, S. 60.

700 Adler, 1954. S. 446.

701 Vgl. Nettl, 1967, S. 278 ff.

702 Organisationsfragen der russischen Sozialdemokratie; GW, Bd.1/2, Bd. 422–444.

703 Die Schrift erschien zunächst im Mai 1904 in Genf auf Russisch, auf Deutsch erstmals 1907. Lenin, Band 7, S. 197–430.

704 Vgl. Ettinger, 1990, S. 152.

705 Lenin, Ein Schritt vorwärts, zwei zurück. Eine Antwort Lenins an Rosa Luxemburg, erschien erstmals 1930 in einem Sammelband; Lenin, Bd. 7, S. 480–491.

706 Brief an das Sekretariat des ISB vom 24.7.1905, vgl. GB, Bd. 2, S. 157 Anm. 356.

707 Brief an Karl Kautsky zwischen dem 30.7. und 10.8.1905; GB, Bd. 2, S. 157. Nettl, 1967, S. 287, bezieht – jedenfalls in der deutschen Übersetzung – Luxemburgs Charakterisierung, die als »Gequassel« nicht ganz zutreffend rückübersetzt ist, fälschlich auf Lenins Artikel. Sie ist aber eindeutig auf den Brief gemünzt.

708 Rosenberg, 1975, S. 73. Rosenberg war von 1920 bis 1927 Mitglied der KPD gewesen.

709 Vgl. Brief an Kautsky (Anm. 707).

710 Organisationsfragen der russischen Sozialdemokratie; GW, Bd.1/2, S. 422–444, hier 435.

711 Ebd., S. 425.

712 Ebd., S. 429.

713 Ebd., S. 443.

714 Ebd., S. 444.

715 *Schriften zur Theorie der Spontaneität*, 1970. Das Buch erschien in der Reihe »Texte des Sozialismus und Anarchismus«, die der Rowohlt Verlag mit zeitgemäßem revolutionären Pathos bewarb: »Diese Bibliothek präsentiert klassische Quellentexte der politisch-sozialen Bewegung gegen das Privateigentum an den Produktions- und Informationsmitteln und gegen die Staatsgewalt.«; Eigenanzeige ebd., S. 253. Ob sich die Reihe auch gegen das Privateigentum an dem Informationsmittel Rowohlt Verlag richtete, ist nicht bekannt.

716 Das Lied wurde 1949 von Louis Fürnberg verfasst und war die quasioffizielle Hymne der SED. Bis zur Entstalinisierung 1959 wurde im Text nicht nur Lenin, sondern auch Stalin besungen. Hieß es zunächst »So, aus Leninschem Geist, wächst, von Stalin geschweißt, die Partei«, lautete die Zeile nach 1959 »So aus Leninschem Geist wächst zusammengeschweißt, die Partei.«

717 Bronner, 2003, S. 425. Laschitza, 1996, S. 204, schreibt dazu: »Luxemburg war letztendlich nicht in der Lage, ihre Auffassung in den von ihr mitbegründeten oder beeinflussten Parteien durchzusetzen, ihre Prognosen über die Untauglichkeit des

Leninschen Parteityps für den Aufbau des Sozialismus haben sich folgenschwer bewahrheitet.«

718 Frölich, 1990, S. 120.

719 Alle Daten werden nach dem gregorianischen Kalender angegeben, der heute überall auf der Welt in Gebrauch ist. Im zaristischen Russland galt damals der julianische Kalender, der zum gregorianischen eine Differenz von 13 Tagen aufwies. Die Umstellung erfolgte erst am 1. (jul.) bzw. 13. (greg.) Februar 1918. Deshalb fand auch 1917 die Februarrevolution nach unserem Kalender im März und die Oktoberrevolution im November statt.

720 Zum Folgenden Hildermeier, 2013, S. 998 ff; Aust, 2017, S. 30 ff.

721 The St. Petersburg workmen's petition to the Tsar Nicholas II on Bloody Sunday, January 22, 1905, written by the priest George Gapon and signed by about 135 000 workmen. From The story of my life, by Father Gapon, London: Chapman & Hall, 1906.https://en.wikisource.org/wiki/The_St._Petersburg_workmen%27s_petition_to_the_Tsar,_January_22,_1905 (5.2.2018)

722 Aust, 2017, S. 33.

723 Nettl, 1967, S. 317.

724 Die deutschen Artikel sind in GW, Bd. 6, zu finden, die polnischen Texte in deutscher Übersetzung *in Arbeiterrevolution 1905/06, 2015*. Hinzu kommen noch 38 kleinere Texte für die Rubrik »Aus der Partei« des *Vorwärts*; GW, Bd. 6, S. 870–914.

725 Dzierżyńska, 1977, S. 37 f.

726 Vgl. S. 120.

727 Dzierżyńska, 1977, S. 38 ff.

728 Nettl irrt allerdings, wenn er behauptet (Nettl, 1967, S. 320), Luxemburg sei Ende Juli für vier Wochen nach Krakau gefahren und dann noch einmal unmittelbar nach dem Parteitag im September. Aufgrund der inzwischen vollständig edierten Briefe und anderer Quellen wissen wir, dass der Aufenthalt im August nur etwa zwölf Tage gedauert hat, und für den zweiten Aufenthalt gibt es überhaupt keinen Beleg. Unmittelbar nach dem Parteitag fuhr Luxemburg nicht nach Krakau, sondern nach Essen.

729 Ettinger, 1990, S. 156 f. Ettinger zitiert hier auch aus Feinsteins Jogiches-Biografie. Zu den Aktivitäten der SDKPiL in Kongresspolen in der Zeit der Revolution Strobel, 1974, S. 247–266.

730 Ebd., S. 158.

731 Strobel, 1968, S. 59; Blobaum, 1984, S. 177.

732 Brief an Leo Jogiches vom 26.5.1905; GB, Bd. 2, S. 112.

733 Telegramm an Leo Jogiches vom 22.6.1905; ebd., S. 139.

734 Brief an Leo Jogiches vom 6.8.1905; ebd., S. 162.

735 Telegramm an Leo Jogiches vom 7.8.1905; ebd., S. 163.

736 Vgl. Brief an Robert und Mathilde Seidel vom 7.4.1903; ebd., S. 16.

737 Seidemann, 1998, S. 124.

738 Feinstein war sein Geburtsname, Zdzislaw Leder sein häufigstes Pseudonym. Er benutzte es zum Andenken an den jungen deutschen Arbeiter Jan Leder aus Łódź, der, schwer lungenkrank, in zaristischen Kerkern starb. Leder wurde später der offizielle Familienname, weswegen die Nachkommen nicht Feinstein, sondern Leder heißen; Witold Leder, Erinnerungen und Betrachtungen, in: *Unbedingt rot*, 2002, S. 227–274, hier S. 229.

739 Nettl, 1967, S. 550.

740 Leder, Witold, Familien- und Zeitgeschichte, in: *Unbedingt rot*, 2002, S. 11–19, hier S. 19.

741 *Unbedingt rot*, 2002, S. 110. Die Schrift, Zdzisław Leder, *Das zukünftige Arbeitsrecht in Deutschland vom Standpunkt des Kommunismus. Eine Streitschrift gegen Prof. Dr. Hugo Sinzheimer*, Berlin 1922, ist abgedruckt ebd., S. 95–110.

742 Er schrieb sie unter dem Pseudonym Zdzisław Leder 1929 in Moskau, veröffentlicht wurde sie erstmals 1956 von Feliks Tych; Ettinger, 1990, S. 360 Anm. 30. Ein Auszug in deutscher Übersetzung ist abgedruckt in *Unbedingt rot*, 2002, S. 141–146.

743 Brief an Leo Jogiches vom 27.6.1905; GB, Bd. 2, S. 143.

744 Vgl. Brief an Luise Kautsky vom 10.8.1905; ebd., S. 164.

745 So Ettinger, 1990, S. 160, und auch Seidemann, 1998, S. 125. Laschitza verschweigt die Affäre mit Feinstein in ihrer Biografie und erzählt stattdessen ein kitschiges Märchen: »Wenige Wochen später liebäugelte sie doch mit einem Ortswechsel, auch, weil sie endlich einmal wieder mit Leo Jogiches zusammen sein wollte […] der nicht nur ihr wichtigster politischer Partner für polnisch-russische Angelegenheiten war, sondern auch ihr Geliebter.«; Laschitza, 1996, S. 223.

746 Seidemann, 1998, S. 125.

747 Ettinger, 1990, S. 160.

748 Telegramm an Leo Jogiches vom 17.9.1905; ebd., S. 171.

749 Brief an Leo Jogiches vom 17.9.1905; ebd., S. 172.

750 Ebd., S. 172 f.

751 Eine gedrängte und sicherlich in propagandistischer Absicht zugespitzte Übersicht gibt Frölich, 1990, S. 131.

752 Zit. Weber, 2004, S. 55 f.

753 Revolution in Russland, *Wperjod* vom 24.1.1905; Lenin, Band 8. Januar bis Juli 1905, Hrsg. Institut für Marxismus-Leninismus beim ZK der SED, Berlin 1959, S. 58.

754 Brief an das Internationale Sozialistische Büro vom 2.6.1905; ebd., S. 454.

755 Der Zusammenbruch der II. Internationale, in: Lenin, Band 21, S, 197–256, hier S. 206.

756 *Zwei Taktiken der Sozialdemokratie in der demokratischen Revolution*; Lenin, Band 9, S. 1–130.

757 Ebd., S. 44.

758 Ebd.

759 Vgl. Oelßner, 1951, S. 39 f.

760 Frölich, 1990, S. 129.

761 Die Revolution in Russland; GW, Bd. 1/2, S. 477–484, hier S. 479.

762 In revolutionärer Stunde: Was weiter?, GW, Bd. 1/2, S. 554–572, hier S. 556.

763 Die Situation im Ruhrgebiet war kompliziert, denn es gab eine Reihe konkurrierender Organisationen. Die größten Verbände waren der freigewerkschaftliche »Alte Verband«, in dem sowohl katholische wie sozialdemokratische Arbeiter organisiert waren, der »Gewerkverein christlicher Bergarbeiter« sowie der polnische Bergarbeiterverband ZZP. Daneben gab es noch den von den liberalen Hirsch-Dunckerschen Gewerkschaften gegründeten »Gewerkverein der Deutschen Bergarbeiter«, der aber nur geringen Zulauf hatte.

764 Die Revolution in Russland, GW, Bd. 1/2, S. 477–484, hier S. 477.

765 Ebd., S. 477 f.

766 Ebd., S. 478.

767 Nach dem ersten Akt, GW, Bd. 1/2, S. 485–490, hier S. 486.

768 Ebd., S. 489.

769 *Vorwärts* vom 6.7.1905.

770 *Vorwärts* vom 13.10.1905. Das war eine recht beachtliche Summe, wenn man die große Armut der meisten Spender bedenkt. Das heutige Kaufkraftäquivalent beträgt etwa € 850.000,–.

771 Brief an Leo Jogiches, GB, Bd. 2, S. 215 f. Vgl. ebd., S. 194 Anm. 513.

772 *August Bebels Briefwechsel mit Karl Kautsky*, 1971, S. 169 Anm. 3.

773 Nettl, 1967, S. 318.

774 Luxemburg sprach im August 1905 in Gnesen, Bromberg, Thorn und Posen; vgl. *Reden*, 1976, S. 391.

775 Freiheitskämpfe der Vergangenheit und Gegenwart. Rede am 17. März 1905 im 12. sächsischen Reichstagswahlkreis in Leipzig. Nach einem Zeitungsbericht; GW, Bd. 7, S. 517–525.

776 Brief an Leo Jogiches vom 6.10.1905; GB, Bd. 2, S. 183.

777 So Otto Wels in seiner Begründung des Antrags; *Protokoll über die Verhandlungen des Parteitages*, 1905, S. 180.

778 Ebd., S. 187.

779 Bernstein, 1910, S. 163. Dort auch die Namen der weiteren Redakteure.

780 Roland-Holst, 1906.

781 Die Erklärung der sechs Redakteure sowie die Gegenerklärung des Parteivorstands sind publiziert im *Vorwärts* vom 26.10.1905. Vgl. auch *Der Vorwärts-Konflikt*, o.J.

782 Brief an Leo Jogiches vom 6.10.1905; GB, Bd. 2, S. 185.

783 Brief an Leo Jogiches vom 24./25.10.1905; ebd., S. 215.

784 Text auf der Visitenkarte von Karl Kautsky; ebd., S. 225 Anm. 643.

785 Brief an Leo Jogiches vom 28.10.1905; ebd., S. 225.

786 Das neue Verfassungsmanifest Nikolaus' des Letzten; GW, Bd. 6, S. 600–603.

787 Zum Folgenden Hildermeier, 2013, S. 1011 ff.

788 Ebd., S. 1011.
789 Ebd., S. 1013.
790 Das neue Verfassungsmanifest Nikolaus' des Letzten; GW, Bd. 6, S. 600.
791 Ebd., S. 601.
792 Ebd., S. 602.
793 Ebd., S. 602 f.
794 Hildermeier, 2013, S. 1013.
795 Das Pulver trocken, das Schwert geschliffen!; GW, Bd. 6, S. 604–606, hier S. 605.
796 Das neue Verfassungsmanifest Nikolaus' des Letzten; GW, Bd. 6, S. 603.
797 Brief an Leo Jogiches vom 24./25.10.1905; GB, Bd. 2, S. 215.
798 Ebd.
799 Zwischen dem 26.10. und dem 29.12.1905 gab es 51 solche Beiträge.
800 Brief an Leo Jogiches vom 1.11.1905; GB, Bd. 2, S. 228.
801 Ebd.
802 Ebd., S. 229.
803 Brief an Leo Jogiches vom 3.11.1905; ebd., S. 230 f.
804 Brief an Leo Jogiches vom 10.10.1905; ebd., S. 191.
805 Auch im *Vorwärts* erschien aber einer ihrer ersten Texte über die Russische Revolution: Die Revolution in Russland, *Vorwärts* vom 9./10.2.1905; GW, Bd. 1/2, S. 500–508.
806 Eine Probe aufs Exempel, *SAZ* vom 3.3.1905; ebd., S. 528–532, hier S. 528.
807 Hildermeier, 2013, S. 1188 ff.
808 Eine Probe aufs Exempel, *SAZ* vom 3.3.1905; ebd., S. 528–532, hier S. 528.
809 Ebd., S. 529.
810 Ebd., S. 531.
811 Morina, 2017, S. 467.
812 *Protokoll des Internationalen Sozialistischen Arbeiterkongresses*, 1894, S. 53 f.
813 Das belgische Experiment, *NZ*, 20. Jg. 1901/02, II. Teil, S. 105–110; GW, Bd. 1/2, S. 212–219.
814 Vgl. S. 162.
815 Zit. Roland-Holst, 1906, S. 198.
816 Kautsky, Karl, Vorwort, in: Roland-Holst, 1906, S. III-X, hier S. IV. Die erste Auflage dieses Buches erschien im Juni 1905, die zweite Auflage, nach der hier zitiert wird, kam Anfang 1906 heraus.
817 Roland-Holst, 1906, S. 201.
818 Ebd., S. 199.
819 Über politischen Streik, *Vorwärts* vom 25.6.1905.
820 Ebd.
821 Als freie Gewerkschaften bezeichnete man die sozialistisch orientierten Arbeitnehmerorganisationen, die der SPD nahestanden. Seit 1890 hatten sie einen Dachverband, die Generalkommission der Gewerkschaften Deutschlands. 1919 ging aus

den freien Gewerkschaften der Allgemeine Deutsche Gewerkschaftsbund (ADGB) hervor.

822 *Protokoll der Verhandlungen des Fünften Kongresses der Gewerkschaften Deutschlands. Abgehalten zu Köln a. Rh. vom 22. bis 27. Mai 1905*, Berlin 1905, S. 30.

823 Bömelburg, Theodor, Die Stellung der Gewerkschaften zum Generalstreik, in: *Die Massenstreikdebatte,* 1970, S. 346–354, hier S. 353.

824 Ebd., S. 348.

825 Ebd., S. 350.

826 Ebd., S.353.

827 Grebing, 1985, S. 124.

828 Schönhoven, Klaus, Arbeitskonflikte in Konjunktur und Rezession. Gewerkschaftliche Streikpolitik und Streikverhalten der Arbeiterschaft vor 1914, in: *Streik*, 1981, S. 177–193, hier S. 191.

829 Gewerkschaft und Partei, *Vorwärts* vom 8.6.1905.

830 *SPD und Gewerkschaften*, 1994, S. 28.

831 Anarchistische Phrasen, *Vorwärts* vom 25.8.1905.

832 Auf dem Titelblatt des Protokollbandes ist der 23. September als letzter Tag genannt, aus dem Protokoll selbst geht aber hervor, dass der Parteitag auch am 24. September noch getagt hat.

833 *Protokoll über die Verhandlungen des Parteitages*, 1905, S. 142 f.

834 Das Land Preußen hatte hier eine Schlüsselstellung. Es umfasste nach Fläche und Bevölkerung etwa zwei Drittel des Deutschen Reiches und verfügte im Reichsrat über eine Sperrminorität, sodass einer linken Mehrheit im Deutschen Reichstag selbst dann noch enge Grenzen ihrer Wirksamkeit auferlegt gewesen wären, wenn das Parlament deutlich mehr Rechte gehabt hätte, als es der Fall war.

835 Ebd., S. 242 ff.

836 Ebd., S. 256; GW, Bd. 1/2, S. 595–601, hier S. 595.

837 *Protokoll über die Verhandlungen des Parteitages*, 1905, S. 320; GW, Bd. 1/2, S. 601–603, hier S. 601.

838 Ebd., S. 320; ebd., S. 601 f.

839 Grebing, 1985, S. 118.

840 *Protokoll über die Verhandlungen des Parteitages*, 1905, S. 320 f; GW, Bd. 1/2, S. 601–603, hier S. 602.

841 Ebd., S. 334.

842 Ebd., S. 341.

843 Ebd., S. 285–313; Bebel, Bd. 2, 1981, S. 163–195.

844 Ebd., S. 342 f.

845 Brief an Henriette Roland-Holst vom 2.10.1905, GB, Bd. 6, S. 132 f.

846 Brief an Leo Jogiches vom 30.9.1905; GB, Bd. 2, S. 178.

847 Vgl. Brief an Leo Jogiches vom 29.9.1905; ebd. S. 175. Drei Termine hatte sie selbst vereinbart, die anderen drei musste sie für den erkrankten Bebel übernehmen.

848 Der politische Massenstreik; GW, Bd. 6, S. 633–637.
849 Der politische Massenstreik; ebd., S. 672–683. Der Text war erstmals 2005 publiziert worden: Die Russische Revolution 1905, 2005.
850 Der politische Massenstreik; GW, Bd. 6, S. 770–774.
851 Der politische Massenstreik; ebd., S. 633–637, hier S. 633.
852 Ebd., S. 634.
853 *Die Russische Revolution 1905*, 2005, S. 57.
854 *Hamburger Neueste Nachrichten* vom 16.11.1905; *Die Russische Revolution 1905*, 2005, S. 56.
855 Der politische Massenstreik; GW, Bd. 6, S. 770–774, hier S. 770.
856 Ebd., S. 774.
857 *Konservative Korrespondenz*, zit. *Vorwärts* vom 13.12.1905.
858 Handschriftliche Notiz vom 20.12.1905; Geheimes Staatsarchiv Preußischer Kulturbesitz, I. HA Rep. 77 CB P Nr. 172, Bl. 25.
859 Brief an Leo Jogiches vom 4.11.1905; GB, Bd. 2, S. 231.
860 Hanecki, Jakub, Die Verhaftung Rosa Luxemburgs, 1929; zit. Laschitza, 1996, S. 237.
861 Luxemburg zitierte den Artikel aus der *Bergarbeiter-Zeitung* auf dem Parteitag in Jena; *Protokoll über die Verhandlungen des Parteitages*, 1905, S. 269; GW, Bd. 1/2, S. 598.
862 Luxemburg schrieb einen Nachruf auf Marcin Kasprzak: Ein Opfer des weißen Terrors!, *Vorwärts* vom 11.9.1905; GW, Bd. 6, S. 553–558.
863 Brief an Luise und Karl Kautsky vom 29.12.1905; GB, Bd. 2, S. 239.
864 Brief an Luise und Karl Kautsky vom 30.12.1905; ebd.
865 Die Beiträge des Jahres 1906, die überwiegend in Warschau verfasst sind, in: *Arbeiterrevolution 1905/06*, 2015, S. 146–238.
866 Siehe dazu S. 131.
867 Julian Marchlewski in der *LVZ*; zit. Seidemann, 1998, S. 131.
868 Brief an Luise und Karl Kautsky vom 2.1.1906; GB, Bd. 2, S. 241.
869 Brief an Luise und Karl Kautsky vom Januar 1906; ebd., S. 245. Vgl. Brief an Luise und Kautsky vom 5.2.1906, ebd., S. 247. Zu den Umständen, unter denen die Zeitung erschien, siehe auch Politt, 2015 a, S. 18 f.
870 Brief an Luise und Karl Kautsky vom 2.1.1906; GB, Bd. 2, S. 240.
871 Vgl. beispielhaft: Kritik in der Arbeiterbewegung, *Czerwony Sztandar* vom 9.1.1906; Arbeiterrevolution 1905/06, 2015, S. 151–154.
872 Die ersten beiden Teile erschienen als Beilage zum *Czerwony Sztandar*; In revolutionärer Stunde: Was weiter?, GW, Bd. 1/2, S. 554–572. Der dritte Teil erschien als selbstständige Publikation im Verlag der Zeitung; In revolutionärer Stunde: Was weiter?, GW, Bd. 2, S. 11–36.
873 Siehe oben S. 242.
874 In revolutionärer Stunde: Was weiter?; GW, Bd. 2, S. 11–36, hier S. 12. Dazu Frölich, 1990, S. 146 f.

875 Brief von Karl Kautsky an Rosa Luxemburg vom 23.1.1906; BArch Nachlass Rosa Luxemburg NY 4002/61, Bl. 48 f.

876 Brief an Luise und Karl Kautsky vom Januar 1906; GB, Bd. 2, S. 245 f.

877 Brief an Luise und Karl Kautsky vom 13.3.1906; ebd., S. 249.

878 Ebd., S. 250.

879 So Nettl, 1967, S. 336 Anm. 100. Man sollte allerdings auch die Aktivitäten der Ochrana nicht unterschätzen.

880 »Offener Brief« von Herrn Daszyński oder: Die PPS auf Abwegen; Arbeiterrevolution 1905/06, 2015, S. 160–180.

881 So Politt, 2015, S. 20 f.

882 Protokoll der Militärstaatsanwaltschaft Warschau vom 30.10.1906. Das russische Original befindet sich im Kriegsgeschichtlichen Archiv Moskau, zitiert wird eine redigierte Version der deutschen Übersetzung vom 20.7.1956; BArch Nachlass Rosa Luxemburg NY 4002/61, Bl. 16–22, hier Bl. 21.

883 Brief an Luise und Karl Kautsky vom 7.4.1906; GB, Bd. 2, S. 252 f.

884 Brief an Sophie Liebknecht vom 18.2.1917; GB, Bd. 5, S. 179.

885 Eine lebhafte Schilderung der unbeschreiblichen hygienischen Verhältnisse in den Gefängniszellen im Rathaus gibt Dzierżyńska, 1977, S. 67 f.

886 Frölich, 1990, S. 154. Das »administrative Verfahren« kam gegen Personen zur Anwendung, die vor Gericht freigesprochen worden waren.

887 Die Äußerung Luxemburgs ist durch Jogiches überliefert; zit. ebd.

888 Brief an Luise und Karl Kautsky vom 13.3.1906; GB, Bd. 2, S. 251.

889 Rosa Luxemburg in Warschau verhaftet, *Vorwärts* vom 15.3.1906.

890 Hanecki, Jakub, Die Verhaftung Rosa Luxemburgs; zit. Laschitza, 1996, S. 246.

891 Vgl. Seidemann, 1998, S. 138.

892 Zit. Frölich, 1990, S. 156, Laschitza, 1996, S. 247.

893 Vgl. dazu Brief an Emanuel Wurm vom 8.7.1906; GB, Bd. 2, S. 257.

894 Castle, 2012, S. 107 Anm. 52. Diesen Umstand bestätigen auch Frölich, 1990, S. 156 Anm. 1, und Nettl, 1967, S. 339, von Laschitza wird er verschwiegen. In GB, Bd. 2, S. 256 Anm. 64 wird wahrheitswidrig behauptet, das Geld stammte von »Kampfgefährten«, da man wohl eine positive Aussage über die SPD unbedingt vermeiden wollte.

895 Der *Vorwärts* meldete fälschlich, sie sei am 30. Juni entlassen worden; Genossin Luxemburg aus der Haft entlassen, *Vorwärts* vom 3.7.1906.

896 Vgl. Brief an Luise und Karl Kautsky vom 11.8.1906; GB, Bd. 2, S. 263.

897 Peter Nettl und Max Gallo geben den Namen mit Cavos-Zaroudny an.

898 Vgl. Brief an Kostja Zetkin vom 3.1.1909; GB, Bd. 3, S. 10.

899 Brief an Luise und Karl Kautsky vom 11.8.1906; GB, Bd. 2, S. 261.

900 Genossin Rosa Luxemburg sendet uns die folgende Mitteilung, *Vorwärts* vom 22.1.1907. Vgl. auch Brief an Mathilde und Robert Seidel vom 12.1.1907; GB, Bd. 2, S. 279.

901 Ein Gerücht, *Vorwärts* vom 18.1.1907.

902 Luxemburg dementierte mit der schon zitierten Erklärung vom 22.1.1907, wobei sie zugleich mitteilte, dass sie von dem gegen sie ergangenen Urteil keine Kenntnis habe.

903 Brief an Kostja Zetkin vom 20.3.1907; GB, Bd. 2, S. 283. Seidemann, 1998, S. 148, gibt den 22. März an, was nicht stimmen kann, Laschitza nennt den Monat Februar, GB, Bd. 6, S. 142 Anm. 9.

904 Seidemann, 1998, S. 145.

905 Nettl, 1967, S. 347.

906 Ebd., S. 356 f.

907 Die russische Revolution, *LVZ* vom 29.9.1906; GW, Bd. 2, S. 177–181, hier S. 177.

908 Brief an Mathilde und Emanuel Wurm vom 18.7.1906; GB, Bd. 2, S. 259.

909 Ebd. In der Lindenstraße in Berlin-Kreuzberg residierte der Vorstand der SPD, während am Engelufer in Berlin-Mitte das Gewerkschaftshaus der Generalkommission der Gewerkschaften Deutschlands stand.

910 Nettl, 1967, S. 352.

911 Massenstreik, Partei und Gewerkschaften; GW, Bd. 2, S. 91–170. Die Textgestalt folgt dem ursprünglichen Manuskript. Die erzwungenen Streichungen sind in eckige Klammern gesetzt, die Zusätze stehen in den Anmerkungen.

912 *Protokoll über die Verhandlungen des Parteitages*, 1905, S. 305.

913 Ebd., S. 181.

914 Kautsky, 1914, S. 156.

915 *Protokoll über die Verhandlungen des Parteitages*, 1905, S. 305.

916 Ebd.

917 Ebd., S. 304 f.

918 Ebd., S. 260–262; GW, Bd. 2, S. 171–173, hier S. 173. Luxemburg hielt noch eine zweite Rede zum Verhältnis von Partei und Gewerkschaften, *Protokoll über die Verhandlungen des Parteitages*, 1905, S. 315 f; GW, Bd. 2, S. 174–176.

919 Kautskys Antrag, *Protokoll über die Verhandlungen des Parteitages*, 1905, S. 143.

920 Ebd., S. 262.

921 Ebd., S. 300.

922 Generalstreik und die deutsche Sozialdemokratie; GW, Bd. 6, S. 915–922. Im russischen Text wird, anders als im Deutschen, der Terminus »Generalstreik« benutzt.

923 Ebd., S. 920.

924 Die beiden Formulierungen finden sich immer wieder in Kautskys Briefen als Anrede bzw. Grußformel.

925 Radek, 1921, S. 15.

926 Brief an Clara Zetkin vom Oktober 1906; GB, Bd. 2, S. 273.

927 Massenstreik, Partei und Gewerkschaften; GW, Bd. 2, S. 91–170, hier S. 98.

928 Ebd., S. 125.

929 Die russische Revolution, *LVZ* vom 29.9.1906; GW, Bd. 2, S. 177–181, hier S. 181.

930 Vgl. Brief an Luise und Karl Kautsky vom 18.7.1906; GB, Bd. 2, S. 258.

931 So Benedikt Kautsky in seinem Vorwort in *Briefe an Freunde*, 1976, S. 10.

932 Brief an Benedikt Kautsky; GB, Bd. 2, S. 276f. Luise Kautsky schrieb über den Brief »Verzeih der verrückten Rosa, wenn man nichts lesen kann.« Das französische Original, die deutsche Übersetzung und eine Abbildung des Textes in *Briefe an Freunde*, 1976, S. 156ff.

933 Siehe oben S. 261.

934 Der Massenstreik vor Gericht. Verteidigungsrede am 12. Dezember 1906 vor dem Landgericht in Weimar; GW, Bd. 6, S. 923–927.

935 Brief an Kostja Zetkin vom 29.11.; GB, Bd. 2, S. 275.

936 Das dritte Zitat ist die Anrede in dem Brief an Kostja Zetkin vom 1.6.1908; GB, Bd. 6, S. 272. Dieser Brief gehört zu den 71 Briefen, die zu DDR-Zeiten in die Briefausgabe nicht aufgenommen wurden. Um die Legende, Luxemburg sei nur eine mütterliche Freundin gewesen, nicht zu gefährden, blieben die allzu offensichtlichen Liebesbriefe unveröffentlicht. Vgl. Laschitza, Vorwort, GB, Bd. 6, S. 3*.

937 Seidemann, 1998, S. 149.

938 Brief an Kostja Zetkin vom 7.10.1907; GB, Bd. 6, S. 258.

939 Brief an Kostja Zetkin vom 13.5.1908; ebd., S. 268.

940 Brief an Kostja Zetkin vom 1.6.1908; ebd., S. 272.

941 Brief an Kostja Zetkin vom 20.3.1907; GB, Bd. 2, S. 283.

942 Nettl, 1967, S. 366. Margarete von Trotta thematisiert dieses kurze Verhältnis in einer Szene ihres Films, bei dessen Produktion Annelies Laschitza wissenschaftliche Beraterin war; Trotta/Ensslin, 1986, S. 44ff.

943 Seidemann, 1998, S. 150, schreibt, Luxemburg habe Feinstein in Kuokkala getroffen. Kurz danach sei er nach Warschau zurückgekehrt und dort verhaftet worden. Nach den biografischen Angaben von Feinsteins Söhnen kann das aber nicht stimmen, weil Feinstein zu dem Zeitpunkt, zu dem Luxemburg in Kuokkola war, bereits im Gefängnis saß; Stefan und Witold Leder, Ein Lebensbild: Władysław Leder/Feinstein, in: *Unbedingt rot*, 2002, S. 41–46, hier S. 43f.

944 Gertrud Zlotto war seit 1907 bis zum 15. Oktober 1914 Luxemburgs Haushälterin. Es war die einzige, mit der sie einen gewissen gesellschaftlichen Verkehr unterhielt und auch nach ihrem Ausscheiden in brieflichem Kontakt blieb.

945 Brief an Kostja Zetkin vom 14.4.1908; GB, Bd. 6, S. 264. Dieser Brief zeigt, dass nicht nur Liebesbriefe im konventionellen Sinne in der DDR der Zensur zum Opfer fielen, sondern auch solche, die geeignet waren, an der revolutionären Heiligenlegende zu kratzen.

946 Ebd.

947 Ebd., S. 264f.

948 Der Ostersonntag war der 19. April 1908.

949 Die erste Adresse war Menzelstr. 10^{III} bei Rauscher, die zweite Peschkestr. 14^{IV} bei Großmann.

950 Brief an Karl Kautsky vom 15.4.1907; *August Bebels Briefwechsel mit Karl Kautsky*, 1971, S. 184.
951 Brief an Karl Kautsky vom 18.6.1907; ebd., S. 186.
952 Vgl. Kautsky, Benedikt, *Teufel und Verdammte. Erfahrungen und Erkenntnisse aus sieben Jahren in deutschen Konzentrationslagern*, Zürich 1946.
953 *Briefe an Freunde*, 1976.
954 Dazu Benedikt Kautsky, Vorwort, in: *Briefe an Freunde*, 1976, S. 7–17, hier S. 7 f.
955 Vgl. Brief von Karl Kautsky junior in Nettl, 1967, S. 830–834, hier S. 830.
956 Über seine Ehefrau wissen wir leider nichts.
957 Brief an Luise Kautsky vom 26.1.1917; GB, Bd. 5, S. 164.
958 Brief an Leo Jogiches vom Februar 1908, GB, Bd. 2, S. 325 f.
959 Brief an Leo Jogiches vom 6. oder 7. Juni 1908; ebd., S. 345.
960 Brief an Kostja Zetkin vom 5. Juni 1908; ebd., S. 344.
961 Brief an Kostja Zetkin vom 27. Juni 1908; ebd., S. 360.
962 Laschitza, 1996, S. 304. Diefenbach lieh ihr die eine Hälfte des Betrages. Die andere Hälfte kam von dem Stuttgarter Rechtsanwalt Hugo Faißt, der mit Luxemburg eng befreundet und wie sie ein großer Verehrer von Hugo Wolf war.
963 Zit. Lachmann, 1968. Da Luxemburg ihren Freund Diefenbach nur um 15 Monate überlebte, konnte sie das Erbe nicht mehr antreten. Ihre Erben erhielten 1927 eine erheblich reduzierte Summe; ebd., S. 175.
964 Brief an Kostja Zetkin vom 8. Juli 1908; GB, Bd. 2, S. 360 f.
965 Brief an Kostja Zetkin vom 2. Oktober 1908; GB. Bd. 6, S. 289.
966 Strobel, 1968, S. 104 und S. 131. Jakub Fürstenberg und Aleksander Rubinstein verließen die Hauptverwaltung ebenfalls.
967 Brief an Kostja Zetkin vom 4. August 1908; GB, Bd. 2, S. 365.
968 Hexelschneider, 2004, S. 39.
969 Brief an Kostja Zetkin vom 22. August 1908; GB, Bd. 2, S. 375.
970 Brief an Kostja Zetkin vom 12. August 1908; ebd., S. 371.
971 Dass sie nicht verheiratet war, geriet ihr später zum Vorteil, denn durch die Ehe mit Ossip Zetkin wäre sie russische Staatsbürgerin und damit ein potenzielles Opfer der stets ausweisungsbegierigen deutschen Polizei geworden; vgl. Puschnerat, 2003, S. 83.
972 Badia, 1994, S. 115.
973 Puschnerat, 2003, S. 83.
974 Vgl. Ettinger, 1990, S. 178 f.
975 Brief an Kostja Zetkin vom 12. Mai 1907; GB, Bd. 2, S. 288.
976 Brief an Kostja Zetkin vom 13. Mai 1907; ebd., S. 290.
977 Wilde, 2006, S. 68.
978 Die deutsche Arbeiterklasse und die russische Revolution, *Vorwärts* vom 14.6.1907; Begrüßungsrede, GW, Bd. 2, S. 205–214.
979 Ebd., S. 209.

980 Rede über die Rolle der Bourgeoisie in der Revolution 1905/06 in Russland; GW, Bd. 2, S. 214–226.
981 Ebd., S. 226.
982 Ebd., Anm. *. Vgl. auch Strobel, 1974, S. 344 f.
983 Wilde, 2006, S. 69.
984 Abschließende Worte; GW, Bd. 2, S. 226–232. Vgl. oben S. 318 f.
985 Brief an Kostja Zetkin vom 13. Mai 1907; GB, Bd. 2, S. 290.
986 Brief an Kostja Zetkin vom 22. Mai 1907; ebd., S. 293.
987 Internationaler Socialisten-Kongreß, 1907, S. 13.
988 Ebd.
989 Ebd., S. 3 ff.
990 Ebd., S. 76.
991 Vgl. Piper, 2013, S. 37.
992 *Internationaler Socialisten-Kongreß*, 1907, S. 81 bzw. S. 93.
993 Ebd., S. 93.
994 Dazu Braunthal, 1978, S. 340 ff. Vgl. Lenin, Der Internationale Sozialistenkongress in Stuttgart, in: Lenin, W.I., *Band 13. Juni 1907 bis April 1908*, Hrsg. Institut für Marxismus-Leninismus beim ZK der SED, Berlin 1982, S. 66–73, hier S. 71 ff.
995 *Internationaler Socialisten-Kongreß*, 1907, S. 97 f; GW, Bd. 2, S. 237 f.
996 Ebd., S. 97.
997 Ebd., S. 102; GW, Bd. 2, S. 235 f.
998 Der Gesamttext der Resolution in Günsche/Lantermann, 1977, S. 164 f.
999 Ebd., S. 165.
1000 Über das Amendment zur Resolution Bebels auf dem Stuttgarter Kongress, in: Lenin, W.I., Band 36. 1900–1923, Hrsg. Institut für Marxismus-Leninismus beim ZK der SED, Berlin 1962, S. 402.
1001 Die Eröffnungsrede Baaders in *Internationaler Socialisten-Kongreß*, 1907, Anhang S. 124 ff.
1002 Resolution zur Internationalen Konferenz sozialistischer Frauen, das Frauenwahlrecht betreffend, *Die Gleichheit* Nr. 17/1907, S. 143; *Internationaler Socialisten-Kongreß*, 1907, Anhang S. 137 f.
1003 *Internationaler Socialisten-Kongreß*, 1907, S. 120 ff.
1004 *Internationaler Socialisten-Kongreß*, 1907, Anhang S. 135 f; GW, Bd. 2, S. 233 f.
1005 Notz, 2008, S. 31 f.
1006 Badia, 1994, S. 61.
1007 Sachse, 2010, S. 155.
1008 Zetkin, Clara, Zur Frage des Frauenwahlrechts. Bearbeitet nach dem Referat auf der Konferenz sozialistischer Frauen zu Mannheim, Berlin 1907.
1009 *Protokoll über die Verhandlungen des Parteitages*, 1906, S. 440–455.
1010 Brief an Clara Zetkin um den 1.8.1907; GB, Bd. 2, S. 301 f.
1011 Brief an Kostja Zetkin vom 24.9.1907; ebd., S. 306.

1012 Eröffnung der Parteischule, *Vorwärts* vom 16.11.1906.
1013 Brief an Kostja Zetkin vom 24.9.1907; GB, Bd. 2, S. 306.
1014 Ebd., S. 307.
1015 Vortragszyklus zur Einführung in die Nationalökonomie; GW, Bd. 7/1, S. 105–115. Basis sind jüngst entdeckte Berichte der Berliner Politischen Polizei, vgl. Müller, 2013.
1016 Ebd., S. 105 Anm. 1 und 2.
1017 Müller, 2013, S. 129.
1018 Vgl. Briefe an Kostja Zetkin vom 4. und 7.10.1907; GB, Bd. 6, S. 257 und S. 259.
1019 *Protokoll über die Verhandlungen des Parteitages*, 1908, S. 57. Im Jahr darauf betrug die Gesamtzahl der Unterrichtsstunden 814, von denen 260 auf Luxemburg entfielen, was wiederum das bei Weitem größte Stundenkontingent war. An zweiter Stelle stand Heinrich Cunow mit 121 Stunden; *Protokoll über die Verhandlungen des Parteitages*, 1909, S. 48. Eine detaillierte Schilderung des Unterrichtsbetriebs gibt Luxemburg in ihrem Brief an Wilhelm Dittmann vom 23.5.1911; GB, Bd. 4, S. 63ff.
1020 Kautsky, 1929, S. 37.
1021 *August Bebels Briefwechsel mit Karl Kautsky*, 1971, S. 179 Anm. 2.
1022 Vgl. den Bericht von Clara Hacker-Törber, die eine von zwei Frauen des Lehrgangs 1910/11 war; *Karl und Rosa*, 1978, S. 96–103.
1023 *Die Akkumulation des Kapitals. Ein Beitrag zur ökonomischen Erklärung des Imperialismus*, Berlin 1913; GW, Bd. 5, S. 5–411.
1024 Erstmals aus dem Nachlass veröffentlicht; ebd., S. 524–778.
1025 Von den Zeitgenossen gilt das insbesondere für Franz Mehring, siehe S. 414f.
1026 Aufzeichnungen und häusliche Nachträge des Parteischülers Jacob Walcher zu den Vorlesungen von Rosa Luxemburg 1910/11; GW, Bd. 7/1, S. 311–408.
1027 Mitschriften der Parteischülerin Rosi Wolfstein in den Vorlesungen Rosa Luxemburgs 1912/13; ebd., S. 409–564. Zur Bedeutung von Walcher und Wolfstein Laschitza, Annelies, Vorwort, ebd., 15–72, hier S. 26ff.
1028 Vgl. z. B. Kritik der Parteischule, *Vorwärts* vom 19.8.1908.
1029 Zit. Ein Ahnungsloser, *Vorwärts* vom 22.8.1908.
1030 Zum Folgenden Grau, 2001, S. S. 244ff.
1031 Ein Ahnungsloser, *Vorwärts* vom 22.8.1908.
1032 Gegen die Anfeindungen der Parteischule, *Vorwärts* vom 30.8.1908.
1033 Grau, 2001, 246.
1034 Zit. Gegen die Anfeindungen der Parteischule, *Vorwärts* vom 30.8.1908.
1035 Zur Organisation des Bildungswesens, *Vorwärts* vom 1.9.1908.
1036 *Protokoll über die Verhandlungen des Parteitages*, 1908, S. 58.
1037 Ebd., S. 218.
1038 Ebd., S. 227.
1039 Ebd., S. 228.

1040 Ebd., S. 231; GW, Bd. 2, S. 254–256, hier S. 255.
1041 Ebd.; ebd., S. 256.
1042 Ebd., S. 235 f.
1043 Grau, 2001, S. 253.
1044 Fayet, 2007, S. 415 f. Die beiden Führer wurden später Opfer der stalinistischen Säuberungen. Horwitz starb 1937 in Moskau, Koszutska 1939.
1045 Schumacher/Tych, 1966, S. 186.
1046 Strobel, 1968, S. 68 f.
1047 Brief an Rosa Luxemburg vom 18.5.1909; Lenin, W.I., *Band 34. November 1895 bis November 1911*, hrsg. Institut für Marxismus-Leninismus beim ZK der SED, Berlin 1973, S. 388. Lenin bezieht sich auf den Artikel Revolutionärer Katzenjammer, *Proletari* Nr. 44 vom 21.4.1909.
1048 Ebd.
1049 »Lenins Buch gehörte zum festen Bestandteil der für alle Studenten obligatorischen Ausbildung im Fach Marxismus-Leninismus (ML) und musste daher zumindest in Auszügen gelesen werden.«; Koch, Martin, Innere und äußere Welt. Von Lenin geschmäht, von Einstein verehrt: Vor 175 Jahren wurde der Physiker und Philosoph Ernst Mach geboren, *Neues Deutschland* vom 16.2.2013.
1050 GB, Bd. 3, S. 64 Anm. 268.
1051 Vgl. Gorki, 1962, S. 186 ff.
1052 GB, Bd. 6, S. 166 Anm. 25.
1053 Vgl. Hexelschneider, 2004, S. 127 f.
1054 Brief an Leo Jogiches vom 10.8.1909; GB, Bd. 3, S. 65.
1055 Ebd.
1056 Ebd., S. 66.
1057 Brief an Anatoli Lunatscharski vom 21.8.1909; GB, Bd. 6, S. 167. Der Grund kann aber auch sein, dass die Einladung zu spät kam, vgl. Brief an Leo Jogiches vom 3.9.1909; GB, Bd. 3, S. 75.
1058 Geyer, 1981, S. 5, bietet einen ausgezeichneten Überblick über Organisationsstruktur und Fraktionswesen der SDAPR in den Jahren 1907 bis 1914.
1059 z. B. https://sites.google.com/site/sozialistischeklassiker2punkto/glossar/lenins-kampf-gegen-otsowisten-und-liquidatoren (26.3.2018).
1060 Brief an Kostja Zetkin vom 17.8.1909; GB, Bd. 6, S. 299 f.
1061 Brief an Kostja Zetkin vom 13.8.1909; ebd., S. 299.
1062 Brief an Kostja Zetkin zwischen 17.8. und 1.9.1909; GB, Bd. 3, S. 71.
1063 Sogar einen Lehrplan für den Kurs zur Geschichte des Sozialismus entwarf sie für ihn, vgl. Brief an Kostja Zetkin vom 8.10.1909; ebd., S. 95 f.
1064 Zum Folgenden Schütrumpf, 2013, sowie Harrison, Joe, Kostja and Gertrude Zetkin. The Russian Revolution Comes to Pender Harbour, in: *Harbour Spiel* Nr. 265, 2013, S. 16–21. Schütrumpf publiziert einen Brief Kostjas vom 27. April 1939, den dieser in der Hoffnung verfasst hatte, in die Vereinigten Staaten übersiedeln zu können.

1065 Brief an Kostja Zetkin vom 17.8.1909; GB, Bd. 6, S. 300.

1066 Brief an Leo Jogiches vom 3.9.1909; GB, Bd. 3, S. 74.

1067 Laschitza, 1996, S. 331. Dort heißt es »Krzystałowicz«, das ist vermutlich ein Druckfehler. Das Hotel heißt heute Hotel Steglitz International.

1068 Brief an Leo Jogiches vom September 1909; GB, Bd. 3, S. 90.

1069 Reden, 1976, S. 393 f.

1070 http://www.wahlen-in-deutschland.de/klPreussen.htm (27.3.2018). Der angegebene Prozentsatz bezieht sich auf die Stimmen der Urwähler. Die Bevölkerung wählte die Abgeordneten nicht direkt, sondern stimmte in offener Abstimmung für Wahlmänner, die dann die Abgeordneten wählten.

1071 Groh, 1973, S. 134 f; Heimann, Siegfried, *Der preußische Landtag 1899–1947. Eine politische Geschichte*, Berlin 2011, S. 79 f; Laschitza, 1996, S. 333.

1072 http://www.wahlen-in-deutschland.de/klPreussen.htm (27.3.2018).

1073 Der Bundesrat bestand aus Bevollmächtigten der Einzelstaaten des Deutschen Reiches. Vom Reichstag verabschiedete Gesetze bedurften seiner Zustimmung, damit sie in Kraft treten konnten. Vorsitzender des Bundesrats war der Reichskanzler, der lediglich die Sitzungen leitete und die Umsetzung der Beschlüsse überwachte. Da der Reichskanzler in der Regel zugleich der preußische Ministerpräsident war, konnte er auch als Mitglied des Bundesrats auftreten und Gesetzesinitiativen einbringen. Preußen hatte im Bundesrat 17 von 58 (später 61) Stimmen und damit eine dominierende Stellung, denn bei wichtigen Fragen, z. B. dem Militärwesen, Verbrauchssteuern oder Verfassungsänderungen, genügten 14 Stimmen, um ein Veto gegen Beschlüsse des Bundesrates einzulegen.

1074 Ab 1894 waren sie immer identisch, mit geringen Ausnahmen aber auch schon in der Zeit zuvor.

1075 Wette, *Militarismus in Deutschland. Geschichte einer kriegerischen Kultur*, Frankfurt a.M. 2008, S. 20. Zum neuesten Forschungsstand Förster, Stig: Ein militarisiertes Land? Zur gesellschaftlichen Stellung des Militärs im deutschen Kaiserreich, in: *Das deutsche Kaiserreich 1890–1914*, Hrsg. Bernd Heidenreich/Sönke Neitzel, Paderborn u. a. 2011, S. 157–174.

1076 *Vorwärts* vom 5.2.1910.

1077 Groh, 1973, S. 137. Groh betont in diesem Zusammenhang, »dass der Parteivorstand im Zeichen des revolutionären Attentismus und Praktizismus keine prinzipiell andere Politik verfolgte als die Generalkommission.«; ebd., S. 140.

1078 Zum Folgenden Groh, 1973, S. 140 ff.

1079 Luxemburg schildert die Demonstration in ihrem Brief an Clara Zetkin vom 7.3.1910; GB, Bd. 3, S. 120. Vgl. auch Gilcher-Holtey, 1986, S. 236.

1080 Ebd., S. 142 f.

1081 Zit. Die totgeschwiegene Wahlrechtsdebatte, *LVZ* vom 17.8.1910; GW, Bd. 2, S. 437–442, hier S. 437.

1082 Brief an Clara Zetkin vom 7.3.1910; GB, Bd. 3, S. 120 f. Vgl. Nettl, 1967, S. 410.

1083 Ebd., S. 121.

1084 Groh, 1973, S. 200.

1085 Was weiter?, *Arbeiter-Zeitung* vom 14. und 15.3.1910; GW, Bd. 2, S. 289–299.

1086 Zeit der Aussaat, *Volkswacht* vom 25.3.1910; GW, Bd. 2, S. 300–304.

1087 Was weiter?, *Arbeiter-Zeitung* vom 14. und 15.3.1910; GW, Bd. 2, S. 289.

1088 Ebd.

1089 Ebd., S. 290.

1090 Ebd., S. 293.

1091 Ebd., S. 294.

1092 Ebd., S. 299.

1093 Zeit der Aussaat, *Volkswacht* vom 25.3.1910; GW, Bd. 2, S. 302.

1094 Manche Parteizeitungen hatten deshalb eigene »Sitzredakteure«. Sie wurden im Impressum der Zeitung als verantwortlich im Sinne des Presserechts genannt und mussten deshalb alle Strafen absitzen, die von den Gerichten für namentlich nicht gezeichnete Beiträge verhängt wurden.

1095 Grunenberg, Antonia, Einleitung, in: *Die Massenstreikdebatte*, 1970, S. 5–44, hier S. 35.

1096 Bebel, Bd. 3, 1914, S. 15.

1097 Nipperdey, 1998, S. 567 ff.

1098 Niehuss, Merith, Die Stellung der Sozialdemokratie im Parteisystem Bayerns, Württembergs und Badens. in: *Der Aufstieg der deutschen Arbeiterbewegung. Sozialdemokratie und Freie Gewerkschaften im Parteiensystem und Sozialmilieu des Kaiserreichs*, Hrsg. Gerhard A. Ritter/Elisabeth Müller-Luckner, ND Berlin 2018, S. 103–126, hier S. 117 ff.

1099 Die badische Budgetabstimmung, *Bremer Bürger-Zeitung* vom 10.8.1910; GW, Bd. 2, S. 427–436, hier S. 427.

1100 Groh, 1973, S. 167 f.

1101 Kautsky, Karl, Zwischen Baden und Luxemburg, *NZ*, 28. Jg./1910, S. 652–667, hier S. 652.

1102 Ebd., S. 667.

1103 Vgl. Brief an Luise Kautsky vom 13.4.1910; GB, Bd. 3. Vgl. Der preußische Wahlrechtskampf und seine Lehren. Vortrag, gehalten am 17. April 1910 im Zirkus Schumann zu Frankfurt am Main von Dr. Rosa Luxemburg; Frankfurt/Main 1910; GW, Bd. 2, S. 305–333. Interessant ist, dass der *Vorwärts* selbst bei dieser Veranstaltung, die eine sehr große Resonanz hatte, die Passage über den Massenstreik in seinem Bericht über Luxemburgs Rede unterdrückte; Laschitza, 1996, S. 343.

1104 Groh, 1973, S. 144, nennt Konrad Haenisch, Karl Radek, Alfred Henke, Anton Pannekoek und Clara Zetkin. Radek, Pannekoek und Zetkin schlossen sich so wie Luxemburg später der KPD an.

1105 1910 erschienen die Texte Karl Kautsky, Was nun?, Rosa Luxemburg, Ermattung oder Kampf?, Karl Kautsky, Eine neue Strategie, und Rosa Luxemburg, Die Theorie und die Praxis, 1911 Karl Kautsky, Die Aktion der Masse; *Die Massenstreikdebatte*, 1970, S. 96–263. Luxemburgs Beiträge auch in GW, Bd. 2, S. 344–420.

1106 Kautsky, Karl, Was nun?, *NZ*, 28. Jg./1910; *Die Massenstreikdebatte*, 1970, S. 96–121, hier S. 96.

1107 Ermattung oder Kampf?, *NZ*, 28. Jg./1910; GW, Bd. 2, S. 344–377, hier S. 345.

1108 Brief an Leo Jogiches von Anfang Juni 1910; GB, Bd. 3, S. 164 f. Das ist der gesamte Text des Briefes. Er zeigt beispielhaft, wie sich Mitteilungsbedürfnis und die radikale Verweigerung jeder persönlichen Kommunikationsebene miteinander verbinden ließen.

1109 Ebd.

1110 Ebd., S. 348.

1111 Nettl, 1967, S. 356 ff.

1112 Die Theorie und die Praxis, *NZ*, 28. Jg./1910; GW, Bd. 2, S. 378–420, hier S. 418.

1113 Vgl. Kautskys »Darstellung des Luxemburgischen Gedankenganges« in Kautsky, 1914, S. 188–198.

1114 Kautsky, Karl, Die Aktion der Masse, *NZ*, 30. Jg./1911; *Die Massenstreikdebatte*, 1970, S. 233–263.

1115 Gilcher-Holtey, 1986, S. 246.

1116 Kautsky, 1914, S. 23.

1117 Matthias, 1957, S. 187.

1118 Stampfer, Friedrich, Wahlrechtsbewegung und Massenstreik, 24. Jg./1906; zit. Kautsky, 1914, S. 137.

1119 Kautsky, 1921, S. 15.

1120 Bebel starb im Frühjahr 1913 in der Schweiz, wo er in den letzten Jahren ganz überwiegend gelebt hatte.

1121 Brief an Karl Kautsky vom 5.8.1910; *August Bebels Briefwechsel mit Karl Kautsky*, 1971, S. 226.

1122 Brief an August Bebel vom 5.8.1910; Adler, 1954, S. 510.

1123 Brief an Victor Adler vom 16.8.1910; Adler, 1954, S. 513.

1124 Brief an Robert Seidel vom 23.6.1898; GB, Bd. 1, S. 152.

1125 Brief an Kostja Zetkin; GB, Bd. 3, S. 222. Zwei Tage später schrieb sie ihm: »Mir graut vor Kopenhagen, vor den Menschen, dem Trubel.«; ebd., S. 223.

1126 Ettinger, 1990, S. 200.

1127 Brief an Kostja Zetkin von Mitte August 1912; GB, Bd. 4, S, 239.

1128 Brief an Kostja Zetkin von 15. August 1912; ebd.

1129 1914 schrieb sie dann wieder 25 Briefe, 1915 waren es 13, danach kam nichts mehr.

1130 Laschitza, 2010, S. 96.

1131 Ettinger, 1990, S. 200; Cartarius, 1991, S. 321.

1132 Ettinger, 1990, S. 200.

1133 Vgl. Brief an Leo Jogiches vom 26.9.1910; GB, Bd. 3, S. 235.

1134 Brief an Kostja Zetkin vom 28.7.1909; ebd., S. 53.

1135 Briefe an Leo Jogiches: 1906 0, 1907 0, 1908 8, 1909 vor der Trennung 23, nach der Trennung 38, 1910 87, 1911 61, 1912 44, 1913 72, 1914 10, 1915 1. Briefe an Kostja Zetkin: 1906 1, 1907 34, 1908 134, 1909 vor der Trennung 30, nach der Trennung 21, 1910 116, 1911 127, 1912 111, 1913 1, 1914 25, 1915 13, insgesamt an Jogiches 344, an Zetkin 613.

1136 Brief an Kostja Zetkin vom 26.6.1910; GB, Bd. 3, S. 182.

1137 Brief an Kostja Zetkin vom 28.7.1910; ebd., S. 203.

1138 Ebd.

1139 Vgl. Brief an Clara Zetkin vom 23.7.1910; ebd., S. 202, sowie Brief an Kostja Zetkin vom 16.8.1910; ebd., S. 218.

1140 Für den Beschluss stimmten 136 Delegierte, dagegen 36. Bei einer weiteren Abstimmung wurde mit noch größerer Mehrheit die Forderung der preußischen und sächsischen Genossen zurückgewiesen, dass die badischen Landtagsabgeordneten ihre Mandate niederlegen sollten; GW, Bd. 7/2, S. 627 Anm. 2.

1141 Dieser Antrag wurde mit 145 gegen 22 Stimmen angenommen; ebd.

1142 Vgl. Brief an Clara Zetkin vom 17.8.1910; GB, Bd. 3, S. 218.

1143 Nettl, 1967, S. 424.

1144 Reden, 1976, S. 394.

1145 Vgl. S. 351.

1146 Sozialdemokratie und Monarchie. Rede am 24. August 1910 in einer Volksversammlung in Pforzheim, *Freie Presse* vom 25.8.1910; GW, Bd. 7/2, S. 627–630, hier S. 627. Die ist ein Bericht über den vierten und letzten Auftritt Luxemburgs. Wir dürfen davon ausgehen, dass die Reden an den drei vorausgehenden Abenden ähnlich waren.

1147 Ebd., S. 629.

1148 Ebd.

1149 Briefe an Kostja Zetkin vom 25.8. und 27.8.1910; GB, Bd. 3, S. 222 f.

1150 Brief an Leo Jogiches vom 22.7.1910; ebd., S. 199.

1151 Laschitza, 1996, S. 360. Vgl. Brief an Leo Jogiches, GB, Bd. 3, S. 224 ff.

1152 *Internationaler Sozialisten-Kongreß zu Kopenhagen*, 1910, S. 130.

1153 Ebd., S. 2.

1154 Internationaler Sozialistenkongress vom 28. August bis 3. September 1910 in Kopenhagen. Beiträge und Resolutionen; GW, Bd. 7/2, S. 631–651.

1155 Ebd., S. 640. Die Resolution war erstmals abgedruckt in GW, Bd. 2, S. 450.

1156 Brief an Leo Jogiches vom 31.8.1910; GB, Bd. 3, S. 225.

1157 GW, Bd. 7/2, S. 636–638.

1158 Erklärung zu Abrüstung und Frieden am 1. September 1910; GW, Bd. 7/2, S. 651. Vgl. Brief an Leo Jogiches vom 31.8.1910; GB, Bd. 3, S. 224 ff.

1159 Brief an Kostja Zetkin vom 30.8.1910; GB, Bd. 3, S. 224.

1160 Brief an Brandel Geck vom 2.9.1910; ebd., S. 227.

1161 Brief an Kostja Zetkin vom 5.9.1910; ebd., S. 228.

1162 GB, Bd. 3, S. 228 Anm. 508. Die Angaben weichen ab von denen in *Reden*, 1976, S. 394. In Schopfheim und Lörrach sprach sie über »Monarchie, Kaiserreden und Sozialdemokratie«; GW, Bd. 7/2, S. 652–660.

1163 Vgl. Brief an Kostja Zetkin vom 17.9.1910; GB, Bd. 3, S. 231 f.

1164 Jacob, 1988, S. 443.

1165 *Protokoll über die Verhandlungen des Parteitages*, 1910, S. 238–385 und S. 406–451. Die Debatten fanden statt am 20./21. und am 23. September. Am 22. September machte der Parteitag einen Ausflug.

1166 Piper, 2013, S. 318 ff.

1167 *Protokoll über die Verhandlungen des Parteitages*, 1910, S. 178.

1168 Ebd., S. 375.

1169 Ebd., S. 181 f; GW, Bd. 2, S. 451.

1170 Ebd., S. 307; Antrag zum politischen Massenstreik, GW, Bd. 2, S. 451–456, hier S. 456.

1171 A Fatal Blow to Socialism, *The New York Times* vom 23.9.1910.

1172 »Then we grieve to say that she was howled down, just as a man might have been.«

1173 *Protokoll über die Verhandlungen des Parteitages*, 1910, S. 426–430; Begründung des Antrages zum politischen Massenstreik, GW, Bd. 2, S. 456–462.

1174 *Protokoll über die Verhandlungen des Parteitages*, 1910, S. 181; Antrag zum politischen Massenstreik, GW, Bd. 2, S. 451.

1175 Ebd., S. 441. Zur Kontroverse zwischen Leinert und Liebknecht Trotnow, 1982, S. 126.

1176 Ebd., S. 450. Vgl. Die Wahlrechtsdebatte, *Vorwärts* vom 24.9.1910.

1177 Brief an Leo Jogiches vom 23.9.1910; GB, Bd. 3, S. 233. Vgl. Laschitza, 1996, S. 365.

1178 Ebd., S. 233 f.

1179 So sprach sie am 1. Oktober über den politischen Massenstreik und die Gewerkschaften in Hagen bei der außerordentlichen Mitgliederversammlung des Deutschen Metallarbeiter-Verbandes; GW, Bd. 2, S. 463–483.

1180 Brief an Leo Jogiches vom 9.10.1910; GB, Bd. 3, S. 239.

1181 Brief an Leo Jogiches vom 7.10.1910; ebd., S. 238.

1182 Brief an Leo Jogiches vom 10.10.1910; ebd., S. 241.

1183 Laschitza, 1996, S. 366 f.

1184 Politt, Holger, Einführung, in: *Nach dem Pogrom*, 2014, S. 9–19, hier S. 16.

1185 *Nach dem Pogrom*, 2014, S. 25–97. Die ersten acht Texte erschienen im *Młot*, der letzte nach dessen Verbot im *Czerwony Sztandar*.

1186 Ebd., S. 33.

1187 Ebd., S. 36.

1188 Ebd., S. 69. Vgl. auch Silberner, 1978, 337, und Fischer, 2007, S. 218 ff.

1189 Brief an Émile Vandervelde vom 8.10.1910; GB, Bd. 6, S. 173.

1190 Laschitza, 1996, S. 369 f.

1191 Silberner, 1978, S. 333.

1192 Freidenkertum und Sozialdemokratie, *Vorwärts* vom 27.9.1910; GW, Bd. 7/2, S. 657–660; Ein literarisches Bravo, *Vorwärts* vom 23.11.1910; GW, Bd. 7/2, S. 663 f; Befremdende Kampfmethoden, *Vorwärts* vom 14.12.1910; GW, Bd. 7/2, S. 671 f. Die drei Texte sind auch in dem Band *Nach dem Pogrom*, 2014, enthalten.

1193 Die Unterdrückung des »Młot«, *Vorwärts* vom 20.12.1910; GW, Bd. 7/2, S. 673.

1194 GB, Bd. 3, S. 274 Anm. 652.

1195 Vgl. Brief an Kostja Zetkin vom 3.1.1911; GB, Bd. 4, S. 7.

1196 Siehe Reden, 1976, S. 395.

1197 Dittmann, Band 1, 1995, S. 175.

1198 Die gegenwärtige politische Lage. Rede am 28. Mai 1911 in öffentlichen Versammlungen in Eisleben und Hettstedt, *Volksblatt* vom 1.6.1911; GW, Bd. 7/2, S. 674–676.

1199 Sie sprach am 13. Juni in Danzig, am 14. Juni in Ludwigshof bei Königsberg und am 15. Juni in Elbing jeweils über dasselbe Thema: Unser Kampf um die Macht, *Königsberger Volkszeitung* vom 15.6.1911; GW, Bd. 2, S. 530–541.

1200 Brief an Kostja Zetkin vom 14.6.1911; GB, Bd. 4, S. 73.

1201 An dieser Stelle sei noch einmal auf die ausgezeichnete Übersicht bei Geyer, 1981, S. 5, verwiesen.

1202 Der Verlauf dieser durchaus geschichtsträchtigen Tagung soll hier nicht im Detail erörtert werden. Unterschiedlich akzentuierte Darstellungen finden sich bei Laschitza, 1996, S. 400 ff, Strobel 1974, S. 401 ff, und Geyer, 1981, S. 96 ff.

1203 Zit. Strobel, 1974, S. 401 f.

1204 Geyer, 1981, S. 21. Philipp Blom, *Der taumelnde Kontinent. Europa 1900–1914*, München 2009, S. 171, nennt teilweise andere Daten.

1205 Geyer, 1981, S. 24.

1206 Ebd., S. 404.

1207 Vgl. zu den einzelnen Vorgängen die Zeittafel ebd., S. XVI ff. Eine deutlich abweichende Darstellung der Vorgänge gibt GB, Bd. 4, S. 29 Anm. 101.

1208 Wenn es darum ging, Lenins Forderungen abzuwehren, waren die Treuhänder durchaus nach wie vor handlungswillig und -fähig, vgl. Geyer, ebd., S. 144 f.

1209 Ebd., S. XVIII. Die Treuhänder hatten schon am 9.7.1911 gefordert, eine Konferenz zur Wiederherstellung der Einheit der SDAPR einzuberufen. Anschließend sollten dann die Gelder an die verschiedenen Fraktionen verteilt werden. Die Konferenz kam aber nicht zustande; GB, Bd. 4, S. 98 Anm. 373. Luxemburg hielt die Idee der Konferenz für verfehlt, vgl. Brief an Luise Kautsky vom 15.8.1911; GB, Bd. 4, S. 102 f.

1210 Strobel, 1974, S. 411; Geyer, 1981, S. 167; Ettinger, 1990, S. 219.

1211 Brief an Kostja Zetkin vom 1.9.1911; GB, Bd. 4, S. 110.

1212 Vgl. Fesser, Gerd, Der Panthersprung nach Agadir. Mit dem deutschen Marineabenteuer vor Marokkos Küste begann am 1. Juli 1911 der Weg in den Ersten Weltkrieg, *Die Zeit* v. 30. 6. 2011.

1213 Schreiben von Camille Huysmans an die Genossen Sekretäre und Delegierten der Sozialistischen Parteien aller Länder vom 6.7.1911; *Protokoll über die Verhandlungen des Parteitages*, 1911, S. 464.

1214 Wachenheim, 1967, S. 502 f; Trotnow, 1982, S. 158 f.

1215 Schreiben von Hermann Molkenbuhr an das ISB vom 8.7.1911; *Protokoll über die Verhandlungen des Parteitages*, 1911, S. 467.

1216 Schreiben von August Bebel an Camille Huysmans vom 12.7.1911; ebd., S. 468.

1217 Groh, 1973, S. 237.

1218 Wachenheim, 1967, S. 503.

1219 Brief von August Bebel an Victor Ader vom 9.8.1911; Adler, 1954, S. 539.

1220 Um Marokko, *LVZ* vom 24.7.1911; GW, Bd. 3, S. 5–11.

1221 Ebd., S. 5.

1222 Groh, 1973, S. 237 f. Vgl. den Bericht des Parteivorstands auf dem Jenaer Parteitag dazu; *Protokoll über die Verhandlungen des Parteitages*, 1911, S. 193.

1223 Friedensdemonstrationen, *LVZ* vom 31.7.1911; GW, Bd. 3, S. 12–17.

1224 Die sozialdemokratische Partei und die Marokkofrage, *Vorwärts* vom 4.8.1911.

1225 Die Marokkokrise und der Parteivorstand; GW, Bd. 3, S. 18–20.

1226 An der Spitze der Regierung des Deutschen Reiches stand der vom Kaiser ernannte Reichskanzler. Ihm waren Staatssekretäre unterstellt, die Reichsämter leiteten, z. B. das Reichsamt des Inneren. Minister, die ein Kollegialorgan gebildet hätten, gab es nicht. Deshalb war es allgemein üblich, die Reichsregierung als Reichsleitung zu bezeichnen.

1227 *Vorwärts* vom 9.8.1911.

1228 Groh, 1973, S. 241.

1229 *Weltpolitik, Weltkrieg und Sozialdemokratie!*, Berlin 1911; *Dokumente und Materialien zur Geschichte der deutschen Arbeiterbewegung*, Hrsg. Institut für Marxismus-Leninismus beim ZK der SED, Band IV: März 1898–Juli 1914, 2. Aufl. Berlin 1975, S. 356–61.

1230 Unser Marokkoflugblatt, *LVZ* vom 26.8.1911; GW, Bd. 3, S. 32–36, hier S. 33.

1231 Kautsky, Karl, Eine Musterkritik, *Vorwärts* vom 29.8.1911.

1232 Zur Erwiderung, *LVZ* vom 30.8.1911; GW, Bd. 3, S. 43 f. Der *Vorwärts* brachte die Erwiderung ebenfalls.

1233 Brief an Leo Jogiches vom 29.8.1911; GB, Bd. 4, S. 108. Nettl, 1967, S. 427, vertritt die gegenteilige Auffassung.

1234 Brief von Clara Zetkin an Karl Kautsky vom 30.8.1911; Geyer, 1981, S. 481.

1235 Brief August Bebels an Karl Kautsky vom 30.8.1911; *August Bebels Briefwechsel mit Karl Kautsky*, 1971, S. 270.

1236 B[ernstein], Ed[uard], Die auswärtige Politik des Deutschen Reiches und die Sozialdemokratie I, *Vorwärts* vom 13.8.1911; Die auswärtige Politik des Deutschen Reiches und die Sozialdemokratie II, *Vorwärts* vom 15.8.1911; Neue Englandhetze, *Vorwärts* vom 1.9.1911.

1237 Volk von Berlin!, *Vorwärts* vom 1.9.1911. Ein erster Aufruf, der die ganze Titelseite einnahm, war bereits zwei Tage zuvor erschienen: Gegen den Krieg! Für den Völkerfrieden!, *Vorwärts* vom 30.8.1911.

1238 Die Armee des Friedens, *Vorwärts* vom 4.9.1911.

1239 Brief August Bebels an Luise Kautsky vom 21.9.1911; *August Bebels Briefwechsel mit Karl Kautsky*, 1971, S. 274.

1240 Brief an Clara Zetkin von Ende Juli 1911; GB, Bd. 4, S. 95.

1241 Das vollständige Sachregister der Frauenkonferenz: *Protokoll über die Verhandlungen des Parteitages*, 1911, S. 495 f.

1242 Brief von August Bebel an Victor Ader vom 9.8.1911; Adler, 1954, S. 539. Dies ist das zu dem weiter oben schon einmal zitierten Brief.

1243 *Zur Marokkofrage*, [Berlin 1911], S. 7. Diese sehr seltene achtseitige Broschüre, die die gesamte Korrespondenz in der Sache dokumentiert, ist in der Deutschen Nationalbibliothek vorhanden. Außerdem gibt es Exemplare im BArch mit den Signaturen 51/7048 und 74 B 580-a.

1244 *Protokoll über die Verhandlungen des Parteitages*, 1911, S. 204–207; GW, Bd. 3, S. 48–53. Die Redaktion der Gesammelten Werke hat dem Text die etwas irreführende Überschrift »Rede gegen die Passivität des Parteivorstands in der Marokkokrise« gegeben.

1245 Ebd., S. 206.

1246 Ebd., S. 207.

1247 Ebd., S. 215.

1248 Ebd., S. 247–249; GW, Bd. 3, S. 53–56.

1249 Ebd., S. 348; GW, Bd. 3, S. 46 f.

1250 Die Resolution des Parteivorstands ebd., S. 160, das Amendement ebd., S. 162 f; GW, Bd. 3, S. 45 f.

1251 Ebd., S. 162.

1252 Ebd., S. 181.

1253 Brief Trotzkis an Rudolf Hilferding vom 20.9.1911; Geyer, 1981, S. 519 f. Vgl. ebd., S. 139 ff.

1254 Groh, 1973, S. 255; Laschitza, 1996, S. 392 f.

1255 Resolution über die Lebensmittelteuerung; GW, Bd. 3, S. 57.

1256 Dem Weltkrieg entgegen, *Schwäbische Tagwacht* vom 9.10.1911; GW, Bd. 3, S. 58–65.

1257 Ebd., S. 63.

1258 Vgl. Brief an Kostja Zetkin vom 19.10.1911; GB, Bd. 4, S. 119.

1259 Brief an Kostja Zetkin vom 22.11.1911; GB, Bd. 4, S. 127 f.

1260 *Verhandlungen des Reichstages. XII. Legislaturperiode, 6. Session*, Berlin 1911, S. 7730.

1261 Ebd.

1262 Reden, 1976, S. 396. Die erste Rede: Die politische Lage und die Sozialdemokratie, *LVZ* vom 4.12.1911; GW, Bd. 3, S. 70–79.

1263 Brief an Kostja Zetkin vom 9.12.1911; GB, Bd. 4, S. 138.

1264 Ebd., S. 139.

1265 Der I. Berliner Wahlkreis umfasste Alt-Berlin, Cölln, Friedrichswerder, Dorotheenstadt und Friedrichstadt-Nord, das ist ein Teil des heutigen Bezirks Mitte.

1266 Genossin Rosa Luxemburg ersucht uns um Aufnahme folgender Zuschrift, *Vorwärts* vom 22.12.1911; GW, Bd. 3, S. 83.

1267 Der Aufmarsch der politischen Parteien zur Reichstagswahl. Rede am 3. Januar 1912 in einer Volksversammlung in Weimar; GW, Bd. 7/2, S. 721 f. Am Tag darauf sprach sie in Arnstadt in Thüringen: Die bevorstehenden Reichstagswahlen. Rede am 4. Januar 1912 in einer öffentlichen Volksversammlung in Arnstadt; GW, Bd. 7/2, S. 723–725.

1268 Nipperdey, 1998, S. 356.

1269 Die nicht-konservativen Fraktionen wählten sogar Philipp Scheidemann in Anerkennung des sozialdemokratischen Wahlerfolgs zum Vizepräsidenten des Reichstages, was aber zu nichts führte, weil er den Antrittsbesuch beim Kaiser ablehnte. Vgl. Nipperdey, 1998, S. 748 f.

1270 Die am 6. März 1910 gegründete Fortschrittliche Volkspartei ging aus einem Zusammenschluss von Freisinniger Volkspartei, Freisinniger Vereinigung und Deutscher Volkspartei hervor.

1271 1874 hatte es nur in 46 Wahlkreisen Stichwahlen gegeben. Seitdem war die Zahl ständig gestiegen, was mit dem Abbröckeln der Hochburgen, der größeren Parteienvielfalt und nicht zuletzt mit dem Aufstieg der SPD zusammenhing.

1272 Zit. GW, Bd. 3, S. 91 Anm. 3.

1273 Die SPD erhielt im ersten Wahlgang 64 Mandate. Von 124 Stichwahlen gewann sie 46; *Protokoll über die Verhandlungen des Parteitages*, 1912, S. 28.

1274 Was nun?, *Die Gleichheit*, 22. Jg./1912, S. 145–147; GW, Bd. 3, S. 91–99, hier S. 99.

1275 Unsere Stichwahltaktik, *LVZ* vom 29.2./1.3./2.3./4.3.; GW, Bd. 3, S. 100–123.

1276 Unser Wahlsieg und seine Lehren, *Bremer Bürger-Zeitung* vom 2.3.1912; GW, Bd. 3, S. 124–133.

1277 In den Concordia-Festsälen in der Andreasstr. 64 in Friedrichshain befand sich seit 1891 das Innungshaus der Bäckerinnung Concordia. Hier fanden bedeutende Veranstaltungen der Arbeiterbewegung statt, z. B. 1892 der SPD-Parteitag, Friedrich Engels sprach hier am 22. September 1893 auf einer Großveranstaltung. 1943 wurde das Gebäude bei einem Luftangriff zerstört.

1278 Die Generalversammlung von Groß-Berlin, *Vorwärts* vom 19.3.1912.

1279 General-Versammlung des Verbandes sozialdemokratischer Wahlvereine Berlins und Umgebung, *Vorwärts* vom 2.4.1912.

1280 Vgl. Brief an Leo Jogiches vom 22.3.1912; GB, Bd. 4, S. 186.

1281 Über das Stichwahlabkommen, *Vorwärts* vom 2.4.1912; GW, Bd. 3, S. 152–158, hier S. 158. Eine stark gekürzte Fassung der Rede erschien vier Tage später in Bremen:

Zum Stichwahlabkommen, *Bremer Bürger-Zeitung* vom 6.4.1912; GW, Bd. 7/2, S. 733–735.

1282 Groh, 1973, S. 289 f.

1283 Wachenheim, 1967, S. 548.

1284 Aus dem russischen Parteileben, *Vorwärts* vom 26.3.1912. Es gibt einige kleine Abweichungen. Wo in Lenins Bericht von ZK gesprochen wird, heißt es im *Vorwärts* Vorstand. Und der abschließende Hinweis auf Lenins Pariser Adresse zur Kontaktaufnahme mit der SDAPR fehlt im *Vorwärts*.

1285 Bericht an das Internationale Sozialistische Büro über die gesamtrussische Konferenz der SDAPR; Lenin, Band 17, 1978, S. 495–497.

1286 Aus dem russischen Parteileben, *Vorwärts* vom 26.3.1912.

1287 Lenin, Der Anonymus aus dem »Vorwärts« und die Sachlage in der Sozialdemokratischen Arbeiterpartei Russlands; Lenin, *Band 17*, 1978, S. 525–538. Das ZK der SED, Herausgeber der Werkausgabe, betont, Trotzkis Kommentare seien »verleumderisch«; ebd., S. 597 Anm. 139. Die Broschüre erschien im März 1912 auf Deutsch im Verlag der bolschewistischen Zeitschrift *Sozial-Demokrat* in Paris.

1288 Aus dem russischen Parteileben, *Vorwärts* vom 30.3.1912; GW, Bd. 7/2, S. 730–732.

1289 Ebd., S. 730 f.

1290 Ebd., S. 732.

1291 Siehe Laschitza, 1996, S. 406 f.

1292 Schumacher/Tych, 1966, S. 183 f.

1293 Strobel, 1968, S. 128.

1294 Siehe Schreiben an Leo Jogiches vom 5. oder 6.4.1912; GB, Bd. 4, S. 194 f. Vgl. GB, Bd. 6, S. 182 Anm. 9.

1295 Schütrumpf, Jörn, Auf dem Wege zu den Bolschewiki, in: Zetkin, 2016, S. 495–522, hier S. 504 Anm. 32.

1296 Mitteilung des Parteivorstands der Sozialdemokratie Polens und Litauens an das Internationale Sozialistische Büro in Brüssel vom 8.7.1912; Nettl, 1967, S. 560 f. Gutjahr, 2012, S. 71 f.

1297 Lenin, An das Sekretariat des Internationalen Sozialistischen Büros vom 31.8.1912; Lenin, *Band 18*, 1974, S. 266 f. Vgl. Nettl, 1967, S. 561.

1298 Schreiben des Warschauer Komitees der SDKPiL (»Spalter«) an das Internationale Sozialistische Büro vom 31.7.1912; Strobel, 1968, S. 284–286.

1299 Zit. Nettl, 1967, S. 562.

1300 Er hatte eine selbst für einen Berufsrevolutionär ungewöhnlich große Zahl von Pseudonymen und Kryptonymen, deren Aufzählung in Gutjahrs Biografie eine ganze Seite einnimmt; Gutjahr, 2012, S. 905.

1301 Brief an Leo Jogiches vom 27.6.1905; GB, Bd. 2, S. 143. Persönlich lernte Luxemburg ihn am 20. Oktober kennen, vgl. Brief an Leo Jogiches vom 20.10.1905, ebd., S. 210; Gutjahr, 2012, S. 46 f.

1302 Gutjahr, 2012, S. 7.

1303 Radek, 1913, S. 21.
1304 Zum Folgenden Moring, 1968, S. 176 ff.
1305 Brief von August Thalheimer an Karl Radek vom 28.6.1911, zit. ebd., S. 177.
1306 Thalheimer, August, Der Revolution entgegen, *Freie Volkszeitung* vom 30.12.1911.
1307 Vom Parteivorstand wurde das entschieden bestritten, vgl. Eberts ausführliche Darstellung auf dem Chemnitzer Parteitag; *Protokoll über die Verhandlungen des Parteitages*, 1912, S. 210 f.
1308 Radek, Karl, Ein Gewaltstreich, *LVZ* vom 4.6.1912.
1309 Brief an Kostja Zetkin vom 30.4.1912; GB, Bd. 4, S. 206.
1310 Brief an Kostja Zetkin vom 10.6.1912; ebd., S. 222.
1311 Brief an Leo Jogiches von Ende August 1912; ebd., S. 240.
1312 Gutjahr, 2012, S. 73. Das Urteil erging in Abwesenheit, nachdem Radek bei der ersten Sitzung zwei Tage zuvor die Zuständigkeit des Parteigerichts bestritten hatte. Am 24.8. wird der Parteivorstand der SPD informiert, am 26.8. wird ihm das Urteil offiziell zugestellt; Moring, S. 179.
1313 Moring, 1968, S. 179 Anm. 483; Gutjahr, 2012, S. 73.
1314 Ein Ausschluss, *Vorwärts* vom 1.9.1912.
1315 Zum Fall Radek, *Vorwärts* vom 6.9.1912. Zum Aufnahmeantrag Moring, 1968, S. 181. Dem widerspricht allerdings der bei Gutjahr, 2012, S. 54 Anm. 63 zitierte Brief des Sozialdemokratischen Zentralvereins für Teltow-Beeskow-Strokow an den Parteivorstand vom 31.8.1912.
1316 Moring, 1968, S. 183.
1317 Blinder Eifer, *Vorwärts* vom 14.9.1912; GW, Bd. 3, S. 173–176.
1318 Ebd., S. 176.
1319 Ebd., S. 175.
1320 Ebd., S. 174.
1321 Lenin, Rosa Luxemburg und der polnische ›Partei‹vorstand in Martows Fußstapfen; Lenin, *Werke. Ergänzungsband 1896–Oktober 1917*, Hrsg. Institut für Marxismus-Leninismus beim ZK der SED, 2. Aufl. Berlin 1972, S. 254–258. Dieser Text, den Lenin am 17.9.1912 geschrieben hatte, blieb jahrzehntelang unveröffentlicht. Peter Nettl hat ihn 1964 erstmals publiziert; Nettl, 1967, S. 559 Anm. 94.
1322 Ebd., S. 254.
1323 Lenin, Die Lage in der SDAPR und die nächsten Aufgaben der Partei, *Gazeta Robotnicza* vom 16.7.1912; Lenin, *Band 18*, 1974, S. 140–147.
1324 Blinder Eifer; GW, Bd. 3, S. 173–176, hier S. 174.
1325 Karl Radek sendet uns folgende Erwiderung, *Vorwärts* vom 17.9.1912.
1326 Nettl, 1967, S. 555.
1327 Vgl. GB, Bd. 4, S. 242 ff.
1328 Brief an Kostja Zetkin vom 28.9.1912; ebd., S. 249.
1329 Brief an Kostja Zetkin vom 8.10.1912; ebd., S.250.

1330 *Protokoll über die Verhandlungen des Parteitages*, 1912, S. 209.
1331 Insbesondere ebd., S. 212 ff.
1332 Ebd., S. 214.
1333 Ebd., S. 515.
1334 Zit. Moring, 1968, S. 191.
1335 Ebd., S. 186; Gutjahr, 2012, S. 108 f.
1336 Brief von Rudolf Franz an Konrad Haenisch vom 8.2.1913, zit. Engel, 2011, S. 134 f.
1337 *Protokoll über die Verhandlungen des Parteitages*, 1912, S. 287.
1338 Brief von Clara Zetkin an Alfred Henke vom 7.10.1912, zit. Moring, 1968, S. 191.
1339 Brief an Alfred Henke vom 15.11.1912; GB, Bd. 4, S. 257.
1340 Moring, 1968, S. 189; Gutjahr, 2012, S. 111.
1341 Für Freiheit und Frieden! Der Zug der Viertelmillion nach Treptow, *Vorwärts* vom 21.10.1912.
1342 Groh, 1973, S. 357 ff.
1343 Nettl, 1967, S. 563; Haupt, 1970, S. 60.
1344 Die offizielle Begrüßung durch den Regierungsrat des Kantons Basel-Stadt, *Gegen den Krieg*, 2012, S. 189.
1345 Die Friedenspredigt des Basler Münsterpfarrers Täschler, ebd., S. 229–231.
1346 Einige der Reden, u. a. die von Bebel sind wiedergegeben ebd., S. 191–206.
1347 Manifest des Basler Friedenskongresses, ebd., S. 176–182.
1348 Mayoraz, Sandrine, Frauen am Kongress und die Frauenversammlung im Bernoullianum, in: ebd., S. 56–59, hier S. 57.
1349 Lenin, Die Spaltung in der polnischen Sozialdemokratie, *Sozial-Demokrat* vom 25.1.1913; Lenin, Band 18, 1974, S. 472–476.
1350 Siehe S. 397.
1351 Hildermeier, 2013, S. 1031.
1352 Strobel, 1974, S. 437. Lenin spricht von drei, allerdings »zweifelhaften« Anhängern des Hauptvorstands; »Brennende Fragen« unserer Partei »Die Frage der ›Liquidatoren‹ und die ›nationale Frage‹, *Pysmo Dyskusyjne* von August 1913, Lenin, Band 18 S. 398–405.
1353 Ebd.
1354 Ebd.
1355 Lenin, Thesen zur nationalen Frage; Lenin, *Band 19*, S. 233–241.
1356 Strobel, 1974, S. 440 Anm. 108.
1357 Lenin, »Brennende Fragen« unserer Partei (Anm. 1352).
1358 Ebd., S. 398.
1359 Beschluss der Landeskonferenz (»Hauptverwaltungsgruppe«) bezüglich ihrer Haltung zur SDAPR und besonders zu Lenin; Strobel, 1968, S. 297–299, hier S. 299.
1360 Lenin, »Brennende Fragen« unserer Partei (Anm. 1325), S. 400.
1361 Brief an die Redaktion des *Sozial-Demokrat* vom 20.10.1913; GB, Bd. 6, S. 193. Dass dieser Brief zu DDR-Zeiten nicht publiziert worden ist, versteht sich von selbst.

1362 Strobel, 1968, S. 72.

1363 Lenin, Auch »Vereiniger«, *Sa Prawdu* vom 15.11.1913; Lenin, *Band 19*, S. 490–493, hier S. 492.

1364 Ebd.

1365 Ebd., S. 491.

1366 Sie nannte sich Sozialdemokratische Arbeiterfraktion Russlands; GW, Bd. 3, S. 356 Anm. 1.

1367 Zur Spaltung der sozialdemokratischen Dumafraktion, *Vorwärts* vom 21.11.1913; GW, Bd. 3, S. 356f, hier S. 356.

1368 Nettl, 1967, S. 565.

1369 Brief von Karl Kautsky an Victor Adler vom 13.2.1914; Adler, 1954, S. 592.

1370 Nettl, 1967, S. 566.

1371 Bericht über die Sitzung des ISB: Das Internationale Bureau, *Vorwärts* vom 18.12.1913; Richtigstellung von Rosa Luxemburg: Das Internationale Bureau, *Vorwärts* vom 23.12.1913; GW, Bd. 3, S. 360–362.

1372 Brief an Leo Jogiches vom 14.12.1913; GB, Bd. 4, S. 325.

1373 Lenin, Eine gute Resolution und eine schlechte Rede, *Proletarskaja Prawda* vom 13.12.1913; Lenin, Band 19, S. 524–526.

1374 *Die Akkumulation des Kapitals. Ein Beitrag zur ökonomischen Erklärung des Imperialismus*, Berlin 1913; GW, Bd. 5, S. 5–411.

1375 In den Briefen an Kostja Zetkin ist das immer wieder Thema, z. B. in den Briefen vom 16. und 17.11.1911; GB, Bd. 4, S. 124f.

1376 Brief an Kostja Zetkin vom 31.7.1912; ebd., S. 233.

1377 Brief an Hans Diefenbach vom 12.5.1917; GB, Bd. 5, S. 234. Nettl bezweifelt diese Angabe. Etwas länger habe es gedauert, »aber auch so war es eine bemerkenswerte Leistung, eine geistige Eruption, die von ihrer ungeheuren Konzentrationsfähigkeit zeugte.«; Nettl, 1967, S. 455.

1378 Ebd.

1379 Vgl. Krätke, 2013, S. 60f.

1380 *Die Akkumulation des Kapitals*; GW, Bd. 5, S. 397.

1381 Dies schilderte sie insbesondere in den Kapiteln 27 und 28; ebd., S. 316–342.

1382 Ebd., S. 398.

1383 Einen guten Überblick über die Kritik gibt Nettl, 1967, S. 800f Anm. 19.

1384 Eckstein, Gustav, Rosa Luxemburg. Die Akkumulation des Kapitals, *Vorwärts* vom 16.2.1913.

1385 Vgl. Eckstein, Gustav, *Leitfaden zum Studium der Geschichte des Sozialismus. Von Thomas Morus bis zur Auflösung der Internationale*, Berlin 1910.

1386 Bauer, Otto, Die Akkumulation des Kapitals, *NZ* 31. Jg/1912/13, S. 831–838 und S. 862–874.

1387 Eckstein, 1913 (Anm. 1384).

1388 *Die Akkumulation des Kapitals oder Was die Epigonen aus der Marxschen Theorie gemacht haben. Eine Antikritik*, Leipzig 1921; GW, Bd. 5, S. 413–523, hier S. 459 Anm. Bauer, der führende Theoretiker der Sozialdemokratischen Arbeiterpartei, war der Begründer des Austromarxismus, aber auch Eckstein war dieser Richtung zuzurechnen.

1389 Schippel, Max, Das Grundgeheimnis des Imperialismus, *SMH* 17. (19.) Jg./1913, S. 147–152

1390 Pannekoek, Anton, Rosa Luxemburg. Die Akkumulation des Kapitals, *Bremer Bürger-Zeitung* vom 29.1.1913 und 30.1.1913. Auch Lensch, Henke und Radek urteilten ablehnend; Groh, 1973, S. 301.

1391 Brief von Karl Kautsky an Benedikt Kautsky vom 24.10.1921; *August Bebels Briefwechsel mit Karl Kautsky*, 1971, S. 329 Anm. 2.

1392 Zitiert im Brief an Hans Diefenbach vom 8.3.1917; GB, Bd. 5, S. 187.

1393 Brief an Franz Mehring vom 10.2.1913; GB, Bd. 4, S. 264.

1394 Ein unzulässiges Vorgehen, *Vorwärts* vom 12.2.1913.

1395 *Protokoll über die Verhandlungen des Parteitages*, 1913, S. 243.

1396 Die Akkumulation des Kapitals oder Was die Epigonen aus der Marxschen Theorie gemacht haben (Anm. 1388).

1397 Vgl. Brief an Hans Diefenbach vom 8.3.1917; GB, Bd. 5, S. 187 f.

1398 So Dath, 2010, S. 119. Vgl. auch Nettl, 1967, S. 455.

1399 Wachenheim, 1967, S. 533.

1400 Arendt, 1993, S. 254 Anm. 36.

1401 Cliff, 2000, VIII. Die Akkumulation des Kapitals (https://www.marxists.org/deutsch/archiv/cliff/1959/rosalux/8-akkukap.htm).

1402 Pars pro toto sei auf Krätke, 2013 verwiesen.

1403 *Einführung in die Nationalökonomie*, GW, Bd. 5, S. 524–778.

1404 Nettl, 1967, S. 794.

1405 Vgl. S. 14, 330, 418.

1406 Müller, 2013, S. 137.

1407 *Einführung in die Nationalökonomie*, Hrsg. Paul Levi, Berlin 1925, S. V.

1408 Brief an Leo Jogiches vom 7.2.1910; GB, Bd. 3, S. 115.

1409 Brief an Leo Jogiches von Ende Februar/Anfang März 1910; ebd., S. 117.

1410 Brief an Wilhelm Pieck vom 1.8.1908; GB, Bd. 2, S. 365.

1411 Brief an Heinrich Dietz vom 28. Juli 1916; GB, Bd. 5, S. 130. Der ursprünglich vorgesehene *Vorwärts*-Verlag hatte sein Interesse an dem Projekt aufgegeben.

1412 Frölich, 1990, S. 193, schreibt dazu: »leider mit vielen Fehlern, willkürlichen Änderungen und unter Auslassung wichtiger Anmerkungen«. Die Neuedition in GW, Bd. 5, stützt sich auf das Originalmanuskript der fünf Kapitel.

1413 Blom, Philipp, *Der taumelnde Kontinent. Europa 1900–1914*, München 2009.

1414 Jahn, 2017, S. 2.

1415 Groh, 1973, S. 465.

1416 Der Kampf um das preußische Wahlrecht, *Vorwärts* vom 11.6.1913.

1417 Ebd.

1418 GW, Bd. 3, S. 240 Anm. 2.

1419 Vgl. Groh, 1973, S. 476 ff.

1420 Der Kampf um das preußische Wahlrecht, *Vorwärts* vom 11.6.1913.

1421 GW, Bd. 7/2, S. 739.

1422 Ebd., S. 739 f.

1423 Diskussionsrede zum Massenstreik am 10. Juni 1913; GW, Bd. 3, S. 240 f.

1424 Er bestand aus den Stadtvierteln Luisenstadt jenseits des Kanals, Stralauer Vorstadt und Königsstadt-Ost. Das entspricht etwa dem südöstlichen Teil des heutigen Bezirks Berlin-Mitte.

1425 Kautsky, Karl, Der neue Liberalismus und der neue Mittelstand, *Vorwärts* vom 25.2.1912.

1426 Der politische Massenstreik, *Vorwärts* vom 24.7.1913; GW, Bd. 3, S. 259–266, hier S. 264.

1427 Ebd., S. 265.

1428 Kautsky, Karl, Der neue Liberalismus. Eine Feststellung, *Vorwärts* vom 27.7.1913.

1429 Schlussabsatz des Artikels vom 25.2.1912, zit. ebd.

1430 Brief von August Bebel an Karl Kautsky vom 29.7.1913; *August Bebels Briefwechsel mit Karl Kautsky*, 1971, S. 357.

1431 Zum Folgenden Schmidt, 2013, S. 223 f.

1432 Er befindet sich heute im Bundesfilmarchiv, ist aber auch bei Youtube zu finden: https://www.youtube.com/watch?v=MbloZDkh4IM (8.5.2018).

1433 Von 2. bis 9. August war sie in Sillenbuch, vgl. Brief an Gertrud Zlottko vom 3.8.1913; GB, Bd. 4, S. 289.

1434 Brief an Gertrud Zlottko vom 17.8.1913; ebd., S. 297.

1435 Dem Andenken August Bebels, *Die Gleichheit* vom 1.9.1913; GW, Bd. 7/2, S. 775–783.

1436 Groh, 1973, S. 492.

1437 Luban, 2006, S. 501. Das genaue Datum der Veranstaltung ist nicht bekannt, aber der Polizeibericht datiert vom 7.8.1913.

1438 Über den politischen Massenstreik; GW, Bd. 7/2, S. 756–759.

1439 Ebd., S. 756 Anm. 2.

1440 Ebd., S. 758.

1441 Zur Massenstreikfrage, *Vorwärts* vom 7.9.1913.

1442 Die Massenstreikresolution des Parteivorstands, *LVZ* vom 11.9.1913; GW, Bd. 3, S. 322–327, hier S. 322.

1443 *Protokoll über die Verhandlungen des Parteitages*, 1913, S. 194; GW, Bd. 3, S. 328 f.

1444 *Protokoll über die Verhandlungen des Parteitages*, 1913, S. 337 f. Luxemburgs Begründungsrede ebd., S. 288–293; GW, Bd. 3, S. 329–337.

1445 Eine weitere Gelegenheit, ihre Position vorzutragen, bekam Luxemburg gegen Ende des Parteitages auf einer internen Sitzung, an der ein ausgewählter Kreis von etwa 100 Delegierten sowie die ausländischen Gäste teilnahmen; Über den politischen Massenstreik, GW, Bd. 7/2, S. 784–788. Das Gegenreferat hielt Friedrich Ebert.

1446 Ein Ende und ein Anfang, *Vorwärts* vom 1.7.1913. Dazu Wehler, 2003, S. 1037f; Fesser, Gerd, »Je eher, desto besser«: Sehenden Auges in die Katastrophe des Ersten Weltkriegs. Im viel beschworenen Jahr 1913 wird in Berlin der finale Aufrüstungsschub beschlossen, *Die Zeit* vom 7.3.2013. Rosa Luxemburg lehnte dieses Vorgehen ab, vgl. Unsere Aktion gegen die Militärvorlage, *LVZ* vom 6. und 7.6.1913; GW, Bd. 3, S. 225–233; Die zweite Lesung der Wehrvorlage, *LVZ* vom 11.6.1913; ebd., S. 234–236; Die Reichstagsfraktion und die Militärvorlage, *LVZ* vom 23./24./25./26./28./29.7.1913; ebd., S. 267–290.

1447 »Der Parteitag erklärt sein Einverständnis mit der Haltung der Reichstagsfraktion zu der Deckungsfrage als Folge der Heeresvorlage.«; *Protokoll über die Verhandlungen des Parteitages*, 1913, S. 196.

1448 Ebd., S. 515; Text des Antrags ebd., S. 187.

1449 Text des Antrags ebd., S. 197f.

1450 Zum Fall Radek, *Vorwärts* vom 31.8.1913; GW, Bd. 7/2, S. 771–774, hier S. 771 Anm. 1.

1451 Vgl. Engel, 2011, S. 143ff.

1452 *Protokoll über die Verhandlungen des Parteitages*, 1913, S. 183.

1453 Ebd., S. 198; GW, Bd. 3, S. 341.

1454 Ebd., S. 198.

1455 Ebd., S. 543; GW, Bd. 3, S. 341f, hier S. 342.

1456 Ebd., S. 544; GW, Bd. 3, S. 341f, hier S. 342.

1457 Es war nunmehr explizit von Personen die Rede, die »wegen ehrloser Handlungen« aus einer Bruderpartei des ISB ausgeschlossen worden waren; ebd., S. 545.

1458 Ebd.

1459 Moring, 1968, S. 196. Vgl. auch Ettinger, 1990, S. 216f.

1460 Vgl. Gutjahr, 2012, S. 115.

1461 Nettl, 1967, S. 439.

1462 Die politische Situation und die Aufgaben der Arbeiterklasse. [Referat in Volksversammlungen am 24.9.1913 in Fechenheim und am 25.9. 1913 in Hanau], *Volksstimme* vom 26.9.1913; GW, Bd. 7/2, S. 789–791.

1463 Gegen Militarismus und Krieg. [Referat am 26.9. 1913 in der Liederhalle in Bockenheim], *Volksstimme* vom 27.9.1913; ebd., S. 792f; Massenstreik und Steuerfrage. [Referat am 29.9.1913 in der Mitgliederversammlung des sozialdemokratischen Vereins in Hanau], *Volksstimme* vom 30.9.1913; ebd., S. 794–796. Eine vollständigere Fassung des Berichts der *Volksstimme* über die Veranstaltung in Bockenheim in Rosa Luxemburg im Kampf gegen den deutschen Militarismus, 1960, S. 25f.

1464 Vgl. Groh, 1973, S. 539f.

1465 Rosa Luxemburg in Bockenheim, *Volksstimme* vom 27.9.1913; Rosa Luxemburg im Kampf gegen den deutschen Militarismus, 1960, S. 25 f, hier S. 25.

1466 GW, Bd. 7/2, S. 793 Anm. 5.

1467 Es war ein Wachtmeister anwesend, aber er fertigte keinen Bericht. Im Prozess sagte er aus, den inkriminierten Satz habe er nicht gehört.

1468 Das Endziel Rosa Luxemburgs, *Frankfurter Warte* vom 27.9.1913.

1469 Prozessbericht der *LVZ* vom 21.2.1914; Rosa Luxemburg im Kampf gegen den deutschen Militarismus, 1960, S. 38.

1470 [Anklagerede des Staatsanwalts Dr. Hoffmann], *Vorwärts* vom 24.2.1914; ebd., S. 40–44, hier S. 41. Zum Prozess auch Levi, Bd. 1, 2018, S. 237–254.

1471 Ebd., S. 42 f.

1472 Ebd., S. 43.

1473 Die Staatsanwaltschaft forderte entsprechend dem Eröffnungsbeschluss eine Verurteilung nach § 111 StGB (Aufforderung zur Begehung strafbarer Handlungen), verurteilt wurde nach § 110 StGB.

1474 [Rosa Luxemburgs Verteidigungsrede], *Vorwärts* vom 22.2.1913; *Rosa Luxemburg im Kampf gegen den deutschen Militarismus*, 1960, S. 45–59, hier S. 51; außerdem GW, Bd. 3, S. 395–406.

1475 Ebd., S. 47.

1476 [Die Stellungnahmen der Verteidiger], *Vorwärts* vom 21.2.1914; ebd. S. 44 f, hier S. 45. Militarismus, Krieg und Arbeiterklasse, 1914, enthält neben dem Plädoyer des Staatsanwalts und dem Schlusswort der Angeklagten die vollständigen Plädoyers der beiden Verteidiger.

1477 [Das Urteil], *Vorwärts* vom 21.2.1914; ebd., S. 59 f, hier S. 60.

1478 [Rosa Luxemburgs Verteidigungsrede]; ebd., S. 59.

1479 Groh, 1973, S. 539.

1480 Eine kleine Auswahl in *Rosa Luxemburg im Kampf gegen den deutschen Militarismus*, 1960, S. 62–80.

1481 Verurteilung der Genossin Luxemburg, *Vorwärts* vom 21.2.1914.

1482 Zur Verurteilung der Genossin Luxemburg, *Vorwärts* vom 22.2.1914.

1483 Volksurteil über Richterurteil, *Vorwärts* vom 23.2.1914. Die Textfassung des *Vorwärts* weicht ab von der, die am 4. März in der *Gleichheit* erschien; Rosa Luxemburg im Kampf gegen den deutschen Militarismus, 1960, S. 81–84; GW, Bd. 3, S. 407–409.

1484 Schreiben des Königlichen Polizeipräsidenten von Frankfurt an den Regierungspräsidenten von Wiesbaden; BArch NY 4002/61 Bl. 48.

1485 Bericht des Überwachungsbeamten Polizeikommissar Willige vom 22.2.1914; BArch NY 4002/61 Bl. 39–42; Rosenfeld, Kurt, Der Prozess Luxemburg, *SDK* Nr. 23 vom 24.2.1914; BArch NY 4002/20 Bl. 104–106.

1486 Rosenfeld, Kurt, *Der Prozess Luxemburg*, (Anm. 1485), Bl. 106.

1487 Rede am 22. Februar 1914, *Gleichheit* Nr. 12/1914; GW, Bd. 3, S. 407–409, hier

S. 409. In Bockenheim durfte Luxemburg nicht sprechen, weil sie erst zum Ende der Versammlung eintraf. Sie muss diese Rede also in Bornheim und/oder Fechenheim gehalten haben, die GW machen dazu keine Angaben.

1488 Volksurteil über Richterurteil, *Vorwärts* vom 23.2.1914.

1489 Stuttgart 27.2.1914: GW, Bd. 7/2, S. 817–820; Berlin-Steglitz 1.3.1914: ebd., S. 821; Berlin-Kreuzberg 5.3.1914: ebd., S. 824; Freiburg i. Br. 7.3.1914: GW, Bd. 3, S. 414–425, GW, Bd. 7/2, S. 825; Karlsruhe 8.3.1914: GW, Bd. 7/2, S. 826–830; Pforzheim 9.3.1914, Reden, 1976, S. 398; Berlin-Neukölln: GW, Bd. 7/2, S. 831–833; München 21.2.1914: ebd., S. 834–838; Nürnberg 22.3.1914: ebd., S. 839–843.

1490 Frölich, 2013, S. 53.

1491 Die Reichstagsfraktion und die Militärvorlage, *LVZ* vom 23./24./25./26./28./29.7.1913; ebd., S. 267–290.

1492 Brief an die Redaktion der *Leipziger Volkszeitung* vom 6.8.1913; GB, Bd. 4, S. 291 f.

1493 Nach dem Jenaer Parteitag, *Die Internationale*, Heft 5/1927, S. 148–153; GW, Bd. 3, S. 343–353.

1494 Forderungen an die Preßkommission vom 6.11.1913, *Die Internationale*, Heft 5/1927, S. 156.

1495 Die Stellungnahme des Preßkomitees vom 11.11.1913 wurde von der Leipziger Parteileitung der SPD ausdrücklich gebilligt, vgl. Flugblatt vom 10.12.1913, gezeichnet von dem Vorsitzenden Richard Lipinski; AdsD, Bestand Richard Lipinski, 1/RLAC000027.

1496 Karte an Julian Marchlewski vom Frühjahr 1914; GB, Bd. 6, S. 195.

1497 Schumacher/Tych, 1966, S. 224.

1498 Ankündigung der *SDK* vom 17.12.1913; GW, Bd. 3, S. 358 f, hier S. 358. Ein Entrefilet ist ein eingeschobener, prägnant formulierter Kurzkommentar. Heute ist dafür die Bezeichnung Glosse üblich.

1499 Ebd., S. 359.

1500 In diesem Zusammenhang benutzte er seinen Klarnamen, während seine Beiträge unter dem Namen Karski erschienen.

1501 *Sozialdemokratische Korrespondenz* Nr. 1 vom 27.12.1913; BArch NY 4002/20. Diese erste Nummer enthielt Luxemburgs Beitrag »Arbeitslos!«; GW, Bd. 3, S. 363–366.

1502 Am 21.12.1914 erschien die Nr. 130.

1503 Dazu Luban, Ottokar, Erstmals identifizierte Artikel Rosa Luxemburgs in den Kriegsnummern der »Sozialdemokratischen Korrespondenz« (August-Dezember 1914), in: *Rosa Luxemburg im internationalen Diskurs*, 2002, S. 276–280.

1504 Brief an Paul Levi von Ende Februar 1914; GB, Bd. 6, S. 239.

1505 Ettinger, 1990, S. 232, meint sogar, die Begegnung mit Luxemburg sei ausschlaggebend dafür, dass Levi nie geheiratet hat. Das ist möglich, aber wie so manches, was Ettinger schreibt, letztendlich Spekulation.

1506 Vgl. Ettinger, 1990, S. 230 f.

1507 Brief an Paul Levi vom März 1914; GB, Bd. 5, S. 430.

1508 Quack, 1986, S. 98.

1509 So Ettinger, 1990, S. 235 f.

1510 Rosa Luxemburg an Paul Levi. 50 unveröffentlichte Briefe, in: Quack, 1986, S. 189–235. Die Hardcover-Ausgabe des Buches erschien bereits 1983. Die Briefe befanden sich damals im Privatbesitz eines Neffen von Levi in den USA.

1511 50 Briefe erschienen, chronologisch anders angeordnet, als Anhang im Band 5; GB, Bd. 5, S. 428–459. Fünf Briefe, die nicht zu dem in der DDR gepflegten Luxemburg-Bild passten, erschienen sogar erst in Band 6; GB, Bd. 6, 239–243.

1512 Brief an Paul Levi vom 24.2.1914; GB, Bd. 5, S. 428.

1513 Ebd.

1514 Militarismus und Volksfreiheit, *Freiburger Zeitung* vom 9.3.1914; GW, Bd. 7/2, S. 825.

1515 Gegen Militarismus und imperialistischen Krieg, *Volkswacht* vom 9.3.1914; GW, Bd. 3, S. 414- 425, hier S. 419.

1516 Brief an Paul Levi vom 13.5.1914; GB, Bd. 5, S. 435. Ein das Hilfsverbum »ist« vervollständigendes Präteritum, etwa »eingegangen« oder »gestellt worden«, fehlt in dem Brief.

1517 Ebd., S. 435 f.

1518 Tych, 2004 a, S. 115.

1519 Wiedner, 1982, S. 198.

1520 AdsD, Nachlass Paul Levi, Mappe 259, 1/PLAA000259. Inzwischen sind die gesammelten Notizen veröffentlicht: Notizen zur Prozessvorbereitung über Soldatenmisshandlungen; GW, Bd. 7/2, S. 853–876. Die zitierte Notiz befindet sich allerdings nicht darunter.

1521 Brief an Paul Levi von Mitte Mai 1914; GB, Bd. 5, S. 437.

1522 Zit. ebd., S. 437 Anm. 28.

1523 Der VI. Wahlkreis umfasste die Stadtteile Wedding, Gesundbrunnen, Moabit, Oranienburger Vorstadt und Rosenthaler Vorstadt. Die Versammlung fand in den Germania-Sälen statt.

1524 Rosa Luxemburg über Militarismus und Arbeiterklasse, *Vorwärts* vom 14.5.1914.

1525 Ebd.; GW, Bd. 3, S. 442–445, hier S. 443 f.

1526 Brief an Paul Levi vom 22. Mai 1914; ebd., S. 439.

1527 Anklageschrift vom 20.5.1914, S. 1; AdsD, Nachlass Paul Levi, Mappe 255, 1/PLAA000255.

1528 Ebd., S. 3.

1529 Schreiben von Paul Levi an Kurt Rosenfeld vom 26.5.1914; ebd.

1530 Vgl. Berichte der sozialdemokratischen Presse über Soldatenmisshandlungen. Oktober 1913 bis Juli 1914; *Rosa Luxemburg im Kampf gegen den deutschen Militarismus*, 1960, S. 223–261.

1531 *Vorwärts* vom 25.6.1914; ebd., S. 138 f.

1532 Laschitza, 1996, S. 453.

1533 Prozeß Rosa Luxemburg, *Tägliche Rundschau* vom 29.6.1914.

1534 Zum Prozess Levi, Bd. 1, 2018, S. 277–337.

1535 Bericht über den ersten Verhandlungstag, *Vorwärts* vom 30.6.1914; *Rosa Luxemburg im Kampf gegen den deutschen Militarismus*, 1960, S. 142–157.

1536 Bericht über den zweiten Verhandlungstag, *Hamburger Echo* vom 2.7.1914; ebd., S. 162–173.

1537 *FZ* vom 1.7.1914.

1538 Ein ganzer Kriegerverein als Zeuge im Luxemburgprozeß, *LVZ* vom 9.7.1914.

1539 Der Prozeß Luxemburg vertagt. Ein Brief des Kriegsministers an den Staatsanwalt, *B.Z. am Mittag* vom 3.7.1914.

1540 Ebd.

1541 Schneidt, Karl, Wir Deutsche fürchten Gott und die Rosa Luxemburg, *Die Tribüne* vom 8.7.1914.

1542 Gegen die Vertagung des Prozesses vor dem Berliner Landgericht, *Vorwärts* vom 4.7.1914; GW, Bd. 3, S. 471 f; erneut abgedruckt unter anderem redaktionellen Titel: GW, Bd. 7/2, S. 883 f.

1543 Prozeß Luxemburg, *Vossische Zeitung* vom 4.7.1914.

1544 Die Flucht in die Dunkelheit, *Vorwärts* vom 4.7.1914.

1545 Aus den Zeitungsausschnitten in seinem Nachlass geht hervor, dass er bei folgenden Versammlungen aufgetreten ist: 12.7. Stuttgart, 13.7. Frankfurt/Main, 14.7. Hanau, 15.7. Höchst a.M., 17.7. Steglitz-Lichterfelde, 18.7. Chemnitz. Laut GB, Bd. 5, S. 448 Anm. 91 konnte er allerdings den Termin am 17.7. wegen einer anderen Verpflichtung nicht wahrnehmen.

1546 Levi, 1914. Bei der Abnahme größerer Mengen für Agitationszwecke gab es entsprechende Preisnachlässe.

1547 Laschitza, 1996, S. 455.

1548 Verbands-Generalversammlung in Groß-Berlin, *Vorwärts* vom 15.6.1914; GW, Bd. 3, S. 462–464, hier S. 464.

1549 Die Gründung eines Massenstreikfonds, *Volksstimme* vom 19.6.1914; GW, Bd. 7/2, S. 880 f, hier S. 881.

1550 Der Rechtsanwalt Hugo Heinemann, der wie Luxemburg an der Parteischule unterrichtete, hatte von Veranstaltungen abgeraten, da sie als Eingriff in ein laufendes Verfahren gewertet werden könnten, vgl. GB, Bd., 5, S. 448 Anm. 91.

1551 Laschitza, 1996, S. 452.

1552 Schreiben des Staatssekretärs des Reichsjustizamtes an Reichskanzler Theobald von Bethmann Hollweg vom 19.6.1914; GStA PK I. HA Rep. 84 a (M) Nr. 49643.

1553 Geheimes Schreiben des Reichskanzlers Theobald von Bethmann Hollweg an den preußischen Justizminister Max von Beseler vom 22.6.1914; ebd.

1554 Notiz des Geheimen Regierungsrats und Vortragenden Rats in der Reichskanzlei Matthias von Oppen vom 23.6.1914; Rosa Luxemburg im Kampf gegen den deutschen Militarismus, 1960, S. 135 f, hier S. 135.

1555 Siehe S. 411.
1556 Nettl, 1967, S. 567.
1557 Lenin, Bericht des ZK der SDAPR, Lenin, *Band 20*, 1961, S. 505–539.
1558 Lenin, Instruktive Hinweise, ebd., S. 540–548.
1559 Ebd., S. 542.
1560 Ebd., S. 546.
1561 Ebd., S. 548.
1562 Nettl, 1967, S. 567.
1563 Vgl. Brief an Paul Levi vom 21.7.1914; GB, Bd. 5, S. 448.
1564 Zit. Schorske, 1981, S. 360.
1565 *Vorwärts* vom 28.7.1914.
1566 Jagows Demonstration, *Vorwärts* vom 29.7.1914.
1567 Ebd., S. 97 ff.
1568 Verhey, 2000, S. 96 und S. 100. Vgl. Protestkundgebungen gegen den Krieg, *Vorwärts* vom 30.7.1914.
1569 Die Internationale gegen den Weltkrieg, *Vorwärts* vom 31.7.1914.
1570 Braunthal, 1978, S. 356 f.
1571 Zit. Haupt, 1967, S. 179. Adler war in Brüssel ein gebrochener Mann, vgl. Frölich, 1990, S. 256 f.
1572 Frölich, 1990, S. 258.
1573 Lediglich Bolschewiki, Menschewiki, die Independent Labour Party und die serbischen Sozialdemokraten verfolgten weiterhin einen Kurs des sozialistischen Internationalismus; Günsche/Lantermann, 1977, S. 75.
1574 Telegramm an Kostja Zetkin vom 1.8.1914; GB, Bd. 5, S. 7.
1575 *Deutsche Geschichte in Quellen und Darstellung*, 2002, S. 358. Auch der *Vorwärts* druckte die Rede damals ab; Die Thronrede Wilhelms II., *Vorwärts* vom 5.8.1914.
1576 Vgl. Verhey, 2000, S. 227.
1577 Bethmann Hollweg, Theobald von, *Sechs Kriegsreden des Reichskanzlers*, Berlin 1916, S. 6.
1578 Ebd., S. 10.
1579 Ebd., S. 10 f.
1580 Brief Friedrich Eberts an den Parteivorstand vom 27.7.1914; Ebert, Band 1, 1926, S. 309.
1581 Schorske, 1981, S. 360.
1582 Scheidemann, 1921, S. 7.
1583 Müllers Bericht bei Scheidemann, 1921, S. 12 ff.
1584 Mühlhausen, Walter, »Die Sozialdemokratie am Scheideweg.« Burgfrieden, Parteikrise und Spaltung im Ersten Weltkrieg, in: *Der Erste Weltkrieg. Wirkung, Wahrnehmung, Analyse*, Hrsg. Wolfgang Michalka, München 1994, S. 649–671, hier S. 651 und S. 654.
1585 Die Sozialdemokratie und der Krieg!, *Vorwärts* vom 4.8.1914. Über die Debatte be-

richtete die Zeitung erst am folgenden Tag: Die historische Reichstags-Sitzung, *Vorwärts* vom 5.8.1914.

1586 Engelmann/Naumann, 1999, S. 27.

1587 Piper, 2013, S. 75.

1588 Eberlein, 2005, S. 357. Der Text ist auch in *Karl und Rosa*, 1971, S. 46–52, enthalten, allerdings in einer absurd verstümmelten und frisierten Version.

1589 Brief von Clara Zetkin an Heleen Ankersmit vom 3.12.1914; Zetkin, 2016, S. 62.

1590 Ebd., S. 360.

1591 Ebd.

1592 Brief an Rosa Luxemburg und Franz Mehring vom 5.8.1914; Zetkin, 2016, S. 17.

1593 So schon Paul Frölich; Frölich, 1990, S. 262.

1594 Kautsky, Karl, Der Krieg, *NZ* 32. Jg./1913/14, S. 843–846

1595 Ebd., S. 846.

1596 Arbeitskämpfe im Deutschen Reich nach der Statistik der Freien Gewerkschaften; *Streik*, 1981, S. 296.

1597 Erklärung der Redaktion des »Vorwärts« vom 4.8.1914; Prager, 1980, S. 26 f. Es gab auch zwei Redakteure, die sich von der Erklärung distanzierten. Deren Stellungnahme ist dort ebenfalls abgedruckt.

1598 Trümmer, *SDK* vom 30.9.1914; GW, Bd. 3, S. 9–11.

1599 Ebd., S. 9.

1600 Ebd., S. 11.

1601 Ebd.

1602 Zit. Trotnow, 1982, S. 195; vgl. Laschitza, 2007, S. 241.

1603 Zit. Ullrich, Volker: *Die nervöse Großmacht 1871–1918. Aufstieg und Untergang des deutschen Kaiserreichs*, Frankfurt a. M. 1997, S. 419.

1604 Zit. Laschitza, 2007, S. 241. Die Besprechung fand am 31.8.1914 statt.

1605 Trotnow, 1982, S. 195.

1606 Winzen, Peter, Die Brüchigkeit der Burgfriedenspolitik im Ersten Weltkrieg. Recherchen zum Runderlass des preußischen Innenministers Loebell über die Eignung von Sozialdemokraten für kommunale Ämter, *ZfG* 4/2016, S. 317–340, hier S. 318.

1607 Schreiben von Philipp Scheidemann an Karl Liebknecht vom 17.10.1914; zit. Trotnow, 1982, S. 196 f.

1608 Erklärung vom 10.9.1914; GW, Bd. 4, S. 5. Vgl. auch Zetkin, 2016, S. 81.

1609 GB, Bd. 5, S. 17 Anm. 36.

1610 Gegen den Krieg, 2012, S. 46.

1611 Vgl. dazu das Kapitel »Remember Belgium« in Piper, 2013, S. 151–212.

1612 Erklärung, *Vorwärts* vom 10.9.1914.

1613 Crispien, Arthur, Eintrag vom 12.9.1914; Aufzeichnungen Juli bis September 1914, AdsD, Nachlass Arthur Crispien, 1/ACAA000006, S. 22.

1614 Gegen den Franktireurkrieg; GW, Bd. 4, S. 6–8, hier S. 7.

1615 Brief an Franz Mehring vom 13.9.1914; GB, Bd. 5, S. 10.
1616 Gegen den Franktireurkrieg; GW, Bd. 4, S. 6–8. Der Text wurde am 19.9.1914 vom *Volksblatt* in Halle übernommen, einer der letzten linken sozialdemokratischen Parteizeitungen. Außerdem erschien er am 30.9.1914 in der *Berner Volkswacht*.
1617 Deutschland und das Ausland, *Vorwärts* vom 27.9.1914.
1618 Ebd.
1619 GB, Bd. 5, S. 16 Anm. 32.
1620 Brief an Franz Mehring vom 8.9.1914; GB, Bd. 5, S. 9. Zu den Schwierigkeiten, die die Parteipresse mit der Zensur hatte, Graf, Angela, *J.H.W. Dietz 1843–1922*, Bonn 1998, S. 273 ff.
1621 Brief an Franz Mehring vom 13.9.1914; ebd., S. 10.
1622 Brief an Kostja Zetkin vom 17.11.1914; ebd., S. 25.
1623 Ebd., S. 25 Anm. 57.
1624 Eine zweite sozialistische Fraktion in Württemberg, *Vorwärts* vom 23.7.1915.
1625 Brief an Heleen Ankersmit vom 3.12.1914; Zetkin, 2016, S. 49 f.
1626 Crispien, Arthur, Eintrag vom 12.9.1914; Aufzeichnungen Juli bis September 1914, AdsD, Nachlass Arthur Crispien, 1/ACAA000006, S. 21.
1627 Ebd.
1628 Ebd., S. 22.
1629 Ebd., S. 23.
1630 Ebd.
1631 Quack, 1983, S. 107 f.
1632 Vgl. Miller, 1974, S. 88.
1633 Brief an Kostja Zetkin aus der ersten Hälfte Oktober 1914; GB, Bd. 5. S. 13.
1634 Vgl. Laschitza, 2007, S. 249.
1635 Nettl, 1967, S. 652.
1636 Brief an Carl Moor vom 12.10.1914; GB, Bd. 5, S. 14.
1637 Ebd., S. 15.
1638 Ebd., S. 16.
1639 Brief an Camille Huysmans vom 10.11.1914; GB, Bd. 6, S. 203.
1640 Ebd.
1641 Verlegung des Internationalen Bureaus, *Vorwärts* vom 31.10.1914.
1642 Brief an die Redaktion des »Social-Demokraten« vom 9.11.1914; GB, Bd. 6, S. 202 f. *Der Social-Demokrat* erschien in Kopenhagen. Ein gleichlautendes Schreiben ging auch an die holländische Zeitung *Het Volk* und die *Berner Tagwacht*.
1643 Brief an Hans Diefenbach vom 1.11.1914; GB, Bd. 5, S. 21.
1644 Das Frankfurter Urteil gegen die Genossin Luxemburg bestätigt, *LVZ* vom 23.10.1914; Rosa Luxemburg im Kampf gegen den deutschen Militarismus, 1960, S. 207–210.
1645 Zum Folgenden Cartarius, 1981, S. 63 f.

1646 Schreiben von Paul Levi an die Königliche Staatsanwaltschaft Frankfurt am Main vom 3.11.1914; ebd., S. 68.

1647 Ebd., S. 63.

1648 Cartarius, ebd., geht davon aus, dass der Antrag Levis vom 3.11.1914 die Konsequenz von Jogiches' Einführung in die Gruppe war.

1649 Brief von Karl Kautsky an Victor Adler vom 28.11.1914; Adler, 1954, S. 606.

1650 Die Sozialdemokratie und der Krieg!, Extra-Ausgabe des *Vorwärts* vom 4.1.1914.

1651 Lenin-Chronik, 1983, S. 142.

1652 Lenin, Die Aufgaben der revolutionären Sozialdemokratie im europäischen Krieg; Lenin, *Band 21*, S. 1–5.

1653 Ebd., S. 2.

1654 Ebd., S. 4.

1655 Die bevorstehende Reichstagssession, *Vorwärts* vom 12.11.1914. Daraus auch die folgenden Zitate.

1656 Hinzu kamen noch Vertreter von Reichspartei und Antisemiten, die in der Budgetkommission nicht vertreten waren.

1657 Laschitza, 2007, S. 251ff.

1658 Ebd., S. 257ff.

1659 Frölich, 1990, S. 265.

1660 *Die deutsche Sozialdemokratie über Krieg und Frieden*, 1916, S. 10f, hier S. 10.

1661 Engelmann/Naumann, 1999, S. 29.

1662 *Innenansicht eines Krieges. Bilder, Briefe, Dokumente*, 1914–1918, Hrsg. Ernst Johann, Frankfurt/M. 1968, S. 80.

1663 Ebd., S. 81.

1664 Parteidisziplin, SK vom 4.12.1914; GW, Bd. 4, S. 15–17, hier S. 17.

1665 Zit. Laschitza/Keller, 1982, S. 245.

1666 Ebd., S. 246.

1667 Vgl. Burgfrieden, *Vorwärts* vom 7.1.1915.

1668 Beide Atteste bei Cartarius, 1981, S. 69. Näheres zu Prof. Huber ist nicht bekannt, da die Berliner Meldeunterlagen aus jener Zeit zu den Kriegsverlusten zählen.

1669 Ebd.

1670 Brief an Kostja Zetkin vom 7.1.1915; GB, Bd. 5, S. 33. Cartarius, 1981, S. 66, geht davon aus, dass eine »politische Krankheit« vorlag, um einen Haftaufschub zu erreichen. Dagegen spricht aber nicht nur der hier zitierte Brief, sondern auch die übrige Korrespondenz aus dieser Zeit, die noch nicht publiziert war, als Cartarius seinen Aufsatz verfasste. Vgl. auch Zetkin, 2016, S. 98.

1671 Schreiben des Ersten Staatsanwalts bei dem Königlichen Landgericht Frankfurt a.M. an die Staatsanwaltschaft bei dem Königlichen Landgericht I Berlin vom 9.1.1915; Cartarius, 1981, S. 70. Das Dokument trägt einen Eingangsstempel vom 15.1.1915.

1672 Brief an Kostja Zetkin vom 8.1.1915; GB, Bd. 5, S. 33.

1673 So die ursprüngliche Fassung der Erinnerungen; Jacob, 1988, S. 446 Anm. 15.

1674 Miller, 1974, S. 98. Dort auch die folgenden Zitate. Vgl. zum Folgenden auch Prager, 1980, S. 49 ff.

1675 Zit., Miller, 1974, S. 99. Die vier Gegenstimmen kamen von Wolfgang Heine, Edmund Fischer, Karl Liebknecht und Otto Rühle.

1676 Brief an Kostja Zetkin vom 4.2.1915; GB, Bd. 5, S. 39 f.

1677 Engelmann/Naumann, 1999, S. 30.

1678 GW, Bd. 7/2, S. 921 Anm. 2. Clara Zetkin spricht von Versammlungen in Mariendorf, Neukölln und Niederbarnim; Brief an Robert Grimm vom 20.2.1915, Zetkin, 2016, S. 117.

1679 [Liebknecht, Karl], Gegen die »Quertreiber«, 19.2.1915; BArch, NY 4002/76, Bl. 133.

1680 Es wird Ernst, *Deutsche Tageszeitung* vom 19.2.1915.

1681 Genossin Rosa Luxemburg verhaftet, *Vorwärts* vom 20.2.1915.

1682 Wie Anm. 1679.

1683 Zetkin, 2016, S. 117.

1684 Liebknecht, Karl, Rede im preußischen Abgeordnetenhaus vom 9.3. 1915; *Rosa Luxemburg im Kampf gegen den deutschen Militarismus*, 1960, S. 211–216, hier S. 212.

1685 Cartarius, 1991, S. 317.

1686 Jacob, 1988, S. 482.

1687 Nettl, 1967, S. 589.

1688 Jacob, 1988, S. 441 Anm. 2. Das ist der Beginn der ursprünglichen Fassung des Manuskripts, die im Bundesarchiv liegt, BArch NY 4002/67, Bl. 170–244. Der Publikation liegt eine spätere Fassung des Textes zugrunde, die heute Teil des Nachlasses von Mathilde Jacob in der Hoover Institution on War, Revolution, and Peace an der Universität Stanford ist. Wesentliche Abweichungen sind in den Anmerkungen zitiert.

1689 Von Letzterem zeugen auch die Briefe in *Ich umarme Sie mit großer Sehnsucht,* 1984.

1690 Fernbach, 1999, S. 207.

1691 Ettinger, 1990, S. 246, geht so weit, sogar von »Versöhnung« zu sprechen.

1692 Ebd., S. 247.

1693 Luban, 1993, S. 426 f. Vgl. Fernbach, 1999, S. 204.

1694 Zum Folgenden Luban, 1993, S. 423 ff.

1695 Fernbach, 1999, S. 204.

1696 Knobloch, 1994, S. 256 ff.

1697 Das Schreiben datierte vom 9.6.1943, kam also wohl etwa zwei Monate nach ihrem Tod; Jacob, 1988, S. 436.

1698 Kalender für das Jahr 1915; GW, Bd. 7/2, S. 921–929, hier S. 921.

1699 Ebd., S. 923 bzw. S. 925.

1700 Ebd., S. 922.

1701 »Über den Inhalt der Gespräche zwischen der Luxemburg und ihren Gästen sowie über die zahlreichen von ihr bei dieser Gelegenheit geführten telefonischen Unterredungen hat nichts in Erfahrung gebracht werden können.«; Bericht des Berliner Polizeipräsidenten an den preußischen Minister des Inneren vom 20.3.1915, zit. Laschitza/Keller, 1982, S. 261.

1702 Laschitza, 2007, S. 272.

1703 Jacob, 1988, S. 449.

1704 Kalender für das Jahr 1915 (Anm. 1698), S. 924.

1705 Stadler-Labhart, 1978, S. 38.

1706 Brief an Luise Kautsky vom 18.9.1915; GB, Bd. 5, S. 74.

1707 Ebd., S. 75.

1708 Das Herbarium hat eine komplizierte Überlieferungsgeschichte und galt lange als verloren, doch kürzlich wurde es in einer vorbildlichen Edition publiziert; Herbarium, 2016.

1709 Das Stimmenverhältnis in der sozialdemokratischen Reichstagsfraktion, *Bremer-Bürger-Zeitung* vom 22.3.1915.

1710 Erklärung der Reichstagsfraktion vom 20. März 1918; *Die deutsche Sozialdemokratie über Krieg und Frieden*, 1916, S. 23.

1711 Eine Erklärung der sozialdemokratischen Reichstagsfraktion, *Vorwärts* vom 22.3.1915. Zum Abstimmungsergebnis siehe *Bremer-Bürger-Zeitung* vom 22.3.1915.

1712 Zit. Engelmann/Naumann, 1999, S. 30.

1713 Internationale sozialistische Frauenkonferenz in Bern, *Berner Tagwacht* vom 3.4.1915.

1714 Badia, 1994, S. 141.

1715 Eine internationale Konferenz sozialistischer Frauen, *Die Gleichheit* vom 16.4.1915.

1716 Blänsdorf, 1979, S. 189.

1717 Brief an Robert Grimm vom 13.3.1915; Zetkin, 2016, S. 137.

1718 Müller, Eckhard, Clara Zetkin und die Internationale Frauenkonferenz im März 1915 in Bern, in: *Clara Zetkin*, 2008, S. 54–71, hier S. 62.

1719 Eine internationale Konferenz sozialistischer Frauen, *Die Gleichheit* vom 16.4.1915.

1720 Verfasst hatten den Antrag laut Badia, 1994, S. 142, Käte Duncker und Angelica Balabanoff.

1721 Müller (Anm. 1718), S. 65.

1722 Internationale sozialistische Frauenkonferenz in Bern, *Berner Tagwacht* vom 3.4.1915.

1723 Wiedergegeben bei Prager, 1980, S. 61 f.

1724 Brief von Clara Zetkin an Heleen Ankersmit vom 22.5.1915; Zetkin, 2016, S. 164.

1725 Müller (Anm. 1718), S. 67. Vgl. Zetkin, 2016, S. 157 Anm. 133.

1726 Graf, Angela, *J.H.W. Dietz 1843–1922*, Bonn 1998, S. 275.

1727 *Ich umarme Sie in großer Sehnsucht*, 1984, S. 102.

1728 Brief an Robert Grimm vom 29.4.1915; Zetkin, 2016, S. 157.

1729 Verfügung des Generals Georg von Gayl vom 22.4.1915; Die »Internationale« unter Vorprüfung, *Bergische Arbeiterstimme* vom 29.4.1915.
1730 Zetkin, 2016, S. 157 Anm. 132.
1731 Vier Haussuchungen, *Bergische Arbeiterstimme* vom 7.5.1915.
1732 Trotnow, 1982, S. 226.
1733 GW, Bd. 7/2, S. 940 Anm. 3.
1734 Auszug aus dem Vernehmungsprotokoll vom 16.7.1915; Zetkin, 2016, S. 214 f.
1735 Ebd., S. 214.
1736 Erklärung vom 1.7.1915 auf Befragen durch Amtsgerichtsrat Korschel; GW, Bd. 7/2, S. 939.
1737 Erklärung vom 27.7.1915 auf Befragen durch Amtsgerichtsrat Krawinkel; GW, Bd. 7/2, S. 940 f.
1738 Vgl. das Schreiben an die Königliche Staatsanwaltschaft Düsseldorf vom 30.10.1916; GB, Bd. 6, S. 247 f.
1739 GW, Bd. 7/2, S. 941 f, Anm. 4.
1740 Ebd., S. 941 Anm. 3.
1741 Der Wiederaufbau der Internationale, *Die Internationale* April 1915; GW, Bd. 4, S. 20–32, hier S. 20.
1742 Ebd.
1743 Ebd., S. 21.
1744 Ebd., S. 22.
1745 Ebd., S. 23.
1746 Rundschreiben des Parteivorstands der SPD vom 23.4.1915; *Die Zimmerwalder Bewegung*, 1967, S. 57–59, hier S. 57.
1747 Ebd., S. 58.
1748 Ebd., S. 25.
1749 Ebd., S. 31.
1750 Ebd., S. 32.
1751 Vgl. Schütrumpf, Jörn, Auf dem Weg zu den Bolschewiki, in: Zetkin, 2016, S. 495–522, hier S. 515 ff.
1752 Laschitza, 2007, S. 274.
1753 Engelmann/Naumann, 1999, S. 31.
1754 Prager, 1980, S. 67.
1755 Ebd. S. 68–70.
1756 *Pazifismus in Deutschland. Dokumente zur Friedensbewegung 1890–1939*, Hrsg. Wolfgang Benz, Frankfurt a. M. 1988, S. 113.
1757 Prager, 1980, S. 69.
1758 Ebd., S. 70.
1759 Sozialdemokratie und Frieden, *Vorwärts* vom 26.6.1915.
1760 Zum Folgenden *Die Zimmerwalder Bewegung*, Bd. I, 1967, S. 43–180.
1761 Blänsdorf, 1979, S. 223.

1762 Zit. Weber, 2004, S. 92.

1763 Zit. Braunthal, Bd. 2, 1978, S. 58.

1764 Ebd., S. 61.

1765 Die *Zimmerwalder Bewegung*, Bd. 1, 1967, S. 166–169.

1766 Ebd., S. 169.

1767 Die *Zimmerwalder Bewegung*, Bd. 2, 1967, S. 178.

1768 Dazu *Die Zimmerwalder Bewegung*, Bd. I, 1967, S. 195–262.

1769 Braunthal, Bd. 2, 1978, S. 63. Vgl. Luban, 1993, S. 429.

1770 Wheeler, 1975, S. 15 f. Gustav Laukant sprach auf der Sitzung der ISK am 5.2.1916 sogar von 20.000 Proletariern; *Die Zimmerwalder Bewegung*, Bd. I, 1967, S. 225.

1771 Peter Spahn gehörte dem Deutschen Reichstag seit 1890 an. 1917 wurde er zum preußischen Justizminister ernannt. Wie sein Sohn Martin Spahn, der von 1910 bis 1912 ebenfalls Mitglied des Reichstags war, gehörte er zum rechten Flügel des Zentrums. Nach dem Ersten Weltkrieg schlossen sie sich beide der DNVP an.

1772 Zit. Engelmann/Naumann, 1999, S. 34.

1773 Ebd., S. 35.

1774 Brief an Clara Zetkin vom 1.7.1915; GB, Bd. 5, S. 66.

1775 Brief an Mathilde Jacob vom 16.10.1915; ebd., S. 80.

1776 Brief an Clara Zetkin vom 18.10.1915; ebd., S. 81 f.

1777 Brief von Bertha Thalheimer an Robert Grimm vom 4.11.1915; *Die Zimmerwalder Bewegung*, Bd. II, 1967, S. 246 f.

1778 Brief an Leo Jogiches vom 8.12.1915; ebd., S. 92 f. Dies ist übrigens der letzte Brief, den Luxemburg an Jogiches schrieb, jedenfalls der letzte, der erhalten ist.

1779 Ebd. S. 93.

1780 Ebd.

1781 Vgl. Brief an Karl Liebknecht von Anfang Dezember 1915, GB, Bd. 5, S. 89 ff, sowie Notizzettel über Änderungen, GW, Bd. 7/2, 943 f.

1782 *Die Zimmerwalder Bewegung*, Bd. I, 1967, S. 230 Anm. 67.

1783 In der älteren Literatur kann man häufig das Datum 1. Januar 1916 lesen, was damit zusammenhängen mag, dass einige Teilnehmer schon am Vortag angereist waren. Aus den Quellen, z. B. dem zitierten Brief von Käte Duncker, geht aber eindeutig hervor, dass die Konferenz am 2. Januar stattfand.

1784 *Der deutsche Kommunismus*, 1973, S. 29; Laschitza, 1996, S. 512 f; Laschitza, 2007, S. 290; Engel, 2011, S. 254; Benz, 2014, S. 72. Es waren wohl noch einige weitere, namentlich nicht genannte Personen anwesend.

1785 Duncker, 2016, S. 269 f.

1786 Entwurf zu den Junius-Thesen, GW, Bd. 4, S. 43–47. Unter diesem Titel sind die »Leitsätze« in die Werkausgabe aufgenommen worden. Sie wurden unter dem Titel »Leitsätze über die Aufgaben der internationalen Sozialdemokratie« als Flugblatt verbreitet, in den »Politischen Brief« Nr. 14 vom 3.2.1916 aufgenommen, außerdem als Anhang in die Junius-Broschüre.

1787 Duncker, 2016, S. 270.
1788 Entwurf zu den Junius-Thesen, GW, Bd. 4, S. 43–47, hier S. 43.
1789 Ebd., S. 44.
1790 Ebd., S. 45f.
1791 *Der deutsche Kommunismus*, 1973, S. 29 Anm. 1. Vgl. Engel, 2011, S. 254f.
1792 Scharrer, 2002, S. 68f.
1793 Badia, 1994, S. 147.
1794 Brief von Käte an Hermann Duncker vom 18.2.1916; Duncker, 2016, S. 275. Ebd. auch die folgenden beiden Zitate. Eine ausführliche Schilderung der Entlassung bei Jacob, 1988, S. 451ff.
1795 Brief an Clara Zetkin vom 25.2.1916; GB, Bd. 5, S. 101.
1796 Brief an Clara Zetkin vom 9.3.1916; ebd., S. 105.
1797 Zit. ebd., S. 106.
1798 Ebd.
1799 Jacob, 1988, S. 449.
1800 Brief an Rosi Wolfstein vom 26.2.1916, ebd., S. 103.
1801 Duncker, 2016, S. 276.
1802 Laschitza, 1996, S. 518.
1803 Cartarius, 1991, S. 319f
1804 Laschitza, 1996, S. 521f.
1805 Rede auf der Reichskonferenz der Gruppe Internationale am 19. März 1916. Stenografische Notizen von Fritz Ohlhoff; GW, Bd. 4, S. 165–168.
1806 Rede auf der Reichskonferenz der Gruppe Internationale am 19. März 1916. Handschriftliche Notizen von Friedrich Westmeyer; GW, Bd. 7/2, S. 945f.
1807 Ebd., S. 945.
1808 Rundschreiben von Adolph Hoffmann und Georg Ledebour vom 25.2.1916; *Die Zimmerwalder Bewegung*, Bd. II, S. 452–456.
1809 Ebd., S. 453.
1810 Resolution über den Charakter einer neuen Internationale; GW, Bd. 4, S. 168f, hier S. 169.
1811 Resolution über die Aufgaben sozialdemokratischer Abgeordneter für die Beendigung des Krieges; ebd., S. 169f, hier S. 170.
1812 Brief an Clara Zetkin vom 26.3.1916; GB, Bd. 5, S. 112.
1813 Die Reichstagssitzung, *Vorwärts* vom 25.3.1916.
1814 Zit. Engelmann/Naumann, 1999, S. 37.
1815 Vgl. Erklärung der neuen Fraktion, *Vorwärts* vom 25.3.1916.
1816 Engelmann/Naumann, 1999, S. 37.
1817 Vgl. den Bericht der *Vossischen Zeitung*, der zitiert wird am Ende von Die Reichstagssitzung, *Vorwärts* vom 25.3.1916.
1818 Die Vorgänge im Reichstage, *Vorwärts* vom 25.3.1916.
1819 Da für die SAG ebenfalls zwei Redner auftraten, die naturgemäß beide die Be-

willigung der Kriegskredite ablehnten, führte das dazu, dass in späteren Debatten jeweils vier Sozialdemokraten zu Wort kamen, von denen einer für die Zustimmung zu den Krediten votierte und drei dagegen; Dittmann, Wilhelm, Klarheit und Wahrheit. Ein Rückblick auf die letzte Reichstagssitzung I; *Vorwärts* vom 10.6.1916.

1820 Die bürgerliche Presse zur Fraktionsspaltung, *Vorwärts* vom 28.3.1916.

1821 Die Parteipresse zur Fraktionsspaltung, *Vorwärts* vom 28.3.1916.

1822 An die Partei!, *Vorwärts* vom 29.3.1916.

1823 Parteigenossen!, *Vorwärts* vom 30.3.1916.

1824 *Vorwärts* vom 1.4.1016.

1825 Die Parteipresse zum Parteivorstandsaufruf und Tagung des Parteiausschusses, *Vorwärts* vom 1.4.1916; Die Parteipresse zur Fraktionsspaltung, *Vorwärts* vom 2.4.1916.

1826 Damit ist dasselbe gemeint wie mit dem Begriff Groß-Berlin. Bis zur Verabschiedung des Gesetzes über Groß-Berlin 1920 waren viele der heutigen Bezirke selbstständige Städte.

1827 Stellungnahme zur Fraktionsspaltung, *Vorwärts* vom 2.4.1916.

1828 Brief von Hugo Haase an Wilhelm Dittmann vom 26.6.1916; Dittmann, 1995, S. 477.

1829 Ebd.

1830 Nettl, 1967, S. 621.

1831 Die Lehre des 24. März; GW, Bd. 4, S. 181–188, hier S. 182.

1832 Ebd., S. 183.

1833 Ebd., S. 185.

1834 Ebd.

1835 Karl Radek begann seine Kritik mit den sibyllinischen Worten: »Einer der hervorragendsten Theoretiker der deutschen Sozialdemokratie veröffentlichte vor Kurzem unter dem Pseudonym ›Junius‹ eine Broschüre über die Krise der Sozialdemokratie.«; Gutjahr, 2012, S. 177 Anm. 271.

1836 Frölich, 1990, S. 276.

1837 Junius, *Die Krise der Sozialdemokratie*, Zürich 1916; GW, Bd. 4, S. 49–164, hier S. 51.

1838 Müller, Rolf-Dieter: Gaskrieg, in: *Enzyklopädie Erster Weltkrieg*, Hrsg. Gerhard Hirschfeld/Gerd Krumeich/Irina Renz, Paderborn 2009, S. 519–522, hier S. 519.

1839 So die kurze Vorbemerkung mit Datum vom 2.1.1916, die dem Text vom April 1915 vorangestellt ist; Junius, *Die Krise der Sozialdemokratie*, Zürich 1916; GW, Bd. 4, S. 49–164, hier S. 51.

1840 Ebd., S. 53.

1841 Ebd., S. 61.

1842 Ebd., S. 67.

1843 Ebd., S. 123.

1844 Ebd., S. 55.

1845 Ebd. S. 151.
1846 Ebd., S. 163 f.
1847 Vgl. Ettinger, 1990, S. 249.
1848 Lenin, W.I., Über die Junius-Broschüre; Lenin, *Band 22*, S. 310–325, hier S. 311.
1849 Ebd.
1850 Ebd., S. 312.
1851 Rühle, Otto, Zur Parteispaltung, *Vorwärts* vom 12.1.1916.
1852 Lenin (Anm. 1848), S. 312.
1853 Junius, *Die Krise der Sozialdemokratie*, Zürich 1916; GW, Bd. 4, S. 49–164, hier S. 62.
1854 Lenin (Anm. 1848), S. 317.
1855 Ebd., S. 322.
1856 Junius, *Die Krise der Sozialdemokratie*, Zürich 1916; GW, Bd. 4, S. 49–164, hier S. 144.
1857 Lenin (Anm. 1848), S. 321. Lenin sprach hier von »er«, weil Junius ein männliches Pseudonym war.
1858 Dath, 2010, S. 115.
1859 Zum Folgenden *Die Zimmerwalder Bewegung*, Bd. 1, 1967, S. 43–180.
1860 Dazu Frölich, 2013, S. 119 ff.
1861 Braunthal, Bd. 2, 1978, S. 63 f. Vgl. Lenin, W.I., Vorschläge des Zentralkomitees der SDAPR an die zweite sozialistische Konferenz; Lenin, *Band 22*, S. 172–183.
1862 Brief von Bertha Thalheimer an Robert Grimm vom 24.3.1916; *Die Zimmerwalder Bewegung*, 1967, S. 483 f.
1863 Brief von Bertha Thalheimer an Robert Grimm vom 28.3.1916; ebd., S. 494.
1864 Brief von Bertha Thalheimer an Robert Grimm vom 1.4.1916: »Die Meldung, dass Sie nicht kommen können, will ich Rosa mitteilen.«; ebd., S. 500.
1865 Zit. Jacob, 1988, S. 455, Abbildung bei Laschitza/Keller, 1982.
1866 Zit. Jacob, 1988, S. 457. Jacob nahm fälschlich an, Luxemburg habe das Flugblatt verfasst, vgl. ebd., Anm. 38.
1867 Laschitza, 1996, S. 525.
1868 Brief an Marta Rosenbaum vom 11.5.1916; GB, Bd. 5, S. 117.
1869 Jacob, 1988, S. 455.
1870 So der SPD-Abgeordnete Otto Landsberg, zit. Nettl, 1967, S. 620 Anm. 130.
1871 Jacob, 1988, S. 455.
1872 Zit. Nettl, 1967, S. 620.
1873 Der Prozess gegen Genossen Abg. Dr. Karl Liebknecht (Amtlich.); *Vorwärts* vom 29.6.1916.
1874 So die Zahlenangabe in dem Flugblatt *2 ½ Jahre Zuchthaus!; Spartakus im Kriege*, 1917, S. 141. Luban, 2008, S. 132, spricht sogar von 55.000 Menschen.
1875 2 ½ Jahre Zuchthaus!; *Spartakus im Kriege*, 1917, S. 141 f.

1876 Luban, 2008, S. 133.

1877 Arbeiter und Arbeiterinnen!, *Vorwärts* vom 26.7.2018.

1878 Ebd.

1879 Bei der Nachwahl am 14.3.1917 wurde Emil Stahl (SPD) in den Reichstag gewählt; Schwarz, Max, MdR. *Biographisches Handbuch der Reichstage*, Hannover 1965, S. 388.

1880 Brief von Sophie Liebknecht an Mathilde Jacob vom 11.1.1917; *Ich umarme Sie in großer Sehnsucht*, 1984, S. 160.

1881 Hundepolitik; GW, Bd. 4, S. 190–193. Was ist mit Liebknecht; ebd., S. 194–197. Liebknecht; ebd., S. 215–218. Wofür kämpfte Liebknecht und wofür wurde er zu Zuchthaus verurteilt; ebd., S. 219–225.

1882 Schreiben des Stabschefs des Oberkommandos in den Marken an den Unterstaatssekretär in der Reichskanzlei Arnold Wahnschaffe vom 17.7.1916; BArch NY 4002/61, Bl. 68. Wahnschaffe war innerhalb der Reichsleitung für die Beziehung zu den Sozialdemokraten zuständig.

1883 Protokoll über die polizeiliche Durchsuchung der Wohnung und die Vernehmung am 10. Juli 1916; GW, Bd. 7/2, S. 955–958.

1884 Vgl. Schreiben des Oberreichsanwalts an den Polizeipräsidenten von Leipzig vom 19.7.1916; BArch NY 4002/61, Bl. 75.

1885 Brief von Mathilde Jacob an Rosa Luxemburg vom 11.7.1916; *Ich umarme Sie in großer Sehnsucht*, 1984, S. 132. Dort auch die folgenden Zitate.

1886 Dass das ein großes Thema war, war weithin bekannt. Clara Zetkin schickte am 1.9.1916 sechs frische Eier an Mathilde Jacob, außerdem »für Rs Beköstigung 116 Mark«; Zetkin, 2016, S. 251.

1887 Ebd., S. 133.

1888 Schumacher/Tych, 1966, S. 248.

1889 Dittmann, Bd. 2, 1995, S. 487.

1890 Laschitza, 2007, S. 303.

1891 *Spartakus-Briefe*, 1920, S. III.

1892 Weitz, 2014, S. 212.

1893 Auch Hans Diefenbach half immer wieder mit Geld aus, vgl. die Briefe von Clara Zetkin an Mathilde Jacob vom 21.8.1916 und vom 11.12.1916; Zetkin, 2016, S. 247 und S. 262f.

1894 Seidemann, 1998, S. 166.

1895 So Władysław Feinstein in seiner Jogiches-Biografie, zit. Ettinger, 1990, S. 252.

1896 Der Rhodus; GW, Bd. 4, S. 209–214, hier S. 209.

1897 Bernstein, 1917, S. 207f.

1898 *Protokoll der Reichskonferenz der Sozialdemokratie Deutschlands vom 21., 22. und 23.September 1916*, S. 188.

1899 Ebd., S. 139.

1900 Ebd., S. 174f.

1901 Die Reichskonferenz, *Vorwärts* vom 23.9.1916; Das Ergebnis der Reichskonferenz, *Vorwärts* vom 24.9.1916.

1902 *Protokoll der Reichskonferenz der Sozialdemokratie Deutschlands vom 21., 22. und 23. September 1916*, S. 53.

1903 Ebd., S. 145.

1904 Ebd., S. 140.

1905 Ebd., S. 3.

1906 Nettl, 1967, S. 626. *Der Kampf* erschien vom 1.7.1916 bis zu seinem Verbot im Juni 1917; GW, Bd. 7/2, S. 995 Anm. 1.

1907 Der »Vorwärts«konflikt und die Kreisorganisationen, *Vorwärts* vom 31.10.1916; Zum Streit um den »Vorwärts«, *Vorwärts* vom 1.11.1916.

1908 Aus der Hexenküche der Kanzlerfronde, *Vorwärts* vom 8.10.1916.

1909 An die Leser des »Vorwärts«!, *Vorwärts* vom 18.10.1916.

1910 Gegen den Gewaltstreich des Parteivorstandes, Politische Briefe vom 13.4.1916; GW, Bd. 4, S. 187 f, hier S. 187.

1911 Generalversammlung von Groß-Berlin, *Vorwärts* vom 27.6.1916; GW, Bd. 4, S. 198–200.

1912 Resolution Luxemburg und Genossen, *Spartacus* Nr. 2 vom 8.11.1916; GW, Bd. 4, S. 226 f.

1913 Der »Vorwärts«konflikt und die Kreisorganisationen, *Vorwärts* vom 31.10.1916.

1914 Die geplante Reichskonferenz, *LVZ* vom 12.8.1916; GW, Bd. 7/2, S. 967–970.

1915 Jacob, 1988, S. 463. Dort auch die folgenden Zitate.

1916 Das Urteil vom 25.1.1917 ist in Hochdorf, 1930, im Anhang abgebildet.

1917 Nettl, 1967, S. 622.

1918 Brief an Mathilde Wurm vom 28.12.1916; GB, Bd. 5, S. 151.

1919 Jacob, 1988, S. 463.

1920 Brief an Hans Diefenbach vom 29.6.1917; GB, Bd. 5, S. 268 f.

1921 Brief an Mathilde Jacob nach dem 16.9.1916; GB, Bd. 5, Bd. 136.

1922 Erinnerungen von Dr. Ernst Dossmann vom 22.8.1950; BArch NY 4002/67. Dossmann lebte damals in Heidelberg. Dies ist die Niederschrift eines Gesprächs, das er am 18.8.1950 in Ostberlin führte. Insofern ist es mit einer gewissen Vorsicht zu sehen, wenn er sich immer wieder der bevorzugten Behandlung Luxemburgs berühmte. Allerdings betont auch Jacob, 1988, S. 466: »Er war ein humaner und vielseitig unterrichteter Mann, der für das Wohlergehen der Gefangenen zu sorgen bemüht war.«

1923 Brief von Else Schrick an Mathilde Jacob vom 28.10.1917; *Ich umarme Sie in großer Sehnsucht*, 1984, S. 259.

1924 Luban, 1993, S. 433.

1925 Knobloch, 1994, S. 106.

1926 Ein Zitat aus der ursprünglichen Fassung des Manuskripts; Jacob, 1988, S. 487 Anm. 102.

1927 Knobloch, 1994, S. 106.

1928 Nettl, 1967, S. 623.

1929 Vgl. Brief von Clara Zetkin an Mathilde Jacob vom 11.12.1916; Zetkin, 2016, S. 262 f.

1930 Schreiben an die Königliche Staatsanwaltschaft Düsseldorf vom 30.10.1916; GB, Bd. 6, S. 247 f.

1931 Handschriftlicher Vermerk des Vorsitzenden der Strafkammer vom 7.11.1916 auf Luxemburgs Schreiben; BArch NY 4002/61 Bl. 68.

1932 GB, Bd. 6, S. 247 Anm. 110.

1933 Die Reichskonferenz der Partei-Opposition, *Vorwärts* vom 9.1.1917.

1934 Brief von Karl Kautsky an Victor Adler vom 7.8.1916; Adler, 1954, S. 630.

1935 Ebd.

1936 Ebd., S. 631.

1937 Die Reichskonferenz der Partei-Opposition, *Vorwärts* vom 9.1.1917.

1938 Politischer Brief Nr. 16 vom 30.3.1916, zit. Cartarius, 1991, S. 322.

1939 Ebd., S. 323.

1940 Laschitza, 1996, S. 549.

1941 Klarheit in der Partei, *Vorwärts* vom 19.1.1917.

1942 Sitzung des Parteiausschusses, *Vorwärts* vom 20.1.1917.

1943 An die Partei!, *Vorwärts* vom 22.1.1917.

1944 Offene Briefe an Gesinnungsfreunde. Von Spaltung, Einheit und Austritt, Der Kampf vom 6.1.1917; GW, Bd. 4, S. 232–236. Der Text erschien unter dem Pseudonym Gracchus.

1945 Offene Briefe an Gesinnungsfreunde. Vom Klassenkampf innen und außen, Der Kampf vom 27.1.1917; GW, Bd. 7/2, S. 992–994. Auch dieser Brief erschien unter dem Pseudonym Gracchus.

1946 Ebd., S. 993.

1947 Ebd.

1948 Brief an Henriette Roland-Holst vom August 1911; GB, Bd. 6, S. 177.

1949 Briefe an Sophie Liebknecht, Luise Kautsky, Marta Rosenbaum, Mathilde Jacob, Hans Diefenbach und Clara Zetkin; GB, Bd. 5, S. 159, 161, 171, 181, 183 und 186.

1950 *Briefe aus dem Gefängnis*, Hrsg. Exekutivkomitee der Kommunistischen Jugendinternationale, Berlin 1920. Diese Publikation eignete sich in jeder Weise für die kommunistische Legendenbildung. Sie zeigte Luxemburg von einer sehr persönlichen, sympathischen Seite, enthielt nichts anstößiges Poltisches (Stichwort »Luxemburgismus«), war an eine Russin gerichtet, eine Bürgerin aus dem Vaterland aller Werktätigen, die außerdem auch noch die Frau von Karl Liebknecht war, wodurch die beiden prominenten kommunistischen Märtyrer miteinander verbunden wurden.

1951 Auch die Gesuche um eine Besuchserlaubnis mussten über die Kommandantur in Berlin abgewickelt werden, der die Anstalt in Wronke unterstand, vgl. Schreiben des Direktors des Königlichen Zentralgefängnisses an Sophie Liebknecht vom 2.12.1916; Archiwum Nowum Warschau, Bestand 1223 Rosa Luxemburg, 63/I t. II Bl. 22 f.

1952 Sophie Liebknecht, in: *Karl und Rosa*, 1978, S. 122–144, hier S. 136.

1953 Ebd., S. 135.

1954 Ebd., S. 137 f.

1955 Ebd., S. 138.

1956 Brief an Mathilde Jacob vom 23.3.1917; GB, Bd. 5, S. 190.

1957 Brief an Hans Diefenbach vom 27.3.1917; ebd., S. 191.

1958 Ebd., S. 192.

1959 Alle Daten, die russische Ereignisse betreffen, sind nach dem gregorianischen Kalender angegeben, der heute auf der ganzen Welt in Gebrauch ist. Im zaristischen Russland galt der julianische Kalender, der damals zum gregorianischen Kalender eine Differenz von 13 Tagen aufwies. Die Umstellung erfolgte erst am 1. (jul.) bzw. 14. (greg.) Februar 1918. Deshalb fand die Februarrevolution nach unserem Kalender im März und die Oktoberrevolution im November statt.

1960 Merridale, 2017, S. 255.

1961 Lenin, W.I., Über die Aufgaben des Proletariats in der gegenwärtigen Revolution, *Prawda* vom 20.4.1917; Lenin, *Band 22*, S. 1–8.

1962 Lenin, W.I., Über die Doppelherrschaft, *Prawda* vom 22.4.1917; ebd., S. 20–23.

1963 Ebd., S. 20.

1964 Ebd., S. 6.

1965 Ebd., S. 21.

1966 Bock, 2007, S. 305.

1967 Zit. Engelmann/Naumann, 1999, S. 42.

1968 Zur Märzkonferenz der Opposition; GW, Bd. 7/2, S. 1002–1004, hier S. 1002.

1969 Zit. Nettl, 1967, S. 629.

1970 Das Kompromiss von Gotha, *Arbeiterpolitik* vom 14.4.1917, Seite 113–115, hier, S. 113.

1971 Ebd., S. 114.

1972 Radek, Karl, November – Eine kleine Seite aus meinen Erinnerungen, in: Schüddekopf, 1962, S. 119–166, hier S. 135. Vgl. Engel, 2011, S. 301.

1973 Deutsche Geschichte in Quellen und Darstellung, 2002, S. 434.

1974 In eigener Sache, *Die Gleichheit* vom 8.6.1917.

1975 Zetkin, Clara, Abschied von der »Gleichheit«, *LVZ* vom 29.6.1917.

1976 Vgl. Brief Clara Zetkins an Mathilde Jacob vom 25.6.1917; Zetkin, 2016, S. 332–334.

1977 Zit. Zarusky, 1992, S. 26.

1978 Zit. ebd.

1979 Zit. Miller, Susanne, Friedrich Ebert und die Entwicklung der deutschen Sozialdemokratie im Weltkrieg, in: *Friedrich Ebert und seine Zeit*, 1991, S. 55–67, hier S. 61.

1980 Brief an Marta Rosenbaum vom 29.4.1917; GB, Bd. 5, S. 226.

1981 Die russische Revolution, Der Kampf vom 24.3.1917; GW, Bd. 7/2, S. 1024–1026, hier S. 1024. Der Beitrag war namentlich nicht gezeichnet, sondern lediglich mit dem Zeichen ♂ versehen, das Luxemburg für ihre Beiträge in der *SAZ* häufig verwendet hatte.

1982 Ebd., S. 1025.

1983 Die Revolution in Russland, *Spartacus* Nr. 4 vom April 1917; GW, Bd. 4, S. 242–245, hier S. 242.

1984 Ebd., S. 243.

1985 Ebd., S. 244.

1986 Ebd., S. 245.

1987 Zarusky, 1992, S. 27.

1988 Ebd., S. 28.

1989 Zit. Mühlhausen, Walter, Die Sozialdemokratie am Scheideweg, in: *Der Erste Weltkrieg*, 1994, S., 649–671, hier S. 663.

1990 Die geplante Konferenz ist hier umfassend dokumentiert: https://socialhistoryportal.org/stockholm1917/index-de (15.6.2018).

1991 GB, Bd. 5, S. 265f Anm. 229. Vgl. Rosa Luxemburg, *Vorwärts* vom 16.10.1917.

1992 *Die Zimmerwalder Bewegung*, Bd. 1, 1967, S. 471.

1993 Jacob, 1988, S. 478.

1994 Ebd., S. 479.

1995 Schreiben des Rechtsanwalts Sigismund Pinner an das Reichsmilitärgericht vom 10.7.1917 sowie das Schreiben des Rechtsanwalts an Rosa Luxemburg vom 28.8.1917; AdsD, Nachlass Paul Levi 1/PLAA000267.

1996 Nettl, 1967. S. 655.

1997 Beschluss des II. Senats des Reichsmilitärgerichts vom 18.2.1918; AdsD, Nachlass Paul Levi 1/PLAA000267.

1998 Jacob, 1988, S. 473.

1999 Ebd.

2000 Brief an Hans Diefenbach vom 13.8.1917; GB, Bd. 5, S. 290.

2001 Jacob, 1988, S. 473.

2002 Brief an Mathilde Jacob vom 6.8.1917; GB, Bd. 5, S. 287.

2003 Brief an Luise Kautsky vom 15.11.1917; GB, Bd. 5, S. 320.

2004 Vgl. Brief von Clara Zetkin an Mathilde Jacob vom 7.11.1917; Zetkin, 2016; S. 355f.

2005 Brief an Hans Diefenbach vom 7.1.1917; GB, Bd. 5, S. 156.

2006 Brief an Hans Diefenbach vom 8.8.1914; ebd., S. 8.

2007 Ettinger, 1990, S. 258.

2008 Brief an Hans Diefenbach vom 7.1.1917; GB, Bd. 5, S. 157.

2009 Vgl. Brief von Hans Diefenbach an Mathilde Jacob o.D.; *Ich umarme Sie in großer Sehnsucht*, 1984, S. 185f.

2010 Nettl, 1967, S. 641.

2011 Brief an Hans Diefenbach vom 23.6.1917; GB, Bd. 5, S. 262.

2012 Brief an Hans Diefenbach vom 6.7.1917; ebd., S. 275.

2013 Siehe Seite 314. Dass sie nur Zugriff auf die Zinserträge haben sollte, begeisterte sie ganz und gar nicht, vgl. Brief an Luise Kautsky vom 29.5.1918; GB, Bd. 5, S. 391 f.

2014 Brief an Margarete Müller vom 16.11.1917; ebd., S. 326.

2015 Brief an Marta Rosenbaum nach dem 12.11.1917; ebd., S. 119.

2016 Vgl. dazu Brennende Zeitfragen, *Spartacus* Nr. 6 vom August 1917; GW, Bd. 4, S. 275–290.

2017 Hildermeier, 2013, S. 1189 ff.

2018 Lenin, W.I., Ratschläge eines Außenstehenden; Lenin, *Band 26*, S. 166–168.

2019 Ebd., S. 166.

2020 Ebd., S. 167.

2021 Dekret über den Frieden vom 8.11.1917, http://1000dok.digitale-sammlungen.de/dok_0005_fri.pdf (15.6.2018).

2022 Dekret über Grund und Boden vom 8.11.1917, http://1000dok.digitale-sammlungen.de/dok_0006_bod.pdf (15.6.2018).

2023 Hildermeier, Manfred, Lenins Verachtung für das Spießergerede, *FAZ* vom 7.11.2017.

2024 Dekret über die Auflösung der Konstituierenden Versammlung vom 19.1.1918, http://1000dok.digitale-sammlungen.de/dok_0009_ucr.pdf (15.6.2018).

2025 Artikel 9 des Grundgesetzes der Russischen Föderativen Sowjetrepublik (RSFSR) vom 10.7.1918, bestätigt durch den V. Allrussischen Sowjetkongress am 10.7.1920, http://www.verfassungen.net/rus/rsfsr18-index.htm (17.6.2017).

2026 Beschluss des Rates der Volkskommissare über den Roten Terror, 5. September 1918, http://www.1000dokumente.de/index.html?c=dokument_ru&dokument=0006_ter&object=pdf&st=&l=de (15.6.2018).

2027 Auflösung der Konstituante, *Vorwärts* vom 21.1.1918.

2028 Braun, Otto, Die Bolschewiki und wir, *Vorwärts* vom 15.2.1918.

2029 *75 Jahre Industriegewerkschaft*, Frankfurt/Main 1966, S. 190.

2030 Forderungen der Revolutionären Obleute, Berlin, 28. Januar 1918; Dittmann, Bd. 2, 1995, S. 526 f.

2031 Am Montag, den 28. Januar, beginnt der Massenstreik! Streikaufruf des Spartakusbundes; Die Rätebewegung, 1971, S. 14 f. Zur Rolle von Jogiches siehe Cartarius, 1991, S. 324.

2032 Grau, 2001, S. 335.

2033 http://www.derfunke.at/geschichte/oesterreichische-arbeiterinnenbewegung/1209-krieg-und-revolution-der-jaennerstreik-1918-oder-die-oktoberrevolution-die-sozialdemokratie-und-die-oesterreichische-arbeiterklasse (31.5.2017).

2034 Friedrich Ebert 1871 1925, 1980, S. 33.

2035 *Deutsche Geschichte in Quellen und Darstellung*, 2002, S. 445 ff.

2036 Fragment über Krieg, nationale Frage und Revolution; GW, Bd. 4, S. 366–373, hier S. 366.

2037 Ebd.

2038 Ebd., S. 367.

2039 Ebd., S. 373.

2040 Die geschichtliche Verantwortung, *Spartacus* Nr. 8 vom Januar 1918; ebd., S. 374–379, hier S. 374.

2041 Der Katastrophe entgegen, *Spartacus* Nr. 9 vom Juni 1918; ebd., S. 380–384, hier S. 380.

2042 Nettl, 1967, S. 622, schreibt, die Artikel seien »statisch« gewesen, weil es in der Zeit der Schutzhaft keine geistige Entwicklung bei Luxemburg gegeben habe. Das stimmt aber nicht, die gab es auf anderen Gebieten durchaus.

2043 Gefährdung des Friedens. Unterbrechung der Verhandlungen in Brest-Litowsk, *Vorwärts* vom 5.1.1918. Vgl. auch Trotzki geht nach Brest-Litowsk. Die Stellung der deutschen Sozialdemokratie, *Vorwärts* vom 6.1.1918, sowie Kein Missbrauch des Selbstbestimmungsrechts. Erklärung der sozialdemokratischen Reichstagsfraktion, *Vorwärts* vom 7.1.1918.

2044 Engelmann/Naumann, 1999, S. 51 f.

2045 Brief an Mathilde Jacob vom 2.4.1918; Zetkin, 2016, S. 379.

2046 Zum Folgenden Tych/Luban, 1997, sowie Wilde, 2013, S. 130 ff.

2047 Luban, 1993, S. 447 f.

2048 Laschitza, 2007, S. 375.

2049 Scheidemann, 1921, S. 177.

2050 Haftbefehl vom 10.10.1918, beglaubigt Breslau, den 11.10.1918; AdsD, Nachlass Paul Levi, 1/PLAA000267 P 123.

2051 Brief an Heinrich Dietz vom 28.7.1916; GB, Bd. 5, S. 131.

2052 Graf, Angela, *J.H.W. Dietz 1843–1922. Verleger der Sozialdemokratie*, Bonn 1998, S. 278 f.

2053 Schlenstedt, Silvia, Das literarische Programm im Paul Cassirer Verlag, in: *Berlin SW – Victoriastraße 35. Ernst Barlach und die Klassische Moderne im Kunstsalon und Verlag Paul Cassirer*, Hrsg. Helga Thieme/Volker Probst, Güstrow 2003, S. 167–182, hier S. 176.

2054 Korolenkos *Die Geschichte meines Zeitgenossen* hatte insgesamt vier Bände, von denen damals erst einer erschienen war.

2055 Schreiben von Paul Cassirer an Rosa Luxemburg vom 8.1.1919: »Nachdem wir nunmehr im Besitze des vollständigen Manuskriptes bzw. der letzten Korrekturen Ihrer Übersetzung […] sind, gestatte ich mir, Ihnen gleichzeitig einen Verrechnungsscheck über 2000.– Mk. als das s.Zt. vereinbarte Honorar zu überreichen.«; BArch, NY 4002/67 Bl. 9.

2056 Brühl, Georg, *Die Cassirers. Streiter für den Impressionismus*, Leipzig 1991, S. 190.

2057 Brief an Luise Kautsky vom 30.1.1917; GB, Bd. 5, S. 166 f.

2058 Feilchenfeldt, Rahel E., Leo Kestenberg im Kreis von Paul Cassirer und seinen Künstlern, in: Berlin *SW – Victoriastraße 35* (Anm. 2053), S. 69–80, hier S. 70.

2059 Brühl (Anm. 2056), S. 190. Zu Luxemburgs Übersetzung ausführlich Hexelschneider, 2003, S. 131 ff.

2060 Einleitung; GW, Bd. 4, S. 302–331.

2061 Zit. Luban, 2009, S. 284.

2062 Zit. ebd., S. 287.

2063 Ebd., S. 290.

2064 Ebd., S. 291.

2065 Brief an Julian Marchlewski vom 30. 9.1918; GB, Bd. 6, S. 210.

2066 *Protokoll über die Verhandlungen des Parteitages der Sozialdemokratischen Partei Deutschlands*, 1917, S. 132–207.

2067 Ein Aktionsprogramm der Sozialdemokratie. Der Entwurf der Kommission, *Vorwärts* vom 23.5.1918.

2068 Kolb, 1978, S. 27.

2069 Reichskonferenz der Spartakusgruppe, *Spartacus* Nr. 12 vom Oktober 1918; *Spartakus-Briefe*, 1920, S. 193 f. Dazu Luban, Neue Forschungsergebnisse über die Spartakuskonferenz im Oktober 1918, in: *Die Novemberrevolution*, 2009, S. 68–78, hier S. 68 ff.

2070 Jetzt auch in Levi, Bd. I/1, 2018, S. 504 f.

2071 Ebd., S. 504.

2072 Ebd.

2073 Ebd., S. 505.

2074 Zit. Machtan, Lothar: *Die Abdankung. Wie Deutschlands gekrönte Häupter aus der Geschichte fielen*, Berlin 2008, S. 169.

2075 Ebd., S. 192.

2076 Das Gesetz trat am 28. Oktober mit seiner Verkündigung in Kraft; *Reichs-Gesetzblatt 1918*, S. 1274 f.

2077 Zur russischen Revolution; GW, Bd. 4, S. 332–365, hier S. 359 Anm. 3.

2078 Die Herausgeber der Werkausgabe haben sich für *Zur russischen Revolution* entschieden, die erste Ausgabe, die Paul Levi 1922 veranstaltet hat, trägt den Titel *Die Russische Revolution.*

2079 Z. B. Politische Schriften, Bd. 3, 1968, S. 134.

2080 So in den Gesammelten Werken (Anm. 2077), aber auch in *Rosa Luxemburg und die Freiheit der Andersdenkenden*, 1990, S. 153. Ebd., S. 152, auch eine Abbildung der betreffenden Seite des Originalmanuskripts.

2081 Levi, Paul, Vorwort, in: *Die Russische Revolution*, 1922, S. III–V, hier: S. III.

2082 Die russische Tragödie, GW, Bd. 4, S. 385–392. Zu dem Aufsatz Nettl, 1967, S. 662 ff.

2083 Ebd., S. 385 Anm. 1.

2084 Meyer, Ernst, Rosa Luxemburgs Kritik der Bolschewiki, *Die Rote Fahne* vom 15.1.1922; zit. Rosa Luxemburg und die Freiheit der Andersdenkenden, 1990, S. 13.

2085 In Levi, 1969, S. 96 f, ist es allerdings abgedruckt.

2086 Vgl. z. B. Brief von Paul Levi an Clara Zetkin vom 23.9.1921; Levi, 1969, S. 137; Roland Holst-van der Schalk, 1937, S. 160; Nettl, 1967, S. 662.

2087 Levi, Paul (Anm. 2081), S. IV.

2088 Ebd.

2089 Bock, Helmut, Die Ursünde der bolschewistischen Revolution, *Neues Deutschland* vom 5.3.2011.

2090 Levi, Paul, *Unser Weg. Wider den Putschismus*, Berlin 1921; Levi, 1969, S. 44–94.

2091 Warski, 1922; Zetkin, 1922.

2092 Zetkin, S. 1 ff.

2093 Schütrumpf, 2013. Vgl. Puschnerat, 2003, S. 274.

2094 Es handelt sich um das Memorandum »An die Konferenz über die Stellungnahme unserer Presse zu den Bolschewiki«, das sie für die USPD-Konferenz im September 1918 verfasste; Puschnerat, 2003, S. 246 f.

2095 Brief von Paul Levi an Clara Zetkin vom 23.9.1921; Levi, 1969, S. 138.

2096 Lenin, W.I., Notizen eines Publizisten (1922), *Prawda* vom 16.4.1924; Lenin, *Band 33. August 1921 bis März 1923*, Hrsg. Institut für Marxismus-Leninismus beim ZK der SED, Berlin 1977, S. 188–196, hier S. 195.

2097 Dazu Luxemburg oder Stalin, 2003.

2098 Stalin, 1931.

2099 *Rosa Luxemburg. Denken und Leben einer internationalen Revolutionärin*, 2005, S. 10.

2100 Thälmann, Ernst, Schärfster Kampf gegen die Überreste des Luxemburgismus (1932), in: *Der deutsche Kommunismus*, 1932, S. 269–271.

2101 Zit. ebd., S. 11.

2102 Die Stimme Rosa Luxemburgs. Kritik des Bolschewismus, *Vorwärts* vom 19.12.1921.

2103 Rosa Luxemburg gegen den Bolschewismus, *Freiheit* vom 20.12.1921. Der zweite Teil des Artikels erschien am Tag darauf.

2104 *Die russische Revolution. Eine kritische Würdigung. Aus dem Nachlass* von Rosa Luxemburg, Hrsg. Peter Blachstein, Hamburg 1948

2105 *Ausgewählte Reden und Schriften*, 1951.

2106 Pieck, Wilhelm, Vorwort, ebd., S. 5–16.

2107 Ebd., S. 15.

2108 Ebd., S. 16.

2109 Lenin und Stalin über Rosa Luxemburg und den Luxemburgismus, ebd., S. 21–153.

2110 Könczöl, 2008, S. 157 ff.

2111 Ebd., S. 159.

2112 Oelßner, 1952.

2113 Ebd., S. 53.

2114 Ebd., S. 160.

2115 Ebd., S. 163.

2116 Ebd., S. 168.

2117 Ebd., S. 178.

2118 Ebd., S. 179.

2119 Ebd., S. 161.

2120 Zu Luxemburgs intensiver Auseinandersetzung mit dem Werk von Karl Marx zuletzt Morina, 2017, S. 325 ff.

2121 *Wer war wer in der DDR?*, Berlin 2010, https://www.bundesstiftung-aufarbeitung.de/wer-war-wer-in-der-ddr-%2363;-1424.html?ID=2558 (15.6.2018).

2122 Könczöl, 2008, S. 167.

2123 Ebd., S. 168.

2124 Oelßner, 1952, S. 8.

2125 Weber, 1975, S. 577.

2126 *Einheit*, Heft 7/1957, S. 796.

2127 Zit. Könczöl, 2008, S. 164.

2128 *Die russische Revolution*, eingeleitet und herausgegeben von Ossip K. Flechtheim, Frankfurt/Main 1963.

2129 Flechtheim, Ossip K., Einleitung, in: *Politische Schriften*, Bd. 3, 1968, S. 5–20, hier, S. 11.

2130 Radczun, 1966.

2131 Radczun, 1969.

2132 Ebd., S. 49.

2133 Ebd.

2134 Laschitza, Annelies, Bemerkungen zum Probestück für die textkritische Ausgabe der Breslauer Gefängnismanuskripte von Rosa Luxemburg, in: *Breslauer Gefängnismanuskripte zur Russischen Revolution*, Leipzig 2007, S. 1–9, hier S. 8 f.

2135 Vorwort; GW, Bd. 4, S. 1*–56*.

2136 Luban, 2008, S. 45.

2137 Zit. Könczöl, 2008, S. 185.

2138 Laschitza/Radczun, 1971, S. 470 f.

2139 Information Nr. 791/76 über das Auftreten Biermanns am 13. November 1976 in der Sporthalle Köln sowie einige im Zusammenhang mit der Vorbereitung der Reise Biermanns in die BRD beachtenswerte Gesichtspunkte; BStU, MfS, Bl. 1–82, hier Bl. 4.

2140 Ebd., Bl. 7.

2141 Luban, 2008, S. 43.

2142 Kohlmann, 2004, hat das ausführlich dokumentiert.

2143 Large, 2002, S. 487. Vgl. Austilat, Andreas, Die Freiheit der Andersdenkenden, *Der Tagesspiegel* vom 14.1.2018.

2144 Laschitza, 1989. Dort auch das folgende Zitat.

2145 Vgl. dazu Badia, Robert: Luxemburg und Lenin, in: *Rosa Luxemburg oder Die Bestimmung des Sozialismus*, 1974, S. 199–209; Flechtheim, 1986, S. 41–55.

2146 Sozialreform oder Revolution, Teil 2, Abschnitt 3: Die Eroberung der politischen Macht; GW, Bd. 1/1, S. 427–436. Vgl. Nettl, 1967, S. 213.

2147 Vgl. S. 241.

2148 Oelßner, 1952, S. 124.

2149 Engels, Friedrich, Einleitung zu: Marx, Karl, *Der Bürgerkrieg in Frankreich*, in: Marx, Karl/Engels, Friedrich, Werke, Bd. 22, Hrsg. Institut für Marxismus-Leninismus beim ZK der SED, Berlin 3. Aufl. 1972, S. 188–199, hier S. 199.

2150 Hier zitiert nach der Einladung zum Internationalen Sozialistischen Kongress in Wien am 23. bis 29. August 1914; http://library.fes.de/zweiint/w01.pdf (25.4.2016)

2151 Prager, 1980, S. 185.

2152 Kautsky, 1918, S. 20.

2153 Lenin, 1919, Vorwort vor S. 1.

2154 Ebd., S. 1.

2155 Zur russischen Revolution; GW, Bd. 4, S. 332–365, hier S. 363.

2156 Müller, 2007, S. 42.

2157 Luban, 2008, S. 48.

2158 Ebd., S. 49 f.

2159 Fetscher, 1989, S. 423.

2160 Was will der Spartakusbund?, *Die Rote Fahne* vom 14.12.1918; GW, Bd. 4, S. 442–451, hier S. 450 f.

2161 Ebd., S. 445.

2162 Brief an Luise Kautsky vom 25.7.1918; GB, Bd. 5, S. 404. Dies war der letzte Brief, den Luxemburg ihr schrieb.

2163 Zum Folgenden Aust, 2017, S. 160.

2164 Telegramm von Lenin an Stalin vom 7.7.1918, 1 Uhr nachts; Lenin, W.I., *Band 27. Februar bis Juli 1918*, Hrsg. Institut für Marxismus-Leninismus beim ZK der SED, Berlin 1960, S. 534.

2165 Telegramm von Stalin an Lenin vom 7.7.1918, 3 Uhr nachts; ebd., S. 535.

2166 Tych/Luban, 1997,

2167 Zur russischen Revolution; GW, Bd. 4, S. 332–365, hier S. 362.

2168 Ebd., S. 358 Anm. 1.

2169 Frölich, 1990, S. 311 f.

2170 Laschitza, 1991, S. 452. Laschitza versucht das zu erklären und nennt, ebd., neun Gründe dafür.

2171 Sontheimer, Kurt, *Hannah Arendt. Der Weg einer großen Denkerin*, München 2005, S. 170.

2172 Dazu Marchart, 2006.

2173 Arendt, Hannah, Brief an Heinrich Blücher von Anfang Juli 1958; Arendt, Hannah, *Wahrheit gibt es nur zu zweien. Briefe an die Freunde*, Hrsg. Ingeborg Nordmann, München 2015, S. 231.

2174 Klaus Piper (1911–2000) war mein Vater.

2175 Das schwer verkäufliche Buch erschien 1959 und liegt inzwischen in der 19. Auflage vor. Zur Editionsgeschichte Christophersen, Claudia, *»… es ist mit dem*

Leben etwas gemeint«. Hannah Arendt über Rahel Varnhagen, Königstein/Ts. 2002, S. 54 ff.

2176 Brief von Hannah Arendt an Klaus Piper vom 9.9.1958; ebd., Dok. 22, S. 256. Dort auch die beiden folgenden Zitate.

2177 Storløkken, 2006, S. 904.

2178 Ebd.

2179 Arendt, 2018, S. 24.

2180 Ebd., S. 31.

2181 Siehe oben S. 610.

2182 Arendt, Hannah, *Über die Revolution*, (1965) NA München 4. Aufl. 1994, S. 340.

2183 Aufzeichnung über die Besprechungen zwischen dem Reichskanzler Max von Baden mit einer Abordnung der SPD, 9.11.1918; *Die Erste Republik*, 1992, S. 44.

2184 Ausrufung der Republik durch Philipp Scheidemann, 9.11.1918; ebd., S. 46.

2185 Bericht der *Vossischen Zeitung* vom 10.11.1918; zit. ebd., S. 47.

2186 Brief an Paul Löbe vom 8.11.1918; GB, Bd. 5, S. 414.

2187 Löbe, 1954, S. 71.

2188 Zum Folgenden Jacob, 1988, S. 490 f.

2189 Hermann Duncker, in: *Karl und Rosa*, 1978, S. 28–33, hier S. 32.

2190 Levi, Paul, Zur Klarstellung, in: *Diktatur statt Sozialismus*, 2017, S. 56–58, hier S. 57.

2191 Brief an Clara Zetkin vom 18.11.1918; GB, Bd. 5, S. 416.

2192 Zit. Luban, 1993, S. 480 f.

2193 Die rote Fahne, *Die rote Fahne* vom 10. November 1918.

2194 Arbeiter und Soldaten von Berlin!, *Die rote Fahne* vom 10.11.1918.

2195 Kolb, 1978, S. 143. Ausdrücklich zustimmend Miller, 1978, S. 125 f.

2196 Gutjahr, 2012, S. 347.

2197 Ebd., S. 347 Anm. 70.

2198 Mayer, Gustav, Tagebucheintrag vom 20.11.1918; Mayer, 2009, S. 192.

2199 Luban, 2000/2001, S. 410.

2200 Ebd., S. 411. Diese Feststellung richtete sich insbesondere gegen die Kritik von Manfred Scharrer.

2201 An die deutschen Bürger!, *Vorwärts* vom 10.11.1918.

2202 Kein Bruderkampf!, *Vorwärts* vom 10.11.1918.

2203 Arbeiter und Soldaten von Berlin!, *Die rote Fahne* vom 10.11.1918.

2204 Ebd.

2205 Gruß an die russische Sowjetrepublik, ebd.; Anträge der Spartakusgruppe, ebd.

2206 Nieder mit dem Bolschewismus!, *Mitteilungsblatt des Verbandes der sozialdemokratischen Wahlvereine Berlin und Umgegend* vom 10.11.1918.

2207 Zum Folgenden Winkler, 1985, S. 55 ff.

2208 Bernstein, 1998, S. 79.

2209 Am 23.11.1918 wurde eine entsprechende Vereinbarung zwischen dem Rat der Volksbeauftragten und dem Vollzugsrat publiziert, und am 9.12.1918 gaben beide Gremien eine gemeinsame Erklärung ab; Miller, 1978, S. 131.
2210 Laschitza, 1996, S. 588.
2211 Vgl. Brief von Clara Zetkin an Rosa Luxemburg vom 17.11.1918; Zetkin, 2016, S. 437–442, hier S. 440.
2212 Benz, 2014, S. 140.
2213 Kolb, 1978. S. 47.
2214 Nettl, 1967, S. 687.
2215 Jacob, 1988, S. 492.
2216 Levi, Paul, wie Anm. 2090.
2217 Brief an Clara Zetkin vom 25.12.1918; GB, Bd. 5, S. 422.
2218 Brief an Clara Zetkin vom 29.11.1918; ebd., S. 421.
2219 Brief an Clara Zetkin vom 11.1.1919; ebd., S. 426.
2220 Der Anfang, *Die Rote Fahne* vom 18.11.1918; GW, Bd. 4, S. 397–400, hier S. 397.
2221 Ebd., S. 398.
2222 Ebd., S. 399.
2223 Ebd., S. 398 f.
2224 Die Nationalversammlung, *Die Rote Fahne* vom 20.11.1918; ebd., S. 407–410, hier S. 407.
2225 Ebd., S. 408.
2226 Ebd., S. 409.
2227 Zetkin, Clara, Brief an Rosa Luxemburg vom 17.11.1918; Zetkin, 2016, S. 439.
2228 Am Tag nach dem Erscheinen ihres Artikels sprach sie über »Die Aufgaben der Revolution«, am 1. Dezember hieß ihr Vortragsthema »Gegen Nationalversammlung – Für Rätemacht«.
2229 Brief an Clara Zetkin vom 11.1.1919; GB, Bd. 5, S. 426.
2230 Mayer, Gustav, Tagebucheintrag vom 14.11.1918; Mayer, 2009, S. 188.
2231 Noch ein Opfer!, *Die Rote Fahne* vom 22.11.1918; GW, Bd. 7/2, S. 1115. Dort auch das nächste Zitat.
2232 Brief an Marie und Adolf Geck vom 18.11.1918; GB, Bd. 5, S. 415.
2233 An die Proletarier aller Länder, *Die Rote Fahne* vom 25.11.1918; GW, Bd. 4, S. 415–418.
2234 Selbst Laschitza, 1996, S. 596, die sicher gerne anderes berichten würde, muss zugeben: »Der Wunsch nach Masseneinfluss und die tatsächliche Wirkung klafften jedoch weit auseinander.«
2235 Der Weg zum Nichts, *Die Rote Fahne* vom 28.11.1918; GW, Bd. 4, S. 423 f, hier S. 423.
2236 Ebd., S. 424.
2237 Parteitag der Unabhängigen SP, *Die Rote Fahne* vom 29.11.1918; ebd., S. 425–428, hier S. 425.

2238 Ebd., S. 427.

2239 Die Versammlungen des Spartakusbundes, *Die Rote Fahne* vom 2.12.1918.

2240 Ebd. Dort auch die folgenden Zitate.

2241 Der Bericht der *Roten Fahne* spricht von etwa 3.000 Anwesenden. Die Zahl ist vermutlich stark übertrieben. Einen Saal, der 3.000 Menschen fasst, gab es im dem Gebäude sicherlich nicht. Und auch in vielen anderen Fällen sind die Zahlenangaben der *Roten Fahne* um ein Vielfaches übertrieben.

2242 Näheres ließ sich nicht ermitteln.

2243 Kasten in: Die Versammlungen des Spartakusbundes, *Die Rote Fahne* vom 2.12.1918.

2244 Möglicherweise gab es gar keinen Befehl. Jones hält es für gut denkbar, dass »eine Kombination aus Panik und Autosuggestion die Schießerei ausgelöst haben könnte.«; Jones, 2017, S. 100.

2245 Ebd., S. 99.

2246 So hieß es in der *Roten Fahne*: »Wels hat Befehl zu dem Blutbad in der Chausseestraße gegeben«; Das Rote Herz im schwarzen Felde, *Die Rote Fahne* vom 9.12.1918.

2247 Dittmann, 1995, S. 582.

2248 Der Anschlag, *Die Rote Fahne* vom 8.12.1918.

2249 Der Sieg der Ordnung, *Coburger Zeitung* vom 11.12.1918.

2250 Der Proteststurm der Berliner Arbeiterschaft, *Die Rote Fahne* vom 9.12.1918.

2251 Was will der Spartakusbund?, *Die Rote Fahne* vom 14.12.1918; GW, Bd. 4, S. 442–451, hier S. 447.

2252 Ebd., S. 446.

2253 Ebd., S. 445.

2254 Zit. Gutjahr, 2012, S. 319.

2255 Bernstein, 1998, S. 147 f, geht ausführlicher auf diesen Widerspruch ein.

2256 Ebd., S. 447–449.

2257 Auf die Schanzen, *Die Rote Fahne* vom 15.10.1918; GW, Bd. 4, S. 452–456, hier S. 456.

2258 Ebd., S. 455.

2259 Kolb, 1978, S. 155 f.

2260 Nach Gutjahr, 2012, S. 351, waren es vier Personen, denen es gelang, nach Berlin zu kommen, wobei die Identität der vierten Person nicht bekannt ist.

2261 Ebert, Friedrich, Gegen Terror und Gewalt; Ebert, Bd. 2, 1926, S. 132–134.

2262 Verbands-Generalversammlung Groß-Berlins, *Die Freiheit* vom 16.12.1918; GW, Bd. 4, S. 457–460.

2263 Die Auseinandersetzung Luxemburg-Haase. Die Schlussreden auf der Berliner Generalversammlung, *Die Freiheit* vom 17.12.1918; ebd., S. 460 f, hier S. 460.

2264 Ebd., S. 461. Vgl. Bernstein für ein sozialdemokratisches Wahlbündnis. Rosa Luxemburg für Brutalität, *Vorwärts* vom 17.12.1918.

2265 Die U.S.P. Berlin für die Nationalversammlung. Das Reichsparlament der Revolution, *Die Freiheit* vom 16.12.1918.

2266 Zit. Miller, 1978, S. 124.

2267 Abbildung bei Demps, Laurenz, *Berlin-Wilhelmstraße. Eine Topographie preußisch-deutscher Macht*, Berlin 1994, S. 168.

2268 Heute Montag große Massendemonstration! Arbeiter Berlins! Genossen! Heraus aus den Betrieben!, *Die Rote Fahne* vom 16.12.1918.

2269 250.000 Demonstranten! Gegen die Nationalversammlung! Für die A. und S.-Räte! – Eine gewaltige Kundgebung des Berliner Proletariats unter dem Banner des Spartakusbundes. – Nieder mit Ebert-Scheidemann!, *Die Rote Fahne* vom 17.12.1918.

2270 Bernstein, 1998, S. 124. Der *Vorwärts* ging von einer noch viel geringeren Teilnehmerzahl aus, vgl. Das Spartakustreiben von gestern. Protest der Arbeiterschaft, *Vorwärts* vom 17.12.1918.

2271 *Allgemeiner Kongreß der Arbeiter- und Soldatenräte Deutschlands*, 1919, S. 27 Sp. 53.

2272 Ebd., S. 150 Sp. 300.

2273 Ebd., S. 141 Sp. 282.

2274 Dittmann, Bd. 2, 1995, S. 607.

2275 Laschitza, 1996, S. 607.

2276 Eberts Mamelucken, *Die Rote Fahne* vom 20.12.1918; GW, Bd. 4, S. 466–469.

2277 Ebd., S. 467.

2278 Ebd., S. 469.

2279 Die Wahlen zur Nationalversammlung, *Die Rote Fahne* vom 23.12.1918; GW, Bd. 4, S. 474–476, hier S. 475.

2280 Die Erklärung ist auch wiedergegeben bei Bernstein, 1998, S. 170.

2281 Der Standpunkt der Redaktion, *Vorwärts* vom 27.12.1918.

2282 Auf zur Massendemonstration!, *Vorwärts* vom 28.12.1918.

2283 Heute mittags 1 Uhr wird demonstriert!, *Vorwärts* vom 29.12.1918.

2284 Ebd.

2285 Ebd. Die Austrittserklärung der Volksbeauftragten der USPD bei Dittmann, Bd. 2, 1995, S. 617.

2286 Sozialdemokratische Arbeiterregierung!, *Vorwärts* vom 30.12.1918.

2287 Miller, 1978, S. 225.

2288 Ebert, Friedrich, Das Ende der Volksbeauftragten, Kundgebung zum Austritt der Unabhängigen aus der Regierung; Ebert, Bd. 2, 1926, S. 141–143, hier S. 142.

2289 Vgl. Dittmann, Bd. 2, 1995, S. 607.

2290 Ebert, Friedrich, wie Anm. 2088.

2291 Die Reichskonferenz des Spartakusbundes, *Die Rote Fahne* vom 29.12.1918; GW, Bd. 4, S. 477–480, hier S. 479.

2292 Laschitza, 1996, S. 609.

2293 Kolb, 1978, S. 217.

2294 *Der Gründungsparteitag der KPD*, 1969, S. 34 f.

2295 Gutjahr, 2012, S. 348.

2296 Levi in der Zeitschrift *Unser Weg* vom 15.1.1922, zit. Frölich, 2013, S. 170.

2297 Radek, Karl, Begrüßungsrede, in: *Der Gründungsparteitag der KPD*, 1969, S. 67–87, hier S. 84.

2298 Trotnow, 1982, S. 287.

2299 Brief an Wladimir Iljitsch Lenin vom 20.12.1918; GB, Bd. 6, S. 212. Der eigentliche Sinn des Briefes wird im Anmerkungsapparat nicht erläutert.

2300 Weitz, 2014, S. 225 f.

2301 Zit. Gutjahr, 2012, S. 351.

2302 Levi, Paul, Stellung zu den Nationalversammlungswahlen, *Die Rote Fahne* vom 31.12.1918; Levi, 2018, S. 736–740. Der Wortlaut in Levi, 1969, S. 12–19, und *Der Gründungsparteitag der KPD*, 1969, S. 88–96, ist abweichend, weil er nicht der Druckfassung der *Roten Fahne* folgt, sondern einer Aufzeichnung in Levis Nachlass. Außerdem ist die Version der *Roten Fahne* gekürzt. Zitiert wird deshalb nach *Der Gründungsparteitag der KPD*, 1969. Dort, S. 90–135, auch die Diskussion über Levis Referat.

2303 *Der Gründungsparteitag der KPD*, 1969, S. 89.

2304 Levi, 2018, S. 736.

2305 *Der Gründungsparteitag der KPD*, 1969, S. 90.

2306 Ebd., S. 94.

2307 Ebd., S. 99–104; GW, Bd. 4, S. 481–485.

2308 GW, Bd. 4, S. 481–485, hier S. 483.

2309 Ebd.

2310 Ebd., S. 485.

2311 Die Reichskonferenz des Spartakusbundes, *Die Rote Fahne* vom 31.12.1918.

2312 *Der Gründungsparteitag der KPD*, 1969, S. 135.

2313 Unser Programm und die politische Situation, ebd., S. 172–200; GW, Bd. 4, S. 488–513.

2314 GW, Bd. 4, S. 493.

2315 Ebd., S. 494.

2316 Ebd., S. 500.

2317 Ebd., S. 501.

2318 Ebd., S. 504.

2319 *Der Gründungsparteitag der KPD*, 1969, S. 202.

2320 Ebd., S. 38 f. Vgl. Quack, 1986, S. 149 f; Eberlein, Hugo, Spartakus und die dritte Internationale (1924), in: *Der deutsche Kommunismus*, 1973, S. 198–201, hier S. 198 f; erneut abgedruckt *in Deutschland, Russland, Komintern*, 2014, S. 84–87.

2321 *Der Gründungsparteitag der KPD*, 1969, S. 67. Die Alternativen waren »Kommunistische Arbeiterpartei Deutschlands« und »Revolutionäre Kommunistische Partei Deutschlands«.

2322 Ebd., S. 261.

2323 Jacob, 1988, S. 494.

2324 Zit. ebd.

2325 Ebd., S. 494 Anm. 121.

2326 Der erste Parteitag, *Die Rote Fahne* vom 3.1.1919; GW, Bd. 4, S. 514–517, hier S. 514.

2327 Ebd., S. 515.

2328 Ebd., S. 517.

2329 Müller, 1974 b, S. 30.

2330 Achtung! Arbeiter! Parteigenossen!, Aufruf vom 5.1.1919; ebd., S. 222.

2331 Luban, 2008, S. 70, hat auf diesen Umstand erstmals aufmerksam gemacht, der von der Forschung bisher nicht beachtet worden ist. Auch die von der Staatsbibliothek zu Berlin digitalisierte *Rote Fahne* enthält diese zweite Auflage nicht.

2332 Es liegt in der Natur solcher Ereignisse, dass sich dazu ganz unterschiedliche Zahlenangaben finden lassen, aber weit über 100.000 Teilnehmer waren es in jedem Fall.

2333 Eichhorn bleibt, *Die Rote Fahne* vom 6.1.1919.

2334 Müller, 1974 b, S. 32.

2335 Arbeiter! Bürger! Soldaten!, Aufruf vom 6.1.1919; ebd., S. 222f, hier S. 223. Da der *Vorwärts* nach wie vor besetzt war, wurde auch dort zur Teilnahme aufgerufen: »Arbeiter! Parteigenossen! Heraus aus den Betrieben! Erscheint in Massen! Um 11 Uhr in der Sieges-Allee. Die Revolution ist in Gefahr!«, *Vorwärts* vom 6.1.1919.

2336 Luban, 2008, S. 82.

2337 Müller, 1974 b, S. 34.

2338 Arbeiter! Bürger! Soldaten! Genossen!, Aufruf vom 6.1.1919; ebd., S. 223.

2339 Noske, 1920, S. 68.

2340 Ebd.

2341 Was machen die Führer?, *Die Rote Fahne* vom 7.1.1919; GW, Bd. 4, S. 518–520. Direkt über dem Artikel war, quasi als Schlagzeile, ein Aufruf, erneut zu demonstrieren: »Arbeiter! Soldaten! Genossen! Erscheint in Massen heute 9 Uhr in der Siegesallee!«

2342 Ebd., S. 518f.

2343 Ebd., S. 519.

2344 Ebd., S. 520.

2345 Haase und Genossen »vermitteln«!, *Die Rote Fahne* vom 7.1.1919.

2346 Luban, 2008, S. 84f. Vgl. Gescheiterte Vermittlungsversuche. Spartakus will keine Pressefreiheit, *Vorwärts* vom 8.1.1919. Das war ein Extrablatt der nach wie vor besetzten Zeitung, das kein Impressum enthielt.

2347 Zit. Luban, 2008, S. 85.

2348 Versäumte Pflichten, *Die Rote Fahne* vom 8.1.1919; GW, Bd. 4, S. 521–524, hier S. 523. Über dem Leitartikel war folgender Text eingerückt: »An unsere Leser! Infolge einer Schießerei am Anhalter Bahnhof kann unser Blatt nicht im gewohnten Umfange erscheinen. Unsere Geschäftsräume befinden sich in der Hand unserer Truppen. Ein Sturm von Scheidemanns irregeführten Anhängern wurde von unserer Wache abgewiesen.«

2349 Ebd., S. 522.

2350 Luban, 2008, S. 88.

2351 Müller, 1974 b, S. 38 Anm. 6; ebenso *Der deutsche Kommunismus*, 1973, S. 71, dort fälschlich als Aufruf Liebknechts bezeichnet; Faksimile in *Illustrierte Geschichte der deutschen Revolution*, 1929, S. 71.

2352 Das Dokument der Schuld, *Vorwärts* vom 14.1.1919.

2353 Levi, Paul, Rosa Luxemburg und Karl Liebknecht zum Gedächtnis, *LVZ* vom 15.1.1929; zit. Trotnow, 1982, S. 283. Vgl. auch Luban, 2008, S. 115.

2354 Nettl, 1967, S. 728 Anm. 75.

2355 Schüddekopf, 1962, S. 138 f.

2356 Dokument 517, Laschitza/Keller, 1982, S. 419.

2357 Faksimile in *Illustrierte Geschichte der deutschen Revolution*, 1929, S. 277. Bei Ebert, Bd. 2, 1926, S. 147 f, ist der Text abgedruckt unter der Überschrift »Gegen Karl Liebknecht und Rosa Luxemburg«.

2358 Auf zum Generalstreik! Auf zu den Waffen!; Flugblatt vom 9.1.1919; Müller, 1974 b, S. 226–228. Am folgenden Tag hatte *Die Rote Fahne* auf ihrer Titelseite ebenfalls die Zeilen »Auf zum Generalstreik!« und »Auf zu den Waffen!«

2359 Radek, Karl, Brief vom 9.1.1919, Deutschland, Russland, Komintern, 2014, Dokument 9, S. 67–69.

2360 Ebd., S. 67.

2361 Ebd., S. 68.

2362 Bericht von Karl Radek, zit. Gutjahr, 2012, S. 361.

2363 Der Todeskampf der Ebert-Scheidemann, *Die Rote Fahne* vom 10.1.1919.

2364 Luban, 2000/01, S. 417.

2365 Ebd.

2366 Ebd., S. 419.

2367 Luban, 2008, S. 90 f.

2368 Wie war's im Januar 1919? Endlich ein Geständnis!, *Vorwärts* vom 15.6.1920.

2369 Die Abrechnung naht!, Extrablatt *Vorwärts* Nr. 3 vom 9.1.1919.

2370 Aufruf der Arbeitsstelle Berliner Studenten; Müller, 1974 b, S. 224 f, hier S. 224.

2371 Ein Dokument der Schande, *Die Freiheit* vom 9.1.1919.

2372 Revolutionstreue Arbeiter Berlins! Soldaten!, ebd.

2373 Nicht Verständigung – Bruderkrieg!, ebd.

2374 Luban, 2008, S. 92 f.

2375 Verhandlungen, *Die Rote Fahne* vom 13.1.1919.

2376 Das Versagen der Führer, *Die Rote Fahne* vom 11.1.1919; GW, Bd. 4, S. 525–528.

2377 Ebd., S. 527.

2378 Ebd., S. 528.

2379 Sumpfgase, *Die Rote Fahne* vom 11.1.1919.

2380 Eine detaillierte Schilderung bei Jones, 2017, S. 190 ff.

2381 Massen heraus!, Extrablatt *Vorwärts* Nr. 5 vom 11.1.1919.

2382 Massen heraus!, *Vorwärts* vom 12.1.1919.

2383 Das Ende der Spartakus-Herrschaft, *Vorwärts* vom 13.1.1919.

2384 Wette, 1987, S. 307.

2385 Die Ordnung herrscht in Berlin, *Die Rote Fahne* vom 14.1.1919; GW, Bd. 4, S. 533–538.

2386 Luban, 2008, S. 103.

2387 Die Ordnung herrscht in Berlin, *Die Rote Fahne* vom 14.1.1919; GW, Bd. 4, S. 533–538, hier S. 535.

2388 Ebd.

2389 Ebd., S. 535.

2390 Ebd., S. 538.

2391 Nettl, 1967, S. 726.

2392 Ebd., S. 726 f.

2393 Ebd., 727.

2394 Zit. Jacob, 1988, S. 496.

2395 Brief von Clara Zetkin an Rosa Luxemburg vom 13.1.1919; BArch, NY 4002/60, Bl. 133 f, hier Bl. 133.

2396 .Ebd., Bl. 134.

2397 Brief von Kostja Zetkin an Rosa Luxemburg; Hoover Institution RL/MJ Papers, box 3, folder 123. Der Brief ist nicht datiert und stammt wohl vom 14., 15. oder 16.1.1919. Seine Kenntnis verdanke ich Ottokar Luban.

2398 Jones, 2017, S. 216 f.

2399 Gietinger, 2009, S. 19.

2400 »Ich ließ Rosa Luxemburg richten«. Spiegel-Gespräch mit dem Putsch-Hauptmann Waldemar Pabst, *Der Spiegel* Nr. 16 vom 18.4.1962.

2401 Vgl. z. B. Wilhelm Pieck, in: *Karl und Rosa*, 1978, S. 168–179, und Piecks Aussage im Jorns-Prozess, in: *Der Mord an Rosa Luxemburg und Karl Liebknecht*, 1967, S. 141–143.

2402 Handschriftliche Ergänzung Pabst zu seinen Memoiren; Dokument 1, Gietinger, o.J., S. 10.

2403 Abgebildet bei Gietinger, 2009, S. 35.

2404 Das Mordgeschehen ist häufig beschrieben worden. Vgl. beispielhaft Gietinger, Klaus, Der Doppelmord, in: *Rosa Luxemburgs Tod*, 2011, S. 26–49.

2405 Genaue Schilderung bei Gumbel, 1922, S. 11.

2406 Skizze dazu bei Gietinger, 2009, S. 111.

2407 »Ich ließ Rosa Luxemburg richten«. Spiegel-Gespräch mit dem Putsch-Hauptmann Waldemar Pabst, *Der Spiegel* Nr. 16 vom 18.4.1962.

2408 Wette, 1987, S. 314.

2409 Der Freispruch, *Berliner Volkszeitung* vom 28.4.1929; zit. *Der Mord an Rosa Luxemburg und Karl Liebknecht*, 1967, S. 163.

2410 Die Ordnung herrscht in Berlin, *Die Rote Fahne* vom 14.1.1919; GW, Bd. 4, S. 533–538, hier S. 538.

2411 Siehe S. 631.

2412 Liebknecht, Karl, Trotz alledem, *Die Rote Fahne* vom 15.1.1919.

2413 Müller, 1928, S. 272.

2414 Noske, 1920, S. 75.

2415 Scheidemann, 1921, S. 238.

2416 *B.Z. am Mittag* vom 16.1.1919.

2417 Gietinger, 2009, S. 36 f.

2418 Der Mord an Liebknecht und Luxemburg. Die Tat und die Täter, *Die Rote Fahne* vom 12.2.1919.

2419 Vgl. Luxemburg-Mord. Wer schoß?, *Der Spiegel* vom 5.1.1970, S. 48 f. Der fast drei Stunden lange Film »Der Fall Liebknecht-Luxemburg« wurde am 14./15.1.1969 erstmals ausgestrahlt. Er rekonstruiert den Tathergang und den Prozessverlauf sehr detailliert und ist bis heute als DVD erhältlich.

2420 Gumbel, 1922, S. 81.

2421 Eintrag vom 13.3.1919; Kessler, 2007, S. 185.

2422 Bauer, Reinhard/Piper, Ernst, *Kleine Geschichte Münchens*, München 2008, S. 202.

2423 Protokollarisches Geständnis vom 6.1.1920, zit. Gumbel, 1922, S. 13. Dort steht »Kriegsgerichtsrat Jörns«, eine Fehlschreibung, die damals häufiger vorkam.

2424 Das Urteil des Feldgerichts; Der Mord an Rosa Luxemburg und Karl Liebknecht, 1967, S. 116–121, hier S. 116.

2425 Gietinger, 2009, S. 125 f.

2426 Möglicherweise war auch Matthias Erzberger an der Organisation der Flucht beteiligt, vgl. Gietinger, Klaus, Der Doppelmord, in: *Rosa Luxemburgs Tod*, 2010, S. 26–49, hier. S. 41 f.

2427 *FAZ* vom 16.5.1919, zit. Der Mord an Rosa Luxemburg und Karl Liebknecht, 1967, S. 123.

2428 Fritsch, Otto, Zur Auffindung der Leiche von Rosa Luxemburg; BArch NY 4002/67, Bl. 13 f.

2429 Noske, 1947, S. 86.

2430 Schneider, 2013/14, S. 55.

2431 Jacob, 1988, S. 503 ff.

2432 Brief von Mathilde Jacob an Clara Zetkin vom 7.6.1919; *Rosa Luxemburgs Tod*, 2010, S. 139.

2433 Ebd., S. 140.

2434 Levi, o.J. [1919].

2435 Jacob, 1988, S. 502.

2436 Hofmann, Jürgen, Das Grab der Rosa Luxemburg. Eine Spurensuche auf dem Zentralfriedhof Friedrichsfelde, in: *Rosa Luxemburgs Tod*, 2010, S. 74–90, hier S. 75f.

2437 Könczöl, 2008, S. 83.

2438 Kohlmann, 2004, S. 49.

2439 Ebd.

2440 Castle, 2012, S. 95.

2441 »Hier ist heute die Welt!« Erstmals veröffentlicht: Die Totenrede, die Paul Levi, der Anwalt und Geliebte Rosa Luxemburgs, am 13. Juni 1919 bei ihrer Beerdigung hielt, *DIE ZEIT* vom 3.6.2009. Inzwischen ist der Text auch in Levi, Bd. I/2, 2018, S. 1106f, enthalten.

2442 Rede von Luise Zietz zur Beisetzung Rosa Luxemburgs auf dem Zentralfriedhof Friedrichsfelde am 13. Juni 1919; *Rosa Luxemburgs Tod*, 2010, S. 174f.

2443 Ein kurzer Auszug aus ihrer Rede bei Kohlmann, 2004, S. 50.

2444 Die Beisetzung Rosa Luxemburgs, *Vorwärts* vom 17.6.1919.

2445 Jacob, 1988, S. 506.

2446 Hofmann (Anm. 2436), S. 79.

2447 Auf einer provisorischen Rekonstruktion des Revolutionsdenkmals von 1946 war der Satz dagegen angebracht, abgebildet bei Flierl, Thomas, Vorangegangene Konzepte des Gedenkens an Rosa Luxemburg im Berliner Stadtraum, in: *Ein Zeichen für Rosa Luxemburg*, 2000, S. 59–73, hier S. 65.

2448 *Die Rote Fahne* vom 15.6.1926, zit. ebd., S. 84.

2449 Vgl. Eberlein, Hugo, Spartakus und die Dritte Internationale, *Internationale Pressekorrespondenz vom 29.2.1924; Deutschland, Russland, Komintern*, 2014, S. 84–87, hier S. 85f.

2450 Weitz, 2014, S. 17f.

2451 Brief von Leo Jogiches an Lenin vom 4.2.1919; Deutschland, Russland, Komintern, 2014, S. 78.

2452 Braunthal, Bd. 2, 1978, S. 181.

2453 Eberlein (Anm. 2449), S. 86.

2454 Ebd.

2455 Die Gründung der III. Internationale (1919); *Der deutsche Kommunismus*, 1973, S. 197.

2456 Balabanoff, 2016, S. 93; Beradt, 1969, S. 92f.

Bibliografie

Unpublizierte Quellen

Archivum Nowum, Warschau
Bestand 1222: Julian Marchlewski
Bestand 1223: Rosa Luxemburg: 63/I t II.

AdsD
Nachlass Arthur Crispien, Nachlass Paul Levi, Nachlass Rosa Luxemburg, Nachlass Wilhelm Dittmann

BArch/SAPMO
Nachlass August Blume: NY 4403/3, Nachlass Rosa Luxemburg: NY 4002/1, NY 4002/14, NY 4002/20, NY 4002/60, NY 4002/61, NY 4002/62, NY 4002/63, NY 4002/64, NY 4002/67, NY 4002/73, NY 4002/81, Nachlass Julian Marchlewski: NY 4048, Nachlass Jacob und Hertha Walcher: NY 4087/20, NY 4087/61, NY 4087/62, NY 4087/72, Sozialistische Internationale: RY 4 17

GStA PK
I. HA Rep. 77 CB P Nr. 172, Rep. 84a (M) Nr. 49643

IISG
Alexander Stein Papers, Dossier »Luxemburg«, Inv. Nr. 125 bis 133
Rosa Luxemburg Papers, Collection ID ARCH00842

Staatliches Archiv Zamość
Bestand Rosa Luxemburg

Stadtarchiv Zürich
Abt. VII.148.:5.2.3.4. Der Mord an Karl Liebknecht und an Rosa Luxemburg, 1947

Staatsarchiv des Kantons Zürich
Bestände U 105h.4, UU 24.2, UU 24a.3

Schriften von Rosa Luxemburg

Arbeiterrevolution 1905/06. Polnische Texte, Hrsg. Holger Politt, Berlin 2015
Ausgewählte Reden und Schriften, Hrsg. Marx-Engels-Lenin-Institut beim ZK der SED, 2 Bde., Berlin 1951
Briefe an Freunde, Hrsg. Benedikt Kautsky, NA Frankfurt/Main 1976
Briefe an Karl und Luise Kautsky (1896–1918), Hrsg. Luise Kautsky, Berlin 1923
Briefe aus dem Gefängnis, Berlin 1946
Gesammelte Briefe, 5 Bde., Berlin 1982–1987
Gesammelte Briefe, Bd. 6, Hrsg. Annelies Laschitza, Berlin 1993
Gesammelte Werke, Band 1 in 2 Halbbänden. 1893 bis 1905, Berlin 1972
Gesammelte Werke, Band 2. 1906 bis Juni 1911, Berlin 1972
Gesammelte Werke, Band 3. Juli 1911 bis Juli 1914, Berlin 1978
Gesammelte Werke, Band 4. August 1914 bis Januar 1919, Berlin 1974
Gesammelte Werke, Band 5. Ökonomische Schriften, Berlin 1985

Gesammelte Werke, Band 6. 1893 bis 1906, Hrsg. Annelies Laschitza/Eckhard Müller, Berlin 2014
Gesammelte Werke, Band 7 in 2 Halbbänden. 1907 bis 1918, Hrsg. Annelies Laschitza/Eckhard Müller, Berlin 2017
Herbarium, Hrsg. von Evelin Wittich, Mit einer Einleitung und einer Auswahl an Briefen von Holger Politt, Berlin 2016
Ich umarme Sie in großer Sehnsucht. Briefe aus dem Gefängnis 1915 bis 1918, 3. Aufl. Berlin – Bonn 1984
Nach dem Pogrom. Texte über Antisemitismus 1910/11, Hrsg. Holger Politt, Potsdam 2014
Nationalitätenfrage und Autonomie, Hrsg. Holger Politt, Berlin 2012
Neue Texte von Rosa Luxemburg, Hrsg. Klaus Kinner, Leipzig 2011
Politische Schriften, Hrsg. Ossip K. Flechtheim, 3 Bde., Frankfurt/Main 1966–68
Reden, Hrsg. Günter Radczun, Leipzig 1976
Rosa Luxemburg im Gefängnis. Briefe und Dokumente aus den Jahren 1915–1918, Hrsg. Charlotte Beradt, Frankfurt/Main 1973
Rosa Luxemburg und die Freiheit der Andersdenkenden. Extraausgabe des unvollendeten Manuskripts »Zur russischen Revolution« und anderer Quellen zur Polemik mit Lenin, Berlin 1990
Die Russische Revolution. Eine kritische Würdigung. Aus dem Nachlass von Rosa Luxemburg, Hrsg. Paul Levi, Berlin 1922
Die Russische Revolution 1905. Rede, nach einem Spitzelbericht, UTOPIE kreativ, Heft 171, Januar 2005, S. 55–66
Schriften zur Theorie der Spontaneität, Hrsg. Susanne Hillmann, Reinbek 1970

Publizierte Quellen und Literatur

Abendroth, Wolfgang, Einführung in die Geschichte der Arbeiterbewegung. Von den Anfängen bis 1933, 3. Aufl. Heilbronn 1997

[Adler, Max,] Karl Liebknecht und Rosa Luxemburg. Gedenkworte von Dr. Max Adler, Wien 1919

Adler, Victor, Briefwechsel mit August Bebel und Karl Kautsky. Gesammelt und erläutert von Friedrich Adler, Wien 1954

Adolph, Hans J. L., Otto Wels und die Politik der deutschen Sozialdemokratie 1894–1939, Berlin 1971

Albrecht, Richard, Karl Liebknecht und Genossen. Die »Ausrottung der Armenier« während des Ersten Weltkrieges und die deutsche politische Linke, München o. J.

Alexander, Manfred, Kleine Geschichte Polens, Stuttgart 2003

Allgemeiner Kongreß der Arbeiter- und Soldatenräte Deutschlands. Vom 16. bis 21. Dezember 1918 im Abgeordnetenhause zu Berlin. Stenographische Berichte, Hrsg. Zentralrat der sozialistischen Republik Deutschlands, Berlin 1919

Altrichter, Helmut, Rußland 1917. Ein Land auf der Suche nach sich selbst, 2. Aufl. Paderborn 2017

Arbeit am Mythos Rosa Luxemburg. Braucht Berlin ein neues Denkmal für die ermordete Revolutionärin. Gedanken von Heinrich August Winkler u. a., Bonn 2002

Die Arbeiterschaft im neuen Deutschland, Hrsg. Friedrich Thimme und Carl Legien, Leipzig 1915

Arendt, Hannah, Rosa Luxemburg, in: H. A., Menschen in finsteren Zeiten, Hrsg. Ursula Ludz, 2. Aufl. München 1989, S. 49–74

Arendt, Hannah, Elemente und Ursprünge totaler Herrschaft, 3. Aufl. München 1993

Arendt, Hannah, Über die Revolution, 4. Aufl. München 1994

Arendt, Hannah, Die Freiheit, frei zu sein, München 2018

August Bebels Briefwechsel mit Karl Kautsky, hrsg. von Karl Kautsky jr., Assen 1971

Aust, Martin, Die Russische Revolution. Vom Zarenreich zum Sowjetimperium, München 2017

Badia, Gilbert, Rosa Luxemburg. Journaliste, Polémiste, Révolutionnaire, Paris 1975

Badia, Gilbert, Clara Zetkin. Eine neue Biographie, Berlin 1994

Badia, Gilbert, Rosa Luxemburg, in: Deutsche Erinnerungsorte, Hrsg. Etienne François und Hagen Schulze, München 2001, S. 105–121

Bahne, Siegfried, Zwischen »Luxemburgismus« und »Stalinismus«. Die »ultralinke« Opposition in der KPD, VfZG 9/1961, Heft 4, S. 359–383

Balabanoff, Angelica, My Life as a Rebel, (1938) Bloomington – London 1973

Balabanoff, Angelica, Lenin oder: Der Zweck heiligt die Mittel. Erinnerungen, 2. Aufl. Berlin 2016

Basso, Lelio, Rosa Luxemburgs Dialektik der Revolution, Frankfurt/Main 1969

Bauer, Otto, Die Nationalitätenfrage und die Sozialdemokratie, Wien 1907 (= Marx-Studien. Blätter für Theorie und Politik des wissenschaftlichen Sozialismus, Hrsg. Max Adler/Rudolf Hilferding, II. Band)

Bebel, August, Die Frau und der Sozialismus, (1879) Stuttgart 1913

Bebel, August, Aus meinem Leben, 3 Bde., 2. Aufl. Stuttgart 1914

Bebel, August, Schriften 1862–1913, Hrsg. Cora Stephan, 2 Bde., Frankfurt/Main 1981

Beckmann, Max, Die Hölle, 1919, Katalog, Berlin 1893

Beer, Max, Allgemeine Geschichte des Sozialismus und der sozialen Kämpfe. Fünfter Teil: Die neueste Zeit bis 1920, Berlin 1923

Benz, Elisabeth, Ein halbes Leben für die Revolution. Fritz Rück (1895–1959). Eine politische Biografie, Essen 2014

Beradt, Charlotte, Paul Levi. Ein demokratischer Sozialist in der Weimarer Republik, Frankfurt/M. 1969

Bergien, Rüdiger, Mit »Kreiskommissaren« zur »Volkswehr«. Die preußischen Einwohnerwehren als Organ einer republikanischen Sicherheitspolitik 1918–1920, in: Spießer, Patrioten, Revolutionäre. Militärische Mobilisierung und gesellschaftliche Ordnung in der Neuzeit, Göttingen 2010, Hrsg. R. B./Ralf Pröve, S. 117–138

Bernstein, Eduard, Der Streik, Frankfurt/M. 1906

Bernstein, Eduard, Die Geschichte der Berliner Arbeiter-Bewegung, Dritter Teil: Fünfzehn Jahre unter dem gemeinen Recht, Berlin 1910
Bernstein, Eduard, Die Internationale der Arbeiterklasse und der europäische Krieg, Tübingen 1915
Bernstein, Eduard, Sozialdemokratische Völkerpolitik. Die Sozialdemokratie und die Frage Europa, Leipzig 1917
Bernstein, Eduard, Die Voraussetzungen des Sozialismus und die Aufgaben der Sozialdemokratie, Hrsg. Günther Hillmann, Reinbek 1969
Bernstein, Eduard, Die deutsche Revolution von 1918/19. Geschichte der Entstehung und ersten Arbeitsperiode der deutschen Republik, Hrsg. Heinrich August Winkler, Bonn 1998
Blänsdorf, Agnes, Die Zweite Internationale und der Krieg. Die Diskussion über die internationale Zusammenarbeit der sozialistischen Parteien 1914–1917, Stuttgart 1979
Blobaum, Robert, Feliks Dzierżyński and the SDKPiL. A Study of the Origins of Polish Communism, Boulder 1984
Blobaum, Robert, Rewolucja. Russian Poland, 1904–1907, Ithaca/N.Y. 1995
Bock, Helmut, Was tun? Russlands Februarrevolution und Lenins »April-Thesen«, UTOPIE kreativ, Heft 198, April 2007, S. 297–308
Bois, Marcel, Hermann Weber und die Stalinisierung des deutschen Kommunismus. Eine Rezeptionsgeschichte, JHK 2018, S. 143–162
Borchardt, Julian, Vor und nach dem 4. August 1914. Hat die deutsche Sozialdemokratie abgedankt?, 3. Aufl. Berlin 1915
Bornstein, Josef, Der Fall Jorns und das Reichsgericht, Berlin o. J.
Brachmann, Botho, Russische Sozialdemokraten in Berlin 1895–1914. Mit Berücksichtigung der Studentenbewegung in Preußen und Sachsen, Berlin 1962
Brandt, Willy, Rosa Luxemburg, Neue Gesellschaft/Frankfurter Hefte 1989/Heft 4, S. 348–357
Braun, Bernd, Die Integrationstechnik des Praktizismus. Ignaz Auer und Hermann Molkenbuhr während der Revisionismusdebatte, Mitteilungsblatt des Instituts für soziale Bewegungen, Heft 24/2000, S. 43–65

Braunthal, Julius, Geschichte der Internationale, 3 Bde., 3. Aufl. Berlin – Bonn 1978

Brie, Michael, Rosa Luxemburgs Symphonie zur russischen Revolution, Standpunkte 10/2011, S. 1–6

Bronner, Stephen Eric, »Was tun?« und Stalinismus, UTOPIE kreativ, Heft 151, Mai 2003, S. 425–434

Bundesamt für Verfassungsschutz, Gedenken an Rosa Luxemburg und Karl Liebknecht – ein Traditionselement des deutschen Linksextremismus, Köln 2008

Cains [= Paul Levi], Generalstreik und Noske-Blut-Bad in Berlin, Berlin 1919

Cartarius, Ulrich, Rosa Luxemburg unter Haftandrohung. Zu den Folgen ihrer Verurteilung wegen Aufforderung zum Ungehorsam und zu strafbaren Handlungen durch das Frankfurter Landgericht am 20. Februar 1914, IWG 1981, Heft 1, S. 61–70

Cartarius, Ulrich, Zum Einfluß der polnischen Arbeiterbewegung auf die Entwicklung der »Radikalen Linken« im Deutschland des Ersten Weltkrieges. Leo Jogiches-Tyszka contra Lenin, Zeitschrift für Ostforschung 1980, Heft 2/3, S. 193–223

Cartarius, Ulrich, Leo Jogiches-Tyszka als Mensch und Politiker in Deutschland. Mit zehn unbekannten Briefen, IWK 1991, Heft 3, S. 314–338

Castle, Rory, »You alone will make Our Family's Name Famous«. Rosa Luxemburg, Her Family and the Origins of her Polish-Jewish Identity, in: Praktyka Teoretyczana [Theoretische Praxis] 6 2012, S. 93–125

Caysa, Volker, Die »Lebenskünstlerin« Rosa Luxemburg, UTOPIE kreativ, Heft 129/130, Juli/August 2001, S. 614–623

Clara Zetkin in ihrer Zeit. Neue Fakten, Erkenntnisse, Wertungen, Hrsg. Ulla Plener, Berlin 2008

Cliff, Tony, Studie über Rosa Luxemburg, Frankfurt/Main 2000

Croll, Walther, Die Entwicklung der Anschauungen über soziale Reform in der deutschen Sozialdemokratie nach den sozialdemokratischen Parteitagsprotokollen von 1890 bis 1912, Phil. Diss., Berlin 1915

Dath, Dietmar, Rosa Luxemburg, Berlin 2010

David, Eduard, Sozialdemokratie und Vaterlandsverteidigung, Bielefeld 1915

David, Eduard, Die Sozialdemokratie im Weltkrieg, Berlin 1915

David, Eduard, Wer trägt die Schuld am Kriege? Hrsg. Vorstand der SPD, Berlin 1917

Deist, Wilhelm, Die Politik der Seekriegsleitung und die Rebellion der Flotte Ende Oktober 1918, VfZG 14/1966, Heft 4, S. 341–368

Deutsche Geschichte in Quellen und Darstellung. Band 8: Kaiserreich und Erster Weltkrieg 1871–1918, Hrsg. Rüdiger vom Bruch/Björn Hofmeister, 2. Aufl. Stuttgart 2002

Der deutsche Kommunismus. Dokumente 1915–1945, Hrsg. Hermann Weber, 3. Aufl. Köln 1973

Die deutsche Revolution 1918–1919, Hrsg. Gerhard A. Ritter/Susanne Miller, Frankfurt/Main 1968

Deutscher Revolutions-Almanach für das Jahr 1919 über die Ereignisse des Jahres 1918, Hrsg. Ernst Drahn/Ernst Friedegg, Hamburg – Berlin 1919

Die deutsche Sozialdemokratie, Süddeutsche Monatshefte, November 1917, Hrsg. Vorstand der Sozialdemokratischen Partei Deutschlands, Berlin 1916

Deutschland, Russland, Komintern, Bd. II: Dokumente (1918–1943), Hrsg. Hermann Weber/Jakov Drabkin/Bernhard H. Bayerlein, Berlin – München – Boston 2014

Diktatur statt Sozialismus. Die russische Revolution und die deutsche Linke 1917/18, Hrsg. Jörn Schütrumpf, Berlin 2017

Dittmann, Wilhelm, Die Marine-Justiz-Morde von 1917 und die Admirals-Rebellion von 1918, Berlin 1926

Dittmann, Wilhelm, Erinnerungen, Hrsg. Jürgen Rohjahn, 3 Bde., Frankfurt/Main 1995

Döblin, Alfred, November 1918. Eine deutsche Revolution, Dritter Teil: Karl und Rosa, Frankfurt/Main 2013

Duncker, Käte und Hermann, Ein Tagebuch in Briefen (1894–1953), Hrsg. Heinz Deutschland, Berlin 2016

Dzierżyńska, Zofia, Jahre großer Kämpfe, Berlin 1977

Eberlein, Hugo, Erinnerungen an Rosa Luxemburg bei Kriegsausbruch 1914, UTOPIE kreativ, Heft 174, April 2005, S. 355–362

Ebert, Friedrich, Schriften, Reden, Aufzeichnungen, Bd. 2, Dresden 1926

Ein Zeichen für Rosa Luxemburg. Deutungsmuster eines politischen Lebens. Diskussionsprozesse 1998–2000, Hrsg. Initiativkreis Ein Zeichen für Rosa Luxemburg, Berlin 2000

Engel, Gerhard, Johann Knief – ein unvollendetes Leben, Berlin 2011

Engelmann, Dieter/Naumann, Horst, Hugo Haase – Lebensweg und politisches Vermächtnis eines streitbaren Sozialisten, Berlin 1999

Engels, Friedrich, Studienausgabe, Hrsg. Hartmut Mehringer/Gottfried Mergner, Bde. 3 und 4, Reinbek 1973

Das Erfurter Programm. Sein Werden und seine Kritik, Offenbach 1947 (= Schriftenreihe Demokratie und Sozialismus, Heft 3)

Der Erste Weltkrieg. Wirkung, Wahrnehmung, Analyse, Hrsg. Wolfgang Michalka, München 1994

Die I. Internationale in Deutschland (1864–1872). Dokumente und Materialien, Hrsg. Institut für Marxismus-Leninismus beim ZK der SED/Institut für Marxismus-Leninismus beim ZK der KPdSU, Berlin 1964

Die Erste Republik. Dokumente zur Geschichte des Weimarer Staates, Hrsg. Peter Longerich, München 1992

Ethischer Sozialismus. Zur politischen Philosophie des Neukantianismus, Hrsg. Helmut Holzhey, Frankfurt/Main 1994

Ettinger, Elżbieta, Rosa Luxemburg, Bonn 1990

Evans, Kate, Red Rosa. A Graphic Biography of Rosa Luxemburg, London 2015

Faulenbach, Bernd, Rosa Luxemburg als Mythos? Zur Bedeutung der historischen Rosa Luxemburg für die heutige Sozialdemokratie, in: Rosa Luxemburg und die Arbeiterbewegung. Neuere Ansätze in Rezeption und Forschung (=Mitteilungsblatt des Instituts für soziale Bewegungen, Heft 29), Hrsg. Klaus Tenfelde, Bochum 2003, S. 75–88

Fayet, Jean-François, 1905 de Varsovie à Berlin. La polonisation de la gauche radicale allemande, in: Cahiers du Monde russe, vol. 48/2–3, 2007, S. 413–426

Fernbach, David, Memories of »Spartacus«: Mathilde Jacob and Wolfgang Fernbach, History Workshop Journal, No. 48/1999, S. 202–221

Fetscher, Iring, Der Marxismus. Seine Geschichte in Dokumenten, München 1989

Fischer, Lars, The Socialist Response to Anti-Semitism in Imperial Germany, New York 2007

Flechtheim, Ossip K., Die KPD in der Weimarer Republik. Mit einer Einleitung von Hermann Weber, 2. Aufl. Frankfurt/Main 1971

Flechtheim, Ossip K., Rosa Luxemburg zur Einführung, Hamburg 1986

Friedrich Ebert 1871–1925. Mit einem einführenden Aufsatz von Peter-Christian Witt, Bonn 1980

Friedrich Ebert und seine Zeit, Hrsg. Rudolf König/Hartmut Soell/Hermann Weber, 2. Aufl. München 1991

Frölich, Paul, Rosa Luxemburg. Gedanke und Tat, [1939] Berlin 1990

Frölich, Paul, Im radikalen Lager. Politische Autobiographie 1890–1921, Hrsg. Reiner Tosstorff, Berlin 2013

Full Report of the Proceedings of the International Workers' Congress, London, July and August 1896, Glasgow – London o. J.

Furet, François, Das Ende der Illusion, München 1996

Gallo, Max, Rosa Luxemburg: »Ich fürchte mich vor gar nichts mehr«, Düsseldorf – München 1998

Gallus, Alexander, Deutsche Revolution 1918/19. Die Etablierung der Weimarer Republik, in: Deutsche Zäsuren. Systemwechsel vom Alten Reich bis zum wiedervereinten Deutschland, Hrsg. A. G., München 2006, S. 133–163

Gegen den Krieg. Der Basler Friedenskongress 1912 und seine Aktualität, Hrsg. Bernard Degen u. a., Basel 2012

Geras, Norman, Rosa Luxemburg. Vorkämpferin für einen emanzipatorischen Sozialismus, Köln 1996

Geschichte der Kommunistischen Partei der Sowjetunion (Bolschewiki). Kurzer Lehrgang, Moskau 1939

Geyer, Dietrich, Kautskys Russisches Dossier. Deutsche Sozialdemokraten als Treuhänder des russischen Parteivermögens 1910–1915, Frankfurt/Main – New York 1981

Geyer, Dietrich, Nation und Nationalismus in Rußland, in: Nation und Gesellschaft in Deutschland. Historische Essays, Hrsg. Manfred Hettling/Paul Nolte, München 1996, S. 100–113

Gietinger, Klaus, Eine Leiche im Landwehrkanal. Die Ermordung Rosa Luxemburgs, Hamburg 2008

Gietinger, Klaus, Der Konterrevolutionär, Waldemar Pabst – eine deutsche Karriere. Hamburg 2009

Gilcher-Holtey, Ingrid, Das Mandat des Intellektuellen. Karl Kautsky und die Sozialdemokratie, Berlin 1986

Glotz, Peter, Auf dem nationalistischen Blocksberg ist heute Walpurgisnacht. Die erneuerte Aktualität des radikalen Internationalismus der Rosa Luxemburg, *Die Zeit* vom 20.11.1992

Gneuss, Christian, Um den Einklang von Theorie und Praxis. Eduard Bernstein und der Revisionismus, in: Marxismus-Studien. Zweite Folge, Hrsg. Iring Fetscher, Tübingen 1957, S. 198–226

Goehrke, Carsten, Politische Flüchtlinge aus dem Zarenreich in die Schweiz, Jahrbuch für Europäische Geschichte Bd. 7, München 2006, S. 43–64

Gorki, Maxim, W. I. Lenin, in: M. G., Erinnerungen an Zeitgenossen, Frankfurt/Main 1962, S. 168–221

Grau, Bernhard, Kurt Eisner 1867–1919, München 2001

Grebing, Helga, Arbeiterbewegung. Sozialer Protest und kollektive Interessenvertretung, München 1985

Groh, Dieter, Negative Integration und revolutionärer Attentismus. Die deutsche Sozialdemokratie am Vorabend des Ersten Weltkrieges, Frankfurt/Main – Berlin 1973

Der Gründungsparteitag der KPD. Protokolle und Materialien, Hrsg. Hermann Weber, Frankfurt/Main 1969

Gruppe Internationale Kommunisten Hollands, Hrsg. Gottfried Mergner, Reinbek 1971
Günsche, Karl-Ludwig/Lantermann, Klaus, Kleine Geschichte der Sozialistischen Internationale, Bonn-Bad Godesberg 1977
Gupta, Sobhanlal Datta, Rosa Luxemburg, Seribaan 2015
Gutjahr, Wolf-Dietrich, Revolution muss sein. Karl Radek – Die Biographie, Wien u. a. 2012

Haenisch, Konrad, Krieg und Sozialdemokratie, Drei Aufsätze, Hamburg 1915
Haenisch, Konrad, Der deutsche Arbeiter und sein Vaterland, Berlin 1915
Haenisch, Konrad, Die deutsche Sozialdemokratie in und nach dem Weltkriege, Berlin 1916
Haenisch, Konrad, Sozialdemokratie und nationale Verteidigung. Hrsg. Parteivorstand der SPD, Berlin 1916
Handbuch des Socialismus, Hrsg. Carl Stegmann/C. Hugo, (1893–1897) ND Leipzig 1972
Haug, Frigga, »Das Vaterland nicht im Stich lassen …« Rosa Luxemburgs Antikriegspolitik, Das Argument 310, Heft 5/2014, S. 662–677
Haupt, Georges, Der Kongreß fand nicht statt. Die Sozialistische Internationale 1914, Wien 1967
Haupt, Georges, Programm und Wirklichkeit. Die internationale Sozialdemokratie vor 1914, Neuwied 1970
Hellmann, Manfred, Daten der polnischen Geschichte, München 1985
Hentze, Jürgen, Nationalismus und Internationalismus bei Rosa Luxemburg, Bern – Frankfurt/Main 1975
Hexelschneider, Erhard, Rosa Luxemburg und die Schoenlanks, BzG, 4/2009, S. 3–17
Hexelschneider, Erhard, Rosa Luxemburg und die Künste, Leipzig 2004
Hildermeier, Manfred, Die Russische Revolution 1905–1921. Frankfurt/Main 1989
Hildermeier, Manfred, Geschichte Russlands. Vom Mittelalter bis zur Oktoberrevolution, München 2013

Hirsch, Helmut, Rosa Luxemburg, Reinbek 1969
Hirsch, Helmut, August Bebel, Reinbek 1973
Hirsch, Luise, Vom Schtetl in den Hörsaal. Jüdische Frauen und Kulturtransfer, Berlin 2010
Hobsbawm, Eric, Das Zeitalter der Extreme. Weltgeschichte des 20. Jahrhunderts, 6. Aufl. München 2003
[Hochdorf, Max,] Rosa Luxemburg. Das Leben einer Revolutionärin, Geschildert von Max Hochdorf, Berlin 1930
Hoensch, Jörg K., Geschichte Polens, 3. Aufl. Stuttgart 1998
Huonker, Thomas, Revolution, Moral & Kunst. Eduard Fuchs: Leben und Werk, Zürich 1985

Die Ideen von 1789 in der deutschen Rezeption, Hrsg. Forum für Philosophie Bad Homburg, Frankfurt/Main 1989
Illustrierte Geschichte der Deutschen Revolution, Berlin 1929
Internationaler Socialisten-Kongreß. Stuttgart 1907 vom 18. bis 24. August, Berlin 1907
Internationaler Sozialisten-Kongreß. zu Kopenhagen. 28. August bis 3. September 1910, Berlin 1910

Jacob Mathilde, Von Rosa Luxemburg und ihren Freunden in Krieg und Revolution 1914–1919, Hrsg. Sibylle Quack/Rüdiger Zimmermann, IWK, Jg. 24/1988, Heft 4, S. 435–515
Jacobs, Jack, Sozialisten und die »jüdische Frage« nach Marx, Mainz 1994
Jawor, Marek, Zamość. The ideal Town, 3. Aufl. Zamość 2013
Jaworski, Rudolf/Lübke, Christian/Müller, Michael G., Eine kleine Geschichte Polens, Frankfurt/Main 2000
Joll, James, The Second International 1889–1914, New York 1966
Jones, Mark, Am Anfang war Gewalt, Die deutsche Revolution 1918/19 und der Beginn der Weimarer Republik, Berlin 2017
Juden und jüdische Aspekte in der deutschen Arbeiterbewegung 1848 1918, Hrsg. Walter Grab, Tel Aviv 1977 (= Jahrbuch des Instituts für deutsche Geschichte, Beiheft 2)

Käppner, Joachim, 1918. Aufstand für die Freiheit. Die Revolution der Besonnenen, München 2017

Kallscheuer, Otto, Marxismus und Sozialismus bis zum Ersten Weltkrieg, in: Pipers Handbuch der politischen Ideen, Hrsg. Iring Fetscher/Herfried Münkler, Bd. 4, München 1986, S. 515–588

Karl und Rosa. Erinnerungen, Hrsg. Ilse Schiel/Erna Milz, Berlin 1971

Kautsky, Karl, Bernstein und das sozialdemokratische Programm. Eine Antikritik, Stuttgart 1899

Kautsky, Karl, Das Erfurter Programm in seinem grundsätzlichen Teil erläutert, Stuttgart [4]1902

Kautsky, Karl, Die Soziale Revolution, II. Am Tage nach der sozialen Revolution, Berlin 1902

Kautsky, Karl, Die soziale Revolution, I. Sozialreform und soziale Revolution, 2. Aufl. Berlin 1907

Kautsky, Karl, Nationalität und Internationalität, Stuttgart 1908 (= Ergänzungshefte zur Neuen Zeit Nr. 1)

Kautsky, Karl, Der politische Massenstreik. Ein Beitrag zur Geschichte der Massenstreikdiskussionen innerhalb der deutschen Sozialdemokratie, Berlin 1914

Kautsky, Karl, Die Diktatur des Proletariats, 2. Aufl. Wien 1918

Kautsky, Karl, Rosa Luxemburg, Karl Liebknecht, Leo Jogiches. Ihre Bedeutung für die deutsche Sozialdemokratie, Berlin 1921

Kautsky, Karl, Erinnerungen und Erörterungen, Hrsg. Benedikt Kautsky, ’s-Gravenhage 1960

Kautsky, Karl, Der Weg zur Macht, Anhang: Kautskys Kontroverse mit dem Parteivorstand, Hrsg. Georg Fülberth, Frankfurt/M. 1972

Kautsky, Luise, Rosa Luxemburg. Ein Gedenkbuch, Berlin 1929

Kelletat, Andreas F., Lesen, Denken und Schreiben. Rosa Luxemburg als Übersetzerin, in: (Neu)Kompositionen. Aspekte transkultureller Translationswissenschaft, Hrsg. Julia Richter/Cornelia Zwischenberger/Stefanie Kremmel/Karlheinz Spitzl, Berlin 2016, S. 151–178

Kessler, Harry Graf, Das Tagebuch, Hrsg. Roland S. Kamzelak/Ulrich Ott. Sechster Band: 1916–1918, Hrsg. Günter Riederer, Stuttgart 2006

Kessler, Harry Graf, Das Tagebuch, Hrsg. Roland S. Kamzelak/Ulrich Ott. Siebter Band: 1919–1923, Hrsg. Angela Reinthal, Stuttgart 2007

Kinner, Klaus, Rosa Luxemburg, Franz Mehring. Ein spektakulärer Brief-Fund gibt endlich Aufschluss: Warum Rosa Luxemburg sich über Franz Mehring empörte, Neues Deutschland vom 19.4.2010

Klär, Karl-Heinz, Der Zusammenbruch der Zweiten Internationale, Frankfurt/M. 1981

Kluge, Ulrich, Soldatenräte und Revolution. Studien zur Militärpolitik in Deutschland 1918/19, Göttingen 1975

Kluge, Ulrich, Die deutsche Revolution 1918/1919. Staat, Politik und Gesellschaft zwischen Weltkrieg und Kapp-Putsch, Frankfurt/Main 1985

Knobloch, Heinz, Meine liebste Mathilde. Die beste Freundin der Rosa Luxemburg, Berlin [5]1994

Kocka, Jürgen, Geschichte des Kapitalismus, München 2017

Könczöl, Barbara, Märtyrer des Sozialismus. Die SED und das Gedenken an Rosa Luxemburg und Karl Liebknecht, Frankfurt/Main 2008

Könczöl, Barbara, »Dem Karl Liebknecht haben wir's geschworen, der Rosa Luxemburg reichen wir die Hand« – Der Wandel des 15. Januar als politischer Gedenktag von KPD und der SED (1920 bis 1989), in: JHK 2005, S. 171–188

Könczöl, Barbara, Helden der Partei. Rosa Luxemburg und Karl Liebknecht als Märtyrer der SED, Deutschland Archiv, 1/2009, S. 74–82

Koenen, Gerd, Marx, Engels und die »polnische Frage«, in: Deutsche und Polen, Hrsg. Ewa Kobylińska/Andreas Lawaty/Rüdiger Stephan, München 1992, S. 85–90

Kohlmann, Jan, Der Marsch zu den Gräbern von Karl und Rosa. Geschichte eines Gedenktages, Frankfurt/Main 2004

Kolb, Eberhard, Die Arbeiterräte in der deutschen Innenpolitik 1918–1919, Frankfurt/Main u. a. 1978

Kolb, Eberhard/Schumann, Dirk, Die Weimarer Republik, 8. Aufl. München 2013

Krätke, Michael R., Die Aktualität der Rosa Luxemburg, Zeitschrift für sozialistische Politik und Wirtschaft, Heft 195, 2013, S. 58–61

Kuhn, Axel, Die deutsche Arbeiterbewegung, Stuttgart 2004

Kulczycki, Ludwik, Legendy Luksemburskie [1909], http://lewicowo.pl/legendy-luksemburskie/ (18.4.2017)

Lachmann, Joachim, Hans Diefenbachs Vermächtnis an Rosa Luxemburg, Mitteilungen des Vereins für die Geschichte Berlins, Heft 64, 1968, S. 174–175

Landauer, Gustav, Nation, Krieg und Revolution, Hrsg. Siegbert Wolf, Lich 2011 (= Ausgewählte Schriften, Bd. 4)

Large, David Clay, Berlin. Biographie einer Stadt, München 2002

Laschitza, Annelies, Rosa Luxemburg und die Freiheit der Andersdenkenden, Neues Deutschland v. 11.11.1989

Laschitza, Annelies, Zum Umgang mit Rosa Luxemburg in Vergangenheit und Gegenwart, BzG 1991, Heft 4, S. 435–452

Laschitza, Annelies, Rosa Luxemburg über nationale Werte und nationalistische Gefahren, BzG 4/1993, S. 53–65

Laschitza, Annelies, Im Lebensrausch, trotz alledem. Rosa Luxemburg. Eine Biographie, Berlin 1996

Laschitza, Annelies, Die Liebknechts – Karl und Sophie, Politik und Familie, Berlin 2007

Laschitza, Annelies, Rosa Luxemburgs Liebesbriefe, in: Jüdischer Almanach. Liebe, Hrsg. Gisela Dachs, Frankfurt/Main 2010, S. 96–108

Laschitza, Annelies/Keller, Elke, Karl Liebknecht. Eine Biographie in Dokumenten, Berlin 1982

Laschitza, Annelies/Radczun, Günter, Rosa Luxemburg. Ihr Wirken in der deutschen Arbeiterbewegung, Berlin 1971

Leesch, Klaus, Eduard Bernstein und die Fabian Society. Der Einfluss englischer sozialreformerischer Vorstellungen auf das Bernsteinsche Marxismusverständnis und sein Konzept von Sozialdemokratie, MS 2012, http://library.fes.de/pdf-files/bibliothek/bestand/70943/veroeffentlichungsfassung-15092014-20160907.pdf (30.11.2017)

Lehnert, Detlef, Sozialdemokratie zwischen Protestbewegung und Regierungspartei 1848–1983, Frankfurt/Main 1983
Lehnert, Detlef, Die Oktoberrevolution in der Wahrnehmung der deutschen Sozialdemokratie, JHK 2017, S. 117–130
Lenin, N., Die Diktatur des Proletariats und der Renegat K. Kautsky, Leipzig 1919
Lenin, W. I., Staat und Revolution, Frankfurt/M. o.J.
Lenin, W. I., Band 5. Mai 1901 bis Februar 1902, Hrsg. Marx-Engels-Lenin-Stalin-Institut beim ZK der SED, Berlin 1955
Lenin, W. I., Band 6. Januar 1902 bis August 1903, Hrsg. Marx-Engels-Lenin-Stalin-Institut beim ZK der SED, Berlin 1956
Lenin, W. I., Band 7. September 1903 bis Dezember 1904, Hrsg. Institut für Marxismus-Leninismus beim ZK der SED, Berlin 1973
Lenin, W. I., Band 9. Juni bis November 1905, Hrsg. Institut für Marxismus-Leninismus beim ZK der SED, Berlin 1957
Lenin, W. I., Band 17. Dezember 1910 bis April 1912, Hrsg. Institut für Marxismus-Leninismus beim ZK der SED, Berlin 1978
Lenin, W. I., Band 18. April 1912 bis März 1913, Hrsg. Institut für Marxismus-Leninismus beim ZK der SED, Berlin 1974
Lenin, W. I., Band 19. März 1913 bis Dezember 1913, Hrsg. Institut für Marxismus-Leninismus beim ZK der SED, Berlin 1977
Lenin, W. I., Band 20. Dezember 1913 bis August 1914, Hrsg. Institut für Marxismus-Leninismus beim ZK der SED, Berlin 1961
Lenin, W. I., Band 21. August 1914 bis Dezember 1915, Hrsg. Institut für Marxismus-Leninismus beim ZK der SED, Berlin 1960
Lenin, W. I., Band 22. Dezember 1915 bis Juli 1916, Hrsg. Institut für Marxismus-Leninismus beim ZK der SED, Berlin 1971
Lenin, W. I., Band 24. April 1917 bis Juni 1917, Hrsg. Institut für Marxismus-Leninismus beim ZK der SED, Berlin 1959
Lenin, W. I., Band 26. September 1917 bis Februar 1918, Hrsg. Institut für Marxismus-Leninismus beim ZK der SED, Berlin 1972
Lenin-Chronik. Daten zu Leben und Werk. Zusammengestellt von Gerda und Hermann Weber, München 1983

Lensch, Paul, Die deutsche Sozialdemokratie und der Weltkrieg. Eine politische Studie, Berlin 1915

Lensch, Paul, Die Sozialdemokratie, ihr Ende und ihr Glück, Leipzig 1916

Lensch, Paul, Drei Jahre Weltrevolution, Berlin 1917

Leonhard, Jörn, Die Büchse der Pandora. Geschichte des Ersten Weltkriegs, München 2014

Levi, Paul, Luxemburg-Prozeß und Soldatenmißhandlungen, Frankfurt/Main 1914

[Levi, Paul,] Karl Liebknecht und Rosa Luxemburg zum Gedächtnis. Rede gehalten von Paul Levi, bei der Trauerfeier am 2. Februar 1919 im Lehrer-Vereinshaus in Berlin, Hrsg. Kommunistische Partei Deutschlands (Spartakusbund), o. O. o. J.

Levi, Paul, Zwischen Spartakus und Sozialdemokratie. Schriften, Aufsätze, Reden und Briefe, Frankfurt/Main 1969

Levi, Paul, Ohne einen Tropfen Lakaienblut. Schriften, Reden, Briefe, Bd. I: Spartakus, 2 Bde., Berlin 2018

Lewin, Erwin, Einige Aspekte der Wirkung von Stalins Luxemburg-Urteil 1931 in der Komintern, BzG 1991, Heft 4, S. 483–491

Löbe, Paul, Der Weg war lang, Berlin 1954

Loewy, Michael, Marxisme et Romantisme. Essais sur Lukács et Rosa Luxemburg, Paris 1979

Lorentz, Ewa, Dom Róży Luxemburg w Zamosciu Prawda i Mit, Z archiwalnych półek. Archiwariusz Zamojski 2003, S. 17–22

Luban, Ottokar, Die »innere Notwendigkeit, mithelfen zu dürfen«. Zur Rolle Mathilde Jacobs als Assistentin der Spartakusführung bzw. der KPD-Zentrale, IWK 29, 1993 Heft 4, S. 421–470

Luban, Ottokar, Karl Radek im Januaraufstand 1919 in Berlin. Drei Dokumente, IWK 36, 2000 Heft 3, S. 377–397

Luban, Ottokar, Rosa Luxemburg – demokratische Sozialistin oder Bolschewistin?, JHK 2000/01, S. 409–420

Luban, Ottokar, Neu erschlossene Archivalien und verbleibende Forschungsdesiderate zu Rosa Luxemburgs letztem Lebensabschnitt (1915–1919), MS 2004

Luban, Ottokar, Zwei unveröffentlichte Reden Rosa Luxemburgs vom Sommer 1913 zum Thema Massenstreik. Aus den Akten der politischen Polizei Berlin, IWK 42, 2006 Heft 4, S. 499–504

Luban, Ottokar, Rosa Luxemburgs Demokratiekonzept. Ihre Kritik an Lenin und ihr politisches Wirken 1913–1919, Leipzig 2008

Luban, Ottokar, Russische Bolschewiki und deutsche Linkssozialisten am Vorabend der deutschen Novemberrevolution. Beziehungen und Einflussnahmen, JHK 2009, S. 283 – 298

Luban, Ottokar, Der Spartakusführer Hugo Eberlein und die kurze Räteherrschaft in Berlin-Mariendorf. Notizen über eine unveröffentlichte Rede Eberleins vom 19. November 1918, JHK 2011, S. 311–322

Luban, Ottokar, Rosa Luxemburg and the Founding of the Communist International, Ms. 2011

Ludwig, Emil, An die Laterne! Bilder aus der Revolution, Charlottenburg 1919

Lukács, Georg, Geschichte und Klassenbewusstsein, (1923) NA Neuwied – Berlin 1970

Lukács, Georg, Die Zerstörung der Vernunft, (1954) NA Neuwied – Berlin 1974

Luttmann, Karin, Nation und Demokratie im Denken Rosa Luxemburgs, M. A. Trier 2006

Luxemburg oder Stalin. Schaltjahr 1928 – Die KPD am Scheideweg, Hrsg. Elke Reuter/Wladislaw Hedeler/Horst Helas/Klaus Kinner, Berlin 2003

Mandel, Ernest, Rosa Luxemburg und die deutsche Sozialdemokratie, in: M. E./Radek, Karl, Rosa Luxemburg. Leben – Kampf – Tod, Frankfurt/Main 1986, S. 46–66

Manninen, Virve, Zur nationalen Komponente in Rosa Luxemburgs Revolutionsbegriff in der Zeit der ersten russischen Revolution 1905/06, BzG 4/1994, S. 66–71

Marcek, Wiktor, Die Revolution 1905 bis 1907 im Königreich Polen – von der Arbeiterrevolte zur nationalen Reaktion, Arbeit – Bewegung – Geschichte, September 2016, S. 27–46

Marchart, Oliver, Die Welt und die Revolution, APuZ, Heft 39/2006, S. 33–38

Marchlewski, Julian, Der Physiokratismus in Polen, Zürich 1897

Marx, Karl, Kritik des Gothaer Programms. Mit Schriften und Briefen von Marx, Engels und Lenin zu den Programmen der deutschen Sozialdemokratie, Frankfurt/M. 1969

Marx, Karl/Engels, Friedrich, Manifest der Kommunistischen Partei, 28. Aufl. Berlin 1967

Die Massenstreikdebatte. Beiträge von Parvus, Rosa Luxemburg, Karl Kautsky und Anton Pannekoek, Hrsg. Antonia Grunenberg, Frankfurt/Main 1970

Matthias, Erich, Kautsky und der Kautskyanismus. Die Funktion der Ideologie in der deutschen Sozialdemokratie vor dem Ersten Weltkriege, in: Marxismus-Studien. Zweite Folge, Hrsg. Iring Fetscher, Tübingen 1957, S. 151–197

Mayer, Gustav, Als deutsch-jüdischer Historiker in Krieg und Revolution 1914–1920. Tagebücher, Aufzeichnungen, Briefe, Hrsg. Gottfried Niedhart, München 2009

Merkel, Wolfgang, Systemtransformation. Eine Einführung in die Theorie und Empirie der Transformationsforschung, 2. Aufl. Wiesbaden 2010

Merridale, Catherine, Lenins Zug. Eine Reise in die Revolution, Frankfurt/Main 2017

Der Meuchelmord an Karl Liebknecht und Rosa Luxemburg (Tatsachenmaterial), Hrsg. Kommunistische Partei Deutschlands (Spartakusbund), o. O. o. J.

Militarismus, Krieg und Arbeiterklasse. Rosa Luxemburg vor der Frankfurter Strafkammer. Ausführlicher Bericht über die Verhandlung am 20. Februar 1914, Frankfurt/Main o. J.

Miller, Susanne, Burgfrieden und Klassenkampf. Die deutsche Sozialdemokratie im Ersten Weltkrieg, Düsseldorf 1974

Miller, Susanne, Die Bürde der Macht. Die deutsche Sozialdemokratie 1918–1920, Düsseldorf 1978

Der Mord an Karl Liebknecht und Rosa Luxemburg. Zusammenfassende Darstellung des gesamten Untersuchungsmaterials mit ausführlichem Prozeßbericht, Berlin 1920

Der Mord an Rosa Luxemburg und Karl Liebknecht. Dokumentation eines politischen Verbrechens, Hrsg. Elisabeth Hannover-Drück/Heinrich Hannover, Frankfurt/Main 1967

Morina, Christina, Die Erfindung des Marxismus. Wie eine Idee die Welt eroberte, München 2017

Moring, Karl-Ernst, Die Sozialdemokratische Partei in Bremen 1890–1914, Hannover 1968

Müller, Eckhard, Rosa Luxemburgs öffentlicher Vortragszyklus zur Nationalökonomie im Herbst 1907. Sechs unbekannte Berichte der Berliner Politischen Polizei, BzG 5/2013, S. 123–138

Müller, Eckhard, Kaiser »keine Ahnung«. Rosa Luxemburg wird am 17. Januar 1904 wegen Majestätsbeleidigung verurteilt, Junge Welt vom 11.1.2014

Müller, Hermann, Die November-Revolution. Erinnerungen, Berlin 1928

Müller, Richard, Vom Kaiserreich zur Republik. Ein Beitrag zur Geschichte der revolutionären Arbeiterbewegung während des Weltkrieges, ND Berlin 1974

Müller, Richard, Der Bürgerkrieg in Deutschland, ND Berlin 1974

Müller, Werner, Bolschewismuskritik und Revolutionseuphorie. Das Janusgesicht der Rosa Luxemburg, in: Totalitarismuskritik von links. Deutsche Diskurse im 20. Jahrhundert, Hrsg. Mike Schmeitzner, Göttingen 2007, S. 29–47

Nettl, Peter, Rosa Luxemburg, Köln – Berlin 1967

Neumann, Daniela, Studentinnen aus dem Russischen Reich in der Schweiz (1867–1914), Zürich 1987

1918/19. Ein Lesebuch, Hrsg. Peter Brandt, Berlin 1979

1917 Revolution. Russland und Europa, Hrsg. Julia Franke/Kristiane Janeke/Arnulf Scriba, o. O. 2017

Neuss, Uwe, Zwischen Räterepublik und Parlamentarischer Demokratie. Vom Burgfrieden zur Revolution und zur Selbstentmachtung der Räte, https://uweness.eu/revolution-1918-19.html (11.7.2017)

Niess, Wolfgang, Die Revolution von 1918/19 in der deutschen Geschichtsschreibung. Deutungen von der Weimarer Republik bis ins 21. Jahrhundert, Berlin – Boston 2013

Niess, Wolfgang, Die Revolution von 1918/19. Der wahre Beginn unserer Demokratie, München 2017

Nipperdey, Thomas, Deutsche Geschichte 1866–1918. Zweiter Band: Machtstaat vor der Demokratie, München 1998

Nishikawa, Masao, Rosa Luxemburg in Bremen. Eine Dokumentation, IWK 60/1990, S. 509–525

Noske, Gustav, Von Kiel bis Kapp. Zur Geschichte der deutschen Revolution, Berlin 1920

Noske, Gustav, Erlebtes aus Aufstieg und Niedergang einer Demokratie, Offenbach 1947

Notz, Gisela, »Her mit dem allgemeinen, gleichen Wahlrecht für Mann und Frau!« Die internationale sozialistische Frauenbewegung zu Beginn des 20. Jahrhunderts und der Kampf um das Frauenwahlrecht, Bonn 2008

Die Novemberrevolution 1918/1919 in Deutschland, Hrsg. Ulla Plener, Berlin 2009

Oelßner, Fred, Rosa Luxemburg. Eine kritische biographische Skizze, 2. Aufl. Berlin 1952

Oertzen, Peter von, Betriebsräte in der Novemberrevolution. Eine politikwissenschaftliche Untersuchung über Ideengehalt und Struktur der betrieblichen und wirtschaftlichen Arbeiterräte in der deutschen Revolution 1918/19, Hrsg. Kommission für Geschichte des Parlamentarismus und der politischen Parteien, Düsseldorf 1963

Osterroth, Franz/Schuster, Dieter, Chronik der deutschen Sozialdemokratie. Electronic Edition, Bonn 2001/02, http://library.fes.de/fulltext/bibliothek/chronik/index.html (5.6.2016 u. ö.)

Papcke, Sven, Der Revisionismusstreit und die politische Theorie der Reform, Stuttgart 1979

Peuckert, Detlev J. K., Die Weimarer Republik. Krisenjahre der Klassischen Moderne, Frankfurt/Main 1987

Piper, Ernst, Nacht über Europa. Kulturgeschichte des Ersten Weltkriegs, Berlin 2013

Plener, Ulla, Rosa Luxemburg und Lenin: Gemeinsamkeiten und Kontroversen. Gegen ihre dogmatische Entgegenstellung, Berlin 2009

Polin. 1000 Year History of Polish Jews, Hrsg. Barbara Kirshenblatt-Gimblett/Antony Polonsky, Warschau 2014

Politt, Holger, Die polnische Frage bei Rosa Luxemburg, UTOPIE kreativ, Heft 129/130, Juli/August 2001, S. 604–613

Politt, Holger, Unter Blitz und Donner. Zusammenstoß zweier Zeitalter, in: Rosa Luxemburg, Arbeiterrevolution 1905/06. Polnische Texte, Hrsg. H. P., Berlin 2015, S. 9–34 (= Politt, 2015 a)

Politt, Holger, Im Wettlauf der Geschichte. Rosa Luxemburg und der Ausbruch des Ersten Weltkrieges, in: Verzögerter Widerstand. Die Arbeiterbewegung und der Erste Weltkrieg, Hrsg. Bernd Hüttner, Berlin 2015, S. 98–102 (= Politt, 2015 b)

Pospiech, Friedrich, Julius Motteler. Der »rote Feldpostmeister«, Esslingen 1977

Potthoff, Heinrich, Die Sozialdemokratie von den Anfängen bis 1945, Bonn-Bad Godesberg 1974

Prager, Eugen, Das Gebot der Stunde. Geschichte der USPD, Bonn 1980

Protokoll der Reichskonferenz der Sozialdemokratie Deutschlands vom 21., 22. und 23. September 1916, Hrsg. Vorstand der Sozialdemokratischen Partei Deutschlands, o. O. o. J.

Protokoll des Internationalen Arbeiter-Congresses zu Paris. Abgehalten vom 14. bis 20. Juli 1889, Nürnberg 1890

Protokoll des Internationalen Sozialistischen Arbeiterkongresses in der Tonhalle Zürich vom 6. bis 12. August 1893, Zürich 1894

Protokoll des Internationalen Sozialistischen Arbeiterkongresses, Paris 23.–27.9.1900, Berlin 1900

Protokoll des Internationalen Sozialistischen Arbeiterkongresses, Amsterdam 14.–20.8.1904, Berlin 1904

Protokoll des Internationalen Sozialistischen Arbeiterkongresses, Stuttgart vom 18.–24.8. 1907, Berlin 1907

Protokoll des Internationalen Sozialistischen Arbeiterkongresses, Kopenhagen 28.8.–3.9.1910, Berlin 1910

Protokoll über die Verhandlungen des Parteitages der Sozialdemokratischen Partei Deutschlands. Abgehalten zu Hamburg, vom 3. bis 9. Oktober 1897, Berlin 1897

Protokoll über die Verhandlungen des Parteitages der Sozialdemokratischen Partei Deutschlands. Abgehalten zu Stuttgart, vom 3. bis 8. Oktober 1898, Berlin 1898

Protokoll über die Verhandlungen des Parteitages der Sozialdemokratischen Partei Deutschlands. Abgehalten zu Hannover, vom 9. bis 14. Oktober 1899, Berlin 1899

Protokoll über die Verhandlungen des Parteitages der Sozialdemokratischen Partei Deutschlands. Abgehalten zu Mainz, vom 17. bis 21. September 1900, Berlin 1900

Protokoll über die Verhandlungen des Parteitages der Sozialdemokratischen Partei Deutschlands. Abgehalten zu Lübeck, vom 22. bis 28. September 1901, Berlin 1901

Protokoll über die Verhandlungen des Parteitages der Sozialdemokratischen Partei Deutschlands. Abgehalten zu München, vom 14. bis 20. September 1902, Berlin 1902

Protokoll über die Verhandlungen des Parteitages der Sozialdemokratischen Partei Deutschlands. Abgehalten zu Dresden, vom 13. bis 20. September 1903, Berlin 1903

Protokoll über die Verhandlungen des Parteitages der Sozialdemokratischen Partei Deutschlands. Abgehalten zu Jena, vom 17. bis 23. September 1905, Berlin 1905

Protokoll über die Verhandlungen des Parteitages der Sozialdemokratischen Partei Deutschlands. Abgehalten zu Mannheim, vom 17. bis 21. September 1906, Berlin 1906

Protokoll über die Verhandlungen des Parteitages der Sozialdemokratischen Partei Deutschlands. Abgehalten zu Nürnberg, vom 13. bis 19. September 1908, Berlin 1908

Protokoll über die Verhandlungen des Parteitages der Sozialdemokratischen Partei Deutschlands. Abgehalten in Magdeburg, vom 18. bis 24. September 1910, Berlin 1910

Protokoll über die Verhandlungen des Parteitages der Sozialdemokratischen Partei Deutschlands. Abgehalten in Jena, vom 10. bis 16. September 1911, Berlin 1911

Protokoll über die Verhandlungen des Parteitages der Sozialdemokratischen Partei Deutschlands. Abgehalten in Chemnitz, vom 15. bis 21. September 1912, Berlin 1912

Protokoll über die Verhandlungen des Parteitages der Sozialdemokratischen Partei Deutschlands. Abgehalten in Jena, vom 14. bis 20. September 1913, Berlin 1913

Protokoll über die Verhandlungen des Parteitages der Sozialdemokratischen Partei Deutschlands. Abgehalten in Würzburg, vom 14. bis 20. Oktober 1917, Berlin 1917

Puschnerat, Tânia, Clara Zetkin: Bürgerlichkeit und Marxismus, Essen 2003

Quack, Sybille, Geistig frei und niemandes Knecht. Paul Levi – Rosa Luxemburg. Politische Arbeit und persönliche Beziehung, Frankfurt/Main – Berlin 1986

Radczun, Günter, Einige Probleme der Haltung Rosa Luxemburgs zur proletarischen Revolution. Zu Flechtheims Rosa-Luxemburg-Edition »Die russische Revolution«, BzG 1966/Heft 1, S. 9–22

Radczun, Günter, Einige Bemerkungen zum Rosa Luxemburg-Bild von John Peter Nettl, BzG 1969/Heft 1, S. 49–61

Radek, Karl, Meine Abrechnung, Bremen 1913

Radek, Karl, Rosa Luxemburg – Karl Liebknecht – Leo Jogiches, Hamburg 1921

Radek, Karl, In den Reihen der deutschen Revolution 1909–1919, München 1921

Die Rätebewegung, Bd. I, Hrsg. Günter Hillmann, Reinbek 1971

Die Regierung Eisner 1918/19. Ministerratsprotokolle und Dokumente, Hrsg. Franz J. Bauer, Düsseldorf 1987

Regneri, Günter, Luise Kautsky. Seele des internationalen Marxismus – Freundin von Rosa Luxemburg, Berlin 2013

Die Reichstagsfraktion der deutschen Sozialdemokratie 1898 bis 1918, Hrsg. Erich Matthias/Eberhard Pikart, Düsseldorf 1966

Revolution und Räterepublik in Bremen, Hrsg. Peter Kuckuk, Frankfurt/Main 1969

Revolutionsdokumente. Die deutsche Revolution in der Darstellung der zeitgenössischen Presse, Erster Band: Im Zeichen der roten Fahne, Hrsg. Eberhard Buchner, Berlin 1921

Richebächer, Sabine, Uns fehlt nur eine Kleinigkeit. Deutsche proletarische Frauenbewegung 1890–1914, Frankfurt/Main 1982

Ritter, Gerhard A., Arbeiter, Arbeiterbewegung und soziale Ideen in Deutschland, München 1996

Römer, Willy, Januarkämpfe Berlin 1919, Hrsg. Diethart Kerbs, Berlin 1984

Rogalla von Bieberstein, Johannes, »Jüdischer Bolschewismus«. Mythos und Realität, o. O. 2002

Roland-Holst, Henriette, Generalstreik und Sozialdemokratie, Mit einem Vorwort von Karl Kautsky, 2. Aufl. Dresden 1906

Roland Holst-van der Schalk, Henriette, Rosa Luxemburg. Ihr Leben und Wirken, Zürich 1937

Rolf, Malte, Russifizierung, Depolonisierung oder innerer Staatsaufbau? Konzepte imperialer Herrschaft im Königreich Polen 1863–1915, in: Kampf um Wort und Schrift. Russifizierung in Osteuropa im 19./20. Jahrhundert, Hrsg. Zaur Gasimow, Göttingen 2012, S. 51–87

Rosa Luxemburg, Hrsg. Kristine von Soden, Berlin 1988

Rosa Luxemburg. Denken und Leben einer internationalen Revolutionärin, Hrsg. Fritz Keller/Stefan Kraft, Wien 2005

Rosa Luxemburg im internationalen Diskurs, Hrsg. Narihiko Ito/Annelies Laschitza/Ottokar Luban, Berlin 2002

Rosa Luxemburg im Kampf gegen den deutschen Militarismus. Prozeßberichte und Materialien aus den Jahren 1913 bis 1915, Hrsg. Institut für Marxismus-Leninismus beim ZK der SED, Berlin 1960

Rosa Luxemburg oder Die Bestimmung des Sozialismus, Hrsg. Claudio Pozzoli, Frankfurt/Main 1974

Rosa Luxemburg. Ökonomische und historisch-politische Aspekte ihres Werkes, Hrsg. Narihiko Ito/Annelies Laschitza/Ottokar Luban, Berlin 2010

Rosa Luxemburgs Tod. Dokumente und Kommentare, Hrsg. Annelies Laschitza/Klaus Gietinger, Leipzig 2010

Rosenberg, Arthur, Geschichte der Weimarer Republik, Hrsg. Kurt Kersten, 13. Aufl. Frankfurt/Main 1972

Rosenberg, Arthur, Geschichte des Bolschewismus. Mit einer Einleitung von Ossip K. Flechtheim, ND Frankfurt/Main 1975

Ruge, Wolfgang, Vom Roten Oktober zur Alleinherrschaft der Bolschewiki. Machtkämpfe nach der Machtübernahme, UTOPIE kreativ, Heft 205, November 2007, S. 1012–1031

Die Russische Revolution 1917 und die Linke auf dem Weg in das 21. Jahrhundert. Kolloquium aus dem Anlaß des 80. Jahrestages der Russischen Revolution am 8. November 1997, Leipzig 1998

Sachse, Mirjam, Von »weiblichen Vollmenschen« und Klassenkämpferinnen. Frauengeschichte und Frauenleitbilder in der proletarischen Frauenzeitschrift »Die Gleichheit« (1891–1923), Diss. Universität Kassel 2010

Scharlau, Winfried B./Zeman, Zbyněk A., Freibeuter der Revolution. Parvus-Helphand. Eine politische Biographie, Köln 1964

Scharrer, Manfred, Demokratie und Diktatur bei Rosa Luxemburg, BzG 1991, Heft 4, S. 469–474

Scharrer, Manfred, »Freiheit ist immer …« Die Legende von Rosa & Karl, Berlin 2002

Scheidemann, Philipp, Der Zusammenbruch, Berlin 1921

Scherrer, Jutta, Politische Ideen im vorrevolutionären und revolutionären Rußland, in: Pipers Handbuch der politischen Ideen, Hrsg. Iring Fetscher/Herfried Münkler, Bd. 5, München 1987, S. 203–281

Schmid, Richard, Rosa Luxemburg, Gewerkschaftliche Monatshefte 1967, Heft 12, S. 721–728

Schmidt, Jürgen, August Bebel. Kaiser der Arbeiter, Zürich 2013

Schneider, Volkmar, Der Berliner Gerichtsmediziner Prof. Fritz Strassmann (1858–1940). Obduzent in der Leichensache Rosa Luxemburg, in: Berliner Wissenschaftliche Gesellschaft, Jahrbuch 2013/14, S. 53–63

Schönewald, Marcus, Demokratische Anfänge? Die frühe KPD und die falsche Prämisse der Stalinisierungsthese, JHK 2018, S. 163–180

Schönhoven, Klaus, Reformismus und Radikalismus. Gespaltene Arbeiterbewegung im Weimarer Sozialstaat, München 1989

Schorske, Carl E., Die große Spaltung. Die deutsche Sozialdemokratie von 1905–1917, Berlin 1981

Schüddekopf, Otto-Ernst, Das Heer und die Republik. Quellen zur Politik der Reichswehrführung 1918 bis 1933, Hannover – Frankfurt/Main 1955

Schüddekopf, Otto-Ernst, Karl Radek in Berlin. Ein Kapitel deutsch-russischer Beziehungen im Jahre 1919, Hannover 1962

Schütrumpf, Jörn, Rosa Luxemburg oder: Die Freiheit der Andersdenkenden, 2011, http://www.sopos.org/aufsaetze/4d55afe2833e8/1.html (1.1.2017)

Schütrumpf, Jörn, Nicht gegen Russland. Clara Zetkin und die Kommunistische Internationale, Neues Deutschland vom 2.1.2013

Schumacher, Horst/Tych, Feliks, Julian Marchlewski-Karski. Eine Biographie, Berlin 1966

Seidel, Ina, Der Tod einer Frau, in: Hochwasser. Novellen, Berlin 1920, S. 221–228

Seidemann, Maria, Rosa Luxemburg und Leo Jogiches. Die Liebe in den Zeiten der Revolution, Berlin 1998

Silberner, Edmund, Rosa Luxemburg, ihre Partei und die Judenfrage, Jahrbuch des Instituts für Deutsche Geschichte, Universität Tel Aviv, Bd. VII/1978, S. 299–337

Śmiechowski, Kamil, Łódzka Wizja Postępu. Oblicze społezno-ideowe »gońza łodzkiego«, »kuriera łodzkiego«, »nowego kuriera łodzkiego« w latach 1898–1914, Łódz 2014
Snyder, Timothy, Love and Death, New Republic v. 9.6.2011, S. 28–31
Sozialdemokratie zwischen Klassenbewegung und Volkspartei, Hrsg. Hans Mommsen, Frankfurt/Main 1974
Die sozialistische Arbeiter-Internationale, Hrsg. Émile Vandervelde, Berlin 1907
Spartakus im Kriege. Die illegalen Flugblätter des Spartakusbundes im Kriege. Gesammelt und eingeleitet von Ernst Meyer, Berlin 1927
Spartakusbriefe (Neudruck), Hrsg. Kommunistische Partei Deutschlands (Spartakusbund), Berlin 1920
SPD und Gewerkschaften, Bd. 1: Zur Geschichte eines Bündnisses, Hrsg. Jochem Langkau/Hans Matthöfer/Michael Schneider, Bonn 1994
Stadler-Labhart, Verena, Rosa Luxemburg an der Universität Zürich 1889–1897, Zürich 1978
Stalin, Über einige Fragen der Geschichte des Bolschewismus, 1931, http://ciml.250x.com/archive/stalin/german/stalin_geschichte_bolschewismus_1931.html (20.9.2016)
Stalmann, Volker, Die Revolution von 1918/19 in Hamburg, ZfG Heft 1/2014, S. 5–24
Stegmann, Carl/Hugo, C., Handbuch des Socialismus, Zürich 1897
Steinberg, Hans-Josef, Sozialismus und deutsche Sozialdemokratie. Zur Ideologie der Partei vor dem 1. Weltkrieg, 5. Aufl. Berlin 1979
Stern, Clara, Rosa Luxemburg. Die Politikerin – die Schriftstellerin – der Mensch, Neue Wege Bd. 18, Heft 11, 1924, S. 446–452
Storløkken, Tanja, Frauen in finsteren Zeiten. Rosa Luxemburg und Hannah Arendt, in: UTOPIE kreativ, Heft 192, Oktober 2006, S. 897–909
Storløkken, Tanja, Rosa Luxemburgs Demokratievorstellungen und ihr Manuskript zur russischen Revolution, Vortrags-MS 2009
Streik. Zur Geschichte des Arbeiterkampfes in Deutschland während der Industrialisierung, Hrsg. Klaus Tenfelde/Heinrich Volkmann, München 1981

Strobel, Georg W., Quellen zur Geschichte des Kommunismus in Polen 1878–1918, Köln 1968

Strobel, Georg W., Die Partei Rosa Luxemburgs, Lenin und die SPD. Der polnische »europäische« Internationalismus in der russischen Sozialdemokratie, Wiesbaden 1974

Strobel, Georg W., Die Legende von der Rosa Luxemburg, IWK 1992, Heft 3, S. 373–394

Strobel, Georg W., Das multinationale Lodz, die Textilmetropole Polens, als Produkt von Migration und Kapitalwanderung, in: Wanderungen und Kulturaustausch im östlichen Mitteleuropa. Forschungen zum ausgehenden Mittelalter und zur jüngeren Neuzeit, Hrsg. Hans-Werner Rautenberg, München 2007, S. 163–224

Tormin, Walter, Zwischen Rätediktatur und sozialer Demokratie, Düsseldorf 1954

Traverso, Enzo, Im Bann der Gewalt. Der europäische Bürgerkrieg 1914–1945, München 2008

Troeltsch, Ernst, Die Fehlgeburt einer Republik. Spektator in Berlin 1918 bis 1922, Hrsg. Johann Hinrich Claussen, Frankfurt/Main 1994

Trotnow, Helmut, Karl Liebknecht. Eine politische Biografie, München 1982

Trotta, Margarethe von/Ensslin, Christiane, Rosa Luxemburg. Das Buch zum Film, Nördlingen 1986

Tych, Feliks, Rosa Luxemburg und Julian Marchlewski-Karski in der polnischen und in der deutschen Arbeiterbewegung, BzG 1988, Heft 5, S. 640–648.

Tych, Feliks: Leo Jogiches' Kritik an der bolschewistischen Partei. IWK 1991. Heft 3, S. 303–313

Tych, Feliks, Rosa Luxemburg und die nationale Frage. Motivation und politische Vorschläge, BzG 4/1993, S. 43–51

Tych, Feliks, Das Vorgehen der Justiz gegen Pazifisten im wilhelminischen Deutschland. Die Strafprozesse gegen Rosa Luxemburg und Karl Liebknecht, in: Recht ist, was den Waffen nützt. Justiz und Pazifismus im 20. Jahrhundert, Hrsg. Helmut Kramer/Wolfram Wette, Berlin 2004 (= 2004 a), S. 109–126

Tych, Feliks, Rosa Luxemburg – Leo Jogiches. Ein paar Bemerkungen zum Thema, in: Mensch sein, das heißt … Rosa Luxemburg und ihre Freunde in Geschichte und Gegenwart, Berlin 2004 (= 2004 b), S. 34–39

Tych, Feliks/Luban, Ottokar, Die Spartakusführung zur Politik der Bolschewiki. Ein Kassiber Leo Jogiches' aus dem Gefängnis an Sophie Liebknecht. 7.9.1918, IWK, 1997 Heft 1, S.92–102

Ullmann, Eduard, Die Sozialdemokratische Partei Deutschlands und die Polnische Sozialistische Partei in Preußen 1890–1907. Beitrag zu einer Rosa-Luxemburg-Biographie, Phil. Diss., Berlin 1965, ms. MS

Ullrich, Volker, Die Revolution von 1918/19, München 2009

Unbeirrbar rot. Zeugen und Zeugnisse einer Familie. Erzählt und ausgewählt von Stefan und Witold Leder, Hrsg. Gerd Kaiser, Berlin 2002

Die ungeliebte Republik. Dokumente zur Innen- und Außenpolitik Weimars 1918–1933, Hrsg. Wolfgang Michalka/Gottfried Niedhart, München 1980

Die vergessene Revolution von 1918/19, Hrsg. Alexander Gallus, Göttingen 2010

Verhandlungen und Beschlüsse des Internationalen Sozialistischen Arbeiter- und Gewerkschafts-Kongresses zu London vom 27. Juli bis 1. August 1896, Berlin 1896

Verhey, Jeffrey, Der »Geist von 1914« und die Erfindung der Volksgemeinschaft, Hamburg 2000

Verzögerter Widerstand. Die Arbeiterbewegung und der Erste Weltkrieg, Hrsg. Bernd Hüttner, Berlin 2015

Vollmar, Georg von, Ueber die nächsten Aufgaben der deutschen Sozialdemokratie. Zwei Reden gehalten am 1. Juni und 6. Juli 1891 im »Eldorado« zu München, München 1891

Der Vorwärts-Konflikt. Gesammelte Aktenstücke, München o. J.

Wachenheim, Hedwig, Die deutsche Arbeiterbewegung 1844–1914, Köln – Opladen 1967

Walicki, Andrzej, Rosa Luxemburg and the Question of Nationalism in Polish Marxism 1893–1914, in: The Slavonik and East European Review, vol. 61, no. 4, 1983, S. 565–582

Walter, Fritz, Die SPD. Biographie einer Partei, Reinbek 2009

Warski, Adolf, Rosa Luxemburgs Stellung zu den taktischen Problemen der Revolution, Hamburg 1922

Weber, Hermann, Die Wandlung des deutschen Kommunismus. Die Stalinisierung der KPD in der Weimarer Republik, Frankfurt/Main 1969

Weber, Hermann, »Freiheit ist immer nur Freiheit des anders Denkenden«. Zum 100. Geburtstag Rosa Luxemburgs, Neue Gesellschaft 1971, S. 191–192

Weber, Hermann, Die SED und Rosa Luxemburg. Bemerkungen zur Veröffentlichung von Rosa Luxemburgs »Russische Revolution« in der DDR, Neue Gesellschaft 1975, S. 576–579

Weber, Hermann, Lenin, 18. Aufl. Reinbek 2004

Wehler, Hans-Ulrich, Sozialdemokratie und Nationalstaat, Göttingen 1971

Wehler, Hans-Ulrich, Deutsche Gesellschaftsgeschichte, Bd. 3: Von der »Deutschen Doppelrevolution« bis zum Beginn des Ersten Weltkrieges 1849–1914, München 1995

Wehler, Hans-Ulrich, Nationalismus. Geschichte – Form – Folgen, München 2001

Wehler, Hans-Ulrich, Deutsche Gesellschaftsgeschichte, Bd. 4: Vom Beginn des Ersten Weltkrieges bis zur Gründung der beiden deutschen Staaten 1914–1949, 2. Aufl. München 2003

Weill, Claudie, Das Problem der nationalen Kultur, BzG 1991, Heft 4, S. 475–478

Weill, Claudie, Rosa Luxemburg. Ombre et lumière, Pantin 2008

Weitz, Ulrich, Der Mann im Schatten. Eduard Fuchs, Berlin 2014

Wette, Wolfram, Gustav Noske. Eine politische Biographie, Düsseldorf 1987

Wheeler, Robert F., USPD und Internationale. Sozialistischer Internationalismus in der Zeit der Revolution, Frankfurt/Main u. a. 1975

Wichmann, Manfred, Die Konzeption einer Weißen Internationale bei Waldemar Pabst, in: Wegbereiter des Nationalsozialismus. Personen, Organisationen und Netzwerke der extremen Rechten zwischen 1918 und 1933, Hrsg. Daniel Schmidt/Michael Sturm/Massimiliano Livi, Essen 2015, S. 125–140

Wiedner, Hartmut, Soldatenmißhandlungen im Wilhelminischen Kaiserreich (1890 – 1914), Archiv für Sozialgeschichte, Bd. 22/1982, S. 159–199

Wiegand, Richard, »Wer hat uns verraten …« Die Sozialdemokratie in der Novemberrevolution (1918/19), Berlin 1974

Wilde, Florian, Ernst Meyer (1887–1930) – vergessene Führungsfigur des deutschen Kommunismus. Eine politische Biographie, Diss. Hamburg 2013

Wilde, Harry, Leo Trotzi, 14. Aufl. Reinbek 2006

Winkel, Udo, Rosa Luxemburg und die deutsche Sozialdemokratie, Gaiganz 1974

Winkler, Heinrich August, Von der Revolution zur Stabilisierung. Arbeiter und Arbeiterbewegung in der Weimarer Republik 1918 bis 1924, 2. Aufl. Berlin-Bonn 1985

Winkler, Heinrich August, Die Vermeidung des Bürgerkrieges. Zur Kontinuität sozialdemokratischer Politik in der Weimarer Republik, in: Nation und Gesellschaft in Deutschland. Historische Essays, Hrsg. Manfred Hettling/Paul Nolte, München 1996, S. 282–304

Winkler, Heinrich August, Geschichte des Westens. Die Zeit der Weltkriege 1914–1945, München 2011

Winnig, August, Der Burgfrieden und die Arbeiterschaft, Berlin 1915 (= Kriegsprobleme der Arbeiterklasse, Heft 19)

Winnig, August, Zur Neuorientierung der deutschen Sozialdemokratie, Berlin 1916 (= Kriegsprobleme der Arbeiterklasse, Heft 10)

Wirsching, Andreas, »Stalinisierung« oder entideologisierte »Nischengesellschaft«? Alte Einsichten und neue Thesen zum Charakter der KPD in der Weimarer Republik, VfZG 45/1997, Heft 3, S. 449–466

Wistrich, Robert, Rosa Luxemburg, Leo Jogiches and the Jewish Labour Movement, 1893–1903, in: Jewish History. Essays in Honour of Chimen Abramsky, Hrsg. Ada Rapoport-Albert/Steven J. Zipperstein, London 1988, S. 529–545

Wistrich, Robert, Rosa Luxemburg, Polish Socialism, and the Bund, in: R.W., Laboratory for World Destruction. Germans and Jews in Central Europe, Nebraska 2007, S. 99–117

Woltering, Hubert, Die »Sozialistischen Monatshefte« (1895/96–1933), Bonn o.J. http://library.fes.de/sozmon/070201-smh-begleittext.pdf (7.12.2017)

Zarusky, Jürgen, Die deutschen Sozialdemokraten und das sowjetische Modell. Ideologische Auseinandersetzung und außenpolitische Konzeptionen 1917–1933, München 1992

Die Zerstörung der deutschen Politik. Dokumente 1871–1933, Hrsg. Harry Pross, Frankfurt/Main 1959

Zetkin, Clara, Rosa Luxemburg und Karl Liebknecht, Berlin 1919

Zetkin, Clara, Um Rosa Luxemburgs Stellung zur russischen Revolution, Hamburg 1922

Zetkin, Clara, Die Kriegsbriefe (1914–1918), Hrsg. Marga Voigt, Berlin 2016

Die Zimmerwalder Bewegung. Protokolle und Korrespondenz, Hrsg. Horst Lademacher, 2 Bde., Den Haag – Paris 1967

Abkürzungen

Abb.	Abbildung
AdsD	Archiv der sozialen Demokratie, Bonn
Anm.	Anmerkung (Mit dieser Abkürzung werden sowohl Fußnoten als auch Anmerkungen, neudeutsch »Endnoten«, bezeichnet.)
APuZ	Aus Politik und Zeitgeschichte
AZJ	Allgemeine Zeitung des Judentums
BArch	Bundesarchiv Berlin-Lichterfelde
Bd	Band
Bl.	Blatt
BStU	Die Behörde des Bundesbeauftragten für die Unterlagen des Staatssicherheitsdienstes der ehemaligen Deutschen Demokratischen Republik
Bund	Allgemeiner jüdischer Arbeiterbund von Litauen, Polen und Russland
BzG	Beiträge zur Geschichte der deutschen Arbeiterbewegung
CS	Czerwony Sztandar (Rote Fahne)
CV	Centralverein Deutscher Staatsbürger Jüdischen Glaubens
DDP	Deutsche Demokratische Partei
Diss.	Dissertation
DVLP	Deutsche Vaterlandspartei
EKKI	Exekutivkomitee der Kommunistischen Internationale

ETH	Eidgenössische Technische Hochschule, Zürich
FAS	Frankfurter Allgemeine Sonntagszeitung
FAZ	Frankfurter Allgemeine Zeitung
FDJ	Freie Deutsche Jugend
FZ	Frankfurter Zeitung
GB	Rosa Luxemburg, Gesammelte Briefe
GStA PK	Geheimes Staatsarchiv Preußischer Kulturbesitz, Berlin-Dahlem
GW	Rosa Luxemburg, Gesammelte Werke
IAA	Internationale Arbeiterassoziation
IISG	Internationales Institut für Sozialgeschichte, Amsterdam
IKD	Internationale Kommunisten Deutschlands
ISB	Internationales Sozialistisches Büro
ISK	Internationale Sozialistische Kommission
IWK	Internationale Wissenschaftliche Korrespondenz zur Geschichte der deutschen Arbeiterbewegung
Jg.	Jahrgang
JHK	Jahrbuch für Historische Kommunismusforschung
KAPD	Kommunistische Arbeiterpartei Deutschlands
Komintern	Kommunistische Internationale
KPD	Kommunistische Partei Deutschlands
KPdSU	Kommunistische Partei der Sowjetunion
KPR (B)	Kommunistische Partei Russlands (Bolschewiki)
LVZ	Leipziger Volkszeitung
M	Mark
M. A.	Magister- (bzw. Master-)Arbeit
MfS	Ministerium für Staatssicherheit
ms.	maschinenschriftlich
MS	Manuskript
MSPD	Mehrheitssozialdemokratische Partei Deutschlands
NA	Neuausgabe
ND	Neudruck
NSDAP	Nationalsozialistische Deutsche Arbeiterpartei

NZ	Neue Zeit
NZZ	Neue Zürcher Zeitung
OHL	Oberste Heeresleitung
PPS	Polnische Sozialistische Partei
RGASPI	Russisches Staatsarchiv für sozialpolitische Geschichte, Moskau
SAG	Sozialdemokratische Arbeitsgemeinschaft
SAP	Sozialistische Arbeiterpartei Deutschlands
SAPMO	Stiftung Archiv der Parteien und Massenorganisationen der DDR im Bundesarchiv
SAZ	Sächsische Arbeiter-Zeitung
SDAP	Sozialdemokratische Arbeiterpartei
SDAPR	Sozialdemokratische Arbeiterpartei Russlands
SDAPR (B)	Sozialdemokratische Arbeiterpartei Russlands (Bolschewiki)
SDK	Sozialdemokratische Korrespondenz
SDKP	Sozialdemokratie des Königreichs Polen
SDKPiL	Sozialdemokratie des Königreichs Polen und Litauen
SI	Sozialistische Internationale
SMH	Sozialistische Monatshefte
SPD	Sozialdemokratische Partei Deutschlands
SPS	Sozialdemokratische Partei der Schweiz
StAZ	Staatliches Archiv Zamość
StGB	Strafgesetzbuch
USPD	Unabhängige Sozialdemokratische Partei Deutschlands
VfZG	Vierteljahrshefte für Zeitgeschichte
ZfG	Zeitschrift für Geschichtswissenschaft
ZRP	Bund Polnischer Arbeiter (Związek Robotników Polskich)

Bildnachweis

Abbildungen s/w

26 Bundesarchiv (SAPMO), Bild Y 10-RL3-1688-00
44 Bundesarchiv (SAPMO), Bild Y 10-RL1-427
47 Archiwum Centralne, Warschau
60 Creative Commons/Baugeschichtliches Archiv Zürich
63 Archiwum Centralne, Warschau
104 Bundesarchiv (SAPMO), Bild Y 10-RL3-598-89 Fotografie: R. Scheuermeyer
109 Staatsbibliothek Berlin
123 picture alliance/akg-images
132 inks Alamy Stock Photo/The History Collection
132 recht Bundesarchiv (SAPMO), Bild Y 10-RL1-430
154 Bundesarchiv (SAPMO), Bild Y 1-4D110-948-84
163 Bundesarchiv (SAPMO), Bild Y 10-RL3-599-89
171 ullstein bild
228 Instituut voor Sociale Geschiedenis, Amsterdam
250 Sammlung Ernst Piper
285 Instituut voor Sociale Geschiedenis, Amsterdam
289 Bundesarchiv (SAPMO), Bild Y 10-RL5-18454
306 Bundesarchiv (SAPMO), Bild Y 10-RL2-2818
310 Bundesarchiv (SAPMO), Bild Y 10-RL2-651-89

321 Instituut voor Sociale Geschiedenis, Amsterdam
324 Bundesarchiv, Bild 183-R97170 Foto: o.Ang.
329 Bundesarchiv (SAPMO), Bild Y 10-RL2-652-89
332 Bundesarchiv (SAPMO), Bild Y 10-RL4-2146 Fotografie: Zander & Labisch
342 Bundesarchiv (SAPMO), Bild Y 10-RL2-750-71
356 Bundesarchiv (SAPMO), Bild Y 10-RL3-506-84
359 Bundesarchiv (SAPMO), Bild Y 10-231-866-81
441 Bundesarchiv (SAPMO), Bild Y 10-RL4-1209
444 picture alliance/akg-images
449 Staatsbibliothek Berlin
481 Privatarchiv Margot Jacob Philipp
489 Aus: Meyers Großes Konversations-Lexikon, 1905
495 Bundesarchiv (SAPMO), Bild Y 10-RL5-13437
616 Jüdisches Museum Berlin
619 Bundesarchiv, Bild 183-H29974
651 picture alliance/ZB/Berliner Verlag/Archiv
656 Bundesarchiv, Plak 002-007-167
667 bpk/Kunstbibliothek, SMB, Photothek Willy Römer/Willy Römer
673 Bundesarchiv, Bild 183-R66474
676 Sammlung Rudolf Herz
678 Instituut voor Sociale Geschiedenis, Amsterdam
687 Bundesarchiv, Bild 183-08783-0009
691 Joachim Schmidt von Schwind

Farbabbildungen

1 Creative Commons/Sansculotte
2 Aus: Antonius Heirat Abraham Hogenberg, Theatri Praecipuarum Totius Mundi Urbium. Liber sextus, 1618
3 iStockphoto/marcin_libera

4 Ernst Piper
5 Ernst Piper
6 Alamy Stock Photo/The Picture Art Collection
7 Creative Commons
8 Bundesarchiv (SAPMO), Fotografie: Ernst Piper
9 Süddeutsche Zeitung Photo/De Agostini/United Archives
10 akg-images/arkivi
11 Bundesarchiv (SAPMO), Fotografie: Ernst Piper
12 Dietz Verlag Berlin
13 Creative Commons
14 Aus: Nowy Kurier Zamojski, 14. März 2018

Personenregister